山西省明长城资源调查报告

山西省文物局　编著

第 一 册

文物出版社

审图号：晋 S（2018）061 号

图书在版编目（CIP）数据

山西省明长城资源调查报告／山西省文物局编著．—北京：文物出版社，2019.1

ISBN 978－7－5010－5537－1

Ⅰ．①山…　Ⅱ．①山…　Ⅲ．①长城－调查报告－山西－明代　Ⅳ．①K928.77

中国版本图书馆 CIP 数据核字（2017）第 311714 号

山西省明长城资源调查报告

编　　著　山西省文物局

责任编辑　冯冬梅　张晓曦
总 审 稿　李克能
封面设计　程星涛
责任印制　陈　杰

出版发行：文物出版社
社　　址：北京市东直门内北小街 2 号楼
网　　址：http://www.wenwu.com
邮　　箱：web@wenwu.com
经　　销：新华书店
印　　刷：鑫艺佳利（天津）印刷有限公司
　　　　　北京雍艺和文印刷有限公司
开　　本：889×1194　1/16
印　　张：193　　插页：3
版　　次：2019 年 1 月第 1 版
印　　次：2019 年 1 月第 1 次印刷
书　　号：ISBN 978－7－5010－5537－1
定　　价：2380.00 元

《山西省明长城资源调查报告》

编委会

序［一］

说到长城，那是每一个中国人的骄傲。

长城作为中国古代重要的军事防御设施，不仅是卓尔不群的宏伟建筑，也是古老中国的绚丽名片，堪称中华瑰宝、世界奇观，1987 年被列入世界文化遗产名录。

上下两千年、纵横数万里的长城，对中国历史的演进有着巨大而深远的意义。作为护卫中原文明的战略屏障，凝聚统一多民族国家的纽带和开疆拓土与开放交流的坚实后盾，长城影响了王朝兴衰和人民生活，促进了边塞开发和民族融合，催生了可歌可泣的历史故事和英雄人物，产生了丰富多彩的文化内涵和精神遗产，成为中华文明的重要标识。

山西自古就是农耕文化与游牧文化交融与冲突的前沿，从而也成就了其作为我国长城遗存大省的地位。从战国至明代两千多年的时间里，历代先后在山西修筑了防御体系完备的长城，主要分布于 9 个市 40 余个县（区），年代几乎涵盖了整个中国长城的修筑史。山西长城又以明长城为最，作为当时拱卫京都的屏障，其前后共修筑了 150 余年，总长度达 896.53 千米。

然而，随着时代的变迁，长城的防御功能逐渐退化，渐渐淡出了人们的视野。同时，长期的自然风雨侵蚀，长城墙体不断剥落或坍塌，加之人为和建设性破坏的直接威胁，长城保护工作面临着极大的挑战。1984 年，邓小平同志亲自倡导“爱我中华，修我长城”活动，长城保护受到了全社会极大的关注和倾力支持；2006 年，国务院颁布了《长城保护条例》，长城保护工作走上了有法可依的轨道，迈入了一个新的阶段。但这样庞大的线性文化遗产，多数地处偏远山区，保护管理难度很大，各种问题层出不穷。

2007 年，为摸清长城家底，国家文物局会同国家测绘局在全国十五个长城分布省（自治区、直辖市）启动开展了长城资源调查工作。经过 4 年的努力，全面准确地掌握了山西各时代长城的规模、分布、构成、走向、自然与人文环境、保护与管理现状等基础资料。这次调查，不仅为长城精细化保护管理提供了科学依据，也培养了一批业务精良的长城保护队伍，取得了一系列研究成果，有力地促进了山西长城保护管理水平的整体提高。

长期以来，巨大的长城遗产只是静静地矗立在公众面前，许多人只知道它是军事建筑，而忽视了它的其他价值。殊不知，长城，绝不仅仅是一堵边墙，而是文化财富、精神财富和经济财富的集大成者！在中国特色社会主义进入新时代的今天，加强长城保护与利用，做好长城精神和文化的传承，对于展示中华民族灿烂文明，坚定文化自信，弘扬社会主义核心价值观，更好地发挥长城在传承和弘扬中华优秀传统文化中的独特作用，促进区域经济社会发展，都具有重要意义。山西省委、省政府审时度势，将境内长城资源的保护利用纳入全省文化旅游融合发展的大格局中，通过打造“黄河、长城、太行”三大旅游板块，开展“请城砖回家、为长城疗伤”等系列活动，积极引导社会力量广泛参与长城的保护利用，助推山西转型发展，实现振兴崛起。这是一项具有重大现实意义和久远历史意义的壮举。

在本书即将付梓之际，一方面为山西文物史上的这件好事喜事表示衷心的祝贺，另一方面也向参加长城资源调查的全体队员，向参与报告编写、绘图、提供资料的所有工作人员以及长城保护工作者表示诚挚的谢意！是你们用自己的心血和汗水，守护了这一举世无双的文化遗产，给后代子孙留下了一份不可磨灭的历史记忆。

是为序。

山西省文物局局长　雷建国

2018 年春月于太原

序［二］

长城是中华民族珍贵的文化遗产和精神象征，具有独特的历史文化价值。山西素有“表里山河”“最为完固”之誉，自古以来为兵家必争之地，也是长城分布较为丰富的省份之一。文献记载，从战国至明代两千余年的历史中，历代在山西境内修筑的长城达3500千米。数十年来，在国家文物局和省委、省政府的高度重视和大力支持下，山西省在长城调查与研究上做了大量工作。

新中国成立后，随着对文物保护与研究工作的重视，长城的保护与研究也逐步开展起来。尤其是20世纪70年代末以后，对长城的田野考察工作，作为长城研究的重要途径已经成为学术界的共识，“长城研究突破了局限于文献资料收集整理的圈子，而走向实地考查，是长城研究史上的一个重大发展。”[1] 在这种背景下，《中国长城遗迹调查报告集》于1981年出版，该报告汇集了长城沿线各省（自治区、直辖市）历代长城的田野调查资料，其中的《山西省境内长城简况》一文，主要介绍了山西省明代长城的分布与保存状况，并概述了北魏、北齐等朝代修筑长城的一些文献资料。[2]

此后，山西省文物局长城考察队于1983年编写了《山西长城考》一文，刊布了1978年以来的长城考察成果，特别是有关明长城的较为详实的考察资料。[3] 1985年，吴永春较为系统地调查了天镇县境内的明长城，并先后发表了《天镇北部的长城》与《天镇北部长城的现状与历史考释》两篇文章，对天镇县各时代尤其是明长城的建筑特征、建置沿革等进行了探讨。[4] 1988年，署名华夏子的三位长城爱好者编写的《明长城考实》一书，是这一阶段明长城调查研究的代表作。作者对全国明长城遗迹进行了实地的考察、记录，在书中设有专门章节来介绍大同、山西两镇的沿革和山西各县域的长城遗迹。[5]

---

〔1〕《文物》月刊记者：《长城保护研究工作座谈会侧记》，《中国长城遗迹调查报告集》，文物出版社，1981年。

〔2〕山西省文物工作委员会古建队：《山西省境内长城简况》，《中国长城遗迹调查报告集》，文物出版社，1981年。

〔3〕山西省文物局长城考察队：《山西长城考》，山西省文物局内部资料，1983年。

〔4〕吴永春：《天镇北部的长城》，《山西文物》，1986年第2期；《天镇北部长城的现状与历史考释》，山西省考古学会、山西省考古研究所编：《山西省考古学会论文集》（1），山西人民出版社，1992年。

〔5〕华夏子：《明长城考实》，档案出版社，1988年。

1997 年，山西省地图集编纂委员会开始编制《山西省历史地图集》。在该书中，有一幅地图为《历代长城》，将各种文献记载的长城和以往调查发现的长城以地图的形式展示出来，是第一幅关于山西长城分布的地图。[1] 但由于该图侧重于对文献记载长城的展示，缺乏对文献资料的考证，还存在着些许缺误。

总体而言，在 20 世纪八九十年代，囿于当时的学科环境和物质、技术条件，长城调查资料的全面性、科学性还很有限。

1999～2003 年，为配合《中国文物地图集·山西分册》"长城遗址"的编撰，山西省文物局组织山西大学考古专业、忻州市文物管理处等单位对山西省境内的历代长城进行了系统调查。此次调查借鉴了考古调查的一些方法，尽可能地获取更为科学的田野调查资料。在调查前，搜集有关地区的各种文献资料，对长城记载进行考证，研判其时空分布；调查时，利用 1：50000 地形图、GPS 确定长城的地理信息，除文字和绘图记录外，采用摄像机、照相机全方位记录长城遗迹，采集长城相关遗物，调查有关遗址。此外，还通过进行必要的考古试掘来直接获取长城相关信息。调查资料的编写和复查工作一直持续至 2006 年《中国文物地图集·山西分册》的出版。这本地图集对山西历代长城的分布、特征以及时代、性质等进行了记述[2]。虽然已经着眼于长城调查的科学性，但由于还处于摸着石头过河的阶段，加之人力等因素的制约，长城调查资料的全面性、科学性依然有限。

2007 年，国家文物局和国家测绘局组织的全国长城资源调查工作全面铺开，长城调查进入一个更科学、更规范的阶段。在调查手段方面，除了以往采取的田野考古调查方法外，还充分运用了航空考古、遥感考古和测绘技术、信息技术等现代科学技术方法，全面、准确地获取长城长度、分布、材质类型、建筑方式、形制尺寸、附属设施及其保存状况和所处环境等资料。为保证调查的科学性，国家文物局和国家测绘局专门制定了《长城资源调查工作总体方案》、《长城资源调查工作规程》、《全国长城资源调查管理办法》、《长城资源调查名称使用规范》、《长城基础地理信息与专题要素数据生产外业技术规定》、《长城基础地理信息与专题要素数据生产内业技术规定》、《长城基础地理信息与专题要素数据技术规定》等工作规范和技术标准，设计和开发了"长城资源调查数据采集系统"，对长城调查的各个环节都做出了规定。我省严格遵照国家制定的规范标准，开展了系统的田野调查工作，全面掌握了我省各时代长城遗迹准确的位置、分布、特征等信息，为长城研究提供了客观真实的调查资料。

根据长城资源调查，2012 年 5 月 22 日，国家文物局下发了《关于山西省长城认定的批复》（文物保函〔2012〕997 号），认定山西明长城墙体 470 段，总长度 896．53 千米，单体建筑 3081 处，关堡 344 座，相关遗存 27 处。分布在 6 市 25 县，包括外长城和内长城：外长城由河北省怀安县入大同市天镇县，向西经阳高县、大同市新荣区、左云县和

---

〔1〕 山西省地图集编纂委员会编制：《山西省历史地图集·军事图组·历代长城》，中国地图出版社，2000 年。

〔2〕 国家文物局主编，山西省文物局编制：《中国文物地图集·山西分册》，中国地图出版社，2006 年。

朔州市右玉县、平鲁区，至忻州市偏关县黄河东岸。内长城有两条线。第一条线由河北省涞源县入大同市灵丘县，向西依次经忻州市繁峙县、大同市浑源县、朔州市应县、山阴县和忻州市代县、原平市、宁武县、神池县及朔州市朔城区，至偏关县白羊岭（古称丫角山），与外长城会合；第二条线沿太行山脊岭分布，自大同市灵丘县向南依次经忻州市五台县、阳泉市盂县、平定县和晋中市昔阳县、和顺县、左权县，至长治市黎城县东阳关；还有一段沿黄河东岸修筑的从偏关县老牛湾至河曲县石梯子长城。作为长城军事防御体系的重要组成部分，山西省中北部长城沿线还保留着大量的烽燧、关隘、城堡等遗存，其中北线的雁门关、宁武关、偏头关，东线的平型关、娘子关闻名于世。

从2007年长城资源调查工作开始，至今已有十个寒暑。十年中，在长城资源调查工作基础上，山西省划定并公布了长城保护范围和建设控制地带，树立了长城保护标志，聘请了长城保护员，完善了长城记录档案，进一步夯实了长城“四有”工作；编制完成了《中国长城保护规划·山西省长城保护规划（2017～2035）》，以及部分重点段落保护规划，为科学做好长城的保护工作指明了方向；实施了一批长城保护修缮和重点段落抢险项目，提升了长城保护水平；加大力度开展了长城资源研究工作，取得了一批研究成果；召开了全省长城保护工作座谈会，部署了长城保护工作；积极推进长城资源的利用，带动了长城沿线旅游产业的发展。

明长城资源调查工作结束后，调查资料的整理与调查报告的编写工作也随即展开。经过数年的努力，《山西省明代长城资源调查报告》终于要面世了，我相信，随着该报告的出版，山西省的长城保护工作也将上一个新的台阶。

向所有参与长城资源调查工作的同志致以最诚挚的敬意！对所有参与长城资源调查报告编写工作的同志致以最衷心的感谢！

目 录

第一册

第二部分 分县调查报告

第二册

第三册

第四册

第三部分　结　语

第五册

插图目录

测绘图目录

插表目录

地图目录

彩图目录

第一部分　综　论

第一章　山西省明长城分布区域的自然地理与地质特征

明代建国之初，北部边境就承担着沉重的边防压力。明王朝按照朱元璋“固守封疆”的设计，在北部边境线上置军设镇，构筑了一条防御蒙古（北元）的防线，并随着明蒙形势的变化而演变为“九边十三镇”。这条防线“自辽东而大宁而开平，而宣府，而丰胜，而大同，而宁夏，而甘肃，东西延亘，指臂相依”[1]，控制着东起辽河，西至阴山、贺兰山、河西走廊，直抵新疆哈密的广大地区，北元的活动基本被阻隔在漠北。但自从永乐废大宁镇（今内蒙古自治区宁城县），宣德撤开平卫（今内蒙古自治区正蓝旗东北）后，漠南的防御卫所孤悬在外，缺乏策应和战略纵深，东西联防体系被打破，孤立难守，遂相继南移，使得山西北部成为明蒙前线。明代九边重镇中的大同镇、宣府镇成为明代边防要冲，而山西镇成为宣大的第二道防线和后勤补给基地。因此，山西省北部在明代边防中占有极重要的战略和战术地位。

山西省境内的明长城因镇守对象的不同被分为外长城和内长城，外长城为边境防御，内长城为京畿拱卫。山西省外长城大部分隶属于大同镇；少部分外长城（偏关县柏杨岭至老牛湾段，即内蒙古调查柏杨岭长城1段向西迤内蒙古调查老牛湾长城），黄河边长城（偏关县、河曲县黄河东岸长城）隶属于山西镇，山西省境内东西走向的内长城也隶属于山西镇；山西与河北两省交界区域，地处太行山脉的南北走向内长城隶属于蓟镇及真保镇[2]。外长城由河北省怀安县向西至大同市天镇县新平堡镇平远头村进入山西省，再向西南经阳高县，大同市新荣区、左云县、右玉县，朔州市平鲁区、偏关县，直达黄河东岸。黄河边长城从偏关县老牛湾开始，沿黄河岸边蜿蜒向南，至河曲县巡镇镇石梯子村。外长城今天大致是山西省与内蒙古自治区的分界线。内长城由河北省涞源县至山西省灵丘县东南部和南部与河北省交界区域，在灵丘县、繁峙县和阜平县交界处分为两支，一支向北经灵丘县、繁峙县，再沿恒山山脉向西经浑源县、应县、山阴县、代县、原平市和宁武县后，转向西北经神池县、朔城区、平鲁区，越过管涔山在偏关县柏杨岭与外长城会合；另一支沿太行山东麓南下，经五台县、盂县、平定县、昔阳县、和顺县、左权县至黎城县（地图一）。

---

〔1〕（清）顾祖禹撰：《读史方舆纪要·方舆全图总说》卷4《九边总图》，上海书店出版社，1998年。

〔2〕山西省东部与河北省交界区域长城隶属蓟镇，嘉靖二十九年（1550年）设真保镇后隶属其管辖。参见（明）刘效祖撰：《四镇三关志》，明万历四年（1576年）刻本。

第一节　山西省明代外长城分布区域的自然地理与地质特征

山西省明代外长城地理位置位于北纬39°～41°，所在区域从天镇县向西南至偏关县的黄河岸边，处于山西省自然区划中“恒山—黑驼山—人马山温带半干旱、干旱草原”地带，为蒙古高原的边缘地带。这一自然区划由于纬度和海拔的关系，气候温凉干旱，年平均气温在3℃～7℃，无霜期约120天，降水量约400毫米，且降水量多集中在7、8月，加之春季大风天多达40天以上，造成外长城沿线干旱寒冷[1]。外长城地区从地理单元上可分为盆地边缘区，山前丘陵区，中、低山区和山口区。

山西省明代外长城最东端天镇县长城地处低山区和山前区，低山区为阴山山脉的余脉双山，海拔1720米，但相对高程仅570米。双山也是山西省和内蒙古自治区的界山，山西、内蒙古、河北三省区交界处为双山较平坦的山谷，此地的防御受到重视，外长城沿双山山脊和双山南坡西洋河双线布防。在新平堡镇新平尔村双线合一沿山前区布局，蜿蜒西南，从阳高县守口堡向西，明长城通过阴山余脉云门山和采凉山之间的开阔地带进入大同盆地。这一地段为大同盆地的北部边缘，地质地层以太古代、元古代闪长岩、花岗岩基岩不整合覆盖中生代湖相沉积和第三纪、第四纪黄土构成[2]。构造方面，云门山前大断裂与这一段明长城平行。文献中有地震活动对明长城影响的记载，从明代到现代，这一区域为地震多发区，可能对长城造成一定的影响。如成化二十年（1484年）正月庚寅，京师地震。是日永平等府及宣府、大同、辽东地皆震，有声如雷。宣府因而地裂涌沙出水，天寿山、密云、古北口、居庸关一带城垣、墩台、驿堡倒裂者不可胜计，人有压死者[3]。万历八年（1580年）七月甲午，大同井坪路地大震摇，所倒城墙数百丈[4]。

明长城进入平坦的大同盆地，海拔1100～1300米。为加强防御，在新荣区堡子湾乡宏赐堡村附近分成两路，一路向西北再向西（俗称“大边”），一路向西（俗称“二边”），两路长城在左云县管家堡乡黑土口村会合，两路长城之间，形成一个封闭区域。这一段明长城横穿大同盆地北部，地质地层主要为中生代白垩纪上统驻马堡组河湖相沉积和新生代第三纪、第四纪地层。在大同市新荣区和左云县，部分明长城压在大同煤田上，煤田埋深240米以上，故地下煤炭开采对明长城的影响不大。而煤炭开采造成的酸雨等环境污染对明长城的保护有一定的影响。

明长城在左云县三屯乡宁鲁堡村附近从大同盆地进入阴山山脉的余脉五路山，海拔升至1500～1600米，在右玉县右卫镇杀虎口村附近脱离阴山山脉。地质地层以中生代白垩纪驻马堡组和第三纪玄武岩为主，上覆第三纪、第四纪黄土。这一地区也是黄河水系和海河水系的分水岭。继之，明长城跨越苍头河后向西南进入吕梁山脉，经平鲁区到偏关县境内的柏杨岭与内长城交汇。这一段长城是山西省明代外长城海拔最高的地段，海拔1600米以上。这一地区保留有较多的北台期夷平面，海拔虽高但山势较平缓，第三纪玄武岩覆盖广泛，厚70米以上，第四纪黄土受外营力切割强烈，沟壑纵横，造成本段长城多处筑有重复墙体。柏杨岭海拔1832米，山顶平缓，筑有多道墙体。柏杨岭是大同镇长城的西终点，在此与山西镇长城连接，明代内长城也从这里向东南方向延伸。

---

〔1〕山西省地图集编纂委员会编：《山西省自然地图集》，地图出版社，1984年。

〔2〕各县地质地理信息均来源于《山西省自然地图集》（山西省地图集编纂委员会编，地图出版社，1984年）和各县的新编修县志，后文不再注释。

〔3〕《明实录·明宪宗实录》卷24，台北“中研院”历史语言研究所，1962年影印本，第8页。

〔4〕《明实录·明神宗实录》卷102，台北“中研院”历史语言研究所，1962年影印本，第6页。

偏关县北部外长城所在区域为黄土丘陵地貌，黄土峁、黄土梁发育强烈。新构造上升运动和水流切割，“V”形沟谷发育普遍，切割深达150~200米以上。由于沟壑纵横，防御难度较大，因此明代在偏关县构建了大量军堡，加强纵深防御。

山西镇管辖的外长城仅有从柏杨岭向西至黄河及沿黄河东岸到河曲县巡镇镇石梯子村段，而黄河东岸边的长城主要用于黄河冬季封冻以后的防守。该段长城从海拔1800米以上的高度骤降约千米，从高山进入河谷。这一地区第四纪黄土广泛覆盖在寒武纪、奥陶纪石灰岩上，厚达百米以上。

外长城沿线也是黄土高原和蒙古高原的交汇地带，地表多为砂砾质，东段（左云县以东）黄土覆盖较薄，植被原以草原植被为主，经多年农业开垦，草原植被形态多无保留，生态环境较为恶劣。西段进入黄土高原东缘。自然环境中，水流切割和黄土湿陷性地基对长城的影响较大。

第二节　山西省明代内长城分布区域的自然地理与地质特征

山西省明代内长城分属于山西镇和蓟镇。1449年“土木堡之变”以后，明朝军事形态发生了重大改变，建国之初的积极防御变成完全消极防御，京畿防卫成为明朝军事的重中之重。山西镇所辖内长城东起于山西省灵丘县下关乡牛帮口村附近，接山西与河北两省交界的太行山蓟镇长城，向北沿灵丘县与繁峙县交界区域，再沿恒山山脉向西经浑源县、应县、山阴县、代县、原平市和宁武县后，转向西北进入吕梁山区，经神池县、朔城区、平鲁区，越管涔山在山西、内蒙古两省区交界处的偏关县柏杨岭与大同镇外长城连接。山西镇内长城连接山西省东西太行、吕梁两大山脉，成为防御北元蒙古的第二道防线。另一条内长城属蓟镇长城（嘉靖二十九年，即1550年，设真保镇后隶属其管辖），沿山西与河北两省交界的太行山南下，经五台县、盂县、平定县、昔阳县、和顺县、左权县至黎城县。

一　山西镇内长城分布区域的自然地理与地质特征

山西镇内长城东端起于灵丘县下关乡牛帮口村附近。灵丘县位于山西省东北部、太行山北段，全境处于新构造运动的恒山、五台山强烈隆起构造区，基岩以古老的太古代五台群片麻岩为主，山区玄武岩覆盖较广，第四纪覆盖较少。地貌以中高山、丘陵为主，太行山在灵丘县坡度较缓，在河北省一侧为大断层，壁立千仞，陡峭险峻。

繁峙县山西镇内长城在其东部与灵丘县交界处的恒山余脉由南向北延伸，地质地貌与灵丘县一致，山西镇内长城以西的大沙河为恒山山脉与五台山的分界河。恒山山脉是一座断层山，出露岩层为寒武、奥陶系石灰岩，基岩裸露面积较大，风化破碎严重，峰峦均呈尖形，沟谷切割较深，相对高差1000米以上。整个山脉由东北向西南绵延，是海河支流桑干河与滹沱河的分水岭。其西段也称为勾注山或雁门山，在宁武阳方口连接吕梁山脉的管涔山，也是分隔大同盆地和忻定盆地的界山。山西镇内长城进入浑源县恒山腹地后，至浑河河谷南岸，沿恒山北麓在山前丘陵山口地带延伸。恒山也是大同盆地的东南缘，山体与盆地之间存在恒山山前大断裂。恒山沿大断裂剧烈上升，形成峭壁。恒山山脉中部也称翠屏山，由于切割剧烈，形成许多山口，山西镇内长城的防卫重点就在这些山口。应县是山西雁北地区山地面积最少的县，除东南部为恒山山脉外，县境大部分为大同盆地腹地。

山阴县位于大同盆地的最南缘，代县和原平市位于忻定盆地的北部，恒山山脉在此形成大同盆地和忻定盆地的屏障。山西镇内长城也于此构筑，形成对两大盆地间交通孔道的封锁。恒山山脉最高峰海拔2426米的馒头山也在这一区域，馒头山以西，山势下降，进入低山区，第四纪沉积大面积覆盖平原及低山地区，平原第四纪黄土沉积厚400米以上。山阴县张家庄乡新广武村附近长城也是山西镇内长城海拔最低的地点。此区域是山西镇内长城防御的重点地区。山西镇内长城著名的内三关之雁门关、宁武关就建于大同盆地和忻定盆地之间的交通孔道上，是内长城防卫的要冲所在。长城所在区域的地质构造，中生界以前为整合接触；新生界缺失较多，大面积出露中生界石炭纪地层，该地层为海陆交替相铁铝岩和海陆交替相含煤建造，是这一地区主要的含煤、铁、铝的地层，矿藏埋深较浅。本地区第四纪沉积主要在平原河谷地带。宁武县北部薛家洼乡盘道梁村至阳方口镇阳方口村的长城均位于石炭纪地层上，因此这一地区的长城多直接建筑在铝、铁矿脉上，铝土矿无序开采，对本地区长城及所处环境造成严重破坏。

阳方口段长城也是山西镇内长城海拔较低的墙体，墙体所在区域处于恒山山前断裂和五台山山前断裂之间，是历史上的地震多发区域，且地震烈度较高。阳方口位于管涔山与恒山山脉之间的恢河峡谷，此地也是吕梁山脉的管涔山和芦芽山之间的深谷，海拔仅1100米，是大同盆地与忻定盆地之间的主要孔道，亦为两盆地进入神池、五寨两县的唯一通道，一口控两道，是山西镇内长城防守的重点区段。

管涔山为吕梁山脉北段，属褶皱断裂中高山，海拔1700米以上，沟谷深切。山西镇内长城在阳方口穿过管涔山与芦芽山之间的深谷，沿管涔山西南缘北上进入神池县和朔城区。长城基本上沿两县区的交界区域由东南向西北构筑，海拔由1100米上升至1700米以上。长城所经过区域，地质地层大面积覆盖古生代奥陶纪石灰岩，总厚度150米以上，基岩出露面积较大，其上覆盖第三纪和第四纪黄土。长城北部区域中生代石炭、二迭纪地层覆盖于奥陶纪地层上，厚百米以上，是平朔煤田的主要含煤地层，著名的平朔露天煤矿就位于此。

朔城区位于大同盆地的西南端，县境大部为盆地平原，北部为洪涛山，西部为管涔山，南部为恒山山脉，发源于洪涛山的源子河、发源于管涔山的恢河和七里河、发源于恒山的黄水河流经本县盆地平原，组成桑干河上游，水系较为发达。良好的农业生产环境使朔州成为内外长城之间重要的卫所，也是北元蒙古南下掠夺的重要目的地。

山西镇内长城在偏关县东部向西北延伸与外长城相接。偏关县地形以贯穿县境东西的黄河支流偏关河分成南北两部，南部为管涔山北麓北端，系侵蚀构造中低山区，仅有少数山峰海拔超过1800米，大部分海拔约1600米。沟谷地带第四纪黄土覆盖于第三纪红土上，平均厚40米。由于沟谷切割强烈，长城墙体多沿黄土梁峁构筑，形成较多曲折。

山西镇内长城从太行山经恒山到吕梁山，横贯山西省北部，其分布与山西省自然地理区划的“温带半干旱半草原栗钙土地带”和“暖温带半湿润落叶阔叶林与森林草原褐土地带”的分界线基本重合。山西镇内长城基本走向也与早期长城相一致，许多墙体沿用早期长城的基础，说明长城选址的主要依据是自然条件。

二 蓟镇（真保镇）内长城分布区域的自然地理与地质特征

分布于太行山主脉的蓟镇（真保镇）内长城从河北省阜平县，向西南延伸至山西省五台县与河北省阜平县交界的长城岭，该段海拔约2000米，山高林密。继之向南穿过海河的滹沱河水系和漳河水系，延伸至黎城县东阳关一带。

太行山北段基岩由太古代海相沉积砂岩和古生代石灰岩构成，因太行山东部大断层活动和水流切割，形成太行山特有的嶂石岩地貌，常常是连绵数十千米的垂直峭壁。这些陡峻的峭壁之间往往被水流切割为深陷的峡谷，成为横贯太行山东西的孔道，古人称之为“陉”，由山西高原发源的海河水系和黄河水系河流均通过这些“陉”流入华北平原，“陉”也是山西高原和华北平原的交通通道。太行山脉东缘成为山西高原和华北平原的分界线，也是中国地形第二、三阶的分界线，还是山西、河北、河南三省的省界。因此，太行山是中国东部最重要的地理分界线，重要的地理分界线往往成为重要的军事和政治分界线。明代长城体系中，太行山是京畿拱卫的重要屏障。

五台山为太行山北段的主要山峰，海拔3061米，有“华北屋脊”之称，是由大于25亿年的世界已知古老地层构成的最高山脉。在漫长的地球演进中，五台山经过了五台运动和燕山运动形成五台隆起。太古代五台群片麻岩组和元古界南台石英岩组、豆村板岩组构成五台山基岩，上覆古生代寒武、奥陶纪石灰岩及中生代含煤沉积岩。新生代沉积多分布于山间河谷。

五台山以南的太行山海拔从五台县与盂县交界处约1800米下降到盂县北木口河省界的约1000米。蓟镇（真保镇）内长城在盂县境内开始构建石材材质的连续墙体，长城墙体以沟口两侧防御为主。

盂县东部太行山地区地质构造比较复杂。基岩为震旦纪变质岩系，上覆古生代寒武、奥陶纪石灰岩和石炭、二迭纪含煤地层，石灰岩地区还存有溶洞。复杂的地质结构蕴藏了多种矿藏，煤、铁、铝土矿和石膏矿等矿藏埋藏丰富。其中山西式铁矿独立分布，埋藏较浅，多以露天开采方式进行，对长城及所处环境形成较大破坏。

太行山脉在盂县与平定县交界处海拔约1000米，蓟镇（真保镇）内长城在平定县构筑了太行山区少见的夯土墙体。平定县东部太行山地区古生代石炭奥陶系地层厚达1000米以上，是主要的含煤地层，同时还埋藏有铝土矿、硫铁矿等多种矿藏，是山西省重要的煤、铁、铝土矿产区。平定县境内太行山虽然海拔较低，但因太行山东麓山前大断层和水流切割，形成沟谷深切、壁立千仞的地貌形态，倚山为险的山险和人工开凿的山险墙也是本区域长城的重要特点。娘子关、固关、旧关等著名关隘都设于此，是京畿拱卫的重要区域。

昔阳县与河北省赞皇县、邢台县交界区域的重要关隘有九龙关、马岭关等。这一带属典型的山地丘陵地貌，海拔较低，为600～800米。元古代长城组基岩厚375米以上，是太行山区长城系地层的主要区域。古生代寒武纪、奥陶纪白云岩—碳酸岩建造由石炭—二迭纪含煤地层构成，昔阳县东部太行山地区铁、镁和煤矿蕴藏丰富，矿业开发带动交通发展，对长城及关隘遗存的保存有较大影响。

蓟镇（真保镇）内长城沿太行山腹地南行进入和顺县与河北省邢台县交界区域，太行山海拔逐渐升高，从山地丘陵地貌进入石灰岩中低山区。海拔从不足1000米升至1400米以上，县境东部东岭山海拔达1971米。这一地区古生代寒武、奥陶纪白云岩、石灰岩覆盖厚1000米以上，喀斯特地貌发育，有不少石灰岩溶洞存在。和顺县含煤地层位于县域西部，距长城较远。

太行山脉从和顺县进入左权县以后海拔虽然没有增加，但其东麓与河北平原切割台地的相对高程增加，壁立千仞的嶂石岩地貌构成了天然的防御体系，有峻极关、黄泽关、黑虎关等著名关隘。该地区的地质特点是第三纪玄武岩覆盖于古生代基岩之上，厚200米以上。和顺县和左权县东部长城地区的森林覆盖是全省长城所在地区最好的。

从左权县黄泽关堡北门匾额和黎城县现存于文博馆内的两块“中州外翰”石匾可以看出，蓟镇

（真保镇）内长城在太行山南段的终点应在黄泽关以北。但明代长城并没有以此为终点，仍继续向南延伸，进入左权县南部的黎城县境内。

黎城县明代长城主要位于县境东部晋、冀通道的东阳关附近，是明代九边体系之外的长城，归河南巡抚衙门管辖。明嘉靖二十年（1541 年）蒙古俺答汗大举南下，这次南下，北元蒙古大军已经试图突破传统的明朝“九边”防御范围，甚至准备从黎城、涉县一路入犯北直隶、河南[1]。太行山地区的内长城在这一态势下修筑，完善了京畿纵深防御的体系。黎城县明代长城所在地区是太行山海拔最低的地区，海拔不足 1000 米。基岩以古生代寒武、奥陶纪白云岩为主，但覆盖厚度不足 200 米。新生代第三纪、第四纪发育，沉积厚度超过百米。

三　地质地理构造对明代长城防御体系构筑的影响

纵观整个明代边防消长态势，山西明代长城防御体系的选址依据首先和自然地理单元有主要的关系。在中国北方，北纬 40°线大致是农业和畜牧业的地理分界线，而 400 毫米的等降水量线和北纬 40°线大致重合。这两条线决定了线以南的气候和地理环境比较适合农业生产，所以大部分的农业文明产生在这两条线以南，在历史上形成了人口众多的农业定居区域。在这两条线以北，多是温带草原，适合游牧民族的生产方式，中国历史上多数的草原民族是从这里发源的。从历史的经验看，农业文明如果越过这两条线，他的收获和投入的劳动之比远不能和这两条线以南的地区相比，而农业文明对这两条线以北的侵入导致的结果是使这一地区荒漠化，因此，农业文明较少越过这两条线。而草原文明向南越过这两条线的结果只有两种：要么改变生产和生活方式被农业文明同化，要么退回到这条线以北。因此，长城就成为这两大文明冲突的产物。长城的出现，使得这两种文明在一个相对长的时间段中相对稳定，这时社会处于一个和平稳定的环境，两种文明都会得到发展。一旦这种稳定被打破，就会出现战争，会损毁长城，战争的结果将会出现新的长城。

其次，地形地貌的综合自然区划也是明代长城选址的重要依据。在山西省北部综合自然区划的划分上，存在一条“恒山—黑坨山—人马山”自然区划分界线，是山西省温带和暖温带的分界线，该线以北属温带栗钙土干草原自然区划，以南为暖温带灰褐土灌丛草原自然区划。山西镇明代内长城的位置恰好与这一分界线大致重合（参见综合自然区划图），而山西镇明代内长城的位置也和山西省早期长城多有重合[2]，说明因自然条件限制的经济活动形式对于长城的选址有较大影响。

再其次，地质构造对明代长城的营建也有一定的影响。新构造地质运动形成的强烈隆起断褶构造区，如恒山、太行山等中高山地形，成为明代长城防御体系中的天然屏障（参见新构造运动图），大量的山险、山险墙成为明代长城防御体系的组成部分。长城墙体构筑材质多就地取材，根据当地地质地理条件决定长城构筑的材质和形式，成为明代长城构筑的主要方式。

---

〔1〕（明）王士翘著：《西关志》，北京古籍出版社，1990 年。

〔2〕 山西省早期长城中，东魏北齐长城与明代山西镇内长城位置和走向基本一致，参见《中国文物地图集·山西分册》，中国地图出版社，2005 年。

综合自然区划图

Ⅰ　温带半干旱干草原栗钙土地带
ⅠA　南洋河盆地地区
ⅠA_1　采凉山山地自然区
ⅠA_2　南洋河平原自然区
ⅠA_3　丰稔山丘陵山地自然区
ⅠB　桑干河平原地区
ⅠB_1　桑干河北平原自然区
ⅠB_2　桑干河南平原自然区
ⅠC　六棱山山地地区
ⅠC_1　六棱山山地自然区
ⅠD　晋北西部丘陵山地地区
ⅠD_1　平顶山熔岩台地自然区
ⅠD_2　左云右玉缓坡丘陵自然区
ⅠD_3　洪涛山山地自然区
ⅠD_4　平鲁盆地自然区
Ⅱ　暖温带半湿润落叶阔叶林与森林草原褐土地带
ⅡA　晋东北山地盆地地区
ⅡA_1　广灵灵丘盆地自然区
ⅡA_2　恒山山地自然区
ⅡA_3　五台山山地自然区
ⅡA_4　五台盆地自然区
ⅡA_5　系舟山山地自然区
ⅡB　晋东山地丘陵盆地地区
ⅡB_1　太行山中段山地自然区
ⅡB_2　阳泉寿阳盆地自然区
ⅡC　晋中间山盆地地区
ⅡC_1　滹沱河上游谷地自然区
ⅡC_2　滹沱河平原自然区
ⅡC_3　石岭关台地自然区
ⅡC_4　汾河中游平原自然区
ⅡC_5　韩侯岭台地自然区
ⅡD　吕梁山山地地区
ⅡD_1　云中山芦芽山山地自然区
ⅡD_2　阎雷山山地自然区
ⅡD_3　静乐岚县盆地自然区
ⅡD_4　关帝山山地自然区
ⅡD_5　石千峰石楼山山地自然区
ⅡE　晋东南高原盆地地区
ⅡE_1　和顺左权山地自然区
ⅡE_2　榆社沁县丘陵山地自然区
ⅡE_3　南浊漳河平原自然区
ⅡE_4　太行山南段山地自然区
ⅡE_5　高平阳城盆地自然区
ⅡE_6　沁源安泽山地丘陵自然区
ⅡE_7　太岳山山地自然区
ⅡF　晋南盆地地区
ⅡF_1　汾河下游平原自然区
ⅡF_2　塔儿山丘陵台地自然区
ⅡF_3　峨眉台地自然区
ⅡF_4　涑水河平原自然区
ⅡG　吕梁山南段山地与黄土塬地区
ⅡG_1　紫荆山高天山山地自然区
ⅡG_2　隰县乡宁破碎黄土塬自然区
ⅡG_3　人祖山山地自然区
ⅡH　中条山山地地区
ⅡH_1　舜王坪鲁山山地自然区
ⅡH_2　垣曲盆地自然区
ⅡH_3　雪花山山地自然区
ⅡH_4　平陆芮城谷地自然区
Ⅲ　暖温带半干旱森林草原与干草原灰褐土地带

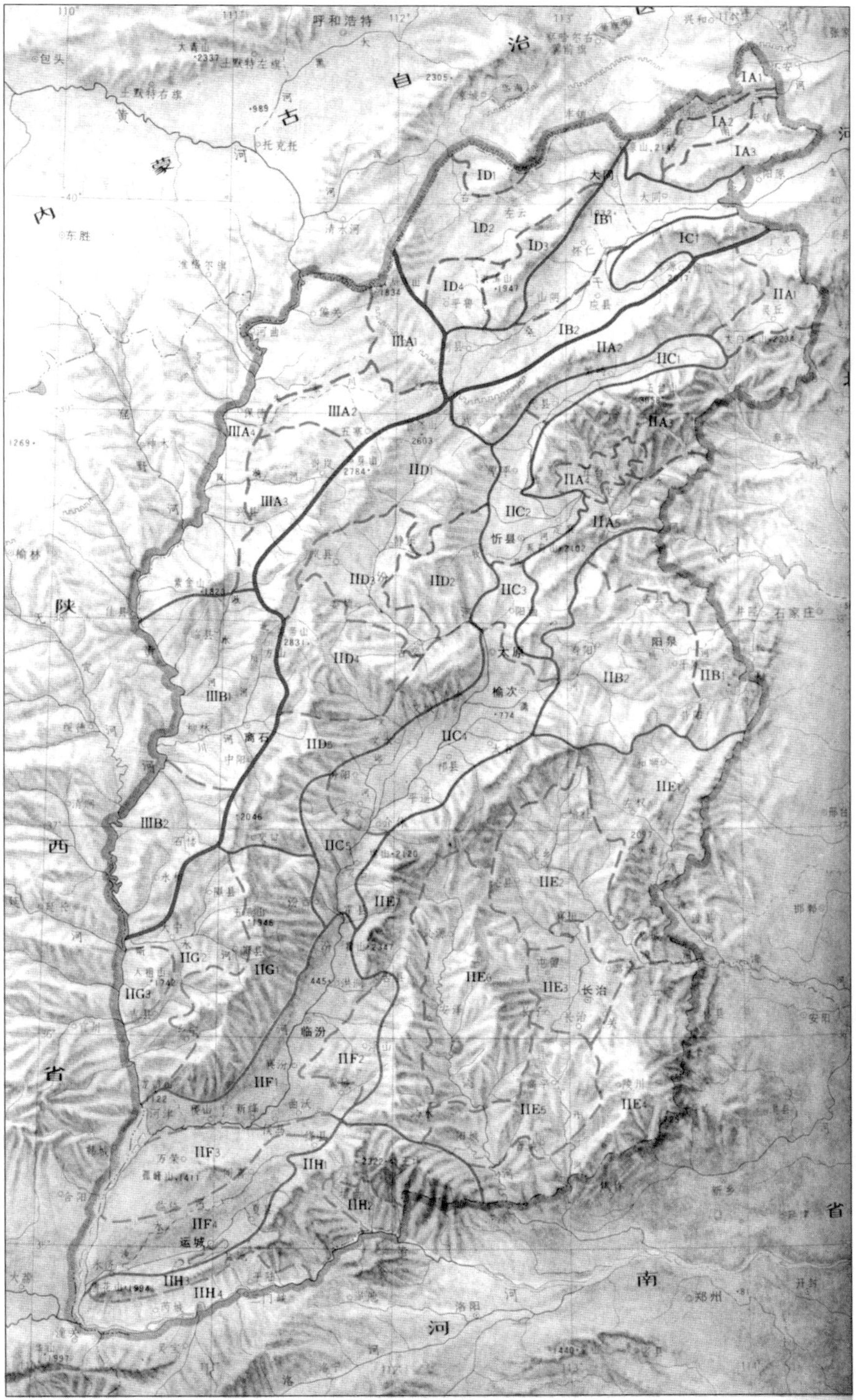

（采自山西省地图集编纂委员会编：《山西省自然地图集》，1984年）

ⅢA　晋西北黄土丘陵山地地区
ⅢA_1　黑驼山山地自然区
ⅢA_2　神池五寨黄土缓丘自然区
ⅢA_3　岢岚山地自然区
ⅢA_4　偏关兴县黄土丘陵自然区
ⅢB　晋西黄土丘陵地区
ⅢB_1　临县柳林黄土丘陵自然区
ⅢB_2　石楼永和黄土丘陵自然区

地带
地区
自然区

新构造运动图

强烈隆起断褶构造区

- I$_1$ 恒山 五台山隆起断褶构造带
- I$_2$ 管涔山 吕梁山隆起断褶构造带
- I$_3$ 太岳山隆起断褶构造带
- I$_4$ 中条山隆起断褶构造带
- I$_5$ 太行山隆起断褶构造带

平缓隆起拱形构造区

- II$_1$ 晋东南拱形构造带
- II$_2$ 晋西拱形构造带

强烈下沉断块构造区

- III$_1$ 天镇 大同断块构造带
- III$_2$ 忻定断块构造带
- III$_3$ 太原断块构造带
- III$_4$ 韩侯岭断裂隆起带
- III$_5$ 临汾断块构造带
- III$_6$ 峨眉岭断裂隆起带
- III$_7$ 运城断块构造带
- III$_8$ 芮城断块构造带

- —10— 垂直形变曲线（毫米/年）
- 新隆起轴向
- 新拗陷轴向
- 镜近地质时期：活动性正断层
- 活动性断层
- 隐伏活动性断层
- 推测活动性断层
- 玄武岩
- 火山群
- ≥6级地震

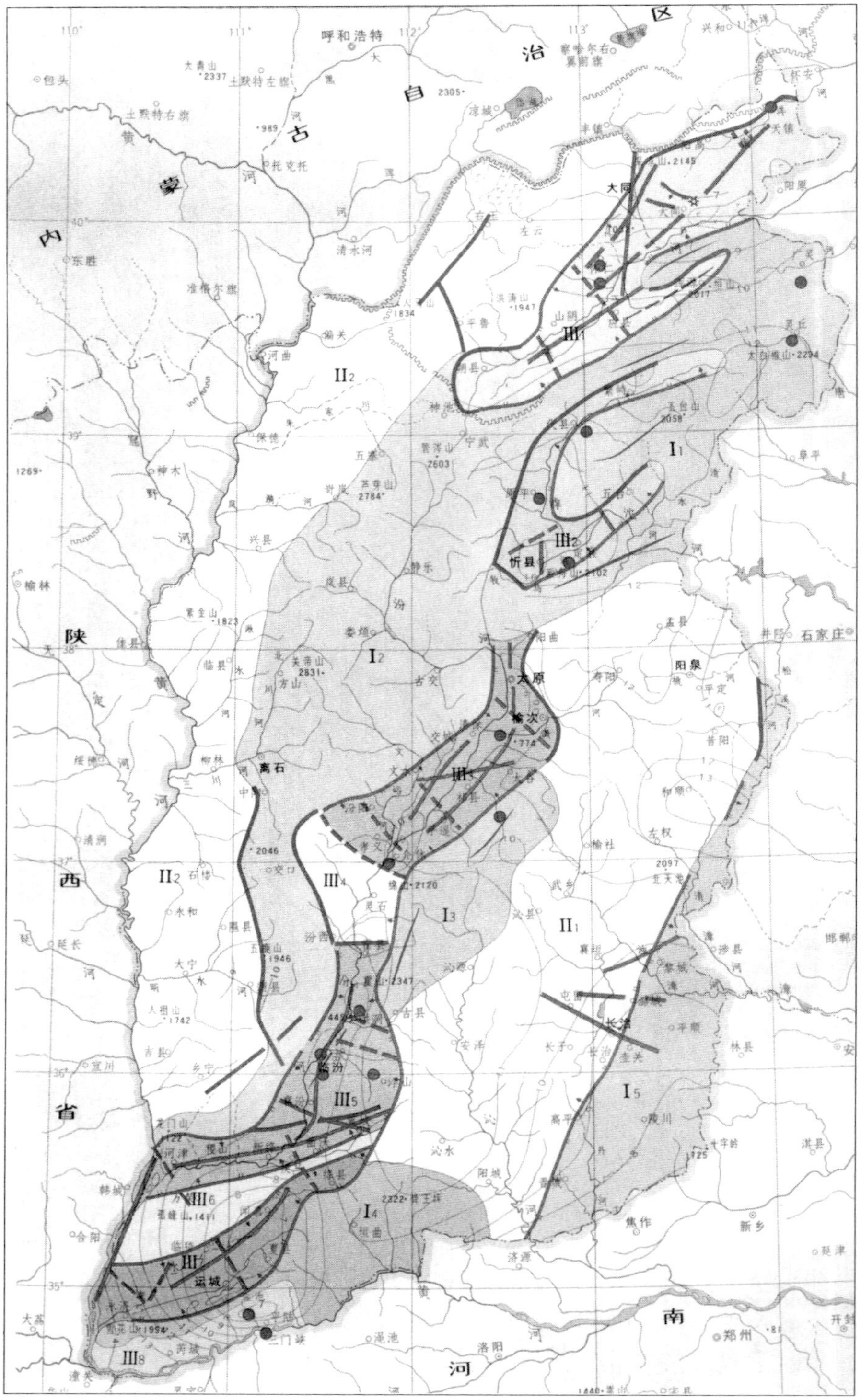

（采自山西省地图集编纂委员会编：《山西省自然地图集》，1984年）

第二章　史实　史籍

明代北方边疆惟重九边，九边之中山西居其二，即大同镇、山西镇。长城及其相关设施均为边镇防御体系的组成部分。

第一节　史实概览

明朝开国，元朝皇室及残部遁入朔漠，北疆边防随即受到重视，后来更是日重一日。洪武初年，就“自永平、蓟州、密云迤西二千余里，关隘百二十有九，皆置戍守。于紫荆关及芦花岭设千户所守御。又诏山西都卫于雁门关、太和岭并武、朔诸山谷间，凡七十三隘，俱设戍兵”[1]，修建的防御设施有各种类型的城池、堡寨、关隘等，但没有提到修筑长城。而且可以得知，此时山西的防卫重点是在雁门关一线。但实际上不仅如此，近年研究发现，洪武时期便开修建长城之例，而此道长城主要在今内蒙古自治区境内，位于明代中后期长城以北地区。其东端起自兴和县平顶山，西至清水河县黄河东岸为止，全长约350千米，墙体均夯土筑成[2]。确认此道长城的修筑年代，是1980年在内蒙古自治区乌兰察布盟丰镇市隆盛庄镇东山长城边上发现一块石碑，上刻铭文为：“大明洪武廿九年岁次丙子（1396年）四月甲寅吉日，山西行都指挥使司建筑”[3]。比勘文献和遗迹，可知明初山西的防卫已有内外两道防线，雁门关一线亦即后来的内长城地带，当时受到特别关注，因而载入史册；另外还有边境线防御，并且修筑了长城，此道防线则在今内蒙古自治区境内。

永乐年间（1403~1424年），明朝放弃了北边的不少边境重镇，如大宁、开平、东胜，防线内收。对于山西而言，放弃东胜，河套不守，省境即为边境。从此终明一代，山西的边防形势一直严峻。而且，此时在山西修筑长城，也已见于正史。《明史》记载：“（永乐）帝于边备甚谨。自宣府迤西迄山西，缘边皆峻垣深濠，烽堠相接。隘口通车骑者百户守之，通樵木者甲士十人守之。武安侯郑亨充总兵官，其敕书云：‘各处烟墩，务增筑高厚，上贮五月粮及柴薪药弩，墩旁开井，井外围墙与墩平，外望如一。’重门御暴之意，常凛凛也。”[4] 关于长城的史实，即“缘边皆峻垣深濠，烽堠相接”一句，言简意赅，却把宣府至山西一带边境线上防御体系的构成讲得很清楚。“峻垣”是高墙，边防线上绵

---

〔1〕《明史·兵志三·边防》，中华书局，1974年，第2235页。

〔2〕国家文物局主编：《中国文物地图集·内蒙古分册》（上），中国地图出版社，2003年，第97页。

〔3〕《中国文物地图集·内蒙古分册》（下），第521页。

〔4〕《明史·兵志三·边防》，第2236页。

延的高墙自是长城，无需多言；另外还有“深濠”，是与高墙相配合的设施，因其不易保存，现在常被忽略；“烽堠相接”是烽火台的构筑与传烽线路的连接。“敕书”中所说的“烟墩”，现在通称烽火台，为保证信息通畅，烽火台受到高层的特别关注，战备与后勤的各种物资储备都被考虑到了，单个的烽火台要保证能够独立支撑5个月，这大概是根据当时的交通状况、驰援速度决定的。

武安侯郑亨即是当时的大同镇总兵。永乐年间，大同即已设镇，为明代习称的九边重镇之一。郑亨指挥下所修筑的长城设施主要在山西北部边境，也就是今山西省与内蒙古自治区交界的明长城。

其后明蒙之间屡有战事，正统十四年（1449年）明英宗甚至在土木堡被俘，成为明朝边境战史上最重大的事件，修筑长城及堡寨、墩台的记载亦时有所见。成化七年（1471年）余子俊大修边墙，历来为论述明长城的学者多所征引。而史籍中山西修筑长城以及堡寨的记载，多在嘉靖（1522～1566年）、隆庆（1567～1572年）、万历（1573～1620年）年间。山西镇之设，亦在此期间。

山西称镇，较大同要晚很多。明代张天复《皇舆考》卷11《九边》之首为“九边图叙”，言及九边设立的顺序，文云：“初设辽东、宣府、大同、延绥四镇，继设宁夏、甘肃、蓟州三镇，专命文武大臣镇守提督之。又以山西镇巡统驭偏头三关，陕西镇巡统驭固原，亦称二镇，遂为九边。”〔1〕由此可知，山西镇之设，与陕西同时，在宁夏、甘肃、蓟州三镇之后，是九边重镇的最后两个。《明史·兵志三》云：“蓟之称镇，自（嘉靖）二十七年（1548年）始。”〔2〕可知山西镇之设，在嘉靖二十七年以后。而吴廷燮《明督抚年表》卷2则有“正德八年（1513年），设总制一员，镇巡以下并管粮郎中，俱听节制。嘉靖间，命总督官兼督偏保及理粮饷，时设时革，至二十九年（1550年）始定设，去偏保改山西。”〔3〕山西设镇，即在此时。偏保是指偏关、保德之黄河防线，在山西镇辖区之内。所谓“去”，是去除偏保旧称，而改为山西镇。

山西设镇的原委，在明朝兵部官员魏焕所撰的《皇明九边考》中，曾有十分精到的论述：“黄河东北旧有东胜城，与大同大边、兴和、开平相联，通为一边，外狭内宽；复设偏头、宁武、雁门三关十八隘口于内，以为重险。往年东胜、开平能守，三关未为要害。正统（1436～1449年）以来，东胜、开平俱失，三关独当其冲，时无住牧之虏，防守尚易。弘治十四年（1501年）以后，虏住套中，地势平漫，偏头关逼近黄河，焦家坪、娘娘滩、羊圈子地方皆套虏渡口，往来蹂践，岁无虚日，保障为难。今三关要害虽同，偏头尤急；十八隘口虽同，胡峪口、阳方口、石硖口尤急；河岸渡口虽同，娘娘滩、太子滩尤急。先年以山西巡抚驻扎雁门关内，代州总兵驻扎偏头关，又各设守备一员以备调度。嘉靖十九年（1540年），胡虏充斥，三关不能御。近议于朔、代之间设重臣一员，总督宣、大、三关，亦如陕西固原之制。”〔4〕山西设镇，最主要的原因是驻牧于河套地区的蒙古部落从偏关渡黄河，袭扰内地，所谓“三关要害虽同，偏头尤急”，表达的就是此意。

偏头是偏头关的省称，也是偏关的旧称。偏关在山西镇首当其冲，最为要害，故长城的修筑亦异于他处。清代著名学者顾祖禹在《读史方舆纪要》中记述偏关云：“其地东仰西伏，因名偏头。宋置偏头寨，金因之，元升为关。明初，属镇西卫守备。洪武二十二年（1389年），始建土城。宣德（1426～1435年）、天顺（1457～1464年）、成化（1465～1487年）、弘治（1488～1505年）间，皆修筑。万历二年（1574年），复改筑关城，周五里余，备兵使者驻焉。《志》云：大边在关北百二十里，起大同之崖头，至黄河七十里，无墙而有藩篱。成化二年（1466年），复于关北六十里，起老营鸦角

〔1〕（明）张天复撰：《皇舆考》，明万历十六年（1588年）刻本。
〔2〕《明史·兵志三·边防》，中华书局，1974年，第2241页。
〔3〕吴廷燮撰：《明督抚年表》，中华书局，1982年，第103页。
〔4〕（明）魏焕撰：《皇明九边考》卷6《三关镇》，明嘉靖刻本。

墩，西至黄河岸老牛湾，筑墙百四十里，号二边。而三墙在关东北三十里，起石庙儿，至石梯墩，凡七十里。四墙则在关北二里，起鹰窝山，至教场，百二十里。后复以时增修，比之二关，尤为严固。盖山西惟偏头亦称外边，与宣、大角峙。宣、大以蔽京师，偏头以蔽全晋也。"[1] 人们经常用“雄关”一词形容关隘之险固，如偏关这样，“大边”“二边”“三墙”“四墙”，如此这般的设防，不知该用怎样的词汇来形容其严密、牢固。偏关之受重视，由此可见一斑。

就在山西设镇前后，山西、大同二镇辖区修筑长城的记载多了起来。仅《晋乘搜略》一书所载，即可窥其大略。如：

> 嘉靖十三年（1534年），总督杨洛筑崞县石硖寨。寨在县东北，宋故寨也。至是，自雕窠梁至达达墩，筑边八里有奇。议者谓阳方堡以西，大川通谷，平漫无险，为云、朔、代、岚、石之径道，塞外诸部每由此窥伺。十八年（1539年），总督陈讲乃弃旧边，寻王野梁废迹修筑，东起阳方，经温岭、大小水口、神池、莜麦川，至八角堡，为长城百八十里，中间包洛山谷，环以濠堑，险始可恃。二十三年（1544年），总督曾铣复增筑高厚，与芦板寨、杨武峪、土墱寨相为犄角……《通志》胡松《阳方堡筑城记》：“西蜀陈公讲既受上命，提督三关兼巡抚山西地方，乃言于朝曰：‘山西雁门、宁武、偏头诸关，为国重镇，东起代之瓶形岭，西暨保德、河曲地，东西延袤，千有余里。而宁武关之阳方口，东西长可百八十里，适当朔州大川之冲，平衍夷漫，虽数十万骑，皆可成列以进。臣查山西诸路民壮，可得万余。忻、代、五台诸郡邑，榷金岁得数千，不足则取诸太原所部吏民赎锾。费不伤乎正额，劳不及于齐民，其筑之便。’上下其奏兵部，兵部议如公指无异。乃以雁门兵备副使王镐察奸经费，都司署都指挥同知王松、太原府同知邢伦总督工程，其下文武百执事，并选廉慎而有干者使摄之。经始嘉靖十九年（1540年）之春三月，毕工明年之夏六月。起阳方口，迄八角堡之野猪沟，老营堡之丫角墩，土筑惟半，余则斩山之崖为之，计长三万三千一十余丈，可百八十里。无论土石，并高二丈有奇，下广一丈五尺，上广七尺，加四尺为女墙，可骑以驰，可蔽以击。墙外壕堑，深广之度，略如墙中。增敌台四十三座，暖铺五十五间，暗门五座，重楼三座，护水堤台称之，包筑流水沟洞百十二处。后中丞刘公臬代，奉廷议属予与参政张君子立规计工事，补筑东路三百里，按察司佥事赵君瀛补筑西路黄河堧百五十里。”[2]

此仅记述嘉靖年间一次规模较大的修筑长城的始末，所筑为山西镇管辖的地段。其中所引胡松的《阳方堡筑城记》是很原始的文献，修筑原委、起讫地点、长度、修筑方法、墙体形制、各种设施等，应有尽有，且作者还参与了后续的修筑工程，故俱引如上，由此我们能够了解明代长城在当日的情形。以下则扼要摘引：

> 嘉靖二十一年（1542年）……乃起翟鹏总宣、大军务……鹏乃于大同浚濠筑墙。濠深广各二丈，垒土为墙，高复倍之，延袤三百九十余里。增新墩二百九十二，护墩堡一十四，建营舍一千五百间[3]。

---

〔1〕（清）顾祖禹撰：《读史方舆纪要》卷40，上海书店出版社，1998年。

〔2〕（清）康基田编著，郭春梅、王灵善、马玉山等点校：《晋乘搜略》卷30（上），山西古籍出版社，2006年，第2309~2310页。

〔3〕《晋乘搜略》卷30（上），第2332页。

嘉靖二十三年（1544年），巡抚詹荣以大同无险，乃筑东路边墙百三十八里，堡七，墩台百五十四[1]。

嘉靖二十三年，巡抚曾铣议大筑雁门长城，自老营丫角山至平刑关东八百余里，慎防内外边要[2]。

嘉靖二十五年（1546年），宣、大并筑长城[3]。

嘉靖三十一年（1552年）……翁万达为总督，筑大同边墙六百里，而建墩台于内如其数[4]。

隆庆四年（1570年），边境形势发生重大转机，此即"俺答封贡"的达成。"封"是蒙古首领俺答受明廷之封为顺义王，"贡"则是蒙古每年向明朝进贡。也就是说，由此使双方从战争状态转变为和平交往，蒙古成为明朝名义上的藩属。此事的起因是俺答之孙把汉那吉叛逃入汉地，明朝官员以此为契机寻求与蒙古和解，俺答则亦以思孙心切为由实现了罢战的目的。后来和平形势的维持，主要依靠俺答之妻三娘子的坚持，多年坚守盟约，边境赖以安宁，故明廷封三娘子为"忠顺夫人"。《三云筹俎考》记述其人云："万历九年（1581年），俺答故，子黄台吉袭王封，烝其妾母三娘子为妻；万历十三年（1585年），黄台吉故，子撦力克袭王封，亦收三娘子为妻。封忠顺夫人，为其经事三王，束诸夷奉约唯谨故也。"[5] 直到万历三十四年（1606年）撦力克故去，三娘子的影响力才衰减。其后和平局面仍在勉力维持，因此明朝官员有这样的感慨："四十余年，外不必攘而燧熄，岁登恬熙殷富，太平景象诚古今史册所未记睹者。"[6]

战祸虽然消弭，但长城防御体系并未撤除，反而因为休养生息，人力、财力充裕，各种防御设施更得到加强。这主要是基于明朝方面的警惕心理，所谓居安思危，有备无患。宣、大、山西总督杨时宁的表述充分揭示了这样的心理："幸天心厌祸，孽孙来降，俺酋以舐犊之故，稽颡称臣，遣使献琛，三十余年贡市如故，恭顺弥坚。朝廷之体统常尊，边塞之军民乐业。即唐虞之世，《诗》《书》所称'来格''咸宾'之盛，不加于此矣。数年来，诸臣乘暇修守，屯地开辟，牛马滋蓄颇繁；堞雉嶙峋，金汤远迩相望。谭者孰不艳而羡之？然臣则大有隐忧焉。盖虏情叵测，虽恭顺，终无不变之盟；兵家常道，即治世，岂有忘战之理？"[7] 所谓"乘暇修守""堞雉嶙峋""金汤远迩相望"，就是在"俺答封贡"以后加强了长城防御体系的描述性语言。所以在隆庆、万历年间对长城及其附属设施的修建、加固的工程量很大。

我们就从《山西宣大三镇图说》卷1起首所述"大同巡道辖北东路"8座军堡的建筑和加固年份上看一下，就可以了解边境和平之后，防御工程的修建丝毫没有松懈：

得胜堡，"设自嘉靖二十七年（1548年），万历二年（1574年）砖包"。

镇羌堡，"设自嘉靖二十四年（1545年），万历二年砖包"。

弘赐堡，"土筑于嘉靖十八年（1539年），万历二年砖包之"。

镇边堡，"本堡原非官设，初名镇胡，嘉靖十八年更筑之，砖包于万历十一年（1583年）"。

---

〔1〕《晋乘搜略》卷30（上），第2335页。

〔2〕《晋乘搜略》卷30（上），第2338页。

〔3〕《晋乘搜略》卷30（上），第2347页。

〔4〕《晋乘搜略》卷30（上），第2377页。

〔5〕（明）王士琦撰：《三云筹俎考》卷2《封贡考》，明万历刻本。

〔6〕《三云筹俎考》卷1《安攘考》。

〔7〕（明）杨时宁编：《宣大山西三镇图说》卷1，明万历癸卯（1603年）刻本。

镇川堡，“本堡创建于嘉靖十八年（1539年），万历十年（1582年）砖石包修”。

拒墙堡，“设自嘉靖二十四年（1545年），万历二年（1574年）砖包”。

镇河堡，“设自嘉靖十八年（1539年），万历十四年（1586年）始议砖包”。

镇虏堡，“土筑自嘉靖十八年（1539年），万历十四年（1586年）始议砖包”。

窥此一斑，可知全豹。杨时宁所谓“乘暇修守”，绝非虚言，“堞雉嶙峋”指长城严整矗立于高低不等的地貌上，瘦削而劲健；“金汤远迩相望”指错落分布于长城周边的城池、堡寨坚固牢靠，确如金城汤池一般。万历年间为军堡包砖加固，正是其佐证。

“俺答封贡”后，还有一个积极的结果，蒙汉两族人民都可以受益的结果，即开设马市。《明史》载：“马市者，始永乐间，辽东设市三，二在开原，一在广宁，各去城四十里。成化中，巡抚陈钺复奏行之，后至万历初不废。嘉靖中，开马市于大同，陕边宣镇相继行。隆庆五年（1571年），俺答上表称贡，总督王崇古市马七千余匹，为价九万六千有奇。其价，辽东以米、布、绢，宣、大、山西以银。市易外有贡马者，以钞币加赐之。”[1] 然而，大同镇创设在嘉靖年间的马市旋开即撤，隆庆年间再次开设马市，才维持下去。

《三云筹俎考》记载，隆庆四年（1570年）九月，俺答之孙把汉那吉请降，朝廷经过一番抚与剿的争论，最后决定议和，封俺答为顺义王，第二年便下令“设藁街于边城，毋令入都市。虏以马、杂畜、皮毛，我以银、布、彩缯诸货。官市毕，听民私市。九月，报市成”。初设之时，马市的形式为“藁街”。“藁街”的建筑形制未见记载，顾名思义，当是非常简单草率的场所，应该是单纯为边境贸易设置的双方交易的固定地点。

《三云筹俎考》记载，大同镇的马市有新平堡马市、守口堡马市、镇羌堡马市、助马堡马市、宁虏堡马市、破胡堡马市、杀胡堡马市、云石堡马市、迎恩堡马市，共9处。镇羌堡马市为最大一处，该书卷3《险隘考》“镇羌堡”条云：“本堡边塞首冲之地，阖镇大市集焉。内北洞儿沟、野口等处俱极冲。边外柳河、山海子等处，酋首黄金榜、实威静、倘不浪等部落住牧……今款和熄燧，但每遇互市，东西名王率众数万蜂屯城下。虽届期道将悉至监临，又依附得胜为之后劲，藉以无恐，然事变呼吸，防御之策不可不周慎也。”此处称“依附得胜”，而卷2《封贡考》又称为“得胜堡市口”，则镇羌堡马市与得胜堡马市实指一处。镇羌与得胜二堡俱密迩马市，故名称易淆。该书在“虏酋市场”节记载三处有蒙古首领参与贸易的马市，为得胜堡市口、新平堡市口、守口堡市口。很显然，此三处为大市口，其余几处是小市口。马市尚有层级之分，显见得贸易开展之广泛与深入。

山西镇所设马市较大同镇为少。《宣大山西三镇图说・山西镇图说》载：柏杨岭堡市口一处，“款后好汉山设有市口一处，夷人往来，老营岁易市马，防范戒备不可不预慎焉”。水泉营堡有红门市堡，“款后建市场于红门隘口，外设闸口三处，以通虏酋出入；内设闸口一处，以定华夷界限。每遇开市，群夷毕集，我亦厚为之备”。此外，河曲营城市口一处。此三处马市，依照大同镇的区分，有蒙古首领（虏酋）参与贸易者为大市口，则红门市堡为大市口，其余两处是小市口。

万历以后，明朝内外交困，外有满清步步紧逼，内有农民起义烽烟遍地，再也无暇顾及修筑长城。个别地方或有小修小补，亦无关大局，无须缕叙。

---

〔1〕《明史・兵志四・马政》，第2277页。

第二节 文献综述

记载明代长城的文献，有如下几类：

一 正史类。即《明史》，它是我们从宏观角度了解明代社会所必读的书，同时也是了解修筑长城的“大背景”所必读之物。该书《兵志》中有《边防》一章，为我们从宏观角度全面把握明长城的相关政治、经济、军事制度打开了大门。此外，书中还有与长城有关的人物传记，无论是帝王将相还是朝野上下的各级官吏，都比较详细地记录了他们的事迹，这也为我们深入了解长城的许多细节提供了可能。

二 实录类。包括后人对实录所做的整理。《明实录》包罗万象，以资料丰富见长，是了解明代历史的第一手资料，可作为原始史料使用。每一朝每一个皇帝的实录都详细记载着该帝王的言行以及所发生的重大事件。边防在当时的国家政治生活中占有举足轻重的地位，尤其是到了明中后期，更是如此，因此在每一朝的实录中都包含有当时大量有关长城的权威史料。这些史料除了告诉我们发生了什么重大事件，以及朝廷采取了相应的什么政策措施之外，更主要的是准确地告诉了我们事件发生的时间和地点，这为我们把田野调查所获取的资料和史料进行整理、对比、分析打下了基础。当代有学者为了方便同行使用《明实录》，对其进行了整理，按照事类和地域的原则将其中相关的内容编辑在一起出版，与山西明长城有关的主要是《明实录类纂・军事史料卷》和《明实录・大同史料汇编》。除此之外，此类书中还有《万历起居注》等书。

三 政书类。明清两朝编纂了许多政治制度书籍，尤其明朝官方所编行政法典类书籍，内容丰富、资料原始、可信度高，如《诸司职掌》《明会典》和《明会要》。这类书的内容是讲明朝的典章制度，对边镇设置多有记述。这在长城的研究中作用也是很大的。边防既然是军国大计的重要内容之一，那么必然会有大量相关的制度作为保障，用以规约其实施的程序和范式，当然这些制度是全国性的带有宏观性和原则性的，落实到地方上，具体实施起来一定有因地制宜的各种因应改造之处，但大的纲领上必然与制度规定保持一致，在制定具体政策时也是以典制为准绳，故我们只有在把握宏观政策法令后，才能更加深刻理解那些具体的地方性措施。此外，在这类书中还有《皇明世法录》《皇明经济文录》等。

四 地方志类。前面所说的三类都是带有宏观性和全局性，具体落实到地方上都会略有不同，都会被因地制宜地采取一些具体的因应措施故而彼此之间也会有不同，不仅是各个行政区间会有不同，而且各个军分区即“镇”间也会有不同。因地方事务详细而繁多且多带有具体实施措施，同时无论是政策还是措施时常会有变化，所以那些全局性的史书记录起来便只能提纲挈领、取同弃异，很多细节上的差异得不到反映。地方志很好地弥补了这一缺憾，它均为当地官府根据本地区的具体情况修著，因而极具地方特色，在记录地方事务上也越发地详尽，这为我们具体研究每一地方的长城提供了钥匙。同时我们还应该注意同一朝代同一地区不同版本的地方志以及不同朝代同一地区的地方志的变化，其中后者多为对前者的考证和补充，这能使我们很好地了解事件的更新变化情况以及政策和措施的发展变化情况。同时，我们在翻阅大量的地方志之后注意到在清版的地方志中所记载有关长城的史料往往要比明版记录的要多，当然这也不是绝对的，因此我们不能忽视清版地方志在明长城研究中的史料价值和作用，也不能因为其成书年代较晚而搁置一边。

五 个人有关长城的专著。著者主要是曾经在长城防御体系中任过职的人，如担任过总兵、总督之类官职。这些书的内容范围主要是作者所担任的防区的范围，因而直接提供了有关长城具体防区的情况，较之地方志显得更有针对性，更加详细具体，此类书为研究者直接提供了根据，故十分珍贵。

在这类书中，关系到山西明长城的史料价值最高的当首推尹畊所著《两镇三关通志》，不过此书目前分散在世界各地好几家图书馆，各家都不是全本，很难利用，但其具有极高的史料价值是无可置疑的。

其次便是《三云筹俎考》和《宣大山西三镇图说》。这两部书的作者分别是王士琦和杨时宁，他们都在边防上任过职，因此对他们所管军事辖区的情况是了如指掌，故其书在长城的微观和细节研究上有很高的史料价值。具体来说《三云筹俎考》主要是叙述大同镇的防务，全书分四卷，其中以《险隘考》最为重要。此卷以城堡为单位，分述大同镇的72军堡的建制及兵力部署、武器装备等并辅之以图。《宣大山西三镇图说》与《险隘考》的线索相同，只是范围有所扩大，增加了宣府镇、山西镇，同样是图文并茂。两书相互参照，相得益彰。

除此之外还有《边防考》《边略五种》《皇明九边考》《皇舆考·九边》《全边略记》《边纪略》《九边破虏方略》《九边图本》《九边图记》《九边图说》《九边图考》《九边图论》《抄本筹边纂议》等边防舆地图籍，由于明代九边防御体制关乎明之兴亡，故明人编著了许多专门记述军镇的舆地图籍，基本上都有对山西地区的论述。这些舆地图籍多为当时军镇官员与兵部官员绘制，耳闻目见，最为接近军镇原貌，其内容不仅有大量详细的军镇地图，而且分门别类地探讨了诸如军镇建制、设施、兵马钱粮等多方面的问题。这些书详略不同，侧重不同，有以议论为主的，则史料价值稍逊；也有诸书之间因袭的，此为明人著述习见，亦不足深论，但总的特点是记载都比较简略。

六　奏议类。主要是明朝各级文武官员上奏朝廷的奏疏，其内容主要是大臣们关于边防事宜的讨论、建议和工作汇报。由于这些奏疏是上奏朝廷的，带有“公文”的性质，因而具有极大的权威性、原始性，很多在边防上具体实施的工作也是由此“精神”而来。因此，我们从中可以了解朝廷及大臣的治边思想及变化，为我们研究具体的边防“行为”找出相应的政治“理论参考”提供依据。并且这些奏疏多为当时人整理汇编，其中较为重要的有《明经世文编》《总督四镇奏议》《明臣章奏辑要》《皇明两朝疏抄十二卷》《皇明嘉隆疏抄》《万历疏抄》《皇明两朝疏抄二十卷》《皇明奏疏类抄》《皇明留台奏议》《皇明疏议辑略》《御选明臣奏议》《皇明疏抄》等，但由于当时没有专门编著“边防”类的奏疏集，因此现存的这些《奏疏》《奏议》的内容多为各项国家事务的合集，其中有《边防》《边饷》《边事》《边功》《武备》等类目则为与长城有关的内容。

七　个人文集类。明人文集以其资料的丰富赢得了人们越来越多的关注，这里主要指那些熟悉边防事务的人士的集子。明中后期，文臣赴边，使得明代之大量文集中皆记载了九边的内容。这些人大多都任过与边防有关的职务，或文或武，并且为长城的修建以及防务建设作过贡献。对于山西来说，最为主要的是《翁万达集》，该书中有许多关于修建宣大长城，整饬兵马钱粮等事宜。此外还有《大隐楼集》《高拱全集》等。

八　编年体类。编年体的史书很多，而关于山西长城方面的主要是《晋乘搜略》和《山西兵事辑略》。《晋乘搜略》一书共32卷，是清代康基田修纂的一部大型编年体山西通史长编，上起唐尧，下迄明亡，记载了山西4000年的历史。“全书语言奥博质朴，端庄严肃。体制方面，熔《左传》《通鉴》于一炉而出之，编次条目以正纲领，详尽本末以存史实，随手作注以训文字，遇疑考证以辨真伪，有感加按以断曲直。内容方面，包容了自然环境和社会生活的各个方面，凡他认为有关于国计民生、治道风尚，或者认为不可埋没的文物掌故、轶闻逸事，都采入叙明来历轨迹，为其立言，尤其边防水利和明朝一段叙述，十分详细。史料方面，书中保存了历代许多野史资料和大量的碑刻、游记、奏章、诗文以及艺术资料，并且有的原件已经失传，这些都有一定的史料价值”[1]。由于长城不是一道简单

〔1〕《晋乘搜略·出版说明》，第1页。

的墙，而是一个防御体系，包括其周边的社会生活的内容，因此，此书有助于我们全面了解当时的山西地方社会情况，从而更加深入了解这一地域的长城。《山西兵事辑略》一书系台湾学生书局影印出版，收入《中国史学丛书》，佚名纂。该书也是采取编年体，全书共四卷，上起汉高祖二年（前205年），下讫清光绪四年（1878年），记载了山西近2000多年的军事史，并且在全书的最后还附上了“释地”部分，便于了解沿革地理的有关情况，因而使用起来很方便。书中内容叙述比较简略，但其文献价值不容忽视。

九　杂史、野史类。这一类书籍内容更为繁芜，在此仅举《万历武功录》和《万历野获编》两部书。这两部书主要叙述万历一朝的兵事与政事，因而具有一定的参考价值。需要注意的是，在使用这类书中的史料时，一定要小心谨慎，之前须阅读相关的考证著作为宜，比如《万历武功录研究》，以此鉴别史实的真伪。

十　蒙古方面的资料。明蒙关系好坏以及彼此实力的消长是影响长城修建的主要外部因素，因此在研究山西明长城时，边外的蒙古情况自然应该纳入研究范围。并且明长城主要是用来防御蒙古族等“北虏”入侵，因此在研究长城及其相关问题时，蒙古方面的材料可以说明很多问题，此正所谓“知己知彼”，深入研究才有可能。现存蒙古方面的材料主要有蒙古人自己撰写的史料和明朝人撰写的汉籍史料两部分。蒙文史料详于蒙古内部情况，自成系统，其缺点之一是较为晚出。自14世纪中叶至16世纪末的200多年间，几乎没有蒙古人自己的史学著作流传下来。汉文史料则多为明人对当时情况的记载，虽然失之零散和过于偏重明蒙关系而昧于蒙古内部情形，但毕竟是当时所留下的第一手资料，记时记事都比较准确。因此明代蒙古的活动情况在很大程度上都要依赖汉籍去搜寻。但明人著述汗牛充栋，仅《明史·艺文志》中记载的就有1.2万余种，且有不少遗漏，这其中有大量记载蒙古的内容。这些史料的特点是：第一，有关蒙古的记载与其他记载交织在一起，需要深入挖掘；第二，史料记载分散，颇费检索；第三，蒙古史料多有因袭重复者，需要追本溯源，识其异同；第四，清朝统治者讳言其先祖实情，禁毁书籍之风甚烈，因此流传稀少，殊不易得。但是无论如何，此种蒙古史料，许多是具有很高价值的第一手资料〔1〕。明人记载蒙古情况，始于洪武、永乐，渐繁于正统、天顺，盛于嘉靖、隆庆、万历三朝，而这一时期大明王朝江河日下，体现在军事上则是节节败退，蒙古却蒸蒸日上，频频南下袭扰，有识之士为达到知己知彼之目的而关注蒙古情况，致使现存的蒙古史料主要为当时汉人所写，即蒙古汉籍史料；同时这一时期也是大修边墙之时，因此阅读蒙古资料就显得格外重要。具体来说主要有《明代蒙古汉籍史料汇编》第一至第六辑中包含的内容，主要有《北巡私记》《北平录》《北征录》《北虏事迹》《北虏纪略》《北虏始末志》《北虏风俗》《俺答前志》《三卫志》《四夷考》等。

以上是对长城文献所做的简单介绍，限于篇幅，只择重要的文献专门进行了评述〔2〕。

---

〔1〕 薄音湖、王雄编辑点校：《明代蒙古汉籍史料汇编》（第一辑），内蒙古大学出版社，2006年，第1页。

〔2〕 参见尚珩：《山西明长城文献综述》，《沧桑》2009年第6期。

第三章　山西省明长城调查工作概况

一　前期准备

前期准备主要包括七个方面。

1. 划分调查任务。山西省文物局与山西省测绘局根据《长城资源调查工作总体方案》，就共同承担和各自承担的主要任务进行了协商划定。

（1）共同任务。制订实施方案，组织人员培训，在 1∶50000 地形图上标绘长城墙体位置，完成田野调查与测绘，生产基础地理信息数据和专题要素数据，量测长城长度，编制长城记录档案，出版工作报告和调查报告，整合数据资料。

（2）各自任务。山西省文物局在对长城资源调查与测绘负总责的基础上，重点负责定性方面的工作，即对长城资源进行现场勘察、考古测量，做好信息采集与登录工作，对田野调查获取的资料和信息进行整理、归纳、汇总，建立长城记录档案。山西省测绘局重点负责定量方面的工作，为长城资源调查提供资料与技术支持，即处理影像和基础地理信息数据，提供正射影像图或航片、地形图等资料，提供数据定位、采集、整理等方面的技术支持，生产基础地理信息数据和专题要素数据，量测长城长度，进行重点地段精细测量。

2. 成立组织机构。为加强对长城资源调查工作的组织领导，山西省文物局会同山西省测绘局于 2007 年 4 月 23 日，联合成立了由两局局长任组长，分管副局长和省财政厅教科文处处长任副组长，山西省文物局和山西省测绘局直属有关单位领导、长城沿线的县市文物局局长为成员的山西省长城资源调查工作领导组。领导组下设办公室（设在省文物局文物管理处），办公室下组建 5 个专业调查队。

领导组的主要职责是组织领导长城资源调查工作，研究解决长城资源调查与测绘工作中的重大问题。领导组办公室具体负责调查事务的日常组织实施，包括提出工作计划，检查、督导调查与测绘工作，掌握、汇总调查工作进度，完成阶段性工作总结和工作报告等。各调查队在领导组办公室的组织下，具体实施长城资源调查工作。调查队主要由山西省古建筑保护研究所、山西省考古研究所、山西省基础地理信息院、山西大学考古系和各有关市、县文物部门抽调的 50 余名队员组成，以田野考古人员为主，配以测绘、摄影摄像、绘图和电脑录入等方面的专业人员。

3. 编制工作方案。2006 年全国明长城资源调查试点工作结束后，山西省文物局即组织有关专家和专业人员，在整理、汇总以往长城调查资料的基础上，拟定了《山西省长城资源调查工作计划》，并报经国家文物局批复。2007 年 2 月全国长城资源调查培训班结束后，山西省文物局即会同山西省测绘局编制《山西省长城资源调查与测绘实施方案》《山西省长城资源调查经费总预算方案》和《2006 ~ 2010 年分年度经费预算方案》及《山西省明长城资源调查测绘经费预算方案》，并于 3 月 30 日同时正式上报国家文物局、国家测绘局和国家长城资源调查项目组。

4. 召开有关会议。2007 年 4 月 24 日组织召开了由领导组组长、副组长、全体领导组成员、办公室全体成员、全体调查队员和新闻媒体记者共 140 余人参加的“山西省明长城资源调查动员会”（彩图一）。2008 年 1 月 25 日召开了由领导组组长、副组长、部分领导组成员、办公室成员和各调查队队长参加的“山西省明长城资源调查阶段性工作会议”（彩图二）。2008 年 8 月 21 日召开了由领导组组长、副组长、部分领导组成员、办公室成员、全体调查队员和新闻媒体记者参加的“山西省明长城资源田野调查总结会”（彩图三），国家文物局文物保护与考古司世界遗产处副处长刘华彬带领国家长城资源调查检查组一行出席会议并讲话，对山西省的明长城资源调查工作给予了充分肯定。

5. 开展人员培训。一是组织参加了长城资源调查国家级培训，包括 2007 年 3 月 9 ~ 22 日北京居庸关培训，7 月 15 ~ 18 日宁夏银川培训，8 月 26 ~ 29 日辽宁沈阳培训，2008 年 1 月 13 ~ 17 日、7 月 8 ~ 11 日北京蟹岛培训。二是组织了长城资源调查省级培训，包括 2007 年 4 月 25 ~ 30 日大同首期培训（彩图四 ~ 六），8 月 3 ~ 5 日太原阶段性培训。太原的这次培训邀请了国家长城资源调查项目组专家，就前一阶段田野调查成果进行了审验评估，为下一阶段规范化调查明确了方向。

6. 建立规章制度。结合实际制定了《山西省长城资源调查专项经费管理办法》《山西省长城资源调查经费支出管理办法》《山西省长城资源调查资料管理暂行规定》《山西省长城资源调查专家咨询暂行办法》《山西省长城资源调查人员安全管理暂行办法》《山西省长城资源调查资料检查验收办法》等。

7. 提供技术保障。配备了田野调查必需的仪器设备，包括台式电脑、笔记本电脑、移动硬盘、激光打印机、数码相机、数码摄像机、GPS 定位仪、红外测距仪、对讲机、双筒望远镜等。此外，为调查队员提供了必要的安全保障，包括军用帐篷、水壶、背包、登山绳等必需装备，防蛇咬、防擦伤、防疾病等常用药品以及人身意外伤害保险。队员在长城资源调查期间发生的医保范围以外的医疗费用实报实销。

二 田野调查

田野调查主要包括两个方面。

1. 划定调查范围。一是各调查队调查范围划定。调查一队主要负责调查外长城偏关县老牛湾至河曲县巡镇镇石梯子村段，内长城原平市经宁武县、神池县、朔城区至偏关县柏杨岭段；调查二队主要负责调查灵丘县、繁峙县与河北省阜平县交界处，经繁峙县、浑源县、应县、山阴县至代县西境段；调查三队主要负责调查从天镇县与河北省怀安县交界处，经阳高县、大同市新荣区、左云县至左云县、右玉县、内蒙古自治区凉城县三县交界处段；调查四队主要负责调查沿太行山一线从盂县南经平定县、昔阳县、和顺县、左权县至黎城县东阳关段；调查五队主要负责调查广灵县、灵丘县、浑源县、大同县、左云县、右玉县、平鲁区、朔城区、山阴县、怀仁县、应县、五台县等县（区）城堡、烽火台等遗存设施。

二是与邻省区交界调查范围的划定。山西省与河北省和内蒙古自治区长城有交界。三省区于 2007 年 2 月在北京居庸关全国长城资源调查培训班上即划定了各自的调查范围，并于同年 3 月和 7 月两次到现场确认了具体分界点。与河北省调查范围的划定是：河北省怀安县至山西省天镇县分别以东经114°9′12.4″，北纬40°42′41.2″和东经114°7′17.8″、北纬40°44′28.1″为界，以东由河北省调查，以西由山西省调查；河北省阜平县至山西省灵丘县、繁峙县以东经113°57′15.3″、北纬39°6′29.9″为界，西北方向由山西省调查，东南方向由河北省调查；河北省阜平县至山西省五台县以东经113°46′5.7″、北纬38°55′8.1″为界，西南方向由山西省调查，东北方向由河北省调查。与内蒙古自治区调查范围的划定是：南起偏关县老牛湾，北至右玉县、左云县和内蒙古自治区凉城县三县交界处长城内外侧，由内蒙古自治区负责调查；右玉县、左云县与内蒙古自治区凉城县三县交界处向东至山西、内蒙古、河北三省区交界处长城内外侧，由山西省负责调查。

在实际调查过程中，各调查队相互支援，调查范围稍有变化，下表列出了各县（市、区）的调查时间和调查队（表1）。

表1　山西省各县（市、区）长城资源调查时间和调查队简况表

	调查时间	调查队	备注
天镇县	2007年5月22日～7月7日	调查三队	
阳高县	2007年7月6日～2008年5月30日	调查三队	
新荣区	2007年10月27日～2008年7月25日	调查三队	
左云县	2007年11月20日～2008年7月5日	调查三队	
	2007年5月24日～10月19日	调查五队	
右玉县	2007年5月25日～8月14日	调查五队	内蒙古自治区调查队对右玉县与凉城县、和林格尔县交界区域长城墙体及其他资源进行了调查
平鲁区	2007年8月14日～10月31日	调查五队	内蒙古自治区调查队对平鲁区与清水河县交界区域长城墙体及其他资源进行了调查
灵丘县	2007年5月25～29日	调查二队	河北省调查队对灵丘县与阜平县、涞源县交界区域长城墙体及相关资源进行了调查
	2008年5月26日～6月9日	调查五队	
繁峙县	2007年5月30日～12月15日	调查二队	
浑源县	2007年7月8日～9月18日	调查二队	
	2008年4月14日～5月7日	调查五队	
应县	2007年9月19日～10月24日	调查二队	
	2007年11月27日～12月13日	调查五队	
山阴县	2007年10月25日～11月13日	调查二队	
代县	2007年11月13日～2008年5月20日	调查二队	
原平市	2007年5月25日～2008年8月25日	调查一队	
	2008年4月24日～6月10日	调查二队	
宁武县	2007年5月23日～6月15日	调查一队	
	2008年6月11～21日	调查二队	

续表 1

	调查时间	调查队	备注
神池县	2007 年 6 月 29 日 ~8 月 16 日	调查一队	
	2008 年 6 月 23 日 ~7 月 13 日	调查二队	
朔城区	2007 年 7 月 1 日 ~8 月 13 日	调查一队	
	2007 年 9 月 14 日 ~2008 年 6 月 22 日	调查五队	
偏关县	2007 年 8 月 16 日 ~2008 年 7 月 14 日	调查一队	内蒙古自治区调查队对偏关县与清水河县交界区域长城墙体及其他资源进行了调查
河曲县	2007 年 11 月 1 日 ~2008 年 5 月 22 日	调查一队	
黎城县	2007 年 5 月 24 日 ~6 月 16 日	调查四队	河北省调查队对黎城县与涉县交界处长城墙体及相关资源进行了调查
左权县	2007 年 5 月 28 日 ~6 月 29 日	调查四队	河北省调查队对左权县与涉县、武安市交界区域的部分长城资源进行了调查
和顺县	2007 年 6 月 29 日 ~7 月 12 日	调查四队	
昔阳县	2007 年 8 月 15 日 ~2008 年 6 月 4 日	调查四队	
平定县	2007 年 9 月 12 日 ~2008 年 5 月 24 日	调查四队	河北省调查队对平定县与井陉县交界区域的部分长城资源进行了调查
盂县	2007 年 11 月 11 日 ~2008 年 5 月 26 日	调查四队	河北省调查队对盂县与阜平县交界区域的部分长城资源进行了调查
大同市城区、南郊区	2008 年 7 月 13 日 ~8 月 2 日	调查三队	
大同县	2008 年 6 月 9 ~19 日	调查五队	
怀仁县	2007 年 10 月 19 日 ~11 月 21 日	调查五队	
广灵县	2008 年 4 月 28 日 ~5 月 28 日	调查五队	
五台县	2007 年 12 月 9 日 ~2008 年 5 月 18 日	调查四队	河北省调查队对五台县与阜平县交界处长城墙体及相关资源进行了调查
阳泉市郊区	2008 年 5 月 24 ~27 日	调查四队	
内蒙古兴和县/丰镇市/凉城县	2007 年 6 月 1 日 ~12 月 6 日	调查三队	

2. 组织田野调查。田野调查开始前，领导组办公室与各调查队签订了工作协议，具体明确了各队的调查任务和完成时限。田野调查期间，各调查队做到了“两个严格遵守”，一是严格遵守技术路线。以县级行政区域为调查和统计单元，以长城墙体为线，按照田野调查的方法分段调查。调查前，各队认真研究历史文献，充分收集、汇总以往调查研究成果资料。调查中，严格依据《长城资源调查工作规程》，以传统田野考古调查为主，对长城墙体、附属设施及相关遗存等，进行勘察、测绘，每日填写、整理调查内容的电子文档，汇总调查资料，严格数据整合程序。各调查队每月上旬向领导组办公室提交经确认合格的上月调查资料。二是严格遵守技术流程和工作流程。

技术流程图示如下：

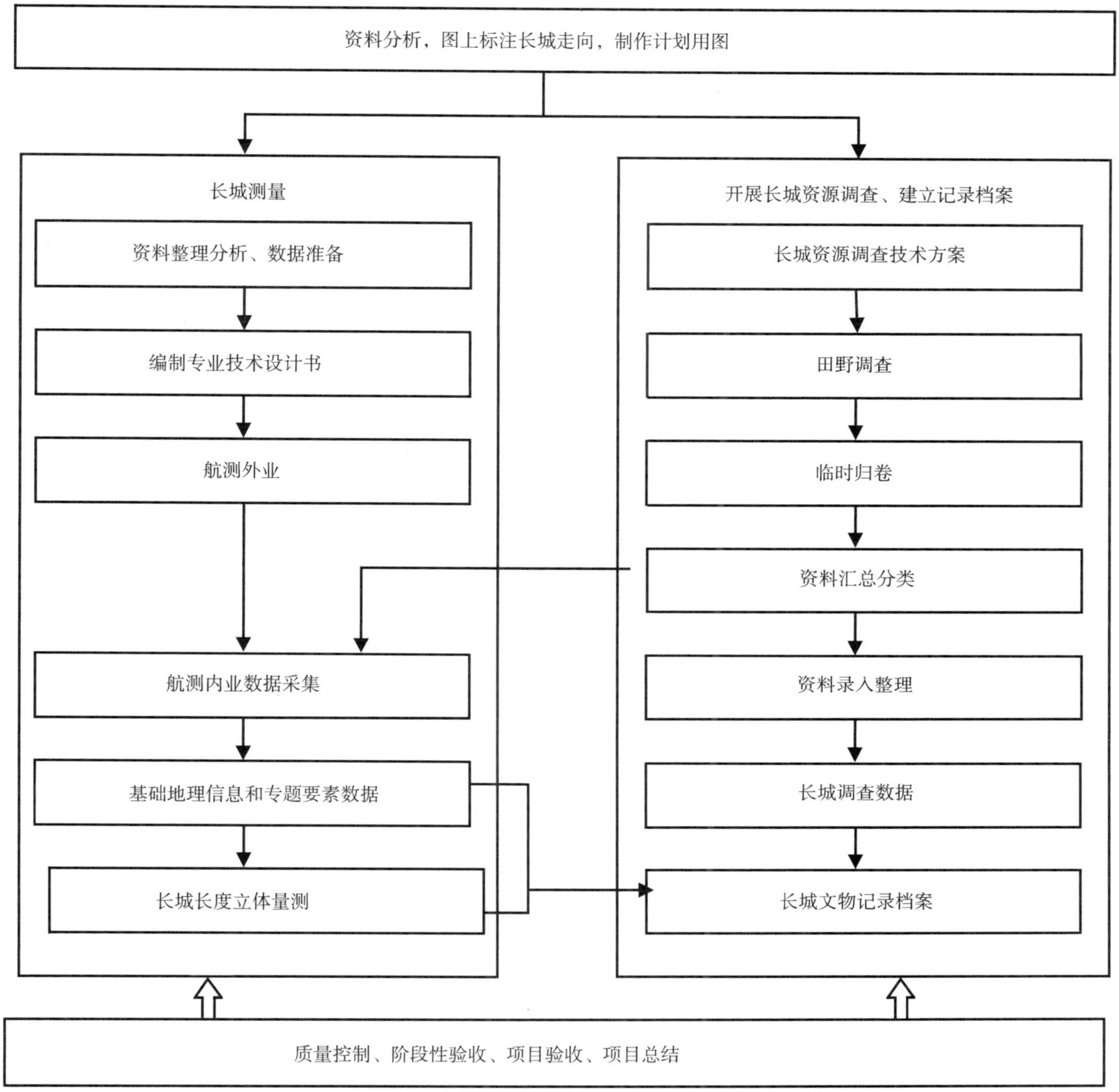

工作流程图示如下（其中■表示室外工作，□表示室内工作）：

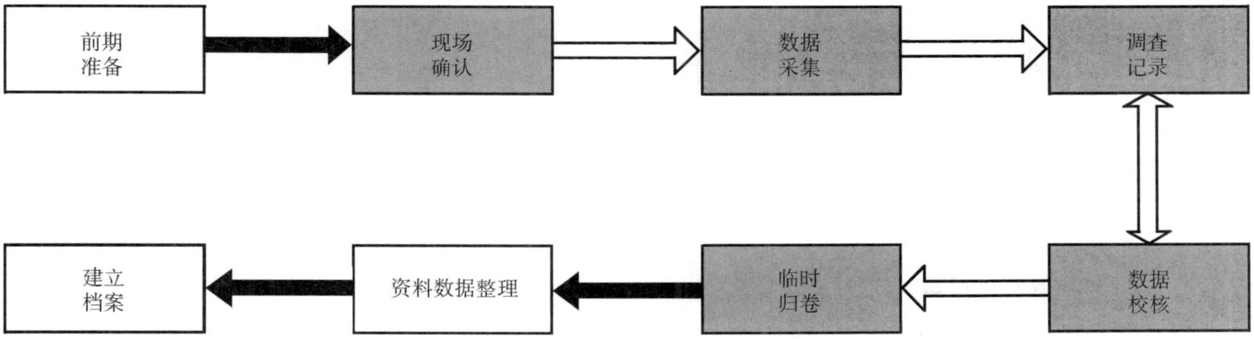

田野调查严格实行队长负责制。队长全面负责安排本队调查计划；掌握本队工作进度；对调查中的一般技术疑难问题组织现场讨论，并做出最后决定；撰写调查日志；负责组织本队全部调查资料的审查、清点、保管和移交等工作，各项调查记录均经队长签字后提交领导组办公室审核。

山西省明长城资源田野调查分为两个阶段，第一阶段为2007年5月18日至12月底，墙体调查完成总任务量的95.3%，烽火台调查完成总任务量的近60%。第二阶段2008年4月中旬至7月底，完成第一阶段未完成的全部调查任务（彩图七～二二）。

田野调查期间，领导组两次听取各调查队的阶段性工作汇报。领导组办公室先后6次组织省内专家对各调查队的田野调查资料进行抽查验收，并以简报形式将各队存在的问题汇总、通报和督请整改；4次组织各调查队进行相互检查、交流、取长补短。各调查队相互间还自行进行田野调查经验交流。明长城资源调查工作得到了山西省文物局和山西省测绘局领导的高度重视，2008年6月25日，山西省文物局局长施联秀带领相关干部赴左云县，就明长城资源田野调查工作进行专题调研（彩图二三、二四）。2007年8月20日，山西省文物局文物管理处处长董养忠赴天镇县进行专题检查（彩图二五）。

为了确保田野调查成果的完整性，领导组办公室组织各调查队，就山西省境内需要补充实测的重要墙体段、关堡、单体建筑等进行了梳理，并与有关专业单位签订了实测协议，最终由山西省基础地理信息院编写完成《山西省明长城重点地段测绘工程》（2009年9月），并于2010年12月通过验收。

三　资料整理

资料整理工作大致分三个阶段完成。

1. 2007年6月5～8日、8月8～9日。期间，组织各调查队队长，就前一阶段田野调查资料录入和调查登记表填写进行了交流，并邀请国家长城资源调查项目组专家予以指导。

2. 2008年2月25日～3月31日。期间，组织有关专家和各调查队队长完成了各类调查登记表填写规范的制定，统一了全省调查登记表的填写格式，并两次邀请国家长城资源调查项目组专家，就这一阶段资料整理的成果进行指导审查，资料整理成果基本得到专家认可。

3. 2008年9月28日～12月中旬。期间，对2008年3月制定的调查登记表填写规范进行了补充、修订；根据国家长城资源调查项目组《长城资源调查资料检查验收规定》，于2008年11月13日，组织完成了第一阶段省级100%资料检查验收，并顺利通过了国家级第一阶段的验收。2008年12月上旬，组织完成了第二阶段省级100%资料检查。2009年2月10～13日，组织完成了第二阶段省级100%资料验收。国家长城资源调查项目组于2009年4月9～11日，在山西省组织了全国明长城资源调查资料第二阶段检查验收试点（彩图二六），山西省顺利通过了第二阶段国家级验收。在此基础上，组织完成了山西省明长城资源调查资料的汇总、对接、数据汇交和资料移交。

资料整理期间，根据国家长城资源调查项目组的要求，山西省文物局于2008年9月底前，分两次向山西省基础地理信息院提交了经验收合格的全部田野调查GPS采集点数据成果，并协助该院内业人员校核确认了全部数据，确保了测绘内业成果的准确无误。

资料整理期间，山西省文物局多次组织有关专家和各队队长，就山西省内需要统一的问题和各调查队存在的问题，进行讨论研究，确保了调查资料的权威、完整和调查登记表格式、内容描述的规范统一。

四　长度量测

长度量测工作主要包括五个方面。

1. 划定作业范围。经过山西省文物局、山西省测绘局的共同确认，明长城测量的作业范围位于东经 110°14′32.7″～114°31′48.7″、北纬 34°36′07.7″～40°45′16.7″。

2. 确定技术路线。主要包括作业计划制定、资料准备与整理、立体量测与对象化处理、作业过程质量检查、精度计算与统计资料生成、成果整理等阶段。

3. 收集相关资料。作业范围涉及的 10 个 1∶10000 航空摄影区域，分布在山西省已成图的 1∶10000 基础测绘区域的 6 个测区。根据航摄区域和基础测绘具体测区，共收集整理 1∶10000 地形图图幅 243 幅，其中有墙体的图幅 203 幅，无墙体有附属设施的图幅 40 幅；整理 1∶50000 地形图图幅 70 幅；整理 24 个县的田野调查登记表 Word 文件 600 份和 1∶10000 正射影像外业工作底图（调绘片）223 幅；影像资料只收集到了与明长城要素有关的影像资料及原始 TIF 文件，并向国家基础地理信息中心申请购买了个别缺失的原始影像。

4. 组织空三加密。涉及 6 个 1∶10000 基础测绘区域和 29 个内业加密区，除“大同新荣”和“大同二期”因原有加密成果缺失重新加密外，其他加密大多采用原有加密成果。加密成果所用软件均为 JX4。

5. 组织立体量测及长度量测。山西省基础地理信息院投入 20 套 JX4C 和 20 台微机，在完成立体数据采集试验和明长城长度计算试验基础上，完成了以下三部分量测内容：一是采用全数字摄影测量系统 JX4 进行立体数据采集，采集范围为长城墙体两侧各 1000 米，采集内容为长城墙体、附属设施和相关遗存。其中，明长城专题要素立体像对数据采集于 2008 年 9 月底完成，长城专题数据采集于 10 月 20 日完成。二是于 11 月 5 日完成了长度计算对象化处理，包括用于长城量测精度评价的对象化处理和用于长城分类长度计算的对象化处理。三是利用长度计算软件和对象化处理完成后的 DXF 文件，进行分段或分幅长度计算。其中，山西省任务范围内的数据分幅是在分县数据基础上，把相邻分县数据文件拼接到一起，利用 1∶10000 标准分幅的内图廓线，裁切成 1∶10000 的分幅数据，图幅接边时不存在精度损失或属性变化。与陕西相邻处黄河两岸隔河相望的山险互不相连，不存在接边问题；与内蒙古、河北两省区相邻处的图幅接边问题于 2008 年 11 月中旬全部解决。

明长城墙体立体量测采用的是《技术规定》中的 C 方案，即在立体量测环境下进行正反向复测，两次量测长度误差大于 1‰时，修测或重测，直到误差小于 1‰时，采用其中的任意一条作为墙体量测线，另一条作为检查线。并且在每个加密区内根据外业检查点的位置，在立体模型上读取相关地形特征点的 X、Y、Z 坐标，通过与外业检查点坐标的比较求出 X、Y、Z 三个方向的中误差，进而求出每一个天然段的长度误差。复测段共有 976 段，未复测段共有 993 段（大多为消失段，个别为山险）。复测段中，0.5‰≤相对误差≥1‰的为 217 段，相对误差＜0.5‰的 378 段，相对误差＞1‰且绝对误差＜1 米的 381 段（均为短距离段）。消失段和保存差的山险段，因实地没有墙体痕迹无法准确量测，只作正向量测，不作反向复测。

五 专题要素数据生产

主要包括三个方面。

1. 编辑长城专题要素数据。长城专题要素按照采集方式分为点要素、线要素和面要素三类。其专题要素数据分为两个数据集 9 个数据类。根据立体量测数据，对照田野调查的属性数据，对长城墙体、附属设施及相关遗存的位置和属性等专题要素数据进行编辑整理，并以 ARCGIS 的 GeoDatabase 格式存储（文件扩展名为“MDB”）。

2. 提取 1∶10000DLG 专题要素数据。即为满足长城专题影像地图制作需求，从 1∶10000DLG 核心要素中提取交通、境界与政区、地名及注记三类数据，通过数字正射影像矢栅一体化处理后，按照 1∶10000标准分幅裁切生成专题要素数据集，并以 ARCGIS 的 GeoDatabase 格式存储（文件扩展名为“MDB”）。

3. 制作长城专题影像地图。即为重点表示长城墙体、附属设施、相关遗存和地名注记、行政区域及影像数据等长城专题要素，基于 1 米分辨率的正射影像（DOM），利用 1∶10000 基础测绘的数字正射影像数据、长城专题要素、提取 1∶10000DLG 核心要素，按照 1∶10000 标准图幅分幅，完成长城专题影像地图制作，并以 ADOBE Illustrator CS2 格式存储（文件扩展名为“AI”）。

六 宣传工作

宣传工作主要包括以下几个方面：一是在长城资源调查工作用车和调查队员工作服显著位置喷印“山西省长城资源调查”标志，走到哪里就能宣传到哪里。二是通过印发简报等进行宣传，共印发调查简报 10 期。三是借助新闻媒体进行宣传。2007 年以来，山西文物网开辟专栏，及时将明长城资源调查每一阶段的工作向社会发布；《中国文物报》《山西日报》《山西晚报》《山西青年报》等报纸和山西电视台、市县电视台等新闻媒体，对明长城资源调查活动予以及时报道，一些电视台还制作了专题节目进行播出。四是通过行政或法制手段进行宣传。责成大同市文物局对当地某企业开矿破坏长城的事件依法进行处理，并通过新闻媒体曝光；同时，及时将大同市文物局《关于进一步加强长城保护管理工作的通知》转发全省。五是山西省文物局积极支持成立了由山西省人大原副主任任会长，山西省文物局和各有关市政府、人大领导任副会长的山西省长城保护研究会。山西省文物局与山西省长城保护研究会和中国长城协会联合举办了《长城万里行——山西书画采风》活动。国家文物局原局长张文彬和国内不少著名的书画家参加了这次活动。山西省电视台和各有关市的电视台、报纸等新闻媒体对这次活动进行了跟踪报道。

配合明长城资源调查开展的一系列宣传活动，进一步提高了广大民众和社会各届的长城保护意识，扩大了长城保护管理工作的社会影响，为长城资源调查创造了良好的社会氛围和舆论环境。

长城资源调查工作在社会上引起了广泛关注。2007 年以来，山西省文物局答复省人大代表和省、市政协委员有关长城保护的建议、提案 10 余件。领导组办公室还接到不少村民来电或来信提出有关本地长城保护的好的建议。

山西省明长城资源调查工作得到了国家文物局和国家长城资源调查项目组的高度重视和大力支持。2007 年 12 月和 2008 年 9 月，国家文物局文物保护与考古司世界遗产处副处长刘华彬两次带领兄弟省的专家，对山西省的明长城资源调查工作进行专项检查（彩图二七）。国家长城资源调查项目组专家杨招君数次来山西省现场指导、检查工作（彩图二八、二九）。2008年1月，领导组办公室组织各调查队队长，赴国家文物局，向文物保护与考古司相关领导和全国长城资源调查项目组专家专题汇报2007年以来山西省明长城资源田野调查工作。山西省还非常注重与兄弟省区进行经验交流。2008年8月，邀请河北、内蒙古两省区有关专家，在太原市召开三省区明长城资源调查经验交流研讨会和明长城资源调查报告体例研讨会，就调查报告体例达成一致意见，并形成会议纪要，以正式文件同时报国家文物局和国家长城资源调查项目组。

第二部分　分县调查报告

第一章　天镇县长城

天镇县位于山西省东北部，西与阳高县相邻，东与河北省怀安县、南与河北省阳原县、北与内蒙古自治区兴和县交界。山西省明长城资源调查三队于2007年5月22日~7月7日，对该县明长城进行了调查。

一　长城资源调查数据

天镇县共调查长城墙体64段，长62213米；城堡10座；单体建筑287座，其中敌台128座、烽火台159座；相关遗存2处，其中马市1座、戍卒墓1座；采集文物标本17件（地图二）。

（一）长城墙体

长城从河北省怀安县马市口村、桃沟村分南、北路进入天镇县。南路从马市口村进入天镇县新平堡镇平远头村，沿西洋河谷地北侧大梁山的南侧山脚从东北向西南，经八墩村、十六墩村、二十墩村至新平尔村。北路由桃沟村跨平涧沟进入天镇县新平堡镇，沿双山山脊西行，转而南下，至新平尔村与南路长城汇合。长城自新平尔村继续向南延伸，跨西洋河谷地，经西马市村、新平堡村，沿二郎山山梁经保平堡村、杏园窑村、四方墩村、对井沟村、红土沟村等进入逯家湾镇李二口村。由李二口村向西南方向，沿天镇阳高盆地北侧二郎山东南侧山脚，延伸至薛三墩村。继沿天镇阳高盆地北侧环翠山南侧山脚，从东北向西南经谷前堡镇袁治梁村、白羊口村、化皮庙村、榆林口村、六墩村、水磨口村等出天镇县，西入阳高县境。新平堡村西有两道大致平行的长城墙体，相距0.1~0.7千米，西侧一道与长城主线相连，东侧一道称“二道边”。从李二口村向北偏东方向延伸至张仲口村还有一段长城墙体，当地人称“错修长城”。

南路长城包括平远头村长城1、2段，八墩村长城1~4段，十六墩村长城1、2段，二十墩村长城，新平尔村长城1段。北路长城包括双山长城1~18段（表2）。

表2　天镇县长城墙体一览表（单位：米）

长城墙体段名称	总长	保存较好	保存一般	保存较差	保存差	消失	类型	县属
平远头村长城1段	356	0	0	335	0	21	土墙	天镇县
平远头村长城2段	726	0	262	345	0	119	土墙	天镇县

续表 2

长城墙体段名称	总长	保存较好	保存一般	保存较差	保存差	消失	类型	县属
八墩村长城 1 段	354	0	0	292	62	0	土墙	天镇县
八墩村长城 2 段	277	0	0	241	0	36	土墙	天镇县
八墩村长城 3 段	303	0	0	159	0	144	土墙	天镇县
八墩村长城 4 段	1200	0	634	38	0	528	土墙	天镇县
十六墩村长城 1 段	991	0	868	40	0	83	土墙	天镇县
十六墩村长城 2 段	1592	1184	180	0	0	228	土墙	天镇县
二十墩村长城	1592	541	828	0	0	223	土墙	天镇县
新平尔村长城 1 段	1254	0	1031	0	0	223	土墙	天镇县
新平尔村长城 2 段	611	518	0	0	0	93	土墙	天镇县/兴和县
双山长城 1 段	450	0	0	0	450	0	石墙	天镇县/兴和县
双山长城 2 段	611	0	0	100	511	0	石墙	天镇县/兴和县
双山长城 3 段	528	0	0	0	528	0	石墙	天镇县/兴和县
双山长城 4 段	697	0	0	0	697	0	石墙	天镇县/兴和县
双山长城 5 段	655	0	0	0	655	0	石墙	天镇县/兴和县
双山长城 6 段	681	0	0	0	681	0	石墙	天镇县/兴和县
双山长城 7 段	789	0	0	49	740	0	石墙	天镇县/兴和县
双山长城 8 段	609	0	0	141	468	0	石墙	天镇县/兴和县
双山长城 9 段	49	49	0	0	0	0	山险	天镇县/兴和县
双山长城 10 段	605	0	0	302	303	0	石墙	天镇县/兴和县
双山长城 11 段	574	0	0	0	574	0	石墙	天镇县/兴和县
双山长城 12 段	782	0	0	0	782	0	石墙	天镇县/兴和县
双山长城 13 段	715	0	0	0	511	204	石墙	天镇县/兴和县
双山长城 14 段	742	0	0	0	742	0	石墙	天镇县/兴和县
双山长城 15 段	754	0	0	0	754	0	石墙	天镇县/兴和县
双山长城 16 段	1374	0	0	165	695	514	石墙	天镇县/兴和县
双山长城 17 段	1437	0	0	124	213	1100	石墙	天镇县/兴和县
双山长城 18 段	292	0	292	0	0	0	土墙	天镇县/兴和县
西马市村长城 1 段	654	624	0	0	0	30	土墙	天镇县/兴和县
西马市村长城 2 段	1054	0	0	492	0	562	土墙	天镇县/兴和县
西马市村长城 3 段	310	0	0	247	0	63	土墙	天镇县/兴和县
新平堡村长城 1 段	1031	780	105	146	0	0	土墙	天镇县/兴和县
新平堡村长城 2 段	698	303	77	302	0	16	土墙	天镇县/兴和县
新平堡村长城 3 段	1150	0	1150	0	0	0	土墙	天镇县/兴和县
新平堡村二道边长城	3518	0	281	961	101	2175	土墙	天镇县
保平堡村长城 1 段	1634	1076	558	0	0	0	土墙	天镇县/兴和县
保平堡村长城 2 段	922	474	448	0	0	0	土墙	天镇县/兴和县
保平堡村长城 3 段	611	0	365	246	0	0	土墙	天镇县/兴和县
保平堡村长城 4 段	350	0	0	350	0	0	土墙	天镇县/兴和县

续表 2

长城墙体段名称	总长	保存较好	保存一般	保存较差	保存差	消失	类型	县属
保平堡村长城 5 段	330	330	0	0	0	0	土墙	天镇县/兴和县
杏园窑村长城 1 段	260	260	0	0	0	0	土墙	天镇县/兴和县
杏园窑村长城 2 段	352	142	210	0	0	0	土墙	天镇县/兴和县
杏园窑村长城 3 段	340	340	0	0	0	0	土墙	天镇县/兴和县
杏园窑村长城 4 段	1069	542	246	0	0	281	土墙	天镇县/兴和县
四方墩村长城 1 段	1212	53	602	557	0	0	土墙	天镇县/兴和县
四方墩村长城 2 段	1176	0	492	684	0	0	土墙	天镇县/兴和县
对井沟村长城	1439	0	1274	165	0	0	土墙	天镇县/兴和县
红土沟村长城 1 段	1224	0	404	475	327	18	土墙	天镇县/兴和县
红土沟村长城 2 段	1316	0	0	1316	0	0	土墙	天镇县/兴和县
红土沟村长城 3 段	1300	0	0	1300	0	0	石墙	天镇县/兴和县
红土沟村长城 4 段	944	0	0	0	944	0	石墙	天镇县
李二口村长城 1 段	1400	973	427	0	0	0	土墙	天镇县
李二口村长城 2 段	832	832	0	0	0	0	土墙	天镇县
李二口村“错修长城”	1623	131	80	870	0	542	土墙	天镇县
薛三墩村长城 1 段	964	0	856	0	0	108	土墙	天镇县
薛三墩村长城 2 段	1885	932	88	0	0	865	土墙	天镇县
袁治梁村长城	1773	1611	0	0	0	162	土墙	天镇县
白羊口村长城	1848	905	270	0	0	673	土墙	天镇县
化皮庙村长城	1626	657	676	0	0	293	土墙	天镇县
榆林口村长城	1805	526	124	339	0	816	土墙	天镇县
六墩村长城	1396	951	269	0	0	176	土墙	天镇县
水磨口村长城 1 段	1177	0	944	233	0	0	土墙	天镇县
水磨口村长城 2 段	1390	12	206	0	0	1172	土墙	天镇县
合计	62213	14746	14247	11014	10738	11468		
百分比（%）	100	23.7	22.9	17.7	17.3	18.4		

1. 平远头村长城 1 段

起点位于新平堡镇平远头村东北 0.33 千米处，高程 1112 米；止点位于平远头村西 0.08 千米处，高程 1126 米。大致呈东北—西南走向。全长 356 米，其中保存较差 335、消失 21 米。墙体用黄土夯筑而成，含砂砾，夯层厚 0.18～0.3 米。现存墙体剖面大致呈不规则梯形，底宽 1～8、顶宽 0.1～2、残高 2～4 米。本段长城东北接河北省明长城，西南连平远头村长城 2 段，墙体位于平远头村 1、2 号敌台之间，墙体北侧北距平远头村 1～3 号烽火台 0.1～0.2 千米（图一）。

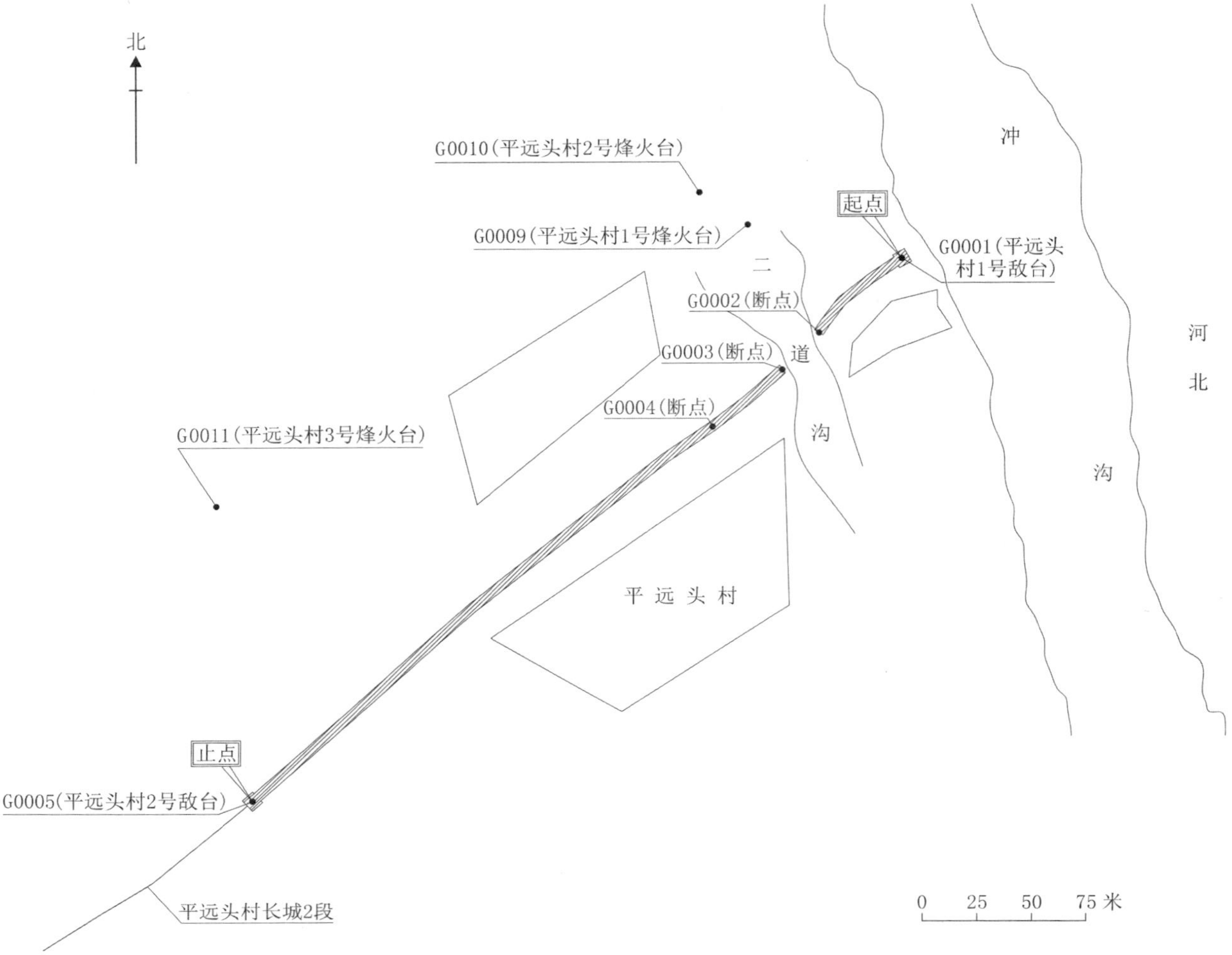

图一　平远头村长城 1 段走向示意图

本段墙体共测 GPS 点 5 个（G0001 ~ G0005），可分为 3 小段，分述如下。

第 1 小段：G0001（起点、平远头村 1 号敌台）—G0002（断点），长 17 米，呈东北—西南走向，保存较差。墙体南侧为民居，由于靠近村庄，人为损毁严重。墙体底宽 1 ~ 8、顶宽 0. 1 ~ 2 米。G0001 东侧为冲沟，由于挖沙形成宽阔的场地。

第 2 小段：G0002（断点）—G0003（断点），长 21 米，呈东北—西南走向。墙体被一条当地俗称“二道沟”的冲沟损毁消失。

第 3 小段：G0003（断点）—G0005（止点、平远头村 2 号敌台），长 318 米，呈东北—西南走向，保存较差。由于紧邻民居，墙体两侧有不同程度的破坏，如取土挖损墙体、盖房利用或占用墙体、墙体上挖掘洞穴等。G0004（断点）处即为一处豁口。墙体底宽 6、顶宽 1 ~ 2、残高 2 ~ 4 米。

墙体整体保存较差。除冲沟损毁致墙体消失外，风雨侵蚀、植物生长也造成墙体坍塌脱落，表面凹凸不平，有裂缝、沟槽、孔洞；由于墙体位于村庄内，人为因素损毁严重，如取土挖损墙体、盖房利用或占用墙体、墙体上挖掘洞穴、人畜踩踏等。

2. 平远头村长城 2 段

起点位于新平堡镇平远头村西 0. 08 千米处，高程 1126 米；止点位于平远头村西南 0. 77 千米处，高程 1125 米。大致呈东北—西南走向。全长 726 米，其中保存一般 262、较差 345、消失 119 米。墙体用黄土夯筑而成，含砂砾，夯层厚 0.18 ~ 0.3 米。现存墙体剖面大致呈不规则梯形，底宽 3.5、顶宽 0.1 ~ 2、残高 2 ~ 4 米。本段长城东北接平远头村长城 1 段，西南连八墩村长城 1 段，墙体位于平远头村 2 号敌台和 3 号敌台之间，北距平远头村 4 ~ 6 号烽火台 0.07 ~ 0.12 千米（图二）。

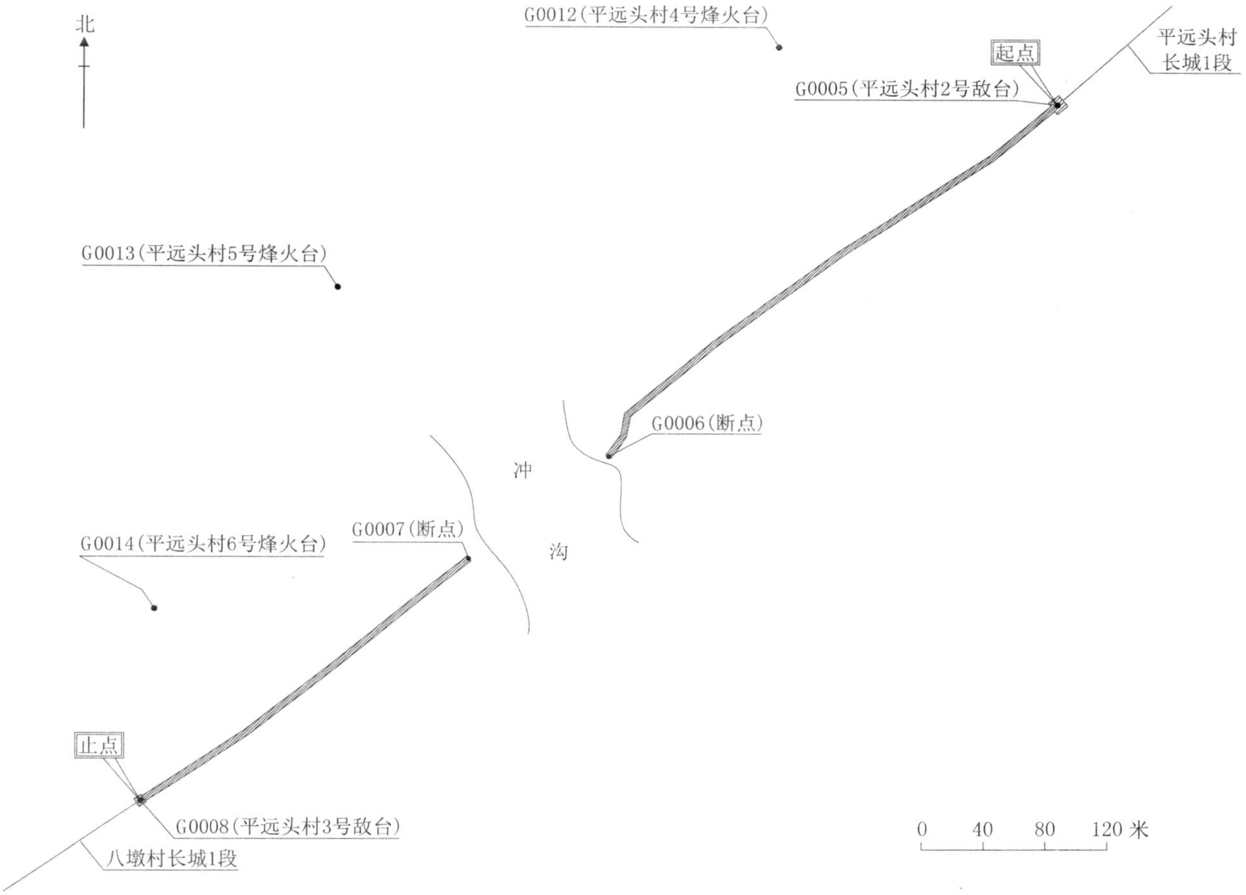

图二　平远头村长城 2 段走向示意图

本段墙体共测 GPS 点 4 个（G0005 ~ G0008），可分为 3 小段，分述如下。

第 1 小段：G0005（起点、平远头村 2 号敌台）—G0006（断点），长 345 米，呈东北—西南走向，保存较差。墙体坍塌脱落严重。墙体底宽 3.5、顶宽 0.1 ~ 1.2、残高 2 ~ 3 米。

第 2 小段：G0006（断点）—G0007（断点），长 119 米，呈东北—西南走向。墙体被一条冲沟损毁消失。

第 3 小段：G0007（断点）—G0008（止点、平远头村 3 号敌台），长 262 米，呈东北—西南走向，保存一般。墙体西半段位于耕地中。墙体底宽 3.5、顶宽 1 ~ 2、残高 2 ~ 4 米（彩图三〇）。

墙体整体保存较差。除冲沟损毁致墙体消失外，风雨侵蚀、植物生长也造成墙体坍塌脱落，表面凹凸不平，有裂缝、沟槽、孔洞；由于墙体在村庄、耕地附近，人为因素损毁严重，如取土挖损墙体、盖房利用或占用墙体、墙体上挖掘洞穴、将墙体挖低形成小路、扩田种地挖损墙体、人畜踩踏等。

平远头村长城 1、2 段位于西洋河谷地北侧，沿大梁山南侧山脚延伸。所在区域为太古界地层，由变质程度很深的各种正副片麻岩和结晶片岩组成。地表黄土覆盖较厚，为典型的黄土高原丘陵地貌，黄土系淡栗钙土。长城周围植被稀疏，有零星生长的杨、榆科树木。长城南距西洋河河道3～4千米。

平远头村居民800余人。居民以农业和家畜饲养业为主，农作物主要有玉米、谷子、马铃薯等，饲养的家畜有牛、驴、绵羊等。平远头村采沙业发达，平远头村长城1段G0001（起点、平远头村1号敌台）东侧由于挖沙形成宽阔的场地。平远头村东侧的河北省境内有110国道和高速公路，平远头村南侧有201省道。

3. 八墩村长城1段

起点位于新平堡镇八墩村东北0.84千米处，高程1125米；止点位于八墩村东北0.5千米处，高程1128米。大致呈东北—西南走向。全长354米，其中保存较差292、消失62米。墙体用黄土夯筑而成，含砂砾，夯层厚0.16～0.2米。现存墙体剖面大致呈不规则梯形，底宽3、顶宽0.1～3、高2～4米。本段长城东北接平远头村长城2段、西南连八墩村长城2段，墙体位于平远头村3号敌台和八墩村1号敌台之间，北距八墩村1号烽火台0.12千米（图三）。

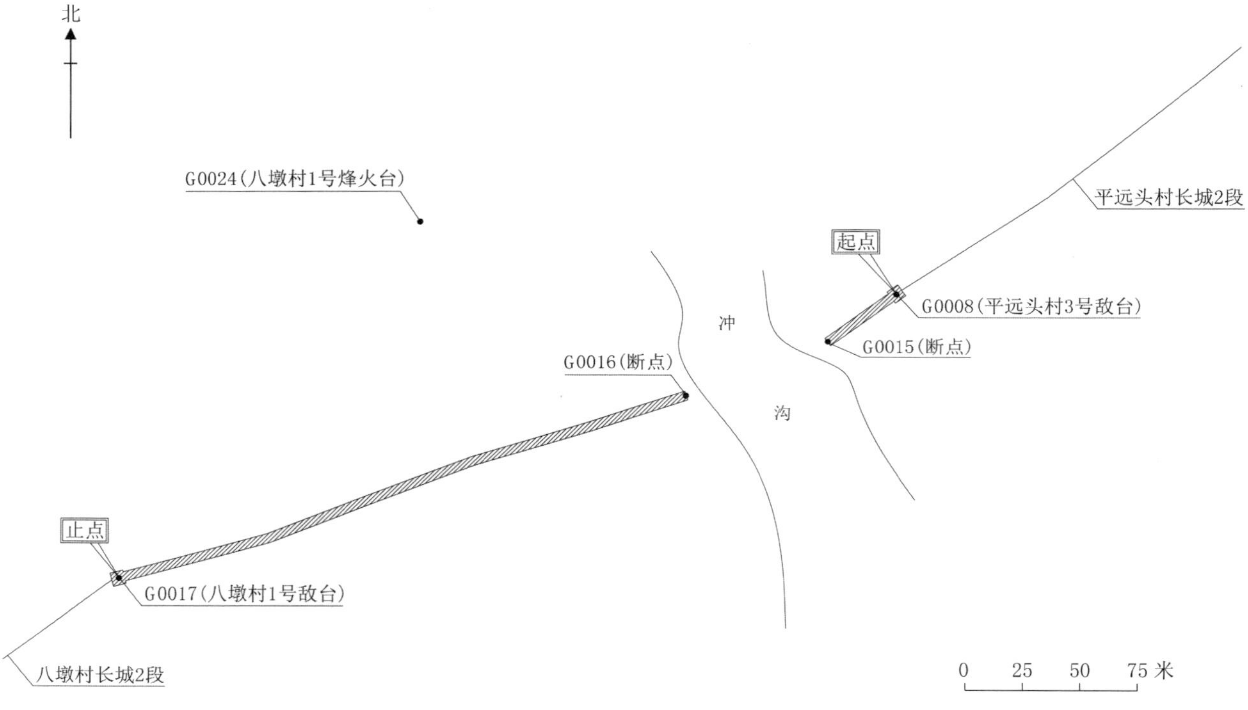

图三 八墩村长城1段走向示意图

本段墙体共测GPS点4个（G0008、G0015～G0017），可分为3小段，分述如下。

第1小段：G0008（起点、平远头村3号敌台）—G0015（断点），长34米，呈东北—西南走向，保存较差。墙体坍塌脱落严重，底部遭人为取土挖损，上部墙体呈悬空状。墙体与平远头村3号敌台连接处被人畜踩踏成凹槽。墙体底宽3、顶宽0.1～2、残高2米。

第2小段：G0015（断点）—G0016（断点），长62米，呈东北—西南走向。墙体被一条冲沟损毁消失。

第3小段：G0016（断点）—G0017（止点、八墩村1号敌台），长258米，呈东北—西南走向，保存较差。墙体坍塌脱落严重。墙体底宽3、顶宽1～2.5、残高2～4米（彩图三一）。

墙体整体保存较差。除冲沟损毁致墙体消失外，风雨侵蚀、植物生长也造成墙体坍塌脱落，表面凹凸不平，有裂缝、沟槽、孔洞；由于墙体邻近村庄、耕地，人为因素损毁严重，如取土挖损墙体、墙体上挖掘洞穴、将墙体挖低形成小路、扩田种地挖损墙体、人畜踩踏等。

4. 八墩村长城 2 段

起点位于新平堡镇八墩村东北 0.5 千米处，高程 1128 米；止点位于八墩村东北 0.23 千米处，高程 1129 米。大致呈东北—西南走向。全长 277 米，其中保存较差 241、消失 36 米。墙体用黄土夯筑而成，含砂砾，夯层厚 0.2 ~ 0.25 米。现存墙体剖面大致呈不规则梯形，底宽 3 ~ 5、顶宽 1 ~ 1.5、残高 1.5 ~ 3 米。本段长城东北接八墩村长城 1 段，西南连八墩村长城 3 段，墙体位于八墩村 1 号敌台和 2 号敌台之间，北距八墩村 2 号烽火台约 0.1 千米（图四）。

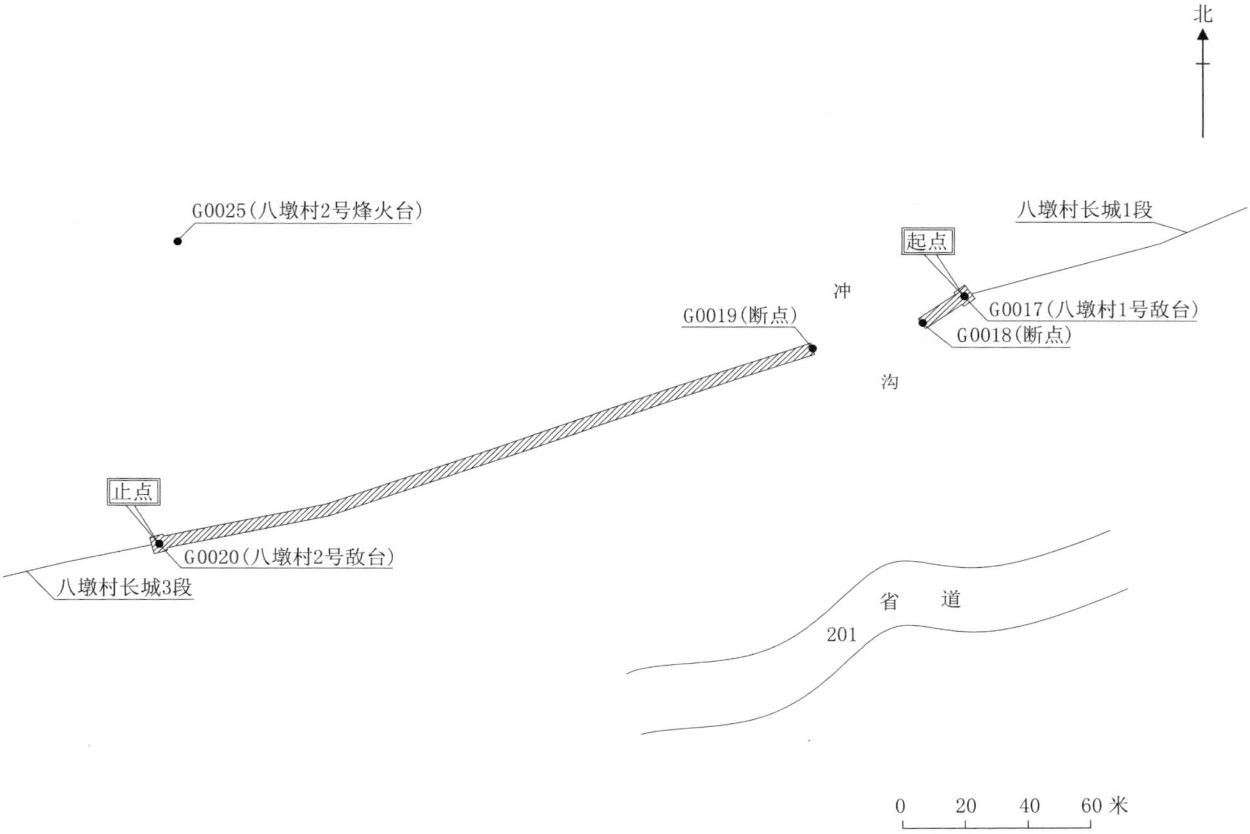

图四　八墩村长城 2 段走向示意图

本段墙体共测 GPS 点 4 个（G0017 ~ G0020），可分为 3 小段，分述如下。

第 1 小段：G0017（起点、八墩村 1 号敌台）—G0018（断点），长 21 米，呈东北—西南走向，保存较差。墙体坍塌脱落严重。墙体底宽 4、顶宽 1 ~ 1.2、高 1.5 ~ 3 米。

第 2 小段：G0018（断点）—G0019（断点），长 36 米，呈东北—西南走向。墙体被一条冲沟损毁消失。

第 3 小段：G0019（断点）—G0020（止点、八墩村 2 号敌台），长 220 米，呈东北—西南走向，保存较差。墙体坍塌脱落严重。墙体底宽 3 ~ 5、顶宽 1 ~ 1.5、残高 1.5 ~ 3 米（彩图三二）。

墙体整体保存较差。除冲沟损毁致墙体消失外，风雨侵蚀、植物生长也造成墙体坍塌脱落，表面凹凸不平，有裂缝、沟槽、孔洞；由于墙体邻近村庄、耕地，人为因素损毁严重，如取土挖损墙体、人畜踩踏等。

5. 八墩村长城 3 段

起点位于新平堡镇八墩村东北 0. 23 千米处，高程 1129 米；止点位于八墩村西北 0. 12 千米处，高程 1127 米。大致呈东北—西南走向。全长 303 米，其中保存较差 159、消失 144 米。墙体用黄土夯筑而成，含砂砾，夯层厚 0. 23 ~0. 3 米。现存墙体剖面大致呈不规则梯形，底宽 3 ~5、顶宽 0. 5 ~1. 5、残高 1. 2 ~2. 5 米。本段长城东北接八墩村长城 2 段，西南连八墩村长城 4 段，墙体位于八墩村 2 号敌台和 3 号敌台之间，北距八墩村 3 号烽火台约 0. 1 千米（图五）。

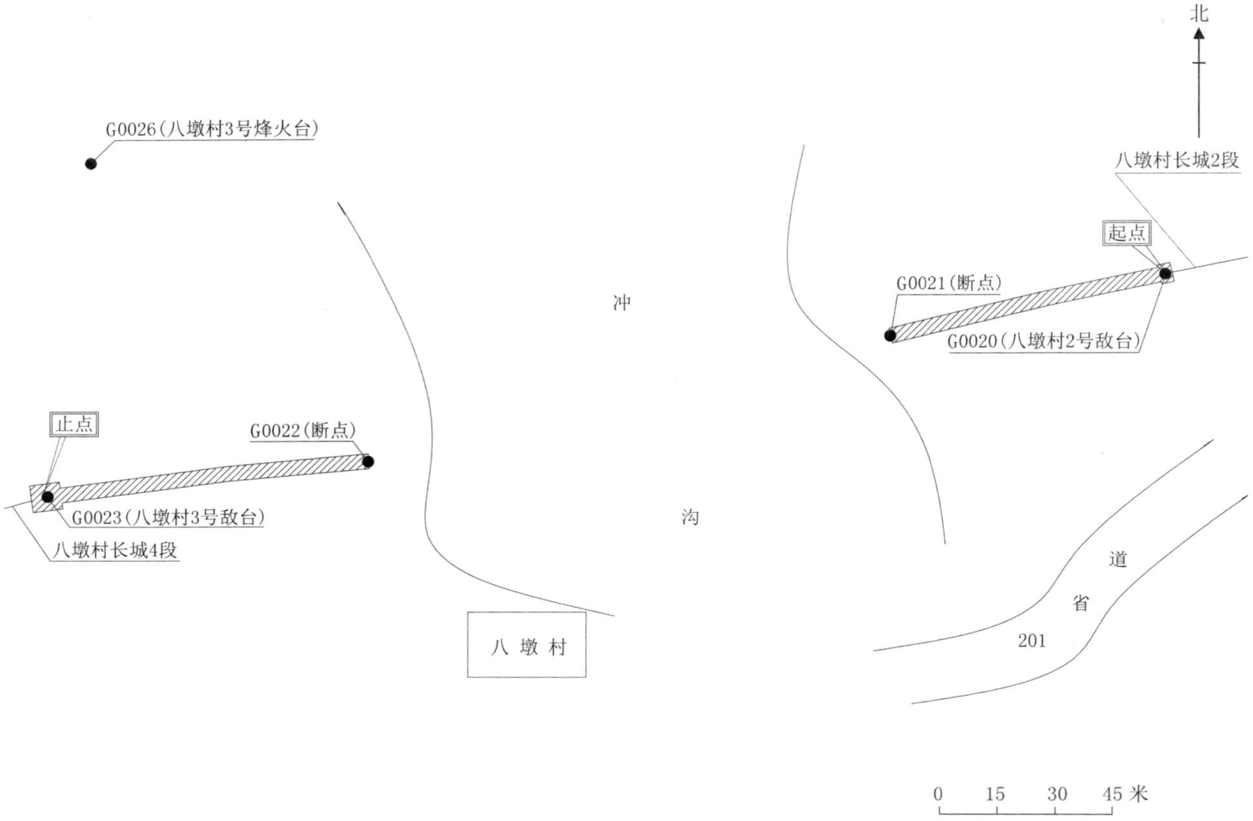

图五　八墩村长城 3 段走向示意图

本段墙体共测 GPS 点 4 个（G0020 ~ G0023），可分为 3 小段，分述如下。

第 1 小段：G0020（起点、八墩村 2 号敌台）—G0021（断点），长 76 米，呈东北—西南走向，保存较差。墙体坍塌脱落严重。墙体南侧紧临八墩村，人为取土损毁严重。墙体底宽 3 ~5、顶宽 0. 5 ~1. 5、残高 1 ~2. 5 米。

第 2 小段：G0021（断点）—G0022（断点），长 144 米，呈东北—西南走向，墙体消失。一条冲沟和冲沟西侧盖房损毁墙体。

第 3 小段：G0022（断点）—G0023（止点、八墩村 3 号敌台），长 83 米，呈东—西走向，保存较差。墙体坍塌脱落严重。墙体底宽 3 ~3. 4、顶宽 0. 5 ~1. 5、残高 1. 2 ~2 米。

墙体整体保存较差。除冲沟损毁致墙体消失外，风雨侵蚀、植物生长也造成墙体坍塌脱落，表面凹凸不平，有裂缝、沟槽、孔洞；由于墙体紧邻村庄、耕地，人为因素损毁严重，如取土挖损墙体、墙体上挖掘洞穴、将墙体挖低形成小路、人畜踩踏等，部分段盖房拆毁墙体致墙体消失。

6. 八墩村长城 4 段

起点位于新平堡镇八墩村西北 0.12 千米处，高程 1127 米；止点位于八墩村西南 1.5 千米处，高程 1119 米。大致呈东北—西南走向。全长 1200 米，其中保存一般 634、较差 38、消失 528 米。墙体用黄土夯筑而成，含砂砾、碎石，夯层厚 0.12～0.18 米。现存墙体剖面大致呈不规则梯形，底宽 3～5、顶宽 0.5～2、残高 1～3 米。本段长城东北接八墩村长城 3 段、西南连十六墩村长城 1 段。墙体位于八墩村 3 号敌台和 6 号敌台之间，八墩村 4、5 号敌台位于墙体上，八墩村 4、5 号烽火台南距墙体约 0.1 千米，八墩村 6 号烽火台西北距墙体 0.95 千米（图六）。

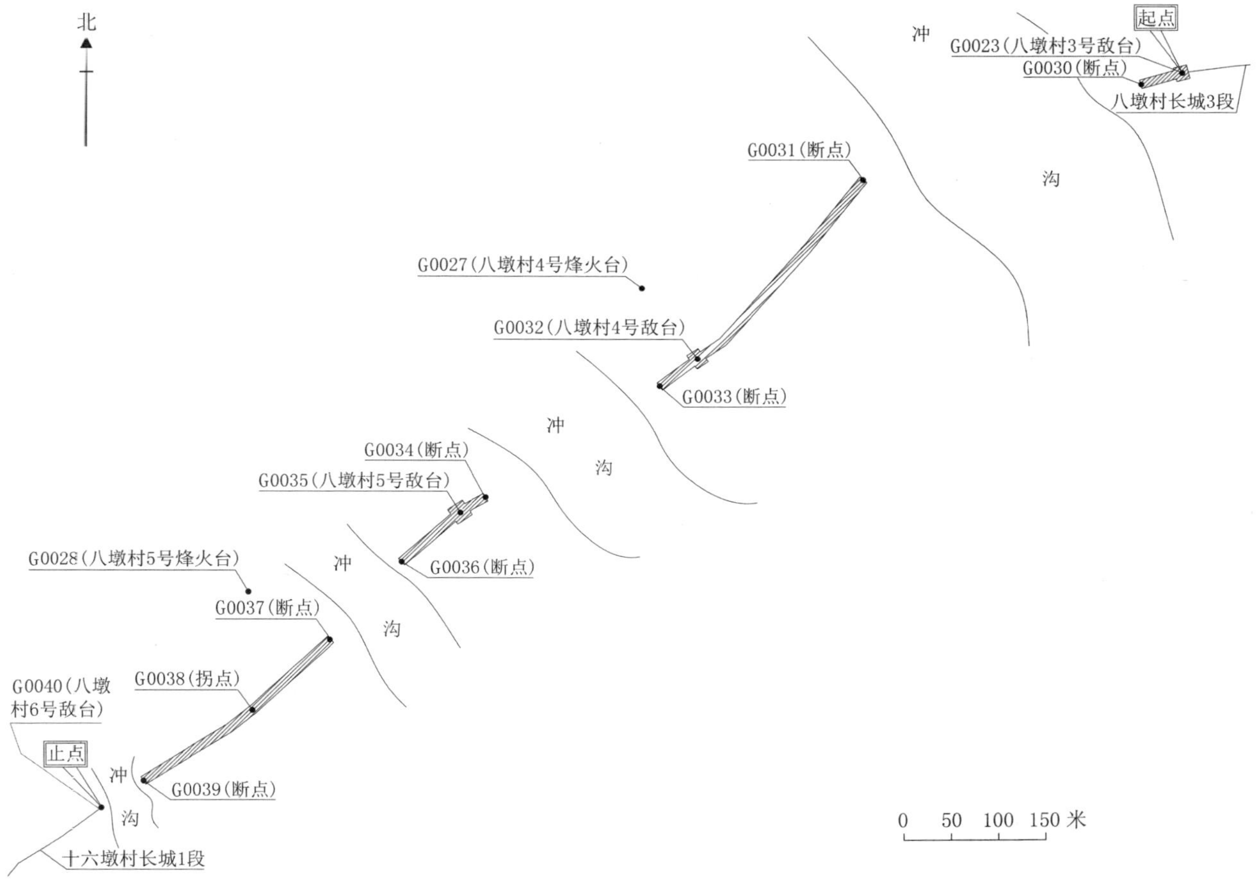

图六　八墩村长城 4 段走向示意图

本段墙体共测 GPS 点 12 个（G0023、G0030～G0040），可分为 8 小段，分述如下。

第 1 小段：G0023（起点、八墩村 3 号敌台）—G0030（断点），长 38 米，呈东北—西南走向，保存较差。墙体坍塌脱落严重。墙体底宽 3～5、顶宽 0.5～1、残高 1～2 米。

第 2 小段：G0030（断点）—G0031（断点），长 188 米，呈东北—西南走向。墙体被一条冲沟损毁消失，冲沟内有一条 20 世纪 70 年代修建的水渠。

第 3 小段：G0031（断点）—G0033（断点），长 319 米，呈东北—西南走向，保存一般。墙体坍塌脱落严重。墙体底宽 3～5、顶宽 0.5～2、残高 1～3 米。八墩村 4 号敌台位于墙体上。

第4小段：G0033（断点）—G0034（断点），长184米，呈东北—西南走向。墙体被一条冲沟损毁消失。

第5小段：G0034（断点）—G0036（断点），长126米，呈东北—西南走向，保存一般。墙体坍塌脱落严重。墙体底宽3～5、顶宽1～1.5、残高1～3米。八墩村5号敌台位于墙体上。

第6小段：G0036（断点）—G0037（断点），长56米，呈东北—西南走向。墙体被一条冲沟损毁消失。

第7小段：G0037（断点）—G0039（断点），长189米，呈东北—西南走向，保存一般。墙体坍塌脱落严重。墙体底宽3～5、顶宽0.5～2、残高1～3米（彩图三三）。

第8小段：G0039（断点）—G0040（止点、八墩村6号敌台），长100米，呈东北—西南走向。墙体被一条冲沟损毁消失。

墙体整体保存较差。除冲沟损毁墙体致墙体消失外，风雨侵蚀、植物生长也造成墙体坍塌脱落，表面凹凸不平，有裂缝、沟槽、孔洞；由于墙体邻近村庄、耕地，人为因素损毁严重，如取土挖损墙体、墙体上挖掘洞穴、盖房利用或占用墙体、将墙体挖低形成小路、扩田种地挖损墙体、人畜踩踏等。

八墩村长城1～4段位于西洋河谷地北侧，沿大梁山南侧山脚延伸。所在区域为太古界地层，由变质程度很深的各种正副片麻岩和结晶片岩组成。地表黄土覆盖较厚，为典型的黄土高原丘陵地貌，黄土系淡栗钙土。长城周围植被稀疏，有零星生长的杨、榆科树木。长城南距西洋河河道约2.5～3千米。八墩村和八墩村长城1～4段墙体南侧有乡村道路和201省道。

7. 十六墩村长城1段

起点位于新平堡镇八墩村西南1.5千米处，高程1119米；止点位于新平堡镇十六墩东北0.58千米处，高程1112米。大致呈东北—西南走向。全长991米，其中保存一般868、较差40、消失83米。墙体用黄土夯筑而成，含砂砾，夯层厚0.15～0.17米。现存墙体剖面大致呈不规则梯形，底宽4～7、顶宽0.5～3、残高1～3米。本段长城东北接八墩村长城4段，西南连十六墩村长城2段。墙体位于八墩村6号敌台和十六墩村3号敌台之间，十六墩村1、2号敌台位于墙体上，十六墩村1～3号烽火台南距墙体0.08千米（图七）。

本段墙体共测GPS点6个（G0040、G0041、G0048～G0051），可分为5小段，分述如下。

第1小段：G0040（起点、八墩村6号敌台）—G0041（十六墩村1号敌台），长328米，呈东北—西南走向，保存一般。墙体两侧为耕地。墙体位于八墩村6号敌台与十六墩村1号敌台之间，墙体与敌台连接处上部呈豁口。墙体底宽5～7、顶宽1～3、高2～3米。

第2小段：G0041（十六墩村1号敌台）—G0048（断点），长40米，呈东北—西南走向，保存较差。墙体上部豁口较多，表面凹凸不平。墙体底宽4～6、顶宽0.5～2、残高2米以下。

第3小段：G0048（断点）—G0049（断点），长83米，呈东北—西南走向。较低凹形成冲沟，北侧山上的洪水从此经过，墙体消失，现为豁口，豁口内长有杨树。

第4小段：G0049（断点）—G0050（十六墩村2号敌台），长194米，呈东北—西南走向，保存一般。与十六墩2号敌台连接处破坏严重。墙体底宽5～7、顶宽1～3、残高2～3米。墙体南侧有一排杨树（彩图三四）。

第5小段：G0050（十六墩村2号敌台）—G0051（止点、十六墩村3号敌台），长346米，呈东北—西南走向，保存一般。墙体北侧为耕地，南侧自然土坡由于修路被挖掘成1～2米高的立崖。墙体底宽5～7、顶宽1～2、残高2～3米。

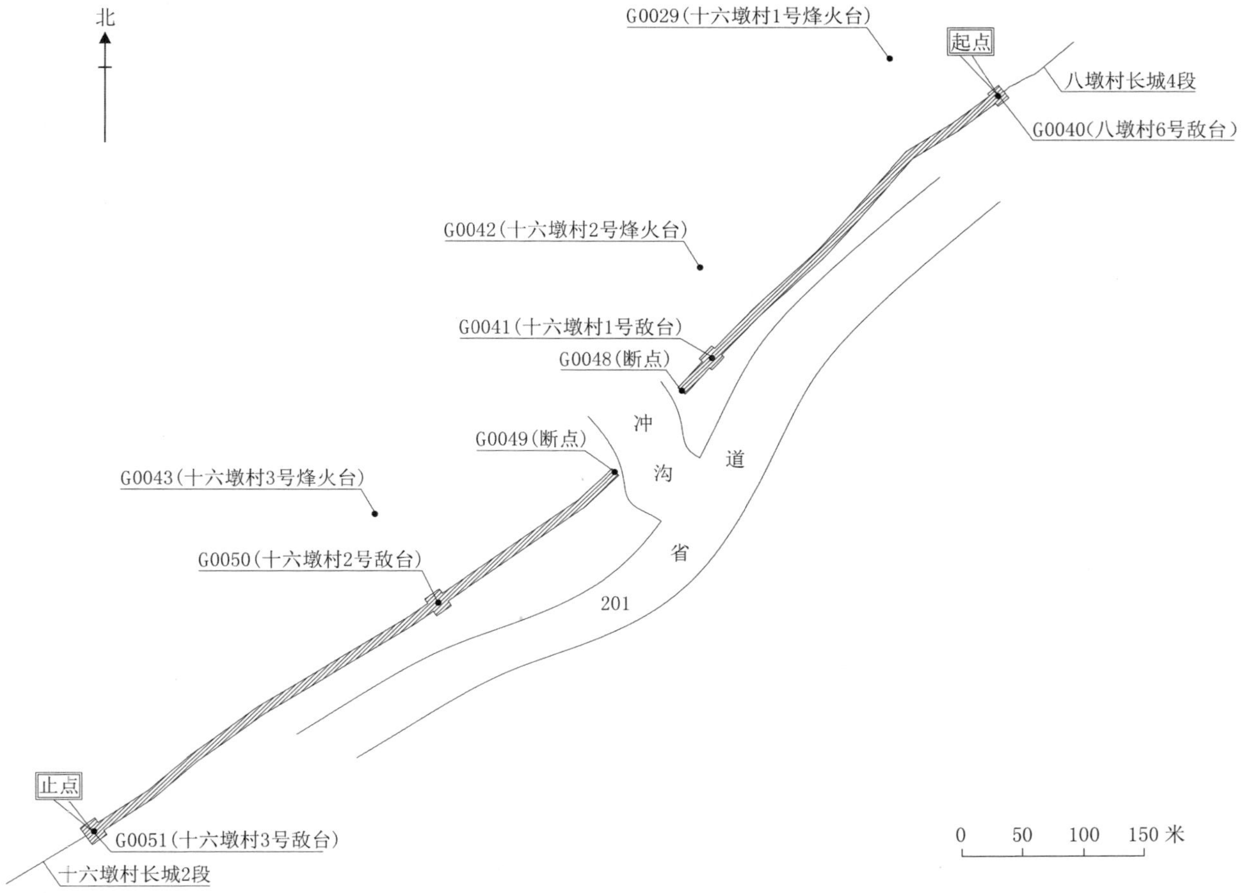

图七　十六墩村长城 1 段走向示意图

墙体整体保存一般。除冲沟损毁致墙体消失外，风雨侵蚀、植物生长也造成墙体坍塌脱落，表面凹凸不平，有裂缝、沟槽、孔洞；由于墙体位于耕地内，人为因素损毁严重，如取土挖损墙体、扩田种地挖损墙体、人畜踩踏等。

8. 十六墩村长城 2 段

起点位于新平堡镇十六墩村东北 0.58 千米处，高程 1112 米；止点位于十六墩村西南 0.19 千米处，高程 1090 米。大致呈东北—西南走向。全长 1592 米，其中保存较好 1184、一般 180、消失 228 米。墙体用黄土夯筑而成，含砂砾，夯层厚 0.18～0.26 米。现存墙体剖面大致呈不规则梯形，底宽 4～6、顶宽 1～2、残高 1.5～2.5 米。本段长城东北接十六墩村长城 1 段，西南连二十墩村长城。墙体位于十六墩村 3 号敌台和二十墩村 1 号敌台之间，十六墩村 4、5 号敌台位于墙体上，十六墩村 4～7 号烽火台南距墙体约 0.03～0.1 千米（图八）。

本段墙体共测 GPS 点 11 个（G0051～G0061），可分为 9 小段，分述如下。

第 1 小段：G0051（起点、十六墩村 3 号敌台）—G0052（断点），长 6 米，呈东北—西南走向，保存一般。墙体底宽 5、顶宽 1～2、残高 2 米。

第 2 小段：G0052（断点）—G0053（断点），长 30 米，呈东北—西南走向。地势较低形成冲沟，墙体消失。

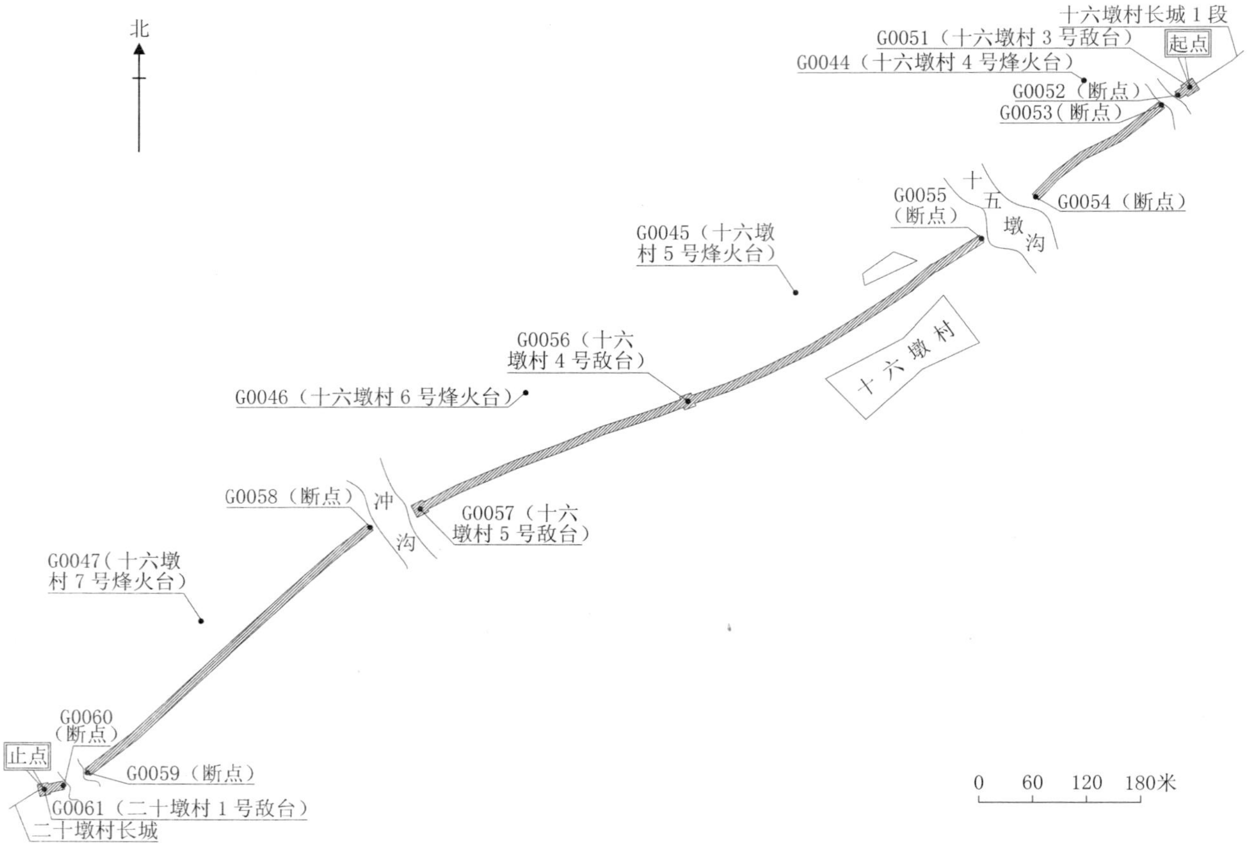

图八　十六墩村长城2段走向示意图

第3小段：G0053（断点）—G0054（断点），长174米，呈东北—西南走向，保存一般。墙体底宽5.5、顶宽1～2、残高2米。墙体南侧有多处规模较大的防空洞（彩图三五）。

第4小段：G0054（断点）—G0055（断点），长81米，呈东北—西南走向。地势较低形成冲沟，墙体消失。该冲沟当地俗称“十五墩沟”，冲沟内有一条土路。

第5小段：G0055（断点）—G0057（十六墩村5号敌台），长743米，呈东北—西南走向，保存较好。墙体底宽5～6、顶宽1～2、残高2～2.5米。十六墩村4号敌台位于墙体上。

第6小段：G0057（十六墩村5号敌台）—G0058（断点），长48米，呈东北—西南走向。地势较低形成冲沟，墙体消失。

第7小段：G0058（断点）—G0059（断点），长414米，呈东北—西南走向，保存较好。墙体底宽5～6、顶宽1～2、残高2～2.5米。

第8小段：G0059（断点）—G0060（断点），长69米，呈东北—西南走向。地势较低形成冲沟，墙体消失。

第9小段：G0060（断点）—G0061（止点、二十墩村1号敌台），长27米，呈东北—西南走向，保存较好。墙体底宽5～6、顶宽1～2、残高2～2.5米。

墙体整体保存较好。除冲沟损毁墙体外，风雨侵蚀、植物生长也造成墙体坍塌脱落，表面凹凸不平，有裂缝、沟槽、孔洞；由于墙体邻近村庄、耕地，人为因素损毁较严重，如取土挖损墙体、盖房利用或占用墙体、扩田种地挖损墙体、墙体上挖掘洞穴、将墙体挖断形成小路、人畜踩踏等。

十六墩村长城1、2段位于西洋河谷地北侧，沿大梁山南侧山脚延伸。所在区域为太古界地层，由变质程度很深的各种正副片麻岩和结晶片岩组成。地表黄土覆盖较厚，为典型的黄土高原丘陵地貌，黄土系淡栗钙土。长城周围植被稀疏。长城南距西洋河河道约1.5～2.5千米。

十六墩村和十六墩长城1、2段墙体南侧有201省道，十六墩村长城1段墙体南侧有东北—西南走向的乡村道路。

9. 二十墩村长城

起点位于新平堡镇十六墩村西南0.19千米处，高程1090米；止点位于新平堡镇新平尔村东北0.34千米处，高程1114米。大致呈东北—西南走向。全长1592米，其中保存较好541、一般828、消失223米。墙体用黄土夯筑而成，含砂砾，夯层厚0.18～0.26米（彩图三六）。现存墙体剖面大致呈不规则梯形，底宽5～6、顶宽1～3、残高1～2.5米。本段长城东北接十六墩村长城2段、西连新平尔村长城1段。墙体位于二十墩村1、4号敌台之间，二十墩村2、3号敌台位于墙体上，二十墩村1、2号烽火台南距墙体0.05、0.06千米（图九）。

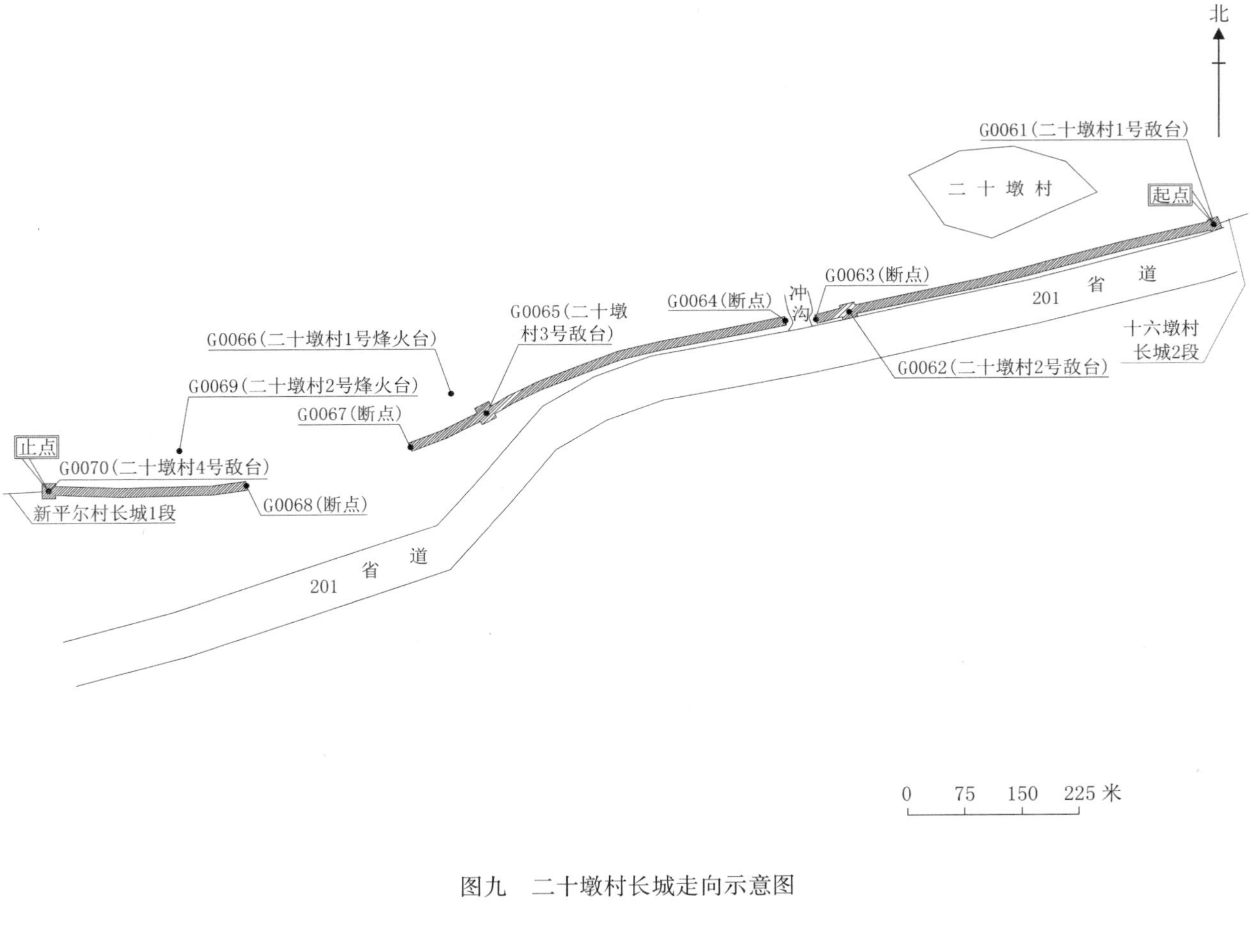

图九　二十墩村长城走向示意图

本段墙体共测GPS点8个（G0061～G0065、G0067、G0068、G0070），可分为5小段，分述如下。

第1小段：G0061（起点、二十墩村1号敌台）—G0063（断点），长541米，呈东北—西南走向，保存较好。墙体沿二十墩村南侧延伸，北侧人为取土挖损较严重。墙体底宽5～6、顶宽1～3、残高1～2.5米。二十墩村2号敌台位于墙体上。

第 2 小段：G0063（断点）—G0064（断点），长 33 米，呈东—西走向。墙体被一条当地俗称“二十道沟”的冲沟损毁消失。

第 3 小段：G0064（断点）—G0067（断点），长 529 米，呈东北—西南走向，保存一般。墙体沿山脚洪积扇修筑，所处地势平坦。墙体底宽 5 ~6、顶宽 1 ~3、残高 1 ~2.5 米。二十墩村 3 号敌台位于墙体上。

第 4 小段：G0067（断点）—G0068（断点），长 190 米，呈东—西走向。墙体处于北高南低的坡地上，由于洪水冲刷而消失。

第 5 小段：G0068（断点）—G0070（止点、二十墩村 4 号敌台），长 299 米，呈东—西走向，保存一般。墙体底宽 5 ~6、顶宽 1 ~2、残高 1 ~2. 5 米（彩图三七）。

墙体整体保存一般。除冲沟、洪水损毁致墙体消失外，风雨侵蚀、植物生长也造成墙体坍塌脱落，表面凹凸不平，有裂缝、沟槽、孔洞；由于墙体紧邻村庄、耕地，人为因素损毁严重，如取土挖损墙体、扩田种地挖损墙体、墙体上挖掘洞穴、将墙体挖低形成小路、人畜踩踏等，二十墩村 1 号敌台墩院院基南部 5 米被 201 省道占用，二十墩村 2 号敌台南侧大半被 201 省道筑路时挖毁，存有挖掘机挖掘后的痕迹。

二十墩村长城位于西洋河谷地北侧，沿大梁山南侧山脚延伸。所在区域为太古界地层，由变质程度很深的各种正副片麻岩和结晶片岩组成。地表黄土覆盖较厚，为典型的黄土高原丘陵地貌，黄土系淡栗钙土。长城周围植被稀疏，有零星生长的杨、榆科树木。长城南距西洋河河道约 1. 1 ~1. 5 千米。

二十墩村居民 300 余人。居民以农业和家畜饲养业为主，农作物主要有玉米、谷子、马铃薯等，饲养的家畜有牛、驴、绵羊等。二十墩村长城墙体南侧紧邻 201 省道。

10. 新平尔村长城 1 段

起点位于新平堡镇新平尔村东 0. 34 千米处，高程 1114 米；止点位于新平尔村西 0. 9 千米处，高程 1141 米。大致呈东—西走向。全长 1254 米，其中保存一般 1031、消失 223 米。墙体用黄土夯筑而成，含砂砾，夯层厚 0. 18 ~0. 25 米。现存墙体剖面大致呈不规则梯形，底宽 4 ~5、顶宽 1 ~3、残高 1 ~5 米。本段长城东接二十墩村长城，G0078（止点、新平尔村 3 号敌台）处西连新平尔村长城 2 段和双山长城 18 段。墙体位于二十墩村 4 号敌台与新平尔村 3 号敌台之间，新平尔村 1、2 号敌台位于墙体上，新平尔村 1 ~3 号烽火台南距墙体 0. 05 ~0. 13 千米（图一〇）。

本段墙体共测 GPS 点 8 个（G0070、G0072 ~G0078），可分为 5 小段，分述如下。

第 1 小段：G0070（起点、二十墩村 4 号敌台）—G0072（断点），长 296 米，呈东—西走向，保存一般。墙体沿山脚洪积扇修筑。起点处敌台西侧 5 米长的墙体上端有 0. 9 米深的豁口。邻近新平尔村段墙体人为破坏严重，遭取土挖损。墙体底宽 4、顶宽 1 ~2. 5、残高 2 ~3 米。

第 2 小段：G0072（断点）—G0073（断点），长 172 米，呈东—西走向。墙体被一条当地俗称“老西沟”的冲沟损毁消失。

第 3 小段：G0073（断点）—G0075（断点），长 319 米，呈东—西走向，保存一般。墙体沿山脚洪积扇修筑。墙体剥落严重，墙体顶面生长有杂草及矮树，两侧邻耕地。墙体底宽 4 ~5、顶宽 1 ~3、残高 2 ~3 米（彩图三八）。新平尔村 1 号敌台位于墙体上。新平尔村 1 号敌台西侧墙体人为因素损毁严重，20 世纪 70 年代被村民挖掘成不少洞穴状的猪舍，现废弃，对墙体造成较大破坏。

第 4 小段：G0075（断点）—G0076（断点），长 51 米，呈东—西走向。墙体被一条冲沟损毁消失。

第 5 小段：G0076（断点）—G0078（止点、新平尔村 3 号敌台），长 416 米，呈东南—西北走向，

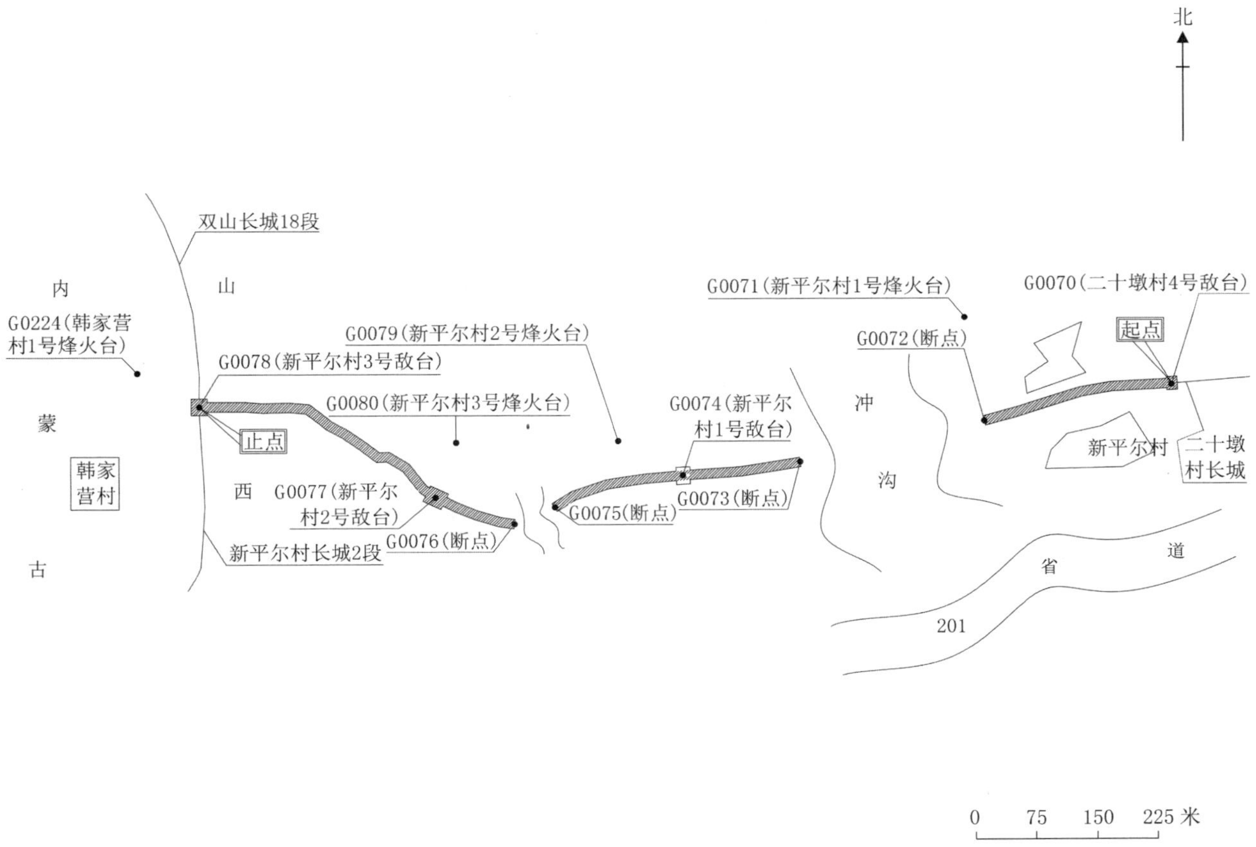

图一〇　新平尔村长城 1 段走向示意图

保存一般。墙体沿山脚洪积扇修筑。墙体北侧有淤土形成的斜坡，长满杂草，被人畜踩踏形成土路；南侧墙面部分段孔洞及沟槽较多。墙体底宽 4 ~ 5、顶宽 1 ~ 3、残高 1 ~ 5 米。新平尔村 2 号敌台位于墙体上，敌台两侧墙体被踩踏成凹口。

墙体整体保存一般。除冲沟损毁致墙体消失外，风雨侵蚀、植物生长也造成墙体坍塌脱落，表面凹凸不平，有裂缝、沟槽、孔洞；由于墙体紧邻村庄、耕地，人为因素损毁严重，如取土挖损墙体、盖房利用或占用墙体、扩田种地挖损墙体、将墙体挖断形成小路、人畜踩踏等，新平尔村 1 号敌台西侧墙体在 20 世纪 70 年代被村民挖掘成洞穴状猪舍，现废弃。

11. 新平尔村长城 2 段

起点位于新平堡镇新平尔村西 0. 9 千米处，高程 1141 米；止点位于新平尔村西南 1. 1 千米处，高程 1114 米。大致呈北—南走向。全长 611 米，其中保存较好 518、消失 93 米。墙体用黄土夯筑而成，含砂砾、少量料礓石，夯层厚 0. 18 ~ 0. 21 米。现存墙体剖面大致呈不规则梯形，底宽 4 ~ 6、顶宽 0. 5 ~ 2. 5、残高 3 ~ 6 米。本段长城位于山西省、内蒙古自治区交界处，G0078（起点、新平尔村 3 号敌台）处东接新平尔村长城 1 段，北连双山长城 18 段；G0231（止点、新平尔村 5 号敌台）处南接西马市村长城 1 段。墙体位于新平尔村 3 号敌台和 5 号敌台之间，新平尔村 4 号敌台位于墙体上。墙体西侧有内蒙古自治区兴和县韩家营村 2 号烽火台，东距墙体 0. 077 千米（图一一）。

本段墙体共测 GPS 点 6 个（G0078、G0226 ~ G0228、G0230、G0231），可分为 4 小段，分述如下。

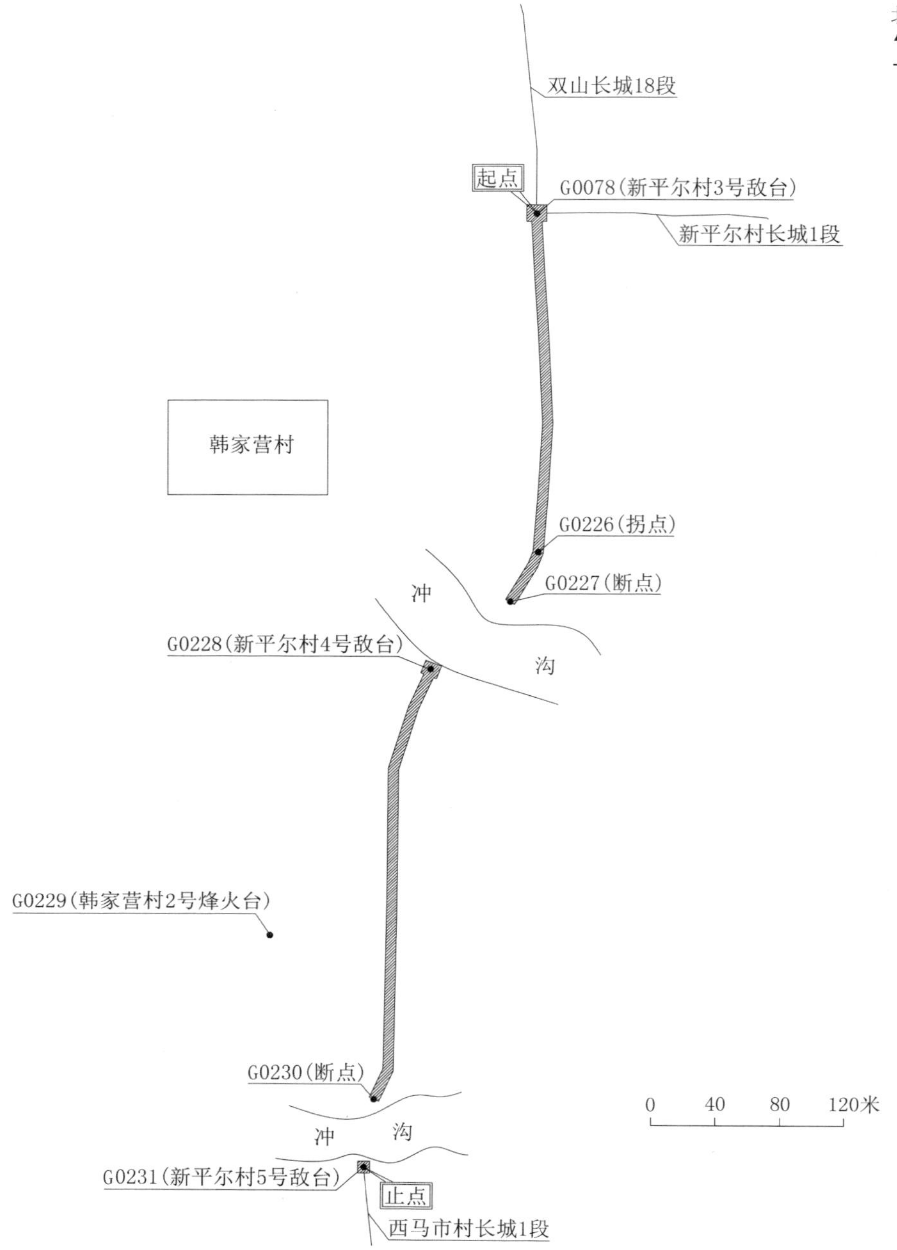

图一一 新平尔村长城2段走向示意图

第1小段：G0078（起点、新平尔村3号敌台）—G0227（断点），长253米，呈东北—西南走向，保存较好。墙体沿山脚洪积扇修筑。墙体西壁陡立，东壁底部被风沙掩埋，呈陡坡状。墙体上生长杂草及矮树。墙体东侧临荒地，西侧为退耕地、还林还草地及内蒙古自治区兴和县韩家营村。由于西邻村庄，人为破坏较严重。墙体底宽4～5、顶宽0.5～2、残高3～5米。G0078（起点、新平尔村3号敌台）处有山西省和内蒙古自治区界碑（彩图三九）。

第2小段：G0227（断点）—G0228（新平尔村4号敌台），长50米，呈东北—西南走向。墙体被一条冲沟损毁消失，现为土路。

第3小段：G0228（新平尔村4号敌台）—G0230（断点），长265米，呈北—南走向，保存较好。

墙体沿山脚洪积扇修筑。墙体西壁陡立，东壁底部被风沙掩埋，呈陡坡状。墙体上生长杂草及矮树，两侧为耕地。墙体底宽5～6、顶宽1～2.5、残高3～6米。

第4小段：G0230（断点）—G0231（止点、新平尔村5号敌台），长43米，呈北—南走向。墙体被一条冲沟损毁消失。

墙体整体保存较好。除冲沟损毁致墙体消失外，风雨侵蚀、植物生长也造成墙体坍塌脱落，表面凹凸不平，有裂缝、沟槽、孔洞；由于墙体紧邻村庄、耕地，人为因素损毁较严重，如取土挖损墙体、扩田种地挖损墙体、人畜踩踏等。

新平尔村长城1段位于西洋河谷地北侧，沿大梁山南侧山脚延伸。新平尔村长城2段位于西洋河谷地北侧、大梁山南侧的平川地带。所在区域为太古界地层，由变质程度很深的各种正副片麻岩和结晶片岩组成。地表黄土覆盖较厚，为典型的黄土高原丘陵地貌，黄土系淡栗钙土。长城周围植被稀疏，有零星生长的杨、榆科树木。新平尔村长城1段南距西洋河河道约1～1.5千米，新平尔村长城2段南距西洋河河道约1千米。

新平尔村居民300余人。居民以农业和家畜饲养业为主，农作物主要有玉米、谷子、马铃薯等，饲养的家畜有牛、驴、绵羊等。新平尔村长城1段墙体北侧有一座砖厂，南侧有一条土路，较远处有201省道。新平尔村长城2段G0227（断点）—G0228（断点、新平尔村4号敌台）间有一条土路。

12. 双山长城1段

起点位于新平堡镇八墩村西北4.5千米处，高程1329米；止点位于八墩村西北4.3千米处，高程1349米。大致呈东北—西南走向。全长450米，均保存差。墙体系土石混筑而成，自然基础，结构为两侧石块垒砌、中间堆以碎石泥土的石墙，两侧石块大小不一，形状不规则，最长70厘米。现存墙体剖面大致呈不规则梯形，底宽1.2～1.7米。本段长城位于山西省、内蒙古自治区交界处，东北接河北省明长城，西南连双山长城2段，南距南路长城约4.5千米。墙体沿山脊蜿蜒曲折而行，地势起伏不平，落差较大（图一二）。

本段墙体共测GPS点6个（G0081～G0087），可分为3小段，分述如下。

第1小段：G0081（起点）—G0084（拐点），长176米，呈东北—西南走向，保存差。墙体坍塌脱落严重，仅存地面痕迹，断断续续。墙体底宽1.2～1.5米。

第2小段：G0084（拐点）—G0086（折点），长184米，呈东北—西南走向，保存差。墙体坍塌脱落严重，仅存地面痕迹，断断续续。墙体底宽1.2～1.7米。

第3小段：G0086（折点）—G0087（止点、折点），长90米，呈东北—西南走向，保存差。墙体坍塌脱落严重，仅存地面痕迹，断断续续。墙体底宽1.2～1.5米。

墙体整体保存差。由于风雨侵蚀、植物生长、山体滑坡等因素，墙体坍塌脱落严重，仅存地面痕迹，断断续续，石块散落两侧山坡。

13. 双山长城2段

起点位于新平堡镇八墩村西北4.3千米处，高程1349米；止点位于八墩村西北4.2千米处，高程1465米。大致呈东北—西南走向。全长611米，其中保存较差100、差511米。墙体系土石混筑而成，自然基础，结构为两侧石块垒砌、中间堆以碎石泥土的石墙，两侧石块大小不一，形状不规则，最长70厘米。现存墙体剖面大致呈不规则梯形，底宽1.2～1.7、残高1～1.4米。本段长城位于山西省、内蒙古自治区交界处，东北接双山长城1段，西南连双山长城3段，南距南路长城约4.5千米。墙体东

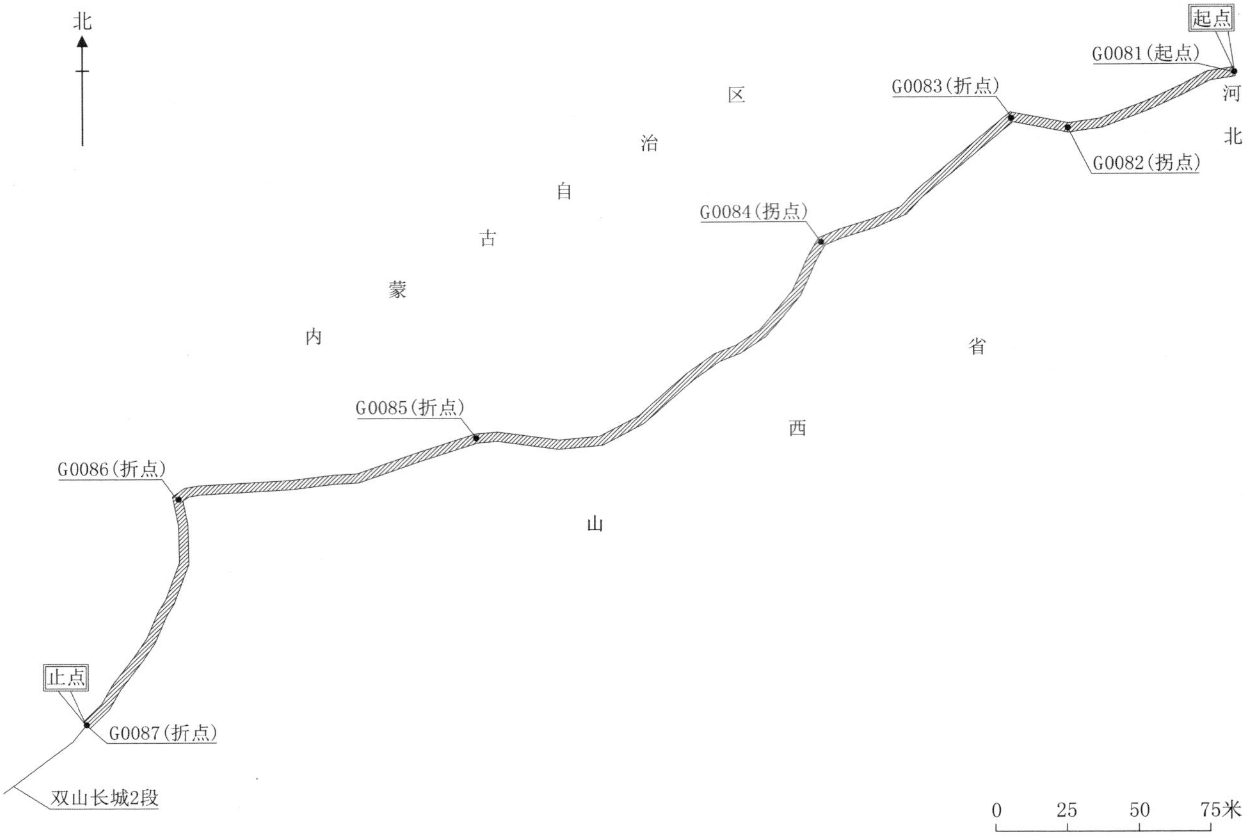

图一二 双山长城1段走向示意图

南0.72千米处有双山1号烽火台。墙体沿山脊蜿蜒曲折而行，地势起伏不平，落差较大（图一三）。

本段墙体共测GPS点6个（G0087～G0092），可分为3小段，分述如下。

第1小段：G0087（起点、折点）—G0088（拐点），长86米，呈东北—西南走向，保存差。墙体坍塌脱落严重，仅存地面痕迹，断断续续。墙体底宽1.2米。

第2小段：G0088（拐点）—G0091（拐点），长425米，呈东北—西南走向，保存差。墙体坍塌脱落严重，仅存地面痕迹，断断续续。墙体底宽1.2米。

第3小段：G0091（拐点）—G0092（止点、折点），长100米，呈东北—西南走向，保存较差。墙体坍塌脱落严重，少数段石块构筑整齐，有5～8层。墙体底宽1.2～1.7、残高1～1.4米（彩图四〇、四一）。

墙体整体保存差。由于风雨侵蚀、植物生长、山体滑坡等因素，墙体坍塌脱落严重，仅存地面痕迹，断断续续，石块散落两侧山坡。

14. 双山长城3段

起点位于新平堡镇八墩村西北4.2千米处，高程1465米；止点位于八墩村西北4.1千米处，高程1529米。大致呈东北—西南走向。全长528米，均保存差。墙体系土石混筑而成，自然基础，结构为两侧石块垒砌，中间堆以碎石泥土的石墙，两侧石块大小不一，形状不规则，最长50厘米。现存墙体剖面大致呈不规则梯形，底宽1～2、残高0.1～0.2米。本段长城位于山西省、内蒙古自治区交界处，东北接双山长城2段，西南连双山长城4段，南距南路长城约4.5千米。墙体沿山脊蜿蜒曲折而行，地势起伏不平，落差较大（图一四）。

本段墙体共测GPS点6个（G0092～G0097），可分为3小段，分述如下。

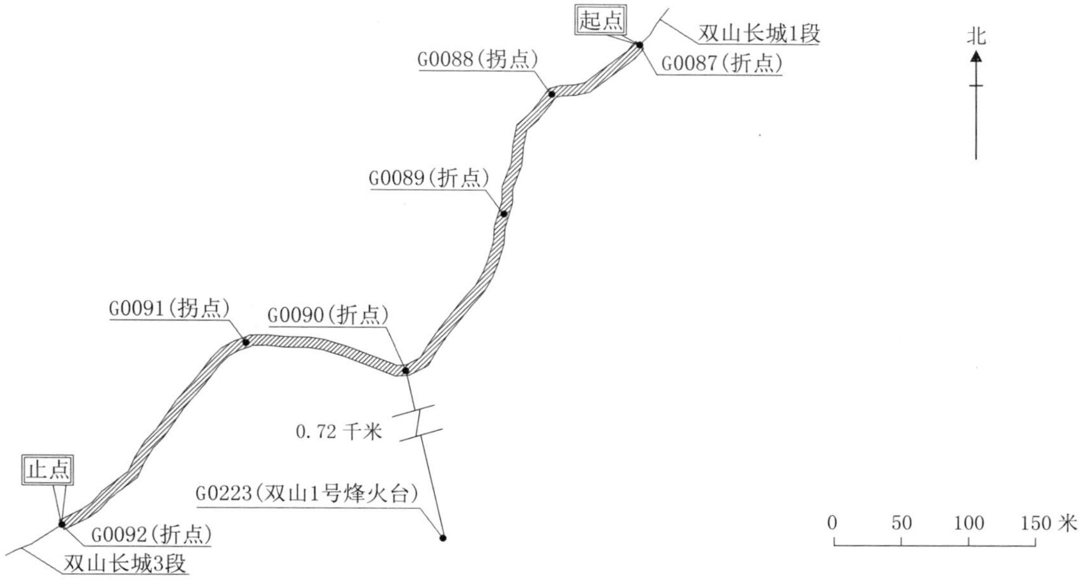

图一三　双山长城2段走向示意图

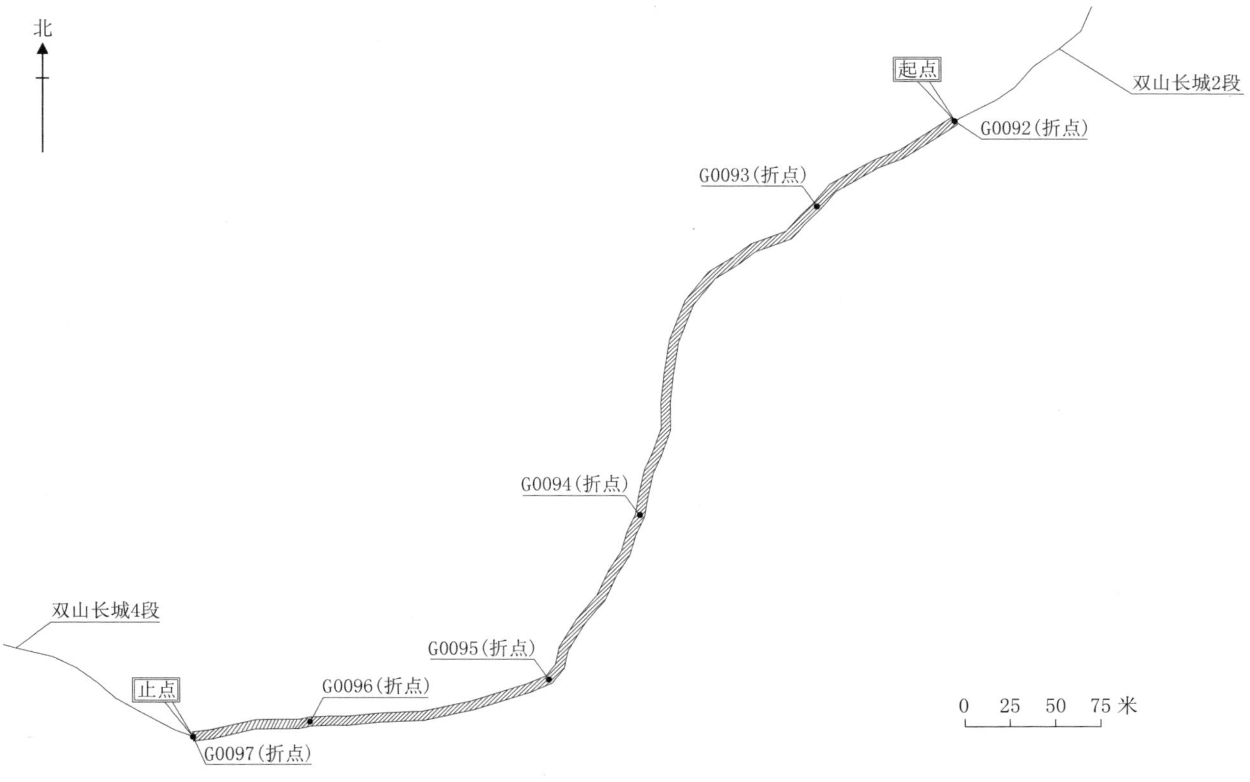

图一四　双山长城3段走向示意图

第 1 小段：G0092（起点、折点）—G0095（折点），长 337 米，呈东北—西南走向，保存差。墙体坍塌脱落严重，仅存地面痕迹，断断续续。墙体底宽 1 米。

第 2 小段：G0095（折点）—G0096（折点），长 126 米，呈东北—西南走向，保存差。墙体坍塌脱落严重，仅存地面痕迹，断断续续。墙体底宽 1 ~2、残高 0. 1 ~0. 2 米。

第 3 小段：G0096（折点）—G0097（止点、折点），长 65 米，呈东北—西南走向，保存差。墙体坍塌脱落严重，仅存地面痕迹，断断续续。墙体底宽 1 ~2 米。

墙体整体保存差。由于风雨侵蚀、植物生长、山体滑坡等因素，墙体坍塌脱落严重，仅存地面痕迹，断断续续，石块散落两侧山坡。

15. 双山长城 4 段

起点位于新平堡镇八墩村西北 4. 1 千米处，高程 1529 米；止点位于新平堡镇十六墩村北 5. 3 千米处，高程 1557 米。大致呈东南—西北走向。全长 697 米，均保存差。墙体系土石混筑而成，自然基础，结构为两侧石块垒砌，中间堆以碎石泥土的石墙，两侧石块大小不一，形状不规则，最长 70 厘米。现存墙体剖面大致呈不规则梯形，底宽 1. 2 ~1. 7 米。本段长城位于山西省、内蒙古自治区交界处，东南接双山长城 3 段，西北连双山长城 5 段，南距南路长城约 4. 5 ~5 千米。墙体沿山脊蜿蜒曲折而行，地势起伏不平，落差较大（图一五）。

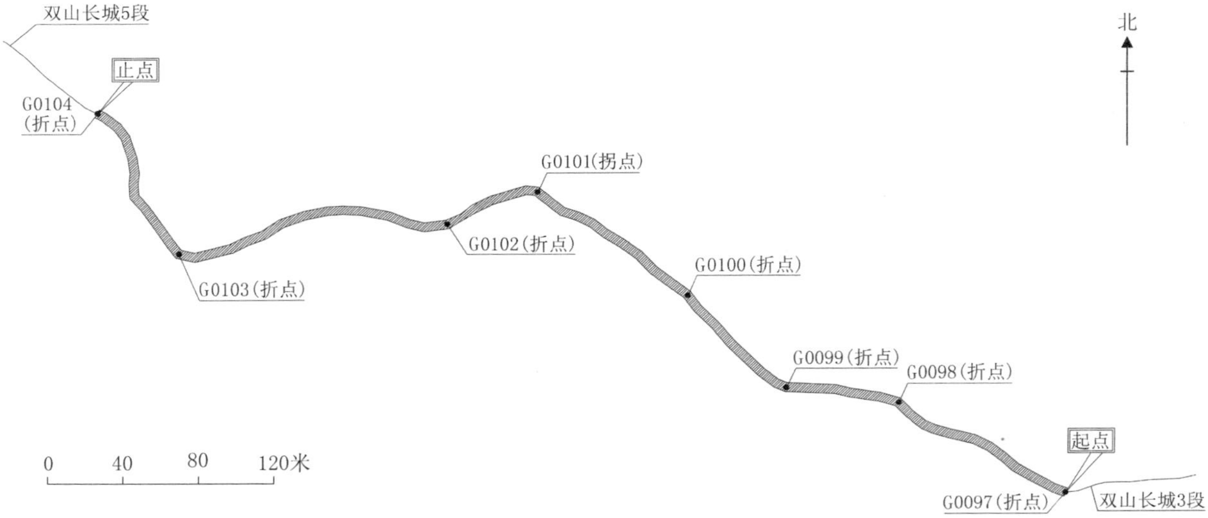

图一五 双山长城 4 段走向示意图

本段墙体共测 GPS 点 8 个（G0097 ~G0104），可分为 3 小段，分述如下。

第 1 小段：G0097（起点、折点）—G0101（拐点），长 343 米，呈东南—西北走向，保存差。墙体坍塌脱落严重，仅存地面痕迹，断断续续。

第 2 小段：G0101（拐点）—G0102（折点），长 116 米，呈东北—西南走向，保存差。墙体坍塌脱落严重，仅存地面痕迹，断断续续。

第 3 小段：G0102（折点）—G0104（止点、折点），长 238 米，呈东南—西北走向，保存差。墙体坍塌脱落严重，仅存地面痕迹，断断续续（彩图四二）。

墙体整体保存差。由于风雨侵蚀、植物生长、山体滑坡等因素，墙体坍塌脱落严重，仅存地面痕迹，断断续续，石块散落两侧山坡。

16. 双山长城5段

起点位于新平堡镇十六墩村北5.3千米处，高程1557米；止点位于新平堡镇二十墩村北6.1千米处，高程1625米。大致呈东南—西北走向。全长655米，均保存差。墙体系土石混筑而成，自然基础，结构为两侧石块垒砌，中间堆以碎石泥土的石墙，两侧石块大小不一，形状不规则，长10～30、最长70厘米。现存墙体剖面大致呈不规则梯形，底宽1.2～1.7、残高0.1～0.8米。本段长城位于山西省、内蒙古自治区交界处，东南接双山长城4段，西北连双山长城6段，南距南路长城约5～5.5千米。墙体沿山脊蜿蜒曲折而行，地势起伏不平，落差较大（图一六）。

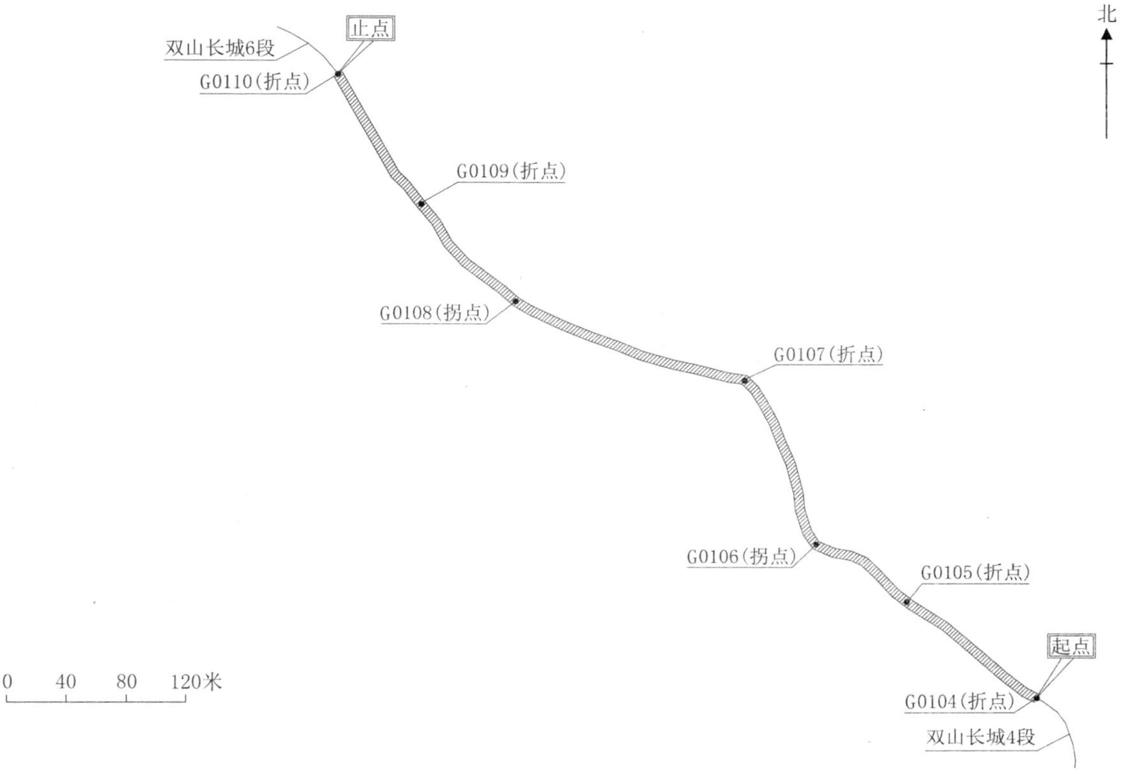

图一六　双山长城5段走向示意图

本段墙体共测GPS点7个（G0104～G0110），仅1小段，叙述如下。

G0104（起点、折点）—G0110（止点、折点），长655米，呈东南—西北走向，保存差。墙体坍塌脱落严重，仅存地面痕迹，断断续续。墙体底宽1.2～1.7、残高0.1～0.8米。G0108（拐点）处有2米墙体，北壁可见石块垒砌3层，高0.8米，南壁无存，中间堆填的碎石泥土尚存，呈北高南低的斜坡状。

墙体整体保存差。由于风雨侵蚀、植物生长、山体滑坡等因素，墙体坍塌脱落严重，仅存地面痕迹，断断续续，石块散落两侧山坡。

17. 双山长城6段

起点位于新平堡镇二十墩村北6.1千米处，高程1625米；止点位于二十墩村北6.2千米处，高程1642米。大致呈东南—西北走向。全长681米，均保存差。墙体系土石混筑而成，自然基础，结构为两侧石块垒砌，中间堆以碎石泥土的石墙，两侧石块大小不一，形状不规则，长 10 ~ 30、最长 70 厘米。现存墙体剖面大致呈不规则梯形，底宽 1.2 ~ 1.7、残高 0.1 ~ 0.2 米。本段长城位于山西省、内蒙古自治区交界处，东南接双山长城 5 段，西北连双山长城 7 段，南距南路长城约 5.5 ~ 6 千米。墙体沿山脊蜿蜒曲折而行，地势起伏不平，落差较大（图一七）。

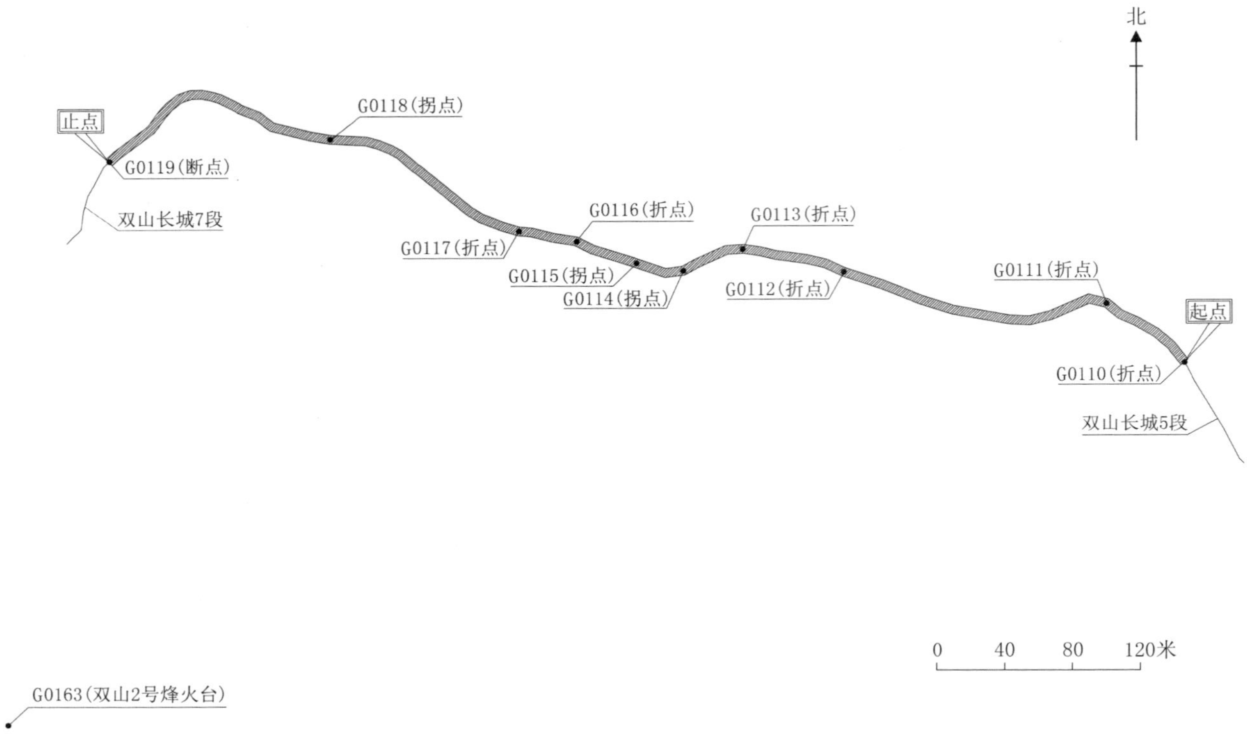

图一七　双山长城 6 段走向示意图

本段墙体共测 GPS 点 10 个（G0110 ~ G0119），仅 1 小段，叙述如下。

G0110（起点、折点）—G0119（止点、断点），长 681 米，呈东—西走向，保存差。墙体坍塌脱落严重，仅存地面痕迹，断断续续。墙体底宽 1.2 ~ 1.7、残高 0.1 ~ 0.2 米。

墙体整体保存差。由于风雨侵蚀、植物生长、山体滑坡等因素，墙体坍塌脱落严重，仅存地面痕迹，断断续续，石块散落两侧山坡。

18. 双山长城 7 段

起点位于新平堡镇二十墩村北 6.2 千米处，高程 1642 米；止点位于二十墩村北 5.8 千米处，高程 1656 米。大致呈东北—西南走向。全长 789 米，其中保存较差 49、差 740 米。墙体系土石混筑而成，自然基础，结构为两侧石块垒砌，中间堆以碎石泥土的石墙，两侧石块大小不一，形状不规则，最长 70 厘米。现存墙体剖面大致呈不规则梯形，底宽 1.2 ~ 3、残高 0.1 ~ 1.4 米。本段长城位于山西省、内蒙古自治区交界处，东北接双山长城 6 段，西南连双山长城 8 段，南距南路长城约 6 千米。墙体东侧有双山 2 号烽火台，西距墙体 0.22 千米。墙体沿山脊蜿蜒曲折而行，地势起伏不平，落差较大（图一八）。

本段墙体共测 GPS 点 11 个（G0119 ~ G0129），可分为 4 小段，分述如下。

第 1 小段：G0119（起点、断点）—G0121（断点），长 205 米，呈东北—西南走向，保存差。整

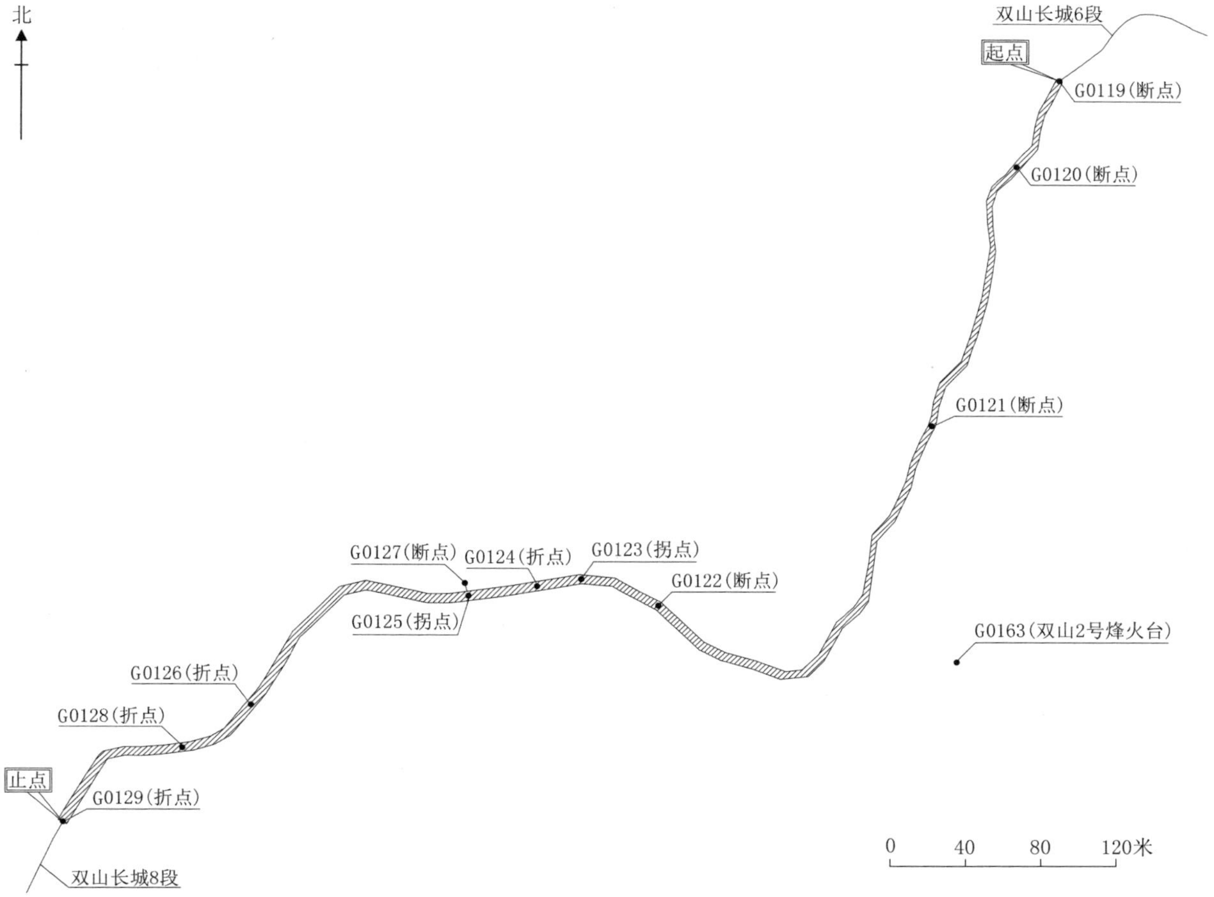

图一八　双山长城7段走向示意图

体呈下降趋势，落差达40余米。墙体坍塌脱落严重，仅存地面痕迹，断断续续。墙体底部最宽处3米。G0119（起点、断点）、G0120（断点）、G0121（断点）处墙体分别消失5.5、5.5、4米。

第2小段：G0121（断点）—G0124（折点），长267米，呈东北—西南走向，保存差。墙体坍塌脱落严重，仅存地面痕迹，断断续续。墙体底宽2～3米（彩图四三）。G0124（折点）处墙体消失4米。

第3小段：G0124（折点）—G0125（拐点），长49米，呈东—西走向，保存较差。少数段石块构筑整齐，层数2～3层不等。墙体底宽1.2～1.7、残高1～1.4米。

第4小段：G0125（拐点）—G0129（止点、折点），长268米，呈东北—西南走向，保存差。整体呈下降趋势，落差达10余米。墙体坍塌脱落严重，仅存地面痕迹，断断续续。墙体底部最宽处3米。G0125（拐点）处有一段呈东南—西北走向的墙体，延伸至G0127（断点），长24米，位于内蒙古自治区一侧。

墙体整体保存差。由于风雨侵蚀、植物生长、山体滑坡等因素，墙体坍塌脱落严重，仅存地面痕迹，断断续续，石块散落两侧山坡。

19. 双山长城8段

起点位于新平堡镇二十墩村北5.8千米处，高程1656米；止点位于新平堡镇新平尔村北5.8千米处，高程1643米。大致呈东北—西南走向。全长609米，其中保存较差141、差468米。墙体系土石混筑而成，自然基础，结构为两侧石块垒砌，中间堆以碎石泥土的石墙，两侧石块大小不一，形状不规则，最长70厘米。现存墙体剖面大致呈不规则梯形，底宽1.2～3、残高0.1～1.4米。本段长城位于山西省、内蒙古自治区交界处，东北接双山长城7段，西南连双山长城9段，南距南路长城约6千米，双山3号烽火台西距墙体0.07千米。墙体沿山脊蜿蜒曲折而行，地势起伏不平，落差较大（图一九）。

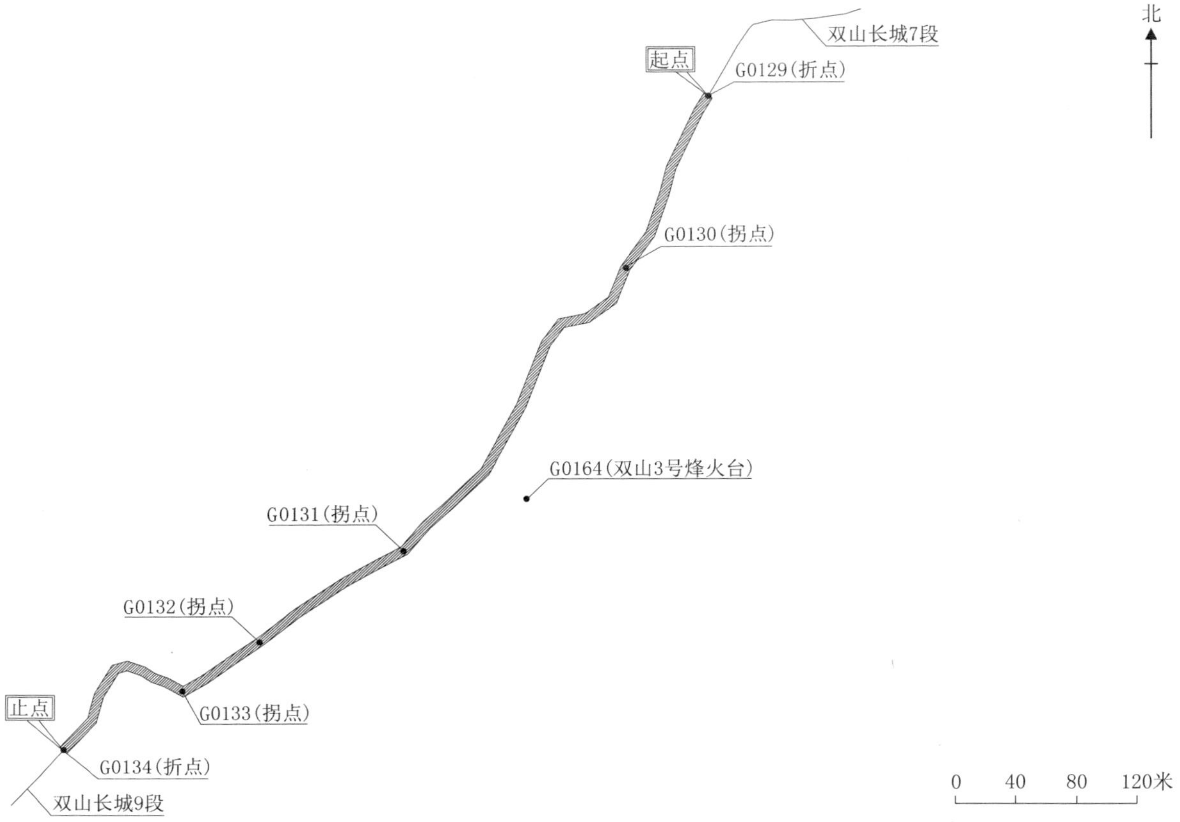

图一九 双山长城8段走向示意图

本段墙体共测GPS点6个（G0129～G0134），可分为3小段，分述如下。

第1小段：G0129（起点、折点）—G0131（拐点），长377米，呈东北—西南走向，保存差。整体落差约40米。墙体坍塌脱落严重，仅存地面痕迹，断断续续。墙体底宽1.2～2、残高0.1～0.5米。

第2小段：G0131（拐点）—G0133（拐点），长141米，呈东北—西南走向，保存较差。墙体多数段筑于悬崖边缘。少数段石块构筑整齐，层数2～3层。墙体底宽1.2～3、残高0.1～1.4米。

第3小段：G0133（拐点）—G0134（止点、折点），长91米，呈东北—西南走向，保存差。墙体坍塌脱落严重，仅存地面痕迹，断断续续。墙体底宽1.2～2、残高0.1～1.2米。

墙体整体保存差。由于风雨侵蚀、植物生长、山体滑坡等因素，墙体坍塌脱落严重，仅存地面痕迹，断断续续，石块散落两侧山坡。

20. 双山长城9段

起点位于新平堡镇新平尔村北5.8千米处，高程1643米；止点位于新平尔村北5.8千米处，高程

1633 米。大致呈东北—西南走向。全长 49 米，均保存较好。本段长城系山险，位于山西省、内蒙古自治区交界处，东北接双山长城 8 段，西南连双山长城 10 段，南距南路长城约 6 千米。山险沿山脊蜿蜒曲折而行，地势起伏不平，落差较大（图二〇）。

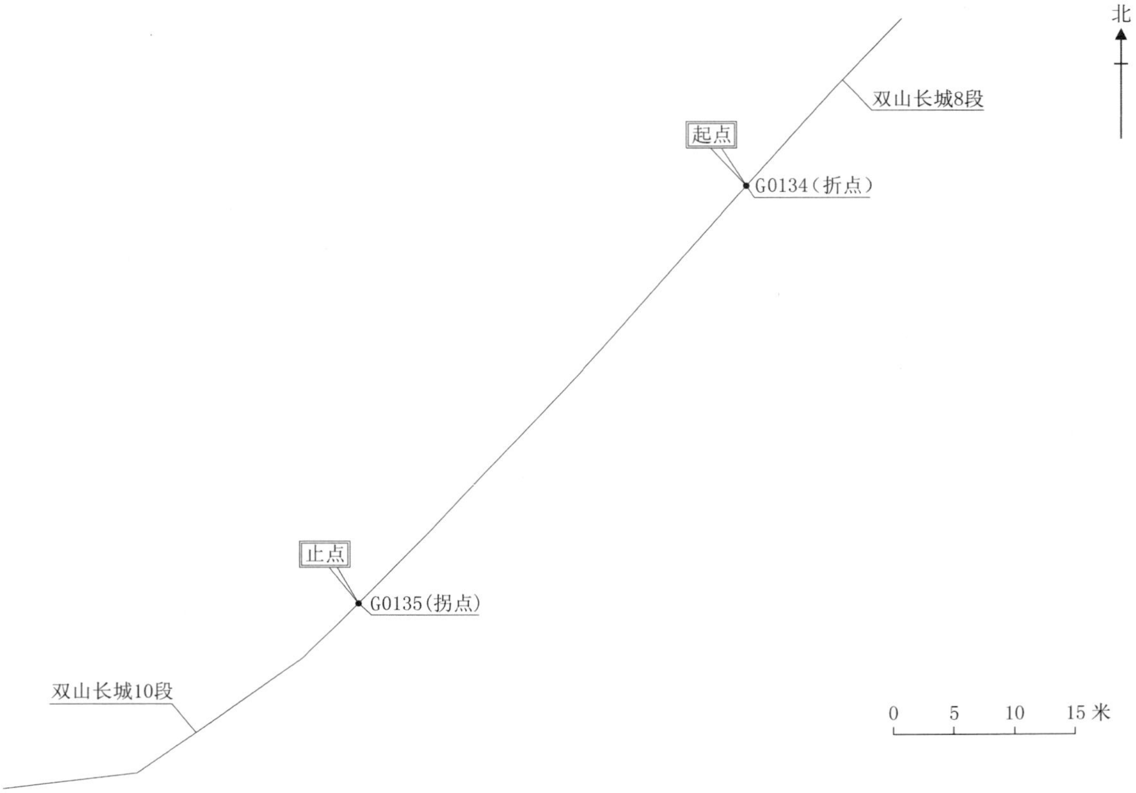

图二〇 双山长城 9 段走向示意图

本段墙体共测 GPS 点 2 个（G0134、G0135），仅 1 小段，叙述如下。

G0134（起点、折点）—G0135（止点、拐点），长 49 米，呈东北—西南走向，保存较好。山体北侧为陡峭悬崖。

山险整体保存较好。面临的损毁原因主要是风雨侵蚀、植物生长等自然因素。

21. 双山长城 10 段

起点位于新平堡镇新平尔村北 5.8 千米处，高程 1633 米；止点位于新平尔村北 5.5 千米处，高程 1636 米。大致呈东北—西南走向。全长 605 米，其中保存较差 302、差 303 米。墙体系土石混筑而成，自然基础，结构为两侧石块垒砌，中间堆以碎石泥土的石墙，两侧石块大小不一，形状不规则，长 10 ~30、最长 70 厘米。现存墙体剖面大致呈不规则梯形，底宽 1.2 ~3、残高 0.1 ~1.2 米。本段长城位于山西省、内蒙古自治区交界处，东北接双山长城 9 段，西南连双山长城 11 段，南距南路长城约 5.5 ~6 千米。墙体沿山脊蜿蜒曲折而行，地势起伏不平，落差较大（图二一）。

本段墙体共测 GPS 点 9 个（G0135 ~ G0143），可分为 3 小段，分述如下。

第 1 小段：G0135（起点、拐点）—G0136（拐点），长 158 米，呈东北—西南走向，保存较差。墙体沿山脊缓慢下降，落差达 50 多米。墙体坍塌脱落严重，底部残存 1 ~4 层石块。墙体底宽 1.2 ~3、

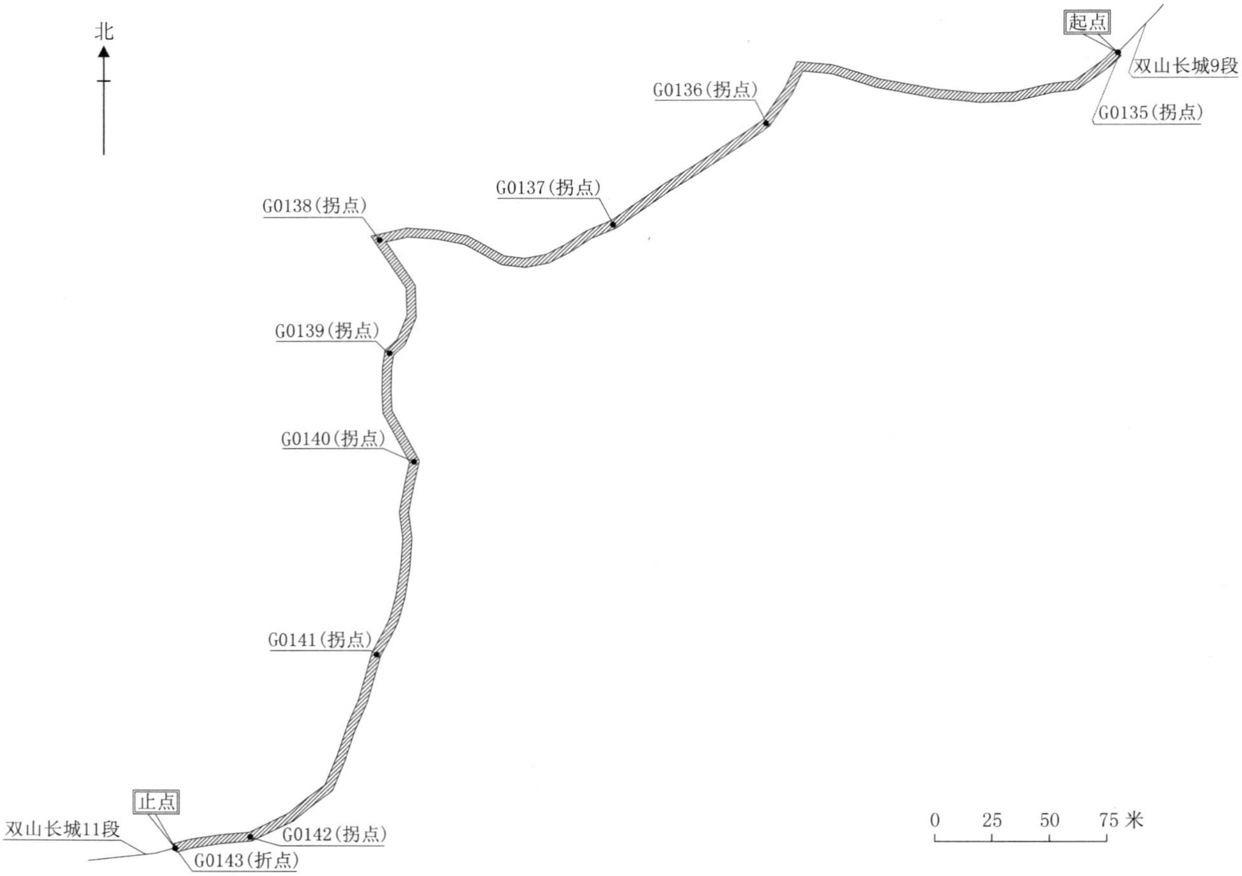

图二一　双山长城 10 段走向示意图

残高 0.2～1.2 米。

第 2 小段：G0136（拐点）—G0141（拐点），长 303 米，呈东北—西南走向，保存差。墙体整体呈上升趋势，落差达 65 米。墙体坍塌脱落严重，仅存地面痕迹，断断续续。墙体底宽 2～3、残高 0.1～0.5 米。

第 3 小段：G0141（拐点）—G0143（止点、折点），长 144 米，呈东北—西南走向，保存较差。墙体沿山脊缓慢下降，落差达 16 米。墙体坍塌脱落严重，底部残存 1～4 层石块。墙体底宽 1.2～3、残高 0.2～1.2 米。

墙体整体保存差。由于风雨侵蚀、植物生长、山体滑坡等因素，墙体坍塌脱落严重，仅存地面痕迹，断断续续，石块散落两侧山坡。

22. 双山长城 11 段

起点位于新平堡镇新平尔村北 5.5 千米处，高程 1636 米；止点位于新平尔村北 5.2 千米处，高程 1671 米。大致呈东北—西南走向。全长 574 米，均保存差。墙体系土石混筑而成，自然基础，结构为两侧石块垒砌，中间堆以碎石泥土的石墙，两侧石块大小不一，形状不规则，长 10～30、最长 70 厘米。现存墙体剖面大致呈不规则梯形，底宽 1.2～1.7、残高 0.1～0.2 米。本段长城位于山西省、内蒙古自治区交界处，东接双山长城 10 段，西南连双山长城 12 段，南距南路长城约 5.5 千米。墙体沿山脊蜿蜒曲折而行，地势起伏不平，落差较大（图二二）。

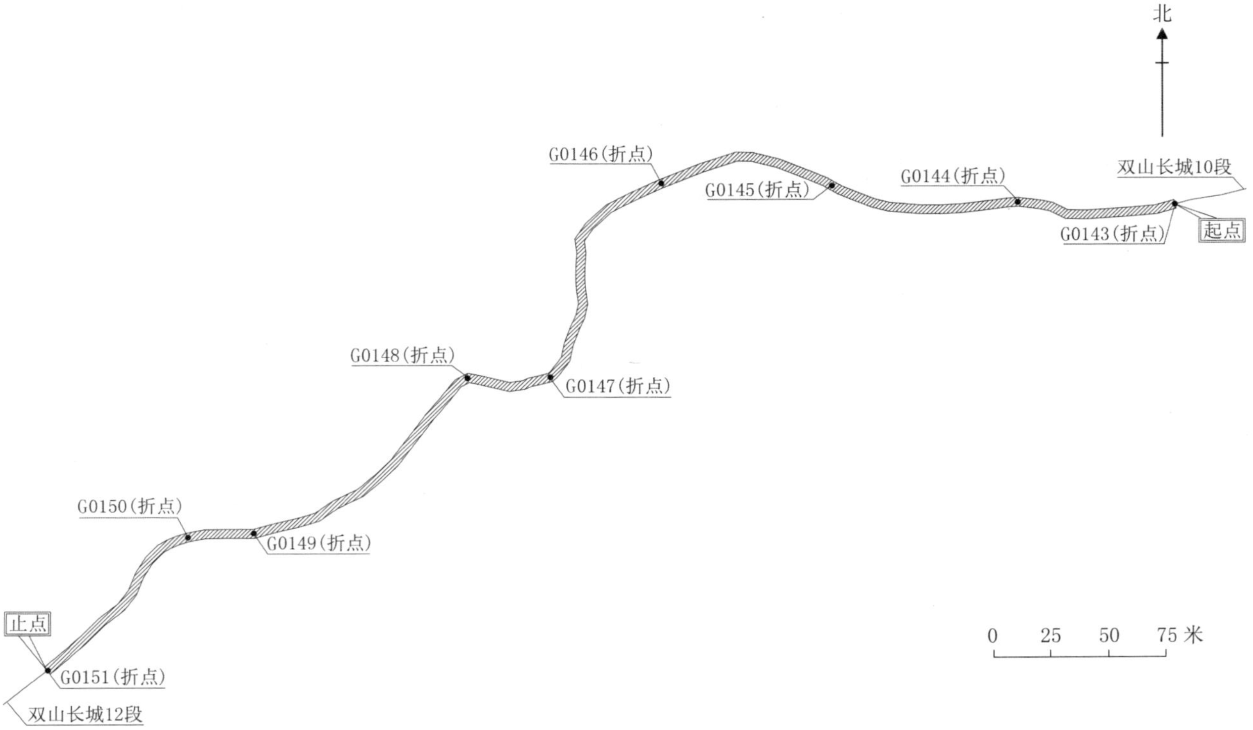

图二二　双山长城 11 段走向示意图

本段墙体共测 GPS 点 9 个（G0143—G0151），仅 1 小段，叙述如下。

G0143（起点、折点）—G0151（止点、折点），长 574 米，呈东北—西南走向，保存差。墙体坍塌脱落严重，仅存地面痕迹，断断续续。墙体底宽 1.2～1.7、残高 0.1～0.2 米（彩图四四）。

墙体整体保存差。由于风雨侵蚀、植物生长、山体滑坡等因素，墙体坍塌脱落严重，仅存地面痕迹，断断续续，石块散落两侧山坡。

23. 双山长城 12 段

起点位于新平堡镇新平尔村北 5.2 千米处，高程 1671 米；止点位于新平尔村西北 5 千米处，高程 1613 米。大致呈东北—西南走向。全长 782 米，均保存差。墙体系土石混筑而成，自然基础，结构为两侧石块垒砌，中间堆以碎石泥土的石墙，两侧石块大小不一，形状不规则，长 10～30、最长 70 厘米。现存墙体剖面大致呈不规则梯形，底宽 1.2～1.7、残高 0.1～0.2 米。本段长城位于山西省、内蒙古自治区交界处，东北接双山长城 11 段，西南连双山长城 13 段，南距南路长城约 5 千米。墙体沿山脊蜿蜒曲折而行，地势起伏不平，落差较大（图二三）。

本段墙体共测 GPS 点 12 个（G0151～G0162），可分为 2 小段，分述如下。

第 1 小段：G0151（起点、折点）—G0158（拐点），长 470 米，呈东北—西南走向，保存差。墙体沿山脊蜿蜒而行，落差较小。墙体坍塌脱落严重，仅存地面痕迹，断断续续。墙体底宽 1.2～1.7、残高 0.1～0.2 米。

第 2 小段：G0158（拐点）—G0162（止点、拐点），长 312 米，呈东北—西南走向，保存差。墙体整体呈下降趋势，落差较大。墙体坍塌脱落严重，仅存地面痕迹，断断续续。墙体底宽 1.2～1.7、残高 0.1～0.2 米。

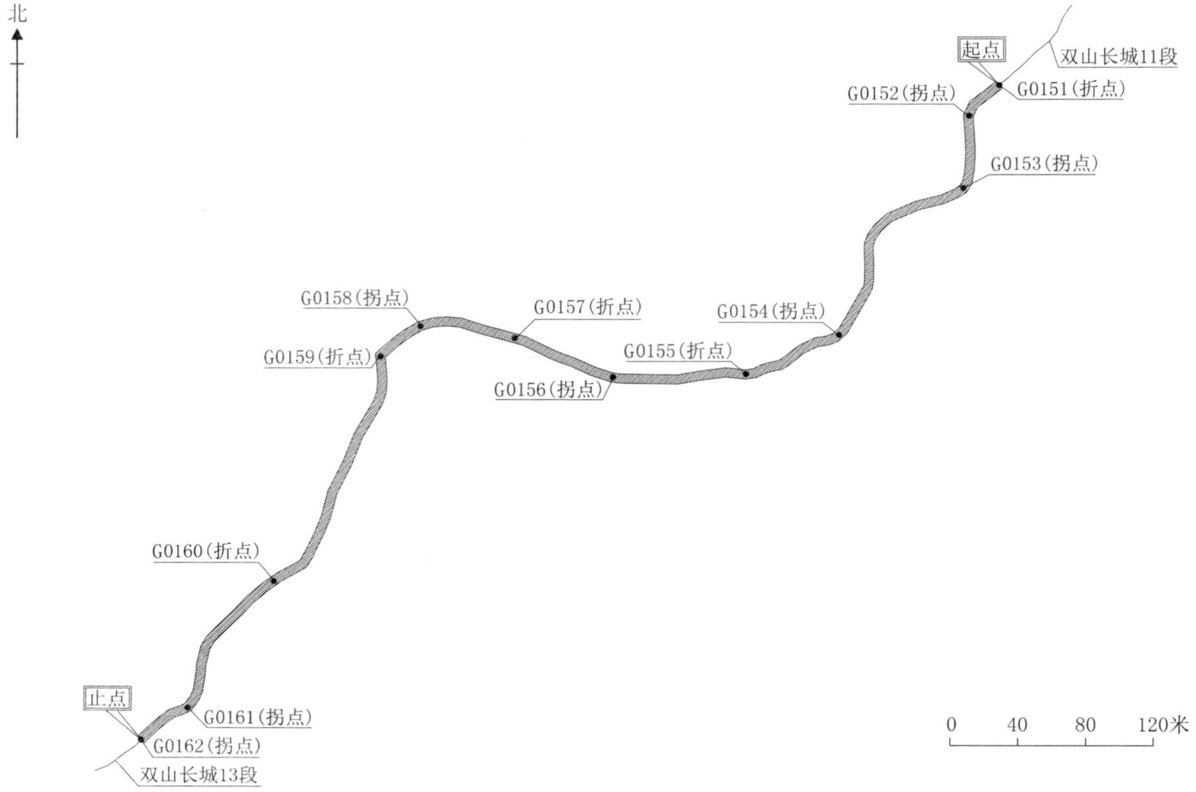

图二三　双山长城12段走向示意图

墙体整体保存差。由于风雨侵蚀、植物生长、山体滑坡等因素，墙体坍塌脱落严重，仅存地面痕迹，断断续续，石块散落两侧山坡。

24. **双山长城13段**

起点位于新平堡镇新平尔村西北5千米处，高程1613米；止点位于新平尔村西北4.6千米处，高程1616米。大致呈东北—西南走向。全长715米，其中保存差511、消失204米。墙体系土石混筑而成，自然基础，结构为两侧石块垒砌，中间堆以碎石泥土的石墙，两侧石块大小不一，形状不规则，长10~20、最长70厘米。现存墙体剖面大致呈不规则梯形，底宽1.2~2.5、残高0.1~0.7米。本段长城位于山西省、内蒙古自治区交界处，东北接双山长城12段，西南连双山长城14段。墙体沿山脊蜿蜒曲折而行，地势起伏不平，落差较大（图二四）。

本段墙体共测GPS点12个（G0162、0165~G0175），可分为4小段，分述如下。

第1小段：G0162（起点、拐点）—G0165（折点），长126米，呈东北—西南走向，保存差。墙体坍塌脱落严重，仅存地面痕迹，断断续续。墙体底宽1.2~2.5、残高0.1~0.7米。

第2小段：G0165（折点）—G0173（折点），长252米，呈东北—西南走向，保存差。墙体坍塌脱落严重，仅存地面痕迹，断断续续。墙体底宽1.2~1.7、残高0.1~0.7米。

第3小段：G0173（折点）—G0174（断点），长133米，呈东北—西南走向，保存差。墙体沿双山山脊爬升，落差达30米。墙体坍塌脱落严重，仅存地面痕迹，断断续续。墙体底宽1.2~2.5米。

第4小段：G0174（断点）—G0175（止点、断点），长204米，呈北—南走向，墙体消失。

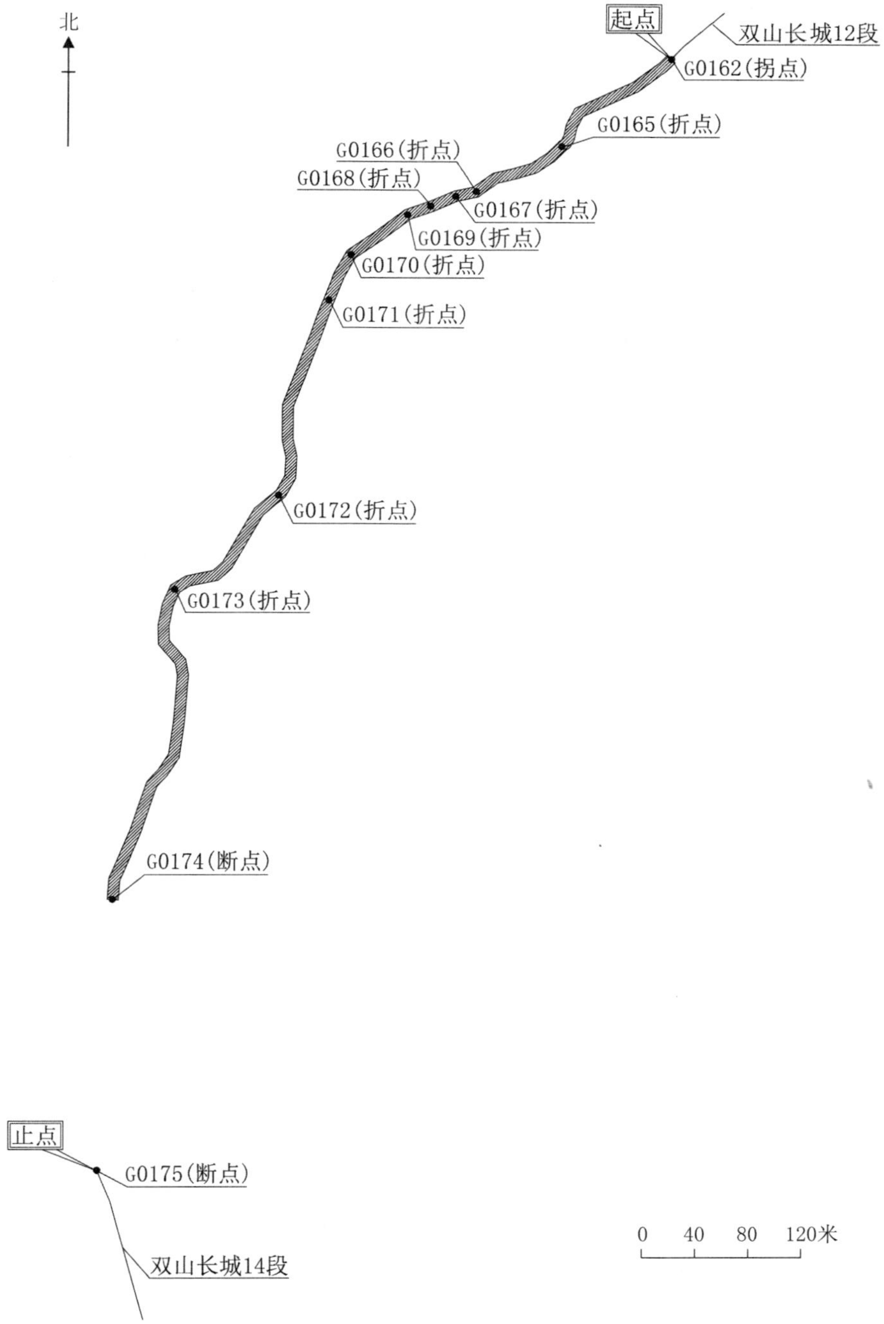

图二四　双山长城 13 段走向示意图

墙体整体保存差。由于风雨侵蚀、植物生长、山体滑坡等因素，墙体坍塌脱落严重，仅存地面痕迹，断断续续，石块散落两侧山坡。

25. 双山长城 14 段

起点位于新平堡镇新平尔村西北 4.6 千米处，高程 1616 米；止点位于新平尔村西北 4 千米处，高程 1484 米。大致呈西北—东南走向。全长 742 米，均保存差。墙体系土石混筑而成，自然基础，结构

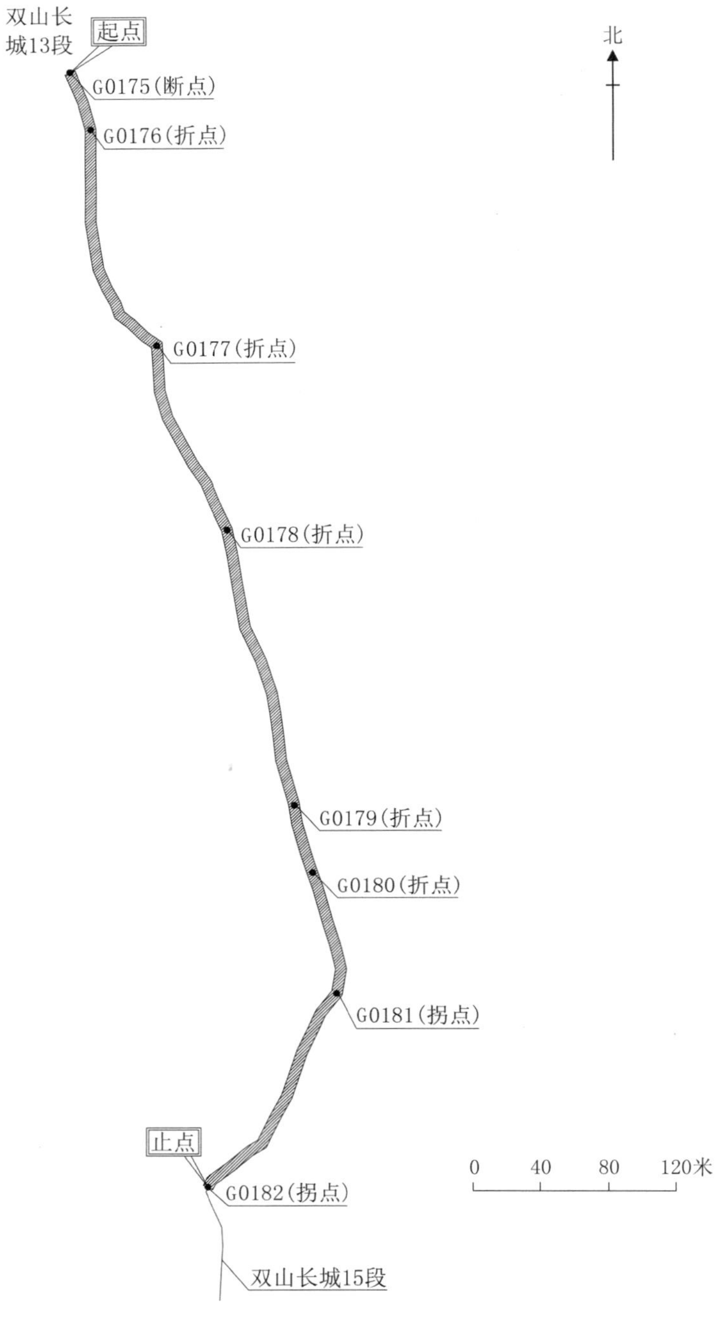

图二五 双山长城14段走向示意图

为两侧石块垒砌，中间堆以碎石泥土的石墙，两侧石块大小不一，形状不规则，长约10、最长70厘米。现存墙体剖面大致呈不规则梯形，底宽1.2～2.5米。本段长城位于山西省、内蒙古自治区交界处，西北接双山长城13段，东南连双山长城15段。墙体沿山脊蜿蜒曲折而行，地势起伏不平，落差较大（图二五）。

本段墙体共测GPS点8个（G0175～G0182），可分为2小段，分述如下。

第1小段：G0175（起点、断点）—G0181（拐点），长600米，呈西北—东南走向，保存差。墙体沿山脊逐渐下降，落差达122米。墙体坍塌脱落严重，仅存地面痕迹，断断续续。墙体底宽1.2～2.5米。

第2小段：G0181（拐点）—G0182（止点、拐点），长142米，呈东北—西南走向，保存差。墙体沿山脊逐渐下降，但较平缓。墙体坍塌脱落严重，仅存地面痕迹，断断续续。墙体底宽1.2～2.5米。

墙体整体保存差。由于风雨侵蚀、植物生长、山体滑坡等因素，墙体坍塌脱落严重，仅存地面痕迹，断断续续，石块散落两侧山坡。

26. 双山长城15段

起点位于新平堡镇新平尔村西北4千米处，高程1484米；止点位于新平尔村西北3.4千米处，高程1392米。大致呈北—南走向。全长754米，均保存较差。墙体系土石混筑而成，自然基础，结构为两侧石块垒砌，中间堆以碎石泥土的石墙，两侧石块大小不一，形状不规则，长10～20、最长70厘米。现存墙体剖面大致呈不规则梯形，底宽1.2～2.7、顶宽1～2.1、残高0.5～2米。本段长城位于山西省、内蒙古自治区交界处，北接双山长城14段，南连双山长城16段。墙体沿山脊蜿蜒曲折而行，地势起伏不平，落差较大（图二六）。

本段墙体共测GPS点13个（G0182～G0194），可分为3小段，分述如下。

第1小段：G0182（起点、拐点）—G0187（折点），长403米，呈北—南走向，保存较差。墙体沿山脊逐渐下降，坍塌脱落严重。墙体底宽 1.2～2.7、顶宽 1、残高 0.5～2 米。

第 2 小段：G0187（折点）—G0189（拐点），长 73 米，呈东北—西南走向，保存较差。墙体坍塌脱落严重。墙体底宽 1.2～2.5、顶宽 1.4～2.1、残高0.5～1.3 米（彩图四五）。

第 3 小段：G0189（拐点）—G0194（止点、折点），长 278 米，呈北—南走向，保存较差。墙体沿山脊逐渐下降，坍塌脱落严重。墙体底宽 1.2～2.5、顶宽 1.2～1.9、残高 0.5～1.9 米。

墙体整体保存较差。由于风雨侵蚀、植物生长、山体滑坡等因素，墙体坍塌脱落严重，石块散落两侧山坡。多数段两侧残存垒砌的石块，但高度不一。

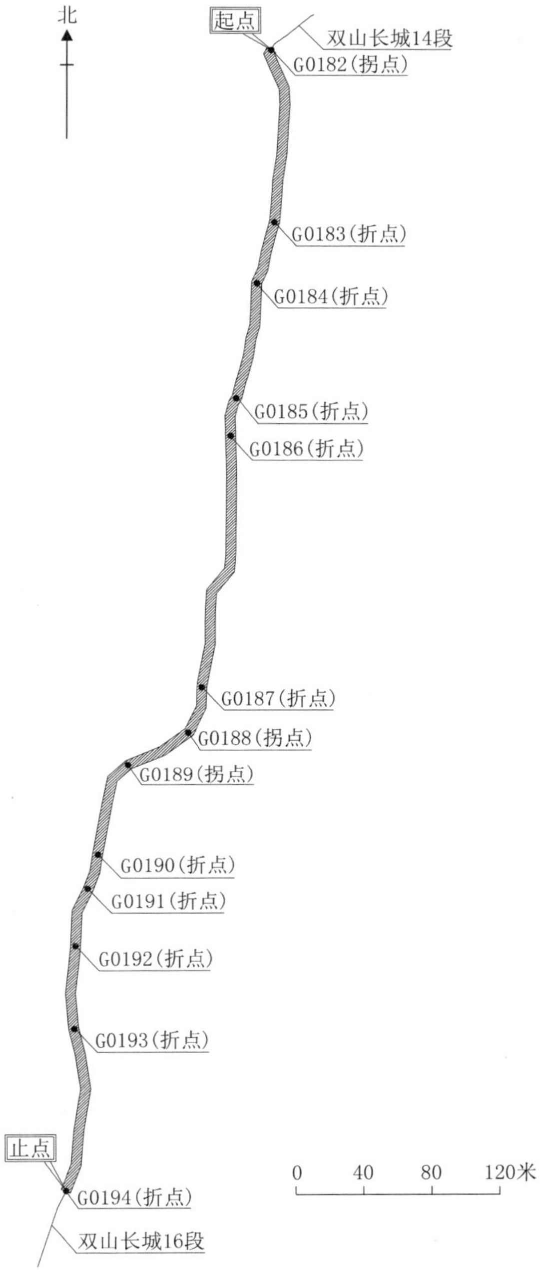

图二六　双山长城 15 段走向示意图

27. 双山长城 16 段

起点位于新平堡镇新平尔村西北 4.3 千米处，高程 1392 米；止点位于新平尔村西北 2.2 千米处，高程 1316 米。大致呈西北—东南走向。全长 1374 米，其中保存较差 165、差 695、消失 514 米。墙体系土石混筑而成，自然基础，结构为两侧石块垒砌，中间堆以碎石泥土的石墙，两侧石块大小不一，形状不规则，长 10～30、最长 70 厘米。现存墙体剖面大致呈不规则梯形，底宽 1.2～2.5、顶宽 1～1.3、残高 0.1～1.2 米。本段长城位于山西省、内蒙古自治区交界处，西北接双山长城 15 段，东南连双山长城 17 段。墙体沿山脊蜿蜒曲折而行，地势起伏不平，落差较大（图二七）。

本段墙体共测 GPS 点 24 个（G0194～G0217），可分为 6 小段，分述如下。

第 1 小段：G0194（起点、折点）—G0208（断点），长 554 米，呈西北—东南走向，保存差。墙体沿山脊逐渐下降，两侧山坡下有冲沟。墙体坍塌脱落严重，部分段两侧残存垒砌的石块，有 1～3 层不等。墙体底宽 1.2～1.7、残高 0.1～0.8 米。

第 2 小段：G0208（断点）—G0209（断点），长 85 米，呈西北—东南走向，墙体消失。

第 3 小段：G0209（断点）—G0211（断点），长 141 米，呈西北—东南走向，保存差。墙体构筑在平缓山梁上，整体落差较小。墙体坍塌脱落严重，仅存地面痕迹，断断续续。墙体底宽 1.2～2.5 米。

第 4 小段：G0211（断点）—G0212（断点），长 174 米，呈西北—东南走向，墙体消失。

第 5 小段：G0212（断点）—G0216（断点），长 165 米，呈西北—东南走向，保存较差。墙体沿

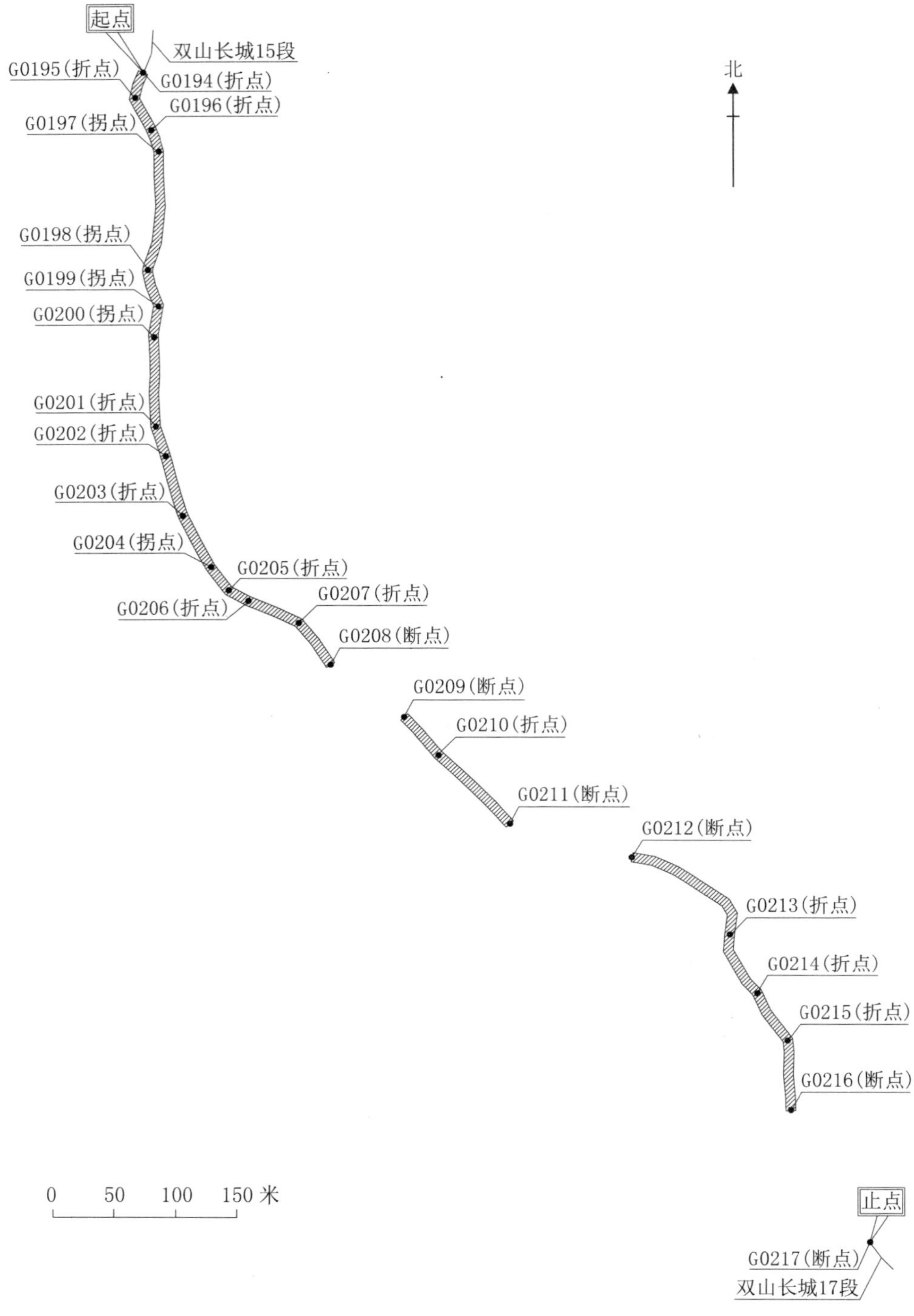

图二七 双山长城 16 段走向示意图

山脊逐渐下降。墙体坍塌脱落严重，两侧仍残存垒砌的石块，层数 1 ~ 3 层。墙体底宽 1. 2 ~ 1. 7、顶宽 1 ~ 1. 3、残高 0. 1 ~ 1. 2 米。

第 6 小段：G0216（断点）—G0217（止点、断点），长 255 米，呈西北—东南走向。东西两侧山坡下有冲沟。

墙体整体保存差。由于风雨侵蚀、植物生长、山体滑坡等因素，墙体坍塌脱落严重，部分段墙体消失，多数段仅存地面痕迹，断断续续，石块散落两侧山坡。

28. 双山长城17段

起点位于新平堡镇新平尔村西北2.2千米处，高程1316米；止点位于新平尔村西北1千米处，高程1177米。大致呈北—南走向。全长1437米，其中保存较差124、差213、消失1100米。墙体系土石混筑而成，自然基础，结构为两侧石块垒砌，中间堆以碎石泥土的石墙，两侧石块大小不一，形状不规则，长10～20、最长70厘米。现存墙体剖面大致呈不规则梯形，底宽1.2～2.5、顶宽0.9～1.3、残高0.1～1.3米。本段长城位于山西省、内蒙古自治区交界处，西北接双山长城16段，东南连双山长城18段。双山敌台所在也是本段长城止点。墙体沿山脊蜿蜒曲折而行，地势起伏不平，落差较大（图二八）。

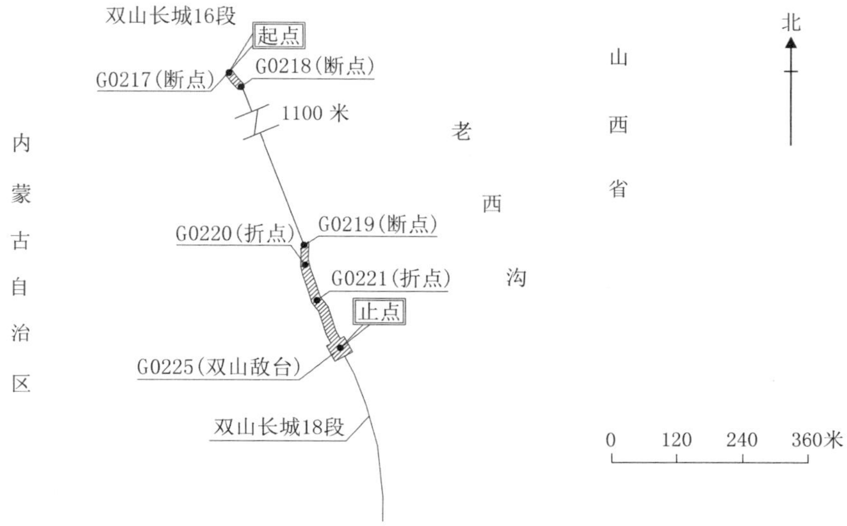

图二八 双山长城17段走向示意图

本段墙体共测GPS点6个（G0217～G0225），可分为4小段，分述如下。

第1小段：G0217（起点、断点）—G0218（断点），长94米，呈北—南走向，保存差。墙体沿山脊逐渐下降。墙体坍塌脱落严重，仅存地面痕迹，断断续续。墙体底宽1.2～1.7、残高0.1～0.7米。墙体东侧山坡下有“老西沟”。

第2小段：G0218（断点）—G0219（断点），长1100米，呈北—南走向，墙体消失。墙体东侧山坡下有“老西沟”。

第3小段：G0219（断点）—G0221（折点），长119米，呈北—南走向，保存差。墙体底宽1.2～2.5米。墙体东侧山坡下有“老西沟”。

第4小段：G0221（折点）—G0225（止点、双山敌台），长124米，呈北—南走向，保存较差。墙体构筑在双山山脚的缓坡上，南与双山敌台相连。墙体底宽1.2～1.7、顶宽0.9～1.3、残高0.5～1.3米。墙体东侧山坡下有“老西沟”。

墙体整体保存差。由于风雨侵蚀、植物生长、山体滑坡等因素，墙体坍塌脱落严重，大部分段墙体消失，少数段仅存地面痕迹，断断续续，石块散落两侧山坡。

29. 双山长城 18 段

起点位于新平堡镇新平尔村西北 1 千米处，高程 1177 米；止点位于新平尔村西 0.9 千米处，高程 1141 米。大致呈北—南走向。全长 292 米，均保存一般。墙体用黄土夯筑而成，含砂砾，夯层厚 0.22 ~0.25 米。现存墙体剖面大致呈不规则梯形，底宽 3 ~4、顶宽 0.5 ~1、东侧残高 1.8 ~2.2、西侧残高 1.5 ~1.7 米。本段长城位于山西省、内蒙古自治区交界处，北接双山长城 17 段，G0078（止点、新平尔村 3 号敌台）处东连新平尔村长城 1 段、南连新平尔村长城 2 段（彩图四六）。墙体位于双山敌台与新平尔村 3 号敌台之间，新平尔村 3 号烽火台西距墙体 0.19 千米。墙体西侧有内蒙古自治区兴和县韩家营村 1 号烽火台，东距墙体 0.11 千米（图二九）。

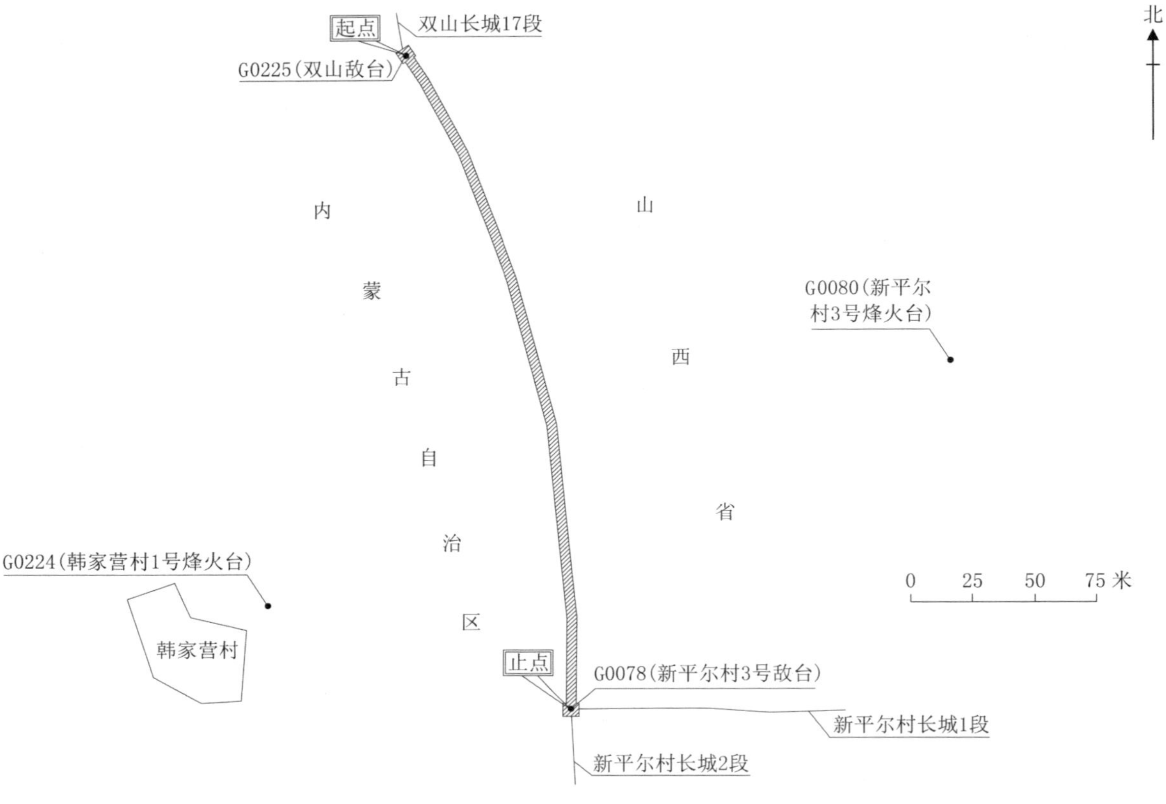

图二九 双山长城 18 段走向示意图

本段墙体共测 GPS 点 2 个（G0078、G0225），仅 1 小段，叙述如下。

G0225（起点、双山敌台）—G0078（止点、新平尔村 3 号敌台），长 292 米，呈北—南走向，保存一般。墙体沿山脚洪积扇修筑。墙体西壁陡立，东侧底部被风沙掩埋，呈陡坡状。墙体上生长杂草及矮树，东侧紧邻耕地，西侧紧邻的荒地内种植有成排的小树。

墙体整体保存一般。由于风雨侵蚀、植物生长造成墙体坍塌脱落，表面凹凸不平，有裂缝、沟槽、孔洞；由于墙体紧邻村庄、耕地，人为因素损毁严重，如取土挖损墙体、扩田种地挖损墙体、人畜踩踏等。

双山长城 1 ~18 段除 9 段为山险、18 段为土墙外，其余均为石墙。双山长城 1 ~12 段大致呈东北—西南走向，与南路长城走向基本平行，相距 4.5 ~6 千米。双山长城 13 ~18 段大致呈北—南走向，与南路长城新平尔村长城1段在新平堡镇新平尔村西侧汇合。

双山长城1~17段构筑于双山山脊上，所在地势较高且起伏不平，山体为土石山。双山长城18段构筑于双山南侧的山脚缓坡地带。所在区域为太古界地层，由变质程度很深的各种正副片麻岩和结晶片岩组成。所在区域土壤系淡栗钙土。双山长城1~18段墙体周围植被茂盛，有荆棘、野榆等灌木，蒿草、青草等草类。

双山长城1~18段距离村庄较远，人迹罕至。双山长城1段东邻110国道。

30. 西马市村长城1段

起点位于新平堡镇西马市村北1.9千米处，高程1114米；止点位于西马市村北1.2千米处，高程1098米。大致呈北—南走向。全长654米，其中保存较好624、消失30米。墙体用黄土夯筑而成，含砂砾，夯层厚0.14~0.2米。现存墙体剖面大致呈不规则梯形，底宽5~6、顶宽0.4~3.7、残高4~4.5米。本段长城位于山西省、内蒙古自治区交界处，北接新平尔村长城2段，南连西马市村长城2段。墙体位于新平尔村5号敌台南侧，西马市村1、2号敌台位于墙体上（图三〇）。

本段墙体共测GPS点6个（G0231~G0236），可分为3小段，分述如下。

第1小段：G0231（起点、新平尔村5号敌台）—G0233（断点），长513米，呈北—南走向，保存较好。墙体沿山坡平地修筑，东西两侧为耕地。墙体西壁陡立，表面凹凸不平，有裂缝、沟槽、孔洞；东壁塌土堆积成斜坡，顶部较平。部分段墙体顶部有障墙，宽0.2~0.4、高约1米，夯层厚0.2~0.4米。墙体上生长有杂草。墙体底宽5~6、顶宽0.4~3.7、残高4米。西马市村1号敌台位于墙体上（彩图四七）。

第2小段：G0233（断点）—G0234（断点），长30米，呈北—南走向。由于天镇县新平堡镇通往兴和县的土路经过，墙体消失。

第3小段：G0234（断点）—G0236（止点、断点），长111米，呈北—南走向，保存较好。墙体沿山坡平地修筑，东西两侧为耕地。墙体西壁陡立，表面凹凸不平，有裂缝、沟槽、孔洞；东壁塌土堆积成斜坡；墙体上生长有杂草。墙体底宽5~6、顶宽1.5~2.5、残高4~4.5米。西马市村2号敌台位于墙体上。

墙体整体保存较好。由于风雨侵蚀、植物生长造成墙体坍塌脱落，表面凹凸不平，有裂缝、沟槽、孔洞；由于墙体紧邻耕地，人为因素损毁也较严重，如扩田种地挖损墙体、人畜踩踏致使墙体顶部形成许多凹坑，墙体东侧斜坡形成土路。另外，墙体被挖断形成土路致墙体消失。

31. 西马市村长城2段

起点位于新平堡镇西马市村北1.2千米处，高程1098米；止点位于西马市村北0.1千米处，高程1083米。大致呈北—南走向。全长1054米，其中保存较差492、消失562米。墙体用黄土夯筑而成，含砂砾，夯层厚0.12~0.22米。现存墙体剖面大致呈不规则梯形，底宽5~6、顶宽1.7~2、残高1~5.5米。本段长城位于山西省、内蒙古自治区交界处，北接西马市村长城1段，南连西马市村长城3段。墙体位于西马市村4号敌台北侧，西马市村3号位于墙体上（图三一）。

本段墙体共测GPS点5个（G0236~G0239、G0244），可分为3小段，分述如下。

第1小段：G0236（起点、断点）—G0237（断点），长117米，呈北—南走向，墙体消失。由于冲沟和修筑土路墙体被损毁。

第2小段：G0237（断点）—G0239（断点），长492米，呈北—南走向，保存较差。墙体沿山坡

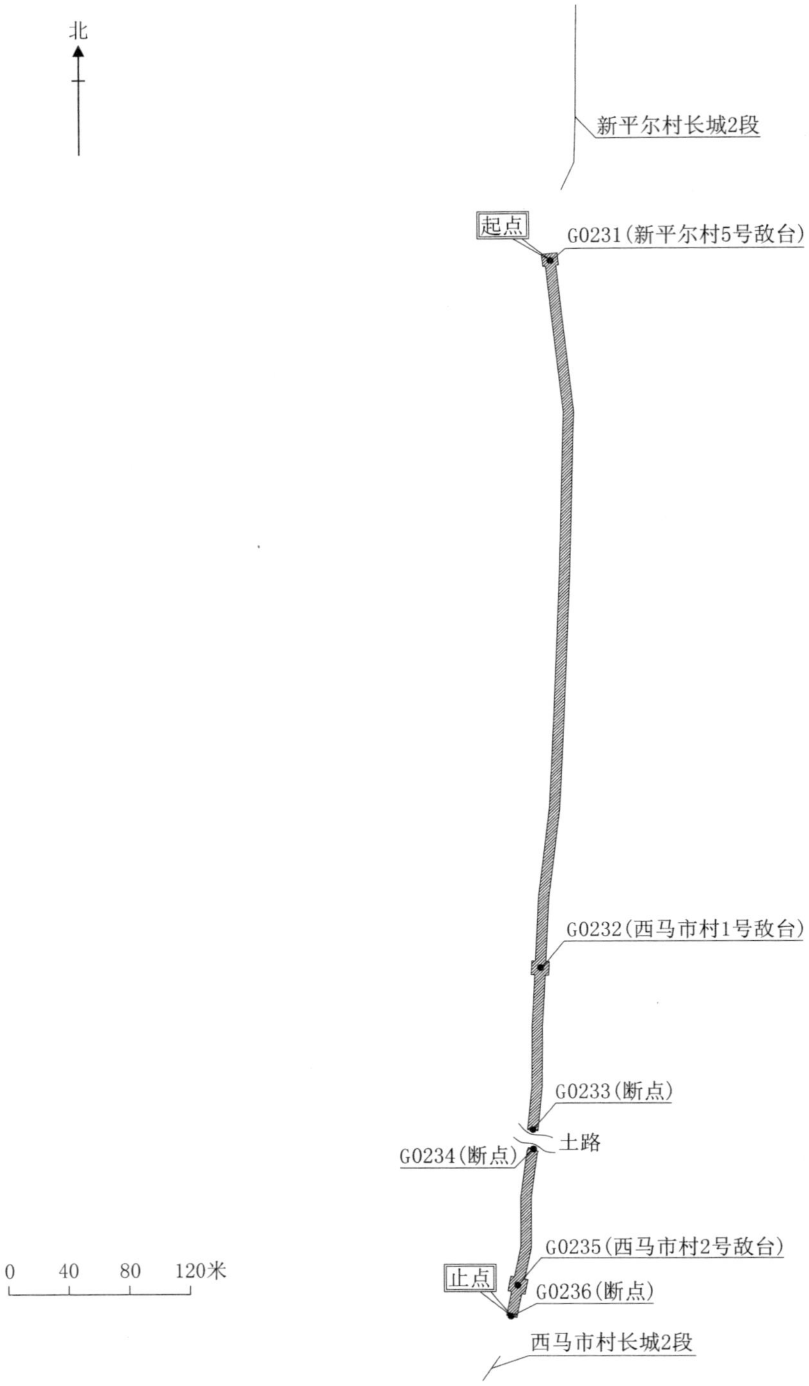

图三〇 西马市村长城1段走向示意图

平地修筑，西侧为荒地，东侧为荒地、耕地。东壁有两个现代洞穴，宽1.4、高1.7、进深1.5米。墙体底宽5～6、顶宽1.7～2、残高1～5.5米。西马市村3号敌台位于墙体上（彩图四八）。

第3小段：G0239（断点）—G0244（止点、西马市村4号敌台），长445米，呈北—南走向。由于东—西走向的西洋河河谷经过，致墙体消失。

墙体整体保存差。除西洋河河谷、冲沟损毁致墙体消失外，风雨侵蚀、植物生长也造成墙体坍塌

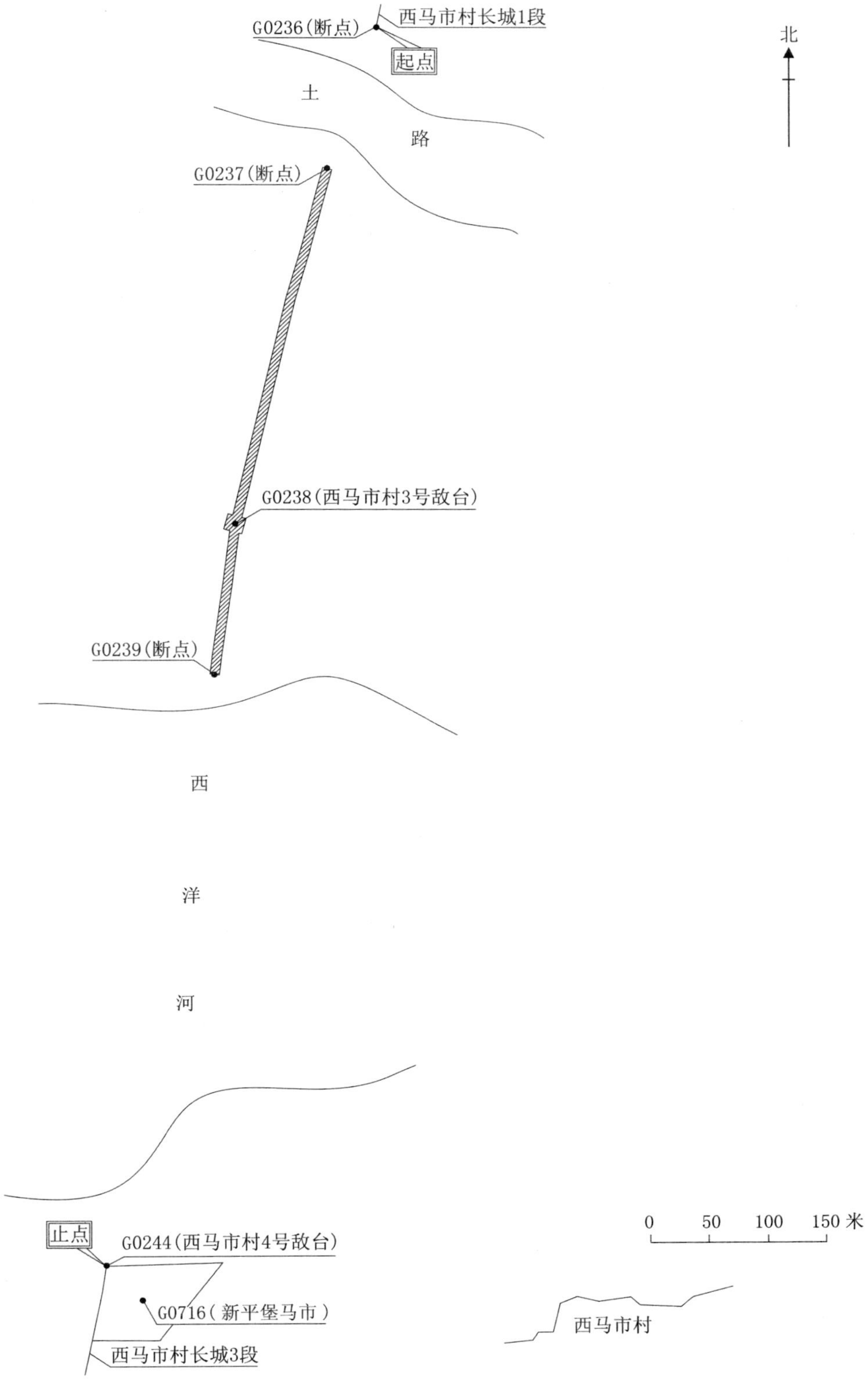

图三一　西马市村长城 2 段走向示意图

脱落，表面凹凸不平，有裂缝、沟槽、孔洞；由于墙体紧邻耕地，人为因素损毁严重，如取土挖损墙体、扩田种地挖损墙体、墙体上挖掘洞穴、人畜踩踏致使墙体顶部形成许多凹坑或土路、墙体被挖断形成土路致墙体消失等。

32. 西马市村长城3段

起点位于新平堡镇西马市村北0.1千米处，高程1083米；止点位于西马市村中，高程1091米。大致呈北—南走向。全长310米，其中保存较差247、消失63米。墙体用黄土夯筑而成，含砂砾，夯层厚0.17~0.26米。现存墙体剖面大致呈不规则梯形，底宽2~4、顶宽0.2~0.6、残高1~3米。本段长城位于山西省、内蒙古自治区交界处，北接西马市村长城2段，南连新平堡村长城1段。墙体位于西马市村4号敌台南侧，西马市村5号敌台位于墙体上。G0244（起点、西马市村4号敌台）—G0245（西马市村5号敌台）间墙体东侧保存有新平堡马市（图三二）。

本段墙体共测GPS点4个（G0244、G0245、G0247、G0248），可分为2小段，分述如下。

第1小段：G0244（起点、西马市村4号敌台）—G0247（断点），长247米，呈北—南走向，保存较差。墙体沿山坡平地修筑，两侧为耕地、民居。人为因素损毁严重，如扩田种地挖损墙体、盖房利用或占用墙体、人畜踩踏等。墙体底宽2~4、顶宽0.2~0.4、残高1~3米（彩图四九）。G0244（起点、西马市村4号敌台）—G0245（西马市村5号敌台）间墙体东侧有新平堡马市。

第2小段：G0247（断点）—G0248（止点、断点），长63米，呈北—南走向。由于处于民居中，人们日常生活以及一条东西走向的乡村公路经过致墙体消失。

墙体整体保存差。由于风雨侵蚀、植物生长造成墙体坍塌脱落，表面凹凸不平，有裂缝、沟槽、孔洞；由于墙体紧邻村庄、耕地，人为因素损毁严重，如取土挖损墙体、扩田种地挖损墙体、盖房利用或占用墙体、人畜踩踏致使墙体顶部形成许多凹坑或土路、墙体被挖断形成公路等致墙体消失等。

西马市村长城1~3段位于西洋河谷地两侧的平川地带。所在区域为太古界地层，由变质程度很深的各种正副片麻岩和结晶片岩组成。地表黄土覆盖较厚，为典型的黄土高原丘陵地貌，黄土系淡栗钙土。西马市村长城1段周围植被稀疏，有零星生长的杨、榆科树木。西马市村长城2段、3段周围植被较密。

西马市村居民约500人。西马市村长城1段G0233（断点）—G0234（断点）间有天镇县新平堡镇通往内蒙古自治区兴和县的土路经过，西马市村长城2段G0236（起点、断点）—G0237（断点）间有土路，西马市村长城3段G0247（断点）—G0248（止点、断点）间有一条东西向的乡村公路。

33. 新平堡村长城1段

起点位于新平堡镇新平堡村西0.9千米的西马市村中，高程1091米；止点位于新平堡村西南1.5千米处，高程1123米。大致呈北—南走向。全长1031米，其中保存较好780、一般105、较差146米。墙体用黄土夯筑而成，夯层厚0.18~0.23米。现存墙体剖面大致呈不规则梯形，底宽2~6、顶宽0.2~1.7、残高1.8~4米。本段长城位于山西省、内蒙古自治区交界处，北接西马市村长城3段，南连新平堡村长城2段，东侧0.1~0.2千米有新平堡村二道边长城。墙体位于新平堡村4号敌台北侧，新平堡村1~3号敌台位于墙体上，内蒙古自治区兴和县古城烽火台东距墙体0.46千米，新平堡村1~6号烽火台西距墙体0.088~0.96千米，新平堡位于墙体东1千米（图三三）。

本段墙体共测GPS点7个（G0248~G0254），可分为5小段，分述如下。

第1小段：G0248（起点、断点）—G0249（新平堡村1号敌台），长105米，呈北—南走向，保存一般。墙体东西两侧为耕地或民居，人为因素损毁严重，如取土、扩田种地挖损墙体、人畜踩踏等，墙壁有较多挖掘形成的凹坑，墙体顶部豁口较多，有人畜踩踏形成的凹坑。墙体底宽5、顶宽0.5~1、

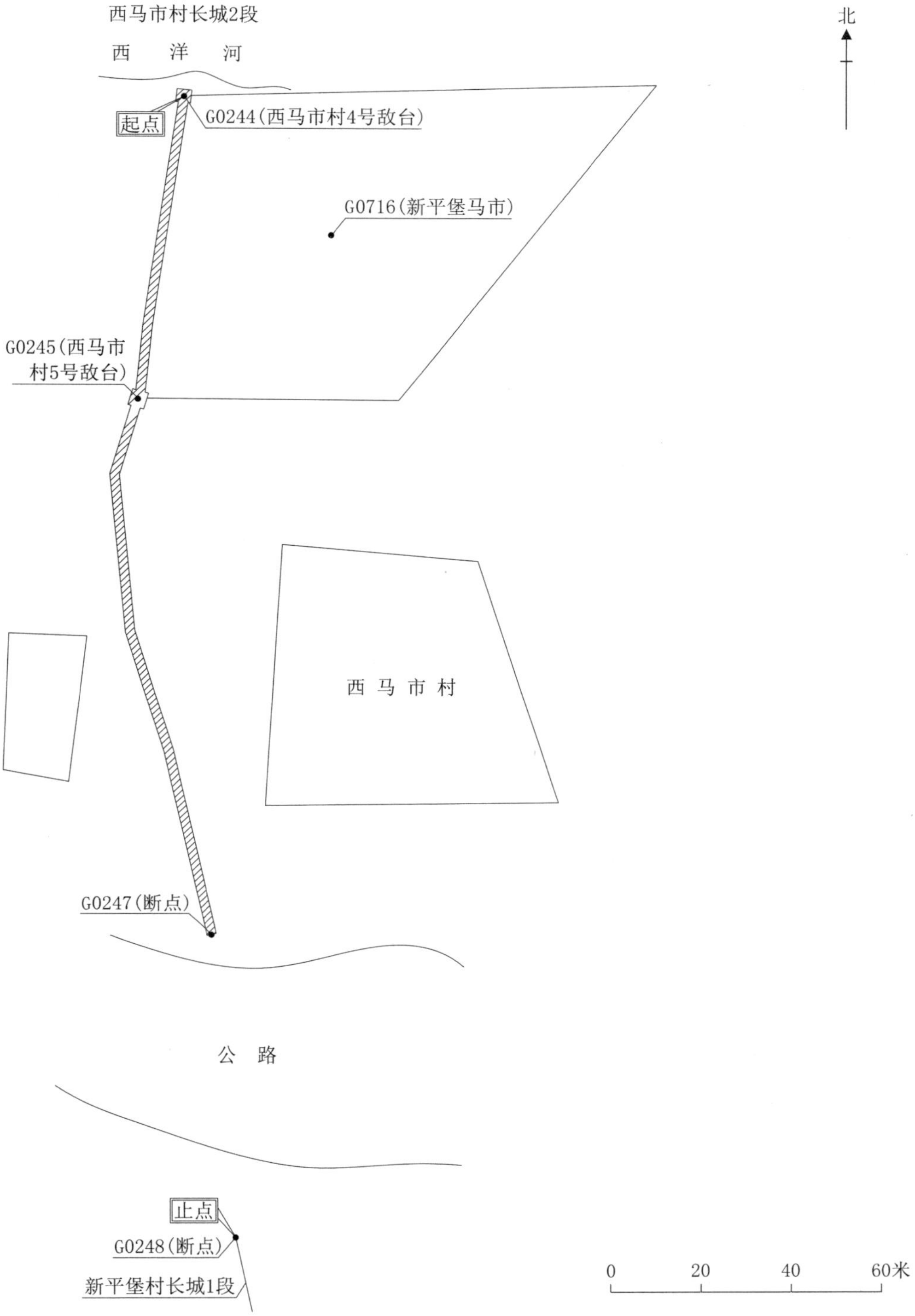

图三二　西马市村长城3段走向示意图

残高3米。

第2小段：G0249（新平堡村1号敌台）—G0250（新平堡村2号敌台），长334米，呈北—南走向，保存较好。墙体东西两侧为耕地。墙体西壁陡立平整，东壁上部脱落，表面凹凸不平，有较多雨

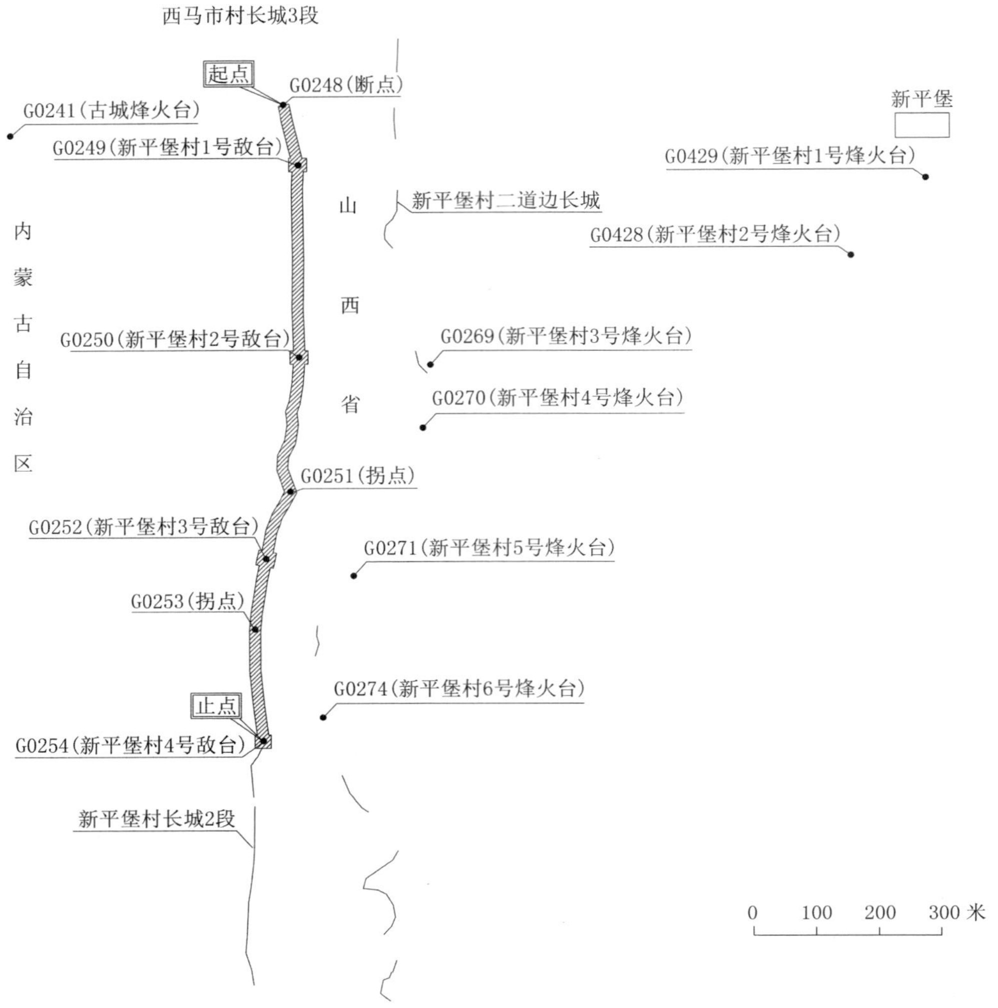

图三三 新平堡村长城1段走向示意图

水冲刷的沟槽。墙体底宽6、顶宽0.8～1.7、残高4米。

第3小段：G0250（新平堡村2号敌台）—G0252（新平堡村3号敌台），长250米，呈北—南走向，保存较好。墙体东西两侧为耕地。墙体西壁陡立平整，东壁上部脱落，表面凹凸不平，有较多雨水冲刷的沟槽。有3米墙体底部坍塌，上部塌陷未倒，墙体倾斜。墙体底宽6、顶宽0.8～1.7、残高4米（彩图五〇、五一）。

第4小段：G0252（新平堡村3号敌台）—G0253（拐点），长196米，呈北—南走向，保存较好。墙体东西两侧为耕地。墙体西壁陡立平整，东壁上部脱落，表面凹凸不平，有较多雨水冲刷的沟槽。墙体底宽6、顶宽0.8～1.7、残高4米。

第5小段：G0253（拐点）—G0254（止点、新平堡村4号敌台），长146米，呈北—南走向，保存较差。墙体东西两侧为耕地，东侧紧邻一条乡村土路，墙体被取土挖损，形成断面为三角形的低矮土埂。墙体底宽2～3、顶宽0.2～0.5、残高1.8～2.5米。

墙体整体保存一般。由于风雨侵蚀、植物生长造成墙体坍塌脱落，表面凹凸不平，有裂缝、沟槽、孔洞；由于墙体紧邻村庄、耕地、土路，人为因素损毁严重，如取土挖损墙体、扩田种地挖损墙体、筑路挖损墙体、人畜踩踏等。

34. 新平堡村长城 2 段

起点位于新平堡镇新平堡村西南 1.5 千米处，高程 1123 米；止点位于新平堡村西南 2.1 千米处，高程 1149 米。大致呈北—南走向。全长 698 米，其中保存较好 303、一般 77、较差 302、消失 16 米。墙体用黄土夯筑而成，夯层厚 0.1 ~ 0.16 米。现存墙体剖面大致呈不规则梯形，底宽 3 ~ 6、顶宽 0.2 ~ 2、残高 0.5 ~ 5 米。本段长城位于山西省、内蒙古自治区交界处，北接新平堡村长城 1 段，南连新平堡村长城 3 段，东侧 0.1 ~ 0.2 千米有新平堡村二道边长城。墙体位于新平堡村 4 号敌台和 6 号敌台之间，新平堡村 5 号敌台位于墙体上，新平堡村 7 ~ 10 号烽火台西距墙体 0.194 ~ 0.72 千米（图三四）。

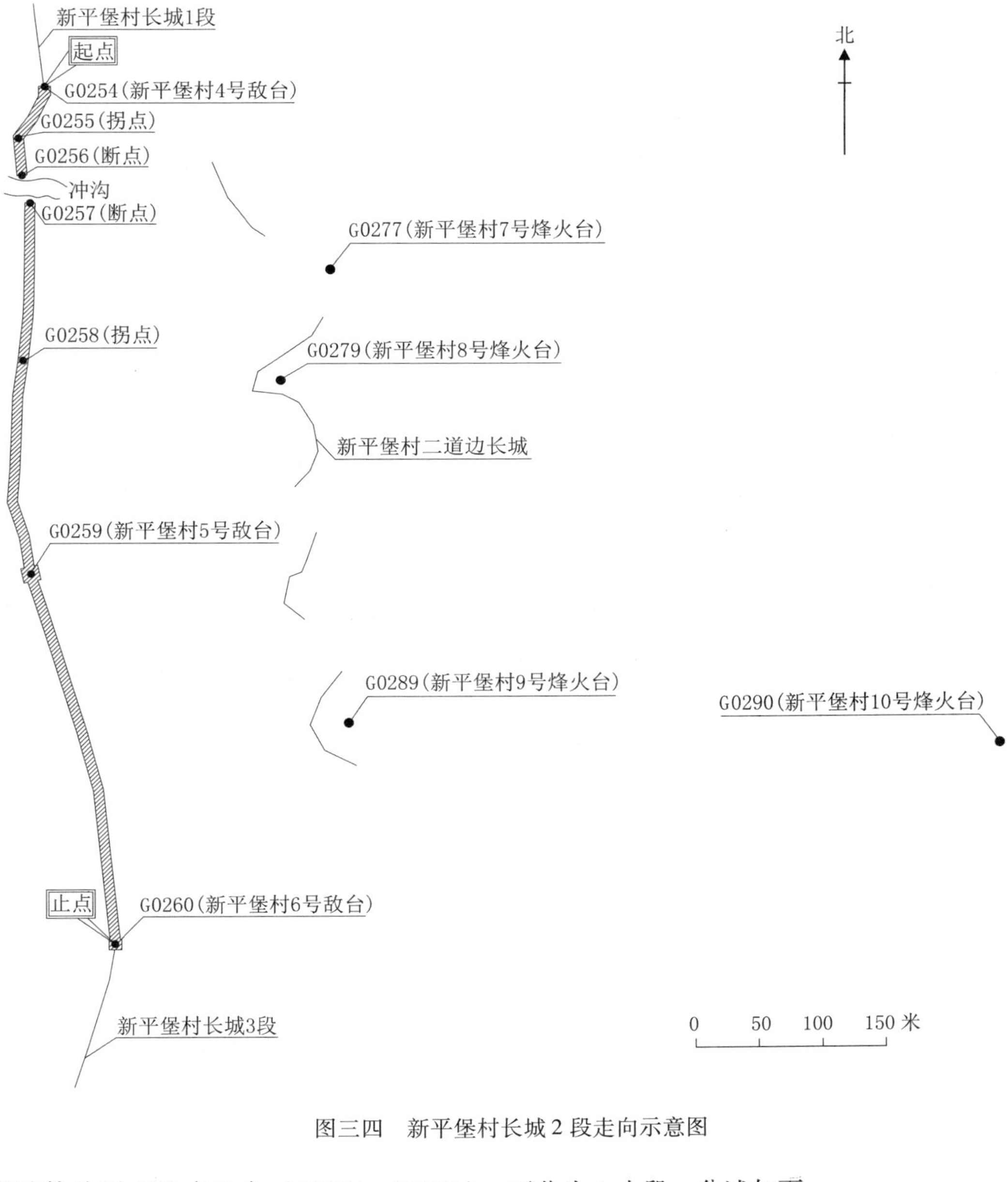

图三四　新平堡村长城 2 段走向示意图

本段墙体共测 GPS 点 7 个（G0254 ~ G0260），可分为 4 小段，分述如下。

第 1 小段：G0254（起点、新平堡村 4 号敌台）—G0256（断点），长 77 米，呈东北—西南走向，保存一般。墙体东侧为耕地，西侧紧邻冲沟。由于风雨侵蚀、洪水冲刷等，墙体坍塌脱落严重，西壁陡立，底部被洪水冲毁严重，东壁底部被风沙掩埋较深。墙体底宽5～6、顶宽0.2～1.5、残高3～4米。

第2小段：G0256（断点）—G0257（断点），长16米，呈北—南走向。墙体被一条东北—西南走向的冲沟损毁消失。

第3小段：G0257（断点）—G0259（新平堡村5号敌台），长303米，呈北—南走向，保存较好。墙体东侧为耕地，西侧紧邻冲沟。由于风雨侵蚀、洪水冲刷等，墙体坍塌脱落较严重，西壁陡立，底部被洪水冲毁较严重，东壁底部被风沙掩埋较深。墙体底宽6、顶宽0.5～2、残高4～5米（彩图五二）。

第4小段：G0259（新平堡村5号敌台）—G0260（止点、新平堡村6号敌台），长302米，呈西北—东南走向，保存较差。墙体东侧有浅沟和耕地，西侧紧邻冲沟。由于风雨侵蚀、洪水冲刷等，墙体坍塌脱落严重。墙体底宽3～4、顶宽0.2～0.6、残高0.5～2.5米（彩图五三）。

墙体整体保存一般。除冲沟损毁致墙体消失外，由于风雨侵蚀、洪水冲刷、植物生长也造成墙体坍塌脱落，表面凹凸不平，有裂缝、沟槽、孔洞；由于墙体紧邻耕地，人为因素损毁主要是扩田种地挖损墙体、人畜踩踏等。

35. 新平堡村长城3段

起点位于新平堡镇新平堡村西南2.1千米处，高程1149米；止点位于新平堡村西南3.3千米处，高程1248米。大致呈东北—西南走向。全长1150米，均保存一般。墙体用黄土夯筑而成，夯层厚0.2～0.27米。现存墙体剖面大致呈不规则梯形，底宽4～6、顶宽1～3、残高1.5～6米。本段长城位于山西省、内蒙古自治区交界处，北接新平堡村长城2段，西南连保平堡村长城1段，东侧0.2～0.7千米有新平堡村二道边长城。墙体位于新平堡村6号敌台南侧，新平堡村7～9号敌台位于墙体上，新平堡村11～14号烽火台西距墙体0.24～0.68千米（图三五）。

本段墙体共测GPS点5个（G0260、G0332～G0335），可分为3小段，分述如下。

第1小段：G0260（起点、新平堡村6号敌台）—G0332（新平堡村7号敌台），长378米，呈东北—西南走向，保存一般。墙体东侧为耕地，西侧邻沟。由于风雨侵蚀、洪水冲刷等，墙体坍塌脱落严重。墙体底宽4～6、顶宽1～3、残高4～5米。

第2小段：G0332（新平堡村7号敌台）—G0333（新平堡村8号敌台），长346米，呈东北—西南走向，保存一般。墙体东侧为耕地，并有一条浅沟随墙而行，西侧邻沟，沟宽4、深10米。由于风雨侵蚀、洪水冲刷等，墙体坍塌脱落严重，有10米墙体顶部坍塌成豁口，豁口深2.5米，底部两侧呈坡状。墙体底宽4～6、顶宽1～2.5、残高1.5～6米。

第3小段：G0333（新平堡村8号敌台）—G0335（止点、折点），长426米，呈东北—西南走向，保存一般。墙体东侧为耕地，西侧邻沟。由于风雨侵蚀、洪水冲刷等，墙体坍塌脱落严重。墙体底宽4～6、顶宽1～2、残高4～5米。新平堡村9号敌台位于墙体上。

墙体整体保存一般。由于风雨侵蚀、洪水冲刷、植物生长造成墙体坍塌脱落，表面凹凸不平，有裂缝、沟槽、孔洞；由于墙体紧邻耕地，人为因素损毁主要是扩田种地挖损墙体、取土挖损墙体、人畜踩踏等。

36. 新平堡村二道边长城

起点位于新平堡镇新平堡村西南0.8千米的西马市村中，高程1081米；止点位于新平堡村西南

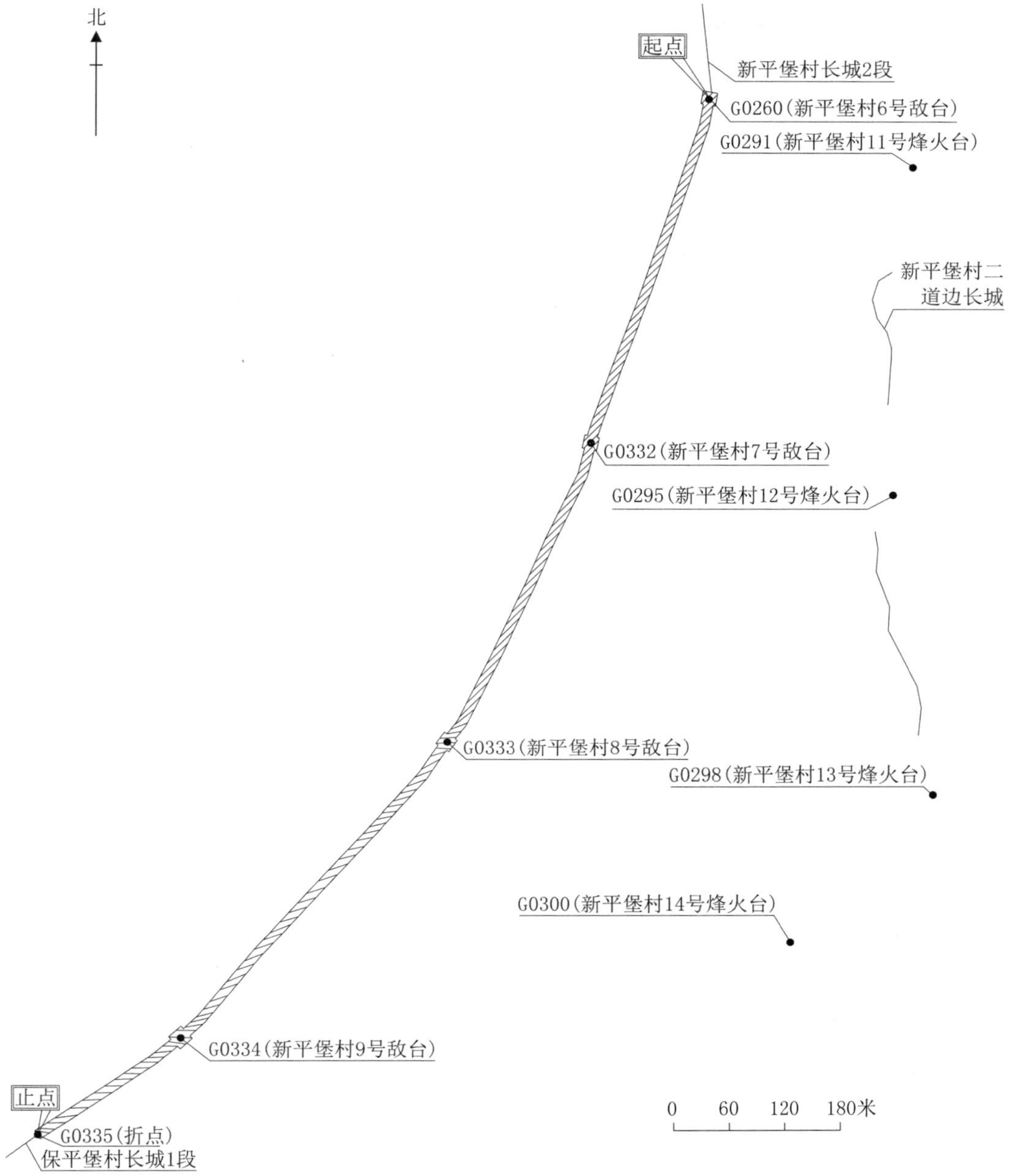

图三五　新平堡村长城3段走向示意图

3.1千米处，高程1205米。大致呈北—南走向。全长3518米，其中保存一般281、较差961、差101、消失2175米。墙体用黄土夯筑而成，夯层厚0.18～0.25米。现存墙体剖面大致呈不规则梯形，底宽1.5～6、顶宽0.2～3、残高0.5～4米。长城墙体西侧0.1～0.7千米处有新平堡村长城1～3段，新平堡村二道边1～6号敌台位于墙体上。墙体东侧有新平堡村1～12号烽火台，西侧有新平堡村13、14号烽火台，新平堡村3～9、11～14号烽火台距墙体很近，约0.01～0.02千米，新平堡村1号烽火台在墙体东0.82千米，新平堡村2、10号烽火台分别在墙体东0.62、0.5千米（彩图五四），新平堡在墙体东0.82千米（图三六、三七）。

本段墙体共测GPS点35个（G0261～G0268、G0272、G0273、G0275、G0276、G0278、G0280～G0288、G0292～G0294、G0296、G0297、G0299、G0301～G0307），可分为27小段，分述如下。

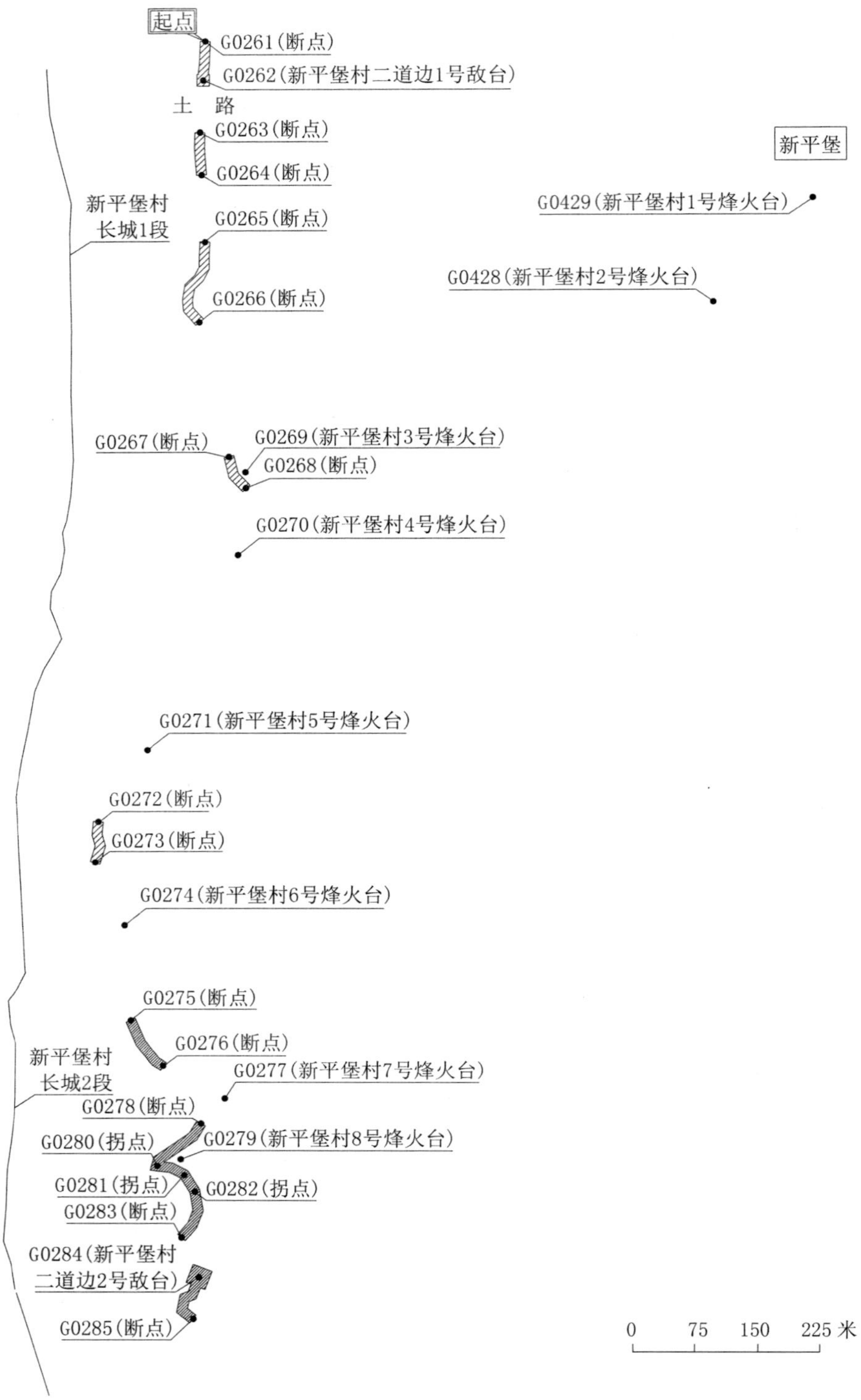

图三六　新平堡村二道边长城走向示意图（一）

第 1 小段：G0261（起点、断点）—G0262（新平堡村二道边 1 号敌台），长 60 米，呈北—南走向，保存一般。墙体位于西马市村中，两侧为民居，人为因素损毁严重，如取土挖损墙体、盖房利用或占用墙体、多处被挖掘成菜窖等。墙体底宽 4 ~5、顶宽 0.5 ~1.5、残高 2 ~3 米。

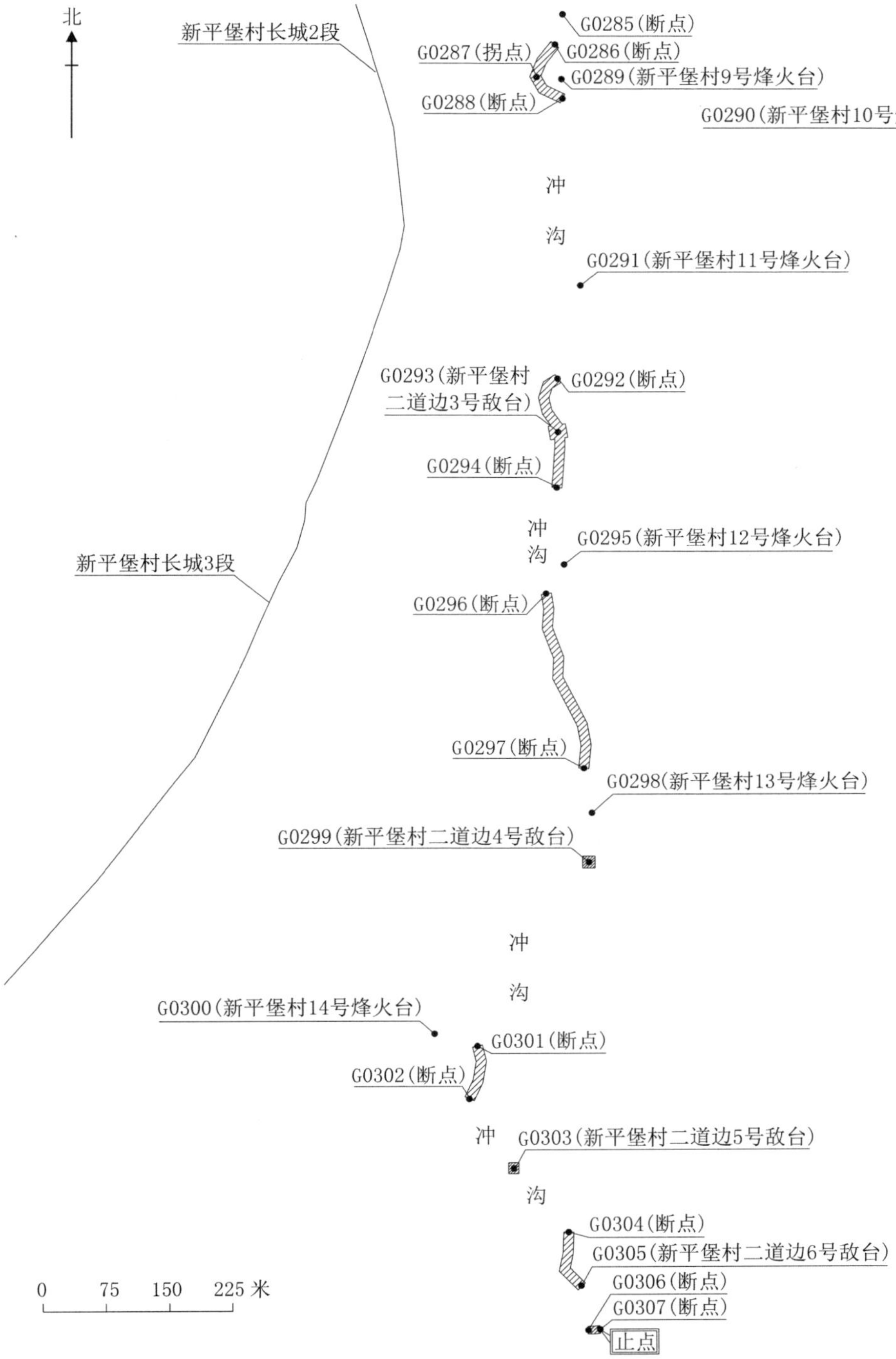

图三七　新平堡村二道边长城走向示意图（二）

第 2 小段：G0262（新平堡村二道边 1 号敌台）—G0263（断点），长 32 米，呈北—南走向。墙体被一条东西向土路截断消失。

第 3 小段：G0263（断点）—G0264（断点），长 86 米，呈北—南走向，保存一般。墙体东侧为耕地，西侧为浅沟，沟底开垦为耕地。据当地老人讲，此沟为修筑边墙时取土而形成的壕沟。墙体两壁较陡立。墙体底宽 4 ~6、顶宽 1 ~2、残高 3 ~4 米。

第4小段：G0264（断点）—G0265（断点），长72米，呈北—南走向，墙体消失，现为耕地。

第5小段：G0265（断点）—G0266（断点），长135米，呈北—南走向，保存一般。墙体东侧为耕地，西侧为冲沟。墙体底宽4~6、顶宽1~3、残高3~4米。

第6小段：G0266（断点）—G0267（断点），长156米，呈北—南走向，墙体消失，现为耕地。

第7小段：G0267（断点）—G0268（断点），长34米，呈西北—东南走向，保存较差。墙体东侧为耕地，西侧为冲沟。墙体坍塌成土梁状，顶部高低不平，墙体上长满杂草，并被人畜踩踏成网状路径。墙体底宽3~4、残高不足1.6米。东侧紧邻新平堡村3号烽火台。

第8小段：G0268（断点）—G0272（断点），长458米，呈东北—西南走向，墙体消失，现为耕地。东侧紧邻新平堡村4、5号烽火台。

第9小段：G0272（断点）—G0273（断点），长51米，呈北—南走向，保存较差。墙体东侧为耕地，西侧为冲沟。墙体坍塌成土梁状，顶部高低不平，墙体上长满杂草，并被人畜踩踏成网状路径。墙体底宽3~4、残高1.4米。

第10小段：G0273（断点）—G0275（断点），长194米，呈西北—东南走向，墙体消失，现为耕地，耕地中有现代墓葬。东侧有新平堡村6号烽火台。

第11小段：G0275（断点）—G0276（断点），长142米，呈西北—东南走向，保存较差。墙体东侧为耕地，西侧为冲沟，冲沟较宽。由于风雨侵蚀、洪水冲刷、村民扩田种地取土等，墙体坍塌脱落严重，呈低矮土埂状。墙体底宽3、残高1米。

第12小段：G0276（断点）—G0278（断点），长40米，呈西北—东南走向，墙体消失，现为耕地。东侧有新平堡村7号烽火台。

第13小段：G0278（断点）—G0283（断点），长182米，呈北—南走向，保存较差。墙体东侧为耕地，西侧为冲沟。墙体坍塌脱落严重，呈低矮土埂状。墙体底宽3~4米、残高0.8米。东侧有新平堡村8号烽火台。

第14小段：G0283（断点）—G0284（新平堡村二道边2号敌台），长58米，呈北—南走向，墙体消失，现为耕地。

第15小段：G0284（新平堡村二道边2号敌台）—G0285（断点），长45米，呈北—南走向，保存较差。墙体东侧为耕地，西侧为冲沟，冲沟较宽。由于风雨侵蚀、洪水冲刷、村民扩田种地取土等，墙体坍塌脱落严重，呈低矮土埂状。墙体底宽3、残高1米。

第16小段：G0285（断点）—G0286（断点），长79米，呈北—南走向，墙体消失，现为耕地。

第17小段：G0286（断点）—G0288（断点），长55米，呈北—南走向，保存较差。墙体坍塌脱落严重，呈低矮土埂状。墙体底宽3、残高0.7米。东侧有新平堡村9号烽火台。

第18小段：G0288（断点）—G0292（断点），长358米，呈北—南走向。墙体被冲沟损毁消失。东侧有新平堡村11号烽火台。

第19小段：G0292（断点）—G0294（断点），长156米，呈北—南走向，保存较差。墙体东侧为耕地，西侧为冲沟，沟深30米。墙体坍塌脱落严重，呈低矮土埂状。墙体高不足0.5米。新平堡村二道边3号敌台位于墙体上。

第20小段：G0294（断点）—G0296（断点），长134米，呈北—南走向。墙体被冲沟损毁消失。东侧有新平堡村12号烽火台。

第21小段：G0296（断点）—G0297（断点），长201米，呈西北—东南走向，保存较差。墙体东侧为耕地，西侧为冲沟。墙体坍塌脱落严重，呈低矮土埂状。墙体底宽3、顶宽0.2、残高0.5~

1.2 米。

第 22 小段：G0297（断点）—G0301（断点），长 366 米，呈东北—西南走向。墙体被冲沟损毁消失。新平堡村二道边 4 号敌台位于墙体上。西侧有新平堡村 13、14 号烽火台。

第 23 小段：G0301（断点）—G0302（断点），长 73 米，呈北—南走向，保存较差。墙体东侧为荒坡，西侧为冲沟。墙体坍塌脱落严重，呈低矮土埂状。墙体底宽 4、残高 0.7 米。

第 24 小段：G0302（断点）—G0304（断点），长 166 米，呈西北—东南走向。墙体被冲沟损毁消失。新平堡村二道边 5 号敌台位于墙体上。

第 25 小段：G0304（断点）—G0305（新平堡村二道边 6 号敌台），长 101 米，呈西北—东南走向，保存差。墙体东侧为荒地，西侧为冲沟。墙体仅存地面痕迹。

第 26 小段：G0305（新平堡村二道边 6 号敌台）—G0306（断点），长 62 米，呈北—南走向。墙体消失，现为耕地。

第 27 小段：G0306（断点）—G0307（止点、断点），长 22 米，呈西—东走向，保存较差。墙体周围为耕地。墙体底宽 1.5、顶宽 0.3、残高 1.1 米。

墙体整体保存差。除冲沟损毁致墙体消失外，由于风雨侵蚀、洪水冲刷、植物生长也造成墙体坍塌脱落，表面凹凸不平，有裂缝、沟槽、孔洞，墙体低矮；由于墙体紧邻耕地、村庄，人为因素损毁严重，如取土挖损墙体、盖房利用或占用墙体、扩田种地挖损墙体、墙体上挖掘洞穴、人畜踩踏等。有 8 小段由于耕地墙体消失。还有将墙体挖断形成小路致墙体消失，G0262（新平堡村二道边 1 号敌台）—G0263（断点）间墙体被一条东西向土路截断消失。

新平堡村长城 1 ~3 段与新平堡村二道边长城大致东西平行，相距 0.1 ~0.7 千米。

新平堡村长城 1 ~3 段，新平堡村二道边长城位于西洋河谷地南侧的平川、丘陵地带。所在区域为太古界地层，由变质程度很深的各种正副片麻岩和结晶片岩组成。地表黄土覆盖较厚，为典型的黄土高原丘陵地貌，黄土系淡栗钙土。长城周围植被稀疏，有零星生长的杨、榆科树木。新平堡村二道边长城西侧所邻冲沟，当地俗称“旱蛤蟆沟”，是一条季节性冲沟。

新平堡村是新平堡镇政府所在地，居民约 2000 人。新平堡村有 201 省道，新平堡村长城 1 段 G0253（拐点）—G0254（止点、新平堡村 4 号敌台）间墙体东侧紧邻一条乡村土路，新平堡村二道边长城 G0262（新平堡村二道边 1 号敌台）—G0263（断点）间有一条东西向土路。

37. 保平堡村长城 1 段

起点位于新平堡镇保平堡村西北 1.2 千米处，高程 1248 米；止点位于保平堡村西南 2 千米处，高程 1324 米。大致呈东北—西南走向。全长 1634 米，其中保存较好 1076、一般 558 米。墙体用黄土夯筑而成，含少量砂砾，夯层厚 0.25 ~0.3 米。现存墙体剖面大致呈不规则梯形，底宽 4 ~6、顶宽 0.5 ~3、残高 1.8 ~5 米。本段长城位于山西省、内蒙古自治区交界处，东北接新平堡村长城 3 段，西南连保平堡村长城 2 段。墙体位于保平堡村 3 号敌台北侧，保平堡村 1、2 号敌台位于墙体上，保平堡村 1 ~13 号烽火台西距墙体 0.56 ~1.3 千米，内蒙古自治区兴和县古城南烽火台东距墙体 0.35 千米，保平堡位于墙体东侧 1.2 千米（图三八）。

本段墙体共测 GPS 点 11 个（G0335 ~G0342、G0344 ~G0346），可分为 3 小段，分述如下。

第 1 小段：G0335（起点、折点）—G0337（保平堡村 1 号敌台），长 447 米，呈东北—西南走向，保存较好。墙体东侧有乡村土路随行，过土路为荒坡，西侧为荒坡。墙体东西两壁较陡立，顶部基本平整。由于风雨侵蚀等，墙体普遍脱落 0.2 米厚的一层，表面凹凸不平，有裂缝、沟槽、孔洞。墙体

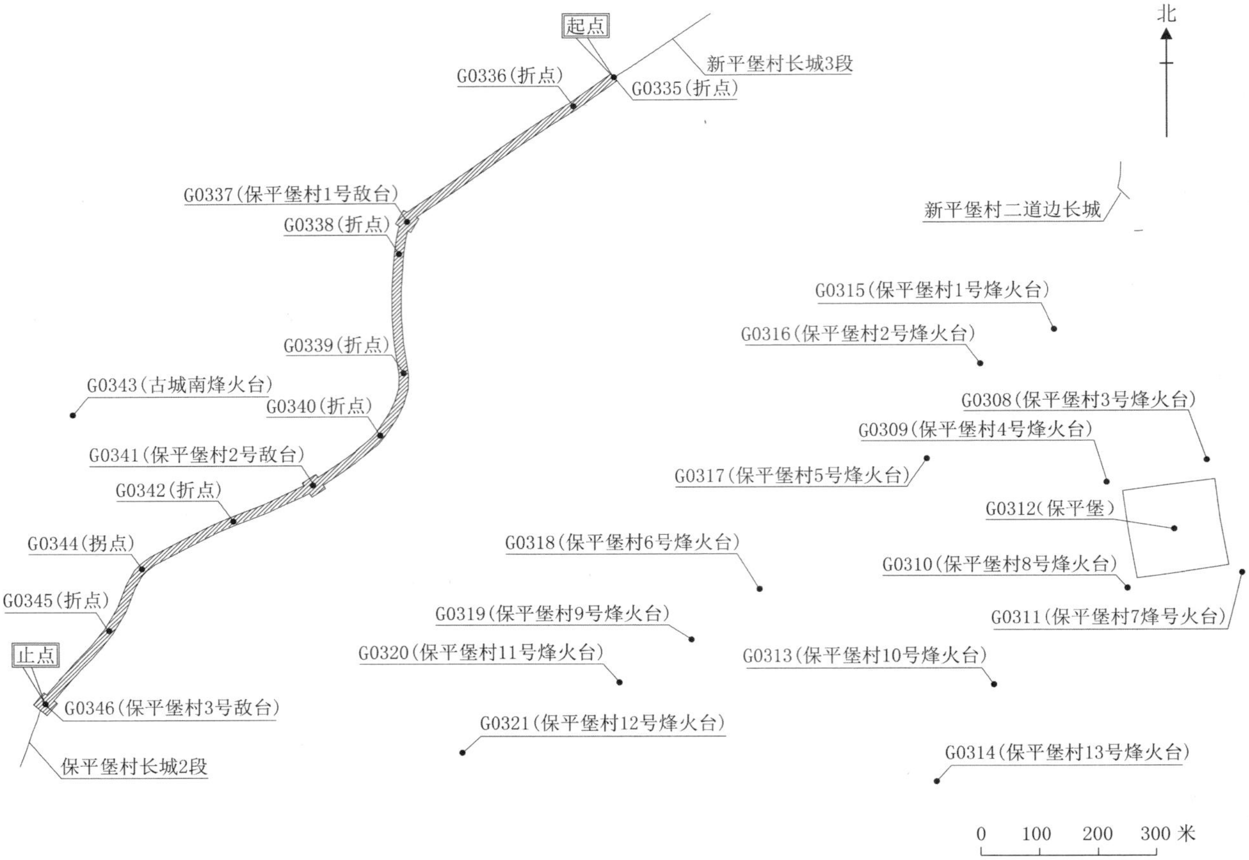

图三八 保平堡村长城 1 段走向示意图

底宽 4 ~6、顶宽 2 ~3、残高 3 ~4 米。

第 2 小段：G0337（保平堡村 1 号敌台）—G0341（保平堡村 2 号敌台），长 558 米，呈东北—西南走向，保存一般。墙体所在地势逐渐增高，由丘陵地带爬升至二郎山过坡地带。墙体东侧紧邻乡村土路，过土路为退耕还草的荆棘丛，西侧为沟壑。墙体东西两壁较陡立。由于风雨侵蚀等，墙体坍塌脱落严重，表面凹凸不平，有裂缝、沟槽、孔洞。墙体底宽 4 ~6、顶宽 0.5 ~2、残高 1.8 ~4 米（彩图五五）。

第 3 小段：G0341（保平堡村 2 号敌台）—G0346（止点、保平堡村 3 号敌台），长 629 米，呈东北—西南走向，保存较好。墙体沿二郎山山梁而行，起伏较大。墙体东侧为荆棘丛，乡村土路与墙体渐远，西侧为荒坡。墙体东西两壁较陡立，顶部基本平整。由于风雨侵蚀等，墙体有所坍塌脱落，表面凹凸不平，有裂缝、沟槽、孔洞。G0342（折点）南，墙体被挖低形成 2 米宽的豁口，现为土路。墙体底宽 4 ~6、顶宽 1 ~3、残高 3 ~5 米（彩图五六）。

墙体整体保存一般。由于风雨侵蚀、植物生长造成墙体坍塌脱落，表面凹凸不平，有裂缝、沟槽、孔洞；人为因素损毁包括将墙体挖低形成土路、修筑东侧紧邻的土路时挖损墙体、人畜踩踏等。

38. 保平堡村长城 2 段

起点位于新平堡镇保平堡村西南 2 千米处，高程 1324 米；止点位于保平堡村西南 2.5 千米处，高程 1370 米。大致呈东北—西南走向。全长 922 米，其中保存较好 474、一般 448 米。墙体用黄土夯筑而成，含少量砂砾、料礓石，夯层厚0.24～0.3米。现存墙体剖面大致呈不规则梯形，底宽4～6、顶宽0.5～2.5、残高0.6～4.5米。本段长城位于山西省、内蒙古自治区交界处，东北接保平堡村长城1段，西南连保平堡村长城3段。墙体位于保平堡村3号敌台和5号敌台之间，保平堡村4号敌台位于墙体上，保平堡村14～18号烽火台西距墙体0.4～0.655千米（图三九）。

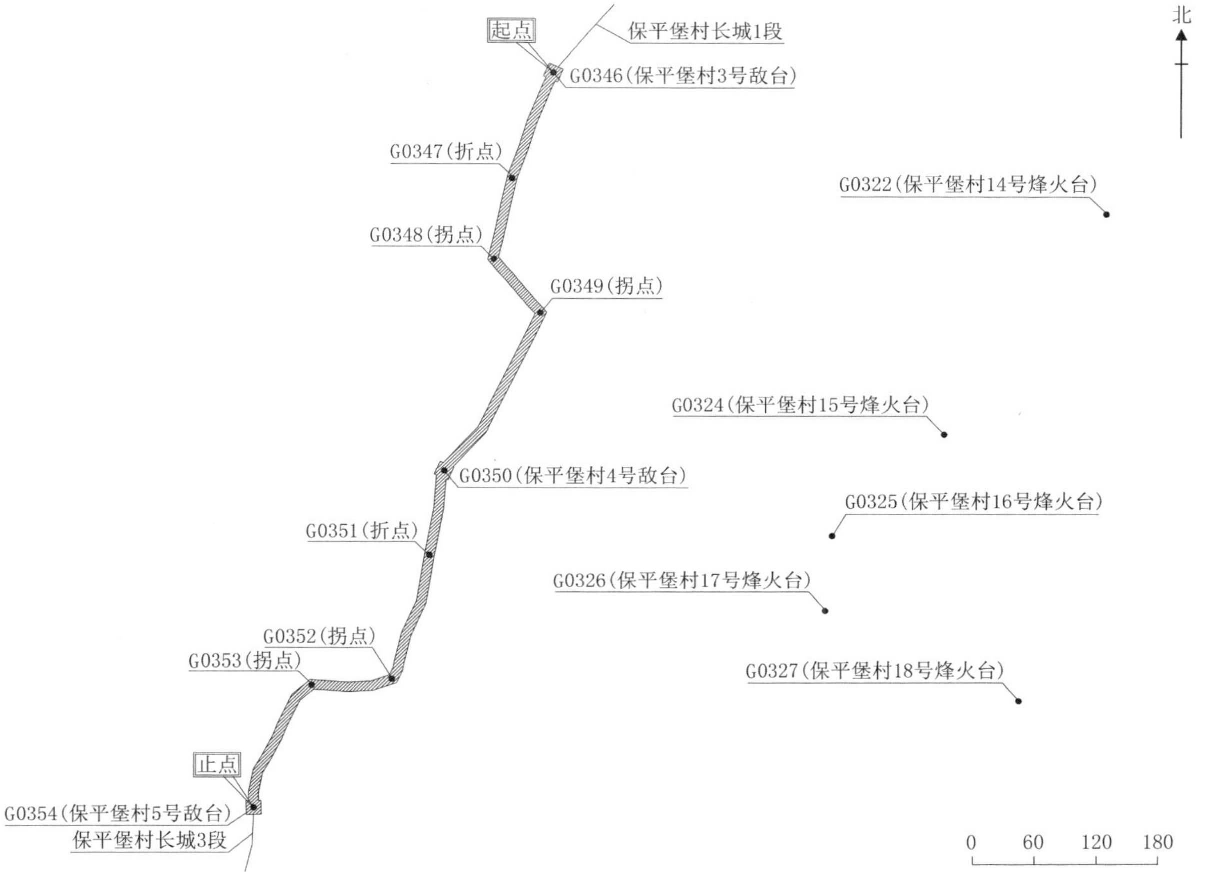

图三九　保平堡村长城2段走向示意图

本段墙体共测GPS点9个（G0346～G0354），可分为3小段，分述如下。

第1小段：G0346（起点、保平堡村3号敌台）—G0347（折点），长128米，呈北—南走向，保存较好。墙体沿二郎山山梁逐渐下降，东侧为退耕还草地带，植被较好，西侧为荒坡。墙体东西两壁较陡立，顶部较平整。由于风雨侵蚀等，墙体有所坍塌脱落，表面凹凸不平，有裂缝、沟槽、孔洞。G0347（折点）北侧有一个2米宽的豁口。墙体底宽6、顶宽2.5、残高4.5米。

第2小段：G0347（折点）—G0351（折点），长448米，呈北—南走向，保存一般。墙体沿二郎山山梁蜿蜒而行，落差不大，东侧为退耕还草地带，植被较好，西侧为荒坡、沟壑。由于风雨侵蚀等，墙体坍塌脱落严重，表面凹凸不平，有裂缝、沟槽、孔洞。G0347（折点）南侧有一个6米宽的豁口，此处底部墙体保存，残高0.6米；保平堡村4号敌台北侧有一个5米宽的豁口，此处墙体残高不足1米。墙体底宽4～6、顶宽0.5～1、残高0.6～3.5米。保平堡村4号敌台位于墙体上（彩图五七）。

第3小段：G0351（折点）—G0354（止点、保平堡村5号敌台），长346米，呈东北—西南走向，保存较好。墙体沿二郎山山梁蜿蜒而行，东侧为退耕还草地带，植被较好，西侧为荒坡、沟壑。墙体东西两壁较陡立，顶部较平整。由于风雨侵蚀等，墙体有所坍塌脱落，表面凹凸不平，有裂缝、沟槽、孔洞。墙体底宽 6、顶宽 2.5、残高 4.5 米（彩图五八）。

墙体整体保存一般。由于风雨侵蚀、植物生长造成墙体坍塌脱落，表面凹凸不平，有裂缝、沟槽、孔洞；人为因素损毁主要是人畜踩踏等。

39. **保平堡村长城 3 段**

起点位于新平堡镇保平堡村西南 2 千米处，高程 1370 米；止点位于保平堡村西南 3 千米处，高程 1418 米。大致呈东北—西南走向。全长 611 米，其中保存一般 365、较差 246 米。墙体用黄土夯筑而成，含少量砂砾、料礓石，夯层厚 0.23～0.3 米。现存墙体剖面大致呈不规则梯形，底宽 4～6、顶宽 0.3～1、残高 2～4 米。本段长城位于山西省、内蒙古自治区交界处，东北接保平堡村长城 2 段，西南连保平堡村长城 4 段。墙体位于保平堡村 5 号敌台和 7 号敌台之间，保平堡村 6 号敌台位于墙体上，保平堡村 19、20 号烽火台西距墙体 0.6 千米（图四〇）。

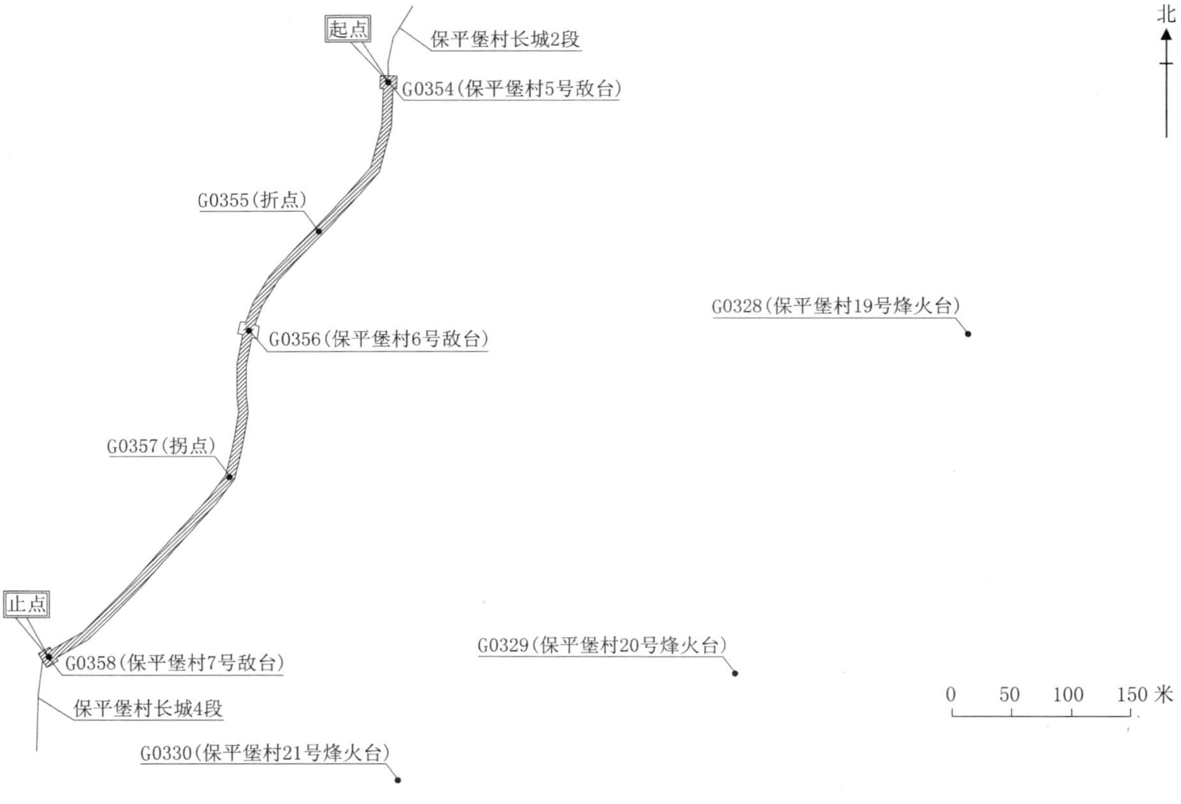

图四〇 保平堡村长城 3 段走向示意图

本段墙体共测 GPS 点 5 个（G0354～G0358），可分为 2 小段，分述如下。

第 1 小段：G0354（起点、保平堡村 5 号敌台）—G0356（保平堡村 6 号敌台），长 246 米，呈东北—西南走向，保存较差。墙体沿二郎山山梁延伸，东西两侧为较陡的荒坡。由于风雨侵蚀等，墙体坍塌脱落严重，表面凹凸不平，有裂缝、沟槽、孔洞。墙体底宽 4～6、顶宽 0.3～0.6、残高 2～2.5 米（彩图五九）。

第 2 小段：G0356（保平堡村 6 号敌台）—G0358（止点、保平堡村 7 号敌台），长 365 米，呈东北—西南走向，保存一般。墙体沿二郎山山梁延伸，东西两侧为较陡的荒坡。由于风雨侵蚀等，墙体坍塌脱落较严重，表面凹凸不平，有裂缝、沟槽、孔洞。墙体底宽 4～6、顶宽 0.3～1、残高 2.5～4 米（彩图六〇）。

墙体整体保存较差。由于风雨侵蚀、植物生长造成墙体坍塌脱落，表面凹凸不平，有裂缝、沟槽、孔洞；人为因素损毁主要是人畜踩踏等。

40. 保平堡村长城 4 段

起点位于新平堡镇保平堡村西南 3 千米处，高程 1418 米；止点位于保平堡村西南 3.2 千米处，高程 1465 米。大致呈北—南走向。全长 350 米，均保存较差。墙体用黄土夯筑而成，含少量砂砾、料礓石，夯层厚 0.28 米。现存墙体剖面大致呈不规则梯形，底宽 4～6、顶宽 0.5、残高 0.6～2.3 米。本段长城位于山西省、内蒙古自治区交界处，东北接保平堡村长城 3 段，东南连保平堡村长城 5 段。墙体位于保平堡村 7 号敌台和 9 号敌台之间，保平堡村 8 号敌台位于墙体上，保平堡村 21、22 号烽火台西距墙体 0.225～0.3 千米（图四一）。

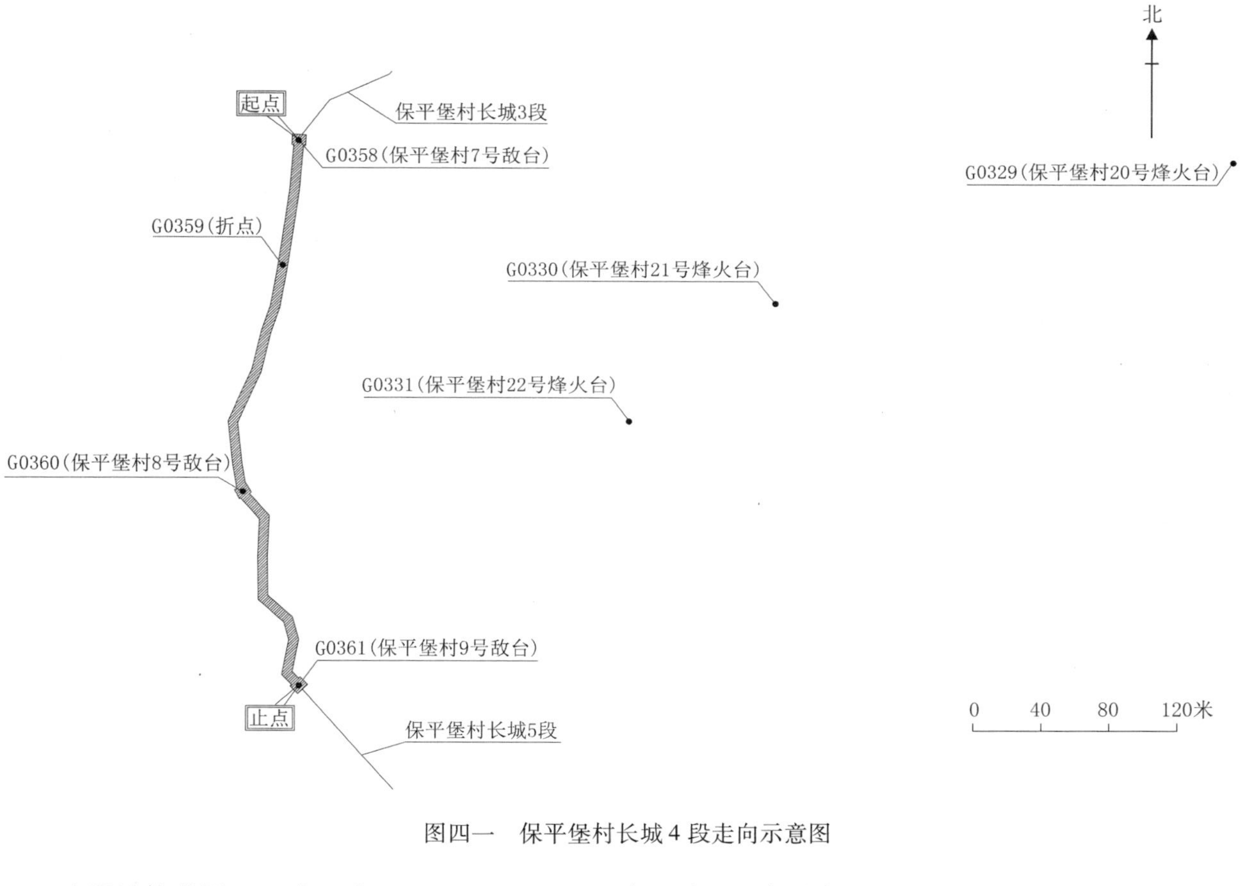

图四一　保平堡村长城 4 段走向示意图

本段墙体共测 GPS 点 4 个（G0358～G0361），仅 1 小段，叙述如下。

G0358（起点、保平堡村 7 号敌台）—G0361（止点、保平堡村 9 号敌台），长 350 米，呈北—南走向，保存较差。墙体沿二郎山山梁延伸，东西两侧为较陡的荒坡、深沟。墙体底宽 4～6、顶宽 0.5、残高 0.6～2.3 米（彩图六一）。保平堡村 8 号敌台位于墙体上。

墙体整体保存较差。由于风雨侵蚀、植物生长造成墙体坍塌脱落，表面凹凸不平，有裂缝、沟槽、孔洞；人为因素损毁主要是人畜踩踏等。

41. **保平堡村长城5段**

起点位于新平堡镇保平堡村西南3.2千米处，高程1465米；止点位于保平堡村西南3.1千米处，高程1418米。大致呈西北—东南走向。全长330米，均保存较好。墙体用黄土夯筑而成，夯层厚0.24～0.3米。现存墙体剖面大致呈不规则梯形，底宽6、顶宽2～4.5、残高5.5米。本段长城位于山西省、内蒙古自治区交界处，西北接保平堡村长城4段，东南连杏园窑村长城1段。墙体位于保平堡村9号敌台东南侧，保平堡村10号敌台位于墙体上（图四二；彩图六二）。

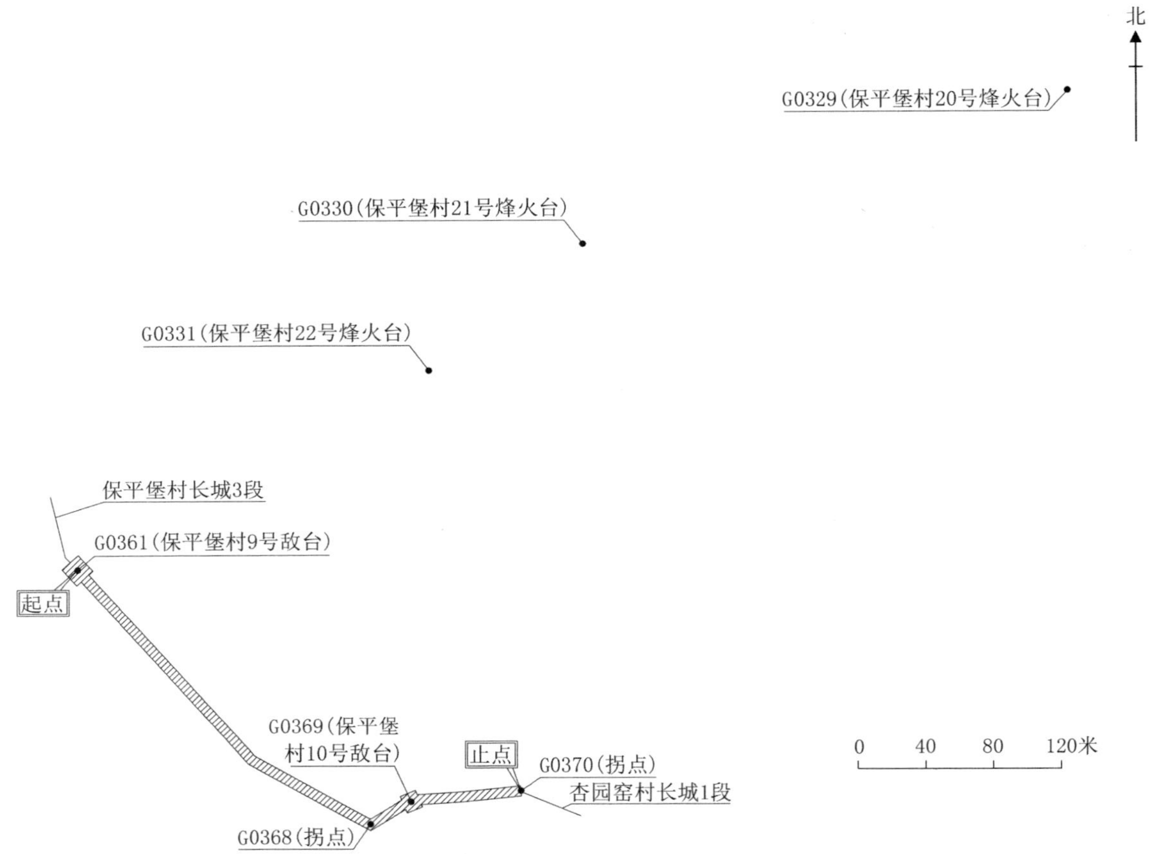

图四二 保平堡村长城5段走向示意图

本段墙体共测GPS点4个（G0361、G0368～G0370），仅1小段，叙述如下。

G0361（起点、保平堡村9号敌台）—G0370（止点、拐点），长330米，呈西北—东南走向，保存较好。墙体沿二郎山山梁逐渐下降，南北两侧为较陡的荒坡、沟壑。墙体南北两壁较陡立，顶部较平整。由于风雨侵蚀等，墙体有所坍塌脱落，表面凹凸不平，有裂缝、沟槽、孔洞。墙体底宽6、顶宽2～4.5、残高5.5米。保平堡村10号敌台位于墙体上。

墙体整体保存较好。由于风雨侵蚀、植物生长造成墙体坍塌脱落，表面凹凸不平，有裂缝、沟槽、孔洞；人为因素损毁主要是人畜踩踏等。

保平堡村长城1～5段位于西洋河谷地南侧的二郎山北部低山地区，沿二郎山山梁延伸。所在区域为太古界地层，由变质程度很深的各种正副片麻岩和结晶片岩组成。地表黄土覆盖较厚，为典型的黄土高原丘陵地貌，黄土系淡栗钙土。长城周围植被主要是荆棘、杂草，以及零星生长的杨、榆科树木。保平堡村长城 1 ~3 段墙体东侧为退耕还草地带。长城周围所邻沟壑为季节性冲沟。

保平堡村已于 1992 年整体搬迁，堡内无常住居民。保平堡村东有 201 省道，保平堡村长城 1 ~4 段墙体东侧有乡村土路。保平堡村长城 1 段 G0342（折点）南侧墙体被挖低形成 2 米宽的豁口，现为土路。

42. 杏园窑村长城 1 段

起点位于新平堡镇杏园窑村西南 1. 2 千米、保平堡村西南 3. 1 千米处，高程 1418 米；止点位于杏园窑村西南 1. 2 千米处，高程 1437 米。大致呈西北—东南走向。全长 260 米，全部保存较好。墙体用黄土夯筑而成，夯层厚 0. 2 ~0. 27 米。现存墙体剖面大致呈不规则梯形，底宽 6、顶宽 2、残高 3 ~4 米。本段长城位于山西省、内蒙古自治区交界处，西北接保平堡村长城 5 段，东南连杏园窑村长城 2 段。墙体位于杏园窑村 1 号敌台西北侧，杏园窑村烽火台西距墙体 1 千米（图四三）。

图四三　杏园窑村长城 1 段走向示意图

本段墙体共测 GPS 点 4 个（G0370 ~ G0373），仅 1 小段，叙述如下。

G0370（起点、拐点）—G0373（止点、杏园窑村 1 号敌台），长 260 米，呈西北—东南走向，保存较好。墙体沿二郎山山梁逐渐上升，南北两侧为较陡的荒坡、沟壑。墙体南北两壁较陡立，顶部较平整。由于风雨侵蚀等，墙体有所坍塌脱落，表面凹凸不平，有裂缝、沟槽、孔洞。墙体底宽 6、顶宽 2、残高 3 ~4 米。

墙体整体保存较好。由于风雨侵蚀、植物生长造成墙体坍塌脱落，表面凹凸不平，有裂缝、沟槽、孔洞；人为因素损毁主要是人畜踩踏及墙体上架设电线杆等。

43. 杏园窑村长城 2 段

起点位于新平堡镇杏园窑村西南 1. 2 千米处，高程 1437 米；止点位于杏园窑村西南 2 千米处，高程 1419 米。大致呈西北—东南走向。全长 352 米，其中保存较好 142、一般 210 米。墙体用黄土夯筑而成，夯层厚 0. 17 ~0. 2 米，夯层间有红色胶泥土粘接层，粘接层厚 0. 03 ~0. 05 米。现存墙体剖面大致呈不规则梯形，底宽 4 ~6、顶宽 0. 8 ~2、北侧残高 3、南侧残高 5 米（彩图六三）。本段长城位于山西省、内蒙古自治区交界处，西北接杏园窑村长城1段，东南连杏园窑村长城3段。墙体位于杏园窑村1号敌台和2号敌台之间（图四四）。

图四四 杏园窑村长城2段走向示意图

本段墙体共测GPS点5个（G0373～G0377），可分为2小段，分述如下。

第1小段：G0373（起点、杏园窑村1号敌台）—G0375（拐点），长210米，呈西北—东南走向，保存一般。墙体沿二郎山山梁修筑，地势逐渐下降，落差24米，北侧为较陡的荒坡，南侧为较缓的荒坡。墙体底宽4～5、顶宽0.8～1.2、北侧残高3、南侧残高5米。

第2小段：G0375（拐点）—G0377（止点、杏园窑村2号敌台），长142米，呈西北—东南走向，保存较好。墙体沿二郎山山梁修筑，地势逐渐上升，北侧为较陡的荒坡，南侧为较缓的荒坡。墙体南北两壁较陡立。墙体底宽4～6、顶宽0.8～2、北侧残高5、南侧残高3米。

墙体整体保存一般。由于风雨侵蚀、植物生长造成墙体坍塌脱落，表面凹凸不平，有裂缝、沟槽、孔洞；人为因素损毁主要是人畜踩踏等。

44. 杏园窑村长城3段

起点位于新平堡镇杏园窑村西南2千米处，高程1419米；止点位于杏园窑村西南2千米处，高程1382米。大致呈西北—东南走向。全长340米，均保存较好。墙体用黄土夯筑而成，含少量砂砾，夯层厚0.2～0.25米，夯层间有红色胶泥土粘接层，厚0.03～0.05米。现存墙体剖面大致呈不规则梯形，底宽4～6、顶宽1～2、北侧残高3、南侧残高6米。本段长城位于山西省、内蒙古自治区交界处，西北接杏园窑村长城2段，东南连杏园窑村长城4段。墙体位于杏园窑村2号敌台和3号敌台之间（图四五）。

本段墙体共测GPS点3个（G0377～G0379），仅1小段，叙述如下。

G0377（起点、杏园窑村2号敌台）—G0379（止点、杏园窑村3号敌台），长340米，呈西北—东南走向，保存较好。墙体沿二郎山山梁修筑，北侧为较陡的荒坡，南侧为较缓的荒坡。墙体南北两壁较陡立。墙体底宽4～6、顶宽1～2、北侧残高3、南侧残高6米（彩图六四）。

墙体整体保存较好。由于风雨侵蚀、植物生长造成墙体坍塌脱落，表面凹凸不平，有裂缝、沟槽、

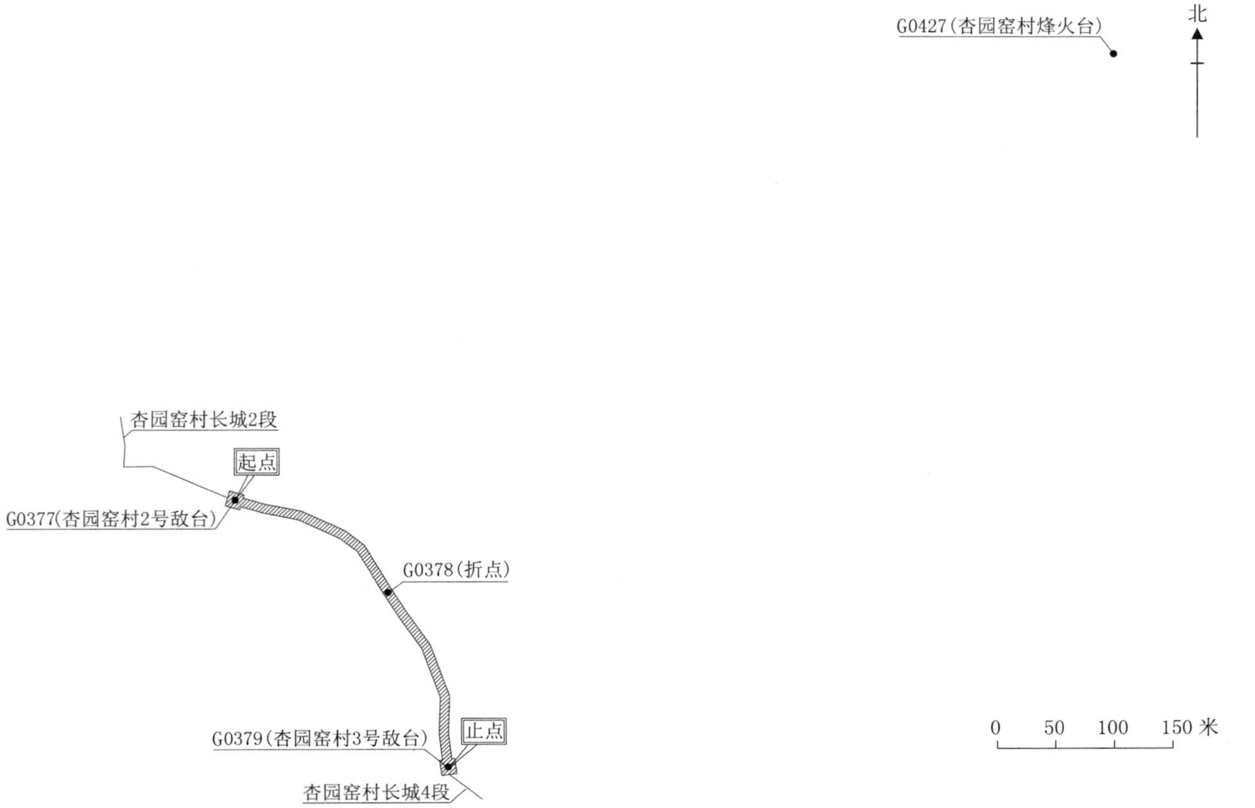

图四五　杏园窑村长城 3 段走向示意图

孔洞；人为因素损毁主要是人畜踩踏等。

45. 杏园窑村长城 4 段

起点位于新平堡镇杏园窑村西南 2 千米处，高程 1382 米；止点位于杏园窑村西南 2.7 千米处，高程 1415 米。大致呈西北—东南走向。全长 1069 米，其中保存较好 542、一般 246、消失 281 米。墙体用黄土夯筑而成，夯层厚 0.17 ~ 0.28 米，部分段夯层间有砂石层，厚 0.03 ~ 0.06 米。现存墙体剖面大致呈不规则梯形，底宽 3 ~ 5、顶宽 0.7 ~ 2、残高 3 ~ 5 米，西侧高于东侧。本段长城位于山西省、内蒙古自治区交界处，西北接杏园窑村长城 3 段，东南连四方墩村长城 1 段。墙体位于杏园窑村 3 号敌台东南侧，杏园窑村 4、5 号敌台位于墙体上（图四六）。

本段墙体共测 GPS 点 7 个（G0379 ~ G0385），可分为 4 小段，分述如下。

第 1 小段：G0379（起点、杏园窑村 3 号敌台）—G0382（断点），长 280 米，呈北—南走向，保存较好。墙体沿二郎山山梁修筑，地势逐渐下降，落差 53 米，东西两侧为较陡的荒坡。墙体东西两壁较陡立。墙体底宽 5、顶宽 1 ~ 2、残高 5 米（彩图六五）。杏园窑村 4 号敌台位于墙体上。

第 2 小段：G0382（断点）—G0383（断点），长 281 米，呈西北—东南走向。墙体被一条当地俗称“大西沟”的冲沟损毁消失，大西沟旱季时为道路。

第 3 小段：G0383（断点）—G0384（杏园窑村 5 号敌台），长 262 米，呈西北—东南走向，保存较好。墙体沿二郎山山梁修筑，地势逐渐上升，落差 81 米，东西两侧为荒坡，西侧邻内蒙古自治区兴和县南口村。墙体东西两壁较陡立，底宽 4 ~ 5、顶宽 1 ~ 2、残高 3 ~ 5 米（彩图六六）。

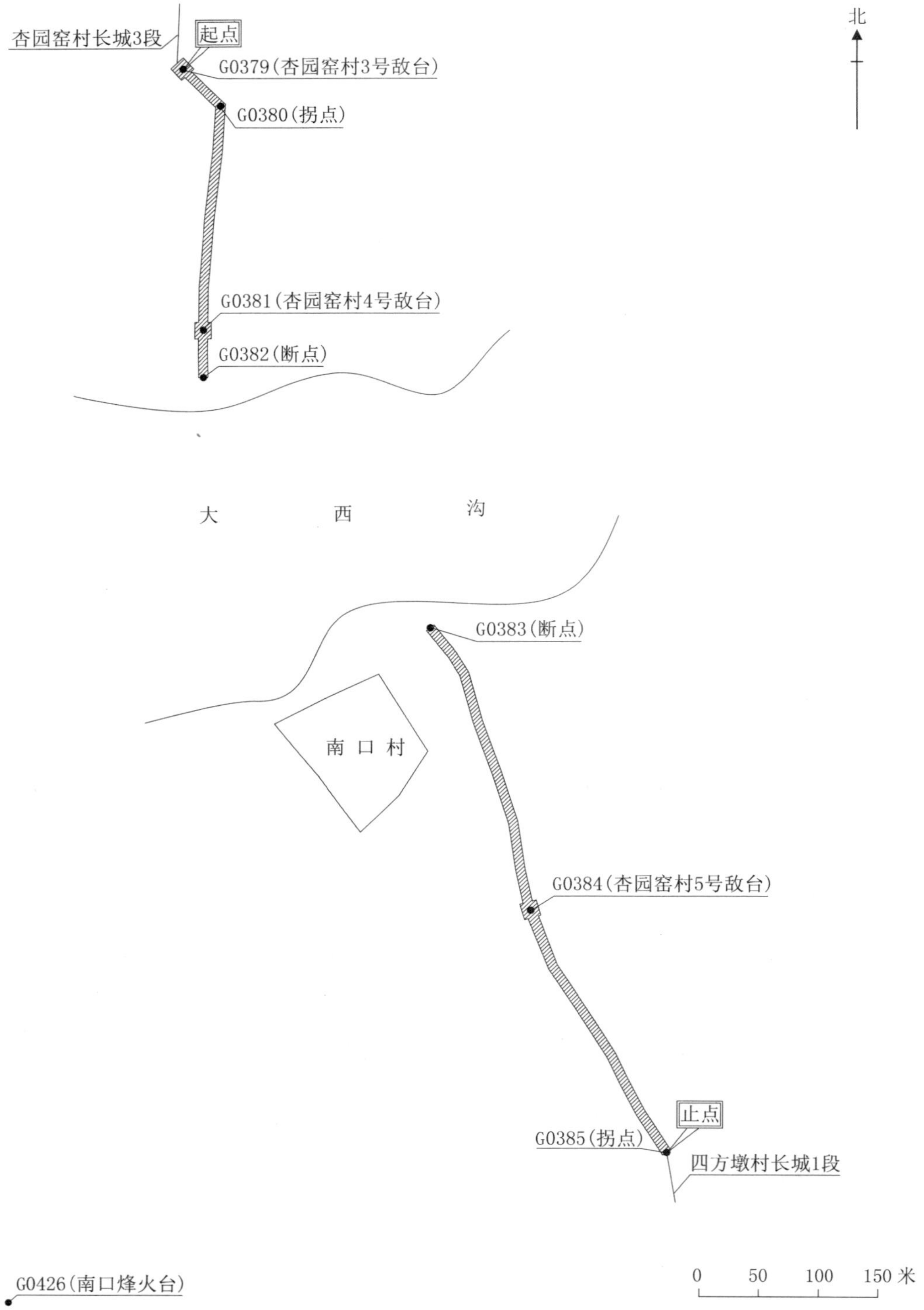

图四六　杏园窑村长城4段走向示意图

第4小段：G0384（杏园窑村5号敌台）—G0385（止点、拐点），长246米，呈西北—东南走向，保存一般。墙体沿二郎山山梁修筑，地势逐渐上升，落差40米，东西两侧为较陡的荒坡。墙体底宽3～5、顶宽0.7～1、残高3～5米。

墙体整体保存一般。除冲沟损毁致墙体消失外，风雨侵蚀、植物生长也造成墙体坍塌脱落，表面凹凸不平，有裂缝、沟槽、孔洞；人为因素损毁主要是人畜踩踏等。

杏园窑村长城1~4段，构筑在二郎山山梁上，山体为土石山，所在区域为太古界地层，由变质程度很深的各种正副片麻岩和结晶片岩组成。所在区域土壤系淡栗钙土。杏园窑村长城1段周围植被稀疏，山体裸露，杏园窑村长城2~4段周围植被较好，荆棘杂草丛生。杏园窑村长城1段周围所邻沟壑为季节性冲沟，杏园窑村长城4段G0382（断点）—G0383（断点）间"大西沟"为季节性冲沟。

杏园窑村东有201省道。杏园窑村长城2~4段墙体附近的山坡上有较多采石场，对长城周围的生态环境造成一定的破坏。杏园窑村长城4段G0382（断点）—G0383（断点）间的"大西沟"旱季时为道路。

46. 四方墩村长城1段

起点位于新平堡镇四方墩村西南3.8千米、杏园窑村西南2.7千米处，高程1415米；止点位于四方墩村西南3.5千米处，高程1590米。大致呈西北—东南走向。全长1212米，其中保存较好53、一般602、较差557米。墙体用黄土夯筑而成，夯层厚0.17~0.28米，部分段夯层间有砂石层，厚0.03~0.06米。现存墙体剖面大致呈不规则梯形，底宽3~5、顶宽0.3~2、残高3~5米，南侧高于北侧。本段长城位于山西省、内蒙古自治区交界处，西北接杏园窑村长城4段，东南连四方墩村长城2段。墙体位于四方墩村5号敌台西北侧，四方墩村1~4号敌台位于墙体上，内蒙古自治区兴和县南口烽火台东距墙体0.54千米（图四七）。

本段墙体共测GPS点13个（G0385~G0397），可分为4小段，分述如下。

第1小段：G0385（起点、拐点）—G0386（四方墩村1号敌台），长53米，呈北—南走向，保存较好。墙体沿二郎山山梁修筑，地势逐渐上升，落差46米，东西两侧为较陡的荒坡。墙体东西两壁较陡立。由于风雨侵蚀等，墙体坍塌脱落较严重，表面凹凸不平，有裂缝、沟槽、孔洞，东壁表层脱落较严重，西壁脱落略轻。墙体底宽5、顶宽1~2、残高5米。

第2小段：G0386（四方墩村1号敌台）—G0387（四方墩村2号敌台），长270米，呈北—南走向，保存一般。墙体沿二郎山山梁修筑，地势先下降后上升，落差41米。墙体坍塌脱落严重。墙体底宽3~5、顶宽0.7~1、残高3~5米（彩图六七）。

第3小段：G0387（四方墩村2号敌台）—G0390（四方墩村3号敌台），长332米，呈西北—东南走向，保存一般。墙体沿二郎山山梁修筑，地势逐渐上升，落差46米，东西两侧为较陡的荒坡。由于风雨侵蚀等，墙体坍塌脱落严重，表面凹凸不平，有裂缝、沟槽、孔洞。墙体底宽3~5、顶宽0.7~1、残高3~5米（彩图六八）。

第4小段：G0390（四方墩村3号敌台）—G0397（止点、四方墩村5号敌台），长557米，呈西北—东南走向，保存较差。墙体沿二郎山山梁修筑，地势逐渐上升，落差86米，东西两侧为荒坡。由于风雨侵蚀等，墙体坍塌脱落严重，表面凹凸不平，有裂缝、沟槽、孔洞。墙体底宽4~5、顶宽0.3~1、残高3~4米。四方墩村4号敌台位于墙体上。

墙体整体保存一般。由于风雨侵蚀、植物生长造成墙体坍塌脱落，表面凹凸不平，有裂缝、沟槽、孔洞；人为因素损毁主要是人畜踩踏等。

47. 四方墩村长城2段

起点位于新平堡镇四方墩村西南3.5千米处，高程1590米；止点位于四方墩村西南3.1千米处，

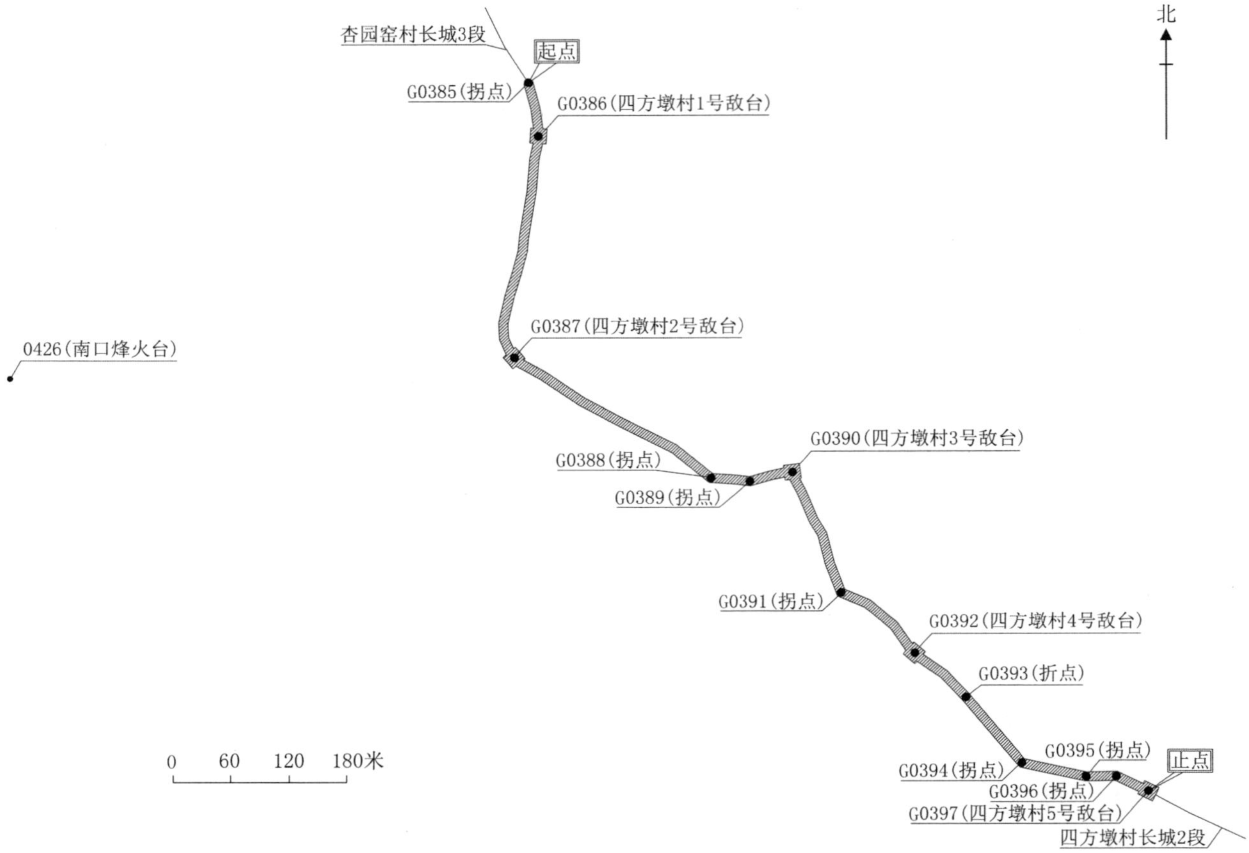

图四七 四方墩村长城1段走向示意图

高程1638米。大致呈西北—东南走向。全长1176米，其中保存一般492、较差684米。墙体用黄土夯筑而成，含砂砾和少量石块，夯层厚0.2～0.24米。现存墙体剖面大致呈不规则梯形，底宽3～4.3、顶宽0.7～1、残高1～2.5米。本段长城位于山西省、内蒙古自治区交界处，西北接四方墩村长城1段，东南连对井沟口长城。墙体位于四方墩村5号敌台东南侧，四方墩村6～8号敌台位于墙体上，四方墩村烽火台西距墙体0.698千米（图四八）。

本段墙体共测GPS点13个（G0397～G0409），可分为5小段，分述如下。

第1小段：G0397（起点、四方墩村5号敌台）—G0399（四方墩村6号敌台），长235米，呈西北—东南走向，保存较差。墙体沿二郎山山梁修筑，地势先下降后上升，南北两侧山坡较陡，北侧杂草茂密，南侧为裸露的黄土，长有矮草。墙体坍塌成土埂状。墙体顶宽0.7～1米。

第2小段：G0399（四方墩村6号敌台）—G0400（拐点），长148米，呈西—东走向，保存较差。墙体沿二郎山山梁修筑，地势逐渐下降，南北两侧山坡较缓，北侧杂草茂密，南侧杂草稀疏。墙体坍塌成土埂状。墙体顶宽1米。

第3小段：G0400（拐点）—G0402（拐点），长172米，呈西北—东南走向，保存一般。墙体沿二郎山山梁修筑，地势逐渐上升。由于风雨侵蚀等，墙体坍塌脱落较严重，表面凹凸不平，有裂缝、沟槽、孔洞。墙体底宽3～4.3、顶宽0.7～1、残高1～2.5米。四方墩村7号敌台位于墙体上。

第4小段：G0402（拐点）—G0405（四方墩村8号敌台），长320米，呈西北—东南走向，保存一般。墙体沿二郎山山梁修筑，南北两侧山坡较缓，北侧杂草茂密，南侧杂草稀疏。由于风雨侵蚀等，

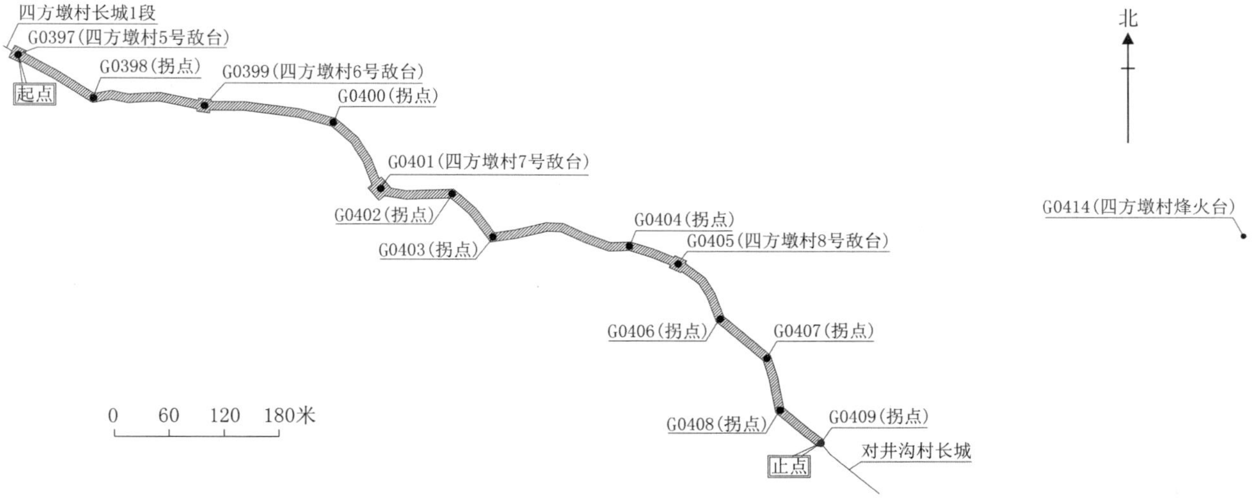

图四八　四方墩村长城2段走向示意图

墙体坍塌脱落严重，表面凹凸不平，有裂缝、沟槽、孔洞。墙体底宽3～4.3、顶宽0.7～1、残高1～2.5米。

第5小段：G0405（四方墩村8号敌台）—G0409（止点、拐点），长301米，呈西北—东南走向，保存较差。墙体沿二郎山山梁修筑，地势逐渐上升，南北两侧山坡较陡，北侧杂草茂密，南侧为裸露的黄土，长有矮草。墙体坍塌成土埂状，夯土中石块裸露或散落。墙体顶宽0.7～1米（彩图六九）。

墙体整体保存较差。由于风雨侵蚀、植物生长造成墙体坍塌脱落，表面凹凸不平，有裂缝、沟槽、孔洞；人为因素损毁主要是人畜踩踏等。

四方墩村长城1段、2段构筑在二郎山山梁上，山体为土石山。所在区域为太古界地层，由变质程度很深的各种正副片麻岩和结晶片岩组成。所在区域土壤系淡栗钙土。四方墩村长城1段周围植被稀疏，山体裸露；四方墩村长城2段北侧杂草茂密，南侧植被稀疏。四方墩村长城1段、2段周围所邻沟壑为季节性冲沟。

四方墩村东有201省道，西有一条土路通往内蒙古自治区兴和县南口村。

48. 对井沟村长城

起点位于新平堡镇对井沟村西北2.2千米、四方墩村西南3.1千米处，高程1638米；止点位于对井沟村西1.9千米处，高程1730米。大致呈西北—东南走向。全长1439米，其中保存一般1274、较差165米。墙体用黄土夯筑而成，夯层厚0.1～0.18米，部分段夯层间有砂石层，厚0.05～0.12米。现存墙体剖面大致呈不规则梯形，底宽4～6、顶宽0.5～1.3、残高2～4.3米。本段长城位于山西省、内蒙古自治区交界处，西北接四方墩村长城2段，东南连红土沟村长城1段。对井沟村1～6号敌台位于墙体上（图四九）。

本段墙体共测GPS点11个（G0409～G0413、G0415～G0420），可分为6小段，分述如下。

第1小段：G0409（起点、拐点）—G0411（对井沟村2号敌台），长348米，呈西北—东南走向，保存一般。墙体沿二郎山山梁修筑。墙体南北两侧由于人为取土挖损形成10米宽的长条状沟，墙体两壁坍塌成斜坡状。墙体底宽4～6、顶宽1～1.3、残高3～4米。对井沟村1号敌台位于墙体上。

第2小段：G0411（对井沟村2号敌台点）—G0413（对井沟村3号敌台），长323米，呈北—南

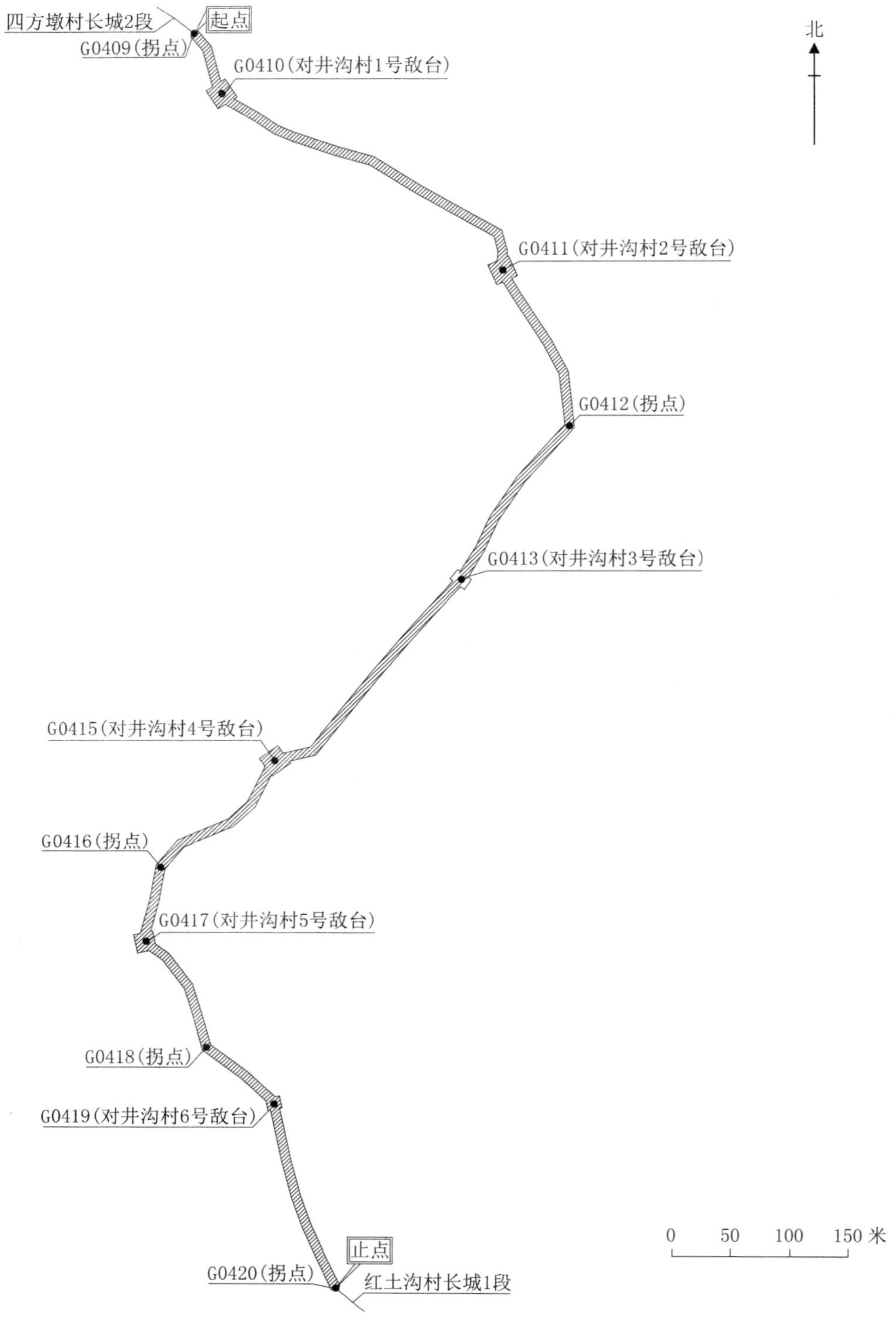

图四九　对井沟村长城走向示意图

走向，保存一般。墙体由西北向东南延伸至 G0412（拐点），再向西南延伸至 G0413（对井沟村 3 号敌台）。墙体沿二郎山山梁修筑，略有起伏，落差不大，东西两侧为荒坡，植被较好，杂草灌木丛生。墙体两壁坍塌成斜坡状。墙体底宽 4 ~6、顶宽 1 ~1.3、残高 3 ~4 米。

第 3 小段：G0413（对井沟村 3 号敌台）—G0415（对井沟村 4 号敌台），长 225 米，呈东北—西南走向，保存一般。墙体沿二郎山山梁修筑，地势逐渐上升。墙体两壁坍塌成斜坡状。墙体底宽4～6、顶宽0.5～1.3、残高2～4.3米。

第4小段：G0415（对井沟村4号敌台）—G0417（对井沟村5号敌台），长202米，呈东北—西南走向，保存一般。墙体沿二郎山山梁修筑，地势逐渐上升。墙体两壁坍塌成斜坡状。墙体底宽4～6、顶宽0.5～1.3、残高2～4.3米（彩图七〇）。

第5小段：G0417（对井沟村5号敌台）—G0419（对井沟村6号敌台），长176米，呈西北—东南走向，保存一般。墙体沿二郎山山梁修筑。墙体两壁坍塌成斜坡状。墙体底宽4～6、顶宽0.5～1.3、残高2～4.3米。

第6小段：G0419（对井沟村6号敌台）—G0420（止点、拐点），长165米，呈西北—东南走向，保存较差。墙体沿二郎山山梁修筑，略有起伏，落差不大。墙体两壁坍塌成斜坡状。墙体底宽4～5、顶宽1～1.3、残高2～2.2米。

墙体整体保存一般。由于风雨侵蚀、植物生长造成墙体坍塌脱落，两壁呈斜坡状，表面凹凸不平，有裂缝、沟槽、孔洞；人为因素损毁主要是取土挖损、人畜踩踏等。

对井沟村长城构筑在二郎山山梁上，山体为土石山。所在区域为太古界地层，由变质程度很深的各种正副片麻岩和结晶片岩组成。所在区域土壤由淡栗钙土和山地淡栗钙土组成。对井沟村长城东侧植被茂密，西侧植被稀疏，山体裸露。对井沟村长城周围所邻沟壑为季节性冲沟。对井沟村东有201省道。

49. 红土沟村长城1段

起点位于新平堡镇红土沟村西北0.52千米、对井沟村西1.9千米处，高程1730米；止点位于红土沟村西南0.52千米处，高程1733米。大致呈北—南走向。全长1224米，其中保存一般404、较差475、差327、消失18米。墙体用黄土夯筑而成，含砂砾、碎石，夯层厚0.1～0.18米，夯层间有砂石层，厚0.1～0.15米。现存墙体剖面大致呈不规则梯形，底宽4～6、顶宽0.5～2、残高2～3.5米。本段长城位于山西省、内蒙古自治区交界处，西北接对井沟村长城，南连红土沟村长城2段。墙体位于红土沟村5号敌台北侧，红土沟村1～4号敌台位于墙体上，红土沟村5号敌台东0.536千米有桦门堡（图五〇）。

本段墙体共测GPS点11个（G0420～G0425、G0431～G0434），可分为4小段，分述如下。

第1小段：G0420（起点、拐点）—G0422（红土沟村2号敌台），长200米，呈北—南走向，保存一般。墙体由西北向东南延伸至G0421（红土沟村1号敌台），再向南延伸至G0422（红土沟村2号敌台）。墙体沿二郎山山梁修筑，地势逐渐上升，东西两侧为荒坡，杂草茂密。墙体两壁坍塌成斜坡状。墙体底宽6、顶宽1～2、残高3.5米。红土沟村1号敌台位于墙体上。

第2小段：G0422（红土沟村2号敌台）—G0430（断点），长204米，呈北—南走向，保存一般。墙体沿二郎山山梁修筑，地势逐渐下降，落差75米，东西两侧为荒坡，杂草茂密。墙体两壁坍塌成斜坡状。墙体底宽5～6、顶宽1、残高2～3.5米。红土沟村3号敌台位于墙体上。

第3小段：G0430（断点）—G0431（断点），长18米，呈北—南走向。由于近年的非法采矿用挖掘机修路，将墙体挖断消失。

第4小段：G0431（断点）—G0434（止点、红土沟村5号敌台），长475米，呈北—南走向，保存较差。墙体沿二郎山山梁修筑，地势逐渐上升，落差35米，东西两侧为荒坡，杂草茂密。墙体两壁坍塌成斜坡状。墙体底宽4～6、顶宽0.5～1、残高2～3米。红土沟村4号敌台位于墙体上（彩图七

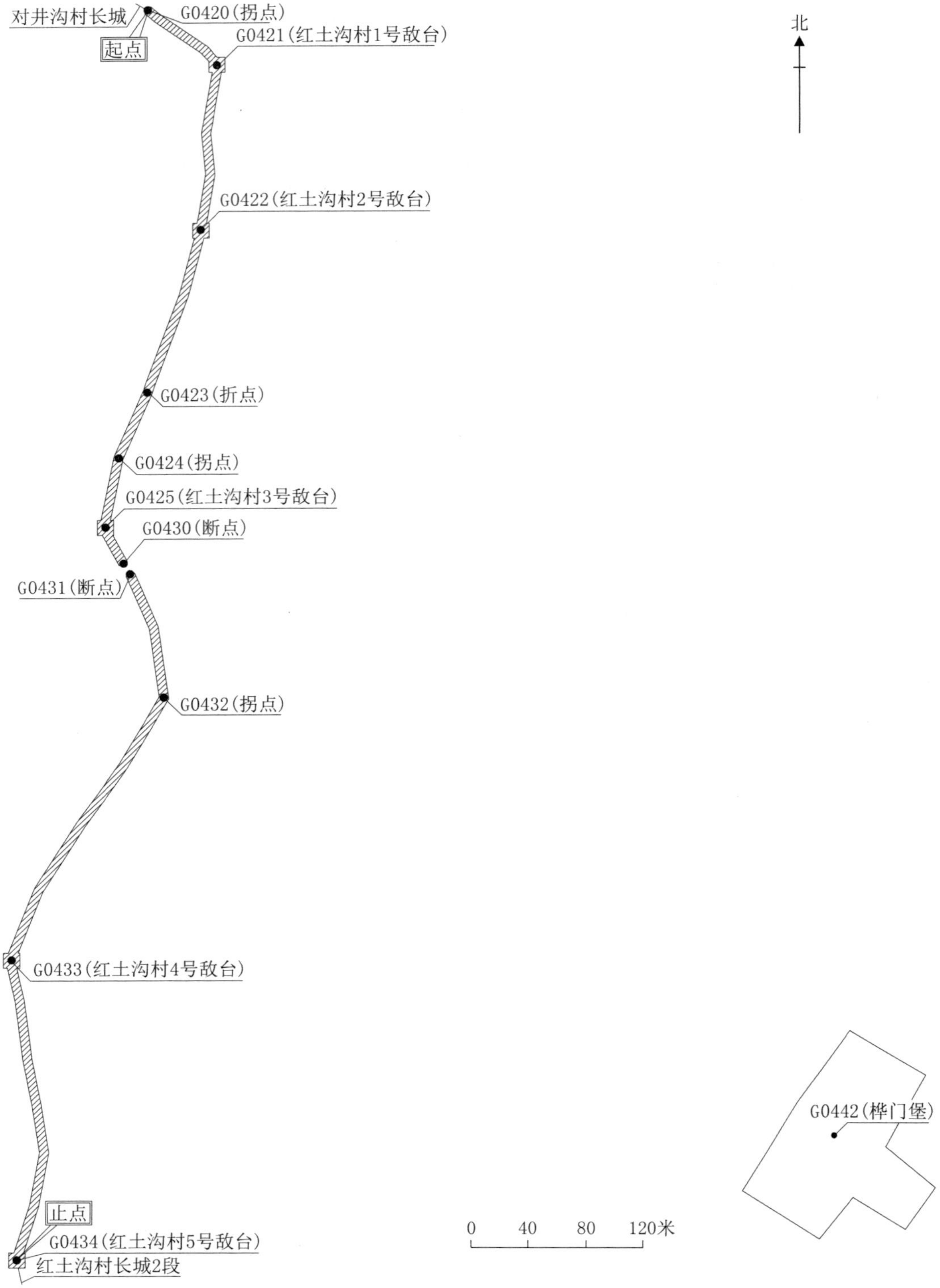

图五〇　红土沟村长城 1 段走向示意图

一、七二)。

墙体整体保存较差。由于风雨侵蚀、植物生长造成墙体坍塌脱落，两壁呈斜坡状，表面凹凸不平，有裂缝、沟槽、孔洞；人为因素损毁主要是筑路挖断墙体致墙体消失、人畜踩踏等。

50. 红土沟村长城2段

起点位于新平堡镇红土沟村西南0.52千米处，高程1733米；止点位于红土沟村东南1.2千米处，高程1806米。大致呈西北—东南走向。全长1316米，均保存较差。墙体用黄土夯筑而成，含砂砾、碎石，夯层厚度不详。现存墙体剖面大致呈不规则梯形，底宽3~4.5、顶宽1~1.5、残高1~2米。本段长城位于山西省、内蒙古自治区交界处，北接红土沟村长城1段，南连红土沟村长城3段。墙体位于红土沟村5号敌台和11号敌台之间，红土沟村6~10号敌台位于墙体上（图五一）。

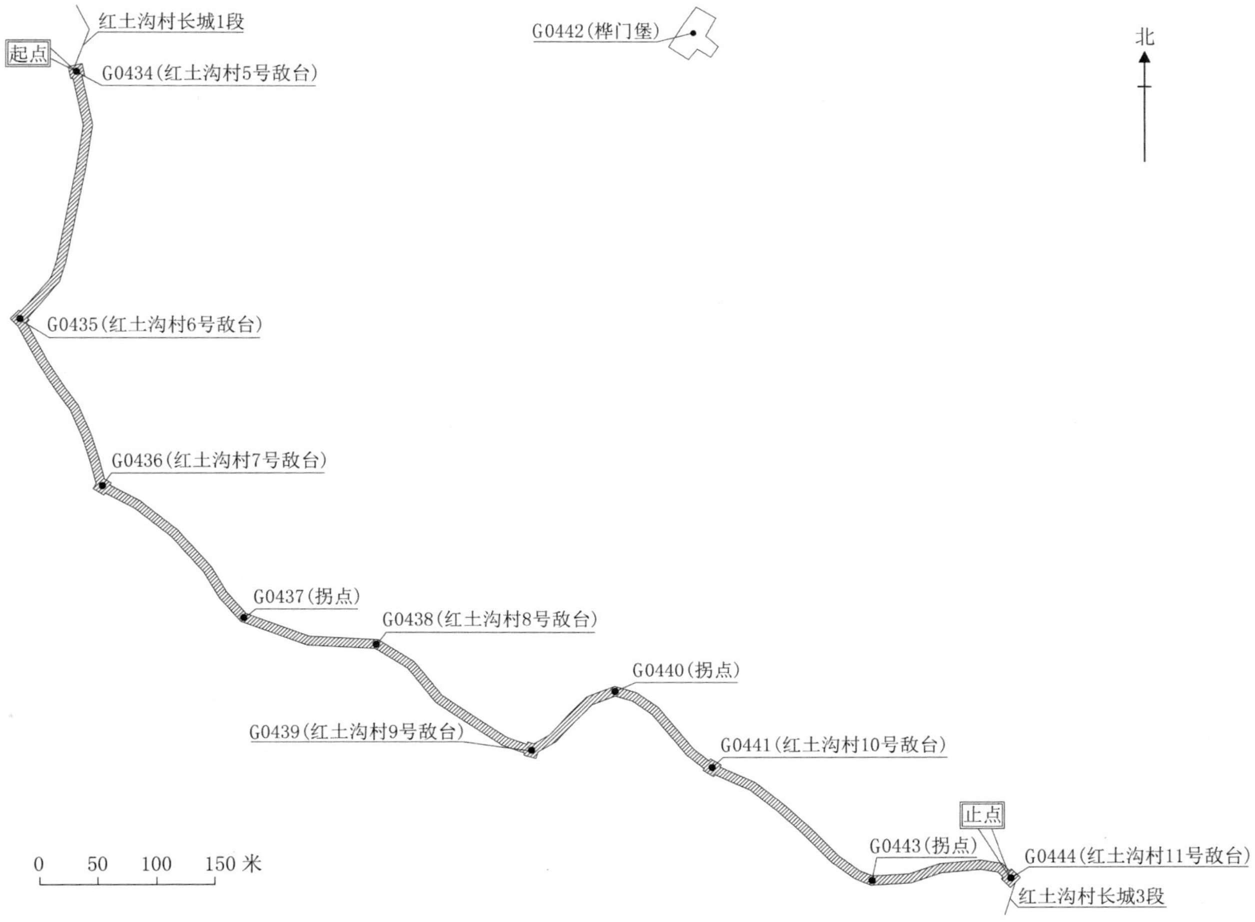

图五一　红土沟村长城2段走向示意图

本段墙体共测GPS点10个（G0434~G0441、G0443、G0444），可分为3小段，分述如下。

第1小段：G0434（起点、红土沟村5号敌台）—G0436（红土沟村7号敌台），长394米，呈北—南走向，保存较差。墙体沿二郎山山梁修筑，地势逐渐上升，落差51米，东西两侧为荒坡，杂草茂密。墙体坍塌脱落严重，较低矮。墙体底宽3~4.5、顶宽1~1.5、残高1~2米。红土沟村6号敌台位于墙体上（彩图七三）。

第2小段：G0436（红土沟村7号敌台）—G0439（红土沟村9号敌台），长450米，呈西北—东南走向，保存较差。墙体沿二郎山山梁修筑，落差不大，南北两侧为荒坡，杂草茂密。墙体坍塌脱落严重，较低矮。墙体底宽3~4.5、顶宽1~1.5、残高1~2米。红土沟村8号敌台位于墙体上。

第 3 小段：G0439（红土沟村 9 号敌台）—G0444（止点、红土沟村 11 号敌台），长 472 米，呈西北—东南走向，保存较差。墙体沿二郎山山梁修筑，落差不大，南北两侧为荒坡，杂草茂密。墙体坍塌脱落严重，较低矮。墙体底宽 3 ~4. 5、顶宽 1 ~1. 5、残高 1 ~2 米。红土沟村 10 号敌台位于墙体上（彩图七四）。

墙体整体保存较差。由于风雨侵蚀、植物生长造成墙体坍塌脱落，墙体较低矮，两壁呈斜坡状，表面凹凸不平，有裂缝、沟槽、孔洞；人为因素损毁主要是人畜踩踏等。

51. 红土沟村长城 3 段

起点位于新平堡镇红土沟村东南 1. 2 千米处，高程 1806 米；止点位于红土沟村东南 2. 2 千米处，高程 1758 米。大致呈东北—西南走向。全长 1300 米，其中保存较差 1300 米。墙体为土石混筑而成的石墙，剖面大致呈不规则梯形，底宽 3 ~4、顶宽 1、残高 1 ~2 米。本段长城位于山西省、内蒙古自治区交界处，西北接对红土沟村长城 2 段，东南连红土沟村长城 4 段，G0453（红土沟村 17 号敌台）处，内蒙古自治区兴和县红石崖长城 1 段向西南方向延伸。墙体位于红土沟村 11 号敌台南侧，红土沟村 12 ~17 号敌台位于墙体上（图五二）。

本段墙体共测 GPS 点 11 个（G0444 ~ G0454），可分为 3 小段，分述如下。

第 1 小段：G0444（起点、红土沟村 11 号敌台）—G0447（红土沟村 13 号敌台），长 430 米，呈东北—西南走向，保存较差。墙体沿二郎山山梁修筑，落差不大，东西两侧为荒坡，杂草茂密。墙体坍塌脱落严重，较低矮。墙体底宽 3 ~4、顶宽 1、残高 1 ~2 米。红土沟村 12 号敌台位于墙体上。

第 2 小段：G0447（红土沟村 13 号敌台）—G0450（红土沟村 15 号敌台），长 301 米，呈东北—西南走向，保存较差。墙体沿二郎山山梁修筑，地势起伏不平，落差 25 米，东西两侧为荒坡，杂草茂密。墙体坍塌脱落严重，较低矮。墙体底宽 3、顶宽 1、残高 1 ~2 米。红土沟村 14 号敌台位于墙体上。

第 3 小段：G0450（红土沟村 15 号敌台）—G0454（止点、拐点），长 569 米，呈东北—西南走向，保存较差。墙体沿二郎山山梁修筑，地势起伏不平，落差 64 米，东西两侧为荒坡，杂草茂密。墙体坍塌脱落严重，较低矮。墙体底宽 3 ~4、顶宽 1、残高 1 ~2 米。红土沟村 16、17 号敌台位于墙体上（彩图七五）。G0453（红土沟村 17 号敌台）南 0. 03 千米的墙体顶部，立有山西省和内蒙古自治区界碑。

墙体整体保存较差。由于风雨侵蚀、植物生长、山体滑坡等因素，墙体坍塌脱落严重，现存较低矮，石块散落两侧山坡；人为因素损毁主要是人畜踩踏等。

52. 红土沟村长城 4 段

起点位于新平堡镇红土沟村东南 2. 2 千米处，高程 1758 米；止点位于红土沟村东南 3. 1 千米处，高程 1544 米。大致呈西北—东南走向。全长 944 米，均保存差。墙体为土石混筑而成的石墙，剖面大致呈不规则梯形，底宽 3 ~4、残高 0. 3 ~0. 7 米。本段长城西北接对红土沟村长城 3 段、东南连李二口村长城 1 段，西侧有内蒙古自治区兴和县红石崖长城 1 段。红土沟村 18 ~20 号敌台位于墙体上（图五三）。

本段墙体共测 GPS 点 7 个（G0454 ~ G0460），可分为 2 小段，分述如下。

第 1 小段：G0454（起点、拐点）—G0458（红土沟村 19 号敌台），长 496 米，呈西北—东南走向，保存差。墙体沿二郎山山梁修筑，地势逐渐下降，落差 40 米。墙体坍塌脱落严重。墙体低矮，仅

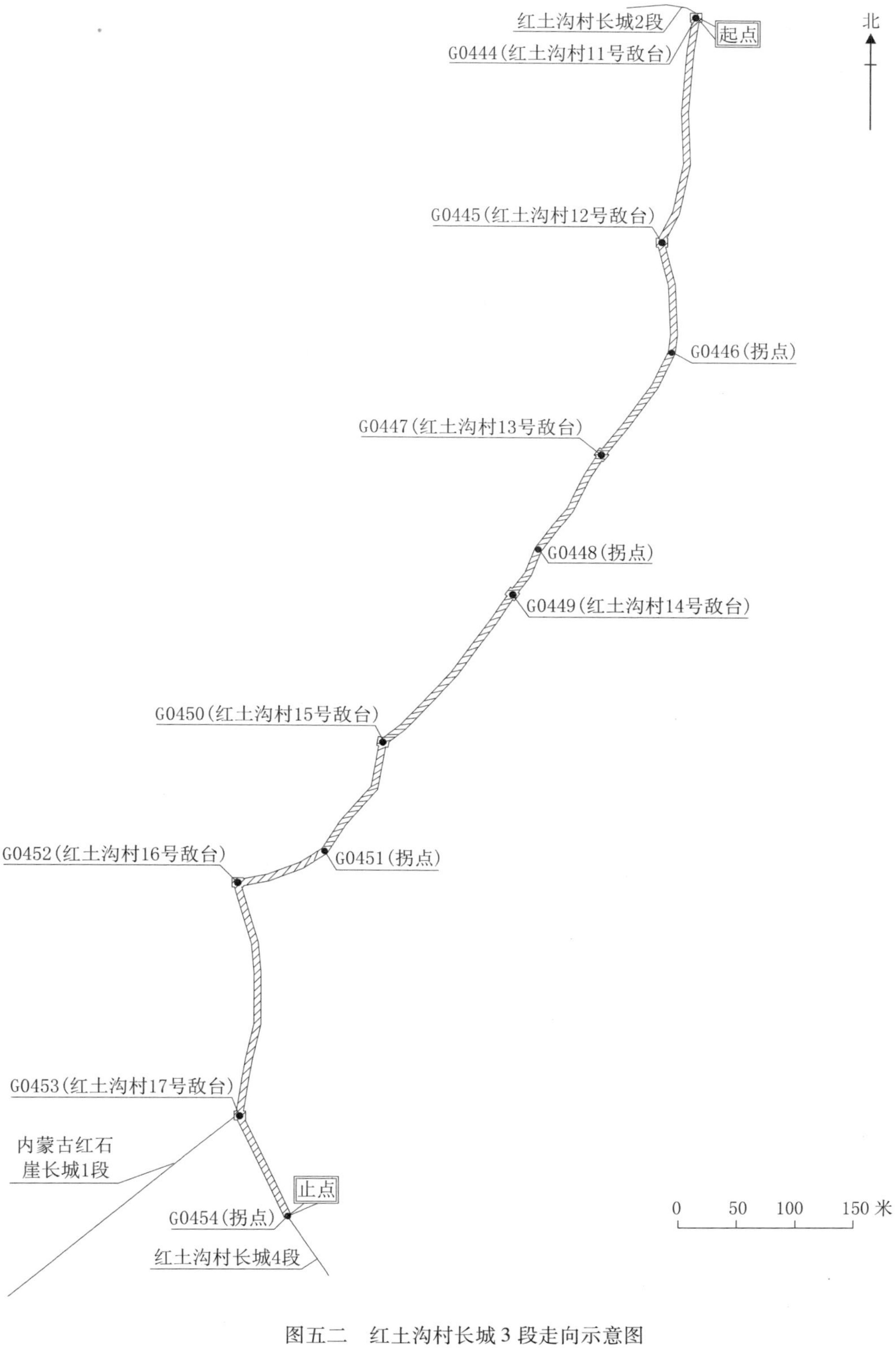

图五二　红土沟村长城 3 段走向示意图

存地面痕迹，石块散落两侧山坡。墙体底宽 3～4、残高 0.3～0.7 米。

第 2 小段：G0458（红土沟村 19 号敌台）—G0460（止点、拐点），长 448 米，呈西北—东南走向，保存差。墙体沿二郎山山梁修筑，地势起伏不平，落差 179 米。墙体坍塌脱落严重，墙体低矮，

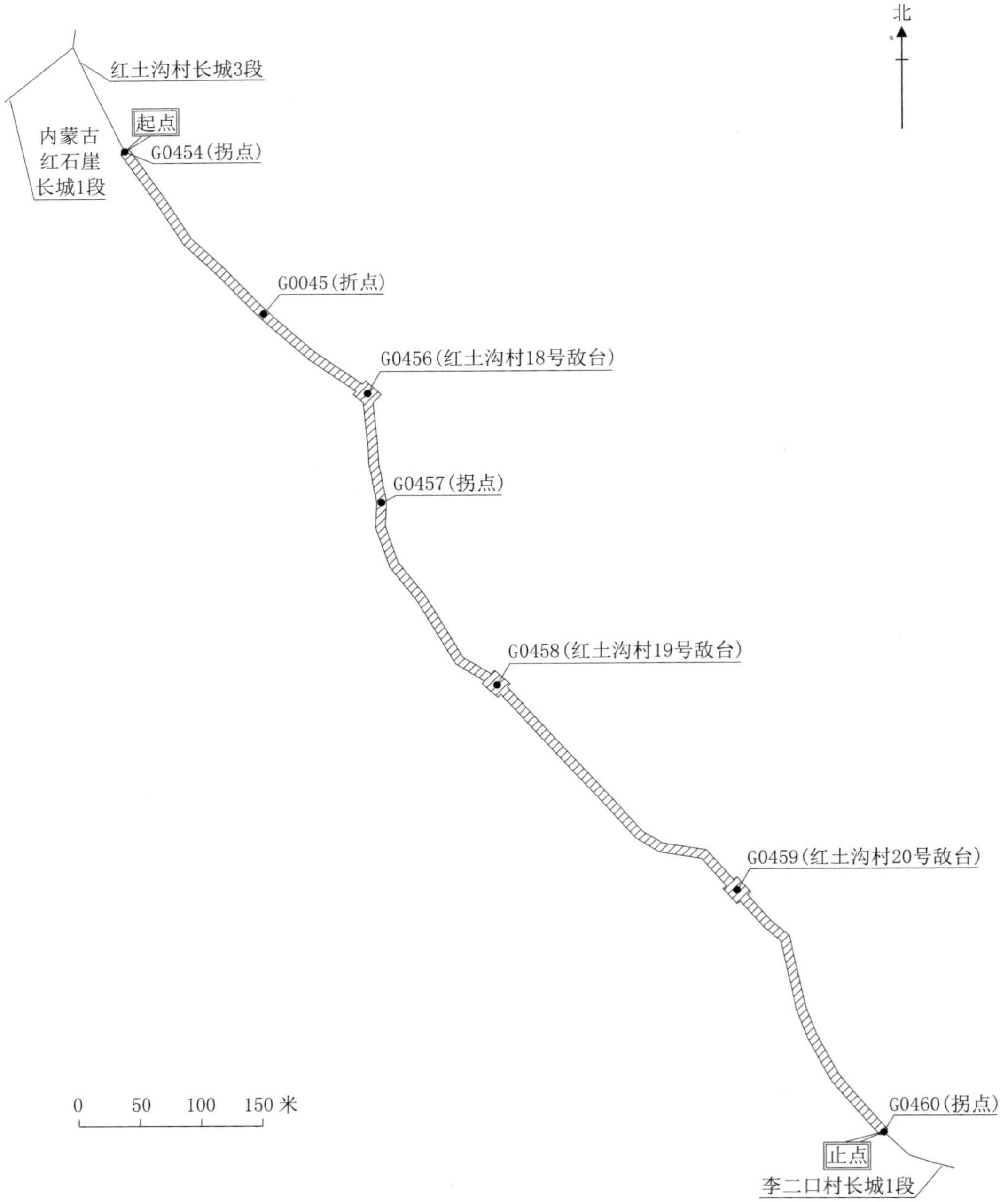

图五三　红土沟村长城4段走向示意图

仅存地面痕迹，石块散落两侧山坡。墙体底宽3~4、残高0.3~0.7米。

墙体整体保存差。由于风雨侵蚀、植物生长、山体滑坡等因素，墙体坍塌脱落严重，墙体低矮，仅存地面痕迹，石块散落两侧山坡；人为因素损毁主要是人畜踩踏等。

红土沟村长城1段、2段为土墙，3段、4段为土石混筑而成的石墙。红土沟村长城1~3段位于山西省、内蒙古自治区交界处，红土沟村长城4段在山西省境内。

红土沟村长城1~4段构筑在二郎山山梁上，山体为土石山。所在区域为太古界地层，由变质程度很深的各种正副片麻岩和结晶片岩组成。所在区域土壤由淡栗钙土和山地淡栗钙土组成。红土沟村长城1~4段两侧植被茂密，杂草丛生。

红土沟村居民已于2004年搬迁至新平堡镇黄家湾村，村内已无常住居民。红土沟村附近有非法采矿活动。红土沟村东有201省道。红土沟村长城1~3段附近有一条非法采矿者所修的土路，其中在红土沟村长城1段G0430（断点）—G0431（断点）间还截断墙体。

53. 李二口村长城1段

起点位于逯家湾镇李二口村西北1.9千米、新平堡镇红土沟村东南3.1千米处，高程1544米；止点位于李二口村西0.87千米处，高程1372米。大致呈西北—东南走向。全长1400米，其中保存较好973米、一般427米。墙体用黄土夯筑而成，含少量砂砾、碎石，夯层厚0.12~0.2米（彩图七六）。现存墙体剖面大致呈不规则梯形，底宽5~6、顶宽0.8~2.5、残高2.5~5米。本段长城西北接红土沟村长城4段，东南连李二口村长城2段。墙体位于李二口村5号敌台西北侧，李二口村1~4号敌台位于墙体上，李二口村烽火台西南距墙体0.9千米（图五四）。

本段墙体共测GPS点9个（G0460~G0468），可分为4小段，分述如下。

第1小段：G0460（起点、拐点）—G0462（李二口村2号敌台），长270米，呈西北—东南走向，保存一般。墙体沿二郎山山梁修筑，落差不大，南北两侧为荒坡、沟壑。由于风雨侵蚀等，墙体坍塌脱落严重，东壁呈斜坡状，表面凹凸不平，西壁外层脱落，残面陡立。墙体底宽5~6、顶宽0.8~1.5、残高2.5~5米。李二口村1号敌台位于墙体上。

第2小段：G0462（李二口村2号敌台）—G0465（拐点），长683米，呈西北—东南走向，保存较好。墙体沿二郎山山梁修筑，地势起伏不平，落差100米，东西两侧为陡坡。墙体东西两壁较陡立。墙体底宽5~6、顶宽0.8~2.5、残高3.5~5米。李二口村3号敌台位于墙体上。

第3小段：G0465（拐点）—G0467（李二口村4号敌台），长157米，呈东北—西南走向，保存一般。墙体沿二郎山山梁修筑，落差不大，东西两侧为荒坡、沟壑。墙体坍塌脱落严重。墙体底宽5~6、顶宽0.8~1.5、残高2.5~5米。

第4小段：G0467（李二口村4号敌台）—G0468（止点、李二口村5号敌台），长290米，呈西北—东南走向，保存较好。墙体东西两侧为荒坡、沟壑。墙体有所坍塌脱落，表面凹凸不平，有裂缝、沟槽、孔洞。墙体底宽5~6、顶宽0.8~2.5、残高3.5~5米。

墙体整体保存一般。由于风雨侵蚀、植物生长等造成墙体坍塌脱落，表面凹凸不平，有裂缝、沟槽、孔洞；人为因素损毁主要是人畜踩踏等。

54. 李二口村长城2段

起点位于逯家湾镇李二口村西0.87千米处，高程1372米；止点位于李二口村西南0.7千米处，高程1172米。大致呈西北—东南走向。全长832米，均保存较好。墙体用黄土夯筑而成，含少量砂砾、碎石，夯层厚0.15~0.2米。现存墙体剖面大致呈不规则梯形，底宽6、顶宽4~5、高6~9米。墙体东侧邻敌台处设登城步道，宽2~3米；步道两旁有护墙，宽0.3~0.55米。墙体顶部设垛口，宽0.3、残高0.3~1.5米。本段长城西北接李二口村长城1段，G0488（止点、节点）处东北连李二口村“错修长城”，西南接薛三墩村长城1段。墙体位于李二口村5号敌台东南侧，李二口村6~8号敌台位于墙体上（图五五）。

本段墙体共测GPS点6个（G0468~G0472、G0488），仅1小段，叙述如下。

G0468（起点、李二口村5号敌台）—G0488（止点、节点），长832米，呈西北—东南走向，保

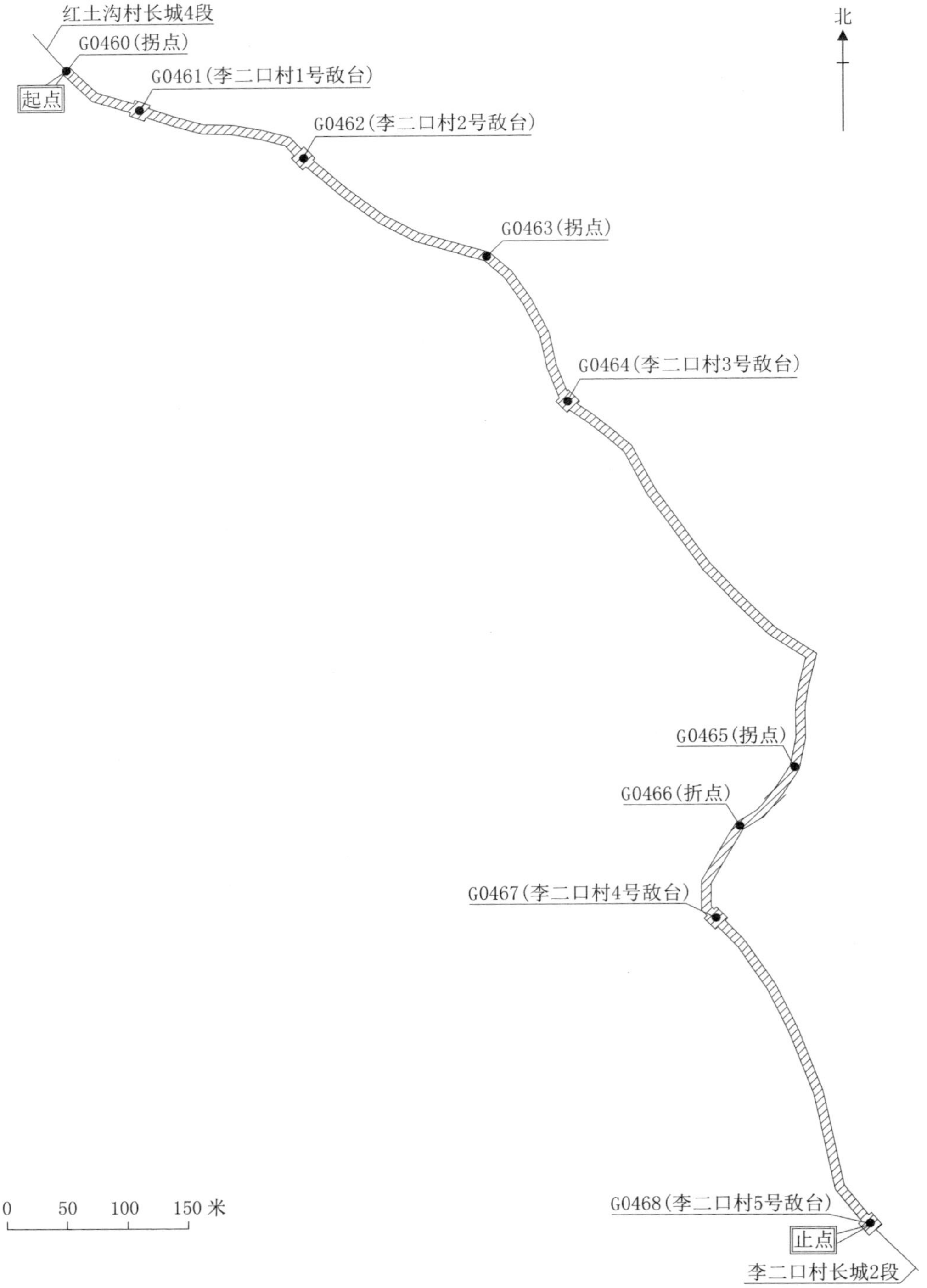

图五四 李二口村长城 1 段走向示意图

存较好。墙体沿二郎山山梁修筑，位于二郎山南侧山坡地带，地势逐渐下降，落差 200 米，东西两侧为荒坡、沟壑。墙体略有坍塌脱落，表面有裂缝、沟槽、孔洞。个别段墙体东侧沿坍塌处有人畜踩踏形成的小路通往墙体顶部，部分段墙体顶部被踩成凹坑或小路，G0472（李二口村 8 号敌台）北侧有将墙体挖低形成的小路，宽 3 米。G0471（李二口村 7 号敌台）处墙体东侧设登城步道，宽 2 ~ 3 米，

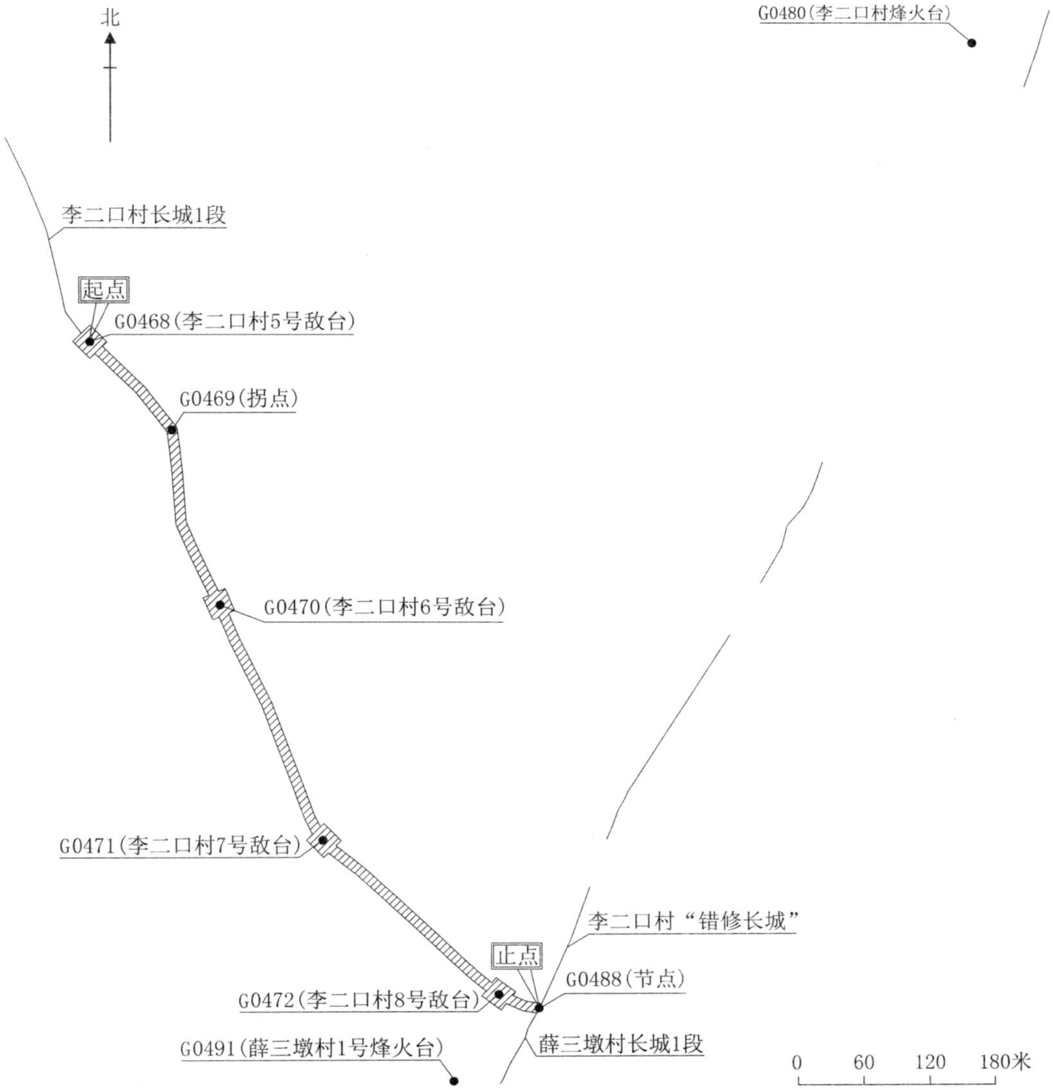

图五五　李二口村长城2段走向示意图

步道两旁有护墙，墙宽0.3～0.55米。G0470（李二口村6号敌台）—G0471（李二口村7号敌台）间墙体顶部残存垛口，长2～10、宽0.3、残高0.3～1.5米。墙体底宽6、顶宽4～5、高6～9米（彩图七七）。

墙体整体保存较好。由于风雨侵蚀、植物生长等造成墙体坍塌脱落，表面凹凸不平，有裂缝、沟槽、孔洞；人为因素损毁主要是人畜踩踏、将墙体挖低形成小路等。

55. 李二口村“错修长城”

起点位于逯家湾镇张仲口村西0.55千米处，高程1161米；止点位于逯家湾镇李二口村西南0.7千米处，高程1172米。大致呈东北—西南走向。全长1623米，其中保存较好131、一般80、较差870、消失542米。墙体用黄土夯筑而成，夯层厚0.14～0.22米，部分段夯层间有砂石层，厚0.06～0.1米（彩图七八）。现存墙体剖面大致呈不规则梯形，底宽1～6、顶宽0.5～3、残高0.8～6米。本段长城G0488（止点、节点）处西北接李二口村长城2段，西南连薛三墩村长城1段（彩图七九）。李

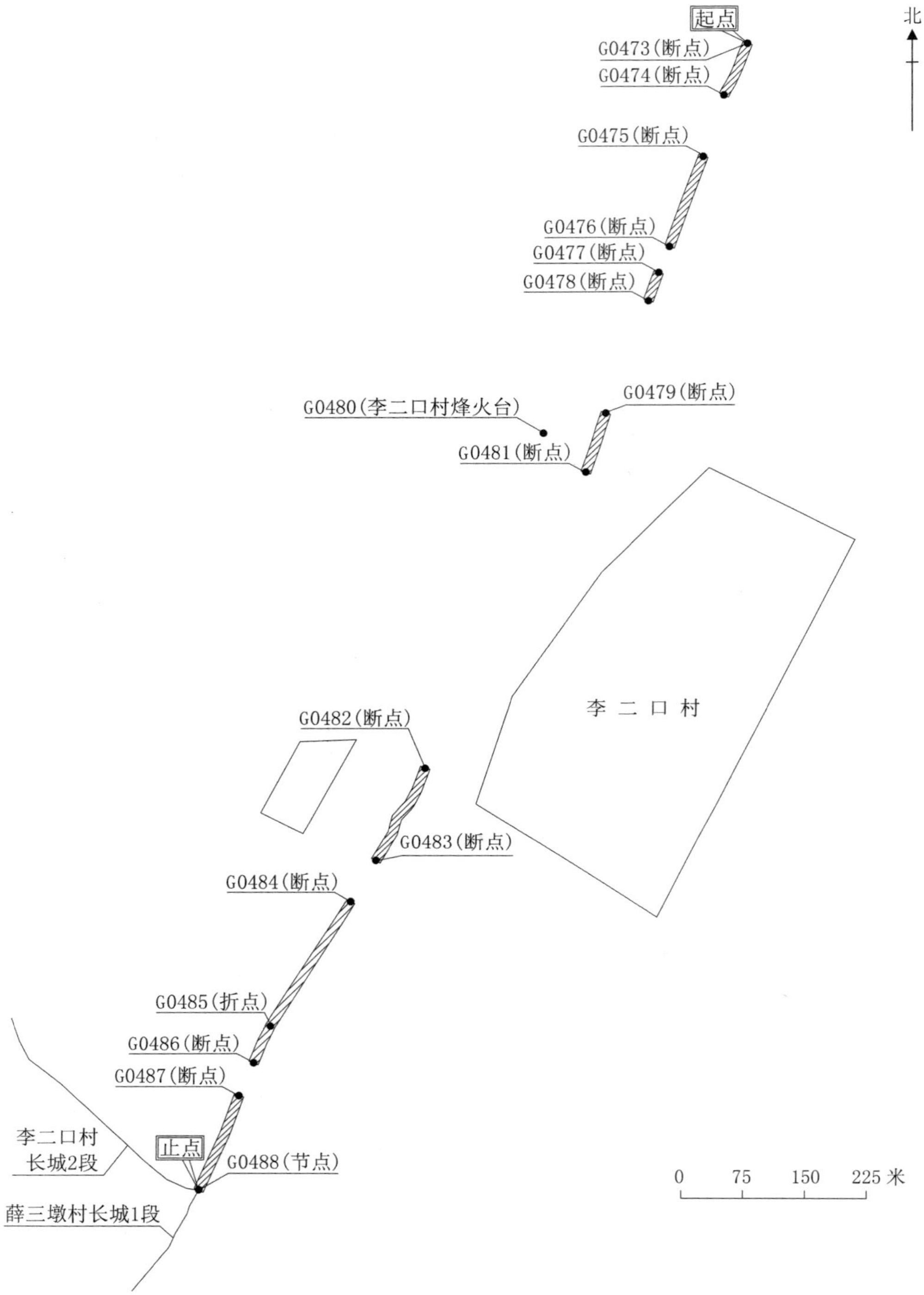

图五六　李二口村“错修长城”走向示意图

二口村烽火台东距墙体 0.06 千米（图五六）。

本段墙体共测 GPS 点 15 个（G0473 ~ G0479、G0481 ~ G0488），可分为 13 小段，分述如下。

第 1 小段：G0473（起点、断点）—0474（断点），长 109 米，呈东北—西南走向，保存较差。墙体位于耕地内，人为破坏严重。墙体底宽 1 ~ 6、顶宽 0.5、残高 1.5 ~ 5 米。

第 2 小段：G0474（断点）—G0475（断点），长 42 米，呈东北—西南走向。墙体被一条冲沟损毁消失。

第 3 小段：G0475（断点）—G0476（断点），长 131 米，呈东北—西南走向，保存较好。墙体两壁较陡立。墙体底宽 6、顶宽 2～3、残高 6 米。

第 4 小段：G0476（断点）—G0477（断点），长 40 米，呈东北—西南走向。墙体被一条冲沟损毁消失。

第 5 小段：G0477（断点）—G0478（断点），长 80 米，呈东北—西南走向，保存一般。墙体中段有一处墙基被取土挖损毁坏。墙体底宽 3～6、顶宽 1～3、残高 2～5 米。

第 6 小段：G0478（断点）—G0479（断点），长 105 米，呈东北—西南走向。墙体被耕地损毁消失。

第 7 小段：G0479（断点）—G0481（断点），长 88 米，呈东北—西南走向，保存较差。墙体位于李二口村中，周围为民居，人为破坏严重，如人为取土挖损、墙体上挖掘洞穴、盖房利用或占用墙体等。墙体底宽 1～5、顶宽 1～3、残高 1～3 米。

第 8 小段：G0481（断点）—G0482（断点），长 288 米，呈东北—西南走向。墙体位于李二口村中，由于村民盖房、筑路使墙体消失。

第 9 小段：G0482（断点）—G0483（断点），长 259 米，呈东北—西南走向，保存较差。墙体位于李二口村中，周围为民居，人为破坏严重，如人为取土挖损、墙体上挖掘洞穴、盖房利用或占用墙体。墙体底宽 1～5、顶宽 1～3、残高 1～3 米。

第 10 小段：G0483（断点）—G0484（断点），长 37 米，呈东北—西南走向。墙体被一条冲沟损毁消失。

第 11 小段：G0484（断点）—G0486（断点），长 264 米，呈东北—西南走向，保存较差。墙体西侧为荒坡，东侧为取土场，大部分墙体被取土挖损，变低变薄，或只残存部分基础。墙体底宽 1～4、顶宽 0.8～1.5、残高 0.8～5 米。

第 12 小段：G0486（断点）—G0487（断点），长 30 米，呈东北—西南走向。墙体被一条冲沟损毁消失。

第 13 小段：G0487（断点）—G0488（止点、节点），长 150 米，呈东北—西南走向，保存较差。墙体两侧为荒坡。墙体底宽 1～6、顶宽 1～3、残高 1～3 米。

墙体整体保存差。除冲沟损毁致墙体消失外，风雨侵蚀、植物生长也造成墙体坍塌脱落，表面凹凸不平，有裂缝、沟槽、孔洞；由于墙体位于村庄中、耕地内或附近，人为因素损毁严重，如取土挖损墙体、盖房利用或占用墙体、扩田种地挖损墙体、墙体上挖掘洞穴、人畜踩踏等。有两小段由于耕地、盖房、筑路等使墙体消失。

李二口村长城 1 段、2 段和李二口村“错修长城”位于天镇阳高盆地（南洋河谷地）北部边缘。李二口村长城 1 段构筑在二郎山山梁上，山体为土石山，李二口村长城 2 段位于二郎山南部低山地区。李二口村“错修长城”位于二郎山东南侧山脚缓坡地带。所在区域为太古界地层，由变质程度很深的各种正副片麻岩和结晶片岩组成。所在区域土壤由淡栗钙土和山地淡栗钙土组成。李二口村长城 1、2 段两侧植被较稀疏，长有杂草。李二口村“错修长城”西侧有树林，多为杏树。李二口村长城 1 段、2 段和李二口村“错修长城”东南距南洋河 4.4～5.5 千米，长城周围所邻沟壑为季节性冲沟。

李二口村长城 1 段所在山体有采矿场，李二口村、张仲口村东有 201 省道，李二口村长城 1 段东侧有土路，李二口村长城 2 段 G0472（李二口村 8 号敌台）北侧有截断墙体的小路。

56. 薛三墩村长城1段

起点位于逯家湾镇薛三墩村东北1.3千米处，李二口村西南0.7千米处，高程1172米；止点位于薛三墩村东北0.4千米处，高程1175米。大致呈东北—西南走向。全长964米，其中保存一般856、消失108米。墙体用黄土夯筑而成，夯层厚0.14～0.24米。现存墙体剖面大致呈不规则梯形，底宽5～6、顶宽0.1～2、残高2～5.5米。本段长城东北接李二口村长城2段和李二口村“错修长城”，西南接薛三墩村长城2段。墙体位于薛三墩村3号敌台东北侧，薛三墩村1号、2号敌台位于墙体上，薛三墩村1号、2号烽火台东距墙体0.05～0.076千米（图五七）。

本段墙体共测GPS点10个（G0488～G0490、G0492～G0498），可分为7小段，分述如下。

第1小段：G0488（起点、节点）—G0489（断点），长51米，呈东北—西南走向，保存一般。墙体沿二郎山南侧山脚缓坡修筑，地势平缓，东西两侧为耕地。由于风雨侵蚀等，墙体坍塌脱落严重，墙体表面凹凸不平，有裂缝、沟槽、孔洞。东壁较陡立，西壁塌土堆积成斜坡。墙体底宽5～6、顶宽0.1～1.5、残高2～5.5米。

第2小段：G0489（断点）—G0490（断点），长35米，呈东北—西南走向。墙体被一条冲沟损毁消失。

第3小段：G0490（断点）—G0493（断点），长472米，呈东北—西南走向，保存一般。墙体沿二郎山南侧山脚缓坡修筑，地势平缓，东西两侧为耕地。由于风雨侵蚀等，墙体坍塌脱落严重，表面凹凸不平，有裂缝、沟槽、孔洞。东壁较陡立，西壁塌土堆积成斜坡。墙体底宽5～6、顶宽1～2、残高2～5.5米。薛三墩村1号敌台位于墙体上，薛三墩村1号烽火台东距墙体0.05千米。

第4小段：G0493（断点）—G0494（断点），长43米，呈北—南走向。墙体被一条冲沟损毁消失。

第5小段：G0494（断点）—G0496（断点），长146米，呈东北—西南走向，保存一般。墙体沿二郎山南侧山脚缓坡修筑，地势平缓，东西两侧为耕地。由于风雨侵蚀等，墙体坍塌脱落严重，表面凹凸不平，有裂缝、沟槽、孔洞。东壁较陡立，西壁塌土堆积成斜坡。墙体底宽5～6、顶宽0.1～1.5、残高2～5.5米。薛三墩村2号敌台位于墙体上。

第6小段：G0496（断点）—G0497（断点），长30米，呈东北—西南走向。墙体被一条冲沟损毁消失。

第7小段：G0497（断点）—G0498（止点、薛三墩村3号敌台），长187米，呈东北—西南走向，保存一般。墙体沿二郎山南侧山脚缓坡修筑，地势平缓，东西两侧为耕地。由于风雨侵蚀等，墙体坍塌脱落严重，表面凹凸不平，有裂缝、沟槽、孔洞。东壁较陡立，西壁塌土堆积成斜坡。墙体底宽5～6、顶宽1～2、残高2～5.5米（彩图八〇），薛三墩村2号烽火台东距墙体0.076千米。

墙体整体保存一般。除冲沟损毁致墙体消失外，风雨侵蚀、植物生长也造成墙体坍塌脱落，表面凹凸不平，有裂缝、沟槽、孔洞；人为因素损毁主要有扩田种地挖损墙体、人畜踩踏、将墙体挖低形成小路、墙体上挖掘洞穴等。

57. 薛三墩村长城2段

起点位于逯家湾镇薛三墩村东北0.4千米处，高程1175米；止点位于薛三墩村西南1.4千米处，高程1132米。大致呈东北—西南走向。全长1885米，其中保存较好932、一般88、消失865米。墙体用黄土夯筑而成，夯层厚0.12～0.2米。现存墙体剖面大致呈不规则梯形，底宽4～6、顶宽1～2.5、

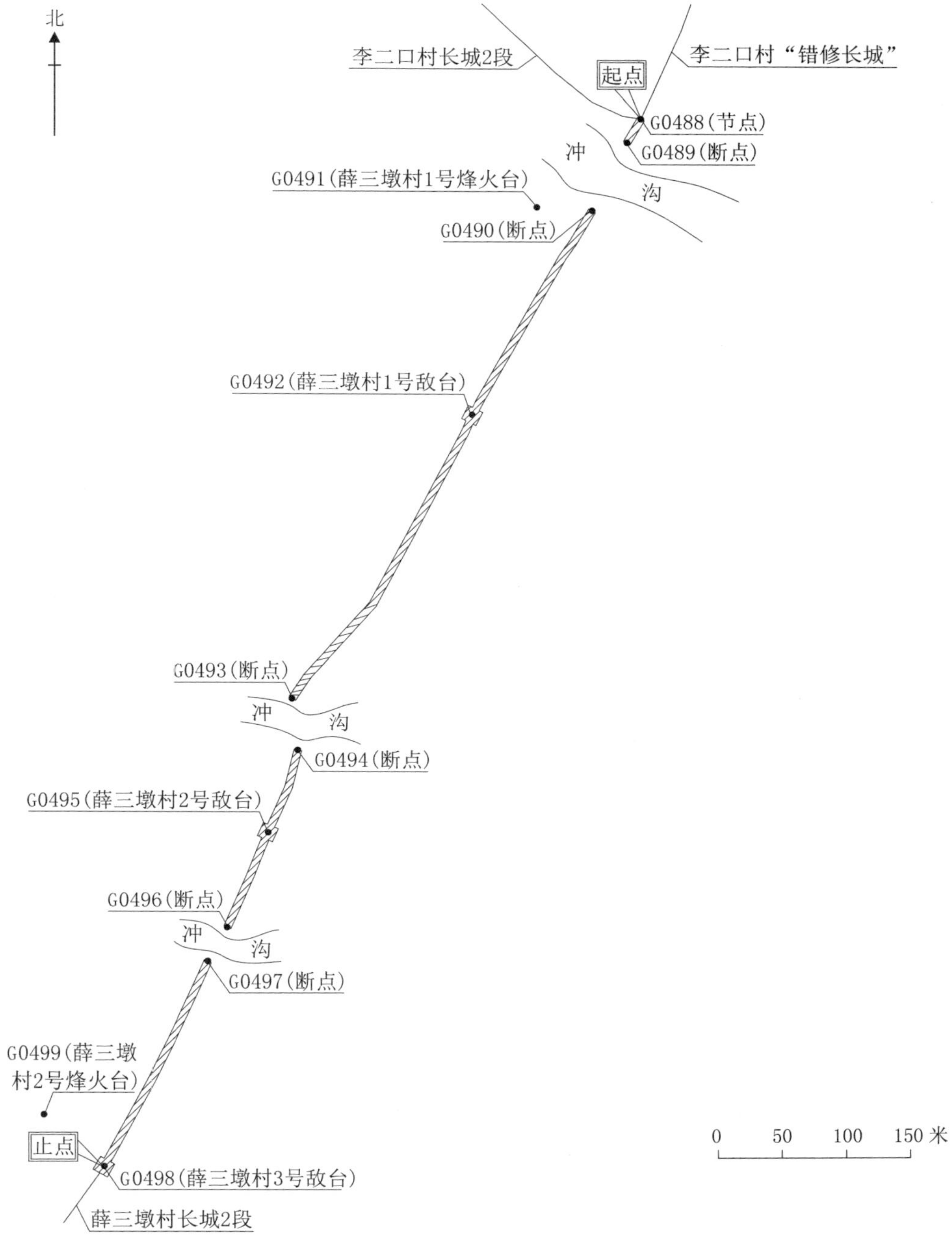

图五七　薛三墩村长城 1 段走向示意图

残高 1 ~6 米。本段长城东北接薛三墩村长城 1 段，西南连袁治梁村长城。墙体位于薛三墩村 3 号敌台西南侧，薛三墩村 4、5 号敌台位于墙体上，薛三墩村 3 号烽火台东距墙体 0. 04 千米（图五八）。

本段墙体共测 GPS 点 15 个（G0498、G0500 ~ G0513），可分为 12 小段，分述如下。

第 1 小段：G0498（起点、薛三墩村 3 号敌台）—G0500（断点），长 25 米，呈东北—西南走向，保存一般。墙体东侧为耕地，西侧为荒坡。由于风雨侵蚀等，墙体坍塌脱落严重，表面凹凸不平，有裂缝、沟槽、孔洞。墙体底部有一个洞穴横穿墙体，宽 1. 5、高 1. 7 米。墙体底宽 4 ~4. 5、顶宽 1 ~2、残高 1 ~5 米。

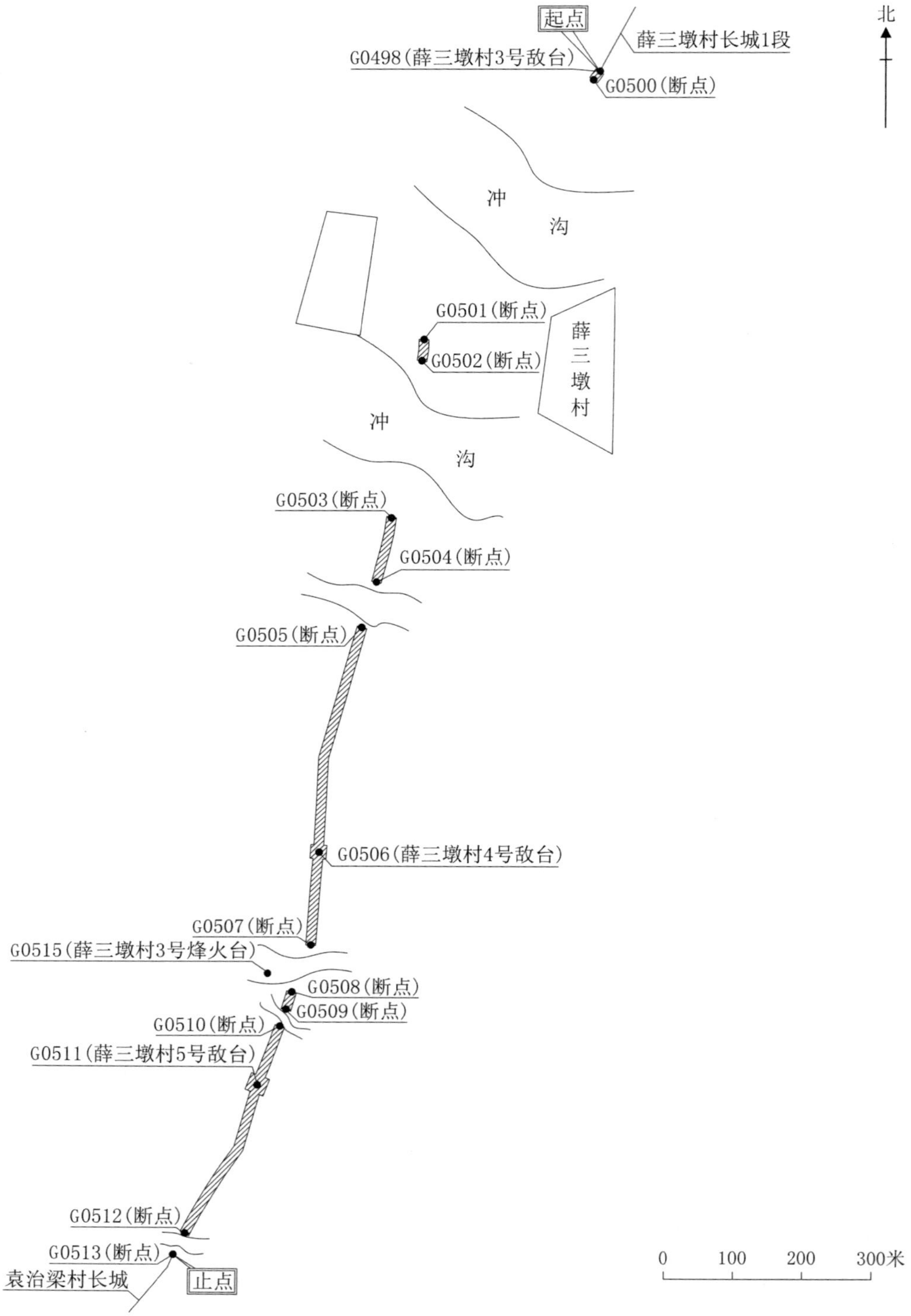

图五八　薛三墩村长城2段走向示意图

第2小段：G0500（断点）—G0501（断点），长443米，呈东北—西南走向。墙体北段被一条冲沟损毁消失；南段位于薛三墩村中，周围为民居，墙体遭人为取土挖损、盖房致墙体消失。

第3小段：G0501（断点）—G0502（断点），长29米，呈北—南走向，保存一般。墙体位于薛三墩村中，周围为民居，人为破坏严重，如人为取土挖损、盖房利用占用墙体。墙体底宽 4 ~ 4.5、顶宽 1 ~ 2、残高 1 ~ 5 米。

第 4 小段：G0502（断点）—G0503（断点），长 254 米，呈东北—西南走向。墙体被一条冲沟损毁消失。

第 5 小段：G0503（断点）—G0504（断点），长 94 米，呈北—南走向，保存较好。墙体东侧为耕地，西侧为荒坡。墙体两壁较陡立，东壁底部有人为挖掘的洞穴。墙体底宽 4 ~ 6、顶宽 1 ~ 2.5、残高 1 ~ 6 米。

第 6 小段：G0504（断点）—G0505（断点），长 57 米，呈东北—西南走向。墙体被一条冲沟损毁消失。

第 7 小段：G0505（断点）—G0507（断点），长 485 米，呈北—南走向，保存较好。墙体东西两侧为荒坡。墙体两壁较陡立。墙体底宽 4 ~ 6、顶宽 1 ~ 2.5、残高 1 ~ 6 米。薛三墩村 4 号敌台位于墙体上。

第 8 小段：G0507（断点）—G0508（断点），长 73 米，呈东北—西南走向。墙体被一条冲沟损毁消失。

第 9 小段：G0508（断点）—G0509（断点），长 34 米，呈北—南走向，保存一般。墙体东西两侧为荒坡。由于风雨侵蚀等，墙体坍塌脱落严重，表面凹凸不平，有裂缝、沟槽、孔洞。墙体底宽 4 ~ 4.5、顶宽 1 ~ 2、残高 1 ~ 5 米。

第 10 小段：G0509（断点）—G0510（断点），长 21 米，呈东北—西南走向。墙体被一条冲沟损毁消失。

第 11 小段：G0510（断点）—G0512（断点），长 353 米，呈东北—西南走向，保存较好。墙体东西两侧为荒坡。由于风雨侵蚀等，墙体有所坍塌脱落，表面凹凸不平，有裂缝、沟槽、孔洞。墙体底宽 4 ~ 6、顶宽 1 ~ 2.5、残高 1 ~ 6 米。

第 12 小段：G0512（断点）—G0513（止点、断点），长 17 米，呈东北—西南走向。墙体被一条冲沟损毁消失。

墙体整体保存一般。除冲沟损毁致墙体消失外，风雨侵蚀、植物生长也造成墙体坍塌脱落，表面凹凸不平，有裂缝、沟槽、孔洞；由于墙体位于村庄、耕地内或附近，人为因素损毁严重，如取土挖损墙体、盖房利用、占用墙体、扩田种地挖损墙体、墙体上挖掘洞穴、人畜踩踏等。部分段遭人为取土挖损、盖房等墙体消失。

薛三墩村长城 1 段、2 段位于天镇阳高盆地（南洋河谷地）北部边缘，沿二郎山东南侧山脚缓坡地带延伸。所在区域为太古界地层，由变质程度很深的各种正副片麻岩和结晶片岩组成。所在区域土壤由淡栗钙土和山地淡栗钙土组成。薛三墩村长城 1 段、2 段两侧远处树木成林，多为杨树、杏树，近处矮草稀疏。薛三墩村长城 1 段、2 段东南距南洋河 3.7 ~ 4.4 千米，长城周围所邻沟壑为季节性冲沟。薛三墩村东有 201 省道，附近有土路。

58. 袁治梁村长城

起点位于谷前堡镇袁治梁村东北 1.3 千米、逯家湾镇薛三墩村西南 1.4 千米处，高程 1132 米；止点位于袁治梁村西北 1.4 千米处，高程 1221 米。大致呈东北—西南走向。全长 1773 米，其中保存较好 1611、消失 162 米。墙体用黄土夯筑而成，夯层厚 0.18 ~ 0.24 米。现存墙体剖面大致呈不规则梯形，底宽 4 ~ 6、顶宽 1 ~ 3、残高 5 ~ 7 米。袁治梁村 1 号敌台东西两壁有登城步道，宽 0.5 ~ 1 米。本段长城东北接薛三墩村长城2段，西北连白羊口村长城。袁治梁村1~5号敌台位于墙体上，袁治梁村1号、2号烽火台南距墙体0.053、0.07千米，袁治梁村3号烽火台北距墙体0.08千米（图五九）。

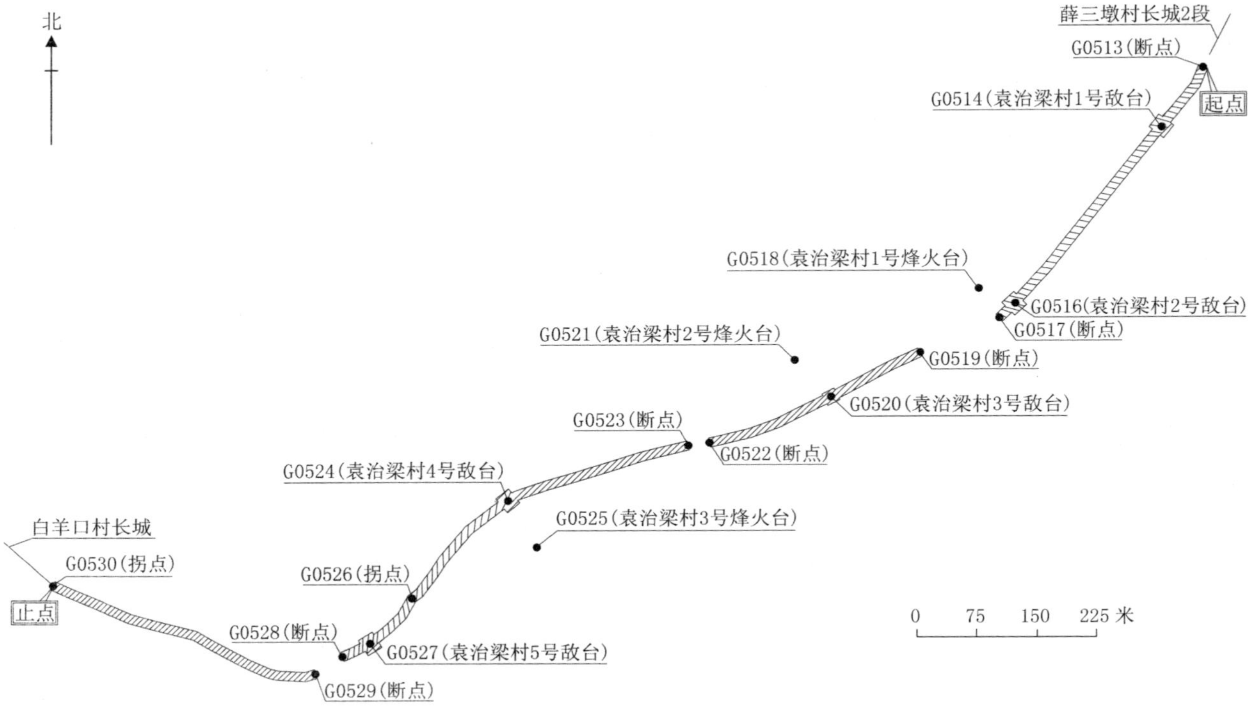

图五九　袁治梁村长城走向示意图

本段墙体共测GPS点14个（G0513、G0514、G0516、G0517、G0519、G0520、G0522~G0524、G0526~G0530），可分为7小段，分述如下。

第1小段：G0513（起点、断点）—G0517（断点），长422米，呈东北—西南走向，保存较好。墙体北侧为荒坡，南侧为耕地。墙体高大陡立，南壁平整，北壁坍塌脱落较严重，顶部较宽。墙体底宽5~6、顶宽1~3、残高5~7米。袁治梁村1、2号敌台位于墙体上，袁治梁村1号敌台东西两壁有登城步道，宽0.5~1米。袁治梁村1号烽火台南距墙体0.053千米。

第2小段：G0517（断点）—G0519（断点），长100米，呈东北—西南走向。墙体被一条冲沟损毁消失，种植有树林。

第3小段：G0519（断点）—G0522（断点），长300米，呈东北—西南走向，保存较好。墙体北侧为低洼河滩，南侧为荒地。墙体高大陡立，南壁平整，北壁坍塌脱落较严重，顶部较宽。袁治梁村3号敌台东西两壁墙体有较深豁口，深2.5米。墙体底宽4~6、顶宽1~2、残高5~7米。袁治梁村3号敌台位于墙体上，袁治梁村2号烽火台南距墙体0.07千米。

第4小段：G0522（断点）—G0523（断点），长14米，呈东北—西南走向。墙体被一条冲沟损毁消失。

第5小段：G0523（断点）—G0528（断点），长536米，呈东北—西南走向，保存较好。墙体南北两侧为荒地。墙体高大陡立，南壁平整，北壁坍塌脱落较严重，顶部较宽。墙体底宽5~6、顶宽1~3、残高5~7米。袁治梁村4、5号敌台位于墙体上，袁治梁村3号烽火台，北距墙体0.08千米。

第6小段：G0528（断点）—G0529（断点），长48米，呈东北—西南走向。墙体被一条冲沟损毁消失。

第7小段：G0529（断点）—G0530（止点、拐点），长353米，呈东南—西北走向，保存较好。墙体北侧为京津风沙源治理项目区，树林成林，南侧为耕地。墙体高大陡立，南壁平整，北壁坍塌脱落较严重，顶部较宽。墙体底宽5～6、顶宽1～3、残高5～7米。

墙体整体保存较好。除冲沟损毁致墙体消失外，风雨侵蚀、植物生长也造成墙体坍塌脱落，表面凹凸不平，有裂缝、沟槽、孔洞；人为因素损毁有扩田种地挖损墙体、墙体上挖掘洞穴、人畜踩踏等。

袁治梁村长城位于天镇阳高盆地（南洋河谷地）北部边缘，沿环翠山南侧山脚缓坡地带延伸。所在区域为太古界地层，由变质程度很深的各种正副片麻岩和结晶片岩组成。所在区域土壤由淡栗钙土和山地淡栗钙土组成。袁治梁村长城周围植被较好。袁治梁村长城东南距南洋河3.7～6.2千米，长城周围所邻沟壑为季节性冲沟。袁治梁村东南有201省道和（北）京包（头）铁路。

59. 白羊口村长城

起点位于谷前堡镇白羊口村东南0.63千米、袁治梁村西北1.4千米处，高程1221米；止点位于谷前堡镇白羊口村西南0.95千米处，高程1261米。大致呈东—西走向。全长1848米，其中保存较好905、一般270、消失673米。墙体用黄土夯筑而成，夯层厚0.18～0.24米。现存墙体剖面大致呈不规则梯形，底宽4～6、顶宽1～3、残高5～7米。白羊口村1、3、4号敌台东西两壁有斜坡式登城步道。本段长城东南接袁治梁村长城，西南连化皮庙村长城。白羊口堡位于墙体南0.15千米，白羊口村1～4号敌台位于墙体上，白羊口村1号烽火台北距墙体0.02千米，白羊口村2、3号烽火台南距墙体0.322、0.03千米（图六〇）。

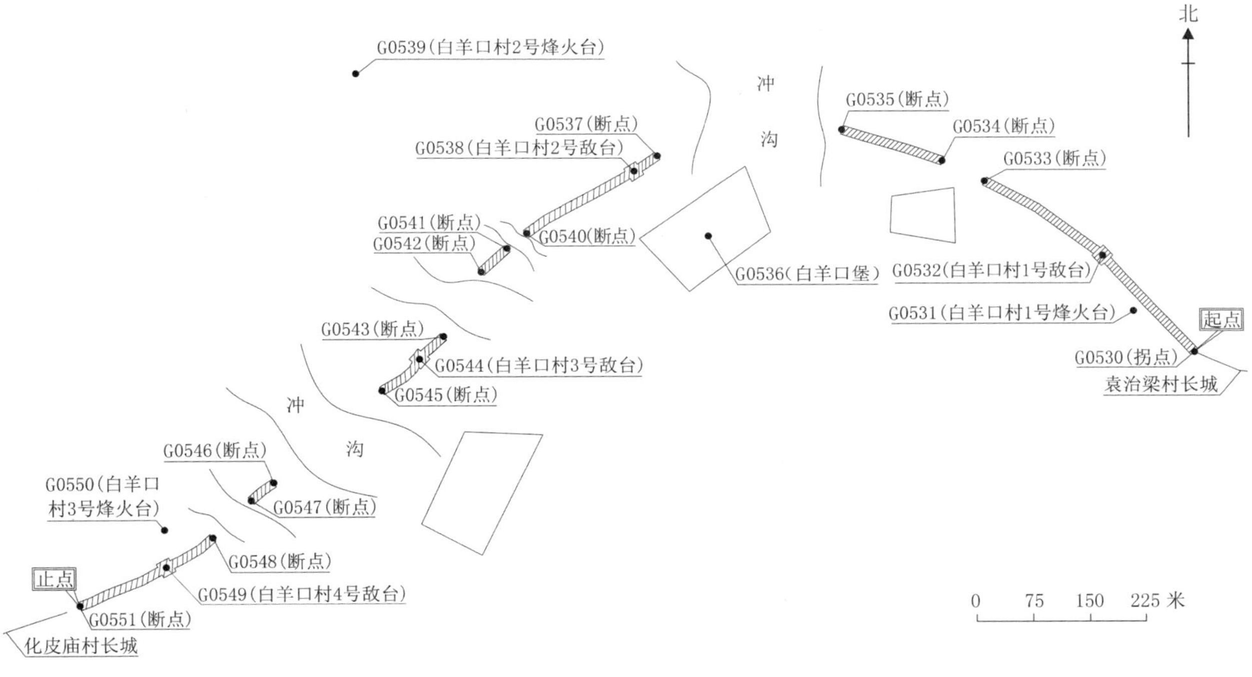

图六〇　白羊口村长城走向示意图

本段墙体共测GPS点18个（G0530、G0532～G0535、G0537、G0538、G0540～G0549、G0551），可分为13小段，分述如下。

第1小段：G0530（起点、拐点）—G0533（断点），长370米，呈东南—西北走向，保存较好。

墙体沿环翠山南侧山脚缓坡修筑，地势较平缓。墙体北侧为京津风沙源治理项目果树林区，南侧为小块耕地和冲沟。墙体高大，壁面较陡立。墙体南北两壁有不同程度的坍塌脱落，南壁略严重，墙体表面凹凸不平，有裂缝、沟槽、孔洞。墙体南壁有6孔窑洞，窑洞宽2.5、进深3米，修建于20世纪60年代，无人居住。墙体底宽4～6、顶宽1～3、残高5～7米（彩图八一）。白羊口村1号敌台位于墙体上，敌台东西两壁有斜坡式登城步道。白羊口村1号烽火台北距墙体0.02千米。

第2小段：G0533（断点）—G0534（断点），长64米，呈东南—西北走向。墙体被一条冲沟损毁消失，现为菜园。

第3小段：G0534（断点）—G0535（断点），长141米，呈东南—西北走向，保存较好。墙体沿环翠山南侧山脚缓坡修筑，北侧为荒坡，南侧为民居。人为因素损毁较严重，或人为取土挖损，或盖房利用占用墙体。墙体底宽4～5、顶宽1～2.5、残高5米。

第4小段：G0535（断点）—G0537（断点），长237米，呈东—西走向。墙体东段由于盖房损毁消失，西段被冲沟损毁消失。

第5小段：G0537（断点）—G0540（断点），长216米，呈东北—西南走向，保存一般。墙体北侧为荒坡，南侧为白羊口村和白羊口堡。由于紧邻村庄，两侧种植大量杏树，人为因素损毁严重。墙体底宽4～5、顶宽1～3、残高5米。白羊口村2号敌台位于墙体上。

第6小段：G0540（断点）—G0541（断点），长34米，呈东北—西南走向。墙体被一条冲沟损毁消失。

第7小段：G0541（断点）—G0542（断点），长54米，呈东北—西南走向，保存一般。墙体处于两条冲沟之间，起、止两端墙基被冲毁，墙体悬空，墙体两壁坍塌脱落严重，南壁较陡立，北壁表面凹凸不平，有裂缝、沟槽、孔洞。墙体底宽4～5、顶宽1～3、残高5米。

第8小段：G0542（断点）—G0543（断点），长95米，呈东北—西南走向。墙体被一条冲沟损毁消失。

第9小段：G0543（断点）—G0545（断点），长119米，呈东北—西南走向，保存较好。墙体沿环翠山南侧山脚缓坡修筑，北侧为荒坡，南侧为民居。墙体高大，壁面较陡立，顶部较平整。墙体底宽4～6、顶宽1～3、残高5～7米。白羊口村3号敌台位于墙体上，敌台东西两壁有斜坡式登城步道。

第10小段：G0545（断点）—G0546（断点），长178米，呈东北—西南走向。墙体东段被一条冲沟损毁消失，西段由于盖房损毁消失。

第11小段：G0546（断点）—G0547（断点），长58米，呈东北—西南走向，保存较好。墙体沿环翠山南侧山脚缓坡修筑，北侧为荒坡，南侧为民居。人为因素损毁较严重，如人为取土挖损、盖房利用占用墙体等。墙体底宽4～5、顶宽1～2.5、残高5米。

第12小段：G0547（断点）—G0548（断点），长65米，呈东北—西南走向。墙体被一条冲沟损毁消失。

第13小段：G0548（断点）—G0551（止点、断点），长217米，呈东北—西南走向，保存较好。墙体沿环翠山南侧山脚缓坡修筑，南北两侧为荒坡。墙体高大，壁面较陡立。墙体南北两壁有不同程度的坍塌脱落，北壁略严重，墙体表面凹凸不平，有裂缝、沟槽、孔洞。墙体底宽4～6、顶宽1～3、残高5～7米。白羊口村4号敌台位于墙体上，敌台东西两壁有斜坡式登城步道，白羊口村3号烽火台南距墙体0.03千米。

墙体整体保存一般。除冲沟损毁致墙体消失外，风雨侵蚀、植物生长也造成墙体坍塌脱落，表面凹凸不平，有裂缝、沟槽、孔洞；由于墙体位于村庄、耕地内或附近，人为因素损毁严重，如取土挖损墙体、盖房利用或占用损毁墙体、扩田种地挖损墙体、墙体上挖掘洞穴、人畜踩踏、将墙体挖低形成小路等，部分段由于盖房损毁消失。

白羊口村长城位于天镇阳高盆地（南洋河谷地）北部边缘，沿环翠山南侧山脚缓坡地带延伸。所在区域为太古界地层，由变质程度很深的各种正副片麻岩和结晶片岩组成。所在区域土壤由淡栗钙土和山地淡栗钙土组成。白羊口村长城周围植被较好，有杏树林。白羊口村长城东南距南洋河 6.2 ~ 6.5 千米，长城周围所邻沟壑为季节性冲沟。白羊口村东南有 201 省道和（北）京包（头）铁路，村内有村村通水泥公路。

60. 化皮庙村长城

起点位于谷前堡镇化皮庙村东北 1.1 千米、白羊口村西南 0.95 千米处，高程 1261 米；止点位于化皮庙村西南 0.52 千米处，高程 1330 米。大致呈东北—西南走向。全长 1626 米，其中保存较好 657、一般 676、消失 293 米。墙体用黄土夯筑而成，含少量砂砾、碎石，夯层厚 0.18 ~ 0.23 米。现存墙体剖面大致呈不规则梯形，底宽 4 ~ 6、顶宽 1 ~ 3、残高 4 ~ 6 米。化皮庙村 1、4 号敌台东西两壁有斜坡式登城步道。本段长城东北接白羊口村长城、西南连榆林口村长城。化皮庙村 1 ~ 4 号敌台位于墙体上，化皮庙村烽火台南距墙体 0.02 千米（图六一）。

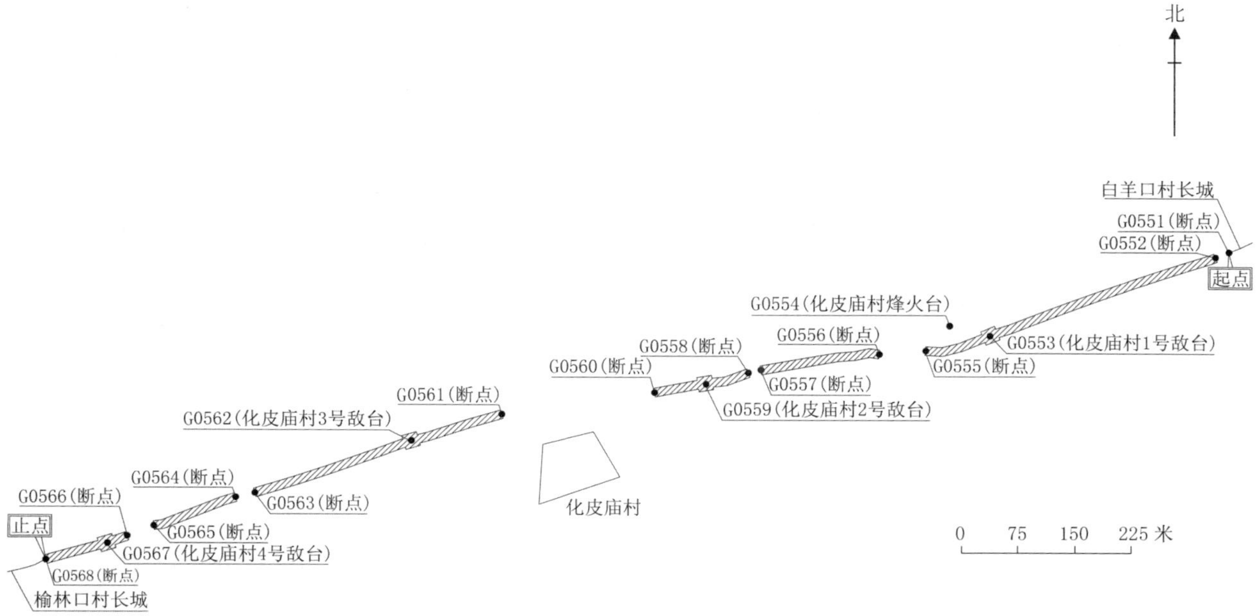

图六一　化皮庙村长城走向示意图

本段墙体共测 GPS 点 17 个（G0551 ~ G0553、G0555 ~ G0568），可分为 12 小段，分述如下。

第 1 小段：G0551（起点、断点）—G0552（断点），长 6 米，呈东—西走向。墙体被一条冲沟损毁消失。

第 2 小段：G0552（断点）—G0555（断点），长 417 米，呈东北—西南走向，保存较好。墙体沿环翠山南侧山脚缓坡修筑，地势较平缓，北侧为杏树林，南侧为荒坡、耕地。墙体高大，壁面较陡立，顶部较宽。墙体南北两壁有不同程度的坍塌脱落，墙体表面凹凸不平，有裂缝、沟槽、孔洞。墙体底宽 5 ~ 6、顶宽 1 ~ 3、残高 5 ~ 6 米。化皮庙村 1 号敌台位于墙体上，敌台东西两壁有斜坡式登城步道

（彩图八二），化皮庙村烽火台南距墙体0.02千米。

第3小段：G0555（断点）—G0556（断点），长40米，呈东—西走向。墙体被一条冲沟损毁消失。

第4小段：G0556（断点）—G0557（断点），长177米，呈东北—西南走向，保存一般。墙体北侧为杏树林，南侧为耕地。墙体处于两条冲沟之间，起止端墙基被冲毁，墙体悬空，墙体两壁坍塌脱落严重，南壁较陡立，北壁表面凹凸不平，有裂缝、沟槽、孔洞。墙体底宽4～5、顶宽1～3、残高5米。

第5小段：G0557（断点）—G0558（断点），长10米，呈东—西走向。墙体被一条冲沟损毁消失。

第6小段：G0558（断点）—G0560（断点），长136米，呈东北—西南走向，保存一般。墙体北侧为荒坡，南侧为耕地。墙体两壁坍塌脱落严重，南壁较陡立，北壁表面凹凸不平，有裂缝、沟槽、孔洞。部分段墙基被冲毁，墙体悬空。墙体底宽4～6、顶宽1～2、残高5米。化皮庙村2号敌台倚墙而建，位于墙体北侧，南壁（长城墙体）底部有4孔窑洞，曾作养殖场使用。

第7小段：G0560（断点）—G0561（断点），长196米，呈东—西走向。墙体被一条冲沟损毁消失。

第8小段：G0561（断点）—G0563（断点），长363米，呈东北—西南走向，保存一般。墙体北侧为杏树林，南侧为化皮庙村及耕地。由于位于村庄、耕地内或附近，人为因素损毁严重，如取土挖损墙体、盖房利用、占用或挖损墙体、扩田种地挖损墙体、墙体上挖掘洞穴、人畜踩踏等。墙体底宽4～5、顶宽1～2、残高4米。化皮庙村3号敌台位于墙体上。

第9小段：G0563（断点）—G0564（断点），长14米，呈东北—西南走向。墙体被一条冲沟损毁消失。

第10小段：G0564（断点）—G0565（断点），长116米，呈东北—西南走向，保存较好。墙体沿环翠山南侧山脚缓坡修筑，地势较平缓，北侧为杏树林，南侧为荒坡。墙体高大，壁面较陡立，顶部较宽。墙体南北两壁有不同程度的坍塌脱落，墙体表面凹凸不平，有裂缝、沟槽、孔洞。墙体底宽5～6、顶宽1～3、残高5～6米。

第11小段：G0565（断点）—G0566（断点），长27米，呈东—西走向。墙体被一条冲沟损毁消失。

第12小段：G0566（断点）—G0568（止点、断点），长124米，呈东北—西南走向，保存较好。墙体沿环翠山南侧山脚缓坡修筑，地势较平缓，南北两侧为荒坡、耕地。墙体高大，壁面较陡立，顶部较宽。墙体南北两壁有不同程度的坍塌脱落，墙体表面凹凸不平，有裂缝、沟槽、孔洞。墙体底宽5～6、顶宽1～3、残高5～6米。化皮庙村4号敌台位于墙体上，敌台东西两壁有斜坡式登城步道。

墙体整体保存一般。除冲沟损毁致墙体消失外，风雨侵蚀、植物生长也造成墙体坍塌脱落，表面凹凸不平，有裂缝、沟槽、孔洞；由于墙体位于村庄、耕地内或附近，人为因素损毁严重，如取土挖损墙体、盖房利用、占用或挖损墙体、扩田种地挖损墙体、墙体上挖掘洞穴、人畜踩踏、将墙体挖低形成小路等。

化皮庙村长城位于天镇阳高盆地（南洋河谷地）北部边缘，沿环翠山南侧山脚缓坡地带延伸。所在区域为太古界地层，由变质程度很深的各种正副片麻岩和结晶片岩组成。所在区域土壤由淡栗钙土和山地淡栗钙土组成。化皮庙村长城周围植被较好，有杏树林。化皮庙村长城南距南洋河6.5千米，长城周围所邻沟壑为季节性冲沟。化皮庙村南有大（同）张（家口）公路和（北）京包（头）铁路，化皮庙村长城附近有乡村土路。

61. 榆林口村长城

起点位于谷前堡镇榆林口村东北 0.57 千米、化皮庙村西南 0.52 千米处，高程 1330 米；止点位于榆林口村西南 1.2 千米处，高程 1318 米。大致呈东北—西南走向。全长 1805 米，其中保存较好 526、一般 124、较差 339、消失 816 米。墙体用黄土夯筑而成，含少量砂砾、碎石，夯层厚 0.18～0.24 米。现存墙体剖面大致呈不规则梯形，底宽 1～6、顶宽 0.4～3、残高 1～6 米。榆林口村 1、3 号敌台东西两壁有斜坡式登城步道。本段长城东北接化皮庙村长城、西南连六墩村长城。榆林口村 1～3 号敌台位于墙体上，榆林口村 1 号烽火台南距墙体 0.07 千米，榆林口村 2 号烽火台北距墙体 0.016 千米（图六二）。

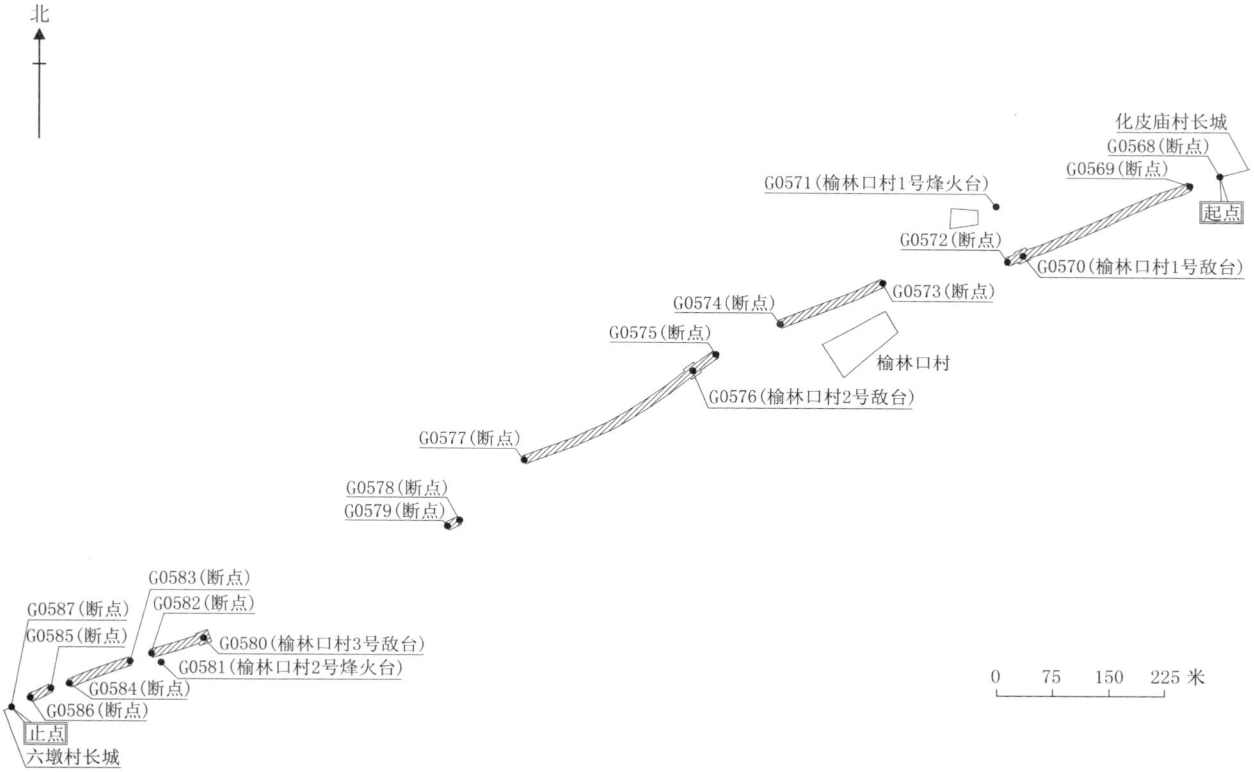

图六二　榆林口村长城走向示意图

本段墙体共测 GPS 点 18 个（G0568～G0570、G0572～G0580、G0582～G0587），可分为 15 小段，分述如下。

第 1 小段：G0568（起点、断点）—G0569（断点），长 48 米，呈东北—西南走向。墙体被一条冲沟损毁消失。

第 2 小段：G0569（断点）—G0572（断点），长 333 米，呈东北—西南走向，保存较好。墙体沿环翠山南侧山脚缓坡修筑，地势较平缓，南北两侧为荒坡、耕地。墙体高大，壁面较陡立，顶部较宽。墙体南北两壁有不同程度的坍塌脱落，墙体表面凹凸不平，有裂缝、沟槽、孔洞。墙体底宽 5～6、顶宽 1～3、残高 5～6 米。榆林口村 1 号敌台位于墙体上，敌台东西两壁有斜坡式登城步道，榆林口村 1 号烽火台南距墙体 0.07 千米。

第3小段：G0572（断点）—G0573（断点），长123米，呈东北—西南走向。墙体被一条冲沟损毁消失。

第4小段：G0573（断点）—G0574（断点），长102米，呈东北—西南走向，保存一般。由于位于村庄内，人为因素损毁严重，如取土挖损墙体、盖房利用、占用或挖损墙体、墙体上挖掘洞穴、人畜踩踏等。墙体底宽3～5、顶宽1～3、残高1～3米。

第5小段：G0574（断点）—G0575（断点），长115米，呈东北—西南走向。墙体被一条冲沟损毁消失，冲沟附近有土路。

第6小段：G0575（断点）—G0577（断点），长308米，呈东北—西南走向，保存较差。墙体北侧为果园，南侧为民居。墙体遭人为取土挖损严重。墙体底宽1～5、顶宽0.4～2、残高1～3米。榆林口村2号敌台位于墙体上。

第7小段：G0577（断点）—G0578（断点），长124米，呈东北—西南走向。墙体被一条冲沟损毁消失。

第8小段：G0578（断点）—G0579（断点），长22米，呈东—西走向，保存一般。墙体处于两条冲沟之间，墙基被冲毁，墙体悬空，墙体两壁坍塌脱落严重。墙体底宽1～4、顶宽1～2、残高1～3米。

第9小段：G0579（断点）—G0580（榆林口村3号敌台），长338米，呈东北—西南走向。墙体东段被一条冲沟损毁消失；西段为果园，墙体消失。

第10小段：G0580（榆林口村3号敌台）—G0582（断点），长95米，呈东北—西南走向，保存较好。墙体沿环翠山南侧山脚缓坡修筑，地势较平缓，北侧为杏树林，南侧为荒坡、耕地。墙体高大，壁面较陡立，顶部较宽。墙体南北两壁有不同程度的坍塌脱落，墙体表面凹凸不平，有裂缝、沟槽、孔洞。墙体底宽5～6、顶宽1～3、残高5～6米。榆林口村3号敌台西壁有斜坡式登城步道，榆林口村2号烽火台北距墙体0.016千米。

第11小段：G0582（断点）—G0583（断点），长27米，呈东北—西南走向。墙体被一条冲沟损毁消失。

第12小段：G0583（断点）—G0584（断点），长98米，呈东北—西南走向，保存较好。墙体沿环翠山南侧山脚缓坡修筑，地势较平缓，南北两侧为荒坡、耕地。墙体高大，壁面较陡立，顶部较宽。墙体南北两壁有不同程度的坍塌脱落，墙体表面凹凸不平，有裂缝、沟槽、孔洞。墙体底宽5～6、顶宽1～3、残高5米。

第13小段：G0584（断点）—G0585（断点），长25米，呈东北—西南走向。墙体被一条冲沟损毁消失。

第14小段：G0585（断点）—G0586（断点），长31米，呈东北—西南走向，保存较差。墙体南北两侧为坡地、耕地。墙体坍塌脱落严重。墙体底宽1～5、顶宽0.4～2、残高1～3米。

第15小段：G0586（断点）—G0587（止点、断点），长16米，呈东北—西南走向。墙体被一条冲沟损毁消失。

墙体整体保存较差。除冲沟损毁致墙体消失外，风雨侵蚀、植物生长也造成墙体坍塌脱落，表面凹凸不平，有裂缝、沟槽、孔洞；由于墙体位于村庄、耕地内或附近，人为因素损毁严重，如取土挖损墙体、盖房利用、占用或挖损墙体、扩田种地挖损墙体、墙体上挖掘洞穴、人畜踩踏、将墙体挖低形成小路等，部分段为果园，墙体消失。

榆林口村长城位于天镇阳高盆地（南洋河谷地）北部边缘，沿环翠山南侧山脚缓坡地带延伸。所在区域为太古界地层，由变质程度很深的各种正副片麻岩和结晶片岩组成。所在区域土壤由淡栗钙土和山地淡栗钙土组成。榆林口村长城周围植被较好，有杏树林。榆林口村长城南距南洋河 6.5 千米，长城周围所邻沟壑为季节性冲沟。榆林口村北侧山体上有采矿场。榆林口村南有大（同）张（家口）公路和（北）京包（头）铁路，榆林口村长城附近有乡村土路。

62. 六墩村长城

起点位于谷前堡镇六墩村东北 0.55 千米、榆林口村西南 1.2 千米处，高程 1318 米；止点位于六墩村西北 0.9 千米处，高程 1330 米。大致呈东北—西南走向。全长 1396 米，其中保存较好 951、一般 269、消失 176 米。墙体用黄土夯筑而成，含少量砂砾、碎石，夯层厚 0.18～0.25 米。现存墙体剖面大致呈不规则梯形，底宽 4～6、顶宽 1～3、残高 2～6 米。本段长城东北接榆林口村长城，西南连水磨口村长城 1 段。六墩村 1～3 号敌台位于墙体上，六墩烽火台北距墙体 0.55 千米（图六三）。

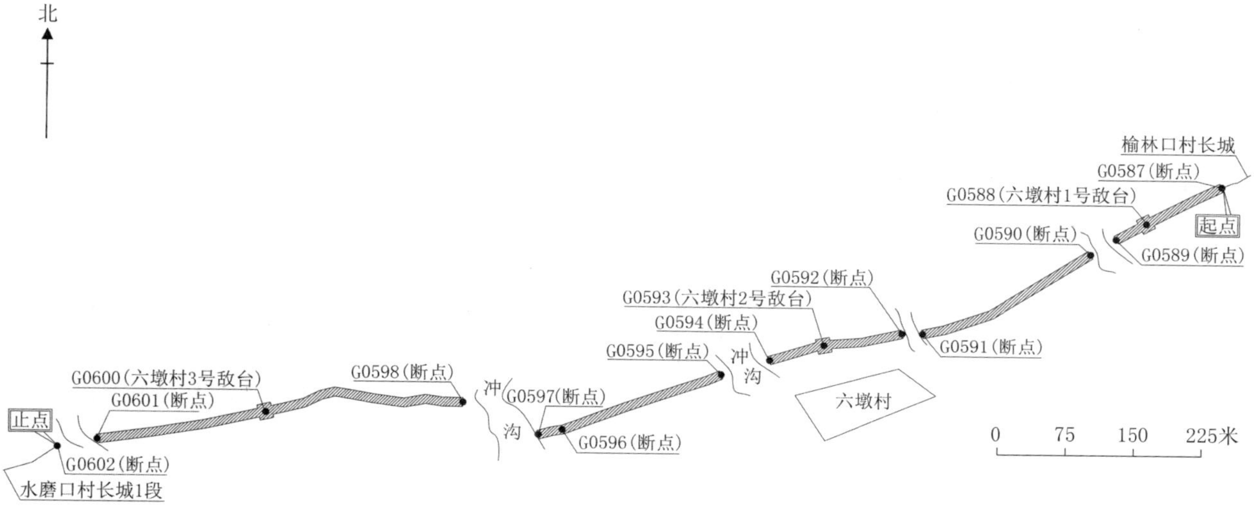

图六三　六墩村长城走向示意图

本段墙体共测 GPS 点 15 个（G0587～G0598、G0600～G0602），可分为 10 小段，分述如下。

第 1 小段：G0587（起点、断点）—G0589（断点），长 162 米，呈东北—西南走向，保存较好。墙体沿环翠山南侧山脚缓坡修筑，地势较平缓，南北两侧为荒坡、耕地。墙体高大，壁面较陡立，顶部较宽。墙体南北两壁有不同程度的坍塌脱落，墙体表面凹凸不平，有裂缝、沟槽、孔洞。墙体底宽 5～6、顶宽 1～3、残高 5～6 米。六墩村 1 号敌台位于墙体上。

第 2 小段：G0589（断点）—G0590（断点），长 18 米，呈东北—西南走向。墙体被一条冲沟损毁消失。

第 3 小段：G0590（断点）—G0591（断点），长 209 米，呈东北—西南走向，保存较好。墙体沿环翠山南侧山脚缓坡修筑，地势较平缓，南北两侧为荒坡、耕地。墙体高大，壁面较陡立，顶部较宽。墙体南北两壁有不同程度的坍塌脱落，墙体表面凹凸不平，有裂缝、沟槽、孔洞。墙体底宽 5～6、顶宽 2～3、残高 5～6 米。

第 4 小段：G0591（断点）—G0592（断点），长 34 米，呈东—西走向。墙体被一条冲沟损毁消失。

第 5 小段：G0592（断点）—G0594（断点），长 154 米，呈东北—西南走向，保存较好。墙体沿环翠山南侧山脚缓坡修筑，地势较平缓，南北两侧为荒坡、耕地。墙体高大，壁面较陡立，顶部较宽。墙体南北两壁有不同程度的坍塌脱落，墙体表面凹凸不平，有裂缝、沟槽、孔洞。墙体底宽 5～6、顶宽 1 ~3、残高 5 ~6 米。六墩村 2 号敌台位于墙体上（彩图八三）。

第 6 小段：G0594（断点）—G0595（断点），长 41 米，呈东北—西南走向。墙体被一条冲沟损毁消失。

第 7 小段：G0595（断点）—G0597（断点），长 269 米，呈东北—西南走向，保存一般。墙体南北两侧为荒坡、耕地。墙体坍塌脱落严重。墙体底宽 4 ~6、顶宽 1 ~2、残高 2 ~6 米。

第 8 小段：G0597（断点）—G0598（断点），长 36 米，呈东南—西北走向。墙体被一条冲沟损毁消失。

第 9 小段：G0598 点（断点）—G0601（断点），长 426 米，呈东北—西南走向，保存较好。墙体沿环翠山南侧山脚缓坡修筑，地势较平缓，南北两侧为荒坡、耕地。墙体高大，壁面较陡立，顶部较宽。墙体南北两壁有不同程度的坍塌脱落，墙体表面凹凸不平，有裂缝、沟槽、孔洞。墙体底宽 4 ~6、顶宽 2 ~3、残高 4 ~6 米。六墩村 3 号敌台位于墙体上，六墩烽火台北距墙体 0. 55 千米。

第 10 小段：G0601（断点）—G0602（止点、断点），长 47 米，呈东—西走向。墙体被一条冲沟损毁消失。

墙体整体保存一般。除冲沟损毁致墙体消失外，风雨侵蚀、植物生长也造成墙体坍塌脱落，表面凹凸不平，有裂缝、沟槽、孔洞；由于墙体位于村庄、耕地附近，人为因素损毁严重，如取土挖损墙体、扩田种地挖损墙体、墙体上挖掘洞穴、人畜踩踏等。

六墩村长城位于天镇阳高盆地（南洋河谷地）北部边缘，沿环翠山南侧山脚缓坡地带延伸。所在区域为太古界地层，由变质程度很深的各种正副片麻岩和结晶片岩组成。所在区域土壤由淡栗钙土和山地淡栗钙土组成。六墩村长城周围植被较稀疏。六墩村长城南距南洋河 6. 5 千米，长城周围所邻沟壑为季节性冲沟。六墩村南有大（同）张（家口）公路和（北）京包（头）铁路。六墩村长城附近有乡村土路。

63. 水磨口村长城 1 段

起点位于谷前堡镇水磨口村东北 1. 5 千米、六墩村西北 0. 9 千米处，高程 1330 米；止点位于水磨口村西北 1 千米处，高程 1302 米。大致呈东—西走向。全长 1177 米，其中保存一般 944、较差 233 米。墙体用黄土夯筑而成，含少量砂砾、碎石，夯层厚 0. 14 ~0. 24 米，部分段夯层间有砂石层，厚 0. 04 ~0. 08 米（彩图八四）。现存墙体剖面大致呈不规则梯形，底宽 2. 5 ~6、顶宽 1 ~3、残高 1 ~4. 5 米。本段长城东北接六墩村长城，西南连水磨口村长城 2 段。水磨口村 1 ~3 号敌台位于墙体上（图六四）。

本段墙体共测 GPS 点 5 个（G0602 ~G0606），可分为 2 小段，分述如下。

第 1 小段：G0602（起点、断点）—G0605（水磨口村 3 号敌台），长 944 米，呈东—西走向，保存一般。墙体沿环翠山南侧山脚缓坡修筑，墙体北侧为山坡，南侧为耕地。墙体坍塌脱落严重，墙体表面凹凸不平，有裂缝、沟槽、孔洞。墙体南壁有洞穴。墙体底宽 4 ~6、顶宽 1 ~3、残高 3 ~4. 5 米。水磨口村 1、2 号敌台位于墙体上。

第 2 小段：G0605（水磨口村 3 号敌台）—G0606（止点、断点），长 233 米，呈东南—西北走向，保存较差。墙体沿环翠山南侧山脚缓坡修筑，墙体北侧为耕地、荒坡，南侧为耕地。墙体邻近村庄，人为因素损毁严重，如取土挖损墙体、人畜踩踏等。部分段黄土夯层间有砂石层，黄土夯层厚 0. 14 ~0. 2 米，砂石层厚 0. 04 ~0. 08 米。墙体底宽 2. 5 ~4、顶宽 1 ~2、残高 1 ~3. 5 米。

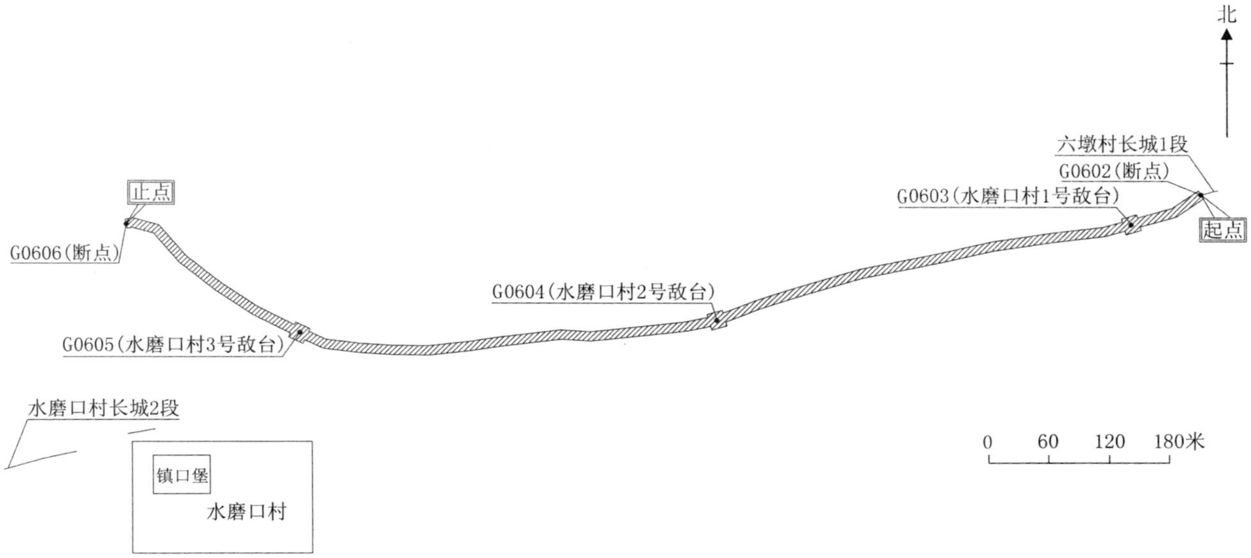

图六四　水磨口村长城 1 段走向示意图

墙体整体保存较差。由于风雨侵蚀、植物生长等造成墙体坍塌脱落，表面凹凸不平，有裂缝、沟槽、孔洞；由于墙体位于村庄、耕地附近，人为因素损毁严重，如取土挖损墙体、墙体上挖掘洞穴、将墙体挖低形成小路、人畜踩踏等。

64. 水磨口村长城 2 段

起点位于谷前堡镇水磨口村西北 1 千米处，高程 1302 米；止点位于水磨口村西北 1.5 千米处，高程 1331 米。大致呈东—西走向。全长 1390 米，其中保存较好 12、一般 206、消失 1172 米。墙体用黄土夯筑而成，含少量砂砾、碎石，夯层厚 0.16 ~ 0.3 米，部分段夯层间有砂石层。现存墙体剖面大致呈不规则梯形，底宽 3 ~ 6、顶宽 1 ~ 2.5、残高 1 ~ 6 米。本段长城东接水磨口村长城 1 段，西连阳高县十九墩长城，水磨口村烽火台南距墙体 0.2 千米，墙体南 0.18 千米处有镇口堡（图六五）。

图六五　水磨口村长城 2 段走向示意图

本段墙体共测 GPS 点 6 个（G0606 ~ G0610、G0612），可分为 5 小段，分述如下。

第1小段：G0606（起点、断点）—G0607（断点），长62米，呈东北—西南走向。墙体被一条冲沟损毁消失。

第2小段：G0607（断点）—G0608（断点），长12米，呈东北—西南走向，保存较好。墙体沿环翠山南侧山脚缓坡修筑，墙体北侧为山坡林地，南侧为耕地、荒滩。墙体高大，壁面较陡立，顶部较宽。墙体南北两壁有不同程度的坍塌脱落，墙体表面凹凸不平，有裂缝、沟槽、孔洞。墙体底宽4～6、顶宽1～2.5、残高3～6米。

第3小段：G0608（断点）—G0609（断点），长110米，呈东北—西南走向。墙体被一条冲沟损毁消失，现有土路。

第4小段：G0609（断点）—G0610（断点），长206米，呈东北—西南走向，保存一般。由于墙体紧邻民居，人为因素损毁严重。墙体底宽3～5、顶宽1～2、残高1～5米。

第5小段：G0610（断点）—G0612（止点、断点），长1000米，呈东—西走向。墙体被冲沟损毁和人为取土挖损消失。

墙体整体保存差。除冲沟损毁致墙体消失外，风雨侵蚀、植物生长也造成墙体坍塌脱落，表面凹凸不平，有裂缝、沟槽、孔洞；由于墙体位于村庄、耕地附近，人为因素损毁严重，如取土挖损墙体、墙体上挖掘洞穴、扩田种地挖损墙体、人畜踩踏等；部分段遭人为取土挖损，墙体消失。

水磨口村长城1段、2段位于天镇阳高盆地（南洋河谷地）北部边缘，沿环翠山南侧山脚缓坡地带延伸。所在区域为太古界地层，由变质程度很深的各种正副片麻岩和结晶片岩组成。所在区域土壤由淡栗钙土和山地淡栗钙土组成。水磨口村长城1段、2段周围植被较稀疏，有杏树林。水磨口村长城1段、2段南距南洋河6.5～9千米，水磨口村长城2段周围所邻沟壑为季节性冲沟。

水磨口村长城1段、2段北侧山体上有采矿场，致生态恶化，水土流失严重。水磨口村南有大（同）张（家口）公路和（北）京包（头）铁路，水磨口村长城1段、2段附近有村村通水泥公路。

（二）关堡

详见下表（表3）。

表3 天镇县城堡一览表

乡镇	关堡名称	数量（座）
新平堡镇	平远堡、新平堡、保平堡、桦门堡	4
逯家湾镇	永嘉堡、瓦窑口堡	2
谷前堡镇	白羊口堡、镇口堡	2
玉泉镇	天城城	1
米薪关镇	米薪关堡	1
合计		10

1. **平远堡**

位于新平堡镇平远堡村中，平远头村长城2段南3.1千米处，高程1220米。附近有平远堡附近烽火台群（详见烽火台部分）。据《宣大山西三镇图说》载："本堡土筑于嘉靖二十五年（1546年），隆庆六年（1572年）复议砖包。高三丈五尺，周二里八分。"

堡平面呈矩形，坐北朝南，边长350米，周长1400米，占地面积56435平方米。现存主要设施、遗迹有部分堡墙、马面4座等。堡墙原为砖墙，现仅存内部夯土墙。存东墙210、西墙253米，南、北墙无存。堡墙用黄土夯筑而成，含砂砾，夯层厚0.16米。墙体底宽6、顶宽0.5~1、残高3~5米。原设南、西门，现无存。马面存东墙3座、西墙1座，底宽8、凸出墙体3米，夯层厚0.18~0.24米。堡内东侧有清代马王庙乐楼一座，坐南朝北，面阔3间，进深2间，卷棚顶，东墙内壁有壁画。堡中心原有玉皇阁，现无存。堡内一座民居门前有石碑一块，碑文损毁。

堡整体保存差。堡墙包砖不存，坍塌脱落严重，表面凹凸不平，有裂缝、沟槽、孔洞。造成损毁的自然因素主要有洪水冲刷、风雨侵蚀、植物生长等；人为因素主要有拆毁堡墙砖石取土挖损、筑路挖损、人畜踩踏等。

平远堡地处西洋河谷地平川地带，南侧紧邻西洋河河道，东侧邻冲沟。堡内满布现代民居，有居民约500人。平远堡村有水泥公路与外界相通。

2. **新平堡**

位于新平堡镇新平堡村中，新平堡村长城1段东1千米、新平堡村二道边长城东0.82千米处，高程1103米。南0.21千米、西南0.3千米有新平堡村1、2号烽火台，将新平堡与新平堡村长城1段、新平堡村二道边长城和新平堡村长城1段沿线烽火台联系起来。据《宣大山西三镇图说》载：本堡为大同镇阳和道辖新平路参将驻扎之处，"设自嘉靖二十五年（1546年），隆庆六年（1572年）砖包。高三丈五尺，周三里六分。"

堡平面呈矩形，坐西朝东，边长450米，周长1800米，占地面积247500平方米。现存主要设施、遗迹有部分堡墙、北门、街道4条及玉皇阁、参将署等。

堡墙原为砖墙，现仅存内部夯土墙，存北门东侧堡墙89、东墙32、南墙53米，墙体底宽4~6.5、顶宽0.5~3、残高0.5~5米。原设东、北门，存北门，门外原设瓮城，北门为砖券拱门，基部石砌，顶部砖券，门洞内宽3.96、外高3.855、内高5.155、进深15.54米（测绘图一、二；彩图八五）。堡墙原有角台、马面，现无存。

堡中心有玉皇阁，占地面积64平方米，为正方形三层重檐歇山顶式楼阁。底部为石基砖券十字形通道，东、南、西、北方向设街道4条。二、三层为木结构建筑，均面阔3间、进深3间，歇山顶，四出回廊，上层为木结构雕花勾栏平座，下层砖栏。阁内原有彩绘道教神众壁画，大部分被白灰覆盖。据玉皇阁内梁上墨书题记所载，该阁创建于明万历十一年（1583年），清康熙二十一年（1682年），乾隆四十六年（1781年）重修。1992年，大同市考古研究所对玉皇阁进行了全面修缮。

堡内西街有参将署一座，现存为清代建筑，占地面积440平方米。坐北朝南，一进院落，中轴线建有中军大堂、参将堂，两侧为厢房。中军大堂面阔6间，进深2间，单檐硬山顶。据载，其始建于明嘉靖二十五年（1546年）。堡外南0.04千米处有八龙庙一座。

堡整体保存较差。北门部分砖石被拆毁。堡墙遭人为取土挖损、挖掘洞穴、踩踏、盖房利用或占用墙体等破坏。造成损毁的自然因素主要有风雨侵蚀、植物生长等；人为因素主要有拆毁堡墙砖石取

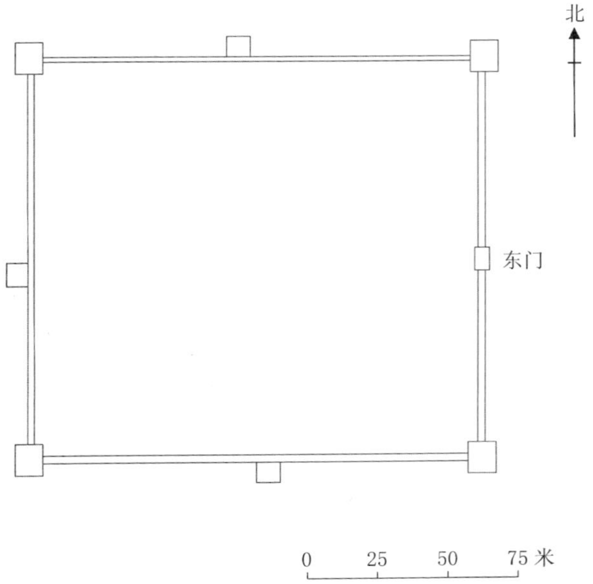

图六六　保平堡平面示意图

土挖损、墙体上挖掘洞穴、盖房利用或占用墙体、人畜踩踏等。堡中心“玉皇阁”经 1992 年修缮，较完整。

新平堡位于西洋河河道北岸，地处西洋河谷地平川地带。堡内满布现代民居。新平堡村有 201 省道。

3. 保平堡

位于新平堡镇保平堡村中，保平堡村长城 1 段东 1.2 ~2 千米，高程 1254 米。东北、西北、东南和西南角台外侧紧邻保平堡村 3、4、7、8 号烽火台，保平堡村 4 号烽火台西北距保平堡村 2 号烽火台 0.31 千米，保平堡村 8 号烽火台西距保平堡村 5 号烽火台 0.42 千米。这些烽火台将保平堡和保平堡村长城 1 段及沿线烽火台联系起来。据《宣大山西三镇图说》载：“本堡设自嘉靖二十五年（1546 年），隆庆六年（1572 年）砖包。高三丈五尺，周一里六分零。”又据《三云筹俎考》所载，城周为一里七分。

堡平面呈矩形，坐西朝东，边长 160 米，周长 640 米，占地面积 25600 平方米。现存主要设施、遗迹有堡墙、东门、角台 4 座、马面 3 座、挡马墙等（图六六；彩图八六）。堡墙原为砖墙，现仅存内部夯土墙。堡墙用黄土夯筑而成，夯层厚 0.26 ~0.29 米。墙壁遗留有穿绳孔洞，排列均匀，孔径 0.02 ~0.03 米。墙体底宽 6.4、顶宽 1.3 ~3.2、残高 4.8 ~6.6 米。东墙正中设堡门，为砖券拱门，基部为条石砌筑，条石长 40、宽 30、厚 20 厘米，共 5 层；上部为砖券拱顶，门洞外宽 3.2、外高 4.1、进深 10.2 米。门洞上方有砖雕门额，门额原嵌石匾，阴刻有“镇云”二字，现无存（测绘图三、四）。堡墙四角设角台，宽 8.5、突出墙体 7.5 米，与堡墙同高。南、西、北墙正中各设马面 1 座，平面呈矩形，底宽 8、突出墙体 6 米，与堡墙同高。堡外南侧有东西向挡马墙，黄土夯筑而成，长 170、宽 0.3 ~0.48、残高 1.4 ~2.2 米，南侧为沟。

堡整体保存一般。堡墙设施基本完整。堡墙包砖无存，有所坍塌脱落，表面凹凸不平，有裂缝、沟槽、孔洞，西、南墙有多处豁口，堡墙内侧有现代挖掘的洞穴。堡内建筑无存，内外遍布残砖、石条。造成损毁的自然因素主要有风雨侵蚀、植物生长等；人为因素主要有拆毁堡墙砖石、墙体上挖掘洞穴、人畜踩踏等。由于保平堡所在区域铁矿资源较丰富，多有小规模的私挖乱采现象，对堡及墙体的保存构成威胁。

保平堡位于西洋河谷地南侧山顶，周围有冲沟。保平堡北侧紧邻一条东西走向的山沟，当地称“车道沟”，沟中有古道。保平堡村于1992年整体搬迁，堡内无常住居民。保平堡村东有201省道。

4. **桦门堡**

又称花面墙，位于新平堡镇红土沟村南0.5千米，红土沟村长城1段红土沟村5号敌台东0.536千米处，高程1739米。据《宣大山西三镇图说》载：本堡“万历九年（1581年）始设，十九年（1591年）砖包之。高三丈九尺八寸，周七分有奇。”又据《三云筹俎考》所载，城高为三丈九尺。

堡平面呈矩形，坐西北朝东南，东西65、南北120米，周长490米，占地面积9400平方米。现存主要设施、遗迹有堡墙、东门、瓮城、角台、堡内建筑基址等（图六七；彩图八七）。堡墙为砖墙，

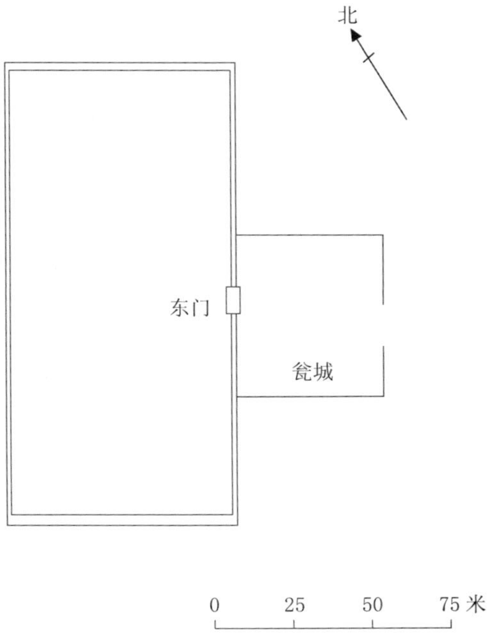

图六七　桦门堡平面示意图

外部砖石混砌，内部为夯土墙。北墙中段顶部残存部分垛口。西、北墙外侧及堡门券顶包砖保存，南、东墙外侧包砖残存部分，内侧包砖残存少量。堡墙外侧基部为条石砌筑，高1.5米，共10层，包砖厚1米，砖长54厘米；夯层厚0.12～0.25米。堡墙底宽5～8、顶宽1～3、残高5～10米。东墙正中设堡门，为砖券拱门，底部条石基础不存，上部为三伏三券，门洞宽9、高6米。门洞上有石匾，位于居民院中，石匾上阴刻楷书“桦门堡”三字。堡门外设瓮城，平面呈矩形，边长40米。瓮城墙体外侧存部分砖石，砖长54厘米；瓮城墙体底宽3、残高1～2米，东墙有城门，现为豁口，宽2米。角台坍塌损毁严重。堡内有建筑基址，现塌毁，散布有残断砖石。

堡整体保存一般。堡墙和瓮城墙体基本完整，有所坍塌脱落，部分段砖石仍存，东门券顶上部坍塌。造成损毁的自然因素主要有风雨侵蚀、植物生长等；人为因素主要是拆毁堡墙和瓮城墙体砖石。

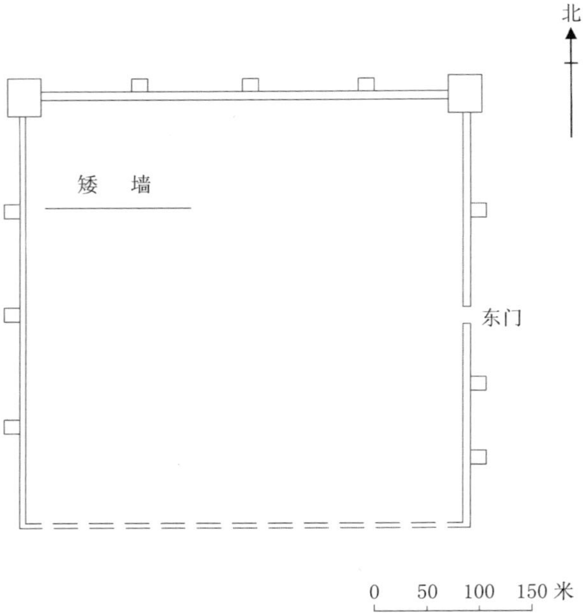

图六八　桦门堡平面示意图

桦门堡位于二郎山桦岭上，四周为陡坡，堡内无常住居民。桦门堡有土路与红土沟村相通，红土沟村东有 201 省道。

5. **永嘉堡**

位于逯家湾镇永嘉堡村中，李二口村长城 2 段东 14 千米处，高程 925 米。附近有永嘉堡附近烽火台群（详见烽火台部分）。据《宣大山西三镇图说》载："本堡设自嘉靖三十七年（1558 年），万历二年（1574 年）砖砌女墙。通高三丈六尺，周一里四分。万历十九年（1591 年）始议砖包。"又据《三云筹俎考》所载，城周为二里五分。

堡平面呈矩形，坐北朝南，边长 400 米，周长 1600 米，占地面积 160000 平方米。现存主要设施、遗迹有部分堡墙、东门、角台 2 座、马面 9 座、堡内矮墙等（图六八；彩图八八、八九）。堡墙原为砖墙，现仅存内部夯土墙，存东墙 400 米、西墙 379 米、北墙 390 米。堡墙用黄土夯筑而成，含砂砾，夯层厚 0.2 ~ 0.3 米。墙体底宽 6、顶宽 0.5 ~ 1、残高 5 ~ 11 米。东墙正中设堡门，现为豁口，宽 6 米。存东北、西北角台，平面呈矩形，边长 8、突出墙体 4 米。马面存东、西、北墙各 3 座，平面呈矩形，底宽 10、突出墙体 4 米。西墙内距西北角台 100 米处有东西向矮墙，长 154 米，存 71 米，底宽 4、顶宽 1.5、残高约 5 米。矮墙将堡内分为南北两部分，据载称为南、北营，南营住家眷，北营驻官兵。堡内建筑无存。

堡整体保存一般。堡墙包砖不存，坍塌脱落严重，表面凹凸不平，有裂缝、沟槽、孔洞。西、北墙各有 6 米宽的豁口一处，现为进出村庄的通道。东北角台保存较好，西北角台保存较差。堡内建筑无存。造成损毁的自然因素主要有洪水冲刷、风雨侵蚀、植物生长等；人为因素主要有拆毁堡墙砖石取土挖损、将墙体挖断形成土路、人畜踩踏等。

永嘉堡南侧紧邻南洋河河道，周围地势较平坦。堡内满布现代民居，有居民约 1200 人，堡外有居民约 1800 人。永嘉堡村北 0.1 千米有（北）京包（头）铁路，村内有水泥公路与外界相通。

6. 瓦窑口堡

亦称瓦窑堡，位于逯家湾镇瓦窑口村中，红土沟村长城3段、4段东3.2千米处，高程1143米。附近有瓦窑口堡烽火台群（详见烽火台部分）。据《宣大山西三镇图说》载："本堡嘉靖三十七年（1558年）建，隆庆六年（1572年）砖包。高三丈五尺，周一里零。"又据《三云筹俎考》所载，城周为一里六分。

堡平面呈矩形，坐东北朝西南，东西224、南北166米，周长780米，占地面积37117平方米。现存主要设施、遗迹有部分堡墙及马面1座等。堡墙原为砖墙，现仅存内部夯土墙。存东墙19、28米各一段，南墙98、西墙13米。堡墙用黄土夯筑而成，土中含砂砾，夯层厚0.16～0.2米。墙体底宽6、顶宽0.5～2、残高2～8米。原设西门，门外原设瓮城，瓮城设南门，现无存。堡墙四角原设角台，现无存。马面仅存南墙1座，平面呈矩形，底宽6、凸出墙体4米，与堡墙同高。堡内原有东西向矮墙，将堡内分为南北两部分，即南、北营，南营住家眷，北营驻官兵。

堡整体保存较差。存北墙、东墙、南墙共158米，堡墙包砖不存，坍塌脱落严重，表面凹凸不平，有裂缝、沟槽、孔洞。堡内建筑无存。造成损毁的自然因素主要有洪水冲刷、风雨侵蚀、植物生长等；人为因素主要有拆毁堡墙砖石取土挖损、盖房利用、占用墙体、人畜踩踏等，北墙、南墙位于民居院落中。

瓦窑口堡北依清凉山，西邻南洋河支流"大河"河道。堡内满布现代民居，有居民约800人，堡外有居民约200人。瓦窑口村西紧邻201省道。

7. 白羊口堡

即镇宁堡，位于谷前堡镇白羊口村中，白羊口村长城南0.15千米处，高程1259米。据《宣大山西三镇图说》载："本堡设自嘉靖四十四年（1565年），隆庆六年（1572年）砖包。高三丈五尺，周一里二分零。"又据《天镇县志》载："白羊口堡，天城（即天镇县城）西北15公里，南北50步，墙高8.5米。明成化二十一年（1485年）前筑，现白羊口村。"[1] 白羊口堡南距天城城直线长度为9.1千米，远远短于《天镇县志》所载。

堡平面呈矩形，坐北朝南，东西140、南北110米，周长500米，占地面积15400平方米。现存主要设施、遗迹有堡墙、角台4座、马面1座等（图六九；彩图九〇）。堡墙原为砖墙，现仅存内部夯土墙，黄土夯筑而成，夯层厚0.16～0.22米。墙体底宽4～6、顶宽1～3、残高0.5～5米。南墙正中原设堡门，现无存。堡墙四角设角台，台体宽8、凸出墙体4米，与堡墙同高。东、西、北墙正中原各设马面1座，现仅存西墙马面，平面呈矩形，底宽6、凸出墙体4米，与堡墙同高。堡内有明清民居多座，堡外南侧有清代庙宇1座。

堡整体保存较差。堡墙包砖无存，除西墙及西墙马面保存较好外，东、南、北墙保存较差。墙体坍塌脱落严重，表面凹凸不平，有裂缝、沟槽、孔洞。西北、西南角台保存较好，东北、东南角台保存较差。造成损毁的自然因素主要有风雨侵蚀、植物生长等；人为因素主要有拆毁堡墙砖石、人畜踩踏取土挖损堡墙等。

白羊口堡位于天镇阳高盆地（南洋河谷地）北部边缘，地处环翠山南侧山脚缓坡地带。堡内满布

---

〔1〕《天镇县志》，山西教育出版社，1997年。

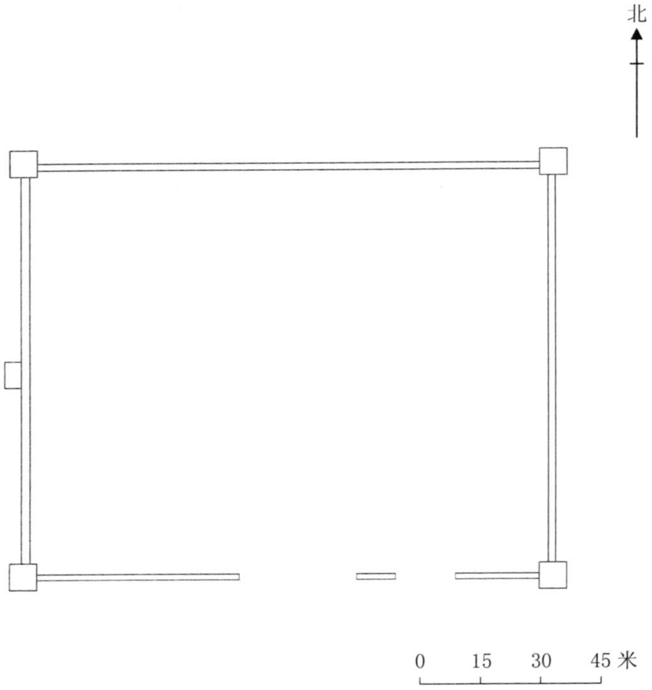

图六九　白羊口堡平面示意图

现代民居，有居民约 30 人。白羊口村东南有 201 省道和（北）京包（头）铁路，村内有村村通水泥公路。

8. **镇口堡**

位于谷前堡镇水磨口村中，水磨口村长城 2 段南 0.18 千米处，高程 1291 米。据《宣大山西三镇图说》载："本堡嘉靖二十五年（1546 年），隆庆六年（1572 年）砖包。高三丈五尺，周一里三分零。"

堡平面呈矩形，坐北朝南，边长 160 米，周长 640 米，占地面积 25600 平方米。现存主要设施、遗迹有北墙、角台 1 座等。堡墙原为砖墙，现仅存内部夯土墙，仅存北墙。堡墙用黄土夯筑而成，含大量砂砾，夯层厚 0.2 ~ 0.24 米。墙体底宽 5 ~ 7、顶宽 2 ~ 4、残高 2 ~ 6 米。原设南门，现无存。西北角台仅存基础。堡内有明清民居 2 座、庙宇 1 座。北墙底部有涵洞，与堡外蓄水池相连。

堡整体保存差。造成损毁的自然因素主要有风雨侵蚀、植物生长等；人为因素主要有拆毁堡墙砖石取土挖损、挖掘洞穴、人畜踩踏等。

镇口堡位于天镇阳高盆地（南洋河谷地）北部边缘，地处环翠山南侧山脚缓坡地带。堡内满布现代民居，有居民约 30 人。水磨口村南有大（同）张（家口）公路和（北）京包（头）铁路，村内有村村通水泥公路。

9. **天城城**

也称天城卫城，在天镇县县城中，位于袁治梁村长城、白羊口村长城南 9 千米，高程 1066 米。据《宣大山西三镇图说》载："本城砖建于洪武三十一年（1398 年）……万历十三年（1585 年）复包修之。高三丈九尺，周九里有奇。”又据清光绪《天镇县志》载，天城城创建于唐，辽、金、元、明代屡有修葺[1]。

古城平面呈矩形，坐北朝南，东西1000、南北1200米，周长4400米，占地面积13105725平方米。现存主要设施、遗迹有部分城墙、西门、北门、北门外瓮城、街道4条、慈云寺等。城墙原为砖墙，现仅存北门内部西侧15米夯土墙体。城墙用黄土夯筑而成。墙体底宽6、顶宽1.5、残高4～8米。原设东、南、西、北门，现仅存西、北门，西门位于县城内西街，称“武宁门”，砖券拱门，五伏五券，门洞宽4.72、外高4.29、内高7、进深23.01米（测绘图五、六；彩图九一）；北门位于县城内北街，称“镇远门”，砖券拱门，五伏五券，门洞宽3.52、外高4.33、内高7.36、进深23.9米（测绘图七、八；彩图九二）。西、北门曾于近年修缮。4座城门外原设瓮城，现仅存北门外瓮城，瓮城西墙外侧底部存部分包砖。城墙四角原设角楼，现无存。城内有东、南、西、北4条街道。

城内西街有慈云寺，原名法华寺，有“关北巨刹”之誉。慈云寺坐北朝南，占地面积7000平方米，三进院落，中轴线建筑保存完整，依次有山门（金刚殿）、大雄宝殿、释迦殿、毗卢殿、地藏殿，两侧有钟楼、鼓楼、厢房、耳殿。钟楼、鼓楼为元代建筑，余皆为明清建筑。慈云寺创建于唐代，称法华寺，辽开泰八年（1019年）重修，明宣德三年（1428年）、嘉靖十八年（1539年）重建，改名“慈云”，清乾隆三十八年（1773年）补葺。

古城整体保存差。城墙包砖无存。北门外瓮城被改造为菜窖，瓮城墙体被挖损、挖低形成菜窖四壁，上覆黄土。堡内建筑仅存慈云寺。造成损毁的自然因素主要有风雨侵蚀、植物生长等；人为因素主要有拆毁堡墙砖石取土挖损、人畜踩踏等。

天城城北邻南洋河，位于天镇阳高盆地（南洋河谷地）平川地带。城内满布现代民居，有居民约3万人。天镇县城有201省道、大（同）张（家口）公路、（北）京包（头）铁路过境，交通便利。

10. 米薪关堡

位于米薪关镇米薪关村中，袁治梁村长城、白羊口村长城南20.5千米处，高程1143米。附近有米薪关堡附近烽火台群（详见烽火台部分）。据《宣大山西三镇图说》天城城图示，米薪关堡北距天城城三十里。据清光绪《山西通志》载，米薪关堡筑于明代永乐年间（1403～1424年）[2]。

堡平面呈凸字形，坐西南朝东北，由北侧大城和南侧小城组成。大城平面呈矩形，东西280、南北240米；小城平面呈矩形，边长90米。大、小城周长1310米，占地面积75300平方米。现存主要设施、遗迹有部分堡墙、小城西门、小城角台2座等。堡墙原为砖墙，现仅存内部夯土墙。大城存东墙41米，南墙93米，西墙67、81米各一段，北墙54、94米各一段；堡墙用黄土夯筑而成，夯层厚0.16～0.2米。墙体底宽5、顶宽0.5～2、残高2～5米。小城东、南、西墙保存基本完整；堡墙用黄土夯筑而成，夯层厚0.08米，墙体底宽8、顶宽1、残高13米。大城原设东门，现无存；大城堡墙四角原设角台，现无存。小城西墙正中设城门，现为豁口，宽12米；小城现存东南、西南角台，宽4、突出墙体3米，与堡墙同高。大城和小城之间有隔墙，中间设通道。堡内建筑无存。

---

〔1〕清光绪《天镇县志》。
〔2〕清光绪《山西通志》。

堡整体保存较差。小城南墙中间顶部有豁口，长20、深2～3米；小城东、西墙与大城连接处被取土挖损形成豁口，宽各10米。堡墙包砖无存，坍塌脱落严重，表面凹凸不平，有裂缝、沟槽、孔洞。造成损毁的自然因素主要风雨侵蚀、植物生长等；人为因素主要有拆毁堡墙砖石取土挖损，盖房利用、占用或挖损墙体，墙体上挖掘洞穴、人畜踩踏等。

米薪关堡北依沙梁坡，西、南邻季节性河流。堡内满布现代民居，有居民约700人，堡外有居民约1300人。米薪关村西紧邻201省道。

（三）单体建筑

1. 敌台

天镇县长城墙体上共发现敌台128座（表4，见本章末附表）。

2. 烽火台

天镇县共发现烽火台159座。以距长城墙体1000米为界，将烽火台划分为长城沿线、腹里烽火台两大类。划分有两个前提，一是如果在1000米范围内有两座及以上烽火台，则将距长城墙体近的一座定为长城沿线烽火台，其余为腹里烽火台。二是未考虑烽火台与新平堡村二道边长城和李二口村“错修长城”两段墙体的关系，以及位于山西省与内蒙古自治区交界处长城墙体面向内蒙古自治区一侧、地处内蒙古自治区境内的烽火台。长城沿线烽火台距长城墙体16～1000米，计70座；腹里烽火台，计89座（表5、6，见本章末附表）。

（四）相关遗存

1. 新平堡马市

又名西马市，位于新平堡镇西马市村内北侧、新平堡村西0.84千米处，高程1085米。在西马市村长城3段G0244（西马市村4号敌台）—G0245（西马市村5号敌台）间墙体东侧与长城墙体相连，马市西墙即长城墙体，西马市村5号敌台处有垂直于西墙的南墙，南墙东端有一座敌台，西墙东0.09千米、南墙北0.07千米有一座敌台，应为北墙敌台。据西墙、南墙及残存的两座敌台的布置推测，马市应坐西朝东，原设东门。南墙长50.8、底宽3、顶宽2、残高2～3米。南墙东端敌台平面呈矩形，剖面呈梯形，黄土夯筑而成，台体底部东西19、南北23、残高9米。北墙敌台平面呈矩形，剖面呈梯形，黄土夯筑而成，台体底部东西23、南北17米，顶部部东西15、南北10米，残高9米。台体东侧有一不规则形门洞，宽2、高2.3米，门洞内有坡道直通台顶；台顶残存砖瓦，可能原有建筑物。

据《读史方舆纪要》记载：“嘉隆间（1522～1572年），（新平堡）屡为寇冲。归款后，设市口于此，盖要地也。”[1]《宣大山西三镇图说》和《三云筹俎考》在“新平堡”条下记载：“今虽设有市

〔1〕（清）顾祖禹撰：《读史方舆纪要》卷44，上海书店出版社，1998年。

口，诸酋往来交易，颇称恭顺”。《三云筹俎考·封贡考》又记载，隆庆五年（1571）“设蔫街于边城，毋令入都市。虏以马杂畜皮毛，我以银布彩绘诸货，官市毕，听民私市。九月，报市成。岁以为常。”因此，该马市应是隆庆五年（1571 年）“隆庆议和”后设立。

马市整体保存差。墙体和敌台坍塌脱落严重，表面凹凸不平，有裂缝、沟槽、孔洞。造成损毁的自然因素主要有风雨侵蚀、植物生长等，人为因素主要是由于马市内外为耕地，扩田种地、挖损、人畜踩踏等。

新平堡马市南侧紧邻西洋河河道，马市内无常住居民。

2. 保平堡村戍卒墓地

位于新平镇保平堡村西南 1.6 千米处，保平堡村 14、15 号烽火台之间，高程 1278 米。

墓东西 50、南北 85 米，面积 4250 平方米。封土堆圆形，周长 42、残高 4 米。附近遗留有少量灰色素面条砖，砖长 32、宽 15.5、厚 6.5 厘米。

墓地整体保存一般。由于风雨侵蚀等，封土堆表面多雨水冲刷形成的沟槽。封土堆东、北侧有盗洞。造成损毁的自然因素主要有风雨侵蚀、植物生长等，人为因素主要是盗掘等。

（五）采（征）集标本

天镇县采集文物标本 17 件（表 7）。

表 7　天镇县采（征）集标本一览表

名称	时代	类别	材质	数量	采（征）集地点	备注
绳纹板瓦残片	明代	建筑构件	陶	1	平远头村 1 号敌台南 10 米处	泥质灰陶，厚 0.9 厘米，瓦面饰细绳纹，背面为素面
碗底残片（彩图一一九）	明代	生活用具	瓷	1	八墩村 5 号敌台西南 2 米处	敞口，矮圈足。釉色为淡黄色，器内满施釉，器外釉不及底，底露胎，胎黑黄色，质地较粗，碗内底为黑色圆边，中心为草叶纹
青花瓷碗残片	明代	生活用具	瓷	1	十六墩村长城 1 段 GPS0040（起点、八墩村 6 号敌台）南 2 米处	白色瓷胎，胎质细密，内外施釉。碗外壁饰青花缠枝花纹，内壁饰青花环形纹，青料发暗
白瓷碗残片	辽代	生活用具	瓷	1	新平尔村长城 2 段墙体东侧	残存底部。斜直壁，圈足较高，残存底面见 4 个支钉痕迹。器表内外施白釉，釉色白中发黄，釉层薄，底足无釉
瓦当残片（彩图一二〇）	明代	建筑构件	陶	1	新平堡村 1 号敌台西南 5 米处	泥质灰陶。当部为圆形，直径 11.5、厚 1.3 厘米。瓦部外沿设边轮，边轮宽 1.2 厘米，沿内模印莲花纹
板瓦残片（彩图一二一）	明代	建筑构件	陶	1	新平堡村长城 3 段墙体东侧 5 米处	泥质灰陶。厚 1.5 厘米，瓦面饰布纹，前接滴水。滴水正面模印莲花纹。瓦与滴水间有粘接时留下的刮抹痕迹

续表 7

名称	时代	类别	材质	数量	采（征）集地点	备注
瓷碗残片	明代	生活用具	瓷	1	新平堡村 2 号烽火台南侧 3 米处	圆唇，敞口，口沿外折。瓷胎白色，胎质细密，较薄，内外施釉，釉层薄，内壁口沿处饰青花菱形纹，外壁施缠枝花纹，有铁锈斑和细小开片
小口黑瓷瓮残片（彩图一二二）	明代	生活用具	瓷	1	新平堡村 3 号烽火台南侧 6 米处	小圆口，矮颈，广肩。器表施黑釉，釉层薄，口沿及内壁无釉
青花碗残件（彩图一二三）	清代	生活用具	瓷	1	红土沟村长城 1 段墙体南侧 1 米处	弧腹，小圈足。白胎较薄，内外壁施青色釉，釉不及底，足下露胎，外壁饰条状青花纹
瓷碗残片（彩图一二四）	金代	生活用具	瓷	1	李二口村长城 1 段 GPS0460（起点、拐点）处	平底，圈足。白色瓷胎，胎较厚。碗内壁施白釉，底有 4 个支钉痕迹；外壁施釉不及底，釉色白中泛黄，釉层薄
瓷灯碗残片（彩图一二五、一二六）	明代	生活用具	瓷	1	李二口村“错修长城”墙体西侧耕地内	圆唇，斜腹，平底。瓷胎较厚，胎质较粗，足呈浅黄。碗内壁施褐色釉。口径 4.5、底径 3.3、通高 1.3 厘米
瓷瓮残片（彩图一二七）	清代	生活用具	瓷	1	李二口村烽火台东南侧地面	直口瓮的口沿部分，圆唇，宽折沿，口微敛，弧腹，胎色白中泛黄，胎质粗，内外壁施褐色釉，釉薄，无开片
瓷碗残片	辽金时期	生活用具	瓷	1	薛三墩村长城 1 段墙体西侧地面	瓷碗底部。碗壁斜直，圈足较矮，瓷胎较厚重，呈香灰色，内外壁施白色釉
筒瓦残片（彩图一二八）	明代	建筑构件	陶	1	白羊口村 2 号敌台南侧地面	泥质灰陶。瓦面半圆形，凸面素面，凹面饰布纹，瓦舌短小，瓦径 11.6、厚 1.3 ~ 1.5、瓦舌长 1.8 厘米
瓷瓶残片（彩图一二九）	明代	生活用具	瓷	1	水磨口村长城 1 段墙体南侧	鸡腿瓶底足残件。斜腹，圈足。内外壁施黑釉，釉色中有窑变形成的红斑，釉不及底，底足无釉，有流釉痕。系大同忻州窑代表器形
残砖雕构件	明代	建筑构件	陶	1	新平堡内一民居门前	条砖雕磨制作而成，为枋木结构中斗拱中的昂方形状，砖厚 5.2、昂高 14.5 厘米
青花盘残片（彩图一三〇）	明代	生活用具	瓷	1	新平堡东堡墙内侧	盘底较平，矮圈足。瓷胎白色、细密、较薄，器表内外满施釉，仅足底露胎，盘内外壁有青花缠枝花纹

二　长城资源调查资料分析

（一）长城墙体

1. 长城墙体的材质类型及建筑方式、形制

天镇县长城墙体类型有土墙、石墙和山险三类。以土墙为主，石墙次之，仅见1段山险，长49米（表8）。

表8　天镇县长城墙体类型一览表

类型	段数	长度（米）	百分比（%）
土墙	45	47917	77
石墙	18	14247	22.9
山险	1	49	0.1
合计	64	62213	100

（1）土墙

天镇县土墙共45段，长47917米（表9）。

表9　天镇县土墙建筑方式及形制一览表

长城墙体段名称	建筑材料	夯层厚度（米）	剖面形制	尺寸（米）		
				底宽	顶宽	残高
平远头村长城1段	黄土夯筑而成，含砂砾	0.18～0.3	不规则梯形	1～8	0.1～2	2～4
平远头村长城2段	黄土夯筑而成，含砂砾	0.18～0.3	不规则梯形	3.5	0.1～2	2～4
八墩村长城1段	黄土夯筑而成，含砂砾	0.16～0.2	不规则梯形	3	0.1～3	2～4
八墩村长城2段	黄土夯筑而成，含砂砾	0.2～0.25	不规则梯形	3～5	1～1.5	1.5～3
八墩村长城3段	黄土夯筑而成，含砂砾	0.23～0.3	不规则梯形	3～5	0.5～1.5	1.2～2.5
八墩村长城4段	黄土夯筑而成，含砂砾、碎石	0.12～0.18	不规则梯形	3～5	0.5～2	1～3
十六墩村长城1段	黄土夯筑而成，含砂砾	0.15～0.17	不规则梯形	4～7	0.5～3	1～3
十六墩村长城2段	黄土夯筑而成，含砂砾	0.18～0.26	不规则梯形	4～6	1～2	1.5～2.5
二十墩村长城	黄土夯筑而成，含砂砾	0.18～0.26	不规则梯形	5～6	1～3	1～2.5
新平尔村长城1段	黄土夯筑而成，含砂砾	0.18～0.25	不规则梯形	4～5	1～3	1～5
新平尔村长城2段	黄土夯筑而成，含砂砾、少量料礓石	0.18～0.21	不规则梯形	4～6	0.5～2.5	3～6
双山长城18段	黄土夯筑而成，含砂砾	0.22～0.25	不规则梯形	3～4	0.5～1	1.5～2.2
西马市村长城1段	黄土夯筑而成，含砂砾	0.14～0.2	不规则梯形	5～6	0.4～3.7	4～4.5
西马市村长城2段	黄土夯筑而成，含砂砾	0.12～0.22	不规则梯形	5～6	1.7～2	1～5.5
西马市村长城3段	黄土夯筑而成，含砂砾	0.17～0.26	不规则梯形	2～4	0.2～0.6	1～3
新平堡村长城1段	黄土夯筑而成	0.18～0.23	不规则梯形	2～6	0.2～1.7	1.8～4

续表 9

长城墙体段名称	建筑材料	夯层厚度（米）	剖面形制	尺寸（米）		
				底宽	顶宽	残高
新平堡村长城 2 段	黄土夯筑而成	0.1～0.16	不规则梯形	3～6	0.2～2	0.5～5
新平堡村长城 3 段	黄土夯筑而成	0.2～0.27	不规则梯形	4～6	1～3	1.5～6
新平堡村二道边长城	黄土夯筑而成	0.18～0.25	不规则梯形	1.5～6	0.2～3	0.5～4
保平堡村长城 1 段	黄土夯筑而成，含少量砂砾	0.25～0.3	不规则梯形	4～6	0.5～3	1.8～5
保平堡村长城 2 段	黄土夯筑而成，含少量砂砾、料礓石	0.24～0.3	不规则梯形	4～6	0.5～2.5	0.6～4.5
保平堡村长城 3 段	黄土夯筑而成，含少量砂砾、料礓石	0.23～0.3	不规则梯形	4～6	0.3～1	2～4
保平堡村长城 4 段	黄土夯筑而成，含少量砂砾、料礓石	0.28	不规则梯形	4～6	0.5	0.6～2.3
保平堡村长城 5 段	黄土夯筑而成	0.24～0.3	不规则梯形	6	2～4.5	5.5
杏园窑村长城 1 段	黄土夯筑而成	0.2～0.27	不规则梯形	6	2	3～4
杏园窑村长城 2 段	黄土夯筑而成，夯层间有红土粘接层	0.17～0.2、粘接层厚 0.03～0.05	不规则梯形	4～6	0.8～2	3～5
杏园窑村长城 3 段	黄土夯筑而成，含少量砂砾，夯层间有红土粘接层	0.2～0.25、粘接层厚 0.03～0.05	不规则梯形	4～6	1～2	3～6
杏园窑村长城 4 段	黄土夯筑而成，部分段夯层间有砂石层	0.17～0.28、砂石层厚 0.03～0.06	不规则梯形	3～5	0.7～2	3～5
四方墩村长城 1 段	黄土夯筑而成，部分段夯层间有砂石层	0.17～0.28、砂石层厚 0.03～0.06	不规则梯形	3～5	0.3～2	3～5
四方墩村长城 2 段	黄土夯筑而成，含砂砾和少量石块	0.2～0.24	不规则梯形	3～4.3	0.7～1	1～2.5
对井沟村长城	黄土夯筑而成，部分段夯层间有砂石层	0.1～0.18、砂石层厚 0.05～0.12	不规则梯形	4～6	0.5～1.3	2～4.3
红土沟村长城 1 段	黄土夯筑而成，含砂砾、碎石，夯层间有砂石层	0.1～0.18、砂石层厚 0.1～0.15	不规则梯形	4～6	0.5～2	2～3.5
红土沟村长城 2 段	黄土夯筑而成，含砂砾、碎石	不详	不规则梯形	3～4.5	1～1.5	1～2
李二口村长城 1 段	黄土夯筑而成，含少量砂砾、碎石	0.12～0.2	不规则梯形	5～6	0.8～2.5	2.5～5
李二口村长城 2 段	黄土夯筑而成，含少量砂砾、碎石	0.15～0.2	不规则梯形	6	4～5	6～9
李二口村“错修长城”	黄土夯筑而成，部分段夯层间有砂石层	0.14～0.22、砂石层厚 0.06～0.1	不规则梯形	1～6	0.5～3	0.8～6
薛三墩村长城 1 段	黄土夯筑而成	0.14～0.24	不规则梯形	5～6	0.1～2	2～5.5
薛三墩村长城 2 段	黄土夯筑而成	0.12～0.2	不规则梯形	4～6	1～2.5	1～6
袁治梁村长城	黄土夯筑而成	0.18～0.24	不规则梯形	4～6	1～3	5～7
白羊口村长城	黄土夯筑而成	0.18～0.24	不规则梯形	4～6	1～3	5～7
化皮庙村长城	黄土夯筑而成，含少量砂砾、碎石	0.18～0.23	不规则梯形	4～6	1～3	4～6
榆林口村长城	黄土夯筑而成，含少量砂砾、碎石	0.18～0.24	不规则梯形	1～6	0.4～3	1～6
六墩村长城	黄土夯筑而成，含少量砂砾、碎石	0.18～0.25	不规则梯形	4～6	1～3	2～6

续表 9

长城墙体段名称	建筑材料	夯层厚度（米）	剖面形制	尺寸（米）		
				底宽	顶宽	残高
水磨口村长城 1 段	黄土夯筑而成，含少量砂砾、碎石，部分段夯层间有砂石层	0.14～0.24、砂石层厚 0.04～0.08	不规则梯形	2.5～6	1～3	1～4.5
水磨口村长城 2 段	黄土夯筑而成，含少量砂砾、碎石，部分段夯层间有砂石层	0.16～0.3	不规则梯形	3～6	1～2.5	1～6

天镇县土墙的建筑材料主要是黄土，多数含有砂砾、碎石等，夯筑而成，夯层厚 0.1～0.3 米，以 0.15～0.25 米（A 类）较多，占全部土墙的占 40.6%，夯层厚度最厚大于 0.25（C 类）、最薄小于 0.15 米（B 类），各占 1/4 多。部分长城段黄土夯层间夹杂着红色胶泥土粘接层或砂石层，红土粘接层厚 0.03～0.05 米，砂石层厚 0.03～0.15 米（图七〇；表 10、11）。

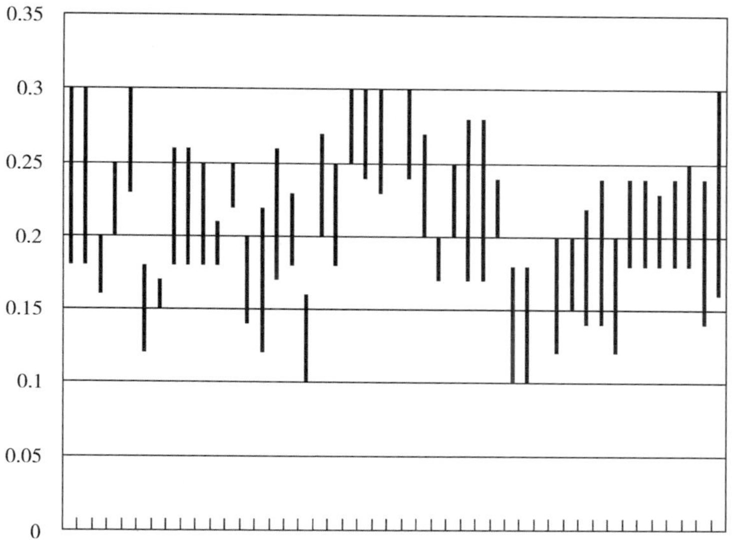

图七〇　天镇县土墙夯层厚度分布范围示意图

表 10　天镇县土墙建筑材料统计表

建筑材料	段数	长度（米）	百分比（%）	备注
纯黄土夯筑而成	10	13457	28.1	
黄土夯筑而成，含砂砾、碎石或料礓石	26	24634	51.4	
黄土夯筑而成，或含砂砾，夯层间有红土粘接层	2	692	1.4	粘接层厚 0.03～0.05 米
黄土夯筑而成，夯层间有砂石层	1	1224	2.6	砂石层厚 0.1～0.15 米
黄土夯筑而成，或含砂砾、碎石，部分夯层间有砂石层	6	7910	16.5	砂石层厚 0.03～0.12 米
合计	45	47917	100	

表11　天镇县土墙夯层厚度统计表

	夯层厚度分类	夯层厚度（米）	段数	长度（米）	百分比（%）
A类	0.15～0.25米	0.15～0.25	17	19476	40.6
B类	最薄<0.15、≥0.1米	0.1～0.24	11	13318	27.8
C类	最薄<0.1米	无	0	0	0
D类	最厚>0.25米	0.16～0.3	16	13807	28.8
E类	不详	不详	1	1316	2.8
合计		0.1～0.3	45	47917	100

天镇县土墙剖面均大致呈不规则梯形，底宽1～8、顶宽0.1～5、残高0.5～9米。若以底宽长短而论，大多3～6米，计37段，另有6段1～6米、1段1～8米、1段4～7米（表12）。高度方面，一个值得注意的现象，部分段两侧高度明显有别，其中杏园窑村长城2～4段、四方墩村长城1段面向内蒙古一侧要高于面向山西省一侧2～3米；双山长城18段面向内蒙古一侧略低于山西省一侧0.1～1.7米。说明长城系从山西省一侧防御内蒙古一侧的进攻，至于双山长城18段很可能是保存方面的原因。

表12　天镇县土墙底宽长度分类统计表

	底宽（米）	段数	长度（米）	百分比（%）	备注
A类	3～6	37	37106	77.4	
B类	1～6	6	9464	19.8	不含A类段
C类	1～8	2（其中一段4～7米）	1347	2.8	不含A、B类段
合计	1～8	45	47917	100	

墙体设施由于保存方面的原因，目前所见很少，仅发现登城步道和垛口。

登城步道发现9处，见于李二口村长城2段（1处）、袁治梁村长城（1处）、白羊口村长城（3处）、化皮庙村长城（2处）、榆林口村长城（2处），位于敌台一侧或两侧。原应为阶梯式，现存为斜坡式。有测量宽度数据的2处，李二口村长城2段的宽2～3米，袁治梁村长城的宽0.5～1米。李二口村长城2段的登城步道，存有两旁的护墙，墙体宽0.3～0.55米。

垛口仅见于李二口村长城2段，G0470（李二口村6号敌台）—G0471（李二口村7号敌台）间墙体顶部残存垛口，长2～10、宽0.3、残高0.3～1.5米。

（2）石墙

天镇县石墙共18段，长14247米。

双山长城1～8段、10～17段墙体系土石混筑而成，自然基础，结构为两侧石块垒砌、中间堆以碎石泥土的石墙，两侧石块大小不一，形状不规则，长10～70厘米。现存墙体剖面大致呈不规则梯形，底宽1～3、顶宽0.9～2.1、残高0.1～1.4米。

红土沟村长城3、4段墙体系土石混筑而成，现存墙体剖面大致呈不规则梯形，底宽3～4、顶宽1、残高0.3～2米。

（3）山险

天镇县山险共1段，长49米。

双山长城9段利用陡峭悬崖将两端石墙连接。

2. 长城墙体的分布特点

天镇县长城从河北省怀安县马市口村、桃沟村分南、北路进入本县后，北路长城沿山西省与内蒙古自治区交界处，大致从东向西、从北向南延伸，至新平堡镇新平尔村与南路长城汇合后，继续沿着两省区交界处大致从北向南延伸，至红土沟村长城3段以后，长城仅在山西省境内分布。位于两省区交界处的长城墙体有40段，计31387米，占天镇县长城墙体的50.5%。

从所经乡镇来说，天镇县长城墙体位于天镇县北部新平堡镇、逯家湾镇和谷前堡镇，新平堡镇最多，有51段，长43550米；逯家湾镇有6段，长7648米；谷前堡镇有7段，长11015米（表13）。

表13　天镇县长城墙体分布省域、镇域一览表

省属	段数	长度（米）	百分比（%）	乡镇属	段数	长度（米）	百分比（%）
合计	64	62213	100	合计	64	62213	100

天镇县南路长城包括平远头村长城1、2段，八墩村长城1～4段，十六墩村长城1、2段，二十墩村长城，新平尔村长城1段，位于位于西洋河谷地北侧，沿大梁山南侧山脚延伸，所在地势较低且平缓。北路长城包括双山长城1～18段，其中双山长城1～17段构筑于双山山脊上，所在地势较高，起伏不平，双山长城18段构筑于双山南侧的山脚缓坡地带。南路与北路长城汇合于新平尔村西后，从新平尔村长城2段开始，经西马市村长城1～3段、新平堡村长城1～3段、新平堡村二道边长城、分布于西洋河谷地两侧、大梁山和二郎山之间的平川、丘陵地带，所在地势较低且平缓。继之，保平堡村长城1～5段，杏园窑村长城1～4段，四方墩村长城1、2段，对井沟村长城，红土沟村长城1～4段，李二口村长城1、2段沿二郎山山梁延伸，所在地势较高，起伏不平，其中保平堡村长城1～5段位于二郎山北部低山地区、李二口村长城2段位于二郎山南部低山地区。天镇阳高盆地（南洋河谷地）北部边缘沿二郎山东南侧山脚缓坡地带分布有李二口村“错修长城”，薛三墩村长城1、2段。沿环翠山南侧山脚缓坡地带分布有袁治梁村长城，白羊口村长城，化皮庙村长城，榆林口村长城，六墩村长城，水磨口村长城1、2段，所在地势较低且平缓。

经统计，天镇县长城位于地势较低且平缓的平川、丘陵、山脚缓坡地带的有29段，长33450米；位于山地沿山脊延伸的有35段，长28763米。

结合天镇县长城墙体的三种类型可以看出，天镇县石墙和山险分布于山地，土墙多数位于河谷两侧平川、丘陵、山脚缓坡地带，部分构筑于山地（长14467米，占全部土墙的30.2%）。这说明当时是就地取材建造长城。

3. 长城墙体的保存状况

（1）土墙

详见下表（表14）。

表14　天镇县土墙保存状况一览表（单位：米）

长城墙体段名称	总长	保存较好	保存一般	保存较差	保存差	消失	类型	省/县属
平远头村长城1段	356	0	0	335	0	21	土墙	天镇县
平远头村长城2段	726	0	262	345	0	119	土墙	天镇县

续表 14

长城墙体段名称	总长	保存较好	保存一般	保存较差	保存差	消失	类型	省/县属
八墩村长城 1 段	354	0	0	292	62	0	土墙	天镇县
八墩村长城 2 段	277	0	0	241	0	36	土墙	天镇县
八墩村长城 3 段	303	0	0	159	0	144	土墙	天镇县
八墩村长城 4 段	1200	0	634	38	0	528	土墙	天镇县
十六墩村长城 1 段	991	0	868	40	0	83	土墙	天镇县
十六墩村长城 2 段	1592	1184	180	0	0	228	土墙	天镇县
二十墩村长城	1592	541	828	0	0	223	土墙	天镇县
新平尔村长城 1 段	1254	0	1031	0	0	223	土墙	天镇县
新平尔村长城 2 段	611	518	0	0	0	93	土墙	天镇县/兴和县
双山长城 18 段	292	0	292	0	0	0	土墙	天镇县/兴和县
西马市村长城 1 段	654	624	0	0	0	30	土墙	天镇县/兴和县
西马市村长城 2 段	1054	0	0	492	0	562	土墙	天镇县/兴和县
西马市村长城 3 段	310	0	0	247	0	63	土墙	天镇县/兴和县
新平堡村长城 1 段	1031	780	105	146	0	0	土墙	天镇县/兴和县
新平堡村长城 2 段	698	303	77	302	0	16	土墙	天镇县/兴和县
新平堡村长城 3 段	1150	0	1150	0	0	0	土墙	天镇县/兴和县
新平堡村二道边长城	3518	0	281	961	101	2175	土墙	天镇县
保平堡村长城 1 段	1634	1076	558	0	0	0	土墙	天镇县/兴和县
保平堡村长城 2 段	922	474	448	0	0	0	土墙	天镇县/兴和县
保平堡村长城 3 段	611	0	365	246	0	0	土墙	天镇县/兴和县
保平堡村长城 4 段	350	0	0	350	0	0	土墙	天镇县/兴和县
保平堡村长城 5 段	330	330	0	0	0	0	土墙	天镇县/兴和县
杏园窑村长城 1 段	260	260	0	0	0	0	土墙	天镇县/兴和县
杏园窑村长城 2 段	352	142	210	0	0	0	土墙	天镇县/兴和县
杏园窑村长城 3 段	340	340	0	0	0	0	土墙	天镇县/兴和县
杏园窑村长城 4 段	1069	542	246	0	0	281	土墙	天镇县/兴和县
四方墩村长城 1 段	1212	53	602	557	0	0	土墙	天镇县/兴和县
四方墩村长城 2 段	1176	0	492	684	0	0	土墙	天镇县/兴和县
对井沟村长城	1439	0	1274	165	0	0	土墙	天镇县/兴和县
红土沟村长城 1 段	1224	0	404	475	327	18	土墙	天镇县/兴和县
红土沟村长城 2 段	1316	0	0	1316	0	0	土墙	天镇县/兴和县
李二口村长城 1 段	1400	973	427	0	0	0	土墙	天镇县
李二口村长城 2 段	832	832	0	0	0	0	土墙	天镇县
李二口村“错修长城”	1623	131	80	870	0	542	土墙	天镇县
薛三墩村长城 1 段	964	0	856	0	0	108	土墙	天镇县
薛三墩村长城 2 段	1885	932	88	0	0	865	土墙	天镇县
袁治梁村长城	1773	1611	0	0	0	162	土墙	天镇县
白羊口村长城	1848	905	270	0	0	673	土墙	天镇县

续表 14

长城墙体段名称	总长	保存较好	保存一般	保存较差	保存差	消失	类型	省/县属
化皮庙村长城	1626	657	676	0	0	293	土墙	天镇县
榆林口村长城	1805	526	124	339	0	816	土墙	天镇县
六墩村长城	1396	951	269	0	0	176	土墙	天镇县
水磨口村长城 1 段	1177	0	944	233	0	0	土墙	天镇县
水磨口村长城 2 段	1390	12	206	0	0	1172	土墙	天镇县
合计	47917	14697	14247	8833	490	9650		
百分比（%）	100	30.7	29.7	18.4	1	20.2		

（2）石墙

详见下表（表 15）。

表 15　天镇县石墙保存状况一览表（单位：米）

长城墙体段名称	总长	保存较好	保存一般	保存较差	保存差	消失	类型	省/县属
双山长城 1 段	450	0	0	0	450	0	石墙	天镇县/兴和县
双山长城 2 段	611	0	0	100	511	0	石墙	天镇县/兴和县
双山长城 3 段	528	0	0	0	528	0	石墙	天镇县/兴和县
双山长城 4 段	697	0	0	0	697	0	石墙	天镇县/兴和县
双山长城 5 段	655	0	0	0	655	0	石墙	天镇县/兴和县
双山长城 6 段	681	0	0	0	681	0	石墙	天镇县/兴和县
双山长城 7 段	789	0	0	49	740	0	石墙	天镇县/兴和县
双山长城 8 段	609	0	0	141	468	0	石墙	天镇县/兴和县
双山长城 10 段	605	0	0	302	303	0	石墙	天镇县/兴和县
双山长城 11 段	574	0	0	0	574	0	石墙	天镇县/兴和县
双山长城 12 段	782	0	0	0	782	0	石墙	天镇县/兴和县
双山长城 13 段	715	0	0	0	511	204	石墙	天镇县/兴和县
双山长城 14 段	742	0	0	0	742	0	石墙	天镇县/兴和县
双山长城 15 段	754	0	0	0	754	0	石墙	天镇县/兴和县
双山长城 16 段	1374	0	0	165	695	514	石墙	天镇县/兴和县
双山长城 17 段	1437	0	0	124	213	1100	石墙	天镇县/兴和县
红土沟村长城 3 段	1300	0	0	1300	0	0	石墙	天镇县/兴和县
红土沟村长城 4 段	944	0	0	0	944	0	石墙	天镇县
合计	14247	0	0	2181	10248	1818		
百分比（%）	100	0	0	15.3	71.9	12.8		

(3) 山险

详见下表(表16)。

表16 天镇县山险保存状况一览表(单位:米)

长城墙体段名称	总长	保存较好	保存一般	保存较差	保存差	消失	类型	省/县属
双山长城9段	49	49	0	0	0	0	山险	天镇县/兴和县
合计	49	49	0	0	0	0		
百分比(%)	100	100	0	0	0	0		

长城墙体土墙多数保存较好或一般,占60.4%,消失占20.2%,保存差占1%。石墙则大多数保存差,占71.9%,保存较差15.3%,消失12.8%,未见保存较好或一般的段落。土墙遭受损毁消失的自然因素主要有洪水冲刷、风雨侵蚀、植物生长等,洪水冲刷致使墙体消失,风雨侵蚀、植物生长等造成墙体坍塌脱落,表面凹凸不平,有裂缝、沟槽、孔洞;土墙多数位于村庄、耕地内或附近,人为损毁严重,除盖房拆毁、筑路挖断、扩田种地挖毁、人为取土挖毁等使墙体消失外,盖房利用、占用或挖损、人畜踩踏以及将墙体挖低形成土路、墙体上挖掘洞穴等也是墙体遭受损毁的重要因素。石墙由于风雨侵蚀、植物生长、山体滑坡等因素,墙体坍塌脱落严重,少数段墙体消失,墙体较低矮或低矮,仅存地面痕迹,石块散落于两侧山坡;由于石墙均位于人迹罕至的山地,面临的人为损毁因素主要是人畜踩踏等。

(二) 关堡

天镇县只发现有堡(包括天城城),未发现关。

1. 城堡的形制、残存设施和遗迹

详见下表(表17)。

表17 天镇县城堡形状、尺寸、残存设施遗迹及保存状况一览表

名称	形状	边长(米)	周长(米)	面积(平方米)	残存设施遗迹	保存状况
平远堡	矩形,坐北朝南	350	1400	56435	部分堡墙、马面4座	差
新平堡	矩形,坐西朝东	450	1800	247500	部分堡墙、北门、街道4条、玉皇阁、参将署	较差
保平堡	矩形,坐西朝东	160	640	25600	堡墙、东门、角台4座、马面3座、挡马墙	一般
桦门堡	矩形,坐西北朝东南	东北西南120、东南西北65	490	9400	堡墙、东门,瓮城、角台、堡内建筑基址	一般
永嘉堡	矩形,坐北朝南	400	1600	160000	部分堡墙、东门、角台2座、马面9座、堡内矮墙	一般

续表 17

名称	形状	边长（米）	周长（米）	面积（平方米米）	残存设施遗迹	保存状况
瓦窑口堡	矩形，坐东北朝西南	东北西南 224、东南西北 166	780	37117	部分堡墙、马面 1 座	较差
白羊口堡	矩形，坐北朝南	东西 140、南北 110	500	15400	堡墙、角台 4 座、马面 1 座	较差
镇口堡	矩形，坐北朝南	160	640	25600	北墙，角台 1 座	差
天城城	矩形，坐北朝南	东西 1000、南北 1200	4400	13105725	部分城墙，西门、北门、北门外瓮城、街道 4 条、慈云寺	差
薪关堡	凸字形，坐西南朝东北，由北侧大城和南侧小城组成，大小城平面均呈矩形	大城东西 280、南北 240，小城边长 90	大城 1040、小城 360，大、小城总计 1410	大城 67200、小城 8100，大、小城总计 75300	部分堡墙、小城西门、小城角台 2 座	较差

天镇县城堡平面均呈矩形，其中薪关堡由一大一小两座矩形城堡组成，平面呈凸字形。多为坐北朝南或坐西朝东，少数为坐东北朝西南或坐西北朝东南、坐西南朝东北，共同特征均面向山西省一侧。城堡的规模按周长和面积大致可划分为大、中、小三类，以周长 900、1500 米为界，面积以 5 万、10 万平方米为界（表 18）。

表 18　天镇县城堡大小分类一览表

分类	标准	周长（米）	面积（平方米）	关堡	数量（座）
大型	周长 1500 米以上 面积 10 万平方米以上	1600 ~ 4400	160000 ~ 13105725	天城城、新平堡、永嘉堡	3
中型	周长 900 ~ 1500 米 面积 5 万 ~ 10 万平方米	1310 ~ 1400	56435 ~ 75300	薪关堡、平远堡	2
小型	周长 900 米以下 面积 5 万平方米以下	490 ~ 780	9400　~ 37117	瓦窑口堡、保平堡、镇口堡、白羊口堡、桦门堡	5

城堡墙体均为砖墙，外部砖石混砌，内部为夯土墙体。仅存桦门堡堡墙砖石，其余仅存内部夯土墙。夯土墙为黄土夯筑而成，部分城堡墙体黄土内含砂砾，夯层厚 0. 12 ~ 0. 3 米，半数介于 0. 16 ~ 0. 24 米，这种夯层厚度的特点与长城墙体相符合。需要注意的是，米薪关堡小城墙体夯层厚 0. 08 米，明显薄于大城的 0. 12 ~ 0. 3 米，说明两城并非同时所筑，通过比较大小城堡墙的底宽、顶宽、残高数据，也反映大小两城并非同时所筑。至于何者早，因未发现遗物，无法判断（表 19）。

表 19　天镇县城堡墙体建筑方式及尺寸一览表（单位：米）

名称	墙体建筑方式	夯筑材料	夯层厚度	尺寸		
				底宽	顶宽	残高
平远堡	原为砖墙，现仅存内部夯土墙	黄土夯筑而成，含砂砾	0.16	6	0.5～1	3～5
新平堡	原为砖墙，现仅存内部夯土墙	黄土夯筑而成	不详	4～6.5	0.5～3	0.5～5
保平堡	原为砖墙，现仅存内部夯土墙	黄土夯筑而成	0.26～0.29	6.4	1.3～3.2	4.8～6.6
桦门堡	砖墙，外部砖石混砌，内部为夯土墙	黄土夯筑而成	0.12～0.25	5～8	1～3	5～10
永嘉堡	原为砖墙，现仅存内部夯土墙	黄土夯筑而成，含砂砾	0.2～0.3	6	0.5～1	5～11
瓦窑口堡	原为砖墙，现仅存内部夯土墙	黄土夯筑而成，含砂砾	0.16～0.2	6	0.5～2	2～8
白羊口堡	原为砖墙，现仅存内部夯土墙	黄土夯筑而成	0.16～0.22	4～6	1～3	0.5～5
镇口堡	原为砖墙，现仅存内部夯土墙	黄土夯筑而成，含大量砂砾	0.2～0.24	5～7	2～4	2～6
天城城	原为砖墙，现仅存内部夯土墙	黄土夯筑而成	不详	6	1.5	4～8
薪关堡	原为砖墙，现仅存内部夯土墙	黄土夯筑而成	大城 0.16～0.2	5	0.5～2	2～5
			小城 0.08	8	1	13

至于除城堡墙体外的设施和遗迹，由于保存原因，现存并不能反映其原始风貌。主要设施遗迹的种类有堡门、角台、马面和瓮城等常见的墙体设施。需要提一下，永嘉堡内有东西向矮墙，将堡内分为南北两部分，据载称为南、北营，南营住家眷，北营驻官兵。瓦窑口堡可能也有类似的堡内矮墙。

2. 城堡的分布特点

（1）城堡所处地势及与长城的位置关系

天镇县城堡多数分布于西洋河谷地和天镇阳高盆地（南洋河谷地）的平川地带及两侧山脚缓坡地带和地势较高的山顶，视野开阔，扼守险要。只有桦门堡是少有的分布于二郎山高山地区的城堡。平远堡、新平堡、保平堡、桦门堡、瓦窑口堡、白羊口堡、镇口堡位于长城墙体南侧或东侧 0.15～3.2 千米，永嘉堡、天城城、薪关堡距长城很远，位于长城墙体东侧或南侧 9～20.5 千米（表 20）。

表 20　天镇县城堡所处地势及与长城的位置关系一览表

名称	地势位置	与长城的位置关系
平远堡	西洋河谷地平川地带，南侧紧邻西洋河河道	平远头村长城 2 段南 3.1 千米
新平堡	西洋河谷地平川地带，南侧紧邻西洋河河道	新平堡村长城 1 段东 1 千米，新平堡村二道边长城东 0.82 千米
保平堡	西洋河谷地南侧山顶	平堡村长城 1 段东 1.2～2 千米
桦门堡	二郎山桦岭之上，四周为陡坡	红土沟村长城 1 段红土沟村 5 号敌台东 0.536 千米
永嘉堡	南侧紧邻南洋河河道，周围地势较平坦	李二口村长城 2 段东 14 千米
瓦窑口堡	北依清凉山，西邻南洋河支流“大河”河道	红土沟村长城 3 段、4 段东 3.2 千米
白羊口堡	天镇阳高盆地（南洋河谷地）的北部边缘，环翠山南侧山脚缓坡地带	白羊口村长城南 0.15 千米

续表 20

名称	地势位置	与长城的位置关系
镇口堡	天镇阳高盆地（南洋河谷地）的北部边缘，环翠山南侧山脚缓坡地带	水磨口村长城 2 段南 0.18 千米
天城城	天镇阳高盆地（南洋河谷地）平川地带，北邻南洋河	袁治梁村长城、白羊口村长城南 9 千米
薪关堡	北依沙梁坡，西、南邻季节性河流	袁治梁村长城、白羊口村长城南 20.5 千米

（2）城堡与烽火台的位置关系

多数堡附近分布有或多或少的烽火台，将堡和长城墙体联系起来。值得注意的是，天城城附近未发现烽火台，最近的鲍家屯村烽火台距天城城 6 千米。据《宣大山西三镇图说》载，天城城分管火路墩 31 座。因此很有可能天城城附近的烽火台消失。桦门堡附近烽火台数量很少，仅两座，即四方墩村南烽火台、四方墩村西南烽火台，这与《宣大山西三镇图说》所载相符，也是高山地区设置烽火台的一个特点，即分布稀少（参见烽火台部分）。

3. 城堡的保存状况

天镇县城堡多数保存较差或差。除由于洪水冲刷、风雨侵蚀、植物生长等自然因素造成损毁外；由于多数有居民居住，人为因素损毁也很严重，如拆毁堡墙砖石、取土挖损、筑路挖损、盖房利用、占用或挖损墙体、墙体上挖掘洞穴、人畜踩踏等，造成堡墙及墙体设施的损毁甚至消失。城堡内建筑多数无存，仅新平堡、天城城内由于部分建筑得到修缮，保存下来。保平堡、桦门堡居民已外迁，面临的威胁主要是自然因素损毁。

如果将实测数据对照《宣大山西三镇图说》和《三云筹俎考》所记载城堡周长和堡墙高度，可以看出天镇县城堡的周长大致与文献记载相符，堡墙高度远远低于原始高度，这也是城堡遭受损毁的一个重要反映（表 21）。

表 21　天镇县城堡实测周长和堡墙高度与文献对照表[1]

名称	城堡周长			堡墙高度		
	文献记载（里）	换算公制（米）	实测（米）	文献记载（丈）	换算公制（米）	实测（米）
平远堡	2.8	1344	1400	3.5	11.2	3～5
新平堡	3.6	1728	1800	3.5	11.2	0.5～5
保平堡	1.6/1.7	768/816	640	3.5	11.2	4.8～6.6
桦门堡	0.7 多	>336	490	3.98/3.9	12.7/12.5	5～10
永嘉堡	3.4/2.5	1632/1200	1600	3.6	11.5	5～11
瓦窑口堡	1/1.6	480/768	780	3.5	11.2	2～8
镇宁堡	1.2	576	500	3.5	11.2	0.5～5
镇口堡	1.3	624	640	3.5	11.2	2～6
天城城	9 有奇	>4320	4400	3.9	12.5	4～8

〔1〕《三云筹俎考》的记载有些与《宣大山西三镇图说》有出入，列在斜线右侧。

（三）单体建筑

1. 敌台

（1）敌台的类型及建筑方式

天镇县敌台绝大多数骑墙而建，仅化皮庙村 2 号敌台为倚墙而建，位于墙体北侧。材质类型绝大多数为土质，仅白羊口村 2 号敌台为砖质。

土质敌台的建筑材料主要是黄土，多数含有砂砾、碎石等，夯筑而成。如果与长城土墙进行对比，天镇县土质敌台所用的建筑材料一致，同时更多的使用黄土或含有砂砾、碎石等的黄土进行夯筑。

土质敌台夯层厚 0. 06 ~0. 3 米。按长城土墙五类夯层厚度进行统计，夯层厚大多数为 0. 15 ~0. 25 米（A 类），占全部土质敌台的 64. 6%，要大于土墙同类厚度的比例（40. 6%）。其次是夯层最薄小于 0. 15、大于 0. 1 米（B 类），所占比例 21. 2%。有很少量土质敌台黄土夯层间夹杂着红色胶泥土粘接层或砂石层，红土粘接层厚 0. 03 米，砂石层厚 0. 03 ~0. 06 米（表 22、23）。

总体而言，天镇县土质敌台的建筑材料、夯层厚度显示出与长城土墙较大的一致性，又有一些自身的特点。一方面更偏重于使用含有砂砾、碎石等的黄土，另一方面夯层厚度更集中于 0. 1 ~0. 25 米（A、B 类，85. 8%），夯层厚度大于 0. 25 米的比例（D 类，5. 5%）明显少于长城土墙的同类夯层厚度比例（D 类，28. 8%）。

表 22　天镇县土质敌台建筑材料统计表

建筑材料	数量（座）	百分比（%）	备注
纯黄土夯筑而成	44	34. 6	
黄土夯筑而成，含砂砾、碎石或料礓石	80	63	
黄土夯筑而成，夯层间有红土粘接层	1	0. 8	粘接层厚 0. 03 米
黄土夯筑而成，夯层间有砂石层	2	1. 6	砂石层厚 0. 03 ~0. 06 米
合计	127	100	

表 23　天镇县土质敌台夯层厚度统计表

	夯层厚度分类（米）	夯层厚度（米）	数量（座）	百分比（%）
A 类	0. 15 ~0. 25	0. 15 ~0. 25	82	64. 6
B 类	最薄 <0. 15，≥0. 1	0. 1 ~0. 22	27	21. 2
C 类	最薄 <0. 1	0. 06 ~0. 2	3	2. 4
D 类	最厚 >0. 25	0. 18 ~0. 3	7	5. 5
E 类	不详	不详	8	6. 3
合计		0. 06 ~0. 3	127	100

砖质敌台仅白羊口村 2 号敌台 1 座，原为砖砌，现存内部夯土台体。夯土台体为黄土夯筑而成，夯层厚 0. 18 ~0. 22 米。台体南壁东西两侧各有一道竖直凹槽，对称布局，宽 0. 5、深 0. 5 米，为咬合壁面包砖而设。可以看出，该敌台夯层厚度与附近几座土质敌台一致。

（2）敌台形制

天镇县土质敌台的平面形制有矩形、圆形两类，剖面形制均呈梯形。矩形台体92座，圆形台体35座。

土质矩形敌台底部周长11.8～59.7、残高2.2～13米，土质圆形敌台底部周长11.8～48.7、残高1.5～8.5米。由于保存方面的原因，这些数据不能完全反映敌台的原始尺寸（表24、25）。

表24　天镇县土质矩形敌台形制及保存状况一览表（单位：米）

名称	平面形制	剖面形制	底部周长	残高	保存状况
平远头村1号敌台	矩形	梯形	14.9	4.1	较差
平远头村2号敌台	矩形	梯形	37.6	6	一般
平远头村3号敌台	矩形	梯形	56	8.8～9.5	一般
八墩村1号敌台	矩形	梯形	27.1	3.9	一般
八墩村2号敌台	矩形	梯形	41.6	9	较好
八墩村3号敌台	矩形	梯形	45.7	7.8	较好
八墩村4号敌台	矩形	梯形	39.4	4.6	一般
八墩村5号敌台	矩形	梯形	42.9	8.5	较好
八墩村6号敌台	矩形	梯形	38	8	较好
十六墩村1号敌台	矩形	梯形	57	10	较好
十六墩村2号敌台	矩形	梯形	36.8	8.2	较好
十六墩村3号敌台	矩形	梯形	40.09	9.2	较好
十六墩村4号敌台	矩形	梯形	40	7.5	较好
十六墩村5号敌台	矩形	梯形	15	5.2	较差
二十墩村1号敌台	矩形	梯形	42.1	10	较好
二十墩村2号敌台	矩形	梯形	21.1	5.5	一般
二十墩村3号敌台	矩形	梯形	41.6	7.5	一般
二十墩村4号敌台	矩形	梯形	25.5	2.2	较差
新平尔村1号敌台	矩形	梯形	41.6	8.8	较好
新平尔村2号敌台	矩形	梯形	34.3	5.9	较好
新平尔村3号敌台	矩形	梯形	33.8	8	较好
新平尔村4号敌台	矩形	梯形	51.8	7.5	较好
新平尔村5号敌台	矩形	梯形	58	7.5	较好
双山敌台	矩形	梯形	21	3.5	一般
西马市村1号敌台	矩形	梯形	54.3	7	较好
西马市村2号敌台	矩形	梯形	35.4	5.5	较好
西马市村3号敌台	矩形	梯形	27	5.7	一般
西马市村4号敌台	矩形	梯形	20.3	4	一般
西马市村5号敌台	矩形	梯形	41.1	7	较差
新平堡村1号敌台	矩形	梯形	59.7	8.4	较好
新平堡村2号敌台	矩形	梯形	36.3	6.5	较好
新平堡村3号敌台	矩形	梯形	40.8	6.8	一般

续表 24

名称	平面形制	剖面形制	底部周长	残高	保存状况
新平堡村 4 号敌台	矩形	梯形	32.1	6.4	较好
新平堡村 5 号敌台	矩形	梯形	43.9	8	较好
新平堡村 6 号敌台	矩形	梯形	49	9	较好
新平堡村 7 号敌台	矩形	梯形	49.4	9	较好
新平堡村 8 号敌台	矩形	梯形	50.1	6.5	较好
新平堡村 9 号敌台	矩形	梯形	50.6	8.5	较好
新平堡村二道边 1 号敌台	矩形	梯形	11.8	3.5	较差
保平堡村 1 号敌台	矩形	梯形	39.9	4.5	一般
保平堡村 2 号敌台	矩形	梯形	58.7	9.2	较好
保平堡村 3 号敌台	矩形	梯形	46.4	9.7	一般
保平堡村 5 号敌台	矩形	梯形	52	7.8	一般
保平堡村 6 号敌台	矩形	梯形	48.7	7.2	较好
保平堡村 7 号敌台	矩形	梯形	42.8	8.4	较好
保平堡村 8 号敌台	矩形	梯形	38.8	5.5	一般
保平堡村 9 号敌台	矩形	梯形	36.5	7.2	较好
保平堡村 10 号敌台	矩形	梯形	42.2	9.2	较好
杏园窑村 1 号敌台	矩形	梯形	39.6	8.2	较好
杏园窑村 2 号敌台	矩形	梯形	41.6	9.2	较好
杏园窑村 3 号敌台	矩形	梯形	53.6	9.2	较好
杏园窑村 4 号敌台	矩形	梯形	41.4	11.2	较好
杏园窑村 5 号敌台	矩形	梯形	33.4	5	一般
四方墩村 1 号敌台	矩形	梯形	26.1	5.5	一般
四方墩村 2 号敌台	矩形	梯形	34.1	7	一般
四方墩村 5 号敌台	矩形	梯形	21	6	一般
四方墩村 6 号敌台	矩形	梯形	31.1	6	一般
四方墩村 7 号敌台	矩形	梯形	34.1	6.4	较好
四方墩村 8 号敌台	矩形	梯形	32.2	7	一般
李二口村 2 号敌台	矩形	梯形	36	5	较差
李二口村 3 号敌台	矩形	梯形	37.4	8.3	较好
李二口村 4 号敌台	矩形	梯形	41.7	4.5~8.4	一般
李二口村 5 号敌台	矩形	梯形	45.6	10	一般
李二口村 6 号敌台	矩形	梯形	48.7	10.5	较好
李二口村 7 号敌台	矩形	梯形	51	13	较好
李二口村 8 号敌台	矩形	梯形	46.7	12.5	较好
薛三墩村 1 号敌台	矩形	梯形	43.7	8.2	较好
薛三墩村 2 号敌台	矩形	梯形	53	12	较好
薛三墩村 3 号敌台	矩形	梯形	49.1	10.4	较好
薛三墩村 4 号敌台	矩形	梯形	43.6	10.5	较好
薛三墩村 5 号敌台	矩形	梯形	52	12	较好

续表 24

名称	平面形制	剖面形制	底部周长	残高	保存状况
袁治梁村 1 号敌台	矩形	梯形	50. 7	10	较好
袁治梁村 2 号敌台	矩形	梯形	50. 1	11. 5	较好
袁治梁村 3 号敌台	矩形	梯形	49	11. 3	较好
袁治梁村 4 号敌台	矩形	梯形	40. 4	8. 2	一般
袁治梁村 5 号敌台	矩形	梯形	51. 2	11	较好
白羊口村 1 号敌台	矩形	梯形	48	9. 6	较好
白羊口村 3 号敌台	矩形	梯形	52	11	较好
白羊口村 4 号敌台	矩形	梯形	52	11	较好
化皮庙村 1 号敌台	矩形	梯形	54. 2	9. 3	较好
化皮庙村 2 号敌台	矩形	梯形	38. 9	8	较好
化皮庙村 3 号敌台	矩形	梯形	36	3. 5	较差
化皮庙村 4 号敌台	矩形	梯形	56	10. 5	较好
榆林口村 1 号敌台	矩形	梯形	47. 7	12	较好
榆林口村 2 号敌台	矩形	梯形	36. 8	8	一般
榆林口村 3 号敌台	矩形	梯形	48	9. 4	较好
六墩村 1 号敌台	矩形	梯形	56	12. 7	较好
六墩村 2 号敌台	矩形	梯形	55. 6	12. 3	较好
六墩村 3 号敌台	矩形	梯形	56. 9	11. 8	较好
水磨口村 1 号敌台	矩形	梯形	21. 6	6. 8	较差
水磨口村 2 号敌台	矩形	梯形	42. 7	9	一般
水磨口村 3 号敌台	矩形	梯形	56	12	一般

表 25　天镇县土质圆形敌台形制及保存状况一览表（单位：米）

名称	平面形制	剖面形制	底部周长	尺寸	保存状况
新平堡村二道边 2 号敌台	圆形	梯形	20. 4	3. 2	较差
新平堡村二道边 3 号敌台	圆形	梯形	11. 8	3. 1	较差
新平堡村二道边 4 号敌台	圆形	梯形	33	2	较差
新平堡村二道边 5 号敌台	圆形	梯形	25. 1	5	一般
新平堡村二道边 6 号敌台	圆形	梯形	48. 7	3. 5	较差
保平堡村 4 号敌台	圆形	梯形	45. 5	8. 5	较好
四方墩村 3 号敌台	圆形	梯形	36. 1	7. 5	一般
四方墩村 4 号敌台	圆形	梯形	40. 8	7. 5	较好
对井沟村 1 号敌台	圆形	梯形	31. 4	7. 2	较差
对井沟村 2 号敌台	圆形	梯形	31. 4	5	较差
对井沟村 3 号敌台	圆形	梯形	28. 9	7. 5	一般
对井沟村 4 号敌台	圆形	梯形	34	5	较差
对井沟村 5 号敌台	圆形	梯形	25	7	较差
对井沟村 6 号敌台	圆形	梯形	25	5. 2	较差

续表 25

名称	平面形制	剖面形制	底部周长	尺寸	保存状况
红土沟村 1 号敌台	圆形	梯形	25	5	较差
红土沟村 2 号敌台	圆形	梯形	27	4	较差
红土沟村 3 号敌台	圆形	梯形	25	4	较差
红土沟村 4 号敌台	圆形	梯形	37.7	1.5	较差
红土沟村 5 号敌台	圆形	梯形	28.3	5	较差
红土沟村 6 号敌台	圆形	梯形	31	4.8	较差
红土沟村 7 号敌台	圆形	梯形	28.2	6	一般
红土沟村 8 号敌台	圆形	梯形	25.1	5	一般
红土沟村 9 号敌台	圆形	梯形	31.4	2	较差
红土沟村 10 号敌台	圆形	梯形	30	2	较差
红土沟村 11 号敌台	圆形	梯形	28.4	4.9	较差
红土沟村 12 号敌台	圆形	梯形	33.4	5	较差
红土沟村 13 号敌台	圆形	梯形	27.8	3	较差
红土沟村 14 号敌台	圆形	梯形	39.5	4.5	较差
红土沟村 15 号敌台	圆形	梯形	40	6	一般
红土沟村 16 号敌台	圆形	梯形	38	5.5	较差
红土沟村 17 号敌台	圆形	梯形	45.6	2.5	较差
红土沟村 18 号敌台	圆形	梯形	31.4	5	较差
红土沟村 19 号敌台	圆形	梯形	25.1	6	较差
红土沟村 20 号敌台	圆形	梯形	30.1	7	较好
李二口村 1 号敌台	圆形	梯形	28.7	5	较差

土质敌台的附属设施有围墙、围墙内墩院院基、台基、通台体顶部的台体内踏道和台体外踏道等。有围墙或围墙痕迹的 56 座，围墙均位于敌台面向山西省一侧，其中 53 座围墙内存有墩院院基，墩院院基平面均呈矩形。有台基者发现 5 座，台基平面呈圆形者 4 座、矩形者 1 座。台体内设置踏道的有 34 座，踏道均在台体底部与进台拱形门洞相通，可通顶。发现 1 座台体东壁设可登顶的斜坡踏道。进台拱形门洞或斜坡踏道位置均位于面向山西省一侧。

土质敌台的附属设施中，围墙和墩院绝大多数设置在矩形敌台一侧，有 1 座圆形敌台设有围墙和墩院。台体内踏道或台体外踏道仅见于矩形敌台。3 座圆形敌台有圆形台基，2 座矩形敌台分别有矩形和圆形台基。台体顶部建筑有 2 座顶部北侧设矮墙（表 26）。

表 26 天镇县土质敌台附属设施统计表

名称	平面形制	围墙	墩院院基	台体内踏道	台体外踏道	台基	其他
平远头村 1 号敌台	矩形						
平远头村 2 号敌台	矩形	○					
平远头村 3 号敌台	矩形						
八墩村 1 号敌台	矩形	○	●				
八墩村 2 号敌台	矩形	○					

续表 26

名称	平面形制	围墙	墩院院基	台体内踏道	台体外踏道	台基	其他
八墩村 3 号敌台	矩形	○	●	●			
八墩村 4 号敌台	矩形	○					
八墩村 5 号敌台	矩形	○	●		●		顶部北侧有矮墙
八墩村 6 号敌台	矩形	○	●	●			
十六墩村 1 号敌台	矩形	○		●			
十六墩村 2 号敌台	矩形	○	●	●			
十六墩村 3 号敌台	矩形	●	●	●			
十六墩村 4 号敌台	矩形	●	●	●			
十六墩村 5 号敌台	矩形	○	●	●			
二十墩村 1 号敌台	矩形	○	●	●			
二十墩村 2 号敌台	矩形	○	●	●			
二十墩村 3 号敌台	矩形	●	●	●			顶部北侧有矮墙
二十墩村 4 号敌台	矩形	○	●	●			
新平尔村 1 号敌台	矩形	○	●	●			
新平尔村 2 号敌台	矩形	○	●	●			
新平尔村 3 号敌台	矩形						
新平尔村 4 号敌台	矩形	○	●				
新平尔村 5 号敌台	矩形	●	●				
双山敌台	矩形						
西马市村 1 号敌台	矩形	●	●				
西马市村 2 号敌台	矩形	●	●				
西马市村 3 号敌台	矩形						
西马市村 4 号敌台	矩形						
西马市村 5 号敌台	矩形						
新平堡村 1 号敌台	矩形	○	●				
新平堡村 2 号敌台	矩形	●	●	●			
新平堡村 3 号敌台	矩形	●	●				
新平堡村 4 号敌台	矩形						
新平堡村 5 号敌台	矩形	○	●	●			
新平堡村 6 号敌台	矩形	○	●				
新平堡村 7 号敌台	矩形						
新平堡村 8 号敌台	矩形	○	●				
新平堡村 9 号敌台	矩形	●	●				
新平堡村二道边 1 号敌台	矩形						
新平堡村二道边 2 号敌台	圆形						
新平堡村二道边 3 号敌台	圆形						
新平堡村二道边 4 号敌台	圆形						
新平堡村二道边 5 号敌台	圆形						
新平堡村二道边 6 号敌台	圆形						

续表 26

名称	平面形制	围墙	墩院院基	台体内踏道	台体外踏道	台基	其他
保平堡村 1 号敌台	矩形						
保平堡村 2 号敌台	矩形	○	●				
保平堡村 3 号敌台	矩形	○	●				
保平堡村 4 号敌台	圆形	○	●				
保平堡村 5 号敌台	矩形	○	●				
保平堡村 6 号敌台	矩形						
保平堡村 7 号敌台	矩形	●	●				
保平堡村 8 号敌台	矩形	○	●				
保平堡村 9 号敌台	矩形					●	圆形台基
保平堡村 10 号敌台	矩形						
杏园窑村 1 号敌台	矩形						
杏园窑村 2 号敌台	矩形						
杏园窑村 3 号敌台	矩形						
杏园窑村 4 号敌台	矩形		●				
杏园窑村 5 号敌台	矩形						
四方墩村 1 号敌台	矩形						
四方墩村 2 号敌台	矩形						
四方墩村 3 号敌台	圆形						
四方墩村 4 号敌台	圆形						
四方墩村 5 号敌台	矩形						
四方墩村 6 号敌台	矩形						
四方墩村 7 号敌台	矩形						
四方墩村 8 号敌台	矩形						
对井沟村 1 号敌台	圆形						
对井沟村 2 号敌台	圆形						
对井沟村 3 号敌台	圆形						
对井沟村 4 号敌台	圆形						
对井沟村 5 号敌台	圆形						
对井沟村 6 号敌台	圆形						
红土沟村 1 号敌台	圆形						
红土沟村 2 号敌台	圆形						
红土沟村 3 号敌台	圆形						
红土沟村 4 号敌台	圆形						
红土沟村 5 号敌台	圆形						
红土沟村 6 号敌台	圆形						
红土沟村 7 号敌台	圆形						
红土沟村 8 号敌台	圆形					●	圆形台基
红土沟村 9 号敌台	圆形						
红土沟村 10 号敌台	圆形						

续表 26

名称	平面形制	围墙	墩院院基	台体内踏道	台体外踏道	台基	其他
红土沟村 11 号敌台	圆形						
红土沟村 12 号敌台	圆形						
红土沟村 13 号敌台	圆形						
红土沟村 14 号敌台	圆形						
红土沟村 15 号敌台	圆形						
红土沟村 16 号敌台	圆形						
红土沟村 17 号敌台	圆形						
红土沟村 18 号敌台	圆形					●	圆形台基，土石混筑
红土沟村 19 号敌台	圆形					●	圆形台基，土石混筑
红土沟村 20 号敌台	圆形						
李二口村 1 号敌台	圆形						
李二口村 2 号敌台	矩形					●	矩形台基，石筑
李二口村 3 号敌台	矩形						
李二口村 4 号敌台	矩形			●			
李二口村 5 号敌台	矩形						
李二口村 6 号敌台	矩形			●			
李二口村 7 号敌台	矩形						
李二口村 8 号敌台	矩形			●			
薛三墩村 1 号敌台	矩形	●	●				
薛三墩村 2 号敌台	矩形	●	●	●			
薛三墩村 3 号敌台	矩形	○	●	●			
薛三墩村 4 号敌台	矩形	●	●				
薛三墩村 5 号敌台	矩形	●	●				
袁治梁村 1 号敌台	矩形	●	●				
袁治梁村 2 号敌台	矩形	●	●	●			
袁治梁村 3 号敌台	矩形	●	●	●			
袁治梁村 4 号敌台	矩形	●	●	●			
袁治梁村 5 号敌台	矩形	●	●	●			
白羊口村 1 号敌台	矩形	●	●	●			
白羊口村 3 号敌台	矩形	●	●	●			
白羊口村 4 号敌台	矩形	●	●	●			
化皮庙村 1 号敌台	矩形	●	●	●			
化皮庙村 2 号敌台	矩形						
化皮庙村 3 号敌台	矩形						
化皮庙村 4 号敌台	矩形	●	●	●			
榆林口村 1 号敌台	矩形	○	○	●			
榆林口村 2 号敌台	矩形	●	●				
榆林口村 3 号敌台	矩形	●	●	●			
六墩村 1 号敌台	矩形	●	●	●			

续表 26

名称	平面形制	围墙	墩院院基	台体内踏道	台体外踏道	台基	其他
六墩村 2 号敌台	矩形	●	●	●			
六墩村 3 号敌台	矩形	●	●	●			
水磨口村 1 号敌台	矩形						
水磨口村 2 号敌台	矩形						
水磨口村 3 号敌台	矩形						
合计		56	53	34	1	5	

天镇县砖质敌台平面形制呈矩形，剖面形制呈梯形，底部周长 40、残高 9 米。根据残存的墩院院基，原应有围墙。其他附属设施有台体内踏道、台体顶部的铺舍、铺舍南壁瞭望孔。保存较好。

（3）敌台的分布特点

天镇县长城墙体上敌台分布及间距，以长城段进行划分，如下。需要注意的是，有一些敌台由于是作为两段墙体分界点，因此，以下所述敌台的总数要多于 128 座。

平远头村长城 1 段、2 段墙体上分布有 3 座敌台（平远头村 1 ~ 3 号敌台），敌台间距 0.356 ~ 0.726 千米。八墩村长城 1 ~4 段墙体上分布有敌台 7 座（包括平远头村 3 号敌台、八墩村 1 ~ 6 号敌台），敌台间距 0.242 ~ 0.502 千米。十六墩村长城 1 段、2 段墙体上分布有敌台 7 座（包括八墩村 6 号敌台、十六墩村 1 ~5 号敌台、二十墩村 1 号敌台），敌台间距 0.317 ~ 0.682 千米。

二十墩村长城墙体上分布有敌台 4 座（二十墩村 1 ~4 号敌台），敌台间距 0.498 ~ 0.585 千米。新平尔村长城 1 段、2 段长城墙体上分布有敌台 6 座（包括二十墩村 4 号敌台、新平尔村 1 ~5 号敌台），敌台间距 0.303 ~ 0.619 千米。双山长城 1 ~ 18 段仅双山长城 18 段墙体上有 2 座敌台（双山敌台、新平尔村 3 号敌台），敌台间距 0.292 千米。

西马市村长城 1 ~3 段墙体上分布有敌台 6 座（包括新平尔村 5 号敌台、西马市村 1 ~5 号敌台），敌台间距 0.123 ~ 0.612 千米。新平堡村长城 1 ~3 段墙体上分布有敌台 9 座（新平堡村 1 ~9 号敌台），敌台间距 0.275 ~ 0.396 千米（新平堡村 1 号敌台北距西马市村 5 号敌台 0.292 千米）。

新平堡村二道边长城墙体上分布有敌台 6 座（新平堡村二道边 1 ~6 号敌台），敌台间距 0.17 ~ 1.64 千米。保平堡村长城 1 ~5 段墙体上分布有敌台 10 座（保平堡村 1 ~ 10 号敌台），敌台间距 0.123 ~ 0.629 千米（保平堡村 1 号敌台东北距新平堡村 9 号敌台 0.598 千米）。

杏园窑村长城 1 ~4 段墙体上分布有敌台 5 座（杏园窑村 1 ~5 号敌台），敌台间距 0.228 ~ 0.595 千米（杏园窑村 1 号敌台西北距保平堡村 10 号敌台 0.315 千米）。四方墩村长城 1 段、2 段墙体上分布有敌台 8 座（四方墩村 1 ~8 号敌台），敌台间距 0.235 ~ 0.4 千米（四方墩村 1 号敌台西北距杏园窑村 5 号敌台 0.299 千米）。

对井沟村长城墙体上分布有敌台 6 座（对井沟村 1 ~6 号敌台），敌台间距 0.176 ~ 0.362 千米（对井沟村 1 号敌台西北距四方墩村 8 号敌台 0.362 千米）。红土沟村长城 1 ~4 段墙体上分布有敌台 20 座（红土沟村 1 ~20 号敌台），敌台间距 0.113 ~ 0.389 千米（红土沟村 1 号敌台西北距对井沟村 6 号敌台 0.252 千米）。

李二口村长城 1 段、2 段墙体上分布有敌台 8 座（李二口村 1 ~ 8 号敌台），敌台间距 0.142 ~ 0.512 千米（李二口村 1 号敌台西北距红土沟 20 号敌台 0.283 千米）。李二口村“错修长城”墙体上未发现敌台。

薛三墩村长城1段、2段墙体上分布有敌台5座（薛三墩村1~5号敌台），敌台间距0.298~1.239千米（薛三墩村1号敌台东北距李二口村8号敌台0.3千米）。袁治梁村长城墙体上分布有敌台5座（袁治梁村1~5号敌台），敌台间距0.25~0.437千米（袁治梁村1号敌台东北距薛三墩村5号敌台0.377千米）。

白羊口村长城墙体上分布有敌台4座（白羊口村1~4号敌台），敌台间距0.408~0.662千米（白羊口村1号敌台东距袁治梁村5号敌台0.631千米）。化皮庙村长城墙体上分布有敌台4座（化皮庙村1~4号敌台），敌台间距0.386~0.46千米（化皮庙村1号敌台东北距白羊口村1号敌台0.46千米）。

榆林口村长城墙体上分布有敌台3座（榆林口村1~3号敌台），敌台间距0.356~0.75千米（榆林口村1号敌台东北距化皮庙村4号敌台0.356千米）。六墩村长城墙体上分布有敌台3座（六墩村1~3号敌台），敌台间距0.387~0.657千米（六墩村1号敌台东北距榆林口村3号敌台0.41千米）。

水磨口村长城1段墙体上分布有敌台3座（水磨口村1~3号敌台），敌台间距0.314~0.438千米（水磨口村1号敌台东北距六墩村3号敌台0.314千米）。

综上所述，结合敌台形制、土质矩形敌台的大小分类，可以看出天镇县敌台的分布有以下一些特点：

①北路长城的双山长城1~17段有敌台，这里是天镇县石墙分布的主要地区。因此大致说明明代天镇县敌台主要分布在土墙上。

②敌台间距在0.113~1.64千米，如果不考虑新平堡村二道边1号、2号敌台，薛三墩村3号、4号敌台的间距（分别是1.64、1.239千米），那么敌台间距一般在0.113~0.75千米。新平堡村二道边1号、2号敌台，薛三墩村3号、4号敌台之间，由于邻近村庄、耕地，墙体除被冲沟损毁致消失外，人为取土挖损、盖房、筑路、农耕等也造成墙体的损毁消失。因此，很有可能原来其间分布有敌台。

③李二口村“错修长城”墙体上未发现敌台，很可能因为这段长城邻近村庄、耕地，除被冲沟损毁致墙体消失外，人为取土挖损、盖房、筑路、农耕等也造成墙体的损毁消失，导致敌台无存。至于是否因“错修”而不在长城墙体上修筑敌台，分析不太可能，“错修”长城也应当有“错修”敌台。

④结合敌台形制，矩形敌台主要分布在西洋河谷地两侧和天镇阳高盆地（南洋河谷地）北部边缘的平川、丘陵、山脚缓坡地带，少数分布在二郎山山梁上。35座圆形敌台除新平堡村二道边的5座敌台是位于西洋河谷地南侧的平川、丘陵地带外，其余30座均分布在西洋河谷地和天镇阳高盆地（南洋河谷地）间的二郎山山梁上，集中于对井沟村长城和红土沟长城1~4段墙体上。从海拔来说，圆形敌台除新平堡村二道边的5座敌台、保平堡村4号敌台海拔在1200~1300米，其余29座海拔均在1500~1800米，位于长城沿线最高处。分布于平川、丘陵、山脚缓坡地带的矩形敌台海拔1100~1300米，分布于山地的敌台海拔不超过1600米。

与此相对应的是，有围墙、墩院的矩形敌台主要分布在西洋河谷地两侧和天镇阳高盆地（南洋河谷地）北部边缘的平川、丘陵、山脚缓坡地带。位于山地的，无论是矩形还是圆形敌台很少有围墙、墩院。

⑤由于保存状况的限制，尝试对保存较好的土质矩形敌台进行大小划分，依据台体的底部周长，按≥50、40~50、<40米三个标准进行分类，以残高作为参考。这种划分肯定不全面，所反映的信息不一定准确。硬性地按40、50米进行分类很主观，一方面因为当时的长度计量与今天不同，另一方面如那些49.4、39.6米之类的数据，当时应该大于这些数字。因此只求能从中约略窥见当时的某种特点（图七一；表27）。

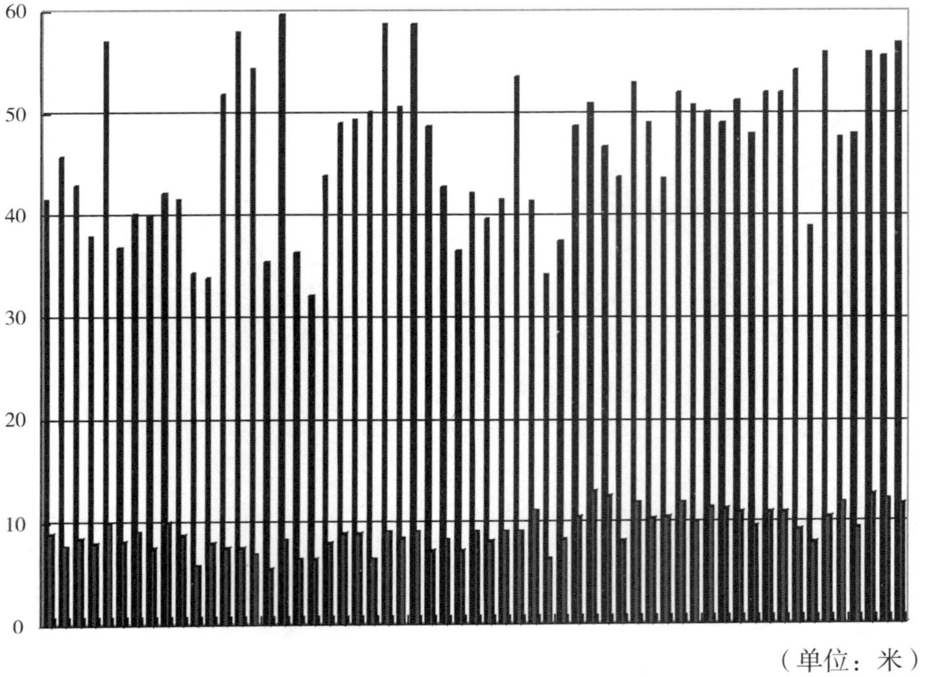

图七一　保存较好的土质矩形敌台底部周长及残高示意图

表 27　天镇县保存较好的土质矩形敌台分类统计表

	底部周长分类	底部周长（米）	数量（座）	百分比（%）	残高（米）
大型台体	≥50 米	50.1～59.7	22	37.9	6.5～13
中型台体	40～50 米	40～49.4	24	41.4	7.2～12.5
小型台体	< 40 米	32.1～39.6	12	20.7	5.5～8.3
合计		32.1～59.7	57	100	5.5～13

从表 27 中可以看出，土质矩形敌台以大中型台体为主，比例达 79.3%。结合这些敌台的分布位置，可以看出大型敌台主要位于新平堡附近地区和天镇阳高盆地北部边缘地区的墙体上，新平堡和天城城正是这些地段长城拱卫的重要城堡。因此，此区域分布大型敌台合乎情理。

2. 烽火台

天镇县发现烽火台 159 座。如前所述，将该县烽火台划分为长城沿线烽火台和腹里烽火台两部分。长城沿线烽火台距长城墙体 0.016～1 千米，计 70 座。腹里烽火台，计 89 座。

（1）烽火台的类型及建筑方式

天镇县 159 座烽火台材质类型绝大多数为土质，计 155 座，仅 4 座石质烽火台。

土质烽火台的建筑材料主要是黄土，多数含有砂砾、碎石等，夯筑而成。如果与长城土墙、土质敌台进行对比，天镇县土质烽火台所用的建筑材料与它们相一致，同时更多地使用黄土或含有砂砾、碎石等的黄土进行夯筑，这一特点与土质敌台基本吻合。

土质烽火台夯层厚 0.12 ~0.4 米。按长城土墙的五类夯层厚度进行统计，夯层厚大多数为 0.15 ~0.25 米（A 类），占全部土质烽火台的 67.1%。这个比例大于土墙同类厚度的比例（40.6%）和土质敌台同类厚度的比例（64.6%）。其次是夯层最厚大于 0.25 米（D 类），占 27.8%。有很少量烽火台黄土夯层间夹杂着石灰层或灰黄色土层，或台体上部或顶部有一层碎石层，石灰层或灰黄色土层厚 0.03 ~0.05 米（表 28、29）。

总体而言，天镇县土质烽火台的建筑材料、夯层厚度显示出与土墙、土质敌台较大的一致性，自身特点很明显。一方面比土墙更偏重于用含有砂砾、碎石等的黄土，与土质敌台大致吻合；另一方面夯层厚更集中于 0.15 ~0.4 米（A、D 类，94.9%）。夯层厚大于 0.25 米的比例（D 类，27.8%）基本与长城土墙的同类夯层厚度比例（28.8%）相当，明显大于土质敌台的同类夯层厚度比例（5.5%）。夯层薄于 0.15 米的比例（B 类，4.5%）明显小于土墙和土质敌台的同类夯层厚度比例（分别是 27.8%、21.2%）。土质烽火台夯层厚大于 0.3 米的仅 2 座，即八墩村 2 号烽火台，夯层厚 0.28 ~0.32 米；刘家山村烽火台，夯层厚 0.36 ~0.4 米。夯层厚集中于 0.15 ~0.3 米。

简单总结一下土墙、土质敌台、土质烽火台的夯层厚度的集中范围，土墙 0.1 ~0.3 米（97.2%）、土质敌台 0.1 ~0.25 米（85.8%）、土质烽火台 0.15 ~0.3 米（93.5%），可以看出大体一致。

表 28　天镇县土质烽火台建筑材料统计表

建筑材料	数量（座）	百分比（%）	备注
纯黄土夯筑而成	48	31	
黄土夯筑而成，含砂砾、碎石或料礓石	102	65.8	
黄土夯筑而成，含砂砾、碎石，夯层间有石灰层或灰黄色土层，或台体上部或顶部有一层碎石层	5	3.2	石灰层或灰黄色土层厚 0.03 ~0.05 米
合计	155	100	

表 29　天镇县土质烽火台夯层厚度统计表

	夯层厚度分类	夯层厚度（米）	数量（座）	百分比（%）
A 类	0.15 ~0.25 米	0.15 ~0.25	104	67.1
B 类	最薄 <0.15、≥0.1 米	0.12 ~0.21	7	4.5
C 类	最薄 <0.1 米	无	0	0
D 类	最厚 >0.25 米	0.15 ~0.4	43	27.8
E 类	不详	不详	1	0.6
合计		0.12 ~0.4	155	100

石质烽火台 4 座，分别是双山村 1 ~3 号烽火台和曾家岔村烽火台，土石混筑而成，外部四壁石块垒砌，内部堆以碎石泥土。除曾家岔村烽火台外部包石被拆毁外，其余 3 座存外部包石，石块长 10 ~70 厘米。

（2）烽火台形制

天镇县155座土质烽火台的平面形制有矩形、圆形两类，剖面形制均呈梯形。矩形台体88座、圆形台体67座。其中长城沿线的67座土质烽火台中，矩形台体31座、圆形台体36座，腹里的88座土质烽火台中，矩形台体57座、圆形台体31座。可以看出，天镇县土质烽火台矩形台体较多。如果以长城沿线烽火台和腹里烽火台来区分，腹里烽火台矩形台体较多，长城沿线烽火台圆形台体略多（表30）。

表30 天镇县烽火台形制一览表（单位：座）

	土质烽火台		石质烽火台		合计
	矩形	圆形	矩形	圆形	
长城沿线烽火台	31	36	3	0	70
腹里烽火台	57	31	1	0	89
合计	88	67	4	0	159

长城沿线土质烽火台中，矩形台体底部周长12～43.5、残高3～11米，圆形台体底部周长10.8～50、残高2～12.1米。腹里土质烽火台中，矩形台体底部周长14.5～69、残高3.2～12.2米，圆形台体底部周长18.8～50.2、残高4.5～12米。由于保存方面的原因，这些数据不能完全反映烽火台的原始尺寸（表31～34）。

表31 天镇县长城沿线土质矩形烽火台形制及保存状况一览表（单位：米）

名称	平面形制	剖面形制	底部周长	残高	保存状况
新平堡村4号烽火台	矩形	梯形	34.2	5.9	较好
新平堡村5号烽火台	矩形	梯形	38.5	3.7	较差
新平堡村7号烽火台	矩形	梯形	38.1	5.3	一般
新平堡村8号烽火台	矩形	梯形	38.9	6.5	较好
新平堡村11号烽火台	矩形	梯形	36.5	4.2	一般
新平堡村12号烽火台	矩形	梯形	34.7	4.2	一般
新平堡村13号烽火台	矩形	梯形	33.9	5.5	一般
新平堡村14号烽火台	矩形	梯形	29.1	5.5	一般
保平堡村1号烽火台	矩形	梯形	12.5	3	较差
保平堡村5号烽火台	矩形	梯形	31	6	一般
保平堡村6号烽火台	矩形	梯形	26.8	4.2	较差
保平堡村9号烽火台	矩形	梯形	25	5	较好
保平堡村11号烽火台	矩形	梯形	21	5.5	较差
保平堡村12号烽火台	矩形	梯形	19.8	4	较差
保平堡村14号烽火台	矩形	梯形	25	3.5	较差
保平堡村15号烽火台	矩形	梯形	27	4	较差
保平堡村16号烽火台	矩形	梯形	24	3.5	较差

续表 31

名称	平面形制	剖面形制	底部周长	残高	保存状况
保平堡村 21 号烽火台	矩形	梯形	30	5	一般
保平堡村 22 号烽火台	矩形	梯形	30	5	较差
薛三墩村 1 号烽火台	矩形	梯形	40.6	7.8	较好
薛三墩村 2 号烽火台	矩形	梯形	37.4	7.2	较好
薛三墩村 3 号烽火台	矩形	梯形	39.1	7.4	较好
袁治梁村 1 号烽火台	矩形	梯形	37.2	7.5	较好
袁治梁村 3 号烽火台	矩形	梯形	30.4	6	较差
白羊口村 1 号烽火台	矩形	梯形	38.7	7.6	一般
白羊口村 3 号烽火台	矩形	梯形	43.5	11	较好
化皮庙村烽火台	矩形	梯形	29.9	7.7	较好
榆林口村 1 号烽火台	矩形	梯形	12	3.3	较差
榆林口村 2 号烽火台	矩形	梯形	33.9	6.5	一般
六墩村烽火台	矩形	梯形	38.7	5.8	较好
水磨口村烽火台	矩形	梯形	29.9	6.3	一般

表 32　天镇县长城沿线土质圆形烽火台形制及保存状况一览表（单位：米）

名称	平面形制	剖面形制	底部周长	残高	保存状况
平远头村 1 号烽火台	圆形	梯形	18.1	4.1	较好
平远头村 2 号烽火台	圆形	梯形	32	8.5	较好
平远头村 3 号烽火台	圆形	梯形	31.4	4.6	一般
平远头村 4 号烽火台	圆形	梯形	33.9	6.5	一般
平远头村 5 号烽火台	圆形	梯形	37.7	12.1	一般
平远头村 6 号烽火台	圆形	梯形	40.8	13	一般
八墩村 1 号烽火台	圆形	梯形	34.9	9	较好
八墩村 2 号烽火台	圆形	梯形	41.1	8.7	较好
八墩村 3 号烽火台	圆形	梯形	31.4	6	一般
八墩村 4 号烽火台	圆形	梯形	37.7	8.5	较好
八墩村 5 号烽火台	圆形	梯形	40.8	9.5	较好
十六墩村 1 号烽火台	圆形	梯形	37.7	11	较好
十六墩村 2 号烽火台	圆形	梯形	42.4	6.3	较好
十六墩村 3 号烽火台	圆形	梯形	31.4	6.8	较好
十六墩村 4 号烽火台	圆形	梯形	29.8	5	较好
十六墩村 5 号烽火台	圆形	梯形	36.1	7	较好
十六墩村 6 号烽火台	圆形	梯形	31.4	5	较好
十六墩村 7 号烽火台	圆形	梯形	31.4	7.8	较好
二十墩村 1 号烽火台	圆形	梯形	10.8	4.5	一般
二十墩村 2 号烽火台	圆形	梯形	28.3	8	较好
新平尔村 1 号烽火台	圆形	梯形	18.4	4.5	一般

续表 32

名称	平面形制	剖面形制	底部周长	残高	保存状况
新平尔村 2 号烽火台	圆形	梯形	23.6	4.5	一般
新平尔村 3 号烽火台	圆形	梯形	25.1	6	一般
新平堡村 3 号烽火台	圆形	梯形	23.9	5	较差
新平堡村 6 号烽火台	圆形	梯形	17	5	较差
新平堡村 9 号烽火台	圆形	梯形	44	6.5	较差
保平堡村 2 号烽火台	圆形	梯形	25.5	5	较差
保平堡村 17 号烽火台	圆形	梯形	25.2	4	较差
保平堡村 18 号烽火台	圆形	梯形	23	4	较差
保平堡村 19 号烽火台	圆形	梯形	31.4	4.5	较差
保平堡村 20 号烽火台	圆形	梯形	18.8	4	较差
杏园窑村烽火台	圆形	梯形	20.4	5.2	一般
四方墩村西南烽火台	圆形	梯形	50	9.5	一般
李二口村烽火台	圆形	梯形	28.3	10	较好
袁治梁村 2 号烽火台	圆形	梯形	36.1	8.3	较好
白羊口村 2 号烽火台	圆形	梯形	15.7	2	较差

表 33 天镇县腹里土质矩形烽火台形制及保存状况一览表（单位：米）

名称	平面形制	剖面形制	底部周长	残高	保存状况
新平堡村头墩烽火台	矩形	梯形	69	10	较好
三墩店村烽火台	矩形	梯形	37.3	6	一般
双墩子村东烽火台	矩形	梯形	38.9	8.2	较好
双墩子村西烽火台	矩形	梯形	61.1	12.2	较好
五里墩村烽火台	矩形	梯形	47	6.5	一般
黄家湾村大南墩烽火台	矩形	梯形	47.7	9.8	较好
四方墩村南烽火台	矩形	梯形	22.8	8	较差
瓦窑口村野猫墩烽火台	矩形	梯形	36	5.5	一般
胡家洼村王家墩烽火台	矩形	梯形	42	4	一般
胡家洼村胡家台烽火台	矩形	梯形	42.5	7.5	一般
袁家梁村烽火台	矩形	梯形	33.5	8	一般
张仲口村扳龟墩烽火台	矩形	梯形	28.2	5.2	一般
宣家塔村四方墩烽火台	矩形	梯形	50	8	一般
黄土崖村烽火台	矩形	梯形	37	7	一般
永嘉堡村点将台	矩形	梯形	18.8	7	较好
永嘉堡村平安墩烽火台	矩形	梯形	46.7	9.8	一般
永嘉堡村油家梁烽火台	矩形	梯形	44.7	9.8	一般
逯家湾村柴东坡烽火台	矩形	梯形	50	7	较好
逯家湾村十墩沟烽火台	矩形	梯形	46	10	一般
薛家窑村圪墩梁烽火台	矩形	梯形	49.5	7	一般

续表 33

名称	平面形制	剖面形制	底部周长	残高	保存状况
熏窑口村泉眼圪墩烽火台	矩形	梯形	33.5	6.5	一般
熏窑口村滩地墩烽火台	矩形	梯形	44	10	较好
白舍科村台墩烽火台	矩形	梯形	40	7	一般
白舍科村四方台烽火台	矩形	梯形	43.8	10	较好
白舍科村东湾烽火台	矩形	梯形	43.4	10	较好
白羊口村烽火台	矩形	梯形	44.5	9.5	较好
谷后堡村烽火台	矩形	梯形	30	6.5	一般
张家庄村烽火台	矩形	梯形	43	8	较差
水桶寺村大圪墩地烽火台	矩形	梯形	55.5	8.5	一般
水桶寺村小圪墩地烽火台	矩形	梯形	44.1	8.5	一般
盛家庄村台墩梁山烽火台	矩形	梯形	35	9	一般
盛家庄村老虎湾地烽火台	矩形	梯形	38	9	较好
丁园窑村后山烽火台	矩形	梯形	21.5	7	一般
丁园窑村丁家台山烽火台	矩形	梯形	18.5	5	一般
鲍家屯村烽火台	矩形	梯形	38	8	较好
张西河村后子河地烽火台	矩形	梯形	26	6	一般
张西河村四十亩地烽火台	矩形	梯形	38	6	一般
西把沟村烽火台	矩形	梯形	18.5	9	一般
史家窑村圪墩地烽火台	矩形	梯形	48	9	一般
史家窑村二梁圪墩烽火台	矩形	梯形	16	4	一般
史家窑村北山烽火台	矩形	梯形	45.5	9	一般
西阳坡村烽火台	矩形	梯形	21	5.5	较差
小井沟村烽火台	矩形	梯形	21	3.5	一般
下阴山村烽火台	矩形	梯形	31	6.5	一般
上阴山村烽火台	矩形	梯形	30	6	较差
西罗窑村烽火台	矩形	梯形	23.2	7.5	一般
王家山村烽火台	矩形	梯形	23.5	6	一般
季沙河村烽火台	矩形	梯形	29	5.5	一般
李二烟村烽火台	矩形	梯形	17	3.5	一般
红土窑村烽火台	矩形	梯形	31.1	7.5	一般
崔家山村烽火台	矩形	梯形	14.5	5.5	一般
刘家山村烽火台	矩形	梯形	32.8	8	一般
南冯窑村烽火台	矩形	梯形	21.6	5	一般
马家沟村烽火台	矩形	梯形	40	9.5	一般
王会庄村烽火台	矩形	梯形	25	4.5	一般
台家坪村烽火台	矩形	梯形	30.5	5	一般
二十里铺村烽火台	矩形	梯形	30.5	3.2	较差

表 34 天镇县腹里土质圆形烽火台形制及保存状况一览表（单位：米）

名称	平面形制	剖面形制	底部周长	残高	保存状况
八墩村 6 号烽火台	圆形	梯形	18.8	7	较好
平远头村芨芨墩烽火台	圆形	梯形	31.4	7	一般
曹家湾村烽火台	圆形	梯形	31.4	10～12	一般
辛庄子村烽火台	圆形	梯形	31.4	7.1	一般
新平堡村 1 号烽火台	圆形	梯形	25.1	7.3	一般
新平堡村 2 号烽火台	圆形	梯形	25.1	6.5	一般
新平堡村 10 号烽火台	圆形	梯形	31.4	8	较好
新平堡村二墩烽火台	圆形	梯形	37.7		一般
三墩店村三墩烽火台	圆形	梯形	37.7	8	一般
柴家窑村烽火台	圆形	梯形	31.4	6	一般
保平堡村 3 号烽火台	圆形	梯形	28.3	6.8	较好
保平堡村 4 号烽火台	圆形	梯形	20.1	8.4	较好
保平堡村 7 号烽火台	圆形	梯形	26.1	6.5	一般
保平堡村 8 号烽火台	圆形	梯形	28.3	7	较好
保平堡村 10 号烽火台	圆形	梯形	29.8	8.2	一般
保平堡村 13 号烽火台	圆形	梯形	26.7	8.2	较差
保平堡村排山墩烽火台	圆形	梯形	37.7	10	较好
保平堡村车道坡烽火台	圆形	梯形	31.4	12	较好
保平堡村烽火台	圆形	梯形	27	6	一般
保平堡村毛家湾墩烽火台	圆形	梯形	37.7	15	一般
五里墩村东梁烽火台	圆形	梯形	20.2	4.5	较差
五里墩村牛角梁烽火台	圆形	梯形	31.4	10	一般
五里墩村牛角台烽火台	圆形	梯形	37.7	10	较好
黄家湾村高墩子烽火台	圆形	梯形	37.7	12	较好
瓦窑口村元墩烽火台	圆形	梯形	47.1	8	较好
夏家沟村二台烽火台	圆形	梯形	40.8	9	较好
夏家沟村大墩烽火台	圆形	梯形	37.7	10	较好
张仲口村元墩烽火台	圆形	梯形	39.3	7	较好
宣家塔村大墩烽火台	圆形	梯形	50.2	8	一般
永嘉堡村元墩烽火台	圆形	梯形	34.5	8.5	一般
石咀墩村烽火台	圆形	梯形	37.7	7.5	一般

土质烽火台的附属设施有围墙、围墙内墩院院基、台基、通台体顶部的台体内踏道和台体外坡道等。有围墙或遗留有围墙痕迹的 56 座，围墙内存墩院院基，墩院院基平面多呈矩形，有 48 座；圆形者仅 8 座。88 座矩形烽火台中 40 座有围墙和墩院，67 座圆形烽火台中 16 座有围墙和墩院。长城沿线烽火台中 11 座有围墙和墩院，其中有 2 座圆形烽火台，其余均为矩形烽火台。墩院院基平面，除 1 座圆形烽火台呈圆形外，其余均呈矩形。腹里烽火台中，45 座有围墙和墩院，其中有 14 座圆形烽火台，其余均为矩形烽火台，墩院院基平面呈矩形者有 38 座、圆形者 7 座。腹里烽火台中，矩形烽火台墩院院基平面均呈矩形，圆形烽火台墩院院基平面除 7 座呈圆形外，其余均呈矩形（表 35）。

表 35　天镇县土质烽火台墩院平面形制一览表（单位：座）

	矩形烽火台		圆形烽火台		合计
	矩形墩院	圆形墩院	矩形墩院	圆形墩院	
长城沿线烽火台	9	0	1	1	11
腹里烽火台	31	0	7	7	45
合计	40	0	8	8	56

有台基者发现 12 座，台基平面呈圆形者 9 座、矩形者 3 座。长城沿线烽火台中，6 座圆形烽火台均为圆形台基。腹里烽火台中，4 座圆形烽火台除 1 座台基平面呈矩形外，其余均呈圆形；2 座矩形烽火台的台基平面均呈矩形。

台体内设置踏道的有 9 座，台体外设置踏道的有 11 座。台体外踏道除 1 座存台阶、1 座为脚窝状，其余均为斜坡状踏道。台体内踏道均在台体底部，与进台拱形门洞相通，进台拱形门洞位于台体东壁或南壁，即面向山西省一侧。台体外踏道位于台体东、南、北壁，既面向山西省一侧又面向内蒙古一侧。长城沿线烽火台未发现台体内设置踏道者；台体内设置踏道者均为腹里烽火台，其中矩形烽火台 6 座、圆形烽火台 3 座。台体外踏道，无论是长城沿线还是腹里烽火台，均设置于圆形烽火台上。

台体有顶部建筑的发现 2 座，其中 1 座的铺舍形制较完整（表 36、37）。

表 36　天镇县长城沿线土质烽火台附属设施统计表

名称	平面形制	围墙	墩院院基	台体内踏道	台体外踏道	台基	其他
平远头村 1 号烽火台	圆形	●	●				
平远头村 2 号烽火台	圆形						
平远头村 3 号烽火台	圆形						
平远头村 4 号烽火台	圆形						
平远头村 5 号烽火台	圆形				●		
平远头村 6 号烽火台	圆形				●		
八墩村 1 号烽火台	圆形				●		
八墩村 2 号烽火台	圆形				●		顶部原有建筑，南侧残存土坯墙
八墩村 3 号烽火台	圆形				●	●	圆形台基
八墩村 4 号烽火台	圆形				●		
八墩村 5 号烽火台	圆形				●	●	圆形台基
十六墩村 1 号烽火台	圆形						
十六墩村 2 号烽火台	圆形						
十六墩村 3 号烽火台	圆形						
十六墩村 4 号烽火台	圆形				●	●	圆形台基
十六墩村 5 号烽火台	圆形						
十六墩村 6 号烽火台	圆形						
十六墩村 7 号烽火台	圆形					●	圆形台基
二十墩村 1 号烽火台	圆形					●	圆形台基
二十墩村 2 号烽火台	圆形						

续表 36

名称	平面形制	围墙	墩院院基	台体内踏道	台体外踏道	台基	其他
新平尔村 1 号烽火台	圆形						
新平尔村 2 号烽火台	圆形					●	圆形台基
新平尔村 3 号烽火台	圆形						
新平堡村 3 号烽火台	圆形						
新平堡村 4 号烽火台	矩形						
新平堡村 5 号烽火台	矩形						
新平堡村 6 号烽火台	圆形						
新平堡村 7 号烽火台	矩形						
新平堡村 8 号烽火台	矩形						
新平堡村 9 号烽火台	圆形						
新平堡村 11 号烽火台	矩形						
新平堡村 12 号烽火台	矩形						
新平堡村 13 号烽火台	矩形						
新平堡村 14 号烽火台	矩形						
保平堡村 1 号烽火台	矩形						
保平堡村 2 号烽火台	圆形						
保平堡村 5 号烽火台	矩形						
保平堡村 6 号烽火台	矩形						
保平堡村 9 号烽火台	矩形						
保平堡村 11 号烽火台	矩形						
保平堡村 12 号烽火台	矩形						
保平堡村 14 号烽火台	矩形						
保平堡村 15 号烽火台	矩形						
保平堡村 16 号烽火台	矩形						
保平堡村 17 号烽火台	圆形						
保平堡村 18 号烽火台	圆形						
保平堡村 19 号烽火台	圆形						
保平堡村 20 号烽火台	圆形						
保平堡村 21 号烽火台	矩形						
保平堡村 22 号烽火台	矩形						
杏园窑村烽火台	圆形						
四方墩村西南烽火台	圆形						
李二口村烽火台	圆形						
薛三墩村 1 号烽火台	矩形						
薛三墩村 2 号烽火台	矩形	○	●				
薛三墩村 3 号烽火台	矩形	●	●				
袁治梁村 1 号烽火台	矩形	●	●				
袁治梁村 2 号烽火台	圆形	●	●				
袁治梁村 3 号烽火台	矩形						

续表 36

名称	平面形制	围墙	墩院院基	台体内踏道	台体外踏道	台基	其他
白羊口村 1 号烽火台	矩形	●	●				
白羊口村 2 号烽火台	圆形						
白羊口村 3 号烽火台	矩形	○	●				
化皮庙村烽火台	矩形	○	●				
榆林口村 1 号烽火台	矩形						
榆林口村 2 号烽火台	矩形	●	●				
六墩村烽火台	矩形	○	●				
水磨口村烽火台	矩形	○	●				
合计（座）		11	11	0	8	6	

表 37　天镇县腹里土质烽火台附属设施统计表

名称	平面形制	围墙	墩院院基	台体内踏道	台体外踏道	台基	其他
八墩村 6 号烽火台	圆形	●	●		●		顶部有铺舍
平远头村芨芨墩烽火台	圆形	○	●				
曹家湾村烽火台	圆形	●	●				
辛庄子村烽火台	圆形	○	●		●	●	圆形台基
新平堡村 1 号烽火台	圆形						
新平堡村 2 号烽火台	圆形						
新平堡村 10 号烽火台	圆形				●		
新平堡村头墩烽火台	矩形	●	●				
新平堡村二墩烽火台	圆形	●	●				
三墩店村三墩烽火台	圆形						
三墩店村烽火台	矩形						
柴家窑村烽火台	圆形	●	●				
双墩子村东烽火台	矩形	○	●				
双墩子村西烽火台	矩形	○	●				
保平堡村 3 号烽火台	圆形						
保平堡村 4 号烽火台	圆形						
保平堡村 7 号烽火台	圆形						
保平堡村 8 号烽火台	圆形						
保平堡村 10 号烽火台	圆形						
保平堡村 13 号烽火台	圆形						
保平堡村排山墩烽火台	圆形						
保平堡村车道坡烽火台	圆形						
保平堡村烽火台	圆形					●	圆形台基
保平堡村毛家湾墩烽火台	圆形					●	圆形台基
五里墩村烽火台	矩形					●	矩形台基
五里墩村东梁烽火台	圆形						

续表 37

名称	平面形制	围墙	墩院院基	台体内踏道	台体外踏道	台基	其他
五里墩村牛角梁烽火台	圆形	●	●				
五里墩村牛角台烽火台	圆形	○	●				
黄家湾村大南墩烽火台	矩形	○	●				
黄家湾村高墩子烽火台	圆形						
四方墩村南烽火台	矩形						
瓦窑口村野猫墩烽火台	矩形						
瓦窑口村元墩烽火台	圆形	●	●				
胡家洼村王家墩烽火台	矩形	●	●	●			
胡家洼村胡家台烽火台	矩形						
袁家梁村烽火台	矩形	●	●				
夏家沟村二台烽火台	圆形	●	●	●			
夏家沟村大墩烽火台	圆形	●	●	●			
张仲口村扳龟墩烽火台	矩形					●	矩形台基，石筑
张仲口村元墩烽火台	圆形	●	●				
宣家塔村四方墩烽火台	矩形	●	●				
宣家塔村大墩烽火台	圆形	●	●				
黄土崖村烽火台	矩形						
永嘉堡村点将台	矩形						
永嘉堡村平安墩烽火台	矩形	●	●				
永嘉堡村元墩烽火台	圆形	●	●	●			
永嘉堡村油家梁烽火台	矩形						
逯家湾村柴东坡烽火台	矩形						
逯家湾村十墩沟烽火台	矩形	●	●				
薛家窑村圪墩梁烽火台	矩形	○	●				
熏窑口村泉眼圪墩烽火台	矩形						
熏窑口村滩地墩烽火台	矩形	●	●	●			
白舍科村台墩烽火台	矩形						
白舍科村东湾烽火台	矩形			●			
白舍科村四方台烽火台	矩形	●	●	●			
石咀墩村烽火台	圆形					●	矩形台基
白羊口村烽火台	矩形	●	●				
谷后堡村烽火台	矩形	●	●				
张家庄村烽火台	矩形						
水桶寺村大圪墩地烽火台	矩形	●	●				
水桶寺村小圪墩地烽火台	矩形	●	●				
盛家庄村台墩梁山烽火台	矩形						
盛家庄村老虎湾地烽火台	矩形	○	●	●			
丁园窑村后山烽火台	矩形						
丁园窑村丁家台山烽火台	矩形	○	●				

续表 37

名称	平面形制	围墙	墩院院基	台体内踏道	台体外踏道	台基	其他
鲍家屯村烽火台	矩形	○	●	●			
张西河村后子河地烽火台	矩形	○	●				
张西河村四十亩地烽火台	矩形	○	●				
西把沟村烽火台	矩形						
史家窑村圪墩地烽火台	矩形						
史家窑村二梁圪墩烽火台	矩形	○	●				
史家窑村北山烽火台	矩形	○	●				
西阳坡村烽火台	矩形						
小井沟村烽火台	矩形						
下阴山村烽火台	矩形						
上阴山村烽火台	矩形	○	●				
西罗窑村烽火台	矩形						
王家山村烽火台	矩形	●	●				
季沙河村烽火台	矩形	○	●				
李二烟村烽火台	矩形	○	●				
红土窑村烽火台	矩形	○	●				
崔家山村烽火台	矩形	○	●				
刘家山村烽火台	矩形						
南冯窑村烽火台	矩形						
马家沟村烽火台	矩形	○	●				
王会庄村烽火台	矩形						
台家坪村烽火台	矩形						
二十里铺村烽火台	矩形	○	●				
合计		45	45	9	3	6	

天镇县4座石质烽火台平面均呈矩形，剖面均呈梯形，底部周长24.8～92、残高3.4～8米。均有矩形台基，石块垒砌而成。双山3号烽火台还有石砌围墙。

（3）长城沿线烽火台的分布特点

①长城沿线烽火台距长城墙体0.016～1千米，走向大致与长城墙体一致。

②除位于山西省与内蒙古自治区交界处长城墙体南侧或东侧外（面向山西省一侧，有双山1～3号烽火台，新平堡村3～9、11～14号烽火台，保平堡村1、2、5、6、9、11、12、14～22号烽火台，杏园窑村烽火台，四方墩村西南烽火台，计32座），其余38座绝大多数位于长城墙体面向内蒙古的一侧，仅袁治梁村3号烽火台、白羊口村1号烽火台、榆林口村2号烽火台、六墩村烽火台4座，位于长城墙体面向山西省一侧。当然，这是在没有考虑两省区交界处长城墙体面向内蒙古自治区一侧、地处内蒙古自治区境内的烽火台的情况下提出来的一个特点，有片面性。

③双山1～3号烽火台间距0.685～2.8千米，双山3号烽火台—新平尔村3号烽火台（或内蒙古自治区兴和县韩家营村1号烽火台）间6千米的长城沿线未发现烽火台。杏园窑村烽火台至李二口村烽火台间9.1千米的长城沿线，仅发现四方墩村烽火台。杏园窑村烽火台以北诸烽火台间距0.1～1.2

千米，李二口村烽火台以南诸烽火台间距0.24~2.7千米。

长城沿线烽火台主要分布在西洋河谷地两侧和天镇阳高盆地（南洋河谷地）北部边缘的平川、丘陵、山脚缓坡地带或地势较高的山坡或山顶上，及西洋河谷地南侧的二郎山低山地区。双山3号烽火台—新平尔村3号烽火台间和杏园窑村烽火台—李二口村烽火台间，正是山地的高山地区。因此，可以看出天镇县长城沿线烽火台分布的一个主要特点，即高山地区基本不设置烽火台。

④数量很少的石质烽火台（双山1~3号烽火台）分布于双山山顶，与附近构筑于双山山脊上的双山长城2、7、8段在材质类型和建筑方式上一致。

⑤结合土质烽火台的平面形制，长城沿线的圆形烽火台主要分布于西洋河谷地北侧的大梁山山脚缓坡地带，尤其是西洋河谷地北侧大梁山山脚缓坡地带，均为圆形烽火台，矩形烽火台主要分布于西洋河谷地以南的长城沿线。

⑥设置围墙和墩院的长城沿线土质烽火台，多数分布于天镇阳高盆地（南洋河谷地）北部边缘的丘陵、山脚缓坡地带，西洋河谷地两侧，仅平远头村1号烽火台有此类附属设施。

⑦按对保存较好的土质矩形敌台的大小的划分方法，对长城沿线保存较好的土质烽火台进行大小划分。可以看出，无论是矩形台体还是圆形台体，小型台体占大多数，没有发现底部周长超过50米的大型台体（表38~40）。

表38　天镇县保存较好的长城沿线土质矩形烽火台分类

	底部周长分类	底部周长（米）	数量（座）	百分比（%）	残高（米）
大型台体	≥50米	无	0	0	无
中型台体	40~50米	40.6~43.5	2	20	7.8~11
小型台体	<40米	25~39.1	8	80	5.5~8.3
合计		25~43.5	10	100	5.5~11

表39　天镇县保存较好的长城沿线土质圆形烽火台分类

	底部周长分类	底部周长（米）	数量（座）	百分比（%）	残高（米）
大型台体	≥50米	无	0	0	无
中型台体	40~50米	40.8~42.4	3	18.8	6.3~9.5
小型台体	<40米	18.1~37.7	13	81.2	4.1~11
合计		18.1~42.4	16	100	4.1~11

表40　天镇县保存较好的长城沿线土质烽火台分类

	底部周长分类	底部周长（米）	数量（座）	百分比（%）	残高（米）
大型台体	≥50米	无	0	0	无
中型台体	40~50米	40.6~43.5	5	19.2	6.3~11
小型台体	<40米	18.1~39.1	21	80.8	4.1~11
合计		18.1~43.5	26	100	4.1~11

（4）腹里烽火台的分布特点

①腹里烽火台主要是以各城堡为中心分布，一些以较大村庄为中心分布。

平远堡附近烽火台群，有烽火台4座：西北有八墩村6号烽火台、平远头村芨芨墩烽火台，东南有曹家湾村烽火台，西南有辛庄子村烽火台，均分布于西洋河谷地两侧平川、丘陵地带，与平远堡相距1.4～3.5千米。传烽线路大致是八墩村6号烽火台—平远头村芨芨墩烽火台—平远堡，至平远堡后，东南向曹家湾村烽火台、西南向辛庄子村烽火台延伸。八墩村6号烽火台西北距八墩村4号烽火台1千米，将平远堡附近烽火台群与长城沿线烽火台联系起来。

新平堡附近烽火台群，有烽火台10座：南、西南有新平堡村1、2、10号烽火台，东、东北有新平堡村头墩烽火台、新平堡村二墩烽火台、三墩店村三墩烽火台、三墩店村烽火台，东南有柴家窑村烽火台、双墩子村东烽火台、双墩子村西烽火台，均分布于西洋河谷地两侧平川、丘陵地带及低山地区，与新平堡相距0.21～3.9千米。传烽线路大致有南线和东线两条。南线，新平堡村1—2—10号烽火台，烽火台间距0.18～1.3千米，大致呈东北—西南走向，与新平堡村长城1～2段、新平堡村二道边长城、长城沿线烽火台走向基本一致，位于新平堡村长城1～2段南0.72～0.96千米、新平堡村二道边长城东0.5～0.82千米。新平堡村2号烽火台西距新平堡村3号烽火台0.6千米，新平堡村10号烽火台西距新平堡村9号烽火台0.51千米，将新平堡附近烽火台群与新平堡长城沿线烽火台联系起来。东线，新平堡村头墩烽火台—新平堡村二墩烽火台—三墩店村三墩烽火台—三墩店村烽火台—柴家窑村烽火台—双墩子村东烽火台—双墩子村西烽火台，烽火台间距0.18～1.6千米，大致从西南向东北继向南延伸。柴家窑村烽火台东距辛庄子村烽火台1.5千米，将新平堡附近烽火台群与平远堡附近烽火台群联系起来。

保平堡附近烽火台群，有烽火台16座：保平堡四周有保平堡村3、4、7、8号烽火台，西南有保平堡村10、13号烽火台，东有保平堡村排山墩烽火台、保平堡村车道坡烽火台、保平堡村烽火台、五里墩村烽火台、五里墩村东梁烽火台、五里墩村牛角梁烽火台、五里墩村牛角台烽火台，东南有保平堡村毛家湾墩烽火台、黄家湾村大南墩烽火台、黄家湾村高墩子烽火台，均分布于西洋河谷地南侧的二郎山低山地区，保平堡村3、4、7、8号烽火台分别紧邻保平堡东北、西北、东南和西南角台，其余12座烽火台与保平堡相距0.36～4.6千米。保平堡附近烽火台群大致可分为保平堡周围烽火台，西南、东、东南线4条传烽线路。保平堡周围的烽火台由保平堡村3、4、7、8号烽火台组成，分别位于保平堡的东北、西北、东南和西南角台外侧。西南线，保平堡村10～13号烽火台，烽火台间距0.3千米，大致呈东北—西南走向，与保平堡长城1段、长城沿线烽火台走向基本一致，位于保平堡长城1段东1～1.3千米、长城沿线烽火台东0.33～0.38千米。保平堡村10号烽火台东北距保平堡村8号烽火台0.27千米，将西南线烽火台与保平堡周围烽火台联系起来。东线，保平堡村排山墩烽火台—保平堡村车道坡烽火台—五里墩村烽火台—保平堡村烽火台—五里墩村东梁烽火台—五里墩村牛角梁烽火台—五里墩村牛角台烽火台，烽火台间距0.15～1.7千米，大致从西向东延伸。保平堡村排山墩烽火台西距保平堡村7号烽火台0.34千米，将东线烽火台与保平堡周围烽火台联系起来。五里墩村东梁烽火台东北距双墩子村西烽火台0.47千米，将保平堡附近烽火台群与新平堡附近烽火台群联系起来。东南线，保平堡村毛家湾墩烽火台—黄家湾村大南墩烽火台—黄家湾村高墩子烽火台，烽火台间距0.82～1.2千米，大致从西北向东南延伸。保平堡村毛家湾墩烽火台西北距保平堡村7号烽火台0.3千米、保平堡村10号烽火台0.45千米，东将东南线烽火台与保平堡周围烽火台、西南线烽火台联系起来。保平堡村毛家湾墩烽火台东北距保平堡村排山墩烽火台0.37千米，黄家湾村高墩子烽火台东北距五里墩村牛角台烽火台2.9千米，将东南线烽火台与东线烽火台联系起来。

桦门堡附近烽火台，有烽火台1座，即四方墩村南烽火台，位于二郎山山地，西南距桦门堡4.3千米。四方墩村南烽火台西南距四方墩村西南烽火台2.4千米，北距黄家湾村残高墩子烽火台2.2千米，东南距瓦窑口村野猫墩烽火台5.4千米。可以看出，黄家湾村残高墩子烽火台至瓦窑口村野猫墩烽火台南北7.6千米的范围内，仅有这1座烽火台，正好与长城沿线烽火台二郎山高山地区分布稀少相对应。

瓦窑口堡附近烽火台群，有烽火台12座：东与东北有瓦窑口村野猫墩烽火台、胡家洼村王家墩烽火台、胡家洼村胡家台烽火台、袁家梁村烽火台、夏家沟村二台烽火台、夏家沟村大墩烽火台，南有张仲口村扳龟墩烽火台、张仲口村元墩烽火台、瓦窑口村元墩烽火台、宣家塔村四方墩烽火台、宣家塔村大墩烽火台、黄土崖村烽火台。分布于天镇阳高盆地（南洋河谷地）两侧山脚缓坡、平川、丘陵地带，与瓦窑口堡相距1.1~5.1千米。传烽线路大致有北线和南线两条。北线，瓦窑口村野猫墩烽火台—胡家洼村王家墩烽火台—胡家洼村胡家台烽火台—袁家梁村烽火台—夏家沟村二台烽火台—夏家沟村大墩烽火台，烽火台间距0.55~1.3千米，大致从西北向东南延伸。瓦窑口村野猫墩烽火台西北距四方墩村南烽火台5.4千米，将瓦窑口堡附近烽火台群与四方墩村附近烽火台联系起来。南线，张仲口村扳龟墩烽火台—张仲口村元墩烽火台—瓦窑口村元墩烽火台—宣家塔村四方墩烽火台，再向南至宣家塔村大墩烽火台，向东南至黄土崖村烽火台，烽火台间距0.63~3.2千米，大致从北向南延伸。张仲口村元墩烽火台东北距瓦窑口村野猫墩烽火台2.4千米，瓦窑口村元墩烽火台东北距胡家洼村王家墩烽火台2.1千米，将南线烽火台与北线烽火台联系起来。张仲口村扳龟墩烽火台西南距李二口村烽火台0.93千米，将瓦窑口堡附近烽火台群与长城沿线烽火台联系起来。

永嘉堡附近烽火台群，有烽火台13座：东北与北有永嘉堡村点将台、永嘉堡村平安墩烽火台、永嘉堡村元墩烽火台、永嘉堡村油家梁烽火台、逯家湾村柴东坡烽火台、薛家窑村圪墩梁烽火台，西、西北有熏窑口村泉眼圪墩烽火台、熏窑口村滩地墩烽火台、白舍科村台墩烽火台、白舍科村东湾烽火台、白舍科村四方台烽火台、逯家湾村十墩沟烽火台、石嘴墩村烽火台。分布于天镇阳高盆地（南洋河谷地）两侧山脚缓坡、平川、丘陵地带，与永嘉堡相距0.75~5.7千米。传烽线路大致有东线和西线两条。东线，永嘉堡村点将台向东北经逯家湾村柴东坡烽火台、永嘉堡村平安墩烽火台至永嘉堡村油家梁烽火台，向西北经永嘉堡村元墩烽火台至永嘉堡村油家梁烽火台、薛家窑村圪墩梁烽火台，烽火台间距0.49~1.7千米，大致从南向北延伸。西线，从熏窑口村泉眼圪墩烽火台向东南从熏窑口村滩地墩烽火台向东北至白舍科村台墩烽火台，向东南至白舍科村东湾烽火台，向南经白舍科村四方台烽火台、逯家湾村十墩沟烽火台至石嘴墩村烽火台，烽火台间距1.2~2.6千米，大致从西北向东南延伸。白舍科村东湾烽火台东南距永嘉堡村元墩烽火台1.4千米，将西线烽火台与东线烽火台联系起来。熏窑口村滩地墩烽火台西北距夏家沟村大墩烽火台1.4千米，将永嘉堡附近烽火台群与瓦窑口堡附近烽火台群联系起来。

白羊口堡南侧烽火台群，有烽火台3座：白羊口村烽火台、谷后堡村烽火台、张家庄村烽火台。分布于天镇阳高盆地（南洋河谷地）两侧平川、丘陵地带，与白羊口堡相距1.7~4.7千米。传烽线路为白羊口村烽火台—谷后堡村烽火台—张家庄村烽火台，烽火台间距1.4~3千米，大致从西北向东南延伸。白羊口村烽火台北距白羊口村1号烽火台1.6千米，将白羊口堡南侧烽火台群与长城沿线烽火台联系起来。

镇口堡南侧烽火台群，有2座烽火台：水桶寺村大圪墩地烽火台和水桶寺村小圪墩地烽火台。分布于天镇阳高盆地（南洋河谷地）北侧的平川地带，与镇口堡相距3.2~4.7千米。传烽线路为水桶寺村大圪墩地烽火台—水桶寺村小圪墩地烽火台，烽火台间距1.4千米，大致从西北向东南延伸。水桶寺村大圪墩地烽火台西北距六墩村烽火台2.3千米，将镇口堡南侧烽火台群与长城沿线烽火台联系起来。

张西河村附近烽火台群，有烽火台11座：盛家庄村台墩梁山烽火台、盛家庄村老虎湾地烽火台、丁园窑村后山烽火台、丁园窑村丁家台山烽火台、鲍家屯村烽火台、张西河村后子河地烽火台、张西河村四十亩地烽火台、西把沟村烽火台、史家窑村圪墩地烽火台、史家窑村二梁圪墩烽火台、史家窑村北山烽火台。分布于天镇阳高盆地（南洋河谷地）南侧丘陵地带和低山地区。传烽线路大致有北线和南线两条。北线，盛家庄村台墩梁山烽火台—丁园窑村后山烽火台—丁园窑村丁家台山烽火台，烽火台间距0.96～2.7千米，大致从西向东延伸。南线，鲍家屯村烽火台—盛家庄村老虎湾地烽火台—张西河村后子河地烽火台—张西河村四十亩地烽火台—西把沟村烽火台，再向东南经史家窑村圪墩地烽火台至史家窑村二梁圪墩烽火台，东北方向至史家窑村北山烽火台，烽火台间距0.59～3.2千米，大致从西向东延伸。张西河村后子河地烽火台西北距丁园窑村丁家台山烽火台1.8千米，将南线烽火台与北线烽火台联系起来。北线盛家庄村台墩梁山烽火台西北距张家庄村烽火台5.9千米，南线鲍家屯村烽火台西北距张家庄村烽火台6.5千米，将张西河村附近烽火台群与白羊口堡南侧烽火台群联系起来。

薪关堡附近烽火台群，有烽火台7座：西阳坡村烽火台、小井沟村烽火台、下阴山村烽火台、上阴山村烽火台、西罗窑村烽火台、王家山村烽火台、季沙河村烽火台。分布于天镇县南部山区的山地地带，与薪关堡相距2.5～8.2千米。上述烽火台大致围绕薪关堡分布，从东北西阳坡村烽火台向南经小井沟村烽火台、下阴山村烽火台至上阴山村烽火台，再向西经西罗窑村烽火台、王家山村烽火台，北转至季沙河村烽火台，烽火台间距1.8～11.6千米。

天镇县南部山区烽火台群，有烽火台9座：李二烟村烽火台、红土窑村烽火台、崔家山村烽火台、刘家山村烽火台、南冯窑村烽火台、曾家岔村烽火台、马家沟村烽火台、王会庄村烽火台、台家坪村烽火台。分布于天镇县南部山区的山地地带。传烽线路为李二烟村烽火台—红土窑村烽火台—崔家山村烽火台—刘家山村烽火台—南冯窑村烽火台—曾家岔村烽火台—马家沟村烽火台—王会庄村烽火台—台家坪村烽火台，烽火台间距0.76～7.6千米，大致从西南向东北延伸。李二烟村烽火台东北距西罗窑村烽火台6.3千米，将天镇县南部山区烽火台群与薪关堡附近烽火台群联系起来。

二十里铺村附近烽火台，有烽火台1座，即二十里铺村烽火台。位于天镇阳高盆地（南洋河谷地）北侧平川地带（表41）。

表41　天镇县腹里烽火台分布及传烽线路一览表

	数量（座）	传烽线路	
平远堡附近烽火台群	4		八墩村6号烽火台—平远头村芨芨墩烽火台—平远堡，至平远堡后，东南向曹家湾村烽火台，西南向辛庄子村烽火台延伸
新平堡附近烽火台群	10	南线	新平堡村1—2—10号烽火台
		东线	新平堡村头墩烽火台—新平堡村二墩烽火台—三墩店村三墩烽火台—三墩店村烽火台—柴家窑村烽火台—双墩子村东烽火台—双墩子村西烽火台
保平堡附近烽火台群	16	保平堡周围烽火台	保平堡村3、4、7、8号烽火台
		西南线	保平堡村10—11—12—13号烽火台
		东线	保平堡村排山墩烽火台—保平堡村车道坡烽火台—五里墩村烽火台—保平堡村烽火台—五里墩村东梁烽火台—五里墩村牛角梁烽火台—五里墩村牛角台烽火台
		东南线	保平堡村毛家湾墩烽火台—黄家湾村大南墩烽火台—黄家湾村高墩子烽火台

续表 41

	数量(座)	传烽线路	
桦门堡附近烽火台	1		四方墩村南烽火台
瓦窑口堡附近烽火台群	12	北线	瓦窑口村野猫墩烽火台—胡家洼村王家墩烽火台—胡家洼村胡家台烽火台—袁家梁村烽火台—夏家沟村二台烽火台—夏家沟村大墩烽火台
		南线	张仲口村扳龟墩烽火台—张仲口村元墩烽火台—瓦窑口村元墩烽火台—宣家塔村四方墩烽火台，再向南至宣家塔村大墩烽火台，东南至黄土崖村烽火台
永嘉堡附近烽火台群	13	东线	永嘉堡村点将台，向东北经逯家湾村柴东坡烽火台、永嘉堡村平安墩烽火台至永嘉堡村油家梁烽火台，向西北经永嘉堡村元墩烽火台至永嘉堡村油家梁烽火台、薛家窑村圪墩梁烽火台
		西线	从熏窑口村泉眼圪墩烽火台向东南，从熏窑口村滩地墩烽火台向东北至白舍科村台墩烽火台，向东南至白舍科村东湾烽火台，南经白舍科村四方台烽火台、逯家湾村十墩沟烽火台至石嘴墩村烽火台
白羊口堡南侧烽火台群	3		白羊口村烽火台—谷后堡村烽火台—张家庄村烽火台
镇口堡南侧烽火台群	2		水桶寺村大圪墩地烽火台—水桶寺村小圪墩地烽火台
张西河村附近烽火台群	11	北线	盛家庄村台墩梁山烽火台—丁园窑村后山烽火台—丁园窑村丁家台山烽火台
		南线	鲍家屯村烽火台—盛家庄村老虎湾地烽火台—张西河村后子河地烽火台—张西河村四十亩地烽火台—西把沟村烽火台，再向东南经史家窑村圪墩地烽火台至史家窑村二梁圪墩烽火台，东北方向至史家窑村北山烽火台
薪关堡附近烽火台群	7		围绕薪关堡分布，从东北西阳坡村烽火台向南经小井沟村烽火台、下阴山村烽火台至上阴山村烽火台，再向西经西罗窑村烽火台、王家山村烽火台，北转至季沙河村烽火台
天镇县南部山区烽火台群	9		李二烟村烽火台—红土窑村烽火台—崔家山村烽火台—刘家山村烽火台—南冯窑村烽火台—曾家岔村烽火台—马家沟村烽火台—王会庄村烽火台—台家坪村烽火台
二十里铺村附近烽火台	1		二十里铺村烽火台

②从上述第一个特点可以看出天镇县腹里烽火台，主要分布在西洋河谷地和天镇阳高盆地（南洋河谷地）两侧山脚缓坡、平川、丘陵地带及低山地区。西洋河谷地和天镇阳高盆地（南洋河谷地）之间的二郎山山地的高山地区分布稀少，仅发现四方墩村南烽火台，这与长城沿线烽火台在该区域内分布稀少相一致。即使在天镇县南部山区的山地分布有烽火台，数量也不多，仅16座。因此，综合天镇县石墙、圆形敌台主要分布于高山地区，敌台多无围墙、墩院等附属设施，可见，天镇县境内高山地区修筑长城墙体及其他建筑、设施时与地势较平缓的平川、丘陵地带有明显区别。

③数量极少的石质烽火台（曾家岔村烽火台），位于天镇县南部山区的高山地区。

④结合土质烽火台平面形制，矩形烽火台主要分布于天镇阳高盆地（南洋河谷地）两侧两侧山脚缓坡、平川、丘陵地带和低山地区以及天镇县南部山区的山地，尤其白羊口堡南侧烽火台群、镇口堡南侧烽火台群、张西河村附近烽火台群、薪关堡附近烽火台群、天镇县南部山区烽火台群、二十里铺村附近烽火台，均为矩形烽火台。圆形烽火台主要集中分布于西洋河谷地两侧平川、丘陵地带及低山地区。这一特点与长城沿线矩形、圆形烽火台的分布很相似。

⑤前面曾论述到，长城沿线土质烽火台中，设置围墙和墩院者多数分布在天镇阳高盆地（南洋河谷地）北部边缘的丘陵、山脚缓坡地带，西洋河谷地两侧仅平远头村1号烽火台设置有此类附属设施。至于腹里烽火台，未发现这方面有什么规律。

⑥按对保存较好的土质矩形敌台的大小划分方法，对腹里保存较好的土质烽火台进行大小划分。可以看出，无论是矩形台体还是圆形台体，小型台体占大多数，底部周长超过50米的大型台体仅发现3座（表42～44）。这一特点与长城沿线烽火台基本一致。

表42　天镇县保存较好的腹里土质矩形烽火台分类统计表

	底部周长分类	底部周长（米）	数量（座）	百分比（%）	残高（米）
大型台体	≥50米	50～69	3	25	7～12.2
中型台体	40～50米	43.4～47.7	5	41.7	9.5～10
小型台体	<40米	18.8～38.9	4	33.3	7～9
合计		18.8～69	12	100	7～12.2

表43　天镇县保存较好的腹里土质圆形烽火的分类统计表

	底部周长分类	底部周长（米）	数量（座）	百分比（%）	残高（米）
大型台体	≥50米	无	0	0	无
中型台体	40～50米	40.8～47.1	2	15.4	8～9
小型台体	<40米	18.8～39.3	11	84.6	6.8～12
合计		18.8～47.1	13	100	6.8～12

表44　天镇县保存较好的腹里土质烽火台分类统计表

	底部周长分类	底部周长（米）	数量（座）	百分比（%）	残高（米）
大型台体	≥50米	50～69	3	12	7～12.2
中型台体	40～50米	40.8～47.7	7	28	8～10
小型台体	<40米	18.8～39.3	15	60	6.8～12
合计		18.1～43.5	25	100	4.1～11

（5）敌台、烽火台保存状况

天镇县土质敌台中，矩形台体保存较好58座、一般26座、较差8座，圆形台体保存较好3座、一般6座、较差26座。总计保存较好61座、一般32座、较差34座（表45）。

表45　天镇县土质敌台保存状况统计表

保存状况	矩形		圆形		合计	
	数量（座）	百分比（%）	数量（座）	百分比（%）	数量（座）	百分比（%）
保存较好	58	63	3	8.6	61	48
保存一般	26	28.3	6	17.1	32	25.2
保存较差	8	8.7	26	74.3	34	26.8
合计	92	100	35	100	127	100

天镇县砖质敌台仅1座，保存较好。

天镇县155座土质烽火台中，矩形台体保存较好22座、一般50座、较差16座，圆形台体保存较好29座、一般27座、较差11座。总计保存较好51座、一般77座、较差27座（表46）。

表46 天镇县土质烽火台保存状况统计表

保存状况	矩形		圆形		合计	
	数量（座）	百分比（%）	数量（座）	百分比（%）	数量（座）	百分比（%）
保存较好	22	25	29	43.3	51	32.9
保存一般	50	56.8	27	40.3	77	49.7
保存较差	16	18.2	11	16.4	27	17.4
合计	88	100	67	100	155	100

天镇县4座石质烽火台中，保存较好1座、一般3座。

土质敌台保存较好和一般者较多，占73.2%，未发现保存差者。矩形台体保存较好和一般者较多，占全部矩形台体的91.3%，圆形台体保存较差者居多，占全部圆形台体的74.3%；砖质敌台仅1座，保存较好。土质烽火台保存较好和保存一般者较多，占82.6%，未发现保存差者；石质烽火台4座，保存较好1座、一般3座。土质敌台、烽火台遭受损毁的自然因素主要有洪水冲刷、风雨侵蚀、植物生长等；人为因素主要是人畜踩踏、邻近村庄及耕地的台体受到人为取土挖损、扩田种地挖损以及在台体上挖掘洞穴等的损毁，个别台壁被盖房所利用。砖质敌台除风雨侵蚀、植物生长等自然因素损毁外，人为因素主要是人畜踩踏、挖掘洞穴等。石质烽火台除风雨侵蚀、植物生长等自然因素损毁外，人为因素有拆毁包石、人畜踩踏等。

（四）采（征）集标本

天镇县采集的文物标本发现于长城墙体、敌台、烽火台附近和新平堡内。除少量的辽、金、清代标本外，其余均为明代标本。明代标本主要有建筑构件和生活用具两大类，均为残片，未发现完整器物。建筑构件均为泥质灰陶，有板瓦、筒瓦、瓦当等。生活用具均为瓷器，有碗、盘、瓮、瓶等，瓷釉有青花、黑、黄、褐等。

三 自然与人文环境

（一）自然环境

天镇县位于山西省东北端，属于太古界地层和第四纪地层交相分布区域，太古界地层由变质程度很深的各种正副片麻岩和结晶片岩组成，第四纪地层由细砂、泥灰岩、红色土、黄土及近代冲积层组成。县境中部为天镇阳高盆地（南洋河谷地）一部分，盆地的北、南侧为山地、丘陵。南洋河从西南向东北沿天镇阳高盆地流过。在县境北部山地区域，有从西向东流的西洋河，形成西洋河谷地。在天镇阳高盆地（南洋河谷地）和西洋河谷地之间分布有二郎山和环翠山，西洋河谷地北侧有大梁山和双山。天镇县属中温带大陆性半干旱季风气候，气温低、风沙大、雨量少、气候干燥，年均气温6.4℃，年均降水量400毫米。县境土壤主要有淡栗钙土、山地淡栗钙土、淡栗钙土性土。本县植被属于暖温带落叶阔叶林带向温带草原的过渡区域类型。

（二）人文环境

天镇县长城从河北省怀安县马市口村、桃沟村分南、北两路进入本县。南路从马市口村进入，经新平堡镇平远头村、八墩村、十六墩村、二十墩村至新平尔村。北路由桃沟村进入新平堡镇，沿双山山脊西、南行，至新平尔村与南路长城汇合，长城距村庄较远，人迹罕至。长城自新平尔村继续向南，经西马市村、新平堡村、保平堡村、杏园窑村、四方墩村、对井沟村、红土沟村等村进入逯家湾镇李二口村。继由李二口村向西南方向，经薛三墩村，谷前堡镇袁治梁、白羊口、化皮庙、榆林口、六墩、水磨口等村，出天镇县，西入阳高县境。新平堡村二道边长城位于新平堡村西，李二口村“错修长城”从李二口村向北偏东方向延伸至张仲口村。沿线村庄居民人数从数十人到约2000人。新平堡村是新平堡镇所在地，居民约2000人，是长城沿线人口最多的村庄。保平堡村、红土沟村整体搬迁，村内无常住居民。

村庄居民以农业和家畜饲养业为主，农作物主要有玉、谷子、马铃薯等，饲养的家畜有牛、驴、绵羊等。新平尔村附近有砖厂，部分村庄有采矿业，如新平堡镇平远头村、保平堡村、杏园窑村、红土沟村，逯家湾镇李二口村，谷前堡镇榆林口村、水磨口村等村庄有采沙、石、铁业等，这些采矿活动有些甚至是违法经营，对长城周围的生态环境造成一定的破坏，有些甚至可能直接破坏长城墙体。

201省道经新平堡镇平远头村、八墩村、十六墩村、二十墩村、新平尔村南、新平堡村中、保平堡村、杏园窑村、四方墩村、对井沟村、红土沟村东，逯家湾镇李二口村、张仲口村、薛三墩村东，至谷前堡镇袁治梁村东南、白羊口村东南至天镇县城，位于长城墙体南、东侧，基本与长城墙体平行。大（同）张（家口）公路经谷前堡镇化皮庙村、榆林口村、六墩村南至水磨口村南，位于长城墙体南侧，基本与长城墙体平行。（北）京包（头）铁路位于逯家湾镇李二口村东南向西至谷前堡镇水磨口村南之间，位于墙体东南侧或南侧，基本与长城墙体平行。平远头村、双山长城1段东侧河北省境内有110国道和高速公路，某些村庄有村村通水泥路与公路相连接，长城墙体沿线有与长城墙体平行或穿过长城墙体的乡村土路。

四　保护与管理状况

天镇县长城资源的保护管理机构是天镇县文物管理所。目前有关长城资源的保护范围、建设控制地带、保护标志、记录档案等工作有待规定或完善。

五　与文献记载和以前调查成果的比较分析

与文献记载和以前调查成果的对比分析，无疑应是调查报告的主要研究内容，但囿于时间、精力等多种因素，仅将天镇县的调查资料与文献记载（主要是《宣大山西三镇图说》和《三云筹俎考》）和以前的调查成果进行对比分析，未能展至全部地区（表47）。

表 47　天镇县城堡分管长城与敌台、烽火台长度与数量一览表[1]

		设立/建筑年代	分边（里）	公制（千米）	边墩（座）	火路墩（座）
大同阳和道辖新平路	平远堡	嘉靖二十五年（1546 年）土筑，隆庆六年（1572 年）砖包	12	5.76	20	13
	新平堡	设嘉靖二十五年（1546 年）设，隆庆六年（1572 年）砖包	18	8.64	26	16
	保平堡	嘉靖二十五年（1546 年）设，隆庆六年（1572 年）砖包	7.5/7	3.6/3.36	18	11
	桦门堡	万历九年（1581 年）设，十九年（1591 年）砖包	9.3/9	4.464/4.32	18	2/3
大同阳和道辖东路	永嘉堡	嘉靖三十七年（1558 年）设，万历二年（1574 年）砖砌女墙，万历十九年（1591 年）砖包	0	0	0	10
	瓦窑口堡	嘉靖三十七年（1558 年）土筑，隆庆六年（1572 年）砖包	7.9	3.792	18	8
	镇宁堡	嘉靖四十四年（1565 年）设，隆庆六年（1572 年）砖包	13	6.24	21	1
	镇口堡	嘉靖二十五年（1546 年）设，隆庆六年（1572 年）砖包	13.3/13	6.384/6.24	21	1
	天城城	洪武三十一年（1398 年）砖建，万历十三年（1585 年）砖修	6	2.88	10	31
合计			87/85.9	41.76/41.232	152	93/94

据《宣大山西三镇图说》和《三云筹俎考》记载，天镇县境内配置于长城军事防御体系的城堡有阳和道新平路的平远堡、新平堡、保平堡和桦门堡，阳和道东路的永嘉堡、瓦窑口堡、镇宁堡、镇口堡和天城城。这些城堡的创设时间，1 座为洪武三十一年（1398 年），7 座为嘉靖二十五年至四十四年（1546～1565 年），1 座为万历九年（1581 年）；砖包或砖修，6 座在隆庆六年（1572 年），3 座在万历十三年至万历十九年（1585～1591 年）。嘉靖二十五年（1546 年）和万历八年（1580 年），有两次大规模的长城修缮与增筑，据《宣大山西三镇图说》记载，"（嘉靖）二十五年（1546 年），总督翁公万达、巡抚詹公荣，增筑边垣，西起丫角山，东止李信屯，延袤五百余里……万历八年（1580 年），总督郑公洛，筑大边五百六十余里"。可以看出，嘉靖二十五年至万历十九年（1546～1591 年），天镇县境内长城和城堡经过大规模的建筑和修缮。

新平路设立于嘉靖二十五年（1546 年），东路设立于洪熙元年（1425 年）。新平路设立前，长城"旧边"自东路镇宁堡（即白羊口堡）从西向东延伸至宣镇李信屯（今河北省怀安县李信屯村）。目前，这段"旧边"无遗迹可寻。

经统计，以上诸城堡分管长城总计 87 里或 85.9 里，约合公制 41.76 千米或 41.23 千米，敌台 152 座、烽火台 93 座或 94 座。

天镇县长城墙体调查长 62.213 千米，如果除掉《宣大山西三镇图说》和《三云筹俎考》所未记载的双山长城 1～18 段和新平堡村二道边长城、李二口村"错修长城"长城长度，调查长 44.728 千米，与文献记载中的 41 千米大体吻合。敌台（即边墩）调查发现 127 座，要比文献记载少 20 多座，

〔1〕据《宣大山西三镇图说》和《三云筹俎考》，其中《三云筹俎考》的记载有些与《宣大山西三镇图说》有出入，列在斜线右侧。

应是敌台消失所致。烽火台（即火路墩）调查发现159座，多于文献记载60多座，是因为文献记载中不包括张西河村附近烽火台群、薪关堡附近烽火台群、天镇县南部山区烽火台群等，另一方面，所调查的被归入各堡附近烽火台群中的部分烽火台，有可能在当时不属于长城军事防御组织体系。还有一点必须指出，就是没有包括长城墙体内蒙古自治区一侧的烽火台。总之，《宣大山西三镇图说》和《三云筹俎考》所记载的城堡在本次调查中均发现，这些城堡分管的长城与敌台、烽火台的长度与数量基本与调查成果一致。另外，还发现以上两种著述未叙及的双山长城1～18段和新平堡村二道边长城、李二口村“错修长城”。

本次长城资源调查前，2001年为编写《中国文物地图集·山西分册》对天镇县长城资源进行过一次较全面的调查。本次调查与2001年调查相比，更全面彻底，除长城墙体走向与2001年调查基本一致外，大量的敌台和烽火台得以发现，尤其是2001年未发现的圆形敌台，本次在二郎山山地得到发现。2001年调查未发现的镇宁堡和镇口堡，也在本次调查中发现。大量烽火台的分布与传烽线路基本厘清，除沿长城分布的长城沿线烽火台外，腹里烽火台主要以城堡为中心、有一些以较大村庄为中心分布。长城墙体、城堡、敌台、烽火台等之间均能互相能联系起来，构成较为严密的军事防御体系。

表4　天镇县敌台一览表

名称	地点	高程	与其他遗存的位置关系	材质	建筑方式	平面形制	剖面形制	尺寸	附属设施	修缮情况	保存状况	损毁原因及存在病害
平远头村1号敌台	新平堡镇平远头村东北0.33千米	1112米	骑墙而建。位于平远头村长城1段墙体上，系该段墙体起点	土	黄土夯筑而成，含砂砾，夯层厚0.14～0.15米	矩形	梯形	台体底部东、南、西、北长5.1、2.2、5.5、2.1米，残高4.1米	无	无	保存较差。台体坍塌脱落严重，东南壁坍塌宽5～6米，台体呈刀把形，表面凹凸不平，有裂缝、沟槽、孔洞。台体上生长有杂草，南壁底部被人为取土挖毁	自然因素主要是风雨侵蚀、植物生长等，人为因素主要是邻近村庄村民取土挖损、踩踏等
平远头村2号敌台	新平堡镇平远头村西0.08千米	1126米	骑墙而建。位于平远头村长城1段墙体上，系该段墙体止点	土	黄土夯筑而成，含砂砾，夯层厚0.18米	矩形	梯形	台体底部东、南、西、北长10、9.5、9.2、8.9米，残高6米	据村民讲，台体南侧原有围墙，无存	无	保存一般。台体坍塌脱落严重，呈锥形，表面凹凸不平，有裂缝、沟槽、孔洞。台体上生长有杂草	自然因素主要有风雨侵蚀、植物生长等，人为因素主要是邻近村庄村民取土挖损及人畜踩踏等
平远头村3号敌台（彩图九三）	新平堡镇平远头村西南0.77千米	1126米	骑墙而建。位于平远头村长城2段墙体上，系该段墙体止点	土	黄土夯筑而成，含砂砾，夯层厚0.14～0.18米	矩形	梯形	台体底部东、南、西、北长14、14.1、14、13.9米，顶部东、南、西、北长3.9、3.2、3.8、3.5米，北侧高8.8、南侧高9.5米	无	从台体北壁外层整体塌落的情况以及裸露的内部结构来看，台体内外夯筑质量、夯筑材料、夯层厚度均有差异，且内外衔接痕迹较明显，有修缮的痕迹，应为明代后期修缮	保存一般。台体坍塌脱落严重，顶部圆突，北壁下有塌土形成的土坡，表面凹凸不平，有裂缝、沟槽、孔洞。台体上生长有杂草，四周有土路	自然因素主要有风雨侵蚀、植物生长等，人为因素主要是由于台体位于耕地内，扩田种地挖损敌台四壁、人畜踩踏致敌台四周形成土路等
八墩村1号敌台	新平堡镇八墩村东北0.5千米	1128米	骑墙而建。位于八墩村长城1段墙体上，系该段墙体止点	土	黄土夯筑而成，含砂砾，夯层厚0.06～0.12米	矩形	梯形	台体底部东、南、西、北长4.5、9、4.6、9米，残高3.9米	台体南侧原有围墙，现已无存。围墙内存墩院院基，平面呈矩形，东西20、南北11、高5米。南墙正中有豁口，宽3、深1.5米	无	保存一般。台体坍塌脱落严重，表面凹凸不平，有裂缝、沟槽、孔洞。台体上生长有杂草。台体南侧原有围墙，现已无存	自然因素主要有风雨侵蚀、植物生长等（台体南、北两侧有沟壑）

续表 4

名称	地点	高程	与其他遗存的位置关系	材质	建筑方式	平面形制	剖面形制	尺寸	附属设施	修缮情况	保存状况	损毁原因及存在病害
八墩村 2 号敌台	新平堡镇八墩村东北 0.23 千米	1129 米	骑墙而建。位于八墩村长城 2 段墙体上，系该段墙体止点	土	黄土夯筑而成，含砂砾，夯层厚 0.13 米	矩形	梯形	台体底部东、南、西、北长 12、9、11.5、9.1 米，顶部东、南、西、北长 2.5、8、2.7、8.2 米，残高 9 米	据村民反映，台体南侧原有围墙，现已无存	无	保存较好。台体部分坍塌脱落，表面凹凸不平，有裂缝、沟槽、孔洞。北壁坍塌成斜坡状，上部中间有豁口，豁口内被削劈成 6 级台阶。台体上生长有杂草	自然因素主要有风雨侵蚀、植物生长等；人为因素主要是台体紧依耕地，北侧 15 米处有土路通往村庄，村民生产生活对其产生破坏
八墩村 3 号敌台	新平堡镇八墩村西北 0.12 千米	1127 米	骑墙而建。位于八墩村长城 3 段墙体上，系该段墙体止点	土	黄土夯筑而成，含砂砾，夯层厚 0.16 米	矩形	梯形	台体底部东、南、西、北长 10.1、12.9、9.9、12.8 米，顶部东、南、西、北长 6.1、8.8、5.9、8.7 米，残高 7.8 米	台体南侧围墙消失。围墙内存墩院院基痕迹。南壁底部正中设拱形门洞，台体内设置通顶的圆孔形踏道，踏道稍倾斜，内壁沿圆周设脚窝，踏道内堆有青砖。拱形门洞与踏道相通，可登台顶	从台体北壁外层整体塌落的情况以及裸露的内部结构来看，台体内外夯筑质量、夯筑材料、夯层厚度均有差异，且内外衔接痕迹较明显，有修缮的痕迹，应为明代后期修缮	保存较好。台体有所坍塌脱落，表面凹凸不平，有裂缝、沟槽、孔洞。台体上生长有杂草。台体南侧原有围墙，现已无存	自然因素主要有风雨侵蚀、植物生长等；人为因素主要是台体北壁紧依耕地，南侧有土路通往村庄，村民生产生活对其产生破坏
八墩村 4 号敌台	新平堡镇八墩村西南 0.57 千米	1122 米	骑墙而建。位于八墩村长城 4 段墙体上	土	黄土夯筑而成，含砂砾，夯层厚 0.11 ~0.14 米	矩形	梯形	台体底部东、南、西、北长 7.4、12.1、7.6、12.3 米，顶部东、南、西、北长 4.1、9.2、3.9、9.1 米，残高 4.6 米	据村民反映，台体南侧原有围墙，现已无存	无	保存一般。台体坍塌脱落严重，四壁坍塌成坡状，表面凹凸不平，有裂缝、沟槽、孔洞。台体上生长有杂草，东壁长有两棵榆树，高约 1 米；顶部有一棵榆树，高约 2 米。台体南壁临近民居遭取土挖损	自然因素主要有风雨侵蚀、植物生长等。人为因素主要是由于台体南侧邻民居，遭人为取土挖损；台体南侧有土路通往村庄，村民生产生活对其产生破坏

续表 4

名称	地点	高程	与其他遗存的位置关系	材质	建筑方式	平面形制	剖面形制	尺寸	附属设施	修缮情况	保存状况	损毁原因及存在病害
八墩村5号敌台	新平堡镇八墩村西南0.8千米	1120米	骑墙而建。位于八墩村长城4段墙体上	土	黄土夯筑而成，含砂砾，夯层厚0.13~0.2米	矩形	梯形	台体底部东、南、西、北长10.5、11、10.4、11米，顶部东、南、西、北长3.5、5、3.6、5米，残高8.5米	台体南侧原有围墙，现已无存。围墙内存墩院院基，平面呈矩形，东西20、南北2、高3.5米。东壁有斜坡踏道通台顶。顶部北侧有矮墙，长2、厚0.35、高0.7米	无	保存较好。台体有坍塌、脱落，表面凹凸不平，有裂缝、沟槽、孔洞。台体上生长有杂草，东、北壁各长有一小丛榆树。台体南北两壁紧临耕地，遭人为挖损。台体南侧原有围墙，现已无存	自然因素主要有风雨侵蚀、植物生长等，人为因素主要是由于台体南北两壁紧邻耕地，遭扩大耕地挖损，台体南侧有土路通往村庄，人为活动对台体有一定破坏作用
八墩村6号敌台	新平堡镇八墩村西南1.5千米	1119米	骑墙而建。位于八墩村长城4段墙体之上，系该段墙体止点	土	黄土夯筑而成，含砂砾，夯层厚0.18~0.2米	矩形	梯形	台体底部东、南、西、北长7、12、7.2、11.8米，顶部东、南、西、北长3.5、7.2、3.6、8米，残高8米	台体南侧原有围墙，现已无存。围墙内存墩院院基，平面呈矩形，东西16、南北7、高3.5米。夯筑而成，夯层厚0.23米。南壁底部正中设拱形门洞，门洞宽0.5、高0.8、进深1.2米。台体内设置通台顶的圆孔形踏道，孔径1米，踏道稍倾斜，内壁沿圆周设脚窝，脚窝深0.1米。拱形门洞与踏道相通，可登台顶	无	保存较好。台体有坍塌、脱落，表面凹凸不平，有裂缝、沟槽、孔洞。台体上生长有杂草。台体南侧原有围墙，现已无存	自然因素主要有风雨侵蚀、植物生长等。台体东、南两侧有浅沟，东壁底部被冲毁。台体南侧有土路通往村庄，人为活动对台体有一定破坏作用

续表 4

名称	地点	高程	与其他遗存的位置关系	材质	建筑方式	平面形制	剖面形制	尺寸	附属设施	修缮情况	保存状况	损毁原因及存在病害
十六墩村1号敌台	新平堡镇十六墩村东北1.1千米	1117米	骑墙而建。位于十六墩村长城1段墙体上	土	黄土夯筑而成，含砂砾，夯层厚0.15～0.2米	矩形	梯形	台体底部东、南、西、北长14、14.8、14、14.2米，顶部东、南、西、北长8、8.6、8.2、8.1米，残高10米	台体南侧原有围墙，现已无存。南壁底部正中设拱形门洞，台体内设置通台顶的圆孔形踏道，踏道稍倾斜，内壁沿圆周设脚窝。拱形门洞与踏道相通，可登台顶，修缮时被填埋	台体东、北壁有二次维修夯土层，高4～5、厚2～3米。修缮时代不详	保存较好。台体有坍塌、脱落，表面凹凸不平，有裂缝、沟槽、孔洞。台体上生长有杂草。东壁下端与墙体连接处被挖成豁口；南壁上端有圆形孔洞4处，孔径0.2米。台体南侧原有围墙，现已无存	自然因素主要有风雨侵蚀、植物生长等，人为因素主要是取土挖损，东壁下端与墙体连接处被挖成豁口
十六墩村2号敌台	新平堡镇十六墩村东北0.87千米	1115米	骑墙而建。位于十六墩村长城1段墙体上	土	黄土夯筑而成，含砂砾，夯层厚0.08～0.17米	矩形	梯形	台体底部东、南、西、北长8.2、10.1、8.3、10.2米，残高8.2米	台体南侧原有围墙，现已无存。围墙内存墩院院基，平面呈矩形，东西20、南北10、高2.2米。南壁底部正中设拱形门洞，台体内设置通台顶的圆孔形踏道，孔径1.1米，踏道稍倾斜，内壁沿圆周设脚窝。拱形门洞与踏道相通，可登台顶	无	保存较好。台体有坍塌、脱落，表面凹凸不平，有裂缝、沟槽、孔洞。台体上生长有杂草。台体南侧原有围墙，现已无存	自然因素主要有风雨侵蚀、植物生长等

续表 4

名称	地点	高程	与其他遗存的位置关系	材质	建筑方式	平面形制	剖面形制	尺寸	附属设施	修缮情况	保存状况	损毁原因及存在病害
十六墩村3号敌台（彩图九四）	新平堡镇十六墩村东北0.58千米	1112米	骑墙而建。位于十六墩村长城1段墙体上，系该段墙体止点	土	黄土夯筑而成，含砂砾，夯层厚0.15～0.2米	矩形	梯形	台体底部东、南、西、北长10、10.01、10.1、9.98米，顶部东、南、西、北长6.2、6.18、5.75、6米，残高9.2米	台体南侧原有围墙，现仅存南墙，长8.5、底宽2、顶宽0.5、残高0.2～1.5米，围墙夯层厚0.15～0.2米。围墙内存墩院院基，平面呈矩形，东西21、南北9.5、高1.5米。台体南壁底部正中设拱形门洞。台体内设置通台顶的圆孔形踏道，踏道稍倾斜，内壁沿圆周设脚窝。拱形门洞与踏道相通，可登台顶	无	保存较好。台体有所坍塌脱落，表面凹凸不平，有裂缝、沟槽、孔洞。台体顶部有凹坑。台体上生长有杂草。台体南侧原有围墙，现仅存一段南墙。围墙底端有洞穴两个，洞宽0.7、高0.8、进深0.7米	自然因素主要有风雨侵蚀、植物生长等，人为因素是挖掘洞穴
十六墩村4号敌台	新平堡镇十六墩村西0.175千米	1114米	骑墙而建。位于十六墩村长城2段墙体上	土	黄土夯筑而成，含砂砾，夯层厚0.12～0.2米	矩形	梯形	台体底部东、南、西、北长9.5、10.5、9.4、10.6米，顶部东、南、西、北长6.6、6.8、5.4、6.3米，残高7.5米	台体南侧原有围墙，现仅存南墙，长7、底宽2、顶宽0.5、残高0.1～1.8米，围墙夯层厚0.15～0.25米。围墙内存墩院院基，平面呈矩形，东西20、南北12、高2.5米。台体南壁底部正中设拱形门洞。台体内设置通台顶的圆孔形踏道，踏道稍倾斜，内壁沿圆周设脚窝。拱形门洞与踏道相通，可登台顶	无	保存较好。台体有坍塌、脱落，表面凹凸不平，有裂缝、沟槽、孔洞。台体顶部有凹坑，深0.5米。台体上生长有杂草。台体南侧围墙现仅保存一段南墙，围墙中部有一条南北向小路截断墙体	自然因素主要有风雨侵蚀、植物生长等，人为因素是人畜踩踏形成土路截断围墙南墙中部

续表 4

名称	地点	高程	与其他遗存的位置关系	材质	建筑方式	平面形制	剖面形制	尺寸	附属设施	修缮情况	保存状况	损毁原因及存在病害
十六墩村 5 号敌台	新平堡镇十六墩村西 0.527 千米	1105 米	骑墙而建。位于十六墩村长城 2 段墙体上	土	黄土夯筑而成，含砂砾，夯层厚 0.12 ~0.2 米	矩形	梯形	台体底部平面呈不规则形，东西 3.5、南北 4、残高 5.2 米	台体南侧原有围墙，现已无存。围墙内存墩院院基，平面呈矩形，东西 22、南北 12、高 3.5 米。台体南壁底部正中设拱形门洞，台体内设置通台顶的圆孔形踏道，踏道稍倾斜，内壁沿圆周设脚窝。拱形门洞与踏道相通，可登台顶	无	保存较差。台体南北侧临耕地，西侧临冲沟，由于洪水冲刷和耕地取土破坏，台体损毁严重。表面凹凸不平，有裂缝、沟槽、孔洞。台体上生长有杂草。台体南侧原有围墙，现已无存	自然因素主要有洪水冲刷、风雨侵蚀、植物生长等；人为因素是扩田种地挖损等
二十墩村 1 号敌台	新平堡镇二十墩村东 0.37 千米，十六墩村西南 0.19 千米	1090 米	骑墙而建。位于二十墩村长城墙体上，系该段墙体起点	土	黄土夯筑而成，含砂砾，夯层厚 0.18 ~0.28 米	矩形	梯形	台体底部东、南、西、北长 10、11、10.2、10.9 米，顶部东、南、西、北长 6、6.2、5.8、5.2 米，残高 10 米	台体南侧原有围墙，现已无存。围墙内存墩院院基，平面呈矩形，东西 21、南北 1.5、高 2 米。台体南壁底部正中设拱形门洞，台体内设置通台顶的圆孔形踏道，踏道稍倾斜，内壁沿圆周设脚窝。拱形门洞与踏道相通，可登台顶。现拱形门洞和圆孔形踏道被填堵	无	保存较好。台体有坍塌、脱落，表面凹凸不平，有裂缝、沟槽、孔洞；南壁中部有两个较小洞穴，洞口直径 0.5 米；北壁被扩田取土挖毁 0.5 ~ 0.7 米厚；台体顶部有凹坑，深 0.5 米。台体上生长有杂草。台体南侧原有围墙，现已无存。墩院院基南部 5 米被 201 省道占用，有挖掘机挖掘的痕迹	自然因素主要有风雨侵蚀、植物生长等；人为因素主要是挖掘洞穴、扩田种地挖损及筑路挖毁墩院院基等

续表 4

名称	地点	高程	与其他遗存的位置关系	材质	建筑方式	平面形制	剖面形制	尺寸	附属设施	修缮情况	保存状况	损毁原因及存在病害
二十墩村2号敌台	新平堡镇二十墩村西南0.19千米	1111米	骑墙而建。位于二十墩村长城墙体上	土	黄土夯筑而成,含砂砾,夯层厚0.16米	矩形	梯形	台体底部东、南、西、北长3.5、7.2、4.1、6.3米,顶部东、南、西、北长2.7、5、3、4.2米,残高5.5米	台体南侧原有围墙,现已无存。围墙内存墩院院基痕迹。台体南壁底部正中设拱形门洞,内设置通台顶的圆孔形踏道,踏道稍倾斜,内壁沿圆周设脚窝。拱形门洞与踏道相通,可登台顶	无	保存一般。台体坍塌、脱落严重,表面凹凸不平,有裂缝、沟槽、孔洞。南壁大半被201省道筑路时挖毁,有挖掘机挖掘后的痕迹。台体上生长有杂草。台体南侧原有围墙,现已无存	自然因素主要有风雨侵蚀、植物生长等;人为因素主要是筑路挖毁台体等
二十墩村3号敌台	新平堡镇二十墩村西南0.68千米	1108米	骑墙而建。位于二十墩村长城墙体上	土	黄土夯筑而成,含砂砾,夯层厚0.2~0.24米	矩形	梯形	台体底部东、南、西、北长11、10、10.8、9.8米,顶部东、南、西、北长4.5、4.6、4.1、3.9米,残高7.5米	台体南侧原有围墙,现仅存南墙,长3、底宽1、顶宽0.3、残高0.5米;西墙长5、底宽1.5、顶宽0.5、残高2米,夯层厚0.2~0.25米。围墙内存墩院院基,平面呈矩形,东西13、南北8.5、高2米。台体南壁底部正中设拱形门洞,宽1.2、残高1米。台体内设置通台顶的圆孔形踏道,踏道稍倾斜,内壁沿圆周设脚窝。拱形门洞与踏道相通,可登台顶。顶部北侧有一段矮墙,长2、高0.5米,夯层厚0.15~0.2米	无	保存一般。台体坍塌、脱落严重,表面凹凸不平,有裂缝、沟槽、孔洞。南壁有两个横向凹槽,底部并排有三个人工洞穴,中间的洞穴较大。北壁下部有取土坑,上部被踩踏成一道凹槽。台体上生长有杂草。台体南侧原有围墙,现仅存一段南墙和一段西墙	自然因素主要有风雨侵蚀、植物生长等;人为因素主要是挖掘洞穴、取土挖损等

续表 4

名称	地点	高程	与其他遗存的位置关系	材质	建筑方式	平面形制	剖面形制	尺寸	附属设施	修缮情况	保存状况	损毁原因及存在病害
二十墩村4号敌台	新平堡镇新平尔村东0.34千米	1114米	骑墙而建。位于二十墩村长城墙体上，系该段墙体止点	土	黄土夯筑而成，含砂砾，夯层厚0.18米	矩形	梯形	台体底部东、南、西、北长5、8、4、8.5米，顶部东、南、西、北长3、7、2.5、8米，残高2.2米	台体南侧有围墙，无存。围墙内存墩院院基痕迹。南壁底部正中设拱形门洞。台体内设置通台顶的圆孔形踏道，踏道稍倾斜，内壁沿圆周设脚窝。拱形门洞与踏道相通，可登台顶	无	保存较差。台体坍塌脱落严重，凸出墙体部分全部坍塌，表面凹凸不平，有裂缝、沟槽、孔洞。台体上生长有杂草。台体南侧原有围墙，现已无存。台体底部有一个南北向输水涵洞，宽0.7、残高0.8米，为当地村民修筑的水利设施。在涵洞上方有一个洞穴，宽0.4、残高0.5米。台体周围被挖掘得坑坑凹凹	自然因素主要有风雨侵蚀、植物生长等，人为因素主要是挖掘洞穴、修筑涵洞等
新平尔村1号敌台	新平堡镇新平尔村西0.29千米	1125米	骑墙而建。位于新平尔村长城1段墙体上	土	黄土夯筑而成，含砂砾，夯层厚0.22米	矩形	梯形	台体底部边长10.4米，顶部东、南、西、北长6.2、6.4、5.8、6米，残高8.8米	台体南侧原有围墙，现已无存。围墙内存墩院院基痕迹，平面呈矩形，东西13、南北8.5、高3.3米。南壁底部正中设拱形门洞。台体内设置通台顶的圆孔形踏道，踏道稍倾斜，内壁沿圆周设脚窝。拱形门洞与踏道相通，可登台顶	无	保存较好。台体有坍塌脱落，表面凹凸不平，有裂缝、沟槽、孔洞。台体上生长有杂草。台体南侧原有围墙，现已无存。墩院院基南立面有三个洞穴	自然因素主要有风雨侵蚀、植物生长等，人为因素主要是挖掘洞穴、扩田种地挖损等

续表 4

名称	地点	高程	与其他遗存的位置关系	材质	建筑方式	平面形制	剖面形制	尺寸	附属设施	修缮情况	保存状况	损毁原因及存在病害
新平尔村2号敌台	新平堡镇新平尔村西0.6千米	1132米	骑墙而建。位于新平尔村长城1段墙体上	土	黄土夯筑而成,含砂砾,夯层厚0.09～0.2米	矩形	梯形	台体底部东、南、西、北长8.5、8.7、8.8、8.3米,顶部东、南、西、北长5.1、4.9、5.1、5米,残高5.9米	台体南侧原有围墙,现已无存。围墙内存墩院院基痕迹,平面呈矩形,东西16、南北19、高2.1米。台体南壁底部正中设拱形门洞,台体内设置通台顶的圆孔形踏道,踏道稍倾斜,内壁沿圆周设脚窝。拱形门洞与踏道相通,可登台顶	无	保存较好。台体有坍塌、脱落,表面凹凸不平,有裂缝、沟槽、孔洞。北壁脱落严重,下部塌土堆积成斜坡。东北角有凹槽,较窄,可登台顶。顶部有锅底状坑,直径3、深1米。台体上生长有杂草。台体南侧原有围墙,现已无存	自然因素主要有风雨侵蚀、植物生长等,人为因素主要是人畜踩踏等
新平尔村3号敌台	新平堡镇新平尔村西0.9千米	1141米	骑墙而建。位于新平尔村长城1段墙体上,系该段墙体止点	土	黄土夯筑而成,含砂砾,夯层厚0.22米	矩形	梯形	台体底部东、南、西、北长8.3、8.5、8.4、8.6米,顶部东、南、西、北长5.8、5.4、5.3、5.2米,残高8米	无	从台体南壁内外侧裂缝的情况以及裸露的内部结构看,台体东、西壁有加厚土层,厚0.2～1.2米,而且台体内外夯筑质量、夯筑材料、夯层厚度均有差异,内外衔接痕迹较为明显,有修缮的痕迹,应为明代后期修缮	保存较好。台体有所坍塌脱落,台体表面凹凸不平,有裂缝、沟槽、孔洞。台体上生长有杂草	自然因素主要有风雨侵蚀、植物生长等,人为因素主要是扩田种地挖毁等

续表 4

名称	地点	高程	与其他遗存的位置关系	材质	建筑方式	平面形制	剖面形制	尺寸	附属设施	修缮情况	保存状况	损毁原因及存在病害
新平尔村 4 号敌台（彩图九五）	新平堡镇新平尔村西 0.95 千米	1221 米	骑墙而建。位于新平尔村长城 2 段墙体上	土	黄土夯筑而成，含砂砾，夯层厚 0.15 ~0.22 米。南壁上部有圆形穿绳孔洞，孔径 0.01 ~0.03 米	矩形	梯形	台体底部东、南、西、北长 12.5、13.5、12.8、13 米，顶部东、南、西、北长 6.1、6.5、6.1、6.2 米，残高 7.5 米	台体东侧原有围墙，现已无存。围墙内存墩院院基痕迹，平面呈矩形，东西 9、南北 21、高 0.6 米	无	保存较好。台体有坍塌、脱落，表面凹凸不平，有裂缝、沟槽、孔洞。东、北壁下部有塌土堆积成的斜坡；东壁底部有一个洞穴，宽 1.5、深 2 米，中上部有一个小坑，直径 0.2、深 0.25 米。台体上生长有杂草	自然因素主要有风雨侵蚀、植物生长等，人为因素主要是挖掘洞穴、扩田种地挖损等
新平尔村 5 号敌台	新平堡镇新平尔村西南 1.1 千米	1114 米	骑墙而建。位于新平尔村长城 2 段墙体上，系该段墙体止点	土	黄土夯筑而成，含砂砾，夯层厚 0.1 ~0.2 米	矩形	梯形	台体底部东、南、西、北长 14.4、14.6、15、14 米，顶部东、南、西、北长 8、7.5、8、7.7 米，残高 7.5 米	台体东侧原有围墙，现仅存南墙，长 5、宽 1、残高 1.9 米。围墙内存墩院院基痕迹，平面呈矩形，东西 11、南北 13、高 0.6 米	从台体西壁及裸露的内部结构看，台体内外夯筑质量、夯筑材料、夯层厚度均有差异，内外衔接痕迹较明显，有修缮的痕迹，应为明代后期修缮	保存较好。台体有坍塌、脱落，表面凹凸不平，有裂缝、沟槽、孔洞。台体上生长有杂草。台体东侧原有围墙，现仅存南墙	自然因素主要有风雨侵蚀、植物生长等，人为因素主要是扩田种地挖损等
双山敌台	新平堡镇新平尔村西北 1 千米	1177 米	骑墙而建。位于双山长城 17 段墙体上，系该段墙体止点	土	黄土夯筑而成，含砂砾，夯层厚 0.18 米	矩形	梯形	台体底部东、南、西、北长 5.5、5、5.6、4.9，残高 3.5 米	无	无	保存一般。台体坍塌、脱落严重，表面凹凸不平，有裂缝、沟槽、孔洞。台体上生长有杂草	自然因素主要有风雨侵蚀、植物生长等

续表 4

名称	地点	高程	与其他遗存的位置关系	材质	建筑方式	平面形制	剖面形制	尺寸	附属设施	修缮情况	保存状况	损毁原因及存在病害
西马市村1号敌台	新平堡镇西马市村北1.3千米	1111米	骑墙而建。位于西马市村长城1段墙体上	土	黄土夯筑而成，含砂砾，夯层厚0.17~0.2米	矩形	梯形	台体底部东、南、西、北长14、13.5、13.8、13米，顶部东、南、西、北长5.1、7、5.1、6.3米，残高7米	台体东侧的有围墙，仅东、南、北墙保存，坍塌、脱落严重，墙体宽约0.8、残高约1米，夯层厚0.17~0.18米。围墙内存墩院院基，平面呈矩形，东西9、南北21、高2米	无	保存较好。台体有坍塌、脱落，表面凹凸不平，有裂缝、沟槽、孔洞。台体上生长有杂草。台体东侧原有围墙，现仅存东、南、北墙	自然因素主要是风雨侵蚀、植物生长等，人为因素主要是由于台体紧邻耕地、扩田种地挖损等
西马市村2号敌台	新平堡镇西马市村北1.2千米	1097米	骑墙而建。位于西马市村长城1段墙体上	土	黄土夯筑而成，含砂砾，夯层厚0.18~0.25米	矩形	梯形	台体底部东、南、西、北长8.4、9.8、8.2、9米，顶部东、南、西、北长5、4.5、4.6、4.5米，残高5.5米	台体东侧原有围墙，仅存东墙1.5、南墙1.2米，墙体顶宽约0.3米，夯层厚0.23~0.27米。围墙内存墩院院基，平面呈矩形，东西12、南北20、高1.7米	从台体四壁外层坍塌的情况以及坍塌处裸露的内部结构看，台体内外夯筑质量、夯筑材料、夯层厚度，均有差异，内外衔接痕迹较明显，有修缮的痕迹，应为明代后期修缮	保存较好。台体有坍塌、脱落，表面凹凸不平，有裂缝、沟槽、孔洞。台体上生长有杂草。台体东侧原有围墙，现仅存东、南墙	自然因素主要是风雨侵蚀、植物生长等，人为因素主要是由于台体紧邻耕地、扩田种地挖损等
西马市村3号敌台	新平堡镇西马市村北0.8千米	1098米	骑墙而建。位于西马市村长城2段墙体上	土	黄土夯筑而成，含砂砾，夯层厚0.18~0.25米	矩形	梯形	台体底部东、南、西、北长6.2、7.4、6.1、7.3米，残高5.7米	无	台体南壁外层有厚0.8米的一层，夯层厚0.13米，夯土中含砂砾及碎石子，夯层之间有粘接层，粘接层厚0.03米，应为明代后期修缮	保存一般。台体坍塌、脱落严重，表面凹凸不平，有裂缝、沟槽、孔洞。南壁西侧有一道竖直凹槽，长2.5、宽0.5、深0.2米。西壁下部有两个洞穴，深0.8米。台体上生长有杂草	自然因素主要是风雨侵蚀、植物生长等，人为因素主要是人为挖掘洞穴、人畜踩踏等

续表 4

名称	地点	高程	与其他遗存的位置关系	材质	建筑方式	平面形制	剖面形制	尺寸	附属设施	修缮情况	保存状况	损毁原因及存在病害
西马市村 4 号敌台	新平堡镇西马市村北 0.1 千米	1083 米	骑墙而建。位于西马市村长城 2 段墙体上，系该段墙体止点	土	黄土夯筑而成，含砂砾，夯层厚 0.18 ~0.25 米	矩形	梯形	台体底部东、南、西、北长 6、4、6.2、4.1 米，顶部东、南、西、北长 5、3.5、5、3.4 米，残高 4 米	无	台体外层夯层厚 0.13 米，夯土中含砂砾及碎石子，应为明代后期修缮	保存一般。台体坍塌脱落严重，表面凹凸不平，有裂缝、沟槽、孔洞。台体高出长城墙体，部分无存。台体上生长有杂草，东壁底部被扩田取土挖成立壁	自然因素主要是风雨侵蚀、植物生长等，人为因素主要是扩田种地挖损、人畜踩踏等
西马市村 5 号敌台	新平堡镇西马市村中	1098 米	骑墙而建。位于西马市村长城 3 段墙体上	土	黄土夯筑而成，含砂砾，夯层厚 0.16 ~0.2 米	矩形	梯形	台体底部东、南、西、北长 9.5、10.8、11.8、9 米，顶部东、南、西、北长 6.2、7.2、8、6 米，残高 7 米	无	无	保存较差。台体坍塌脱落严重，表面凹凸不平，有裂缝、沟槽、孔洞。台体高出长城墙体，部分无存，南壁与墙体相连处被踩踏形成小路。台体上生长有杂草	自然因素主要是风雨侵蚀、植物生长等，人为因素主要是人畜踩踏、取土挖损等
新平堡村 1 号敌台	新平堡镇新平堡村西 0.9 千米	1103 米	骑墙而建。位于新平堡村长城 1 段墙体上	土	黄土夯筑而成，夯层厚 0.17 ~ 0.25 米	矩形	梯形	台体底部东、南、西、北长 15、15、14.7、15、残高 8.4 米	台体东侧原有围墙，现已无存。围墙内残存墩院院基，平面呈矩形，东西 10、南北 24、高 2.3 米	无	保存较好。台体有所坍塌脱落，表面凹凸不平，有裂缝、沟槽、孔洞。北壁西侧有一道裂缝，宽 0.2 米。台体上生长有杂草。东、西壁均有人畜踩踏形成的坡道，可登顶。台体东侧原有围墙，现已无存	自然因素主要是风雨侵蚀、植物生长等，人为因素主要是扩田种地挖损、人畜踩踏等

续表 4

名称	地点	高程	与其他遗存的位置关系	材质	建筑方式	平面形制	剖面形制	尺寸	附属设施	修缮情况	保存状况	损毁原因及存在病害
新平堡村 2 号敌台	新平堡镇新平堡村西南 1 千米	1106 米	骑墙而建。位于新平堡村长城 1 段墙体上	土	黄土夯筑而成，夯层厚 0.18 米	矩形	梯形	台体底部东、南、西、北长 9、9.2、9.1、9 米，顶部东、南、西、北长 5、5.2、4.8、5 米，残高 6.5 米	台体东侧原有围墙，现存南墙长 4、高约 0.8 米。围墙内残存墩院院基，平面呈矩形，东西 10、南北 23.4、高 2.5 米。东壁底部正中设拱形门洞。台体内设置通顶的圆孔形踏道，踏道稍倾斜，内壁沿圆周设脚窝。拱形门洞与踏道相通，可登顶	无	保存较好。台体有所坍塌脱落，表面凹凸不平，有裂缝、沟槽、孔洞。东壁顶部有半圆形豁口，底部拱形门洞被塌土掩埋；北壁中上部坍塌形成阶梯形斜坡；顶部中部下凹。台体上生长有杂草。台体东侧原有围墙，现仅存南墙 4 米	自然因素主要是风雨侵蚀、植物生长等，人为因素主要是扩田种地挖损、人畜踩踏等
新平堡村 3 号敌台	新平堡镇新平堡村西南 1.3 千米	1118 米	骑墙而建。位于新平堡村长城 1 段墙体上	土	黄土夯筑而成，夯层厚 0.17 ~ 0.21 米	矩形	梯形	台体底部东、南、西、北长 12、9、11.3、8.5、残高 6.8 米	台体东侧原有围墙，现存东墙长 3、高约 0.7 米。围墙内残存墩院院基，平面呈矩形，东西 9、南北 23.4、高 2 米	无	保存一般。台体坍塌脱落严重，表面凹凸不平，有裂缝、沟槽、孔洞。台体上生长有杂草。台体东侧原有围墙，现仅存东墙 3 米	自然因素主要是风雨侵蚀、植物生长等，人为因素主要是扩田种地挖损、人畜踩踏等
新平堡村 4 号敌台	新平镇新平堡村西南 1.5 千米	1123 米	骑墙而建。位于新平堡村长城 1 段墙体上，系该段墙体止点	土	黄土夯筑而成，夯层厚 0.15 ~ 0.24 米	矩形	梯形	台体底部东、南、西、北长 7.9、8、8、8.2 米，顶部东、南、西、北长 3.9 、4、3.8、4 米，残高 6.4 米	无	从台体外层坍塌的情况及坍塌处裸露的内部结构看，台体内外夯筑质量、夯筑材料、夯层厚度均有差异，且内外衔接痕迹较明显，有修缮的痕迹，应为明代后期修缮	保存较好。台体有所坍塌脱落，表面凹凸不平，有裂缝、沟槽、孔洞。台体上生长有杂草。南壁底部偏东侧有洞穴，宽 0.9、深 2 米；北壁有人畜踩踏形成的坡道，可登顶	自然因素主要是风雨侵蚀、植物生长等，人为因素主要是扩田种地挖损、人为挖掘洞穴、人畜踩踏等

续表 4

名称	地点	高程	与其他遗存的位置关系	材质	建筑方式	平面形制	剖面形制	尺寸	附属设施	修缮情况	保存状况	损毁原因及存在病害
新平堡村5号敌台	新平堡镇新平堡村西南1.8千米	1134米	骑墙而建。位于新平堡村长城2段墙体上	土	黄土夯筑而成，夯层厚0.18～0.26米	矩形	梯形	台体底部东、南、西、北长12.5、9.7、12.2、9.5米，顶部东、南、西、北长8、5、7.5、5米，残高8米	台体东侧原有围墙，现无存。围墙内残存墩院院基，平面呈矩形，东西10、南北18、高2米。台体东壁底部正中设拱形门洞，拱形门洞宽1.2、高1.4、进深2.4米。台体内设置通顶的圆孔形踏道，孔径1.1米，踏道稍倾斜，内壁沿圆周设脚窝，脚窝深0.15米。拱形门洞与踏道相通，可登顶	无	保存较好。台体有所坍塌脱落，表面凹凸不平，有裂缝、沟槽、孔洞。台体上生长有杂草。台体东侧原有围墙，现无存	自然因素主要是风雨侵蚀、植物生长等，人为因素主要是扩田种地挖损、人畜踩踏等
新平堡村6号敌台(彩图九六)	新平堡镇新平堡村西南2.1千米	1149米	骑墙而建。位于新平堡村长城2段墙体上，系该段墙体止点	土	黄土夯筑而成，夯层厚0.18～0.22米	矩形	梯形	台体底部东、南、西、北长13.5、11.5、13、11米，顶部东、南、西、北长9、7.3、8.2、6米，残高9米	台体东侧原有围墙，现无存。围墙内残存墩院院基，平面呈矩形，东西10、南北20、高0.7米。夯筑而成，夯层厚0.16～0.2米	无	保存较好。台体有所坍塌脱落，表面凹凸不平，有裂缝、沟槽、孔洞。北壁有人畜踩踏形成的坡道，可登顶。台体上生长有杂草。台体东侧原有围墙，现无存	自然因素主要是风雨侵蚀、植物生长等，人为因素主要是扩田种地挖损、人畜踩踏等
新平堡村7号敌台	新平堡镇新平堡村西南2.4千米	1160米	骑墙而建。位于新平堡村长城3段墙体上	土	黄土夯筑而成，夯层厚0.16～0.21米	矩形	梯形	台体底部东、南、西、北长13、12、12.8、11.6米，顶部东、南、西、北长8、7.1、7.6、7.4米，残高9米	无	无	保存较好。台体有所坍塌脱落，表面凹凸不平，有裂缝、沟槽、孔洞。台体上生长有杂草	自然因素主要是风雨侵蚀、植物生长等，人为因素主要是扩田种地挖损等

续表 4

名称	地点	高程	与其他遗存的位置关系	材质	建筑方式	平面形制	剖面形制	尺寸	附属设施	修缮情况	保存状况	损毁原因及存在病害
新平堡村 8 号敌台	新平堡镇新平堡村西南 2.8 千米	1208 米	骑墙而建。位于新平堡村长城 3 段墙体上	土	黄土夯筑而成，夯层厚 0.18 ~ 0.21 米	矩形	梯形	台体底部东、南、西、北残长 12.5、12.3、12.6、12.7 米，顶部平面呈椭圆形，东西 2.5、南北 7 米，残高 6.5 米	台体东侧原有围墙，无存。围墙内残存墩院院基，平面呈矩形，东西 12、南北 23、高 2.5 米	从台体外层坍塌的情况及坍塌处裸露的内部结构来看，台体内外夯筑质量、夯筑材料、夯层厚度，均有差异，且内外衔接痕迹较为明显，有修缮的痕迹，应为明代后期修缮	保存较好。台体有所坍塌脱落，表面凹凸不平，有裂缝、沟槽、孔洞。台体上生长有杂草	自然因素主要是风雨侵蚀、植物生长等，人为因素主要是扩田种地挖损、人畜踩踏等
新平堡村 9 号敌台	新平堡镇新平堡村西南 3.2 千米	1258 米	骑墙而建。位于新平堡村长城 3 段墙体上	土	黄土夯筑而成，夯层厚 0.12 ~ 0.16 米	矩形	梯形	台体底部东、南、西、北残长 13、12.3、12.6、12.7 米，顶部平面呈圆形，直径 9、残高 8.5 米	台体东侧有围墙，存东墙 18 米，宽 1.2、残高 0.5 ~ 2 米。围墙内残存墩院院基，平面呈矩形，东西 10、南北 21，7、高 3.2 米	无	保存较好。台体有所坍塌脱落，表面凹凸不平，有裂缝、沟槽、孔洞。台体上生长有杂草。台体东侧原有围墙，现存东墙 18 米。东墙上有内外相通的三角形孔洞，宽 1、残高 0.9 米	自然因素主要是风雨侵蚀、植物生长等，人为因素主要是扩田种地挖损、人为挖掘洞穴、人畜踩踏等
新平堡村二道边 1 号敌台	新平堡镇新平堡村西 0.8 千米，西马市村中	1080 米	骑墙而建。位于新平堡村二道边长城墙体上	土	黄土夯筑而成，夯层厚 0.2 ~ 0.24 米	矩形	梯形	台体底部东西 2.7、南北 3.2、残高 3.5 米	无	无	保存较差。台体遭挖掘机取土挖损，损毁严重	自然因素主要是风雨侵蚀、植物生长等，人为因素主要是挖掘机取土挖损等

续表 4

名称	地点	高程	与其他遗存的位置关系	材质	建筑方式	平面形制	剖面形制	尺寸	附属设施	修缮情况	保存状况	损毁原因及存在病害
新平堡村二道边2号敌台	新平堡镇新平堡村西南1.7千米	1131米	骑墙而建。位于新平堡村二道边长城墙体上	土	黄土夯筑而成，夯层厚0.2～0.23米	椭圆形	梯形	台体底部平面呈椭圆形东西4、南北9、残高3.2米	无	无	保存较差。台体坍塌脱落严重，表面凹凸不平，有裂缝、沟槽、孔洞。台体上生长有杂草	自然因素主要是风雨侵蚀、植物生长等，人为因素主要是扩田种地挖损、人畜踩踏等
新平堡村二道边3号敌台	新平堡镇新平堡村西南2.2千米	1154米	骑墙而建。位于新平堡村二道边长城墙体上	土	黄土夯筑而成，夯层厚0.2～0.25米	椭圆形	梯形	台体底部平面呈椭圆形，东西3、南北4.5、残高3.1米	无	无	保存较差。台体坍塌脱落严重，表面凹凸不平，有裂缝、沟槽、孔洞。台体上生长有杂草	自然因素主要是风雨侵蚀、植物生长等，人为因素主要是扩田种地挖损、人畜踩踏等
新平堡村二道边4号敌台	新平堡镇新平堡村西南2.8千米	1183米	骑墙而建。位于新平堡村二道边长城墙体上	土	黄土夯筑而成，夯层厚0.2～0.27米	圆形	梯形	台体底部平面呈圆形，直径10.5、残高2米	无	无	保存较差。台体坍塌脱落严重，表面凹凸不平，有裂缝、沟槽、孔洞。台体上生长有杂草	自然因素主要是风雨侵蚀、植物生长等，人为因素主要是扩田种地挖损、人畜踩踏等
新平堡村二道边5号敌台	新平堡镇新平堡村西南3千米	1198米	骑墙而建。位于新平堡村二道边长城墙体上	土	黄土夯筑而成，夯层厚0.2～0.25米	圆形	梯形	台体底部平面呈圆形，直径8、残高5米	无	无	保存一般。台体坍塌脱落严重，表面凹凸不平，有裂缝、沟槽、孔洞。台体上生长有杂草	自然因素主要是风雨侵蚀、植物生长等，人为因素主要是扩田种地挖损、人畜踩踏等

续表 4

名称	地点	高程	与其他遗存的位置关系	材质	建筑方式	平面形制	剖面形制	尺寸	附属设施	修缮情况	保存状况	损毁原因及存在病害
新平堡村二道边6号敌台	新平堡镇新平堡村西南3.1千米	1202米	骑墙而建。位于新平堡村二道边长城墙体上	土	黄土夯筑而成，夯层厚0.15～0.23米	圆形	梯形	台体底部平面呈圆形，直径15.5、残高3.5米	无	无	保存较差。台体坍塌脱落严重，表面凹凸不平，有裂缝、沟槽、孔洞。台体上生长有杂草	自然因素主要是风雨侵蚀、植物生长等，人为因素主要是扩田种地挖损、人畜踩踏等
保平堡村1号敌台	新平堡镇保平堡村西北1.7千米	1300米	骑墙而建。位于保平堡村长城1段墙体上	土	黄土夯筑而成，含少量砂砾，夯层厚0.14～0.18米	矩形	梯形	台体底部东、南、西、北长10.2、10、10.1、9.6米，顶部东、南、西、北长5.2、4.6、4.9、4.3米，残高4.5米	无	从台体坍塌处裸露的内部结构来看，四壁外层均为修缮时所加，接缝明显，材质、颜色、夯层厚度明显不同，修缮土质含较多砂砾、碎石，夯层厚0.16～0.21米。应为明代后期修缮	保存一般。台体坍塌脱落严重，表面凹凸不平，有裂缝、沟槽、孔洞。西壁有人畜踩踏形成的坡道，可登顶。台体上生长有杂草	自然因素主要是风雨侵蚀、植物生长等，人为因素主要是人畜踩踏等
保平堡村2号敌台（彩图九七）	新平堡镇保平堡村西南1.5千米	1300米	骑墙而建。位于保平堡村长城1段墙体上	土	黄土夯筑而成，夯层厚0.16～0.22米	矩形	梯形	台体底部东、南、西、北长14.7、14.6、14.8、14.6米，顶部东、南、西、北长5.3、5.2、5、5.2米，残高9.2米	台体东侧原有围墙，现无存。围墙内残存墩院院基，平面呈矩形，东西10、南北21.3、高3.9米	从台体坍塌处裸露的内部结构来看，四壁、顶部外层均为修缮时所加，接缝明显，厚0.7～1米，修缮时代不详	保存较好。台体有所坍塌脱落，表面凹凸不平，有裂缝、沟槽、孔洞。台体东侧原有围墙，现无存。西壁底部有洞穴，宽0.4、进深2米。台体上生长有杂草	自然因素主要是风雨侵蚀、植物生长等，人为因素主要是人畜踩踏、人为挖掘洞穴等

续表 4

名称	地点	高程	与其他遗存的位置关系	材质	建筑方式	平面形制	剖面形制	尺寸	附属设施	修缮情况	保存状况	损毁原因及存在病害
保平堡村 3 号敌台	新平堡镇保平堡村西南 2 千米	1324 米	骑墙而建。位于保平堡村长城 1 段墙体上，系该段墙体止点	土	黄土夯筑而成，含少量砂砾，夯层厚 0.16～0.22 米	矩形	梯形	台体底部东、南、西、北长 11.8、11.5、11.7、11.4 米，顶部东、南、西、北长 5.3、5.2、4.9、5.0 米，残高 9.7 米	台体东侧原有围墙，现无存。围墙内残存墩院院基，平面呈矩形，东西 19.7、南北 11，3、高 1.5～3.5 米。东侧有 3 米宽的豁口	从台体坍塌处裸露的内部结构来看，四壁外层均为修缮时所加，接缝明显，厚 1.1～1.5 米，材质、颜色、夯层厚度明显不同，修缮土质含较多砂砾、碎石，夯层厚 0.18～0.24 米。应为明代后期修缮	保存一般。台体坍塌脱落严重，表面凹凸不平，有裂缝、沟槽、孔洞。台体上生长有杂草。台体东侧原有围墙，现无存	自然因素主要是风雨侵蚀、植物生长等，人为因素主要是人畜踩踏等
保平堡村 4 号敌台	新平堡镇保平堡村西南 2.2 千米	1330 米	骑墙而建。位于保平堡村长城 2 段墙体上，系该段墙体止点	土	黄土夯筑而成，夯层厚 0.15～0.17 米	圆形	梯形	台体底径 14.5、顶径 5.6、残高 8.5 米	台体东侧原有围墙，现无存。围墙内残存墩院院基，平面呈矩形，东西 7.7、南北 21、高 2.6 米	从台体坍塌处裸露的内部结构来看，四壁外层均为修缮时所加，接缝明显，厚 0.6～1.5 米，材质、颜色、夯层厚度明显不同，夯层厚 0.18～0.22 米。应为明代后期修缮	保存较好。台体有所坍塌脱落，表面凹凸不平，有裂缝、沟槽、孔洞。南壁有三条纵向通体裂缝，宽 0.3、深 0.4 米。台体上生长有杂草。台体东侧原有围墙，现无存	自然因素主要是风雨侵蚀、植物生长等，人为因素主要是人畜踩踏等

续表 4

名称	地点	高程	与其他遗存的位置关系	材质	建筑方式	平面形制	剖面形制	尺寸	附属设施	修缮情况	保存状况	损毁原因及存在病害
保平堡村5号敌台	新平堡镇保平堡村西南2.5千米	1370米	骑墙而建。位于保平堡村长城2段墙体上，系该段墙体止点	土	黄土夯筑而成，夯层厚0.12～0.2米	矩形	梯形	台体底部东西13.5、南北12.5米，顶部东西6.5、南北5.3米，残高7.8米	台体东侧原有围墙，现无存。围墙内残存墩院院基，平面呈矩形，东西9、南北21、高2米	从台体坍塌处裸露的内部结构来看，四壁外层均为修缮时所加，接缝明显，厚1.1～1.5米，材质、颜色、夯层厚度明显不同。应为明代后期修缮	保存一般。台体坍塌脱落严重，表面凹凸不平，有裂缝、沟槽、孔洞。台体上生长有杂草。台体东侧原有围墙，现无存	自然因素主要是风雨侵蚀、植物生长等，人为因素主要是人畜踩踏等
保平堡村6号敌台	新平堡镇保平堡村西南2.7千米	1418米	骑墙而建。位于保平堡村长城3段墙体上	土	黄土夯筑而成，夯层厚0.2～0.25米	矩形	梯形	台体底部东、南、西、北长11.7、12.6、11.8、12.6米，顶部东、南、西、北长8.1、7.2、8、8.2米，残高7.2米	无	无	保存较好。台体有所坍塌脱落，表面凹凸不平，有裂缝、沟槽、孔洞。台体上生长有杂草	自然因素主要是风雨侵蚀、植物生长等，人为因素主要是人畜踩踏等
保平堡村7号敌台	新平堡镇保平堡村西南3千米	1418米	骑墙而建。位于保平堡村长城3段墙体上，系该段墙体止点	土	黄土夯筑而成，夯层厚0.1～0.16米	矩形	梯形	台体底部东、南、西、北长10.8、10.6、10.8、10.6米，顶部东、南、西、北长7、6.5、7、6.2米，残高8.4米	台体东侧原有围墙，现存东、南、北墙，宽0.5、高2.8米，夯层厚0.2～0.23米。东墙有门道，宽2、高1.4米。围墙内残存墩院院基，平面呈矩形，东西11、南北18米	无	保存较好。台体有所坍塌脱落，表面凹凸不平，有裂缝、沟槽、孔洞。台体上生长有杂草。台体东侧原有围墙保存	自然因素主要是风雨侵蚀、植物生长等，人为因素主要是人畜踩踏等

续表 4

名称	地点	高程	与其他遗存的位置关系	材质	建筑方式	平面形制	剖面形制	尺寸	附属设施	修缮情况	保存状况	损毁原因及存在病害
保平堡村 8 号敌台	新平堡镇保平堡村西南 3.1 千米	1471 米	骑墙而建。位于保平堡村长城 4 段墙体上	土	黄土夯筑而成，含少量砂砾、碎石，夯层厚 0.2～0.25 米	矩形	梯形	台体底部东西 9.6、南北 9.8 米，顶部平面略呈圆形，周长 15.8 米，残高 5.5 米	台体东侧原有围墙，现无存。围墙内残存墩院院基，平面呈矩形，东西 6、南北 14 米	无	保存一般。台体坍塌脱落严重，表面凹凸不平，有裂缝、沟槽、孔洞。台体上生长有杂草。台体东侧原有围墙，现无存	自然因素主要是风雨侵蚀、植物生长等，人为因素主要是人畜踩踏等
保平堡村 9 号敌台	新平堡镇保平堡村西南 3.2 千米	1465 米	骑墙而建。位于保平堡村长城 4 段墙体上，系该段墙体止点	土	黄土夯筑而成，夯层厚 0.1～0.2 米	矩形	梯形	台体底部东、南、西、北长 9、9.1、9.3、9.1 米，顶部东、南、西、北长 5.7、6.1、6、6 米，残高 7.2 米	台体底部有台基，平面呈圆形	无	保存较好。台体有所坍塌脱落，表面凹凸不平，有裂缝、沟槽、孔洞。北壁东侧底部有洞穴，宽米，残高 1 米，洞口被堵塞。台体上生长有杂草	自然因素主要是风雨侵蚀、植物生长等，人为因素主要是人畜踩踏、挖掘洞穴等
保平堡村 10 号敌台	新平堡镇保平堡村西南 3.1 千米	1438 米	骑墙而建。位于保平堡村长城 5 段墙体上	土	黄土夯筑而成，夯层厚 0.15～0.2 米	矩形	梯形	台体底部东西 10.6、南北 10.5 米，顶部东、南、西、北长 7、6.4、7、7 米，残高 9.2 米	无	无	保存较好。台体有所坍塌脱落，表面凹凸不平，有裂缝、沟槽、孔洞。台体上生长有杂草	自然因素主要是风雨侵蚀、植物生长等
杏园窑村 1 号敌台	新平堡镇杏园窑村西南 2 千米	1437 米	骑墙而建。位于杏园窑村长城 1 段墙体上，系该段墙体止点	土	黄土夯筑而成，夯层厚 0.15～0.2 米	矩形	梯形	台体底部东、南、西、北长 9.8、10.2、9.6、10 米，顶部东、南、西、北长 5.2、6、5、6.2 米，残高 8.2 米	无	无	保存较好。台体有所坍塌脱落，表面凹凸不平，有裂缝、沟槽、孔洞。台体北壁从中部至顶部有塌落形成的倒三角形的豁口。台体上生长有杂草	自然因素主要是风雨侵蚀、植物生长等，人为因素主要是人畜踩踏等

续表 4

名称	地点	高程	与其他遗存的位置关系	材质	建筑方式	平面形制	剖面形制	尺寸	附属设施	修缮情况	保存状况	损毁原因及存在病害
杏园窑村2号敌台	新平堡镇杏园窑村西南2千米	1419米	骑墙而建。位于杏园窑村长城2段墙体上，系该段墙体止点	土	黄土夯筑而成，夯层厚0.16～0.22米	矩形	梯形	台体底部东、南、西、北长10.8、10.2、10.6、10米，顶部平面略呈圆形，周长19米，残高9.2米	无	无	保存较好。台体有所坍塌脱落，表面凹凸不平，有裂缝、沟槽、孔洞。台体南壁有纵向通体沟槽，宽1、深0.5米。台体上生长有杂草	自然因素主要是风雨侵蚀、植物生长等，人为因素主要是人畜踩踏等
杏园窑村3号敌台	新平堡镇杏园窑村西南2.1千米	1382米	骑墙而建。位于杏园窑村长城3段墙体上，系该段墙体止点	土	黄土夯筑而成，夯层厚0.15～0.2米	矩形	梯形	台体底部东、南、西、北长13.8、13.2、13.6、13米，顶部东、南、西、北长8.8、8.2、8.6、8米，残高9.2米	无	无	保存较好。台体有所坍塌脱落，表面凹凸不平，有裂缝、沟槽、孔洞。台体上生长有杂草	自然因素主要是风雨侵蚀、植物生长等，人为因素主要是人畜踩踏等
杏园窑村4号敌台	新平堡镇杏园窑村西南2.2千米	1329米	骑墙而建。位于杏园窑村长城4段墙体上	土	黄土夯筑而成，夯层厚0.1～0.15米，夯层之间有砂石层，砂石层厚0.03～0.06米	矩形	梯形	台体底部东、南、西、北长10.5、10.4、10.5、10米，顶部平面略呈圆形，周长21.7米，残高11.2米	台体东壁底部有拱形门洞，宽1、进深2米，倾斜向上通顶，现被顶部塌土封堵	无	保存较好。台体有所坍塌脱落，表面凹凸不平，有裂缝、沟槽、孔洞。台体上生长有杂草	自然因素主要是风雨侵蚀、植物生长等，人为因素主要是人畜踩踏等
杏园窑村5号敌台	新平堡镇杏园窑村西南2.6千米	1374米	骑墙而建。位于杏园窑村长城4段墙体上	土	黄土夯筑而成，夯层厚0.18～0.2米	矩形	梯形	台体底部东、南、西、北长7.8、9、7.6、9米，顶部平面略呈圆形，周长9.7米，残高5米	无	无	保存一般。台体坍塌脱落严重，表面凹凸不平，有裂缝、沟槽、孔洞。台体上生长有杂草	自然因素主要是风雨侵蚀、植物生长等，人为因素主要是人畜踩踏等

续表 4

名称	地点	高程	与其他遗存的位置关系	材质	建筑方式	平面形制	剖面形制	尺寸	附属设施	修缮情况	保存状况	损毁原因及存在病害
四方墩村 1 号敌台	新平堡镇四方墩村西南 3.8 千米	1420 米	骑墙而建。位于四方墩村长城 1 段墙体上	土	黄土夯筑而成，夯层厚 0.15 ~ 0.2 米，夯层之间有红色胶泥土粘接层，粘接层厚 0.03 米	矩形	梯形	台体底部东、南、西、北长 6.5、6.4、6.7、6.5 米，顶部平面略呈圆形，周长 12.5 米，残高 5.5 米	无	无	保存一般。台体坍塌脱落严重，表面凹凸不平，有裂缝、沟槽、孔洞。台体上生长有杂草	自然因素主要是风雨侵蚀、植物生长等，人为因素主要是人畜踩踏等
四方墩村 2 号敌台	新平堡镇四方墩村西南 3.9 千米	1461 米	骑墙而建。位于四方墩村长城 1 段墙体上	土	黄土夯筑而成，夯层厚 0.2 ~0.25 米	矩形	梯形	台体底部东、南、西、北长 8.5、8.4、8.7、8.5 米，顶部平面呈不规则形，周长 13.6 米，残高 7 米	无	无	保存一般。台体坍塌脱落严重，表面凹凸不平，有裂缝、沟槽、孔洞。台体上生长有杂草	自然因素主要是风雨侵蚀、植物生长等，人为因素主要是人畜踩踏等
四方墩村 3 号敌台	新平堡镇四方墩村西南 3.7 千米	1507 米	骑墙而建。位于四方墩村长城 1 段墙体上	土	黄土夯筑而成，含少量砂砾、碎石，夯层厚 0.15 ~0.2 米	圆形	梯形	台体底径 11.5、残高 7.5 米	无	无	保存一般。台体坍塌脱落严重，表面凹凸不平，有裂缝、沟槽、孔洞。台体上生长有杂草	自然因素主要是风雨侵蚀、植物生长等，人为因素主要是人畜踩踏等
四方墩村 4 号敌台	新平堡镇四方墩村西南 3.6 千米	1504 米	骑墙而建。位于四方墩村长城 1 段墙体上	土	黄土夯筑而成，夯层厚 0.1 ~0.12 米	圆形	梯形	台体底径 13、顶径 5、残高 7.5 米	无	无	保存较好。台体有所坍塌脱落，表面凹凸不平，有裂缝、沟槽、孔洞。南壁有纵向通体裂缝，宽 0.7 米。台体上生长有杂草	自然因素主要是风雨侵蚀、植物生长等，人为因素主要是人畜踩踏等

续表 4

名称	地点	高程	与其他遗存的位置关系	材质	建筑方式	平面形制	剖面形制	尺寸	附属设施	修缮情况	保存状况	损毁原因及存在病害
四方墩村 5 号敌台	新平堡镇四方墩村西南 3.5 千米	1590 米	骑墙而建。位于四方墩村长城 1 段墙体上，系该段墙体止点	土	黄土夯筑而成，含砂砾，夯层厚 0.14 ~ 0.22 米	矩形	梯形	台体底部东、南、西、北长 8、3.2、6.8、3 米，顶部平面呈不规则形，残高 6 米	无	无	保存一般。台体坍塌脱落严重，表面凹凸不平，有裂缝、沟槽、孔洞。台体上生长有杂草	自然因素主要是风雨侵蚀、植物生长等，人为因素主要是人畜踩踏等
四方墩村 6 号敌台	新平堡镇四方墩村西南 3.4 千米	1599 米	骑墙而建。位于四方墩村长城 2 段墙体上	土	黄土夯筑而成，含少量砂砾，夯层厚 0.18 ~ 0.22 米	矩形	梯形	台体底部东、南、西、北长 5.5、8.4、5.7、7.5 米，顶部平面呈不规则形，残高 6 米	无	无	保存一般。台体坍塌脱落严重，表面凹凸不平，有裂缝、沟槽、孔洞。南壁有纵向通体裂缝，宽 0.2 米。台体上生长有杂草	自然因素主要是风雨侵蚀、植物生长等，人为因素主要是人畜踩踏等
四方墩村 7 号敌台	新平堡镇四方墩村西南 3.3 千米	1582 米	骑墙而建。位于四方墩村长城 2 段墙体上	土	黄土夯筑而成，含砂砾，夯层厚 0.25 米	矩形	梯形	台体底部东、南、西、北长 8.5、8.4、8.7、8.5 米，顶部东、南、西、北长 4.5、4.3、4.4、4.3 米，残高 6.4 米	无	无	保存较好。台体有所坍塌脱落，表面凹凸不平，有裂缝、沟槽、孔洞。南壁有纵向通体裂缝，宽 0.2 米。台体上生长有杂草	自然因素主要是风雨侵蚀、植物生长等，人为因素主要是人畜踩踏等
四方墩村 8 号敌台	新平堡镇四方墩村西南 3.1 千米	1585 米	骑墙而建。位于四方墩村长城 2 段墙体上	土	黄土夯筑而成，夯层厚 0.1 ~ 0.17 米	矩形	梯形	台体底部东、南、西、北残长 8.6、7.4、8.7、7.5 米，顶部平面呈不规则形，残高 7 米	无	无	保存一般。台体坍塌脱落严重，表面凹凸不平，有裂缝、沟槽、孔洞。南壁有纵向通体裂缝，宽 0.2 米。台体上生长有杂草	自然因素主要是风雨侵蚀、植物生长等，人为因素主要是人畜踩踏等

续表 4

名称	地点	高程	与其他遗存的位置关系	材质	建筑方式	平面形制	剖面形制	尺寸	附属设施	修缮情况	保存状况	损毁原因及存在病害
对井沟村 1 号敌台	新平堡镇对井沟村西北 2.2 千米	1647 米	骑墙而建。位于对井沟村长城墙体上	土	黄土夯筑而成,含少量砂砾、碎石,夯层厚 0.1 ~0.15 米	圆形	梯形	台体底径 10、顶径 4.5、残高 7.2 米	无	无	保存较差。台体坍塌脱落严重,表面凹凸不平,有裂缝、沟槽、孔洞。台体上生长有杂草	自然因素主要是风雨侵蚀、植物生长等,人为因素主要是人畜踩踏等
对井沟村 2 号敌台	新平堡镇对井沟村西北 2.1 千米	1649 米	骑墙而建。位于对井沟村长城墙体上	土	黄土夯筑而成,含少量砂砾、碎石,夯层厚 0.18 ~0.2 米	圆形	梯形	台体底径 10 米,顶部平面呈不规则形,残高 5 米	无	无	保存较差。台体坍塌脱落严重,表面凹凸不平,有裂缝、沟槽、孔洞。台体上生长有杂草	自然因素主要是风雨侵蚀、植物生长等,人为因素主要是人畜踩踏等
对井沟村 3 号敌台	新平堡镇对井沟村西北 2 千米	1650 米	骑墙而建。位于对井沟村长城墙体上	土	黄土夯筑而成,含少量砂砾、碎石,夯层厚 0.17 ~ 0.22 米	圆形	梯形	台体底径 9.2、顶径 4.5、残高 7.5 米	无	无	保存一般。台体坍塌脱落严重,表面凹凸不平,有裂缝、沟槽、孔洞。台体上生长有杂草	自然因素主要是风雨侵蚀、植物生长等,人为因素主要是人畜踩踏等
对井沟村 4 号敌台	新平堡镇对井沟村西北 1.9 千米	1664 米	骑墙而建。位于对井沟村长城墙体上	土	黄土夯筑而成,含少量砂砾、碎石,夯层厚 0.2 ~0.25 米	圆形	梯形	台体底部周长 34、残高 5 米	无	无	保存较差。台体坍塌脱落严重,表面凹凸不平,有裂缝、沟槽、孔洞。台体上生长有杂草	自然因素主要是风雨侵蚀、植物生长等,人为因素主要是人畜踩踏等

续表 4

名称	地点	高程	与其他遗存的位置关系	材质	建筑方式	平面形制	剖面形制	尺寸	附属设施	修缮情况	保存状况	损毁原因及存在病害
对井沟村5号敌台	新平堡镇对井沟村西2千米	1683米	骑墙而建。位于对井沟村长城墙体上	土	黄土夯筑而成，夯层厚0.2~0.24米，夯层间有砂石层，厚0.03~0.05米	圆形	梯形	台体底部周长25、残高7米	无	无	保存较差。台体坍塌脱落严重，表面凹凸不平，有裂缝、沟槽、孔洞。南壁底部有一个洞穴，宽2、进深3米。台体上生长有杂草。	自然因素主要是风雨侵蚀、植物生长等，人为因素主要是人畜踩踏、挖掘洞穴等
对井沟村6号敌台	新平堡镇对井沟村西1.9千米	1687米	骑墙而建。位于对井沟村长城墙体上	土	黄土夯筑而成，含砂砾、碎石，夯层厚0.12~0.17米	圆形	梯形	台体底部周长25、残高5.2米	无	无	保存较差。台体坍塌脱落严重，表面凹凸不平，有裂缝、沟槽、孔洞。台体上生长有杂草	自然因素主要是风雨侵蚀、植物生长等，人为因素主要是人畜踩踏等
红土沟村1号敌台	新平堡镇红土沟村西北0.42千米	1752米	骑墙而建。位于红土沟村长城1段墙体上	土	黄土夯筑而成，含大量砂砾，夯层厚0.15~0.2米	圆形	梯形	台体底部周长25米，顶部平面呈不规则形，残高5米	无	无	保存较差。台体坍塌脱落严重，表面凹凸不平，有裂缝、沟槽、孔洞。台体上生长有杂草	自然因素主要是风雨侵蚀、植物生长等，人为因素主要是人畜踩踏等
红土沟村2号敌台	新平堡镇红土沟村西北0.36千米	1766米	骑墙而建。位于红土沟村长城1段墙体上	土	黄土夯筑而成，含大量砂砾、碎石，夯层厚0.12~0.16米	圆形	梯形	台体底部周长27米，顶部平面呈不规则形，残高4米	无	无	保存较差。台体坍塌脱落严重，表面凹凸不平，有裂缝、沟槽、孔洞。台体上生长有杂草	自然因素主要是风雨侵蚀、植物生长等，人为因素主要是人畜踩踏等

续表 4

名称	地点	高程	与其他遗存的位置关系	材质	建筑方式	平面形制	剖面形制	尺寸	附属设施	修缮情况	保存状况	损毁原因及存在病害
红土沟村3号敌台	新平堡镇红土沟村西北0.28千米	1730米	骑墙而建。位于红土沟村长城1段墙体上	土	黄土夯筑而成，含碎石及大量砂砾，夯层厚0.18～0.24米	圆形	梯形	台体底部周长25米，顶部平面呈不规则形，残高4米	无	无	保存较差。台体坍塌脱落严重，表面凹凸不平，有裂缝、沟槽、孔洞。台体上生长有杂草	自然因素主要是风雨侵蚀、植物生长等，人为因素主要是人畜踩踏等
红土沟村4号敌台	新平堡镇红土沟村西南0.39千米	1702米	骑墙而建。位于红土沟村长城1段墙体上	土	黄土夯筑而成，含大量砂砾、碎石，夯层厚0.2～0.25米	圆形	梯形	台体底径12、残高1.5米	无	无	保存较差。台体坍塌脱落严重，表面凹凸不平，有裂缝、沟槽、孔洞。台体上生长有杂草	自然因素主要是风雨侵蚀、植物生长等，人为因素主要是人畜踩踏等
红土沟村5号敌台	新平堡镇红土沟村西南0.52千米	1733米	骑墙而建。位于红土沟村长城1段墙体上，系该段墙体止点	土	黄土夯筑而成，含少量砂砾，夯层厚0.2～0.23米	圆形	梯形	台体底径9、残高5米	无	无	保存较差。台体坍塌脱落严重，表面凹凸不平，有裂缝、沟槽、孔洞。台体上生长有杂草	自然因素主要是风雨侵蚀、植物生长等，人为因素主要是人畜踩踏等
红土沟村6号敌台	新平堡镇红土沟村西南0.74千米	1741米	骑墙而建。位于红土沟村长城2段墙体上	土	黄土夯筑而成，含少量砂砾，夯层厚度不详	圆形	梯形	台体底部周长31、残高4.8米	无	无	保存较差。台体坍塌脱落严重，表面凹凸不平，有裂缝、沟槽、孔洞。台体上生长有杂草	自然因素主要是风雨侵蚀、植物生长等，人为因素主要是人畜踩踏等

续表 4

名称	地点	高程	与其他遗存的位置关系	材质	建筑方式	平面形制	剖面形制	尺寸	附属设施	修缮情况	保存状况	损毁原因及存在病害
红土沟村 7 号敌台	新平堡镇红土沟村西南 0.84 千米	1784 米	骑墙而建。位于红土沟村长城 2 段墙体上	土	黄土夯筑而成，含碎石及大量砂砾，夯层厚 0.2 米	圆形	梯形	台体底部周长 28.2、残高 6 米	无	无	保存一般。台体坍塌脱落严重，表面凹凸不平，有裂缝、沟槽、孔洞。台体上生长有杂草	自然因素主要是风雨侵蚀、植物生长等，人为因素主要是人畜踩踏等
红土沟村 8 号敌台	新平堡镇红土沟村南 0.92 千米	1794 米	骑墙而建。位于红土沟村长城 2 段墙体上	土	黄土夯筑而成，含大量砂砾，夯层厚 0.14～0.2 米	圆形	梯形	台体底径 8、顶径 2、残高 5 米	台体底部有台基，平面呈圆形，底径 16、高 2 米	无	保存一般。台体坍塌脱落严重，表面凹凸不平，有裂缝、沟槽、孔洞。台体上生长有杂草	自然因素主要是风雨侵蚀、植物生长等，人为因素主要是人畜踩踏等
红土沟村 9 号敌台	新平堡镇红土沟村南 1 千米	1787 米	骑墙而建。位于红土沟村长城 2 段墙体上	土	黄土夯筑而成，含料礓石及大量砂砾，夯层厚度不详	圆形	梯形	台体底径 10、残高 2 米	无	无	保存较差。台体坍塌脱落严重，表面凹凸不平，有裂缝、沟槽、孔洞。台体上生长有杂草	自然因素主要是风雨侵蚀、植物生长等，人为因素主要是人畜踩踏等
红土沟村 10 号敌台	新平堡镇红土沟村南 1 千米	1776 米	骑墙而建。位于红土沟村长城 2 段墙体上	土	黄土夯筑而成，含碎石及大量砂砾，夯层厚度不详	圆形	梯形	台体底部周长 30、残高 2 米	无	无	保存较差。台体坍塌脱落严重，表面凹凸不平，有裂缝、沟槽、孔洞。台体上生长有杂草	自然因素主要是风雨侵蚀、植物生长等，人为因素主要是人畜踩踏等

续表 4

名称	地点	高程	与其他遗存的位置关系	材质	建筑方式	平面形制	剖面形制	尺寸	附属设施	修缮情况	保存状况	损毁原因及存在病害
红土沟村11号敌台	新平堡镇红土沟村东南1.2千米	1806米	骑墙而建。位于红土沟村长城2段墙体上，系该段墙体止点	土	黄土夯筑而成，含碎石及大量砂砾，夯层厚0.24～0.3米	圆形	梯形	台体底部周长28.4、残高4.9米	无	无	保存较差。台体坍塌脱落严重，表面凹凸不平，有裂缝、沟槽、孔洞。台体上生长有杂草	自然因素主要是风雨侵蚀、植物生长等，人为因素主要是人畜踩踏等
红土沟村12号敌台	新平堡镇红土沟村东南1.4千米	1807米	骑墙而建。位于红土沟村长城3段墙体上	土	黄土夯筑而成，含碎石及大量砂砾，夯层厚度不详	圆形	梯形	台体底部周长33.4、残高5米	无	无	保存较差。台体坍塌脱落严重，表面凹凸不平，有裂缝、沟槽、孔洞。台体上生长有杂草	自然因素主要是风雨侵蚀、植物生长等，人为因素主要是人畜踩踏等
红土沟村13号敌台	新平堡镇红土沟村东南1.6千米	1771米	骑墙而建。位于红土沟村长城3段墙体上	土	黄土夯筑而成，含碎石及大量砂砾，夯层厚度不详	圆形	梯形	台体底部周长27.8、残高3米	无	无	保存较差。台体坍塌脱落严重，表面凹凸不平，有裂缝、沟槽、孔洞。台体上生长有杂草	自然因素主要是风雨侵蚀、植物生长等，人为因素主要是人畜踩踏等
红土沟村14号敌台	新平堡镇红土沟村东南1.7千米	1753米	骑墙而建。位于红土沟村长城3段墙体上	土	黄土夯筑而成，含砂砾、碎石，夯层厚度不详	圆形	梯形	台体底部周长39.5、残高4.5米	无	无	保存较差。台体坍塌脱落严重，表面凹凸不平，有裂缝、沟槽、孔洞。台体上生长有杂草	自然因素主要是风雨侵蚀、植物生长等，人为因素主要是人畜踩踏等

续表 4

名称	地点	高程	与其他遗存的位置关系	材质	建筑方式	平面形制	剖面形制	尺寸	附属设施	修缮情况	保存状况	损毁原因及存在病害
红土沟村15号敌台	新平堡镇红土沟村东南1.8千米	1796米	骑墙而建。位于红土沟村长城3段墙体上	土	黄土夯筑而成，含碎石及大量砂砾，夯层厚度不详	圆形	梯形	台体底部周长40、残高6米	无	无	保存一般。台体坍塌脱落严重，表面凹凸不平，有裂缝、沟槽、孔洞。台体上生长有杂草	自然因素主要是风雨侵蚀、植物生长等，人为因素主要是人畜踩踏等
红土沟村16号敌台	新平堡镇红土沟村东南1.9千米	1822米	骑墙而建。位于红土沟村长城3段墙体上	土	黄土夯筑而成，含碎石及大量砂砾、料礓石，夯层厚度不详	圆形	梯形	台体底部周长38、残高5.5米	无	无	保存较差。台体坍塌脱落严重，表面凹凸不平，有裂缝、沟槽、孔洞。台体上生长有杂草	自然因素主要是风雨侵蚀、植物生长等，人为因素主要是人畜踩踏等
红土沟村17号敌台	新平堡镇红土沟村东南2.1千米	1802米	骑墙而建。位于红土沟村长城3段墙体上	土	黄土夯筑而成，含碎石及大量砂砾，夯层厚0.2米	圆形	梯形	台体底部周长45.6、残高2.5米	无	无	保存较差。台体坍塌脱落严重，表面凹凸不平，有裂缝、沟槽、孔洞。台体上生长有杂草	自然因素主要是风雨侵蚀、植物生长等，人为因素主要是人畜踩踏等
红土沟村18号敌台	新平堡镇红土沟村东南2.43千米	1723米	骑墙而建。位于红土沟村长城4段墙体上	土	黄土夯筑而成，含碎石及大量砂砾，夯层厚0.2～0.25米	圆形	梯形	台体底部周长31.4、残高5米	台体底部有台基，平面呈圆形，土石混筑而成	无	保存较差。台体坍塌脱落严重，表面凹凸不平，有裂缝、沟槽、孔洞。台体上生长有杂草	自然因素主要是风雨侵蚀、植物生长等，人为因素主要是人畜踩踏等

续表 4

名称	地点	高程	与其他遗存的位置关系	材质	建筑方式	平面形制	剖面形制	尺寸	附属设施	修缮情况	保存状况	损毁原因及存在病害
红土沟村19号敌台	新平堡镇红土沟村东南2.7千米	1667米	骑墙而建。位于红土沟村长城4段墙体上	土	黄土夯筑而成，含碎石及少量砂砾，夯层厚0.2～0.22米	圆形	梯形	台体底径8、残高6米	台体底部有台基，平面呈圆形土，土石混筑而成	无	保存较差。台体坍塌脱落严重，表面凹凸不平，有裂缝、沟槽、孔洞。台体上生长有杂草	自然因素主要是风雨侵蚀、植物生长等，人为因素主要是人畜踩踏等
红土沟村20号敌台	新平堡镇红土沟村东南3.1千米	1555米	骑墙而建。位于红土沟村长城4段墙体上	土	黄土夯筑而成，含少量砂砾、碎石，夯层厚0.1～0.2米	圆形	梯形	台体底径9.6、顶径3、残高7米	无	无	保存较好。台体有所坍塌脱落，表面凹凸不平，有裂缝、沟槽、孔洞。台体上生长有杂草	自然因素主要是风雨侵蚀、植物生长等，人为因素主要是人畜踩踏等
李二口村1号敌台	逯家湾镇李二口村西北1.8千米	1537米	骑墙而建。位于李二口村长城1段墙体上	土	黄土夯筑而成，含碎石及少量砂砾，夯层厚0.14～0.22米	圆形	梯形	台体底径9、残高5米	无	无	保存较差。台体坍塌脱落严重，表面凹凸不平，有裂缝、沟槽、孔洞。台体上生长有杂草。东壁底部有一个洞穴，高1米。	自然因素主要是风雨侵蚀、植物生长等，人为因素主要是人畜踩踏、挖掘洞穴等
李二口村2号敌台	逯家湾镇李二口村西北1.7千米	1531米	骑墙而建。位于李二口村长城1段墙体上	土	黄土夯筑而成，含少量砂砾，夯层厚0.14～0.22米	矩形	梯形	台体底部边长9、残高5米	台体底部台基，石块垒筑而成，平面呈矩形	无	保存较差。台体坍塌脱落严重，表面凹凸不平，有裂缝、沟槽、孔洞。台体上生长有杂草	自然因素主要是风雨侵蚀、植物生长等，人为因素主要是人畜踩踏等

续表 4

名称	地点	高程	与其他遗存的位置关系	材质	建筑方式	平面形制	剖面形制	尺寸	附属设施	修缮情况	保存状况	损毁原因及存在病害
李二口村3号敌台(彩图九八)	逯家湾镇李二口村西北1.3千米	1375米	骑墙而建。位于李二口村长城1段墙体上	土	黄土夯筑而成,含少量砂砾、碎石,夯层厚0.18～0.22米	矩形	梯形	台体底部东、南、西、北长9.5、9.4、9.4、9.1米,顶部东、南、西、北长5.2、5.1、5.3、5.1米,残高8.3米	无	无	保存较好。台体有所坍塌脱落,表面凹凸不平,有裂缝、沟槽、孔洞。台体上生长有杂草。西壁长有3株榆树	自然因素主要是风雨侵蚀、植物生长等
李二口村4号敌台	逯家湾镇李二口村西1.11千米	1396米	骑墙而建。位于李二口村长城1段墙体上	土	黄土夯筑而成,含少量砂砾、碎石,夯层厚0.18～0.22米	矩形	梯形	台体底部东、南、西、北长11、10.1、10.8、9.8米,顶部平面呈不规则形,残高4.5～8.4米	东壁底部正中设拱形门洞,门洞宽0.7、高1.4、进深1.3米。台体内设置通顶的圆孔形踏道,踏道稍倾斜。拱形门洞与踏道相通,可登顶。现坍塌堵塞	无	保存一般。台体坍塌脱落严重,表面凹凸不平,有裂缝、沟槽、孔洞。东壁有一条裂缝,宽0.08米。南壁有两条较细的裂缝。北壁有人畜踩踏形成的坡道,可登顶。台体上生长有杂草	自然因素主要是风雨侵蚀、植物生长等,人为因素主要是人畜踩踏等
李二口村5号敌台	逯家湾镇李二口村西0.87千米	1372米	骑墙而建。位于李二口村长城1段墙体上,系该段墙体止点	土	黄土夯筑而成,含少量砂砾,夯层厚0.18～0.22米	矩形	梯形	台体底部东、南、西、北长11.5、11.4、11.5、11.2米,顶部东、南、西、北长4.5、5.4、4.7、5.2米,残高10米	无	无	保存一般。台体坍塌脱落严重,表面凹凸不平,有裂缝、沟槽、孔洞。台体上生长有杂草	自然因素主要是风雨侵蚀、植物生长等
李二口村6号敌台(彩图九九)	逯家湾镇李二口村西0.75千米	1293米	骑墙而建。位于李二口村长城2段墙体上	土	黄土夯筑而成,夯层厚0.2～0.25米	矩形	梯形	台体底部东、南、西、北长12、12.3、12、12.4米,顶部东、南、西、北长8.2、8.4、8、8.2米,残高10.5米	东壁底部正中设拱形门洞,门洞宽0.6、高1.3米。台体内设置通顶的圆孔形踏道,踏道稍倾斜。拱形门洞与踏道相通,可登顶。现坍塌堵塞	无	保存较好。台体有所坍塌脱落,表面凹凸不平,有裂缝、沟槽、孔洞。台体上生长有杂草	自然因素主要是风雨侵蚀、植物生长等

续表 4

名称	地点	高程	与其他遗存的位置关系	材质	建筑方式	平面形制	剖面形制	尺寸	附属设施	修缮情况	保存状况	损毁原因及存在病害
李二口村7号敌台	逯家湾镇李二口村西0.75千米	1254米	骑墙而建。位于李二口村长城2段墙体上	土	黄土夯筑而成，夯层厚0.16～0.2米	矩形	梯形	台体底部东、南、西、北长12、13.6、12、13.4米，顶部东、南、西、北长12、13.6、12、13.4米，残高13米	无	无	保存较好。台体有所坍塌脱落，表面凹凸不平，有裂缝、沟槽、孔洞。台体上生长有杂草	自然因素主要是风雨侵蚀、植物生长等
李二口村8号敌台	逯家湾镇李二口村西南0.7千米	1171米	骑墙而建。位于李二口村长城2段墙体上，系该段墙体止点	土	黄土夯筑而成，夯层厚0.14～0.2米	矩形	梯形	台体底部东、南、西、北长11.6、11.8、11.5、11.8米，顶部东、南、西、北长7.3、7.5、7、7.3米，残高12.5米	东壁底部正中设拱形门洞，门洞宽0.7、高1.5、进深2.4米。台体内设置通顶的圆孔形踏道，踏道稍倾斜。拱形门洞与踏道相通，可登顶。现坍塌堵塞	无	保存较好。台体有所坍塌脱落，表面凹凸不平，有裂缝、沟槽、孔洞。台体上生长有杂草	自然因素主要是风雨侵蚀、植物生长等
薛三墩村1号敌台	逯家湾镇薛三墩村东北1.1千米	1175米	骑墙而建。位于薛三墩村长城1段墙体上	土	黄土夯筑而成，夯层厚0.16～0.2米	矩形	梯形	台体底部东、南、西、北残长10、12、10、11.7米，顶部东、南、西、北残长5.3、5.8、5.4、6米，残高8.2米	台体东侧有围墙，围墙顶宽0.1～0.7、残高1～1.5米，夯层厚0.14～0.2米。东墙正中有豁口，宽1.8米。围墙内残存墩院院基，平面呈矩形，东西10、南北21米	无	保存较好。台体有所坍塌脱落，表面凹凸不平，有裂缝、沟槽、孔洞。西壁中部长有一棵榆树，南壁底部有洞穴。台体上生长有杂草。台体东侧有围墙，围墙基本保存，东墙正中有豁口	自然因素主要是风雨侵蚀、植物生长等，人为因素主要是人畜踩踏、挖掘洞穴等

续表 4

名称	地点	高程	与其他遗存的位置关系	材质	建筑方式	平面形制	剖面形制	尺寸	附属设施	修缮情况	保存状况	损毁原因及存在病害
薛三墩村 2 号敌台	逯家湾镇薛三墩村东北 0.7 千米	1173 米	骑墙而建。位于薛三墩村长城 1 段墙体上	土	黄土夯筑而成，夯层厚 0.14 ~ 0.22 米	矩形	梯形	台体底部东、南、西、北长 12、14.5、11.8、14.7 米，顶部东、南、西、北长 7.3、7.8、7.2、7.7 米，残高 12 米	台体东侧有围墙，围墙顶宽 1、残高 3 ~ 5 米，夯层厚 0.15 ~ 0.3 米。围墙内残存墩院院基，平面呈矩形，东西 8、南北 22 米。东壁底部正中设拱形门洞，门洞宽 1.1、高 1.5、进深 3 米。台体内设置通顶的圆孔形踏道，孔径 1.1 米，踏道稍倾斜，内壁沿圆周设脚窝，脚窝深 0.15 米。拱形门洞与踏道相通，可登顶	无	保存较好。台体有所坍塌脱落，表面凹凸不平，有裂缝、沟槽、孔洞。台体上生长有杂草。台体东侧有围墙，围墙保存	自然因素主要是风雨侵蚀、植物生长等，人为因素主要是人畜踩踏、扩田种地挖损等
薛三墩村 3 号敌台	逯家湾镇薛三墩村东北 0.4 千米	1175 米	骑墙而建。位于薛三墩村长城 1 段墙体上，系该段墙体止点	土	黄土夯筑而成，夯层厚 0.1 ~ 0.2 米	矩形	梯形	台体底部东、南、西、北长 12、12.6、12、12.5 米，顶部东、南、西、北长 5.4、5.7、5.3、5.4 米，残高 10.4 米	台体东侧原有围墙，现无存。围墙内残存墩院院基。东壁底部正中设拱形门洞，门洞宽 1.2、高 1.6、进深 1.5 米。台体内设置通顶的圆孔形踏道，孔径 1.2 米，踏道稍倾斜，内壁沿圆周设脚窝，脚窝深 0.14 米。拱形门洞与踏道相通，可登顶	无	保存较好。台体有所坍塌脱落，表面凹凸不平，有裂缝、沟槽、孔洞。台体上生长有杂草。台体东侧原有围墙，现无存	自然因素主要是风雨侵蚀、植物生长等，人为因素主要是人为取土挖损、踩踏、扩田种地挖损等

续表 4

名称	地点	高程	与其他遗存的位置关系	材质	建筑方式	平面形制	剖面形制	尺寸	附属设施	修缮情况	保存状况	损毁原因及存在病害
薛三墩村 4 号敌台（彩图一〇〇）	逯家湾镇薛三墩村西南 0.8 千米	1148 米	骑墙而建。位于薛三墩村长城 2 段墙体上	土	黄土夯筑而成，夯层厚 0.18 ~ 0.22 米	矩形	梯形	台体底部东、南、西、北长 10.3、11.4、10.4、11.5 米，顶部东、南、西、北长 5.8、6.3、5.6、6 米，残高 10.5 米	台体东侧有围墙，现存东墙 13 米，底宽 2、顶宽 1、残高 1 ~ 2.5 米。围墙内残存墩院院基，平面呈矩形，东西 10、南北 18、高 2.5 米	无	保存较好。台体有所坍塌脱落，表面凹凸不平，有裂缝、沟槽、孔洞。台体上生长有杂草。台体东侧有围墙，现存东墙	自然因素主要是风雨侵蚀、植物生长等，人为因素主要是人畜踩踏、扩田种地挖损等
薛三墩村 5 号敌台（彩图一〇一）	逯家湾镇薛三墩村西南 1.1 千米	1136 米	骑墙而建。位于薛三墩村长城 2 段墙体上	土	黄土夯筑而成，夯层厚 0.2 ~ 0.28 米	矩形	梯形	台体底部边长 13 米，顶部东、南、西、北长 9、8.8、8.7、9 米，残高 12 米	台体东侧有围墙，宽 0.7、残高 2 米，夯层厚 0.2 ~ 0.3 米。围墙内残存墩院院基，平面呈矩形，东西 6、南北 20 米	无	保存较好。台体有所坍塌脱落，表面凹凸不平，有裂缝、沟槽、孔洞。西壁南侧底部有半圆形洞穴。台体上生长有杂草。台体东侧有围墙	自然因素主要是风雨侵蚀、植物生长等，人为因素主要是人畜踩踏、扩田种地挖损、挖掘洞穴等
袁治梁村 1 号敌台	谷前堡镇袁治梁村北 1.2 千米	1143 米	骑墙而建。位于袁治梁村长城墙体上	土	黄土夯筑而成，含少量砂砾，夯层厚 0.18 ~ 0.22 米	矩形	梯形	台体底部东、南、西、北长 12、13.4、11.8、13.5 米，顶部东、南、西、北长 6.8、7.5、6.6、7.4 米，残高 10 米	台体东侧有围墙，围墙宽 1.5、残高 1.5 ~ 2 米，夯层厚 0.2 ~ 0.3 米。围墙内残存墩院院基，平面呈矩形，东西 8、南北 18 米	无	保存较好。台体有所坍塌脱落，表面凹凸不平，有裂缝、沟槽、孔洞。台体上生长有杂草。台体东侧有围墙	自然因素主要是风雨侵蚀、植物生长等，人为因素主要是人畜踩踏、扩田种地挖损等

续表 4

名称	地点	高程	与其他遗存的位置关系	材质	建筑方式	平面形制	剖面形制	尺寸	附属设施	修缮情况	保存状况	损毁原因及存在病害
袁治梁村2号敌台	谷前堡镇袁治梁村北0.95千米	1168米	骑墙而建。位于袁治梁村长城墙体上	土	黄土夯筑而成，夯层厚0.2～0.24米	矩形	梯形	台体底部东、南、西、北长12.8、12.4、12.4、12.5米，顶部东、南、西、北长7.8、7.3、7.6、7.5米，残高11.5米	台体东侧有围墙，现存南、北墙，底宽2、顶宽1、残高4.5米，夯层厚0.2～0.25米。围墙内残存墩院院基，平面呈矩形，东西9、南北19米。东壁底部正中设拱形门洞，门洞宽1.2、高1.5、进深2.4米。台体内设置通顶的圆孔形踏道，孔径1.1米，踏道稍倾斜，内壁沿圆周设脚窝，脚窝深0.14米。拱形门洞与踏道相通，可登顶	无	保存较好。台体有所坍塌脱落，表面凹凸不平，有裂缝、沟槽、孔洞。台体上生长有杂草。台体东侧有围墙，现存南、北墙	自然因素主要是风雨侵蚀、植物生长等；人为因素主要是人畜踩踏、扩田种地挖损等

续表 4

名称	地点	高程	与其他遗存的位置关系	材质	建筑方式	平面形制	剖面形制	尺寸	附属设施	修缮情况	保存状况	损毁原因及存在病害
袁治梁村 3 号敌台	谷前堡镇袁治梁村西北 0.88 千米	1178 米	骑墙而建。位于袁治梁村长城墙体上	土	黄土夯筑而成,含少量砂砾,夯层厚 0.2 ~ 0.25 米	矩形	梯形	台体底部东、南、西、北残长 12、12.6、11.8、12.6 米,顶部东、南、西、北残长 4.8、5.3、4.6、5.5 米,残高 11.3 米	台体南侧有围墙,存东、南墙,底宽 1.5 ~ 2、顶宽 0.5、残高 1 ~ 3 米,夯层厚 0.2 ~ 0.25 米。围墙内残存墩院院基,平面呈矩形,东西 19、南北 8、高 3 米。南壁底部正中设拱形门洞,门洞宽 1.2、高 1.3、进深 2 米。台体内设置通顶的圆孔形踏道,孔径 1 米,踏道稍倾斜,内壁沿圆周设脚窝,脚窝深 0.15 米。拱形门洞与踏道相通,可登顶	无	保存较好。台体有所坍塌脱落,表面凹凸不平,有裂缝、沟槽、孔洞。台体上生长有杂草。西壁底有人工挖掘的洞穴,宽 0.6、进深 1.1 米。台体南侧有围墙,存东、南墙	自然因素主要是风雨侵蚀、植物生长等,人为因素主要是人畜踩踏、扩田种地挖损、挖掘洞穴等

续表 4

名称	地点	高程	与其他遗存的位置关系	材质	建筑方式	平面形制	剖面形制	尺寸	附属设施	修缮情况	保存状况	损毁原因及存在病害
袁治梁村4号敌台(彩图一〇二)	谷前堡镇袁治梁村西北0.99千米	1212米	骑墙而建。位于袁治梁村长城墙体上	土	黄土夯筑而成,含少量砂砾,夯层厚0.2~0.22米	矩形	梯形	台体底部东、南、西、北长10.4、9.6、10.8、9.6米,顶部平面呈不规则形,残高8.2米	台体南侧有围墙,底宽1.5~2、顶宽0.5、残高1~4米,夯层厚0.2~0.25米。南墙正中设门,现为豁口,宽4米。围墙内残存墩院院基,平面呈矩形,东西21、南北10米。南壁底部正中设拱形门洞,门洞宽1.1、高1.4、进深2.3米。台体内设置通顶的圆孔形踏道,孔径1.1米,踏道稍倾斜,内壁沿圆周设脚窝,脚窝深0.15米。拱形门洞与踏道相通,可登顶	无	保存一般。台体坍塌脱落严重,表面凹凸不平,有裂缝、沟槽、孔洞。台体上生长有杂草。台体南侧有围墙	自然因素主要是风雨侵蚀、植物生长等,人为因素主要是人畜踩踏、扩田种地挖损等

续表 4

名称	地点	高程	与其他遗存的位置关系	材质	建筑方式	平面形制	剖面形制	尺寸	附属设施	修缮情况	保存状况	损毁原因及存在病害
袁治梁村 5 号敌台	谷前堡镇袁治梁村西北 1 千米	1249 米	骑墙而建。位于袁治梁村长城墙体上	土	黄土夯筑而成，含少量砂砾，夯层厚 0.2～0.25 米	矩形	梯形	台体底部东、南、西、北长 13、12.6、12.8、12.8 米，顶部东、南、西、北长 7.8、7.5、7.6、7.5 米，残高 11 米	台体南侧有围墙，底宽 1.5～2、顶宽 0.5 米，夯层厚 0.2～0.25 米。南墙正中设门。围墙内残存墩院院基，平面呈矩形，东西 18、南北 11、高 3 米。南壁底部正中设拱形门洞，门洞宽 1.1、高 1.4、进深 1 米。台体内设置通顶的圆孔形踏道，踏道稍倾斜，内壁沿圆周设脚窝。拱形门洞与踏道相通，可登顶，被堵塞	无	保存较好。台体有所坍塌脱落，表面凹凸不平，有裂缝、沟槽、孔洞。台体上生长有杂草。台体南侧有围墙。墩院西南角有一棵榆树	自然因素主要是风雨侵蚀、植物生长等，人为因素主要是人畜踩踏等
白羊口村 1 号敌台	谷前堡镇白羊口村东 0.51 千米	1249 米	骑墙而建。位于白羊口村长城墙体上	土	黄土夯筑而成，夯层厚 0.18～0.21 米	矩形	梯形	台体底部边长 12 米，顶部东、南、西、北长 6.8、6.5、6.6、6.5 米，残高 9.6 米	台体南侧有围墙，底宽 2～2.5、顶宽 1 米，夯层厚 0.2～0.25 米。南墙正中设门。围墙内残存墩院院基，平面呈矩形，东西 20、南北 8、高 2 米。顶部东侧有矮墙，宽 0.3、高 0.5 米。南壁底部正中设拱形门洞，门洞南面有矮墙，长 1、高 1.5 米	无	保存较好。台体有所坍塌脱落，表面凹凸不平，有裂缝、沟槽、孔洞。台体上生长有杂草。台体南侧有围墙	自然因素主要是风雨侵蚀、植物生长等，人为因素主要是人畜踩踏、扩田种地挖损等

续表 4

名称	地点	高程	与其他遗存的位置关系	材质	建筑方式	平面形制	剖面形制	尺寸	附属设施	修缮情况	保存状况	损毁原因及存在病害
白羊口村2号敌台	谷前堡镇白羊口村北0.21千米	1270米	骑墙而建。位于白羊口村长城墙体上	砖	原为砖砌，现仅存内部夯土台体。夯土台体为黄土夯筑而成，夯层厚0.18~0.22米。台体南壁东西两侧各有一道竖直凹槽，对称布局，宽、深0.5米，为咬合壁面包砖而设。台体南壁夯层间均匀分布有夯筑的木楔孔痕，孔径0.01~0.02米	矩形	梯形	台体底部边长10、顶部边长7.5、残高9米	台体南侧原有围墙，现无存。围墙内残存墩院院基，平面呈矩形，东西18、南北10、高2米。南壁底部正中设拱形门洞，门洞宽1、高1.5米。台体内设置通顶的圆孔形踏道，孔径1.4米，踏道稍倾斜，内壁沿圆周设脚窝。拱形门洞与踏道相通，可登顶。顶部有铺舍。铺舍底面位于台高5.2米处，铺舍南壁有瞭望孔，为不规则的圆形，孔径1.5厘米	无	保存较好。外壁包砖无存，内部夯土台体有所坍塌脱落，表面凹凸不平，有裂缝、沟槽、孔洞。南壁拱形门洞内曾遭挖掘，台体上生长有杂草。台体南侧原有围墙，现无存	自然因素主要是风雨侵蚀、植物生长等，人为因素主要是人畜踩踏、挖掘洞穴等

续表 4

名称	地点	高程	与其他遗存的位置关系	材质	建筑方式	平面形制	剖面形制	尺寸	附属设施	修缮情况	保存状况	损毁原因及存在病害
白羊口村 3 号敌台	谷前堡镇白羊口村西 0.39 千米	1277 米	骑墙而建。位于白羊口村长城墙体上	土	黄土夯筑而成，夯层厚 0.18 ~ 0.22 米	矩形	梯形	台体底部边长 13、顶部边长 8.6、残高 11 米	台体南侧有围墙，底宽 1.5 ~ 2、顶宽 0.5 米，夯层厚 0.18 ~0.2 米。围墙内残存墩院院基，平面呈矩形，东西 19、南北 8、高 2.5 米。南壁底部正中设拱形门洞，门洞宽 1.2、高 1.4 米。台体内设置通顶的圆孔形踏道，孔径 1 米，踏道稍倾斜，内壁沿圆周设脚窝，脚窝深 0.14 米。拱形门洞与踏道相通，可登顶	无	保存较好。台体有所坍塌脱落，表面凹凸不平，有裂缝、沟槽、孔洞。台体上生长有杂草。台体南侧有围墙	自然因素主要是风雨侵蚀、植物生长等，人为因素主要是人畜踩踏、扩田种地挖损等

续表 4

名称	地点	高程	与其他遗存的位置关系	材质	建筑方式	平面形制	剖面形制	尺寸	附属设施	修缮情况	保存状况	损毁原因及存在病害
白羊口村4号敌台	谷前堡镇白羊口村西南0.82千米	1282米	骑墙而建。位于白羊口村长城墙体上	土	黄土夯筑而成，夯层厚0.18～0.21米	矩形	梯形	台体底部边长13米，顶部东、南、西、北长7.4、7.5、7.5、7.3米，残高11米	台体南侧有围墙，底宽2、顶宽0.5米，夯层厚0.18～0.24米。南墙正中设门。围墙内残存墩院院基，平面呈矩形，东西17、南北9、高2.5米。南壁底部正中设拱形门洞，门洞宽1.1、高1.3米。台体内设置通顶的圆孔形踏道，孔径1.1米，踏道稍倾斜，内壁沿圆周设脚窝，脚窝深0.14米。拱形门洞与踏道相通，可登顶	无	保存较好。台体有所坍塌脱落，表面凹凸不平，有裂缝、沟槽、孔洞。台体上生长有杂草。台体南侧有围墙	自然因素主要是风雨侵蚀、植物生长等，人为因素主要是人畜踩踏、扩田种地挖损等

续表 4

名称	地点	高程	与其他遗存的位置关系	材质	建筑方式	平面形制	剖面形制	尺寸	附属设施	修缮情况	保存状况	损毁原因及存在病害
化皮庙村1号敌台	谷前堡镇化皮庙村东0.8千米	1293米	骑墙而建。位于化皮庙村长城墙体上	土	黄土夯筑而成，夯层厚0.2～0.23米	矩形	梯形	台体底部东西13.6、南北13.5米，顶部东、南、西、北长9.4、9.5、9.4、9.4米，残高9.3米	台体南侧有围墙，存南、西墙，宽1.2、残高1.3米，夯层厚0.2～0.25米。南墙下有排水涵洞。围墙内残存墩院院基，平面呈矩形，东西20、南北9、高2.5米。南壁底部正中设拱形门洞，门洞宽1.2、高1.5、进深3米。台体内设置通顶的圆孔形踏道，孔径1.2米，踏道稍倾斜，内壁沿圆周设脚窝，脚窝深0.14米。拱形门洞与踏道相通，可登顶	无	保存较好。台体有所坍塌脱落，表面凹凸不平，有裂缝、沟槽、孔洞。台体上生长有杂草。台体南侧原有围墙，仅存南、西墙	自然因素主要是风雨侵蚀、植物生长等，人为因素主要是人畜踩踏、扩田种地挖损等

续表 4

名称	地点	高程	与其他遗存的位置关系	材质	建筑方式	平面形制	剖面形制	尺寸	附属设施	修缮情况	保存状况	损毁原因及存在病害
化皮庙村2号敌台	谷前堡镇化皮庙村东0.4千米	1316米	倚墙而建。位于化皮庙村长城墙体上，依墙体北侧而建	土	黄土夯筑而成，含少量料礓石，夯层厚0.2～0.25米	矩形	梯形	台体底部东、南、西、北长9.8、9.6、9.8、9.7米，顶部东、南、西、北长6.2、6.1、6、6.1米，残高8米	无	无	保存较好。台体有所坍塌脱落，表面凹凸不平，有裂缝、沟槽、孔洞。南壁（长城墙体）底部有4孔窑洞，台体上生长有杂草	自然因素主要是风雨侵蚀、植物生长等，人为因素主要是人畜踩踏、扩田种地挖损、挖掘洞穴等
化皮庙村3号敌台	谷前堡镇化皮庙村西北0.03千米	1336米	骑墙而建。位于化皮庙村长城墙体上	土	黄土夯筑而成，含少量砂砾，夯层厚0.2～0.22米	矩形	梯形	台体底部边长9米，顶部平面呈不规则形，残高3.5米	无	无	保存较差。台体坍塌脱落严重，表面凹凸不平，有裂缝、沟槽、孔洞。台体上生长有杂草	自然因素主要是风雨侵蚀、植物生长等，人为因素主要是人畜踩踏、取土挖损等
化皮庙村4号敌台	谷前堡镇化皮庙村西南0.45千米	1336米	骑墙而建。位于化皮庙村长城墙体上	土	黄土夯筑而成，夯层厚0.2～0.23米	矩形	梯形	台体底部边长14米，顶部东、南、西、北长8.5、8.5、8.6、8.5米，残高10.5米	台体南侧有围墙，底宽2、顶宽0.5米，夯层厚0.2～0.25米。围墙内残存墩院院基，平面呈矩形，东西18、南北8、高3米。南壁底部正中设拱形门洞，门洞宽1.1、高1.4米。台体内设置通顶的圆孔形踏道，孔径1.1米，踏道稍倾斜，内壁沿圆周设脚窝，脚窝深0.14米。拱形门洞与踏道相通，可登顶	无	保存较好。台体有所坍塌脱落，表面凹凸不平，有裂缝、沟槽、孔洞。台体上生长有杂草。台体南侧保存有围墙	自然因素主要是风雨侵蚀、植物生长等，人为因素主要是人畜踩踏、扩田种地挖损等

续表 4

名称	地点	高程	与其他遗存的位置关系	材质	建筑方式	平面形制	剖面形制	尺寸	附属设施	修缮情况	保存状况	损毁原因及存在病害
榆林口村 1 号敌台	谷前堡镇榆林口村东 0.3 千米	1347 米	骑墙而建。位于榆林口村长城墙体上	土	黄土夯筑而成，夯层厚 0.2～0.24 米	矩形	梯形	台体底部东、南、西、北长 11、12.6、11.3、12.8 米，顶部东、南、西、北长 6.5、6.8、6.4、6.9 米，残高 12 米	台体南侧原有围墙，现无存。围墙内墩院院基无存。南壁底部正中设拱形门洞，门洞宽 1.1、高 1.3 米。台体内设置通顶的圆孔形踏道，孔径 1.1 米，踏道稍倾斜，内壁沿圆周设脚窝，脚窝深 0.14 米。拱形门洞与踏道相通，可登顶	无	保存较好。台体有所坍塌脱落，表面凹凸不平，有裂缝、沟槽、孔洞。南壁底部有并排的 3 个洞穴，宽 1.4、残高 1.7、进深 3 米。台体上生长有杂草。台体南侧原有围墙，现无存	自然因素主要是风雨侵蚀、植物生长等，人为因素主要是人畜踩踏、扩田种地挖损、挖掘洞穴等
榆林口村 2 号敌台	谷前堡镇榆林口村西南 0.2 千米	1341 米	骑墙而建。位于榆林口村长城墙体上	土	黄土夯筑而成，含少量砂砾，夯层厚 0.18～0.22 米	矩形	梯形	台体底部东、南、西、北长 9.2、9.1、9.3、9.2 米，顶部东、南、西、北长 3、2.8、4.5、4.3 米，残高 8 米	台体南侧有围墙，现存南墙、西墙各一段，底宽 2、顶宽 0.5～1、残高 1～2.5 米，夯层厚 0.2～0.25 米。围墙内残存墩院院基，平面呈矩形，东西 18、南北 9、高 2 米	无	保存一般。台体坍塌脱落严重，表面凹凸不平，有裂缝、沟槽、孔洞。台体上生长有杂草。台体南侧有围墙，现各存一段南墙和西墙	自然因素主要是风雨侵蚀、植物生长等，人为因素主要是人畜踩踏、取土挖损院基等

续表 4

名称	地点	高程	与其他遗存的位置关系	材质	建筑方式	平面形制	剖面形制	尺寸	附属设施	修缮情况	保存状况	损毁原因及存在病害
榆林口村3号敌台	谷前堡镇榆林口村西南0.93千米	1337米	骑墙而建。位于榆林口村长城墙体上	土	黄土夯筑而成，含少量砂砾，夯层厚0.18～0.22米	矩形	梯形	台体底部边长12米，顶部东、南、西、北长6.8、6.7、6.7、6.6米，残高9.4米	台体南侧有围墙，底宽2、顶宽0.5、残高2.5～4.5米，夯层厚0.2～0.25米。南墙西侧消失5米，现为豁口。围墙内残存墩院院基，平面呈矩形，东西22、南北9、残高2.5米。南壁底部正中设拱形门洞，门洞宽1.1、高1.4、进深2.5米。台体内设置通顶的圆孔形踏道，孔径1.1米，踏道稍倾斜，内壁沿圆周设脚窝，脚窝深0.14米。拱形门洞与踏道相通，可登顶	无	保存较好。台体有所坍塌脱落，表面凹凸不平，有裂缝、沟槽、孔洞。台体上生长有杂草。台体南侧有围墙，其南墙西侧消失5米	自然因素主要是风雨侵蚀、植物生长等，人为因素主要是人畜踩踏等

续表 4

名称	地点	高程	与其他遗存的位置关系	材质	建筑方式	平面形制	剖面形制	尺寸	附属设施	修缮情况	保存状况	损毁原因及存在病害
六墩村1号敌台	谷前堡镇六墩村东北0.45千米	1336米	骑墙而建。位于六墩村长城墙体上	土	黄土夯筑而成，含少量砂砾，夯层厚0.18～0.22米	矩形	梯形	台体底部边长14米，顶部东、南、西、北长10、9.8、10、10米，残高12.7米	台体南侧有围墙，底宽2、顶宽0.5～1、残高1～4米，夯层厚0.2～0.24米。南墙、西墙中段塌毁为豁口。围墙内残存墩院院基，平面呈矩形，东西18、南北9、高2.5米。南壁底部正中设拱形门洞，门洞宽1.1、高1.3、进深2.5米。台体内设置通顶的圆孔形踏道，踏道稍倾斜，内壁沿圆周设脚窝。拱形门洞与踏道相通，可登顶，现被堵塞	无	保存较好。台体有所坍塌脱落，表面凹凸不平，有裂缝、沟槽、孔洞。南壁东侧底部有一个洞穴，台体上生长有杂草。台体南侧保存有围墙	自然因素主要是风雨侵蚀、植物生长等，人为因素主要是人畜踩踏、挖掘洞穴等

续表 4

名称	地点	高程	与其他遗存的位置关系	材质	建筑方式	平面形制	剖面形制	尺寸	附属设施	修缮情况	保存状况	损毁原因及存在病害
六墩村 2 号敌台	谷前堡镇六墩村北 0.2 千米	1342 米	骑墙而建。位于六墩村长城墙体上	土	黄土夯筑而成，含少量砂砾，夯层厚 0.2～0.28 米	矩形	梯形	台体底部东、南、西、北长 13.8、14、13.8、14，顶部边长 10 米，残高 12.3 米	台体南侧有围墙，底宽 2、顶宽 0.5～1 米，残高 0.3～2 米，夯层厚 0.18～0.22 米。南墙西段塌毁为豁口。围墙内残存墩院院基，平面呈矩形，东西 19、南北 8、高 2.5 米。南壁底部正中设拱形门洞，门洞宽 1.1、高 1.3、进深 2.5 米。台体内设置通顶的圆孔形踏道，踏道稍倾斜，内壁沿圆周设脚窝。拱形门洞与踏道相通，可登顶，被堵塞	无	保存较好。台体有所坍塌脱落，表面凹凸不平，有裂缝、沟槽、孔洞。南壁拱形门洞下方有并排的三个方形洞穴，宽 1.5、残高 1.5、进深 5 米。台体上生长有杂草。台体南侧保存有围墙	自然因素主要是风雨侵蚀、植物生长等，人为因素主要是人畜踩踏、挖掘洞穴等

续表 4

名称	地点	高程	与其他遗存的位置关系	材质	建筑方式	平面形制	剖面形制	尺寸	附属设施	修缮情况	保存状况	损毁原因及存在病害
六墩村 3 号敌台	谷前堡镇六墩村西北 0.68 千米	1339 米	骑墙而建。位于六墩村长城墙体上	土	黄土夯筑而成，含少量砂砾，夯层厚 0.18～0.24 米	矩形	梯形	台体底部东、南、西、北长 14.5、14、14.4、14 米，顶部东、南、西、北长 9.2、9、9.2、9 米，残高 11.8 米	台体南侧有围墙，底宽 2、顶宽 0.6～1、残高 1～4 米，夯层厚 0.2～0.24 米。围墙内残存墩院院基，平面呈矩形，东西 20、南北 8、高 4 米。南壁底部正中设拱形门洞，门洞宽 1.1、高 1.4、进深 2.5 米。台体内设置通顶的圆孔形踏道，孔径 1.1 米，踏道稍倾斜，内壁沿圆周设脚窝，脚窝深 0.13 米。拱形门洞与踏道相通，可登顶	无	保存较好。台体有所坍塌脱落，表面凹凸不平，有裂缝、沟槽、孔洞。台体上生长有杂草。台体南侧保存有围墙	自然因素主要是风雨侵蚀、植物生长等，人为因素主要是人畜踩踏、扩田种地挖损院基等
水磨口村 1 号敌台	谷前堡镇水磨口村东北 1.4 千米	1330 米	骑墙而建。位于水磨口村长城 1 段墙体上	土	黄土夯筑而成，含少量砂砾，夯层厚 0.2～0.24 米	矩形	梯形	台体底部东西 5.8、南北 5 米，顶部平面呈不规则形，残高 6.8 米	无	无	保存较差。台体坍塌脱落严重，表面凹凸不平，有裂缝、沟槽、孔洞。台体上生长有杂草	自然因素主要是风雨侵蚀、植物生长等，人为因素主要是人为取土挖损、踩踏等

续表 4

名称	地点	高程	与其他遗存的位置关系	材质	建筑方式	平面形制	剖面形制	尺寸	附属设施	修缮情况	保存状况	损毁原因及存在病害
水磨口村2号敌台（彩图一〇三）	谷前堡镇水磨口村东北1.1千米	1314米	骑墙而建。位于水磨口村长城1段墙体上	土	黄土夯筑而成，含较多砂砾，夯层厚0.2～0.26米	矩形	梯形	台体底部东、南、西、北长9.4、12、9.5、11.8米，台体顶部东、南、西、北长4.3、6、4.4、5.9米，残高9米	无	无	保存一般。台体坍塌脱落严重，表面凹凸不平，有裂缝、沟槽、孔洞。西壁底部有一个洞穴，宽2.5、残高2、进深6米。台体上生长有杂草	自然因素主要是风雨侵蚀、植物生长等，人为因素主要是人为挖掘洞穴、扩田种地挖损、踩踏等
水磨口村3号敌台	谷前堡镇水磨口村北0.91千米	1305米	骑墙而建。位于水磨口村长城1段墙体上	土	黄土夯筑而成，含较多砂砾，夯层厚0.2～0.24米	矩形	梯形	台体底部边长14、顶部边长8.8、残高12米	无	无	保存一般。台体坍塌脱落严重，表面凹凸不平，有裂缝、沟槽、孔洞。南壁底部有一个洞穴，北壁底部有两个洞穴。台体上生长有杂草	自然因素主要是风雨侵蚀、植物生长等，人为因素主要是人为挖掘洞穴、扩田种地挖损、踩踏等

表5　天镇县长城沿线烽火台一览表

名称	地点	高程	与其他遗存的位置关系	材质	建筑方式	平面形制	剖面形制	尺寸	附属设施	修缮情况	保存状况	损毁原因及存在病害
平远头村1号烽火台	新平堡镇平远头村东北0.37千米	1135米	位于平远头村长城1段北0.1千米	土	黄土夯筑而成，含砂砾，夯层厚0.27～0.28米	圆形	梯形	台体底部东西5.86、南北5.66米，顶部东西3.1、南北3.24米，残高4.1米	台体周围原有围墙，现仅存地面痕迹，宽0.8米。围墙内残存墩院院基，平面原为圆形，直径18米，现略呈矩形，东西14.6、南北16.6、高2米	无	保存较好。台体有所坍塌脱落，表面凹凸不平，有裂缝、沟槽、孔洞。北壁底部被人为取土挖损。台体上生长有杂草。	自然因素主要有风雨侵蚀、植物生长等；人为因素主要是由于台体邻近村庄、人为取土挖损、踩踏等
平远头村2号烽火台（彩图一〇四）	新平堡镇平远头村东北0.44千米	1155米	位于平远头村长城1段北0.2千米，东南距平远头村1号烽火台0.11千米	土	黄土夯筑而成，含砂砾，夯层厚0.27～0.28米，夯层之间有石灰层，石灰层厚0.04～0.05米	圆形	梯形	台体底径10.2、顶径5.5、残高8.5米	无	无	保存较好。台体上部坍塌脱落严重，表面凹凸不平，有裂缝、沟槽、孔洞。台体底部有洞穴，宽0.5、高0.3、进深0.8米。南壁中部5米高处有圆形洞穴，直径0.3米。台体上生长有杂草	自然因素主要有风雨侵蚀、植物生长等；人为因素主要是人为挖掘洞穴等
平远头村3号烽火台	新平堡镇平远头村西0.05千米	1138米	位于平远头村长城1段北0.2千米，东北距平远头村2号烽火台0.206千米	土	黄土夯筑而成，含砂砾，夯层厚0.27～0.28米	圆形	梯形	台体底径10、顶径4.8、残高4.6米	无	无	保存一般。台体上部坍塌脱落严重，四周有塌土形成的土坡，高1.6米。表面凹凸不平，有裂缝、沟槽、孔洞。台体顶部有南北向凹槽，宽1.1、深0.7米；北壁底部有半圆形洞穴，宽0.8、进深1.5米。台体上生长有杂草	自然因素主要是风雨侵蚀、植物生长等；人为因素主要是人为挖掘洞穴等

续表 5

名称	地点	高程	与其他遗存的位置关系	材质	建筑方式	平面形制	剖面形制	尺寸	附属设施	修缮情况	保存状况	损毁原因及存在病害
平远头村 4 号烽火台	新平堡镇平远头村西 0.25 千米	1124 米	位于平远头村长城 2 段北侧，东北距平远头村 3 号烽火台 0.175 千米	土	黄土夯筑而成，含砂砾，夯层厚 0.27 ~ 0.28 米，夯层之间有灰黄色土层，厚 0.05 ~0.07 米	圆形	梯形	台体底径 10.8、顶径 5.5、残高 6.5 米	无	无	保存一般。台体上部坍塌脱落严重，表面凹凸不平，有裂缝、沟槽、孔洞；顶部北侧有凹槽；顶部和西壁底部各有一棵杨树；北壁底部有人工挖掘的洞穴，现坍塌。台体上生长有杂草	自然因素主要有风雨侵蚀、植物生长等；人为因素主要是挖掘洞穴等
平远头村 5 号烽火台	新平堡镇平远头村西 0.46 千米	1126 米	位于平远头村长城 2 段北侧，东北距平远头村 4 号烽火台 0.28 千米	土	黄土夯筑而成，含砂砾，夯层厚 0.27 ~ 0.28 米	圆形	梯形	台体底径 12、顶径 4.2、残高 12.1 米	东壁有斜坡踏道从底部呈“<”形通往东北角顶部，宽 0.5 米，东北角顶部存台阶	无	保存一般。台体坍塌脱落严重，东、西壁下部有塌土形成的土坡；表面凹凸不平，有裂缝、沟槽、孔洞，台体顶部有凹槽，宽 0.9、深 0.7 米；南壁中部有一棵杨树，底部有洞穴，宽、高 1.5 米，现坍塌，洞外有沟，洞穴塌陷形成，沟宽 1.8、深 1.5 米。台体上生长有杂草	自然因素主要有风雨侵蚀、植物生长等；人为因素主要是挖掘洞穴等
平远头村 6 号烽火台	新平堡镇平远头村西南 0.72 千米	1134 米	位于平远头村长城 2 段北侧，东北距平远头村 5 号烽火台 0.26 千米	土	黄土夯筑而成，含砂砾，夯层厚 0.27 ~ 0.28 米	圆形	梯形	台体底径 13、顶径 6、残高 13 米	北壁有斜坡踏道从底部通往东北角顶部，踏道宽 1.2、残长 8 米	无	保存一般。台体上部坍塌脱落严重，四周有塌土形成的土坡；表面凹凸不平，有裂缝、沟槽、孔洞。台体顶部南侧有凹槽，上宽 2、下宽 0.5、深 1 米；西壁底部有人工挖掘的洞穴，剖面呈梯形，上底 0.5、下底 0.7、高 0.5、进深1米。台体上生长有杂草	自然因素主要有风雨侵蚀、植物生长等；人为因素主要是挖掘洞穴等

续表 5

名称	地点	高程	与其他遗存的位置关系	材质	建筑方式	平面形制	剖面形制	尺寸	附属设施	修缮情况	保存状况	损毁原因及存在病害
八墩村 1 号烽火台	新平堡镇八墩村东北 0.68 千米	1138 米	位于八墩村长城 1 段北 0.12 千米，东北距平远头村 6 号烽火台 0.208 千米	土	黄土夯筑而成，含砂砾，夯层厚 0.27 ~ 0.28 米	圆形	梯形	台体底径 11.1、顶径 5.3、残高 9 米	台体南壁靠东有斜坡踏道痕迹，损毁严重，呈不规则状，无法利用登顶	无	保存较好。台体有所坍塌脱落，北壁塌土形成土坡。台体表面凹凸不平，有裂缝、沟槽、孔洞。台体上生长有杂草	自然因素主要是风雨侵蚀、植物生长等；人为因素主要是台体紧依耕地，人们的生产生活致其损毁
八墩村 2 号烽火台	新平堡镇八墩村东北 0.3 千米	1140 米	位于八墩村长城 2 段北约 0.1 千米，东北距八墩村 1 号烽火台 0.394 千米	土	黄土夯筑而成，含砂砾，夯层厚 0.28 ~ 0.32 米	圆形	梯形	台体底径 13.1、顶径 6、残高 8.7 米	台体北壁有斜坡踏道登顶，踏道残宽 0.8 米。顶部残存砖瓦，原有建筑。南侧残存土坯墙，呈圆弧形，宽 0.5、高 0.5 米	无	保存较好。台体有所坍塌脱落，北壁有倒三角形的凹坑，凹坑顶部长 3 米；表面凹凸不平，有裂缝、沟槽、孔洞。台体上生长有杂草	自然因素主要有风雨侵蚀、植物生长等；人为因素主要是台体紧依耕地，人们的生产生活致其损毁
八墩村 3 号烽火台	新平堡镇八墩村西北 0.17 千米	1148 米	位于八墩村长城 3 段北约 0.1 千米，东北距八墩村 2 号烽火台 0.296 千米	土	黄土夯筑而成，含砂砾，夯层厚 0.27 米	圆形	梯形	台体底径 10、顶径 4.5、残高 6 米	台体北壁有斜坡踏道痕迹。台体底部有台基，平面呈圆形，残高约 1 米，被挖掘成不规则形，南侧超出台体约 3 米	无	保存一般。台体坍塌脱落严重，北壁塌土形成土坡；表面凹凸不平，有裂缝、沟槽、孔洞。台体南壁有洞穴，洞口宽 1、高 0.7 米、距地面高 1.5 米，洞内进深 2、高 1.9 米，有竖直孔洞通顶，系 20 世纪 70 年代挖掘的“防空洞”。台体上生长有杂草	自然因素主要有风雨侵蚀、植物生长等；人为因素主要是挖掘洞穴等。台体周围为一片杏树

续表 5

名称	地点	高程	与其他遗存的位置关系	材质	建筑方式	平面形制	剖面形制	尺寸	附属设施	修缮情况	保存状况	损毁原因及存在病害
八墩村 4 号烽火台	新平堡镇八墩村西南 0.58 千米	1140 米	位于八墩村长城 4 段北约 0.1 千米，东北距八墩村 3 号烽火台 0.565 千米	土	黄土夯筑而成，含砂砾，夯层厚 0.24 ~ 0.25 米。夯层之间有灰黄色土层，厚 0.03 ~ 0.05 米	圆形	梯形	台体底径 12、顶径 5、残高 8.5 米	台体南壁有斜坡踏道痕迹	无	保存较好。台体有所坍塌脱落，表面凹凸不平，有裂缝、沟槽、孔洞。顶部中央有一方形坑，边长约 3、深 0.1 ~ 0.2 米。西壁底部有一洞穴，长 0.6、高 0.2 米，深度不详。台体上生长有杂草	自然因素主要有风雨侵蚀、植物生长等；人为因素主要是取土挖损、挖掘洞穴等。台体紧依耕地，农业生产活动致其损毁
八墩村 5 号烽火台	新平堡镇八墩村西南 1 千米	1142 米	位于八墩村长城 4 段北约 0.1 千米，东北距八墩村 4 号烽火台 0.447 千米	土	黄土夯筑而成，含砂砾，夯层厚 0.18 ~ 0.23 米	圆形	梯形	台体底径 13、顶径 4.5、残高 9.5 米	台体东北壁有斜坡踏道痕迹。台体底部有台基，平面呈圆形，北侧被淤土掩埋，南侧挖损严重呈不规则形	无	保存较好。台体有所坍塌脱落，表面凹凸不平，有裂缝、沟槽、孔洞。南壁中部有一凹槽，高 1.7、宽 1.5、深 0.7 米，凹槽内有洞穴，洞口宽 1.6、深 0.8 米；北壁上部有一个洞穴，洞口宽 0.5、深 0.8 米。台基北侧被淤土掩埋，南侧挖损严重呈不规则形，东南角有一棵杨树。台体上生长有杂草	自然因素主要有风雨侵蚀、植物生长等；人为因素主要是挖损或挖掘洞穴等，台体紧依耕地，农民生产致其损毁

续表 5

名称	地点	高程	与其他遗存的位置关系	材质	建筑方式	平面形制	剖面形制	尺寸	附属设施	修缮情况	保存状况	损毁原因及存在病害
十六墩村 1 号烽火台	新平堡镇八墩村西南 1.6 千米	1143 米	位于十六墩村长城 1 段北 0.08 千米，东北距八墩村 5 号烽火台 0.278 千米	土	黄土夯筑而成，含砂砾，夯层厚 0.2 ~ 0.26 米	圆形	梯形	台体底径 12、顶径 3.5、残高 11 米	无	无	保存较好。台体有所坍塌脱落，表面凹凸不平，有裂缝、沟槽、孔洞。东南壁有多处圆形小坑及一处较大的不规则形凹坑，长 2、宽 0.5 米；东北壁面上部塌落严重，坍塌层厚 0.1 ~ 1 米；顶部有一直径约 1.8 米的凹坑，深 0.4 ~ 0.5 米。台体上生长有杂草	自然因素主要有风雨侵蚀、植物生长等
十六墩村 2 号烽火台	新平堡镇十六墩村东北 1.2 千米	1124 米	位于十六墩村长城 1 段北 0.08 千米，东北距十六墩村 1 号峰火台 0.231 千米	土	黄土夯筑而成，含砂砾，夯层厚 0.18 ~ 0.22 米	圆形	梯形	台体底径 13.5、顶径 4.5、残高 6.3 米	无	无	保存较好。台体有所坍塌脱落，表面凹凸不平，有裂缝、沟槽、孔洞。东北壁顶部有豁口；东壁中部有一道由顶到底的竖直裂缝，宽 0.03、深 0.05 米；东南壁底端有一棵小树；西南壁底部有人为挖掘的洞穴，呈半圆形，洞径约 1、进深 1.2 米；北壁上部脱落较严重，脱落厚约 0.5 米；顶部有凹坑。台体上生长有杂草	自然因素主要有风雨侵蚀、植物生长等；人为因素主要是挖掘洞穴等

续表 5

名称	地点	高程	与其他遗存的位置关系	材质	建筑方式	平面形制	剖面形制	尺寸	附属设施	修缮情况	保存状况	损毁原因及存在病害
十六墩村 3 号烽火台	新平堡镇十六墩村东北 0.89 千米	1118 米	位于十六墩村长城 1 段北 0.08 千米，东北距十六墩 2 号烽火台 0.331 千米	土	黄土夯筑而成，含砂砾，夯层厚 0.18 ~ 0.22 米	圆形	梯形	台体底径 10、顶径 4.8、残高 6.8 米	无	无	保存较好。台体有所坍塌脱落，表面凹凸不平，有裂缝、沟槽、孔洞。南壁底部有一个圆形洞穴，底宽 1.55、高 1.6、进深 1.6 米；顶部有凹坑，深 0.5 米。台体上生长有杂草	自然因素主要有风雨侵蚀、植物生长等；人为因素主要是挖掘洞穴等
十六墩村 4 号烽火台	新平堡镇十六墩村东北 0.44 千米	1109 米	位于十六墩村长城 2 段北侧，东北距十六墩 3 号烽火台 0.447 千米	土	黄土夯筑而成，含砂砾，夯层厚 0.22 ~ 0.24 米	圆形	梯形	台体底径 9.5、顶径 4.3、残高 5 米	台体北壁有“Y”形通顶斜坡踏道。台体底部有台基，平面呈圆形，残高 2 米	无	保存较好。台体有所坍塌脱落，表面凹凸不平，有裂缝、沟槽、孔洞。西南壁底部有洞穴，宽 0.6、高 1.3、进深 1.2 米。洞口周围坍塌较严重；洞口上端至顶部有雨水冲成的沟槽，宽 0.3、深 0.1 米；北壁脱落厚约 0.5 米；顶部有一边长 1.5、深 1.6 米的方形坑。台基北侧由于取土成为直立面，其他三侧被挖掘成斜坡。台体南 4 米处有一东西向地下通道，长 13、宽 2.2、高 2.9 米，券顶，为近代防空洞，洞口呈正方形，边长 2、高 1.9 米。台体四周种植有果树，台体上生长有杂草	自然因素主要有风雨侵蚀、植物生长等；人为因素主要是人为取土挖损和挖掘洞穴等

续表 5

名称	地点	高程	与其他遗存的位置关系	材质	建筑方式	平面形制	剖面形制	尺寸	附属设施	修缮情况	保存状况	损毁原因及存在病害
十六墩村 5 号烽火台	新平堡镇十六墩村北 0.11 千米	1116 米	位于十六墩村长城 2 段北 0.042 千米，东北距十六墩村 4 号烽火台 0.42 千米	土	黄土夯筑而成，含砂砾，夯层厚 0.16 ~ 0.27 米	圆形	梯形	台体底径 11.5、顶径 6.5、残高 7 米	无	无	保存较好。台体有所坍塌脱落，表面凹凸不平，有裂缝、沟槽、孔洞。东北壁大片脱落，塌土堆积于底部成斜坡；西壁近底部坍塌，呈凹槽状，长 1.2、宽 0.4、深 0.3 米；北壁中部凹陷，呈斜坡状，可登顶。台体上生长有杂草	自然因素主要有风雨侵蚀、植物生长等；人为因素主要是人畜踩踏等
十六墩村 6 号烽火台	新平堡镇十六墩村西 0.48 千米	1123 米	位于十六墩村长城 2 段北侧，东北距十六墩村 5 号烽火台 0.444 千米	土	黄土夯筑而成，含砂砾，夯层厚 0.18 ~ 0.27 米	圆形	梯形	台体底径 10、顶径 4、残高 5 米，	无	无	保存较好。台体有所坍塌脱落，表面凹凸不平，有裂缝、沟槽、孔洞。东南及西壁底部各有一现代洞穴，东南侧洞穴洞口剖面呈梯形，上宽 0.7、下宽 1.3、高 0.8、进深 0.5 米；西侧洞穴洞口几乎全被掩埋。北壁中上部有凹槽，下部为塌土形成的斜坡。顶部北侧有一凹坑，边长约 1、深约 0.7 米。台体上生长有杂草	自然因素主要有风雨侵蚀、植物生长等；人为因素主要是人为挖掘洞穴等

续表 5

名称	地点	高程	与其他遗存的位置关系	材质	建筑方式	平面形制	剖面形制	尺寸	附属设施	修缮情况	保存状况	损毁原因及存在病害
十六墩村7号烽火台	新平堡镇十六墩村西南0.83千米	1107米	位于十六墩村长城2段北侧，东北距十六墩村6号烽火台0.397千米	土	黄土夯筑而成，含砂砾，夯层厚0.18~0.23米	圆形	梯形	台体底径10、顶径6.5、残高7.8米	台体底部有台基，平面呈圆形，底径20、高3米，夯层厚0.18~0.25米	无	保存较好。台体有所坍塌脱落，表面凹凸不平，有裂缝、沟槽、孔洞；东壁底部有小洞，直径约0.5、进深约1米。台体上生长有杂草	自然因素主要有风雨侵蚀、植物生长等；人为因素主要是人为挖掘洞穴等
二十墩村1号烽火台	新平堡镇二十墩村西0.71千米	1107米	位于二十墩村长城北0.05千米，东北距十六墩村7号烽火台1.2千米	土	黄土夯筑而成，含砂砾，夯层厚0.19~0.3米	圆形	梯形	台体东西2.4、南北4.5、残高4.5米	台体底部有台基，平面呈圆形，残高0.8米	无	保存一般。台体坍塌脱落严重，呈南北向土墙状；表面凹凸不平，有裂缝、沟槽、孔洞。台体上生长有杂草	自然因素主要有风雨侵蚀、植物生长等；人为因素主要是由于台体位于耕地之内，南侧紧邻一条东南—西北向的土路，导致取土挖损严重
二十墩村2号烽火台(彩图一〇五)	新平堡镇二十墩村西南1.1千米	1123米	位于二十墩村长城北0.06千米，东北距二十墩村1号烽火台0.36千米	土	黄土夯筑而成，含砂砾，夯层厚0.15~0.2米	圆形	梯形	台体底径9、顶径3、残高8米	无	无	保存较好。台体有所坍塌脱落，表面凹凸不平，有裂缝、沟槽、孔洞。东壁底部有一墓穴，存木棺；西南壁底部有一洞穴，进深1.5米。台体上生长有杂草	自然因素主要有风雨侵蚀、植物生长等；人为因素主要是挖掘洞穴等

续表 5

名称	地点	高程	与其他遗存的位置关系	材质	建筑方式	平面形制	剖面形制	尺寸	附属设施	修缮情况	保存状况	损毁原因及存在病害
新平尔村 1 号烽火台	新平堡镇新平尔村北 0.23 千米	1125 米	位于新平尔长城 1 段北 0.13 千米，东距二十墩村 2 号烽火台 0.43 千米	土	黄土夯筑而成，含砂砾，夯层厚 0.13 ~ 0.2 米	圆形	梯形	台体底部平面呈不规则形，最长 8.5、最短 3.2 米，顶部平面呈不规则形，最长 4.5 米，残高 4.5 米	无	无	保存一般。台体坍塌脱落严重，表面凹凸不平，有裂缝、沟槽、孔洞。南壁底部有一个洞穴，宽 1.2、高 1.5、深 1.8 米；西壁下部被筑路破坏；北壁右侧有“之”字形凹槽，可登顶。台体上生长有杂草	自然因素主要有风雨侵蚀、植物生长等；人为因素主要是人为挖掘洞穴、筑路挖毁台体、人畜踩踏等
新平尔村 2 号烽火台	新平堡镇新平尔村西 0.39 千米	1126 米	位于新平尔长城 1 段北 0.06 千米，东北距新平尔村 1 号烽火台 0.47 千米	土	黄土夯筑而成，含砂砾、碎石，夯层厚 0.18 ~ 0.22 米	圆形	梯形	台体底径 7.5 米，顶部平面呈不规则形，残高 4.5 米	台体底部有台基，平面呈圆形，残存东侧，台基东侧超出台体 1.8、残高 1.6 米	无	保存一般。台体坍塌脱落严重，呈土堆状。台体表面凹凸不平，有裂缝、沟槽、孔洞。台体位于砖厂内，四壁遭人为取土挖损严重。东北壁埋有一根水泥电线杆；西南壁底部有一个洞穴，宽 1、高 0.4、深 0.8 米。台体上生长有杂草	自然因素主要有风雨侵蚀、植物生长等；人为因素主要是人为取土挖损、挖掘洞穴、竖立电线杆等
新平尔村 3 号烽火台	新平堡镇新平尔村西 0.74 千米	1146 米	位于新平尔长城 1 段北 0.05 千米，东南距新平尔村 2 号烽火台 0.34 千米	土	黄土夯筑而成，含砂砾，夯层厚 0.18 ~ 0.22 米	圆形	梯形	台体底径 8、顶径 1.5、残高 6 米	无	无	保存一般。台体坍塌脱落严重，表面凹凸不平，有裂缝、沟槽、孔洞。南壁底部有一个洞穴，宽 1.3、高 1.2、进深 1.3 米。台体上生长有杂草	自然因素主要有风雨侵蚀、植物生长等；人为因素主要是人为挖掘洞穴等

续表 5

名称	地点	高程	与其他遗存的位置关系	材质	建筑方式	平面形制	剖面形制	尺寸	附属设施	修缮情况	保存状况	损毁原因及存在病害
双山 1 号烽火台	新平堡镇八墩村西北 3.4 千米	1464 米	位于双山长城 2 段东南 0.72 千米	石	土石混筑而成，外部四壁石块垒砌，内部堆以碎石泥土。石块长 10 ~ 60 厘米	矩形	梯形	台体底部东西 13、南北 16、残高 4.5 米	台体底部有台基，石块垒砌而成，平面呈矩形，东西 18.1、南北 21.3 米	无	保存一般。台体坍塌脱落严重，仅存台基和北壁垒砌的石块。顶部有现代用石头垒筑的供佛石龛两处，底长 1.5、高 1 米。台体东侧有矿山土路。台体上生长有杂草、灌木	自然因素主要有风雨侵蚀、植物生长等；人为因素主要是取石垒筑石龛
双山 2 号烽火台	新平堡镇二十墩村北 5.8 千米	1652 米	位于双山长城 7 段东 0.22 千米，东南距双山 1 号烽火台 2.8 千米	石	土石混筑而成，外部四壁石块垒砌，内部堆以碎石泥土。石块长约 30 厘米	矩形	梯形	台体底部东西 23、南北 18、残高 8 米	台体底部有台基，石块垒砌而成，平面呈矩形，东西 37.5、南北 35、高 1.5 ~ 3 米。台顶原有围墙，现无存	无	保存较好。台体有所坍塌脱落，台体上生长有杂草、灌木	自然因素主要有风雨侵蚀、植物生长等
双山 3 号烽火台	新平堡镇新平尔村北 6 千米	1715 米	位于双山长城 8 段东 0.07 千米，东北距双山 2 号烽火台 0.685 千米	石	土石混筑而成，外部四壁石块垒砌，内部堆以碎石泥土。石块长 10 ~ 70 厘米	矩形	梯形	台体底部东西 29、南北 17 米，顶部东西 9、南北 2 ~ 3 米，残高 5 米	台体底部有台基，石块垒砌而成，平面呈矩形，四周有石块垒砌成的围墙，围墙宽 4 ~ 6、残高 0.3 ~ 2 米	无	保存一般。台体和围墙坍塌脱落严重，台体上生长有杂草、灌木	自然因素主要有风雨侵蚀、植物生长等

续表 5

名称	地点	高程	与其他遗存的位置关系	材质	建筑方式	平面形制	剖面形制	尺寸	附属设施	修缮情况	保存状况	损毁原因及存在病害
新平堡村 3 号烽火台	新平堡镇新平堡村西南 0.87 千米	1107 米	位于新平堡村长城 1 段东 0.21 千米、新平堡村二道边长城东 0.02 千米，东北距新平尔村 2 号烽火台 3.1 千米、新平堡村 1 号烽火台 0.62 千米	土	黄土夯筑而成，含少量料礓石，夯层厚 0.23～0.28 米	圆形	梯形	台体底径 7.6 米，顶部平面存不规则形，东西 1.95、南北 4.4、残高 5 米	无	无	保存较差。台体坍塌脱落严重，表面凹凸不平，有裂缝、沟槽、孔洞。东壁有人畜踩踏形成的坡道，可登顶；南壁底部有拱形洞穴，宽 0.7、深 1 米。台体上生长有杂草	自然因素主要有风雨侵蚀、植物生长等；人为因素主要是扩田种地挖损、人为挖掘洞穴、人畜踩踏等
新平堡村 4 号烽火台	新平堡镇新平堡村西南 0.95 千米	1109 米	位于新平堡村长城 1 段东 0.23 千米、新平堡村二道边长城东 0.02 千米，北距新平堡村 3 号烽火台 0.11 千米	土	黄土夯筑而成，夯层厚 0.2～0.25 米	矩形	梯形	台体底部东西 8.1、南北 9 米，顶部东西 4.2、南北 5 米，残高 5.9 米	无	无	保存较好。台体有所坍塌脱落，表面凹凸不平，有裂缝、沟槽、孔洞。东壁南侧有两排脚窝至顶部；南壁底部有洞穴，埋放棺材使用。台体上生长有杂草	自然因素主要有风雨侵蚀、植物生长等；人为因素主要是扩田种地挖损、人为挖掘洞穴、人畜踩踏等
新平堡村 5 号烽火台	新平堡镇新平堡村西南 1.2 千米	1116 米	位于新平堡村长城 1 段东 0.15 千米、新平堡村二道边长城东侧，东北距新平堡村 4 号烽火台 0.27 千米	土	黄土夯筑而成，夯层厚 0.2～0.24 米	矩形	梯形	台体底部东、南、西、北长 9.8、9.5、9.7、9.5 米，顶部东、南、西、北长 9.8、9.5、9.7、9.5 米，残高 3.7 米	无	无	保存较差。台体坍塌脱落严重，表面凹凸不平，有裂缝、沟槽、孔洞。台体上生长有杂草	自然因素主要有风雨侵蚀、植物生长等；人为因素主要是扩田种地挖损、人畜踩踏等

续表 5

名称	地点	高程	与其他遗存的位置关系	材质	建筑方式	平面形制	剖面形制	尺寸	附属设施	修缮情况	保存状况	损毁原因及存在病害
新平堡村6号烽火台	新平堡镇新平堡村西南1.4千米	1123米	位于新平堡村长城1段东0.088千米、新平堡村二道边长城东侧，东北距新平堡村5号烽火台0.23千米	土	黄土夯筑而成，夯层厚0.18～0.23米	圆形	梯形	台体底部平面呈不规则形，东西最长2.8、南北8、残高5米	无	无	保存较差。台体坍塌脱落严重，表面凹凸不平，有裂缝、沟槽、孔洞。台体上生长有杂草	自然因素主要有洪水冲刷、风雨侵蚀、植物生长等；人为因素主要是扩田种地挖损等
新平堡村7号烽火台	新平堡镇新平堡村西南1.5千米	1126米	位于新平堡村长城2段东0.194千米、新平堡村二道边长城东侧。西北距新平堡村6号烽火台0.2千米	土	黄土夯筑而成，夯层厚0.2～0.24米	矩形	梯形	台体底部东、南、西、北长9.2、9.7、9.4、9.8、残高5.3米	无	无	保存一般。台体坍塌脱落严重，表面凹凸不平，有裂缝、沟槽、孔洞。东北壁底部有人为取土痕迹；西壁底部有洞穴，宽0.7、高1米。台体上生长有杂草	自然因素主要有风雨侵蚀、植物生长等；人为因素主要是扩田种地挖损、人为挖掘洞穴、人畜踩踏等
新平堡村8号烽火台	新平堡镇新平堡村西南1.6千米	1127米	位于新平堡村长城2段东0.2千米、新平堡村二道边长城东侧，北距新平堡村7号烽火台0.11千米	土	黄土夯筑而成，夯层厚0.19～0.23米	矩形	梯形	台体底部东、南、西、北长9、10.5、9.4、10米，顶部东、南、西、北长6.4、6.8、6.6、6.4米，残高6.5米	无	无	保存较好。台体有所坍塌脱落，表面凹凸不平，有裂缝、沟槽、孔洞。南壁东侧底部有一个方形坑穴，边长0.6、深1米。台体上生长有杂草	自然因素主要有风雨侵蚀、植物生长等；人为因素主要是扩田种地挖损、人为挖掘洞穴等

续表 5

名称	地点	高程	与其他遗存的位置关系	材质	建筑方式	平面形制	剖面形制	尺寸	附属设施	修缮情况	保存状况	损毁原因及存在病害
新平堡村 9 号烽火台	新平堡镇新平堡村西南 1.8 千米	1142 米	位于新平堡村长城 2 段东 0.22 千米、新平堡村二道边长城东 0.01 千米,西北距新平堡村 8 号烽火台 0.285 千米	土	黄土夯筑而成,含大量料礓石和砂砾,夯层厚 0.18～0.22 米	圆形	梯形	台体底径 14、顶径 3、残高 6.5 米	无	无	保存较差。台体坍塌脱落严重,表面凹凸不平,有裂缝、沟槽、孔洞。南壁底部有拱形洞穴,洞宽 0.7、高0.7、深1.2 米。台体上生长有杂草	自然因素主要有风雨侵蚀、植物生长等;人为因素主要是扩田种地挖损、人为挖掘洞穴等
新平堡村 11 号烽火台(彩图一〇六)	新平堡镇新平堡村西南 2.1 千米	1146 米	位于新平堡村长城 3 段东 0.24 千米、新平堡村二道边长城东侧,北距新平堡村 9 号烽火台 0.255 千米	土	黄土夯筑而成,夯层厚 0.2～0.25 米	矩形	梯形	台体底部东、南、西、北长 9.8、8.7、9.5、8.5、残高 4.2 米	无	无	保存一般。台体有所坍塌脱落,表面凹凸不平,有裂缝、沟槽、孔洞。南壁底部有方形洞穴,边长 0.7、深 1 米。台体上生长有杂草	自然因素主要有风雨侵蚀、植物生长等;人为因素主要是扩田种地挖损、人为挖掘洞穴等
新平堡村 12 号烽火台	新平堡镇新平堡村西南 2..4 千米	1159 米	位于新平堡村长城 3 段东 0.3 千米、新平堡村二道边长城东侧,北距新平堡村 11 号烽火台 0.345 千米	土	黄土夯筑而成,夯层厚 0.2～0.25 米	矩形	梯形	台体底部东、南、西、北长 9.4、8.2、9.1、8 米,顶部东、南、西、北长 4.3、3.9、4.1、4.1 米,残高4.2 米	无	无	保存一般。台体有所坍塌脱落,表面凹凸不平,有裂缝、沟槽、孔洞。南壁底部有方形洞穴,宽 0.7、高 1.2 米。台体上生长有杂草	自然因素主要有风雨侵蚀、植物生长等;人为因素主要是扩田种地挖损、人为挖掘洞穴、人畜踩踏等

续表 5

名称	地点	高程	与其他遗存的位置关系	材质	建筑方式	平面形制	剖面形制	尺寸	附属设施	修缮情况	保存状况	损毁原因及存在病害
新平堡村 13 号烽火台	新平堡镇新平堡村西南 2.5 千米	1182 米	位于新平堡村长城 3 段东 0.5 千米、新平堡村二道边长城西侧，北距新平堡村 12 号烽火台 0.316 千米	土	黄土夯筑而成，夯层厚 0.2 ~ 0.25 米	矩形	梯形	台体底部东、南、西、北长 8.8、8.2、8.6、8.3、残高 5.5 米	无	无	保存一般。台体有所坍塌脱落，表面凹凸不平，有裂缝、沟槽、孔洞。台体上生长有杂草	自然因素主要有风雨侵蚀、植物生长等；人为因素主要是扩田种地挖损、人畜踩踏等
新平堡村 14 号烽火台	新平堡镇新平堡村西南 2.7 千米	1196 米	位于新平堡村长城 3 段东 0.68 千米、新平堡村二道边长城西侧，东北距新平堡村 13 号烽火台 0.22 千米	土	黄土夯筑而成，夯层厚 0.18 ~ 0.22 米	矩形	梯形	台体底部东、南、西、北长 7.2、7.4、7.2、7.3、残高 5.5 米	无	无	保存一般。台体有所坍塌脱落，表面凹凸不平，有裂缝、沟槽、孔洞。东壁有人畜踩踏形成的坡道，可登顶，坡道凹槽宽 0.3 米；南壁有洞穴，宽 1.1、高 1.5、深 3.5 米，存放柴草使用。台体东侧立有一块水泥碑，上写“21 世纪首都水资源水土保持项目大梁沟流域大西沟项目区”。台体上生长有杂草	自然因素主要有风雨侵蚀、植物生长等；人为因素主要是扩田种地挖损、人为挖掘洞穴、人畜踩踏等
保平堡村 1 号烽火台	新平堡镇保平堡村西北 0.41 千米	1208 米	位于保平堡村长城 1 段东 0.81 千米，东北距新平堡村 14 号烽火台 0.63 千米	土	黄土夯筑而成，夯层厚 0.15 ~ 0.26 米	矩形	梯形	台体呈土堆状，底部平面呈不规则形，周长 12.5 米；顶部平面呈不规则形，周长 7.2 米，残高 3 米	无	无	保存较差。台体坍塌脱落严重，呈土堆状，表面凹凸不平，有裂缝、沟槽、孔洞。台体上生长有杂草	自然因素主要有风雨侵蚀、植物生长等。烽火台周围沟壑纵横，洪水冲刷也可能是造成损毁的自然因素；人为因素主要是人畜踩踏等

续表 5

名称	地点	高程	与其他遗存的位置关系	材质	建筑方式	平面形制	剖面形制	尺寸	附属设施	修缮情况	保存状况	损毁原因及存在病害
保平堡村 2 号烽火台	新平堡镇保平堡村西北 0.45 千米	1212 米	位于保平堡村长城 1 段东 0.8 千米，东北距保平堡村 1 号烽火台 0.152 千米	土	黄土夯筑而成，夯层厚 0.18 ~ 0.24 米	圆形	梯形	台体呈土堆状，底部平面呈不规则形，周长 25.5 米；顶部平面呈不规则形，周长 4.4 米，残高 5 米	无	无	保存较差。台体坍塌脱落严重，呈土堆状，表面凹凸不平，有裂缝、沟槽、孔洞。台体上生长有杂草	自然因素主要有风雨侵蚀、植物生长等。烽火台周围沟壑纵横，洪水冲刷也可能是造成损毁的自然因素；人为因素主要是人畜踩踏等
保平堡村 5 号烽火台	新平堡镇保平堡村西 0.45 千米	1239 米	位于保平堡村长城 1 段东 0.88 千米，东北距保平堡村 2 号烽火台 0.192 千米	土	黄土夯筑而成，夯层厚 0.15 ~ 0.24 米	矩形	梯形	台体底部东西 7.5、南北 8、残高 6 米	无	无	保存一般。台体坍塌脱落严重，表面凹凸不平，有裂缝、沟槽、孔洞。台体上生长有杂草	自然因素主要有风雨侵蚀、植物生长等；人为因素主要是人畜踩踏等
保平堡村 6 号烽火台	新平堡镇保平堡村西 0.58 千米	1239 米	位于保平堡村长城 1 段东 0.85 千米，东北距保平堡村 5 号烽火台 0.184 千米	土	黄土夯筑而成，夯层厚 0.16 ~ 0.23 米	矩形	梯形	台体底部东西 5.4、南北 8、残高 4.2 米	无	南壁外层为修缮时所加，应为明代后期修缮	保存较差。台体坍塌脱落严重，呈土堆状，表面凹凸不平，有裂缝、沟槽、孔洞。台体上生长有杂草	自然因素主要有风雨侵蚀、植物生长等。烽火台东、西、北面有冲沟，洪水冲刷也可能是造成损毁的自然因素；人为因素主要是人畜踩踏等

续表 5

名称	地点	高程	与其他遗存的位置关系	材质	建筑方式	平面形制	剖面形制	尺寸	附属设施	修缮情况	保存状况	损毁原因及存在病害
保平堡村 9 号烽火台	新平堡镇保平堡村西南 0.76 千米	1243 米	位于保平堡村长城 1 段东 0.74 千米，东北距保平堡村 6 号烽火台 0.214 千米	土	黄土夯筑而成，夯层厚 0.15 ~ 0.26 米	矩形	梯形	台体呈土堆状，底部东西 7.5、南北 5、残高 5 米	无	无	保存较好。台体有所坍塌脱落，呈土堆状，表面凹凸不平，有裂缝、沟槽、孔洞。东壁底部有一个洞穴，洞口宽 0.6、进深 1.5 米；西壁底部被人为取土挖损破坏。台体上生长有杂草	自然因素主要有风雨侵蚀、植物生长等。烽火台东、西、北面有冲沟，洪水冲刷也可能是造成损毁的自然因素；人为因素主要是人畜踩踏等
保平堡村 11 号烽火台	新平堡镇保平堡村西南 0.89 千米	1257 米	位于保平堡村长城 1 段东 0.66 千米，东北距保平堡村 9 号烽火台 0.135 千米	土	黄土夯筑而成，夯层厚 0.12 ~ 0.18 米	矩形	梯形	台体底部东西 3.5、南北 7 米，顶部东西 0.7、南北 3.8、残高 5.5 米	无	无	保存较差。台体坍塌脱落严重，表面凹凸不平，有裂缝、沟槽、孔洞。台体上生长有杂草	自然因素主要有风雨侵蚀、植物生长等。烽火台东、西、北面有冲沟，洪水冲刷也可能是造成损毁的自然因素；人为因素主要是人畜踩踏等
保平堡村 12 号烽火台	新平堡镇保平堡村西南 1.1 千米	1260 米	位于保平堡村长城 1 段东 0.56 千米，东北距保平堡村 11 号烽火台 0.25 千米	土	黄土夯筑而成，夯层厚 0.12 ~ 0.16 米	矩形	梯形	台体底部东西 4.5、南北 5.4、残高 4 米	无	无	保存较差。台体坍塌脱落严重，表面凹凸不平，有裂缝、沟槽、孔洞。台体上生长有杂草	自然因素主要有风雨侵蚀、植物生长等。烽火台东、西、北面有冲沟，洪水冲刷也可能是造成损毁的自然因素；人为因素主要是人畜踩踏等

续表 5

名称	地点	高程	与其他遗存的位置关系	材质	建筑方式	平面形制	剖面形制	尺寸	附属设施	修缮情况	保存状况	损毁原因及存在病害
保平堡村 14 号烽火台	新平堡镇保平堡村西南 1.5 千米	1270 米	位于保平堡村长城 2 段东 0.55 千米，东北距保平堡村 12 号烽火台 0.335 千米	土	黄土夯筑而成，夯层厚 0.2～0.24 米	矩形	梯形	台体呈土堆状，底部东西 5、南北 7.5、残高 3.5 米	无	无	保存较差。台体坍塌脱落严重，呈土堆状，表面凹凸不平，有裂缝、沟槽、孔洞。台体上生长有杂草	自然因素主要有风雨侵蚀、植物生长等。烽火台东、西、北面有冲沟，洪水冲刷也可能是造成损毁的自然因素；人为因素主要是人畜踩踏等
保平堡村 15 号烽火台	新平堡镇保平堡村西南 1.7 千米	1294 米	位于保平堡村长城 2 段东 0.51 千米，东北距保平堡村 14 号烽火台 0.265 千米	土	黄土夯筑而成，夯层厚 0.2～0.23 米	矩形	梯形	台体呈土堆状，底部东西 6.5、南北 7、残高 4 米	无	无	保存较差。台体坍塌脱落严重，呈土堆状，表面凹凸不平，有裂缝、沟槽、孔洞。东、南壁有人为取土挖损痕迹；西壁顶部有一个小洞穴，宽 1 米；北壁有人畜踩踏形成的坡道，可登顶。台体上生长有杂草	自然因素主要有风雨侵蚀、植物生长等。烽火台南、西两面有冲沟，洪水冲刷也可能是造成损毁的自然因素；人为因素主要是人为取土挖损、踩踏、挖掘洞穴等
保平堡村 16 号烽火台	新平堡镇保平堡村西南 1.9 千米	1290 米	位于保平堡村长城 2 段东 0.4 千米，东北距保平堡村 15 号烽火台 0.15 千米	土	黄土夯筑而成，夯层厚 0.25～0.3 米	矩形	梯形	台体呈土堆状，底部东西 7、南北 5、残高 3.5 米	无	无	保存较差。台体坍塌脱落严重，呈土堆状，表面凹凸不平，有裂缝、沟槽、孔洞。台体上生长有杂草	自然因素主要有风雨侵蚀、植物生长等。烽火台西、北面有冲沟，洪水冲刷也可能是造成损毁的自然因素；人为因素主要是人畜踩踏等

续表 5

名称	地点	高程	与其他遗存的位置关系	材质	建筑方式	平面形制	剖面形制	尺寸	附属设施	修缮情况	保存状况	损毁原因及存在病害
保平堡村17号烽火台	新平堡镇保平堡村西南1.9千米	1297米	位于保平堡村长城2段东0.4千米，北距保平堡村16号烽火台0.1千米	土	黄土夯筑而成，含料礓石，夯层厚0.2~0.25米	圆形	梯形	台体呈土堆状，底部周长25.2、残高4米	无	无	保存较差。台体坍塌脱落严重，呈土堆状，表面凹凸不平，有裂缝、沟槽、孔洞。台体上生长有杂草	自然因素主要有风雨侵蚀、植物生长等。烽火台西、北面有冲沟，洪水冲刷也可能是造成损毁的自然因素；人为因素主要是人畜踩踏等
保平堡村18号烽火台	新平堡镇保平堡村西南1.9千米	1332米	位于保平堡村长城2段东0.655千米，西北距保平堡村17号烽火台0.15千米	土	黄土夯筑而成，夯层厚0.2~0.25米	圆形	梯形	台体呈土堆状，底部周长23、顶部周长5.1、残高4米	无	无	保存较差。台体坍塌脱落严重，呈土堆状，表面凹凸不平，有裂缝、沟槽、孔洞。台体上生长有杂草	自然因素主要有风雨侵蚀、植物生长等。烽火台四周有冲沟，洪水冲刷也可能是造成损毁的自然因素；人为因素主要是人畜踩踏等
保平堡村19号烽火台	新平堡镇保平堡村西南2.2千米	1351米	位于保平堡村长城3段东0.6千米，东北距保平堡村18号烽火台0.322千米	土	黄土夯筑而成，夯层厚0.2~0.24米	圆形	梯形	台体呈土堆状，底部周长31.4、顶部周长6.3、残高4.5米	无	无	保存较差。台体坍塌脱落严重，呈土堆状，表面凹凸不平，有裂缝、沟槽、孔洞。台体上生长有杂草	自然因素主要有风雨侵蚀、植物生长等；人为因素主要是人畜踩踏等

续表 5

名称	地点	高程	与其他遗存的位置关系	材质	建筑方式	平面形制	剖面形制	尺寸	附属设施	修缮情况	保存状况	损毁原因及存在病害
保平堡村20号烽火台	新平堡镇保平堡村西南2.5千米	1386米	位于保平堡村长城3段东0.6千米，东北距保平堡村19号烽火台0.38千米	土	黄土夯筑而成，夯层厚0.25～0.3米	圆形	梯形	台体呈土堆状，底部周长18.8、顶部周长6.3、残高4米	无	无	保存较差。台体坍塌脱落严重，呈土堆状，表面凹凸不平，有裂缝、沟槽、孔洞。台体上生长有杂草	自然因素主要有风雨侵蚀、植物生长等。烽火台四周有冲沟，洪水冲刷也可能是造成损毁的自然因素；人为因素主要是人畜踩踏等
保平堡村21号烽火台（彩图一〇七）	新平堡镇保平堡村西南2.8千米	1387米	位于保平堡村长城4段东0.3千米，东北距保平堡村20号烽火台0.32千米	土	黄土夯筑而成，夯层厚0.2～0.27米	矩形	梯形	台体底部东西8、南北7米，顶部东西3.5、南北3.3米，残高5米	无	无	保存一般。台体坍塌脱落严重，表面凹凸不平，有裂缝、沟槽、孔洞。台体上生长有杂草	自然因素主要有风雨侵蚀、植物生长等。烽火台四周有冲沟，洪水冲刷也可能是造成损毁的自然因素；人为因素主要是人畜踩踏等
保平堡村22号烽火台	新平堡镇保平堡村西南2.9千米	1419米	位于保平堡村长城4段东0.225千米，东北距保平堡村21号烽火台0.11千米	土	黄土夯筑而成，含料礓石，夯层厚0.2～0.26米	矩形	梯形	台体底部东西7、南北8米，顶部东西2、南北1.8米，残高5米	无	无	保存较差。台体坍塌脱落严重，表面凹凸不平，有裂缝、沟槽、孔洞。台体上生长有杂草	自然因素主要有风雨侵蚀、植物生长等。烽火台四周有冲沟，洪水冲刷也可能是造成损毁的自然因素；人为因素主要是人畜踩踏等。烽火台西南4米有一处10米深的取土场，是大型挖掘机挖掘所致，正日益危及台体安全

续表 5

名称	地点	高程	与其他遗存的位置关系	材质	建筑方式	平面形制	剖面形制	尺寸	附属设施	修缮情况	保存状况	损毁原因及存在病害
杏园窑村烽火台	新平堡镇杏园窑村西南 1.2 千米	1255 米	位于杏园窑村长城1段东1千米，西北距保平堡村22号烽火台1.2千米	土	黄土夯筑而成，夯层厚 0.14 ~ 0.16 米	圆形	梯形	台体底径 6.5 米，顶部平面呈不规则形，周长6米，残高5.2米	台体北壁坡面上散落砖石，顶部原可能有建筑物	无	保存一般。台体坍塌脱落严重，表面凹凸不平，有裂缝、沟槽、孔洞。南壁底部被洪水冲刷呈立壁状，台体上生长有杂草	自然因素主要有洪水冲刷、风雨侵蚀、植物生长等；人为因素主要是人畜踩踏等
四方墩村西南烽火台	新平堡镇四方墩村西南 2.6 千米	1704 米	位于四方墩长城2段东0.698千米，西北距杏园窑村烽火台3.2千米、距内蒙古兴和县南口村烽火台2.8千米	土	黄土夯筑而成，含碎石块，夯层不清	圆形	梯形	台体底部周长50、残高9.5米	无	无	保存一般。台体坍塌脱落严重，表面凹凸不平，有裂缝、沟槽、孔洞。台体上生长有杂草	自然因素主要有风雨侵蚀、植物生长等；人为因素主要是人畜踩踏等
李二口村烽火台	逯家湾镇李二口村北 0.4 千米	1169 米	位于李二口村长城1段东0.9千米，李二口村“错修长城”西0.06千米，西北距四方墩村西南烽火台5.9千米	土	黄土夯筑而成，夯层厚0.2 ~ 0.23 米	圆形	梯形	台体底径 9、顶径5.4、残高10米	无	无	保存较好。台体有所坍塌脱落，表面凹凸不平，有裂缝、沟槽、孔洞。东壁底部有洞穴，宽1.5、高1.3、进深2.6米；西南壁底部有洞穴，宽1、进深2.5米。台体上生长有杂草	自然因素主要有风雨侵蚀、植物生长等；人为因素主要是由于台体紧邻村庄、耕地、扩田种地挖损、人为挖掘洞穴等

续表 5

名称	地点	高程	与其他遗存的位置关系	材质	建筑方式	平面形制	剖面形制	尺寸	附属设施	修缮情况	保存状况	损毁原因及存在病害
薛三墩村 1 号烽火台	逯家湾镇薛三墩村东北 1.3 千米	1181 米	位于薛三墩村长城 1 段西 0.05 千米，东北距李二口村烽火台 1.1 千米	土	黄土夯筑而成，夯层厚 0.2 ~ 0.26 米	矩形	梯形	台体底部东、南、西、北长 10.5、9.8、10.3、10 米，顶部东、南、西、北长 6、5.6、5.6、5.6 米，残高 7.8 米	无	无	保存较好。台体有所坍塌脱落，表面凹凸不平，有裂缝、沟槽、孔洞。台体上生长有杂草	自然因素主要有风雨侵蚀、植物生长等；人为因素主要是扩田种地挖损等
薛三墩村 2 号烽火台	逯家湾镇薛三墩村东北 0.47 千米	1185 米	位于薛三墩村长城 1 段西 0.076 千米，东北距薛三墩村 1 号烽火台 0.81 千米	土	黄土夯筑而成，夯层厚 0.18 ~ 0.24 米	矩形	梯形	台体底部东、南、西、北长 10.2、8.8、10、8.4 米，顶部东、南、西、北长 5.4、5.2、5.6、5.2 米，残高 7.2 米	台体周围原有围墙无存。围墙内残存墩院院基，平面呈矩形，边长 21 米	无	保存较好。台体有所坍塌脱落，表面凹凸不平，有裂缝、沟槽、孔洞。东壁底部有洞穴，宽 0.6、进深 1.5 米。台体上生长有杂草。台体周围原有围墙无存	自然因素主要有风雨侵蚀、植物生长等；人为因素主要是人为取土挖损、扩田种地挖损、挖掘洞穴等
薛三墩村 3 号烽火台	逯家湾镇薛三墩村西南 1 千米	1138 米	位于薛三墩村长城 2 段西 0.04 千米，东北距薛三墩村 2 号烽火台 1.5 千米	土	黄土夯筑而成，夯层厚 0.2 ~ 0.24 米	矩形	梯形	台体底部东、南、西、北长 9.5、9.8、9.8、10 米，顶部东、南、西、北长 5、5.2、5.1、5.4 米，残高 7.4 米	台体周围有围墙，宽 0.5、残高 0.1 ~ 1 米。围墙内残存墩院院基，平面呈矩形，东西 21、南北 20 米	无	保存较好。台体有所坍塌脱落，表面凹凸不平，有裂缝、沟槽、孔洞。南壁底部长有一棵杏树，台体上生长有杂草	自然因素主要有风雨侵蚀、植物生长等；人为因素主要是人为取土挖损、扩田种地挖损等

续表 5

名称	地点	高程	与其他遗存的位置关系	材质	建筑方式	平面形制	剖面形制	尺寸	附属设施	修缮情况	保存状况	损毁原因及存在病害
袁治梁村 1 号烽火台	谷前堡镇袁治梁村北 0.98 千米	1174 米	位于袁治梁村长城北 0.053 千米，东北距薛三墩村 3 号烽火台 0.8 千米	土	黄土夯筑而成，夯层厚 0.2 ~ 0.24 米	矩形	梯形	台体底部东、南、西、北长 9、9.5、9.1、9.6 米，顶部东、南、西、北长 4.1、4.2、4.2、4.4 米，残高 7.5 米	台体周围有围墙，坍塌低矮。围墙内残存墩院院基，平面呈矩形，东西 20、南北 18、高 1.5 米	无	保存较好。台体有所坍塌脱落，表面凹凸不平，有裂缝、沟槽、孔洞。台体上生长有杂草。台体周围有围墙，围墙坍塌，保存低矮	自然因素主要有风雨侵蚀、植物生长等；人为因素主要是人畜踩踏等
袁治梁村 2 号烽火台	谷前堡镇袁治梁村西北 0.96 千米	1183 米	位于袁治梁村长城北 0.07 千米，东北距袁治梁村 1 号烽火台 0.24 千米	土	黄土夯筑而成，含少量砂砾，夯层厚 0.16 ~ 0.22 米	圆形	梯形	台体底径 11.5、顶径 6.7、残高 8.3 米	台体南侧有围墙，顶宽 0.5、残高 0.1 ~ 0.5 米。围墙内残存墩院院基，平面呈矩形，东西 22、南北 11 米	无	保存较好。台体有所坍塌脱落，表面凹凸不平，有裂缝、沟槽、孔洞。台体上生长有杂草。台体周围有围墙，坍塌低矮	自然因素主要有风雨侵蚀、植物生长等；人为因素主要是人畜踩踏、扩田种地挖损院基等
袁治梁村 3 号烽火台	谷前堡镇袁治梁村西北 0.92 千米	1205 米	位于袁治梁村长城南 0.08 千米，东北距袁治梁村 2 号烽火台 0.415 千米	土	黄土夯筑而成，含大量砂砾，夯层厚 0.2 ~ 0.26 米	矩形	梯形	台体底部东、南、西、北长 6.5、9、6.3、8.6 米，顶部平面呈不规则形，残高 6 米	无	无	保存较差。台体坍塌脱落严重，表面凹凸不平，有裂缝、沟槽、孔洞。台体上生长有杂草	自然因素主要有风雨侵蚀、植物生长等；人为因素主要是人畜踩踏等

续表 5

名称	地点	高程	与其他遗存的位置关系	材质	建筑方式	平面形制	剖面形制	尺寸	附属设施	修缮情况	保存状况	损毁原因及存在病害
白羊口村 1 号烽火台	谷前堡镇白羊口村东 0.58 千米	1237 米	位于白羊口村长城南 0.02 千米,东距袁治梁村 3 号烽火台 0.69 千米	土	黄土夯筑而成,含大量砂砾,夯层厚 0.18～0.22 米	矩形	梯形	台体底部东、南、西、北长 9.8、9.7、9.6、9.6 米,顶部平面呈不规则形,残高 7.6 米	台体东侧原有围墙,仅存南墙,围墙顶宽 0.4、残高 0.4～1.6 米,黄土夯筑而成,含大量砂砾,夯层厚度不详。围墙内残存墩院院基,痕迹不明显,推测平面原呈矩形	无	保存一般。台体坍塌脱落严重,表面凹凸不平,有裂缝、沟槽、孔洞。南壁底部正中有洞穴,宽 0.5、高 0.6、进深 1 米。台体上生长有杂草。台体东侧原有围墙,仅存南墙	自然因素主要有风雨侵蚀、植物生长等;人为因素主要是人畜踩踏、挖掘洞穴、扩田种地挖损院基等
白羊口村 2 号烽火台	谷前堡镇白羊口村西北 0.57 千米	1398 米	位于白羊口村长城北 0.322 千米,东南距白羊口村 1 号烽火台 1.1 千米	土	黄土夯筑而成,夯层厚 0.2～0.25 米	圆形	梯形	台体底径 5 米,顶部平面呈不规则形,残高 2 米	无	无	保存较差。台体坍塌脱落严重,表面凹凸不平,有裂缝、沟槽、孔洞。台体上生长有杂草	自然因素主要有风雨侵蚀、植物生长等
白羊口村 3 号烽火台	谷前堡镇白羊口村西南 0.78 千米	1285 米	位于白羊口村长城北 0.03 千米,东北距白羊口村 2 号烽火台 0.686 千米	土	黄土夯筑而成,夯层厚 0.18～0.22 米	矩形	梯形	台体底部东、南、西、北长 11、10.7、10.8、11 米,顶部东、南、西、北长 7、6.7、6.5、6.8 米,残高 11 米	台体南侧原有围墙,现无存。围墙内残存墩院院基,平面呈矩形,东西 21、南北 18、高 2 米	无	保存较好。台体有所坍塌脱落,表面凹凸不平,有裂缝、沟槽、孔洞。台体上生长有杂草。台体南侧原有围墙,现已无存。墩院院基南侧东部塌毁成一较大豁口,露出一洞穴,洞口被石块封垒	自然因素主要有风雨侵蚀、植物生长等;人为因素主要是人为挖掘洞穴、扩田种地挖损院基等

续表 5

名称	地点	高程	与其他遗存的位置关系	材质	建筑方式	平面形制	剖面形制	尺寸	附属设施	修缮情况	保存状况	损毁原因及存在病害
化皮庙村烽火台	谷前堡镇化皮庙村东北 0.72 千米	1296 米	位于化皮庙村长城北 0.02 千米，东北距白羊口村 3 号烽火台 0.52 千米	土	黄土夯筑而成，夯层厚 0.18～0.21 米	矩形	梯形	台体底部东、南、西、北长 7.5、7.4、7.5、7.5 米，顶部东、南、西、北长 3.8、3.7、3.7、3.8 米，残高 7.7 米	台体南侧原有围墙，现无存。围墙内残存墩院院基，平面呈矩形，东西 16、南北 9、高 2 米，院基夯筑而成，夯层厚 0.16～0.21 米	无	保存较好。台体有所坍塌脱落，表面凹凸不平，有裂缝、沟槽、孔洞。北壁有人畜踩踏形成的脚窝、斜坡坡道，可登顶。台体上生长有杂草。台体南侧原有围墙，现无存	自然因素主要有风雨侵蚀、植物生长等；人为因素主要是人畜踩踏、扩田种地挖损院基等
榆林口村 1 号烽火台	谷前堡镇榆林口村东北 0.28 千米	1355 米	位于榆林口村长城北 0.07 千米，东北距化皮庙烽火台 1.5 千米	土	黄土夯筑而成，夯层厚 0.2～0.25 米	矩形	梯形	台体底部东西 5、南北 1、残高 3.3 米	无	无	保存较差。台体坍塌脱落严重，表面凹凸不平，有裂缝、沟槽、孔洞。台体上生长有杂草	自然因素主要有风雨侵蚀、植物生长等；人为因素主要是人畜踩踏、扩田种地挖损等
榆林口村 2 号烽火台	谷前堡镇榆林口村西南 1 千米	1329 米	位于榆林口村长城南 0.016 千米，东北距榆林口村 1 号烽火台 1.3 千米	土	黄土夯筑而成，夯层厚 0.18～0.22 米	矩形	梯形	台体底部东、南、西、北长 8.6、8.4、8.5、8.4 米，顶部东、南、西、北长 4.2、4、4.1、4.1 米，残高 6.5 米	台体南侧有围墙，残高 1～1.5 米。围墙内残存墩院院基，平面呈矩形，东西 18、南北 10 米	无	保存一般。台体坍塌脱落严重，表面凹凸不平，有裂缝、沟槽、孔洞。南壁底部有洞穴，宽 0.5、进深 0.7 米。台体上生长有杂草。台体南侧有围墙	自然因素主要有风雨侵蚀、植物生长等；人为因素主要是人畜踩踏、扩田种地挖损院基、挖掘洞穴等

续表 5

名称	地点	高程	与其他遗存的位置关系	材质	建筑方式	平面形制	剖面形制	尺寸	附属设施	修缮情况	保存状况	损毁原因及存在病害
六墩村烽火台（彩图一〇八）	谷前堡镇六墩村西南 0.65 千米	1274 米	位于六墩村长城南 0.556 千米，东北距榆林口村 2 号烽火台 1.4 千米	土	黄土夯筑而成，含少量砂砾、碎石，夯层厚 0.18 ~ 0.21 米	矩形	梯形	台体底部东、南、西、北长 9.8、9.4、9.5、10 米，顶部东、南、西、北长 6.1、5.8、5.4、6.2 米，残高 5.8 米	台体南侧原有围墙，现无存。围墙内残存墩院院基，平面呈矩形，东西 21、南北 7、高 2.5 米，院基夯筑而成，夯层厚 0.2 ~ 0.25 米	无	保存较好。台体有所坍塌脱落，表面凹凸不平，有裂缝、沟槽、孔洞。台体上生长有杂草。台体南侧原有围墙，现无存	自然因素主要有风雨侵蚀、植物生长等；人为因素主要是人畜踩踏、扩田种地挖损院基等
水磨口村烽火台	谷前堡镇水磨口村西北 1.5 千米	1378 米	位于水磨口村长城 2 段北 0.2 千米，东南距六墩村烽火台 2.7 千米	土	黄土夯筑而成，夯层厚 0.18 ~ 0.21 米	矩形	梯形	台体底部东、南、西、北长 7.5、7.4、7.5、7.5 米，顶部东、南、西、北长 3.8、3.7、3.7、3.8 米，残高 6.3 米	台体周围原有围墙，现无存。围墙内残存墩院院基，平面呈矩形，东西 14、南北 13 米	无	保存一般。台体有所坍塌脱落，表面凹凸不平，有裂缝、沟槽、孔洞。南壁底部有洞穴，宽 0.4、进深 0.7 米。台体上生长有杂草。台体周围原有围墙，现无存	自然因素主要有风雨侵蚀、植物生长等；人为因素主要是人畜踩踏等

表6　天镇县腹里烽火台一览表

名称	地点	高程	与其他遗存的位置关系	材质	建筑方式	平面形制	剖面形制	尺寸	附属设施	修缮情况	保存状况	损毁原因及存在病害
八墩村6号烽火台	新平堡镇八墩村南0.94千米	1085米	位于八墩村长城4段东南0.95千米，东南距平远堡2.3千米，西北距八墩村4号烽火台1千米	土	黄土夯筑而成，含砂砾，夯层厚0.2～0.22米	圆形	梯形	台体底径6、顶径4.8、残高7米	台体周围有围墙，平面呈圆形，直径10米，仅存南墙长3.2、顶宽0.1～0.5、高0.1～0.7米；西墙长4、底宽0.9、顶宽0.5、高2.1米，夯层厚0.2～0.25米。围墙内残存墩院院基，平面呈圆形，高1.5米。顶部有铺舍，铺舍内方外圆，东、西、北面有墙，南面无墙，东西2.4、南北3.7、高1.9米。铺舍东北角有烟道；北墙有方形小龛，边长0.15、进深0.18米；东墙南侧有竖向凹槽；北墙设方形瞭望孔，边长0.18米。铺舍无顶，墙壁夯层厚0.18～0.23米。台体东南壁有阶梯式踏道，宽0.3米，残存数级，通往顶部铺舍。台体附近散落碎砖瓦	无	保存较好。台体有所坍塌脱落，底部有一周凹槽，深0.1米。台体表面凹凸不平，有裂缝、沟槽、孔洞。台体上生长有杂草，四周围墙仅残存两小段。院基多处被人为挖毁，开垦为耕地	自然因素主要有风雨侵蚀、植物生长等；人为因素主要是人为取土挖损，院基多处被人为挖毁，被开垦为耕地

续表 6

名称	地点	高程	与其他遗存的位置关系	材质	建筑方式	平面形制	剖面形制	尺寸	附属设施	修缮情况	保存状况	损毁原因及存在病害
平远头村芨芨墩烽火台	新平堡镇平远头村南 1.9 千米	1052 米	东南距平远堡 1.4 千米，西北距八墩村 6 号烽火台 1.3 千米	土	黄土夯筑而成，含少量砂砾，夯层厚 0.16～0.18 米	圆形	梯形	台体底径 10、顶径 8、残高 7 米	台体周围原有围墙，现无存。围墙内残存墩院院基，平面呈圆形，直径 24、高 1.6 米	无	保存一般。台体坍塌脱落严重，表面凹凸不平，有裂缝、沟槽、孔洞。台体上生长有杂草。东南壁有洞穴，宽 1、高 1.6、进深 1.3 米。台体周围原有围墙，现无存	自然因素主要有风雨侵蚀、植物生长等；人为因素主要是人畜踩踏、挖掘洞穴等
曹家湾村烽火台	新平堡镇曹家湾村东北 1.3 千米	992 米	西北距平远堡 2.5 千米，西南距辛庄子村烽火台 4 千米	土	黄土夯筑而成，含少量砂砾，夯层厚 0.28 米	圆形	梯形	台体底径 10、顶径 5、南侧残高 10、北侧残高 12 米	台体西南侧有围墙，底宽 3、顶宽 2、外侧残高 3、内侧残高 1.8 米。围墙内残存墩院院基，平面呈矩形，边长 60 米，夯层厚 0.25～0.3 米。台体位于墩院东北角	无	保存一般。台体坍塌脱落严重，凹凸不平，有裂缝、沟槽、孔洞。台体上生长有杂草。台体西南侧有围墙保存。院基辟为耕地	自然因素主要有风雨侵蚀、植物生长等；人为因素主要是人畜踩踏、辟院基为耕地等
辛庄子村烽火台	新平堡镇辛庄子村南 1.8 千米	1109 米	东北距平远堡 3.5 千米，西距柴家窑村烽火台 1.5 千米	土	黄土夯筑而成，含少量砂砾，夯层厚 0.18～0.2 米	圆形	梯形	台体底径 10、顶径 7、残高 7.1 米	台体周围原有围墙，现无存。围墙内残存墩院院基，平面呈圆形，东、西侧突出台体 5.2、北侧突出台体 6、高 1.6 米。院基南侧被洪水冲刷损毁无存。台体底部有台基，平面呈不规则形，推测原呈圆形，高 2.6 米。台体北壁有脚窝，可登顶	无	保存一般。台体坍塌脱落严重，表面凹凸不平，有裂缝、沟槽、孔洞。台体上生长有杂草。台体周围原有围墙，现无存。院基南侧被洪水冲刷损毁无存	自然因素主要有洪水冲刷、风雨侵蚀、植物生长等；人为因素主要是人畜踩踏等

续表 6

名称	地点	高程	与其他遗存的位置关系	材质	建筑方式	平面形制	剖面形制	尺寸	附属设施	修缮情况	保存状况	损毁原因及存在病害
新平堡村1号烽火台（彩图一〇九）	新平堡镇新平堡村中	1096米	西距新平堡村长城1段0.96千米、新平堡村二道边长城0.82千米，北距新平堡0.21千米	土	黄土夯筑而成，夯层厚0.18～0.27米	圆形	梯形	台体底径8、残高7.3米	无	无	保存一般。台体坍塌脱落严重，表面凹凸不平，有裂缝、沟槽、孔洞。东、南、西壁人为取土挖损严重，残留有铲削痕迹。台体上生长有杂草	自然因素主要有风雨侵蚀、植物生长等；人为因素主要是台体位于村庄内，取土挖损严重等
新平堡村2号烽火台	新平堡镇新平堡村中	1095米	西距新平堡村长城1段0.96千米、新平堡村二道边长城0.62千米，东北距新平堡0.3千米、新平堡村1号烽火台0.18千米，西距新平堡村3号烽火台0.6千米	土	黄土夯筑而成，夯层厚0.18～0.23米	圆形	梯形	台体底径8、顶径4、残高6.5米	无	无	保存一般。台体坍塌脱落严重，表面凹凸不平，有裂缝、沟槽、孔洞。东北壁坍塌较多，底部被一条南北向土路损毁；南、西、北壁底部有6个方形洞穴，宽约1、深2米，埋放棺材使用。台体上生长有杂草	自然因素主要有风雨侵蚀、植物生长等；人为因素主要是位于村庄内，取土挖损、筑路挖损、人为挖掘洞穴等
新平堡村10号烽火台	新平堡镇新平堡村南1.7千米	1136米	西距新平堡村长城2段0.72千米、新平堡村二道边长城0.5千米，东北距新平堡1.6千米、新平堡村2号烽火台1.3千米，西距新平堡村9号烽火台0.51千米	土	黄土夯筑而成，夯层厚0.18～0.22米	圆形	梯形	台体底径10、顶径7、残高8米	台体东壁有“之”字形踏道，可登顶	无	保存较好。台体有所坍塌脱落，表面凹凸不平，有裂缝、沟槽、孔洞。台体上生长有杂草	自然因素主要有风雨侵蚀、植物生长等；人为因素主要是扩田种地挖损等

续表 6

名称	地点	高程	与其他遗存的位置关系	材质	建筑方式	平面形制	剖面形制	尺寸	附属设施	修缮情况	保存状况	损毁原因及存在病害
新平堡村头墩烽火台	平堡镇新平堡村东北 0.758 千米	1092 米	西南距新平堡 0.77 千米	土	黄土夯筑而成，含少量砂砾，夯层厚 0.19～0.23 米	矩形	梯形	台体底部东、南、西、北长 20、19.2、15、14.8 米，顶部东、南、西、北长 15.6、15.8、12.1、11.9 米，残高 10 米	台体周围有围墙，现存南墙 7、底宽 3、顶宽 0.3、外侧残高 5、内侧残高 0.5～1.5 米。围墙内残存墩院院基，平面呈矩形，边长 46、高 5 米，夯层厚 0.25～0.3 米	无	保存较好。台体有所坍塌脱落，表面凹凸不平，有裂缝、沟槽、孔洞。东壁上部有台阶状坡道，可登顶。台体上生长有杂草。台体周围原有围墙，现存一段南墙。院基西侧下部有墓葬，院基辟为耕地	自然因素主要有风雨侵蚀、植物生长等；人为因素主要是人畜踩踏、院基西侧下部墓葬、院基辟为耕地等
新平堡村二墩烽火台	新平堡镇新平堡村东北 2 千米	1063 米	西南距新平堡 2 千米、距新平堡村头墩烽火台 1.2 千米	土	黄土夯筑而成，含少量砂砾，夯层厚 0.16～0.2 米	圆形	梯形	台体底径 12 米，顶部平面呈不规则形，残高 7 米	台体周围原有围墙，现存东北角 10 米，围墙底宽 1.5、顶宽 1、残高 0.5～0.8 米。围墙内残存墩院院基，平面呈圆形，直径 24、高 1.5 米，夯层厚 0.16～0.18 米	无	保存一般。台体坍塌脱落严重，表面凹凸不平，有裂缝、沟槽、孔洞。西壁有一条纵向裂缝，宽 0.1～0.3 米；北壁有一条纵向裂缝，宽 0.1、深 1 米。台体上生长有杂草，上部长有一棵榆树。台体周围原有围墙，仅存东北角一段	自然因素主要有风雨侵蚀、植物生长等；人为因素主要是人畜踩踏等
三墩店村三墩烽火台	新平堡镇三墩店村北 0.1 千米	1037 米	西南距新平堡 2.9 千米、距新平堡村二墩烽火台 0.91 千米	土	黄土夯筑而成，含少量砂砾，夯层厚 0.16～0.2 米	圆形	梯形	台体底径 12 米，顶部平面呈不规则形，残高 8 米	无	无	保存一般。台体坍塌脱落严重，表面凹凸不平，有裂缝、沟槽、孔洞。南壁下部有挖掘的窑洞，无人居住；西壁下部有洞穴，高 1.2、深 3 米。台体上生长有杂草，上部长有一棵榆树	自然因素主要有风雨侵蚀、植物生长等；人为因素主要是扩田种地挖损、挖掘洞穴等

续表 6

名称	地点	高程	与其他遗存的位置关系	材质	建筑方式	平面形制	剖面形制	尺寸	附属设施	修缮情况	保存状况	损毁原因及存在病害
三墩店村烽火台	新平堡镇三墩店村南 0.806 千米	1074 米	西距新平堡 2.8 千米，西北距新平堡村二墩烽火台 1.1 千米，北距三墩店村三墩烽火台 0.9 千米	土	黄土夯筑而成，含少量砂砾，夯层厚 0.16～0.2 米	矩形	梯形	台体底部东、南、西、北长 10、9、9.5、8.8 米，顶部东、南、西、北长 6.5、6、7.2、6.6 米，残高 6 米	无	无	保存一般。台体坍塌脱落严重，表面凹凸不平，有裂缝、沟槽、孔洞。台体上生长有杂草、树，台体周围为耕地	自然因素主要有风雨侵蚀、植物生长等；人为因素主要是人畜踩踏、扩田种地挖损等
柴家窑村烽火台	新平堡镇柴家窑村东南 0.322 千米	1093 米	西北距新平堡 3.9 千米、三墩店村烽火台 1.3 千千米，东距辛庄子村烽火台 1.5 千米	土	黄土夯筑而成，含少量砂砾，夯层厚 0.2～0.22 米	圆形	梯形	台体底径 10、顶径 5、残高 6 米	台体周围原有围墙，现南墙 6 米，呈弧形，围墙顶宽 0.2、残高 0.8 米。围墙内残存墩院院基，平面呈圆形，高 1.5 米	无	保存一般。台体坍塌脱落严重，表面凹凸不平，有裂缝、沟槽、孔洞。台体上生长有杂草。台体周围原有围墙，仅存一段南墙。院基西侧遭筑路挖损	自然因素主要有洪水冲刷、风雨侵蚀、植物生长等；人为因素主要是扩田种地挖损、筑路挖损院基等
双墩子村东烽火台	新平堡镇双墩子村西北 0.242 千米	1316 米	西北距新平堡 3.8 千米，东北距柴家窑村烽火台 1.6 千米	土	黄土夯筑而成，含少量砂砾，夯层厚 0.2 米	矩形	梯形	台体底部东、南、西、北长 9.8、9.7、9.5、9.9 米，顶部东、南、西、北长 3.5、3.6、4.1、3.8 米，残高 8.2 米	台体周围原有围墙，现无存。围墙内残存墩院院基，平面呈矩形，边长 36、高 5 米，夯层厚 0.16 米。院基南侧正中有豁口，宽 6 米	无	保存较好。台体有所坍塌脱落，表面凹凸不平，有裂缝、沟槽、孔洞。台体上生长有杂草。台体周围原有围墙，现无存。院基南侧正中有豁口，宽 6 米	自然因素主要有风雨侵蚀、植物生长等；人为因素主要是人畜踩踏等

续表 6

名称	地点	高程	与其他遗存的位置关系	材质	建筑方式	平面形制	剖面形制	尺寸	附属设施	修缮情况	保存状况	损毁原因及存在病害
双墩子村西烽火台	新平堡镇双墩子村西北 0.201 千米	1318 米	西北距新平堡 3.8 千米、新平堡村 10 号烽火台 3.4 千米，东北距双墩子东烽火台 0.18 千米，西南距五里墩村东梁烽火台 0.47 千米	土	黄土夯筑而成，含少量砂砾，夯层厚 0.22 米	矩形	梯形	台体底部东、南、西、北长 15.2、14.9、15.4、15.6 米，顶部东、南、西、北长 8.2、7.9、8.3、8.4 米，残高 12.2 米	台体周围原有围墙，现无存。围墙内残存墩院院基，平面呈矩形，边长 50 米，院基南残高 7、北侧高 5 米，夯层厚 0.16 米。院基南侧正中有豁口，宽 3.5 米	无	保存较好。台体有所坍塌脱落，表面凹凸不平，有裂缝、沟槽、孔洞。南壁中部有一条纵向凹槽，深 1.2 米，凹槽中有人畜踩踏形成的斜坡坡道，可登顶。台体周围原有围墙，现无存。院基南侧正中有豁口，宽 3.5 米。台体上生长有杂草	自然因素主要有风雨侵蚀、植物生长等；人为因素主要是人畜踩踏等
保平堡村 3 号烽火台（彩图一一〇）	新平堡镇保平堡村东北 0.13 千米	1251 米	位于保平堡村长城 1 段东侧，紧邻保平堡东北角台	土	黄土夯筑而成，夯层厚 0.18 ~ 0.22 米	圆形	梯形	台体底径 9、顶径 7、残高 6.8 米	无	无	保存较好。台体有所坍塌脱落，表面凹凸不平，有裂缝、沟槽、孔洞。东壁有一道纵向通体裂缝，宽 0.03 ~ 0.05 米。台体上生长有杂草	自然因素主要有风雨侵蚀、植物生长等；人为因素主要是人畜踩踏等
保平堡村 4 号烽火台	新平堡镇保平堡村西北 0.14 千米	1237 米	位于保平堡村长城 1 段东侧，紧邻保平堡西北角台，西北距保平堡村 2 号烽火台 0.31 千米，	土	黄土夯筑而成，夯层厚 0.16 ~ 0.22 米	圆形	梯形	台体底径 6.4、顶径 4.3、残高 8.4 米	无	无	保存较好。台体有所坍塌脱落，表面凹凸不平，有裂缝、沟槽、孔洞。由于西南壁邻冲沟，台体塌落严重。台体上生长有杂草	自然因素主要有洪水冲刷、风雨侵蚀、植物生长等；人为因素主要是人畜踩踏等

续表 6

名称	地点	高程	与其他遗存的位置关系	材质	建筑方式	平面形制	剖面形制	尺寸	附属设施	修缮情况	保存状况	损毁原因及存在病害
保平堡村 7 号烽火台	新平堡镇保平堡村南 0.1 千米	1258 米	位于保平堡村长城 1 段东侧，紧邻保平堡东南角台	土	黄土夯筑而成，含少量料礓石，夯层厚 0.17 ~ 0.22 米	圆形	梯形	台体底径 8.3、顶径 2、残高 6.5 米	无	无	保存一般。台体坍塌脱落严重，表面凹凸不平，有裂缝、沟槽、孔洞。东壁底部有一个洞穴，洞口宽 0.5、高 0.5、进深 1.7 米。台体上生长有杂草	自然因素主要有风雨侵蚀、植物生长等；人为因素主要是人畜踩踏、挖掘洞穴等
保平堡村 8 号烽火台	新平堡镇保平堡村西南 0.12 千米	1249 米	位于保平堡村长城 1 段东侧，紧邻保平堡西南角台，西北距保平堡村 5 号烽火台 0.42 千米	土	黄土夯筑而成，夯层厚 0.18 ~ 0.22 米	圆形	梯形	台体底径 9、顶径 6.8、残高 7 米	无	无	保存较好。台体有所坍塌脱落，表面凹凸不平，有裂缝、沟槽、孔洞。东壁底部有一个洞穴，洞口宽 0.6、进深 1.5 米。西壁底部被人为取土挖损破坏。台体上生长有杂草	自然因素主要有风雨侵蚀、植物生长等；人为因素主要是人畜踩踏、取土挖损等
保平堡村 10 号烽火台	新平堡镇保平堡村西南 0.39 千米	1277 米	西距保平堡村长城 1 段 1.3 千米，东北距保平堡 0.39 千米、保平堡村 8 号烽火台 0.27 千米，西北距保平堡村 6 号烽火台 0.38 千米	土	黄土夯筑而成，夯层厚 0.13 ~ 0.21 米	圆形	梯形	台体底径 9.5、顶径 3.5、残高 8.2 米	无	无	保存一般。台体坍塌脱落严重，表面凹凸不平，有裂缝、沟槽、孔洞。台体上生长有杂草	自然因素主要有风雨侵蚀、植物生长等；人为因素主要是人畜踩踏等
保平堡村 13 号烽火台	新平堡镇保平堡村西南 0.69 千米	1285 米	西距保平堡村长城 1 段 1 千米，东北距保平堡 0.68 千米、保平堡村 10 号烽火台 0.3 千米，西北距保平堡村 9 号烽火台 0.33 千米	土	黄土夯筑而成，夯层厚 0.16 ~ 0.24 米	圆形	梯形	台体底径 8.5、顶径 3.5、残高 8.2 米	无	无	保存较差。台体坍塌脱落严重，表面凹凸不平，有裂缝、沟槽、孔洞。台体上生长有杂草	自然因素主要有风雨侵蚀、植物生长等。烽火台四面有冲沟，洪水冲刷也可能是造成损毁的自然因素；人为因素主要是人畜踩踏等

续表 6

名称	地点	高程	与其他遗存的位置关系	材质	建筑方式	平面形制	剖面形制	尺寸	附属设施	修缮情况	保存状况	损毁原因及存在病害
保平堡村排山墩烽火台	新平堡镇保平堡村东南 0.357 千米	1225 米	西北距保平堡 0.36 千米，西距保平堡村 7 号烽火台 0.34 千米	土	黄土夯筑而成，含少量砂砾，夯层厚 0.2 米	圆形	梯形	台体底径 12、顶径 9、残高 10 米	无	无	保存较好。台体有所坍塌脱落，表面凹凸不平，有裂缝、沟槽、孔洞。台体上生长有杂草	自然因素主要有风雨侵蚀、植物生长等；人为因素主要是扩田种地挖损等
保平堡村车道坡烽火台（彩图一一一）	新平堡镇保平堡村东南 0.514 千米	1190 米	西北距保平堡 0.51 千米，西距保平堡村排山墩烽火台 0.15 千米	土	黄土夯筑而成，含少量砂砾，夯层厚 0.2 米	圆形	梯形	台体底径 10、顶径 5.6、残高 12 米	无	无	保存较好。台体有所坍塌脱落，台体表面凹凸不平，有裂缝、沟槽、孔洞。台体上生长有杂草	自然因素主要有风雨侵蚀、植物生长等；人为因素主要是人畜踩踏等
保平堡村烽火台	新平堡镇保平堡村东北 2.1 千米	1222 米	西南距保平堡 2.1 千米，西北距五里墩烽火台 0.59 千米	土	黄土夯筑而成，含少量砂砾，夯层厚 0.16～0.18 米	圆形	梯形	台体底径 8.6 米，顶部平面呈不规则形，边长约 3 米，残高 6 米	台体底部有台基，平面呈圆形，周长 58.2、高 1.5 米，夯层厚 0.25～0.3 米	无	保存一般。台体坍塌脱落严重，表面凹凸不平，有裂缝、沟槽、孔洞。台体上生长有杂草，台基西侧遭人为取土挖损殆尽	自然因素主要有风雨侵蚀、植物生长等；人为因素主要是人畜踩踏、取土挖损台基等
保平堡村毛家湾墩烽火台	新平堡镇保平堡村东南 0.39 千米	1224 米	西北距保平堡 0.4 千米、保平堡村 7 号烽火台 0.3 千米、保平堡村 10 号烽火台 0.45 千米，东北距保平堡村排山墩烽火台 0.37 千米	土	黄土夯筑而成，含少量砂砾，夯层厚 0.18～0.2 米	圆形	梯形	台体底径 12、顶径 11.5～12.5、残高 15 米	台体底部有台基，平面呈圆形，直径 18、残高 2.6 米	无	保存一般。台体坍塌脱落严重，表面凹凸不平，有裂缝、沟槽、孔洞。台体上生长有杂草	自然因素主要有风雨侵蚀、植物生长等

续表 6

名称	地点	高程	与其他遗存的位置关系	材质	建筑方式	平面形制	剖面形制	尺寸	附属设施	修缮情况	保存状况	损毁原因及存在病害
五里墩村烽火台	新平堡镇五里墩村西南0.311千米	1277米	西南距保平堡1.5千米、保平堡村车道坡烽火台1.1千米	土	黄土夯筑而成，含少量砂砾，夯层厚0.16～0.2米	矩形	梯形	台体底部东、南、西、北长14、8、13、12米，顶部平面呈不规则形，周长30米，残高6.5米	台体底部有台基，平面呈矩形	无	保存一般。台体坍塌脱落严重，表面凹凸不平，有裂缝、沟槽、孔洞。北壁有人畜踩踏形成的斜坡坡道，可登顶。台体上生长有杂草	自然因素主要有风雨侵蚀、植物生长等；人为因素主要是人畜踩踏等
五里墩村东梁烽火台	新平堡镇五里墩村东北2.2千米	1277米	西南距保平堡3.8千米、保平堡村烽火台1.7千米，东北距双墩子村西烽火台0.47千米	土	黄土夯筑而成，夯层厚0.2米	圆形	梯形	台体底部呈不规则形，周长20.2米；顶部平面呈不规则形，周长2.4米；残高4.5米	无	无	保存较差。台体坍塌脱落严重，表面凹凸不平，有裂缝、沟槽、孔洞。南壁底部有洞穴，宽1.5、高1.6、进深0.5米。台体上生长有杂草	自然因素主要有风雨侵蚀、植物生长等；人为因素主要是人畜踩踏、挖掘洞穴等
五里墩村牛角梁烽火台	新平堡镇五里墩村东南2.7千米	425米	西距保平堡4.4千米，西北距五里墩村东梁烽火台1千米	土	黄土夯筑而成，含少量砂砾，夯层厚0.16～0.18米	圆形	梯形	台体底径10、顶径6、残高10米	台体周围有围墙，围墙底宽2.6、顶宽0.3～1.8、残高0.6～2.5米。围墙内残存墩院院基，平面呈矩形，东西26、南北25、高1～2.3米	无	保存一般。台体坍塌脱落严重，表面凹凸不平，有裂缝、沟槽、孔洞。东壁下部有一条纵向凹槽，长2.3米。台体上生长有杂草。台体周围原有围墙保存	自然因素主要有风雨侵蚀、植物生长等；人为因素主要是人畜踩踏等
五里墩村牛角台烽火台	新平堡镇五里墩村东南3千米	1400米	西距保平堡4.6千米，西北距五里墩村牛角梁烽火台0.44千米、黄家湾村残高墩子烽火台2.9千米	土	黄土夯筑而成，含少量砂砾，夯层厚0.18～0.22米	圆形	梯形	台体底径12、顶径6、残高10米	台体周围原有围墙，现无存。围墙内残存墩院院基，平面呈圆形，直径26、高6米	无	保存较好。台体有所坍塌脱落，台体表面凹凸不平，有裂缝、沟槽、孔洞。台体上生长有杂草	自然因素主要有风雨侵蚀、植物生长等；人为因素主要是人畜踩踏等

续表 6

名称	地点	高程	与其他遗存的位置关系	材质	建筑方式	平面形制	剖面形制	尺寸	附属设施	修缮情况	保存状况	损毁原因及存在病害
黄家湾村大南墩烽火台	新平堡镇黄家湾村西南 0.609 千米	1303 米	西北距保平堡 1.2 千米、保平堡村毛家湾墩烽火台 0.82 千米	土	黄土夯筑而成，含砂砾、碎石，夯层厚 0.2 米	矩形	梯形	台体底部东、南、西、北长 12、11.9、11.8、12 米，顶部东、南、西、北长 8、7.8、7.8、8 米，残高 9.8 米	台体周围原有围墙，现无存。围墙内残存墩院院基，平面呈矩形，边长 30、高 1.8 米	无	保存较好。台体有所坍塌脱落，台体表面凹凸不平，有裂缝、沟槽、孔洞。东壁有人畜踩踏形成的斜坡坡道，可登顶。台体上生长有杂草。台体周围原有围墙，现无存	自然因素主要有风雨侵蚀、植物生长等；人为因素主要是人畜踩踏等
黄家湾村残高墩子烽火台	新平堡镇黄家湾村东南 1.1 千米	1506 米	西北距保平堡 1.8 千米，西南距黄家湾村大南墩烽火台 1.2 千米，东北距五里墩村牛角台烽火台 2.9 千米	土	黄土夯筑而成，含少量砂砾、碎石，夯层厚 0.19～0.23 米	圆形	梯形	台体底径 12、顶径 8、残高 12 米	无	无	保存较好。台体有所坍塌脱落，台体表面凹凸不平，有裂缝、沟槽、孔洞。台体上生长有杂草	自然因素主要有风雨侵蚀、植物生长等
四方墩村南烽火台	新平堡镇四方墩村南 0.27 千米	1294 米	西南距桦门堡 4.3 千米、四方墩村西南烽火台 2.4 千米，北距黄家湾村残高墩子烽火台 2.2 千米，东南距瓦窑口村野猫墩烽火台 5.4 千米	土	黄土夯筑而成，含少量砂砾，夯层厚 0.19～0.23 米	矩形	梯形	台体底部东、南、西、北长 5、6.4、5.6、5.8 米，顶部平面呈不规则形，残高 8 米	无	无	保存较差。台体坍塌脱落严重，表面凹凸不平，有裂缝、沟槽、孔洞。四壁底部遭人为取土挖损，东、西、北壁底部有多处洞穴。台体上生长有杂草	自然因素主要有风雨侵蚀、植物生长等；人为因素主要是人为取土挖损、挖掘洞穴等
瓦窑口村野猫墩烽火台（彩图一一二）	逯家湾镇瓦窑口村东北 1.3 千米	1244 米	西南距瓦窑口堡 1.4 千米、张仲口村元墩烽火台 2.4 千米，东南距胡家洼村王家墩烽火台 1.1 千米，西北距四方墩村南烽火台 5.4 千米	土	黄土夯筑而成，含少量砂砾，夯层厚 0.18～0.22 米	矩形	梯形	台体底部东、南、西、北长 9、8、10、9 米，顶部东、南、西、北长 1.5、1.2、1.5、2 米，残高 5.5 米	无	无	保存一般。台体坍塌脱落严重，表面凹凸不平，有裂缝、沟槽、孔洞。北壁有人畜踩踏形成的斜坡道，可登顶。台体上生长有杂草	自然因素主要有风雨侵蚀、植物生长等；人为因素主要是人畜踩踏等

续表 6

名称	地点	高程	与其他遗存的位置关系	材质	建筑方式	平面形制	剖面形制	尺寸	附属设施	修缮情况	保存状况	损毁原因及存在病害
瓦窑口村元墩烽火台	逯家湾镇瓦窑口村东南1.4千米	1065米	北距瓦窑口堡1.4千米，西北距张仲口村元墩烽火台1.5千米，东北距胡家洼村王家墩烽火台2.1千米	土	黄土夯筑而成，含少量砂砾，夯层厚0.18～0.22米	圆形	梯形	台体底径15、顶径11、残高8米	台体周围有围墙，底宽3、顶宽0.4～1.4、残高0.5～2米。围墙内残存墩院院基，平面呈圆形，直径20、高1～1.3米，夯层厚0.3米	无	保存较好。台体有所坍塌脱落，表面凹凸不平，有裂缝、沟槽、孔洞。四壁布满风化孔洞，孔径0.05～0.35米；底部四周有雨水冲刷形成的沟槽，宽0.5～0.8米。台体上生长有杂草。台体周围有围墙保存	自然因素主要有风雨侵蚀、植物生长等；人为因素主要是人畜踩踏等
胡家洼村王家墩烽火台	逯家湾镇胡家洼村西南0.754千米	1153米	西距瓦窑口堡1.4千米，西北距瓦窑口村野猫墩烽火台1.1千米，西南距瓦窑口村元墩烽火台2.1千米	土	黄土夯筑而成，含砂砾、碎石，夯层厚0.19～0.24米	矩形	梯形	台体底部东、南、西、北长9.5、11.5、10、11米，顶部东、南、西、北长6、6.5、6、7米，残高4米	台体周围原有围墙，现仅存东北角和西南角围墙，底宽0.8～1.5、顶宽0.2～0.5、残高0.2～1米。围墙内残存墩院院基，平面呈矩形，边长25、高0.4～1米，夯层厚0.19～0.24米。南壁底部正中设拱形门洞，门洞宽2、高0.7、进深2.5米，可登顶	无	保存一般。台体坍塌脱落严重，表面凹凸不平，有裂缝、沟槽、孔洞。台体上生长有杂草。台体周围原有围墙，仅存东北角和西南角围墙	自然因素主要有风雨侵蚀、植物生长等；人为因素主要是人畜踩踏等

续表 6

名称	地点	高程	与其他遗存的位置关系	材质	建筑方式	平面形制	剖面形制	尺寸	附属设施	修缮情况	保存状况	损毁原因及存在病害
胡家洼村胡家台烽火台	逯家湾镇胡家洼村东南 0.756 千米	1106 米	西距瓦窑口堡 2.4 千米，西北距胡家洼村王家墩烽火台 1.1 千米	土	黄土夯筑而成，含少量砂砾，夯层厚 0.19～0.24 米	矩形	梯形	台体底部东、南、西、北长 10、11、11.5、10 米，顶部东、南、西、北长 7、6.5、7、6 米，残高 7.5 米	无	无	保存一般。台体坍塌脱落严重，表面凹凸不平，有裂缝、沟槽、孔洞。四壁布满风化孔洞，孔径 0.05～0.35 米。台体上生长有杂草	自然因素主要有风雨侵蚀、植物生长等；人为因素主要是人畜踩踏等
袁家梁村烽火台	逯家湾镇袁家梁村东南 0.409 千米	1072 米	西距瓦窑口堡 3.7 千米、胡家洼村胡家台烽火台 1.3 千米	土	黄土夯筑而成，含少量砂砾，夯层厚 0.19～0.23 米	矩形	梯形	台体底部东、南、西、北长 8、9、8.5、8 米，顶部东、南、西、北长 3.5、4、2.2、3.6 米，残高 8 米	台体周围有围墙，底宽 2.6、顶宽 0.3～1.8，残高 0.6～2.5 米。围墙内残存墩院院基，平面呈矩形，东西 26、南北 25 米，夯层厚 0.25～0.3 米	无	保存一般。台体坍塌脱落严重，表面凹凸不平，有裂缝、沟槽、孔洞。南壁有若干风化孔洞，孔径 0.05～0.3 米。台体上生长有杂草。台体周围有围墙保存	自然因素主要有风雨侵蚀、植物生长等；人为因素主要是人畜踩踏等
夏家沟村二台烽火台	逯家湾镇夏家沟村西南 1.2 千米	1053 米	西距瓦窑口堡 4.6 千米，西北距袁家梁村烽火台 0.88 千米	土	黄土夯筑而成，含少量砂砾，夯层厚 0.2～0.25 米	圆形	梯形	台体底径 13、顶径 9、残高 9 米	台体周围有围墙，底宽 3、顶宽 0.6～2，残高 0.5～3 米。围墙内残存墩院院基，平面呈矩形，东西 26、南北 25、高 1～1.8 米，夯层厚 0.22～0.26 米。东壁底部设拱形门洞，可登顶	无	保存较好。台体有所坍塌脱落，台体表面凹凸不平，有裂缝、沟槽、孔洞。四壁布满风化孔洞，孔径 0.05～0.35 米。台体上生长有杂草。台体周围有围墙保存	自然因素主要有风雨侵蚀、植物生长等；人为因素主要是人畜踩踏等

续表 6

名称	地点	高程	与其他遗存的位置关系	材质	建筑方式	平面形制	剖面形制	尺寸	附属设施	修缮情况	保存状况	损毁原因及存在病害
夏家沟村大墩烽火台	逯家湾镇夏家沟村西南 0.801 千米	1045 米	西距瓦窑口堡 5.1 千米,西北距夏家沟村二台烽火台 0.55 千米,东南距熏窑口村滩地墩烽火台 1.4 千米	土	黄土夯筑而成,含少量砂砾,夯层厚 0.2 米	圆形	梯形	台体底径 12、顶径 9、残高 10 米	台体南侧有围墙,顶宽 0.8、外侧残高 2.5、内侧残高 0.7 ~1.7 米。东墙设门,现为豁口,存条石基础,宽3 米。围墙内残存墩院院基,平面呈矩形,东西 24、南北 18 米。东南壁底部设拱形门洞,台体内设置通顶的圆孔形踏道,拱形门洞与踏道相通,可登顶	无	保存较好。台体有所坍塌脱落,台体表面凹凸不平,有裂缝、沟槽、孔洞。四壁有较多风化孔洞,孔径最大 0.5、最深 0.4 米。台体上生长有杂草。台体南侧有围墙保存	自然因素主要有风雨侵蚀、植物生长等;人为因素主要是人畜踩踏等
张仲口村扳龟墩烽火台	逯家湾镇张仲口村西南 0.627 千米	1220 米	东北距瓦窑口堡 1.7 千米,西南距李二口村烽火台 0.93 千米	土	黄土夯筑而成,含少量砂砾,夯层厚 0.18 米	矩形	梯形	台体底部呈不规则形,周长 28.2 米;顶部平面呈不规则形,周长 10.3、残高 5.2 米	台体南侧底部有突出台体的台基,推测原为矩形,台基外部石块垒砌而成,宽 5、突出台体 4 米,	无	保存一般。台体坍塌脱落严重,表面凹凸不平,有裂缝、沟槽、孔洞。北壁有人畜踩踏形成的斜坡坡道,可登顶。台体上生长有杂草。台体周围为耕地	自然因素主要有风雨侵蚀、植物生长等;人为因素主要是人畜踩踏、扩田种地挖损等

续表 6

名称	地点	高程	与其他遗存的位置关系	材质	建筑方式	平面形制	剖面形制	尺寸	附属设施	修缮情况	保存状况	损毁原因及存在病害
张仲口村元墩烽火台	逯家湾镇张仲口村东北 0.382 千米	1157 米	东北距瓦窑口堡 1.1 千米、瓦窑口村野猫墩烽火台 2.4 千米，西南距张仲口村扳龟墩烽火台 0.63 千米	土	黄土夯筑而成，含少量砂砾，夯层厚 0.19 ~ 0.2 米	圆形	梯形	台体底径 12.5、顶径 9、残高 7 米	台体周围原有围墙，现存北墙，底宽 2.1、顶宽 0.5 ~ 1、残高 0.3 ~ 1 米。围墙内残存墩院院基，平面呈矩形，东西 23、南北 15、残高 0.6 ~ 1.5 米，夯层厚 0.25 ~ 0.3 米	无	保存较好。台体有所坍塌脱落，表面凹凸不平，有裂缝、沟槽、孔洞。底部四周有雨水冲刷形成的沟槽，宽 0.3 ~ 0.5 米。台体上生长有杂草。台体周围原有围墙，仅存北墙	自然因素主要有风雨侵蚀、植物生长等；人为因素主要是人畜踩踏等
宣家塔村四方墩烽火台	逯家湾镇宣家塔村西北 2.5 千米	1020 米	北距瓦窑口堡 2.9 千米、瓦窑口村元墩烽火台 1.5 千米	土	黄土夯筑而成，含少量砂砾，夯层厚 0.2 ~ 0.25 米	矩形	梯形	台体底部东、南、西、北长 12.5、14、11.5、12 米，顶部东、南、西、北长 8、9、7、8 米，残高 8 米	台体周围有围墙，底宽 2.3、顶宽 0.3 ~ 1.3、残高 0.4 ~ 2 米。围墙内残存墩院院基，平面呈矩形，边长 35、残高 0.6 ~ 1.5 米，夯层厚 0.25 ~ 0.3 米	无	保存一般。台体坍塌脱落严重，表面凹凸不平，有裂缝、沟槽、孔洞。东壁布满风化孔洞，孔径 0.05 ~ 0.35 米；南壁有若干风化孔洞，孔径 0.3 ~ 0.8 米；北壁底部有雨水冲刷形成的沟槽，宽 0.3 ~ 0.5 米。台体上生长有杂草。台体周围有围墙保存	自然因素主要有风雨侵蚀、植物生长等；人为因素主要是人畜踩踏等

续表 6

名称	地点	高程	与其他遗存的位置关系	材质	建筑方式	平面形制	剖面形制	尺寸	附属设施	修缮情况	保存状况	损毁原因及存在病害
宣家塔村大墩烽火台	逯家湾镇宣家塔村西北 0.659 千米	1018 米	北距瓦窑口堡 4.8 千米、宣家塔村四方墩烽火台 1.9 千米	土	黄土夯筑而成，含少量砂砾，夯层厚 0.2～0.24 米	圆形	梯形	台体底径 16、顶径 12、残高 8 米	台体周围有围墙，残高 0.4～1.1 米。围墙内残存墩院院基，平面呈矩形，东西 26、南北 25、高 0.6～1.1 米，夯层厚 0.25～0.3 米	无	保存一般。台体坍塌脱落严重，表面凹凸不平，有裂缝、沟槽、孔洞。四壁布满风化孔洞，孔径 0.03～0.4 米；东壁中部有一条纵向凹槽，宽 4、深 2 米；北壁底部有洞穴，宽 1.3、高 1.3、进深 2.6 米。台体上生长有杂草。台体周围有围墙保存	自然因素主要有风雨侵蚀、植物生长等；人为因素主要是人畜踩踏、挖掘洞穴等
黄土崖村烽火台	逯家湾镇黄土崖村东南 1.4 千米	1120 米	西北距瓦窑口堡 5.1 千米、宣家塔村四方墩烽火台 3.2 千米，西南距宣家塔村大墩烽火台 3.3 千米	土	黄土夯筑而成，含少量砂砾，夯层厚 0.16～0.2 米	矩形	梯形	台体底部东、南、西、北长 9.2、8.7、9.5、9.6 米，顶部东、南、西、北长 4.5、4.6、5.2、5.1 米，残高 7 米	无	无	保存一般。台体坍塌脱落严重，表面凹凸不平，有裂缝、沟槽、孔洞。台体上生长有杂草	自然因素主要有风雨侵蚀、植物生长等；人为因素主要是人畜踩踏等
永嘉堡村点将台（彩图一一三）	逯家湾镇永嘉堡村东北 0.75 千米	947 米	西南距永嘉堡 0.75 千米	土	黄土夯筑而成，含少量砂砾，夯层厚 0.16～0.18 米。顶部铺一层河卵石	矩形	梯形	台体底部边长 6、顶部边长 4、残高 7 米	无	无	保存较好。台体有所坍塌脱落，台体表面凹凸不平，有裂缝、沟槽、孔洞。东壁底部有洞穴，宽 0.9、高 1.5、进深 1.2 米。台体上生长有杂草	自然因素主要有风雨侵蚀、植物生长等；人为因素主要是人为挖掘洞穴等

续表 6

名称	地点	高程	与其他遗存的位置关系	材质	建筑方式	平面形制	剖面形制	尺寸	附属设施	修缮情况	保存状况	损毁原因及存在病害
永嘉堡村平安墩烽火台	逯家湾镇永嘉堡村东北 2.2 千米	997 米	西南距永嘉堡 2.2 千米、南距逯家湾村柴东坡烽火台 1.3 千米	土	黄土夯筑而成，含少量砂砾，夯层厚 0.14 米	矩形	梯形	台体底部东、南、西、北长 12、11.8、11.9、11 米，顶部东、南、西、北长 7.2、8、7.6、8.3 米，残高 9.8 米	台体南侧原有围墙，现存南墙西段和西墙，残高 0.3～1.7 米。南墙正中有豁口，宽 3.5 米。围墙内残存墩院院基，平面呈矩形，东西 20、南北 15 米，夯层厚 0.2 米	无	保存一般。台体坍塌脱落严重，表面凹凸不平，有裂缝、沟槽、孔洞。台体上生长有杂草。台体南侧原有围墙，现存南墙西段和西墙	自然因素主要有风雨侵蚀、植物生长等；人为因素主要是人畜踩踏等
永嘉堡村元墩烽火台	逯家湾镇永嘉堡村西北 1.9 千米	1002 米	南距永嘉堡 1.9 千米，东南距永嘉堡村点将台 1.7 千米，西北距白舍科村东湾烽火台 1.4 千米	土	黄土夯筑而成，含少量砂砾，夯层厚 0.19～0.24 米	圆形	梯形	台体底径 11、顶径 7、残高 8.5 米	台体周围原有围墙，现无存。围墙内残存墩院院基，平面呈矩形，东西 23、南北 13、高 1.2～1.7 米，夯层厚 0.25～0.28 米。东壁底部正中设拱形门洞，可登顶	无	保存一般。台体坍塌脱落严重，表面凹凸不平，有裂缝、沟槽、孔洞。台体上生长有杂草。台体周围原有围墙，现无存	自然因素主要有风雨侵蚀、植物生长等；人为因素主要是人畜踩踏等
永嘉堡村油家梁烽火台	逯家湾镇永嘉堡村东北 2.4 千米	1106 米	西南距永嘉堡 2.4 千米、永嘉堡村元墩烽火台 0.85 千米，东南距永嘉堡村平安墩烽火台 0.76 千米	土	黄土夯筑而成，含少量砂砾，夯层厚 0.16～0.2 米	矩形	梯形	台体底部东、南、西、北长 11.2、10.8、11.5、11.2 米，顶部东、南、西、北长 6.1、5.9、6.2、5.4 米，残高 9.8 米	无	无	保存一般。台体坍塌脱落严重，表面凹凸不平，有裂缝、沟槽、孔洞。台体上生长有杂草	自然因素主要有风雨侵蚀、植物生长等；人为因素主要是人畜踩踏等

续表 6

名称	地点	高程	与其他遗存的位置关系	材质	建筑方式	平面形制	剖面形制	尺寸	附属设施	修缮情况	保存状况	损毁原因及存在病害
逯家湾村柴东坡烽火台	逯家湾镇逯家湾村东北 5.4 千米	992 米	西南距永嘉堡 1.2 千米、永嘉堡村点将台 0.49 千米	土	黄土夯筑而成，含少量砂砾，夯层厚 0.24～0.27 米	矩形	梯形	台体底部东、南、西、北长 11、14、12、13 米，顶部东、南、西、北长 5、9、4、6 米，残高 7 米	无	无	保存较好。台体有所坍塌脱落，表面凹凸不平，有裂缝、沟槽、孔洞。台体上生长有杂草	自然因素主要有风雨侵蚀、植物生长等；人为因素主要是人畜踩踏等
逯家湾村十墩沟烽火台（彩图一一四）	逯家湾镇逯家湾村东北 0.942 千米	949 米	东距永嘉堡 2.7 千米，北距白舍科村四方台烽火台 1.3 千米	土	黄土夯筑而成，含少量砂砾，夯层厚 0.16～0.2 米	矩形	梯形	台体底部东西 12、南北 11 米，顶部东、南、西、北长 9、10、8.5、8 米，残高 10 米	台体周围原有围墙，现存西墙 3 米和北墙 10 米，西墙底宽 1.5、顶宽 0.3、残高 1.5 米，北墙顶宽 0.2、残高 1.5 米。围墙内残存墩院院基，平面呈矩形，边长 30、高 2.5 米	无	保存一般。台体坍塌脱落严重，表面凹凸不平，有裂缝、沟槽、孔洞。北壁中部长有一棵榆树，台体上生长有杂草。台体周围原有围墙，仅存西墙、北墙各一段。院基南侧被洪水冲刷损毁无存	自然因素主要有洪水冲刷、风雨侵蚀、植物生长等；人为因素主要是人畜踩踏等
薛家窑村圪墩梁烽火台	逯家湾镇薛家窑村西南 0.162 千米	1142 米	南距永嘉堡 3.7 千米、永嘉堡村油家梁烽火台 1.4 千米	土	黄土夯筑而成，含少量砂砾，夯层厚 0.22～0.26 米	矩形	梯形	台体底部东、南、西、北长 13.5、13、12、11 米，顶部东、南、西、北长 9、7、7、6 米，残高 7 米	台体周围原有围墙，现无存。围墙内残存墩院院基，平面呈矩形，东西 21、南北 20、高 1～1.6 米	无	保存一般。台体坍塌脱落严重，表面凹凸不平，有裂缝、沟槽、孔洞。台体上生长有杂草。台体周围原有围墙，现无存	自然因素主要有风雨侵蚀、植物生长等；人为因素主要是人畜踩踏等

续表 6

名称	地点	高程	与其他遗存的位置关系	材质	建筑方式	平面形制	剖面形制	尺寸	附属设施	修缮情况	保存状况	损毁原因及存在病害
熏窑口村泉眼圪墩烽火台	逯家湾镇熏窑口村北 0.476 千米	1204 米	东南距永嘉堡 5.6 千米	土	黄土夯筑而成，含少量砂砾，夯层厚 0.24～0.25 米	矩形	梯形	台体底部东、南、西、北长 8、9、8.5、8 米，顶部东、南、西、北长 3.5、4、2.2、3.6 米，残高 6.5 米	无	无	保存一般。台体坍塌脱落严重，表面凹凸不平，有裂缝、沟槽、孔洞。南壁有若干风化孔洞，孔径 0.05～0.2 米。台体上生长有杂草	自然因素主要有风雨侵蚀、植物生长等；人为因素主要是人畜踩踏等
熏窑口村滩地墩烽火台	逯家湾镇熏窑口村西南 1.5 千米	1036 米	东南距永嘉堡 5.7 千米，西北距夏家沟村大墩烽火台 1.4 千米	土	黄土夯筑而成，含砂砾、碎石，夯层厚 0.18～0.2 米	矩形	梯形	台体底部东西 12、南北 10 米，顶部东、南、西、北长 6、6.2、5.9、6.2 米，残高 10 米	台体南侧有围墙，底宽 1.5、顶宽 0.5、外侧残高 2、内侧残高 1.3 米。围墙内残存墩院院基，平面呈矩形，东西 24、南北 12 米，夯层厚 0.2～0.25 米。南壁底部正中设拱形门洞，门洞宽 0.7、高 1.6、进深 4.8 米。台体内设置通顶的圆孔形踏道，孔径 1 米，踏道内壁设脚窝。拱形门洞与踏道相通，可登顶。拱形门洞坍塌严重	无	保存较好。台体有所坍塌脱落，表面凹凸不平，有裂缝、沟槽、孔洞。四壁布满风化孔洞，孔径最大 0.6、最深 0.5 米。台体上生长有杂草。台体南侧有围墙保存	自然因素主要有风雨侵蚀、植物生长等；人为因素主要是人畜踩踏等

续表 6

名称	地点	高程	与其他遗存的位置关系	材质	建筑方式	平面形制	剖面形制	尺寸	附属设施	修缮情况	保存状况	损毁原因及存在病害
白舍科村台墩烽火台	逯家湾镇白舍科村西北 0.448 千米	1090 米	东南距永嘉堡 3.9 千米，西北距熏窑口村泉眼圪墩烽火台 1.7 千米，西南距熏窑口村滩地墩烽火台 2.6 千米	土	黄土夯筑而成，含少量砂砾，夯层厚 0.21 ~ 0.25 米	矩形	梯形	台体底部东、南、西、北长 10.5、10、10、9.5 米，顶部东、南、西、北长 5.5、6.5、7、6 米，残高 7 米	无	无	保存一般。台体坍塌脱落严重，表面凹凸不平，有裂缝、沟槽、孔洞。南壁中部有一条纵向裂缝，长约 6 米。台体上长有杂草	自然因素主要有风雨侵蚀、植物生长等；人为因素主要是人畜踩踏等
白舍科村东湾烽火台	逯家湾镇白舍科村东南 0.883 千米	1031 米	东南距永嘉堡 2.7 千米、永嘉堡村元墩烽火台 1.4 千米，西北距白舍科村台墩烽火台 1.3 千米	土	黄土夯筑而成，含少量砂砾，夯层厚 0.18 ~ 0.2 米	矩形	梯形	台体底部东、南、西、北长 11、10.8、10.6、11 米，顶部东、南、西、北长 7.8、8.1、7.6、7.8 米，残高 10 米	南壁距底 5 米处正中设拱形门洞，门洞宽 1.2、高 0.8、进深 1.5 米。台体内设置通顶的圆孔形踏道，孔径 1 米。拱形门洞与踏道相通，可登顶。拱洞下方壁面设脚窝。顶部有一层铺石	无	保存较好。台体有所坍塌脱落，表面凹凸不平，有裂缝、沟槽、孔洞。台体上生长有杂草	自然因素主要有风雨侵蚀、植物生长等；人为因素主要是人畜踩踏等
白舍科村四方台烽火台（彩图一一五）	逯家湾镇白舍科村西南 1 千米	993 米	东南距永嘉堡 3 千米，北距白舍科村台墩烽火台 1.3 千米	土	黄土夯筑而成，含砂砾、碎石，夯层厚 0.18 ~ 0.2 米	矩形	梯形	台体底部东、南、西、北长 12、10、12、9.8 米，顶部东、南、西、北长 8、6、7.8、5.9 米，残高 10 米	台体周围有围墙，底宽 2、顶宽 1、外侧残高 2.5、内侧残高 1.7 米；北墙东侧设门，现为豁口，宽 3 米。南壁中部设拱形门洞，门洞宽 1、高 1.7、进深 1.8 米。台体内设置通顶的圆孔形踏道。拱形门洞与踏道相通，可登顶。围墙内残存墩院院基，平面呈矩形，东西 30、南北 34 米，夯层厚 0.16 ~ 0.25 米	无	保存较好。台体有所坍塌脱落，表面凹凸不平，有裂缝、沟槽、孔洞。四壁布满孔洞，孔径 0.02 ~ 0.3 米。台体上生长有杂草。台体周围有围墙保存。院基已辟为耕地	自然因素主要有风雨侵蚀、植物生长等；人为因素主要是人畜踩踏、院基辟为耕地等

续表 6

名称	地点	高程	与其他遗存的位置关系	材质	建筑方式	平面形制	剖面形制	尺寸	附属设施	修缮情况	保存状况	损毁原因及存在病害
石嘴墩村烽火台	逯家湾镇石嘴墩村东北 0.6 千米	969 米	东北距永嘉堡 2.2 千米，西北距逯家湾村十墩沟烽火台 1.2 千米	土	黄土夯筑而成，含少量砂砾，夯层厚 0.24～0.27 米	圆形	梯形	台体底径 12、顶径 8、残高 7.5 米	台体底部有台基，平面呈矩形，东西 21、南北 20、高 1～1.7 米，夯层厚 0.25～0.31 米	无	保存一般。台体坍塌脱落严重，表面凹凸不平，有裂缝、沟槽、孔洞。南壁中部有一条纵向凹槽，宽 1.2、深 2 米，凹槽内长有一棵小树。台体上生长有杂草	自然因素主要有风雨侵蚀、植物生长等；人为因素主要是人畜踩踏等
白羊口村烽火台	谷前堡镇白羊口村东南 1.7 千米	1141 米	西北距白羊口堡 1.7 千米，北距白羊口村 1 号烽火台 1.6 千米	土	黄土夯筑而成，含砂砾、碎石，夯层厚 0.2～0.24 米	矩形	梯形	台体底部东、南、西、北长 11.5、11、11、11 米，顶部东、南、西、北长 8、8、7、7 米，残高 9.5 米	台体周围有围墙，底宽 1.5～3、顶宽 0.2～1.9、残高 1～2.2 米。围墙内残存墩院院基，平面呈矩形，东西 29、南北 31、高 0.5～0.9 米，夯层厚 0.27～0.31 米	无	保存较好。台体有所坍塌脱落，台体表面凹凸不平，有裂缝、沟槽、孔洞。南、西壁布满风化孔洞，孔径 0.02～0.15 米；南壁底部有洞穴。台体上生长有杂草	自然因素主要有风雨侵蚀、植物生长等；人为因素主要是人畜踩踏、挖掘洞穴等
谷后堡村烽火台	谷前堡镇谷后堡村西北 1.9 千米	1085 米	西北距白羊口堡 3.1 千米、白羊口村烽火台 1.4 千米	土	黄土夯筑而成，含砂砾、碎石，夯层厚 0.14～0.17 米	矩形	梯形	台体底部东、南、西、北长 8.5、8、7、6.5 米，顶部东、南、西、北长 1、3、2、2.5 米，残高 6.5 米	台体周围有围墙，底宽 1.2～2.5、顶宽 0.4～1.3、残高 0.2～2 米。围墙内残存墩院院基，平面呈矩形，东西 24、南北 23 米，高 0.6～1.2 米，夯层厚 0.2～0.23 米	无	保存一般。台体坍塌脱落严重，表面凹凸不平，有裂缝、沟槽、孔洞。四壁布满孔洞，孔径 0.02～0.3 米。台体上生长有杂草。台体周围有围墙保存	自然因素主要有风雨侵蚀、植物生长等；人为因素主要是人畜踩踏等

续表 6

名称	地点	高程	与其他遗存的位置关系	材质	建筑方式	平面形制	剖面形制	尺寸	附属设施	修缮情况	保存状况	损毁原因及存在病害
张家庄村烽火台	谷前堡镇张家庄村东北 0.598 千米	1002 米	西北距白羊口堡 4.7 千米，西南距谷后堡村烽火台 3 千米	土	黄土夯筑而成，含砂砾、碎石，夯层厚 0.2～0.24 米	矩形	梯形	台体底部东、南、西、北长 10.5、10、11.5、11 米，顶部东、南、西、北长 6、6.5、7、7.5 米，残高 8 米	无	无	保存较差。台体坍塌脱落严重，表面凹凸不平，有裂缝、沟槽、孔洞。西壁底部有风化凹槽，宽约 0.3 米；北壁上部有两条裂缝，长约 2～3 米；南壁底部有洞穴，宽 1.9、高 1.8、进深 0.7 米。台体上生长有杂草	自然因素主要有风雨侵蚀、植物生长等；人为因素主要是人畜踩踏、挖掘洞穴等
水桶寺村大圪墩地烽火台	谷前堡镇水桶寺村西北 1.8 千米	1117 米	西北距镇口堡 3.2 千米、六墩村烽火台 2.3 千米	土	黄土夯筑而成，含砂砾、碎石，夯层厚 0.18～0.22 米	矩形	梯形	台体底部东、南、西、北长 13.5、14、13、15 米，顶部东、南、西、北长 10、10.5、9.5、10.5 米，残高 8.5 米	台体周围有围墙，底宽 1.5～2.5、顶宽 0.4～0.8、残高 0.5～1.2 米。围墙内残存墩院院基，平面呈矩形，边长 25、高 2 米，夯层厚 0.28～0.31 米	无	保存一般。台体坍塌脱落严重，表面凹凸不平，有裂缝、沟槽、孔洞。四壁布满孔洞，孔径 0.03～0.25 米。南壁底部有洞穴，宽 1.2、高 0.6、进深 0.6 米。台体上生长有杂草。台体周围有围墙保存	自然因素主要有风雨侵蚀、植物生长等；人为因素主要是人畜踩踏、挖掘洞穴等
水桶寺村小圪墩地烽火台（彩图一一六）	谷前堡镇水桶寺村东北 0.658 千米	1067 米	西北距镇口堡 4.7 千米、水桶寺村大圪墩地烽火台 1.4 千米	土	黄土夯筑而成，含砂砾、碎石，夯层厚 0.18～0.22 米	矩形	梯形	台体底部东、南、西、北长 11、11、11.5、10.6 米，顶部东、南、西、北长 7.5、9、8.5、7 米，残高 8.5 米	台体周围有围墙，底宽 1.2～2、顶宽 0.2～1.6、残高 0.5～1.8 米。围墙内残存墩院院基，平面呈矩形，边长 22、高 1.1 米，夯层厚 0.25～0.28 米	无	保存一般。台体坍塌脱落严重，表面凹凸不平，有裂缝、沟槽、孔洞。底部四周有雨水冲槽，宽约 0.7～0.9 米；四壁布满孔洞，孔径 0.05～0.3 米；北壁底部有洞穴，宽 3、高 1.2、进深 1 米。台体上生长有杂草。台体周围有围墙保存	自然因素主要有风雨侵蚀、植物生长等；人为因素主要是人畜踩踏、挖掘洞穴等

续表 6

名称	地点	高程	与其他遗存的位置关系	材质	建筑方式	平面形制	剖面形制	尺寸	附属设施	修缮情况	保存状况	损毁原因及存在病害
盛家庄村台墩梁山烽火台	张西河乡盛家庄村北 2.2 千米	1238 米	西北距张家庄村烽火台 5.9 千米	土	黄土夯筑而成，含少量砂砾，夯层厚 0.2～0.29 米	矩形	梯形	台体底部东、南、西、北长 9、8、9、9 米，顶部东、南、西、北长 2.5、2.3、3、2.5 米，残高 9 米	无	无	保存一般。台体坍塌脱落严重，表面凹凸不平，有裂缝、沟槽、孔洞。北壁顶部有横向风化凹槽，宽约 0.2 米；西壁底部有洞穴，宽 1.1、高 0.5、进深 0.5 米。台体上生长有杂草	自然因素主要有风雨侵蚀、植物生长等；人为因素主要是人畜踩踏、挖掘洞穴等
盛家庄村老虎湾地烽火台	张西河乡盛家庄村东南 0.85 千米	1100 米	西南距鲍家屯村烽火台 2.1 千米	土	黄土夯筑而成，含砂砾、碎石，夯层厚 0.2～0.24 米	矩形	梯形	台体底部东、南、西、北长 10、9、9、10 米，顶部东、南、西、北长 7、7、5、7 米，残高 9 米	台体周围原有围墙，现无存。围墙内残存墩院院基，平面呈矩形，边长 24、高 0.5～1.2 米。南壁底部正中设拱形门洞，门洞宽 1.1、高 1.5、进深 2.3 米，可登顶	无	保存较好。台体有所坍塌脱落，表面凹凸不平，有裂缝、沟槽、孔洞。西壁底部北侧有洞穴，宽 1.5、高 1.2、进深 2.2 米。台体上生长有杂草。台体周围原有围墙，现无存	自然因素主要有风雨侵蚀、植物生长等；人为因素主要是人畜踩踏、挖掘洞穴等
丁园窑村后山烽火台	张西河乡丁园窑村东北 1.6 千米	1194 米	西南距盛家庄村台墩梁山烽火台 2.7 千米	土	黄土夯筑而成，含少量砂砾，夯层厚 0.23～0.26 米	矩形	梯形	台体底部东、南、西、北长 6、5.7、6、3.8 米，顶部东、南、西、北长 1.3、1、0.92、0.6 米，残高 7 米	无	无	保存一般。台体坍塌脱落严重，表面凹凸不平，有裂缝、沟槽、孔洞。台体上生长有杂草	自然因素主要有风雨侵蚀、植物生长等；人为因素主要是人畜踩踏等

续表 6

名称	地点	高程	与其他遗存的位置关系	材质	建筑方式	平面形制	剖面形制	尺寸	附属设施	修缮情况	保存状况	损毁原因及存在病害
丁园窑村丁家台山烽火台	张西河乡丁园窑村东北1.5千米	1235米	西北距丁园窑村后山烽火台0.96千米	土	黄土夯筑而成，含少量砂砾，夯层厚0.22～0.26米	矩形	梯形	台体底部东、南、西、北长4.5、4.5、5、4.5米，顶部东、南、西、北长1.7、2、1.7、1.1米，残高5米	台体周围原有围墙，现无存。围墙内残存墩院院基，平面呈矩形，东西18、南北17、高1.2～2米，夯层厚0.25～0.3米	无	保存一般。台体坍塌脱落严重，表面凹凸不平，有裂缝、沟槽、孔洞。南壁有孔洞，深0.05～0.15米；西壁有横向沟槽，宽0.1米。台体上生长有杂草。台体周围原有围墙，现无存。	自然因素主要有风雨侵蚀、植物生长等；人为因素主要是人畜踩踏等
鲍家屯村烽火台	玉泉镇鲍家屯村东北1.4千米	1057米	西北距张家庄村烽火台6.5千米	土	黄土夯筑而成，含砂砾、碎石，夯层厚0.2～0.25米	矩形	梯形	台体底部东西10、南北9米，顶部东、南、西、北长6.5、7.5、7、8米，残高8米	台体周围原有围墙，现无存。围墙内残存墩院院基，平面呈矩形，现存东、北侧，东侧长22、北侧长16、高0.8～1.2米，夯层厚0.26～0.31米。南壁底部正中设拱形门洞，门洞宽2.5、高1.6、进深1.4米，可登顶	无	保存较好。台体有所坍塌脱落，表面凹凸不平，有裂缝、沟槽、孔洞。南壁分布有若干风化孔洞，孔径0.02～0.15米。台体上生长有杂草。台体周围原有围墙，现无存	自然因素主要有风雨侵蚀、植物生长等；人为因素主要是人畜踩踏等
张西河村后子河地烽火台	张西河乡张西河村西北0.85千米	1102米	西南距盛家庄村老虎湾地烽火台3.2千米，西北距丁园窑村丁家台山烽火台1.8千米	土	黄土夯筑而成，含砂砾、碎石，夯层厚0.22～0.26米	矩形	梯形	台体底部东、南、西、北长6.5、6.5、7、6米，顶部东、南、西、北长2、3、2.5、2.5米，残高6米	台体周围原有围墙，现无存。围墙内残存墩院院基，平面呈矩形，边长20、高1～1.6米，夯层厚0.26～0.31米	无	保存一般。台体坍塌脱落严重，表面凹凸不平，有裂缝、沟槽、孔洞。台体上生长有杂草。台体周围原有围墙，现无存	自然因素主要有风雨侵蚀、植物生长等；人为因素主要是人畜踩踏等

续表 6

名称	地点	高程	与其他遗存的位置关系	材质	建筑方式	平面形制	剖面形制	尺寸	附属设施	修缮情况	保存状况	损毁原因及存在病害
张西河村四十亩地烽火台	张西河乡张西河村北 0.519 千米	1106 米	西距张西河村后子河地烽火台 0.65 千米	土	黄土夯筑而成，含砂砾、碎石，夯层厚 0.24～0.27 米	矩形	梯形	台体底部东、南、西、北长 10、9.5、9、9 米，顶部东、南、西、北长 1.5、1.8、2、1.5 米，残高 6 米	台体周围原有围墙，现无存。围墙内残存墩院院基，平面呈矩形，东西 30、南北 25、高 1～1.3 米	无	保存一般。台体坍塌脱落严重，表面凹凸不平，有裂缝、沟槽、孔洞。台体上生长有杂草。台体周围原有围墙，现无存	自然因素主要有风雨侵蚀、植物生长等；人为因素主要是人畜踩踏等
西把沟村烽火台	张西河乡西把沟村东 0.74 千米	1127 米	西北距张西河村四十亩地烽火台 2.8 千米	土	黄土夯筑而成，夯层厚 0.23～0.27 米	矩形	梯形	台体底部东、南、西、北长 4.5、5、5、4 米，顶部东、南、西、北长 2、1.5、1.5、2 米，残高 9 米	无	无	保存一般。台体坍塌脱落严重，表面凹凸不平，有裂缝、沟槽、孔洞。北壁布满风化孔洞，孔径 0.15～0.24 米；东、南壁被盖房利用为墙壁。台体上生长有杂草，台体周围为耕地	自然因素主要有风雨侵蚀、植物生长等；人为因素主要是人畜踩踏、扩田种地挖损、盖房利用台壁等
史家窑村圪墩地烽火台	张西河乡史家窑村西北 0.636 千米	1140 米	西北距西把沟村烽火台 0.69 千米	土	黄土夯筑而成，夯层厚 0.2～0.24 米	矩形	梯形	台体底部东、南、西、北长 12、11.5、12、12.5 米，顶部东、南、西、北长 9、8、8、9.5 米，残高 9 米	无	无	保存一般。台体坍塌脱落严重，表面凹凸不平，有裂缝、沟槽、孔洞。东壁南侧有一条竖直裂缝，长约 2 米；南壁布满风化孔洞，孔径 0.01～0.1 米；北壁上部有洞穴，宽 1、高 1.2、进深 2.2 米。台体上生长有杂草，顶部长有两棵榆树	自然因素主要有风雨侵蚀、植物生长等；人为因素主要是人畜踩踏、挖掘洞穴等

续表 6

名称	地点	高程	与其他遗存的位置关系	材质	建筑方式	平面形制	剖面形制	尺寸	附属设施	修缮情况	保存状况	损毁原因及存在病害
史家窑村二梁圪墩烽火台	张西河乡史家窑村北0.87千米	1165米	西距史家窑村圪墩地烽火台0.59千米	土	黄土夯筑而成，夯层厚0.23～0.27米	矩形	梯形	台体底部东、南、西、北长5、3.5、4.5、3米，顶部东、南、西、北长2.5、1、2、1.5米，残高4米	台体周围原有围墙，现无存。围墙内残存墩院院基，平面呈矩形，东西25、南北20、高1～2米	无	保存一般。台体坍塌脱落严重，表面凹凸不平，有裂缝、沟槽、孔洞。西壁紧邻现代砖墙，台体上生长有杂草。台体周围原有围墙，现无存。台体南侧有“京津防风沙保护碑”	自然因素主要有风雨侵蚀、植物生长等；人为因素主要是人畜踩踏、盖房利用台壁等
史家窑村北山烽火台	张西河乡史家窑村北1.5千米	1251米	西南距西把沟村烽火台1.5千米	土	黄土夯筑而成，夯层厚0.2～0.25米	矩形	梯形	台体底部东、南、西、北长11、11、11.5、12米，顶部东、南、西、北长5.5、7、6.5、7米，残高9米	台体周围原有围墙，现无存。围墙内残存墩院院基，平面呈矩形，东西29、南北28、高1.5～2.3米	无	保存一般。台体坍塌脱落严重，表面凹凸不平，有裂缝、沟槽、孔洞。南壁中部有凹槽，深约0.2米；东壁有人畜踩踏形成的斜坡坡道，可登顶。台体上生长有杂草。台体周围原有围墙，现无存	自然因素主要有风雨侵蚀、植物生长等；人为因素主要是人畜踩踏等
西阳坡村烽火台	米薪关镇西阳坡村西北0.97千米	1372米	西南距米薪关堡8.2千米	土	黄土夯筑而成，含少量砂砾，夯层厚0.2～0.25米	矩形	梯形	台体底部东、南、西、北长6、4.5、5.5、5米，顶部东、南、西、北长1.7、1.6、1、1.2米，残高5.5米	无	无	保存较差。台体坍塌脱落严重，表面凹凸不平，有裂缝、沟槽、孔洞。南壁有一条纵向裂缝，长约2米。台体上生长有杂草	自然因素主要有风雨侵蚀、植物生长等；人为因素主要是人畜踩踏等

续表6

名称	地点	高程	与其他遗存的位置关系	材质	建筑方式	平面形制	剖面形制	尺寸	附属设施	修缮情况	保存状况	损毁原因及存在病害
小井沟村烽火台	米薪关镇小井沟村北0.054千米	1301米	西距米薪关堡7.7千米，东北距西阳坡村烽火台2.6千米	土	黄土夯筑而成，含少量砂砾，夯层厚0.22~0.26米	矩形	梯形	台体底部东、南、西、北长3.5、7、3、7.5米，顶部东、南、西、北长0.9、2.7、0.7、2.5米，残高3.5米	无	无	保存一般。台体坍塌脱落严重，表面凹凸不平，有裂缝、沟槽、孔洞。南壁有两条纵向裂缝，东侧一条长约2、西侧一条长约1.5米；北壁有两条纵向裂缝，东侧一条长约1.5米，西侧一条长约1米。台体上生长有杂草，顶部长有一棵树	自然因素主要有风雨侵蚀、植物生长等；人为因素主要是人畜踩踏等
下阴山村烽火台（彩图一一七）	米薪关镇下阴山村东北0.35千米	1257米	西距米薪关堡5千米，东南距小井沟村烽火台2.6千米	土	黄土夯筑而成，含少量砂砾，夯层厚0.25~0.27米	矩形	梯形	台体底部东、南、西、北长8、7.5、8.5、7米，顶部东、南、西、北长6、4、6、3米，残高6.5米	无	无	保存一般。台体坍塌脱落严重，表面凹凸不平，有裂缝、沟槽、孔洞。北壁有人畜踩踏形成的斜坡坡道，可登顶。台体上生长有杂草	自然因素主要有风雨侵蚀、植物生长等；人为因素主要是人畜踩踏等
上阴山村烽火台	米薪关镇上阴山村东北1.8千米	1339米	西北距米薪关堡4.9千米，东北距下阴山村烽火台1.8千米	土	黄土夯筑而成，含少量砂砾，夯层厚0.24~0.27米	矩形	梯形	台体底部东、南、西、北长5.5、10、6、8.5米，顶部东、南、西、北长2、6.5、2.5、2米，残高6米	台体周围原有围墙，现无存。围墙内残存墩院院基，平面呈矩形，东西11、南北35、高0.4~1米	无	保存较差。台体坍塌脱落严重，表面凹凸不平，有裂缝、沟槽、孔洞。台体上生长有杂草。台体周围原有围墙，现无存	自然因素主要有风雨侵蚀、植物生长等；人为因素主要是人畜踩踏等

续表 6

名称	地点	高程	与其他遗存的位置关系	材质	建筑方式	平面形制	剖面形制	尺寸	附属设施	修缮情况	保存状况	损毁原因及存在病害
西罗窑村烽火台	贾家屯乡西罗窑村北 0.372 千米	1154 米	东北距米薪关堡 2.5 千米，东距上阴山村烽火台 6.3 千米	土	黄土夯筑而成，含少量砂砾，夯层厚 0.25～0.28 米	矩形	梯形	台体底部东、南、西、北长 5.5、6.2、6、5.5 米，顶部东、南、西、北长 3、2、2.5、3 米，残高 7.5 米	无	无	保存一般。台体坍塌脱落严重，表面凹凸不平，有裂缝、沟槽、孔洞。东壁底部有洞穴，宽 3、残高 3.1、进深 2.5 米。台体上生长有杂草	自然因素主要有风雨侵蚀、植物生长等；人为因素主要是人畜踩踏，人为挖掘洞穴等
王家山村烽火台	三十里铺乡王家山村西北 0.56 千米	1169 米	东北距米薪关堡 8.1 千米、西罗窑村烽火台 5.8 千米	土	黄土夯筑而成，含少量砂砾，夯层厚 0.21～0.25 米	矩形	梯形	台体底部东、南、西、北长 5、6、5.5、7 米，顶部东、南、西、北长 2.3、3、1.5、3 米，残高 6 米	台体周围原有围墙，现存南墙，残长 6.5 米。围墙内残存墩院院基，平面呈矩形，东西 7、南北 23、高 1～1.5 米，夯层厚 0.27～0.31 米	无	保存一般。台体坍塌脱落严重，表面凹凸不平，有裂缝、沟槽、孔洞。东壁底部有洞穴，洞口宽 1.3、高 1、进深 1.5 米。台体上生长有杂草。台体周围原有围墙，现存南墙	自然因素主要有风雨侵蚀、植物生长等；人为因素主要是人畜踩踏、挖掘洞穴等
季沙河村烽火台	南河堡乡季沙河村东南 1.7 千米	1215 米	东南距米薪关堡 4 千米，西南距王家山村烽火台 6.3 千米，东距西阳坡村烽火台 11.6 千米	土	黄土夯筑而成，含少量砂砾，夯层厚 0.2～0.25 米	矩形	梯形	台体底部东、南、西、北长 7、6、8、8 米，顶部东、南、西、北长 3、1.3、2、3.5 米，残高 5.5 米	台体周围原有围墙，现无存。围墙内残存墩院院基，平面呈矩形，东西 28、南北 29、高 0.6～1.2 米，夯层厚 0.27～0.31 米	无	保存一般。台体坍塌脱落严重，表面凹凸不平，有裂缝、沟槽、孔洞。台体上生长有杂草。台体周围原有围墙，现无存	自然因素主要有风雨侵蚀、植物生长等；人为因素主要是人畜踩踏等

续表 6

名称	地点	高程	与其他遗存的位置关系	材质	建筑方式	平面形制	剖面形制	尺寸	附属设施	修缮情况	保存状况	损毁原因及存在病害
李二烟村烽火台	贾家屯乡李二烟村东南 0.657 千米	1369 米	东北距西罗窑村烽火台 6.3 千米	土	黄土夯筑而成，含少量砂砾，夯层厚 0.23～0.26 米	矩形	梯形	台体底部东、南、西、北长 4.5、4.5、4、4 米，顶部东、南、西、北长 1.3、3、2、3 米，残高 3.5 米	台体周围原有围墙，现无存。围墙内残存墩院院基，平面呈矩形，东西 14、南北 12、高 1～1.4 米	无	保存一般。台体坍塌脱落严重，表面凹凸不平，有裂缝、沟槽、孔洞。台体上生长有杂草。台体周围原有围墙，现无存	自然因素主要有风雨侵蚀、植物生长等；人为因素主要是人畜踩踏、挖掘洞穴等
红土窑村烽火台	贾家屯乡红土窑村东北 0.833 千米	1405 米	西北距李二烟村烽火台 3.9 千米	土	黄土夯筑而成，含少量砂砾，夯层厚 0.24 米	矩形	梯形	台体底部东、南、西、北长 8、7.5、7.6、8 米，顶部东、南、西、北长 5.5、4、3.5、2.5 米，残高 7.5 米	台体周围原有围墙，现无存。围墙内残存墩院院基，平面呈矩形，东西 24、南北 21、高 0.5～1.2 米	无	保存一般。台体坍塌脱落严重，表面凹凸不平，有裂缝、沟槽、孔洞。台体上生长有杂草。台体周围原有围墙，现无存	自然因素主要有风雨侵蚀、植物生长等；人为因素主要是人畜踩踏、挖掘洞穴等
崔家山村烽火台（彩图一一八）	贾家屯乡崔家山村西北 0.117 千米	1482 米	西北距红土窑村烽火台 6 千米	土	黄土夯筑而成，含少量砂砾，夯层厚 0.2～0.25 米	矩形	梯形	台体底部东、南、西、北长 2.5、4.5、3、4.5 米，顶部东、南、西、北长 1.7、3.5、2、3 米，残高 5.5 米	台体周围原有围墙，现无存。围墙内残存墩院院基，平面呈矩形，东西 11、南北 15 米	无	保存一般。台体坍塌脱落严重，表面凹凸不平，有裂缝、沟槽、孔洞。西壁底部有洞穴，洞口宽 1.6、高 1.3、进深 2 米。台体上生长有杂草。台体周围原有围墙，现无存	自然因素主要有风雨侵蚀、植物生长等；人为因素主要是人畜踩踏、挖掘洞穴等
刘家山村烽火台	贾家屯乡刘家山村西 0.484 千米	1585 米	西南距崔家山村烽火台 0.76 千米	土	黄土夯筑而成，含少量砂砾，夯层厚 0.36～0.4 米	矩形	梯形	台体底部东、南、西、北长 7.3、9、8、8.5 米，顶部东、南、西、北长 3.5、5、4.5、4.5 米，残高 8 米	无	无	保存一般。台体坍塌脱落严重，表面凹凸不平，有裂缝、沟槽、孔洞。台体上生长有杂草	自然因素主要有风雨侵蚀、植物生长等；人为因素主要是人畜踩踏等

续表 6

名称	地点	高程	与其他遗存的位置关系	材质	建筑方式	平面形制	剖面形制	尺寸	附属设施	修缮情况	保存状况	损毁原因及存在病害
南冯窑村烽火台	贾家屯乡南冯窑村东南 1.7 千米	1648 米	西南距刘家山村烽火台 5.6 千米	土	黄土夯筑而成，含少量砂砾，夯层厚 0.21～0.25 米	矩形	梯形	台体底部东、南、西、北长 4.5、7.5、1.6、8 米，顶部东、南、西、北长 2、4.5、0.8、4.5 米，残高 5 米	无	无	保存一般。台体坍塌脱落严重，表面凹凸不平，有裂缝、沟槽、孔洞。台体上生长有杂草	自然因素主要有风雨侵蚀、植物生长等；人为因素主要是人畜踩踏等
曾家岔村烽火台	南残高崖乡曾家岔村北 0.1 千米	1625 米	西南距南冯窑村烽火台 5.9 千米	石	土石混筑而成，外部四壁石块垒砌，内部堆以碎石泥土。	矩形	梯形	台体底部边长 6.2 米，顶部东、南、西、北长 6.2、6、6.2、6 米，残高 3.4 米	台体底部有台基，石块垒砌而成，平面呈矩形，东西 10、南北 8、高 0.8～1.5 米	无	保存一般。台体坍塌脱落严重。台体上生长有杂草。台体外部包石被拆毁	自然因素主要有风雨侵蚀、植物生长等；人为因素主要是拆毁包石、人畜踩踏等
马家沟村烽火台	南残高崖乡马家沟村东北 1.1 千米	1570 米	西南距曾家岔村烽火台 6.8 千米	土	黄土夯筑而成，含砂砾、碎石，夯层厚 0.23～0.27 米。台体高 7 米处有一层碎石层	矩形	梯形	台体底部东、南、西、北长 9、10、10、11 米，顶部东、南、西、北长 5、3.5、2.5、3.5 米，残高 9.5 米	台体周围原有围墙，现无存。围墙内残存墩院院基，平面呈矩形，东西 26、南北 30、高 0.8～1.5 米	无	保存一般。台体坍塌脱落严重，表面凹凸不平，有裂缝、沟槽、孔洞。台体上生长有杂草。台体周围原有围墙，现无存	自然因素主要有风雨侵蚀、植物生长等；人为因素主要是人畜踩踏等
王会庄村烽火台	南残高崖乡王会庄村东南 0.53 千米	1352 米	西南距马家沟村烽火台 7.6 千米	土	黄土夯筑而成，含少量砂砾，夯层厚 0.23～0.27 米	矩形	梯形	台体底部东、南、西、北长 7、7.5、7.5、3 米，顶部东、南、西、北长 3.2、2、3、1 米，残高 4.5 米	无	无	保存一般。台体坍塌脱落严重，表面凹凸不平，有裂缝、沟槽、孔洞。东壁中部有裂缝，宽约 0.3 米；南壁中部有两条纵向裂缝，东侧一条宽 1 米，西侧一条宽 1.5 米。台体上生长有杂草	自然因素主要有风雨侵蚀、植物生长等；人为因素主要是人畜踩踏等

续表 6

名称	地点	高程	与其他遗存的位置关系	材质	建筑方式	平面形制	剖面形制	尺寸	附属设施	修缮情况	保存状况	损毁原因及存在病害
台家坪村烽火台	南残高崖乡台家坪村西北 2.2 千米	1499 米	东南距王会庄村烽火台 2.2 千米	土	黄土夯筑而成，含砂砾、碎石，夯层厚 0.2～0.25 米	矩形	梯形	台体底部东、南、西、北长 7.5、8、7、8 米，顶部东、南、西、北长 2、2.5、3、5 米，残高 5 米	无	无	保存一般。台体坍塌脱落严重，表面凹凸不平，有裂缝、沟槽、孔洞。台体上生长有杂草	自然因素主要有风雨侵蚀、植物生长等；人为因素主要是人畜踩踏等
二十里铺村烽火台	三十里铺乡二十里铺村西南 1.1 千米	1006 米	东北距水桶寺村大圪墩地烽火台 8.4 千米，东南距季沙河村烽火台 11.1 千米	土	黄土夯筑而成，含砂砾、碎石，夯层厚 0.24～0.27 米	矩形	梯形	台体底部东、南、西、北长 10、7.5、7、6 米，顶部平面呈不规则形，残高 3.2 米	台体周围原有围墙，现无存。围墙内残存墩院院基，平面呈矩形，存东侧和北侧，东西 7、南北 16、高 0.2～0.4 米，夯层厚 0.27～0.31 米	无	保存较差。台体坍塌脱落严重，表面凹凸不平，有裂缝、沟槽、孔洞。东壁底部有洞穴，洞口宽 1.8、高 1.1、进深 4 米。台体上生长有杂草，北壁西侧长有一棵树。台体周围原有围墙，现无存	自然因素主要有风雨侵蚀、植物生长等；人为因素主要是人畜踩踏、挖掘洞穴等

第二章　阳高县长城

阳高县位于山西省东北部，东与天镇县相邻，东南与河北省阳原县交界，南与广灵县、西南一角与浑源县、西与大同县和新荣区相邻，北与内蒙古自治区兴和县、丰镇市交界。山西省明长城资源调查三队于2007年7月6日~2008年5月30日，对该县明长城进行了调查。

一　长城资源调查数据

阳高县共调查长城墙体30段，长49098米；关堡8座，其中关2座、堡6座；单体建筑有敌台105座、马面28座、烽火台140座；相关遗存有马市1座、老爷庙1座；采集文物标本13件（地图三）。

（一）长城墙体

详见下表（表48）。

表48　阳高县长城墙体一览表（单位：米）

长城墙体段名称	总长	保存较好	保存一般	保存较差	保存差	消失	类型	县属
十九墩长城	2008	396	240	0	125	1247	土墙	阳高县
三墩长城	1390	185	0	0	45	1160	土墙	阳高县
七墩长城	2492	136	303	28	80	1945	土墙	阳高县
二墩长城	1570	203	408	0	214	745	土墙	阳高县
五墩长城	1755	239	0	135	153	1228	土墙	阳高县/兴和县
镇门堡长城	1722	0	961	0	129	632	土墙	阳高县/兴和县
水泉沟长城	1103	223	0	0	58	822	土墙	阳高县
许家园长城	1796	0	51	0	0	1745	土墙	阳高县
平山长城	1167	0	121	0	366	680	土墙	阳高县
孤山长城	1336	0	356	586	105	289	土墙	阳高县
虎头山长城	1942	163	875	0	163	741	土墙	阳高县
谢家屯长城	1184	0	91	108	504	481	土墙	阳高县
燕家堡长城	1883	803	339	0	95	646	土墙	阳高县
乳头山长城	2123	855	279	0	84	905	土墙	阳高县

续表 48

长城墙体段名称	总长	保存较好	保存一般	保存较差	保存差	消失	类型	县属
砖楼长城	1918	431	343	150	28	966	土墙	阳高县
小龙王庙长城	1635	315	846	0	0	474	土墙	阳高县
守口堡长城 1 段	1717	922	495	0	0	300	土墙	阳高县
守口堡长城 2 段	1771	726	731	242	0	72	土墙	阳高县/丰镇市
十五梁长城	1789	132	858	0	614	185	土墙	阳高县/丰镇市
十九梁长城	1557	348	472	0	296	441	土墙	阳高县/丰镇市
西三墩长城	1021	0	139	450	0	432	土墙	阳高县/丰镇市
六墩长城	731	95	502	0	0	134	土墙	阳高县/丰镇市
十墩长城	1907	263	1090	0	74	480	土墙	阳高县/丰镇市
镇宏堡长城	1848	0	1449	0	0	399	土墙	阳高县/丰镇市
二十六长城	1621	67	1149	119	0	286	土墙	阳高县/丰镇市
大二对营长城	1863	343	1475	0	0	45	土墙	阳高县/丰镇市
小二对营长城	1707	358	653	609	0	87	土墙	阳高县/丰镇市
镇边堡长城 1 段	1797	752	559	452	0	34	土墙	阳高县/丰镇市
镇边堡长城 2 段	1023	0	956	0	0	67	土墙	阳高县/丰镇市
镇边堡长城 3 段	1664	1664	0	0	0	0	土墙	阳高县/丰镇市
合计	49090	9619	15741	2879	3133	17668		
百分比（%）	100	19.61	32.1	5.87	6.39	36.03		

1. 十九墩长城

起点位于罗文皂镇十九墩村东北 1.4 千米处，高程 1331 米；止点位于十九墩村内西侧，高程 1232 米。大致呈东北—西南走向。全长 2008 米，其中保存较好 396、一般 240、差 125、消失 1247 米。墙体为土墙，黄土夯筑而成，含碎石，夯层厚 0.2～0.25 米。现存墙体剖面大致呈不规则梯形，底宽 3～6.2、顶宽 0.5～2.5、残高 0.5～7 米。本段长城东接天镇县水磨口村长城 2 段，西连阳高县三墩长城。墙体上有敌台 2 座（十九墩 1、2 号敌台），墙体北或西北 0.022～0.096 千米处有烽火台 6 座（十九墩 1～6 号烽火台）（图七二；彩图一三一）。

本段长城共测 GPS 点 19 个（G0001～G0019），可分为 15 小段，分述如下。

第 1 小段：G0001（起点、断点）—G0003（断点），长 306 米。东北—西南走向。保存较好。墙体北侧紧邻一条土路，南侧为耕地。墙体底宽 4～5、顶宽 0.5～2.5、残高 4～7 米。十九墩 1 号敌台位于墙体上。

第 2 小段：G0003（断点）—G0004（断点），长 27 米。东—西走向。墙体被洪水冲刷损毁消失，现为沟谷，沟深 12 米，沟谷内有土路。

第 3 小段：G0004（断点）—G0005（断点），长 90 米。东北—西南走向。保存较好。南、北侧为耕地。墙体底宽 4.3～5、顶宽 0.9～2.2、残高 4～7 米。

第 4 小段：G0005（断点）—G0006（断点），长 43 米。东—西走向。墙体被洪水冲刷损毁消失，现为沟谷，沟深 16 米。

第 5 小段：G0006（断点）—G0007（断点），长 39 米。东北—西南走向。保存差。南、北侧为耕地。墙体底宽 3.6～4.5、残高 1.4～2.8 米。

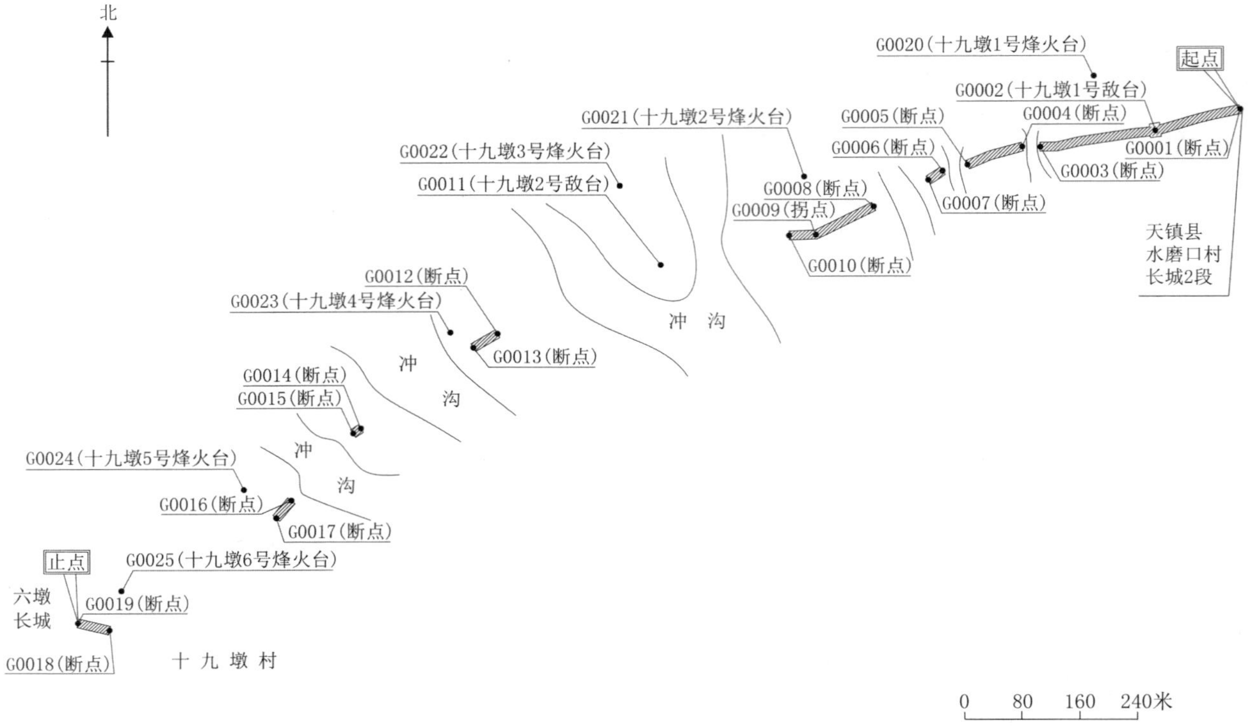

图七二 十九墩长城走向示意图

第6小段：G0007（断点）—G0008（断点），长77米。东北—西南走向。墙体被洪水冲刷和农业生产活动破坏损毁消失，现为耕地。

第7小段：G0008（断点）—G0010（断点），长148米。东北—西南走向。保存一般。南、北侧为耕地。墙体底宽3.1～4.5、顶宽0.5～1.5、残高1～3米。

第8小段：G0010（断点）—G0012（断点），长470米。东北—西南走向。墙体被洪水冲刷和农业生产活动破坏损毁消失，现为杏树园。十九墩2号敌台位于墙体上。

第9小段：G0012（断点）—G0013（断点），长30米。东北—西南走向。保存一般。东南、西北侧为耕地。墙体底宽4～6.2、残高1.5～2.4米。

第10小段：G0013（断点）—G0014（断点），长220米。东北—西南走向。墙体被洪水冲刷和农业生产活动破坏损毁消失，现为耕地。

第11小段：G0014（断点）—G0015（断点），长16米。东北—西南走向。保存差。墙体底宽3～4.5、残高1.2～5.4米。

第12小段：G0015（断点）—G0016（断点），长115米。东北—西南走向。现为沟谷，沟深17～18米。

第13小段：G0016（断点）—G0017（断点），长70米。东北—西南走向。保存差。墙体底宽4～5、顶宽0.5～1、残高0.5～1.5米。

第14小段：G0017（断点）—G0018（断点），长295米。东北—西南走向。墙体遭修建房屋破坏和取土挖损损毁消失。

第15小段：G0018（断点）—G0019（止点、断点），长62米。东—西走向。保存一般。墙体南壁紧邻民居。墙体底宽 3.2～5、顶宽 1.1～2.5、残高 2.6～3.6 米。

墙体整体保存较差。造成损毁的自然因素有洪水冲刷、风雨侵蚀、植物生长等；人为因素有农业生产活动破坏、居民生活活动破坏、修建房屋破坏、取土挖损等。

2. 三墩长城

起点位于罗文皂镇三墩村东 1.3 千米处，高程 1232 米；止点位于三墩村西北 0.246 千米处，高程 1269 米。大致呈东—西走向。全长 1390 米，其中保存较好 185、差 45、消失 1160 米。墙体为土墙，黄土夯筑而成，含少量碎石，夯层厚 0.2～0.25 米。现存墙体剖面大致呈不规则梯形，底宽 1.8～5.6、顶宽 2～2.2、残高 1.2～5.1 米。本段长城东接十九墩长城，西连七墩长城。墙体上有敌台 1 座（三墩敌台），墙体北 0.03～0.04 千米处有烽火台 4 座（三墩 1～4 号烽火台）（图七三）。

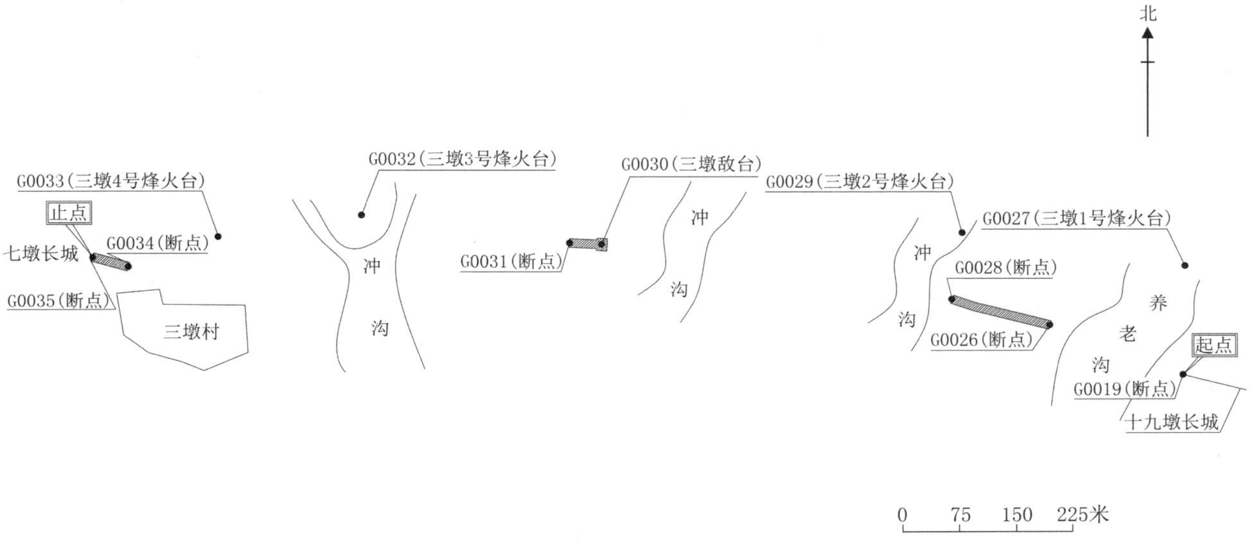

图七三 三墩长城走向示意图

本段长城共测 GPS 点 7 个（G0019、G0026、G0028、G0030、G0031、G0034、G0035），可分为 6 小段，分述如下。

第 1 小段：G0019（起点、断点）—G0026（断点），长 119 米。东南—西北走向。墙体被洪水冲刷和农业生产活动破坏损毁消失，现为沟谷（当地称养老沟，立有水泥碑）和耕地。

第 2 小段：G0026（断点）—G0028（断点），长 137 米。东南—西北走向。保存较好。南、北侧为耕地和杏树园。墙体底宽 4～5.5、顶宽 2～2.2、高 3.5～5.1 米（彩图一三二）。

第 3 小段：G0028（断点）—G0030（三墩敌台），长 467 米。东南—西北走向。墙体被洪水冲刷和农业生产活动破坏损毁消失。

第 4 小段：G0030（三墩敌台）—G0031（断点），长 48 米。东—西走向。保存较好。墙体底宽 4.4～5.6、残高 3.5～4.8 米（彩图一三三）。

第 5 小段：G0031（断点）—G0034（断点），长 574 米。东—西走向。墙体被洪水冲刷和农业生产活动破坏损毁消失。

第 6 小段：G0034（断点）—G0035（止点、断点），长 45 米。东—西走向。保存差。南、北侧为耕地和杏树园。墙体底宽 1.8～4.1、残高 1.2～2.3 米。

墙体整体保存差。造成损毁的自然因素有洪水冲刷、风雨侵蚀、植物生长等；人为因素有农业生产活动破坏、居民生活活动破坏、修建房屋破坏、取土挖损、挖掘洞穴等。

3. 七墩长城

起点位于罗文皂镇七墩村东北 0.75 千米处，高程 1269 米；止点位于七墩村西南 1.6 千米处，高程 1260 米。大致呈东北—西南走向。全长 2492 米，其中保存较好 136、一般 303、较差 28、差 80、消失 1945 米。墙体为土墙，黄土夯筑而成，含少量碎石，夯层厚 0.16～0.25 米。现存墙体剖面大致呈不规则梯形，底宽 4～6、顶宽 0.2～3、残高 1.5～5.5 米。本段长城东接三墩长城，西南连二墩长城。墙体上有敌台 2 座（七墩 1、2 号敌台），墙体北或西北 0.038～0.09 千米有烽火台 4 座（七墩 1～4 号烽火台）（图七四）。

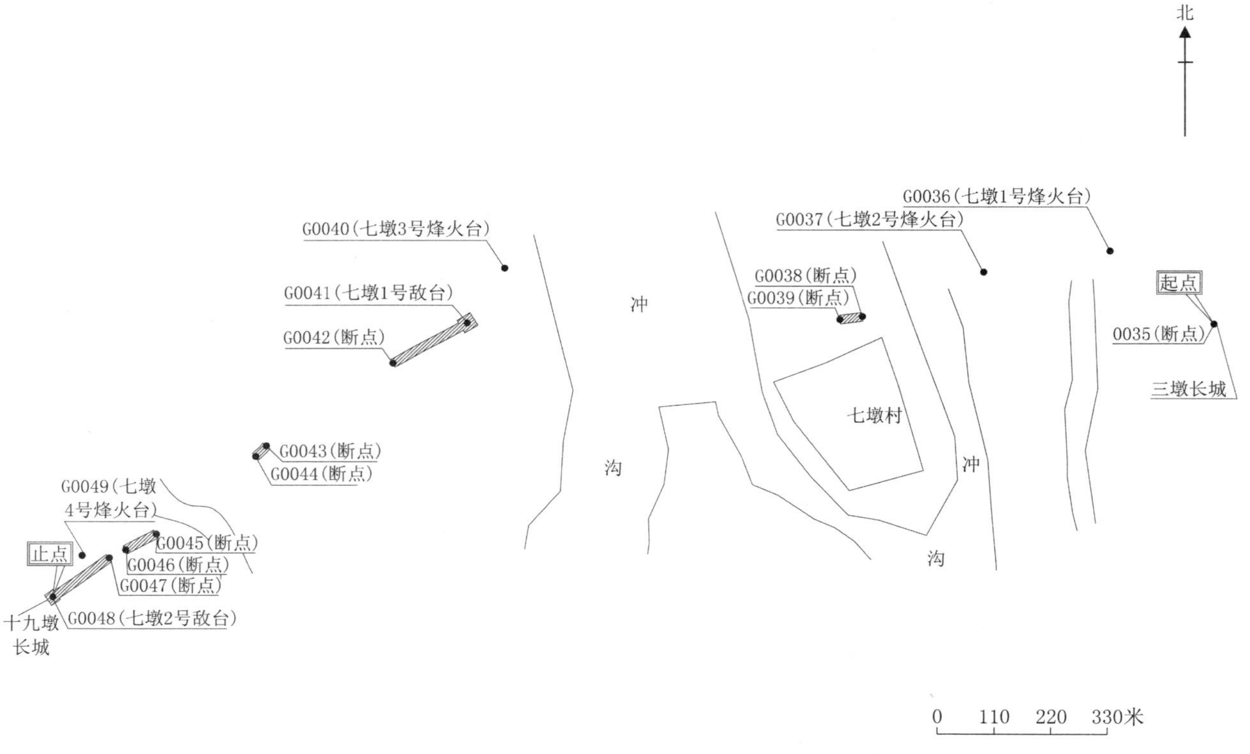

图七四　七墩长城走向示意图

本段长城共测 GPS 点 11 个（G0035、G0038、G0039、G0041～G0048），可分为 10 小段，分述如下。

第 1 小段：G0035（起点、断点）—G0038（断点），长 666 米。东—西走向。墙体被洪水冲刷和农业生产活动破坏损毁消失，现为沟谷和耕地、杏树园、杨树林。

第 2 小段：G0038（断点）—G0039（断点），长 108 米。东—西走向。保存一般。墙体南壁紧邻民居。墙体底宽 4～6、顶宽 2～3、残高 3～5.5 米。

第 3 小段：G0039（断点）—G0041（七墩 1 号敌台），长 728 米。东—西走向。墙体遭洪水冲刷和农业生产活动破坏、采矿生产活动破坏、修建房屋破坏损毁消失，现为沟谷和村庄、杏树园、杨树林、采矿场。

第4小段：G0041（七墩1号敌台）—G0042（断点），长195米。东北—西南走向。保存一般。东南侧为民居，有杏树园，西北侧为耕地。墙体底宽4～6、顶宽0.2～2.6、残高3～4.2米。

第5小段：G0042（断点）—G0043（断点），长272米。东北—西南走向。墙体被洪水冲刷和农业生产活动破坏损毁消失。

第6小段：G0043（断点）—G0044（断点），长28米。东北—西南走向。保存较差。墙体底宽4～5.5、顶宽1.2～2.6、残高1.5～4.6米。

第7小段：G0044（断点）—G0045（断点），长250米。东北—西南走向。墙体被洪水冲刷和农业生产活动破坏损毁消失。

第8小段：G0045（断点）—G0046（断点），长80米。东北—西南走向。保存差。东南侧为耕地，西北侧有杨树。墙体底宽4～5.9、顶宽0.2～1.4、残高1.6～3.8米（彩图一三四）。

第9小段：G0046（断点）—G0047（断点），长29米。东北—西南走向。墙体因农业生产活动破坏损毁消失。

第10小段：G0047（断点）—G0048（止点、七墩2号敌台），长136米。东北—西南走向。保存较好。东南侧有杏树园。墙体底宽4～6、顶宽1.9～2.8、残高4～4.9米。

墙体整体保存差。造成损毁的自然因素有洪水冲刷、风雨侵蚀、植物生长等；人为因素有农业生产活动破坏、采矿生产活动破坏、居民生活活动破坏、修建房屋破坏、取土挖损、挖掘洞穴等。

4. 二墩长城

起点位于罗文皂镇二墩村东北0.673千米处，高程1260米；止点位于二墩村西南0.942千米处，高程1228米。大致呈东北—西南走向。全长1570米，其中保存较好203、一般408、差214、消失745米。墙体为土墙，黄土夯筑而成，夯层厚0.12～0.3米。现存墙体剖面大致呈不规则梯形，底宽1～5.8、顶宽0.2～3.2、残高1.6～5米。本段长城东北接七墩长城，西南连五墩长城。墙体上有敌台4座（七墩2号敌台、二墩1～3号敌台）、马面1座（二墩马面），墙体西北侧有烽火台4座（二墩1～4号烽火台），二墩1、2号烽火台位于墙体西北0.056～0.083千米处（图七五）。

本段长城共测GPS点14个（G0048、G0050～G0053、G0055、G0056、G0059～G0061、G0063～G0065、G0457），可分为10小段，分述如下。

第1小段：G0048（起点、七墩2号敌台）—G0050（断点），长30米。东北—西南走向。保存一般。东南侧为杨树林，西北侧为耕地。墙体底宽4.6～5、顶宽0.7～1.8、残高1.8～4米。

第2小段：G0050（断点）—G0051（断点），长238米。东北—西南走向。墙体被洪水冲刷损毁消失，现为沟谷（当地称为“老河湾”）。

第3小段：G0051（断点）—G0053（断点），长57米。东北—西南走向。保存差。墙体底宽4～5、顶宽0.6～1.2、残高1.6～3.8米。二墩1号敌台位于墙体上。

第4小段：G0053（断点）—G0055（断点），长59米。东北—西南走向。墙体被洪水冲刷损毁消失。

第5小段：G0055（断点）—G0056（二墩2号敌台），长157米。东北—西南走向。保存差。东南、西北侧为耕地、民居。墙体底宽1～5.8、顶宽0.2～1.2、残高0.8～3.9米。

第6小段：G0056（二墩2号敌台）—G0065（断点），长78米。东北—西南走向。保存较好。东、西侧为耕地、民居。墙体底宽4～5.8、顶宽1.8～2、残高3.5～3.9米。

第7小段：G0065（断点）—G0059（断点），长431米。东北—西南走向。墙体被洪水冲刷和农

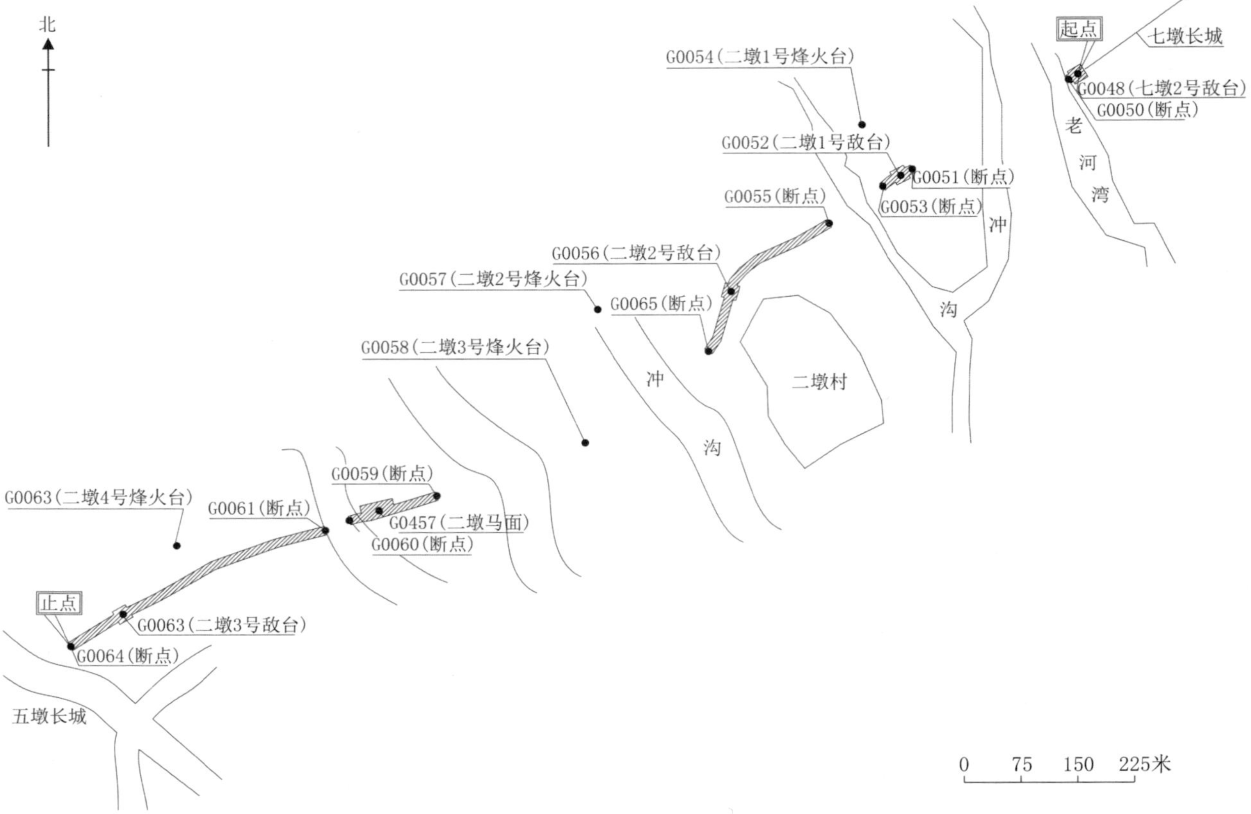

图七五　二墩长城走向示意图

业生产活动破坏损毁消失，现为沟谷和耕地。东南、西北侧有杏树园。

第 8 小段：G0059（断点）—G0060（断点），长 125 米。东北—西南走向。保存较好。东南壁下部有 3 处现代墓葬。东南、西北侧为耕地。墙体底宽 3.6 ~5.2、顶宽 1.6 ~2.2、残高 3.6 ~3.8 米。二墩马面位于墙体上。

第 9 小段：G0060（断点）—G0061（断点），长 17 米。东北—西南走向。墙体被洪水冲刷损毁消失。

第 10 小段：G0061（断点）—G0064（止点、断点），长 378 米。东北—西南走向。保存一般。墙体有二次修缮痕迹，G0061（断点）处墙体西北壁自上而下加厚 0.5 ~1.2 米，夯土内含大量碎石，夯层厚 0.25 ~0.3 米。东南、西北侧为耕地。墙体底宽 4.6 ~5、顶宽 3.2、残高 4.6 ~5 米。二墩 3 号敌台位于墙体上。

墙体整体保存较差。造成损毁的自然因素有洪水冲刷、风雨侵蚀、植物生长等；人为因素有农业生产活动破坏、采矿生产活动破坏、居民生活活动破坏、修建房屋破坏、取土挖损、挖掘洞穴等。

5. 五墩长城

起点位于罗文皂镇五墩村东北 0.2 千米处，高程 1228 米；止点位于五墩村西南 1.5 千米处，高程 1161 米。大致呈东北—西南走向。全长 1755 米，其中保存较好 239、较差 135、差 153、消失 1228 米。墙体为土墙，黄土夯筑而成，含少量碎石，夯层厚 0.18 ~0.24 米。现存墙体剖面大致呈不规则梯形，底宽 2.2 ~5.5、顶宽 0.2 ~3.5、残高 0.5 ~5.5 米。墙体有二次修缮痕迹，墙体东南、西北壁自上而下加厚 0.4 ~0.6 米，夯层厚 0.25 ~0.3 米。本段长城位于山西省与内蒙古自治区交界处，东北接二墩长城，西南连镇门堡长城。陈家堡位于墙体东南1.789千米，墙体上有敌台1座（五墩敌台）、马面2座（五墩1、2号马面），墙体北侧或西北侧有烽火台4座（内蒙古五墩1~4号烽火台）（图七六）。

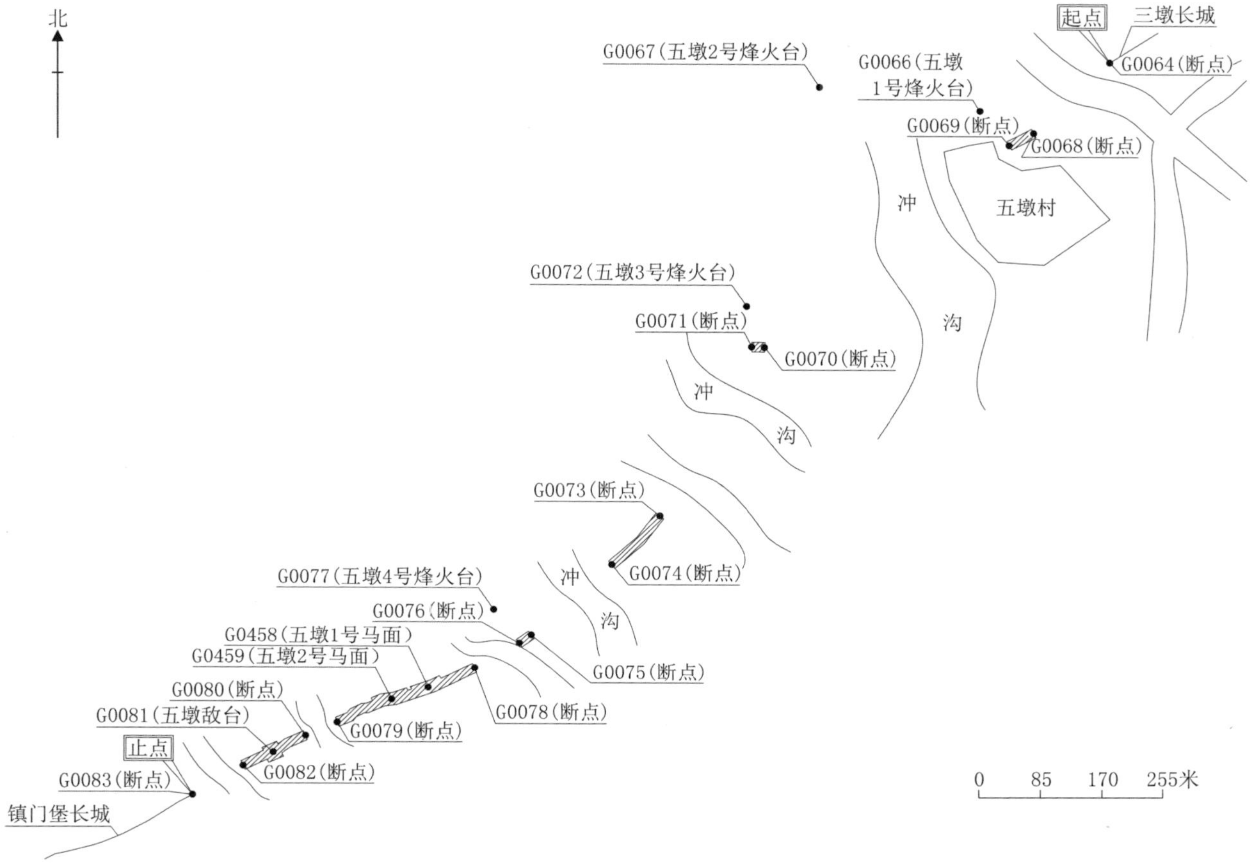

图七六 五墩长城走向示意图

本段长城共测GPS点17个（G0064、G0068~G0071、G0073~G0076、G0078~G0083、G0458、G0459），可分为13小段，分述如下。

第1小段：G0064（起点、断点）—G0068（断点），长160米。东北—西南走向。墙体遭洪水冲刷和修建道路破坏损毁消失。

第2小段：G0068（断点）—G0069（断点），长19米。东北—西南走向。保存较好。墙体东南壁紧邻民居，西北侧为耕地。墙体底宽4.8~5.5、顶宽2.2~2.5、残高3.5~4.2米。

第3小段：G0069（断点）—G0070（断点），长435米。东北—西南走向。墙体遭洪水冲刷和农业生产活动破坏、修建房屋破坏和取土挖损损毁消失，现为村庄和耕地、杏树园、杨树林。

第4小段：G0070（断点）—G0071（断点），长25米。东—西走向。保存较差。南壁底部有两处洞穴，宽1.2、高1.2、进深1.3米。南侧为耕地和杏树园，北侧为荒地。墙体底宽3~4、顶宽1~2.4、残高1.5~5.5米。

第5小段：G0071（断点）—G0073（断点），长315米。东北—西南走向。墙体被洪水冲刷和农业生产活动破坏损毁消失。

第6小段：G0073（断点）—G0074（断点），长120米。东北—西南走向。保存差。墙体遭取土挖损破坏，东南侧为耕地。墙体底宽 2.2～3.5、顶宽 0.3～2.5、残高 0.6～4 米。

第 7 小段：G0074（断点）—G0075（断点），长 130 米。东北—西南走向。墙体被洪水冲刷损毁消失，现为沟谷，沟谷内有土路。西北侧有铁矿，墙体周围堆放有矿渣。

第 8 小段：G0075（断点）—G0076（断点），长 33 米。东北—西南走向。保存差。墙体周围堆放有矿渣。墙体底宽 2.2～3.5、顶宽 0.2～1.3、残高 0.5～2.6 米（彩图一三五）。

第 9 小段：G0076（断点）—G0078（断点），长 68 米。东北—西南走向。墙体遭洪水冲刷和采矿生产活动破坏损毁消失。

第 10 小段：G0078（断点）—G0079（断点），长 220 米。东北—西南走向。保存较好。东南、西北侧均为耕地。墙体底宽 5、顶宽 2～3.5、残高 3～3.8 米。五墩 1、2 号马面位于墙体上。

第 11 小段：G0079（断点）—G0080（断点），长 40 米。东北—西南走向。墙体被洪水冲刷损毁消失，现堆放有矿渣。

第 12 小段：G0080（断点）—G0082（断点），长 110 米。东北—西南走向。保存较差。东南、西北侧均为耕地。墙体底宽 5、顶宽 0.6～2.4、残高 0.5～3.8 米。五墩敌台位于墙体上。

第 13 小段：G0082（断点）—G0083（止点、断点），长 80 米。东北—西南走向。墙体被洪水冲刷和农业生产活动破坏损毁消失。

墙体整体保存差。造成损毁的自然因素有洪水冲刷、风雨侵蚀、植物生长等；人为因素有农业生产活动破坏、采矿生产活动破坏、居民生活活动破坏、修建房屋及道路破坏、取土挖损、挖掘洞穴等。

6. 镇门堡长城

起点位于罗文皂镇镇门堡村东北 1.2 千米处，高程 1161 米；止点位于镇门堡村西北 0.533 千米处，高程 1168 米。大致呈东北—西南走向。全长 1722 米，其中保存一般 961、差 129、消失 632 米。墙体为土墙，黄土夯筑而成，含少量碎石，夯层厚 0.16～0.26 米。现存墙体剖面大致呈不规则梯形，底宽 3.9～5.2、顶宽 0.4～3.2、残高 1.1～5.2 米。本段长城东侧段位于山西省与内蒙古自治区交界处，西侧段位于山西省境内，东北接五墩长城，西南连水泉沟长城。正大关倚墙而建，位于墙体西北侧。镇门堡位于墙体南 0.23 千米，墙体上有敌台 3 座（镇门堡 1～3 敌台）、马面 1 座（镇门堡马面），墙体北侧或西北侧有烽火台 6 座（镇门堡 1～6 号烽火台，其中镇门堡 1～3 号烽火台位于内蒙古境内），位于墙体北或西北 0.014～0.27 千米（图七七）。

本段长城共测 GPS 点 11 个（G0083、G0085、G0086、G0089～G0091、G0094～G0097、G0460），可分为 7 小段，分述如下。

第 1 小段：G0083（起点、断点）—G0086（断点），长 676 米。东北—西南走向。保存一般。南、北侧均为耕地和杏树园。墙体底宽 5～5.2、顶宽 1.6～3.2、残高 2.8～5.2 米。镇门堡 1 号敌台位于墙体上。

第 2 小段：G0086（断点）—G0089（断点），长 171 米。东北—西南走向。墙体被洪水冲刷损毁消失，现为沟谷（当地称为“正大沟”），沟谷东有土路。

第 3 小段：G0089（断点）—G0091（断点），长 285 米。东北—西南走向。保存一般。东南、西北侧均为耕地，有零星杏树。墙体底宽 3.9～4.8、顶宽 0.4～2.1、残高 2～3.4 米。正大关倚墙而建，位于墙体西北侧。镇门堡 2 号敌台、镇门堡马面位于墙体上。

第 4 小段：G0091（断点）—G0094（镇门堡 3 号敌台），长 88 米。东北—西南走向。墙体被洪水冲刷损毁消失，现为沟谷，沟谷内有土路（彩图一三六）。

第 5 小段：G0094（镇门堡 3 号敌台）—G0095（断点），长 40 米。东北—西南走向。保存差。墙

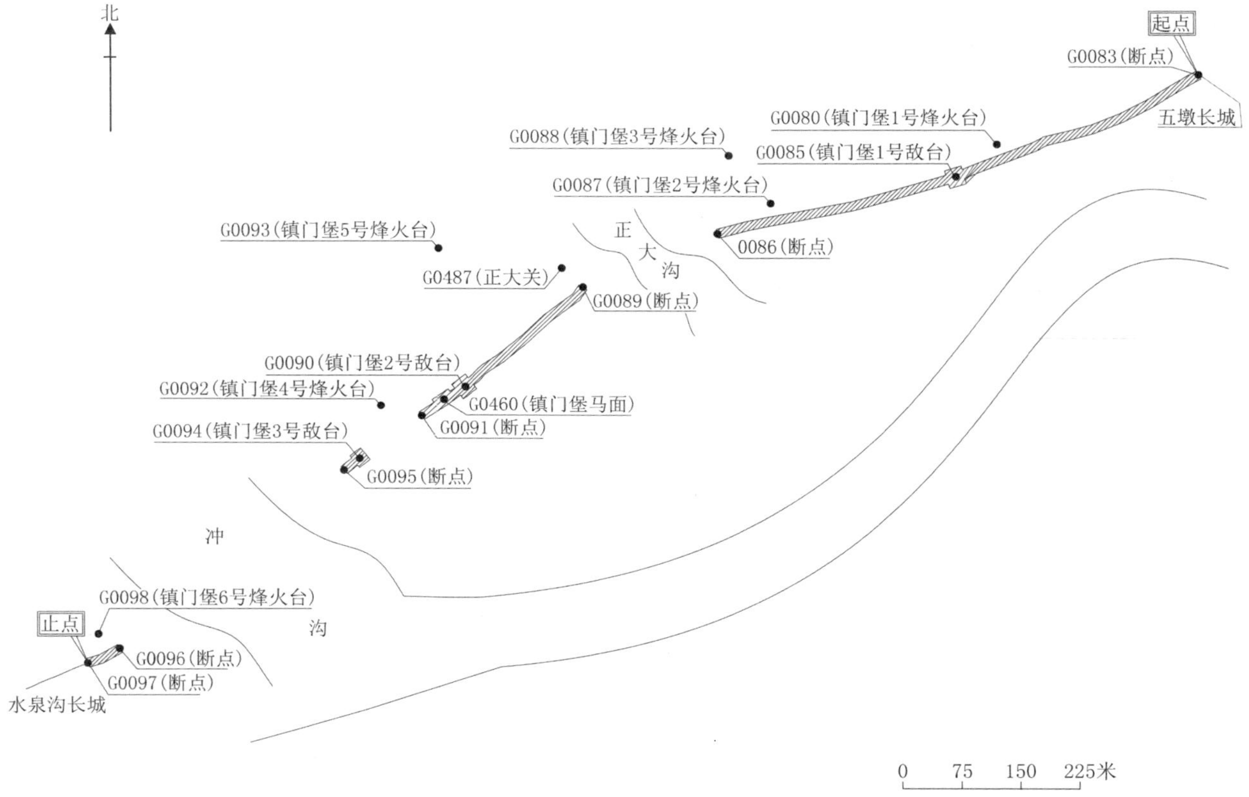

图七七　镇门堡长城走向示意图

体东南侧邻民居。墙体底宽 3.9～4.8、顶宽 0.9～2.1、残高 1.1～3.4 米。

第 6 小段：G0095（断点）—G0096（断点），长 373 米。东北—西南走向。墙体被洪水冲刷损毁消失，由于采矿被挖成坑洼状。

第 7 小段：G0096（断点）—G0097（止点、断点），长 89 米。东北—西南走向。保存差。南、北侧均为耕地。墙体底宽 3.9～5、顶宽 1.1～2.1、残高 2～3.4 米。

墙体整体保存较差。造成损毁的自然因素有洪水冲刷、风雨侵蚀、植物生长等；人为因素有农业生产活动破坏、采矿生产活动破坏、居民生活活动破坏、修建房屋及道路破坏、取土挖损等。

7. 水泉沟长城

起点位于罗文皂镇水泉沟村东北 0.485 千米处，高程 1168 米；止点位于水泉沟村西 0.58 千米处，高程 1195 米。大致呈东北—西南走向。全长 1103 米，其中保存较好 223、差 58、消失 822 米。墙体为土墙，黄土夯筑而成，含大量砂砾、碎石，夯层厚 0.2～0.25 米。现存墙体剖面大致呈不规则梯形，底宽 1.4～5.8、顶宽 0.5～3.1、残高 0.8～4.6 米。本段长城东北接镇门堡长城，西连许家园长城。墙体上有敌台 1 座（水泉沟敌台），墙体北侧有烽火台 3 座（水泉沟 1～3 号烽火台），水泉沟 3 号烽火台位于墙体北 0.068 千米（图七八）。

本段长城共测 GPS 点 9 个（G0097、G0099～G0102、G0104～G0107），可分为 8 小段，分述如下。

第 1 小段：G0097（起点、断点）—G0099（水泉沟敌台），长 188 米。东北—西南走向。墙体遭采矿生产活动破坏毁消失，现为采矿场。

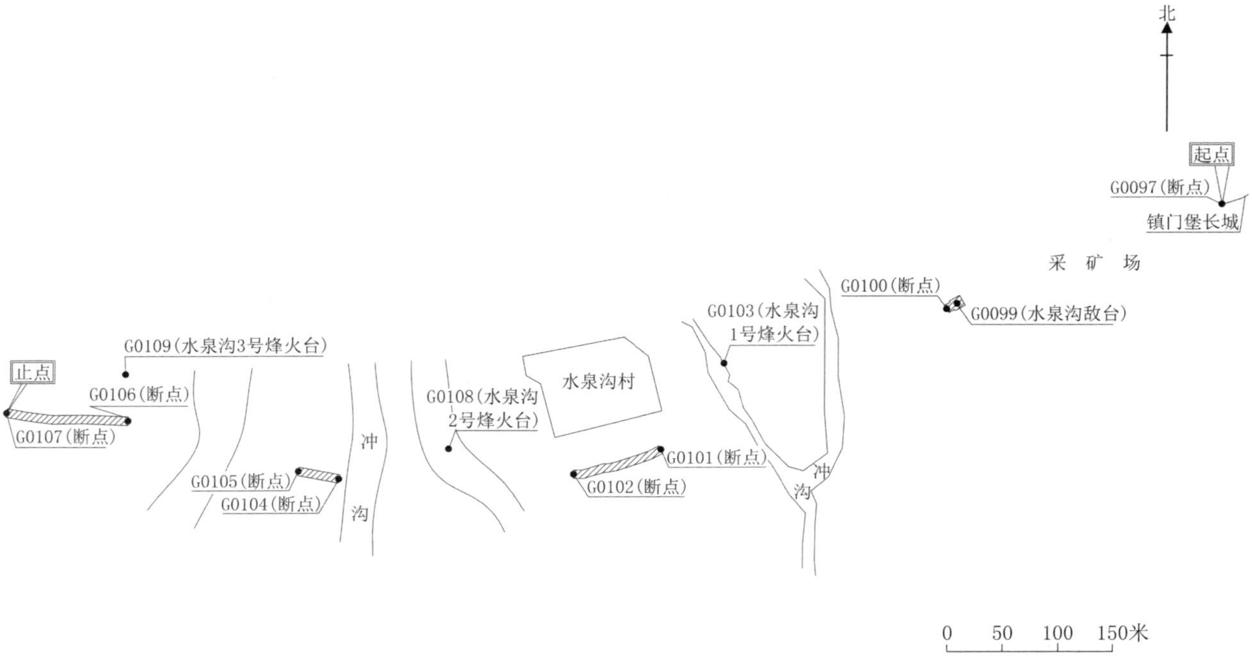

图七八 水泉沟长城走向示意图

第2小段：G0099（水泉沟敌台）—G0100（断点），长32米。东北—西南走向。保存差。墙体底宽1.4～3.1、顶宽0.5～1.3、残高1.2～3.1米（彩图一三七）。

第3小段：G0100（断点）—G0101（断点），长277米。东北—西南走向。墙体被洪水冲刷损毁消失，现为沟谷（当地称水泉沟），沟谷内有土路和耕地。

第4小段：G0101（断点）—G0102（断点），长123米。东北—西南走向。保存较好。南壁底部有洞穴。南侧为杏树林，北侧邻村庄，有杨树林和土路。墙体底宽2～5.6、顶宽1.9～3.1、残高3.5～4.6米。

第5小段：G0102（断点）—G0104（断点），长182米。东—西走向。墙体被洪水冲刷损毁消失。现为杨树林和杏树园，南侧有耕地和杏树园。

第6小段：G0104（断点）—G0105（断点），长26米。东—西走向。保存差。南侧为杏树园。墙体底宽2～5.8、顶宽0.5～2.1、残高0.8～3.9米。

第7小段：G0105（断点）—G0106（断点），长175米。东南—西北走向。墙体被洪水冲刷损毁消失。北侧有蓄水石坝。

第8小段：G0106（断点）—G0107（止点、断点），长110米。东—西走向。保存较好。南、北侧均为耕地。墙体底宽3.6～4、顶宽1.4～2.5米，高4.4～4.6米（彩图一三八）。

墙体整体保存差。造成损毁的自然因素有洪水冲刷、风雨侵蚀、植物生长等；人为因素有农业生产活动破坏、采矿生产活动破坏、居民生活活动破坏、取土挖损等。

8. 许家园长城

起点位于罗文皂镇许家园村东北0.648千米处，高程1195米；止点位于许家园村西南1.21千米处，高程1142米。大致呈东北—西南走向，全长1796米，其中保存一般51、消失1745米。墙体为土墙，黄土夯筑而成，含大量砂砾、碎石，夯层厚0.18～0.24米。现存墙体剖面大致呈不规则梯形，底宽3.8～5.6、顶宽1～2.5、残高3.2～4.1米。本段长城东接水泉沟长城，西南连平山长城。墙体上有敌台1座（许家园敌台），墙体西北侧有烽火台4座（许家园1～4号烽火台）（图七九）。

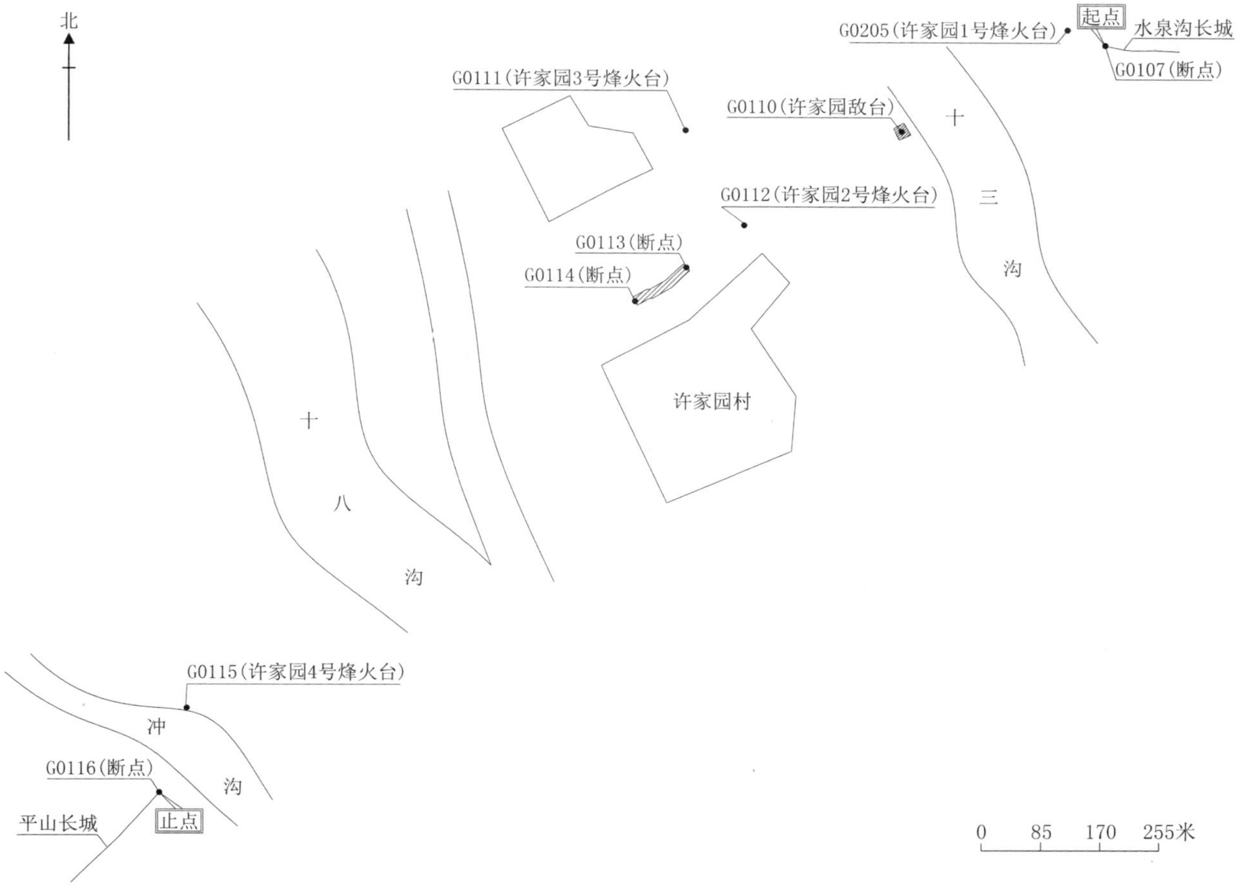

图七九　许家园长城走向示意图

本段长城共测GPS点5个（G0107、G0110、G0113、G0114、G0116），可分为3小段，分述如下。

第1小段：G0107（起点、断点）—G0113（断点），长745米。东北—西南走向。墙体遭洪水冲刷和农业生产活动破坏、修建房屋破坏损毁消失，现为沟谷（当地称为“十三沟”）和村庄、耕地，沟谷内有水泥路和耕地。许家园敌台位于墙体上。

第2小段：G0113（断点）—G0114（断点），长51米。东北—西南走向。保存一般。墙体底宽3.8～5.6、顶宽1～2.5、残高3.2～4.1米（彩图一三九）。

第3小段：G0114（断点）—G0116（止点、断点），长1000米。东北—西南走向。墙体被洪水冲刷和农业生产活动破坏损毁消失，现为沟谷（当地称十八沟）和耕地。

墙体整体保存差。造成损毁的自然因素有洪水冲刷、风雨侵蚀、植物生长等；人为因素有农业生产活动破坏、居民生活活动破坏、修建房屋及道路破坏、取土挖损等。

9. 平山长城

起点位于罗文皂镇平山村东0.26千米处，高程1142米；止点位于平山村西0.914千米处，高程

1137 米。大致呈东北—西南走向。全长 1167 米，其中保存一般 121、差 366、消失 680 米。墙体为土墙，黄土夯筑而成，含大量料礓石、砂砾，夯层厚 0.18 ~ 0.28 米。现存墙体剖面大致呈不规则梯形，底宽 3.1 ~ 5.6、顶宽 0.3 ~ 2.2、残高 0.5 ~ 5.2 米。G0118（断点）处墙体有二次修缮的痕迹，墙体北壁加厚 1.2 ~ 1.4 米，夯土中含大量碎石，夯层厚 0.3 米。本段长城东北接许家园长城，西连孤山长城。墙体上有敌台 1 座（平山敌台）（图八〇）。

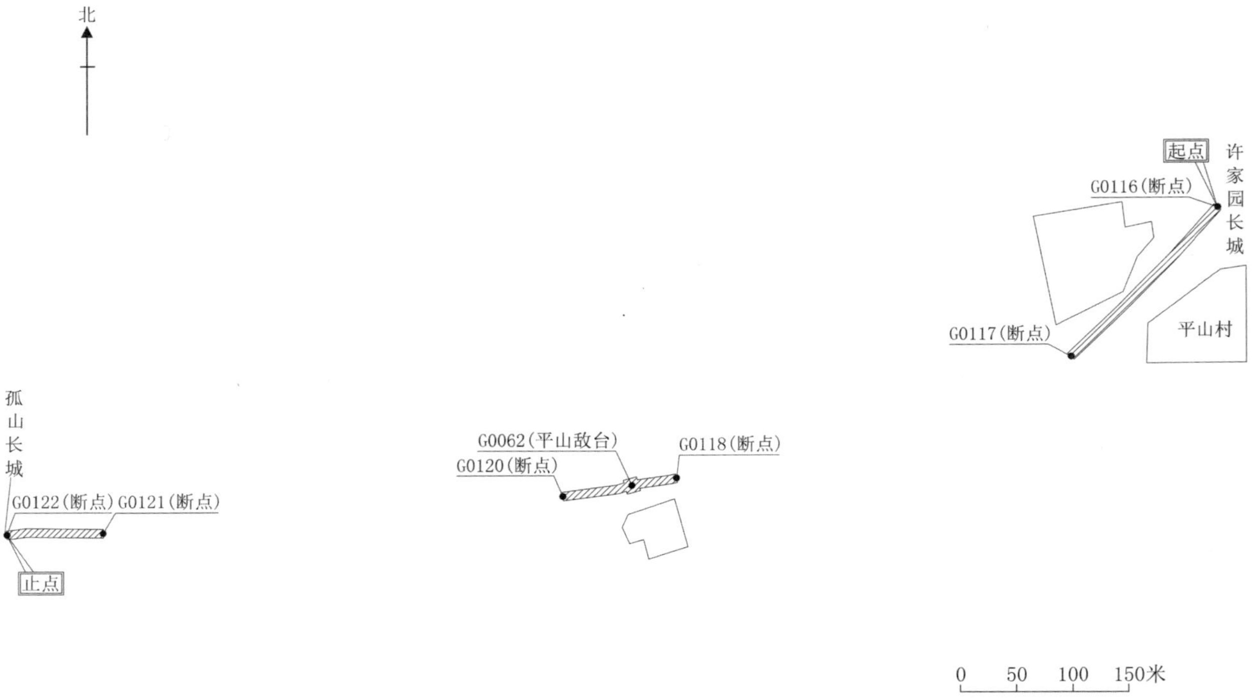

图八〇　平山长城走向示意图

本段长城共测 GPS 点 7 个（G0062、G0116 ~ G0018、G0120 ~ G0122），可分为 5 小段，分述如下。

第 1 小段：G0116（起点、断点）—G0117（断点），长 190 米。东北—西南走向。保存差。墙体位于村庄内，东南壁紧邻民居，西北侧有土路，西北壁有垒砌的石块。墙体顶部和东南、西北侧均有杨树。墙体底宽 5、顶宽 1 ~ 2.2、残高 0.6 ~ 4.5 米（彩图一四〇）。

第 2 小段：G0117（断点）—G0118（断点），长 360 米。东北—西南走向。现为村庄。

第 3 小段：G0118（断点）—G0120（断点），长 121 米。东—西走向。保存一般。墙体南壁紧邻民居，北壁紧邻耕地。墙体底宽 5.6、顶宽 1 ~ 2.1、残高 1.4 ~ 5.2 米。平山敌台位于墙体上。墙体南壁下采集到生活用具陶盆残片，泥质灰陶，宽平沿，方唇，弧腹，器表饰竖向粗绳纹，时代应属汉代。

第 4 小段：G0120（断点）—G0121（断点），长 320 米。东—西走向。墙体遭农业生产活动破坏和修建道路破坏损毁消失，现为耕地和杏树园。

第 5 小段：G0121（断点）—G0122（止点、断点），长 176 米。东—西走向。保存差。南、北侧为耕地和杏树园。墙体底宽 3.1 ~ 4、顶宽 0.3 ~ 1.2、残高 0.5 ~ 2.9 米。

墙体整体保存差。造成损毁的自然因素有风雨侵蚀、植物生长等；人为因素有农业生产活动破坏、采矿生产活动破坏、居民生活活动破坏、修建房屋及道路破坏、取土挖损、挖掘洞穴等。

10. **孤山长城**

起点位于罗文皂镇孤山村东北 1.3 千米处，高程 1137 米；止点位于孤山村西北 1.1 千米处，高程 1107 米。大致呈东北—西南走向。全长 1336 米，其中保存一般 356、较差 586、差 105、消失 289 米。墙体为土墙，黄土夯筑而成，含大量料礓石、砂砾，夯层厚 0.18～0.3 米。现存墙体剖面大致呈不规则梯形，底宽 0.8～6.5、顶宽 0.3～2.6、残高 0.4～4.8 米。本段长城东接平山长城，西连虎头山长城。墙体上有敌台 2 座（孤山 1、2 号敌台），墙体北 0.04～0.093 千米有烽火台 4 座（孤山 1～4 号烽火台）（图八一）。

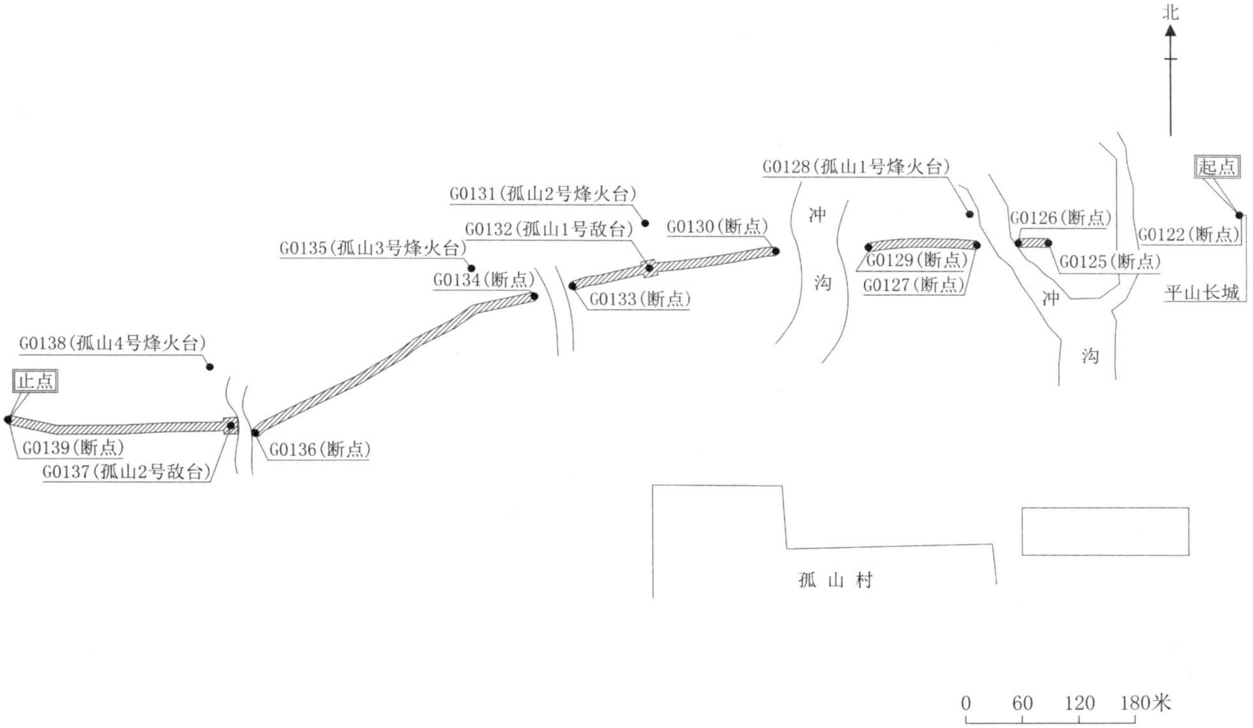

图八一　孤山长城走向示意图

本段长城共测 GPS 点 12 个（G0122、G0125～G0127、G0129、G0130、G0132～G0134、G0136、G0137、G0139），可分为 10 小段，分述如下。

第 1 小段：G0122（起点、断点）—G0125（断点），长 144 米。东—西走向。墙体被洪水冲刷损毁消失，现为沟谷和河滩地，南、北侧 0.1 千米处均有采矿场，周围堆放有矿渣。

第 2 小段：G0125（断点）—G0126（断点），长 105 米。东—西走向。保存差。南、北侧均为河滩地，南侧有采矿场。墙体底宽 0.8～2、残高 0.4～1.3 米。

第 3 小段：G0126（断点）—G0127（断点），长 40 米。东—西走向。墙体被洪水冲刷损毁消失，现为沟谷，沟谷旁有一条土路。

第 4 小段：G0127（断点）—G0129（断点），长 129 米。东—西走向。保存较差。南、北侧均为耕地。墙体底宽 4.5～5.5、顶宽 0.6～2.2、残高 2.1～3.8 米。

第 5 小段：G0129（断点）—G0130（断点），长 52 米。东—西走向。墙体被洪水冲刷损毁消失，现为沟谷，沟谷内有一条土路，附近有采矿场。

第 6 小段：G0130（断点）—G0133（断点），长 286 米。东北—西南走向。保存较差。南侧为荒地，附近堆放有矿渣，北侧为耕地。墙体底宽 4.5～6.5、顶宽 0.8～2.6、残高 2.6～4.8 米。孤山 1 号敌台位于墙体上。

第 7 小段：G0133（断点）—G0134（断点），长 30 米。东北—西南走向。墙体被洪水冲刷损毁消失，现为沟谷，沟谷旁有一条土路。

第 8 小段：G0134（断点）—G0136（断点），长 356 米。东北—西南走向。保存一般。东南侧为荒地，有零星杏树，西北侧堆放有矿渣。墙体底宽 4.5～6.5、顶宽 0.8～2.6、残高 2.6～4.8 米。

第 9 小段：G0136（断点）—G0137（孤山 2 号敌台），长 23 米。东—西走向。墙体被洪水冲刷损毁消失，现为采矿场。东端有现代石坝。

第 10 小段：G0137（孤山 2 号敌台）—G0139（止点、断点），长 171 米。东—西走向，保存较差。南侧为荒地，有采矿场；北侧为耕地，有零星杏树。墙体底宽 4～5.2、顶宽 0.6～2.6、残高 0.9～1.6 米。

墙体整体保存较差。造成损毁的自然因素有洪水冲刷、风雨侵蚀、植物生长等；人为因素有农业生产活动破坏、采矿生产活动破坏、修建道路破坏、取土挖损等。

11. 虎头山长城

起点位于龙泉镇虎头山村东北 1.4 千米处，高程 1107 米；止点位于虎头山村西北 1.4 千米处，高程 1146 米。大致呈东—西走向。全长 1942 米，其中保存较好 163、一般 875、差 163、消失 741 米。墙体为土墙，黄土夯筑而成，含料礓石、砂砾，夯层厚 0.18～0.26 米。现存墙体剖面大致呈不规则梯形，底宽 3.9～6.5、顶宽 0.5～3.2、残高 1.5～6.5 米。部分段墙体有二次修缮痕迹，G0140（虎头山 1 号敌台）—0147（断点）间墙体南、北壁加厚 0.7～0.9 米，夯层厚 0.3 米。本段长城东接孤山长城，西连谢家屯长城。墙体上有敌台 3 座（虎头山 1～3 号敌台）、马面 1 座（虎头山马面），墙体北侧有烽火台 5 座（虎头山 1～5 号烽火台），虎头山 3～5 号烽火台位于墙体北 0.037～0.061 千米处（图八二）。

本段长城共测 GPS 点 16 个（G0139、G0140、G0142、G0144、G0145、G0147～G0152、G0154～G0156、G0158、G0461），可分为 12 小段，分述如下。

第 1 小段：G0139（起点、断点）—G0140（虎头山 1 号敌台），长 133 米。东—西走向。墙体被洪水冲刷损毁消失，现为采矿场。

第 2 小段：G0140（虎头山 1 号敌台）—G0142（断点），长 420 米。东南—西北走向。保存一般。南、北侧均为耕地。墙体底宽 5～5.5、顶宽 0.6～2.2、残高 2.1～4.5 米。虎头山马面位于墙体上。

第 3 小段：G0142（断点）—G0144（断点），长 47 米。东南—西北走向。墙体被洪水冲刷损毁消失。

第 4 小段：G0144（断点）—G0147（断点），长 163 米。东北—西南走向。保存较好。南侧为耕地。墙体底宽 5.5、顶宽 2.8～3.2、残高 4.7～6.5 米。虎头山 2 号敌台位于墙体上。

第 5 小段：G0147（断点）—G0148（断点），长 168 米。东—西走向。墙体被洪水冲刷损毁消失。

第 6 小段：G0148（断点）—G0149（断点），长 210 米。东—西走向。保存一般。墙体底宽 3.9～5.5、顶宽 0.5～1.6、残高 1.5～3.6 米。

第 7 小段：G0149（断点）—G0150（断点），长 47 米。东—西走向。墙体被洪水冲刷损毁消失。

第 8 小段：G0150（断点）—G0151（断点），长 106 米。东北—西南走向，保存差。墙体底宽 4～

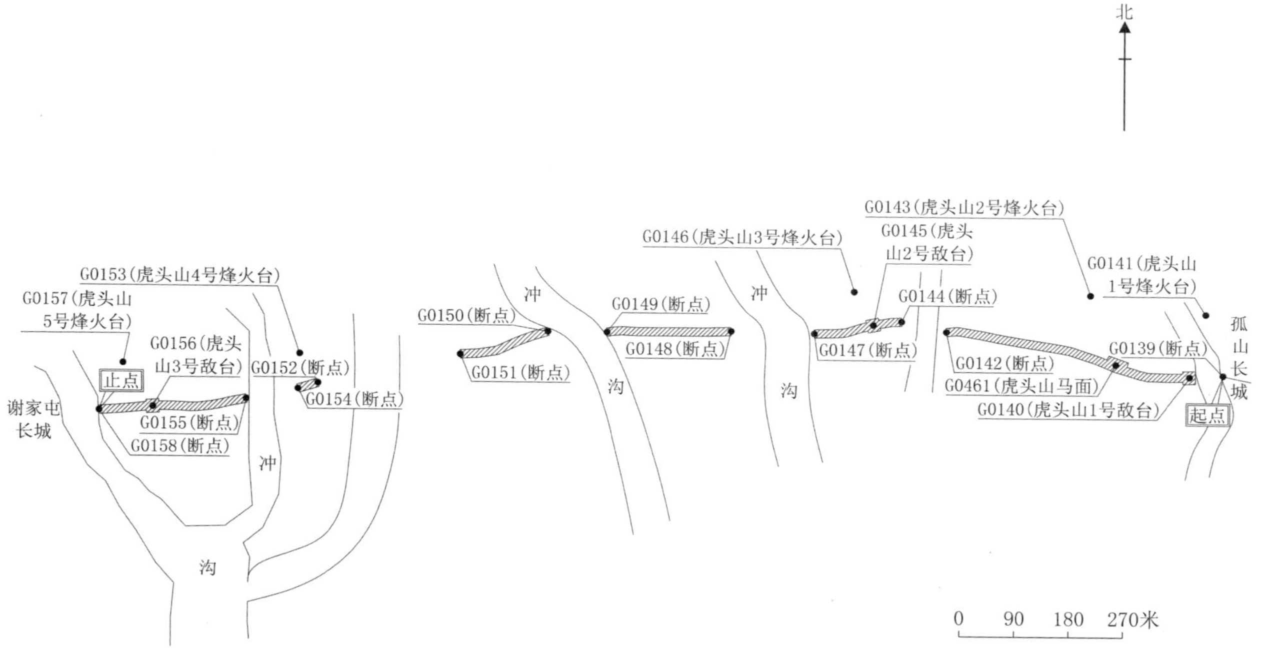

图八二　虎头山长城走向示意图

6.5、顶宽0.5～1.2、残高1.5～3.3米。

第9小段：G0151（断点）—G0152（断点），长275米。东北—西南走向。墙体被洪水冲刷损毁消失。

第10小段：G0152（断点）—G0154（断点），长57米。东北—西南走向。保存差。墙体底宽5～6.5、顶宽0.6～1.6、残高1.5～2.7米。

第11小段：G0154（断点）—G0155（断点），长71米。东北—西南走向。墙体被洪水冲刷损毁消失。

第12小段：G0155（断点）—G0158（止点、断点），长245米。东—西走向。保存一般。南、北侧均为耕地。墙体底宽5～5.3、顶宽0.9～2.1、残高2.4～4.5米。虎头山3号敌台位于墙体上（彩图一四一）。

墙体整体保存较差。造成损毁的自然因素有洪水冲刷、风雨侵蚀、植物生长等；人为因素有农业生产活动破坏、采矿生产活动破坏、修建道路破坏、取土挖损、挖掘洞穴等。

12. 谢家屯长城

起点位于龙泉镇谢家屯村北1.4千米处，高程1146米；止点位于谢家屯村西北1.6千米处，高程1139米。大致呈东北—西南走向。全长1184米，其中保存一般91、较差108、差504、消失481米。墙体为土墙，黄土夯筑而成，含碎石、砂砾，夯层厚0.18～0.28米。现存墙体剖面大致呈不规则梯形，底宽3～5.8、顶宽0.5～3.1、残高0.4～4.3米。部分段墙体有二次修缮痕迹，墙体南、北壁加厚0.5～0.6米。本段长城东接虎头山长城，西连燕家堡长城。墙体上有敌台2座（谢家屯1、2号敌台），墙体北侧有烽火台1座（谢家屯烽火台）（图八三）。

本段长城共测GPS点8个（G0158～G0160、G0162～G0166），可分为7小段，分述如下。

第1小段：G0158（起点、断点）—G0159（断点），长347米。东北—西南走向。墙体被洪水冲刷损毁消失，现为沟谷、河滩地，有土路。南、北侧均有采矿场。

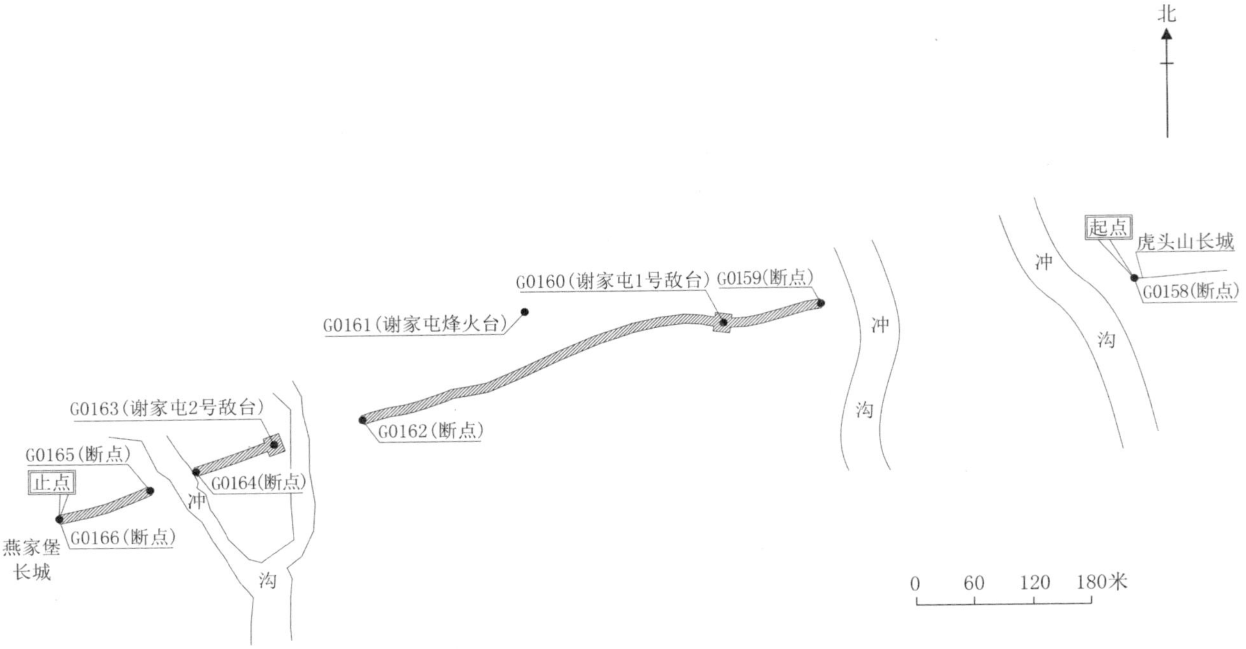

图八三 谢家屯长城走向示意图

第2小段：G0159（断点）—G0160（谢家屯1号敌台），长91米。东北—西南走向。保存一般。南、北侧为荒地，南侧有采矿场，北侧有杏树园。墙体底宽3.8～5.8、顶宽0.6～3、残高2.9～4.3米。

第3小段：G0160（谢家屯1号敌台）—G0162（断点），长411米。东北—西南走向。保存差。南侧为荒地，北侧有杏树园。墙体底宽3.8～5.2、顶宽0.6～3.1、残高0.4～2.2米。

第4小段：G0162（断点）—G0163（谢家屯2号敌台），长90米。东北—西南走向。墙体被洪水冲刷损毁消失。南侧有采矿场，北侧有杏树园。

第5小段：G0163（谢家屯2号敌台）—G0164（断点），长108米。东北—西南走向。保存较差。南侧为荒地，有零星杏树。墙体底宽4～5.2、顶宽0.6～2.3、残高1.2～3米。

第6小段：G0164（断点）—G0165（断点），长44米。东北—西南走向。墙体被洪水冲刷损毁消失，现为沟谷，有土路。北侧有杏树园。

第7小段：G0165（断点）—G0166（止点、断点），长93米。东北—西南走向。保存差。北侧有杏树园。墙体底宽3～5、顶宽0.5～1.7、残高1.1～2.3米。

墙体整体保存差。造成损毁的自然因素有洪水冲刷、风雨侵蚀、植物生长等；人为因素有农业生产活动破坏、采矿生产活动破坏、修建道路破坏、取土挖损等。

13. 燕家堡长城

起点位于龙泉镇燕家堡村东北1.2千米处，高程1139米；止点位于燕家堡村西北1.8千米处，高程1211米。大致呈东南—西北走向。全长1883米，其中保存较好803、一般339、差95、消失646米。墙体为土墙，黄土夯筑而成，含碎石、砂砾，夯层厚0.18～0.29米。现存墙体剖面大致呈不规则梯形，底宽3.6～6、顶宽0.2～3、残高0.8～6.4米。部分段墙体有二次修缮痕迹，顶部加高1米，墙体南壁或西南壁加厚0.5～1米。本段长城东接谢家屯长城，西北连乳头山长城。墙体上有敌台4座（燕家堡1～4号敌台）、马面1座（燕家堡马面），墙体北侧有烽火台2座（燕家堡1、2号烽火台）（图八四）。

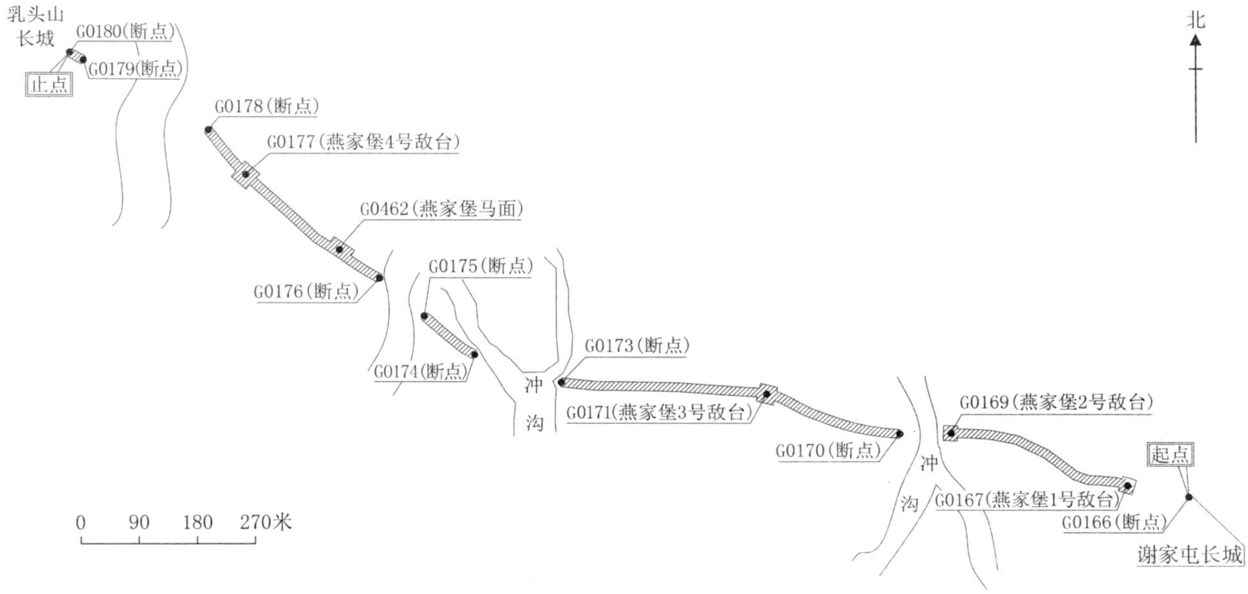

图八四 燕家堡长城走向示意图

本段长城共测 GPS 点 14 个（G0166、G0167、G0169～G0171、G0173～G0180、G0462），可分为10 小段，分述如下。

第 1 小段：G0166（起点、断点）—G0167（燕家堡 1 号敌台），长 114 米。东—西走向。墙体被修建道路破坏和取土挖损损毁消失，西端有水渠。南、北侧有杏树园。

第 2 小段：G0167（燕家堡 1 号敌台）—G0169（燕家堡 2 号敌台），长 260 米。东南—西北走向。保存较好。墙体东端有挖掘形成的豁口，宽 5、深 3.7 米。南侧为耕地，北侧有土路和耕地。墙体底宽 5～6、顶宽 1.5～2.8、残高 5.5～6 米。

第 3 小段：G0169（燕家堡 2 号敌台）—G0170（断点），长 77 米。东—西走向。墙体被洪水冲刷损毁消失。北侧有废弃的采矿场。

第 4 小段：G0170（断点）—G0173（断点），长 543 米。东南—西北走向。保存较好。墙体上有两处较大的豁口，一处宽 6.3、深 2.7 米，另一处宽 8.5、深 2.5～3.2 米。南侧为耕地。墙体底宽 5～5.8、顶宽 2.6～3、残高 3.6～5.5 米。燕家堡 3 号敌台位于墙体上，敌台墙体内侧有登墙步道，敌台西侧墙体顶部有一段墙体，长 4、宽 0.3、残高 1.6 米。

第 5 小段：G0173（断点）—G0174（断点），长 141 米。东南—西北走向。墙体被洪水冲刷损毁消失。现有杏树林和废弃的小型铁矿，堆放有矿渣。

第 6 小段：G0174（断点）—G0175（断点），长 79 米。东南—西北走向。保存差。西南侧为耕地，东北侧有采矿场。墙体底宽 5～6、顶宽 0.6～1.3、残高 1.2～3 米。

第 7 小段：G0175（断点）—G0176（断点），长 100 米。东南—西北走向。墙体被洪水冲刷损毁消失。现为采矿场。

第 8 小段：G0176（断点）—G0178（断点），长 339 米。东南—西北走向。保存一般。西南侧为耕地。墙体底宽 5～6、顶宽 1.6～2.3、残高 3.2～6.4 米。燕家堡 4 号敌台、燕家堡马面位于墙体上。

第 9 小段：G0178（断点）—G0179（断点），长 214 米。东南—西北走向。墙体被洪水冲刷损毁消失。现为采矿场，东北侧有杏树园。

第 10 小段：G0179（断点）—G0180（止点、断点），长 16 米。东南—西北走向。保存差。西南侧有土路和耕地。墙体底宽 3.6～5.5、顶宽 0.2～0.6、残高 0.8～5.1 米。

墙体整体保存一般。造成损毁的自然因素有洪水冲刷、风雨侵蚀、植物生长等；人为因素有农业生产活动破坏、采矿生产活动破坏、修建道路破坏、取土挖损等。

14. 乳头山长城

起点位于龙泉镇乳头山村东南 0.9 千米处，高程 1211 米；止点位于乳头山村西 1.1 千米处，高程 1231 米。大致呈东南—西北走向。全长 2123 米，其中保存较好 855、一般 279、差 84、消失 905 米。墙体为土墙，黄土夯筑而成，夯层厚 0.18～0.26 米。现存墙体剖面大致呈不规则梯形，底宽 4～6、顶宽 0.3～3、残高 0.9～5.6 米。部分段墙体有二次修缮痕迹，墙体南或西南壁、北或东北壁加厚 0.8～1 米，夯层厚 0.2～0.3 米。本段长城东南接燕家堡长城，西连砖楼长城。墙体上有敌台 2 座（乳头山 1、2 号敌台）、马面 2 座（乳头山 1、2 号马面）；墙体北侧或东北侧有烽火台 5 座（乳头山 1～5 号烽火台），乳头山 2、4、5 号烽火台位于墙体北或东北 0.044～0.06 千米处（图八五）。

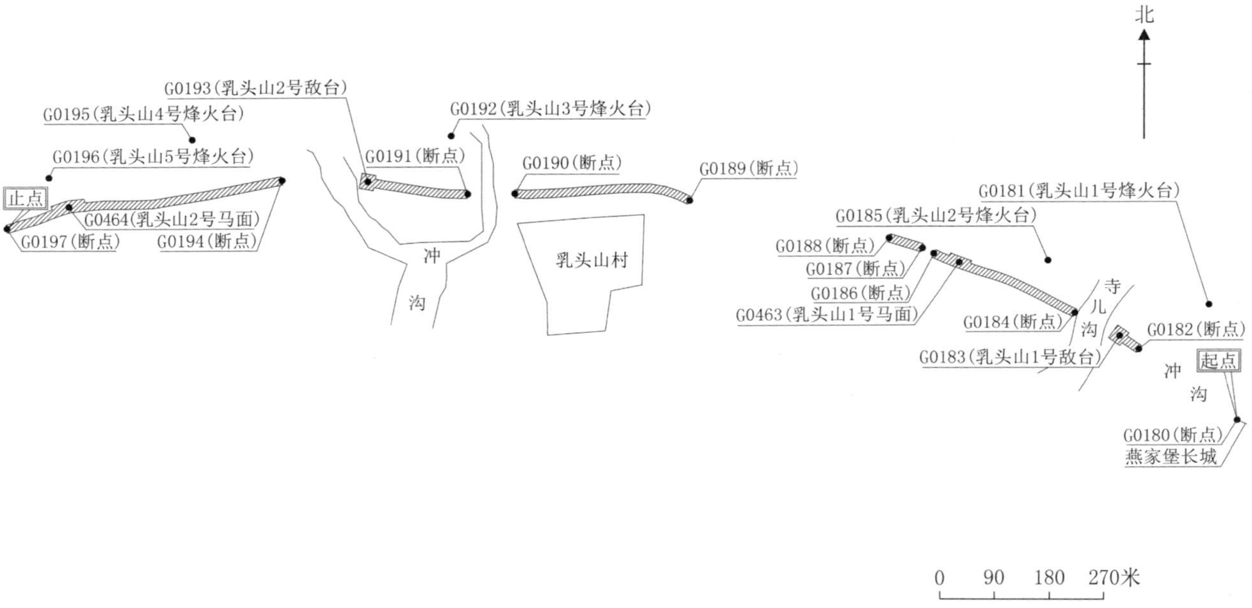

图八五　乳头山长城走向示意图

本段长城共测 GPS 点 15 个（G0180、G0182～G0184、G0186～G0191、G0193、G0194、G0197、G0463、G0464），可分为 12 小段，分述如下。

第 1 小段：G0180（起点、断点）—G0182（断点），长 219 米。东南—西北走向。墙体被洪水冲刷损毁消失。现为耕地，周围有杏树园，西南侧有土路。

第 2 小段：G0182（断点）—G0183（乳头山 1 号敌台），长 46 米。东南—西北走向。保存差。西南、东北侧均为耕地。墙体底宽 4～5、顶宽 0.3～1.4、残高 0.9～4.8 米。

第 3 小段：G0183（乳头山 1 号敌台）—G0184（断点），长 70 米。东南—西北走向。墙体被洪水冲刷损毁消失，现为沟谷（当地称寺儿沟），沟谷旁有耕地。

第 4 小段：G0184（断点）—G0186（断点），长 247 米。东南—西北走向。保存较好。西南、东北侧有耕地和土路。墙体底宽 5、顶宽 1.9～3、残高 4.4～5.6 米。乳头山 1 号马面位于墙体上。

第 5 小段：G0186（断点）—G0187（断点），长 50 米。东南—西北走向。墙体遭取土挖损损毁消失，西南侧有耕地和土路。

第 6 小段：G0187（断点）—G0188（断点），长 38 米。东南—西北走向。保存差。墙体底宽 5 ~ 5. 5、顶宽 2 ~ 3、残高 3. 3 ~ 4 米。

第 7 小段：G0188（断点）—G0189（断点），长 339 米。东南—西北走向。墙体遭修建房屋破坏、修建道路破坏和取土挖损损毁消失，东端有沟谷，北侧为杏树园。

第 8 小段：G0189（断点）—G0190（断点），长 279 米。东—西走向。保存一般。南侧为民居，北侧为杏树园。墙体底宽 5 ~ 6、顶宽 1. 3 ~ 2. 9、残高 3. 2 ~ 5. 2 米。

第 9 小段：G0190（断点）—G0191（断点），长 86 米。东—西走向。墙体被洪水冲刷损毁消失，北侧有采矿场。

第 10 小段：G0191（断点）—G0193（乳头山 2 号敌台），长 149 米。东—西走向。保存较好。南壁有洞穴，宽 1. 4、高 2. 1、进深 2. 6 米。南侧为耕地和土路，北侧为耕地和杏树园。墙体底宽 5、顶宽 1. 9 ~ 3、残高 4. 4 ~ 5. 6 米（彩图一四二）。

第 11 小段：G0193（乳头山 2 号敌台）—G0194（断点），长 141 米。东—西走向。墙体被洪水冲刷损毁消失，北侧为杏树林，周围为耕地。

第 12 小段：G0194（断点）—G0197（止点、断点），长 459 米。东北—西南走向。保存较好。南侧为耕地和杏树园。墙体底宽 5 ~ 6、顶宽 2. 5 ~ 3、残高 4. 9 ~ 5. 6 米。乳头山 2 号马面位于墙体上。

墙体整体保存一般。造成损毁的自然因素有洪水冲刷、风雨侵蚀、植物生长等；人为因素有农业生产活动破坏、修建房屋及道路破坏、取土挖损、挖掘洞穴等。

15. 砖楼长城

起点位于龙泉镇砖楼村东 0. 87 千米处，高程 1231 米；止点位于砖楼村西 1. 1 千米处，高程 1211 米。大致呈东—西走向。全长 1918 米，其中保存较好 431、一般 343、较差 150、差 28、消失 966 米。墙体为土墙，黄土夯筑而成，夯层厚 0. 18 ~ 0. 26 米。现存墙体剖面大致呈不规则梯形，底宽 2. 2 ~ 6、顶宽 0. 5 ~ 3、残高 0. 3 ~ 5. 8 米。部分段墙体有二次修缮痕迹，墙体南壁加厚 0. 6 ~ 1 米，夯层厚 0. 24 ~ 0. 3 米。本段长城东接乳头山长城，西南连小龙王庙长城。墙体上有敌台 5 座（砖楼 1 ~ 5 号敌台）；墙体北侧有烽火台 3 座（砖楼 1 ~ 3 号烽火台），砖楼 1、3 号烽火台位于墙体北 0. 076 ~ 0. 561 千米处（图八六）。

本段长城共测 GPS 点 11 个（G0197、G0198、G0200 ~ G0202、G0204、G0206 ~ G0208、G0210、G0211），可分为 7 小段，分述如下。

第 1 小段：G0197（起点、断点）—G0198（砖楼 1 号敌台），长 68 米。东—西走向。墙体被洪水冲刷损毁消失。南、北侧均为杏树林。

第 2 小段：G0198（砖楼 1 号敌台）—G0200（断点），长 150 米。东—西走向。保存较差。南壁有两处人为取土形成的凹坑。南、北侧为耕地和杏树园。墙体底宽 2. 5 ~ 5. 4、顶宽 0. 8 ~ 2. 6、残高 1. 5 ~ 3. 8 米。

第 3 小段：G0200（断点）—G0201（断点），长 433 米。东北—西南走向。墙体被洪水冲刷损毁消失。西部为耕地，南、北侧有杏树园。

第 4 小段：G0201（断点）—G0202（断点），长 28 米。东—西走向。保存差。墙体遭取土挖损损毁。南侧为耕地，有废弃的采沙场；北侧有杏树园。墙体底宽 2. 2 ~ 4. 8、顶宽 0. 5 ~ 1. 2、残高0. 3 ~ 1. 6 米。

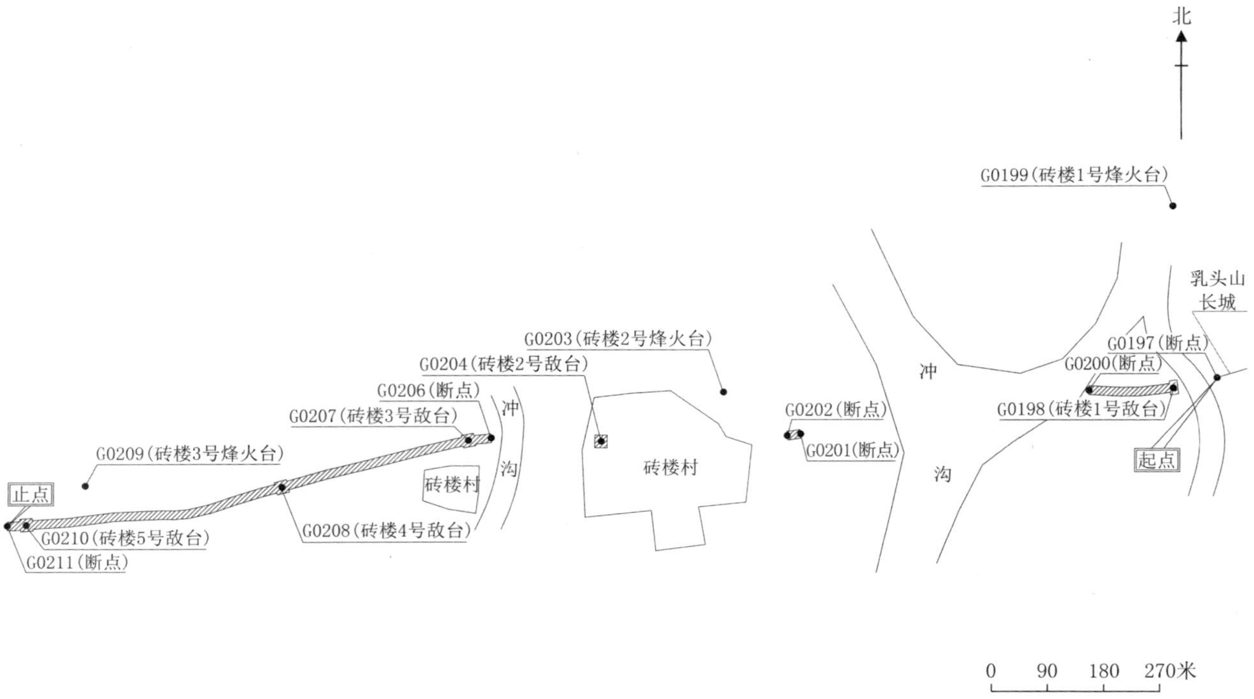

图八六 砖楼长城走向示意图

第 5 小段：G0202（断点）—G0206（断点），长 465 米。东—西走向。墙体位于村庄内，遭洪水冲刷和修建房屋破坏、取土挖损损毁消失。砖楼 2 号敌台位于墙体上。

第 6 小段：G0206（断点）—G0208（砖楼 4 号敌台），长 343 米。东北—西南走向。保存一般。墙体底宽 4～5.9、顶宽 2～3、残高 2.2～5.8 米。砖楼 3 号敌台位于墙体上。

第 7 小段：G0208（砖楼 4 号敌台）—G0211（止点、断点），长 431 米。东北—西南走向。保存较好。南、北侧为耕地，南侧有土路。墙体底宽 2.2～6、顶宽 0.5～1.2、残高 1.3～2.8 米。砖楼 5 号敌台位于墙体上。

墙体整体保存较差。造成损毁的自然因素有洪水冲刷、风雨侵蚀、植物生长等；人为因素有农业生产活动破坏、居民生活活动破坏、修建房屋及道路破坏、取土挖损等。

16. 小龙王庙长城

起点位于龙泉镇小龙王庙村东北 0.71 千米处，高程 1211 米；止点位于小龙王庙村西南 0.9 千米处，高程 1260 米。大致呈东北—西南走向。全长 1635 米，其中保存较好 315、一般 846、消失 474 米。墙体为土墙，黄土夯筑而成。现存墙体剖面大致呈不规则梯形，底宽 2.6～6.4、顶宽 0.5～3.5、残高 2.5～6.5 米。部分段墙体有二次修缮痕迹，墙体东南、西北壁加厚 0.7～1 米，夯层厚0.22～0.3 米。本段长城东接砖楼长城，西连守口堡长城 1 段。墙体上有 4 座敌台（小龙王庙 1～4 号敌台）；墙体西北侧有烽火台 5 座（小龙王庙 1～5 号烽火台），位于墙体西北 0.023～0.054 千米处，南侧有烽火台 1 座（小龙王庙 6 号烽火台），位于墙体南 0.025 千米处（图八七）。

本段长城共测 GPS 点 18 个（G0211～G0213、G0215～G0217、G0219、G0220、G0222、G0224～G0228、G0230～G0232、G0456），可分为 14 小段，分述如下。

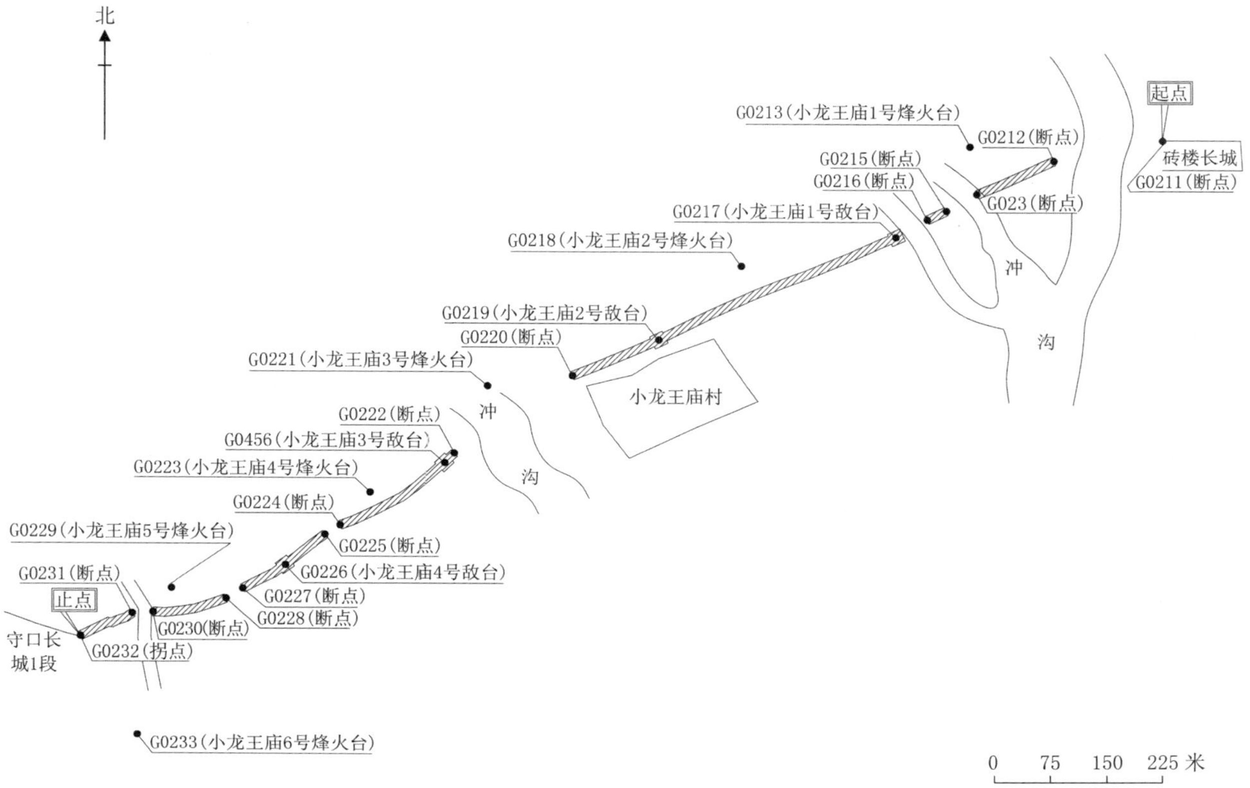

图八七　小龙王庙长城走向示意图

第 1 小段：G0211（起点、断点）—G0212（断点），长 144 米。东北—西南走向。墙体被洪水冲刷损毁消失。东南侧为耕地，有土路。

第 2 小段：G0212（断点）—G0213（断点），长 118 米。东北—西南走向。保存较好。东南侧为耕地，西北侧为耕地、杏树园，墙体西北侧紧邻数棵大杏树。墙体底宽 4.8～5.6、顶宽 1.8～2.1、残高 5.1～6.5 米。

第 3 小段：G0213（断点）—G0215（断点），长 54 米。东北—西南走向。墙体被洪水冲刷损毁消失。沟谷内有废弃的采矿场，堆放有矿渣，东南侧为耕地，西北侧为杏园地和杨树林。

第 4 小段：G0215（断点）—G0216（断点），长 28 米。东北—西南走向。保存一般。墙体底宽 2.6～5.3、顶宽 0.5～2.8、残高 3.9～5.7 米。

第 5 小段：G0216（断点）—G0217（小龙王庙 1 号敌台），长 49 米。东北—西南走向。墙体被洪水冲刷损毁消失，沟谷内有水渠，西北侧有耕地。

第 6 小段：G0217（小龙王庙 1 号敌台）—G0220（断点），长 485 米。东北—西南走向。保存一般。墙体东南侧邻村庄，有土路，西北侧有杏树园。墙体底宽 3.9～5.8、顶宽 2.6～3.5、残高 3.8～5.3 米。小龙王庙 2 号敌台位于墙体上（彩图一四三）。

第 7 小段：G0220（断点）—G0222（断点），长 177 米。东北—西南走向。墙体被洪水冲刷损毁消失。东南侧有耕地，西北侧有杏树园和杨树林。

第 8 小段：G0222（断点）—G0224（断点），长 197 米。东北—西南走向。保存较好。东南侧有杏树园，西北侧有零星的杏树。墙体底宽 4.1～6.4、顶宽 2.6～3.5、残高 2.8～5.3 米。小龙王庙 3 号敌台位于墙体上。

第 9 小段：G0224（断点）—G0225（断点），长 14 米。东北—西南走向。墙体被洪水冲刷损毁消失。沟谷内有杨树林。

第 10 小段：G0225（断点）—G0227（断点），长 142 米。东北—西南走向。保存一般。西北侧有杏树园。墙体底宽 3.8～5.9、顶宽 2.3～3.2、残高 2.5～4.1 米。小龙王庙 4 号敌台位于墙体上。

第 11 小段：G0227（断点）—G0228（断点），长 20 米。东北—西南走向。墙体被洪水冲刷损毁消失。东南侧有杏树园。

第 12 小段：G0228（断点）—G0230（断点），长 114 米。东北—西南走向。保存一般。南侧有河沟、杏树园和东西向的水渠。墙体底宽 3.9～5.9、顶宽 2.3～3、残高 2.5～4.5 米。

第 13 小段：G0230（断点）—G0231（断点），长 16 米。东—西走向。墙体被洪水冲刷损毁消失。

第 14 小段：G0231（断点）—G0232（止点、拐点），长 77 米。东北—西南走向。保存一般。墙体底宽 3.7～5.2、顶宽 2.5～3.4、残高 2.7～4.3 米。

墙体整体保存一般。造成损毁的自然因素有洪水冲刷、风雨侵蚀、植物生长等；人为因素有农业生产活动破坏、采矿生产活动破坏、居民生活活动破坏、修建房屋及道路破坏、取土挖损等。

17. 守口堡长城 1 段

起点位于龙泉镇守口堡村东北 1.4 千米处，高程 1260 米；止点位于守口堡村北 0.35 千米处，高程 1203 米。大致呈东—西走向。全长 1717 米，其中保存较好 922、一般 495、消失 300 米。墙体为土墙，黄土夯筑而成，含砂砾、碎石，夯层厚 0.18～0.25 米。现存墙体剖面大致呈不规则梯形，底宽 4.2～6.1、顶宽 1.1～3.6、残高 1.6～4.5 米。本段长城东北接小龙王庙长城，西南连守口堡长城 2 段。守口关倚墙而建，墙体上有敌台 5 座（守口堡 1～5 号敌台）。墙体北侧有烽火台 3 座（守口堡 1～3 号烽火台），位于墙体北 0.052～0.063 千米处（图八八）。

本段长城共测 GPS 点 11 个（G0232、G0234、G0236、G0238～G0240、G0242～G0246），可分为 7 小段，分述如下。

第 1 小段：G0232（起点、断点）—G0236（断点），长 495 米。东—西走向。保存一般。南侧有少量的杏树。墙体底宽 4.2～6.1、顶宽 1.1～2.5、残高 1.6～4.5 米。守口堡 1 号敌台位于墙体上。

第 2 小段：G0236（断点）—G0238（守口堡 2 号敌台），长 86 米。东北—西南走向。墙体被洪水冲刷损毁消失。

第 3 小段：G0238（守口堡 2 号敌台）—G0239（断点），长 293 米。东北—西南走向。保存较好。东南侧有杏树园。G0238（守口堡 2 号敌台）处堆放有矿渣。墙体底宽 4.2～5.1、顶宽 1.1～2.5、残高 1.6～4.5 米（彩图一四四）。

第 4 小段：G0239（断点）—G0240（守口堡 3 号敌台），长 24 米。东—西走向。墙体被洪水冲刷损毁消失。沟谷内有采矿场，南侧有杏树园。

第 5 小段：G0240（守口堡 3 号敌台）—G0243（拐点），长 365 米。东南—西北走向。保存较好。南侧有杏树园、土路。墙体顶部南侧残存女墙，北侧残存垛口墙，女墙、垛口墙宽 0.3～0.6、残高 0.4～0.8 米。墙体底宽 4.5～5.6、顶宽 1.8～3.5、残高 2.5～4.1 米。

第 6 小段：G0243（拐点）—G0245（守口堡 5 号敌台），长 264 米。东北—西南走向。保存较好。南侧有耕地、水渠、杏树园和黑水河河谷。墙体顶部南侧残存女墙，北侧残存垛口墙，女墙、垛口墙

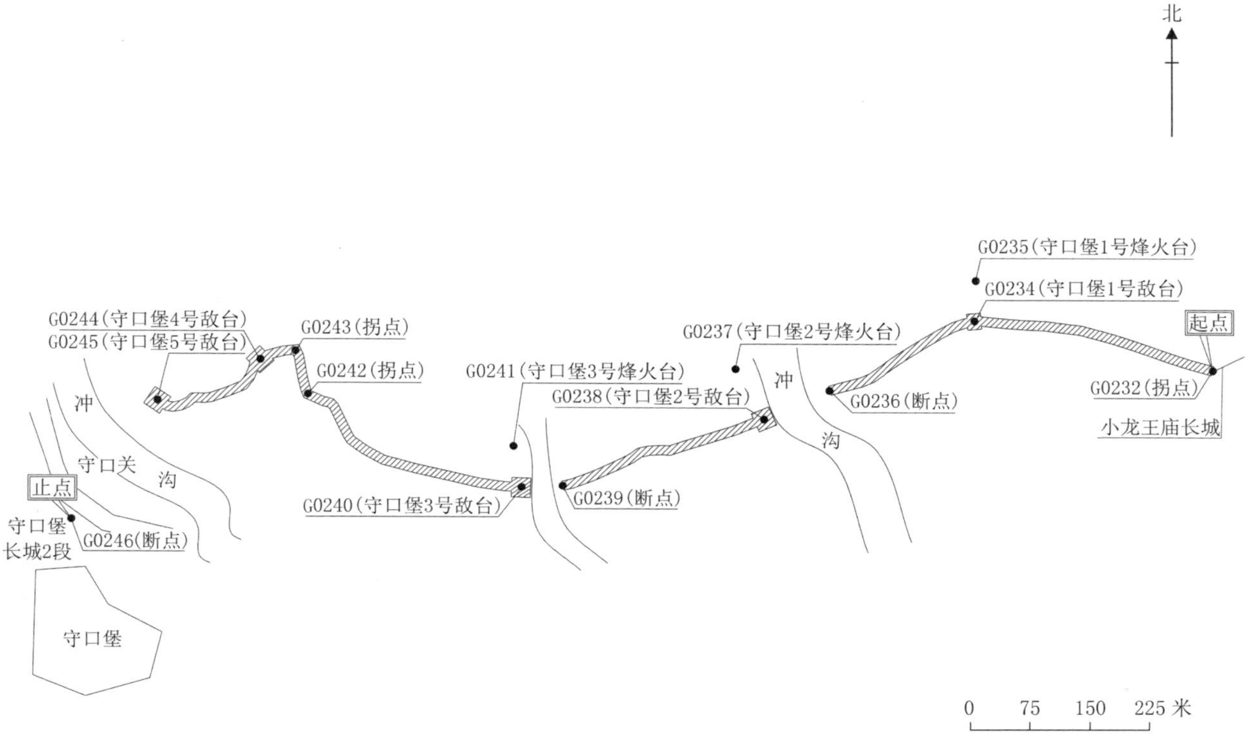

图八八　守口堡长城 1 段走向示意图

宽 0. 3 ~0. 6、残高 0. 4 ~0. 8 米。墙体底宽 4. 6 ~5. 7、顶宽 1. 9 ~3. 6、残高 2. 6 ~4. 2 米。守口堡 5 号敌台位于墙体上。

第 7 小段：G0245（守口堡 5 号敌台）—G0246（止点、断点），长 190 米。东北—西南走向。墙体遭洪水冲刷和修建道路破坏损毁消失。守口关倚墙而建。

墙体整体保存一般。造成损毁的自然因素有洪水冲刷、风雨侵蚀、植物生长等；人为因素有农业生产活动破坏、采矿生产活动破坏、修建道路破坏、取土挖损等。

18. 守口堡长城 2 段

起点位于龙泉镇守口堡村北 0. 35 千米处，高程 1203 米；止点位于守口堡村西南 1. 5 千米处，高程 1381 米。大致呈东北—西南走向。全长 1771 米，其中保存较好 726、一般 731、较差 242、消失 72 米。墙体为土墙，黄土夯筑而成，含较多砂砾，夯层厚 0. 18 ~0. 25 米。现存墙体剖面大致呈不规则梯形，底宽 2. 3 ~5. 8、顶宽 0. 6 ~1. 8、残高 1. 2 ~4. 6 米。部分段墙体有二次修缮痕迹，墙体南、北壁加厚 0. 5 ~0. 7 米。本段长城位于山西省与内蒙古自治区交界处，东北接守口堡长城 1 段，西南连十五梁长城。守口堡位于墙体东南 0. 35 千米，守口堡马市倚墙而建，墙体上有敌台 7 座（守口堡 6 ~12 号敌台）。墙体南侧或东南侧有烽火台 5 座（守口堡 4 ~8 号烽火台），距墙体 0. 009 ~0. 253 千米；北侧或西北侧有烽火台 6 座（内蒙古石堤沟 1 ~6 号烽火台）（图八九）。

本段长城共测 GPS 点 14 个（G0246、G0248、G0250、G0252、G0255 ~ G0264），可分为 6 小段，分述如下。

第 1 小段：G0246（起点、断点）—G0252（守口堡 8 号敌台），长 726 米。东北—西南走向。

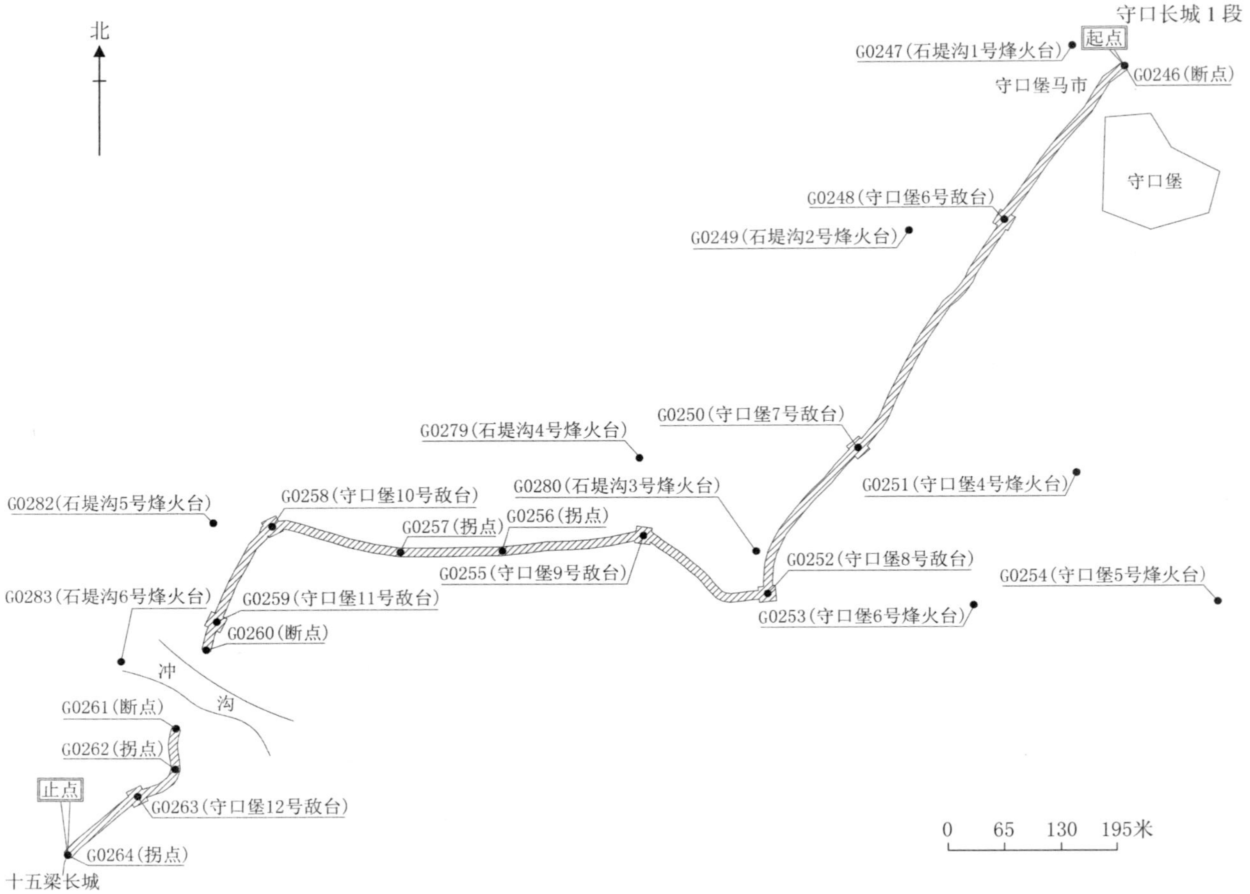

图八九　守口堡长城2段走向示意图

保存较好。墙体底宽3.1～5.8、顶宽0.9～1.6、残高2.5～3.8米。守口堡6、7号敌台位于墙体上。

第2小段：G0252（守口堡8号敌台）—G0256（拐点），长274米。东南—西北走向。保存一般。墙体底宽2.8～4.8、顶宽0.8～1.4、残高1.4～3.6米。守口堡9号敌台位于墙体上。

第3小段：G0256（拐点）—G0258（守口堡10号敌台），长279米。东—西走向。保存一般。南、北侧为耕地。墙体底宽3.9～4.8、顶宽0.8～1.8、残高1.9～4.6米。

第4小段：G0258（守口堡10号敌台）—G0260（断点），长178米。东北—西南走向。保存一般。墙体上有洞穴两处。墙体底宽2.5～5.2、顶宽0.6～1.6、残高1.8～3.3米。守口堡11号敌台位于墙体上。

第5小段：G0260（断点）—G0261（断点），长72米。东北—西南走向。墙体被洪水冲刷损毁消失。沟谷内有采矿场。

第6小段：G0261（断点）—G0264（止点、拐点），长242米。东北—西南走向。保存较差。墙体底宽2.3～4.5、顶宽0.6～1.2、残高1.2～2.1米。守口堡12号敌台位于墙体上。

墙体整体保存一般。造成损毁的自然因素有洪水冲刷、风雨侵蚀、植物生长等；人为因素有农业生产活动破坏、采矿生产活动破坏、取土挖损、挖掘洞穴等。

19. 十五梁长城

起点位于长城乡十五梁村东北0.72千米处，高程1381米；止点位于十五梁村西0.96千米处，高程1488米。大致呈东北—西南走向。全长1789米，其中保存较好132、一般858、差614、消失185米。墙体为土墙，黄土夯筑而成，含少量砂砾、碎石，夯层厚0.18~0.25米。现存墙体剖面大致呈不规则梯形，底宽2.8~5.6、顶宽0.4~1.7、残高1.6~4.3米。本段长城位于山西省与内蒙古自治区交界处，东北接守口堡长城2段，西南连十九梁长城。墙体上有敌台6座（十五梁1~6号敌台）。墙体南或东南0.02~0.027千米处有烽火台2座（十五梁1、2号烽火台），北或西北有烽火台4座（内蒙古石堤沟7~10号烽火台）（图九〇）。

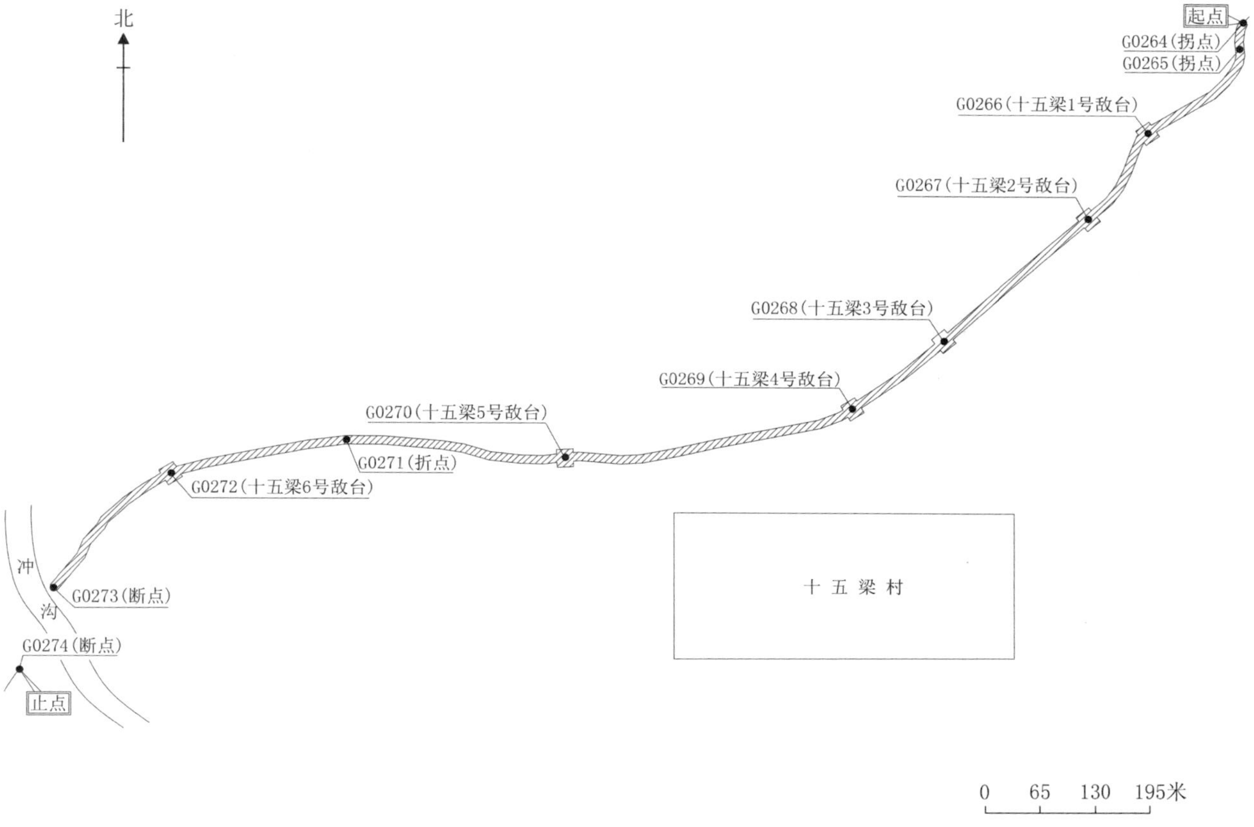

图九〇　十五梁长城走向示意图

本段长城共测GPS点11个（G0264~G0274），可分为6小段，分述如下。

第1小段：G0264（起点、拐点）—G0266（十五梁1号敌台），长178米。东北—西南走向。保存差。东南侧0.05千米处有采矿场。墙体底宽2.8~4.8、顶宽0.4~1.1、残高1.6~2.5米。

第2小段：G0266（十五梁1号敌台）—G0269（十五梁4号敌台），长481米。东北—西南走向。保存一般。东南、西北侧为耕地。墙体底宽2.8~5.4、顶宽0.8~1.7、残高1.6~2.5米。十五梁2、3号敌台位于墙体上。

第3小段：G0269（十五梁4号敌台）—G0270（十五梁5号敌台），长377米。东—西走向。保存一般。墙体南壁紧邻民居，北侧为耕地。墙体底宽3.7~5.6、顶宽0.6~1.7、残高1.6~4.3米。

第 4 小段：G0270（十五梁 5 号敌台）—G0272（十五梁 6 号敌台），长 436 米。东—西走向。保存差。南、北侧为耕地。墙体底宽 3.5 ~4.8、顶宽 1.2 ~1.7、残高 1.6 ~2.3 米。

第 5 小段：G0272（十五梁 6 号敌台）—G0273（断点），长 132 米。东北—西南走向。保存较好。东南、西北侧为耕地。墙体底宽 4.5 ~5、顶宽 1.2 ~1.7、残高 1.8 ~3.6 米。

第 6 小段：G0273（断点）—G0274（止点、断点），长 185 米。东北—西南走向。墙体被洪水冲刷损毁消失。东南侧为耕地，南端有土路。

墙体整体保存较差。造成损毁的自然因素有洪水冲刷、风雨侵蚀、植物生长等；人为因素有农业生产活动破坏、居民生活活动破坏、修建房屋破坏、取土挖损等。

20. 十九梁长城

起点位于长城乡十九梁村东北 0.52 千米处，高程 488 米；止点位于十九梁村西南 1 千米处，高程 1460 米。大致呈东北—西南走向。全长 1557 米，其中保存较好 348、一般 472、差 296、消失 441 米。墙体为土墙，黄土夯筑而成，夯层厚 0.18 ~0.25 米。现存墙体剖面大致呈不规则梯形，底宽 1.5 ~5.6、顶宽 0.5 ~2.8、残高 0.9 ~4.5 米。本段长城位于山西省与内蒙古自治区交界处，东北接十五梁长城，西南连西三墩长城。墙体上有敌台 4 座（十九梁 1 ~4 号敌台）。墙体东南 0.024 ~0.051 千米有烽火台 3 座（十九梁 1 ~3 号烽火台），西北有烽火台 4 座（内蒙古石堤沟 11 ~15 号烽火台）（图九一）。

本段长城共测 GPS 点 12 个（G0274 ~G0278、G0295 ~G0301），可分为 10 小段，分述如下。

第 1 小段：G0274（起点、断点）—G0275（十九梁 1 号敌台），长 29 米。东北—西南走向。保存差。墙体底宽 1.5 ~2.6、顶宽 0.5 ~1.6、残高 0.9 ~1.8 米（彩图一四五）。

第 2 小段：G0275（十九梁 1 号敌台）—G0276（断点），长 152 米。东北—西南走向。保存一般。东南、西北侧为耕地。墙体底宽 3.5 ~4.6、顶宽 1.5 ~2.2、残高 2.9 ~3.8 米。

第 3 小段：G0276（断点）—G0277（断点），长 105 米。东北—西南走向。墙体被洪水冲刷损毁消失。

第 4 小段：G0277（断点）—G0278（十九梁 2 号敌台），长 168 米。东北—西南走向。保存较好。东南、西北侧为耕地。墙体底宽 3.8 ~5.6、顶宽 1.4 ~2.3、残高 3.7 ~4 米。

第 5 小段：G0278（十九梁 2 号敌台）—G0295（断点），长 118 米。东北—西南走向。保存一般。墙体底宽 3.8 ~5.6、顶宽 1.7 ~2.3、残高 3 ~3.6 米。

第 6 小段：G0295（断点）—G0296（断点），长 208 米。东北—西南走向。墙体被洪水冲刷损毁消失。

第 7 小段：G0296（断点）—G0298（断点），长 267 米。东北—西南走向。保存差。东南、西北侧为耕地。墙体底宽 2.5 ~3.9、顶宽 1.1 ~2.8、残高 1.4 ~2.6 米。十九梁 3 号敌台位于墙体上。

第 8 小段：G0298（断点）—G0299（断点），长 128 米。东北—西南走向。墙体被洪水冲刷损毁消失。

第 9 小段：G0299（断点）—G0300（十九梁 4 号敌台），长 202 米。东北—西南走向。保存一般。东南、西北侧为耕地。墙体底宽 4.4 ~5.4、顶宽 1.6 ~2.2、残高 3 ~4.5 米（彩图一四六）。

第 10 小段：G0300（十九梁 4 号敌台）—G0301（止点、断点），长 180 米。东北—西南走向。保存较好。东南、西北侧为耕地。墙体底宽 4.8 ~5.5、顶宽 1.6 ~2.3、残高 4 ~4.5 米。

墙体整体保存较差。造成损毁的自然因素有洪水冲刷、风雨侵蚀、植物生长等；人为因素有农业

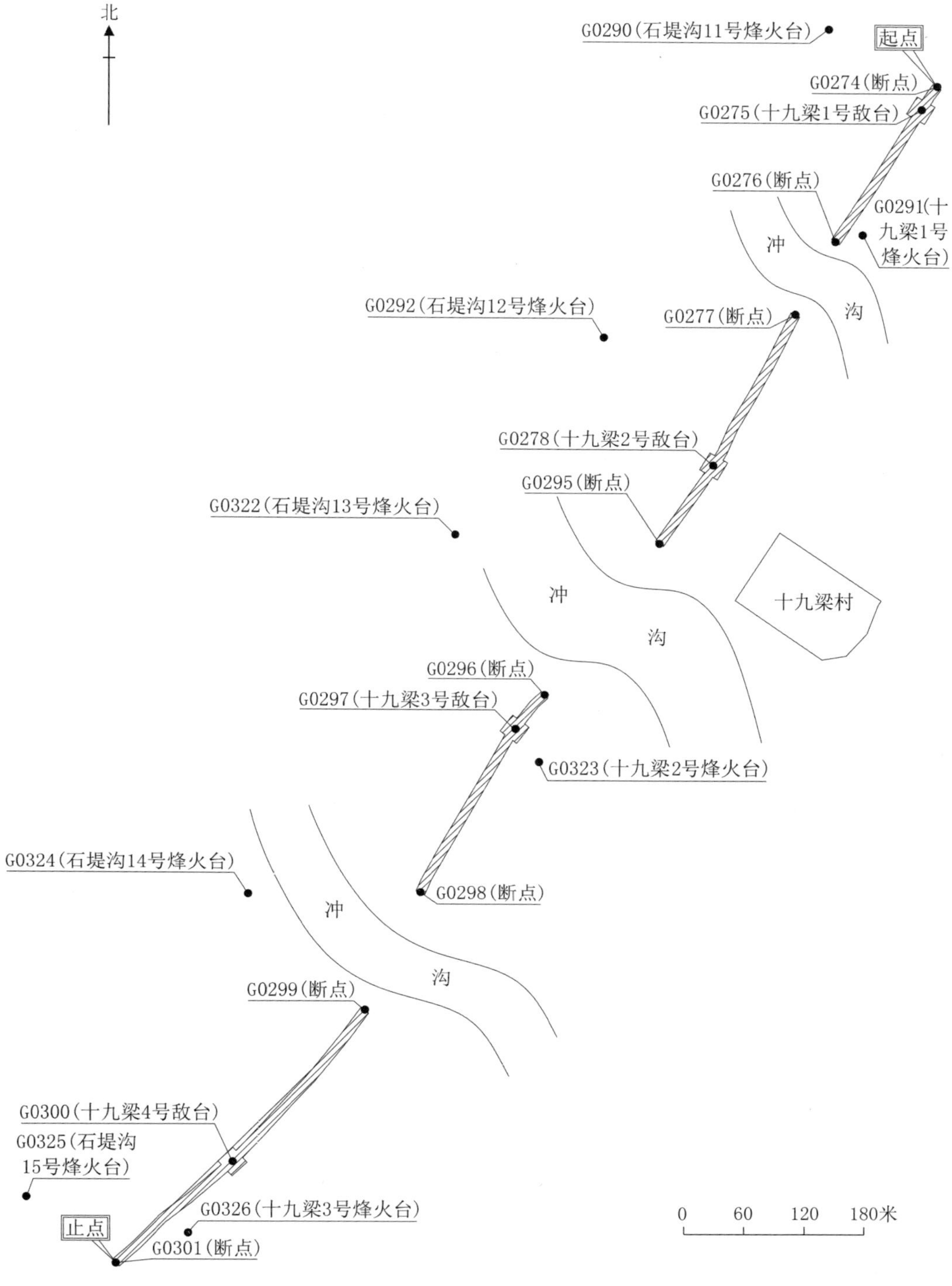

图九一　十九梁长城走向示意图

生产活动破坏、取土挖损等。

21. **西三墩长城**

起点位于长城乡西三墩村东北 0.487 千米处，高程 1460 米；止点位于西三墩村西南 0.478 千米处，高程 1462 米。大致呈东北—西南走向。全长 1021 米，其中保存一般 139 米、较差 450 米、消失 432 米。墙体为土墙，黄土夯筑而成，夯层厚 0.18～0.25 米。现存墙体剖面大致呈不规则梯形，底宽 2.2～6.2、顶宽 1.2～2.8、残高 1.3～4.5 米。本段长城位于山西省与内蒙古自治区交界处，东北接十九梁长城，西南连六墩长城。墙体上有敌台 3 座（西三墩 1～3 号敌台）、马面 1 座（西三墩马面）。墙体东南侧有烽火台 1 座（西三墩烽火台），西北侧有烽火台 4 座（内蒙古石堤沟 16～19 号烽火台）（图九二）。

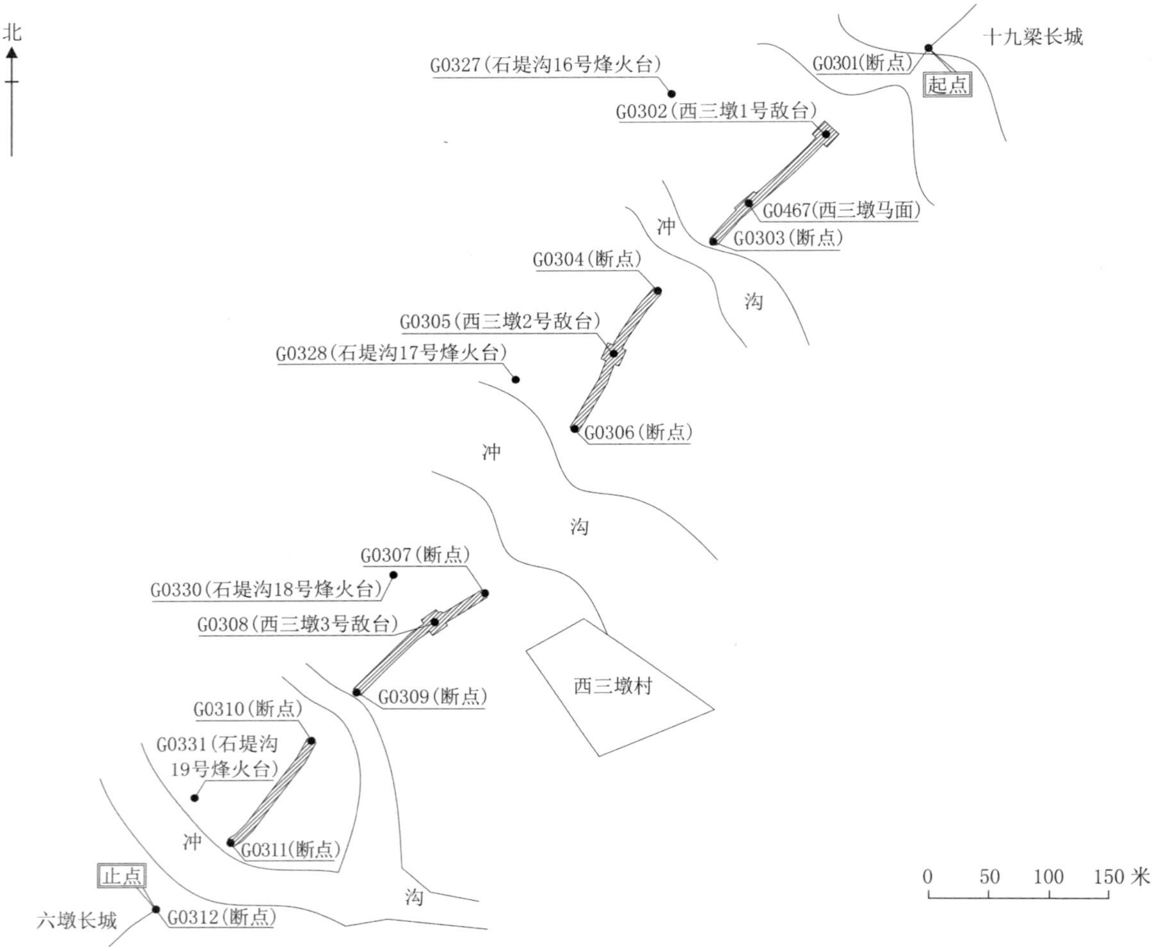

图九二　西三墩长城走向示意图

本段长城共测 GPS 点 13 个（G0301～G0312、G0467），可分为 9 小段，分述如下。

第 1 小段：G0301（起点、断点）—G0302（西三墩 1 号敌台），长 110 米。东北—西南走向。墙体被洪水冲刷损毁消失。

第 2 小段：G0302（西三墩 1 号敌台）—G0303（断点），长 130 米。东北—西南走向。保存较差。东南、西北侧为耕地。墙体底宽 3～6.2、顶宽 1.9～2.8、残高 1.6～4.1 米。西三墩马面位于墙体上。

第 3 小段：G0303（断点）—G0304（断点），长 49 米。东北—西南走向。墙体被洪水冲刷损毁消失。

第 4 小段：G0304（断点）—G0306（断点），长 139 米。东北—西南走向。保存一般。东、西侧为耕地，附近有一条土路。墙体底宽 4.3～6.2、顶宽 1.8～2.6、残高 1.3～4.5 米。西三墩 2 号敌台位于墙体上。

第 5 小段：G0306（断点）—G0307（断点），长 98 米。东北—西南走向。墙体被洪水冲刷损毁消失。

第 6 小段：G0307（断点）—G0309（断点），长 228 米。东北—西南走向。保存较差。东南、西北侧为耕地。墙体底宽 3.6～5.6、顶宽 1.2～2.3、残高 1.3～2.8 米。西三墩 3 号敌台位于墙体上。

第 7 小段：G0309（断点）—G0310（断点），长 58 米。东北—西南走向。墙体被洪水冲刷损毁消失。

第 8 小段：G0310（断点）—G0311（断点），长 92 米。东北—西南走向。保存较差。东南侧有零星杨树，西北侧为耕地。墙体底宽 2.2～5.8、顶宽 1.5～2.1、残高 1.4～2.6 米。

第 9 小段：G0311（断点）—G0312（止点、断点），长 117 米。东北—西南走向。墙体被洪水冲刷损毁消失。

墙体整体保存较差。造成损毁的自然因素有洪水冲刷、风雨侵蚀、植物生长等；人为因素有农业生产活动破坏、取土挖损等。

22. 六墩长城

起点位于长城乡六墩村东北 0.488 千米处，高程 1408 米；止点位于六墩村西南 0.569 千米处，高程 1454 米。大致呈东北—西南走向。全长 731 米，其中保存较好 95、一般 502、消失 134 米。墙体为土墙，黄土夯筑而成，夯层厚 0.12～0.13 米。现存墙体剖面大致呈不规则梯形，底宽 2.8～5.8、顶宽 0.8～2.1、残高 1～3.6 米。本段长城位于山西省与内蒙古自治区交界处，东北接西三墩长城，西南连十墩长城。墙体上有敌台 2 座（六墩村 1～2 号敌台）。墙体东南 0.008 千米处有烽火台 1 座（六墩烽火台），西北侧有烽火台 4 座（内蒙古石堤沟 20～23 号烽火台）（图九三）。

本段长城共测 GPS 点 8 个（G0312～G0319），可分为 6 小段，分述如下。

第 1 小段：G0312（起点、断点）—G0314（断点），长 334 米。东北—西南走向。保存一般。东南、西北侧为耕地。墙体底宽 2.8～3.6、顶宽 0.9～2.1、残高 1～2.9 米。六墩村 1 号敌台位于墙体上。

第 2 小段：G0314（断点）—G0315（断点），长 28 米。东北—西南走向。墙体被洪水冲刷损毁消失。

第 3 小段：G0315（断点）—G0316（断点），长 168 米。东北—西南走向。保存一般。墙体东南壁紧邻民居，西北侧为耕地。墙体底宽 3.4～5.2、顶宽 0.8～1.8、残高 1.2～2.6 米。

第 4 小段：G0316（断点）—G0317（六墩 2 号敌台），长 31 米。东北—西南走向。墙体被洪水冲刷损毁消失。

第 5 小段：G0317（六墩 2 号敌台）—G0318（断点），长 95 米。东北—西南走向。保存较好。东南侧为耕地。墙体底宽 4～5.8、顶宽 0.9～1.9、残高 2～3.6 米（彩图一四七）。

第 6 小段：G0318（断点）—G0319（止点、断点），长 75 米。东北—西南走向。墙体被洪水冲刷损毁消失。东南、西北侧为耕地。

墙体整体保存一般。造成损毁的自然因素有洪水冲刷、风雨侵蚀、植物生长等；人为因素有农业生产活动破坏、居民生活活动破坏、修建房屋破坏、取土挖损、挖掘洞穴等。

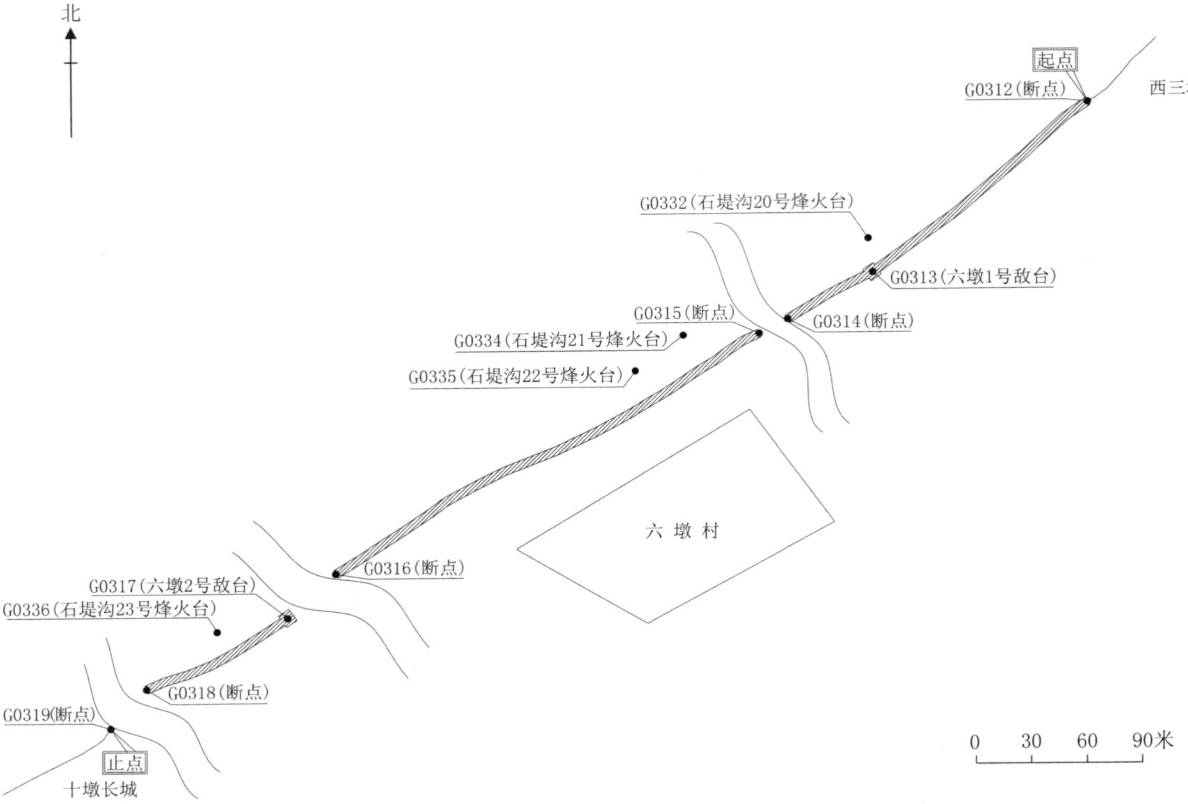

图九三　六墩长城走向示意图

23. **十墩长城**

起点位于长城乡十墩村东北 0.68 千米处，高程 1432 米；止点位于十墩村西南 1.2 千米处，高程 1434 米。大致呈东北—西南走向。全长 1907 米，其中保存较好 263、一般 1090、差 74、消失 480 米。墙体为土墙，黄土夯筑而成，含少量砂砾、碎石，夯层厚 0.18～0.25 米。现存墙体剖面大致呈不规则梯形，底宽 1.8～5.8、顶宽 0.6～2.9、残高 0.6～4.6 米。本段长城位于山西省与内蒙古自治区交界，东北接六墩长城、西南连镇宏堡长城。墙体上有敌台 5 座（十墩 1～5 号敌台）、马面 1 座（十墩马面）。墙体东南 0.006～0.022 千米处有烽火台 4 座（十墩 1～4 号烽火台），西北侧有烽火台 5 座（内蒙古口子 1～5 号烽火台）（图九四）。

本段长城共测 GPS 点 10 个（G0319～G0321、G0342～G0344、G0347、G0350、G0351、G0468），可分为 5 小段，分述如下。

第 1 小段：G0319（起点、断点）—G0342（断点），长 845 米。东北—西南走向。保存一般。东南侧为耕地、杏树园和十墩村村庄，西北侧为耕地。墙体底宽 2.1～5.6、顶宽 0.8～2.9、残高 0.6～4.6 米。十墩 1、2 号敌台和十墩马面位于墙体上。

第 2 小段：G0342（断点）—G0343（断点），长 480 米。东北—西南走向。墙体被洪水冲刷损毁消失。现为耕地，东南侧有采矿场。

第 3 小段：G0343（断点）—G0344（十墩 3 号敌台），长 74 米。东北—西南走向。保存差。墙体底宽 1.8～3.6、顶宽 0.6～1.3、残高 0.6～2.1 米。

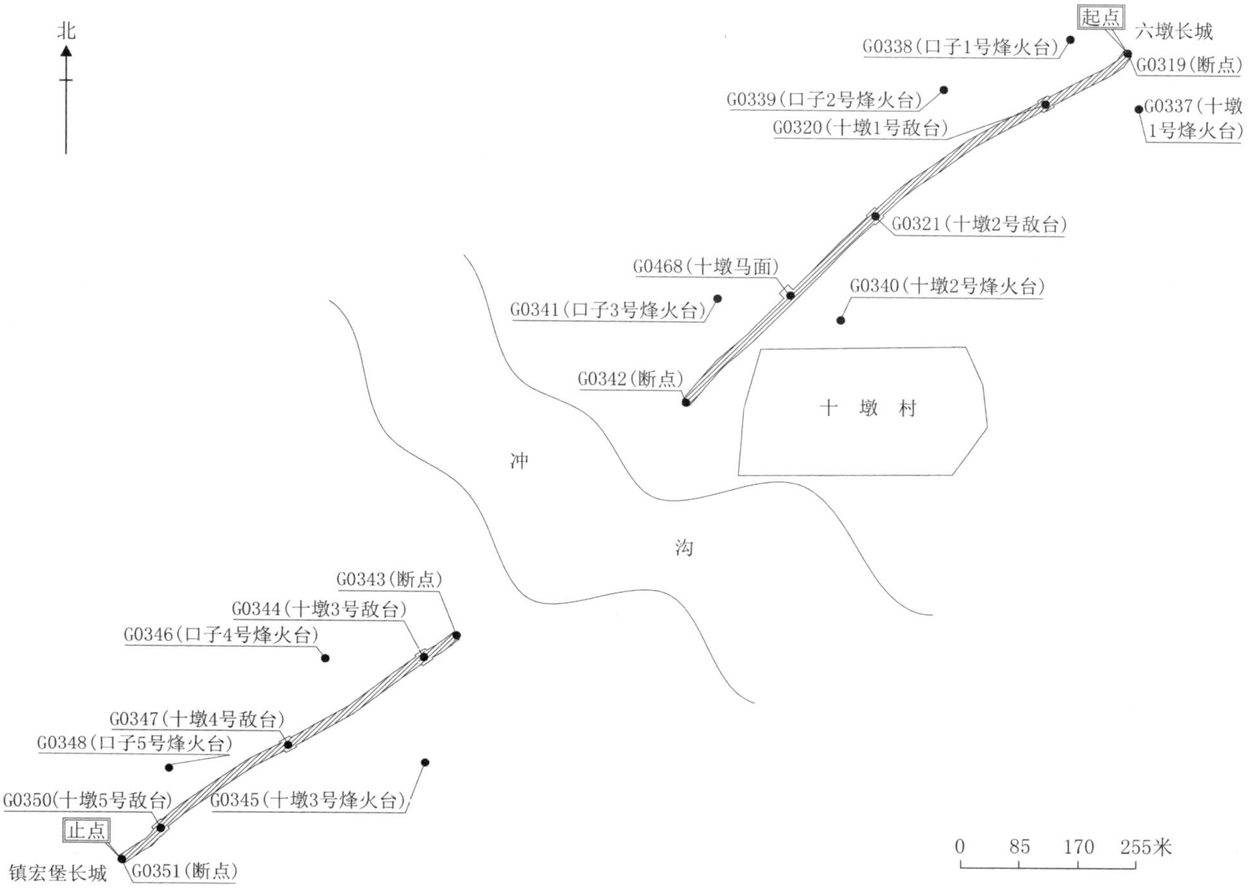

图九四　十墩长城走向示意图

第 4 小段：G0344（十墩 3 号敌台）—G0347（十墩 4 号敌台），长 245 米。东北—西南走向。保存一般。东南、西北侧为耕地、荒地。墙体底宽 3.8～5.6、顶宽 0.9～2.3、残高 2.2～4.3 米。

第 5 小段：G0347（十墩 4 号敌台）—G0351（止点、断点），长 263 米。东北—西南走向。保存较好。东南、西北侧为耕地、荒地。墙体底宽 4.6～5.8、顶宽 1.1～2.3、残高 2～4.2 米。十墩 5 号敌台位于墙体上。

墙体整体保存一般。造成损毁的自然因素有洪水冲刷、风雨侵蚀、植物生长等；人为因素有农业生产活动破坏、居民生活活动破坏、取土挖损、人畜踩踏等。

24. 镇宏堡长城

起点位于长城乡镇宏堡村北 1.1 千米处，高程 1434 米；止点位于镇宏堡村西南 0.95 千米处，高程 1429 米。大致呈东北—西南走向。全长 1848 米，其中保存一般 1449、消失 399 米。墙体为土墙，黄土夯筑而成，含少量砂砾、碎石，夯层厚 0.2～0.25 米。现存墙体剖面大致呈不规则梯形，底宽 5～8、顶宽 2～3、残高 3～4.5 米。本段长城位于山西省与内蒙古自治区交界处，东北接十墩长城，西南连二十六长城。镇宏堡位于墙体东南 0.6 千米。墙体上有敌台 8 座（镇宏堡 1～8 号敌台）；马面 2 座（镇宏堡 1、2 号马面）。墙体东南侧有烽火台 5 座（镇宏堡 1～5 号烽火台），镇宏堡 1～4 号烽火台位于墙体东南 0.019～0.073 千米处，西侧或西北侧有烽火台 6 座（内蒙古口子 6～11 号烽火台）（图九五）。

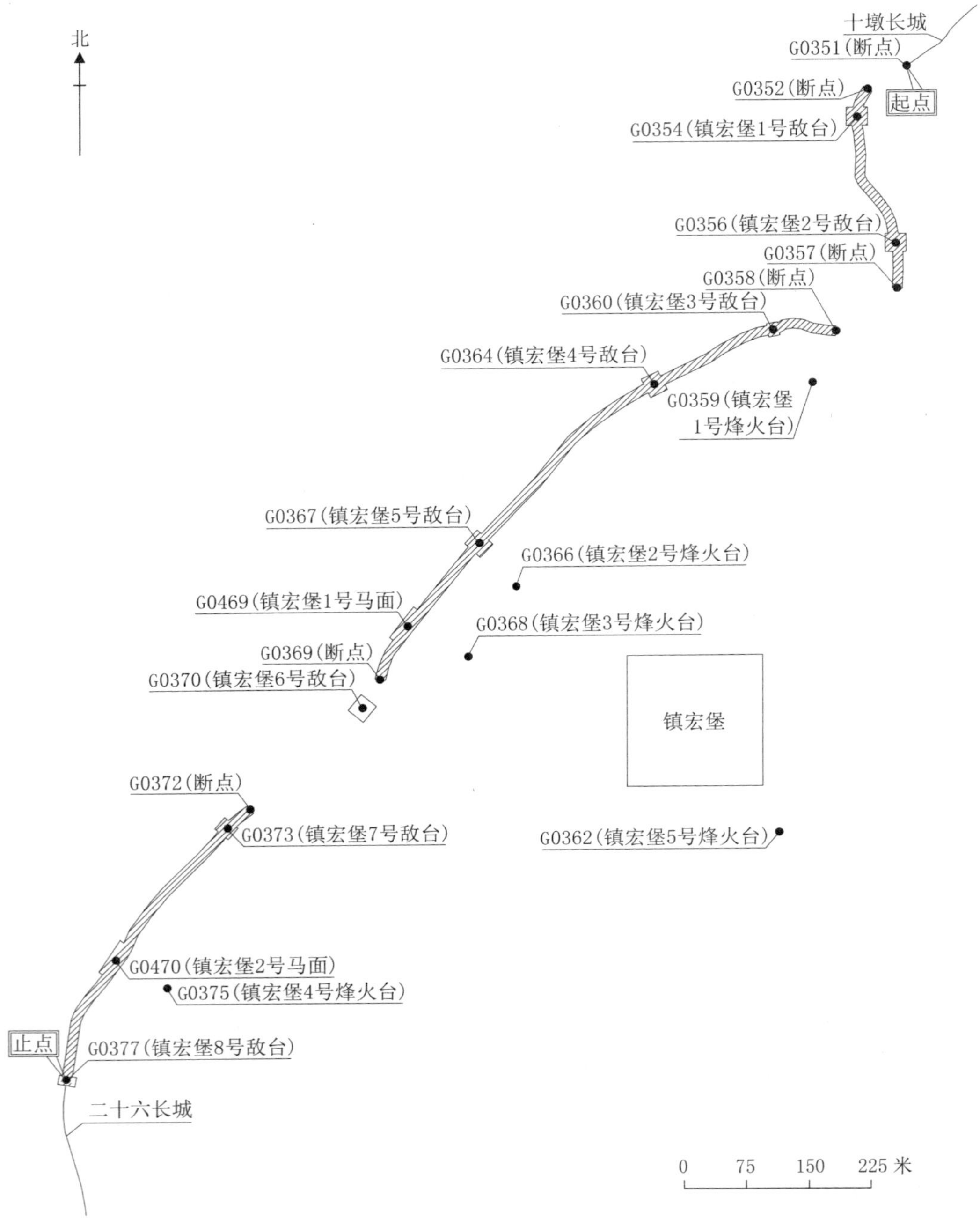

图九五　镇宏堡长城走向示意图

本段长城共测 GPS 点 16 个（G0351、G0352、G0354、G0356 ~ G0358、G0360、G0364、G0367、G0369、G0370、G0372、G0373、G0377、G0469、G0470），可分为 6 小段，分述如下。

第 1 小段：G0351（起点、断点）—G0352（断点），长 100 米。东北—西南走向。墙体被洪水冲刷损毁消失。沟谷内有土路。

第 2 小段：G0352（断点）—G0357（断点），长 267 米。北—南走向。保存一般。东侧为荒地，有杨树林；西侧为耕地。墙体底宽 5 ~ 8、顶宽 2 ~ 3、残高 3 ~ 4.5 米。镇宏堡 1、2 号敌台位于墙体上。

第 3 小段：G0357（断点）—G0358（断点），长 73 米。东北—西南走向。墙体被洪水冲刷损毁消失，现为采矿场。

第 4 小段：G0358（断点）—G0369（断点），长 752 米。东北—西南走向。保存一般。东南、西北侧为耕地。墙体底宽 5～8、顶宽 2～3、残高 3～4.5 米。镇宏堡 3～5 号敌台和镇宏堡 1 号马面位于墙体上（彩图一四八）。

第 5 小段：G0369（断点）—G0372（断点），长 226 米。东北—西南走向。墙体被洪水冲刷和农业生产活动破坏损毁消失，现为耕地和采矿场。镇宏堡 6 号敌台位于墙体上。

第 6 小段：G0372（断点）—G0377（止点、镇宏堡 8 号敌台），长 430 米。东北—西南走向。保存一般。东南、西北侧为耕地。墙体底宽 5～8、顶宽 2～3、残高 3～4.5 米。镇宏堡 7 号敌台、镇宏堡 2 号马面位于墙体上。

墙体整体保存一般。造成损毁的自然因素有洪水冲刷、风雨侵蚀、植物生长等；人为因素有农业生产活动破坏、采矿生产活动破坏、居民生活活动破坏、取土挖损、挖掘洞穴、人畜踩踏等。

25. 二十六长城

起点位于长城乡二十六村北 0.88 千米处，高程 1429 米；止点位于二十六村西南 0.8 千米处，高程 1416 米。大致呈东北—西南走向。全长 1621 米，其中保存较好 67、一般 1149、较差 119、消失 286 米。墙体为土墙，黄土夯筑而成，含少量砂砾、料礓石，夯层厚 0.22～0.28 米。现存墙体剖面大致呈不规则梯形，底宽 5～7、顶宽 0.5～2.9、残高 1～4.6 米。本段长城位于山西省与内蒙古自治区交界，北接镇宏堡长城、西南连大二对营长城。墙体上有敌台 7 座（镇宏堡 8 号敌台、二十六 1～6 号敌台）。墙体东 0.012～0.715 千米有烽火台 3 座（二十六 1～3 号烽火台），西侧或西北侧有烽火台 3 座（内蒙古口子 12～14 号烽火台）（图九六）。

本段长城共测 GPS 点 15 个（G0377、G0379～G0381、G0383、G0385～G0387、G0389～G0391、G0393～G0396），可分为 9 小段，分述如下。

第 1 小段：G0377（起点、镇宏堡 8 号敌台）—G0380（断点），长 373 米。北—南走向。保存一般。墙体底宽 5～7、顶宽 0.5～1.5、残高 1～4.6 米。二十六 1 号敌台位于墙体上。

第 2 小段：G0380（断点）—G0381（断点），长 66 米。东北—西南走向。墙体被洪水冲刷损毁消失，沟谷内和附近有杨树林和采矿场。

第 3 小段：G0381（断点）—G0385（断点），长 245 米。东北—西南走向。保存一般。墙体顶部被踩踏成小路。东侧为耕地、杨树林，西侧为耕地。墙体底宽 5～7、顶宽 0.5～1.5、残高 1～3.6 米。二十六 2 号敌台位于墙体上。

第 4 小段：G0385（断点）—G0386（断点），长 64 米。东北—西南走向。墙体被洪水冲刷损毁消失，沟谷内有杨树。

第 5 小段：G0386（断点）—G0387（断点），长 67 米。北—南走向。保存较好。墙体顶部被踩踏成小路。东侧为荒地、杨树林，西侧为耕地。墙体底宽 5～7、顶宽 1～2.9、残高 4.6 米。G0387（断点）处墙体顶部有山西省和内蒙古自治区界碑。

第 6 小段：G0387（断点）—G0389（二十六村 3 号敌台），长 111 米。东北—西南走向。墙体遭洪水冲刷和修建道路破坏损毁消失。

第 7 小段：G0389（二十六村 3 号敌台）—G0394（断点），长 531 米。东北—西南走向。保存一般。东南侧有杨树林，西北侧墙体底部遭土路破坏。二十六 4、5 号敌台位于墙体上。

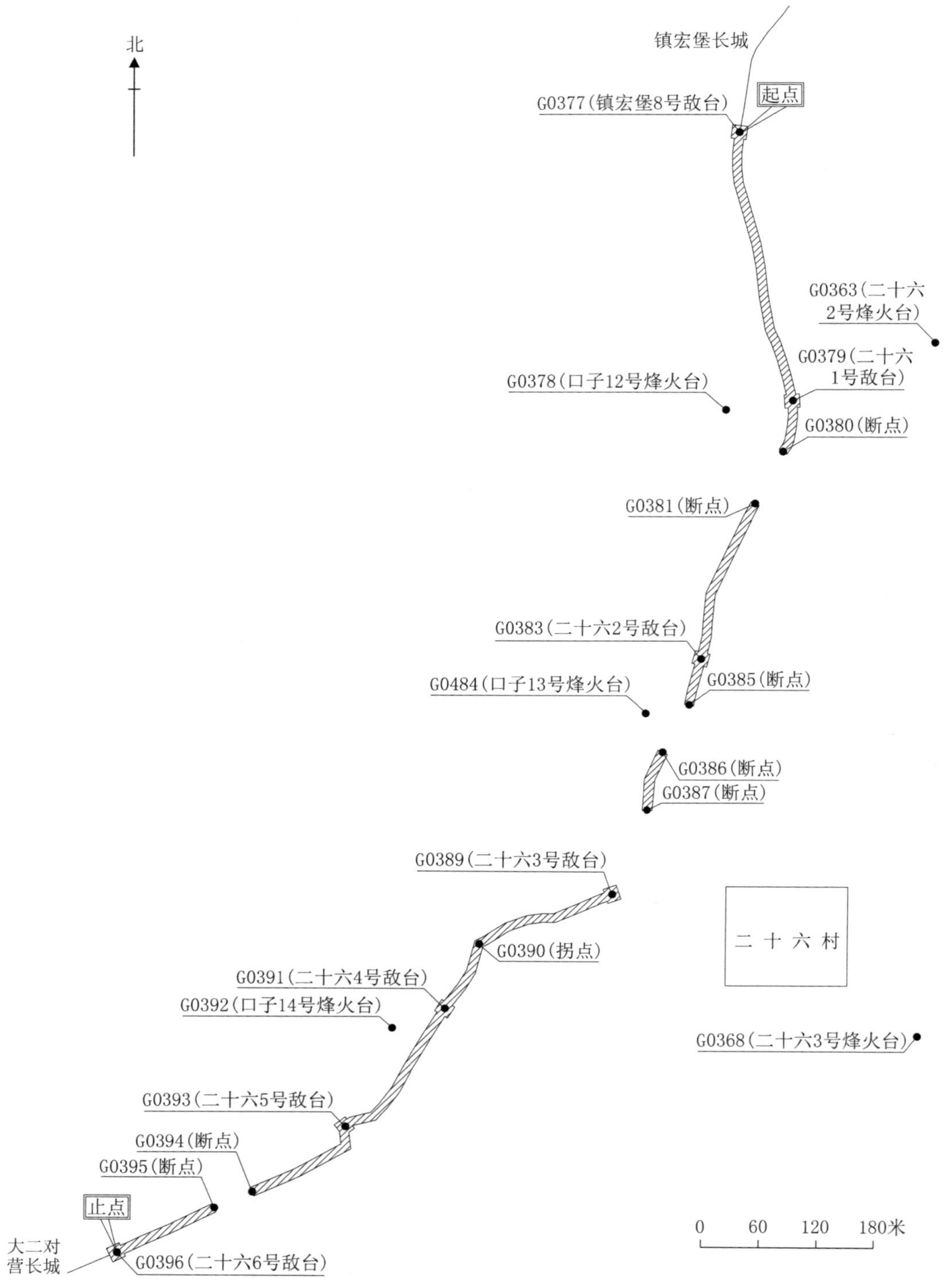

图九六　二十六长城走向示意图

第 8 小段：G0394（断点）—G0395（断点），长 45 米。东北—西南走向。墙体遭洪水冲刷和取土挖损破坏损毁消失。

第 9 小段：G0395（断点）—G0396（止点、二十六村 6 号敌台），长 119 米。东北—西南走向。保存较差。东南、西北侧为耕地。墙体西北壁底部遭土路破坏。墙体底宽 5、顶宽 0.5～1.5、残高 1～3.6 米。

墙体整体保存一般。造成损毁的自然因素有洪水冲刷、风雨侵蚀、植物生长等；人为因素有农业生产活动破坏、采矿生产活动破坏、居民生活活动破坏、修建道路破坏、取土挖损、人畜踩踏等。

26. 大二对营长城

起点位于长城乡大二对营村东北1千米处，高程1416米；止点位于大二对营村西1.1千米处，高程1414米。大致呈东北—西南走向。全长1863米，其中保存较好343、一般1475、消失45米。墙体为土墙，黄土夯筑而成，含少量砂砾、料礓石，夯层厚0.2～0.25米。现存墙体剖面大致呈不规则梯形，底宽6～7、顶宽1～2.5、残高2～3.5米。本段长城位于山西省与内蒙古自治区交界处，东北接二十六长城，西南连小二对营长城。墙体上有敌台6座（二十六6号敌台、大二对营1～5号敌台），马面4座（大二对营1～4号马面）。墙体东南0.014～0.465千米处有烽火台3座（大二对营1～3号烽火台），西北侧有烽火台6座（内蒙古口子15～19号烽火台、韩家营1号烽火台）（图九七）。

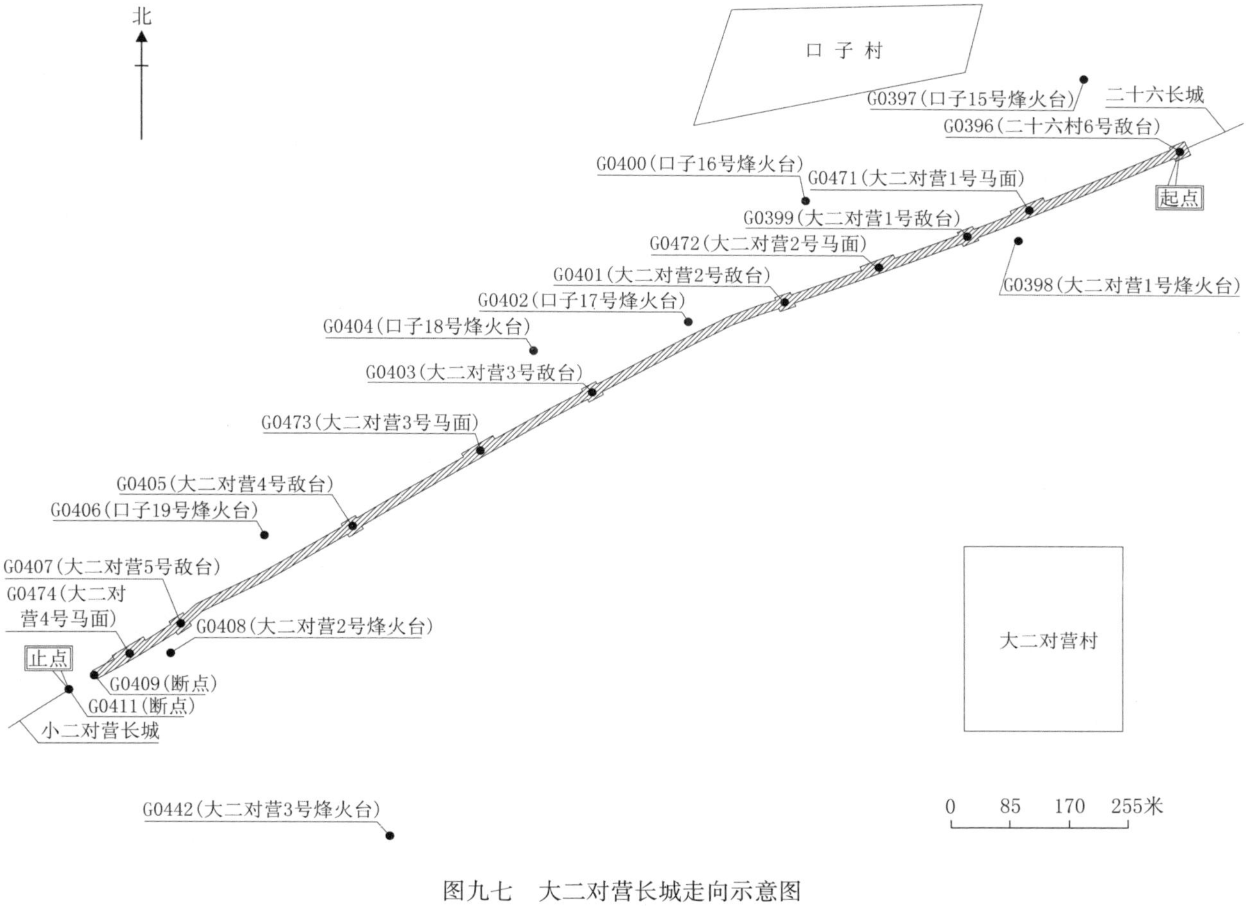

图九七　大二对营长城走向示意图

本段长城共测GPS点12个（G0396、G0399、G0401、G0403、G0405、G0407、G0409、G0411、G0471～G0474），可分为7小段，分述如下。

第1小段：G0396（起点、二十六村6号敌台）—G0399（大二对营1号敌台），长343米。东北—西南走向。保存较好。东南、西北侧为耕地，东南侧0.01千米处有东西向铺砖小路。墙体底宽6～7、顶宽2～2.5、残高2.5～3.5米。大二对营1号马面位于墙体上。

第2小段：G0399（大二对营1号敌台）—G0401（大二对营2号敌台），长306米。东北—西南走向。保存一般。东南、西北侧为耕地，东南侧0.01千米处有东西向铺砖小路。墙体底宽6~7、顶宽1~1.5、残高2~3.5米。大二对营2号马面位于墙体上。

第3小段：G0401（大二对营2号敌台）—G0403（大二对营3号敌台），长313米。东北—西南走向。保存一般。东南、西北侧为耕地，东南侧0.01千米处有东西向铺砖小路。墙体底宽6~7、顶宽1~1.5、残高2~3.5米。

第4小段：G0403（大二对营3号敌台）—G0405（大二对营4号敌台），长319米。东北—西南走向。保存一般。东南、西北侧为耕地，东南侧0.003千米处有东西向铺砖小路。墙体底宽6~7、顶宽1~1.5、残高2~3.5米。大二对营3号马面位于墙体上（彩图一四九）。

第5小段：G0405（大二对营4号敌台）—G0407（大二对营5号敌台），长313米。东北—西南走向。保存一般。东南、西北侧为耕地，东南侧0.003千米处有东西向铺砖小路。墙体底宽6~7、顶宽1~1.5、残高2~3.5米。

第6小段：G0407（大二对营5号敌台）—G0409（断点），长224米。东北—西南走向。保存一般。东南侧为耕地、林地，西北侧为药材种植地。墙体底宽6~7、顶宽1~2、残高2.5~3.5米。大二对营4号马面位于墙体上。

第7小段：G0409（断点）—G0411（止点、断点），长45米。东北—西南走向。墙体被洪水冲刷损毁消失。

墙体整体保存一般。造成损毁的自然因素有洪水冲刷、风雨侵蚀、植物生长等；人为因素有农业生产活动破坏、取土挖损、人畜踩踏等。

27. 小二对营长城

起点位于长城乡小二对营村东北1.1千米处，高程1414米；止点位于小二对营村西南0.57千米处，高程1409米。大致呈东北—西南走向。全长1707米，其中保存较好358、一般653、较差609、消失87米。墙体为土墙，黄土夯筑而成，含少量砂砾、料礓石，夯层厚0.2~0.24米。现存墙体剖面大致呈不规则梯形，底宽6~7、顶宽1~2.5、残高2~4米。本段长城位于山西省与内蒙古自治区交界处，东北接大二对营长城，西连镇边堡长城1段。墙体上有敌台6座（小二对营1~6号敌台），马面2座（小二对营1、2号马面）。墙体东南0.016千米处有烽火台1座（小二对营烽火台），西北侧有烽火台4座（内蒙古韩家营2~5号烽火台）（图九八）。

本段长城共测GPS点11个（G0411、G0412、G0414、G0415、G0417、G0420、G0421、G0423、G0425、G0475、G0476），可分为7小段，分述如下。

第1小段：GPS0411（起点、断点）—G0414（断点），长358米。东北—西南走向。保存较好。东南、西北侧有杨树林，东南侧有“村村通”公路。墙体底宽6~7、顶宽1~2.5、残高4米。小二对营1号敌台位于墙体上。

第2小段：G0414（断点）—G0415（小二对营2号敌台），长48米。东北—西南走向。墙体被洪水冲刷损毁消失。

第3小段：G0415（小二对营2号敌台）—G0417（小二对营3号敌台），长420米。东北—西南走向。保存一般。东南、西北侧有耕地、杨树林。墙体底宽6~7、顶宽1~2.5、残高2~4米。小二对营1号马面位于墙体上。

第4小段：G0417（小二对营3号敌台）—G0420（小二对营4号敌台），长233米。东北—西南走向。保存一般。墙体底宽6~7、顶宽1~2.5、残高2~4米。

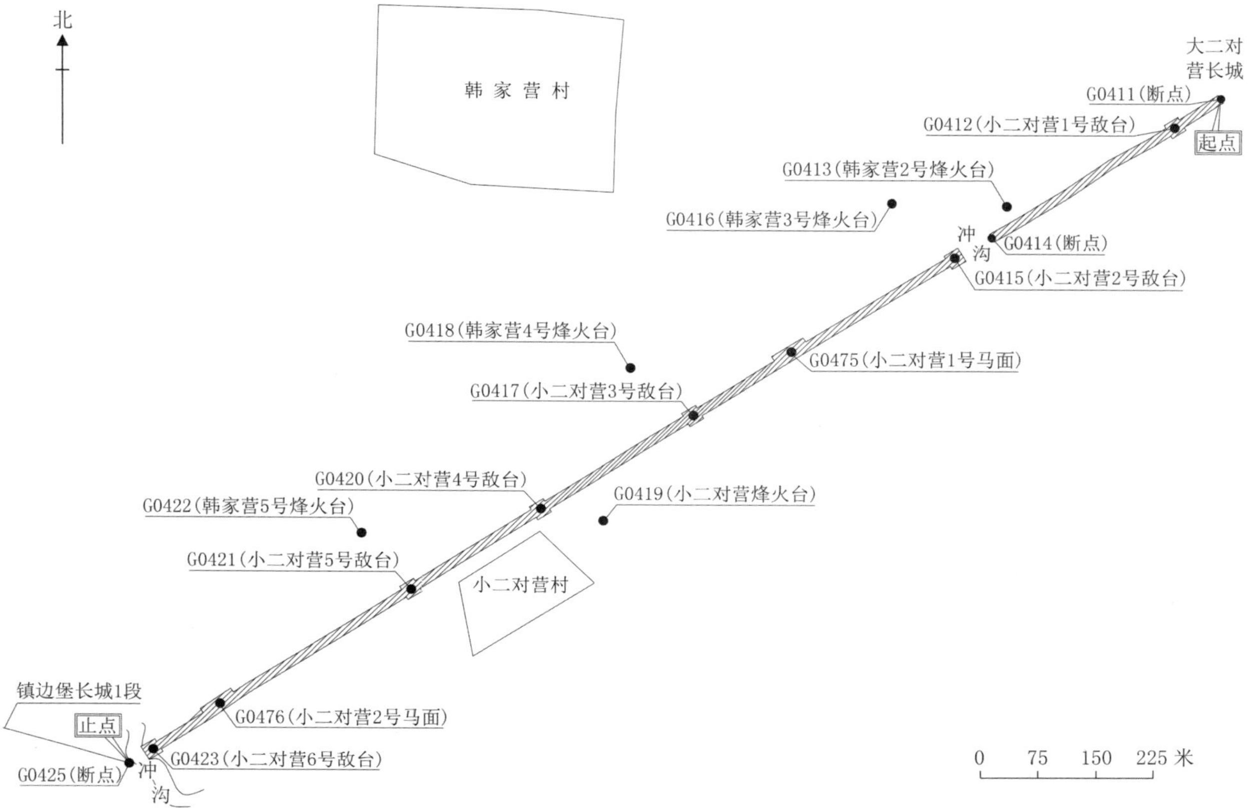

图九八　小二对营长城走向示意图

第5小段：G0420（小二对营4号敌台）—G0421（小二对营5号敌台），长200米。东北—西南走向。保存较差。墙体位于小二对营村中，东南壁紧邻民居，西北侧为耕地、杨树林。墙体底宽6～7、顶宽1～2.5、残高2～3米。

第6小段：G0421（小二对营5号敌台）—G0423（小二对营6号敌台），长409米。东北—西南走向。保存较差。东南、西北侧为耕地，有零星树木。墙体底宽6～7、顶宽1～2.5、残高2～3米。小二对营2号马面位于墙体上。

第7小段：G0423（小二对营6号敌台）—G0425（止点、断点），长39米。东北—西南走向。墙体被洪水冲刷损毁消失，沟谷内有杨树。

墙体整体保存较差。造成损毁的自然因素有洪水冲刷、风雨侵蚀、植物生长等；人为因素有农业生产活动破坏、居民生活活动破坏、修建房屋破坏、取土挖损、挖掘洞穴、人畜踩踏等。

28. 镇边堡长城1段

起点位于长城乡镇边堡村东北1.6千米处，高程1409米；止点位于镇边堡村东北1.3千米处，高程1365米。大致呈东南—西北走向。全长1797米，其中保存较好752、一般559、较差452、消失34米。墙体为土墙，黄土夯筑而成，含少量砂砾、料礓石，夯层厚0.22～0.25米。现存墙体剖面大致呈不规则梯形，底宽5～6、顶宽1.5～3.7、残高2～5米。本段长城位于山西省与内蒙古自治区交界处，东北接小二对营长城，西连镇边堡长城2段。墙体上有敌台5座（镇边堡1～5号敌台）、马面4座（镇边堡1～4号马面）。墙体南0.004千米处有烽火台1座（镇边堡1号烽火台），北侧有烽火台7座

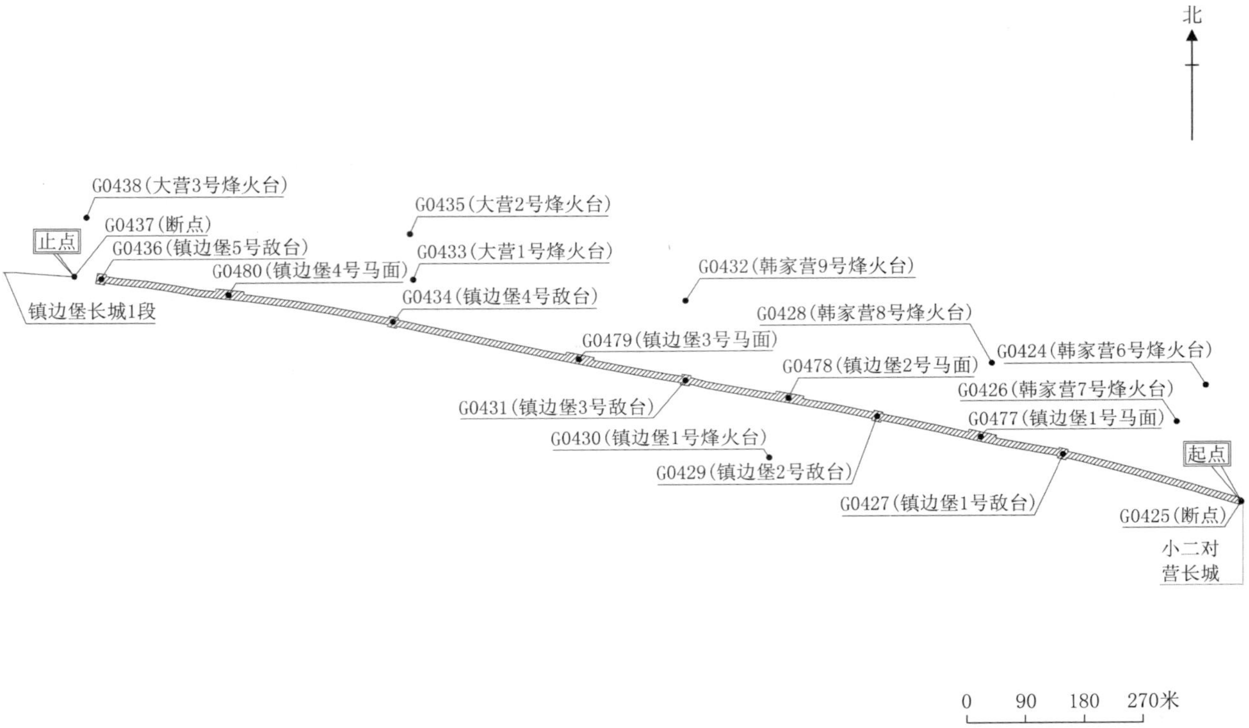

图九九　镇边堡长城1段走向示意图

（内蒙古韩家营6～9号烽火台、大营1～3号烽火台）（图九九）。

本段长城共测GPS点11个（G0425、G0427、G0429、G0431、G0434、G0436、G0437、G0477～G0480），可分为6小段，分述如下。

第1小段：G0425（起点、断点）—G0427（镇边堡1号敌台），长271米。东南—西北走向。保存一般。南侧有树林和“村村通”公路，北侧为耕地、杨树林。墙体底宽5～6、顶宽1.5～2.5、残高3～5米。

第2小段：G0427（镇边堡1号敌台）—G0429（镇边堡2号敌台），长288米。东南—西北走向。保存一般。南侧有耕地、树林和“村村通”公路，墙体南侧紧邻沟渠，北侧有耕地和零星树木。墙体底宽5～6、顶宽2～2.5、残高3～5米。镇边堡1号马面位于墙体上。

第3小段：G0429（镇边堡2号敌台）—G0431（镇边堡3号敌台），长296米。东南—西北走向。保存较好。南侧有杨树林、耕地和“村村通”公路，北侧为耕地。墙体底宽5～6、顶宽2.5～3.7、残高4～5米。镇边堡2号马面位于墙体上（彩图一五〇）。

第4小段：G0431（镇边堡3号敌台）—G0434（镇边堡4号敌台），长456米。东南—西北走向。保存较好。南侧有杨树林和“村村通”公路，墙体南侧紧邻沟渠，北侧为耕地、荒地。墙体底宽5～6、顶宽2.5、残高4～5米。镇边堡3号马面位于墙体上。

第5小段：G0434（镇边堡4号敌台）—G0436（断点、镇边堡5号敌台），长452米。东南—西北走向。保存较差。南侧有杨树林、耕地和“村村通”公路，北侧为耕地。墙体底宽5～6、顶宽1.5、残高2米。镇边堡4号马面位于墙体上。

第6小段：G0436（断点、镇边堡5号敌台）—G0437（止点、断点），长34米。东—西走向。墙体遭修建道路破坏损毁消失。

墙体整体保存一般。造成损毁的自然因素有风雨侵蚀、植物生长等；人为因素有农业生产活动破坏、修建道路破坏、取土挖损等。

29. 镇边堡长城 2 段

起点位于长城乡镇边堡村东北 1.3 千米处，高程 1365 米；止点位于镇边堡村西北 1.8 千米处，高程 1360 米。大致呈东北—西南走向。全长 1023 米，其中保存一般 956、消失 67 米。墙体为土墙，黄土夯筑而成，含少量砂砾、料礓石，夯层厚 0.2 ~ 0.25 米。现存墙体剖面大致呈不规则梯形，底宽5 ~ 6、顶宽 1.2 ~ 2.1、残高 2 ~ 4.5 米。本段长城位于山西省与内蒙古自治区交界处，东接镇边堡长城 1 段，西南连镇边堡长城 3 段。镇边堡位于墙体南 1.2 千米处，墙体上有敌台 2 座（镇边堡 6、7 号敌台），马面 2 座（镇边堡 5、6 号马面）。墙体南 0.006 千米处有烽火台 1 座（镇边堡 2 号烽火台），北侧有烽火台 3 座（内蒙古大营 4 ~ 6 号烽火台）（图一〇〇）。

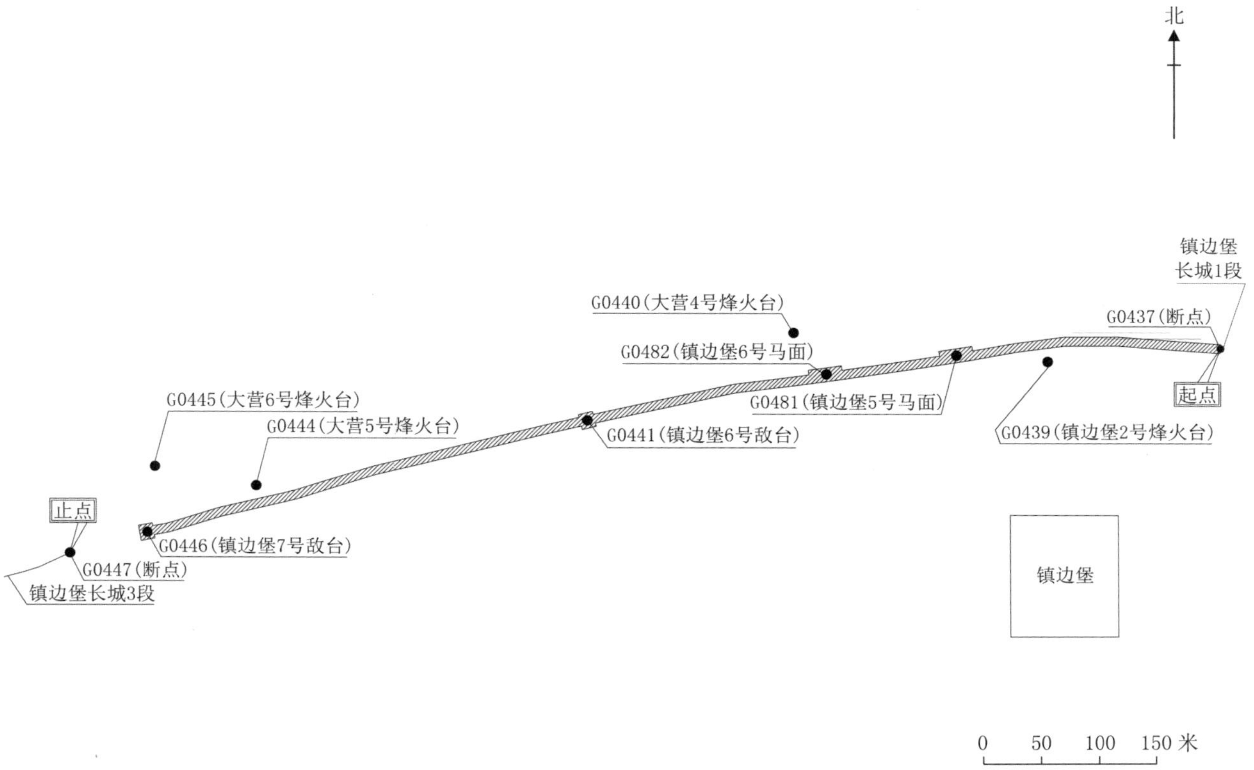

图一〇〇　镇边堡长城 2 段走向示意图

本段长城共测 GPS 点 6 个（G0437、G0441、G0446、G0447、G0481、G0482），可分为 3 小段，分述如下。

第 1 小段：G0437（起点、断点）—G0441（镇边堡 6 号敌台），长 560 米。东北—西南走向。保存一般。南侧有杨树林、耕地，北侧为耕地。墙体底宽 5 ~ 6、顶宽 1.2 ~ 2.1、残高 2 ~ 4 米。镇边堡 5、6 号马面位于墙体上（彩图一五一）。

第 2 小段：G0441（镇边堡 6 号敌台）—G0446（镇边堡 7 号敌台），长 396 米。东北—西南走向。保存一般。南侧有杨树林、耕地，北侧为耕地。墙体底宽 5 ~ 6、顶宽 1.2 ~ 2.1、残高 2.5 ~ 4.5 米。

第3小段：G0446（镇边堡7号敌台）—G0447（止点、断点），长67米，东北—西南走向。墙体被洪水冲刷损毁消失，现为灌溉水渠。

墙体整体保存一般。造成损毁的自然因素有洪水冲刷、风雨侵蚀、植物生长等；人为因素有农业生产活动破坏等。

30. 镇边堡长城3段

起点位于长城乡镇边堡村西北1.8千米处，高程1360米；止点位于镇边堡村西3.1千米处，高程1334米。大致呈东北—西南走向。全长1664米，保存较好。墙体为土墙，黄土夯筑而成，含少量砂砾、料礓石，夯层厚0.2～0.25米。现存墙体剖面大致呈不规则梯形，底宽8～10、顶宽0.8～3、残高4.2～7米。墙体有二次修缮痕迹，墙体南、北壁有加厚层，夯层厚0.16～0.22米。本段长城位于山西省与内蒙古自治区交界处，东北接镇边堡长城2段，西南连新荣区元墩长城。墙体上有敌台4座（镇边堡8～11号敌台）、马面4座（镇边堡7～10号马面）。墙体南0.017千米处有烽火台1座（镇边堡3号烽火台），北侧有烽火台4座（内蒙古鸳鸯嘴1～4号烽火台）（图一〇一）。

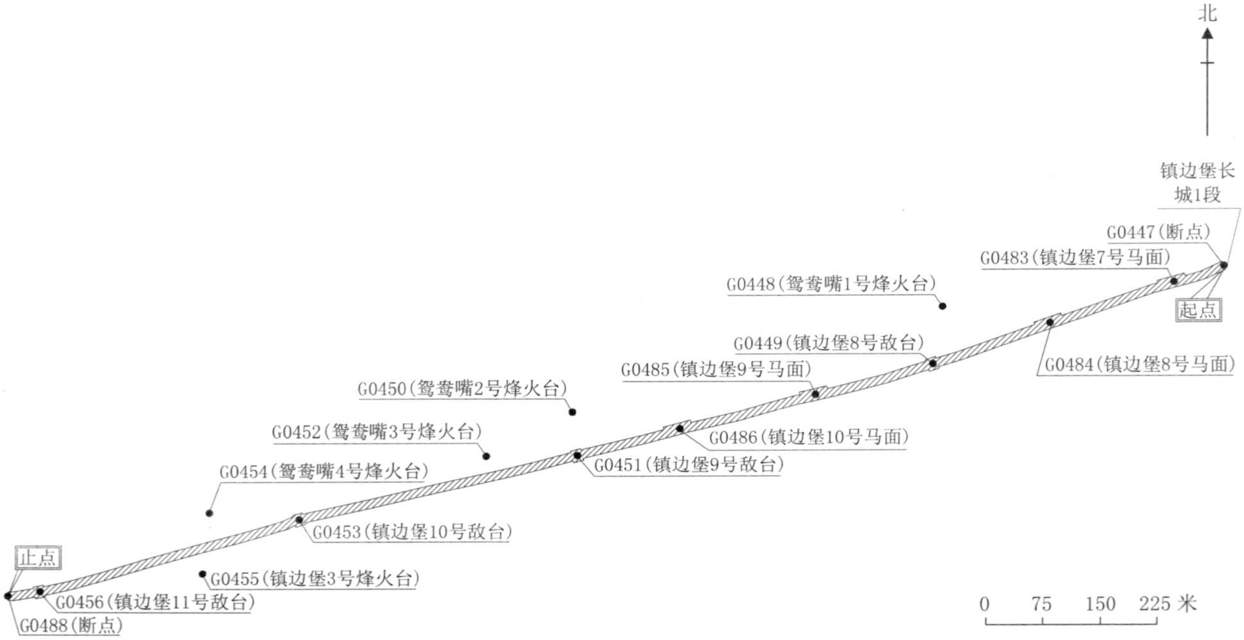

图一〇一　镇边堡长城3段走向示意图

本段长城共测GPS点10个（G0447、G0449、G0451、G0453、G0456、G0488、G0483～G0486），可分为4小段，分述如下。

第1小段：G0447（起点、断点）—G0449（镇边堡8号敌台），长407米。东北—西南走向。保存较好。南、北侧有耕地，墙体南侧紧邻河沟和杨树林，北侧紧邻灌溉水渠。墙体底宽8、顶宽1.5～3、残高6～7米。镇边堡7、8号马面位于墙体上。

第2小段：G0449（镇边堡8号敌台）—G0451（镇边堡9号敌台），长500米。东北—西南走向。保存较好。南、北侧有耕地，墙体南侧紧邻河沟。墙体底宽8～10、顶宽1.3～2.3、残高4.2～6.5米。镇边堡9、10号马面位于墙体上。

第3小段：G0451（镇边堡9号敌台）—G0453（镇边堡10号敌台），长350米。东北—西南走向。保存较好。南、北侧有耕地，墙体南侧紧邻河沟。墙体底宽 8、顶宽 1.1 ~2.6、残高 4.3 ~6 米。

第 4 小段：G0453（镇边堡 10 号敌台）—G0488（止点），长 407 米。东北—西南走向。保存较好。南、北侧有耕地，墙体南侧紧邻河沟，北侧有采矿场。墙体底宽 8 ~10、顶宽 0.8 ~2.3、残高 4.2 ~5.5 米。镇边堡 11 号敌台位于墙体上。

墙体整体保存较好。造成损毁的自然因素有洪水冲刷、风雨侵蚀、植物生长等；人为因素有农业生产活动破坏、人畜踩踏等。

（二）关堡

详见下表（表 49）。

表 49 阳高县关堡一览表

乡镇	关堡名称	数量（座）
罗文皂镇	正大关、陈家堡、镇门堡	3
龙泉镇	守口关、守口堡、阳和城	3
长城乡	镇宏堡、镇边堡	2
合计		8

1. 正大关

位于罗文皂镇镇门堡村东北 0.46 千米处，镇门堡长城西北侧，倚墙而建，东南墙即为长城墙体。高程 1168 米。西南距镇门堡 0.46 千米。

关平面呈矩形，坐西北朝东南，东西 55、南北 47 米，周长 204 米，占地面积 2585 平方米。现存主要设施、遗迹仅有关墙。关墙为土墙，黄土夯筑而成，含较多料礓石、砂砾，夯层厚 0.16 ~0.18 米。墙体底宽 2、顶宽 1.5、残高 1.8 ~3 米。整体保存较差。关内建筑无存，为耕地。关遭采矿者用大型机械破坏严重（彩图一五二）。

2. 守口关

位于龙泉镇守口堡村北 0.35 千米处，守口堡长城 1 段墙体上，倚墙而建，西北墙即为长城墙体，现无存。高程 1193 米。南距守口堡 0.35 千米，西邻守口堡马市。

关平面形状不详，坐西北朝东南。现存主要设施、遗迹有关墙、角台 1 座、马面 1 座等。关墙为土墙，夯层厚 0.17 ~0.25 米，残存西墙 60 米，底宽 3.5、顶宽 1.7、残存最高 6 米（彩图一五三）。角台仅存西南角台，东西 6、南北 7.5、残高 8.5 米，夯层厚 0.16 ~0.21 米。马面仅存西墙 1 座，东西 6、南北 7、残高 8.5 米，夯层厚 0.14 ~0.17 米。整体保存较差。关墙仅存西墙 60 米；关内建筑无存，为荒地，西南墙紧邻公路。

3. 陈家堡

位于罗文皂镇陈家堡村中，五墩长城东南 1.789 千米处。高程 1109 米。

堡平面呈矩形，坐北朝南，东西 122、南北 132 米，周长 508 米，占地面积 16104 平方米。现存主要设施、遗迹有堡墙、角台 1 座等（图一〇二）。堡墙为土墙，夯层厚 0.1 ~0.25 米。墙体底宽 6.5、顶宽 2.8、残存最高 5.2 米。北墙无存，东、南、西墙破坏严重（彩图一五四）。堡墙四角原均设角

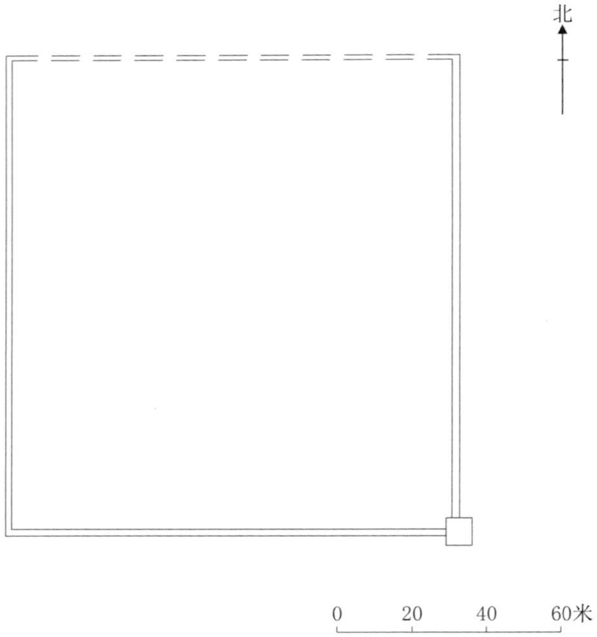

图一〇二 陈家堡平面示意图

台，现仅存东南角台。整体保存较差，堡内有民居。

4. 镇门堡

位于罗文皂镇镇门堡村中，镇门堡长城南0.23千米处。高程1145米。东北距正大关0.46千米。

堡平面呈矩形，坐西北朝东南，东西213、南北194米，周长814米，占地面积41322平方米。现存主要设施、遗迹有堡墙、城门1座、瓮城1座、角台2座、马面1座等（图一〇三；彩图一五五）。

堡墙为砖墙，外部砖石砌筑，包砖厚0.8～1米。墙体底宽5、顶宽4、残高0.3～4.8米。东墙无存，南墙残长155、西墙残长162米，北墙基本完整。墙体遭修建房屋、道路破坏和取土挖损严重。南墙设城门一座。南门外有瓮城，残存瓮城东墙5.5米，东墙设门。堡墙四角设角台，残存东南、西北角台。马面仅存一座，位于北墙中部，底宽14、凸出墙体6、残高6.5米；马面南侧有登顶坡道，残长13、宽2～4米。

堡内残存清代城隍庙一座，占地面积527平方米，坐北朝南，两进院落，中轴线有过殿及正殿，两侧为耳殿。正殿为砖木结构，单檐硬山顶，面阔3间，进深3椽。北墙内侧地表采集到辽代瓷碗残片一件，敞口，圆唇，弧腹较浅，圈足，内壁施满釉，外壁施釉不及底，底露胎，内壁釉面上饰褐色花草及旋纹、水波纹。整体保存较差。堡内有民居。

5. 守口堡

位于龙泉镇守口堡村中，守口堡长城2段东南0.35千米处。高程1204米。北距守口关和守口堡马市0.35千米。

堡平面呈不规则矩形，坐西朝东，东西184、南北196米，周长844米，占地面积44400平方米。现存主要设施、遗迹仅有堡墙。

堡墙为砖墙，外部砖石砌筑，包砖厚0.6～3、残高1～2米，砖长40、宽19、厚8厘米；内部为

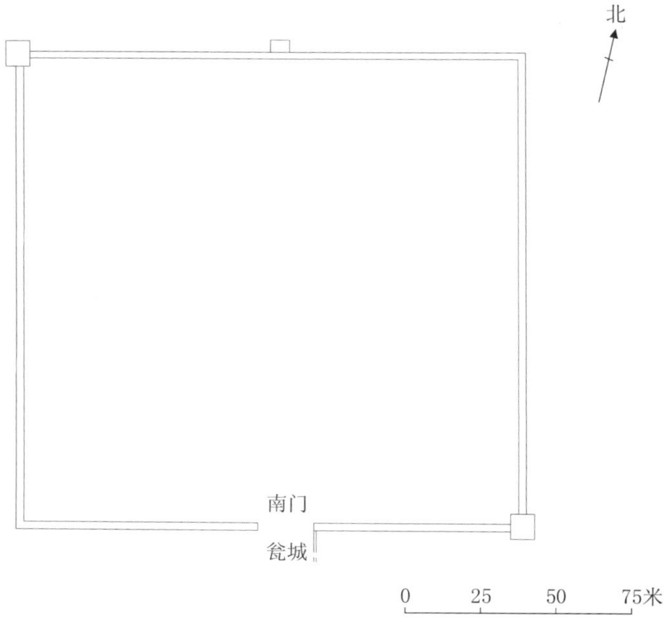

图一〇三　镇门堡平面示意图

夯土墙体，夯层厚 0.12 ~ 0.26 米。墙体底部最宽 6、顶部最宽 5、残高 0.2 ~ 3.5 米。东墙、南墙东段无存，北墙大多无存。南、西、北墙遭修建房屋破坏严重（彩图一五六）。北墙外侧地表采集到明代琉璃瓦残件 1 件，泥质红陶，小窄沿，正面施绿色釉，背面无釉，厚 1.2 厘米。整体保存较差，堡墙大多无存，堡内建筑无存，有民居。

6. 镇宏堡

又名靖虏堡，位于长城乡镇宏堡村中，镇宏堡长城东南 0.6 千米处，高程 1405 米。

堡平面呈矩形，坐北朝南，东西 250、南北 350 米，周长 1200 米，占地面积 87500 平方米。现存主要设施、遗迹有堡墙、角台 4 座、马面 9 座等（图一〇四）。

堡墙为砖墙，外部砖石砌筑，现无存；内部为夯土墙体，黄土夯筑而成，含砂砾，夯层厚 0.16 ~ 0.2 米。墙体底宽 4、顶宽 1 ~ 2、残高 0.5 ~ 8 米。东墙残长 313、南墙残长 68、西墙残长 227、北墙残长 160 米。堡内散落包砖，砖长 34 ~ 40、宽 20 ~ 20.5、厚 10 ~ 10.5 厘米。南墙设城门 1 座，现为豁口。南门外有瓮城，仅存小段东墙。堡墙四角设角台，角台宽 8、凸出墙体 3.5、残高 8 米。马面存 9 座，东、西墙各 3 座，宽 8、凸出墙体 4、残高 8 米（彩图一五七）；南墙 1 座，宽 8、凸出墙体 4 米；北墙 2 座，宽 8、凸出墙体 5 米。

堡内中央原有玉皇阁，阁有石匾，阳刻“靖虏”二字，左边落款“钦差整饬阳和等处兵备山西承宣布政使司右布政使徐”，右边落款“钦差分守大同东路地方左参将都指挥佥事郝　大明万历岁次丁酉（万历二十五年，1597 年）秋吉日立”（石匾现存于阳高县文物管理所）。西墙内侧采集到汉代残筒瓦 1 件，泥质灰陶，截面呈半圆形，瓦面饰纵向粗绳纹，瓦内壁饰细布纹，瓦舌较大，舌长 4.6、11、瓦径 16.2、厚 1.7、残长 17.9 厘米。堡整体保存较差，内有民居。

7. 镇边堡

原为民堡，初名“镇胡”，后改名为“镇边堡”。位于长城乡镇边堡村中，镇边堡长城 3 段南 1.2

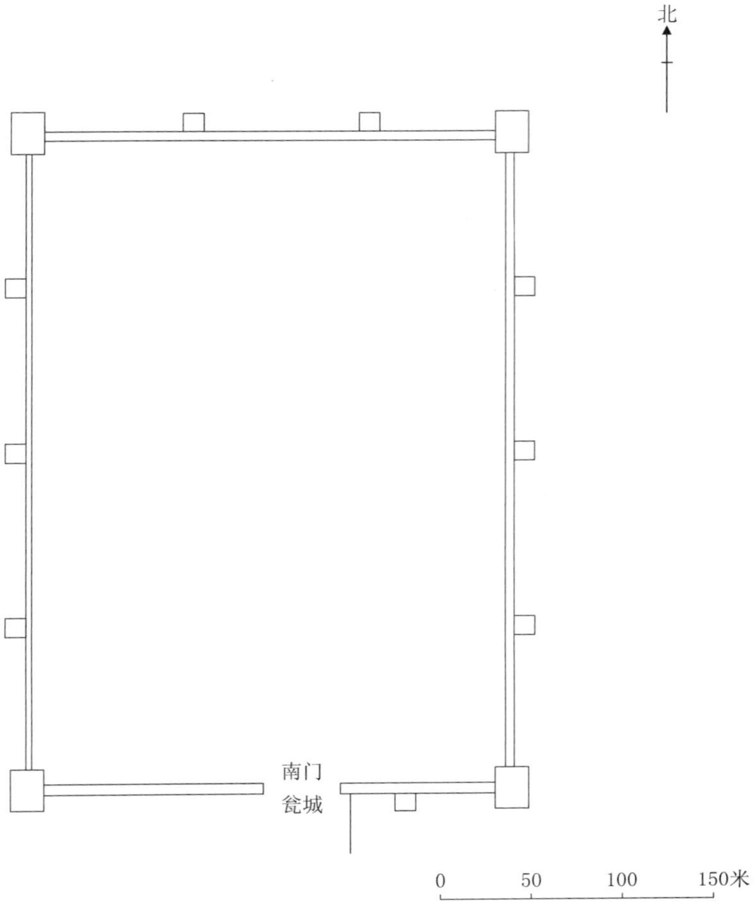

图一〇四 镇宏堡平面示意图

千米处，高程1410米。

堡平面呈矩形，坐西朝东，东西462、南北334米，周长1592米，占地面积154308平方米。现存主要设施、遗迹有堡墙、城门2座、瓮城1座、角台3座、马面6座、堡内乐楼1座等（图一〇五；彩图一五八）。

堡墙为砖墙，外部砖石砌筑，现无存。墙体底宽5、顶宽0.3～3、残高2～10米。东墙残长265、南墙残长50、西墙残长107、北墙残长232米。墙体遭修建房屋破坏严重。东、西墙各设城门1座。东门为条石基础的砖券拱门，三伏三券，外宽3.6、外高7.525、进深12.7米，门额石匾刻“镇边堡”三字（测绘图九、一〇），现位于一户民居院中。西门为条石基础的砖券拱门，三伏三券，外宽3、内高8、外高4.52、进深17.16米，门额石匾刻“怀远”二字（测绘图一一、一二），位于一户民居院门外。东门外有瓮城，瓮城墙体残长5、底宽4、顶宽0.5～1.5、残高0.9～5米。堡墙四角设角台，西南角台无存，其余3座角台保存，宽8、凸出墙体5米。马面存6座，底宽6、凸出墙体3米。

堡内存乐楼和少量明代民居建筑。乐楼坐南朝北，砖木结构，下部有砖券门洞可通南北。西门外残存石碑2块，一块为阁庙碑，螭首，龟趺，首趺分离；一块为老爷庙碑，趺佚，碑身呈矩形。堡内乐楼附近采集明代瓦当一件，泥质灰陶，当面饰虎头形象，虎头面目狰狞，直径12厘米。西门内东南侧采集到墙砖一块，长方形，素面，表面有白灰痕，长39、宽19、厚8厘米。整体保存一般，堡内有民居和耕地。

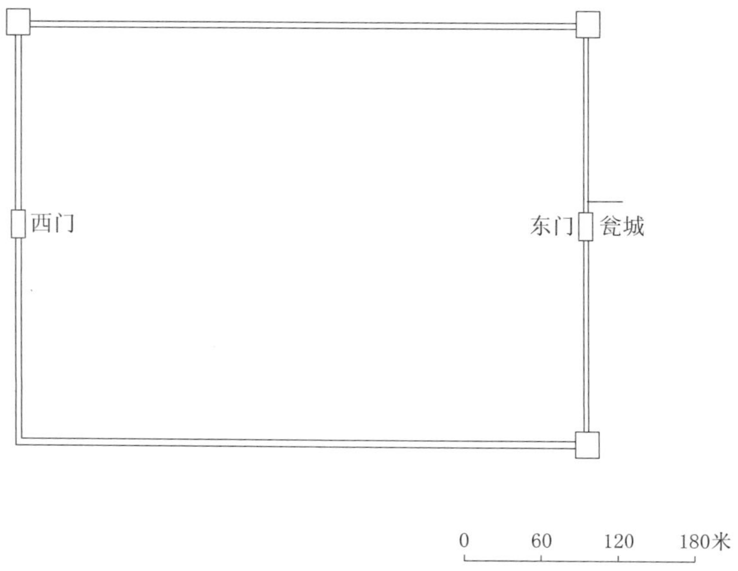

图一〇五　镇边堡平面示意图

8. 阳和城

位于龙泉镇东关村南0.01千米处。城平面呈矩形，坐北朝南，边长1300米，周长5200米，占地面积169万平方米。现存主要设施、遗迹有城墙、瓮城1座、角台1座、马面4座、庙宇1座等。

城墙为砖墙，外部砖石砌筑，内部为夯土墙体。墙体底宽7~12、顶宽3~11、残高1.2~11米。东墙残长269、南墙残长1090、西墙残长785、北墙残长332米。阳和城原设东、南、西3座城门，东门称“成安门”、南门称“迎暄门”、西门称“成武门”，现3座城门无存。3座城门外有瓮城，仅残存南门外瓮城。南门外瓮城残存南墙25米，底宽2.2、顶宽1.5、残高5米。瓮城南墙北壁用青砖、水泥修缮，顶部砌垛口墙，北壁上书“不忘国耻”四字，南墙西侧断点处有“南瓮城惨案碑”，记述了日军入侵阳高县时在南瓮城残酷杀戮600余无辜青壮年的事实（彩图一五九）。城墙四角设角台，仅存东南角台。马面存4座，南、北墙各2座。

城内西南部存云林寺，原名华严寺，清宣统元年（1909年）进行过小规模的修葺，清末改名为“云林寺”。寺庙坐北朝南，占地面积1.2万平方米，两进院落，中轴线依次布列金刚殿（山门）、天王殿和大雄宝殿。1980年11月在西北城墙下出土明代大炮1尊，重250千克，崇祯十一年（1638年）铸造，监造人为宣大总督、兵部尚书卢象升，俗称“红衣大炮”，存放于云林寺内。整体保存一般。城内现为城市所在。

（三）单体建筑

1. 敌台

阳高县长城墙体上共发现敌台105座（表50，见本章末附表）。

2. 马面

阳高县长城墙体上共发现马面28座（表51，见本章末附表）。

3. 烽火台

阳高县共调查烽火台 140 座，其中长城沿线烽火台 88 座、腹里烽火台 52 座（表 52、53，见本章末附表）。

（四）相关遗存

1. 守口堡马市

位于龙泉镇守口堡村北 0.35 千米处，倚守口堡长城 2 段墙体而建。高程 1198 米。南距守口堡 0.35 千米，东与守口关相邻。整体保存较差（彩图一八七）。

马市坐东北朝西南，占地面积 5628 平方米，东墙即为长城墙体。墙体黄土夯筑而成，含大量砂砾、碎石，夯层厚 0.16～0.26 米。西墙残长 84、底宽 0.2～3、顶宽 0.1～0.5、残高 0.1～3 米。北墙残长 70、顶宽 0.2～2、残存最高 10 米。东墙无存。

2. 谢家屯老爷庙

位于龙泉镇谢家屯村西北 1.4 千米处，谢家屯长城南 0.032 千米，高程 1154 米。该遗址东西 20、南北 50 米，占地面积 1000 平方米。寺庙创建于明代，据传由徐达督建，现仅残存青石质莲花底座柱础（残），砂岩质柱础（残）。整体保存差。现有建筑为 2004 年村民集资新建。

（五）采（征）集标本

阳高县采集文物标本 13 件（表 54）。

表 54　阳高县采（征）集标本一览表

名称	时代	类别	材质	数量（件）	采（征）集地点	备注
青花大碗残片（彩图一八八）	明清时期	生活用具	瓷	1	三墩 4 号烽火台南 0.014 千米处地表	内外壁施釉，外壁饰青花花卉纹
瓷碗残片（彩图一八九）	辽代	生活用具	瓷	1	镇门堡北墙内侧地表	敞口。圆唇。弧腹较浅。圈足。内壁施满釉，外壁施釉不及底，底露胎，内壁釉面上饰褐色花草及旋纹、水波纹
青花小碗残片（彩图一九〇）	明代	生活用具	瓷	1	许家园长城南 0.1 千米处地表	弧腹。小平底。圈足。内外壁施满釉，内底绘同心圆两周，圆内饰花卉纹；外壁饰两周旋纹，间以花卉纹
陶盆残片（彩图一九一）	汉代	生活用具	陶	1	平山长城 G0118（断点）—G0120（断点）间墙体南壁下	泥质灰陶。宽平沿。方唇。弧腹。器表饰竖向粗绳纹
青花瓷器口沿残片（彩图一九二）	明代	生活用具	瓷	1	谢家屯长城 G0160（谢家屯 1 号敌台）—G0162（断点）间墙体南 0.07 千米处地表	圆唇外敞，斜弧腹。外壁饰青花花卉纹，内壁口沿饰旋纹
石夯（彩图一九三）	明代	生产工具	石	1	燕家堡 3 号敌台西 0.02 千米处地表	青灰色砂岩。上大下小，截面近圆形，夯面尖圆形，斜直壁，壁面修凿规整，顶面中部凿孔用于插木柱，顶面直径 15、孔径 5、深 7、通高 0.31 米

续表 54

名称	时代	类别	材质	数量（件）	采（征）集地点	备注
琉璃瓦残件（彩图一九四）	明代	建筑构件	陶	1	守口堡北墙外侧地表	泥质红陶。小窄沿。正面施绿色釉，背面无釉。厚 1.2 厘米
白瓷碗残片（彩图一九五、一九六）	辽代	生活用具	瓷	1	十墩 2 号敌台南 0.004 千米处地表	斜腹。圆环状圈足。内外壁施釉，外壁施釉不及底，底、足露胎。碗内底有 5 个支钉痕迹
青花瓷碗残片（彩图一九七）	明代	生活用具	瓷	1	镇宏堡长城 1 段南 5 米的坡地上	方圆唇外敞。外壁饰青花花卉纹
残筒瓦（彩图一九八）	汉代	建筑构件	陶	1	镇宏堡西墙内侧	泥质灰陶。截面呈半圆形，瓦面饰纵向粗绳纹，瓦内壁饰细布纹，瓦舌较大，舌长 4.6、径 11 厘米，瓦径 16.2、厚 1.7、残长 17.9 厘米
陶灯台（彩图一九九）	明代	生活用具	陶	1	二十六 3 号烽火台东南 0.002 千米处地表	泥质红陶。下为武士，上为灯台，武士面目狰狞，灯盘浅圆形，有孔。器表原施绿釉，现已脱落
瓦当（彩图二〇〇）	明代	建筑构件	砖瓦	1	镇边堡内乐楼附近	泥质灰陶。当面饰虎头形象，虎头面目狰狞，直径 12 厘米
墙砖（彩图二〇一）	明代	建筑构件	砖瓦	1	镇边堡西门内东南侧	长方形。素面，表面有白灰痕，长 39、宽 19、厚 8 厘米

二　长城资源调查资料分析

（一）长城墙体

1. 长城墙体的材质类型及建筑方式、形制

阳高县长城墙体类型仅见土墙一类。土墙的建筑材料主要是黄土，夯筑而成，大多数含或多或少的砂砾、碎石、料礓石等。夯层厚 0.12～0.3 米，其中绝大多数集中在 0.16～0.3 米，只有两段夯层最薄小于 0.16 米，有一段夯层厚度不详。土墙剖面均大致呈不规则梯形，底宽 0.8～10、顶宽 0.2～3.7、残高 0.3～7 米（表 55）。

表 55　阳高县土墙建筑方式及形制一览表（单位：米）

长城墙体段名称	建筑材料	夯层厚度	剖面形制	尺寸		
				底宽	顶宽	残高
十九墩长城	黄土夯筑而成，含碎石	0.2～0.25	不规则梯形	3～6.2	0.5～2.5	0.5～7
三墩长城	黄土夯筑而成，含少量碎石	0.2～0.25	不规则梯形	1.8～5.6	2～2.2	1.2～5.1
七墩长城	黄土夯筑而成，含少量碎石	0.16～0.25	不规则梯形	4～6	0.2～3	1.5～5.5
二墩长城	黄土夯筑而成	0.12～0.3	不规则梯形	1～5.8	0.2～3.2	1.6～5
五墩长城	黄土夯筑而成，含少量碎石	0.18～0.24	不规则梯形	2.2～5.5	0.2～3.5	0.5～5.5
镇门堡长城	黄土夯筑而成，含少量碎石	0.16～0.26	不规则梯形	3.9～5.2	0.4～3.2	1.1～5.2

续表 55

长城墙体段名称	建筑材料	夯层厚度	剖面形制	尺寸		
				底宽	顶宽	残高
水泉沟长城	黄土夯筑而成，含大量砂砾、碎石	0.2～0.25	不规则梯形	1.4～5.8	0.5～3.1	0.8～4.6
许家园长城	黄土夯筑而成，含大量砂砾、碎石	0.18～0.24	不规则梯形	3.8～5.6	1～2.5	3.2～4.1
平山长城	黄土夯筑而成，含大量料礓石、砂砾	0.18～0.28	不规则梯形	3.1～5.6	0.3～2.2	0.5～5.2
孤山长城	黄土夯筑而成，含大量料礓石、砂砾	0.18～0.3	不规则梯形	0.8～6.5	0.3～2.6	0.4～4.8
虎头山长城	黄土夯筑而成，含料礓石、砂砾	0.18～0.26	不规则梯形	3.9～6.5	0.5～3.2	1.5～6.5
谢家屯长城	黄土夯筑而成，含碎石、砂砾	0.18～0.28	不规则梯形	3～5.8	0.5～3.1	0.4～4.3
燕家堡长城	黄土夯筑而成，含碎石、砂砾	0.18～0.29	不规则梯形	3.6～6	0.2～3	0.8～6.4
乳头山长城	黄土夯筑而成	0.18～0.26	不规则梯形	4～6	0.3～3	0.9～5.6
砖楼长城	黄土夯筑而成	0.18～0.26	不规则梯形	2.2～6	0.5～3	0.3～5.8
小龙王庙长城	黄土夯筑而成	不详	不规则梯形	2.6～6.4	0.5～3.5	2.5～6.5
守口堡长城1段	黄土夯筑而成，含砂砾、碎石	0.18～0.25	不规则梯形	4.2～6.1	1.1～3.6	1.6～4.5
守口堡长城2段	黄土夯筑而成，含较多砂砾	0.18～0.25	不规则梯形	2.3～5.8	0.6～1.8	1.2～4.6
十五梁长城	黄土夯筑而成，含少量砂砾、碎石	0.18～0.25	不规则梯形	2.8～5.6	0.4～1.7	1.6～4.3
十九梁长城	黄土夯筑而成	0.18～0.25	不规则梯形	1.5～5.6	0.5～2.8	0.9～4.5
西三墩长城	黄土夯筑而成	0.18～0.25	不规则梯形	2.2～6.2	1.2～2.8	1.3～4.5
六墩长城	黄土夯筑而成	0.12～0.13	不规则梯形	2.8～5.8	0.8～2.1	1～3.6
十墩长城	黄土夯筑而成，含少量砂砾、碎石	0.18～0.25	不规则梯形	1.8～5.8	0.6～2.9	0.6～4.6
镇宏堡长城	黄土夯筑而成，含少量砂砾、碎石	0.2～0.25	不规则梯形	5～8	2～3	3～4.5
二十六长城	黄土夯筑而成，含少量砂砾、料礓石	0.22～0.28	不规则梯形	5～7	0.5～2.9	1～4.6
大二对营长城	黄土夯筑而成，含少量砂砾、料礓石	0.2～0.25	不规则梯形	6～7	1～2.5	2～3.5
小二对营长城	黄土夯筑而成，含少量砂砾、料礓石	0.2～0.24	不规则梯形	6～7	1～2.5	2～4
镇边堡长城1段	黄土夯筑而成，含少量砂砾、料礓石	0.22～0.25	不规则梯形	5～6	1.5～3.7	2～5
镇边堡长城2段	黄土夯筑而成，含少量砂砾、料礓石	0.2～0.25	不规则梯形	5～6	1.2～2.1	2～4.5
镇边堡长城3段	黄土夯筑而成，含少量砂砾、料礓石	0.2～0.25	不规则梯形	8～10	0.8～3	4.2～7

2. 长城墙体的分布与走向

阳高县长城东北从天镇县进入本县罗文皂镇十九墩村，大致沿东北—西南走向，经三墩村、七墩村、二墩村、五墩村、镇门堡村、水泉沟村、许家园村、平山村、孤山村、龙泉镇虎头山村、谢家屯村、燕家堡村、乳头山村、砖楼村、小龙王庙村、守口堡村、长城乡十五梁村、十九梁村、西三墩村、六墩村、十墩村、镇宏堡村、二十六村、大二对营村、小二对营村至镇边堡村，在镇边堡村西进入新荣区。

阳高县长城以守口堡长城1、2段为界，守口堡长城1段以东段地处县境北部云门山南麓和天镇阳高盆地相交地带，只有五墩长城和镇门堡长城东侧段位于山西省与内蒙古自治区交界处，其余段位于山西省境内；守口堡长城2段以西段地处县境西北部采凉山北坡，位于山西省与内蒙古自治区交界处。

3. 长城墙体的保存状况

阳高县土墙消失占36.03%、一般者占32.1%、较好者占19.61%，保存较差者和差者分别占5.87%、6.39%。造成损毁的自然因素有洪水冲刷、风雨侵蚀、植物生长等，人为因素有农业生产活动破坏、采矿生产活动破坏、居民生活活动破坏、修建房屋及道路破坏、取土挖损、挖掘洞穴、人畜踩踏等。

（二）关堡

阳高县调查关堡8座，其中关2座、城堡6座。

1. 关堡的形制、残存设施和遗迹

详见下表（表56）。

表56　阳高县关堡形状、尺寸、残存设施遗迹及保存状况一览表

名称	形状	朝向	周长（米）	面积（平方米）	残存设施遗迹	保存状况
正大关	矩形	坐西北朝东南	204	2585	关墙	较差
守口关	平面形状不详	坐西北朝东南	不详	不详	关墙、角台1座、马面1座等	较差
陈家堡	矩形	坐北朝南	508	16104	堡墙、角台1座等	较差
镇门堡	矩形	坐西北朝东南	814	41322	堡墙、城门1座、瓮城1座、角台2座、马面1座等	较差
守口堡	不规则的矩形	坐西朝东	844	44400	堡墙	较差
镇宏堡	矩形	坐北朝南	1200	87500	堡墙、角台4座、马面9座等	较差
镇边堡	矩形	坐西朝东	1592	154308	堡墙、城门2座、瓮城1座、角台3座、马面6座、堡内乐楼1座等	一般
阳和城	矩形	坐北朝南	5200	1690000	城墙、瓮城1座、角台1座、马面4座、庙宇1座等	一般

阳高县关堡除一座平面形状不详外，其余均呈矩形。关堡坐北朝南者3座，坐西北朝东南者3座，坐西朝东者2座，即均面向山西省一侧，背向内蒙古自治区一侧。关堡除1座周长、面积不详外，其中有2座面积在10万平方米以上（镇边堡和阳和城），1座面积在10万平方米以下、5万平方米以上（镇宏堡），其余4座面积在5万平方米以下（正大关、陈家堡、镇门堡、守口堡）。

关堡墙体5座为砖墙、3座为土墙。砖墙外部砖石砌筑，内部为夯土墙体，夯层厚0.12～0.26米。土墙均为夯筑而成，夯层厚0.1～0.25米（表57）。

表57 阳高县关堡墙体建筑方式及尺寸一览表（单位：米）

名称	墙体建筑方式	尺寸		
		底宽	顶宽	残高
正大关	土墙。黄土夯筑而成，含较多料礓石、砂砾，夯层厚0.16～0.18米	2	1.5	1.8～3
守口关	土墙。夯层厚0.17～0.25米	3.5	1.7	残存最高6
陈家堡	土墙。夯层厚0.1～0.25米	6.5	2.8	残存最高5.2
镇门堡	砖墙。外部砖石砌筑	5	4	0.3～4.8
守口堡	砖墙。外部砖石砌筑；内部为夯土墙体，夯层厚0.12～0.26米	最宽6	最宽5	0.2～3.5
镇宏堡	砖墙。外部砖石砌筑，现无存；内部为夯土墙体，黄土夯筑而成，含砂砾，夯层厚0.16～0.2米	4	1～2	0.5～8
镇边堡	砖墙。外部砖石砌筑，现无存	5	0.3～3	2～10
阳和城	砖墙。外部砖石砌筑，内部为夯土墙体	7～12	3～11	1.2～11

2. 关堡的分布特点

阳高县正大关和守口关倚长城墙体而建。长城沿线有堡5座，即陈家堡、镇门堡、守口堡、镇宏堡、镇边堡；非长城沿线的只有阳和城。长城沿线关堡与长城一样，分布于县境北部云门山南麓和天镇阳高盆地相交地带以及西北部采凉山北坡；非长城沿线的阳和城位于天镇阳高盆地内。

从关堡墙体类型而言，5座砖墙城堡面积在4万平方米以上，土墙关堡除守口关面积不详外，另外2座面积在2万平方米以内。即砖墙城堡规模较大，土墙关堡规模较小。

3. 关堡的保存状况

关堡保存一般者2座、较差者6座。关堡墙体坍塌损毁，部分段消失，砖墙者砖石大多损毁。城门多为豁口或消失。部分角台、马面消失。关堡内建筑几乎无存。

（三）单体建筑

1. 敌台与马面

（1）敌台的类型与形制

阳高县调查敌台105座，均为骑墙而建。材质类型有砖质和土质两种，砖质敌台仅3座，其余均为土质敌台。砖质敌台平面形制均呈矩形，剖面形制均呈梯形。土质敌台平面形制除1座呈圆形外，其余均呈矩形；剖面形制均呈梯形。

砖质敌台外部砖石砌筑；内部为夯土台体，黄土夯筑而成，含少量砂砾、碎石、料礓石，夯层厚0.13～0.26米，有一座夯层间有石屑层，厚0.03米。砖质敌台底部周长49～55.7、残高5～10米。

土质敌台均为黄土夯筑而成，含砂砾、碎石、料礓石，夯层厚0.09～0.28米，2座夯层间有片石层或白色胶泥土层。土质矩形敌台底部周长18.5～68、残高2.1～15米，仅有的1座圆形敌台底部周长28.26、残高6.8米（表58）。

表58　阳高县敌台材质、形制及保存状况一览表（单位：米）

名称	材质	平面形制	剖面形制	底部周长	残高	保存状况
十九墩1号敌台	土	矩形	梯形	42	11	较好
十九墩2号敌台	土	矩形	梯形	21	3.3	较差
三墩敌台	土	矩形	梯形	26	5	较差
七墩1号敌台	土	矩形	梯形	50	8	一般
七墩2号敌台	土	矩形	梯形	52	8.3	一般
二墩1号敌台	土	矩形	梯形	24	6	一般
二墩2号敌台	土	矩形	梯形	40	7	一般
二墩3号敌台	土	矩形	梯形	46	9.5	一般
五墩敌台	土	矩形	梯形	43	10.3	一般
镇门堡1号敌台	土	矩形	梯形	34.8	10.5	较好
镇门堡2号敌台	土	矩形	梯形	30.3	6.5	一般
镇门堡3号敌台	土	矩形	梯形	33.1	4.1	较差
水泉沟敌台	土	矩形	梯形	20.1	6.4	一般
许家园敌台	砖	矩形	梯形	55.7	8.4	一般
平山敌台	土	矩形	梯形	18.5	2.1	较差
孤山1号敌台	土	矩形	梯形	不详	9.3	一般
孤山2号敌台	土	矩形	梯形	25.1	10.8	一般
虎头山1号敌台	土	矩形	梯形	37.5	9.1	一般
虎头山2号敌台	土	矩形	梯形	38.9	11.2	较好
虎头山3号敌台	砖	矩形	梯形	51.7	5	一般
谢家屯1号敌台	土	矩形	梯形	45.5	9.2	一般
谢家屯2号敌台	土	矩形	梯形	34.8	9.4	一般
燕家堡1号敌台	土	矩形	梯形	56	13.5	较好
燕家堡2号敌台	土	矩形	梯形	40.1	8.4	一般
燕家堡3号敌台	土	矩形	梯形	47.6	12.7	较好
燕家堡4号敌台	土	矩形	梯形	45.5	9.4	一般
乳头山1号敌台	土	矩形	梯形	28.5	9.2	一般
乳头山2号敌台	土	矩形	梯形	40.8	11.4	一般
砖楼1号敌台	土	矩形	梯形	37	9.7	一般
砖楼2号敌台	砖	矩形	梯形	49	10	较好
砖楼3号敌台	土	矩形	梯形	41	11.4	一般
砖楼4号敌台	土	矩形	梯形	45.6	10.1	一般
砖楼5号敌台	土	矩形	梯形	46.8	10.5	较好
小龙王庙1号敌台	土	矩形	梯形	45.65	8	一般
小龙王庙2号敌台	土	矩形	梯形	47.8	13	较好
小龙王庙3号敌台	土	矩形	梯形	46	7.2	一般
小龙王庙4号敌台	土	矩形	梯形	29	6	一般
守口堡1号敌台	土	矩形	梯形	55.2	13.2	较好
守口堡2号敌台	土	矩形	梯形	28.1	9	一般

续表 58

名称	材质	平面形制	剖面形制	底部周长	残高	保存状况
守口堡 3 号敌台	土	矩形	梯形	60	14	较好
守口堡 4 号敌台	土	圆形	梯形	28. 26	6. 8	一般
守口堡 5 号敌台	土	矩形	梯形	37	7. 4	一般
守口堡 6 号敌台	土	矩形	梯形	32	10	一般
守口堡 7 号敌台	土	矩形	梯形	64	15	较好
守口堡 8 号敌台	土	矩形	梯形	50. 5	9	一般
守口堡 9 号敌台	土	矩形	梯形	45	8. 7	一般
守口堡 10 号敌台	土	矩形	梯形	34. 8	4	一般
守口堡 11 号敌台	土	矩形	梯形	30. 1	8. 4	一般
守口堡 12 号敌台	土	矩形	梯形	33. 6	7. 9	一般
十五梁 1 号敌台	土	矩形	梯形	40. 5	10	较好
十五梁 2 号敌台	土	矩形	梯形	27. 7	5	一般
十五梁 3 号敌台	土	矩形	梯形	32	6. 5	一般
十五梁 4 号敌台	土	矩形	梯形	30. 1	3. 8	较差
十五梁 5 号敌台	土	矩形	梯形	30. 7	8. 5	一般
十五梁 6 号敌台	土	矩形	梯形	62. 4	9. 8	较好
十九梁 1 号敌台	土	矩形	梯形	31. 8	8. 5	一般
十九梁 2 号敌台	土	矩形	梯形	42. 8	12. 8	较好
十九梁 3 号敌台	土	矩形	梯形	43	11	较好
十九梁 4 号敌台	土	矩形	梯形	40. 2	9. 2	一般
西三墩 1 号敌台	土	矩形	梯形	26. 6	6. 5	一般
西三墩 2 号敌台	土	矩形	梯形	42. 8	7. 8	一般
西三墩 3 号敌台	土	矩形	梯形	46	9	一般
六墩 1 号敌台	土	矩形	梯形	50	11. 6	较好
六墩 2 号敌台	土	矩形	梯形	64	7	一般
十墩 1 号敌台	土	矩形	梯形	42. 2	7	一般
十墩 2 号敌台	土	矩形	梯形	46	10	较好
十墩 3 号敌台	土	矩形	梯形	48. 9	11	较好
十墩 4 号敌台	土	矩形	梯形	36. 8	9. 1	一般
十墩 5 号敌台	土	矩形	梯形	46	12	较好
镇宏堡 1 号敌台	土	矩形	梯形	31	10	一般
镇宏堡 2 号敌台	土	矩形	梯形	48	10	较好
镇宏堡 3 号敌台	土	矩形	梯形	48	11	较好
镇宏堡 4 号敌台	土	矩形	梯形	38. 8	10	较好
镇宏堡 5 号敌台	土	矩形	梯形	42	10. 1	较好
镇宏堡 6 号敌台	土	矩形	梯形	34	10	较好
镇宏堡 7 号敌台	土	矩形	梯形	48	12	较好
镇宏堡 8 号敌台	土	矩形	梯形	48	11	较好
二十六 1 号敌台	土	矩形	梯形	48	11	较好
二十六 2 号敌台	土	矩形	梯形	32. 4	6. 5	一般
二十六 3 号敌台	土	矩形	梯形	64	12	较好
二十六 4 号敌台	土	矩形	梯形	60	6	一般
二十六 5 号敌台	土	矩形	梯形	66	9	较好
二十六 6 号敌台	土	矩形	梯形	68	12	较好
大二对营 1 号敌台	土	矩形	梯形	62	14	一般
大二对营 2 号敌台	土	矩形	梯形	66	12	较好
大二对营 3 号敌台	土	矩形	梯形	60	15	较好
大二对营 4 号敌台	土	矩形	梯形	60	10	较好

续表 58

名称	材质	平面形制	剖面形制	底部周长	残高	保存状况
大二对营 5 号敌台	土	矩形	梯形	60	10	较好
小二对营 1 号敌台	土	矩形	梯形	56	12	较好
小二对营 2 号敌台	土	矩形	梯形	56	11	较好
小二对营 3 号敌台	土	矩形	梯形	48	11	较好
小二对营 4 号敌台	土	矩形	梯形	36	6	一般
小二对营 5 号敌台	土	矩形	梯形	56	12	较好
小二对营 6 号敌台	土	矩形	梯形	60	12	较好
镇边堡 1 号敌台	土	矩形	梯形	64	12	较好
镇边堡 2 号敌台	土	矩形	梯形	60	12	较好
镇边堡 3 号敌台	土	矩形	梯形	60	12	较好
镇边堡 4 号敌台	土	矩形	梯形	19	4.8	一般
镇边堡 5 号敌台	土	矩形	梯形	50	9	一般
镇边堡 6 号敌台	土	矩形	梯形	52	9	一般
镇边堡 7 号敌台	土	矩形	梯形	34	10	一般
镇边堡 8 号敌台	土	矩形	梯形	52	10	较好
镇边堡 9 号敌台	土	矩形	梯形	60	10	较好
镇边堡 10 号敌台	土	矩形	梯形	60	11	较好
镇边堡 11 号敌台	土	矩形	梯形	48	10	较好

敌台的附属设施有围墙（部分原有围墙，现无存）、围墙内墩院院基、通台体顶部的台体内踏道和台基、台体外斜坡踏道等。围墙、围墙内墩院院基和台体内踏道常见，设围墙和围墙内墩院院基者有 66 座，设台体内踏道者有 61 座，设台基和台体外斜坡踏道仅各见 1 座。围墙均位于敌台面向山西省一侧。台体内踏道由台壁的拱形门洞和台体内部的圆孔形踏道组成，两者相通，可登至台顶。拱形门洞绝大多数位于台体面向山西省的一侧，少数拱形门洞在台体与长城墙体连接的一侧。砖质敌台均有围墙和围墙内墩院院基，土质和砖质敌台仅各有 1 座敌台见台体内踏道和台基。仅有的 1 座土质圆形敌台有斜坡踏道（表 59）。

表 59　阳高县敌台附属设施统计表

名称	材质	平面形制	围墙	墩院院基	台体内踏道	台基	其他
十九墩 1 号敌台	土	矩形	●	●	●		
十九墩 2 号敌台	土	矩形	●	●			
三墩敌台	土	矩形					
七墩 1 号敌台	土	矩形					
七墩 2 号敌台	土	矩形	●	●	●		
二墩 1 号敌台	土	矩形	●	●			
二墩 2 号敌台	土	矩形			●		
二墩 3 号敌台	土	矩形	●	●			
五墩敌台	土	矩形	●	●			
镇门堡 1 号敌台	土	矩形					
镇门堡 2 号敌台	土	矩形	●	●			
镇门堡 3 号敌台	土	矩形	●	●			

续表 59

名称	材质	平面形制	围墙	墩院院基	台体内踏道	台基	其他
水泉沟敌台	土	矩形					
许家园敌台	砖	矩形	●	●		●	
平山敌台	土	矩形	●	●			
孤山 1 号敌台	土	矩形					
孤山 2 号敌台	土	矩形	●	●	●		
虎头山 1 号敌台	土	矩形			●		
虎头山 2 号敌台	土	矩形			●		
虎头山 3 号敌台	砖	矩形	●	●			
谢家屯 1 号敌台	土	矩形					
谢家屯 2 号敌台	土	矩形	●	●			
燕家堡 1 号敌台	土	矩形	●	●	●		
燕家堡 2 号敌台	土	矩形			●		
燕家堡 3 号敌台	土	矩形			●		
燕家堡 4 号敌台	土	矩形	●	●	●		
乳头山 1 号敌台	土	矩形	●	●	●		
乳头山 2 号敌台	土	矩形	●	●	●		
砖楼 1 号敌台	土	矩形			●		
砖楼 2 号敌台	砖	矩形	●	●	●		
砖楼 3 号敌台	土	矩形	●	●	●		
砖楼 4 号敌台	土	矩形	●	●	●		
砖楼 5 号敌台	土	矩形			●		
小龙王庙 1 号敌台	土	矩形	●	●	●		
小龙王庙 2 号敌台	土	矩形					
小龙王庙 3 号敌台	土	矩形					
小龙王庙 4 号敌台	土	矩形	●	●	●		
守口堡 1 号敌台	土	矩形	●	●	●		
守口堡 2 号敌台	土	矩形	●	●			
守口堡 3 号敌台	土	矩形	●	●	●		
守口堡 4 号敌台	土	圆形					斜坡踏道
守口堡 5 号敌台	土	矩形					
守口堡 6 号敌台	土	矩形	●	●	●		
守口堡 7 号敌台	土	矩形	●	●	●		
守口堡 8 号敌台	土	矩形			●		
守口堡 9 号敌台	土	矩形	●	●	●		
守口堡 10 号敌台	土	矩形					
守口堡 11 号敌台	土	矩形					
守口堡 12 号敌台	土	矩形					
十五梁 1 号敌台	土	矩形	●	●			
十五梁 2 号敌台	土	矩形					

续表 59

名称	材质	平面形制	围墙	墩院院基	台体内踏道	台基	其他
十五梁 3 号敌台	土	矩形					
十五梁 4 号敌台	土	矩形					
十五梁 5 号敌台	土	矩形					
十五梁 6 号敌台	土	矩形			●		
十九梁 1 号敌台	土	矩形	●	●	●		
十九梁 2 号敌台	土	矩形	●	●			
十九梁 3 号敌台	土	矩形			●		
十九梁 4 号敌台	土	矩形	●	●	●		
西三墩 1 号敌台	土	矩形			●		
西三墩 2 号敌台	土	矩形	●	●	●		
西三墩 3 号敌台	土	矩形	●	●	●		
六墩 1 号敌台	土	矩形	●	●	●		
六墩 2 号敌台	土	矩形	●	●	●		
十墩 1 号敌台	土	矩形	●	●			
十墩 2 号敌台	土	矩形	●	●	●		
十墩 3 号敌台	土	矩形	●	●			
十墩 4 号敌台	土	矩形	●	●	●		
十墩 5 号敌台	土	矩形	●	●	●		
镇宏堡 1 号敌台	土	矩形	●	●			
镇宏堡 2 号敌台	土	矩形					
镇宏堡 3 号敌台	土	矩形	●	●	●		
镇宏堡 4 号敌台	土	矩形	●	●	●		
镇宏堡 5 号敌台	土	矩形	●	●	●		
镇宏堡 6 号敌台	土	矩形	●	●	●		
镇宏堡 7 号敌台	土	矩形	●	●	●		
镇宏堡 8 号敌台	土	矩形	●	●	●		
二十六 1 号敌台	土	矩形	●	●	●		
二十六 2 号敌台	土	矩形					
二十六 3 号敌台	土	矩形	●	●	●		
二十六 4 号敌台	土	矩形	●	●	●		
二十六 5 号敌台	土	矩形	●	●	●		
二十六 6 号敌台	土	矩形					
大二对营 1 号敌台	土	矩形	●	●			
大二对营 2 号敌台	土	矩形					
大二对营 3 号敌台	土	矩形	●	●			
大二对营 4 号敌台	土	矩形					
大二对营 5 号敌台	土	矩形	●	●			
小二对营 1 号敌台	土	矩形	●	●	●		
小二对营 2 号敌台	土	矩形	●	●	●		

续表 59

名称	材质	平面形制	围墙	墩院院基	台体内踏道	台基	其他
小二对营 3 号敌台	土	矩形			●		
小二对营 4 号敌台	土	矩形					
小二对营 5 号敌台	土	矩形			●		
小二对营 6 号敌台	土	矩形	●	●	●		
镇边堡 1 号敌台	土	矩形	●	●	●		
镇边堡 2 号敌台	土	矩形	●	●	●		
镇边堡 3 号敌台	土	矩形	●	●	●		
镇边堡 4 号敌台	土	矩形	●	●	●		
镇边堡 5 号敌台	土	矩形			●		
镇边堡 6 号敌台	土	矩形			●		
镇边堡 7 号敌台	土	矩形					
镇边堡 8 号敌台	土	矩形	●	●	●		
镇边堡 9 号敌台	土	矩形	●	●	●		
镇边堡 10 号敌台	土	矩形	●	●	●		
镇边堡 11 号敌台	土	矩形	●	●			

（2）马面的类型与形制

阳高县调查马面 28 座，均为倚墙而建，位于长城墙体面向内蒙古自治区一侧。材质类型仅见土质一种，平面形制均呈矩形，剖面形制均呈梯形。土质敌台均为黄土夯筑而成，绝大多数含少量砂砾、碎石、料礓石，夯层厚 0.16 ~ 0.25 米；一座马面夯层间有碎石层，厚 0.2 米。土质矩形马面底部周长 7 ~ 33、残高 2.5 ~ 7.2 米（表 60）。

表 60　阳高县马面材质、形制及保存状况一览表（单位：米）

名称	材质	平面形制	剖面形制	底部周长	残高	保存状况
二墩马面	土	矩形	梯形	21	5.2	一般
五墩 1 号马面	土	矩形	梯形	17.2	5	一般
五墩 2 号马面	土	矩形	梯形	16	不详	一般
镇门堡马面	土	矩形	梯形	21	2.5	较差
虎头山马面	土	矩形	梯形	17	2.6	较差
燕家堡马面	土	矩形	梯形	14	4.5	一般
乳头山 1 号马面	土	矩形	梯形	14	6	一般
乳头山 2 号马面	土	矩形	梯形	18	5	一般
西三墩马面	土	矩形	梯形	33	5	一般
十墩马面	土	矩形	梯形	16	4.5	一般
镇宏堡 1 号马面	土	矩形	梯形	14.4	2.5	较差
镇宏堡 2 号马面	土	矩形	梯形	14.8	5.6	一般
大二对营 1 号马面	土	矩形	梯形	12	4.1	一般
大二对营 2 号马面	土	矩形	梯形	22	5	一般

续表 60

名称	材质	平面形制	剖面形制	底部周长	残高	保存状况
大二对营 3 号马面	土	矩形	梯形	24	5	一般
大二对营 4 号马面	土	矩形	梯形	22	3	较差
小二对营 1 号马面	土	矩形	梯形	19	5	一般
小二对营 2 号马面	土	矩形	梯形	21	4.5	一般
镇边堡 1 号马面	土	矩形	梯形	17	4	一般
镇边堡 2 号马面	土	矩形	梯形	15	4.5	一般
镇边堡 3 号马面	土	矩形	梯形	24	6	一般
镇边堡 4 号马面	土	矩形	梯形	18	5.2	一般
镇边堡 5 号马面	土	矩形	梯形	10	4.5	一般
镇边堡 6 号马面	土	矩形	梯形	7	2.5	较差
镇边堡 7 号马面	土	矩形	梯形	20	7	一般
镇边堡 8 号马面	土	矩形	梯形	25	7	一般
镇边堡 9 号马面	土	矩形	梯形	24	6.5	一般
镇边堡 10 号马面	土	矩形	梯形	20	7.2	一般

（3）敌台、马面的分布和建筑特点

①相对于敌台发现较多，马面发现较少。

②敌台以土质占绝大多数，砖质仅 3 座。平面形制除一座土质敌台呈圆形外，其余均呈矩形。

③马面的建筑材质均为土质，形制均为矩形。

④附属设施方面，砖质敌台均设有围墙和围墙内墩院院基，各有一座砖质敌台和土质敌台见台体内踏道和台基。仅有的一座土质圆形敌台不见附属设施。多数土质矩形敌台有围墙、围墙内墩院院基和台体内踏道等附属设施，马面未见附属设施。

⑤尝试对土质矩形敌台进行大小划分，依据敌台的底部周长，按≥50、40～50、＜40 米三个标准进行分类，以残高作为参考（表 61）。

表 61 阳高县土质矩形敌台分类统计表

	底部周长分类	底部周长（米）	数量（座）	百分比（%）	残高（米）
大型敌台	≥50 米	50～68	31	30.7	6～15
中型敌台	40～50 米	40～48.9	34	33.7	7.2～13
小型敌台	＜40 米	18.5～38.9	35	34.7	2.1～11.2
不详	不详	不详	1	0.9	9.3
合计		18.5～68	101	100	4.2～15

从上表中可以看出，阳高县土质矩敌台大中小型数量大致相当，相对而言，中小型略多。

（4）敌台、马面保存状况

阳高县敌台绝大多数保存较好或一般，分别有 46、54 座，较差者仅 5 座。马面保存一般者 23 座、较差者 5 座。造成损毁的自然因素有洪水冲刷、风雨侵蚀、植物生长等；人为因素有拆毁砖石、农业生产活动破坏、修建房屋及窑洞、道路破坏、取土挖损、挖掘洞穴、人畜踩踏等。

2. 烽火台

阳高县调查烽火台140座，其中长城沿线烽火台88座，腹里烽火台52座。

（1）烽火台的类型与形制

阳高县140座烽火台的材质类型有砖质和土质两类，砖质仅1座，属腹里烽火台，其余均为土质烽火台。

砖质烽火台仅见1座，即张小村砖楼圪墩烽火台，外部包砖，内部为夯土台体，黄土夯筑而成，夯层厚0.1～0.13米。台体平面呈矩形，剖面呈梯形，底部周长29.5、残高3米。

土质烽火台均为黄土夯筑而成。长城沿线土质烽火台半数以上含砂砾、碎石、料礓石，夯层厚0.06～0.3米，仅1座夯层间有砂砾层，厚0.04～0.2米。腹里土质烽火台大多数含砂砾、碎石、料礓石，有1座含量少量白灰，夯层厚0.1～0.31米。

土质烽火台的平面形制占绝大多数的为矩形，圆形仅6座（长城沿线4座、腹里2座），剖面形制均呈梯形。长城沿线矩形烽火台底部周长18.4～64、残高2.4～10.5米，腹里矩形烽火台底部周长11.2～60、残高2～11米。6座圆形烽火台底部周长27.3～41.4、残高7.4～10.2米，仅1座底部周长为41.4米，其余在40米以内（表62、63）。

表62 阳高县长城沿线烽火台材质、形制及保存状况一览表（单位：米）

名称	材质	平面形制	剖面形制	底部周长	残高	保存状况
十九墩1号烽火台	土	矩形	梯形	38	6	一般
十九墩2号烽火台	土	矩形	梯形	36	6.7	一般
十九墩3号烽火台	土	矩形	梯形	46	7	一般
十九墩4号烽火台	土	矩形	梯形	46	5	一般
十九墩5号烽火台	土	矩形	梯形	64	6	一般
十九墩6号烽火台	土	矩形	梯形	30	5.5	一般
三墩1号烽火台	土	矩形	梯形	42	8.4	一般
三墩2号烽火台	土	矩形	梯形	32	6	一般
三墩3号烽火台	土	矩形	梯形	46	6	一般
三墩4号烽火台	土	矩形	梯形	40	6	一般
七墩1号烽火台	土	矩形	梯形	48	6.5	一般
七墩2号烽火台	土	矩形	梯形	48	6.6	一般
七墩3号烽火台	土	矩形	梯形	26	3.2	较差
七墩4号烽火台	土	矩形	梯形	38	8.5	一般
二墩1号烽火台	土	矩形	梯形	42	6.7	一般
二墩2号烽火台	土	矩形	梯形	33.6	7	一般
二墩3号烽火台	土	矩形	梯形	20	3	较差
二墩4号烽火台	土	矩形	梯形	40	6	一般
镇门堡4号烽火台	土	矩形	梯形	38.4	5.8	一般
镇门堡5号烽火台	土	矩形	梯形	34.7	5.3	一般

续表 62

名称	材质	平面形制	剖面形制	底部周长	残高	保存状况
镇门堡 6 号烽火台	土	矩形	梯形	36.8	3.3	较差
水泉沟 1 号烽火台	土	矩形	梯形	19.2	4.3	较差
水泉沟 2 号烽火台	土	矩形	梯形	45	6.5	一般
水泉沟 3 号烽火台	土	矩形	梯形	64	8.5	一般
许家园 1 号烽火台	土	矩形	梯形	48.8	8.6	一般
许家园 2 号烽火台	土	矩形	梯形	19.2	4.2	一般
许家园 3 号烽火台	土	矩形	梯形	52	8.8	一般
许家园 4 号烽火台	土	矩形	梯形	35	8.2	一般
孤山 1 号烽火台	土	矩形	梯形	33.8	5.8	一般
孤山 2 号烽火台	土	矩形	梯形	42.7	2.4	较差
孤山 3 号烽火台	土	矩形	梯形	46	7.2	一般
孤山 4 号烽火台	土	矩形	梯形	48	9.1	一般
虎头山 1 号烽火台	土	矩形	梯形	40	8.8	一般
虎头山 2 号烽火台	土	矩形	梯形	39	8.9	一般
虎头山 3 号烽火台	土	矩形	梯形	42.5	8.1	一般
虎头山 4 号烽火台	土	矩形	梯形	33.6	10.5	较好
虎头山 5 号烽火台	土	矩形	梯形	18.4	6.2	一般
谢家屯烽火台	土	矩形	梯形	42.5	8.3	一般
燕家堡 1 号烽火台	土	矩形	梯形	44	7.2	一般
燕家堡 2 号烽火台	土	矩形	梯形	33	6.7	一般
乳头山 1 号烽火台	土	矩形	梯形	38.3	9.2	一般
乳头山 2 号烽火台	土	矩形	梯形	36	8.5	一般
乳头山 3 号烽火台	土	矩形	梯形	21.7	7.1	一般
乳头山 4 号烽火台	土	矩形	梯形	36	5.6	一般
乳头山 5 号烽火台	土	矩形	梯形	28.8	4.6	一般
砖楼 1 号烽火台	土	矩形	梯形	33.4	6.1	一般
砖楼 2 号烽火台	土	矩形	梯形	44.7	6.8	一般
砖楼 3 号烽火台	土	矩形	梯形	43	8.1	一般
小龙王庙 1 号烽火台	土	矩形	梯形	44	7.5	一般
小龙王庙 2 号烽火台	土	矩形	梯形	36.8	7.2	一般
小龙王庙 3 号烽火台	土	矩形	梯形	52	8.3	一般
小龙王庙 4 号烽火台	土	矩形	梯形	53	8.7	一般
小龙王庙 5 号烽火台	土	矩形	梯形	48.1	8.5	一般
小龙王庙 6 号烽火台	土	矩形	梯形	不详	2.5	较差
守口堡 1 号烽火台	土	矩形	梯形	43	9.2	一般
守口堡 2 号烽火台	土	矩形	梯形	47.5	5.8	一般
守口堡 3 号烽火台	土	矩形	梯形	50	9.3	一般
守口堡 4 号烽火台	土	圆形	梯形	27.3	10.2	一般
守口堡 5 号烽火台	土	圆形	梯形	32.7	9	一般

续表 62

名称	材质	平面形制	剖面形制	底部周长	残高	保存状况
守口堡 6 号烽火台	土	圆形	梯形	32.7	9.8	一般
守口堡 7 号烽火台	土	矩形	梯形	35.2	7.2	一般
守口堡 8 号烽火台	土	矩形	梯形	不详	3.2	较差
十五梁 1 号烽火台	土	矩形	梯形	不详	6.2	一般
十五梁 2 号烽火台	土	矩形	梯形	33.4	5.3	一般
十九梁 1 号烽火台	土	矩形	梯形	不详	4.12	一般
十九梁 2 号烽火台	土	矩形	梯形	30.9	8.6	一般
十九梁 3 号烽火台	土	矩形	梯形	30	9	一般
西三墩烽火台	土	矩形	梯形	不详	不详	较差
六墩烽火台	土	矩形	梯形	18.5	5.5	一般
十墩 1 号烽火台	土	矩形	梯形	不详	6	一般
十墩 2 号烽火台	土	矩形	梯形	不详	6	一般
十墩 3 号烽火台	土	矩形	梯形	25.3	6	一般
十墩 4 号烽火台	土	矩形	梯形	34.8	8.5	一般
镇宏堡 1 号烽火台	土	矩形	梯形	24	6	一般
镇宏堡 2 号烽火台	土	矩形	梯形	29.7	6.8	一般
镇宏堡 3 号烽火台	土	矩形	梯形	23.5	4	一般
镇宏堡 4 号烽火台	土	矩形	梯形	不详	6.5	一般
镇宏堡 5 号烽火台	土	矩形	梯形	不详	7	一般
二十六 1 号烽火台	土	矩形	梯形	24	6	一般
二十六 2 号烽火台	土	矩形	梯形	39.4	8	一般
二十六 3 号烽火台	土	矩形	梯形	44.8	7	一般
大二对营 1 号烽火台	土	矩形	梯形	不详	5.2	较差
大二对营 2 号烽火台	土	矩形	梯形	不详	5	较差
大二对营 3 号烽火台	土	圆形	梯形	41.4	7.5	一般
小二对营烽火台	土	矩形	梯形	不详	6.3	一般
镇边堡 1 号烽火台	土	矩形	梯形	29.7	5	一般
镇边堡 2 号烽火台	土	矩形	梯形	不详	6.7	一般
镇边堡 3 号烽火台	土	矩形	梯形	31	7.5	一般

表 63　阳高县腹里烽火台材质、形制及保存状况一览表（单位：米）

名称	材质	平面形制	剖面形制	底部周长	残高	保存状况
三墩南烽火台	土	矩形	梯形	27.5	4	一般
谢家庄烽火台	土	矩形	梯形	29.5	8	一般
太平堡烽火台	土	矩形	梯形	40	8.8	一般
罗文皂镇烽火台	土	矩形	梯形	46.1	6.5	一般
杨家堡烽火台	土	矩形	梯形	28.9	7.9	一般
小龙王庙沙河畔烽火台	土	矩形	梯形	58	7.9	一般

续表63

名称	材质	平面形制	剖面形制	底部周长	残高	保存状况
守口堡圪墩山烽火台	土	圆形	梯形	34.5	8.5	一般
李官屯烽火台	土	矩形	梯形	39.5	8.8	一般
张小村西烽火台	土	矩形	梯形	28.5	3	较差
张小村砖楼圪墩烽火台	砖	矩形	梯形	29.5	3	较差
张小村大沙圪墩烽火台	土	矩形	梯形	23	7	一般
党梁烽火台	土	圆形	梯形	31.4	7.4	一般
堡子湾东湾烽火台	土	矩形	梯形	40.25	10.5	较好
堡子湾东烽火台	土	矩形	梯形	34.2	4.6	一般
堡子湾西烽火台	土	矩形	梯形	54	9.5	一般
罗岭家北烽火台	土	矩形	梯形	23	4	较差
罗家岭东南烽火台	土	矩形	梯形	25	8.5	一般
庞窑东圪墩烽火台	土	矩形	梯形	25	6.2	一般
庞窑西圪墩烽火台	土	矩形	梯形	23	5	一般
天桥烽火台	土	矩形	梯形	30.5	7	一般
范家窑西梁烽火台	土	矩形	梯形	25.5	6	一般
范家窑马鬃梁烽火台	土	矩形	梯形	39	9.6	一般
瞭高山烽火台	土	矩形	梯形	41.3	6.3	一般
镇边堡烽火台	土	矩形	梯形	60	10	一般
纪家庄烽火台	土	矩形	梯形	33.5	8	一般
后营烽火台	土	矩形	梯形	38	6.8	一般
上吾其烽火台	土	矩形	梯形	46	8.5	一般
鞍马沟东南烽火台	土	矩形	梯形	11.2	7.6	一般
鞍马沟西南烽火台	土	矩形	梯形	24	3.2	较差
靳家窑烽火台	土	矩形	梯形	50	3.2	较差
碾儿沟烽火台	土	矩形	梯形	40	10	较好
西雷庄烽火台	土	矩形	梯形	30	7.5	一般
赵石庄烽火台	土	矩形	梯形	33.5	8.8	一般
东一柳营烽火台	土	矩形	梯形	40	11	较好
上马涧烽火台	土	矩形	梯形	19	2.5	较差
孙启庄烽火台	土	矩形	梯形	21.5	4.5	一般
东小村烽火台	土	矩形	梯形	31.3	8.8	一般
神泉堡北烽火台	土	矩形	梯形	44	10	较好
神泉堡南烽火台	土	矩形	梯形	39.5	8.8	一般
神泉堡西烽火台	土	矩形	梯形	52	9.5	一般
大白登烽火台	土	矩形	梯形	39.5	6.8	一般
大泉山烽火台	土	矩形	梯形	40	7.8	一般
四姓庄大圪墩烽火台	土	矩形	梯形	33	6.5	一般
四姓庄二圪墩烽火台	土	矩形	梯形	27	6	一般
官庄南烽火台	土	矩形	梯形	18	2	较差

续表 63

名称	材质	平面形制	剖面形制	底部周长	残高	保存状况
官庄东烽火台	土	矩形	梯形	17.5	4.5	一般
上深井烽火台	土	矩形	梯形	26.9	8.5	一般
北沙岭烽火台	土	矩形	梯形	21	5	一般
钱家堡烽火台	土	矩形	梯形	22	6.5	一般
朱家窑头烽火台	土	矩形	梯形	15.5	4.2	一般
隋士营龙王庙地烽火台	土	矩形	梯形	15.5	5.5	一般
隋士营烽火台	土	矩形	梯形	44	9	一般

烽火台的附属设施有围墙（部分原有围墙，现无存）、围墙内墩院院基、通台体顶部的台体内踏道和台基等。长城沿线烽火台有12座周围或南侧有围墙（部分原有围墙，现无存），围墙内残存墩院院基；15座有通台体顶部的台体内踏道，由拱形门洞和台体内部的圆孔形踏道组成；1座有台基。腹里烽火台有15座周围或南侧有围墙（部分原有围墙，现无存），围墙内残存墩院院基；6座有通台体顶部的台体内踏道，由拱形门洞和台体内部的圆孔形踏道组成；1座有台基。

（2）烽火台的分布特点

①长城沿线烽火台的走向大致与长城墙体一致，距长城0.004～0.934千米，砖楼长城以东段沿线烽火台见于墙体北侧面向内蒙古自治区一侧（多数烽火台位于山西省境内，少数位于内蒙古自治区境内），小龙王庙长城以西段沿线烽火台见于墙体两侧，其中守口堡长城2段以西段位于山西省与内蒙古自治区交界处，南北两侧山西省境内和内蒙古自治区境内均分布有沿线烽火台。内蒙古自治区境内的长城沿线烽火台信息参见内蒙古长城资源调查报告。

②腹里烽火台主要分布在城堡周围以及交通要道沿线，如202省道和301省道（京包铁路与之平行）沿线分布有较多烽火台。

③无论是长城沿线烽火台还是腹里烽火台，材质类型基本为土质（腹里烽火台有唯一一座砖质烽火台）；平面形制绝大多数呈矩形（圆形烽火台仅6座，其中长城沿线烽火台4座、腹里烽火台2座）。

④尝试对烽火台进行大小划分，依据烽火台的底部周长，按≥50、40～50、＜40米三个标准进行分类，以残高作为参考（表64、65）。

表64　阳高县长城沿线土质矩形烽火台分类统计表

	底部周长分类	底部周长（米）	数量（座）	百分比（%）	残高（米）
大型台体	≥50米	50～64	6	7.1	6～9.3
中型台体	40～50米	40～48.8	25	29.8	2.4～9.2
小型台体	＜40米	18.4～39.4	40	47.6	3～10.5
不详	不详	不详	13	15.5	2.5～7
合计		18.4～64	84	100	2.4～10.5

表 65　阳高县腹里土质矩形烽火台分类统计表

	底部周长分类	底部周长（米）	数量（座）	百分比（%）	残高（米）
大型台体	≥50 米	50 ~ 60	5	10	3.2 ~ 10
中型台体	40 ~ 50 米	40 ~ 46.1	10	20	6.3 ~ 11
小型台体	< 40 米	11.2 ~ 39.5	35	70	2 ~ 9.6
合计		11.2 ~ 60	50	100	2 ~ 11

从上表中可以看出，土质烽火台无论长城沿线还是腹里，小型台体最多，其次是中型台体，大型台体数量很少。相对而言，长城沿线大中型台体略多。圆形烽火台除一座为中型台体，其余均为小型台体。唯一一座砖质烽火台属小型。

（3）烽火台保存状况

阳高县烽火台保存一般者最多，有 118 座，其余保存较好 5 座、较差 17 座。造成损毁的自然因素有洪水冲刷、风雨侵蚀、植物生长等；人为因素有拆毁砖石、农业生产活动破坏、修建房屋及窑洞破坏、修建排水沟破坏、取土挖损、挖掘洞穴、人畜踩踏、不合理修缮等。

三　自然与人文环境

（一）自然环境

阳高县位于山西省东北端，属于太古界地层和第四纪地层交相分布区域，太古界地层由变质程度很深的各种正副片麻岩和结晶片岩组成，第四纪地层由细砂、泥灰岩、红色土、黄土及近代冲积层组成。县境北部长城分布地区地层属太古界地层。县境北、西北、南面环山，中部丘陵分割出南北两块盆地。县境北和西北部有云门山和采凉山，县境南部有六棱山；北部盆地为南洋河上游白登河及支流黄水河、黑水河、吾其河形成的河谷盆地，也称天镇阳高盆地；南部为桑干河河谷盆地。长城分布于县境北部云门山南麓和天镇阳高盆地相交地带以及西北部采凉山北坡。阳高县为中温带大陆性半干旱季风气候，气温低，风沙大，雨量少，气候干燥，年均气温 7℃，年均降水量 400 毫米。县境土壤主要有淡栗钙土、山地淡栗钙土、淡栗钙土性土。植被属暖温带落阔叶林带向温带草原的过渡区域类型。

（二）人文环境

村庄居民以农业和家畜饲养业为主。阳高县北部云门山和西北部采凉山有采矿场，对长城周围的生态环境造成一定破坏，有些甚至直接破坏长城墙体本身。

阳高县交通便利，北部京包铁路经县城西南—东北向过境，有与京包铁路大致平行的 301 省道，南部东小村镇神泉堡村附近有大（同）秦（皇岛）铁路、宣（化）大（同）高速公路、109 国道和 302、339 省道东西向过境，202 省道南北向纵贯。长城沿线村庄多有县乡公路或土路相通。

四　保护与管理状况

阳高县长城的保护管理机构是阳高县文物管理所。目前有关长城的保护范围、建设控制地带、保护标志、记录档案等工作有待规定或完善。

表50 阳高县敌台一览表

名称	地点	高程	与其他遗存的位置关系	材质	建筑方式	平面形制	剖面形制	尺寸	附属设施	修缮情况	保存状况
十九墩1号敌台（彩图一六〇）	罗文皂镇十九墩村东北1.3千米处	1323米	骑墙而建，位于十九墩长城墙体上	土	黄土夯筑而成，夯层厚0.18～0.2米	矩形	梯形	底部东西10、南北11米，顶部东西7、南北8米，残高11米	台体南侧原有围墙，平面呈矩形，现残存南、西墙，宽0.8、残高1.5米，夯层厚0.17米。南墙中部设门。围墙内残存墩院院基，平面呈矩形，东西11、南北10、残高2米。台体南壁下部设拱形门洞，台体内设置通顶的圆孔形踏道，拱形门洞与踏道相通，可登顶。门洞宽0.8、高1.3、高出地面1.7米，踏道孔径0.7米	无	保存较好。南壁底部有洞穴，宽1.3、高1.7、进深3.3米
十九墩2号敌台	罗文皂镇十九墩村东北0.553千米处	1296米	骑墙而建，位于十九墩长城墙体上	土	黄土夯筑而成，含砂砾、碎石，夯层厚0.18～0.23米	矩形	梯形	底部东西9、南北1.5米，顶部边长0.9米，残高3.3米	台体南侧原有围墙，平面呈矩形，现残存南墙，残长6、底宽1.5、顶宽0.9、残高0.3米。围墙内墩院院基现为耕地	无	保存较差。台体被洪水冲刷和农业生产破坏损毁严重，墩院院基现为耕地
三墩敌台	罗文皂镇三墩村东北0.563千米处	1268米	骑墙而建，位于三墩长城墙体上	土	黄土夯筑而成，含少量碎石，夯层厚0.18～0.21米	矩形	梯形	底部东西8、南北5米，顶东部西6、南北3.8米，残高5米	无	无	保存较差。台体被洪水冲刷损毁严重
七墩1号敌台	罗文皂镇七墩村西北0.827千米处	1267米	骑墙而建，位于七墩长城墙体上	土	黄土夯筑而成，含砂砾，夯层厚0.14～0.25米	矩形	梯形	底部东西14、南北11米，顶部东西10、南北8米，残高8米	无	有二次修缮痕迹，台体南、北壁加厚0.4～0.6米，顶部加高0.6米，夯层厚0.23～0.28米	保存一般
七墩2号敌台	罗文皂镇七墩村西南1.6千米处	1260米	骑墙而建，位于七墩长城墙体上，系七墩长城止点，二墩长城起点	土	黄土夯筑而成，含少量砂砾、碎石，夯层厚0.2～0.22米	矩形	梯形	底部边长13、顶部边长9、残高8.3米	台体东南侧原有围墙，平面呈矩形，现仅存地面痕迹。北墙中部设门。围墙内残存墩院院基，平面呈矩形，东西6、南北18、残高2.5米。台体东壁下部设拱形门洞，台体内设置通顶的圆孔形踏道，拱形门洞与踏道相通，可登顶。门洞宽1.1、高1.4、进深4.6、高出地面1.7米，踏道孔径0.65～1.3米	无	保存一般

续表 50

名称	地点	高程	与其他遗存的位置关系	材质	建筑方式	平面形制	剖面形制	尺寸	附属设施	修缮情况	保存状况
二墩1号敌台	罗文皂镇二墩村东北0.418千米处	1259米	骑墙而建，位于二墩长城墙体上	土	黄土夯筑而成，含少量砂砾，夯层厚0.15～0.2米	矩形	梯形	底部东西6.8～7.5、南北4.1～4.5米，顶部东西2、南北1.8米，残高6米	台体南侧原有围墙，现无存。围墙内残存墩院院基，平面呈矩形，东西28、南北24、残高0.15米	无	保存一般。围墙无存
二墩2号敌台	罗文皂镇二墩村北0.27千米处	1262米	骑墙而建，位于二墩长城墙体上	土	黄土夯筑而成，含少量砂砾、碎石，夯层厚0.1～0.2米	矩形	梯形	底部边长10米，顶部东西6、南北5米，残高7米	台体东壁下部设拱形门洞，台体内设置通顶的圆孔形踏道，拱形门洞与踏道相通，可登顶。门洞宽1.1、高1.5、进深1、高出地面4米，踏道孔径1米	无	保存一般
二墩3号敌台	罗文皂镇二墩村西0.865千米处	1229米	骑墙而建，位于二墩长城墙体上	土	黄土夯筑而成，夯层厚0.18～0.24米	矩形	梯形	底部东西11、南北12米，顶部东西7.6、南北8.5米，残高9.5米	台体南侧原有围墙，平面呈矩形，仅残存东、西墙，底宽1.3、顶宽0.8、残高0.6～1.3米，夯层厚0.25～0.28米。围墙内残存墩院院基，平面呈矩形，东西19、南北4.8、残高1.3米	无	保存一般
五墩敌台（彩图一六一）	罗文皂镇五墩村西南1.4千米处	1167米	骑墙而建，位于五墩长城墙体上	土	黄土夯筑而成，含砂砾、碎石，夯层厚0.21～0.25米	矩形	梯形	底部东西11、南北10.5米，残高10.3米	台体南侧原有围墙，现无存。围墙内残存墩院院基，平面呈矩形，东西20、南北9.3、残高2.4米	无	保存一般。北壁底部有挖掘形成的凹槽，进深0.3～1米。围墙无存
镇门堡1号敌台	罗文皂镇镇门堡村东北0.87千米处	1160米	骑墙而建，位于镇门堡长城墙体上	土	黄土夯筑而成，含少量碎石，夯层厚0.2～0.24米	矩形	梯形	底部东、南、西、北残长12、12.1、3.5、7.2米，顶部东、南、西、北残长8、8、2.2、3.5米，残高10.5米	无	无	保存较好。台体西北角坍塌损毁，形成豁口，豁口内有坡道可登顶。东壁下部有洞穴，宽0.8、高1、进深0.6米。南壁底部有洞穴

续表 50

名称	地点	高程	与其他遗存的位置关系	材质	建筑方式	平面形制	剖面形制	尺寸	附属设施	修缮情况	保存状况
镇门堡2号敌台	罗文皂镇镇门堡村东北0.38千米处	1178米	骑墙而建，位于镇门堡长城墙体上	土	红色胶泥土夯筑而成，含砂砾、碎石，夯层厚0.18~0.2米	矩形	梯形	底部东、南、西、北长8.3、7.5、7.6、6.9米，顶部东、南、西、北长5.2、4.7、5.1、4.3米，残高6.5米	台体南侧原有围墙，现无存。围墙内残存墩院院基，平面呈矩形，被取土挖损损毁严重	无	保存一般。围墙无存。墩院院基被取土挖损损毁严重
镇门堡3号敌台	罗文皂镇镇门堡村西北0.23千米处	1183米	骑墙而建，位于镇门堡长城墙体上	土	黄土夯筑而成，含砂砾、碎石，夯层厚0.21~0.24米	矩形	梯形	底部东、南、西、北长5.3、12、4.8、11、残高4.1米	台体南侧原有围墙，平面呈矩形，现仅残存南墙，长17、底宽1.5、顶宽0.3~0.6、残高3.7米，夯层厚0.21~0.24米。南墙中部设门，宽1.2、高1.5米。围墙内残存墩院院基，平面呈矩形，东西17、南北10、残高3米	无	保存较差。台体被取土挖损损毁严重
水泉沟敌台	罗文皂镇水泉沟村东0.29千米处	1166米	骑墙而建，位于水泉沟长城墙体上	土	黄土夯筑而成，含碎石，夯层厚0.2~0.23米	矩形	梯形	底部东、南、西、北长5.5、4.8、5.2、4.6、残高6.4米	无	无	保存一般。台体北侧被洪水冲刷损毁
许家园敌台(彩图一六二)	罗文皂镇许家园村东北0.38千米处	1195米	骑墙而建，位于许家园长城墙体上	砖	外部砖石砌筑，砖长36、宽18、厚8厘米；内部为夯土台体，黄土夯筑而成，含少量砂砾、碎石、料礓石。夯层厚0.19~0.22米	矩形	梯形	底部东、南、西、北长14、13.8、13.9、14米，顶部东、南、西、北长9、8.5、9.2、8.6米，残高8.4米	台体南侧原有围墙，围墙及围墙内墩院院基已无存，台体底部有台基，残高3米	有二次修缮痕迹	保存一般。外部砖石大多无存，围墙及围墙内墩院院基已无存
平山敌台	罗文皂镇平山村民居内	1144米	骑墙而建，位于平山长城墙体上	土	黄土夯筑而成，含少量碎石，夯层厚0.22~0.25米	矩形	梯形	底部东、南、西、北长2.2、6.3、2.7、7.3米，残高2.1米	台体南侧原有围墙，围墙及围墙内墩院院基已无存	无	保存较差。台体被取土挖损和修建房屋破坏损毁严重，围墙及围墙内墩院院基已无存

续表 50

名称	地点	高程	与其他遗存的位置关系	材质	建筑方式	平面形制	剖面形制	尺寸	附属设施	修缮情况	保存状况
孤山1号敌台	罗文皂镇孤山村北1.1千米处	1110米	骑墙而建，位于孤山长城墙体上	土	黄土夯筑而成，含少量砂砾、碎石、料礓石，夯层厚0.18～0.2米	矩形	梯形	底部东、南、西残长2、13、7.5米，残高9.3米	无	有二次修缮痕迹	保存一般。台体东北壁坍塌损毁严重
孤山2号敌台	罗文皂镇孤山村西北0.98千米处	1114米	骑墙而建，位于孤山长城墙体上	土	黄土夯筑而成，含少量砂砾、碎石、料礓石，夯层厚0.16～0.21米	矩形	梯形	底部东、南、西、北长5.6、7.1、5.4、7米，残高10.8米	台体南侧原有围墙，现无存。围墙内残存墩院院基西侧部分，东西10、南北4、残高1.5米。台体南壁下部设拱形门洞，台体内设置通顶的圆孔形踏道，拱形门洞与踏道相通，可登顶。门洞宽1.1、高1.2米	有二次修缮痕迹	保存一般。围墙无存
虎头山1号敌台	龙泉镇虎头山村东北1.3千米处	1115米	骑墙而建，位于虎头山长城墙体上	土	黄土夯筑而成，含少量砂砾、碎石、料礓石，夯层厚0.14～0.2米	矩形	梯形	底部东、南、西、北长6.5、12.5、6.4、12.1米，顶部东、南、西、北长1.5、6.5、1.4、6.3米，残高9.1米	台体南壁下部设拱形门洞，台体内设置通顶的圆孔形踏道，拱形门洞与踏道相通，可登顶。门洞宽1、高1.5、进深2米，踏道孔径1米，踏道上的脚窝深0.1米	有二次修缮痕迹	保存一般
虎头山2号敌台（彩图一六三）	龙泉镇虎头山村北1.2千米处	1112米	骑墙而建，位于虎头山长城墙体上	土	黄土夯筑而成，含少量碎石，夯层厚0.17～0.2米	矩形	梯形	底部东、南、西、北长10、9.6、9.8、9.5米，顶部东、南、西、北长6.8、7、6.5、6.9米，残高11.2米	台体南壁下部设拱形门洞，台体内设置通顶的圆孔形踏道，拱形门洞与踏道相通，可登顶。门洞宽1.2、高1.5、进深1.8米，踏道孔径1米，踏道上的脚窝深0.12米	有二次修缮痕迹	保存较好
虎头山3号敌台	龙泉镇虎头山村西北1.4千米处	1144米	骑墙而建，位于虎头山长城墙体上	砖	外部砖石砌筑，内部为夯土台体。黄土夯筑而成，含少量砂砾，夯层厚0.13～0.18米。夯层间有石屑层，厚0.03米	矩形	梯形	底部东、南、西、北长8、18、8.2、17.5米，顶部东、南、西、北长7、12、7.2、11米，残高5米	台体南侧原有围墙，现无存。围墙内残存墩院院基东南侧部分，残高1米	无	保存一般。外部砖石无存。南壁下部有洞穴，宽1.5、高1.6、进深0.8米。台体上部有废弃的利用台体修建的房屋。台体被取土挖损损毁严重。围墙无存

续表 50

名称	地点	高程	与其他遗存的位置关系	材质	建筑方式	平面形制	剖面形制	尺寸	附属设施	修缮情况	保存状况
谢家屯1号敌台	龙泉镇谢家屯村北1.4千米处	1180米	骑墙而建，位于谢家屯长城墙体上	土	黄土夯筑而成，含大量碎石	矩形	梯形	底部东、南、西、北长12、11、12、10.5米，顶部东、北长7.2、7米，残高9.2米	无	有二次修缮痕迹，东、北壁有加厚层，黄土夯筑而成，含少量砂砾、碎石，夯层厚0.13～0.18米。夯层间有石屑层，厚0.03米，	保存一般
谢家屯2号敌台	龙泉镇谢家屯村西北1.5千米处	1146米	骑墙而建，位于谢家屯长城墙体上	土	黄土夯筑而成，含少量砂砾，夯层厚0.15～0.21米	矩形	梯形	底部东、南、西、北长7.9、9、7.3、10.6米，顶部东、南、西、北长3、5、3.1、5.2米，残高9.4米	台体南侧原有围墙，现仅残存西南角一段，底宽2、顶宽0.8、残高4米。围墙内残存墩院院基，平面呈矩形，东西15、南北12、残高2米，墩院院基中部被取土挖损损毁	有二次修缮痕迹	保存一般。墩院院基中部被取土挖损损毁
燕家堡1号敌台	龙泉镇燕家堡村东北1.2千米处	1156米	骑墙而建，位于燕家堡长城墙体上	土	黄土夯筑而成，含少量砂砾，夯层厚0.12～0.22米	矩形	梯形	底部边长14、顶部边长9、残高13.5米	台体南侧原有围墙，平面呈矩形，现仅残存南墙，长2.5、残高0.8米。围墙内残存墩院院基，平面呈矩形，东西21、南北10、残高4.2米。台体南壁下部设拱形门洞，台体内设置通顶的圆孔形踏道，拱形门洞与踏道相通，可登顶。门洞宽0.6、高1.3、进深1.7米，踏道孔径1、踏道上的脚窝深0.05米	无	保存较好
燕家堡2号敌台	龙泉镇燕家堡村东北1.1千米处	1189米	骑墙而建，位于燕家堡长城墙体上	土	黄土夯筑而成，含少量砂砾、碎石、料礓石，夯层厚0.13～0.2米，夯层间有片石层	矩形	梯形	底部东、南、西、北长8.3、11.5、8、12.3米，残高8.4米	台体南壁下部设拱形门洞，台体内设置通顶的圆孔形踏道，拱形门洞与踏道相通，可登顶。门洞宽0.7、高1.5、进深1.5、高出地面2米，踏道孔径1.1米，踏道上的脚窝深0.05米	有二次修缮痕迹	保存一般

续表 50

名称	地点	高程	与其他遗存的位置关系	材质	建筑方式	平面形制	剖面形制	尺寸	附属设施	修缮情况	保存状况
燕家堡3号敌台	龙泉镇燕家堡村北1.1千米处	1194米	骑墙而建，位于燕家堡长城墙体上	土	黄土夯筑而成，含少量砂砾，夯层厚0.13~0.22米	矩形	梯形	底部东西11.5、南北12.3米，顶部边长8米，残高12.7米	台体南壁下部设拱形门洞，台体内设置通顶的圆孔形踏道，拱形门洞与踏道相通，可登顶。门洞宽0.7、高1.3、进深1.5、高出地面2米，踏道孔径1.1、踏道上的脚窝深0.15米	无	保存较好
燕家堡4号敌台	龙泉镇燕家堡村西北1.5千米处	1209米	骑墙而建，位于燕家堡长城墙体上	土	黄土夯筑而成，含少量砂砾、碎石，夯层厚0.15~0.18米	矩形	梯形	底部东、南、西、北长10、12、11.5、12米，残高9.4米	台体南侧原有围墙，平面呈矩形，现残存南墙，长3.5、底宽2、顶宽0.5~1、残高2.3米。围墙内残存墩院院基，平面呈矩形，东西18、南北9、残高1米。台体南壁下部设拱形门洞，台体内设置通顶的圆孔形踏道，拱形门洞与踏道相通，可登顶。门洞宽1.2、高1.5、进深3米，踏道孔径1.1米，踏道上的脚窝深0.15米	无	保存一般
乳头山1号敌台	龙泉镇乳头山村东南0.66千米处	1226米	骑墙而建，位于乳头山长城墙体上	土	黄土夯筑而成，含少量砂砾、碎石，夯层厚0.14~0.18米	矩形	梯形	底部东、南、西、北长6.5、8.5、6、7.5米，残高9.2米	台体南侧原有围墙，平面呈矩形，现残存东南角围墙，长2、底宽2、顶宽0.7、残高2.1米，夯层厚0.2米，被取土挖损无存。台体南壁下部设拱形门洞，台体内设置通顶的圆孔形踏道，拱形门洞与踏道相通，可登顶。门洞宽0.8、高1、进深1.3米，踏道孔径1米，踏道上的脚窝深0.15米	无	保存一般。墩院院基被取土挖损无存
乳头山2号敌台	龙泉镇乳头山村西北0.56千米处	1210米	骑墙而建，位于乳头山长城墙体上	土	黄土夯筑而成，含少量砂砾、碎石、料礓石，夯层厚0.18~0.21米	矩形	梯形	底部东、南、西、北长9.8、10.5、9、11.5米，残高11.4米	台体南侧原有围墙，平面呈矩形，现残存西南角围墙，长1、残高2.5米，夯层厚0.15米，现为耕地。台体南壁下部设拱形门洞，台体内设置通顶的圆孔形踏道，拱形门洞与踏道相通，可登顶	无	保存一般。墩院院基现为耕地

续表 50

名称	地点	高程	与其他遗存的位置关系	材质	建筑方式	平面形制	剖面形制	尺寸	附属设施	修缮情况	保存状况
砖楼1号敌台	龙泉镇砖楼村东0.85千米处	1231米	骑墙而建，位于砖楼长城墙体上	土	黄土夯筑而成，含少量砂砾、碎石，夯层厚0.19～0.22米	矩形	梯形	底部东、南、西、北长9、10、8.5、9.5米，残高9.7米	台体南壁下部设拱形门洞，台体内设置通顶的圆孔形踏道，拱形门洞与踏道相通，可登顶。门洞宽0.7、高1.1、进深1.5、高出地面1米，踏道孔径1、踏道上的脚窝深0.15米	无	保存一般。台体东壁南侧有洞穴，西、北壁部分被取土挖损无存
砖楼2号敌台	龙泉镇砖楼村中	1220米	骑墙而建，位于砖楼长城墙体上	砖	外部砖石砌筑，内部为夯土台体，黄土夯筑而成，含少量砂砾、碎石，夯层厚0.15～0.26米	矩形	梯形	底部东西13、南北11.5米，顶部东西9、南北8.5米，残高10米	台体南侧原有围墙，围墙及围墙内墩院院基现无存。台体南壁下部设拱形门洞，台体内设置通顶的砖券顶阶梯式踏道，拱形门洞与踏道相通，可登顶。台体顶部有回廊式砖券房址，顶部四周有垛口墙	无	保存较好。外部砖石大多无存，围墙及围墙内墩院院基无存
砖楼3号敌台	龙泉镇砖楼村北	1213米	骑墙而建，位于砖楼长城墙体上	土	黄土夯筑而成，含少量砂砾、碎石、料礓石，夯层厚0.22～0.25米	矩形	梯形	底部东、南、西、北长9.3、11.1、10、10.6米，残高11.4米	台体南侧原有围墙，平面呈矩形，现仅残存东墙，长10、宽1、残高3.2米。围墙内墩院院基被取土挖损无存。台体南壁下部设拱形门洞，台体内设置通顶的圆孔形踏道，拱形门洞与踏道相通，可登顶。门洞宽0.6、高1.1、进深1.3、高出地面1米，踏道孔径1、踏道上的脚窝深0.15米	无	保存一般。台体东侧部分长有大树，墩院院基被取土挖损无存
砖楼4号敌台	龙泉镇砖楼村西0.653千米处	1226米	骑墙而建，位于砖楼长城墙体上	土	黄土夯筑而成，含少量砂砾、碎石、料礓石，夯层厚0.12米	矩形	梯形	底部东、南、西、北长11.3、12、10.8、11.5米，残高10.1米	台体南侧原有围墙，现围墙及墩院院基均被取土挖损无存。台体南壁下部设拱形门洞，台体内设置通顶的圆孔形踏道，拱形门洞与踏道相通，可登顶	无	保存一般。围墙及围墙内墩院院基被取土挖损无存
砖楼5号敌台	龙泉镇砖楼村西1千米处	1216米	骑墙而建，位于砖楼长城墙体上	土	黄土夯筑而成，含少量砂砾、碎石，夯层厚0.15～0.18米	矩形	梯形	底部东西12、南北11.4米，顶部东西9、南北8.6米，残高10.5米	台体南壁下部设拱形门洞，台体内设置通顶的圆孔形踏道，拱形门洞与踏道相通，可登顶。门洞宽0.7、高1.3、进深1.5、高出地面1.5米，踏道孔径1.5、踏道上的脚窝深0.15米	无	保存较好

续表 50

名称	地点	高程	与其他遗存的位置关系	材质	建筑方式	平面形制	剖面形制	尺寸	附属设施	修缮情况	保存状况
小龙王庙 1 号敌台	龙泉镇小龙王庙村东北 0.337 千米处	1224 米	骑墙而建，位于小龙王庙长城墙体上	土	黄土夯筑而成，含少量砂砾、碎石、料礓石，夯层厚 0.2 ~ 0.23 米	矩形	梯形	底部东、南、西、北长 10、13、10.05、12.6 米，顶部东西 11、南北 5 米，残高 8 米	台体南侧原有围墙，平面呈矩形，现仅残存南墙，长 3、宽 0.3、残高 2.7 米，夯层厚 0.18 ~ 0.23 米，墩院院基修建道路和修筑水渠破坏无存。台体南壁下部设拱形门洞，台体内设置通顶的圆孔形踏道，拱形门洞与踏道相通，可登顶。门洞宽 0.8、高 1.6、进深 1.6、高出地面 1.7 米，踏道孔径 1.5、踏道上的脚窝深 0.1 米	无	保存一般。墩院院基被修建道路和修筑水渠破坏无存
小龙王庙 2 号敌台	龙泉镇小龙王庙村北 0.118 千米处	1222 米	骑墙而建，位于小龙王庙长城墙体上	土	黄土夯筑而成，含少量砂砾、碎石、料礓石，夯层厚 0.2 ~ 0.25 米	矩形	梯形	底部东、南、西、北长 11.2、13、11、12.6 米，残高 13 米	无	无	保存较好
小龙王庙 3 号敌台(彩图一六四)	龙泉镇小龙王庙村西 0.365 千米处	1227 米	骑墙而建，位于小龙王庙长城墙体上	土	黄土夯筑而成，含少量砂砾、碎石、料礓石，夯层厚 0.22 ~ 0.25 米	矩形	梯形	底部东、南、西、北长 11、12、11.5、11.5 米，残高 7.2 米	无	无	保存一般
小龙王庙 4 号敌台	龙泉镇小龙王庙村西南 0.609 千米处	1238 米	骑墙而建，位于小龙王庙长城墙体上	土	黄土夯筑而成，含少量砂砾、碎石、料礓石，夯层厚 0.2 ~ 0.25 米	矩形	梯形	底部东西 6、南北 8.5 米，顶部边长 2 米，残高 6 米	台体南侧有围墙，平面呈矩形，围墙夯层厚 0.15 ~ 0.2 米。围墙内残存墩院院基，东西 24、南北 14、残高 2.2 米。台体南壁下部设拱形门洞，台体内设置通顶的圆孔形踏道，拱形门洞与踏道相通，可登顶。门洞宽 0.8、高 1.5、进深 1.3、高出地面 2 米，踏道孔径 1、踏道上的脚窝深 0.15 米	无	保存一般

续表 50

名称	地点	高程	与其他遗存的位置关系	材质	建筑方式	平面形制	剖面形制	尺寸	附属设施	修缮情况	保存状况
守口堡1号敌台（图一〇六）	龙泉镇守口堡村东北1.3千米处	1279米	骑墙而建，位于守口堡长城1段上	土	黄土夯筑而成，含少量砂砾、碎石，夯层厚0.18～0.2米	矩形	梯形	底部东西13.6、南北14米，顶部边长11米，残高13.2米	台体南侧原有围墙，现无存。围墙内残存墩院院基，东西20、南北9、残高2.5米。台体南壁下部设拱形门洞，台体内设置通顶的圆孔形踏道，拱形门洞与踏道相通，可登顶。门洞宽1、进深3.2、高1.7、高出地面1.8米，踏道孔径1、踏道上的脚窝深0.1米	有二次修缮痕迹	保存较好。围墙无存
守口堡2号敌台	龙泉镇守口堡村东北0.88千米处	1249米	骑墙而建，位于守口堡长城1段上	土	黄土夯筑而成，含少量砂砾、碎石，夯层厚0.25米	矩形	梯形	底部东、南、西、北长7、6.8、7.3、7米，残高9米	台体南侧原有围墙，现无存。围墙内残存墩院院基，东西5、南北10、残高4米	无	保存一般。西壁底部有洞穴。围墙无存
守口堡3号敌台	龙泉镇守口堡村东北0.588千米处	1219米	骑墙而建，位于守口堡长城1段上	土	黄土夯筑而成，含少量砂砾、碎石，夯层厚0.25米	矩形	梯形	底部东西16、南北14米，顶部边长7米，残高14米	台体南侧有围墙，残存南、西墙，南墙长10、西墙长8.5、底宽2、顶宽0.5、残高2.5米，夯层厚0.3米。围墙内残存墩院院基。台体南壁下部设拱形门洞，台体内设置通顶的圆孔形踏道，拱形门洞与踏道相通，可登顶。门洞宽0.7、进深1.4、高1.2米，踏道孔径0.6、踏道上的脚窝深0.15米	无	保存较好。东壁中部、墩院院基南部长有果树
守口堡4号敌台（图一〇七）	龙泉镇守口堡村东北0.573千米处	1327米	骑墙而建，位于守口堡长城1段上	土	黄土夯筑而成，含少量砂砾、碎石，夯层厚0.2～0.25米	圆形	梯形	底径9、顶径6、残高6.8米	台体东壁有登顶的斜坡踏道，踏道宽0.7米，踏道上有石砌台阶，阶高0.15～0.2米	无	保存一般
守口堡5号敌台	龙泉镇守口堡村北0.468千米处	1231米	骑墙而建，位于守口堡长城1段上	土	黄土夯筑而成，含少量砂砾、碎石，夯层厚0.21～0.23米	矩形	梯形	底部东、南、西、北长8.8、9.7、9、9.5米，残高7.4米	无	无	保存一般

续表 50

名称	地点	高程	与其他遗存的位置关系	材质	建筑方式	平面形制	剖面形制	尺寸	附属设施	修缮情况	保存状况
守口堡6号敌台	龙泉镇守口堡村西0.35千米处	1222米	骑墙而建，位于守口堡长城2段上	土	黄土夯筑而成，含少量砂砾、碎石，夯层厚0.2米	矩形	梯形	底部东西13、南北3、残高10米	台体东南侧有围墙，平面呈矩形，残存西墙，长10、残高2米，夯层厚0.2米。围墙内残存墩院院基，平面呈矩形，东西10、南北13米。台体东南壁下部设拱形门洞，台体内设置通顶的圆孔形踏道，拱形门洞与踏道相通，可登顶。门洞宽0.7、高1.8、高出地面2.5米	无	保存一般。台体被洪水冲刷损毁严重
守口堡7号敌台	龙泉镇守口堡村西南0.507千米处	1285米	骑墙而建，位于守口堡长城2段上	土	黄土夯筑而成，含少量砂砾、碎石，夯层厚0.2米	矩形	梯形	底部东西17、南北15米，顶部东西11、南北9米，残高15米	台体东南侧原有围墙，现无存。围墙内残存墩院院基，平面呈矩形，东西23、南北8米。台体南壁下部设拱形门洞，台体内设置通顶的圆孔形踏道，拱形门洞与踏道相通，可登顶。门洞宽0.7、进深1.5、高1.4、高出地面2米，踏道孔径1、踏道上的脚窝深0.15米	无	保存较好。围墙无存
守口堡8号敌台	龙泉镇守口堡村西南0.661千米处	1354米	骑墙而建，位于守口堡长城2段上	土	黄土夯筑而成，含少量砂砾、碎石，夯层厚0.22～0.25米	矩形	梯形	底部东、南、西、北长12、13.5、12、13米，顶部东西8.5、南北7米，残高9米	台体南壁下部设拱形门洞，台体内设置通顶的圆孔形踏道，拱形门洞与踏道相通，可登顶。门洞宽0.7、进深1.4、高1.3、高出地面2米，踏道孔径0.8、踏道上的脚窝深0.15米	无	保存一般
守口堡9号敌台	龙泉镇守口堡村西南0.775千米处	1342米	骑墙而建，位于守口堡长城2段上	土	黄土夯筑而成，含少量砂砾、碎石，夯层厚0.16～0.21米	矩形	梯形	底部东西12、南北10.5米，顶部东西4.5、南北5米，残高8.7米	台体南侧有围墙，夯层厚0.16米。围墙内残存墩院院基，东西18、南北8米。台体南壁下部设拱形门洞，台体内设置通顶的圆孔形踏道，拱形门洞与踏道相通，可登顶。门洞宽0.7、高1.6、进深1.5、高出地面1.8米，踏道孔径1、踏道上的脚窝深0.15米	无	保存一般。墩院院基南侧中部有洞穴，宽1、高1米，台体南壁底部墩院院基洞穴两侧各有一个圆坑，宽1、深1米

续表 50

名称	地点	高程	与其他遗存的位置关系	材质	建筑方式	平面形制	剖面形制	尺寸	附属设施	修缮情况	保存状况
守口堡10号敌台（彩图一六五）	龙泉镇守口堡村西北1.1千米处	1339米	骑墙而建，位于守口堡长城2段上	土	黄土夯筑而成，含少量砂砾、碎石，夯层厚0.16～0.2米	矩形	梯形	底部东西9.4、南北8、残高4米	无	无	保存一般
守口堡11号敌台	龙泉镇守口堡村西北1.2千米处	1335米	骑墙而建，位于守口堡长城2段上	土	黄土夯筑而成，含少量砂砾、碎石，夯层厚0.2～0.23米	矩形	梯形	底部东、南、西、北长7、8.7、6.6、7.8米，残高8.4米	无	无	保存一般
守口堡12号敌台	龙泉镇守口堡村西南1.4千米处	1369米	骑墙而建，位于守口堡长城2段上	土	黄土夯筑而成，含少量砂砾、碎石，夯层厚0.25米	矩形	梯形	底部东、南、西、北长8、8.8、8.、8.5米，残高7.9米	无	无	保存一般
十五梁1号敌台	长城乡十五梁村东北0.553千米处	1440米	骑墙而建，位于十五梁长城墙体上	土	黄土夯筑而成，含少量砂砾、碎石，夯层厚0.25米	矩形	梯形	底部东、南、西、北长7、14、6.5、13米，顶部东、南、西、北长4、7、4、6.5米，残高10米	台体东南侧原有围墙，现无存。围墙内残存墩院院基，东西长9、南北长13米	无	保存较好
十五梁2号敌台	长城乡十五梁村东北0.427千米处	1452米	骑墙而建，位于十五梁长城墙体上	土	黄土夯筑而成，含少量砂砾、碎石，夯层厚0.14～0.18米	矩形	梯形	底部东、南、西、北长6.8、7.4、6.5、7米，残高5米	无	无	保存一般
十五梁3号敌台	长城乡十五梁村北0.204千米处	1448米	骑墙而建，位于十五梁长城墙体上	土	黄土夯筑而成，含少量砂砾、碎石，夯层厚0.12～0.15米	矩形	梯形	底部东、南、西、北长8.5、8、8、7.5米，残高6.5米	无	无	保存一般

续表 50

名称	地点	高程	与其他遗存的位置关系	材质	建筑方式	平面形制	剖面形制	尺寸	附属设施	修缮情况	保存状况
十五梁4号敌台	长城乡十五梁村北0.078千米处	1467米	骑墙而建，位于十五梁长城墙体上	土	黄土夯筑而成，含少量砂砾、碎石、料礓石，夯层厚0.28米	矩形	梯形	底部东、南、西、北长7.6、7.8、7.5、7.2米，顶部东、南、西、北长3.5、2、3.3、2米，残高3.8米	无	无	保存较差
卜五梁5号敌台	长城乡十五梁村西北0.284千米处	1489米	骑墙而建，位于十五梁长城墙体上	土	黄土夯筑而成，含少量砂砾、碎石、料礓石，夯层厚0.25米	矩形	梯形	底部东、南、西、北长7.8、8、7.5、7.4米，残高8.5米	无	无	保存一般
十五梁6号敌台	长城乡十五梁村西北0.818千米处	1494米	骑墙而建，位于十五梁长城墙体上	土	黄土夯筑而成，含少量砂砾、碎石，夯层厚0.26米	矩形	梯形	底部东、南、西、北长16、15.4、16、15米，顶部东、南、西、北长7.5、8、7.5、8米，残高9.8米	台体南壁下部设拱形门洞，台体内设置通顶的圆孔形踏道，拱形门洞与踏道相通，可登顶。门洞宽0.7、进深1.5、高1.6、高出地面2米，踏道孔径1、脚窝深0.15米	无	保存较好。东壁底部有洞穴，宽0.5、高1.6米。台体北壁底部有土路，可登顶
十九梁1号敌台	长城乡十九梁村东北0.416千米处	1501米	骑墙而建，位于十九梁长城墙体上	土	黄土夯筑而成，含少量砂砾、碎石、料礓石，夯层厚0.16～0.22米	矩形	梯形	底部东、南、西、北长6.6、9、7、9.2米，顶部东西3、南北5米，残高8.5米	台体东南侧原有围墙，现无存。围墙内残存墩院院基，平面呈梯形，南北17～25、残高10米。台体南壁下部设拱形门洞，台体内设置通顶的圆孔形踏道，拱形门洞与踏道相通，可登顶。门洞宽0.7、进深1.5、高1.5、高出地面2.1米，踏道孔径0.9、脚窝深0.15米	无	保存一般。围墙无存
十九梁2号敌台	长城乡十九梁村北0.103千米处	1475米	骑墙而建，位于十九梁长城墙体上	土	黄土夯筑而成，含少量砂砾、碎石，夯层厚0.15～0.2米	矩形	梯形	底部东、南、西、北长11、10.5、11.3、10米，顶部东、南、西、北长4、3、3.5、3.3米，残高12.8米	台体东南侧原有围墙，现无存。围墙内残存墩院院基，平面呈矩形，东西10、南北15.9、残高4.5米	有二次修缮痕迹，台体加厚层夯层厚0.2～0.24米	保存较好。围墙无存
十九梁3号敌台	长城乡十九梁村西南0.332千米处	1462米	骑墙而建，位于十九梁长城墙体上	土	黄土夯筑而成，含少量砂砾、碎石、料礓石，夯层厚0.15～0.2米	矩形	梯形	底部东西11、南北10.5米，顶部东西8、南北7.8米，残高11米	台体东南壁下部设拱形门洞，台体内设置通顶的圆孔形踏道，拱形门洞与踏道相通，可登顶。门洞宽1.2、高1.6、进深2米，踏道孔径1米	无	保存较好

续表 50

名称	地点	高程	与其他遗存的位置关系	材质	建筑方式	平面形制	剖面形制	尺寸	附属设施	修缮情况	保存状况
十九梁4号敌台	长城乡十九梁村西南0.865千米处	1484米	骑墙而建，位于十九梁长城墙体上	土	黄土夯筑而成，含少量砂砾、碎石，夯层厚0.14~0.18米	矩形	梯形	底部东西9.6、南北10.5米，顶部东西4.8、南北4.7米，残高9.2米	台体东南侧原有围墙，现无存。围墙内残存墩院院基，平面呈矩形，东西10、南北17.5、残高4米。台体东南壁下部设拱形门洞，台体内设置通顶的圆孔形踏道，拱形门洞与踏道相通，可登顶。门洞宽1、进深1.5、高1.3、高出地面2米，踏道孔径1、脚窝深0.15米	无	保存一般。围墙无存
西三墩1号敌台	长城乡西三墩村东北0.434千米处	1469米	骑墙而建，位于西三墩长城墙体上	土	黄土夯筑而成，含少量砂砾、碎石，夯层厚0.13~0.16米	矩形	梯形	底部东、南、西、北长7、6.3、7.3、6米，顶部东、南、西、北长2、1.7、2、1.8米，残高6.5米	台体南壁下部设拱形门洞，台体内设置通顶的圆孔形踏道，拱形门洞与踏道相通，可登顶。门洞宽0.8、进深1.5、高1.5、高出地面1.7米，踏道孔径1.2米	无	保存一般
西三墩2号敌台	长城乡西三墩村东北0.3千米处	1476米	骑墙而建，位于西三墩长城墙体上	土	黄土夯筑而成，含少量砂砾、碎石、料礓石，夯层厚0.15~0.18米	矩形	梯形	底部东西11、南北10.4米，顶部东西长5、南北6米，残高7.8米	台体东南侧原有围墙，现无存。围墙内残存墩院院基，平面呈矩形，东西9、南北13、残高2.5米。台体南壁下部设拱形门洞，台体内设置通顶的圆孔形踏道，拱形门洞与踏道相通，可登顶。门洞宽1.1、进深1.5、高1.3、高出地面2米，踏道孔径1米	无	保存一般。围墙无存
西三墩3号敌台	长城乡西三墩村西0.36千米处	1460米	骑墙而建，位于西三墩长城墙体上	土	黄土夯筑而成，含少量砂砾、碎石，夯层厚0.2~0.22米	矩形	梯形	底部东西11、南北12米，顶部东西7、南北8米，残高9米	台体东南侧原有围墙，现无存。围墙内残存墩院院基，平面呈矩形，东西7、南北16、残高2.8米。台体南壁下部设拱形门洞，台体内设置通顶的圆孔形踏道，拱形门洞与踏道相通，可登顶。门洞宽0.8、进深1.6、高1.5、高出地面2.2米，踏道孔径1、脚窝深0.15米	无	保存一般。围墙无存

续表 50

名称	地点	高程	与其他遗存的位置关系	材质	建筑方式	平面形制	剖面形制	尺寸	附属设施	修缮情况	保存状况
六墩1号敌台	长城乡六墩村东北0.28千米处	1474米	骑墙而建，位于六墩长城墙体上	土	黄土夯筑而成，含少量砂砾、碎石、料礓石，夯层厚0.16～0.22米	矩形	梯形	底部东西13、南北12米，顶部东西6、南北5.5米，残高11.6米	台体东南侧原有围墙，现无存。围墙内残存墩院院基，平面呈矩形，东西10、南北16.5、残高2米。台体南壁下部设拱形门洞，台体内设置通顶的圆孔形踏道，拱形门洞与踏道相通，可登顶。门洞宽1、进深2、高1.2、高出地面2.2米，踏道孔径1、脚窝深0.15米	无	保存较好。围墙无存
六墩2号敌台	长城乡六墩村西南0.423千米处	1454米	骑墙而建，位于六墩长城墙体上	土	黄土夯筑而成，含少量砂砾、碎石、料礓石，夯层厚0.23～0.25米	矩形	梯形	底部东西15、南北17米，顶部东、南、西、北长5、5、4.5、4米，残高7米	台体东南侧有围墙，长10、宽1、残高0.5～2米。围墙内残存墩院院基，平面呈矩形，东西21、南北10米。台体南壁下部设拱形门洞，台体内设置通顶的圆孔形踏道，拱形门洞与踏道相通，可登顶。门洞宽0.7、进深1.5、高1.4、高出地面2.3米，踏道孔径1米	无	保存一般
十墩1号敌台（彩图一六六）	长城乡十墩村东北0.585千米	1457米	骑墙而建，位于十墩长城墙体上	土	黄土夯筑而成，含少量砂砾、碎石，夯层厚0.25～0.28米	矩形	梯形	底部东、南、西、北长10、12、9.2、11米，残高7米	台体东南侧原有围墙，现无存。围墙内残存墩院院基，平面呈矩形，长15、宽9、残高1.2米	无	保存一般。围墙无存
十墩2号敌台	长城乡十墩村北0.267千米	1450米	骑墙而建，位于十墩长城墙体上	土	黄土夯筑而成，含少量砂砾、碎石，夯层厚0.18～0.22米	矩形	梯形	底部东西12、南北11米，顶部东西8、南北7米，残高10米	台体东南侧原有围墙，现无存。围墙内残存墩院院基，平面呈矩形，东西9、南北16、残高3米。台体南壁下部设拱形门洞，台体内设置通顶的圆孔形踏道，拱形门洞与踏道相通，可登顶。门洞宽0.8、进深1.5、高1.6、高出地面1.7米，踏道孔径1米	无	保存较好。围墙无存

续表 50

名称	地点	高程	与其他遗存的位置关系	材质	建筑方式	平面形制	剖面形制	尺寸	附属设施	修缮情况	保存状况
十墩3号敌台	长城乡十墩村西南0.719千米处	1450米	骑墙而建，位于十墩长城墙体上	土	黄土夯筑而成，含少量砂砾、碎石，夯层厚0.18~0.22米	矩形	梯形	底部东、南、西、北长12.3、12、12.5、12.1米，顶部东西6、南北5米，残高11米	台体东南侧原有围墙，现无存。围墙内残存墩院院基，平面呈矩形，东西6、南北16、残高2.5米	无	保存较好。围墙无存
十墩4号敌台	长城乡十墩村西南0.961千米处	1446米	骑墙而建，位于十墩长城墙体上	土	黄土夯筑而成，含少量砂砾、碎石、料礓石，夯层厚0.18~0.22米	矩形	梯形	底部东、南、西、北长8、10、8.3、10.5米，顶部东西3.5、南北5米，残高9.1米	台体南侧原有围墙，现无存。围墙内残存墩院院基，平面呈矩形，东西9、南北20、残高2米。台体南壁下部设拱形门洞，台体内设置通顶的圆孔形踏道，拱形门洞与踏道相通，可登顶。门洞宽1、进深1.5、高1.6、高出地面2.1米。踏道孔径1米	无	保存一般。围墙无存
十墩5号敌台	长城乡十墩村西南1.2千米处	1444米	骑墙而建，位于十墩长城墙体上	土	黄土夯筑而成，含少量砂砾、碎石、料礓石，夯层厚0.18~0.24米	矩形	梯形	底部东西12、南北11米，顶部东西7、南北6米，残高12米	台体东南侧原有围墙，现无存。围墙内残存墩院院基，平面呈矩形，东西9、南北20、残高1~2米。台体南壁下部设拱形门洞，台体内设置通顶的圆孔形踏道，拱形门洞与踏道相通，可登顶。门洞高出地面1.8米	无	保存较好。围墙无存
镇宏堡1号敌台	长城乡镇宏堡村北1.12千米处	1440米	骑墙而建，位于镇宏堡长城墙体上	土	黄土夯筑而成，含少量砂砾、碎石，夯层厚0.18~0.22米	矩形	梯形	底部东西7.5、南北8米，顶部东、南、西、北长4、3.6、4、3.5米，残高10米	台体东侧原有围墙，现无存。围墙内残存墩院院基，平面呈矩形，东西9、南北20、残高4米	无	保存一般。围墙无存
镇宏堡2号敌台（彩图一六七）	长城乡镇宏堡村北0.8千米处	1439米	骑墙而建，位于镇宏堡长城墙体上	土	黄土夯筑而成，含少量砂砾、碎石，夯层厚0.2~0.25米	矩形	梯形	底部边长12、顶部边长6、残高10米	无	无	保存较好

续表 50

名称	地点	高程	与其他遗存的位置关系	材质	建筑方式	平面形制	剖面形制	尺寸	附属设施	修缮情况	保存状况
镇宏堡3号敌台	长城乡镇宏堡村北0.69千米处	1439米	骑墙而建，位于镇宏堡长城墙体上	土	黄土夯筑而成，含少量砂砾、碎石、料礓石，夯层厚0.18～0.22米	矩形	梯形	底部边长12、顶部边长6、残高11米	台体南侧原有围墙，现无存。围墙内残存墩院院基，平面呈矩形，东西20、南北9、残高2.5米。台体南壁下部设拱形门洞，台体内设置通顶的圆孔形踏道，拱形门洞与踏道相通，可登顶。门洞宽1、高1.7、进深1.5、高出地面2.4米，踏道孔径1.2米，踏道上的脚窝深0.15米	无	保存较好。东壁北侧长有树木，围墙无存
镇宏堡4号敌台	长城乡镇宏堡村北0.63千米处	1442米	骑墙而建，位于镇宏堡长城墙体上	土	黄土夯筑而成，含少量砂砾、碎石、料礓石，夯层厚0.15～0.22米	矩形	梯形	底部东西9.6、南北9.8米，顶部东西5.6、南北4.6米，残高10米	台体南侧原有围墙，现无存。围墙内残存墩院院基，平面呈矩形，东西18、南北5、残高5米。台体南壁下部设拱形门洞，台体内设置通顶的圆孔形踏道，拱形门洞与踏道相通，可登顶。门洞高出地面2米	无	保存较好。围墙无存，墩院院基中部有道路
镇宏堡5号敌台	长城乡镇宏堡村西北0.6千米处	1440米	骑墙而建，位于镇宏堡长城墙体上	土	黄土夯筑而成，含少量砂砾、碎石，夯层厚0.18～0.22米	矩形	梯形	底部东西11、南北10米，顶部东西5、南北6米，残高10.1米	台体东南侧原有围墙，现无存。围墙内残存墩院院基，平面呈矩形，东西6、南北20、残高2米。台体东南壁下部设拱形门洞，台体内设置通顶的圆孔形踏道，拱形门洞与踏道相通，可登顶	无	保存较好。围墙无存
镇宏堡6号敌台	长城乡镇宏堡村西0.6千米处	1436米	骑墙而建，位于镇宏堡长城墙体上	土	黄土夯筑而成，含少量砂砾、碎石、料礓石，夯层厚0.18～0.23米	矩形	梯形	底部东西8、南北9米，顶部东西4、南北6米，残高10米	台体东南侧原有围墙，现残存西南墙，长2、宽0.3、残高0.4米。围墙内残存墩院院基，平面呈矩形，东西9、南北20、残高2米。台体南壁下部设拱形门洞，台体内设置通顶的圆孔形踏道，拱形门洞与踏道相通，可登顶。门洞高出地面1.8米	无	保存较好。墩院院基东壁有墓穴，高1、进深2米

续表 50

名称	地点	高程	与其他遗存的位置关系	材质	建筑方式	平面形制	剖面形制	尺寸	附属设施	修缮情况	保存状况
镇宏堡7号敌台	长城乡镇宏堡村西0.73千米处	1430米	骑墙而建，位于镇宏堡长城墙体上	土	黄土夯筑而成，含少量砂砾、碎石，夯层厚0.2～0.24米	矩形	梯形	底部边长12米，顶部东、南、西、北长8、8、6、5米，残高12米	台体南侧原有围墙，现无存。围墙内残存墩院院基，平面呈矩形，东西9、南北20、残高5米。墩院院基东南侧中部设门，宽1.5米，残存有阶梯痕迹。台体南壁下部设拱形门洞，台体内设置通顶的圆孔形踏道，拱形门洞与踏道相通，可登顶。门洞高出地面2米	无	保存较好。南壁底部有洞穴，宽1.5、高1.7、进深1.5米。围墙无存，墩院院基西侧有矩形坑穴
镇宏堡8号敌台	长城乡镇宏堡村西南0.95千米处	1429米	骑墙而建，位于镇宏堡长城墙体上，系镇宏堡长城止点、二十六长城起点	土	黄土夯筑而成，含少量砂砾、碎石，夯层厚0.16～0.2米	矩形	梯形	底部边长12、顶部边长5、残高11米	台体东侧原有围墙，现无存。围墙内残存墩院院基，平面呈矩形，东西9、南北20、残高1.8米。台体东壁下部设拱形门洞，台体内设置通顶的圆孔形踏道，拱形门洞与踏道相通，可登顶	无	保存较好。围墙无存
二十六1号敌台	长城乡二十六村北0.56千米处	1418米	骑墙而建，位于二十六长城墙体上	土	黄土夯筑而成，含少量砂砾、碎石，夯层厚0.18～0.22米，夯层间有白色胶泥土层，厚0.02～0.04米	矩形	梯形	底部边长12米，顶部东西6.5、南北6米，残高11米	台体东侧原有围墙，现无存。围墙内残存墩院院基，平面呈矩形，东西9、南北20、残高3米。台体东壁下部设拱形门洞，台体内设置通顶的圆孔形踏道，拱形门洞与踏道相通，可登顶。门洞高出地面1.8米	无	保存较好。围墙无存
二十六2号敌台	长城乡二十六村北0.29千米处	1418米	骑墙而建，位于二十六长城墙体上	土	黄土夯筑而成，含少量砂砾、碎石，夯层厚0.18～0.22米	矩形	梯形	底部东西8.2、南北8、残高6.5米	无	无	保存一般
二十六3号敌台	长城乡二十六村西0.18千米处	1409米	骑墙而建，位于二十六长城墙体上	土	黄土夯筑而成，含少量砂砾、碎石，夯层厚0.09～0.19米	矩形	梯形	底部东西17、南北15米，顶部边长10米，残高12米	台体南侧原有围墙，现无存。围墙内残存墩院院基，墩院院基仅存地面痕迹。台体南壁下部设拱形门洞，台体内设置通顶的圆孔形踏道，拱形门洞与踏道相通，可登顶。门洞宽0.6、进深0.8、高1、高出地面2米	无	保存较好。南壁底部有洞穴4处，西壁底部有洞穴一处。围墙无存

续表 50

名称	地点	高程	与其他遗存的位置关系	材质	建筑方式	平面形制	剖面形制	尺寸	附属设施	修缮情况	保存状况
二十六4号敌台	长城乡二十六村西南0.38千米处	1421米	骑墙而建，位于二十六长城墙体上	土	黄土夯筑而成，含少量砂砾、碎石，夯层厚0.12~0.2米	矩形	梯形	底部边长15、顶部边长5、残高6米	台体南侧原有围墙，现无存。围墙内残存墩院院基，平面呈矩形，长16、宽6、残高2米。台体西壁下部设拱形门洞，台体内设置通顶的圆孔形踏道，拱形门洞与踏道相通，可登顶。门洞宽1、高2.2、进深2、高出地面2米	无	保存一般。围墙无存
二十六5号敌台	长城乡二十六村西南0.53千米处	1422米	骑墙而建，位于二十六长城墙体上	土	黄土夯筑而成，含少量砂砾、碎石，夯层厚0.12~0.2米	矩形	梯形	底部东西17、南北16米，顶部东西10、南北12米，残高9米	台体南侧原有围墙，现无存。围墙内残存墩院院基，平面呈矩形，长16、宽6、残高2米。台体南壁下部设拱形门洞，台体内设置通顶的圆孔形踏道，拱形门洞与踏道相通，可登顶。门洞高出地面1.8米	无	保存较好
二十六6号敌台	长城乡二十六村西南0.8千米处	1416米	骑墙而建，位于二十六长城墙体上，系二十六长城止点、大二对营长城起点	土	黄土夯筑而成，含少量砂砾，夯层厚0.13~0.17米	矩形	梯形	底部边长17、顶部边长14、残高12米	无	无	保存较好
大二对营1号敌台	长城乡大二对营村北0.79千米处	1429米	骑墙而建，位于大二对营长城墙体上	土	黄土夯筑而成，含少量砂砾、碎石，夯层厚0.12~0.2米	矩形	梯形	底部东西17、南北14米，顶部东西9、南北7米，残高14米	台体东南侧原有围墙，现残存南、西墙，长20、残宽0.2~0.4、残高0.2~0.7米，夯层厚0.1~0.2米。围墙内残存墩院院基，平面呈矩形，东西12、南北29、残高2米	无	保存一般
大二对营2号敌台	长城乡大二对营村北0.67千米处	1421米	骑墙而建，位于大二对营长城墙体上	土	黄土夯筑而成，含少量砂砾，夯层厚0.15~0.18米	矩形	梯形	底部东西16、南北17米，顶部东西11、南北10米，残高12米	台体东南侧原有围墙，现围墙及围墙内墩院院基均无存。台体西壁下部设拱形门洞，台体内设置通顶的圆孔形踏道，拱形门洞与踏道相通，可登顶。门洞宽1.7、进深3、高2.2、高出地面2.6米	无	保存较好。围墙及围墙内墩院院基无存

续表 50

名称	地点	高程	与其他遗存的位置关系	材质	建筑方式	平面形制	剖面形制	尺寸	附属设施	修缮情况	保存状况
大二对营3号敌台	长城乡大二对营村西北0.65千米处	1429米	骑墙而建，位于大二对营长城墙体上	土	黄土夯筑而成，含少量砂砾，夯层厚0.15~0.2米	矩形	梯形	底部边长15、顶部边长10、残高15米	台体东南侧原有围墙，现残存南墙，底宽1.5、顶宽0.3、残高0.5~1.5米。围墙内残存墩院院基，平面呈矩形，东西12、南北30、残高1米	无	保存较好
大二对营4号敌台(彩图一六八)	长城乡大二对营村西0.74千米处	1432米	骑墙而建，位于大二对营长城墙体上	土	黄土夯筑而成，含少量砂砾，夯层厚0.15~0.18米	矩形	梯形	底部边长15、顶部边长6.8、残高10米	无	无	保存较好。西壁有洞穴，宽0.5、高1、进深0.8米
大二对营5号敌台	长城乡大二对营村西0.94千米处	1419米	骑墙而建，位于大二对营长城墙体上	土	黄土夯筑而成，含少量砂砾、碎石，夯层厚0.13~0.2米	矩形	梯形	底部边长15、顶部边长8、残高10米	台体东南侧有围墙，现残存南墙，长2、宽0.4、残高0.2~0.6米，夯层厚0.18米。围墙内残存墩院院基，平面呈矩形，东西12、南北24、残高1米	无	保存较好
小二对营1号敌台	长城乡小二对营村东北1千米处	1411米	骑墙而建，位于小二对营长城墙体上	土	黄土夯筑而成，含少量砂砾、碎石，夯层厚0.13~0.22米	矩形	梯形	底部边长14、顶部边长9、残高12米	台体东南侧原有围墙，现无存。围墙内残存墩院院基，平面呈矩形，东西12、南北24、残高5米，东南角设门。台体南壁下部设拱形门洞，台体内设置通顶的圆孔形踏道，拱形门洞与踏道相通，可登顶。门洞宽1.6、进深1.5、高2、高出地面2米，踏道孔径1、踏道上的脚窝深0.15米	无	保存较好。东壁中部有洞穴，围墙无存
小二对营2号敌台	长城乡小二对营村东北0.71千米处	1412米	骑墙而建，位于小二对营长城墙体上	土	黄土夯筑而成，含少量砂砾、碎石、料礓石，夯层厚0.16~0.22米	矩形	梯形	底部边长14、顶部边长10、残高11米	台体东南侧原有围墙，现残存南墙，宽1、残高0.1~1.6米。围墙内残存墩院院基，平面呈矩形，东西12、南北24米，南部设门，宽2、高1.8米；西南侧有排水孔一个。台体南壁下部设拱形门洞，台体内设置通顶的圆孔形踏道，拱形门洞与踏道相通，可登顶。门洞宽1.6、进深1.5、高2、高出地面2米，踏道孔径1、踏道上脚窝深0.15米	无	保存较好。南壁底部有窑洞两孔，东侧窑洞高1.8、进深2.5米，西侧窑洞高3、进深1米，总宽5米。西壁中部南侧有方形洞穴，宽0.6、高1.8、进深2.5米，与南壁窑洞相通

续表 50

名称	地点	高程	与其他遗存的位置关系	材质	建筑方式	平面形制	剖面形制	尺寸	附属设施	修缮情况	保存状况
小二对营3号敌台	长城乡小二对营村东北0.3千米处	1416米	骑墙而建，位于小二对营长城墙体上	土	黄土夯筑而成，含少量砂砾、碎石，夯层厚0.13～0.15米	矩形	梯形	底部边长12、顶部边长8、残高11米	台体西壁下部设拱形门洞，台体内设置通顶的圆孔形踏道，拱形门洞与踏道相通，可登顶。门洞宽0.8、进深1.5、高1.6米	无	保存较好
小二对营4号敌台	长城乡小二对营村东北0.91千米处	1420米	骑墙而建，位于小二对营长城墙体上	土	黄土夯筑而成，含少量砂砾、碎石、料礓石	矩形	梯形	底部东西10、南北8、残高6米	无	无	保存一般。南壁被利用为房屋墙壁
小二对营5号敌台	长城乡小二对营村西0.14千米处	1417米	骑墙而建，位于小二对营长城墙体上	土	黄土夯筑而成，含少量砂砾、碎石，夯层厚0.16～0.18米	矩形	梯形	底部边长14、顶部边长9、残高12米	台体南壁下部设拱形门洞，台体内设置通顶的圆孔形踏道，拱形门洞与踏道相通，可登顶。门洞宽0.8、进深1.5、高1.8、高出地面2.4米	无	保存较好
小二对营6号敌台	长城乡小二对营村西南0.54千米处	1420米	骑墙而建，位于小二对营长城墙体上	土	黄土夯筑而成，含少量砂砾、碎石，夯层厚0.16～0.2米	矩形	梯形	底部边长15、顶部边长10、残高12米	台体南侧原有围墙，现残存南墙，宽1、残高1.6～2米。南墙设门，宽0.7、高0.8米。围墙内残存墩院院基，平面呈矩形，东西12、南北24米。台体南壁下部设拱形门洞，台体内设置通顶的圆孔形踏道，拱形门洞与踏道相通，可登顶。门洞宽0.7、进深1.3、高1.2、高出地面2米	无	保存较好
镇边堡1号敌台	长城乡镇边堡村东1.4千米处	1395米	骑墙而建，位于镇边堡长城1段上	土	黄土夯筑而成，含少量砂砾、碎石，夯层厚0.16～0.2米	矩形	梯形	底部边长16、顶部边长11、残高12米	台体南侧原有围墙，现残存南墙，底宽1、顶宽0.2米，残高0.7米，夯层厚0.2米。围墙内残存墩院院基，平面呈矩形，东西24、南北12、残高1.5米。台体东壁下部设拱形门洞，台体内设置通顶的圆孔形踏道，拱形门洞与踏道相通，可登顶。门洞宽1、进深1.5、高1.8、高出地面3米	无	保存较好

续表 50

名称	地点	高程	与其他遗存的位置关系	材质	建筑方式	平面形制	剖面形制	尺寸	附属设施	修缮情况	保存状况
镇边堡2号敌台	长城乡镇边堡村东	1390米	骑墙而建，位于镇边堡长城1段上	土	黄土夯筑而成，含少量砂砾、碎石，夯层厚0.16～0.18米	矩形	梯形	底部边长15、顶部边长11、残高12米	台体南侧原有围墙，残存南、西墙，底宽1、顶宽0.3、残高0.3～1.8米，夯层厚0.2米。南墙设门，宽1、高1米。围墙内残存墩院院基，平面呈矩形，东西20、南北10、残高1.5米，西南角有排水孔。台体东壁下部设拱形门洞，台体内设置通顶的圆孔形踏道，拱形门洞与踏道相通，可登顶。门洞宽0.7、进深1.6、高1.8、高出地面2.2米	无	保存较好
镇边堡3号敌台	长城乡镇边堡村东	1388米	骑墙而建，位于镇边堡长城1段上	土	黄土夯筑而成，含少量砂砾、碎石，夯层厚0.16～0.2米	矩形	梯形	底部边长15、顶部边长10、残高12米	台体南侧原有围墙，残存西南角围墙，长1、残高1.2米，夯层厚0.18米。围墙内残存墩院院基，平面呈矩形，东西20、南北10、残高1.5米。台体西壁下部设拱形门洞，台体内设置通顶的圆孔形踏道，拱形门洞与踏道相通，可登顶。门洞宽1.6、进深1.7、高2、高出地面2.4米	无	保存较好
镇边堡4号敌台	长城乡镇边堡村东	1380米	骑墙而建，位于镇边堡长城1段上	土	黄土夯筑而成，含少量砂砾、碎石，夯层厚0.2米	矩形	梯形	底部东西6、南北3.5米，顶部东西4.2、南北2.4米，残高4.8米	台体南侧原有围墙，现无存。围墙内残存墩院院基，平面呈矩形，东西18、南北14、残高2.4米。台体南壁下部设拱形门洞，台体内设置通顶的圆孔形踏道，拱形门洞与踏道相通，可登顶。门洞宽0.6、进深1.4、高1.8、高出地面2米	无	保存一般。围墙无存
镇边堡5号敌台（彩图一六九）	长城乡镇边堡村东北1.3千米处	1366米	骑墙而建，位于镇边堡长城1段上	土	黄土夯筑而成，含少量砂砾、碎石，夯层厚0.18～0.22米	矩形	梯形	底部东西12、南北13米，顶部东西10、南北11米，残高9米	台体东壁下部设拱形门洞，台体内设置通顶的圆孔形踏道，拱形门洞与踏道相通，可登顶。门洞宽0.6、进深1.5、高1.7、高出地面3米	无	保存一般。南壁坍塌严重
镇边堡6号敌台	长城乡镇边堡村西北1.6千米处	1363米	骑墙而建，位于镇边堡长城2段上	土	黄土夯筑而成，含少量砂砾、碎石，夯层厚0.16～0.18米	矩形	梯形	底部边长13、顶部边长6、残高9米	台体西壁下部设拱形门洞，台体内设置通顶的圆孔形踏道，拱形门洞与踏道相通，可登顶。门洞宽0.7、进深1.5、高2、高出地面2.2米	无	保存一般

续表 50

名称	地点	高程	与其他遗存的位置关系	材质	建筑方式	平面形制	剖面形制	尺寸	附属设施	修缮情况	保存状况
镇边堡7号敌台	长城乡镇边堡村西北1.8千米处	1360米	骑墙而建，位于镇边堡长城2段上	土	黄土夯筑而成，含少量砂砾、碎石、料礓石，夯层厚0.15～0.18米	矩形	梯形	底部东西11、南北6米，顶部东、南、西、北长1.5、6、2、6米，残高10米	无	无	保存一般
镇边堡8号敌台	长城乡镇边堡村西2.1千米处	1354米	骑墙而建，位于镇边堡长城3段上	土	黄土夯筑而成，含少量砂砾、碎石，夯层厚0.14～0.19米	矩形	梯形	底部边长13、顶部边长10、残高10米	台体南侧原有围墙，现无存。围墙内残存墩院院基，平面呈矩形，东西24、南北12、残高6米。台体东壁下部设拱形门洞，台体内设置通顶的圆孔形踏道，拱形门洞与踏道相通，可登顶。门洞宽0.8、进深4、高0.7、高出地面2米	无	保存较好。围墙无存
镇边堡9号敌台	长城乡镇边堡村西2.5千米处	1345米	骑墙而建，位于镇边堡长城3段上	土	黄土夯筑而成，含少量砂砾、碎石，夯层厚0.14～0.19米	矩形	梯形	底部边长15、顶部边长8、残高10米	台体南侧原有围墙，现无存。围墙内残存墩院院基，平面呈矩形，东西24、南北12、残高5米，被洪水冲刷损毁严重。台体西壁下部设拱形门洞，台体内设置通顶的圆孔形踏道，拱形门洞与踏道相通，可登顶。门洞宽0.7、进深2.1、高1.5、高出地面2.4米	无	保存较好。东壁底部有洞穴，宽0.5、进深0.4、高0.8米。围墙无存，墩院院基被洪水冲刷损毁严重
镇边堡10号敌台	长城乡镇边堡村西2.5千米处	1339米	骑墙而建，位于镇边堡长城3段上	土	黄土夯筑而成，含少量砂砾、碎石，夯层厚0.18～0.22米	矩形	梯形	底部边长15、顶部边长7、残高11米	台体南侧原有围墙，现无存。围墙内残存墩院院基，平面呈矩形，东西24、南北12、残高5米，被洪水冲刷损毁严重。台体西壁下部设拱形门洞，台体内设置通顶的圆孔形踏道，拱形门洞与踏道相通，可登顶。门洞宽1、进深2、高1.7、高出地面2米	无	保存较好。围墙无存，墩院院基被洪水冲刷损毁严重
镇边堡11号敌台	长城乡镇边堡村西3.1千米处	1332米	骑墙而建，位于镇边堡长城3段上	土	黄土夯筑而成，含少量砂砾、碎石，夯层厚0.15～0.19米	矩形	梯形	底部边长12、顶部边长8、残高10米	台体南侧原有围墙，现无存。围墙内残存墩院院基，平面呈矩形，残高5米，被洪水冲刷损毁严重，仅存西南侧部分	无	保存较好。东壁底部有洞穴，围墙无存，墩院院基被洪水冲刷损毁严重

表51　阳高县马面一览表

名称	地点	高程	与其他遗存的位置关系	材质	建筑方式	平面形制	剖面形制	尺寸	附属设施	修缮情况	保存状况
二墩马面（彩图一七〇）	罗文皂镇二墩村西0.54千米处	1231米	倚墙而建。位于二墩长城墙体上	土	黄土夯筑而成，含少量砂砾、碎石	矩形	梯形	底宽7.5、凸出墙体3、顶宽6、残高5.2米	无	无	保存一般
五墩1号马面（图一〇八）	罗文皂镇五墩村西南1.1千米处	1180米	倚墙而建。位于五墩长城墙体上	土	黄土夯筑而成，含少量砂砾、碎石，夯层厚0.18～0.2米	矩形	梯形	底宽5.6、凸出墙体3、顶宽3.6、残高5米	无	无	保存一般
五墩2号马面	罗文皂镇五墩村西南1.3千米处	1174米	倚墙而建。位于五墩长城墙体上	土	黄土夯筑而成，含少量砂砾、碎石，夯层厚0.2～0.25米	矩形	梯形	底宽6、凸出墙体2、顶宽3米	无	无	保存一般
镇门堡马面	罗文皂镇镇门堡村东北0.36千米处	1174米	倚墙而建。位于镇门堡长城墙体上	土	黄土夯筑而成，含少量砂砾、碎石，夯层厚0.16～0.2米	矩形	梯形	底宽6、凸出墙体4.5、顶宽4、残高2.5米	无	无	保存较差
虎头山马面	龙泉镇虎头山村东北1.3千米处	1116米	倚墙而建。位于虎头山长城墙体上	土	黄土夯筑而成，含少量砂砾、碎石	矩形	梯形	底宽6、凸出墙体2.5、顶宽2、残高2.6米	无	无	保存较差
燕家堡马面	龙泉镇燕家堡村西北1.3千米处	1206米	倚墙而建。位于燕家堡长城墙体上	土	黄土夯筑而成，含少量砂砾、碎石、料礓石	矩形	梯形	底宽5、凸出墙体2、顶宽5、残高4.5米	无	无	保存一般
乳头山1号马面	龙泉镇乳头山村东0.4千米处	1236米	倚墙而建。位于乳头山长城墙体上	土	黄土夯筑而成，夯层厚0.25米，夯层间有碎石层，厚0.2米	矩形	梯形	底宽5、凸出墙体2、顶宽2、残高6米	无	无	保存一般
乳头山2号马面	龙泉镇乳头山村西北0.9千米处	1219米	倚墙而建。位于乳头山长城墙体上	土	黄土夯筑而成，含少量砂砾、碎石、料礓石	矩形	梯形	底宽6、凸出墙体3、顶宽2、残高5米	无	无	保存一般
西三墩马面	长城乡西三墩村东北0.36千米处	1480米	倚墙而建。位于西三墩长城墙体上	土	黄土夯筑而成，含少量砂砾、碎石、料礓石，夯层厚0.25米	矩形	梯形	底宽9、凸出墙体7.5米，顶宽7、凸出墙体4.5米，残高5米	无	无	保存一般
十墩马面（彩图一七一）	长城乡十墩村北0.14千米处	1445米	倚墙而建。位于十墩长城墙体上	土	黄土夯筑而成，含少量砂砾、碎石、料礓石	矩形	梯形	底宽4、凸出墙体4、顶宽3.8、残高4.5米	无	无	保存一般

续表51

名称	地点	高程	与其他遗存的位置关系	材质	建筑方式	平面形制	剖面形制	尺寸	附属设施	修缮情况	保存状况
镇宏堡1号马面	长城乡镇宏堡村西0.6千米处	1442米	倚墙而建，位于镇宏堡长城墙体上	土	黄土夯筑而成，含少量砂砾、碎石、料礓石	矩形	梯形	底宽4.2、凸出墙体3米，顶宽3.5、凸出墙体2.8米，残高2.5米	无	无	保存较差
镇宏堡2号马面	长城乡镇宏堡村西南0.87千米处	1433米	倚墙而建，位于镇宏堡长城墙体上	土	黄土夯筑而成，含少量砂砾、碎石、料礓石	矩形	梯形	底宽3.2、凸出墙体4.2、顶宽2.5、残高5.6米	无	无	保存一般
大二对营1号马面	长城乡大二对营村北0.86千米	1421米	倚墙而建，位于大二对营长城墙体上	土	黄土夯筑而成，含少量砂砾、碎石、料礓石	矩形	梯形	底宽4.3、凸出墙体1.7、顶宽3.5、残高4.1米	无	无	保存一般
大二对营2号马面	长城乡大二对营村北0.73千米	1425米	倚墙而建，位于大二对营长城墙体上	土	黄土夯筑而成，含少量砂砾、碎石、料礓石	矩形	梯形	底宽6、凸出墙体5、顶宽2.5、残高5米	无	无	保存一般
大二对营3号马面	长城乡大二对营村西北0.68千米	1425米	倚墙而建，位于大二对营长城墙体上	土	黄土夯筑而成，夯层厚0.18～0.22米	矩形	梯形	底宽7、凸出墙体5、顶宽6.5、残高5米	无	无	保存一般
大二对营4号马面	长城乡大二对营村西1.1千米	1415米	倚墙而建，位于大二对营长城墙体上	土	黄土夯筑而成，含少量砂砾、碎石、料礓石	矩形	梯形	底宽6、凸出墙体5、残高3米	无	无	保存较差
小二对营1号马面	长城乡小二对营村东北0.45千米	1417米	倚墙而建，位于小二对营长城墙体上	土	黄土夯筑而成，含少量砂砾、碎石、料礓石	矩形	梯形	底宽6、凸出墙体3.5、残高5米	无	无	保存一般
小二对营2号马面	长城乡小二对营村西北0.37千米	1425米	倚墙而建，位于小二对营长城墙体上	土	黄土夯筑而成，含少量砂砾、碎石、料礓石	矩形	梯形	底宽6、凸出墙体4.5、残高4.5米	无	无	保存一般
镇边堡1号马面	长城乡镇边堡村东1.4千米	1396米	倚墙而建，位于镇边堡长城1段墙体上	土	黄土夯筑而成，含少量砂砾、碎石、料礓石	矩形	梯形	底宽6、凸出墙体2.5、残高4米	无	无	保存一般

续表 51

名称	地点	高程	与其他遗存的位置关系	材质	建筑方式	平面形制	剖面形制	尺寸	附属设施	修缮情况	保存状况
镇边堡2号马面	长城乡镇边堡村东	1393米	倚墙而建，位于镇边堡长城1段墙体上	土	黄土夯筑而成，含少量砂砾、碎石、料礓石，夯层厚0.18～0.24米	矩形	梯形	底宽4、凸出墙体3.5、顶宽2、残高4.5米	无	无	保存一般
镇边堡3号马面（彩图一七二）	长城乡镇边堡村东	1389米	倚墙而建，位于镇边堡长城1段墙体上	土	黄土夯筑而成，含少量砂砾、碎石、料礓石	矩形	梯形	底宽8、凸出墙体4、顶宽5、残高6米	无	无	保存一般
镇边堡4号马面	长城乡镇边堡村东北	1371米	倚墙而建，位于镇边堡长城1段墙体上	土	黄土夯筑而成，含少量砂砾、碎石、料礓石，夯层厚0.16～0.18米	矩形	梯形	底宽5、凸出墙体4、顶宽2、残高5.2米	无	无	保存一般
镇边堡5号马面	长城乡镇边堡村西北1.4千米处	1366米	倚墙而建，位于镇边堡长城2段墙体上	土	黄土夯筑而成，含少量砂砾、碎石、料礓石	矩形	梯形	底宽3、凸出墙体2、顶宽1.5、残高4.5米	无	无	保存一般
镇边堡6号马面	长城乡镇边堡村西北1.5千米处	1366米	倚墙而建，位于镇边堡长城2段墙体上	土	黄土夯筑而成，含少量砂砾、碎石	矩形	梯形	底宽2、凸出墙体1.5、顶宽1、残高2.5米	无	无	保存较差
镇边堡7号马面	长城乡镇边堡村西1.9千米处	1363米	倚墙而建，位于镇边堡长城3段墙体上	土	黄土夯筑而成，含少量砂砾、碎石、料礓石	矩形	梯形	底宽6、凸出墙体4、顶宽1.5、残高7米	无	无	保存一般
镇边堡8号马面	长城乡镇边堡村西2千米处	1361米	倚墙而建，位于镇边堡长城3段墙体上	土	黄土夯筑而成，含少量砂砾、碎石、料礓石	矩形	梯形	底宽8、凸出墙体4.5、顶宽1.5、残高7米	无	无	保存一般
镇边堡9号马面	长城乡镇边堡村西2.2千米处	1354米	倚墙而建，位于镇边堡长城3段墙体上	土	黄土夯筑而成，含少量砂砾、碎石、料礓石	矩形	梯形	底宽8、凸出墙体4、顶宽1.2、残高6.5米	无	无	保存一般
镇边堡10号马面	长城乡镇边堡村西2.3千米处	1353米	倚墙而建，位于镇边堡长城3段墙体上	土	黄土夯筑而成，含少量砂砾、碎石、料礓石	矩形	梯形	底宽6.5、凸出墙体3.5、顶宽1.2、残高7.2米	无	无	保存一般

表 52　阳高县长城沿线烽火台一览表

名称	地点	高程	与其他遗存的位置关系	材质	建筑方式	平面形制	剖面形制	尺寸	附属设施	修缮情况	保存状况
十九墩1号烽火台	罗文皂镇十九墩村东北1.3千米处	1333米	位于十九墩长城北0.043千米	土	黄土夯筑而成，含砂砾，夯层厚0.18～0.2米	矩形	梯形	底部东西9、南北10米，顶部东西5、南北6.5米，残高6米	无	无	保存一般。东壁底部有洞穴，宽1.5、高1、进深1米；南壁下部有洞穴，底部遭取土挖损损毁严重
十九墩2号烽火台（彩图一七三）	罗文皂镇十九墩村东北0.808千米处	1350米	位于十九墩长城北0.096千米	土	黄土夯筑而成，含砂砾、碎石，夯层厚0.18～0.23米	矩形	梯形	底部东西10、南北8米，顶部东西6、南北5.8米，残高6.7米	无	无	保存一般
十九墩3号烽火台（图一〇九）	罗文皂镇十九墩村东北0.6千米处	1332米	位于十九墩长城西北0.087千米	土	黄土夯筑而成，夯层厚0.08～0.2米。夯层间有砂砾层，厚0.04～0.2米	矩形	梯形	底部东西10、南北13米，顶部东西5.5、南北8.7米，残高7米	无	有二次修缮痕迹	保存一般，西壁有洞穴
十九墩4号烽火台	罗文皂镇十九墩村东北0.33千米处	1320米	位于十九墩长城西北0.022千米	土	黄土夯筑而成，含少量砂砾、碎石，夯层厚0.16～0.3米	矩形	梯形	底部东西12、南北11米，顶部东西10.3、南北9.8米，残高5米	无	无	保存一般。东壁有洞穴，南壁有洞穴两处，顶部有一棵大树
十九墩5号烽火台	罗文皂镇十九墩村北0.324千米处	1302米	位于十九墩长城西北0.041千米	土	黄土夯筑而成，含少量砂砾、碎石，夯层厚0.15～0.19米	矩形	梯形	底部边长16米，顶部东西13.5、南北14米，残高6米	台体南侧原有围墙，现无存。围墙内残存墩院院基，石砌而成，平面呈矩形，东西15、南北6、残高1.5米	无	保存一般。围墙无存
十九墩6号烽火台	罗文皂镇十九墩村北	1260米	位于十九墩长城北0.0477千米	土	黄土夯筑而成，含少量砂砾、碎石，夯层厚0.2～0.24米	矩形	梯形	底部东西8、南北7米，顶部东西5.1、南北4.3米，残高5.5米	台体南侧原有围墙，现无存。围墙内残存墩院院基，石砌而成，平面呈矩形，东西13、南北11、残高1.5米	无	保存一般。南壁有洞穴，宽1、进深1米，围墙无存

续表 52

名称	地点	高程	与其他遗存的位置关系	材质	建筑方式	平面形制	剖面形制	尺寸	附属设施	修缮情况	保存状况
三墩1号烽火台	罗文皂镇三墩村东北1.1千米处	1260米	位于三墩长城北0.039千米	土	黄土夯筑而成，含少量砂砾、碎石，夯层厚0.18～0.22米	矩形	梯形	底部东西9、南北12米，顶部东西8、南北6米，残高8.4米	台体南壁下部设拱形门洞	无	保存一般
三墩2号烽火台	罗文皂镇三墩村东北0.846千米处	1264米	位于三墩长城北0.03千米	土	黄土夯筑而成，含少量砂砾、碎石，夯层厚0.2～0.25米	矩形	梯形	底部东西7、南北9米，顶部东西5.5、南北7.3米，残高6米	台体南壁下部设拱形门洞	无	保存一般
三墩3号烽火台	罗文皂镇三墩村东北0.354千米处	1279米	位于三墩长城北0.04千米	土	黄土夯筑而成，含砂砾，夯层厚0.09～0.25米	矩形	梯形	底部东西12、南北11米，顶部东西10.5、南北9.45米，残高6米	台体南侧原有围墙，现无存。围墙内残存墩院院基，平面呈矩形，东西26、南北14米。台体南壁下部设拱形门洞	无	保存一般。围墙无存
三墩4号烽火台	罗文皂镇三墩村北0.24千米处	1287米	位于三墩长城北0.036千米	土	黄土夯筑而成，含砂砾、碎石，夯层厚0.06～0.25米	矩形	梯形	底部边长10米，顶部东西9.2、南北8.6米，残高6米	台体南壁下部设拱形门洞，宽0.95、高1.4米	无	保存一般
七墩1号烽火台	罗文皂镇七墩村东北0.618千米处	1295米	位于七墩长城北0.09千米	土	黄土夯筑而成，含少量砂砾、碎石，夯层厚0.23～0.25米	矩形	梯形	底部边长12、顶部边长9.2、残高6.5米	台体南侧原有围墙，现无存。围墙内残存墩院院基，平面呈矩形，东西15～18、南北7米。台体南壁下部设拱形门洞，宽1.15、高1.3米	无	保存一般。围墙无存
七墩2号烽火台（彩图一七四）	罗文皂镇七墩村东北0.437千米处	1284米	位于七墩长城北0.05千米	土	黄土夯筑而成，含少量砂砾，夯层厚0.2～0.25米	矩形	梯形	底部边长12、顶部边长9、残高6.6米	无	无	保存一般。北壁有脚窝可登顶
七墩3号烽火台	罗文皂镇七墩村西北0.72千米处	1278米	位于七墩长城北0.042千米处	土	黄土夯筑而成，含砂砾、碎石、料礓石，夯层厚0.15～0.2米	矩形	梯形	底部东西9、南北4米，顶部东西2.5、南北3米，残高3.2米	无	无	保存较差

续表 52

名称	地点	高程	与其他遗存的位置关系	材质	建筑方式	平面形制	剖面形制	尺寸	附属设施	修缮情况	保存状况
七墩4号烽火台	罗文皂镇七墩村西南1.6千米处	1262米	位于七墩长城西北0.038千米	土	黄土夯筑而成，夯层厚0.18～0.23米	矩形	梯形	底部东西8、南北11米，顶部东西6.1、南北8.9米，残高8.5米	台体南壁下部设拱形门洞	无	保存一般
二墩1号烽火台	罗文皂镇二墩村东北0.455千米处	1269米	位于二墩长城西北0.056千米	土	黄土夯筑而成，夯层厚0.22～0.25米	矩形	梯形	底部东西10、南北11米，顶部东西7、南北8米，残高6.7米	台体南壁下部设拱形门洞，台体内设置通顶的圆孔形踏道，拱形门洞与踏道相通，可登顶。门洞宽1、高1.4、进深1.4米	无	保存一般
二墩2号烽火台	罗文皂镇二墩村西0.324千米处	1262米	位于二墩长城西北0.083千米	土	黄土夯筑而成，夯层厚0.18～0.24米	矩形	梯形	底部东西9、南北7.8米，顶部东西6、南北3.8米，残高7米	无	无	保存一般
二墩3号烽火台	罗文皂镇二墩村西0.272千米处	1254米	位于二墩长城西北	土	黄土夯筑而成，夯层厚0.18～0.25米	矩形	梯形	底部东西6、南北4米，顶部东西2.4、南北2米，残高3米	无	无	保存较差。台体遭取土挖损损毁严重，东壁被利用为窑洞墙壁
二墩4号烽火台	罗文皂镇二墩村西0.751千米处	1346米	位于二墩长城西北	土	黄土夯筑而成，夯层厚0.18～0.26米	矩形	梯形	底部边长10、残高6米	无	无	保存一般
镇门堡4号烽火台	罗文皂镇镇门堡村西北0.32千米处	1200米	位于镇门堡长城西北	土	黄土夯筑而成，含少量砂砾、碎石，夯层厚0.18～0.23米	矩形	梯形	底部东、南、西、北长12.1、8、7.5、10.8米，残高5.8米	无	无	保存一般。东壁底部有洞穴，宽0.5、高0.8、进深0.5米
镇门堡5号烽火台	罗文皂镇镇门堡村北0.55千米处	1273米	位于镇门堡长城西北0.27千米	土	黄土夯筑而成，含少量砂砾、碎石、料礓石，夯层厚0.15～0.18米	矩形	梯形	底部东、南、西、北长9.7、8、8、9米，残高5.3米	无	无	保存一般。南壁有洞穴，东北、东南角有坡道可登顶

续表52

名称	地点	高程	与其他遗存的位置关系	材质	建筑方式	平面形制	剖面形制	尺寸	附属设施	修缮情况	保存状况
镇门堡6号烽火台	罗文皂镇镇门堡村西0.52千米处	1203米	位于镇门堡长城北0.082千米	土	黄土夯筑而成，含少量砂砾、碎石，夯层厚0.18~0.21米	矩形	梯形	底部东、南、西、北长10.2、8.4、10.2、8、残高3.3米	无	无	保存较差
水泉沟1号烽火台	罗文皂镇水泉沟村东0.135千米处	1176米	位于水泉沟长城北	土	黄土夯筑而成，含少量砂砾、碎石，夯层厚0.15~0.19米	矩形	梯形	底部东、南、西、北长7、2.7、6.8、2.7、残高4.3米	无	无	保存较差。台体南、北壁遭取土挖损损毁严重
水泉沟2号烽火台	罗文皂镇水泉沟村西0.19千米处	1180米	位于水泉沟长城北	土	黄土夯筑而成，夯层厚0.2~0.22米	矩形	梯形	底部东西11、南北11.5米，顶部东西8.5、南北8米，残高6.5米	无	无	保存一般。南壁有洞穴
水泉沟3号烽火台	罗文皂镇水泉沟村西0.455千米处	1209米	位于水泉沟长城北0.068千米	土	黄土夯筑而成，夯层厚0.18~0.23米	矩形	梯形	底部边长14米，顶部东西11、南北10米，残高8.5米	无	无	保存一般
许家园1号烽火台(彩图一七五)	罗文皂镇许家园村东北0.61千米处	1182米	位于许家园长城西北	土	黄土夯筑而成，含少量砂砾、碎石、料礓石，夯层厚0.14~0.18米	矩形	梯形	底部东西12.4、南北12米，顶部东西9.5、南北9米，残高8.6米	无	无	保存一般
许家园2号烽火台	罗文皂镇许家园村东0.12千米处	1211米	位于许家园长城西北	土	黄土夯筑而成，含少量砂砾、碎石，夯层厚0.2~0.23米	矩形	梯形	底部东西4.4、南北5.2、残高4.2米	无	无	保存一般
许家园3号烽火台	罗文皂镇许家园村东0.36千米处	1257米	位于许家园长城西北	土	黄土夯筑而成，含少量砂砾，夯层厚0.15~0.19米	矩形	梯形	底部东西12.5、南北13.5米，顶部东、南、西残长6.5、6、6.5米，残高8.8米	台体内设置通顶的圆孔形踏道，踏道孔径1米	无	保存一般

续表 52

名称	地点	高程	与其他遗存的位置关系	材质	建筑方式	平面形制	剖面形制	尺寸	附属设施	修缮情况	保存状况
许家园4号烽火台	罗文皂镇许家园村西南0.545千米处	1210米	位于许家园长城西北	土	黄土夯筑而成，含少量砂砾、料礓石，夯层厚0.16~0.21米	矩形	梯形	底部东西5、南北12.5、残高8.2米	无	无	保存一般
孤山1号烽火台	罗文皂镇孤山村北1.2千米处	1124米	位于孤山长城北0.04千米	土	黄土夯筑而成，含少量砂砾，夯层厚0.18~0.25米	矩形	梯形	底部东、南、西、北长12.7、3.5、12.7、4.9、残高5.8米	台体南壁下部设拱形门洞，台体内设置通顶的圆孔形踏道，拱形门洞与踏道相通，可登顶。门洞宽0.8、高1、进深3米，踏道孔径1米，踏道上的脚窝深0.15米	无	保存一般
孤山2号烽火台	罗文皂镇孤山村北1.6千米处	1115米	位于孤山长城北0.048千米	土	黄土夯筑而成，夯层厚0.18~0.2米	矩形	梯形	底部东、南、西、北长12、11.7、9、10、残高2.4米	无	无	保存较差。台体遭取土挖损损毁严重
孤山3号烽火台	罗文皂镇孤山村西北1.1千米处	1113米	位于孤山长城北0.071千米	土	黄土夯筑而成，含少量砂砾，夯层厚0.23~0.27米	矩形	梯形	底部东西12.5、南北10.5、残高7.2米	无	无	保存一般。南壁西侧下部有洞穴，宽0.5、高0.3、深0.8米
孤山4号烽火台	罗文皂镇孤山村西北1.1千米处	1127米	位于孤山长城北0.093千米	土	黄土夯筑而成，夯层厚0.16~0.21米	矩形	梯形	底部边长12、顶部边长8.5、残高9.1米	无	无	保存一般。南壁下部有洞穴两处，一处宽0.8、高1.5、进深1米，另一处宽0.5、高1.5、进深0.8米
虎头山1号烽火台	龙泉镇虎头山东北1.2千米处	1129米	位于虎头山长城北	土	黄土夯筑而成，含少量砂砾、碎石、料礓石，夯层厚0.18~0.2米	矩形	梯形	底部边长10、顶部边长7、残高8.8米	台体南壁下部设拱形门洞，台体内设置通顶的圆孔形踏道，拱形门洞与踏道相通，可登顶。门洞宽1、高1.2、进深1.8米，踏道孔径1米	无	保存一般。东壁有脚窝可登顶

续表 52

名称	地点	高程	与其他遗存的位置关系	材质	建筑方式	平面形制	剖面形制	尺寸	附属设施	修缮情况	保存状况
虎头山2号烽火台	龙泉镇虎头山村东北1.4千米处	1121米	位于虎头山长城北	土	黄土夯筑而成，夯层厚0.15～0.18米	矩形	梯形	底部东西9、南北10.5米，顶部东、南、西、北长7.5、6、7、6米，残高8.9米	无	无	保存一般。南壁下部有洞穴，宽0.5、高0.8、进深1米；西壁有脚窝可登顶；北壁下部有洞穴，宽1、高1、进深0.6米
虎头山3号烽火台	龙泉镇虎头山村北1.3千米处	1117米	位于虎头山长城北0.037千米	土	黄土夯筑而成，夯层厚0.18～0.21米	矩形	梯形	底部东、南、西、北长11、9、12、10.5米，顶部东、南、西、北长8.5、6.5、9、6.5米，残高8.1米	无	无	保存一般
虎头山4号烽火台(彩图一七六)	龙泉镇虎头山村西北1.3千米处	1158米	位于虎头山长城北0.061千米	土	黄土夯筑而成，含少量砂砾、碎石，夯层厚0.16～0.18米	矩形	梯形	底部东西8.8、南北8米，顶部东西6、南北5米，残高10.5米	无	无	保存较好。台体周围堆放有矿渣
虎头山5号烽火台	龙泉镇虎头山村西北1.4千米处	1155米	位于虎头山长城北0.04千米	土	黄土夯筑而成，夯层厚0.13～0.17米	矩形	梯形	底部东西9.5、南北8.9米，顶部东、南、西、北长6.2、7.5、6.2、7.5米，残高6.2米	台体南壁下部设拱形门洞，台体内设置通顶的圆孔形踏道，拱形门洞与踏道相通，可登顶。门洞宽0.6、高0.6、进深1.5米	无	保存一般
谢家屯烽火台	龙泉镇谢家屯村西北1.9千米处	1192米	位于谢家屯长城北	土	黄土夯筑而成，夯层厚0.18～0.22米	矩形	梯形	底部东、南、西、北长11、10.2、11.2、10.1米，残高8.3米	无	有二次修缮痕迹，北壁有加厚层，夯层厚0.22米，夯土含砂砾、碎石	保存一般。南壁下部有洞穴，宽1.5、高1、进深0.6米
燕家堡1号烽火台	龙泉镇燕家堡村东北1.2千米处	1183米	位于燕家堡长城北0.086千米	土	黄土夯筑而成，含少量砂砾、碎石，夯层厚0.19～0.21米	矩形	梯形	底部东西10、南北12米，顶部东西7、南北9米，残高7.2米	无	无	保存一般。北壁有脚窝可登顶
燕家堡2号烽火台	龙泉镇燕家堡村北1.2千米处	1202米	位于燕家堡长城北0.094千米	土	黄土夯筑而成，含少量砂砾、碎石，夯层厚0.16～0.19米	矩形	梯形	底部东、南、西、北长7.5、9、8、8.5米，残高6.7米	无	无	保存一般。南壁下部有洞穴，宽0.6、高1、进深0.8米

续表 52

名称	地点	高程	与其他遗存的位置关系	材质	建筑方式	平面形制	剖面形制	尺寸	附属设施	修缮情况	保存状况
乳头山1号烽火台	龙泉镇乳头山村东0.9千米处	1235米	位于乳头山长城东北	土	黄土夯筑而成，含砂砾、碎石，夯层厚0.16~0.18米	矩形	梯形	底部东、南、西、北长12.7、6.5、12.6、6.5、残高9.2米	无	无	保存一般。南壁下部东侧有洞穴，西壁有脚窝可登顶
乳头山2号烽火台	龙泉镇乳头山村东0.517千米处	1239米	位于乳头山长城东北0.06千米	土	黄土夯筑而成，夯层厚0.18~0.22米	矩形	梯形	底部边长9、顶部边长4.5、残高8.5米	无	无	保存一般。南壁下部东侧有洞穴，宽1、高0.8、进深1米
乳头山3号烽火台	龙泉镇乳头山村西北0.419千米处	1219米	位于乳头山长城北	土	黄土夯筑而成，含少量砂砾，夯层厚0.2~0.25米	矩形	梯形	底部东、南、西、北长6、5、6.5、4.2、残高7.1米	无	无	保存一般。北壁有坡道可登顶
乳头山4号烽火台	龙泉镇乳头山村西北0.768千米处	1208米	位于乳头山长城北0.044千米	土	黄土夯筑而成，夯层厚0.13~0.18米	矩形	梯形	底部边长9米，顶部东、南、西、北长6.5、6.5、5.8、6米，残高5.6米	无	无	保存一般。东壁下部有搭建的窝棚，北壁西侧有脚窝可登顶
乳头山5号烽火台（彩图一七七）	龙泉镇乳头山村西北1千米处	1228米	位于乳头山长城北0.048千米	土	黄土夯筑而成，夯层厚0.13~0.17米	矩形	梯形	底部东、南、西、北长8.8、6、7.5、6.5米，残高4.6米	无	无	保存一般
砖楼1号烽火台	龙泉镇砖楼村东北1.4千米处	1315米	位于砖楼长城北0.561千米	土	黄土夯筑而成，含少量砂砾、碎石，夯层厚0.18~0.21米	矩形	梯形	底部东西8.8、南北7.9、残高6.1米	无	无	保存一般
砖楼2号烽火台	龙泉镇砖楼村北0.243千米处	1243米	位于砖楼长城北	土	黄土夯筑而成，夯层厚0.19~0.24米	矩形	梯形	底部东、南、西、北长10.8、11.7、10.6、11.6米，顶部东、南、西、北长6.5、6.3、6.4、6.1米，残高6.8米	无	有二次修缮痕迹，台体顶部加高2.9米，夯层厚0.09~0.12米	保存一般

续表52

名称	地点	高程	与其他遗存的位置关系	材质	建筑方式	平面形制	剖面形制	尺寸	附属设施	修缮情况	保存状况
砖楼3号烽火台	龙泉镇砖楼村西0.998千米处	1229米	位于砖楼长城北0.076千米	土	黄土夯筑而成，含少量砂砾、碎石，夯层厚0.15～0.2米	矩形	梯形	底部东、南、西、北长9.5、10、12、11.5、残高8.1米	无	无	保存一般。南壁下部有洞穴，宽1.8、高2、进深3米
小龙王庙1号烽火台	龙泉镇小龙王庙村东北0.47千米处	1222米	位于小龙王庙长城西北0.054千米	土	黄土夯筑而成，含少量砂砾，夯层厚0.15～0.18米	矩形	梯形	底部边长11米，顶部东、南、西、北长8、7.8、8、8米，残高7.5米	台体南壁下部设拱形门洞，宽0.5、高0.8、进深1米	无	保存一般。南壁拱形门洞东侧有洞穴，宽0.5、高0.5、进深1米
小龙王庙2号烽火台	龙泉镇小龙王庙村东北0.225千米处	1232米	位于小龙王庙长城西北0.036千米	土	黄土夯筑而成，含少量砂砾、碎石，夯层厚0.15～0.18米	矩形	梯形	底部东、南、西、北长9.5、8.8、9.5、9米，顶部东、南、西、北长6、6、6.5、5.8米，残高7.2米	无	无	保存一般。东壁底部有洞穴，宽0.5、高1、进深0.4米
小龙王庙3号烽火台	龙泉镇小龙王庙村西0.265千米处	1219米	位于小龙王庙长城西北	土	黄土夯筑而成，夯层厚0.15～0.18米	矩形	梯形	底部边长13米，顶部东、南、西、北长9.5、10、10.5、8.5米，残高8.3米	台体南壁下部设拱形门洞	无	保存一般。东壁底部有洞穴，宽0.5、高1、进深0.8米；南壁拱形门洞东侧有洞穴，台体东侧有窝棚
小龙王庙4号烽火台	龙泉镇小龙王庙村西南0.459千米处	1231米	位于小龙王庙长城西北0.023千米	土	黄土夯筑而成，夯层厚0.15～0.18米	矩形	梯形	底部东西13、南北13.5米，顶部东、南、西、北长11、10.5、10.5、10米，残高8.7米	无	无	保存一般。南壁下部有洞穴，宽0.5、高0.8、进深0.5米。台体西侧有窝棚
小龙王庙5号烽火台	龙泉镇小龙王庙村西南0.767千米处	1251米	位于小龙王庙长城西北0.04千米	土	黄土夯筑而成，夯层厚0.2～0.23米	矩形	梯形	底部东、南、西、北长12.3、12、12.3、11.5米，顶部东、南、西、北长8.5、8、8.3、8.5米，残高8.5米	台体南壁下部设拱形门洞，台体内设置通顶的圆孔形踏道，拱形门洞与踏道相通，可登顶	无	保存一般。东壁有脚窝可登顶
小龙王庙6号烽火台（彩图一七八）	龙泉镇小龙王庙村西南0.897千米	1257米	位于小龙王庙长城南0.025千米	土	黄土夯筑而成，含砂砾、碎石	矩形	梯形	底部南、西、北长4、2、3.5、残高2.5米	无	无	保存较差

续表 52

名称	地点	高程	与其他遗存的位置关系	材质	建筑方式	平面形制	剖面形制	尺寸	附属设施	修缮情况	保存状况
守口堡1号烽火台	龙泉镇守口堡村东北1.1千米处	1283米	位于守口堡长城1段北0.063千米	土	黄土夯筑而成，夯层厚0.16～0.2米	矩形	梯形	底部东、南、西、北长11、10、12、10米，顶部东、南、西、北长7.6、7、8、6米，残高9.2米	无	无	保存一般
守口堡2号烽火台	龙泉镇守口堡村东北0.93千米处	1256米	位于守口堡长城1段北	土	黄土夯筑而成，含少量砂砾、碎石，夯层厚0.2～0.24米	矩形	梯形	底部东、南、西、北长11.5、12、12、12米，残高5.8米	无	无	保存一般
守口堡3号烽火台	龙泉镇守口堡村东北0.624千米处	1227米	位于守口堡长城1段北0.052千米	土	黄土夯筑而成，含少量砂砾、碎石，夯层厚0.18～0.21米	矩形	梯形	底部东西12、南北13米，顶部东、南、西、北长9.8、8.5、10、9米，残高9.3米	无	无	保存一般
守口堡4号烽火台	龙泉镇守口堡村南0.299千米处	1255米	位于守口堡长城2段东南0.13千米	土	黄土夯筑而成，夯层厚0.2～0.25米	圆形	梯形	底径8.7、顶径6、残高10.2米	无	无	保存一般
守口堡5号烽火台	龙泉镇守口堡村南0.308千米处	1253米	位于守口堡长城2段东南	土	黄土夯筑而成，夯层厚0.2～0.25米	圆形	梯形	底径10.4、顶径4.2、残高9米	无	无	保存一般
守口堡6号烽火台	龙泉镇守口堡村西南0.454千米处	1311米	位于守口堡长城2段东南0.253千米	土	黄土夯筑而成，含砂砾、碎石，夯层厚0.2～0.25米	圆形	梯形	底径10.4、顶径5、残高9.8米	无	无	保存一般
守口堡7号烽火台	龙泉镇守口堡村西南1.1千米处	1345米	位于守口堡长城2段南0.053千米	土	黄土夯筑而成，夯层厚0.18～0.22米	矩形	梯形	底部东西9.2、南北8.4米，顶部东西5.2、南北4.5米，残高7.2米	台体周围原有围墙，无存。围墙内残存墩院院基，平面呈矩形，东西32、南北25、残高3米。	无	保存一般。东壁有洞穴，宽1、高1.2、进深1米；南壁有洞穴2处，一处宽1.5、高1.2、进深1.6米，另一处宽1.8、高1.2、进深1.6米，两洞相通。围墙无存

续表 52

名称	地点	高程	与其他遗存的位置关系	材质	建筑方式	平面形制	剖面形制	尺寸	附属设施	修缮情况	保存状况
守口堡8号烽火台	龙泉镇守口堡西南1.2千米处	1343米	位于守口堡长城2段东南0.009千米	土	黄土夯筑而成，夯层厚0.1～0.15米	矩形	梯形	底部东、西、北长12、12、9、残高3.2米	无	无	保存较差
十五梁1号烽火台	长城乡十五梁村西0.272千米处	1482米	位于十五梁长城南0.027千米	土	黄土夯筑而成，夯层厚0.2～0.25米	矩形	梯形	底部西、北长7.1、7、残高6.2米	无	无	保存一般
十五梁2号烽火台	长城乡十五梁村西0.732千米处	1489米	位于十五梁长城南0.02千米	土	黄土夯筑而成，含少量砂砾、碎石，夯层厚0.2～0.25米	矩形	梯形	底部东、南、西、北长9.2、7.7、9、7.5、残高5.3米	无	无	保存一般
十九梁1号烽火台（彩图一七九）	长城乡十九梁村东北0.29千米处	1484米	位于十九梁长城东南0.024千米	土	黄土夯筑而成，夯层厚0.2～0.25米	矩形	梯形	底部南、西、北长6、6.2、6.1、残高4.12米	无	无	保存一般
十九梁2号烽火台	长城乡十九梁村西南0.479千米处	1462米	位于十九梁长城东南0.04千米	土	黄土夯筑而成，夯层厚0.2～0.22米	矩形	梯形	底部东、南、西、北长7.8、7.5、8、7.6、残高8.6米	无	无	保存一般。南壁底部有洞穴，宽1.2、高1.2、进深1.5米；西壁底部有洞穴，宽1.2、高1.5、进深1.5米，与南壁洞穴相通
十九梁3号烽火台	长城乡十九梁村西南0.968千米处	1478米	位于十九梁长城东南0.051千米	土	黄土夯筑而成，夯层厚0.2～0.25米	矩形	梯形	底部东西7、南北8米，顶部东西3.5、南北4.5米，残高9米	无	无	保存一般

续表 52

名称	地点	高程	与其他遗存的位置关系	材质	建筑方式	平面形制	剖面形制	尺寸	附属设施	修缮情况	保存状况
西三墩烽火台	长城乡西三墩村东北0.268千米处	1474米	位于西三墩长城东南	土	黄土夯筑而成，夯层厚0.18～0.2米	矩形	梯形	不详	台体底部有台基，平面呈矩形，边长7、残高3.5米	无	保存较差
六墩烽火台	长城乡六墩村东北0.281千米处	1478米	位于六墩长城东南0.008千米	土	黄土夯筑而成，夯层厚0.2～0.23米	矩形	梯形	底部东、南、西、北长6.5、2、3、7、残高5.5米	无	无	保存一般
十墩1号烽火台	长城乡十墩村东北0.858千米处	1461米	位于十墩长城东南0.018千米	土	黄土夯筑而成，夯层厚0.2～0.22米	矩形	梯形	底部西、北长4.5、5、残高6米	台体周围原有围墙，平面呈矩形，现仅残存东墙，长10、底宽0.8、顶宽0.5、残高0.2～1米，夯层厚0.14～0.18米。围墙内残存墩院院基，平面呈矩形，东西20、南北27、残高2米。	无	保存一般
十墩2号烽火台	长城乡十墩村北0.184千米处	1438米	位于十墩长城东南0.006千米	土	黄土夯筑而成，夯层厚0.18～0.22米	矩形	梯形	底部东、西、北长7.5、8、9、残高6米	无	无	保存一般
十墩3号烽火台	长城乡十墩村西南0.76千米处	1452米	位于十墩长城东南0.022千米	土	黄土夯筑而成，夯层厚0.22～0.25米	矩形	梯形	底部东、南、西、北长5.8、7、6、6.5、残高6米	无	无	保存一般。北壁底部堆土遭取土挖损
十墩4号烽火台	长城乡十墩村西南1.2千米处	1446米	位于十墩长城东南0.02千米	土	黄土夯筑而成，夯层厚0.22～0.25米	矩形	梯形	底部东、南、西、北长8.5、8.8、9、8.5、残高8.5米	无	无	保存一般

续表 52

名称	地点	高程	与其他遗存的位置关系	材质	建筑方式	平面形制	剖面形制	尺寸	附属设施	修缮情况	保存状况
镇宏堡1号烽火台	长城乡镇宏堡村东北 0.358千米处	1433米	位于镇宏堡长城东南 0.031千米	土	黄土夯筑而成，夯层厚0.2～0.22米	矩形	梯形	底部东、南、西、北残长3米、4米、8米、9米，残高6米	无	无	保存一般
镇宏堡2号烽火台	长城乡镇宏堡村西北 0.588千米处	1438米	位于镇宏堡长城东南 0.027千米	土	黄土夯筑而成，夯层厚0.18～0.21米	矩形	梯形	底部东、南、西、北残长7.7、7、8、7米，残高6.8米	无	无	保存一般
镇宏堡3号烽火台	长城乡镇宏堡村西北 0.533千米处	1432米	位于镇宏堡长城东南 0.073千米	土	黄土夯筑而成，含少量砂砾、碎石，夯层厚0.19～0.22米	矩形	梯形	底部东、南、西、北残长5、6、6、6.5米，残高4米	无	无	保存一般
镇宏堡4号烽火台（彩图一八〇）	长城乡镇宏堡村西南 0.792千米处	1473米	位于镇宏堡长城东南 0.019千米	土	黄土夯筑而成，夯层厚0.23～0.27米	矩形	梯形	底部东、南、西残长8、10、8米，残高6.5米	台体周围有围墙，平面呈矩形，东西36、南北38米，残存东、西、北墙，东墙长13、底宽1.5、顶宽0.1、残高0.5米；西墙长28、底宽1.5、顶宽0.5、残高0.5米；北墙长35、底宽1.5、顶宽0.5、残高1.5米。围墙内残存墩院院基，平面呈矩形，残高1米	无	保存一般
镇宏堡5号烽火台	长城乡镇宏堡村东南0.69千米处	1382米	位于镇宏堡长城东南	土	黄土夯筑而成，含少量砂砾、碎石，夯层厚0.25～0.3米	矩形	梯形	底部南、西、北残长9、8、8米，残高7米	台体周围有围墙，平面呈矩形，现仅残存东墙，长18、底宽1.5、顶宽1、残高2.2米。围墙内残存墩院院基，平面呈矩形，东西24、南北21、残高2米	无	保存一般。南壁底部有洞穴，宽0.6、高0.5、进深0.5米。北壁有坡道可登顶

续表 52

名称	地点	高程	与其他遗存的位置关系	材质	建筑方式	平面形制	剖面形制	尺寸	附属设施	修缮情况	保存状况
二十六1号烽火台	长城乡二十六村北0.4千米处	1417米	位于二十六长城东0.012千米	土	黄土夯筑而成，含少量砂砾、碎石、料礓石，夯层厚0.18～0.22米	矩形	梯形	底部东、南、西、北残长5、9、8、2、残高6米	无	无	保存一般
二十六2号烽火台	长城乡二十六村东北0.5千米处	1393米	位于二十六长城东0.934千米	土	黄土夯筑而成，含少量砂砾、碎石，夯层厚0.12～0.15米	矩形	梯形	底部东西9.7、南北10米，顶部东、南、西、北长4.7、5、4.6、4.7米，残高8米	台体周围原有围墙，现无存。围墙内残存墩院院基，平面呈矩形，东西24、南北23、残高4米。南墙中部设门，现为豁口	无	保存一般。围墙无存
二十六3号烽火台	长城乡二十六村东南0.475千米处	1440米	位于二十六长城东0.715千米	土	黄土夯筑而成，夯层厚0.25～0.3米	矩形	梯形	底部东、南、西、北残长12、14、5.8、13、残高7米	台体周围有围墙，平面呈矩形，底宽2～3、顶宽1～1.5、残高2～2.5米。围墙内残存墩院院基，平面呈矩形，东西26、南北25、残高3米。南墙中部设门，现为豁口。台体内设置通顶的圆孔形踏道	无	保存一般
大二对营1号烽火台	长城乡大二对营村北0.81千米处	1421米	位于大二对营长城东南0.014千米	土	黄土夯筑而成，夯层厚0.23～0.25米	矩形	梯形	底部北边长8、残高5.2米	无	无	保存较差。南壁底部堆土遭取土挖损，西壁有坡道可登顶
大二对营2号烽火台	长城乡大二对营村西0.974千米处	1426米	位于大二对营长城东南0.027千米	土	黄土夯筑而成，含少量砂砾、碎石、料礓石，夯层厚0.15～0.2米	矩形	梯形	底部北边残长6、残高5米	无	无	保存较差。南壁遭取土挖损

续表 52

名称	地点	高程	与其他遗存的位置关系	材质	建筑方式	平面形制	剖面形制	尺寸	附属设施	修缮情况	保存状况
大二对营3号烽火台	长城乡大二对营村西 0.093千米处	1455米	位于大二对营长城东南0.465千米	土	黄土夯筑而成，含少量砂砾、碎石，夯层厚0.15~0.2米	圆形	梯形	底径13.2、顶径6、残高7.5米	台体周围有围墙，平面呈矩形，底宽0.5~1、顶宽0.5、残高1~1.5米。围墙内残存墩院院基，平面呈矩形，东西28、南北31、残高2.1米	无	保存一般。西南壁有脚窝可登顶
小二对营烽火台	长城乡小二对营村东北0.129千米处	1417米	位于小二对营长城东南0.016千米	土	黄土夯筑而成，夯层厚0.23~0.25米	矩形	梯形	底部南、西、北残长4.2、7.5、8.3米，残高6.3米	无	无	保存一般。南壁底部有洞穴，宽2、高2、进深2米
镇边堡1号烽火台	长城乡镇边堡村东	1398米	位于镇边堡长城1段南0.004千米	土	红土夯筑而成，含少量砂砾、碎石、料礓石，夯层厚0.2~0.25米	矩形	梯形	底部东、南、西、北残长6、8.7、7、8米，残高5米	无	无	保存一般
镇边堡2号烽火台（彩图一八一）	长城乡镇边堡村北1.4千米处	1369米	位于镇边堡长城2段南0.006千米	土	黄土夯筑而成，含少量砂砾、碎石、料礓石，夯层厚0.18~0.23米	矩形	梯形	底部南、西、北残长8.5、8、8.8米，残高6.7米	无	无	保存一般
镇边堡3号烽火台	长城乡镇边堡村西2.9千米处	1340米	位于镇边堡长城3段南0.017千米	土	黄土夯筑而成，夯层厚0.2~0.23米	矩形	梯形	底部东、南、西、北残长8.5、7.5、7、8米，残高7.5米	台体周围有围墙，平面呈矩形，仅残存西南角部分，长5、底宽0.8、顶宽0.5、残高1米。围墙内残存墩院院基，平面呈矩形，东西28、南北31、残高2米	无	保存一般

表53　阳高县腹里烽火台一览表

名称	地点	高程	与其他遗存的位置关系	材质	建筑方式	平面形制	剖面形制	尺寸	附属设施	修缮情况	保存状况
三墩南烽火台	罗文皂镇三墩村南1.5千米处	1159米	位于三墩长城南	土	黄土夯筑而成，含碎石，夯层厚0.21～0.24米	矩形	梯形	底部东、南、西、北长4.5、9、4、10米，顶部东、南、西、北长2.5、7、7.5、2米，残高4米	台体南侧有围墙，平面呈矩形，仅残存南墙，长24、底宽0.9、残高0.5米。围墙内残存墩院院基，平面呈矩形，边长32、残高1.4米	无	保存一般。台体周围有果树和耕地，东侧有窝棚
谢家庄烽火台	罗文皂镇谢家庄村南1千米处	1144米	位于七墩长城南1.7千米	土	黄土夯筑而成，含少量砂砾、碎石，夯层厚0.18～0.22米	矩形	梯形	底部东、南、西、北残长6.5、8、7、8米，顶部东、南、西、北残长2.5、6、3、6米，残高8米	台体南侧有围墙，平面呈矩形，仅残存南墙，长24、底宽0.9、残高0.5米。围墙内残存墩院院基，平面呈矩形，边长32、残高1.4米	无	保存一般。南壁底部有洞穴两处。台体东侧有土路，西侧0.1千米处有采矿场
太平堡烽火台（彩图一八二）	罗文皂镇太平堡村内	1053米	位于三墩长城南	土	黄土夯筑而成，含少量砂砾、碎石、料礓石，夯层厚0.18～0.2米	矩形	梯形	底部边长10、顶部边长7、残高8.8米	台体南壁下部设拱形门洞，台体内设置通顶的圆孔形踏道，拱形门洞与踏道相通，可登顶	无	保存一般。台体北侧邻一棵清代古槐树
罗文皂镇烽火台	罗文皂镇罗文皂村内	1049米	位于二墩长城南	土	黄土夯筑而成，含少量砂砾、碎石，夯层厚0.18～0.2米	矩形	梯形	底部东、南、西、北残长12、11、12.1、11米，残高6.5米	无	无	保存一般。台体周围紧邻民居
杨家堡烽火台	罗文皂镇杨家堡村东北1.2千米处	1079米	位于水泉沟长城南	土	黄土夯筑而成，含砂砾、碎石，夯层厚0.13～0.17米	矩形	梯形	底部东、南、西、北残长7.5、7、7.3、7.1米，顶部东、南、西、北残长7.6、7.1、7.2、7.3米，残高7.9米	无	无	保存一般。南壁底部有现代砖砌小庙，宽0.6、高0.8米
小龙王庙沙河畔烽火台	龙泉镇小龙王庙村南0.14千米处	1143米	位于小龙王庙长城南	土	黄土夯筑而成，含少量砂砾，夯层厚0.1米	矩形	梯形	底部东、南、西、北残长3.5、25、4.5、25米，顶部东、南、西、北残长2.5、25、3.5、25米，残高7.9米	无	无	保存一般。东壁有洞穴，宽1.2、进深1.1米。紧邻台体南壁有排水沟

续表53

名称	地点	高程	与其他遗存的位置关系	材质	建筑方式	平面形制	剖面形制	尺寸	附属设施	修缮情况	保存状况
守口堡圪墩山烽火台	龙泉镇守口堡村东南0.14千米处	1291米	位于守口堡长城1段南	土	黄土夯筑而成，夯层厚0.15米	圆形	梯形	底径11、顶径7、残高8.5米	无	无	保存一般
李官屯烽火台	龙泉镇李官屯村西0.5千米处	1046米	位于燕家堡长城南	土	黄土夯筑而成，夯层厚0.15米	矩形	梯形	底部东、南、西、北长10、9.8、9.7、10米，顶部东、南、西、北长4.8、5.3、5、5.2米，残高8.8米	无	无	保存一般。南壁洞穴宽1.2、高1.3、进深1.5米，西壁窑洞宽1.5、高1.8、进深2米
张小村西烽火台	龙泉镇张小村西南0.33千米处	1193米	位于小龙王庙长城南	土	黄土夯筑而成，含砂砾，夯层厚0.2～0.23米	矩形	梯形	底部东、南、西、北长8.5、6、9、5米，顶部东、南、西、北长6、3.5、6、3米，残高3米	无	无	保存较差
张小村砖楼圪墩烽火台	龙泉镇张小村西南1.6千米处	1237米	位于守口堡长城1段南	砖	外部包砖，砖长30、宽16、厚6厘米；内部为夯土台体，黄土夯筑而成，夯层厚0.1～0.13米	矩形	梯形	底部东、南、西、北残长9、6、8.5、6米，顶部东西5.5、南北7.5米，残高3米	无	无	保存较差。外部包砖无存，残砖散落周围
张小村大沙圪墩烽火台	龙泉镇张小村西南1.6千米处	1326米	位于守口堡长城1段南	土	黄土夯筑而成，含砂砾，夯层厚0.18～0.23米	矩形	梯形	底部东、南、西、北长6.5、6、4.5、6米，顶部东、南、西、北长2.5、3.5、1.5、3米，残高7米	无	无	保存一般
党梁烽火台	长城乡十九梁村东南0.96千米处	1447米	位于十五梁长城南	土	黄土夯筑而成，含少量砂砾，夯层厚0.12～0.22米	圆形	梯形	底径10、顶径2.2、残高7.4米	有台基，平面呈矩形，东西32、南北31.2、残高1.6～3.2米	无	保存一般

续表53

名称	地点	高程	与其他遗存的位置关系	材质	建筑方式	平面形制	剖面形制	尺寸	附属设施	修缮情况	保存状况
堡子湾东湾烽火台(彩图一八三)	长城乡堡子湾村东北1.3千米处	1314米	位于十五梁长城南	土	黄土夯筑而成，夯层厚0.25～0.28米	矩形	梯形	底部东、南、西、北长10、10、10.1、10.15米，顶部东、南、西、北长6.5、7、7.1、7.5米，残高10.5米	台体周围原有围墙，现无存。围墙内残存墩院院基，平面呈矩形，东西28、南北31、残高1.5米，夯层厚0.26～0.3米	无	保存较好。围墙无存
堡子湾东烽火台	长城乡堡子湾村东0.4千米处	1300米	位于十九梁长城南	土	黄土夯筑而成，夯层厚0.18～0.2米	矩形	梯形	底部东、南、西、北长9.5、8、7.2、9.5、残高4.6米	无	无	保存一般。台体南侧部分和周围地表遭取土挖损
堡子湾西烽火台	长城乡堡子湾村西0.4千米处	1333米	位于西三墩长城南	土	黄土夯筑而成，夯层厚0.2～0.25米	矩形	梯形	底部东、南、西、北长13.5、13、14.5、13米，顶部东西9.5、南北9.5米，残高9.5米	台体周围原有围墙，现仅残存西北角一段，顶宽0.3、残高0.6米。围墙内残存墩院院基，平面呈矩形，东西24、南北25、残高1.3米，夯层厚0.23～0.28米	无	保存一般。北壁有洞穴，宽2.5、高2、进深1.5米
罗岭家北烽火台	长城乡罗家岭村北1千米处	1447米	位于十墩长城南	土	黄土夯筑而成，含少量砂砾，夯层厚0.23～0.26米	矩形	梯形	底部周长23、残高4米	无	无	保存较差
罗家岭东南烽火台	长城乡罗家岭村东南1.8千米处	1569米	位于十墩长城南	土	黄土夯筑而成，含少量砂砾，夯层厚0.12～0.16米	矩形	梯形	底部东西6、南北6.5米，顶部东、南、西、北长3.5、4、3、2.5米，残高8.5米	无	无	保存一般
庞窑东圪墩烽火台	长城乡庞窑村东南0.22千米处	1520米	位于十墩长城南	土	黄土夯筑而成，含少量砂砾，夯层厚0.14～0.17米	矩形	梯形	底部周长25、残高6.2米	台体西壁下部设拱形门洞，台体内设置通顶的圆孔形踏道，拱形门洞与踏道相通，可登顶。门洞宽0.8、高2、进深1.7米，踏道孔径1.1米	无	保存一般。南壁有洞穴，宽1.7、高1、进深1.2米

续表 53

名称	地点	高程	与其他遗存的位置关系	材质	建筑方式	平面形制	剖面形制	尺寸	附属设施	修缮情况	保存状况
庞窑西圪墩烽火台(彩图一八四)	长城乡庞窑村西南0.84千米处	1525米	位于十墩长城南	土	黄土夯筑而成，含少量砂砾，夯层厚0.18～0.22米	矩形	梯形	底部东西5.5、南北6、残高5米	无	无	保存一般
天桥烽火台	长城乡天桥村西南0.52千米处	1520米	位于镇宏堡长城南	土	黄土夯筑而成，夯层厚0.25～0.28米	矩形	梯形	底部东、南、西、北长7、8、7、8.5、残高7米	无	无	保存一般。台体北壁紧邻排水沟，沟宽3.5、深1.8米
范家窑西梁烽火台	长城乡范家窑村西南0.33千米处	1583米	位于镇宏堡长城南	土	黄土夯筑而成，夯层厚0.22～0.25米	矩形	梯形	底部东、南、西、北长5、7.5、5.5、7.5、残高6米	无	无	保存一般
范家窑马鬃梁烽火台	长城乡范家窑村西南0.46千米处	1580米	位于镇宏堡长城南	土	黄土夯筑而成，夯层厚0.24～0.27米	矩形	梯形	底部东、南、西、北长10、9.5、9.5、10米，顶部东西6.5、南北5米，残高9.6米	无	无	保存一般
瞭高山烽火台	长城乡小二队营村东南1.5千米处	1555米	位于小二队营长城南	土	黄土夯筑而成，含少量砂砾，夯层厚0.2～0.24米	矩形	梯形	底部东、南、西、北长12、7.1、11.1、11.1米，顶部东、南、西、北长7、4.1、7.6、4.5米，残高6.3米	无	无	保存一般
镇边堡烽火台	长城乡镇边堡村南1.2千米处	1524米	位于镇边堡长城1段南	土	黄土夯筑而成，含少量砂砾，夯层厚0.2～0.22米	矩形	梯形	底部边长15、顶部边长8、残高10米	台体周围有围墙，平面呈矩形，东西30、南北36米，墙体底宽2、顶宽0.5～1.5、外高5、内高1.8米，夯层厚0.15米。南墙设门，现为豁口，宽3米。四角设角台，角台宽3、凸出墙体3米；东墙和东南、西南角台无存。围墙内残存墩院院基，平面呈矩形，残高3米。台体东、南壁下部设拱形门洞，台体内设置通顶的圆孔形踏道，拱形门洞与踏道相通，可登顶。东壁门洞宽0.7、高0.6米，南壁门洞宽1、高1.6、进深4.8米	无	保存一般。北壁有洞穴，宽1.8、高1.8、进深3.5米

续表 53

名称	地点	高程	与其他遗存的位置关系	材质	建筑方式	平面形制	剖面形制	尺寸	附属设施	修缮情况	保存状况
纪家庄烽火台	北徐屯乡纪家庄村东南 0.5 千米处	985 米	无	土	黄土夯筑而成，夯层厚 0.22 米	矩形	梯形	底部东、南、西、北长 9.2、8、8.1、8.2、残高 8 米	无	无	保存一般
后营烽火台	狮子屯乡后营村东北 0.72 千米处	1134 米	无	土	黄土夯筑而成，含少量砂砾，夯层厚 0.18 ~0.2 米	矩形	梯形	底部东西 9、南北 10 米，顶部东、南、西、北长 4.1、4、3.9、4.2 米，残高 6.8 米	台体周围原有围墙，现无存。围墙内残存墩院院基，平面呈矩形，边长 21、残高 1.3 米，夯层厚 0.2 米	无	保存一般。围墙无存，台体周围有很多电线杆和密集的电线
上吾其烽火台	狮子屯乡上吾其村南 0.15 千米处	1164 米	无	土	黄土夯筑而成，含少量白灰，夯层厚 0.18 ~0.2 米	矩形	梯形	底部东西 12、南北 11 米，顶部东西 6、南北 5 米，残高 8.5 米	台体周围原有围墙，现无存。围墙内残存墩院院基，平面呈矩形，边长 29、残高 1.4 米，夯层厚 0.3 米	无	保存一般。围墙无存
鞍马沟东南烽火台	狮子屯乡鞍马沟村东南 0.35 千米处	1182 米	无	土	黄土夯筑而成，夯层厚 0.15 ~0.2 米	矩形	梯形	底部周长 11.2、残高 7.6 米	无	无	保存一般
鞍马沟西南烽火台	狮子屯乡鞍马沟村西南 2.2 千米处	1365 米	无	土	黄土夯筑而成，含少量砂砾、碎石，夯层厚 0.18 ~0.2 米	矩形	梯形	底部东、南、西、北长 6.4、5.8、6.2、5.6、残高 3.2 米	无	无	保存较差。南壁有两处被抹成水泥面
靳家窑烽火台	古城镇靳家窑村西北 1.9 千米处	1190 米	无	土	黄土夯筑而成，含少量砂砾、碎石，夯层厚 0.14 ~0.2 米	矩形	梯形	底部东西 13、南北 12 米，顶部东西 6.5、南北 5.5 米，残高 3.2 米	台体周围原有围墙，现无存。围墙内残存墩院院基，平面呈矩形，东西 36、南北 38、残高 1.6 米，夯层厚 0.2 米	无	保存较差。围墙无存，墩院院基东壁中部有洞穴

续表 53

名称	地点	高程	与其他遗存的位置关系	材质	建筑方式	平面形制	剖面形制	尺寸	附属设施	修缮情况	保存状况
碾儿沟烽火台	古城镇碾儿屯村南0.63千米处	1200米	无	土	黄土夯筑而成，含少量砂砾，夯层厚0.18~0.2米	矩形	梯形	底部边长10米，顶部东西5、南北5.2米，残高10米	台体南壁下部设拱形门洞，台体内设置通顶的圆孔形踏道，拱形门洞与踏道相通，可登顶。门洞宽1、高1.6米。踏道残存10级阶梯，阶宽0.3、高0.3~0.4米	无	保存较好
西雷庄烽火台	古城镇西雷庄村西北0.377千米处	1093米	无	土	黄土夯筑而成，含少量砂砾，夯层厚0.17~0.21米	矩形	梯形	底部东、南、西、北长7.5、7、9、6.5米，顶部东、南、西、北长4.5、4、4.2、3.8米，残高7.5米	台体周围原有围墙，现无存。围墙内残存墩院院基南侧部分，东西13、南北8、残高1.6米	无	保存一般。顶部有凹坑，直径2、深1.5米。围墙无存
赵石庄烽火台	古城镇赵石庄村西5.1千米处	1482米	无	土	黄土夯筑而成，夯层厚0.16米	矩形	梯形	底部东、南、西、北长8、9、8.5、8米，顶部东、南、西、北长5.8、6.5、6、6米，残高8.8米	台体周围原有围墙，现无存。围墙内残存墩院院基南侧部分，东西25、南北20、残高1.4米，夯层厚0.26~0.3米	无	保存一般。南壁底部有洞穴，宽1、高0.25、进深0.6米。围墙无存
东一柳营烽火台（彩图一八五）	马家皂乡东一柳营村东北0.317千米处	971米	无	土	黄土夯筑而成，夯层厚0.18~0.2米	矩形	梯形	底部东、南、西、北长9.5、10、10.5、10米，顶部东、南、西、北长3.2、3.8、3.4、3米，残高11米	无	无	保存较好
上马涧烽火台	东小村镇上马涧村东0.52千米处	1066米	无	土	黄土夯筑而成，含少量砂砾、碎石、料礓石，夯层厚0.18~0.2米	矩形	梯形	底部东、南、西、北长5、4、5.5、4.5米，顶部东、南、西、北长4、2.5、2.3、3米，残高2.5米	无	无	保存较差。台体被利用修建为窑洞
孙启庄烽火台	东小村镇孙启庄村东北0.485千米处	951米	无	土	黄土夯筑而成，含少量料礓石，夯层厚0.11~0.15米	矩形	梯形	底部东、南、西、北长5.5、5、6、5米，顶部东西3、南北4米，残高4.5米	无	无	保存一般。南壁底部遭取土挖损

续表 53

名称	地点	高程	与其他遗存的位置关系	材质	建筑方式	平面形制	剖面形制	尺寸	附属设施	修缮情况	保存状况
东小村烽火台	东小村镇东小村西南 0.34 千米处	1019 米	无	土	黄土夯筑而成，含少量砂砾，夯层厚 0.18 米	矩形	梯形	底部东、南、西、北长 9、7.5、8、6.8、残高 8.8 米	无	无	保存一般。台体周围紧邻民居
神泉堡北烽火台	东小村镇神泉堡村北 1.3 千米处	984 米	无	土	黄土夯筑而成，含砂砾、碎石、料礓石，夯层厚 0.18 ~0.2 米	矩形	梯形	底部边长 11 米，顶部东、南、西、北长 9、9.2、9.1、9 米，残高 10 米	台体周围原有围墙，现无存。围墙内残存墩院院基，平面呈矩形，边长 25 米，夯层厚 0.22 米。台体南壁下部设拱形门洞，台体内设置通顶的圆孔形踏道，拱形门洞与踏道相通，可登顶。门洞宽 1.3、高 3、进深 4.5 米，踏道孔径 2 米	无	保存较好。南壁拱形门洞东侧有窑洞和窑洞窗，窑洞宽 3、高 1.7、进深 4 米，窑洞窗边长 0.8 米。围墙无存
神泉堡南烽火台	东小村镇神泉堡村东南 0.557 千米处	不详	无	土	黄土夯筑而成，含砂砾、碎石，夯层厚 0.12 ~0.15 米	矩形	梯形	底部东、南、西、北长 10、10、9.5、10 米，顶部东、南、西、北长 5.5、6、4.5、4.5 米，残高 8.8 米	台体周围有围墙，平面呈矩形，边长 22 米，墙体底宽 1.5、顶宽 0.6 ~1、残高 2.5 ~4 米，夯层厚 0.12 ~0.17 米。南墙中部设门	无	保存一般
神泉堡西烽火台	东小村镇神泉堡村西 5.2 千米处	1025 米	无	土	黄土夯筑而成，含砂砾、碎石、料礓石，夯层厚 0.18 ~0.2 米	矩形	梯形	底部东、南、西、北长 12.5、12.5、13.5、13.5 米，顶部东、南、西、北长 9、8.5、9、9 米，残高 9.5 米	台体周围有围墙，残存北墙，底宽 1.5、顶宽 0.2 ~0.5、残高 0.3 ~1.2 米。围墙内残存墩院院基，平面呈矩形，东西 28、南北残长 23、残高 1.1 米，夯层厚 0.22 米。台体南壁下部设拱形门洞，台体内设置通顶的圆孔形踏道，拱形门洞与踏道相通，可登顶。门洞宽 0.7、高 1 米，踏道孔径 1.2、踏道上的脚窝深 0.15 米	无	保存一般。台体被利用修建为上下两层窑洞
大白登烽火台	大白登镇大白登村南 0.54 千米处	1059 米	无	土	黄土夯筑而成，含少量砂砾，夯层厚 0.15 米	矩形	梯形	底部东、南、西、北长 10、9.8、10.2、9.5 米，顶部东、南、西、北长 4、3.8、4.2、4 米，残高 6.8 米	无	无	保存一般。台体北壁遭取土挖损，台体北侧有取土场

续表53

名称	地点	高程	与其他遗存的位置关系	材质	建筑方式	平面形制	剖面形制	尺寸	附属设施	修缮情况	保存状况
大泉山烽火台	大白登镇大泉山村西南1.8千米处	1270米	无	土	黄土夯筑而成，含少量砂砾，夯层厚0.15米	矩形	梯形	底部边长10、顶部边长7、残高7.8米	无	无	保存一般。西壁底部有洞穴，北壁底部有测绘标志石碑
四姓庄大圪墩烽火台	大白登镇四姓庄村西北0.094千米处	1169米	无	土	黄土夯筑而成，含少量砂砾、石屑、料礓石，夯层厚0.27～0.31米	矩形	梯形	底部东、南、西、北长7、8、9.5、8.5米，顶部东、南、西、北长3.5、3、4.5、3米，残高6.5米	无	无	保存一般。台体周围紧邻民居，西壁底部遭取土挖损，东北角有坡道可登顶
四姓庄二圪墩烽火台	大白登镇四姓庄村西0.141千米处	1154米	无	土	黄土夯筑而成，夯层厚0.12～0.15米	矩形	梯形	底部东、南、西、北长7.5、7、6.5、6米，顶部东、南、西、北长4、4.5、5、3.5米，残高6米	无	无	保存一般。南壁底部中央有洞穴，宽0.5、高0.2米
官庄南烽火台	下深井乡管庄村东南1.1千米处	1107米	无	土	黄土夯筑而成，含砂砾、碎石	矩形	梯形	底部东、南、西、北长4、4.5、5、4.5米，顶部东、南、西、北长2.5、1.3、1.5、3米，残高2米	无	无	保存较差
官庄东烽火台	下深井乡管庄村东南1.1千米处	1113米	无	土	黄土夯筑而成，夯层厚0.18～0.22米	矩形	梯形	底部东、南、西、北长3.5、4.5、4.5、5米，顶部东、南、西、北长0.8、1.5、1.5、2米，残高4.5米	无	无	保存一般
上深井烽火台（彩图一八六）	下深井乡上深井村东南2.7千米处	1472米	无	土	黄土夯筑而成，夯层厚0.15～0.18米	矩形	梯形	底部东、南、西、北长5.2、8、5.3、8.4米，顶部东、南、西、北长0.8、5、0.7、4.8米，残高8.5米	无	无	保存一般

续表 53

名称	地点	高程	与其他遗存的位置关系	材质	建筑方式	平面形制	剖面形制	尺寸	附属设施	修缮情况	保存状况
北沙岭烽火台	王官屯乡北沙岭村东北 0.50 千米处	1079 米	无	土	黄土夯筑而成，含砂砾、碎石，夯层厚 0.16～0.2 米	矩形	梯形	底部东、南、西、北长 5、5、5.5、5.5 米，顶部东、南、西、北长 2.5、3、2.5、3.5 米，残高 5 米	无	无	保存一般。台体底部遭取土挖损，西南角有坡道可登顶
钱家堡烽火台	王官屯乡钱家堡村西北 0.28 千米处	1127 米	无	土	黄土夯筑而成，含少量砂砾、碎石，夯层厚 0.18～0.2 米	矩形	梯形	底部东、南、西、北长 5.5、6、6、4.5 米，顶部东、南、西、北长 3.5、4.5、4、2.5 米，残高 6.5 米	台体周围原有围墙，现无存。围墙内残存墩院院基东南侧部分，东西残长 3、南北残长 10、残高 2.5 米，夯层厚 0.22 米	无	保存一般。围墙无存
朱家窑头烽火台	王官屯乡朱家窑头村东南 2 千米处	1178 米	无	土	黄土夯筑而成，含砂砾，夯层厚 0.13～0.16 米	矩形	梯形	底部东、南、西、北长 4、3.5、4.5、3.5 米，顶部东、南、西、北长 2.5、2、3、2 米，残高 4.2 米	无	无	保存一般
隋士营龙王庙地烽火台	王官屯乡隋士营村西北 0.5 千米处	1168 米	无	土	黄土夯筑而成，含砂砾，夯层厚 0.13～0.16 米	矩形	梯形	底部东、南、西、北长 4、3.5、4.5、3.5 米，顶部东、南、西、北长 2.5、2、3、2 米，残高 5.5 米	无	无	保存一般
隋士营烽火台	王官屯乡隋士营村西北 1.7 千米处	1156 米	无	土	黄土夯筑而成，含砂砾、碎石，夯层厚 0.15～0.18 米	矩形	梯形	底部东西 10、南北 12 米，顶部东、南、西、北长 9、7.5、8、7.5 米，残高 9 米	台体周围有围墙，平面呈矩形，边长 24 米，东、南、西、北墙残长 10.2、9.5、11、11.3 米，底宽 2.5、顶宽 0.4～0.8、残高 0.3～1.6 米，夯层厚 0.25～0.28 米。南墙中部设门，现为豁口。围墙内残存墩院院基，平面呈矩形	无	保存一般。南壁底部中央有洞穴，宽 2.2、高 1.7、进深 3 米

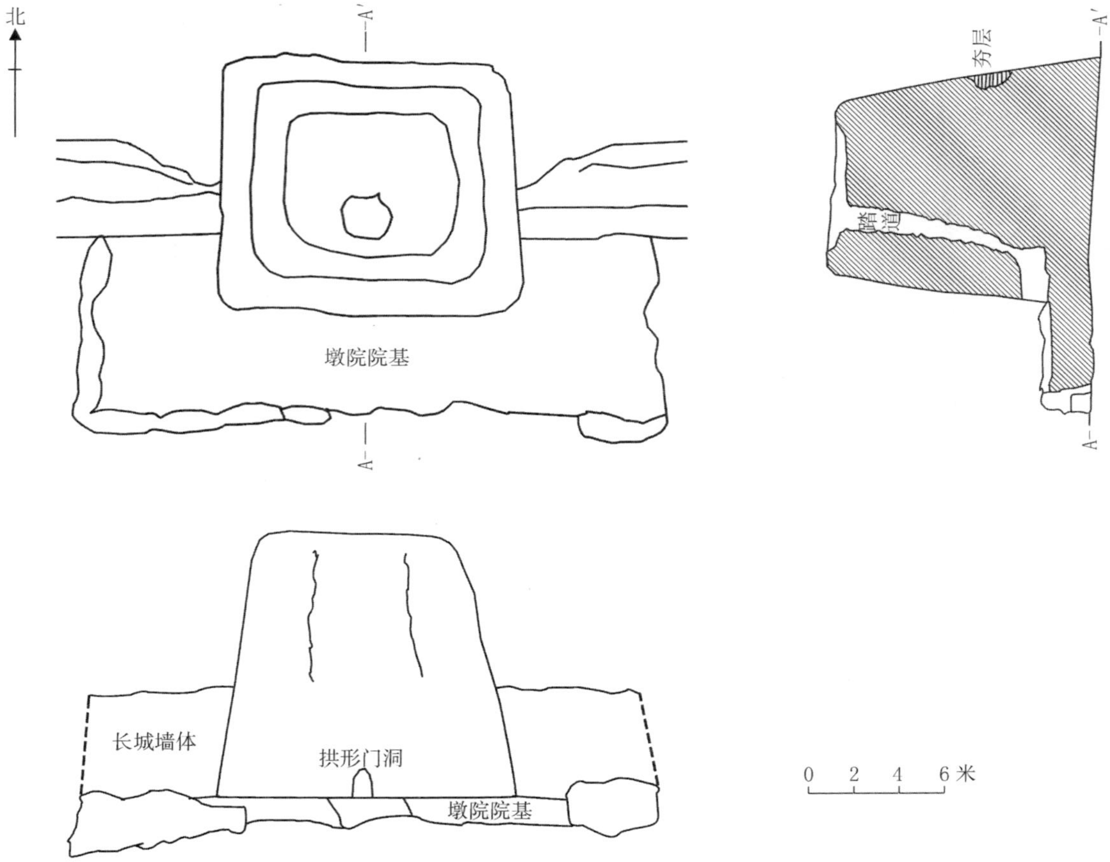

图一〇六　守口堡1号敌台平、立、剖面图

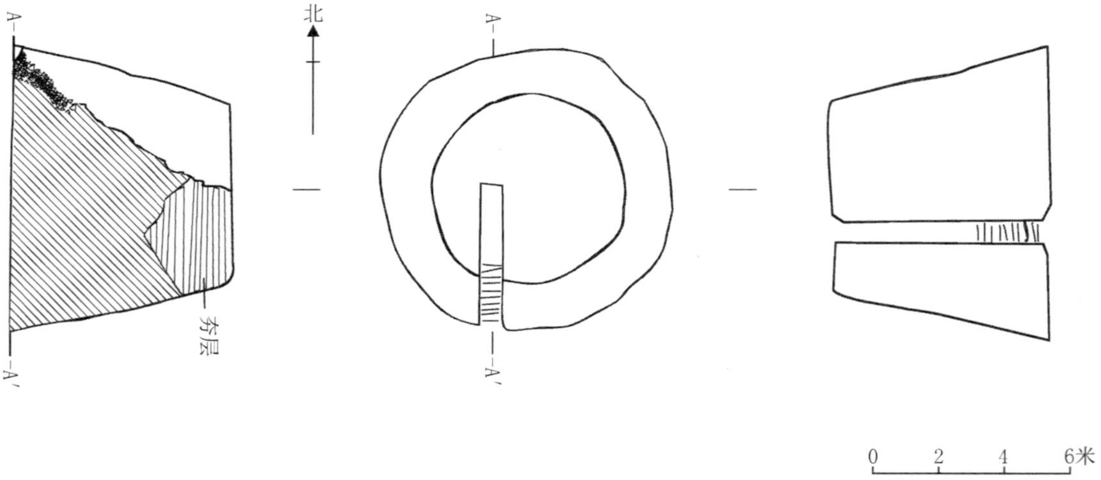

图一〇七　守口堡4号敌台平、立、剖面图

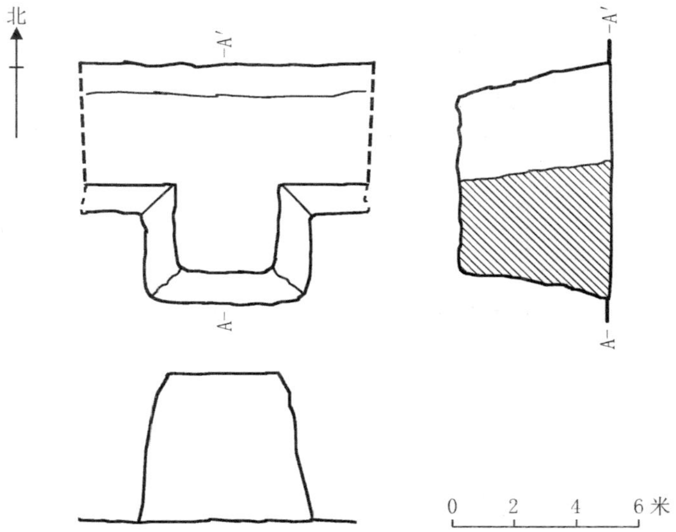

图一〇八　五墩1号马面平、立、剖面图

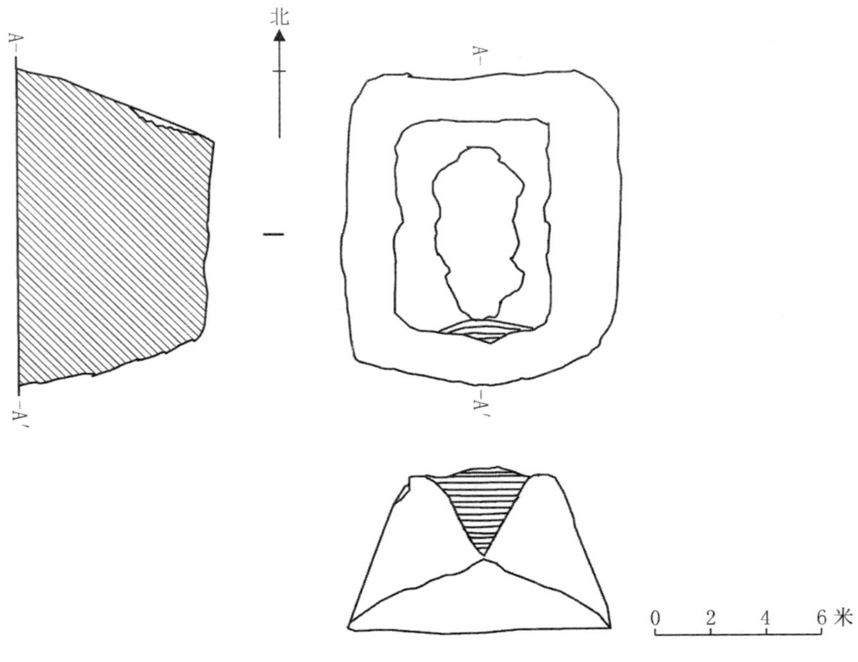

图一〇九　十九墩3号烽火台平、立、剖面图

第三章　新荣区长城

大同市新荣区位于大同市北端，东与阳高县、南与大同市南郊区、西与左云县相邻，北与内蒙古自治区丰镇市和凉城县交界。山西省明代长城资源调查三队于2007年10月27日~2008年7月25日，对该区明长城资源进行了调查。

一　长城资源调查数据

新荣区共调查长城墙体65段，长109662米；关堡13座，其中关2座、堡11座；单体建筑共424座，其中敌台206座、马面33座、烽火台185座；相关遗存有2处，分别为马市1座、砖瓦窑1座；采集文物标本8件（地图四）。

（一）长城墙体

新荣区明长城东北接明长城阳高段，起点为花园屯乡元墩村东北，向西经过花园屯乡三墩村、镇川口村、西寺村，至堡子湾乡宏赐堡村，从采凉山与云门山之间平衍的矮山丘陵地带，经方山北麓延伸至饮马河东岸，位于山西省与内蒙古自治区交界处。

由堡子湾乡宏赐堡村开始，向西分出北、南两支，俗称“大边”与“二边”。北侧的“大边”向西北沿饮马河东岸平缓的丘陵平川地带，前行至八棱碑山南麓丘陵平川地带，经堡子湾乡河东窑村至镇羌堡村。从镇羌堡村长城走向发生变化，由东南—西北走向变为东北—西南走向。“大边”向西南经堡子湾乡得胜堡村、二十一墙村、拒墙堡村，郭家窑乡拒门口村、拒门堡村、穆家坪村、刘家窑村，至十三边村，大致沿黄土高原矮山丘陵地带向西南而行，继而沿弥陀山北坡向西南延伸，经弥陀山与马头山之间的矮山丘陵地带，延伸至马头山下。从十三边村向西分成两支，“大边”主线拐向南行，沿马头山东麓，途经郭家窑乡助马堡村、二十五村、砖楼沟村至左云县境；另一支（马头山长城）向西南方向延伸至内蒙古自治区凉城县境内。“大边”位于山西省与内蒙古自治区交界线上。

“二边”从饮马河西岸向西南，沿淤泥河北岸延伸至其上游，途经黄土高原丘陵平川地带，从堡子湾乡宏赐堡村，经新荣镇里教场沟村、外教场沟村、下甘沟村、光明村、畔沟村、鲁家沟村、安乐庄村，破鲁堡乡六墩村、八墩村、黄土口村、吴施窑村至左云县境内（表66）。

表 66　新荣区长城墙体一览表（单位：米）

长城墙体段落名称	总长	保存较好	保存一般	保存较差	保存差	消失	类型	县属
元墩长城	2144	659	399	600	0	486	土墙	新荣区/丰镇市
三墩长城 1 段	1729	0	1659	0	0	70	土墙	新荣区/丰镇市
三墩长城 2 段	1941	450	1391	100	0	0	土墙	新荣区/丰镇市
镇川口长城 1 段	1790	0	1368	0	0	422	土墙	新荣区/丰镇市
镇川口长城 2 段	1510	1217	0	0	0	293	土墙	新荣区/丰镇市
西寺长城 1 段	1995	640	507	0	728	120	土墙	新荣区/丰镇市
西寺长城 2 段	1874	331	1077	466	0	0	土墙	新荣区/丰镇市
西寺长城 3 段	642	0	642	0	0	0	土墙	新荣区/丰镇市
西寺长城 4 段	1281	0	202	1079	0	0	石墙	新荣区/丰镇市
宏赐堡长城	1598	0	363	398	383	454	土墙	新荣区/丰镇市
宏赐堡大边长城 1 段	1928	104	1191	382	0	251	土墙	新荣区/丰镇市
宏赐堡大边长城 2 段	1699	0	665	164	0	870	土墙	新荣区/丰镇市
河东窑大边长城 1 段	1696	0	1024	600	0	72	土墙	新荣区/丰镇市
河东窑大边长城 2 段	1893	0	1063	780	0	50	土墙	新荣区/丰镇市
河东窑大边长城 3 段	1459	0	0	825	599	35	土墙	新荣区/丰镇市
河东窑大边长城 4 段	1454	0	1010	310	0	134	土墙	新荣区/丰镇市
镇羌堡大边长城 1 段	814	0	598	216	0	0	土墙	新荣区/丰镇市
镇羌堡大边长城 2 段	1674	0	0	274	0	1400	土墙	新荣区/丰镇市
镇羌堡大边长城 3 段	1654	775	181	0	69	629	土墙	新荣区/丰镇市
得胜堡大边长城	1865	325	746	736	0	58	土墙	新荣区/丰镇市
二十一墙大边长城 1 段	1701	0	782	753	0	166	土墙	新荣区/丰镇市
二十一墙大边长城 2 段	1838	591	1247	0	0	0	土墙	新荣区/丰镇市
二十一墙大边长城 3 段	1629	0	1561	0	0	68	土墙	新荣区/丰镇市
二十一墙大边长城 4 段	1881	0	1881	0	0	0	土墙	新荣区/丰镇市
拒墙堡大边长城 1 段	1785	0	768	682	201	134	土墙	新荣区/丰镇市
拒墙堡大边长城 2 段	1592	0	330	960	0	302	土墙	新荣区/丰镇市
拒墙堡大边长城 3 段	2044	0	1319	0	0	725	土墙	新荣区/丰镇市
拒墙堡大边长城 4 段	1446	0	1408	0	0	38	土墙	新荣区/丰镇市
拒门口大边长城 1 段	1735	0	1549	0	0	186	土墙	新荣区/丰镇市
拒门口大边长城 2 段	1942	559	1189	0	0	194	土墙	新荣区/丰镇市
拒门口大边长城 3 段	1155	0	1036	0	0	119	土墙	新荣区/丰镇市
拒门堡大边长城 1 段	2050	0	775	1275	0	0	土墙	新荣区/丰镇市
拒门堡大边长城 2 段	1530	0	1474	0	0	56	土墙	新荣区/丰镇市
穆家坪大边长城	2569	0	1346	660	0	563	土墙	新荣区/凉城县
刘家窑大边长城 1 段	1764	0	1694	0	0	70	土墙	新荣区/凉城县
刘家窑大边长城 2 段	1327	0	1300	0	0	27	土墙	新荣区/凉城县
十三边大边长城 1 段	1371	0	1371	0	0	0	土墙	新荣区/凉城县
十三边大边长城 2 段	1523	466	868	0	0	189	土墙	新荣区/凉城县
助马堡大边长城 1 段	1707	0	1599	0	0	108	土墙	新荣区/凉城县

续表 66

长城墙体段落名称	总长	保存较好	保存一般	保存较差	保存差	消失	类型	县属
助马堡大边长城2段	1732	0	795	755	0	182	土墙	新荣区/凉城县
二十五大边长城	884	0	602	0	0	282	土墙	新荣区/凉城县
砖楼沟大边长城	1837	562	624	463	0	188	土墙	新荣区/凉城县
宏赐堡二边长城1段	2471	0	0	71	0	2400	土墙	新荣区
宏赐堡二边长城2段	1919	0	0	1264	287	368	土墙	新荣区
宏赐堡二边长城3段	1453	0	784	655	0	14	土墙	新荣区
里教场沟二边长城1段	1701	0	665	496	353	187	土墙	新荣区
里教场沟二边长城2段	1243	0	0	474	736	33	土墙	新荣区
外教场沟二边长城	1958	0	0	719	933	306	土墙	新荣区
下甘沟二边长城1段	1832	0	812	796	0	224	土墙	新荣区
下甘沟二边长城2段	1491	0	980	155	122	234	土墙	新荣区
光明二边长城1段	2018	0	1210	518	0	290	土墙	新荣区
光明二边长城2段	1892	0	568	656	0	668	土墙	新荣区
畔沟二边长城1段	1588	0	912	417	0	259	土墙	新荣区
畔沟二边长城2段	1193	0	553	0	0	640	土墙	新荣区
鲁家沟二边长城	1468	0	847	256	0	365	土墙	新荣区
安乐庄二边长城1段	1085	0	0	922	107	56	土墙	新荣区
安乐庄二边长城2段	2100	0	0	0	0	2100	消失墙体	新荣区
安乐庄二边长城3段	1664	0	0	447	254	963	土墙	新荣区
六墩二边长城	1604	0	0	204	0	1400	土墙	新荣区
八墩二边长城1段	1200	0	0	0	0	1200	消失墙体	新荣区
八墩二边长城2段	1841	0	626	662	222	331	土墙	新荣区
黄土口二边长城	2300	0	0	0	0	2300	消失墙体	新荣区
吴施窑二边长城1段	2300	0	0	0	0	2300	消失墙体	新荣区
吴施窑二边长城2段	2400	0	0	0	0	2400	消失墙体	新荣区
吴施窑二边长城3段	1259	0	1259	0	0	0	土墙	新荣区
合计	109662	6679	48820	21190	4994	27979		
百分比（%）	100	6.1	44.5	19.3	4.6	25.5		

1. 元墩长城

起点位于花园屯乡元墩村东北1.4千米处，高程1334米；止点位于元墩村西北1.4千米处，高程1303米。大致呈东北—西南走向，全长2144米，其中保存较好659、一般399、较差600、消失486米。墙体为土墙，黄土夯筑而成，含少量砂砾，夯层厚0.25～0.3米。墙体剖面大致呈不规则梯形，底宽5～8、顶宽1～4、残高3～7.1米。该段长城东北接阳高县镇边堡长城3段，西南连新荣区三墩长城1段。元墩1～3号敌台、三墩1号敌台、元墩1～5号马面位于墙体上。元墩长城墙体北侧（即内蒙古自治区一侧）有毛家营1～6号烽火台，南距墙体0.03～0.08千米。墙体南侧（即山西省一侧）有元墩1、2号烽火台，北距墙体0.018～0.049千米（图一一〇）。

本段墙体共测GPS点15个（G0001、G0004、G0005、G0007～G0009、G0011、G0012、G0014、

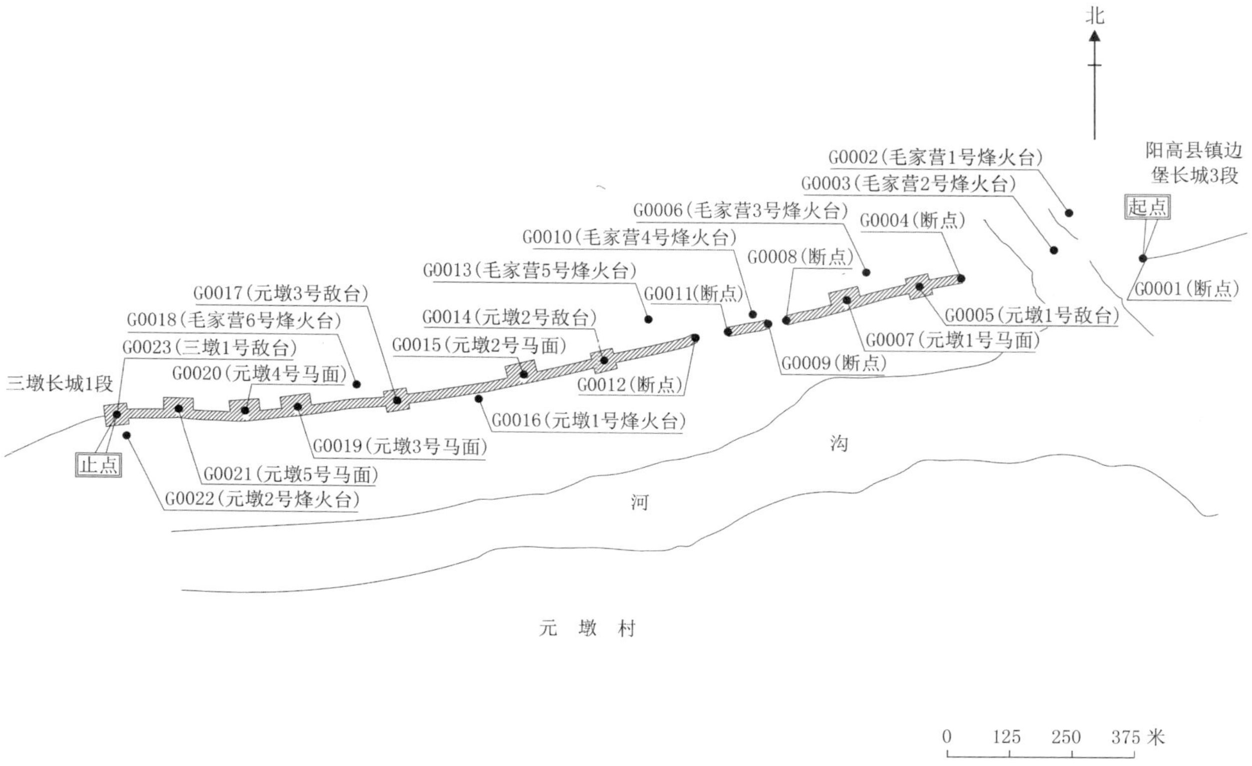

图一一〇　元墩长城走向示意图

G0015、G0017、G0019～G0021、G0023），可分为7小段，分述如下。

第1小段：G0001（起点、断点）—G0004（断点），长394米，东北—西南走向。墙体位于季节性洪水沟中，消失。河沟中河沙含铁矿，被采矿者深翻乱挖，河沙堆积堵塞河道。

第2小段：G0004（断点）—G0008（断点），长300米，东北—西南走向，保存一般。墙体底宽8、顶宽2～3、北壁残高3、南壁残高4.5米。元墩1号敌台、元墩1号马面位于墙体上。

第3小段：G0008（断点）—G0009（断点），长32米，东北—西南走向。墙体被扩田造地取土挖毁消失。

第4小段：G0009（断点）—G0011（断点），长99米，东北—西南走向，保存一般。墙体底宽8、顶宽2～3、北壁残高3、南壁残高4.5米。南壁外层有修缮痕迹，修缮层厚0.7～1.2米。

第5小段：G0011（断点）—G0012（断点），长60米，东北—西南走向。墙体被扩田造地取土挖毁消失。

第6小段：G0012（断点）—G0017（元墩3号敌台），长659米，东北—西南走向，保存较好。墙体底宽8、顶宽1～4、残高6.5～7.1米。元墩2号敌台、元墩2号马面位于墙体上。

第7小段：G0017（元墩3号敌台）—G0023（止点、三墩1号敌台），长600米，东—西走向，保存较差。墙体底宽5～6、顶宽0.8～2、残高3～4.2米。元墩3～5号马面位于墙体上（彩图二〇二）。

墙体整体保存较差，坍塌损毁严重，部分段墙体消失。除洪水冲毁致墙体消失外，风雨侵蚀、植物生长等也造成墙体坍塌脱落，表面凹凸不平，有裂缝、沟槽、孔洞等；人为损毁因素主要有扩田造地取土挖毁墙体等。

元墩长城位于山西省与内蒙古自治区交界处。墙体构筑于采凉山与云门山之间平衍的矮山丘陵地带。所在区域土壤为淡栗钙土。长城南侧植被较好，有杨树及草地。

元墩村人口约130人。居民以农业和家畜饲养业为主，农作物主要有马铃薯、莜麦、谷黍、豆类、胡麻等。长城附近地表或河道蕴藏铁矿砂，由于无序开采，危及长城安全。长城墙体北侧（内蒙古自治区一侧）有神丰（阳高县神泉堡村—内蒙古自治区丰镇市）公路。

2. 三墩长城1段

起点位于花园屯乡三墩村东北1.3千米处，高程1303米；止点位于三墩村西北0.26千米处，高程1278米。大致呈东北—西南走向。全长1729米，其中保存一般1659、消失70米。墙体为土墙，黄土夯筑而成，含少量砂砾，夯层厚0.18～0.25米。现存墙体剖面大致呈不规则梯形，底宽5～7、顶宽1～4、残高3～5米。该段长城东北接元墩长城，西南连三墩长城2段。三墩1～6号敌台和三墩1、2号马面位于墙体上。墙体北侧（内蒙古自治区一侧）有毛家营7～10号烽火台，南距墙体0.036～0.065千米（图一一一）。

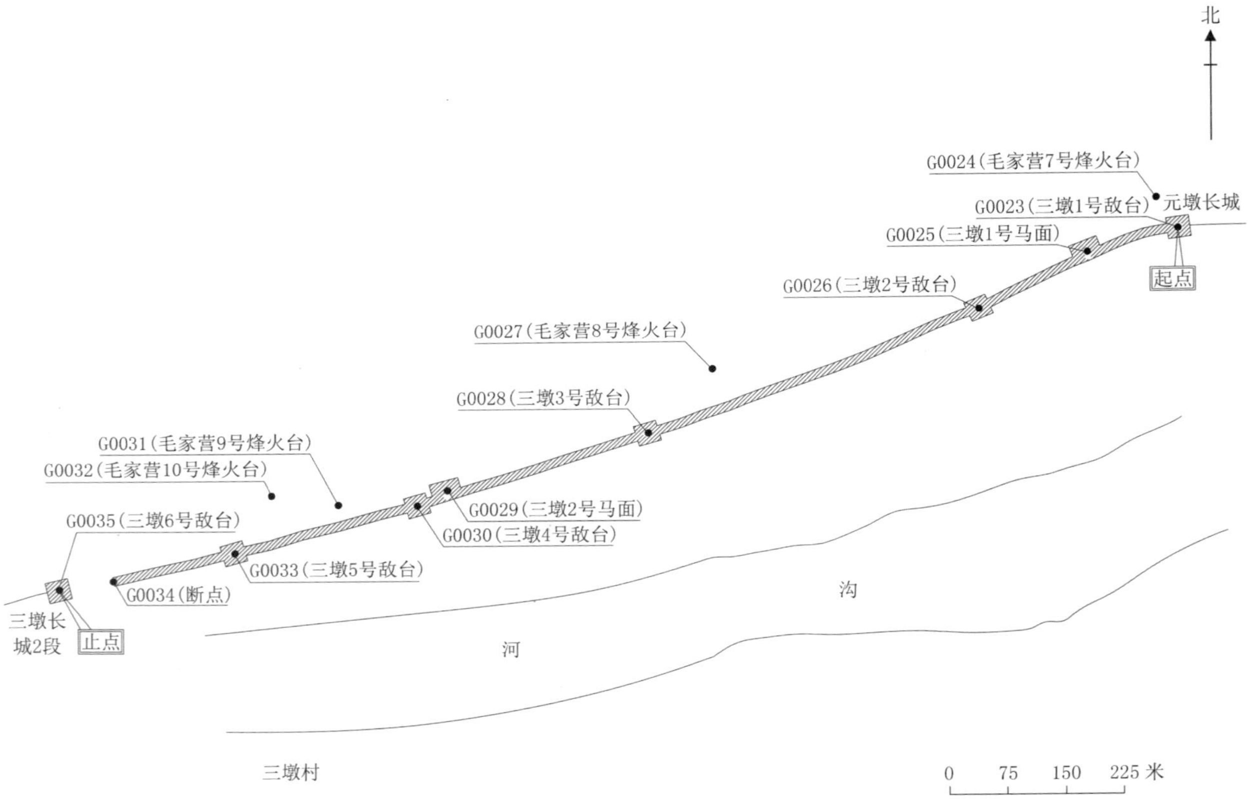

图一一一 三墩长城1段走向示意图

本段墙体共测GPS点9个（G0023、G0025、G0026、G0028～G0030、G0033～G0035），可分为3小段，分述如下。

第1小段：G0023（起点、三墩1号敌台）—G0028（三墩3号敌台），长740米，东北—西南走向，保存一般。墙体南壁下部多处被掏挖成洞穴。墙体底宽4～5、顶宽1～3、北壁残高3、南壁残高4.5米。三墩1号马面、三墩2号敌台位于墙体上。

第 2 小段：G0028（三墩 3 号敌台）—G0034（断点），长 919 米，东北—西南走向，保存一般。墙体南壁下部多处被掏挖成洞穴，呈拱形。墙体底宽 4 ~5、顶宽 1 ~3、北壁残高 3、南壁残高 4. 5 米。三墩 2 号马面和三墩 4、5 号敌台位于墙体上（彩图二〇三）。

第 3 小段：G0034（断点）—G0035（止点、三墩 6 号敌台），长 70 米，东北—西南走向。墙体被扩田造地取土挖毁消失，仅三墩 6 号敌台东侧残存 2 米。

墙体整体保存一般，坍塌损毁严重，部分段墙体消失。由于风雨侵蚀、植物生长造成墙体坍塌脱落，表面凹凸不平，有裂缝、沟槽、孔洞等；人为损毁因素主要有扩田造地取土挖毁墙体、紧贴墙体开荒种地、挖掘墙体开通便道、随意踩踏、掏挖洞穴等。

3. 三墩长城 2 段

起点位于花园屯乡三墩村西北 0. 26 千米处，高程 1278 米；止点位于三墩村西 2. 1 千米处，高程 1245 米。大致呈东北—西南走向。全长 1941 米，其中保存较好 450、一般 1391、较差 100 米。墙体为土墙，黄土夯筑而成，含少量砂砾，夯层厚 0. 18 ~0. 25 米。墙体剖面为不规则梯形，底宽 5 ~7、顶宽 1 ~4、残高 1 ~6. 5 米。该段长城东北接三墩长城 1 段，西南连镇川口长城 1 段。三墩 6 ~9 号敌台、三墩 3 ~5 号马面位于墙体上。墙体北侧（内蒙古自治区一侧）有毛家营 11 ~16 号烽火台，南距墙体 0. 024 ~0. 09 千米。墙体南侧（山西省一侧）有三墩烽火台，北距墙体 0. 036 千米（图一一二）。

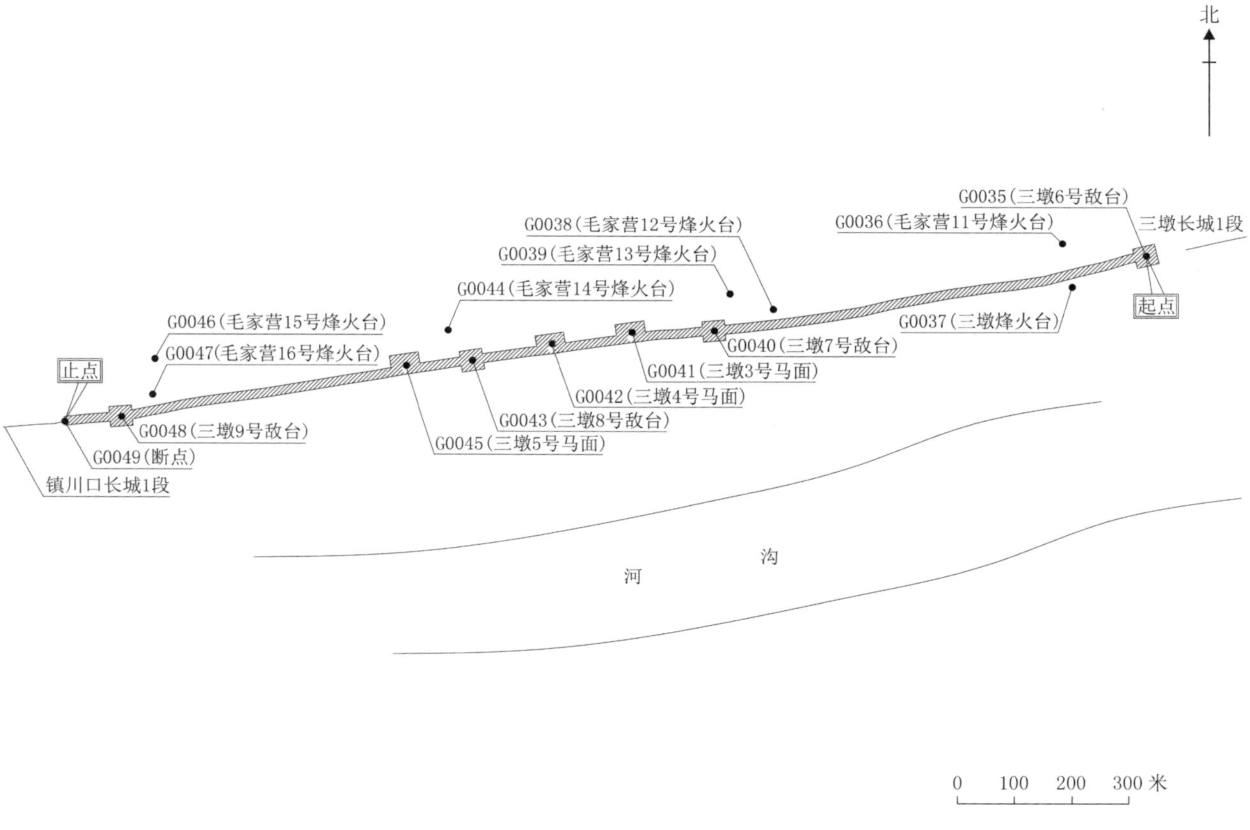

图一一二　三墩长城 2 段走向示意图

本段墙体共测 GPS 点 8 个（G0035、G0040 ~ G0043、G0045、G0048、G0049），可分为 4 小段，分述如下。

第 1 小段：G0035（起点、三墩 6 号敌台）—G0040（三墩 7 号敌台），长 766 米，东北—西南走向，保存一般。墙体底宽 4 ~6、顶宽 2 ~3 米，北壁残高 4、南壁残高 6 米（测绘图一三、一四；彩图二〇四）。

第 2 小段：G0040（三墩 7 号敌台）—G0043（三墩 8 号敌台），长 450 米，东北—西南走向，保存较好。墙体底宽 6 ~7、顶宽 2 ~4 米，北壁残高 4、南壁残高 6.5 米。三墩 3、4 号马面位于墙体上。

第 3 小段：G0043（三墩 8 号敌台）—G0048（三墩 9 号敌台），长 625 米，东北—西南走向，保存一般。墙体底宽 4 ~6、顶宽 2 ~3 米，北壁残高 4、南壁残高 6 米。三墩 5 号马面位于墙体上。

第 4 小段：G0048（三墩 9 号敌台）—G0049（止点、断点），长 100 米，东北—西南走向，保存较差。墙体底宽 4 ~6、顶宽 1.5 ~3、北壁残高 1、南壁残高 3.5 米。

墙体整体保存一般，坍塌损毁严重。由于风雨侵蚀、植物生长等造成墙体坍塌脱落，表面凹凸不平，有裂缝、沟槽、孔洞等；人为损毁因素主要有紧贴墙体开荒种地、随意踩踏、掏挖洞穴等。

三墩长城 1、2 段位于山西省与内蒙古自治区交界处。墙体构筑在采凉山、云门山及方山之间平衍的矮山丘陵地带，地势逐渐走低。所在区域土壤为淡栗钙土。长城两侧为耕地。

三墩村人口约 600 人。居民以农业和家畜饲养业为主，农作物主要有马铃薯、莜麦、谷黍、豆类、胡麻等。长城附近地表或河道蕴藏铁矿砂，由于无序开采，危及长城安全。长城墙体北侧（内蒙古自治区一侧）有神丰（阳高县神泉堡村—内蒙古自治区丰镇市）公路，三墩村南侧有村村通公路。

4. 镇川口长城 1 段

起点位于花园屯乡镇川口村东 0.85 千米处，高程 1245 米；止点位于镇川口村西 0.93 千米处，高程 1258 米。大致呈东—西走向。全长 1790 米，其中保存一般 1368、消失 422 米。墙体为土墙，黄土夯筑而成，含少量砂砾，夯层厚 0.18 ~0.28 米。现存墙体剖面大致呈不规则梯形，底宽 5 ~7、顶宽 1 ~4、残高 2.5 ~5 米。该段长城东接三墩长城 2 段，西连镇川口长城 2 段。镇川口 1 ~4 号敌台位于墙体上。墙体北侧（内蒙古自治区一侧）有十五坡 1 ~4 号烽火台，南距墙体 0.03 ~0.12 千米（图一一三）。

本段墙体共测 GPS 点 7 个（G0049、G0051、G0052、G0054、G0056、G0057、G0059），可分为 4 小段，分述如下。

第 1 小段：G0049（起点、断点）—G0051（断点），长 422 米，东—西走向。墙体位于御河支流镇川河上游的大河槽中，已消失。河沟中河沙含铁矿，被采矿者深翻乱挖，河沙堆积堵塞河道。

第 2 小段：G0051（断点）—G0054（镇川口 2 号敌台），长 535 米，东—西走向，保存一般。墙体北侧为耕地，南侧为镇川口村，地势逐渐走高。墙体底宽 4 ~6、顶宽 1.5 ~3、残高 3 ~5 米。镇川口 1 号敌台位于墙体上。

第 3 小段：G0054（镇川口 2 号敌台）—G0056（镇川口 3 号敌台），长 343 米，东—西走向，保存一般。墙体底宽 5 ~6、顶宽 1.5 ~2.4、残高 3 ~4 米。

第 4 小段：G0056（镇川口 3 号敌台）—G0059（止点、断点），长 490 米，东—西走向，保存一般。墙体底宽 4 ~6、顶宽 2 ~3、残高 2.5 ~3.2 米。镇川口 4 号敌台位于墙体上（彩图二〇五）。

墙体整体保存较差，坍塌损毁严重，部分段墙体消失。除洪水冲毁致墙体消失外，风雨侵蚀、植

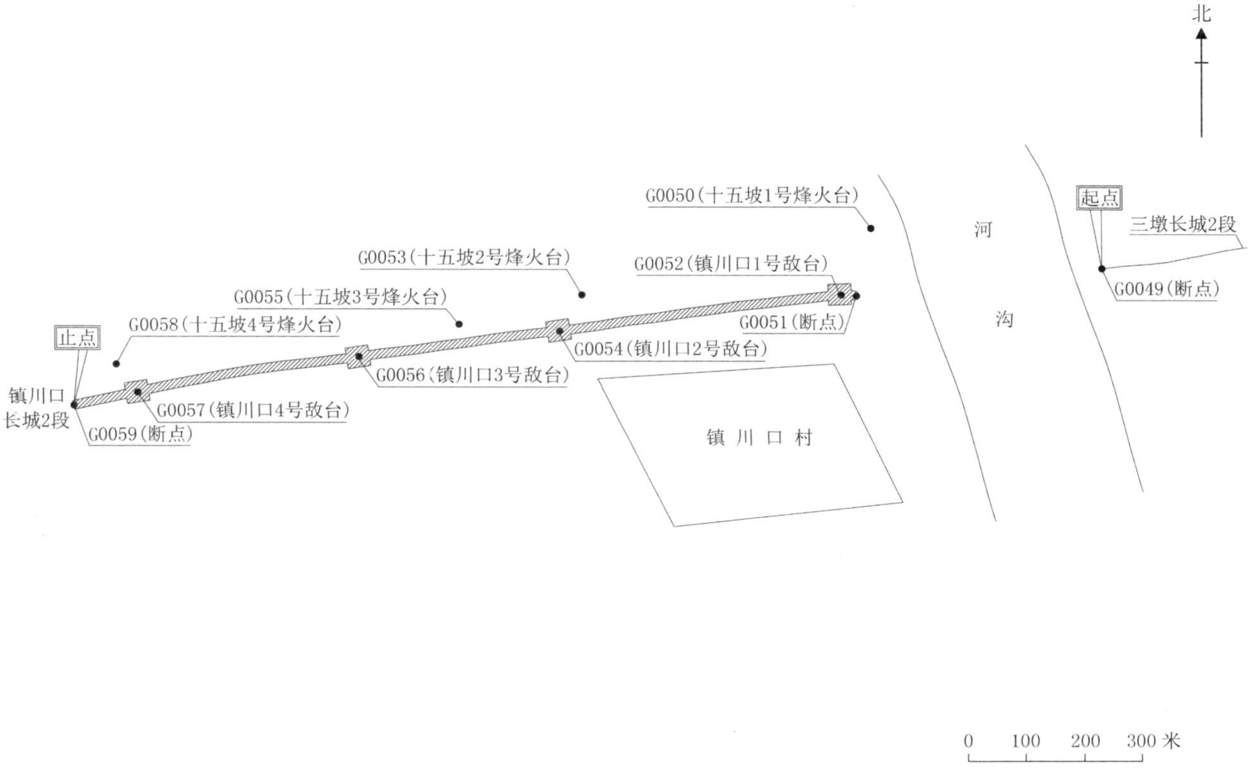

图一一三　镇川口长城1段走向示意图

物生长也造成墙体坍塌脱落，表面凹凸不平，有裂缝、沟槽、孔洞等，部分段墙体两侧坍塌呈坡状，整体呈土梁状；人为损毁因素主要有紧贴墙体开荒种地、随意踩踏、掏挖洞穴、利用墙体建房等。

5. 镇川口长城2段

起点位于花园屯乡镇川口村西0.93千米处，高程1258米；止点位于镇川口村西2.4千米处，高程1273米。大致呈东北—西南走向。全长1510米，其中保存较好1217、消失293米。墙体为土墙，黄土夯筑而成，含少量砂砾，夯层厚0.16~0.24米。现存墙体剖面大致呈不规则梯形，墙体底宽5~7、顶宽2~4、残高5~7.7米。该段长城东北接镇川口长城1段，西南连西寺长城1段。镇川口5~8号敌台和镇川口1、2号马面位于墙体上。墙体北侧（内蒙古自治区一侧）有十五坡5~9号烽火台，南距墙体0.02~0.054千米。墙体南侧（山西省一侧）有镇川口烽火台，北距墙体0.036千米（图一一四）。

本段墙体共测GPS点10个（G0059、G0061、G0062、G0065~G0068、G0070、G0072、G0074），可分为6小段。分述如下。

第1小段：G0059（起点、断点）—G0061（镇川口5号敌台），长238米，东北—西南走向。墙体位于御河支流镇川河上游的大河槽中，消失。河沟中河沙含铁矿，被采矿者深翻乱挖，河沙堆积堵塞河道。

第2小段：G0061（镇川口5号敌台）—G0065（镇川口6号敌台），长317米，东—西走向，保存较好。墙体底宽5~6.5、顶宽1.8~3、残高5~6.8米。镇川口1号马面位于墙体上。

第3小段：G0065（镇川口6号敌台）—G0068（断点），长362米，东北—西南走向，保存较好。

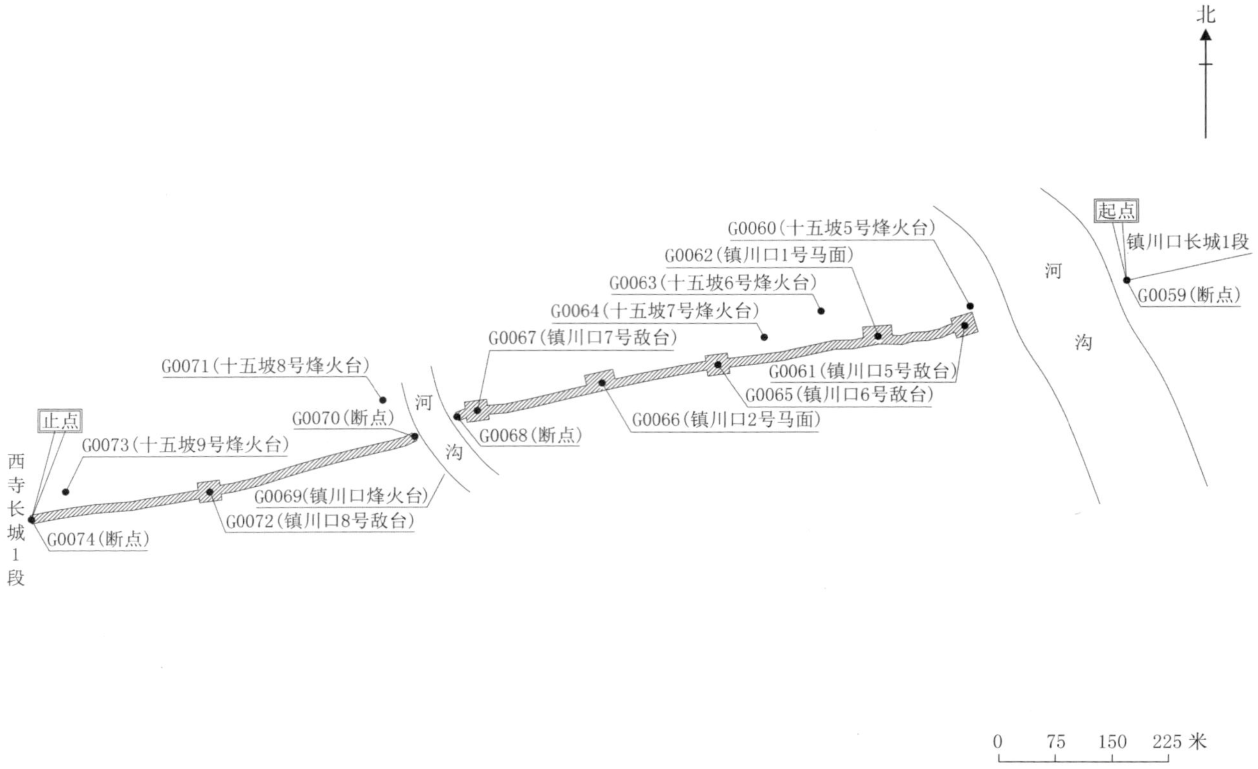

图一一四　镇川口长城2段走向示意图

墙体底宽6～7、顶宽2～4、残高5～7米。镇川口2号马面、镇川口7号敌台位于墙体上。

第4小段：G0068（断点）—G0070（断点），长55米，东北—西南走向。墙体位于南北向季节性洪水沟中，已消失。

第5小段：G0070（断点）—G0072（镇川口8号敌台），长286米，东—西走向，保存较好。墙体底宽6～7、顶宽1.8～4、残高6～7米（测绘图一五、一六；彩图二〇六）。

第6小段：G0072（镇川口8号敌台）—G0074（止点、断点），长252米，东—西走向，保存较好。墙体底宽6～7、顶宽1.8～4、残高6～7米。

墙体整体保存一般，坍塌损毁严重，部分段墙体消失。除洪水冲毁致墙体消失外，风雨侵蚀、植物生长也造成墙体坍塌脱落，表面凹凸不平，有裂缝、沟槽、孔洞等，部分段墙体两侧坍塌成坡状，整体呈土梁状；人为损毁因素主要有农业生产活动破坏、随意踩踏、取土挖损等。

镇川口长城1、2段位于山西省与内蒙古自治区交界处。墙体构筑在采凉山、云门山及方山之间平衍的矮山丘陵地带，地势逐渐走高。所在区域土壤为淡栗钙土。长城两侧为耕地、杨树及苗圃等。

镇川口村人口约160人。居民以农业和家畜饲养业为主，农作物主要有马铃薯、莜麦、谷黍、豆类、胡麻等。长城附近地表或河道蕴藏铁矿砂，由于无序开采，危及长城安全。镇川口村南侧有村村通公路。

6. 西寺长城1段

起点位于花园屯乡西寺村东北2.4千米处，高程1273米；止点位于西寺村北2.1千米处，高程1455米。大致呈东—西走向。全长1995米，其中保存较好640、一般507、较差728、消失120米。墙体为土墙，黄土夯筑而成，含少量砂砾，夯层厚0.16～0.24米。现存墙体剖面大致呈不规则梯形，墙体底宽5～8、顶宽2～5、残高5～7.7米。该段长城东接镇川口长城2段，西南连西寺长城2段。西寺1～9号敌台、西寺1号马面位于墙体上。墙体北侧（内蒙古自治区一侧）有十五坡10、11号烽火台，南距墙体0.1～0.12千米。墙体南侧（山西省一侧）有西寺1、2号烽火台，北距墙体0.024～0.04千米（图一一五）。

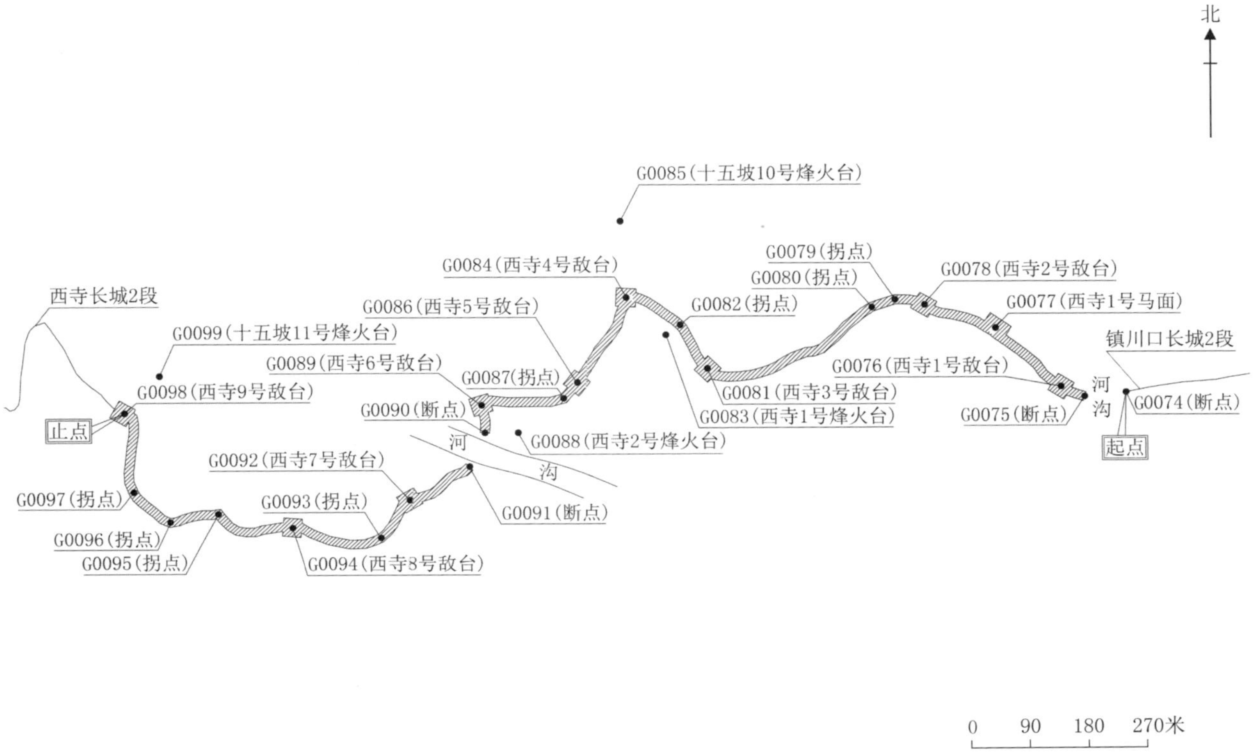

图一一五　西寺长城1段走向示意图

本段墙体共测GPS点10个（G0074～G0082、G0084、G0086、G0087、G0089～G0098），可分为8小段，分述如下。

第1小段：G0074（起点、断点）—G0075（断点），长59米，东—西走向。墙体被南北向季节性洪水沟冲毁，已消失。河沟中河沙含铁矿，被采矿者深翻乱挖，河沙堆积堵塞河道。

第2小段：G0075（断点）—G0078（西寺2号敌台），长299米，东南—西北走向，保存较好。墙体底宽8、顶宽2～5、残高7.5米。西寺1号敌台、西寺1号马面位于墙体上（彩图二〇七）。

第3小段：G0078（西寺2号敌台）—G0081（西寺3号敌台、拐点），长341米，东北—西南走向，保存较好。墙体底宽8、顶宽2～5、残高7.5米。

第4小段：G0081（西寺3号敌台、拐点）—G0084（西寺4号敌台、拐点），长161米，东南—西北走向，保存一般。墙体底宽6、顶宽1～2、残高4米。

第5小段：G0084（西寺4号敌台、拐点）—G0090（断点），长346米，东北—西南走向，保存一般。墙体西壁陡立，东壁坍塌成坡状。墙体底宽4.5、顶宽1.5～3、残高2.2米。西寺5、6号敌台位于墙体上。

第6小段：G0090（断点）—G0091（断点），长61米，北—南走向。墙体被东西向季节性洪水沟冲毁，已消失。

第7小段：G0091（断点）—G0094（西寺8号敌台），长353米，东北—西南走向，保存一般。墙体两壁坍塌成坡状，整体呈土埂状。墙体底宽4.5、顶宽0.8～1.5、残高0.3～1.1米。西寺7号敌台位于墙体上。

第8小段：G0094（西寺8号敌台）—G0098（止点、西寺9号敌台），长375米，东—西走向，保存一般。墙体两壁坍塌成坡，整体呈土埂状。墙体底宽4.5、顶宽0.8～1.5、残高0.3～1.1米。

墙体整体保存较差，坍塌损毁严重，部分段墙体消失。除洪水冲毁致墙体消失外，风雨侵蚀、植物生长等也造成墙体坍塌脱落，表面凹凸不平，有裂缝、沟槽、孔洞等，部分段墙体两侧坍塌成坡状，整体呈土梁状；人为因素主要有农业生产活动破坏、随意踩踏、取土挖损等。

7. 西寺长城2段

起点位于花园屯乡西寺村东北2.1千米处，高程1455米；止点位于西寺村西北2.8千米处，高程1390米。大致呈东南—西北走向。全长1874米，其中保存较好331、一般1077、较差466米。墙体为土墙，黄土夯筑而成，含碎石，夯层厚0.16～0.24米。现存墙体剖面大致呈不规则梯形，墙体底宽4～7、顶宽0.4～3.8、残高1～6米。该段长城东南接西寺长城1段，西北连西寺长城3段。西寺9～16号敌台、西寺2号马面位于墙体上。墙体北侧（内蒙古自治区一侧）有十五坡12、13号烽火台，南距墙体0.035～0.04千米。墙体南侧（山西省一侧）有西寺3、4号烽火台，北距墙体0.036千米（图一一六）。

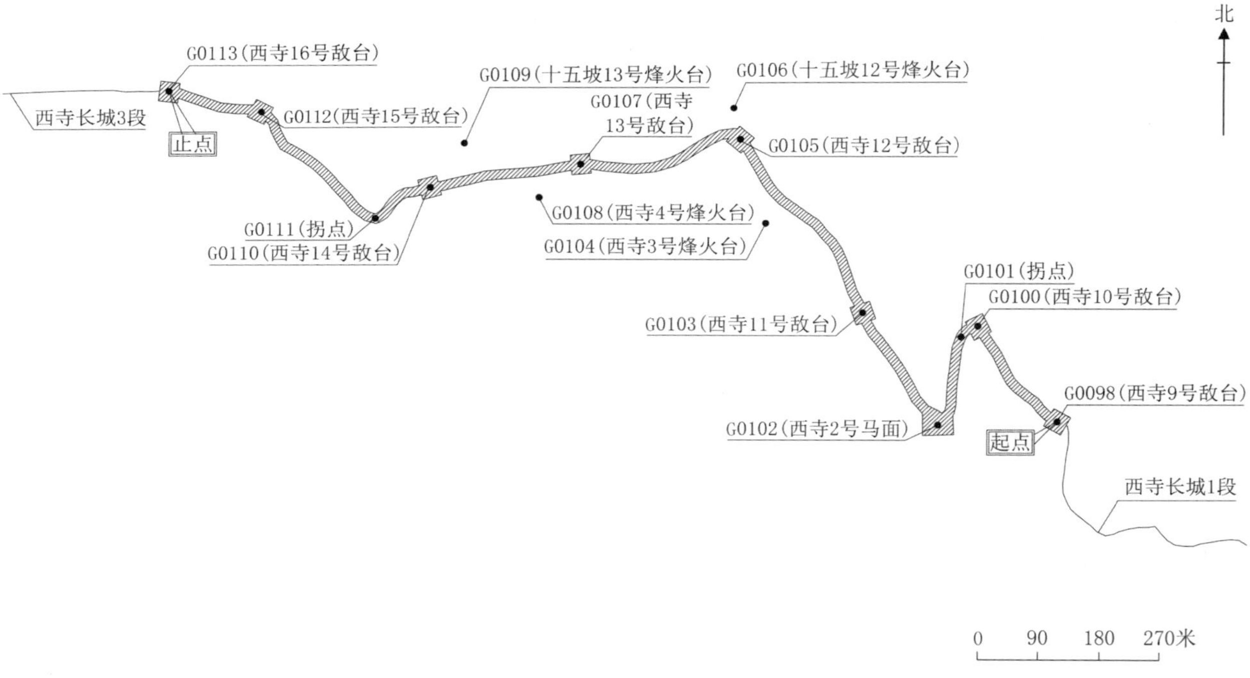

图一一六　西寺长城2段走向示意图

本段墙体共测GPS点11个（G0098、G0100～G0103、G0105、G0107、G0110～G0113），可分为4小段，分述如下。

第 1 小段：G0098（起点、西寺 9 号敌台）—G0105（西寺 12 号敌台），长 846 米，东南—西北走向，保存一般。墙体底宽 4～5.8、顶宽 1.2～3.5、残高 2～3.5 米。西寺 10、11 号敌台和西寺 2 号马面位于墙体上。

第 2 小段：G0105（西寺 12 号敌台）—G0107（西寺 13 号敌台），长 231 米，东北—西南走向，保存一般。墙体底宽 6～7、顶宽 1.5～3.8、残高 6 米。

第 3 小段：G0107（西寺 13 号敌台）—G0111（拐点），长 331 米，东北—西南走向，保存较好。墙体沿方山北侧边缘而行。墙体底宽 6～7、顶宽 1.5～3.8、残高 6 米。西寺 14 号敌台位于墙体上。

第 4 小段：G0111（拐点）—G0113（止点、西寺 16 号敌台），长 466 米，东南—西北走向，保存较差。墙体沿方山北侧边缘曲折而行。墙体底宽 4.5～6、顶宽 0.4～1.5、残高 1～5 米。西寺 15 号敌台位于墙体上（彩图二〇八）。

墙体整体保存一般，坍塌损毁严重。由于风雨侵蚀、植物生长等造成墙体坍塌脱落，表面凹凸不平，有裂缝、沟槽、孔洞等；人为因素主要有农业生产活动破坏、随意踩踏、取土挖损等。

8. 西寺长城 3 段

起点位于花园屯乡西寺村西北 2.8 千米处，高程 1390 米；止点位于西寺村西北 3.2 千米处，高程 1383 米。大致呈东—西走向。全长 642 米，保存一般。墙体为土墙，黄土夯筑而成，含碎石，夯层厚 0.16～0.24 米。现存墙体剖面大致呈不规则梯形，墙体底宽 5～7、顶宽 0.8～1.5、残高 4～5 米。该段长城东接西寺长城 2 段，西连西寺长城 4 段。西寺 16、17 号敌台位于墙体上。墙体北侧（内蒙古自治区一侧）有十五坡 14～16 号烽火台，南距墙体 0.05～0.1 千米。墙体南侧（山西省一侧）有西寺 5 号烽火台，北距墙体 0.008 千米（图一一七）。

本段墙体共测 GPS 点 2 个（G0113、G0118），仅 1 小段，叙述如下。

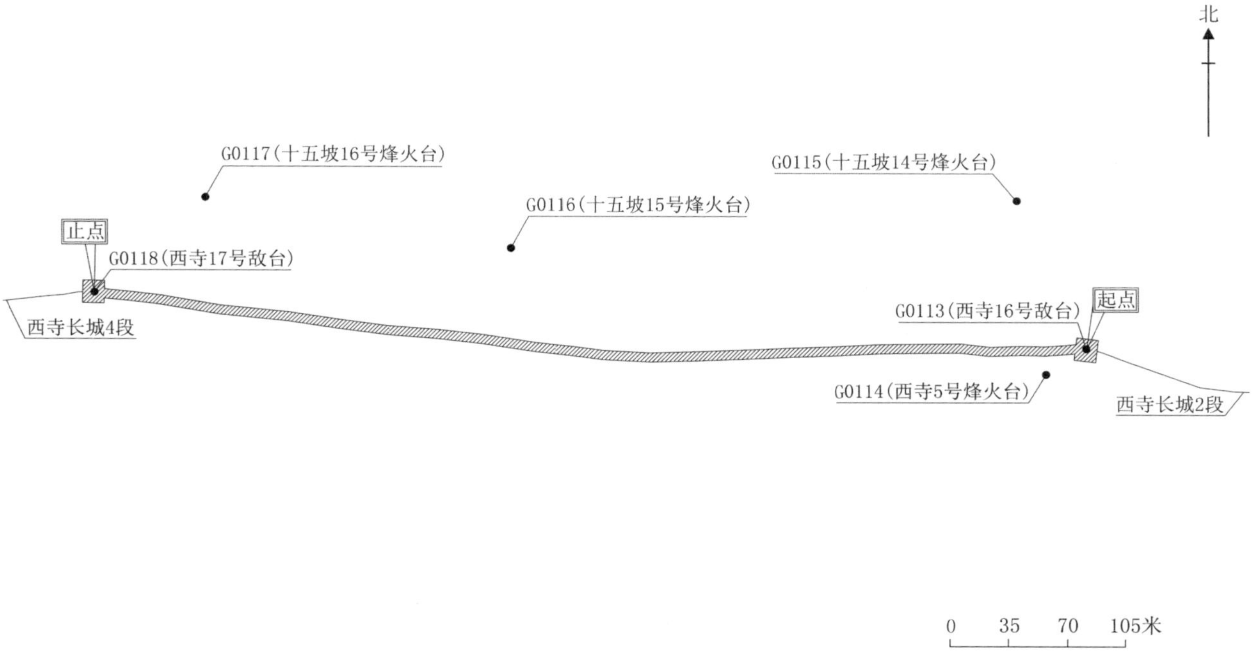

图一一七　西寺长城 3 段走向示意图

G0113（起点、西寺16号敌台）—G0118（止点、西寺17号敌台），长642米，东—西走向，保存一般。墙体沿方山北侧边缘延伸。墙体底宽5～7、顶宽0.8～1.5、残高4～5米。

墙体整体保存一般，坍塌损毁严重。由于风雨侵蚀、植物生长等造成墙体坍塌脱落，表面凹凸不平，有裂缝、沟槽、孔洞等；人为因素主要有农业生产活动破坏、随意踩踏、取土挖损等。

9. 西寺长城4段

起点位于花园屯乡西寺村西北3.2千米处，高程1383米；止点位于西寺村西北3.5千米处，高程1383米。大致呈东北—西南走向。全长1281米，保存一般202、较差1079米。墙体为石墙，北外侧为黄土夯筑而成，夯层厚0.16～0.24米；南内侧为石块垒砌，有12～15层。现存墙体剖面大致呈不规则梯形，墙体底宽4～5、顶宽0.8～2.5、残高0.8～3米。该段长城东接西寺长城3段，西连宏赐堡长城。西寺17～20号敌台位于墙体上。墙体北侧（内蒙古自治区一侧）有石窑1号烽火台，南距墙体0.13千米；墙体南侧（山西省一侧）有西寺6号烽火台，西北距墙体0.6千米（图一一八）。

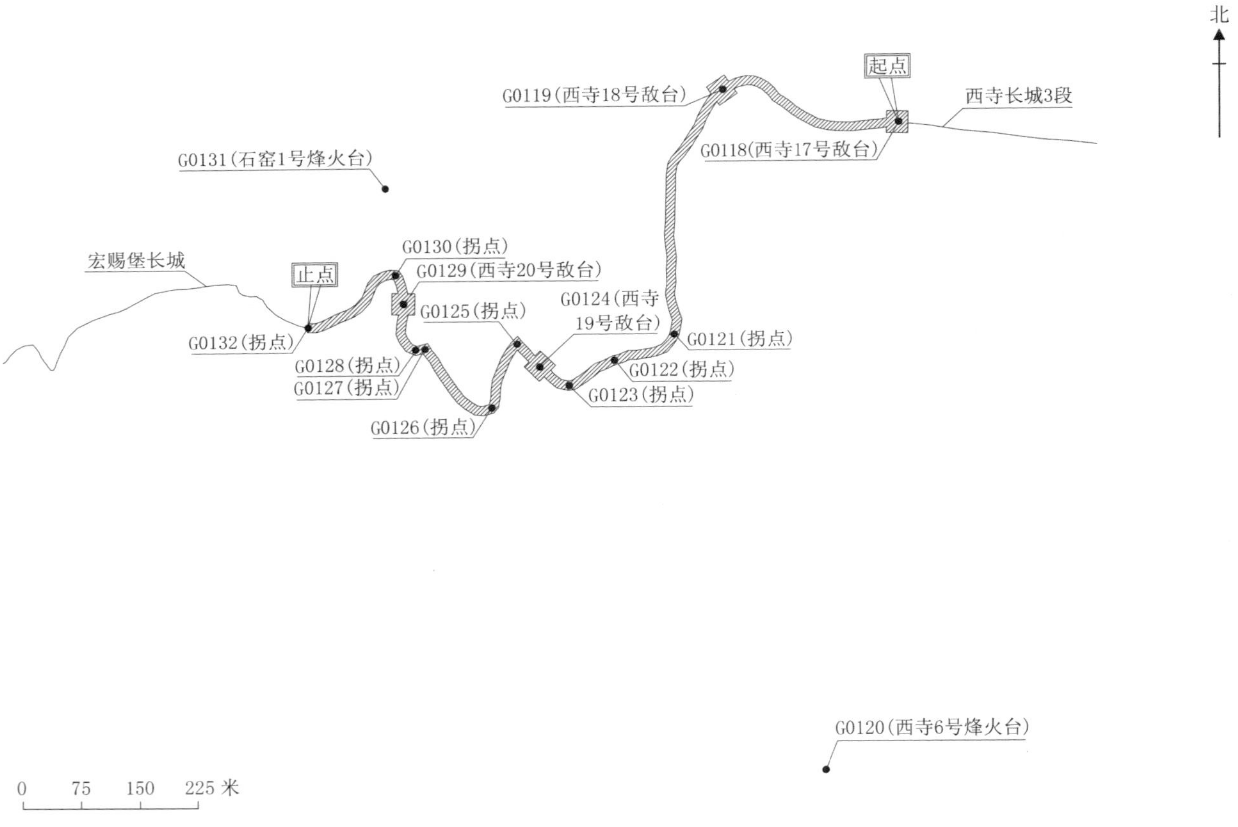

图一一八　西寺长城4段走向示意图

本段墙体共测GPS点13个（G0118、G0119、G0121～G0130、G0132），可分为4小段，分述如下。

第1小段：G0118（起点、西寺17号敌台）—G0119（西寺18号敌台、折点），长230米，东—西走向，保存较差。墙体底宽4～5、顶宽0.5～1.2、残高0.8～1.3米。

第 2 小段：G0119（西寺 18 号敌台）—G0121（拐点），长 323 米，北—南走向，保存较差。墙体沿方山北侧边缘而行。墙体底宽 4 ~ 5、顶宽 0.5 ~ 1.2、残高 0.8 ~ 1.3 米。

第 3 小段：G0121（拐点）—G0124（西寺 19 号敌台），长 202 米，东—西走向，保存一般。墙体沿方山北侧边缘向山下延伸。墙体底宽 4 ~ 5、顶宽 1.5 ~ 2.5、残高 0.9 ~ 3 米（彩图二〇九）。南侧有西寺 6 号烽火台，北距长城墙体 0.6 千米。

第 4 小段：G0124（西寺 19 号敌台）—G0132（止点、拐点），长 526 米，东—西走向，保存较差。墙体沿方山西侧山坡向山下蜿蜒曲折延伸。墙体底宽 4 ~ 5、顶宽 0.5 ~ 1.2、残高 0.8 ~ 1.3 米。西寺 20 号敌台位于墙体上。

墙体整体保存较差，坍塌损毁严重。由于风雨侵蚀、植物生长等造成墙体坍塌脱落，表面凹凸不平，有裂缝、沟槽、孔洞等；人为因素主要有农业生产活动破坏、随意踩踏、取土挖损等。

西寺长城 1 ~ 4 段位于山西省与内蒙古自治区交界处。墙体构筑在方山上，沿方山北侧或西侧边缘曲折蜿蜒延伸，地势先抬升再下降，落差达 182 米。所在区域土壤为淡栗钙土。长城两侧植被较好。

西寺村人口约 230 人。居民以农业和家畜饲养业为主，农作物主要有马铃薯、莜麦、谷黍、豆类、胡麻等。西寺村附近有方山旅游公路。

10. 宏赐堡长城

起点位于堡子湾乡宏赐堡村东 2.9 千米处，高程 1265 米；止点位于宏赐堡村东 1.7 千米处，高程 1180 米。大致呈东南—西北走向。全长 1598 米，其中保存一般 363、较差 398、差 383、消失 454 米。墙体为土墙，黄土夯筑而成，含砂砾、碎石，夯层厚 0.25 ~ 0.3 米。墙体剖面大致呈不规则梯形，底宽 4 ~ 6.5、顶宽 0.8 ~ 3、残高 0.6 ~ 5 米。该段长城东接西寺长城 4 段，G0153（止点、节点、拐点）处向西分出两支，俗称“大边”与“二边”（宏赐堡大边长城 1 段和宏赐堡二边长城 1 段）。宏赐堡 1 ~ 5 号敌台位于墙体上。墙体东侧或北侧（内蒙古自治区一侧）有石窑 2 ~ 4 号烽火台，南或西距墙体 0.065 ~ 0.1 千米。墙体西侧（山西省一侧）有宏赐堡 1 号烽火台，东距墙体 0.217 千米（图一一九）。

本段墙体共测 GPS 点 18 个（G0132 ~ G0141、G0144 ~ G0147、G0149、G0150、G0152、G0153），可分为 10 小段，分述如下。

第 1 小段：G0132（起点、拐点）—G0135（宏赐堡 2 号敌台），长 293 米，东—西走向，保存差。墙体底宽 4 ~ 5、顶宽 0.8 ~ 1.3、残高 0.6 ~ 1.5 米。宏赐堡 1 号敌台位于墙体上。

第 2 小段：G0135（宏赐堡 2 号敌台）—G0139（断点），长 251 米，东北—西南走向，保存较差。墙体底宽 4 ~ 5、顶宽 1 ~ 2、残高 1 ~ 3 米。

第 3 小段：G0139（断点）—G0140（断点），长 59 米，东南—西北走向。墙体位于南北向季节性洪水沟中，已消失，河沟内堆积有矿石。

第 4 小段：G0140（断点）—G0144（断点），长 153 米，南—北走向，保存一般。墙体东壁陡立高耸，西壁低矮。墙体底宽 5 ~ 6、顶宽 1 ~ 3、残高 1 ~ 5 米。宏赐堡 3 号敌台位于墙体上。

第 5 小段：G0144（断点）—G0145（断点），长 61 米，东南—西北走向。墙体位于方山西侧山坡石墨厂厂区范围内，被开采矿石和修筑道路损毁消失。

第 6 小段：G0145（断点）—G0146（拐点），长 50 米，南—北走向，保存一般。墙体底宽 5 ~ 6、顶宽 1 ~ 3、残高 1 ~ 5 米。

第 7 小段：G0146（拐点）—G0147（宏赐堡 4 号敌台），长 160 米，东南—西北走向，保存一般。墙体底宽 6 ~ 6.5、顶宽 1 ~ 1.8、北壁残高 5、南壁残高 0.8 ~ 1.3 米（彩图二一〇）。

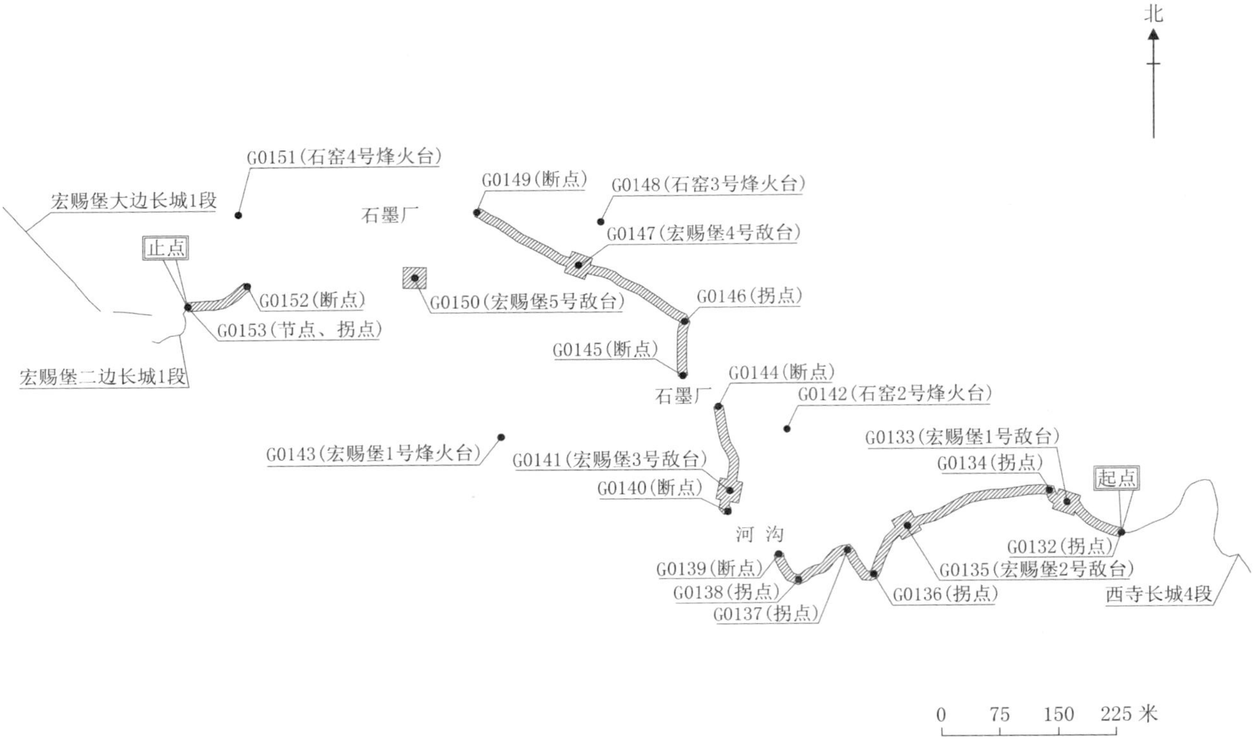

图一一九　宏赐堡长城走向示意图

第 8 小段：G0147（宏赐堡 4 号敌台）—G0149（断点），长 147 米，东南—西北走向，保存较差。墙体坍塌成土梁状，两侧为圆弧形。墙体底宽 5～6、顶宽 1～1.8、北壁残高 4～5、南壁残高 1.5 米。

第 9 小段：G0149（断点）—G0152（断点）长 334 米，消失。G0149（断点）西、南侧石墨厂的废渣废料全部倾倒于此，堆积如山，墙体被掩埋。宏赐堡 5 号敌台位于墙体上。

第 10 小段：G0152（断点）—G0153（止点、节点、拐点），长 90 米，东北—西南走向，保存差。墙体两侧坍塌成坡状，整体呈土梁状，顶部高低不平。墙体底宽 4～5、顶宽 0.8～1.3、残高0.5～2.7 米。北侧有石窑 4 号烽火台，位于石墨厂区内。从 G0153（止点、节点、拐点）处长城向西分出两支，一支向西北而行，俗称“大边”（宏赐堡大边长城 1 段），一支向西而行，俗称“二边”（宏赐堡二边长城 1 段）。

墙体整体保存较差，坍塌损毁严重，部分段墙体消失。除洪水冲毁致墙体消失外，风雨侵蚀、植物生长等也造成墙体坍塌脱落，表面凹凸不平，有裂缝、沟槽、孔洞等；人为因素主要有采矿活动致墙体消失、挖掘墙体开通便道、随意踩踏等。

宏赐堡长城位于山西省与内蒙古自治区交界处。墙体构筑在方山西侧山坡上，地势逐渐下降，落差 85 米。所在区域土壤为淡栗钙土、淡栗钙土性土。长城两侧为荒坡，位于厂区内，植被较差。

11. 宏赐堡大边长城 1 段

起点位于堡子湾乡宏赐堡村东 1.7 千米处，高程 1180 米；止点位于宏赐堡村东北 1.3 千米处，高程 1159 米。大致呈东南—西北走向。全长 1928 米，其中保存较好 104、一般 1191、较差 382、消失 251 米。墙体为土墙，黄土夯筑而成，含砂砾、碎石，夯层厚 0.25～0.3 米。现存墙体剖面大致呈不规则梯形，墙体底宽 6～8、顶宽 0.8～2.6、残高 2～6.8 米。该段长城东接宏赐堡长城，西北连宏赐堡大边长城 2 段，G0153（起点、节点、拐点）处向西分出一支，俗称“二边”（宏赐堡二边长城 1 段）。墙体西侧有宏赐堡。宏赐堡 6～11 号敌台位于墙体上。墙体东侧（内蒙古自治区一侧）有石窑 5、6 号烽火台，西距墙体 0.064～0.078 千米。墙体西侧（山西省一侧）有宏赐堡 2～5 号烽火台，东距墙体 0.005～0.458 千米（图一二〇）。

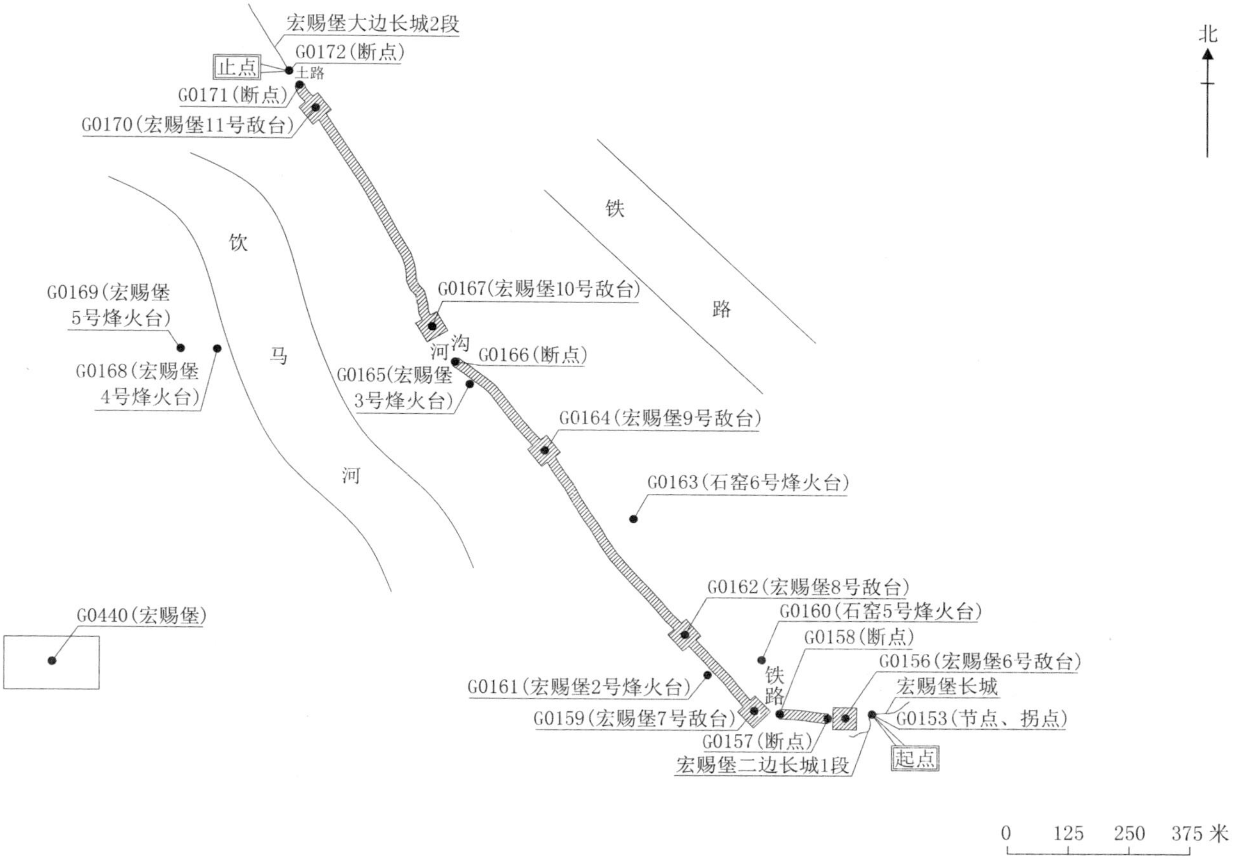

图一二〇　宏赐堡大边长城 1 段走向示意图

本段墙体共测 GPS 点 12 个（G0153、G0156～G0159、G0162、G0164、G0166、G0167、G0170～G0172），可分为 10 小段，分述如下。

第 1 小段：G0153（起点、节点、拐点）—G0157（断点），长 93 米，东—西走向。墙体被修路挖毁而消失。宏赐堡 6 号敌台位于墙体上，敌台保存较好，东侧挖掘成沟，沟中有土路，西侧有水泥路。

第 2 小段：G0157（断点）—G0158（断点），长 104 米，东—西走向，保存较好。墙体底宽 6～7、顶宽 1～2.5、残高 5～6.8 米。

第 3 小段：G0158（断点）—G0159（宏赐堡 7 号敌台），长 37 米，东—西走向。墙体被大准铁路穿过而消失。

第 4 小段：G0159（宏赐堡 7 号敌台）—G0162（宏赐堡 8 号敌台），长 347 米，东南—西北走向，保存一般。墙体西侧为河滩地，东侧为荒坡，坡上有大准铁路。墙体底宽 6～7、顶宽 1～3 米，东壁残高 2～3.5、西壁残高 4～4.5 米。

第5小段：G0162（宏赐堡8号敌台）—G0164（宏赐堡9号敌台），长382米，东南—西北走向，保存较差。墙体底宽6～7、顶宽0.7～1.8、东壁残高0.5～1.3、西壁残高4～5米。

第6小段：G0164（宏赐堡9号敌台）—G0166（断点），长265米，东南—西北走向，保存一般。墙体底宽6～8.9、顶宽0.8～2、东壁残高2～3.5、西壁残高3～5米。

第7小段：G0166（断点）—G0167（宏赐堡10号敌台），长80米，东南—西北走向。墙体被洪水冲毁而消失。

第8小段：G0167（宏赐堡10号敌台）—G0170（宏赐堡11号敌台），长536米，东南—西北走向，保存一般。墙体底宽6～8、顶宽0.8～2、残高5～6.8米。

第9小段：G0170（宏赐堡11号敌台）—G0171（断点），长43米，东南—西北走向，保存一般。墙体两侧坍塌成陡坡，坡上生长矮草，顶部豁槽较多，凹凸不平。墙体底宽6～8、顶宽0.8～2、残高5～6.8米。

第10小段：G0171（断点）—G0172（止点、断点），长41米，东南—西北走向，保存消失。墙体被土路截断而消失。

墙体整体保存较差，坍塌损毁严重，部分段墙体消失。除洪水冲毁致墙体消失外，风雨侵蚀、植物生长等也造成墙体坍塌脱落，表面凹凸不平，有裂缝、沟槽、孔洞等；人为因素主要有修筑道路、铁路挖毁墙体、挖掘墙体开通便道、紧贴墙体开荒种地、随意踩踏等。

12. 宏赐堡大边长城2段

起点位于堡子湾乡宏赐堡村东北1.3千米处，高程1159米；止点位于宏赐堡村北2.8千米处，高程1156米。大致呈东南—西北走向。全长1699米，其中保存一般665、较差164、消失870米。墙体为土墙，黄土夯筑而成，含砂砾、碎石，夯层厚0.25～0.3米。现存墙体剖面大致呈不规则梯形，墙体底宽6～8、顶宽0.5～3、残高2～6.2米。该段长城东南接宏赐堡大边长城1段，西北连河东窑大边长城1段。宏赐堡12号敌台位于墙体上。墙体东侧（内蒙古自治区一侧）有十九沟烽火台，西距墙体0.16千米。墙体西侧（山西省一侧）有宏赐堡6号烽火台，东距墙体0.03千米（图一二一）。

本段墙体共测GPS点6个（G0172、G0174、G0176、G0177、G0178、G0179），可分为5小段，分述如下。

第1小段：G0172（起点、断点）—G0174（宏赐堡12号敌台），长531米，东南—西北走向，保存一般。墙体底宽6～7、顶宽1～3、东壁残高2～3.5、西壁残高4～4.5米。

第2小段：G0174（宏赐堡12号敌台）—G0176（断点），长164米，东南—西北走向，保存较差。墙体底宽6～7、顶宽0.5～1.3、东壁残高0.5～1.3、西壁残高4～5米。

第3小段：G0176（断点）—G0177（断点），长525米，东南—西北走向。墙体所处地势较低，墙体被洪水冲毁而消失，河沟中有东西向土路。

第4小段：G0177（断点）—G0178（断点），长134米，东南—西北走向，保存一般。墙体底宽6～8、顶宽0.8～2、残高5～6.2米。

第5小段：G0178（断点）—G0179（止点、断点），长345米，东南—西北走向。墙体被洪水冲毁、扩田造地取土损毁消失。

墙体整体保存较差，坍塌损毁严重，部分段墙体消失。除洪水冲毁致墙体消失外，风雨侵蚀、植物生长等也造成墙体坍塌脱落，表面凹凸不平，有裂缝、沟槽、孔洞等；人为因素主要有扩田造地取

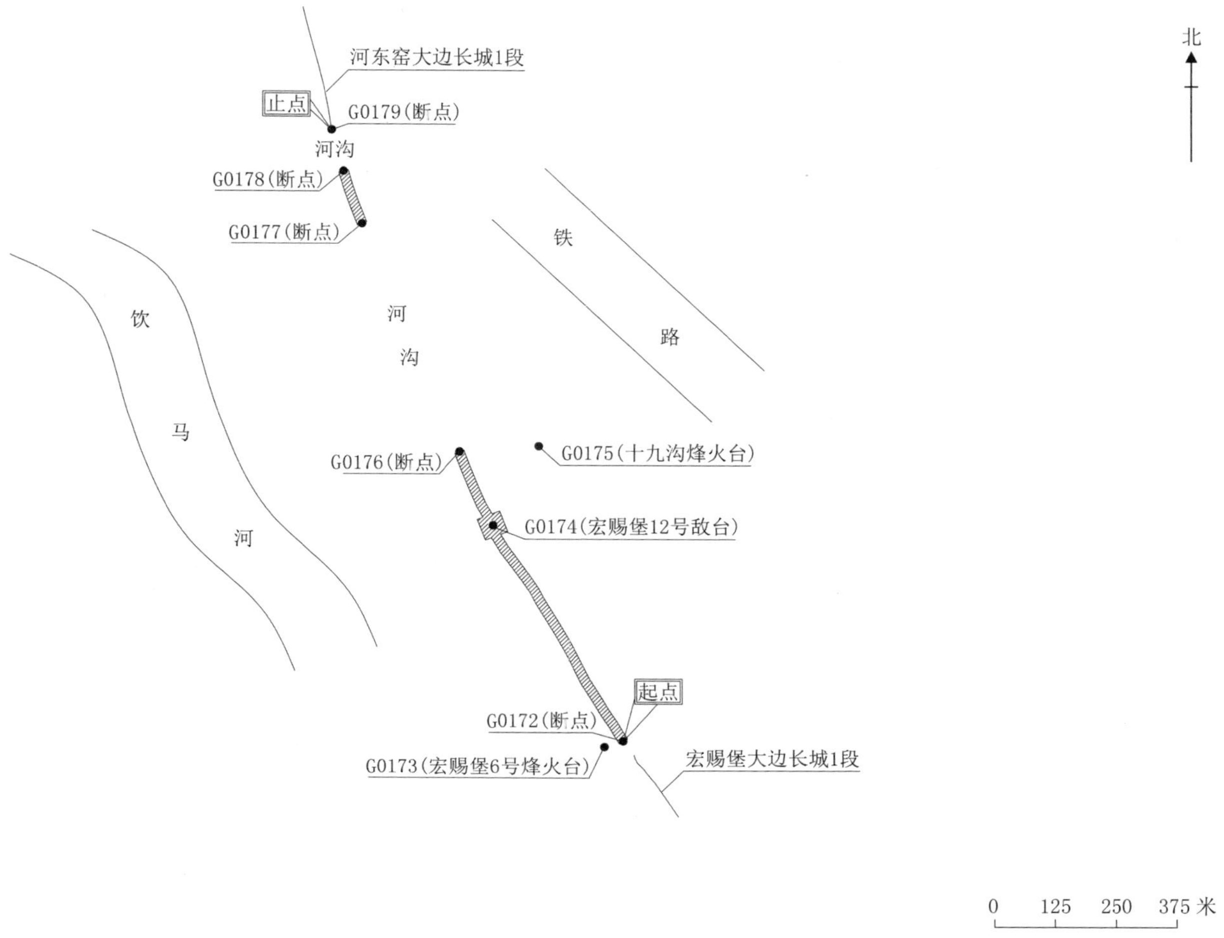

图一二一　宏赐堡大边长城 2 段走向示意图

土挖毁墙体、紧贴墙体开荒种地、随意踩踏等。

宏赐堡大边长城 1、2 段位于山西省与内蒙古自治区交界处。墙体构筑于方山西侧，饮马河东岸平缓的丘陵平川地带，地势平缓，落差不大。所在区域土壤为淡栗钙土。长城东侧多耕地，西侧为滩地或河床，植被覆盖较少。

宏赐堡村人口约 2200 人。居民以农业和家畜饲养业为主，农作物主要有马铃薯、莜麦、谷黍、豆类、胡麻等。宏赐堡村现为堡子湾开发区晋能集团厂区，厂房林立，宏赐堡长城北侧有石墨厂道路。长城位于石墨厂开采矿石的范围内，如不加强管理，长城有被进一步破坏的危险。宏赐堡大边长城 1、2 段东侧有大（同）准（格尔旗）铁路，截断长城墙体。有穿过长城墙体的乡村土路或水泥路。

13. 河东窑大边长城 1 段

起点位于堡子湾乡河东窑村东南 2. 2 千米处，高程 1156 米；止点位于河东窑村东南 0. 67 千米处，高程 1166 米。大致呈东南—西北走向。全长 1696 米，其中保存一般 1024、较差 600、消失 72 米。墙体为土墙，黄土夯筑而成，含砂砾、碎石，夯层厚 0. 25 ~0. 3 米。现存墙体剖面大致呈不规则梯形，墙体底宽 6 ~8、顶宽 0. 5 ~1. 5、残高 0. 3 ~6 米。该段长城东南接宏赐堡大边长城 2 段，西北连河东窑大边长城 2 段。河东窑 1 ~3 号敌台位于墙体上。墙体西侧（山西省一侧）有河东窑 1 号烽火台，东

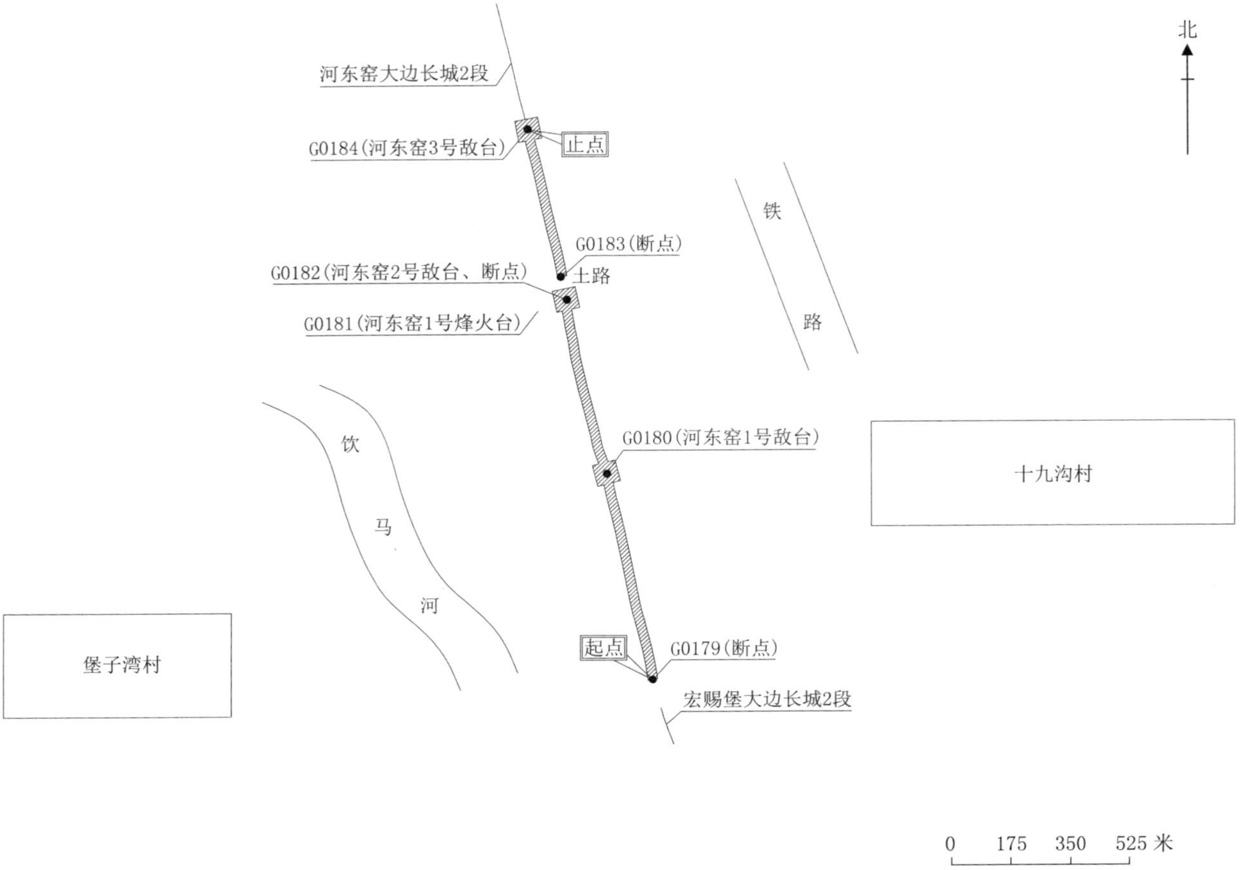

图一二二　河东窑大边长城 1 段走向示意图

距墙体 0.076 千米（图一二二）。

本段墙体共测 GPS 点 5 个（G0179、G0180、G0182～G0184），可分为 4 小段，分述如下。

第 1 小段：G0179（起点、断点）—G0180（河东窑 1 号敌台），长 600 米，东南—西北走向，保存较差。墙体底宽 5～6、顶宽 0.5～1.2、东壁残高 0.5～1、西壁残高 0.3～1.5 米。

第 2 小段：G0180（河东窑 1 号敌台）—G0182（河东窑 2 号敌台、断点），长 568 米，东南—西北走向，保存一般。墙体东侧有乡村土路随行。墙体底宽 5～7、顶宽 0.8～1.2、残高 4～6 米。

第 3 小段：G0182（河东窑 2 号敌台、断点）—G0183（断点），长 72 米，东南—西北走向。墙体被土路截断而消失。

第 4 小段：G0183（断点）—G0184（止点、河东窑 3 号敌台），长 456 米，东南—西北走向，保存一般。墙体底宽 6～7、顶宽 0.8～1.2、东壁残高 0.3～1.5、西壁残高 3～4 米。

墙体整体保存较差，坍塌损毁严重，部分段墙体消失。除洪水冲毁致墙体消失外，风雨侵蚀、植物生长等也造成墙体坍塌脱落，表面凹凸不平，有裂缝、沟槽、孔洞等；人为因素主要有修路挖毁墙体、紧贴墙体开荒种地、随意踩踏等。

14. 河东窑大边长城 2 段

起点位于堡子湾乡河东窑村东南 0.67 千米处，高程 1166 米；止点位于堡子湾乡河东窑村东北 1.3

千米处，高程1182米。大致呈东南—西北走向。全长1893米，其中保存一般1063、较差780，消失50米。墙体为土墙，黄土夯筑而成，含砂砾、碎石，夯层厚0.25～0.3米。现存墙体剖面大致呈不规则梯形，墙体底宽4～7、顶宽0.5～1.5、残高0.7～6.5米。该段长城东南接河东窑大边长城1段，西北连河东窑大边长城3段。河东窑3～6号敌台位于墙体上。墙体西侧（山西省一侧）有河东窑2、3号烽火台，东距墙体0.08～0.098千米（图一二三）。

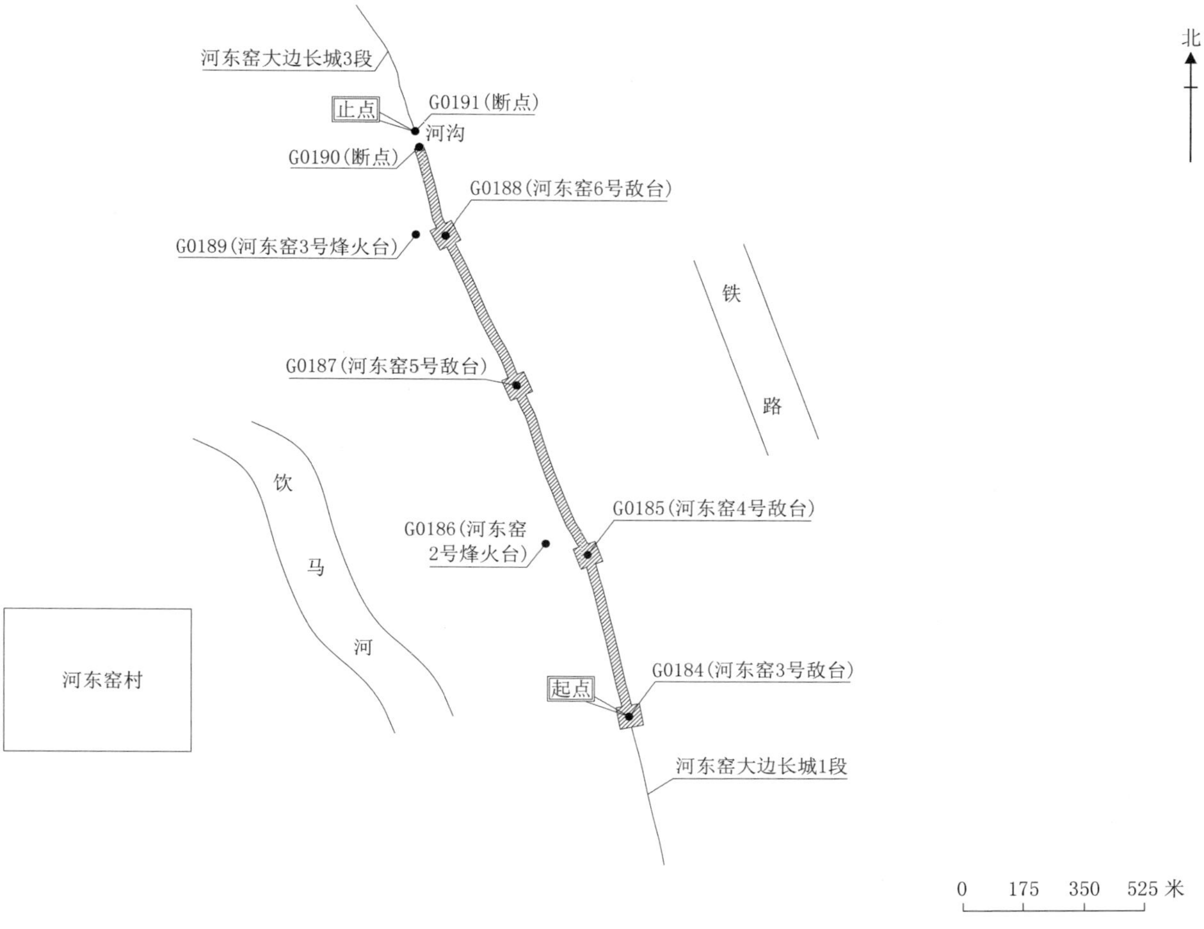

图一二三　河东窑大边长城2段走向示意图

本段墙体共测GPS点6个（G0184、G0185、G0187、G0188、G0190、G0191）个，可分为5小段，分述如下。

第1小段：G0184（起点、河东窑3号敌台）—G0185（河东窑4号敌台），长524米，东南—西北走向，保存一般。墙体底宽6～7、顶宽0.5～1.2、东壁残高0.7～1、西壁残高3～5米。

第2小段：G0185（河东窑4号敌台）—G0187（河东窑5号敌台），长539米，东南—西北走向，保存一般。G0185（河东窑4号敌台）北侧有土路截断长城墙体。墙体底宽5～7、顶宽0.8～1.2、残高4～6米。

第3小段：G0187（河东窑5号敌台）—G0188（河东窑6号敌台），长487米，东南—西北走向，保存较差。墙体底宽5～7、顶宽0.5～1.2、东壁残高1～2、西壁残高3～4米（彩图二一一）。

第4小段：G0188（河东窑6号敌台）—G0190（断点），长293米，东南—西北走向，保存较差。

墙体底宽4～5、顶宽0.5、残高3～4米。

第5小段：G0190（断点）—G0191（止点、断点），长50米，东南—西北走向。墙体位于东西向季节性洪水沟中，已消失。

墙体整体保存较差，坍塌损毁严重，部分段墙体消失。除洪水冲毁致墙体消失外，风雨侵蚀、植物生长等也造成墙体坍塌脱落，表面凹凸不平，有裂缝、沟槽、孔洞等，部分段墙体两侧坍塌成坡状，整体呈土梁状；人为因素主要有农业生产活动破坏、随意踩踏、取土挖损、挖掘墙体开通便道等。

15. 河东窑大边长城3段

起点位于堡子湾乡河东窑村东北1.3千米处，高程1182米；止点位于河东窑村北2.7千米处，高程1187米。大致呈东南—西北走向。全长1459米，其中保存较差825、差599、消失35米。墙体为土墙，黄土夯筑而成，含砂砾、碎石，夯层厚度不详。现存墙体剖面大致呈不规则梯形，底宽4～7、顶宽0.5～1.5、残高0.7～3.5米。该段长城东南接河东窑大边长城2段，西北连河东窑大边长城4段。河东窑7～9号敌台位于墙体上。墙体西侧（山西省一侧）有河东窑4号烽火台，东距墙体0.108千米（图一二四）。

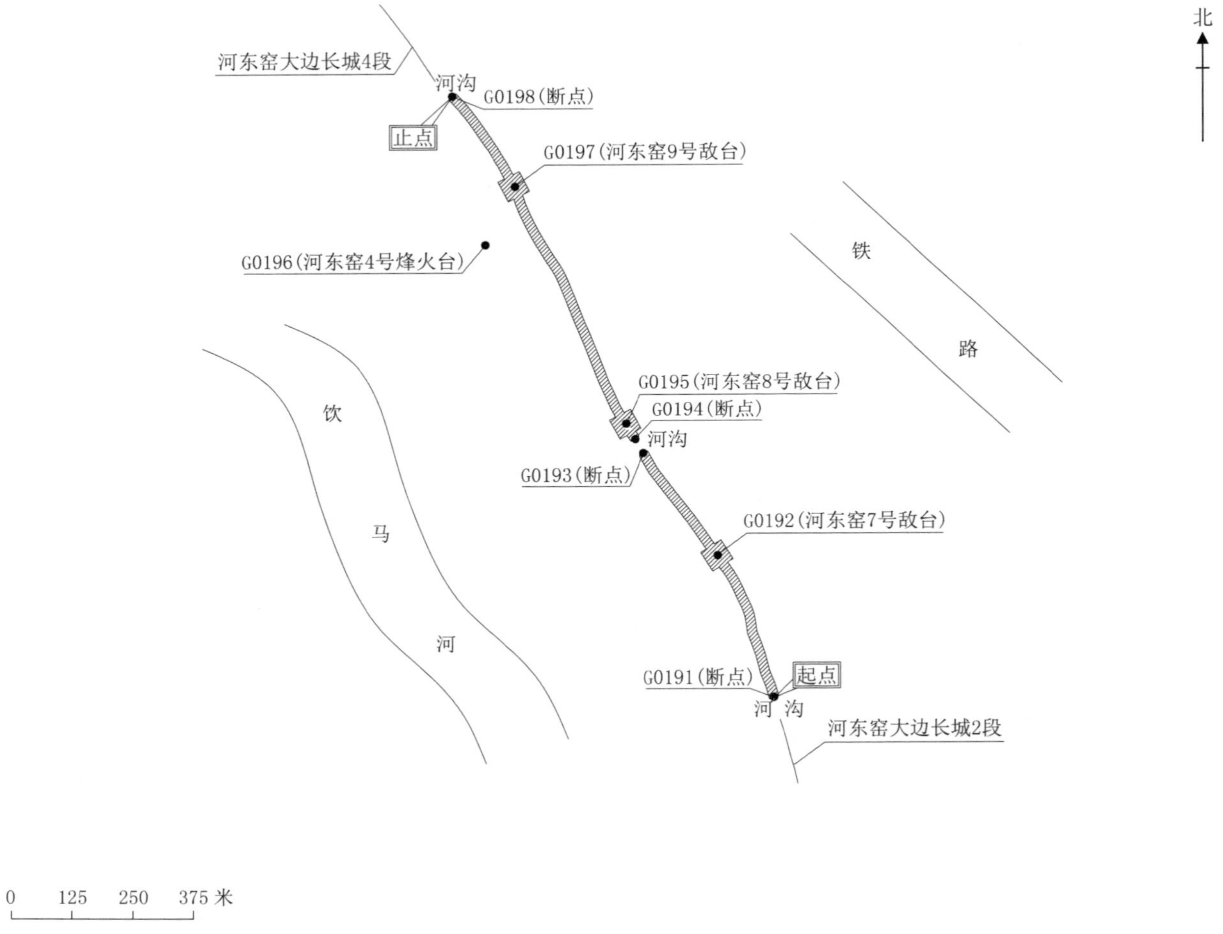

图一二四　河东窑大边长城3段走向示意图

本段墙体共测GPS点7个（G0191～G0195、G0197、G0198），可分为5小段，分述如下。

第 1 小段：G0191（起点、断点）—G0192（河东窑 7 号敌台），长 334 米，东南—西北走向，保存较差。墙体底宽 6 ~ 7、顶宽 0.5 ~ 1.2、东壁残高 0.7 ~ 1、西壁残高 2 ~ 3.5 米。

第 2 小段：G0192（河东窑 7 号敌台）—G0193（断点），长 260 米，东南—西北走向，保存较差。墙体中段被东西向土路截断，消失 3 米。墙体底宽 5 ~ 7、顶宽 0.8 ~ 1.2、残高 2 ~ 3.5 米。

第 3 小段：G0193（断点）—G0194（断点），长 35 米，东南—西北走向。墙体被洪水冲毁而消失。

第 4 小段：G0194（断点）—G0197（河东窑 9 号敌台），长 599 米，东南—西北走向，保存差。墙体中段有东西向土路穿过墙体，土路宽 3 米。墙体底宽 4 ~ 5、顶宽 0.5 ~ 1.5、残高 0.7 ~ 2 米。河东窑 8 号敌台位于墙体上。

第 5 小段：G0197（河东窑 9 号敌台）—G0198（止点、断点），长 231 米，东南—西北走向，保存较差。墙体底宽 5 ~ 7、顶宽 0.5 ~ 1.2、东壁残高 1 ~ 2、西壁残高 3 ~ 3.5 米。

墙体整体保存差，坍塌损毁严重，部分段墙体消失。除洪水冲毁致墙体消失外，风雨侵蚀、植物生长等也造成墙体坍塌脱落，表面凹凸不平，有裂缝、沟槽、孔洞等，部分段墙体两侧坍塌成坡状，整体呈土梁状；人为因素主要有农业生产活动破坏、随意踩踏、取土挖损、挖掘墙体开通便道等。

16. 河东窑大边长城 4 段

起点位于堡子湾乡河东窑村北 2.7 千米处，高程 1187 米；止点位于河东窑村西北 3.9 千米处，高程 1175 米。大致呈东南—西北走向。全长 1454 米，其中保存一般 1010、较差 310、消失 134 米。墙体为土墙，黄土夯筑而成，含砂砾、碎石，夯层厚 0.17 ~ 0.22 米。现存墙体剖面大致呈不规则梯形，底宽 7 ~ 8、顶宽 0.8 ~ 1.6、残高 2 ~ 6 米。该段长城东南接河东窑大边长城 3 段，西北连镇羌堡大边长城 1 段。河东窑 10 ~ 13 号敌台位于墙体上。墙体西南（山西省一侧）有河东窑 5 号烽火台，东北距墙体 0.108 千米（图一二五）。

本段墙体共测 GPS 点 11 个（G0198 ~ G0205、G0207、G0208、G0209），可分为 9 小段，分述如下。

第 1 段：G0198（起点、断点）—G0199（河东窑 10 号敌台），长 43 米，东南—西北走向。墙体被洪水冲毁而消失。

第 2 段：G0199（河东窑 10 号敌台）—G0200（河东窑 11 号敌台），长 349 米，东南—西北走向，保存一般。墙体底宽 7 ~ 8、顶宽 0.8 ~ 1.6、残高 2 ~ 6 米（彩图二一二）。

第 3 段：G0200（河东窑 11 号敌台）—G0201（河东窑 12 号敌台），长 310 米，东南—西北走向，保存较差。墙体底宽 7 ~ 8、顶宽 0.5 ~ 1.2、残高 3 ~ 4.6 米。

第 4 段：G0201（河东窑 12 号敌台）—G0202（断点），长 143 米，东南—西北走向，保存一般。墙体底宽 7 ~ 8、顶宽 0.8 ~ 1.6、残高 4 ~ 6 米。

第 5 段：G0202（断点）—G0203（断点），长 20 米，东南—西北走向。墙体被洪水冲毁而消失。

第 6 段：G0203（断点）—G0204（断点），长 232 米，东南—西北走向，保存一般。墙体底宽7 ~ 8、顶宽 0.8 ~ 1.6、残高 4 ~ 6 米。

第 7 段：G0204（断点）—G0205（河东窑 13 号敌台），长 37 米，东南—西北走向。墙体被洪水冲毁而消失。

第 8 段：G0205（河东窑 13 号敌台）—G0208（断点），长 286 米，东南—西北走向，保存一般。墙体底宽 7 ~ 8、顶宽 0.8 ~ 1.6、残高 4 ~ 5.8 米。

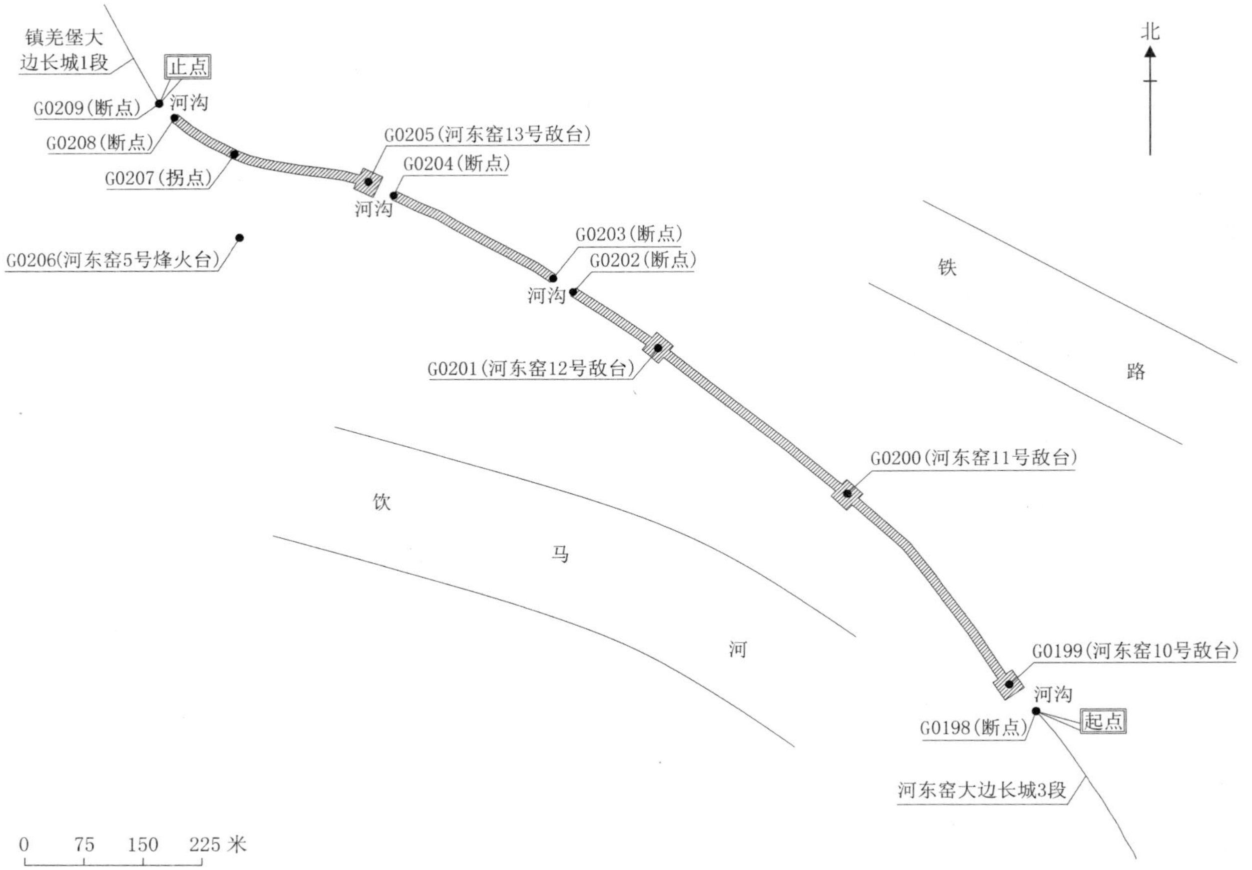

图一二五　河东窑大边长城 4 段走向示意图

第 9 段：G0208（断点）—G0209（止点、断点），长 34 米，东南—西北走向。墙体被洪水冲毁而消失，河沟内有土路。

墙体整体保存较差，坍塌损毁严重，部分段墙体消失。除洪水冲毁致墙体消失外，风雨侵蚀、植物生长等也造成墙体坍塌脱落，表面凹凸不平，有裂缝、沟槽、孔洞等，部分段墙体两侧坍塌成坡状，整体呈土梁状；人为因素主要有农业生产活动破坏、随意踩踏、取土挖损等。

河东窑大边长城 1 ~4 段位于山西省与内蒙古自治区交界处。墙体构筑在饮马河东岸平缓的丘陵平川地带，地势平缓，落差不大。所在区域土壤为淡栗钙土。长城东侧多为耕地，西侧为滩地或河床，植被一般。

河东窑村人口约 900 人。居民以农业和家畜饲养业为主，农作物主要有马铃薯、莜麦、谷黍、豆类、胡麻等。长城东侧有大准铁路，有与长城墙体平行或穿过长城墙体的乡村土路。

17. 镇羌堡大边长城 1 段

起点位于堡子湾乡镇羌堡村东南 2. 1 千米处，高程 1175 米；止点位于镇羌堡村东南 1. 4 千米处，高程 1173 米。大致呈东南—西北走向。全长 814 米，其中保存一般 598、较差 216 米。墙体为土墙，黄土夯筑而成，含砂砾、碎石，夯层厚 0. 17 ~0. 22 米。现存墙体剖面大致呈不规则梯形，底宽7 ~8、顶宽 0. 4 ~1. 1、残高 3 ~5 米。该段长城东南接河东窑大边长城 4 段，西北连镇羌堡大边长城 2 段。镇羌堡 1、2 号敌台位于墙体上（图一二六）。

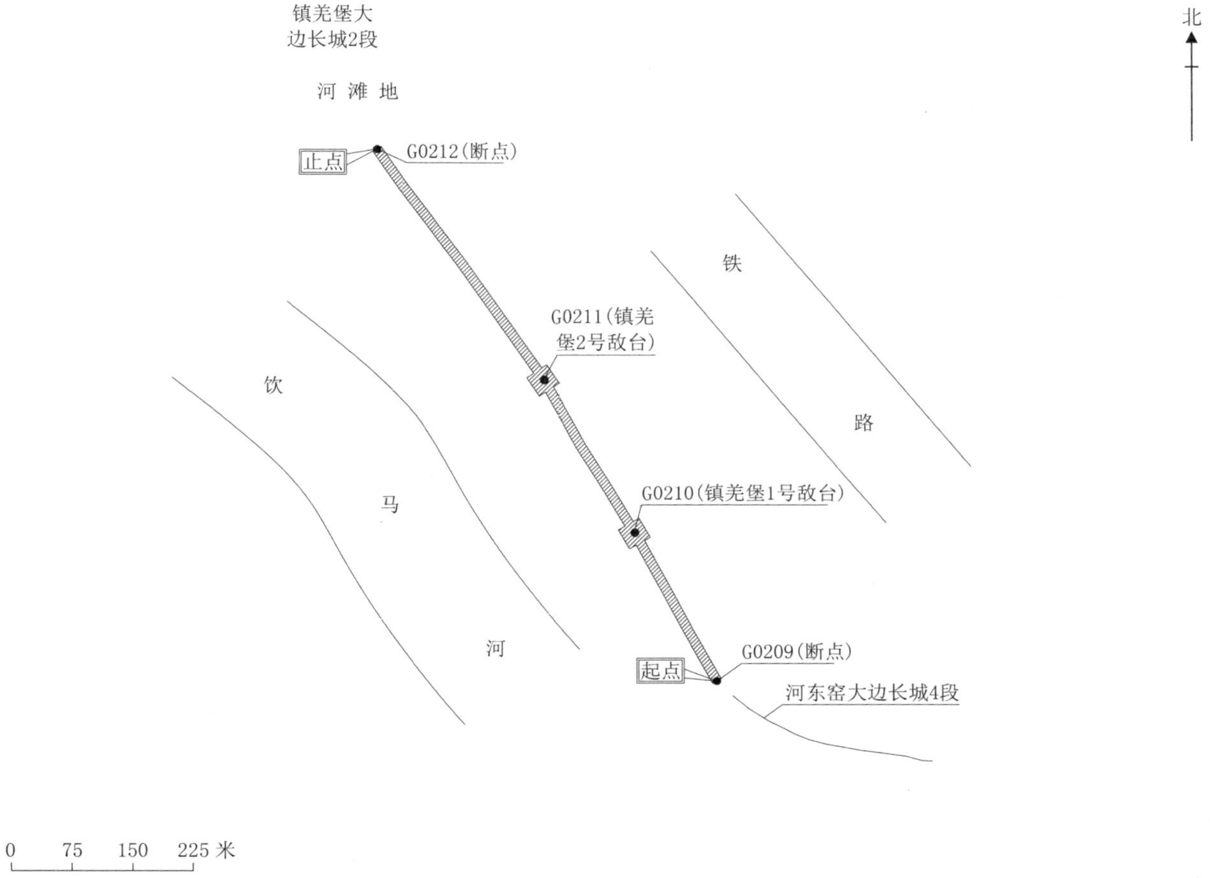

图一二六　镇羌堡大边长城 1 段走向示意图

本段墙体共测 GPS 点 4 个（G0209～G0212），可分为 3 小段，分述如下。

第 1 小段：G0209（起点、断点）—G0210（镇羌堡 1 号敌台），长 216 米，东南—西北走向，保存较差。墙体底宽 7～8、顶宽 0.4～1.1、残高 3～5 米。

第 2 小段：G0210（镇羌堡 1 号敌台）—G0211（镇羌堡 2 号敌台），长 243 米，东南—西北走向，保存一般。墙体底宽 7～8、顶宽 0.5～1、残高 3～5 米。

第 3 小段：G0211（镇羌堡 2 号敌台）—G0212（止点、断点），长 355 米，东南—西北走向，保存一般。墙体底宽 7～8、顶宽 0.5～1、残高 3～5 米。

墙体整体保存一般，坍塌损毁严重。由于风雨侵蚀、植物生长等造成墙体坍塌脱落，表面凹凸不平，有裂缝、沟槽、孔洞等，部分段墙体两侧坍塌成坡状，整体呈土梁状；人为因素主要有农业生产活动破坏、随意踩踏、取土挖损等。

18. 镇羌堡大边长城 2 段

起点位于堡子湾乡镇羌堡村东南 1.4 千米处，高程 1173 米；止点位于镇羌堡村东北 1.1 千米处，高程 1173 米。大致呈南—北走向。全长 1674 米，其中保存较差 274、消失 1400 米。墙体为土墙，黄土夯筑而成，含砂砾、碎石，夯层厚 0.17～0.22 米。现存墙体剖面大致呈不规则梯形，底宽6～7、顶宽 0.8～1.7、残高 2～3 米。该段长城东南接镇羌堡大边长城 1 段，西南连镇羌堡大边长城 3 段。镇羌堡3号敌台位于墙体上。墙体东侧（内蒙古自治区一侧）有二十四坡1～3号烽火台，西距墙体0.2～0.6千米（图一二七）。

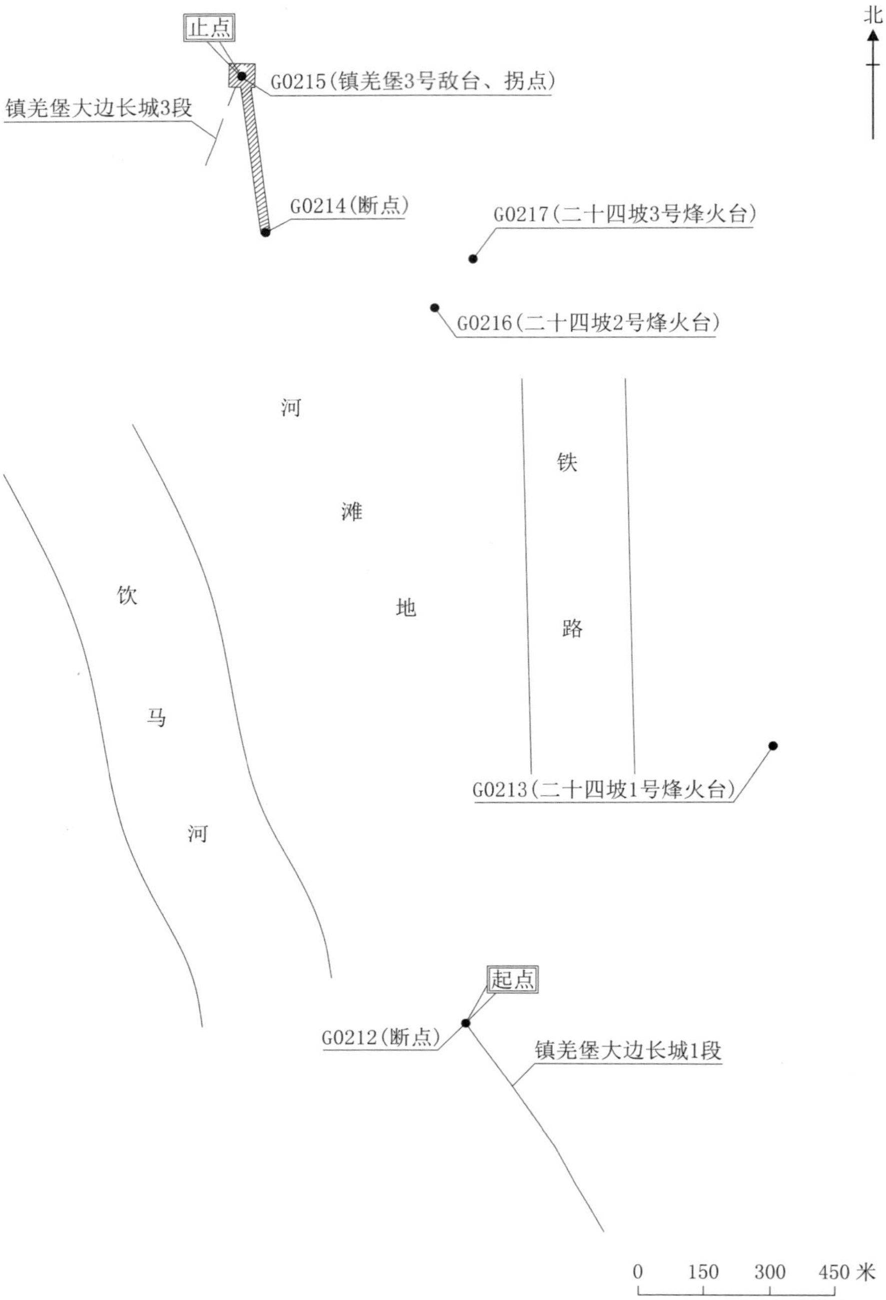

图一二七　镇羌堡大边长城2段走向示意图

此段长城共测GPS点3个（G0212、G0214、G0215），可分为2小段，分述如下。

第1小段：G0212（起点、断点）—G0214（断点），长1400米，南—北走向。墙体位于饮马河河滩地带，被河水冲毁消失。

第2小段：G0214（断点）—G0215（止点、镇羌堡3号敌台、拐点），长274米，南—北走向，保存较差。墙体底宽 6～7、顶宽 0.8～1.7、残高 2～3 米。

墙体整体保存差，坍塌损毁严重，大部分段墙体消失。除洪水冲毁致墙体消失外，风雨侵蚀、植物生长等也造成墙体坍塌脱落，表面凹凸不平，有裂缝、沟槽、孔洞等，部分段墙体两侧坍塌成坡状，整体呈土梁状；人为因素主要有农业生产活动破坏、随意踩踏、取土挖损等。

19. 镇羌堡大边长城 3 段

起点位于堡子湾乡镇羌堡村东北 1.1 千米处，高程 1173 米；止点位于镇羌堡村西南 0.57 千米处，高程 1187 米。大致呈东北—西南走向。全长 1654 米，其中保存较好 775、一般 181、差 69、消失 629 米。墙体为土墙，黄土夯筑而成，含少量砂砾，夯层厚 0.17～0.22 米。现存墙体剖面大致呈不规则梯形，底宽 6～10、顶宽 0.8～4.5、残高 2～6.5 米。该段长城东南接镇羌堡大边长城 2 段，西南连得胜堡大边长城。得胜口关位于墙体上。墙体南侧（山西省一侧）有镇羌堡，北距墙体 0.3 千米。镇羌堡 3、4 号敌台和得胜堡 1 号敌台位于墙体上。墙体西北（内蒙古自治区一侧）有小黄沟烽火台，东南距墙体 0.4 千米（图一二八）。

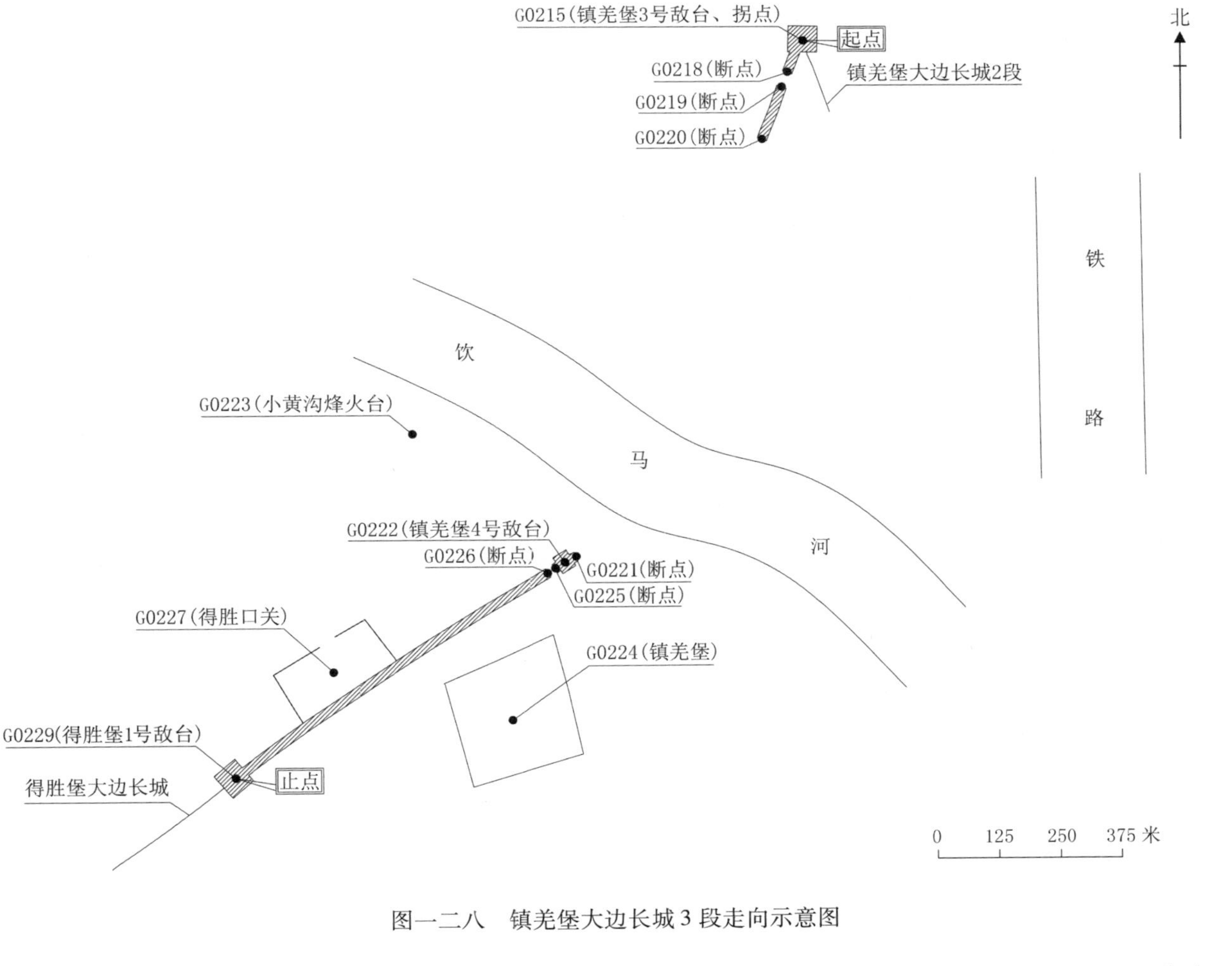

图一二八　镇羌堡大边长城 3 段走向示意图

本段长城共测 GPS 点 10 个（G0215、G0218、G0219～G0222、G0225～G0227、G0229），可分为 7 小段，分述如下。

第 1 小段：G0215（起点、镇羌堡 3 号敌台、拐点）—G0218（断点），长 69 米，东北—西南走向，保存差。墙体底宽 6～7、顶宽 0.8～1.5、残高 2～3.5 米。

第 2 小段：G0218（断点）—G0219（断点），长 51 米，东北—西南走向。墙体被扩田造地取土挖毁消失。

第 3 小段：G0219（断点）—G0220（断点），长 121 米，东北—西南走向，保存一般。墙体底宽 7～8、顶宽 1～2、残高 4～5.5 米。

第 4 小段：G0220（断点）—G0221（断点），长 564 米，东北—西南走向。墙体位于饮马河宽阔的河道和河滩地带，被河水冲毁消失。

第 5 小段：G0221（断点）—G0225（断点），长 60 米，东北—西南走向，保存一般。墙体底宽 8～9、顶宽 1～2.3、残高 4～5.5 米。镇羌堡 4 号敌台位于墙体上。

第 6 小段：G0225（断点）—G0226（断点），长 14 米，东北—西南走向。墙体被土路截断而消失。

第 7 小段：G0226（断点）—G0229（止点、得胜堡 1 号敌台），长 775 米，东北—西南走向，保存较好。墙体底宽 4～10、顶宽 2～4.5、残高 3～6.5 米。得胜口关位于墙体中段。墙体南侧（山西省一侧）有镇羌堡，北距墙体 0.3 千米（彩图二一三）。

墙体整体保存较差，坍塌损毁严重，部分段墙体消失。除洪水冲毁致墙体消失外，风雨侵蚀、植物生长等也造成墙体坍塌脱落，表面凹凸不平，有裂缝、沟槽、孔洞等，部分段墙体两侧坍塌成坡状，整体呈土梁状；人为因素主要有扩田造地取土挖毁墙体、修路挖毁墙体、随意踩踏、取土挖损等。

镇羌堡大边长城 1～3 段位于山西省与内蒙古自治区交界处。墙体构筑在饮马河两岸的丘陵平川地带，地势平缓，落差不大。所在区域土壤为淡栗钙土。长城附近植被一般。

镇羌堡村人口约 500 人。居民以农业和家畜饲养业为主，农作物主要有马铃薯、莜麦、谷黍、豆类、胡麻等。长城东侧有大准铁路，有穿过长城墙体的乡村土路。

20. 得胜堡大边长城

起点位于堡子湾乡得胜堡村北 1.1 千米处，高程 1187 米；止点位于得胜堡村西北 1.8 千米处，高程 1200 米。大致呈东北—西南走向。全长 1865 米，其中保存较好 325、一般 746、较差 736、消失 58 米。墙体为土墙，黄土夯筑而成，含少量砂砾，夯层厚 0.15～0.2 米。现存墙体剖面大致呈不规则梯形，墙体底宽 8～12、顶宽 1～5、残高 1～7 米。该段长城东北接镇羌堡大边长城 3 段，西南连二十一墙大边长城 1 段。墙体南侧（山西省一侧）有得胜堡和马市堡，得胜堡北距墙体 1 千米。得胜堡 1～4 号敌台位于墙体上。墙体北侧（内蒙古自治区一侧）八棱碑山上有四台沟烽火台，南距墙体 0.589 千米。墙体南侧（即山西省一侧）有得胜堡 1～3 号烽火台，北距墙体 0.03～0.06 千米（图一二九）。

本段墙体共测 GPS 点 8 个（G0229、G0231、G0233～G0235、G0791、G0239、G0240），可分为 6 小段，分述如下。

第 1 小段：G0229（起点、得胜堡 1 号敌台）—G0231（得胜堡 2 号敌台），长 325 米，东北—西南走向，保存较好。G0229（起点、得胜堡 1 号敌台）西南 0.03 千米处墙体被修筑水渠挖断 8 米，中段被挖断 5 米。墙体底宽 12、顶宽 4～5、北壁残高 3～4、南壁残高 4～5 米。

第 2 小段：G0231（得胜堡 2 号敌台）—G0233（断点），长 300 米，东北—西南走向，保存一般。墙体底宽 9～10、顶宽 1～3.5、北壁残高 1～4.2、南壁残高 4～7 米。

第 3 小段：G0233（断点）—G0234（得胜堡 3 号敌台、断点），长 18 米，东北—西南走向。墙体被南北向土路截断而消失。

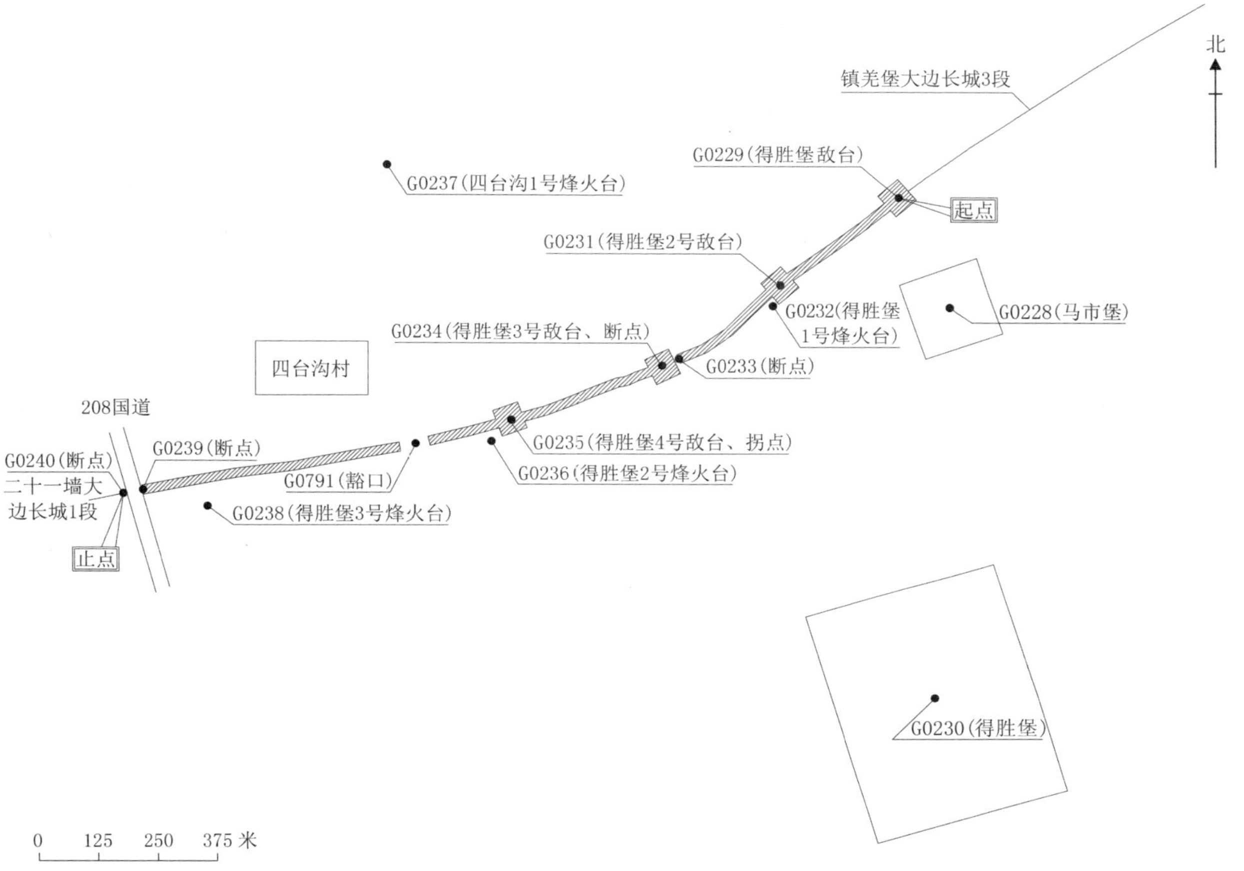

图一二九　得胜堡大边长城走向示意图

第4小段：G0234（得胜堡3号敌台、断点）—G0235（得胜堡4号敌台、拐点），长446米，东北—西南走向，保存一般。墙体底宽8～10、顶宽1～3、残高4～6米。

第5小段：G0235（得胜堡4号敌台、拐点）—G0239（断点），长736米，东北—西南走向，保存较差。G0235（得胜堡4号敌台、拐点）西0.1千余米处被田间土路截断5米。墙体底宽9～11、顶宽1～2.6、残高1～3.6米。

第6小段：G0239（断点）—G0240（止点、断点），长40米，东北—西南走向。墙体被南北向的208国道截断而消失。

墙体整体保存较差，坍塌损毁严重。由于风雨侵蚀、植物生长等造成墙体坍塌脱落，表面凹凸不平，有裂缝、沟槽、孔洞等；人为因素主要有农业生产活动破坏、修筑水渠挖断墙体、修路挖毁墙体、挖掘墙体开通便道、随意踩踏、取土挖损等。

得胜堡大边长城位于山西省与内蒙古自治区交界处。墙体沿八棱碑山南麓、饮马河西岸丘陵平川地带向西南延伸，地势北高南低，略有起伏，落差不大。所在区域土壤为淡栗钙土。长城两侧为耕地，植被一般。

得胜堡村人口约3000人。居民以农业和家畜饲养业为主，农作物主要有马铃薯、莜麦、谷黍、豆类、胡麻等。附近有穿过长城墙体的208国道、乡村土路。

21. 二十一墙大边长城1段

起点位于堡子湾乡二十一墙村东北2.1千米处，高程1200米；止点位于二十一墙村北0.5千米处，高程1214米。大致呈东北—西南走向。全长1701米，其中保存一般782、较差753、消失166米。墙体为土墙，黄土夯筑而成，含少量砂砾，夯层厚0.15～0.2米。现存墙体剖面大致呈不规则梯形，底宽9～15、顶宽1～2.6、残高0.5～7米。该段长城东北接得胜堡大边长城，西南连二十一墙大边长城2段。二十一墙1～6号敌台位于墙体上。墙体南侧（山西省一侧）有二十一墙1号烽火台，北距墙体0.022千米（图一三〇）。

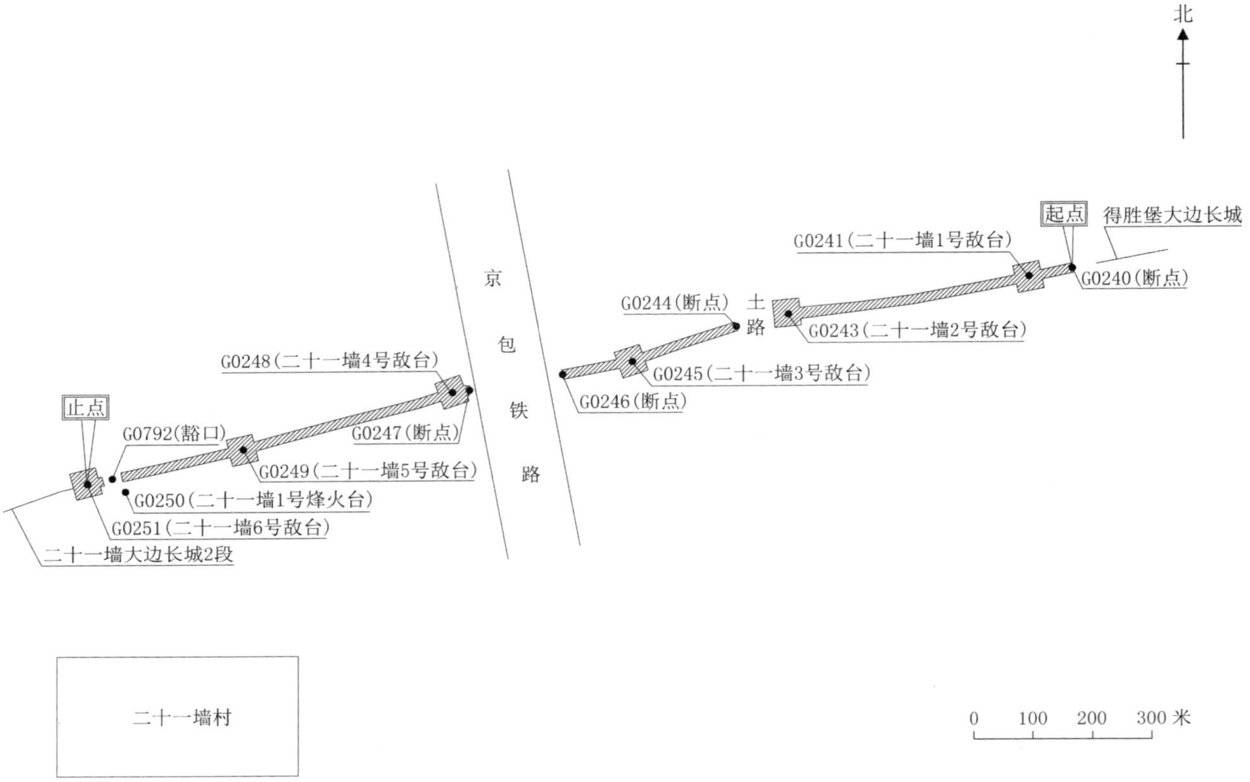

图一三〇 二十一墙大边长城1段走向示意图

本段墙体共测GPS点11个（G0240、G0241、G0243～G0249、G0792、G0251），可分为7小段，分述如下。

第1小段：G0240（起点、断点）—G0241（二十一墙1号敌台），长65米，东北—西南走向，保存较差。墙体底宽12～15、顶宽1～2、北壁残高6～7、南壁残高4～5米。

第2小段：G0241（二十一墙1号敌台）—G0243（二十一墙2号敌台），长414米，东北—西南走向，保存一般。北侧（内蒙古自治区一侧）为内蒙古自治区丰镇市开发区，有煤场、化工厂等重污染企业。南侧（山西省一侧）为大面积杨树林。墙体底宽9～12、顶宽1～2、北壁残高2～3、南壁残高4～6米。

第3小段：G0243（二十一墙2号敌台）—G0244（断点），长24米，东北—西南走向。墙体被南北向土路截断而消失。

第4小段：G0244（断点）—G0246（断点），长368米，东北—西南走向，保存一般。北侧（内蒙古自治区一侧）为内蒙古自治区丰镇市开发区，有煤场、化工厂等重污染企业。南侧（山西省一侧）为大面积杨树林。G0246（断点）西邻（北）京包（头）铁路。墙体底宽9～12、顶宽1～2、北壁残高2～3、南壁残高4～6米。二十一墙3号敌台位于墙体上。

第5小段：G0246（断点）—G0247（断点），长142米，东北—西南走向。墙体被南北向的（北）京包（头）铁路截断而消失。

第6小段：G0247（断点）—G0249（二十一墙5号敌台），长375米，东北—西南走向，保存较差。北侧（内蒙古自治区一侧）为内蒙古自治区丰镇市开发区，有煤场、化工厂等重污染企业。南侧（山西省一侧）为大面积杨树林。墙体底宽9～11、顶宽1～2.6、残高0.5～4米。二十一墙4号敌台位于墙体上。

第7小段：G0249（二十一墙5号敌台）—G0251（止点、二十一墙5号敌台），长313米，东北—西南走向，保存较差。G0251（止点、二十一墙5号敌台）东侧被土路截断4米。墙体底宽9～11、顶宽1～2.6、残高0.5～4米。

墙体整体保存较差，坍塌损毁严重。由于风雨侵蚀、植物生长等造成墙体坍塌脱落，表面凹凸不平，有裂缝、沟槽、孔洞等，部分段墙体两侧坍塌成坡状，整体呈土梁状；人为因素主要有修筑道路、铁路挖毁墙体、挖掘墙体开通便道、农业生产活动破坏、随意踩踏、取土挖损等。

22. 二十一墙大边长城2段

起点位于堡子湾乡二十一墙村北0.5千米处，高程1214米；止点位于二十一墙村西1.4千米处，高程1261米。大致呈东北—西南走向。全长1838米，其中保存较好591、一般1247米。墙体为土墙，红土夯筑而成，夯层厚0.17～0.23米。现存墙体剖面大致呈不规则梯形，底宽9～12、顶宽1～3、残高1～7米。该段长城东北接二十一墙大边长城1段，西南连二十一墙大边长城3段。二十一墙6～10号敌台位于墙体上。墙体南侧（山西省一侧）有二十一墙2、3号烽火台，北距墙体0.024～0.035千米（图一三一）。

本段墙体共测GPS点5个（G0251、G0254～G0257），可分为4小段，分述如下。

第1小段：G0251（起点、二十一墙6号敌台）—G0254（二十一墙7号敌台），长591米，东北—西南走向，保存较好。墙体底宽9～12、顶宽1～3、北壁残高1～4、南壁残高4～6米（彩图二一四）。

第2小段：G0254（二十一墙7号敌台）—G0255（二十一墙8号敌台），长626米，东北—西南走向，保存一般。北侧（内蒙古自治区一侧）为内蒙古自治区丰镇市开发区，有煤场、化工厂等重污染企业。近处两侧为杨树林。墙体底宽9～12、顶宽1～2、北壁残高2～3、南壁残高4～6米。

第3小段：G0255（二十一墙8号敌台）—G0256（二十一墙9号敌台），长260米，东北—西南走向，保存一般。北侧（内蒙古自治区一侧）为内蒙古自治区丰镇市开发区，有煤场、化工厂等重污染企业。近处两侧为杨树林。墙体底宽9～12、顶宽1～3、残高4～6米。

第4小段：G0256（二十一墙9号敌台）—G0257（止点、二十一墙10号敌台），长361米，东北—西南走向，保存一般。北侧（内蒙古自治区一侧）为内蒙古自治区丰镇市开发区，有煤场、化工厂等重污染企业。近处两侧为杨树林。墙体底宽9～12、顶宽1～3、残高4～6米。

墙体整体保存一般，坍塌损毁严重。由于风雨侵蚀、植物生长等造成墙体坍塌脱落，表面凹凸不平，有裂缝、沟槽、孔洞等；人为因素主要有随意踩踏等。

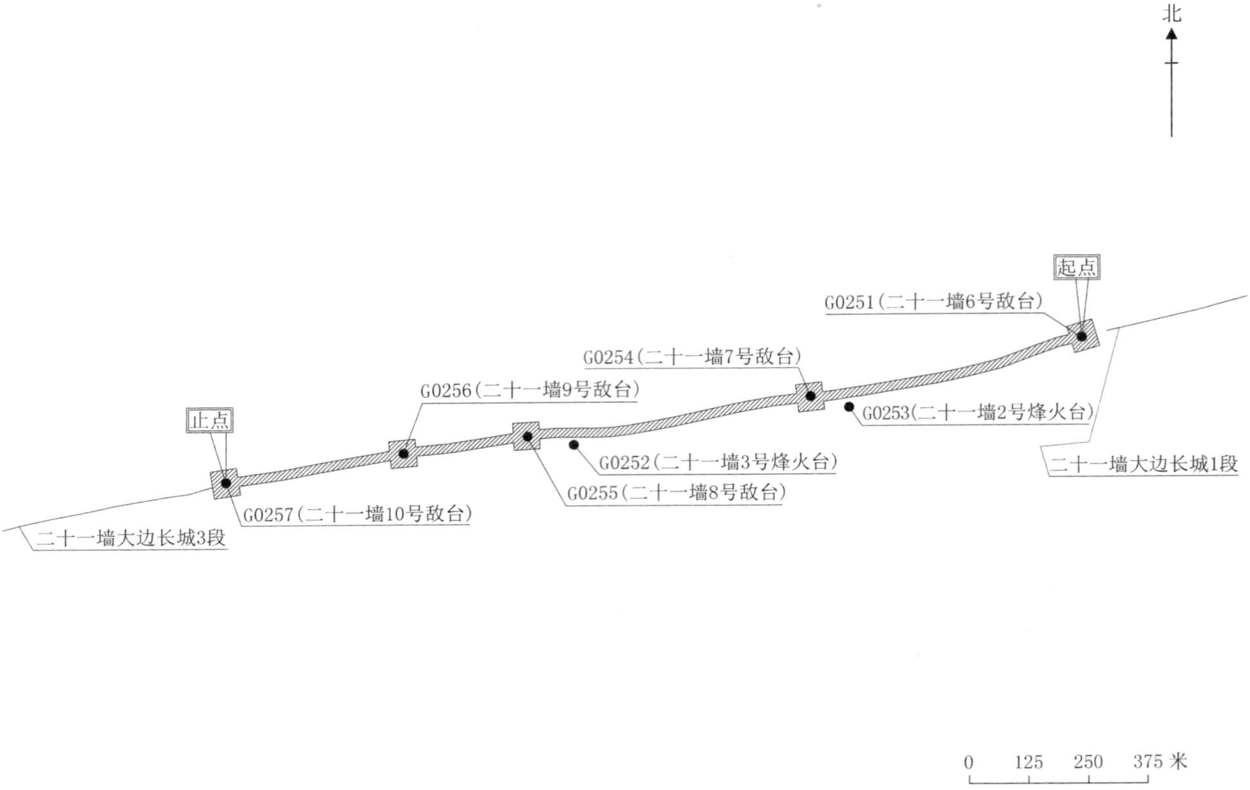

图一三一　二十一墙大边长城 2 段走向示意图

23. 二十一墙大边长城 3 段

起点位于堡子湾乡二十一墙村西 1.4 千米处，高程 1261 米；止点位于二十一墙村西南 3 千米处，高程 1252 米。大致呈东北—西南走向。全长 1629 米，其中保存一般 1561、消失 68 米。墙体为土墙，红土和褐土夯筑而成，夯层厚 0.17 ~ 0.23 米。现存墙体剖面大致呈不规则梯形，底宽 9 ~ 12、顶宽 1 ~ 3、残高 1 ~ 7 米。该段长城东北接二十一墙大边长城 2 段，西北连二十一墙大边长城 4 段。二十一墙 10 ~ 14 号敌台位于墙体上。墙体南侧（山西省一侧）有二十一墙 4 号烽火台，北距墙体 0.066 千米（图一三二）。

本段墙体共测 GPS 点 8 个（G0257、G0259 ~ G0265），可分为小 7 段，分述如下。

第 1 小段：G0257（起点、二十一墙 10 号敌台）—G0259（二十一墙 11 号敌台），长 351 米，东北—西南走向，保存一般。墙体底宽 9 ~ 12、顶宽 1 ~ 3、北壁残高 2 ~ 4、南壁残高 3 ~ 5 米。

第 2 小段：G0259（二十一墙 11 号敌台）—G0260（二十一墙 12 号敌台），长 324 米，东北—西南走向，保存一般。北侧（内蒙古自治区一侧）为内蒙古自治区丰镇市开发区，有煤场、化工厂等重污染企业，近处两侧为杨树林。墙体底宽 9 ~ 12、顶宽 1 ~ 2、北壁残高 2 ~ 3、南壁残高 4 ~ 5 米（彩图二一五）。

第 3 小段：G0260（二十一墙 12 号敌台）—G0261（断点），长 45 米，东北—西南走向。墙体被 204 省道截断而消失。

第 4 小段：G0261（断点）—G0262（二十一墙 13 号敌台），长 287 米，东北—西南走向，保存一

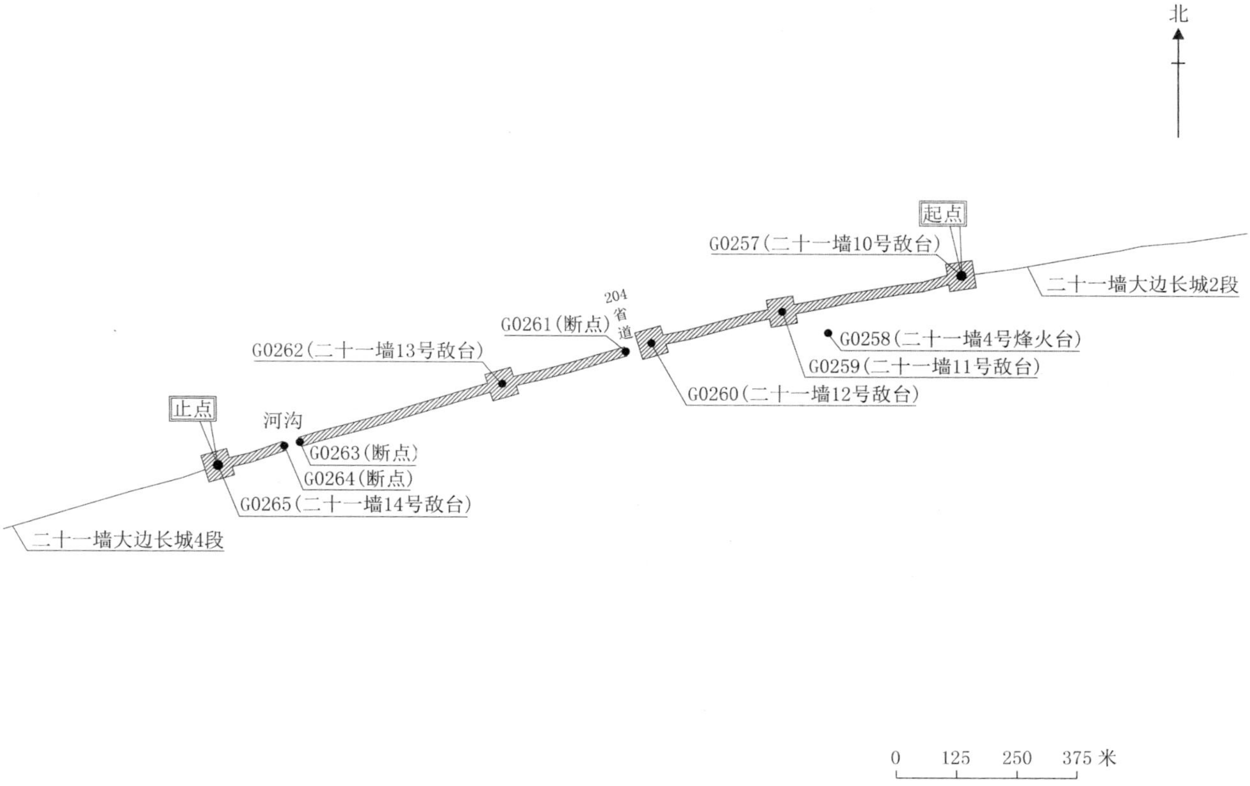

图一三二　二十一墙大边长城 3 段走向示意图

般。北侧（内蒙古自治区一侧）为内蒙古自治区丰镇市开发区，有煤场、化工厂等重污染企业，近处两侧为杨树林。G0261（断点）处墙体断面有挖掘取土痕迹。墙体底宽 9 ~ 12、顶宽 1 ~ 3、残高 4 ~ 6 米。

第 5 小段：G0262（二十一墙 13 号敌台）—G0263（断点），长 439 米，东北—西南走向，保存一般。北侧（内蒙古自治区一侧）为内蒙古自治区丰镇市开发区，有煤场、化工厂等重污染企业，近处两侧为杨树林。墙体底宽 9 ~ 12、顶宽 1 ~ 3、残高 4 ~ 6 米。

第 6 小段：G0263（断点）—G0264（断点），长 23 米，东北—西南走向。墙体被洪水冲毁而消失。

第 7 小段：G0264（断点）—G0265（止点、二十一墙 14 号敌台），长 160 米，东北—西南走向，保存一般。北侧（内蒙古自治区一侧）为内蒙古自治区丰镇市开发区，有煤场、化工厂等重污染企业，近处两侧为杨树林。墙体底宽 9 ~ 12、顶宽 1 ~ 2、残高 4 ~ 6 米。

墙体整体保存一般，坍塌损毁严重，部分段墙体消失。除洪水冲毁致墙体消失外，风雨侵蚀、植物生长等也造成墙体坍塌脱落，表面凹凸不平，有裂缝、沟槽、孔洞等，部分段墙体两侧坍塌成坡状，整体呈土梁状；人为因素主要有修路挖毁墙体、农业生产活动破坏、随意踩踏、取土挖损等。

24. 二十一墙大边长城 4 段

起点位于堡子湾乡二十一墙村西南 3 千米处，高程 1252 米；止点位于二十一墙村西南 4.8 千米处，高程 1230 米。大致呈东北—西南走向。全长 1881 米，均保存一般。墙体为土墙，红土和褐土夯筑而成，夯层厚0.17～0.23米。现存墙体剖面大致呈不规则梯形，底宽9～15、顶宽1～3、残高3～6米。该段长城东北接二十一墙大边长城3段，西南连拒墙堡大边长城1段。二十一墙14～16号敌台位于墙体上。墙体南侧（山西省一侧）有二十一墙5、6号烽火台，北距墙体0.072～0.165千米（图一三三）。

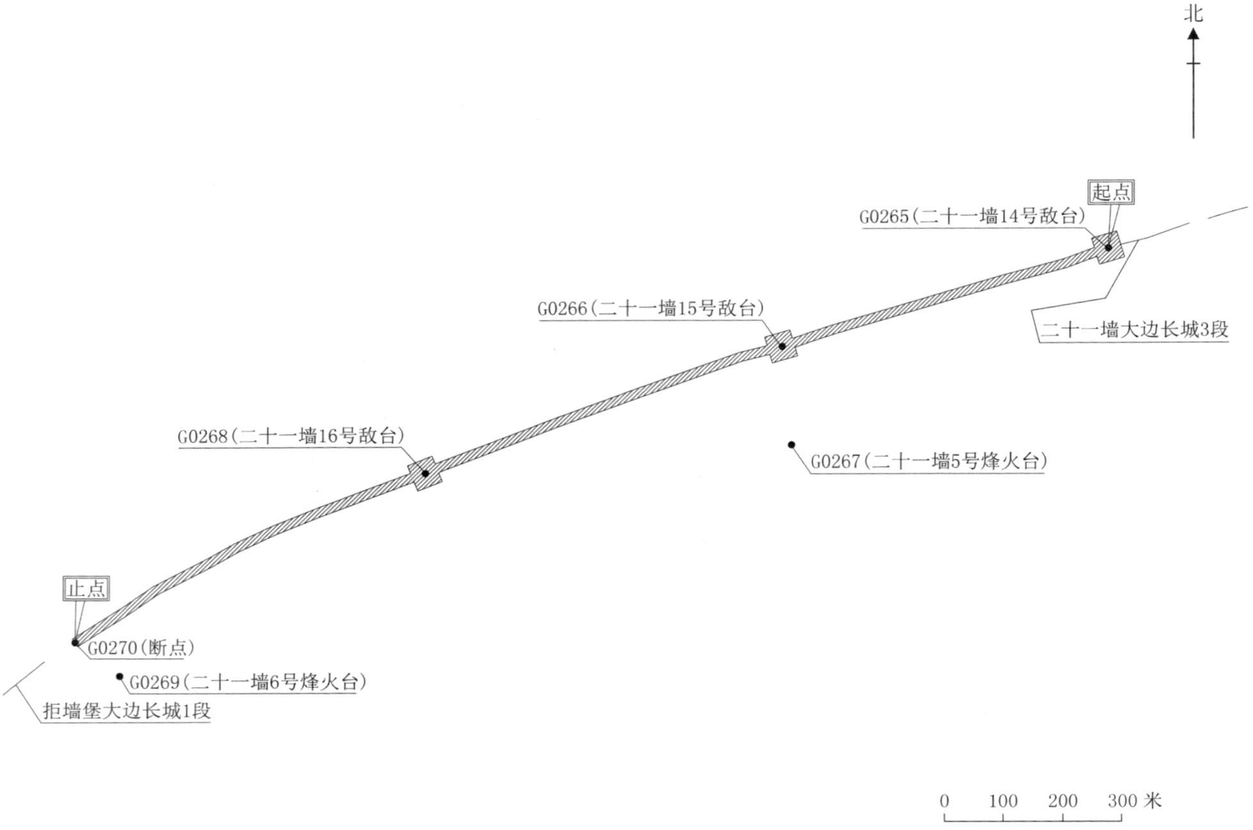

图一三三　二十一墙大边长城4段走向示意图

本段墙体共测GPS点4个（G0265、G0266、G0268、G0270），可分为小3段，分述如下。

第1小段：G0265（起点、二十一墩14号敌台）—G0266（二十一墩15号敌台），长607米，东北—西南走向，保存一般。墙体底宽9～15、顶宽1～3、残高3～6米。

第2小段：G0266（二十一墩15号敌台）—G0268（二十一墩16号敌台），长619米，东北—西南走向，保存一般。墙体底宽9～15、顶宽1～3、残高3～6米。

第3小段：G0268（二十一墩16号敌台）—G0270（止点、断点），长655米，东北—西南走向，保存一般。墙体底宽9～12、顶宽1～2、残高3～4米。

墙体整体保存一般，坍塌损毁严重。由于风雨侵蚀、植物生长等造成墙体坍塌脱落，表面凹凸不平，有裂缝、沟槽、孔洞等；人为因素主要有随意踩踏等。

二十一墙大边长城1～4段位于山西省与内蒙古自治区交界处。墙体地处黄土高原矮山丘陵地带，地势略有起伏，落差不大。所在区域土壤为淡栗钙土。长城两侧为荒坡、耕地、林地，植被较好。

二十一墙村人口约600人。居民以农业和家畜饲养业为主，农作物主要有马铃薯、莜麦、谷黍、豆类、胡麻等。附近有穿过长城墙体的京包铁路、204省道、乡村土路。

25. 拒墙堡大边长城1段

起点位于堡子湾乡拒墙堡村东北2.1千米处，高程1230米；止点位于拒墙堡村东北0.38千米处，高程1213米。大致呈东北—西南走向。全长1785米，其中保存一般768、较差682、差201、消失134米。墙体为土墙，红土和褐土夯筑而成，夯层厚0.17~0.23米。现存墙体剖面大致呈不规则梯形，底宽8~10、顶宽0.5~2.1、残高0.2~5米。该段长城东北接二十一墙大边长城4段，西南连拒墙堡大边长城2段。拒墙堡1~4号敌台位于墙体上。墙体东南（山西省一侧）有拒墙堡1号烽火台，西北距墙体0.07千米（图一三四）。

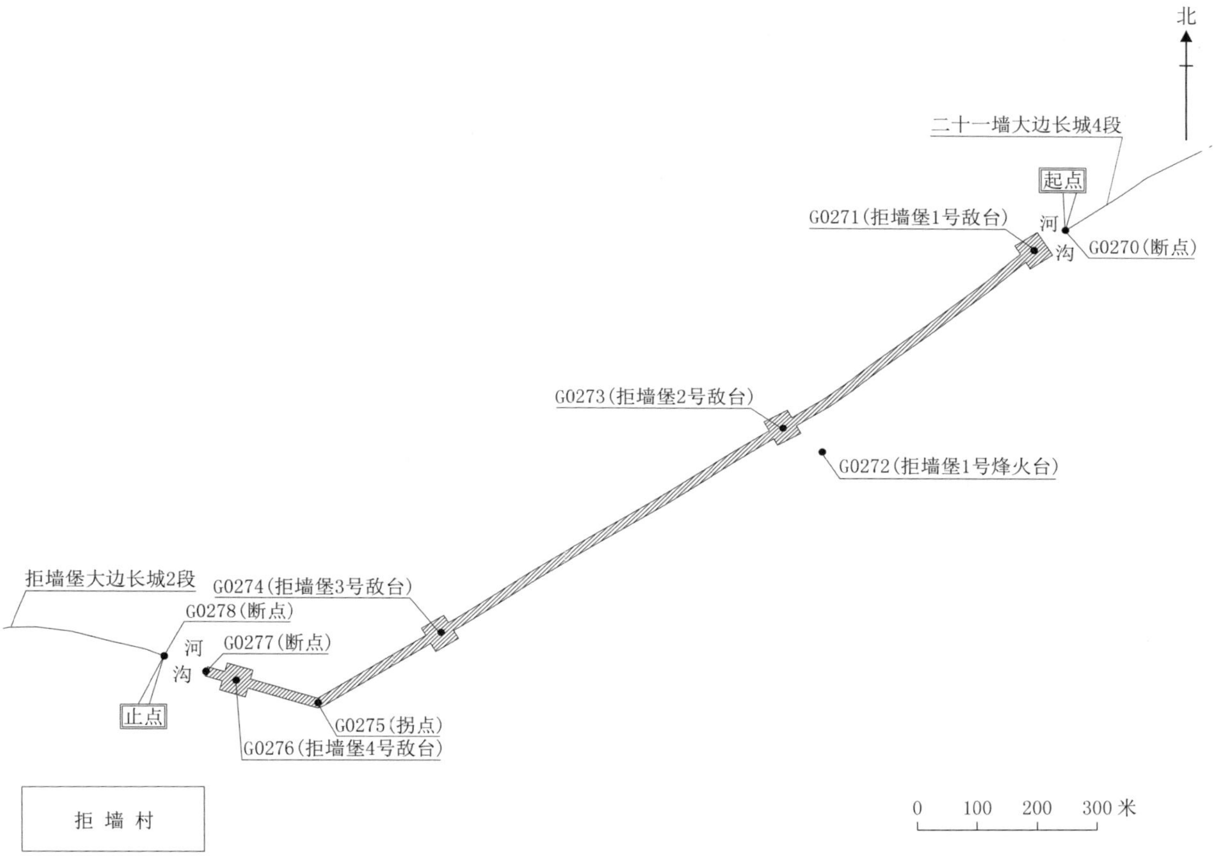

图一三四　拒墙堡大边长城1段走向示意图

本段墙体共测GPS点8个（G0270、G0271、G0273~G0278），可分为6小段，分述如下。

第1小段：G0270（起点、断点）—G0271（拒墙堡1号敌台），长62米，东北—西南走向。墙体被洪水冲毁而消失。河沟内有杨树林。

第2小段：G0271（拒墙堡1号敌台）—G0273（拒墙堡2号敌台），长533米，东北—西南走向，保存一般。墙体底宽9~10、顶宽0.8~2.1、残高3~5米。得（胜口）大（同）高速公路从此段墙体下穿过，对墙体未造成损害（彩图二一六）。

第3小段：G0273（拒墙堡2号敌台）—G0274（拒墙堡3号敌台），长682米，东北—西南走向，保存较差。墙体底宽8~10、顶宽0.5~1.2、残高2~4米。

第4小段：G0274（拒墙堡3号敌台）—G0275（拐点），长235米，东北—西南走向，保存一般。

墙体底宽 9～10、顶宽 0.8～2.1、残高 3～5 米。

第 5 小段：G0275（拐点）—G0277（断点），长 201 米，东—西走向，保存差。墙体底宽 8～10、顶宽 0.5～1.2、残高 0.2～1.5 米。

第 6 小段：G0277（断点）—G0278（止点、断点），长 72 米，墙体被洪水冲毁而消失。河沟内有土路。

墙体整体保存较差，坍塌损毁严重，部分段墙体消失。除洪水冲毁致墙体消失外，风雨侵蚀、植物生长等也造成墙体坍塌脱落，表面凹凸不平，有裂缝、沟槽、孔洞等；人为因素主要有紧贴墙体开荒种地、随意踩踏等。

26. 拒墙堡大边长城 2 段

起点位于堡子湾乡拒墙堡村东北 0.38 千米处，高程 1213 米；止点位于拒墙堡村西 1.2 千米处，高程 1221 米。大致呈东—西走向。全长 1592 米，其中保存一般 330、较差 960、消失 302 米。墙体为土墙，褐土夯筑而成，夯层厚 0.14～0.24 米。现存墙体剖面大致呈不规则梯形，底宽 6～8.5、顶宽 0.8～2.5、残高 1～8 米。该段长城东接拒墙堡大边长城 1 段，西连拒墙堡大边长城 3 段。墙体南侧（山西省一侧）有拒墙堡，北距墙体 0.35 千米。拒墙堡 5、6 号敌台位于墙体上。墙体北侧（内蒙古自治区一侧）有砖楼沟烽火台，南距墙体 0.031 千米（图一三五）。

本段墙体共测 GPS 点 8 个（G0278、G0279、G0282～G0287），可分为 7 小段，分述如下。

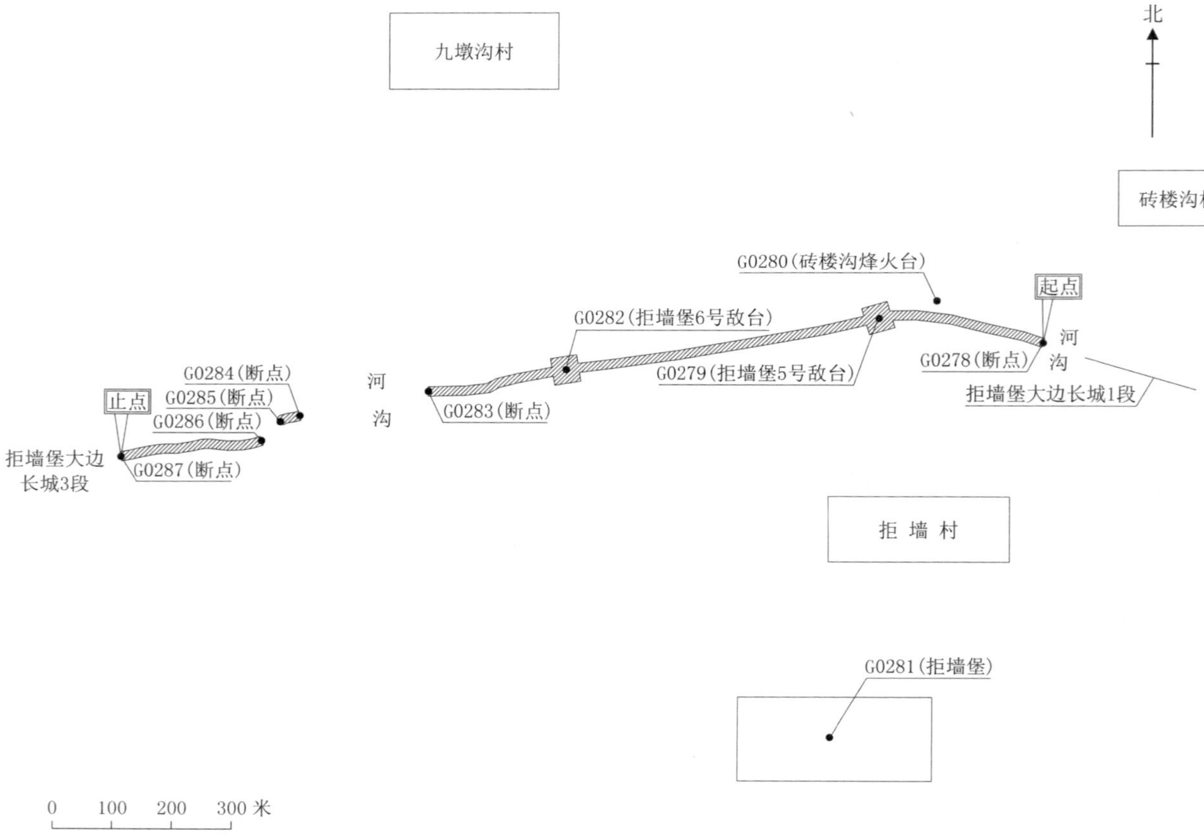

图一三五 拒墙堡大边长城 2 段走向示意图

第1小段：G0278（起点、断点）—G0279（拒墙堡5号敌台），长290米，东—西走向，保存一般。南邻拒墙堡村。墙体底宽6~8、顶宽1.2~2.5、残高6~8米。

第2小段：G0279（拒墙堡5号敌台）—G0282（拒墙堡6号敌台），长533米，东北—西南走向，保存较差。南、北均邻村落。墙体顶部在20世纪70年代被利用修筑成水渠，痕迹犹在。墙体底宽6~8.5、顶宽0.8~1.2、残高2~3米（彩图二一七）。

第3小段：G0282（拒墙堡6号敌台）—G0283（断点），长242米，东北—西南走向，保存较差。墙体底宽6~8.5、顶宽0.8~1.2、残高2~3米。

第4小段：G0283（断点）—G0284（断点），长207米，东北—西南走向。墙体被洪水冲毁而消失。河沟内有大片耕地和杨树林。

第5小段：G0284（断点）—G0285（断点），长40米，东北—西南走向，保存一般。墙体底宽6~8、顶宽1.2~2.5、残高3~5米。

第6小段：G0285（断点）—G0286（断点），长95米，东北—西南走向。墙体被洪水冲毁而消失。

第7小段：G0286（断点）—G0287（止点、断点），长185米，东北—西南走向，保存较差。墙体底宽6~7、顶宽0.8~1.2、残高1~3米。

墙体整体保存较差，坍塌损毁严重，部分段墙体消失。除洪水冲毁致墙体消失外，风雨侵蚀、植物生长等也造成墙体坍塌脱落，表面凹凸不平，有裂缝、沟槽、孔洞等；人为因素主要有紧贴墙体开荒种地、墙体顶部修筑水渠、随意踩踏等。

27. 拒墙堡大边长城3段

起点位于堡子湾乡拒墙堡村西1.2千米处，高程1221米；止点位于拒墙堡村西3.2千米处，高程1270米。大致呈东—西走向。全长2044米，其中保存一般1319、消失725米。墙体为土墙，黄土夯筑而成，夯层厚0.14~0.24米。现存墙体剖面大致呈不规则梯形，底宽6~9、顶宽0.4~1.7、残高3~8米。该段长城东接拒墙堡大边长城2段，西连拒墙堡大边长城4段。拒墙堡7~9号敌台位于墙体上。墙体南侧（山西省一侧）有拒墙堡2、3号烽火台，北距墙体0.238~0.93千米（图一三六）。

本段墙体共测GPS点5个（G0287、G0289、G0290、G0292、G0293），可分为4小段，分述如下。

第1小段：G0287（起点、断点）—G0289（断点），长725米，东北—西南走向。墙体位于低凹地带，被洪水冲毁或扩田造地取土挖毁消失。河沟内有土路、耕地。

第2小段：G0289（断点）—G0290（拒墙堡7号敌台），长367米，东北—西南走向，保存一般。墙体底宽6~8、顶宽0.8~1.5、残高3~5米。

第3小段：G0290（拒墙堡7号敌台）—G0292（拒墙堡8号敌台），长475米，东北—西南走向，保存一般。墙体底宽6~8.5、顶宽1~1.7、残高5~8米。

第4小段：G0292（拒墙堡8号敌台）—G0293（止点、拒墙堡9号敌台），长477米，东北—西南走向，保存一般。墙体底宽7~8、顶宽0.4~1、残高3~5米。

墙体整体保存较差，坍塌损毁严重，部分段墙体消失。除洪水冲毁致墙体消失外，风雨侵蚀、植物生长等也造成墙体坍塌脱落，表面凹凸不平，有裂缝、沟槽、孔洞等；人为因素主要有扩田造地取土挖毁墙体、随意踩踏等。

28. 拒墙堡大边长城4段

起点位于堡子湾乡拒墙堡村西3.2千米处，高程1270米；止点位于拒墙堡村西南4.7千米处，高

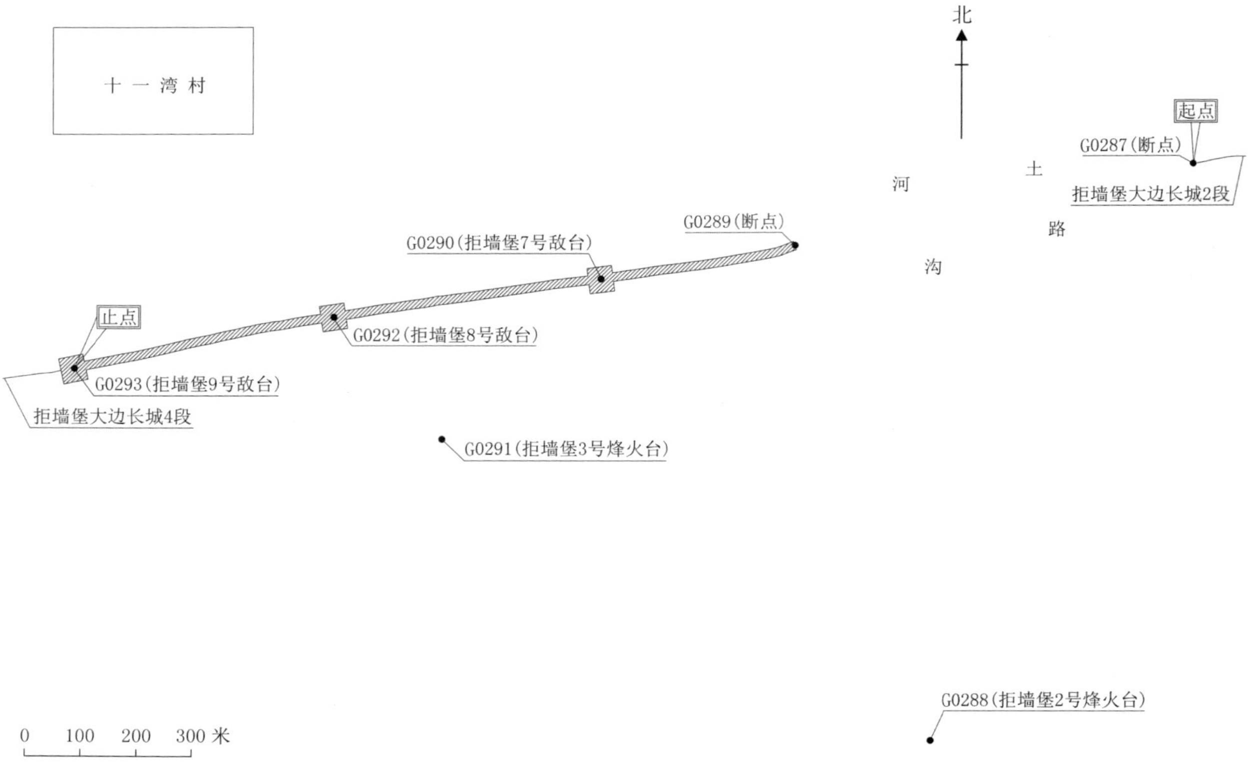

图一三六　拒墙堡大边长城3段走向示意图

程1288米。大致呈东北—西南走向。全长1446米，其中保存一般1408、消失38米。墙体为土墙，黄土夯筑而成，夯层厚0.14～0.24米。现存墙体剖面大致呈不规则梯形，底宽7～8、顶宽0.4～1.7、残高3～5米。该段长城东北接拒墙堡大边长城3段，西南连拒门口大边长城1段。拒墙堡9～12号敌台位于墙体上。墙体北侧（内蒙古自治区一侧）有十一湾烽火台，南距墙体0.126千米。墙体南侧（山西省一侧）有拒墙堡4号烽火台，北距墙体0.016千米（图一三七）。

本段墙体共测GPS点9个（G0293～G0295、G0297～G0299、G0793、G0300、G0302），可分为6小段，分述如下。

第1小段：G0293（起点、拒墙堡9号敌台）—G0295（拒墙堡10号敌台），长384米，东北—西南走向，保存一般。墙体底宽7～8、顶宽0.8～1.5、残高3～5米。

第2小段：G0295（拒墙堡10号敌台）—G0297（断点），长98米，东北—西南走向，保存一般。墙体底宽7～8、顶宽1～1.7、残高3～5米。

第3小段：G0297（断点）—G0298（断点），长38米，东北—西南走向。墙体被洪水冲毁而消失。

第4小段：G0298（断点）—G0299（拒墙堡11号敌台），长261米，东北—西南走向，保存一般。墙体底宽7～8、顶宽0.4～1、残高3～5米。

第5小段：G0299（拒墙堡11号敌台）—G0300（拒墙堡12号敌台），长391米，东北—西南走向，保存一般。G0299（拒墙堡11号敌台）西0.03千米处墙体被南北向土路截断4米。墙体底宽7～8、顶宽0.4～1、残高3～5米。

第6小段：G0300（拒墙堡12号敌台）—G0302（止点、断点），长274米，东北—西南走向，保

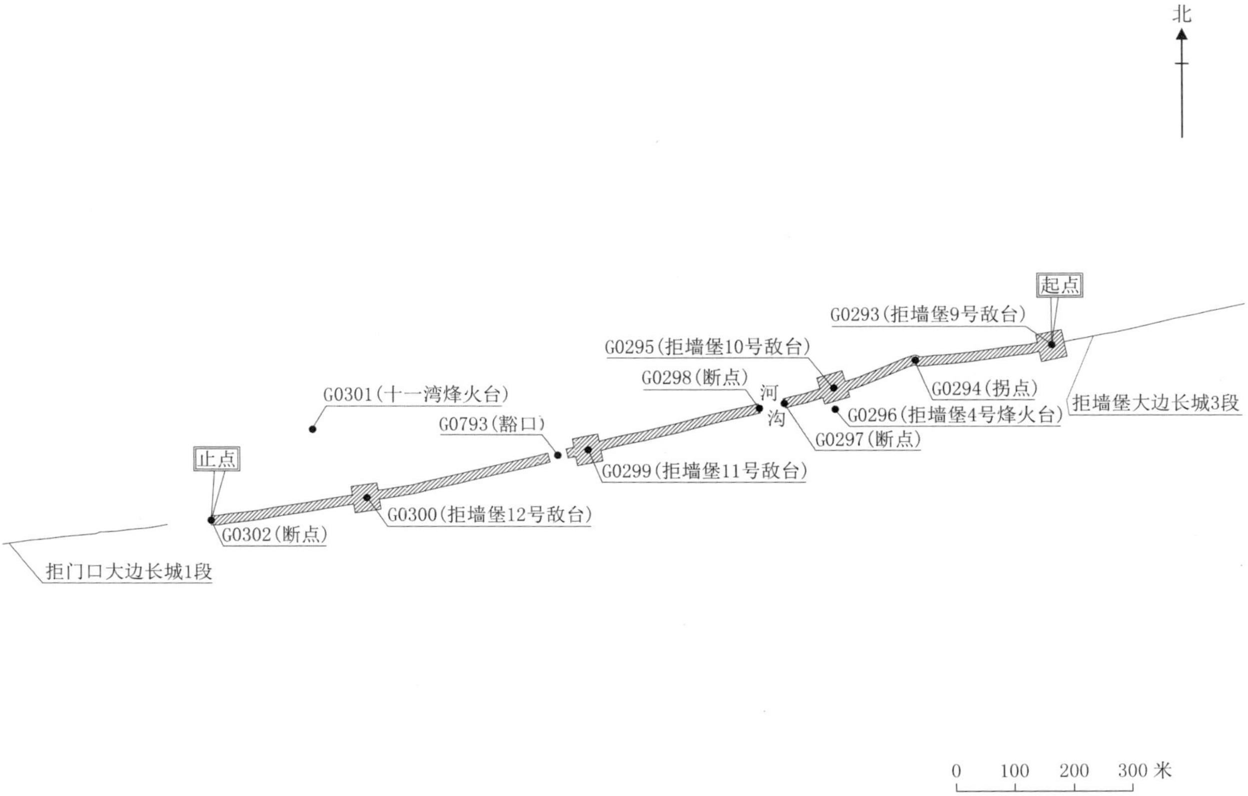

图一三七　拒墙堡大边长城4段走向示意图

存一般。墙体底宽7~8、顶宽0.4~1、残高2~5米（彩图二一八）。

墙体整体保存一般，坍塌损毁严重，部分段墙体消失。除洪水冲毁致墙体消失外，风雨侵蚀、植物生长等也造成墙体坍塌脱落，表面凹凸不平，有裂缝、沟槽、孔洞等；人为因素主要有挖掘墙体开通便道、随意踩踏等。

拒墙堡大边长城1~4段位于山西省与内蒙古自治区交界处。墙体地处黄土高原矮山丘陵地带，地势略有起伏，落差不大。所在区域土壤为淡栗钙土。长城两侧为荒坡、耕地、林地，植被较好。

拒墙堡村人口约2800人。居民以农业和家畜饲养业为主，农作物主要有马铃薯、莜麦、谷黍、豆类、胡麻等。得大高速公路从墙体下穿过，对墙体未造成损害。另有穿过长城墙体的乡村土路。

29. 拒门口大边长城1段

起点位于郭家窑乡拒门口村东北3.7千米处，高程1288米；止点位于拒门口村东北2千米处，高程1321米。大致呈东北—西南走向。全长1735米，其中保存一般1549、消失186米。墙体为土墙，黄土夯筑而成，夯层厚0.14~0.24米。现存墙体剖面大致呈不规则梯形，底宽7~8、顶宽0.4~2.3、残高3~6米。该段长城东北接拒墙堡大边长城4段，西南连拒门口大边长城2段。拒门口1~5号敌台位于墙体上。墙体南侧（山西省一侧）有拒门口1、2号烽火台，北距墙体0.016~0.146千米（图一三八）。

本段墙体共测GPS点9个（G0302、G0303、G0305~G0311、G0313~G0316），可分为11小段，分述如下。

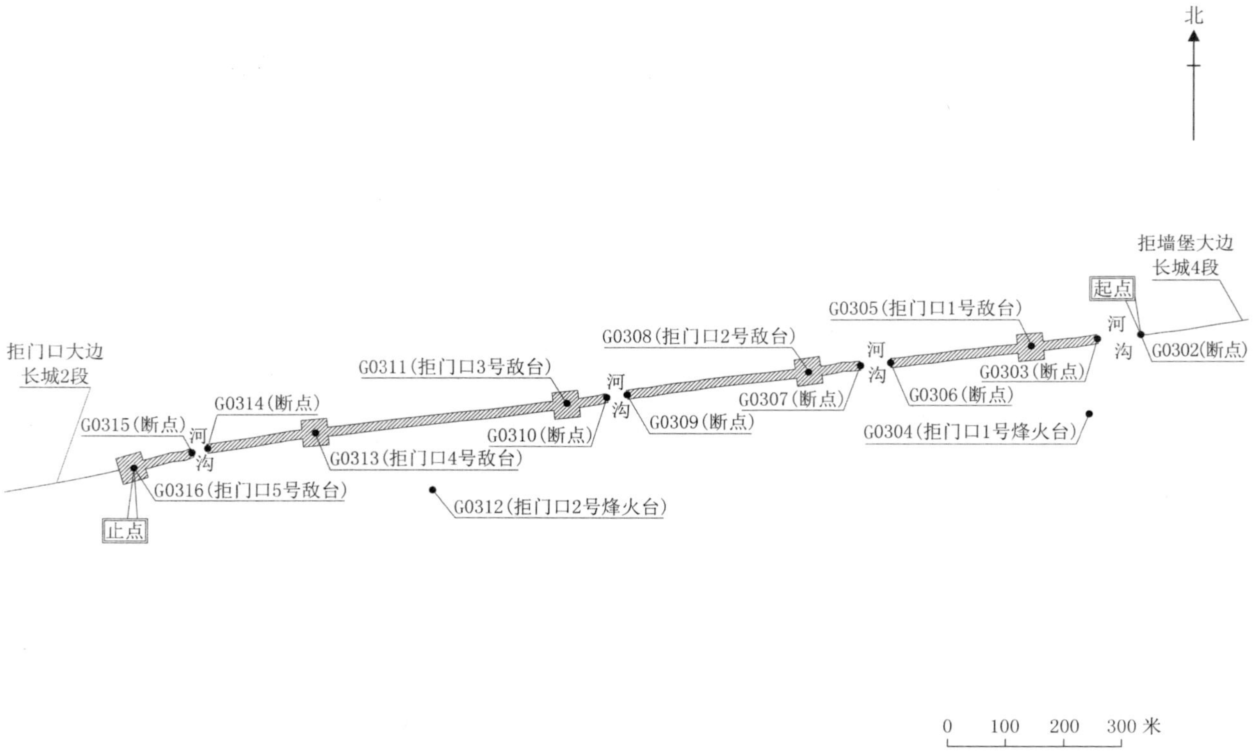

图一三八　拒门口大边长城 1 段走向示意图

第 1 小段：G0302（起点、断点）—G0303（断点），长 71 米，东北—西南走向。墙体被洪水冲毁而消失。

第 2 小段：G0303（断点）—G0305（拒门口 1 号敌台），长 98 米，东北—西南走向，保存一般。墙体底宽 7～8、顶宽 0.4～1、残高 4～6 米。

第 3 小段：G0305（拒门口 1 号敌台）—G0306（断点），长 264 米，东北—西南走向，保存一般。墙体底宽 7～8、顶宽 0.4～1、残高 4～6 米。

第 4 小段：G0306（断点）—G0307（断点），长 45 米，东北—西南走向。墙体被洪水冲毁而消失。

第 5 小段：G0307（断点）—G0308（拒门口 2 号敌台），长 97 米，东北—西南走向，保存一般。墙体底宽 7～8、顶宽 0.4～1、残高 4～6 米。

第 6 小段：G0308（拒门口 2 号敌台）—G0309（断点），长 305 米，东北—西南走向，保存一般。墙体底宽 7～8、顶宽 0.4～1、残高 4～6 米。

第 7 小段：G0309（断点）—G0310（断点），长 37 米，东北—西南走向。墙体被洪水冲毁而消失。

第 8 小段：G0310（断点）—G0313（拒门口 4 号敌台），长 480 米，东北—西南走向，保存一般。墙体底宽 7～8、顶宽 0.6～1.8、残高 4～6 米。拒门口 3 号敌台位于墙体上。

第 9 小段：G0313（拒门口 4 号敌台）—G0314（断点），长 215 米，东北—西南走向，保存一般。墙体底宽 7～8、顶宽 1～2.3、残高 4～6 米。

第 10 小段：G0314（断点）—G0315（断点），长 33 米，东北—西南走向。墙体被洪水冲毁而消失。

第 11 小段：G0315（断点）—G0316（止点、拒门口 5 号敌台），长 90 米，东北—西南走向，保存一般。墙体底宽 7 ~ 8、顶宽 0.6 ~ 1.8、残高 3 ~ 6 米。

墙体整体保存一般，坍塌损毁严重，部分段墙体消失。除洪水损毁致墙体消失外，风雨侵蚀、植物生长等也造成墙体坍塌脱落，表面凹凸不平，有裂缝、沟槽、孔洞等；人为因素主要有随意踩踏等。

30. 拒门口大边长城 2 段

起点位于郭家窑乡拒门口村东北 2 千米处，高程 1321 米；止点位于郭家窑乡拒门口村北 0.08 千米处，高程 1363 米。大致呈东北—西南走向。全长 1942 米，其中保存较好 559、一般 1189、消失 194 米。墙体为土墙，黄土夯筑而成，夯层厚 0.14 ~ 0.24 米。现存墙体剖面大致呈不规则梯形，底宽 7 ~ 10、顶宽 1 ~ 2.3、残高 4 ~ 6 米。该段长城东北接拒门口大边长城 1 段，西南连拒门口大边长城 3 段。拒门口 5 ~ 9 号敌台位于墙体上。墙体南侧（山西省一侧）有拒门口 3、4 号烽火台，北距墙体 0.07 ~ 0.13 千米（图一三九）。

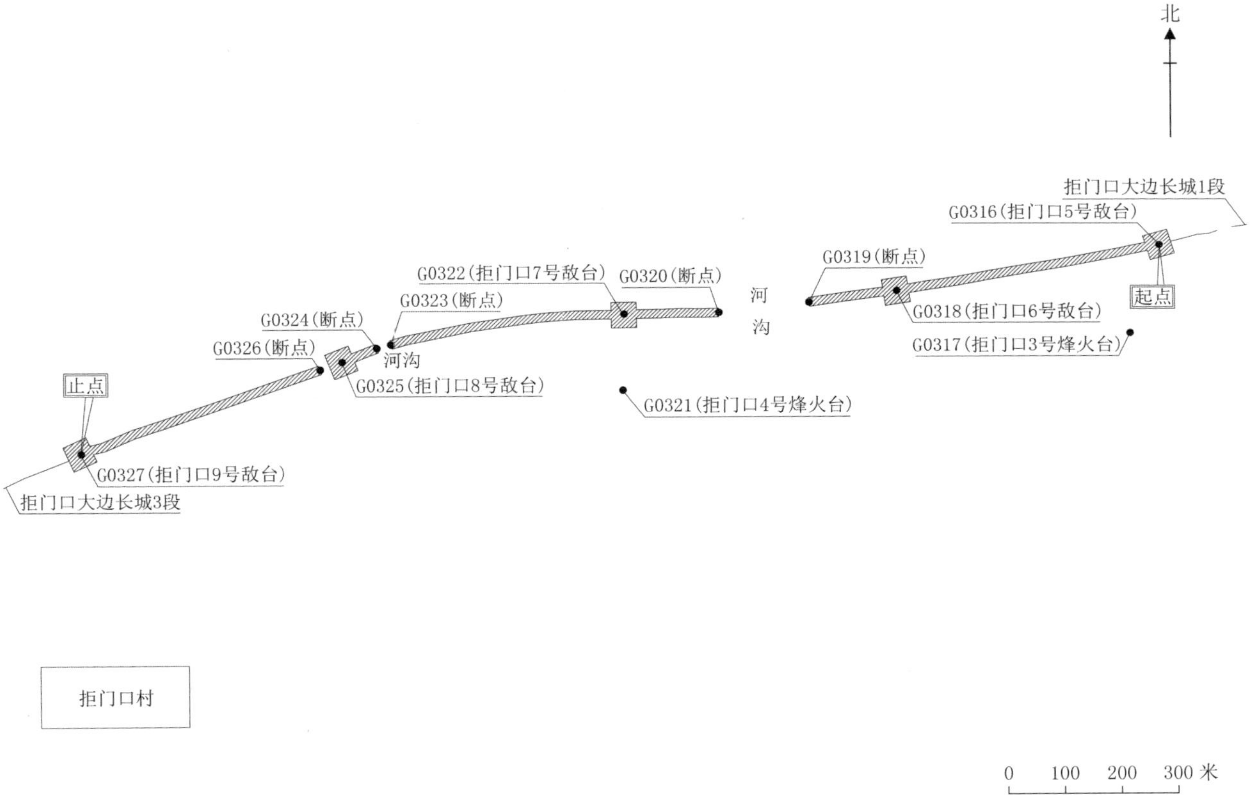

图一三九　拒门口大边长城 2 段走向示意图

本段墙体共测 GPS 点 10 个（G0316、G0318 ~ G0320、G0322 ~ G0327），可分为 9 小段，分述如下。

第 1 小段：G0316（起点、拒门口 5 号敌台）—G0318（拒门口 6 号敌台），长 479 米，东—西走向，保存较好。墙体底宽 9 ~ 10、顶宽 1 ~ 2.4、残高 4 ~ 6 米。

第 2 小段：G0318（拒门口 6 号敌台）—G0319（断点），长 158 米，东—西走向，保存一般。墙体底宽7～8、顶宽1～2.3、残高4～6米。

第3小段：G0319（断点）—G0320（断点），长154米，东—西走向，墙体被洪水冲毁而消失。

第4小段：G0320（断点）—G0322（拒门口7号敌台），长168米，东—西走向，保存一般。墙体底宽7～8、顶宽1～2.3、残高4～6米。

第5小段：G0322（拒门口7号敌台）—G0323（断点），长415米，东—西走向，保存一般。墙体底宽7～8、顶宽1～2.3米，高4～6米。

第6小段：G0323（断点）—G0324（断点），长17米，东—西走向。墙体被洪水冲毁而消失。

第7小段：G0324（断点）—G0325（拒门口8号敌台），长80米，东—西走向，保存较好。墙体底宽9～10、顶宽1～2.4、残高4～6米（彩图二一九）。

第8小段：G0325（拒门口8号敌台）—G0326（断点），长23米，大致呈东北—西南走向。墙体被洪水冲毁而消失。

第9小段：G0326（断点）—G0327（止点、拒门口9号敌台），长448米，大致呈东北—西南走向，保存一般。墙体底宽7～8、顶宽1～2.3、残高4～6米。

墙体整体保存一般，坍塌损毁严重，部分段墙体消失。除洪水损毁致墙体消失外，风雨侵蚀、植物生长等也造成墙体坍塌脱落，表面凹凸不平，有裂缝、沟槽、孔洞等；人为因素主要有随意踩踏等。

31. 拒门口大边长城3段

起点位于郭家窑乡拒门口村北0.08千米处，高程1363米；止点位于拒门口村西南1.1千米处，高程1326米。大致呈东北—西南走向。全长1155米，其中保存一般1036、消失119米。墙体为土墙，黄土夯筑而成，夯层厚0.14～0.24米。现存墙体剖面大致呈不规则梯形，底宽7～10、顶宽1～2.3、残高4～6米。该段长城东北接拒门口大边长城2段，西南连拒门堡大边长城1段。拒门口9～12号敌台位于墙体上（图一四〇）。

本段墙体共测GPS点8个（G0327～G0234），可分为5小段，分述如下。

第1小段：G0327（起点、拒门口9号敌台）—G0328（拒门口10号敌台），长468米，东北—西南走向，保存一般。墙体底宽9～10、顶宽1～2.4、残高4～6米。

第2小段：G0328（拒门口10号敌台）—G0330（断点），长312米，东北—西南走向，保存一般。墙体底宽7～8、顶宽1～2.3、残高4～6米。拒门口11号敌台位于墙体上。

第3小段：G0330（断点）—G0331（断点），长72米，东北—西南走向。墙体被洪水冲毁而消失。

第4小段：G0331（断点）—G0333（断点），长256米，东北—西南走向，保存一般。墙体底宽7～8、顶宽1～2.3、残高4～6米。拒门口12号敌台位于墙体上（彩图二二〇）。

第5小段：G0333（断点）—G0334（止点、断点），长47米。墙体被洪水冲毁而消失。

墙体整体保存一般，坍塌损毁严重，部分段墙体消失。除洪水损毁致墙体消失外，风雨侵蚀、植物生长等也造成墙体坍塌脱落，表面凹凸不平，有裂缝、沟槽、孔洞等；人为因素主要有随意踩踏等。

拒门口大边长城1～3段位于山西省与内蒙古自治区交界处。墙体沿黄土高原矮山丘陵地带向西南延伸，继而沿弥陀山北坡向西南延伸，地势先走高后下降。所在区域土壤为淡栗钙土。长城两侧为荒坡、耕地、林地，植被较好。

拒门口村人口约40人。居民以农业和家畜饲养业为主，农作物主要有马铃薯、莜麦、谷黍、豆类、胡麻等。长城附近有乡村土路。

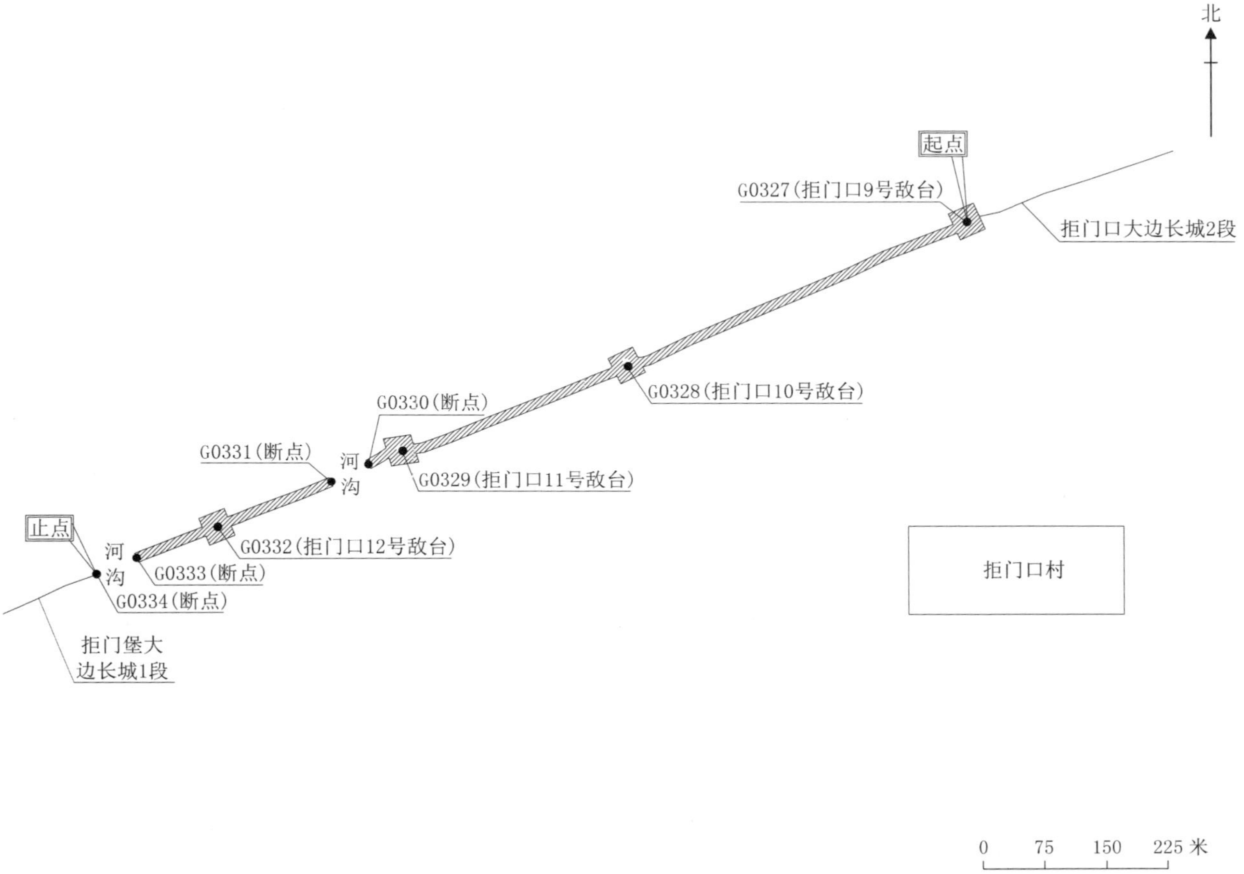

图一四〇　拒门口大边长城3段走向示意图

32. 拒门堡大边长城1段

起点位于郭家窑乡拒门堡村东北2.4千米处，高程1326米；止点位于拒门堡村西北1.8千米处，高程1321米。大致呈东北—西南走向，全长2050米，其中保存一般775、较差1275米。墙体为土墙，褐土夯筑而成，含砂砾、碎石，夯层厚0.14～0.24米。现存墙体剖面大致呈不规则梯形，墙底宽7～10、顶宽0.4～1.3、残高3～5米。该段长城东北接拒门口大边长城3段，西南连拒门堡大边长城2段。墙体南侧有拒门堡。拒门堡1～5号敌台位于墙体上。墙体北侧（内蒙古自治区一侧）有十九沟1号烽火台，南距墙体0.057千米。墙体南侧（山西省一侧）有拒门堡1、2号烽火台，北距墙体0.16～0.348千米（图一四一）。

本段墙体共测GPS点6个（G0334、G0336～G0338、G0340、G0343），可分为5小段，分述如下。

第1小段：G0334（起点、断点）—G0336（拒门堡1号敌台），长216米，东北—西南走向，保存一般。墙体底宽9～10、顶宽0.5～1.3、残高3～5米。

第2小段：G0336（拒门堡1号敌台）—G0337（拒门堡2号敌台），长316米，东北—西南走向，保存较差。墙体底宽7～8、顶宽0.4～1、残高3～5米。

第3小段：G0337（拒门堡2号敌台）—G0338（拒门堡3号敌台），长455米，东北—西南走向，保存较差。墙体底宽7～8、顶宽0.4～1、残高3～5米。

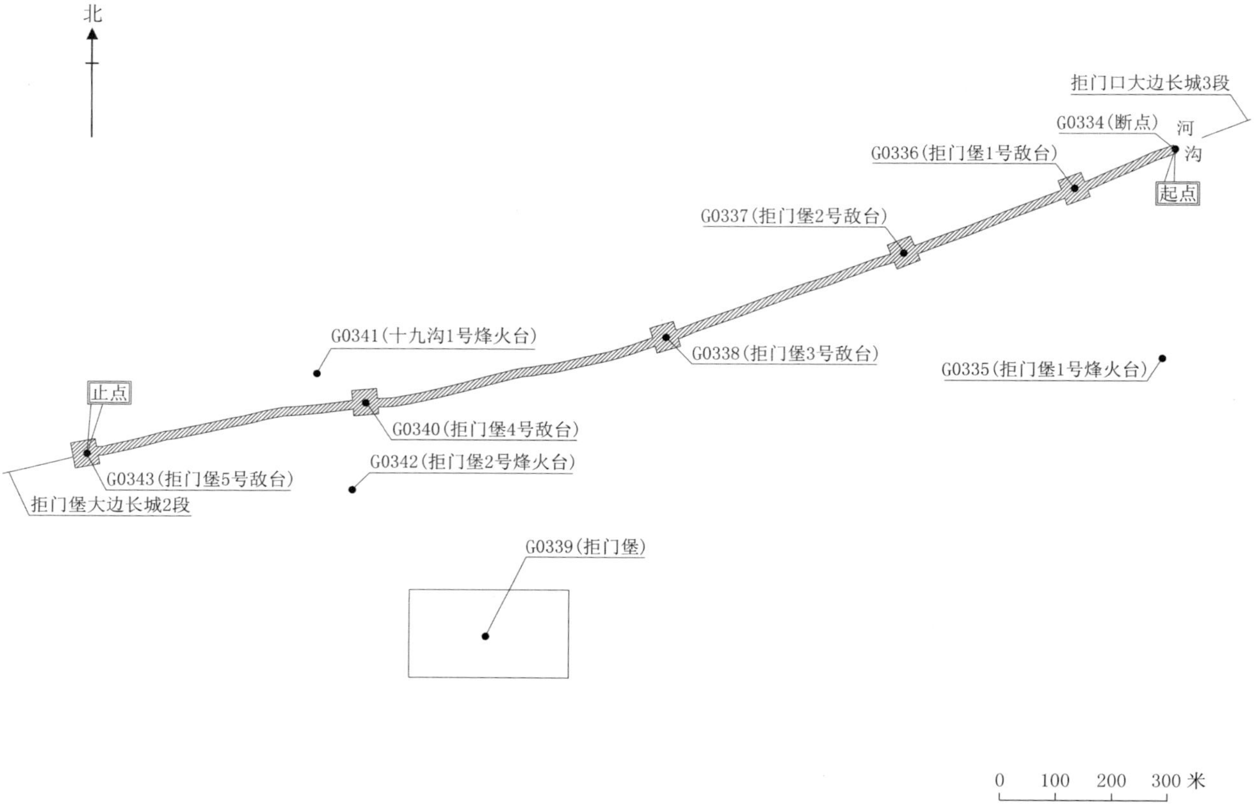

图一四一　拒门堡大边长城1段走向示意图

第4小段：G0338（拒门堡3号敌台）—G0340（拒门堡4号敌台），长559米，东北—西南走向，保存一般。墙体底宽8~9、顶宽0.5~1.3、残高3~5米。

第5小段：G0340（拒门堡4号敌台）—G0343（止点、拒门堡5号敌台），长504米，东北—西南走向，保存较差。墙体底宽7~8、顶宽0.4~1、残高3~5米。

墙体整体保存较差，坍塌损毁严重。由于风雨侵蚀、植物生长等造成墙体坍塌脱落，表面凹凸不平，有裂缝、沟槽、孔洞等；人为因素主要有农业生产活动破坏、随意踩踏等。

33. 拒门堡大边长城2段

起点位于郭家窑乡拒门堡村西北1.8千米处，高程1321米；止点位于拒门堡村西北2.5千米处，高程1291米。大致呈东北—西南走向，全长1530米，其中保存一般1474、消失56米。墙体为土墙，黄土夯筑而成，含砂砾、碎石，夯层厚0.14~0.24米。现存墙体剖面大致呈不规则梯形，底宽7~10、顶宽0.4~1.3、残高3~5米。该段长城东北接拒门堡大边长城1段，西南连穆家坪大边长城。拒门堡5~8号敌台位于墙体上。墙体北侧（内蒙古自治区一侧）有十九沟2号烽火台，南距墙体0.04千米。墙体南侧（山西省一侧）有拒门堡3、4号烽火台，北距墙体0.07~0.642千米（图一四二）。

本段墙体共测GPS点6个（G0343~G0345、G0348、G0350、G0351），可分为5小段，分述如下。

第1小段：G0343（起点、拒门堡5号敌台）—G0344（拒门堡6号敌台），长340米，东北—西南走向，保存一般。墙体底宽9~10、顶宽0.5~1.3、残高3~5米。

第2小段：G0344（拒门堡6号敌台）—G0345（拒门堡7号敌台），长161米，东北—西南走向，

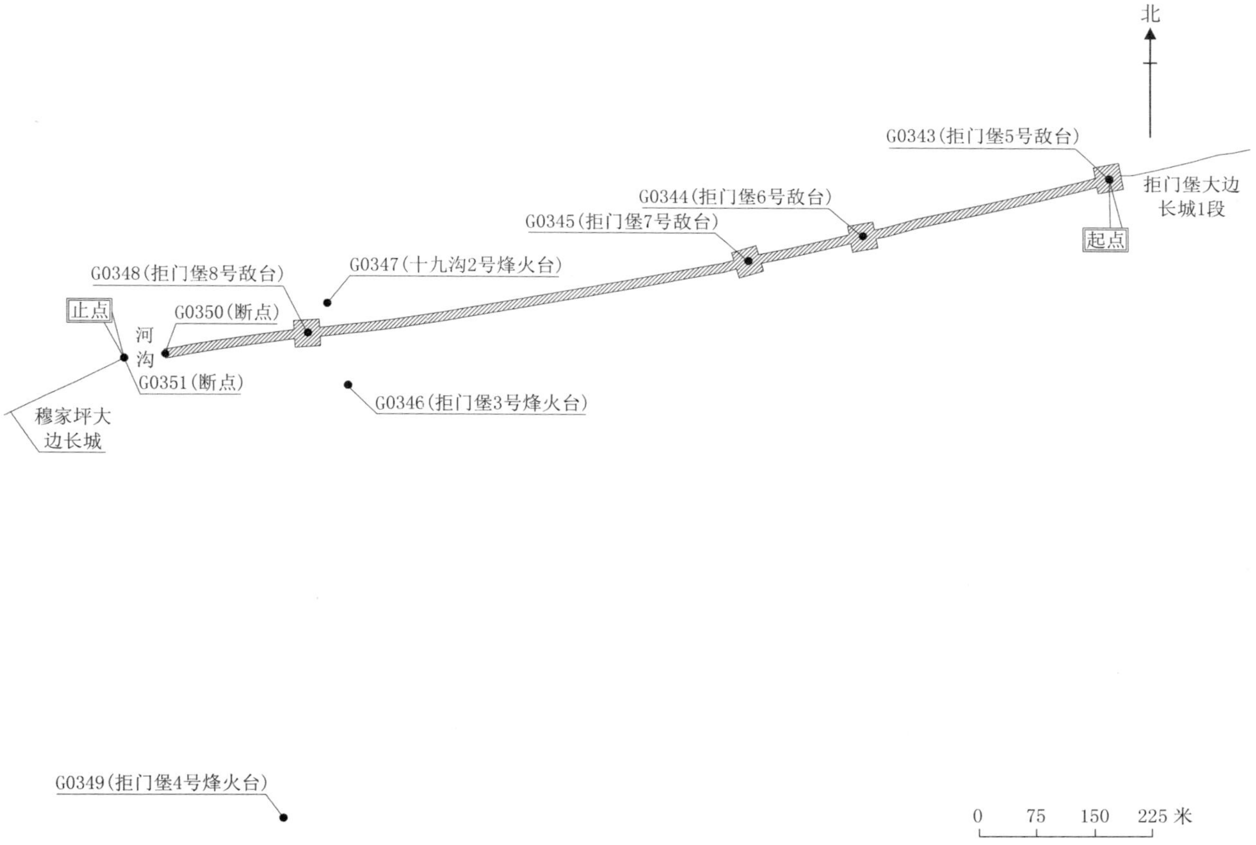

图一四二　拒门堡大边长城 2 段走向示意图

保存一般。墙体底宽 7～8、顶宽 0.4～1、残高 3～5 米。

第 3 小段：G0345（拒门堡 7 号敌台）—G0348（拒门堡 8 号敌台），长 786 米，东北—西南走向，保存一般。墙体底宽 7～8、顶宽 0.4～1、残高 3～5 米。

第 4 小段：G0348（拒门堡 8 号敌台）—G0350（断点），长 187 米，东北—西南走向，保存一般。墙体底宽 8～9、顶宽 0.5～1.3、残高 3～5 米。

第 5 小段：G0350（断点）—G0351（止点、断点），长 56 米，东北—西南走向。墙体被洪水冲毁而消失。

墙体整体保存一般，坍塌损毁严重，部分段墙体消失。除洪水冲毁致墙体消失外，风雨侵蚀、植物生长等也造成墙体坍塌脱落，表面凹凸不平，有裂缝、沟槽、孔洞等，部分段墙体两侧坍塌成坡状，整体呈土梁状；人为因素主要有农业生产活动破坏、随意踩踏、取土挖损等。

拒门堡大边长城 1、2 段位于山西省与内蒙古自治区交界处。墙体沿弥陀山北坡向西南延伸，又在弥陀山与马头山之间的矮山丘陵地带延伸，地势较平缓，逐渐走低。所在区域土壤为淡栗钙土。长城两侧为荒坡、耕地、林地，植被较好。

拒门堡村人口约 300 人。长城附近有乡村土路。

34. 穆家坪大边长城

起点位于郭家窑乡穆家坪村东北 2.3 千米处，高程 1291 米；止点位于穆家坪村西北 0.8 千米处，高程1286米。大致呈东北—西南走向。全长2569米，其中保存一般1346、较差660、消失563米。墙体为土墙，黄土夯筑而成，含砂砾、碎石，夯层厚0.14~0.24米。现存墙体剖面大致呈不规则梯形，底宽7~10、顶宽0.2~1.3、残高2~6米。该段长城东北接拒门堡大边长城2段，西南连刘家窑大边长城1段。穆家坪1~6号敌台位于墙体上。墙体南侧（山西省一侧）有穆家坪1~4号烽火台，北距墙体0.032~0.148千米（图一四三）。

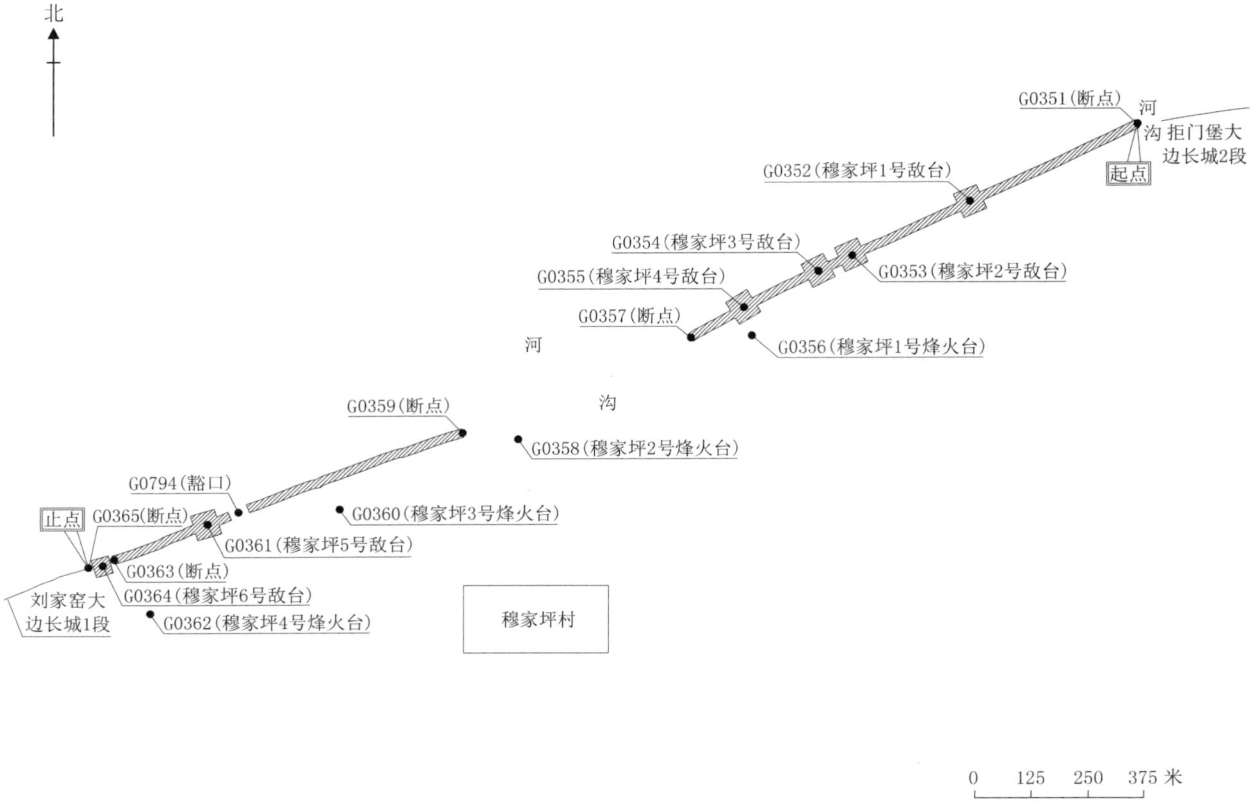

图一四三　穆家坪大边长城走向示意图

本段墙体共测GPS点12个（G0351~G0355、G0357、G0359、G0794、G0361、G0363~G0365），可分为8小段，分述如下。

第1小段：G0351（起点、断点）—G0352（穆家坪1号敌台），长411米，东北—西南走向，保存一般。墙体底宽9~10、顶宽0.5~1.3、残高3~5米。

第2小段：G0352（穆家坪1号敌台）—G0353（穆家坪2号敌台），长241米，东北—西南走向，保存一般。墙体底宽7~8、顶宽0.4~1、残高3~5米。

第3小段：G0353（穆家坪2号敌台）—G0355（穆家坪4号敌台），长333米，东北—西南走向，保存一般。墙体底宽7~8、顶宽0.4~1、残高4~6米。穆家坪3号敌台位于墙体上（彩图二二一）。

第4小段：G0355（穆家坪4号敌台）—G0357（断点），长135米，东北—西南走向，保存一般。墙体底宽7~8、顶宽0.4~1、残高4~6米。

第5小段：G0357（断点）—G0359（断点），长513米，东北—西南走向。墙体被洪水冲毁而消失。

第6小段：G0359（断点）—G0361（穆家坪5号敌台），长660米，东北—西南走向，保存较差。墙体底宽7~8、顶宽0.2~0.6、残高2~4米。

第7小段：G0361（穆家坪5号敌台）—G0363（断点），长226米，东北—西南走向，保存一般。墙体底宽7~8、顶宽0.4~1、残高4~6米。

第8小段：G0363（断点）—G0365（止点、断点），长50米，东北—西南走向。墙体被修筑水渠挖断而消失。穆家坪6号敌台位于水渠中，两侧墙体消失。

墙体整体保存较差，坍塌损毁严重，部分段墙体消失。除洪水冲毁致墙体消失外，风雨侵蚀、植物生长等也造成墙体坍塌脱落，表面凹凸不平，有裂缝、沟槽、孔洞等；人为因素主要有修筑水渠挖断墙体、农业生产活动破坏、取土挖损等。

穆家坪大边长城位于山西省与内蒙古自治区交界处。墙体构筑在弥陀山与马头山之间的矮山丘陵地带，地势较平缓。所在区域土壤为淡栗钙土。长城两侧为荒坡、耕地、林地，植被较好。

穆家坪村人口约200人。长城附近有乡村土路。

35. 刘家窑大边长城1段

起点位于郭家窑乡刘家窑村东北1.4千米处，高程1286米；止点位于刘家窑村西北1千米处，高程1325米。大致呈东北—西南走向。全长1764米，其中保存一般1694、消失70米。墙体为土墙，黄土夯筑而成，含砂砾、碎石，夯层厚0.14~0.24米。现存墙体剖面大致呈不规则梯形，底宽7~10、顶宽0.2~1.3、残高2~6米。该段长城东北接穆家坪大边长城，西南连刘家窑大边长城2段。刘家窑1~5号敌台位于墙体上（彩图二二二）。墙体东南（山西省一侧）有刘家窑1、2号烽火台，西北距墙体0.048~0.338千米（图一四四）。

本段墙体共测GPS点7个（G0365、G0366、G0368、G0795、G0369、G0370、G0372），可分为5小段，分述如下。

第1小段：G0365（起点、断点）—G0366（刘家窑1号敌台），长70米，东北—西南走向，保存较差。墙体底宽7~8、顶宽0.2~0.6、残高2~4米。

第2小段：G0366（刘家窑1号敌台）—G0368（刘家窑2号敌台），长415米，东北—西南走向，保存一般。墙体底宽9~10、顶宽0.5~1.3、残高3~5米。

第3小段：G0368（刘家窑2号敌台）—G0369（刘家窑3号敌台），长395米，东北—西南走向，保存一般。G0368（刘家窑2号敌台）西0.021千米处墙体被南北向土路截断而消失。墙体底宽9~10、顶宽0.5~1.3、残高3~5米。

第4小段：G0369（刘家窑3号敌台）—G0370（刘家窑4号敌台），长382米，东北—西南走向，保存一般。墙体底宽9~10、顶宽0.5~1.3、残高4~6米。

第5小段：G0370（刘家窑4号敌台）—G0372（止点、刘家窑5号敌台），长502米，东北—西南走向，保存一般。墙体有一处被南北向土路截断而消失。墙体底宽9~10、顶宽0.5~1.3、残高4~6米。

墙体整体保存一般，坍塌损毁严重。由于风雨侵蚀、植物生长等造成墙体坍塌脱落，表面凹凸不平，有裂缝、沟槽、孔洞等，部分段墙体两侧坍塌成坡状，整体呈土梁状；人为因素主要有挖掘墙体开通便道、农业生产活动破坏、取土挖损等。

36. 刘家窑大边长城2段

起点位于郭家窑乡刘家窑村西北1千米处，高程1325米；止点位于刘家窑村西2千米处，高程

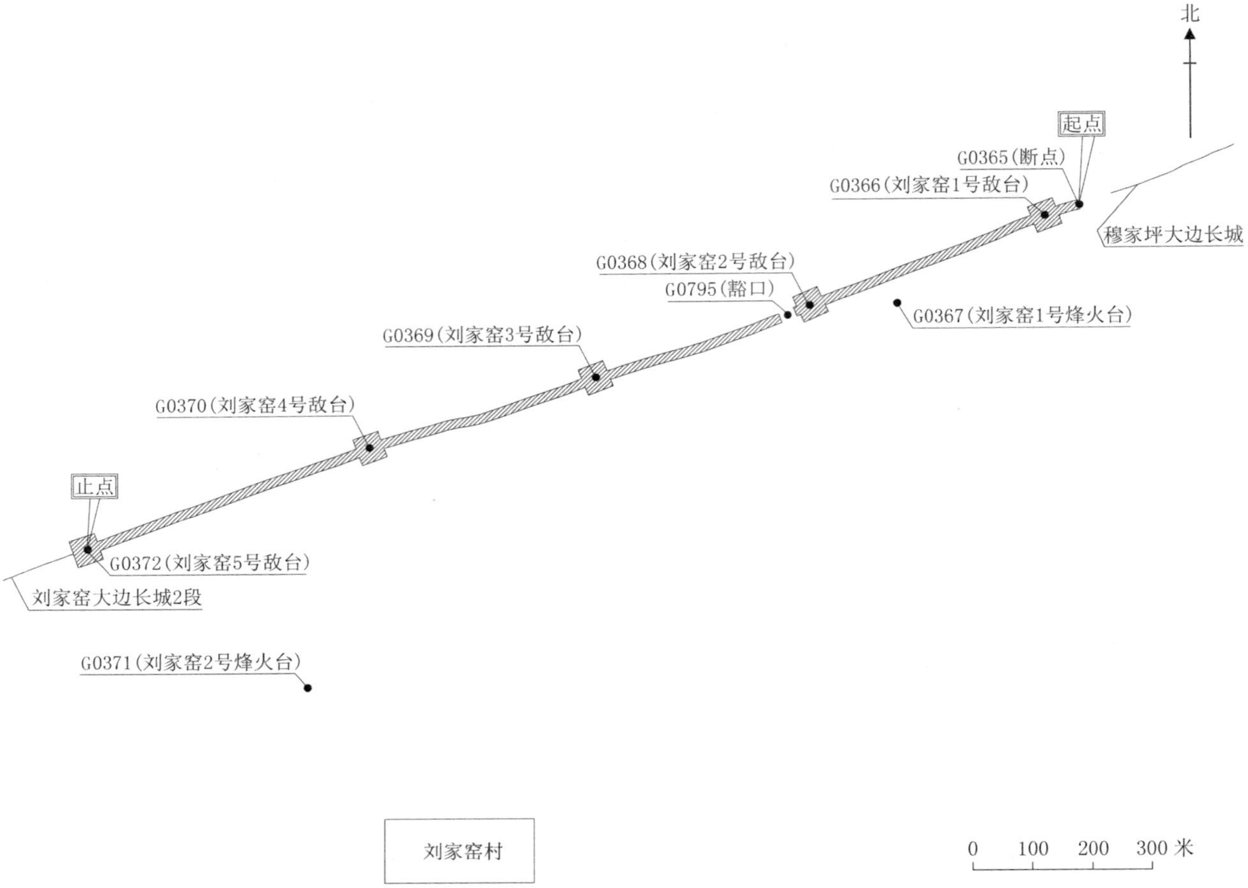

图一四四　刘家窑大边长城1段走向示意图

1339 米。大致呈东北—西南走向。全长 1327 米，其中保存一般 1300、消失 27 米。墙体为土墙，黄土夯筑而成，含砂砾、碎石，夯层厚 0.14 ~0.24 米。现存墙体剖面大致呈不规则梯形，底宽 7 ~10、顶宽 0.5 ~1.7、残高 3 ~6 米。该段长城东北接刘家窑大边长城 1 段，西南连十三边大边长城 1 段。刘家窑 5 号敌台位于墙体上。墙体东南（山西省一侧）有刘家窑 3、4 号烽火台，西北距墙体 0.025 ~0.838 千米（图一四五）。

本段墙体共测 GPS 点 3 个（G0372、G0375、G0376），可分为 2 小段，分述如下。

第 1 段：G0372（起点、刘家窑 5 号敌台）—G0375（断点），长 1300 米，东北—西南走向，保存一般。墙体底宽 7 ~10、顶宽 0.5 ~1.7、残高 3 ~6 米（彩图二二三）。

第 2 段：G0375（断点）—G0376（止点、断点），长 27 米，东北—西南走向。墙体被洪水冲毁而消失。

墙体整体保存一般，坍塌损毁严重，部分段墙体消失。除洪水冲毁致墙体消失外，风雨侵蚀、植物生长等也造成墙体坍塌脱落，表面凹凸不平，有裂缝、沟槽、孔洞等；人为因素主要有农业生产活动破坏、随意踩踏、取土挖损等。

刘家窑大边长城 1、2 段位于山西省与内蒙古自治区交界处。墙体构筑在弥陀山与马头山之间的矮山丘陵地带，地势较平缓，逐渐走高。所在区域土壤为淡栗钙土。长城两侧为荒坡、耕地、林地，植被较好。

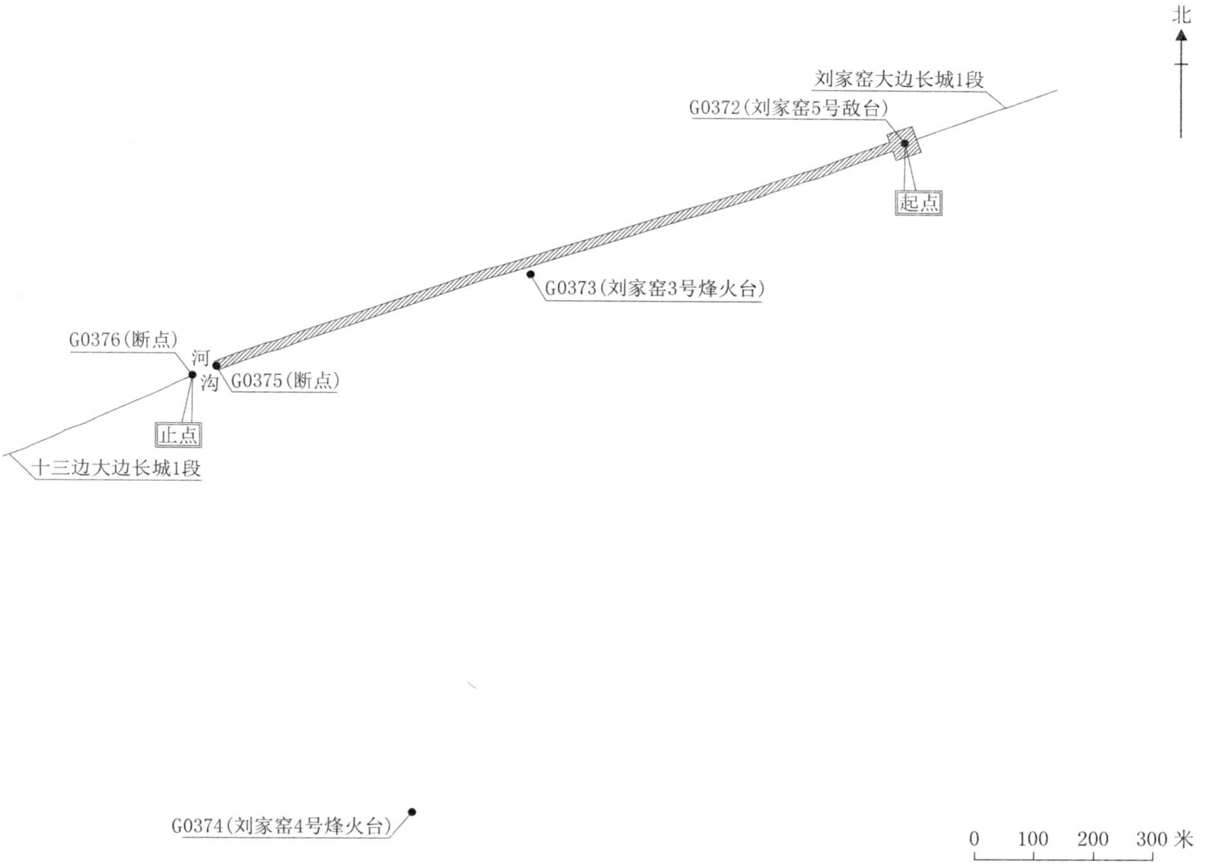

图一四五　刘家窑大边长城2段走向示意图

刘家窑村人口约120人。有穿过长城墙体的乡村土路。

37. 十三边大边长城1段

起点位于郭家窑乡十三边村东北1.3千米处，高程1339米；止点位于十三边村西北0.1千米处，高程1385米。大致呈东北—西南走向。全长1371米，均保存一般。墙体为土墙，黄土夯筑而成，含砂砾、碎石，夯层厚0.14~0.24米。现存墙体剖面大致呈不规则梯形，底宽7~10、顶宽0.5~2、残高4~6米。该段长城东接刘家窑大边长城2段，G0379（止点、十三边3号敌台）处向西分出两支，一支（马头山长城）在内蒙古自治区境内沿原方向继续向西南延伸，一支（十三边大边长城2段）沿山西省与内蒙古自治区交界处向南延伸。十三边1~3号敌台位于墙体上（图一四六）。

本段墙体共测GPS点4个（G0376~G0379），可分为3小段，分述如下。

第1小段：G0376（起点、断点）—G0377（十三边1号敌台），长226米，东北—西南走向，保存一般。墙体底宽9~10、顶宽0.5~1.5、残高4~6米。

第2小段：G0377（十三边1号敌台）—G0378（十三边2号敌台），长493米，东北—西南走向，保存一般。墙体底宽9~10、顶宽0.5~1.5、残高4~6米。

第3小段：G0378（十三边2号敌台）—G0379（止点、十三边3号敌台），长652米，东北—西南走向，保存一般。墙体底宽9~10、顶宽0.5~2、残高4~6米。G0379（止点、十三边3号敌台）

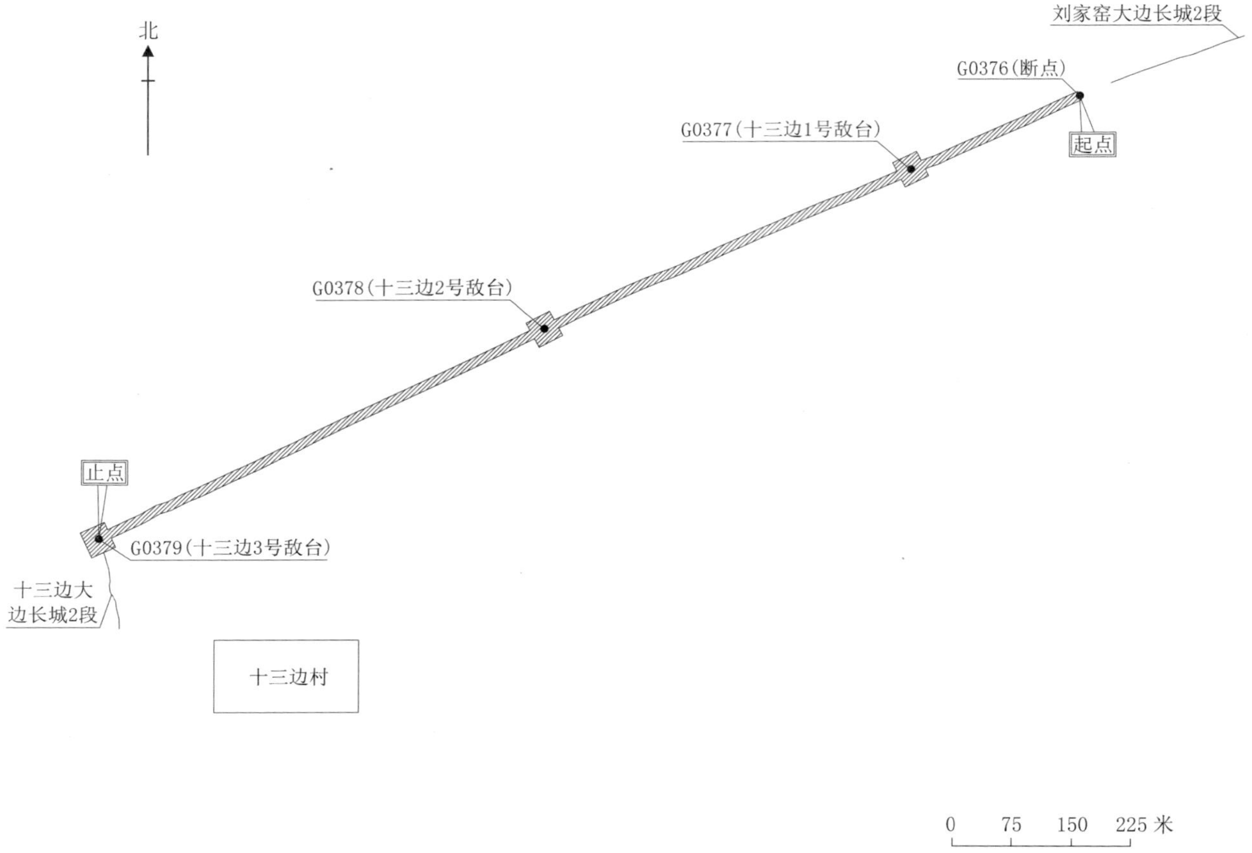

图一四六 十三边大边长城1段走向示意图

处向西分出两支，一支（马头山长城）在内蒙古自治区境内沿原方向继续向西南延伸，一支（十三边大边长城2段）沿山西省与内蒙古自治区交界处向南延伸。

墙体整体保存一般，坍塌损毁严重。由于风雨侵蚀、植物生长等造成墙体坍塌脱落，表面凹凸不平，有裂缝、沟槽、孔洞等；人为因素主要有随意踩踏等。

38. 十三边大边长城2段

起点位于郭家窑乡十三边村西北0.1千米处，高程1385米；止点位于十三边村西南1.4千米处，高程1386米。大致呈北—南走向。全长1523米，其中保存较好466、一般868、消失189米。墙体为土墙，黄土和褐土夯筑而成，含砂砾、碎石，夯层厚0.14～0.24米。现存墙体剖面大致呈不规则梯形，底宽7～9、顶宽0.7～2、残高3～7米。该段长城东北接十三边大边长城1段，南连助马堡大边长城1段。十三边3～6号敌台位于墙体上。墙体东侧（山西省一侧）有十三边烽火台，西距墙体0.475千米（图一四七）。

本段墙体共测GPS点9个（G0379、G0394～G0399、G0401、G0402），可分为8小段，分述如下。

第1小段：G0379（起点、十三边3号敌台）—G0394（断点），长106米，北—南走向，保存一般。墙体底宽7～9、顶宽0.7～2、残高5～7米。

第2小段：G0394（断点）—G0395（断点），长42米，北—南走向。墙体被洪水冲毁而消失。

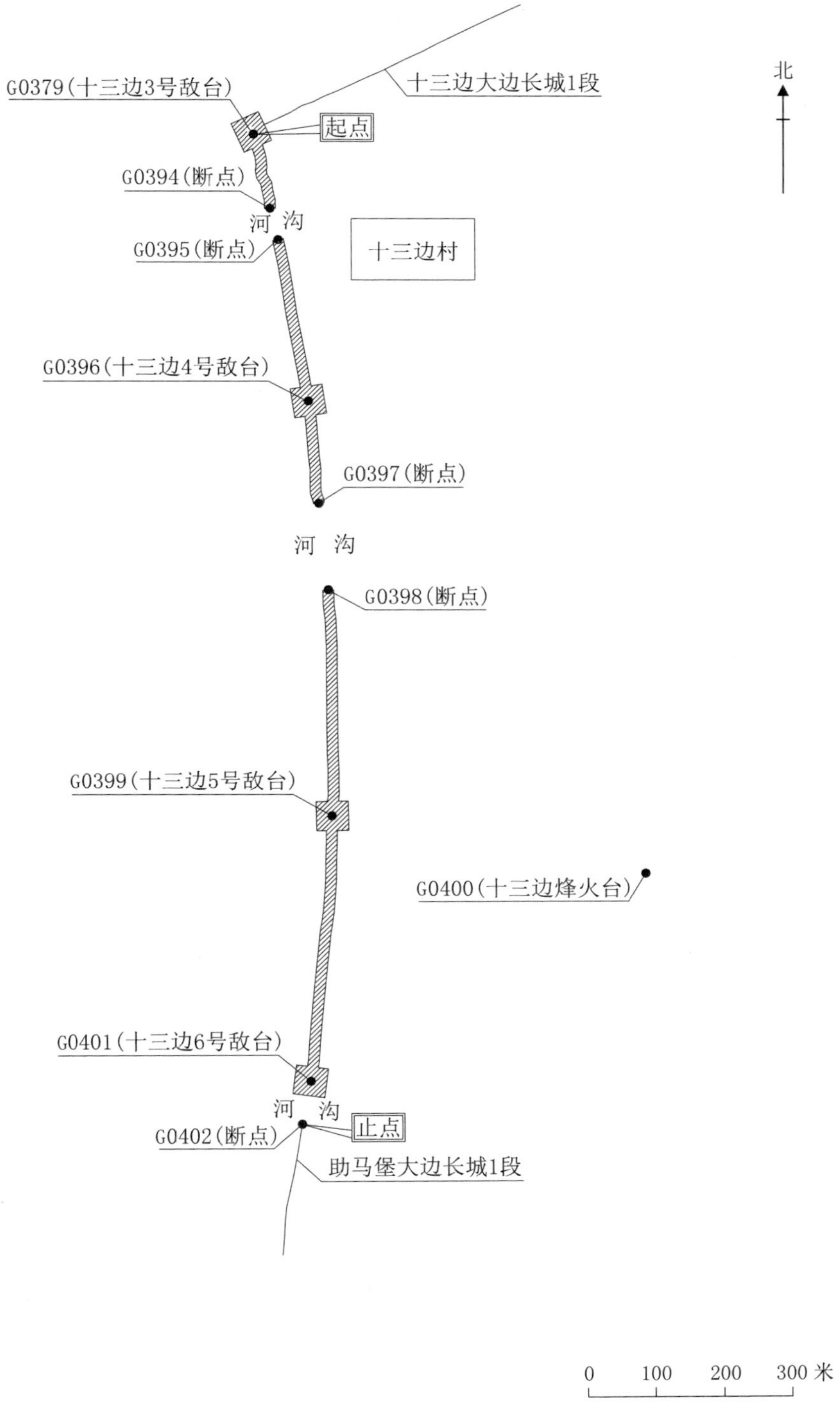

图一四七　十三边大边长城2段走向示意图

第3小段：G0395（断点）—G0396（十三边4号敌台），长264米，北—南走向，保存较好。墙体底宽7~9、顶宽0.7~2、残高5~7米。

第4小段：G0396（十三边4号敌台）—G0397（断点），长202米，北—南走向，保存较好。墙体底宽7~9、顶宽0.7~2、残高3~5米。

第5小段：G0397（断点）—G0398（断点），长80米，北—南走向。墙体被洪水冲毁而消失。河沟内现为耕地（彩图二二四）。

第6小段：G0398（断点）—G0399（十三边5号敌台），长348米，北—南走向，保存一般。墙体底宽7~8、顶宽1~2、残高3~5米。

第7小段：G0399（十三边5号敌台）—G0401（十三边6号敌台），长414米，北—南走向，保存一般。墙体底宽7~8、顶宽1~2、残高3~5米。

第8小段：G0401（十三边6号敌台）—G0402（止点、断点），长67米，北—南走向，消失。墙体被洪水冲毁而消失。

墙体整体保存一般，坍塌损毁严重，部分段墙体消失。除洪水冲毁致墙体消失外，风雨侵蚀、植物生长等也造成墙体坍塌脱落，表面凹凸不平，有裂缝、沟槽、孔洞等；人为因素主要有农业生产活动破坏、随意踩踏、取土挖损等。

十三边大边长城1、2段位于山西省与内蒙古自治区交界处。墙体构筑在弥陀山与马头山之间的矮山丘陵地带，地势较平缓，逐渐走高，延伸至马头山下。所在区域土壤为淡栗钙土。长城两侧为荒坡、耕地、林地，植被较好。

十三边村人口约30人。长城附近有乡村土路。

39. 助马堡大边长城1段

起点位于郭家窑乡助马堡村西北1.8千米处，高程1386米；止点位于助马堡村西南1.6千米处，高程1390米。大致呈北—南走向。全长1707米，其中保存一般1599、消失108米。墙体为土墙，黄土和褐土夯筑而成，含砂砾、碎石，夯层厚0.14~0.24米。现存墙体剖面大致呈不规则梯形，底宽7~8、顶宽0.4~1.2、残高3~5米。该段长城北接十三边大边长城2段，南连助马堡大边长城2段。墙体东侧（山西省一侧）有助马堡，西距墙体1.5千米。助马口马市和助马堡1、2号敌台位于墙体上。墙体西侧（内蒙古自治区一侧）有十九坪烽火台，东距墙体0.334千米（图一四八）。

本段墙体共测GPS点8个（G0402、G0403、G0405~G0408、G0410、G0411），可分为5小段，分述如下。

第1小段：G0402（起点、断点）—G0403（助马堡1号敌台），长470米，北—南走向，保存一般。墙体底宽7~8、顶宽0.7~1.2、残高3~5米。

第2小段：G0403（助马堡1号敌台）—G0406（断点），长562米，北—南走向，保存一般。墙体底宽7~8、顶宽0.7~1.2、残高3~5米。助马堡2号敌台位于墙体上。

第3小段：G0406（断点）—G0407（断点），长16米，北—南走向。墙体被洪水冲毁而消失。

第4小段：G0407（断点）—G0410（断点），长567米，北—南走向，保存一般。墙体底宽7~8、顶宽0.3~1.2、残高3~5米。助马口马市倚墙而建，位于G0407（断点）南0.138千米处。墙体东侧（山西省一侧）有助马堡，西距墙体1.5千米。

第5小段：G0410（断点）—G0411（止点、断点），长92米，北—南走向。墙体被洪水冲毁而消失。

墙体整体保存一般，坍塌损毁严重，部分段墙体消失。除洪水冲毁致墙体消失外，风雨侵蚀、植物生长等也造成墙体坍塌脱落，表面凹凸不平，有裂缝、沟槽、孔洞等；人为因素主要有农业生产活动破坏、随意踩踏、取土挖损等。

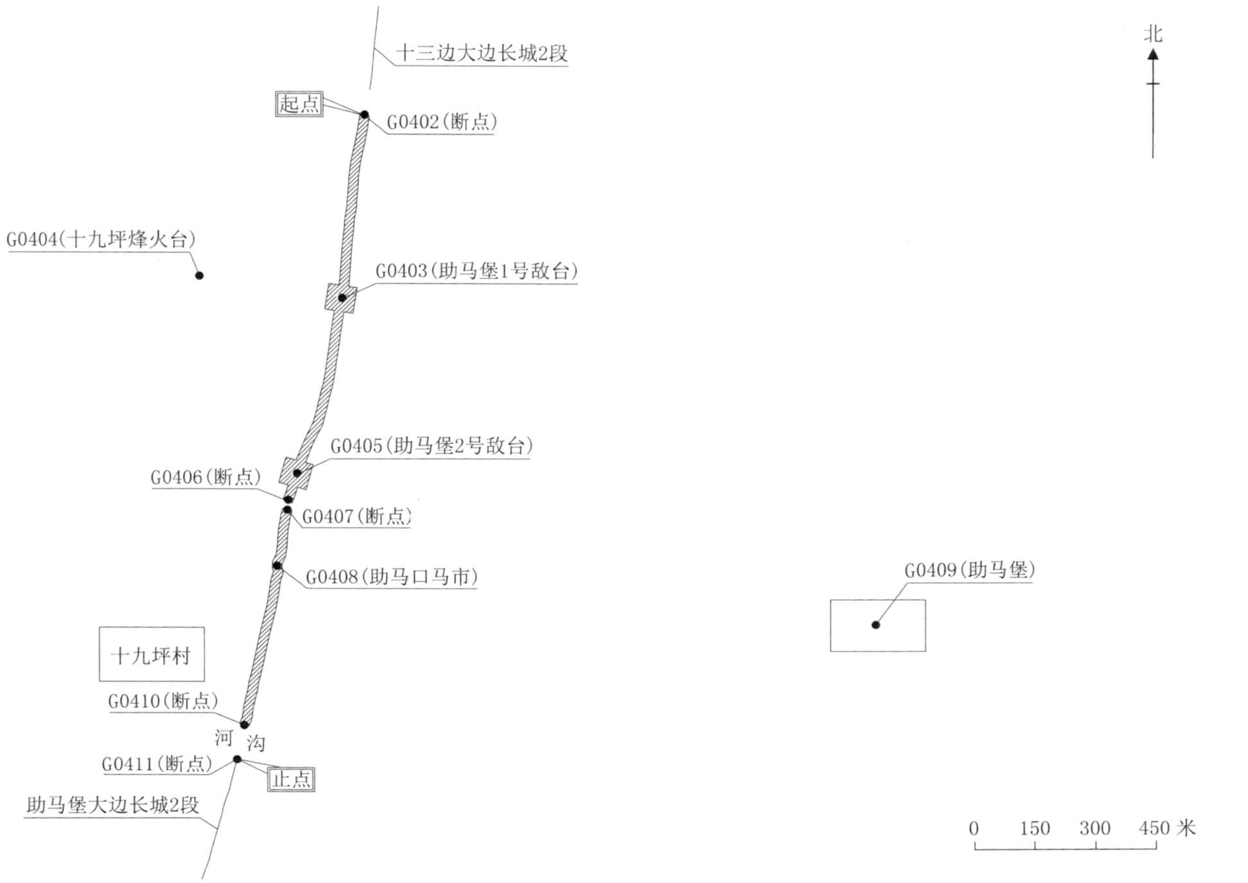

图一四八　助马堡大边长城 1 段走向示意图

40. 助马堡大边长城 2 段

起点位于郭家窑乡助马堡村西南 1.6 千米处，高程 1390 米；止点位于助马堡村西南 2.9 千米处，高程 1375 米。大致呈东北—西南走向。全长 1732 米，其中保存一般 795、较差 755、消失 182 米。墙体为土墙，黄土和褐土夯筑而成，含砂砾、碎石，夯层厚 0.14 ~0.24 米。现存墙体剖面大致呈不规则梯形，底宽 4 ~8、顶宽 0.4 ~1.9、残高 1 ~5 米。该段长城北接助马堡大边长城 1 段，西南连二十五大边长城。助马堡 3 ~6 号敌台位于墙体上（图一四九）。

本段墙体共测 GPS 点 12 个（G0411 ~G0422），可分为 10 小段，分述如下。

第 1 小段：G0411（起点、断点）—G0412（助马堡 3 号敌台），长 143 米，东北—西南走向，保存一般。墙体底宽 4 ~7、顶宽 0.8 ~1.9、残高 3 ~5 米（彩图二二五）。

第 2 小段：G0412（助马堡 3 号敌台）—G0413（断点），长 272 米，东北—西南走向，保存一般。墙体底宽 7 ~8、顶宽 0.3 ~1.2、残高 3 ~5 米。

第 3 小段：G0413（断点）—G0414（断点），长 74 米，东北—西南走向。墙体被洪水冲毁而消失。

第 4 小段：G0414（断点）—G0415（助马堡 4 号敌台），长 173 米，东北—西南走向，保存一般。墙体底宽 7 ~8、顶宽 0.4 ~1.1、残高 3 ~5 米。

第 5 小段：G0415（助马堡 4 号敌台）—G0416（断点），长 261 米，东北—西南走向，保存较差。

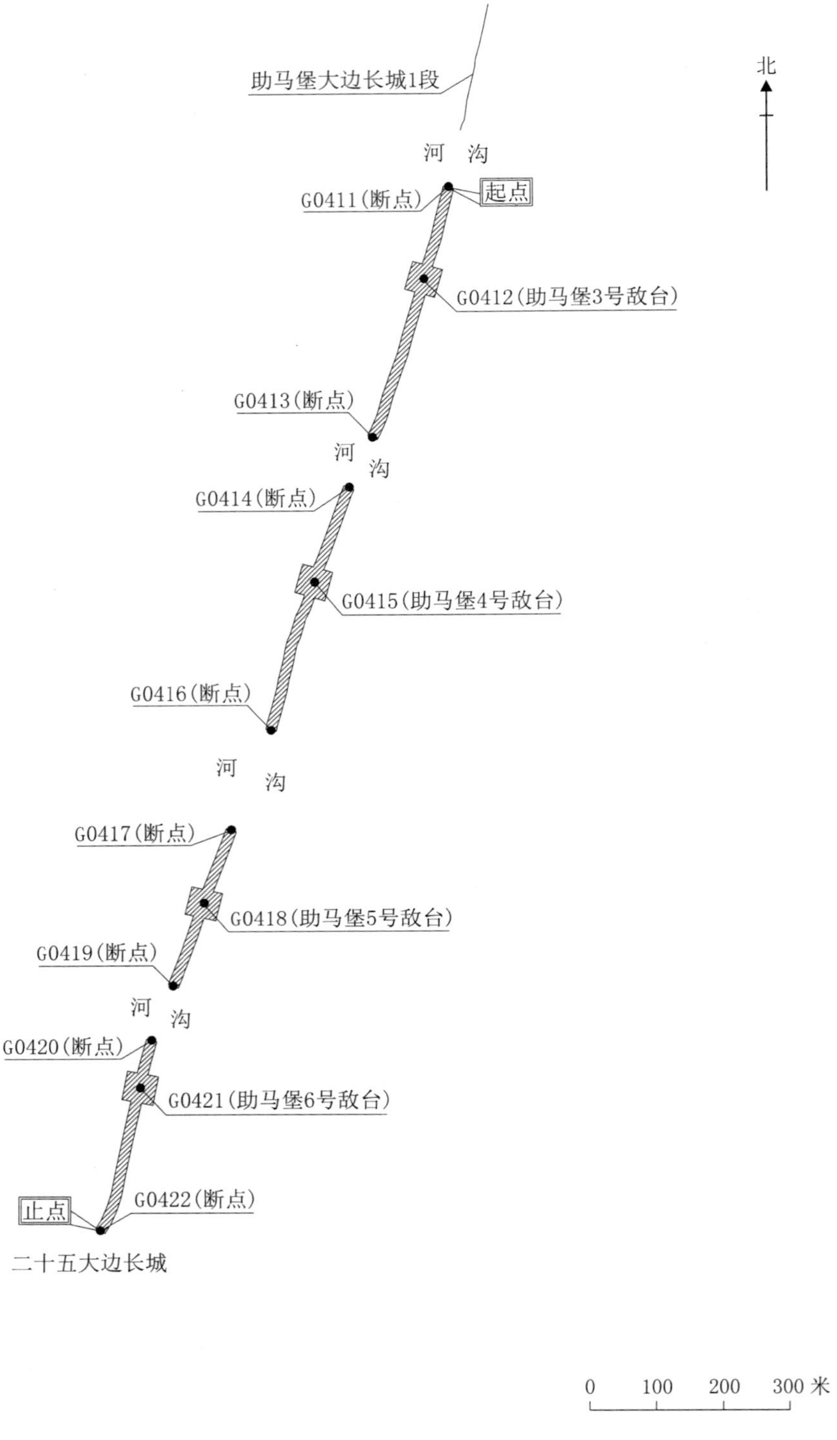

图一四九　助马堡大边长城2段走向示意图

墙体底宽7～8、顶宽0.3～1.2、残高1～3米。

第6小段：G0416（断点）—G0417（断点），长65米，东北—西南走向。墙体被洪水冲毁而消失。

第7小段：G0417（断点）—G0418（助马堡5号敌台），长207米，东北—西南走向，保存一般。

墙体底宽 7 ~ 8、顶宽 0.8 ~ 1.9、残高 3 ~ 5 米。

第 8 小段：G0418（助马堡 5 号敌台）—G0419（断点），长 174 米，东北—西南走向，保存较差。墙体底宽 7 ~ 8、顶宽 0.3 ~ 1.2、残高 2 ~ 4 米。

第 9 小段：G0419（断点）—G0420（断点），长 43 米，东北—西南走向。墙体被洪水冲毁而消失。

第 10 小段：G0420（断点）—G0422（止点、断点），长 320 米，东北—西南走向，保存较差。墙体底宽 7 ~ 8、顶宽 0.3 ~ 0.8、残高 1 ~ 3 米。助马堡 6 号敌台位于墙体上。

墙体整体保存较差，坍塌损毁严重，部分段墙体消失。除洪水冲毁致墙体消失外，风雨侵蚀、植物生长等也造成墙体坍塌脱落，表面凹凸不平，有裂缝、沟槽、孔洞等。部分段墙体两侧坍塌成坡状，整体呈土梁状；人为因素主要有农业生产活动破坏、随意踩踏、取土挖损等。

助马堡大边长城 1、2 段位于山西省与内蒙古自治区交界处。墙体构筑在马头山东侧的矮山丘陵地带，地势起伏，西高东低。所在区域土壤为淡栗钙土。长城两侧为荒坡、林地，植被一般。

助马堡村人口约 700 人。

41. 二十五大边长城

起点位于郭家窑乡二十五村北 0.63 千米处，高程 1375 米；止点位于二十五村西南 0.3 千米处，高程 1401 米。大致呈东北—西南走向。全长 884 米，其中保存一般 602、消失 282 米。墙体为土墙，黄土和褐土夯筑而成，含砂砾、碎石，夯层厚 0.14 ~ 0.24 米。现存墙体剖面大致呈不规则梯形，底宽 7 ~ 9、顶宽 0.4 ~ 1.5、残高 4 ~ 6 米。该段长城东北接助马堡大边长城 2 段，西南连砖楼沟大边长城。二十五敌台位于墙体上。墙体东侧（山西省一侧）有二十五烽火台，西距墙体 1.1 千米（图一五〇）。

本段墙体共测 GPS 点 6 个（G0422 ~ G0424、G0797、G0426、G0427），可分为 4 小段，分述如下。

第 1 小段：G0422（起点、断点）—G0423（断点），长 55 米，东北—西南走向。墙体被洪水冲毁而消失。

第 2 小段：G0423（断点）—G0424（二十五敌台、拐点），长 130 米，东北—西南走向，保存一般。墙体沿马头山东侧余脉延伸，过沟上梁，落差 40 米。西侧为荒坡、沟洼，东侧为荒坡。墙体两壁陡立，顶端多有坍塌，形成较多豁口，顶部参差不齐。墙体底宽 7 ~ 8、顶宽 0.5 ~ 1.5、残高 4 ~ 6 米。

第 3 小段：G0424（二十五敌台、拐点）—G0426（断点），长 472 米，东北—西南走向，保存一般。墙体沿马头山东侧余脉延伸，地势逐渐平缓，落差较小。西侧为荒坡、沟洼。墙体两壁陡立，顶面平整。部分坍塌成土埂状，顶部参差不齐。墙体有一段被东西向土路截断 4 米。墙体底宽 7 ~ 8、顶宽 0.4 ~ 1.5、残高 4 ~ 6 米。

第 4 小段：G0426（断点）—G0427（止点、断点），长 227 米，东北—西南走向。墙体被洪水冲毁而消失。

墙体整体保存较差，坍塌损毁严重，部分段墙体消失。除洪水冲毁致墙体消失外，风雨侵蚀、植物生长等也造成墙体坍塌脱落，表面凹凸不平，有裂缝、沟槽、孔洞等；人为因素主要有挖掘墙体开通便道、随意踩踏、取土挖损等。

二十五大边长城位于山西省与内蒙古自治区交界处。墙体构筑在马头山东侧余脉上，地势起伏，西高东低。所在区域土壤为淡栗钙土。长城两侧为荒坡、沟洼，植被一般。

二十五村现已整体搬迁至山下。有穿过长城墙体的乡村土路。

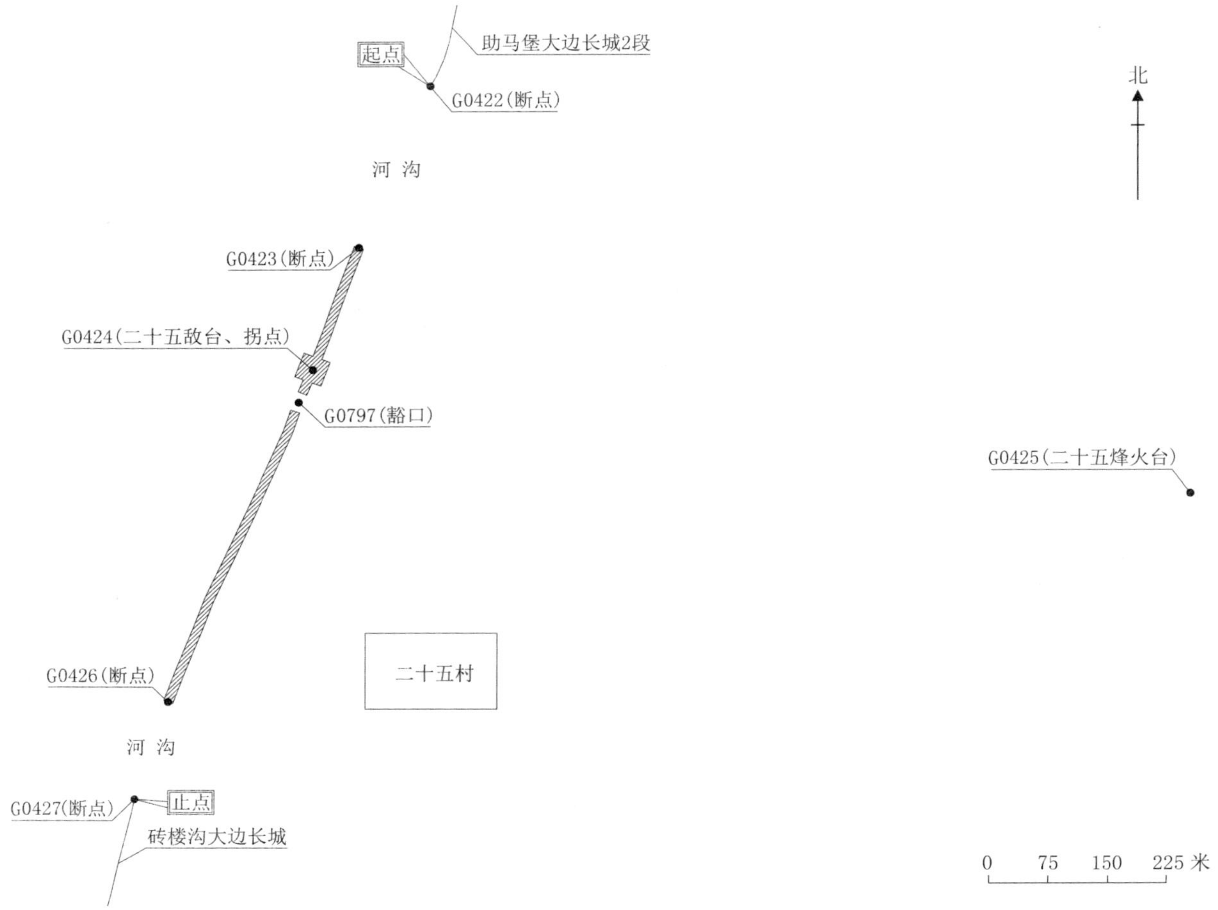

图一五〇 二十五大边长城走向示意图

42. 砖楼沟大边长城

起点位于郭家窑乡砖楼沟村北0.26千米处，高程1401米；止点位于砖楼沟村西南1.6千米处，高程1377米。大致呈东北—西南走向。全长1837米，其中保存较好562、一般624、较差463、消失188米。墙体为土墙，黄土和褐土夯筑而成，含砂砾、碎石，夯层厚0.14～0.24米。现存墙体剖面大致呈不规则梯形，底宽4.5～9、顶宽0.5～2.6、残高1～6米。该段长城北接二十五大边长城，南连左云县保安堡大边长城1段。砖楼沟关、砖楼沟1～3号敌台位于墙体上。墙体东侧（山西省一侧）有砖楼沟烽火台，西距墙体0.1千米（图一五一）。

本段墙体共测GPS点12个（G0427～G0437、G0439），可分为10小段，分述如下。

第1小段：G0427（起点、断点）—G0429（断点），长361米，东北—西南走向，保存较差。墙体底宽4.5～6、顶宽0.5～1.2、残高2～5米。砖楼沟1号敌台位于墙体上。

第2小段：G0429（断点）—G0430（断点），长131米，东北—西南走向。墙体被洪水冲毁而消失。

第3小段：G0430（断点）—G0431（砖楼沟关），长102米，北—南走向，保存较差。墙体底宽4.5～6、顶宽0.5～1.2、残高2～5米。

第4小段：G0431（砖楼沟关）—G0432（断点），长98米，东北—西南走向，保存一般。墙体底

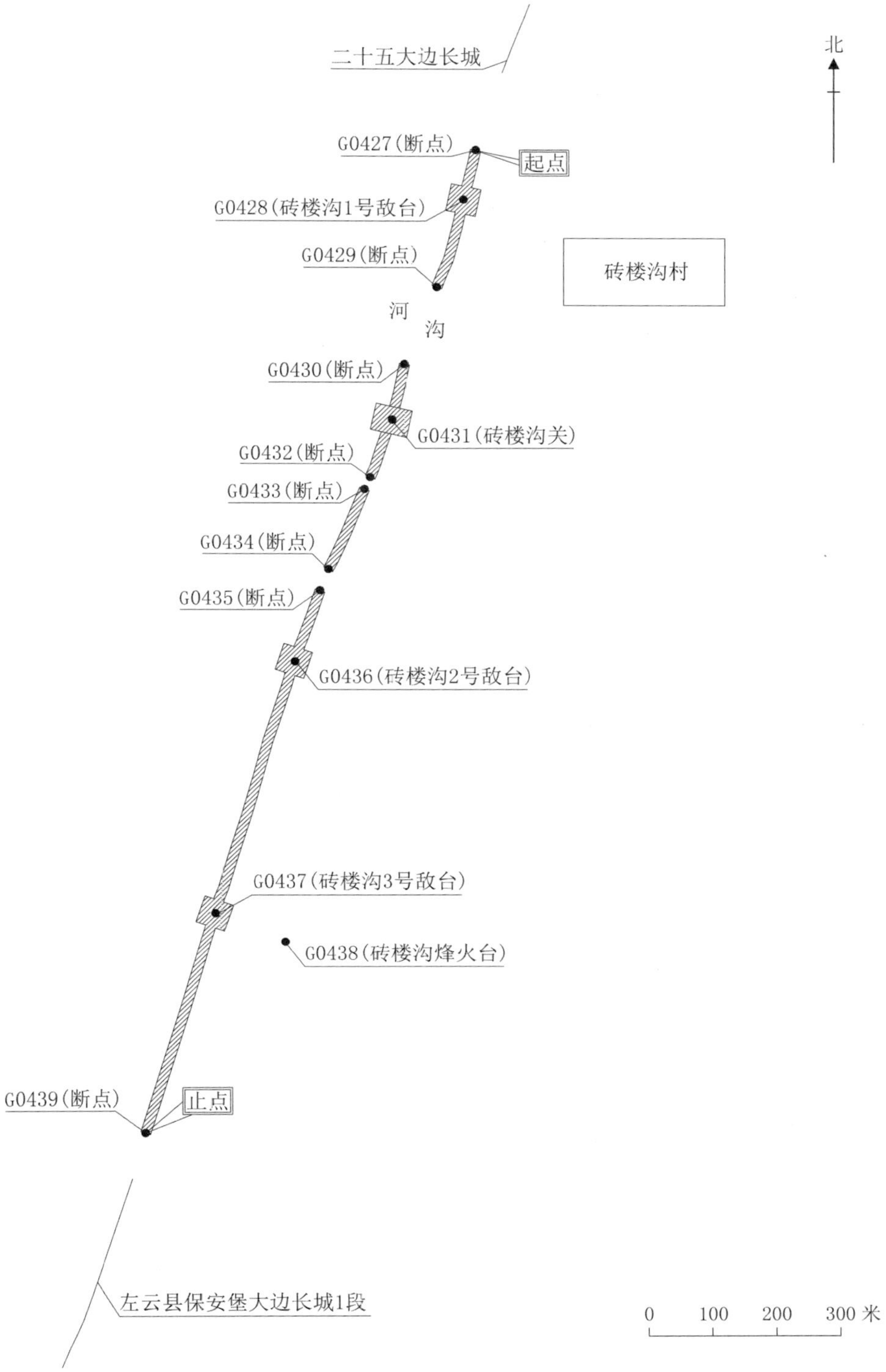

图一五一　砖楼沟大边长城走向示意图

宽7～8、顶宽0.5～1.5、残高4～6米。

第5小段：G0432（断点）—G0433（断点），长20米，东北—西南走向。墙体被洪水冲毁而消失。

第6小段：G0433（断点）—G0434（断点），长144米，东北—西南走向，保存一般。墙体底宽

7～8、顶宽0.5～1.5、残高4～6米。

第7小段：G0434（断点）—G0435（断点），长37米，东北—西南走向。墙体被洪水冲毁而消失。

第8小段：G0435（断点）—G0436（砖楼沟2号敌台），长118米，东北—西南走向，保存较好。墙体底宽7～8、顶宽1～2.6、残高4～6米。

第9小段：G0436（砖楼沟2号敌台）—G0437（砖楼沟3号敌台），长444米，东北—西南走向，保存较好。墙体底宽7～8、顶宽1～2.6、残高4～6米（彩图二二六）。

第10小段：G0437（砖楼沟3号敌台）—G0439（止点、断点），长382米，东北—西南走向，保存一般。墙体底宽7～8、顶宽0.5～1.6、高4～6米。G0439（止点、断点）也是左云县保安堡大边长城1段起点。

墙体整体保存较差，坍塌损毁严重，部分段墙体消失。除洪水冲毁致墙体消失外，风雨侵蚀、植物生长等也造成墙体坍塌脱落，表面凹凸不平，有裂缝、沟槽、孔洞等；人为因素主要有农业生产活动破坏、随意踩踏、取土挖损等。

砖楼沟大边长城位于山西省与内蒙古自治区交界处。墙体构筑在马头山东侧余脉上，地势起伏，西高东低。所在区域土壤为淡栗钙土。长城两侧为荒坡、耕地、林地，植被较好。砖楼沟村整体搬迁至山下。

43. 宏赐堡二边长城1段

起点位于堡子湾乡宏赐堡村东1.7千米处，高程1180米；止点位于宏赐堡村西南0.8千米处，高程1147米。大致呈东—西走向。全长2471米，其中保存较差71、消失2400米。墙体为土墙，黄土夯筑而成，夯层厚度不详。现存墙体剖面大致呈不规则梯形，底宽5、顶宽1.5、残高1.5～3.5米。该段长城东接宏赐堡长城，北连宏赐堡大边长城1段，西南连宏赐堡二边长城2段（图一五二）。

本段墙体共测GPS点4个（G0153～G0155、G0441），可分为2小段，分述如下。

第1小段：G0153（起点、节点、拐点）—G0155（断点），长71米，东北—西南走向，保存较差。墙体坍塌严重，部分呈土梁状，豁口较多。墙体底宽5、顶宽1.5、残高1.5～3.5米。

第2小段：G0155（断点）—G0441（止点、断点），长2400米，东—西走向。墙体被洪水冲毁而消失。

墙体整体保存差，坍塌损毁严重，大部分段墙体消失。除洪水冲毁致墙体消失外，风雨侵蚀、植物生长等也造成墙体坍塌脱落，表面凹凸不平，有裂缝、沟槽、孔洞等；人为因素主要有农业生产活动破坏、随意踩踏、取土挖损等。

44. 宏赐堡二边长城2段

起点位于堡子湾乡宏赐堡村西南0.8千米处，高程1147米；止点位于宏赐堡村西南2.4千米处，高程1233米。大致呈东北—西南走向。全长1919米，其中保存较差1264、差287、消失368米。墙体为土墙，红土夯筑而成，含砂砾，夯层厚0.17～0.27米。现存墙体剖面大致呈不规则梯形，墙体底宽5～8、顶宽0.5～2.6、残高0.4～5米。该段长城东北接宏赐堡二边长城1段，西南连宏赐堡二边长城3段。宏赐堡二边1～6号敌台位于墙体上。墙体西侧有宏赐堡二边1～5号烽火台，东距墙体0.018～0.442千米（图一五三）。

本段墙体共测GPS点13个（G0441～G0443、G0445～G0449、G0452～G0454、G0456、G0458），

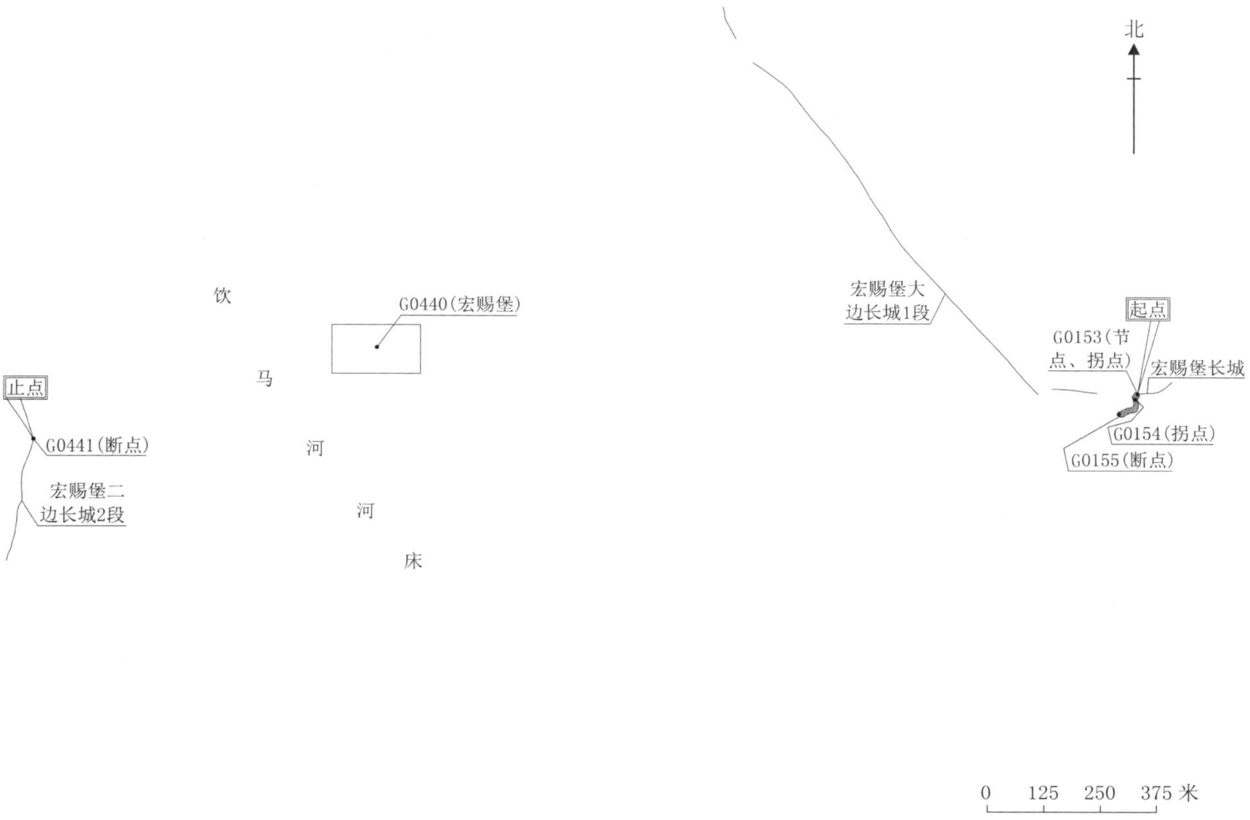

图一五二　宏赐堡二边长城1段走向示意图

可分为12小段，分述如下。

第1小段：G0441（起点、断点）—G0442（宏赐堡二边1号敌台），长74米，北—南走向，保存差。墙体底宽5～5.6、顶宽0.5～1.5、残高0.4～1.2米。

第2小段：G0442（宏赐堡二边1号敌台）—G0443（断点），长213米，北—南走向，保存差。墙体底宽5～5.6、顶宽0.5～1.5、残高0.4～4米。

第3小段：G0443（断点）—G0445（断点），长156米，北—南走向。墙体被208国道和土路截断而消失。

第4小段：G0445（断点）—G0446（断点），长38米，东北—西南走向，保存较差。墙体底宽6～7.6、顶宽0.8～1.5米，东壁略高出地面，西壁残高4～6米。

第5小段：G0446（断点）—G0447（断点），长61米，东北—西南走向。墙体被人为取土挖毁消失，消失处现种有杨树。

第6小段：G0447（断点）—G0448（断点），长30米，北—南走向，保存较差。顶部高低不平。墙体底宽6～7.6、顶宽0.8～1.5、东壁残高2、西壁残高4～6米。

第7小段：G0448（断点）—G0449（断点），长151米，东北—西南走向。墙体被洪水冲毁而消失。

第8小段：G0449（断点）—G0452（宏赐堡二边2号敌台），长424米，东北—西南走向，保存较差。墙体底宽6～7.6、顶宽0.8～1.5、残高2.5～5米。西侧附近有砖厂。

第9小段：G0452（宏赐堡二边2号敌台）—G0453（宏赐堡二边3号敌台），长212米，东北—

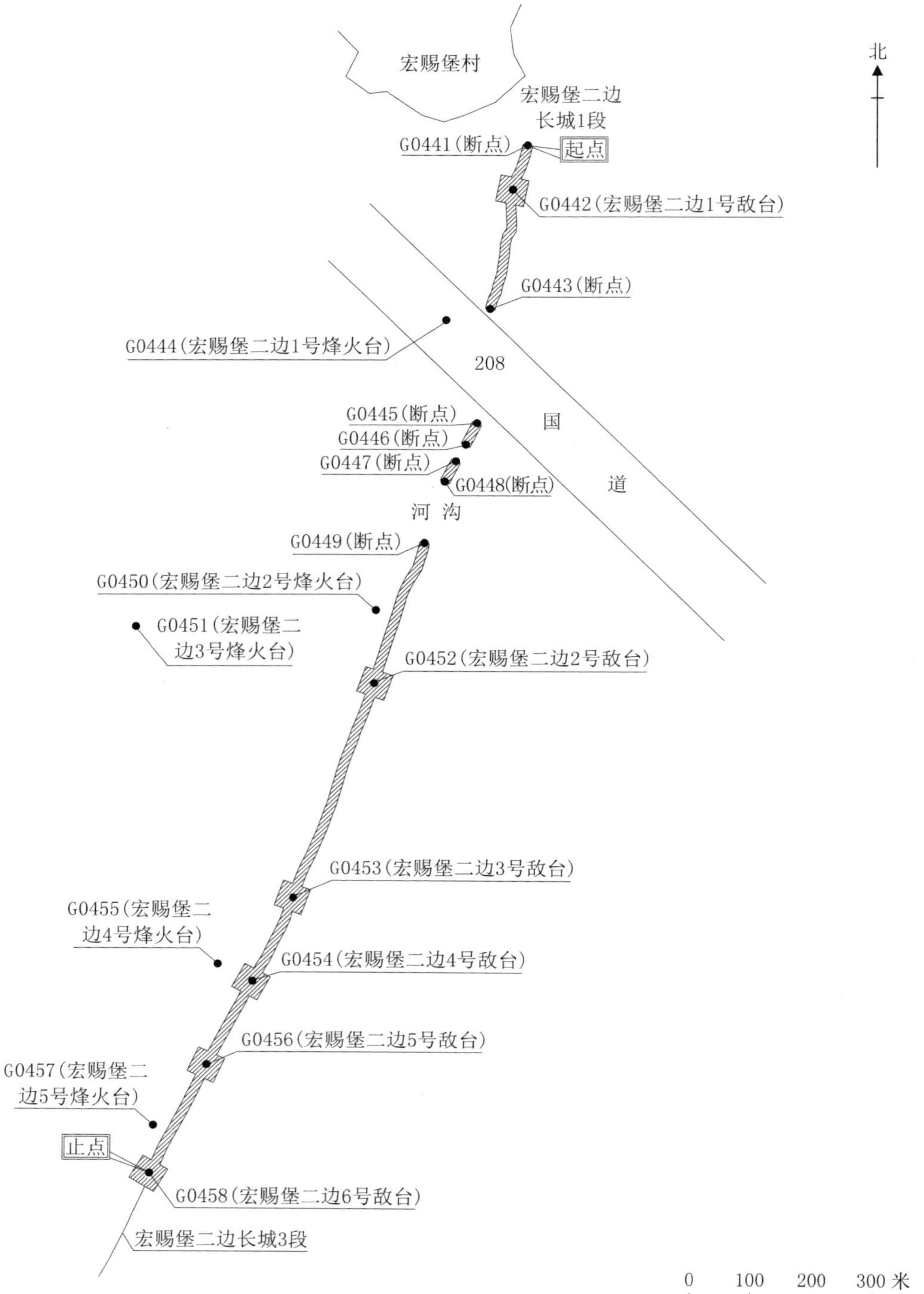

图一五三 宏赐堡二边长城 2 段走向示意图

西南走向，保存较差。墙体底宽 6 ~ 7.6、顶宽 0.8 ~ 1.5、残高 2.5 ~ 5 米。

第 10 小段：G0453（宏赐堡二边 3 号敌台）—G0454（宏赐堡二边 4 号敌台），长 178 米，东北—西南走向，保存较差。墙体底宽 6 ~ 7.6、顶宽 0.8 ~ 1.5、残高 2.5 ~ 5 米。

第 11 小段：G0454（宏赐堡二边 4 号敌台）—G0456（宏赐堡二边 5 号敌台），长 174 米，东北—

西南走向，保存较差。墙体底宽6～7.6、顶宽0.8～1.5、残高2.5～5米。

第12小段：G0456（宏赐堡二边5号敌台）—G0458（止点、宏赐堡二边6号敌台），长208米，东北—西南走向，保存较差。墙体底宽7～8、顶宽1～2.6、残高2～3.7米。

墙体整体保存差，坍塌损毁严重，部分段墙体消失。除洪水冲毁致墙体消失外，风雨侵蚀、植物生长等也造成墙体坍塌脱落，表面凹凸不平，有裂缝、沟槽、孔洞等。部分段墙体两侧坍塌成坡状，整体呈土梁状；人为因素主要有修路挖毁墙体、取土挖毁墙体、农业生产活动破坏、随意踩踏等。

45. 宏赐堡二边长城3段

起点位于堡子湾乡宏赐堡村西南2.4米处，高程1233米；止点位于宏赐堡村西南3.5千米处，高程1261米。大致呈东北—西南走向。全长1453米，其中保存一般784、较差655、消失14米。墙体为土墙，红土夯筑而成，含砂砾，夯层厚0.17～0.27米。现存墙体剖面大致呈不规则梯形，墙体底宽5～7.6、顶宽0.5～1.5、残高2.5～5.2米。该段长城东北接宏赐堡二边长城2段，西南连里教场沟二边长城1段。宏赐堡二边6～10号敌台、宏赐堡二边马面位于墙体上。墙体西、北侧有宏赐堡二边6、8号烽火台，东、南距墙体0.026～0.04千米；东、南侧有宏赐堡二边7、9号烽火台，距墙体0.014～0.02千米（图一五四）。

本段墙体共测GPS点10个（G0458、G0459、G0461～G0463、G0465～G0467、G0469、G0471），

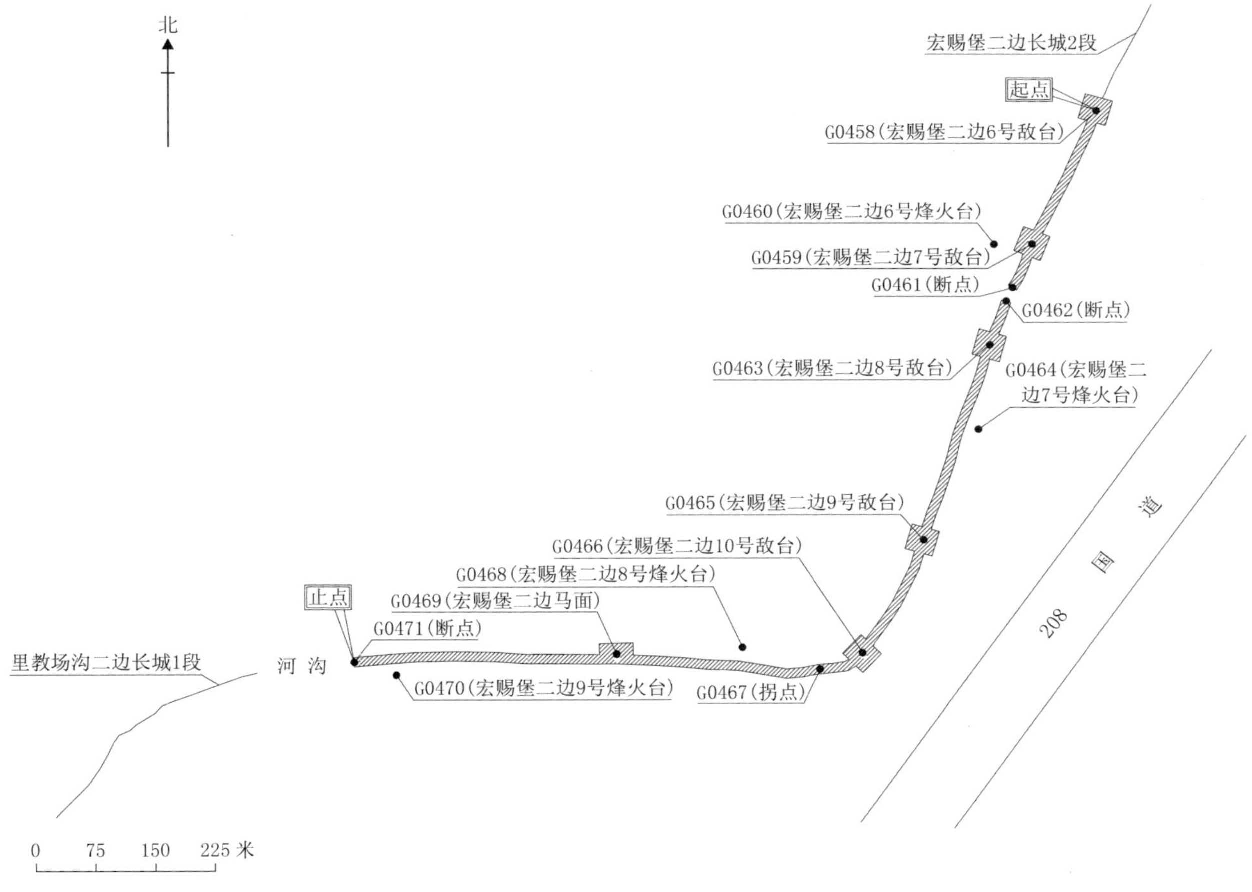

图一五四　宏赐堡二边长城3段走向示意图

可分为 7 小段，分述如下。

第 1 小段：G0458（起点、宏赐堡二边 6 号敌台）—G0459（宏赐堡二边 7 号敌台），长 191 米，东北—西南走向，保存较差。墙体底宽 6～7.6、顶宽 0.8～1.5、残高 3～5.2 米（彩图二二七）。

第 2 小段：G0459（宏赐堡二边 7 号敌台）—G0461（断点），长 69 米，北—南走向，保存一般。墙体底宽 6～7.6、顶宽 0.8～1.5、残高 4～6 米。

第 3 小段：G0461（断点）—G0462（断点），长 14 米，东北—西南走向。墙体被洪水冲毁而消失。

第 4 小段：G0462（断点）—G0463（宏赐堡二边 8 号敌台），长 61 米，北—南走向，保存一般。墙体底宽 6～7.6、顶宽 0.8～1.5、残高 4～6 米。

第 5 小段：G0463（宏赐堡二边 8 号敌台）—G0465（宏赐堡二边 9 号敌台）长 266 米，东北—西南走向，保存较差。墙体底宽 6～7.6、顶宽 0.8～1.5、残高 2.5～5 米。

第 6 小段：G0465（宏赐堡二边 9 号敌台）—G0467（拐点），长 198 米，东北—西南走向，保存较差。墙体底宽 6～7.6、顶宽 0.8～1.5、残高 2.5～5 米。宏赐堡二边 10 号敌台位于墙体上。

第 7 小段：G0467（拐点）—G0471（止点、断点），长 654 米，东—西走向，保存一般。墙体底宽 6～7.6、顶宽 0.8～1.5、残高 4～6 米。宏赐堡二边马面位于墙体上。

墙体整体保存较差，坍塌损毁严重，部分段墙体消失。除洪水冲毁致墙体消失外，风雨侵蚀、植物生长等也造成墙体坍塌脱落，表面凹凸不平，有裂缝、沟槽、孔洞等；人为因素主要有随意踩踏等。

宏赐堡二边长城 1～3 段墙体构筑在黄土高原丘陵平川地带，地势缓慢抬高。所在区域土壤为淡栗钙土。长城周围杂草多，树木成林，植被较好。附近有穿过宏赐堡二边长城 1～3 段墙体的京包铁路和 208 国道、乡村土路。长城附近有村村通公路。

46. 里教场沟二边长城 1 段

起点位于新荣镇里教场沟村东北 1.6 千米处，高程 1261 米；止点位于里教场沟村西 0.12 千米处，高程 1230 米，大致呈东北—西南走向。全长 1701 米，其中保存一般 665、较差 496、差 353、消失 187 米。墙体为土墙，红土夯筑而成，含砂砾，夯层厚 0.17～0.27 米。现存墙体剖面大致呈不规则梯形，墙体底宽 6～8、顶宽 0.8～2.7、残高 2～6 米。该段长城东北接宏赐堡二边长城 3 段，西南连里教场沟二边长城 2 段。里教场沟 1～5 号敌台位于墙体上。墙体西北有里教场沟 1～3、5 号烽火台，东南距墙体 0.023～0.222 千米，东南有里教场沟 4 号烽火台，西北距墙体 0.036 千米（图一五五）。

本段墙体共测 GPS 点 13 个（G0471、G0472、G0474～G0478、G0481、G0483、G0484、G0486～G0488），可分为 10 小段，分述如下。

第 1 小段：G0471（起点、断点）—G0472（断点），长 78 米，东—西走向。墙体被洪水冲毁而消失。河沟内现有土路。

第 2 小段：G0472（断点）—G0476（拐点），长 258 米，先东—西走向后拐为东北—西南走向，保存一般。墙体底宽 7～8、顶宽 1～2.7、残高 4～6 米。里教场沟 1 号敌台位于墙体上。

第 3 小段：G0476（拐点）—G0477（断点），长 77 米，东北—西南走向，保存一般。墙体底宽 7～8、顶宽 1～2.7、残高 4～6 米。

第 4 小段：G0477（断点）—G0478（断点），长 27 米，东北—西南走向。墙体被土路截断而消失。

第 5 小段：G0478（断点）—G0481（里教场沟 2 号敌台），长 191 米，东北—西南走向，保存一

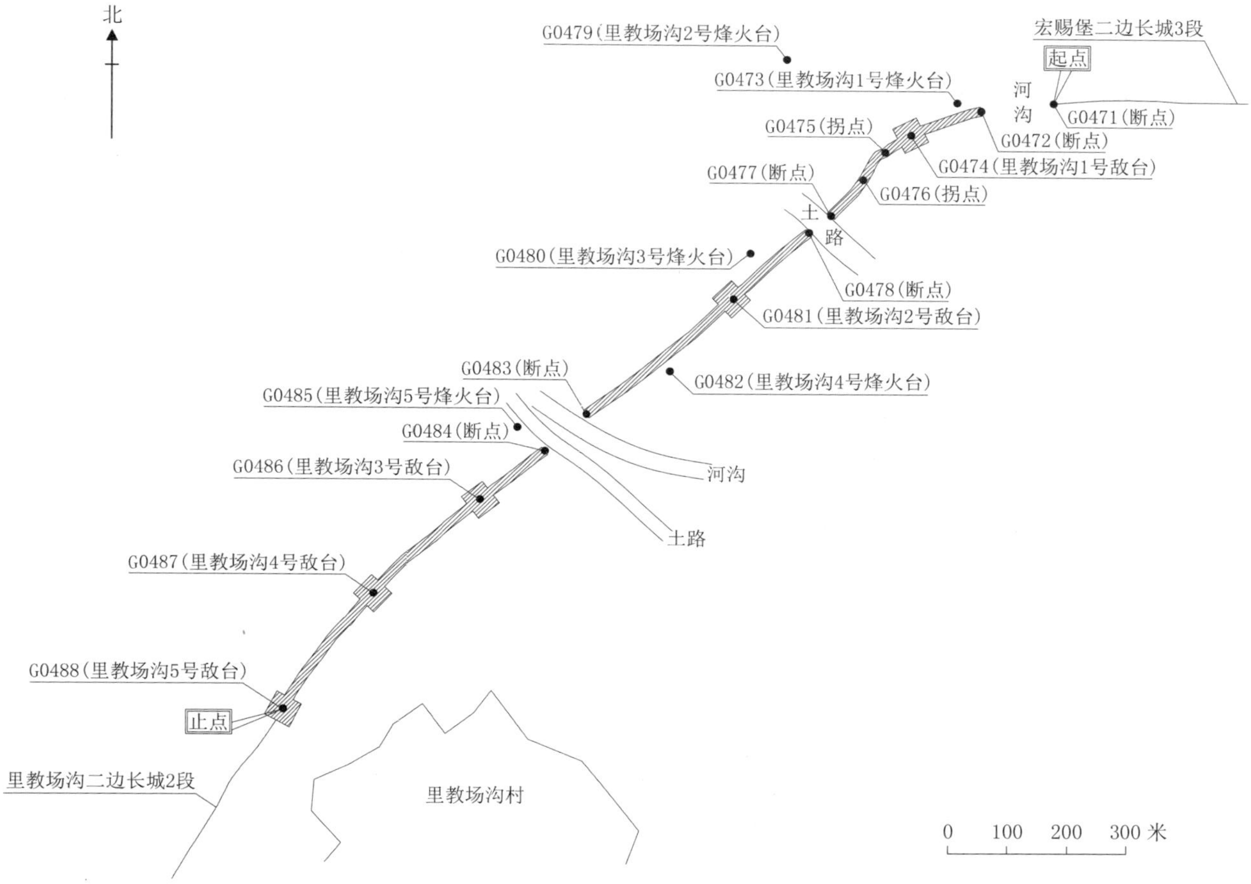

图一五五　里教场沟二边长城 1 段走向示意图

般。墙体底宽 7 ~ 8、顶宽 1 ~ 2.7、残高 3 ~ 5 米。

第 6 小段：G0481（里教场沟 2 号敌台）—G0483（断点），长 335 米，东北—西南走向，保存较差。墙体底宽 6 ~ 7.6、顶宽 0.8 ~ 1.5、残高 3 ~ 5.2 米。

第 7 小段：G0483（断点）—G0484（断点），长 82 米，东北—西南走向。墙体被洪水冲毁而消失，河沟内现有土路。

第 8 小段：G0484（断点）—G0486（里教场沟 3 号敌台），长 139 米，东北—西南走向，保存一般。墙体底宽 6 ~ 7.6、顶宽 0.8 ~ 1.5、残高 4 ~ 6 米。

第 9 小段：G0486（里教场沟 3 号敌台）—G0487（里教场沟 4 号敌台），长 161 米，东北—西南走向，保存较差。墙体底宽 6 ~ 7.6、顶宽 0.8 ~ 1.5、残高 2 ~ 5 米。

第 10 小段：G0487（里教场沟 4 号敌台）—G0488（止点、里教场沟 5 号敌台），长 353 米，东北—西南走向，保存差。墙体底宽 6 ~ 7.6、顶宽 0.8 ~ 1、残高 1 ~ 3 米。G0488（止点、里教场沟 5 号敌台）东邻里教场沟村。

墙体整体保存较差，坍塌损毁严重，部分段墙体消失。除洪水冲毁致墙体消失外，风雨侵蚀、植物生长等也造成墙体坍塌脱落，表面凹凸不平，有裂缝、沟槽、孔洞等，部分段墙体两侧坍塌成坡状，整体呈土梁状；人为因素主要有修路挖毁墙体、农业生产活动破坏、随意踩踏、取土挖损等。

47. 里教场沟二边长城2段

起点位于新荣镇里教场沟村西0.12千米处，高程1230米；止点位于里教场沟村西南1.3千米处，高程1209米。大致呈东北—西南走向，全长1243米，其中保存较差474、差736、消失33米。墙体为土墙，红土夯筑而成，含砂砾，夯层厚0.17~0.27米。现存墙体剖面大致呈不规则梯形，墙体底宽2~6、顶宽0.5~1.3、残高0.5~3米。该段长城东北接里教场沟二边长城1段，西南连外教场沟二边长城。里教场沟5~9号敌台位于墙体上。墙体西北有里教场沟6、7号烽火台，东南距墙体0.05~0.06千米（图一五六）。

本段墙体共测GPS点8个（G0488、G0490、G0491、G0493~G0497），可分为7小段，分述如下。

第1小段：G0488（起点、里教场沟5号敌台）—G0490（里教场沟6号敌台），长460米，东北—西南走向，保存差。墙体底宽2~6、顶宽0.5~1.3、残高0.5~1米。

第2小段：G0490（里教场沟6号敌台）—G0491（里教场沟7号敌台），长161米，东北—西南走向，保存差。墙体底宽2~6、顶宽0.5~1.3、残高0.5~1米。

第3小段：G0491（里教场沟7号敌台）—G0493（断点），长115米，东北—西南走向，保存差。墙体底宽2~6、顶宽0.5~1.3、残高0.5~1米。

第4小段：G0493（断点）—G0494（断点），长33米，东北—西南走向。墙体被人为取土挖损消失。

第5小段：G0494（断点）—G0495（里教场沟8号敌台），长205米，东北—西南走向，保存较差。墙体底宽2~6、顶宽0.5~1.2、残高1~2.7米。

第6小段：G0495（里教场沟8号敌台）—G0496（里教场沟9号敌台），长169米，东北—西南走向，保存较差。墙体底宽2~6、顶宽0.5~1.2、残高1~2.7米（彩图二二八）。

第7小段：G0496（里教场沟9号敌台）—G0497（止点、拐点），长100米，东北—西南走向，保存较差。墙体底宽2~6、顶宽0.5~1.2、残高1~2.7米。

墙体整体保存差，坍塌损毁严重。由于风雨侵蚀、植物生长等造成墙体坍塌脱落，表面凹凸不平，有裂缝、沟槽、孔洞等，部分段墙体两侧坍塌呈坡状，整体呈土梁状；人为因素主要有取土挖毁墙体、农业生产活动破坏、随意踩踏等。

里教场沟二边长城1、2段墙体构筑在黄土高原丘陵平川地带，地势逐渐走低，所在区域土壤为淡栗钙土。长城周围杂草稀疏，地表裸露，植被较差。

里教场沟村人口约160人。有穿过长城墙体的乡村土路。

48. 外教场沟二边长城

起点位于新荣镇外教场沟村东南0.66千米处，高程1209米；止点位于外教场沟村西南1.4千米处，高程1186米。大致呈东北—西南走向。全长1958米，其中保存较差719、差933、消失306米。墙体为土墙，红土夯筑而成，含砂砾，夯层厚0.17~0.27米。现存墙体剖面大致呈不规则梯形，墙体底宽2~6、顶宽0.5~1.3、残高0.2~3米（彩图二二九）。该段长城东北接里教场沟二边长城2段，西连下甘沟二边长城1段。外教场沟1~4号敌台位于墙体上。墙体北侧有外教场沟1~4号烽火台，南距墙体0.022~0.048千米（图一五七）。

本段墙体共测GPS点10个（G0497、G0499~G0502、G0504~G0506、G0509、G0510），可分为6小段，分述如下。

第1小段：G0497（起点、拐点）—G0500（断点），长192米，东北—西南走向，保存差。墙体

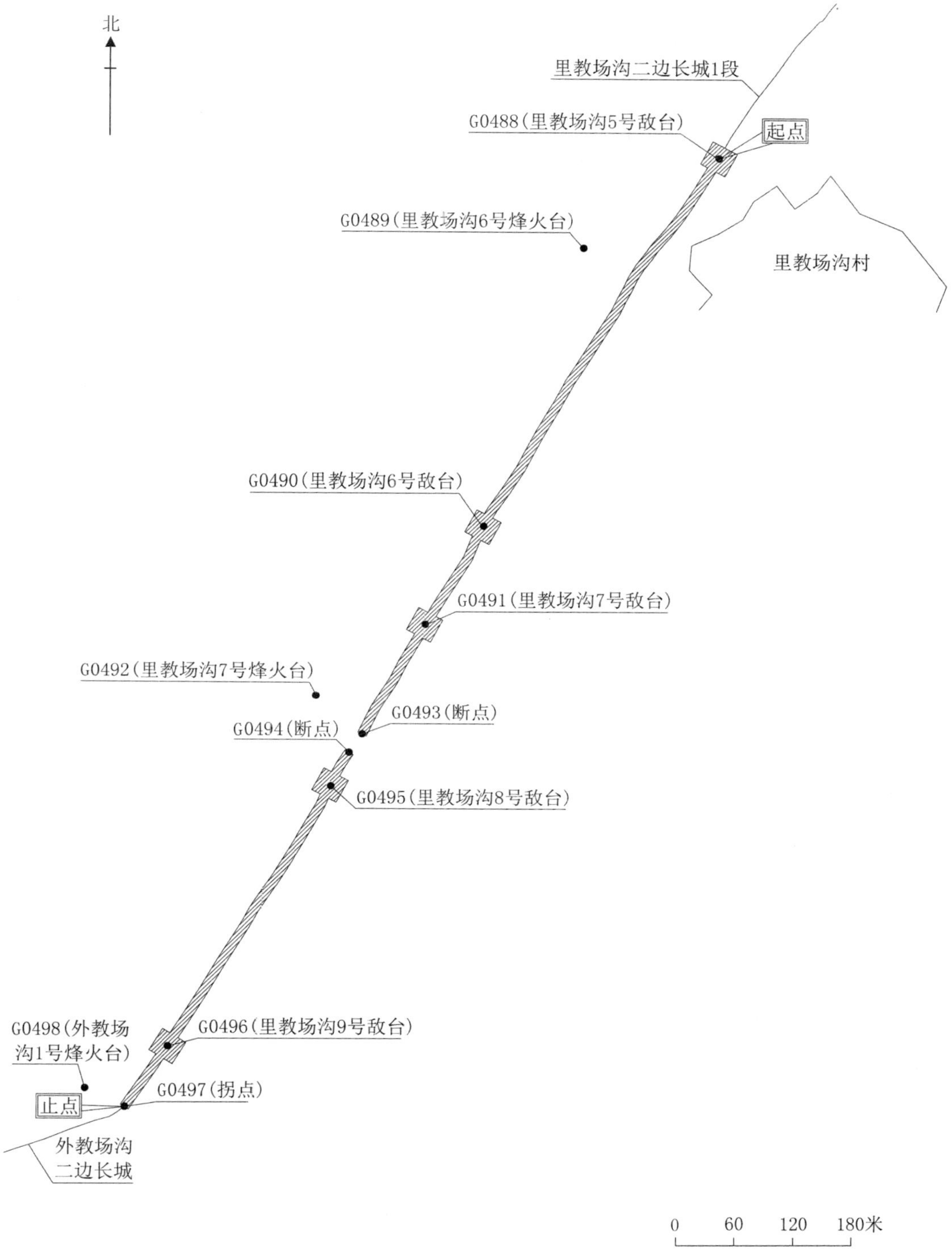

图一五六　里教场沟二边长城2段走向示意图

底宽2~6、顶宽0.5~1.3、残高0.5~3米。外教场沟1号敌台位于墙体上。

第2小段：G0500（断点）—G0501（断点），长279米，东北—西南走向。墙体被洪水冲毁而消失。

第3小段：G0501（断点）—G0504（断点），长578米，东北—西南走向，保存差。墙体底宽

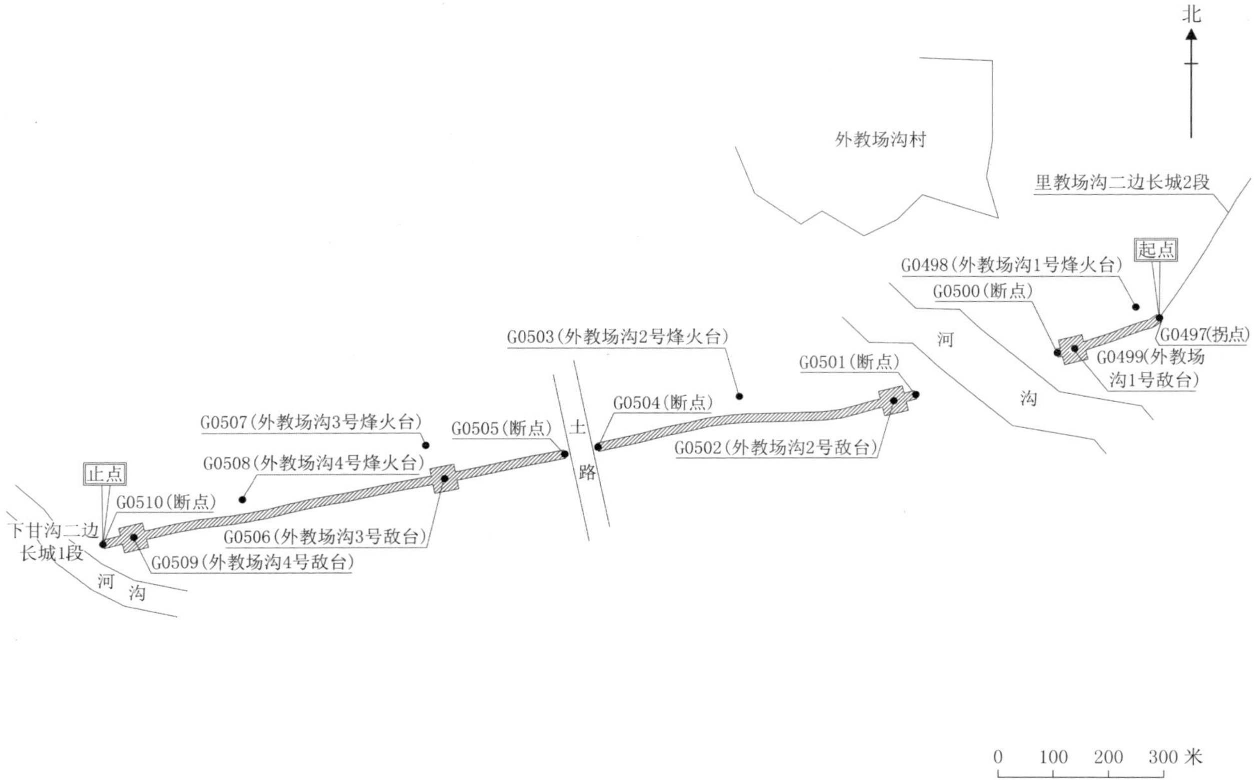

图一五七　外教场沟二边长城走向示意图

2~6、顶宽0.5~1.3、残高0.2~1.5米。外教场沟2号敌台位于墙体上。

第4小段：G0504（断点）—G0505（断点），长27米，东北—西南走向。墙体被南北向土路截断而消失。

第5小段：G0505（断点）—G0506（外教场沟3号敌台），长163米，东北—西南走向，保存差。墙体底宽2~6、顶宽0.5~1.3、残高0.2~1.5米。

第6小段：G0506（外教场沟3号敌台）—G0510（止点、断点），长719米，东北—西南走向，保存较差。墙体南壁大部分被人为取土挖损破坏，残墙上有3座现代墓葬。墙体底宽2~6、顶宽0.5~1.3、残高0.5~3米。外教场沟4号敌台位于墙体上。

墙体整体保存差，坍塌损毁严重，部分段墙体消失。除洪水冲毁致墙体消失外，风雨侵蚀、植物生长等也造成墙体坍塌脱落，表面凹凸不平，有裂缝、沟槽、孔洞等，部分段墙体两侧坍塌呈坡状，整体呈土梁状；人为因素主要有修路挖毁墙体、农业生产活动破坏、随意踩踏、取土挖损等。

外教场沟二边长城墙体构筑在黄土高原丘陵平川地带，地势平缓，略有起伏。所在区域土壤为淡栗钙土。长城周围杂草稀疏，地表裸露，有零星树木，植被较差。

外教场沟村人口约180人。有穿过长城墙体的乡村土路。

49. 下甘沟二边长城1段

起点位于新荣镇下甘沟村东2.4千米处，高程1186米；止点位于下甘沟村东南0.62千米处，高程1227米。大致呈东—西走向。全长1832米，其中保存一般812、较差796、消失224米。墙体为土墙，黄土夯筑而成，含砂砾，夯层厚0.17~0.27米。现存墙体剖面大致呈不规则梯形，墙体底宽5~

7、顶宽 0.5 ~1.3、残高 2 ~6 米。该段长城东接外教场沟二边长城，西连下甘沟二边长城 2 段。下甘沟 1 ~6 号敌台、下甘沟 1 ~4 号马面位于墙体上。墙体北侧有下甘沟 1、3 ~5、7 号烽火台，南距墙体 0.022 ~0.058 千米；南侧有下甘沟 2、6 号烽火台，北距墙体 0.012 ~0.022 千米（图一五八）。

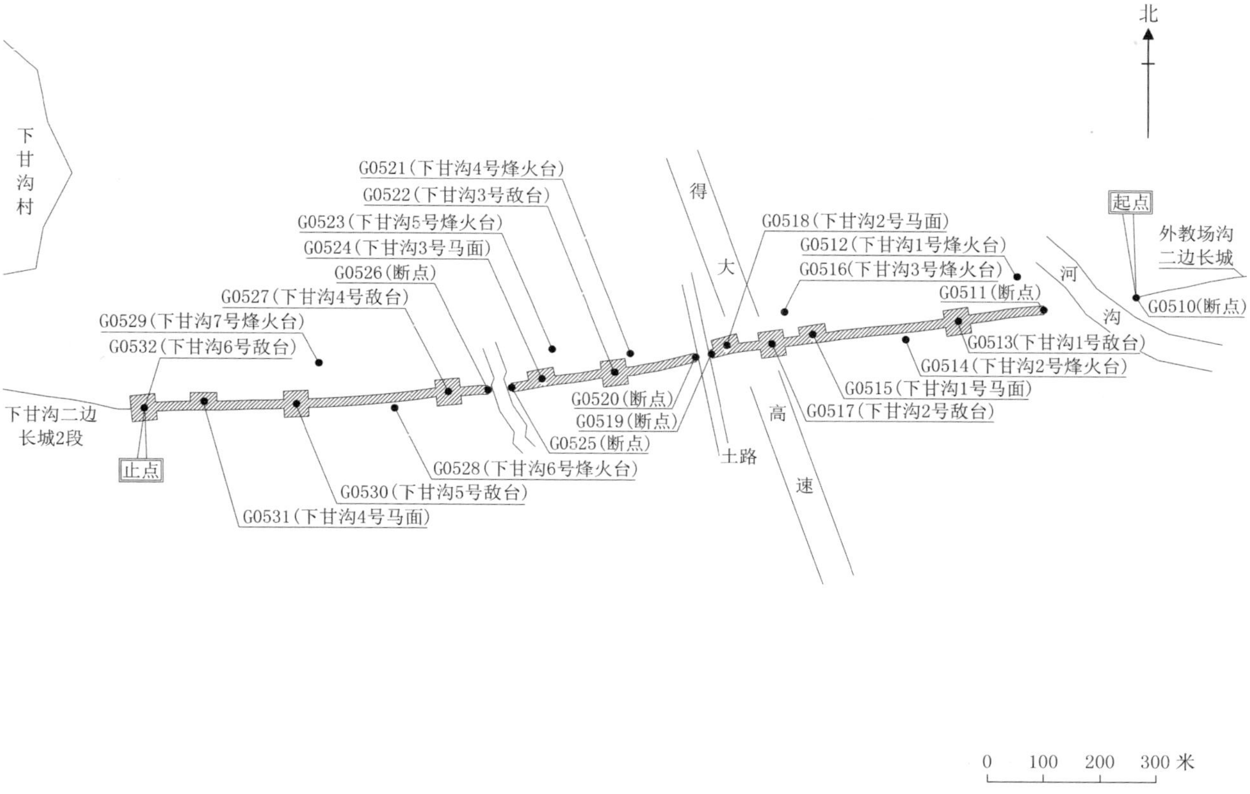

图一五八　下甘沟二边长城 1 段走向示意图

本段墙体共测 GPS 点 16 个（G0510、G0511、G0513、G0515、G0517 ~ G0520、G0522、G0524 ~ G0527、G0530 ~ G0532），可分为 12 小段，分述如下。

第 1 小段：G0510（起点、断点）—G0511（断点），长 167 米，东—西走向。墙体被洪水冲毁而消失，河沟内有东西向的毛石垒砌的拦水坝。

第 2 小段：G0511（断点）—G0513（下甘沟 1 号敌台），长 149 米，东—西走向，保存较差。墙体底宽 5 ~6、顶宽 0.5 ~1.3、残高 3 ~5 米。

第 3 小段：G0513（下甘沟 1 号敌台）—G0517（下甘沟 2 号敌台），长 359 米，东—西走向，保存较差。墙体底宽 6 ~7.5、顶宽 0.5 ~1.3、残高 3 ~5 米。下甘沟 1 号马面位于墙体上。得大高速公路从墙体下穿过，未对墙体造成破坏。

第 4 小段：G0517（下甘沟 2 号敌台）—G0519（断点），长 124 米，东—西走向，保存较差。墙体底宽 6 ~7、顶宽 0.5 ~1.3、残高 2 ~4.5 米。下甘沟 2 号马面位于墙体上。

第 5 小段：G0519（断点）—G0520（断点），长 21 米，东—西走向。墙体被洪水冲毁而消失。河沟内现有土路。

第 6 小段：G0520（断点）—G0522（下甘沟 3 号敌台），长 164 米，东—西走向，保存较差。墙体底宽 6 ~7、顶宽 0.5 ~1.3、残高 3 ~5 米。

第7小段：G0522（下甘沟3号敌台）—G0525（断点），长199米，东—西走向，保存一般。墙体底宽6~7、顶宽0.5~1.3、残高4~6米。下甘沟3号马面位于墙体上。

第8小段：G0525（断点）—G0526（断点），长36米，东—西走向。墙体被洪水冲毁而消失。

第9小段：G0526（断点）—G0527（下甘沟4号敌台），长63米，东—西走向，保存一般。墙体底宽6~7、顶宽0.5~1.3、残高4~6米。

第10小段：G0527（下甘沟4号敌台）—G0530（下甘沟5号敌台），长261米，东—西走向，保存一般。墙体底宽6~7、顶宽0.5~1.3、残高4~6米。

第11小段：G0530（下甘沟5号敌台）—G0531（下甘沟4号马面），长182米，东—西走向，保存一般。墙体底宽6~7、顶宽0.5~1.3、残高4~6米。

第12小段：G0531（下甘沟4号马面）—G0532（止点、下甘沟6号敌台），长107米，东—西走向，保存一般。墙体底宽6~7、顶宽0.5~1.3、残高4~6米。

墙体整体保存较差，坍塌损毁严重，部分段墙体消失。除洪水冲毁致墙体消失外，风雨侵蚀、植物生长等也造成墙体坍塌脱落，表面凹凸不平，有裂缝、沟槽、孔洞等，部分段墙体两侧坍塌成坡状，整体呈土梁状；人为因素主要有农业生产活动破坏、随意踩踏、取土挖损等。

50. 下甘沟二边长城2段

起点位于新荣镇下甘沟村东南0.62千米处，高程1227米；止点位于下甘沟村西0.8千米处，高程1177米。大致呈东—西走向。全长1491米，其中保存一般980、较差155、差122、消失234米。墙体为土墙，红土和黄土夯筑而成，含砂砾，夯层厚0.17~0.27米。现存墙体剖面大致呈不规则梯形，墙体底宽5~8、顶宽0.2~1.3、残高0.5~5米。该段长城东接下甘沟二边长城1段，西连光明二边长城1段。下甘沟6~10号敌台和下甘沟5、6号马面位于墙体上。墙体北侧有下甘沟8、10、11号烽火台，南距墙体0.022~0.056千米；南侧有下甘沟9号烽火台，北距墙体0.034千米（图一五九）。

本段墙体共测GPS点12个（G0532、G0534~G0537、G0539、G0541~G0543、G0545~G0547），可分为10小段，分述如下。

第1小段：G0532（起点、下甘沟6号敌台）—G0534（下甘沟5号马面），长132米，东—西走向，保存一般。墙体底宽7~8、顶宽0.5~1.3、残高3~5米。

第2小段：G0534（下甘沟5号马面）—G0535（断点），长235米，东—西走向，保存一般。墙体底宽6~7、顶宽0.5~1.3、残高4~6米。

第3小段：G0535（断点）—G0536（下甘沟7号敌台、断点），长150米，东—西走向。墙体被洪水冲毁而消失。河沟内有杨树。

第4小段：G0536（下甘沟7号敌台、断点）—G0537（断点），长122米，东—西走向，保存差。墙体底宽5~6、顶宽0.2~0.8、残高0.5~1米。

第5小段：G0537（断点）—G0539（下甘沟8号敌台），长72米，东—西走向。墙体被洪水冲毁而消失。

第6小段：G0539（下甘沟8号敌台）—G0541（下甘沟9号敌台），长181米，东—西走向，保存一般。墙体底宽7~8、顶宽0.5~1.3、残高3~5米。

第7小段：G0541（下甘沟9号敌台）—G0542（断点），长165米，东—西走向，保存一般。墙体底宽6~7、顶宽0.5~1.3、残高3~5米。

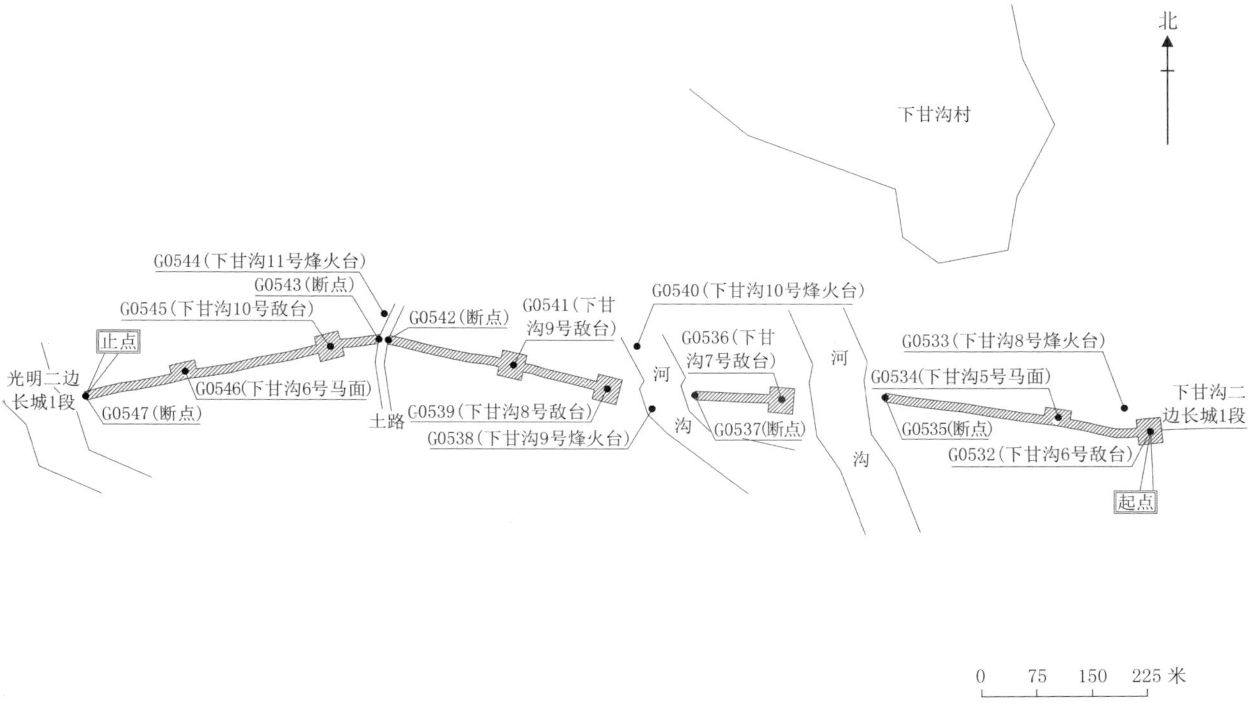

图一五九 下甘沟二边长城2段走向示意图

第8小段：G0542（断点）—G0543（断点），长12米，东—西走向。墙体被南北向土路截断而消失。

第9小段：G0543（断点）—G0546（下甘沟6号马面），长267米，东—西走向，保存一般。墙体底宽6～7、顶宽0.5～1.3、残高3～5米。下甘沟10号敌台位于墙体上。

第10小段：G0546（下甘沟6号马面）—G0547（止点、断点），长155米，东—西走向，保存较差。墙体底宽6～7、顶宽0.5～1.3、残高1.2～5米。

墙体整体保存较差，坍塌损毁严重，部分段墙体消失。除洪水冲毁致墙体消失外，风雨侵蚀、植物生长等也造成墙体坍塌脱落，表面凹凸不平，有裂缝、沟槽、孔洞等，部分段墙体两侧坍塌成坡状，整体呈土梁状；人为因素主要有修路挖毁墙体、农业生产活动破坏、随意踩踏、取土挖损等。

下甘沟二边长城1、2段墙体构筑在黄土高原丘陵平川地带，地势起伏。所在区域土壤为淡栗钙土。长城周围杂草稀疏，地表裸露，有零星树木，植被较差。

下甘沟村人口约180人。得大高速公路从此段墙体下穿过，对墙体未造成损害。有穿过长城墙体的乡村土路。

51. 光明二边长城1段

起点位于新荣镇光明村东北2.5千米处，高程1177米；止点位于光明村东0.63千米处，高程1197米。大致呈东—西走向。全长2018米，其中保存一般1210、较差518、消失290米。墙体为土墙，红土和黄土夯筑而成，含砂砾，夯层厚0.17～0.27米。现存墙体剖面大致呈不规则梯形，墙体底宽6～8、顶宽0.5～1.4、残高1～6米。该段长城东接下甘沟二边长城2段，西连光明二边长城2段。光明1～5号敌台，光明1、2号马面位于墙体上。墙体北侧有光明1、3、4、6、7号烽火台，南距墙

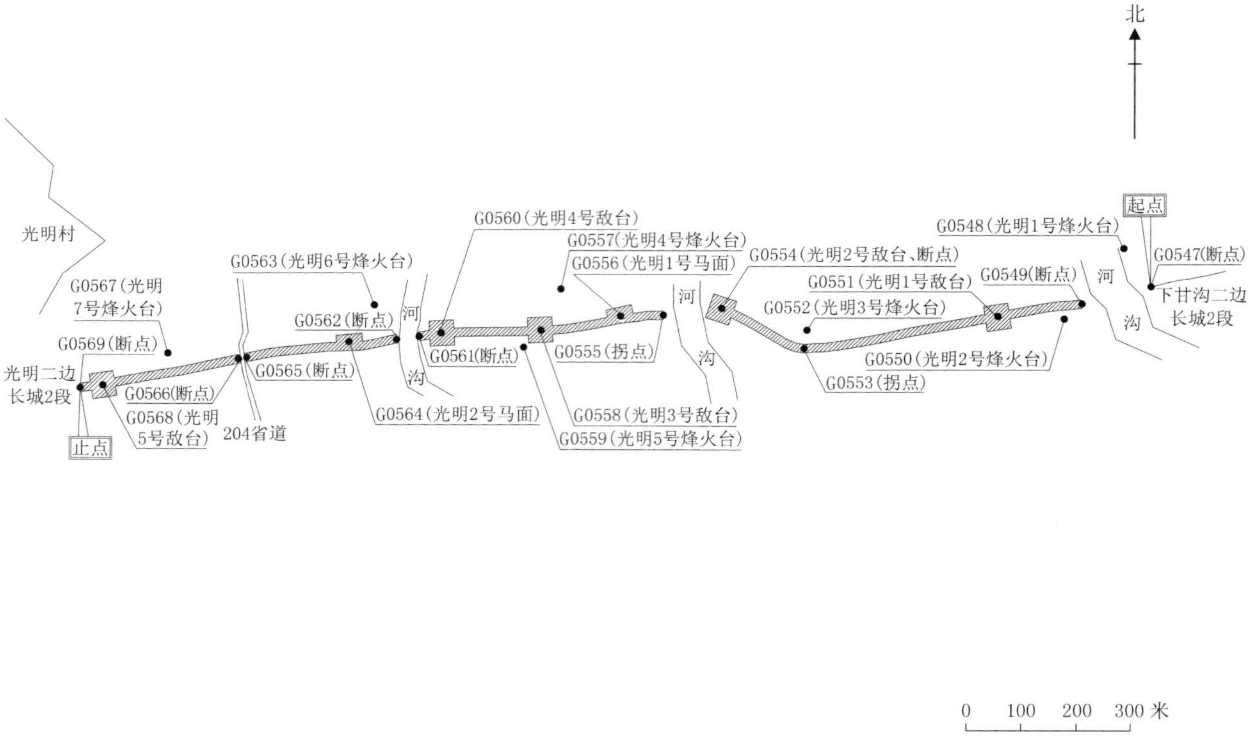

图一六〇　光明二边长城1段走向示意图

体0.006～0.066千米；南侧有光明2、5号烽火台，北距墙体0.028～0.03千米（图一六〇）。

本段墙体共测GPS点16个（G0547、G0549、G0551、G0553～G0556、G0558、G0560～G0562、G0564～G0566、G0568、G0569），可分为13小段，分述如下。

第1小段：G0547（起点、断点）—G0549（断点），长110米，东—西走向。墙体被洪水冲毁而消失。河沟内现为耕地，并有零星杨树。

第2小段：G0549（断点）—G0551（光明1号敌台），长166米，东—西走向，保存一般。墙体底宽6～7、顶宽0.5～1、残高3～5米。

第3小段：G0551（光明1号敌台）—G0553（拐点），长369米，东—西走向，保存较差。墙体底宽6～7、顶宽0.5～1.2、残高2～4米。

第4小段：G0553（拐点）—G0554（光明2号敌台、断点），长163米，东南—西北走向，保存一般。墙体底宽6～7、顶宽0.5～1.4、残高3～5米。

第5小段：G0554（光明2号敌台、断点）—G0555（断点），长100米，东—西走向。墙体被洪水冲毁而消失。河沟内有杨树。

第6小段：G0555（断点）—G0556（光明1号马面），长81米，东—西走向，保存一般。墙体底宽6～7、顶宽0.5～1.4、残高3～5米。

第7小段：G0556（光明1号马面）—G0558（光明3号敌台），长154米，东—西走向，保存一般。墙体底宽6～7、顶宽0.5～1、残高3～5米。

第8小段：G0558（光明3号敌台）—G0561（断点），长206米，东—西走向，保存一般。墙体底宽6～7、顶宽0.5～1、残高3～5米。光明4号敌台位于墙体上。

第 9 小段：G0561（断点）—G0562（断点），长 51 米，东—西走向。墙体被洪水冲毁而消失。河沟内有杨树。

第 10 小段：G0562（断点）—G0564（光明 2 号马面），长 103 米，东—西走向，保存一般。墙体底宽 6 ~ 7、顶宽 0.5 ~ 1.4、北侧残高 3 ~ 5、南侧残高 4 ~ 6 米。

第 11 小段：G0564（光明 2 号马面）—G0565（断点），长 149 米，东—西走向，保存较差。墙体底宽 6 ~ 7、顶宽 0.5 ~ 1.2、北侧残高 1 ~ 2、南侧残高 2 ~ 3.5 米。

第 12 小段：G0565（断点）—G0566（断点），长 29 米，东—西走向。墙体被南北向 204 省道截断而消失。

第 13 小段：G0566（断点）—G0569（止点、断点），长 337 米，东—西走向，保存一般。墙体底宽 7 ~ 8、顶宽 0.5 ~ 1.3、残高 3 ~ 5 米。光明 5 号敌台位于墙体上。

墙体整体保存较差，坍塌损毁严重，部分段墙体消失。除洪水冲毁致墙体消失外，风雨侵蚀、植物生长等也造成墙体坍塌脱落，表面凹凸不平，有裂缝、沟槽、孔洞等，部分段墙体两侧坍塌成坡状，整体呈土梁状；人为因素主要有修路挖毁墙体、农业生产活动破坏、随意踩踏、取土挖损等。

52. 光明二边长城 2 段

起点位于新荣镇光明村东 0.63 千米处，高程 1197 米；止点位于光明村西 1.3 千米处，高程 1233 米。大致呈东北—西南走向。全长 1892 米，其中保存一般 568、较差 656、消失 668 米。墙体为土墙，红土夯筑而成，含砂砾，夯层厚 0.17 ~ 0.27 米。现存墙体剖面大致呈不规则梯形，墙体底宽 6 ~ 8、顶宽 0.4 ~ 1.7、残高 2 ~ 5 米。该段长城东接光明二边长城 1 段，西南连畔沟二边长城 1 段。光明 6 号敌台、光明 3 ~ 6 号马面位于墙体上。墙体北侧有光明 8、9、11 号烽火台，南距墙体 0.008 ~ 0.412 千米；南侧有光明 10 号烽火台，北距墙体 0.014 千米（图一六一）。

本段墙体共测 GPS 点 8 个（G0569、G0571、G0573、G0574、G0575、G0578 ~ G0580），可分为 6 小段，分述如下。

第 1 小段：G0569（起点、断点）—G0571（断点），长 668 米，东北—西南走向，墙体位于村庄内，消失。

第 2 小段：G0571（断点）—G0573（光明 3 号马面），长 480 米，东北—西南走向，保存较差。墙体底宽 6 ~ 7、顶宽 0.5 ~ 1.2、北壁残高 1 ~ 2、南壁残高 2 ~ 3.5 米。

第 3 小段：G0573（光明 3 号马面）—G0574（光明 4 号马面），长 176 米，东—西走向，保存较差。墙体底宽 6 ~ 7、顶宽 0.5 ~ 1.2、北壁残高 1 ~ 2、南壁残高 3 ~ 5 米（彩图二三〇）。

第 4 小段：G0574（光明 4 号马面）—G0575（光明 5 号马面），长 177 米，东—西走向，保存一般。墙体底宽 6 ~ 8、顶宽 0.4 ~ 1、残高 3 ~ 5 米。

第 5 小段：G0575（光明 5 号马面）—G0578（光明 6 号敌台），长 167 米，东北—西南走向，保存一般。墙体底宽 6 ~ 8、顶宽 1 ~ 1.7、残高 3 ~ 5 米。

第 6 小段：G0578（光明 6 号敌台）—G0580（止点、断点），长 224 米，东北—西南走向，保存一般。墙体底宽 6 ~ 8、顶宽 0.4 ~ 1、残高 3 ~ 5 米。光明 6 号马面位于墙体上。

墙体整体保存较差，坍塌损毁严重。由于风雨侵蚀、植物生长等造成墙体坍塌脱落，表面凹凸不平，有裂缝、沟槽、孔洞等；人为因素主要有农业生产活动破坏、随意踩踏、取土挖损等，G0569（起点、断点）—G0571（断点）间墙体位于村庄内，已消失。

光明二边长城 1、2 段墙体构筑在黄土高原丘陵平川地带，地势起伏。所在区域土壤为淡栗钙土。

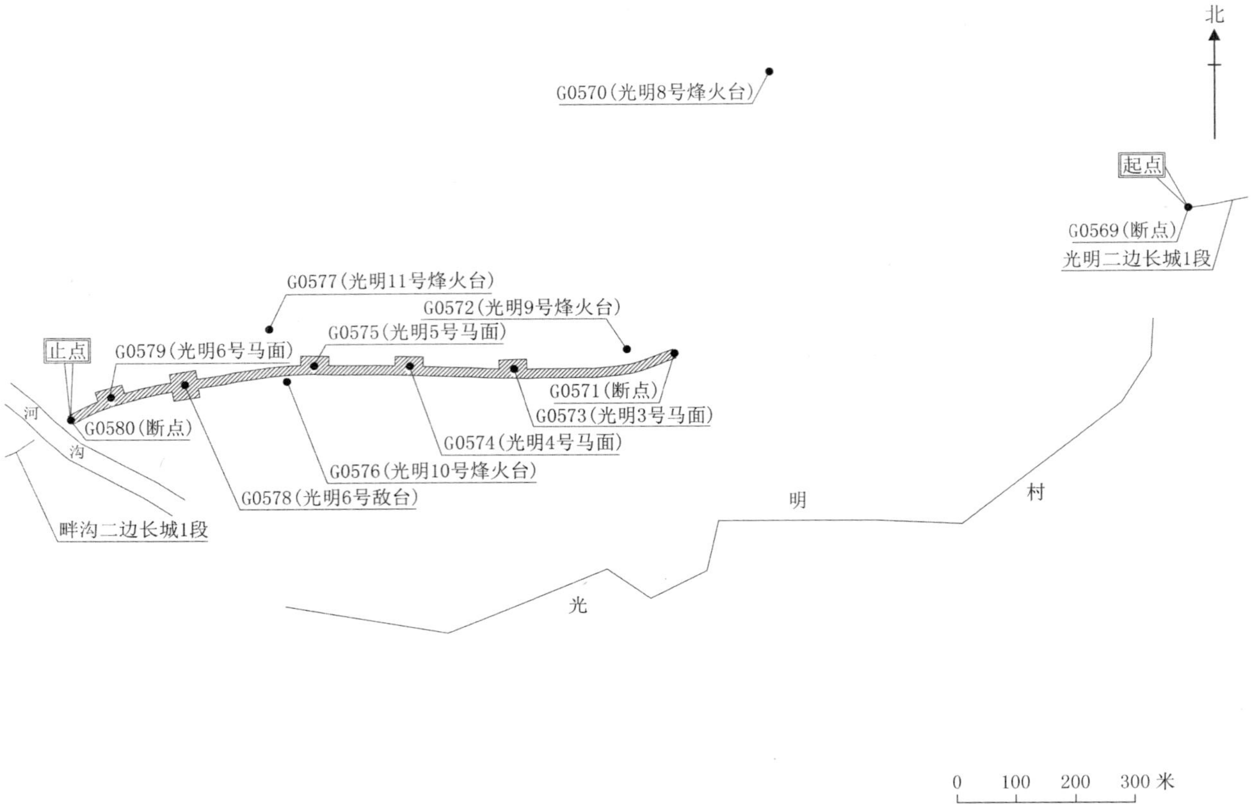

图一六一 光明二边长城 2 段走向示意图

长城周围杂草稀疏，地表裸露，有零星树木，植被较差。

光明村人口约 2500 人。有穿过长城墙体的 204 省道。

53. 畔沟二边长城 1 段

起点位于新荣镇畔沟村东北 1.8 千米处，高程 1233 米；止点位于畔沟村北 0.2 千米处，高程 1214 米。大致呈东北—西南走向。全长 1588 米，其中保存一般 912、较差 417、消失 259 米。墙体为土墙，红土和黄土夯筑而成，含砂砾，夯层厚 0.17 ~ 0.27 米。现存墙体剖面大致呈不规则梯形，墙体底宽 6 ~ 8、顶宽 0.4 ~ 1.3、残高 2 ~ 6 米。该段长城东北接光明二边长城 2 段，西南连畔沟二边长城 2 段。畔沟 1 ~ 3 号马面和畔沟 1、2 号敌台位于墙体上。墙体北侧有畔沟 1、2、4、5 号烽火台，南距墙体 0.026 ~ 0.11 千米；南侧有畔沟 3 号烽火台，北距墙体 0.015 千米（图一六二）。

本段墙体共测 GPS 点 15 个（G0580、G0581、G0583 ~ G0587、G0589、G0590、G0593 ~ G0596、G0598、G0599），可分为 13 小段，分述如下。

第 1 小段：G0580（起点、断点）—G0581（断点），长 70 米。墙体被洪水冲毁而消失，河沟内有杨树。

第 2 小段：G0581（断点）—G0583（畔沟 1 号马面），长 105 米，东北—西南走向，保存一般。墙体底宽 7 ~ 8、顶宽 0.5 ~ 1.1、残高 3 ~ 5 米。

第 3 小段：G0583（畔沟 1 号马面）—G0584（断点），长 48 米。墙体被洪水冲毁而消失，河沟内有杨树。

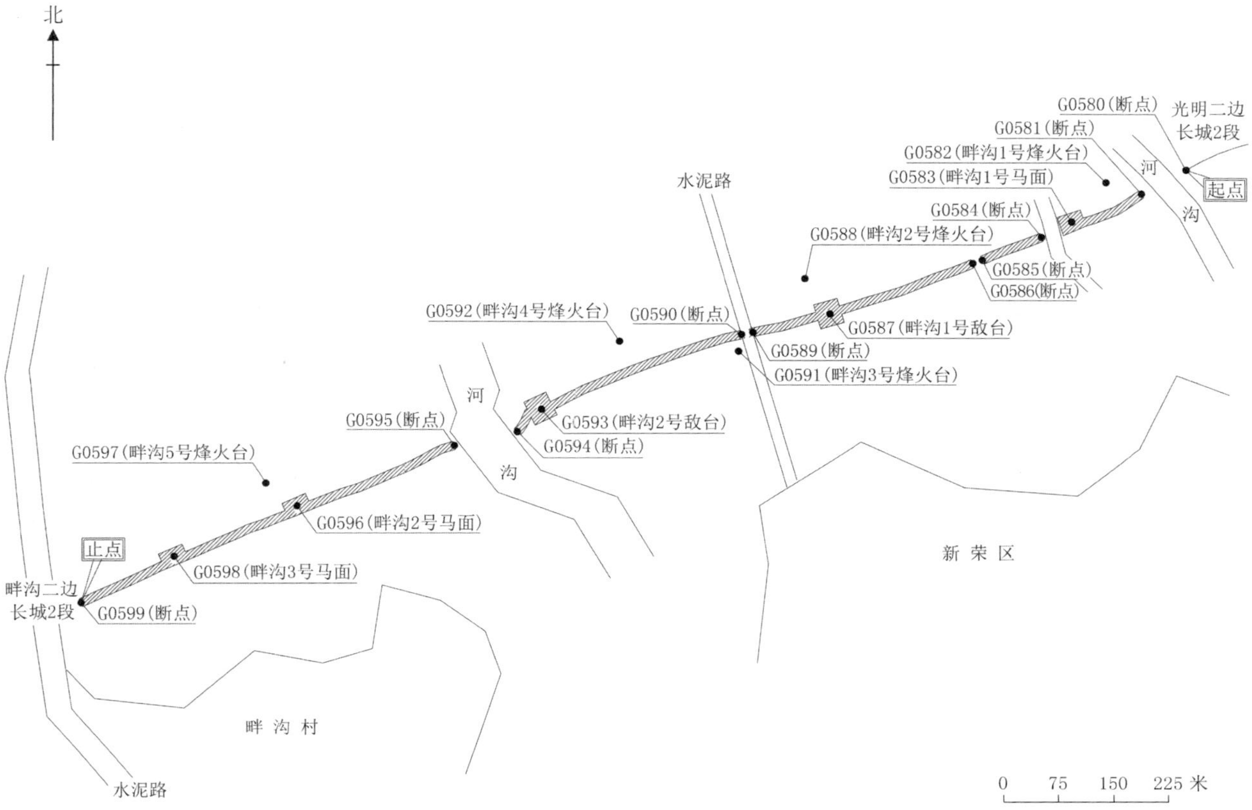

图一六二　畔沟二边长城 1 段走向示意图

第 4 小段：G0584（断点）—G0585（断点），长 87 米，东北—西南走向，保存一般。墙体底宽 7～8、顶宽 0.5～1.1、残高 4～6 米。

第 5 小段：G0585（断点）—G0586（断点），长 19 米。墙体被洪水冲毁而消失，河沟内有土路。

第 6 小段：G0586（断点）—G0587（畔沟 1 号敌台），长 211 米，东北—西南走向，保存一般。墙体有一处被南北向土路截断消失，有一处被取土挖毁消失，消失总长 9.8 米。墙体底宽 7～8、顶宽 0.5～1.1、残高 4～6 米。

第 7 小段：G0587（畔沟 1 号敌台）—G0589（断点），长 118 米，东北—西南走向，保存一般。墙体底宽 7～8、顶宽 0.5～1.1、残高 3～5 米。

第 8 小段：G0589（断点）—G0590（断点），长 8 米。墙体被水泥路截断而消失，水泥路从新荣区通往电视转播塔。

第 9 小段：G0590（断点）—G0594（断点），长 312 米，东北—西南走向，保存一般。畔沟 2 号敌台处有一段墙体墙基被掏空，墙体南壁有洞穴 6 处、墓葬 3 座。墙体底宽 7～8、顶宽 0.5～1.1、残高 3～5 米。畔沟 2 号敌台位于墙体上。

第 10 小段：G0594（断点）—G0595（断点），长 114 米。墙体被洪水冲毁而消失，河沟内现为耕地。

第 11 小段：G0595（断点）—G0596（畔沟 2 号马面），长 288 米，东北—西南走向，保存较差。墙体底宽 5～6、顶宽 0.3～0.6、残高 2～5 米。

第 12 小段：G0596（畔沟 2 号马面）—G0598（畔沟 3 号马面），长 189 米，东北—西南走向，保存较差。墙体底宽 5 ~6、顶宽 0. 5 ~1. 3、残高 2 ~5 米。

第 13 小段：G0598（畔沟 3 号马面）—G0599（止点、断点），长 79 米，东北—西南走向，保存一般。墙体底宽 7 ~8、顶宽 1 ~2、残高 3 ~5 米。

墙体整体保存较差，坍塌损毁严重，部分段墙体消失。除洪水冲毁致墙体消失外，风雨侵蚀、植物生长等也造成墙体坍塌脱落，表面凹凸不平，有裂缝、沟槽、孔洞等；人为因素主要有修路挖毁墙体、挖掘墙体开通便道、取土挖损或挖毁墙体、农业生产活动破坏、随意踩踏、掏挖洞穴等。

54. 畔沟二边长城 2 段

起点位于新荣镇畔沟村北 0. 2 千米处，高程 1214 米；止点位于畔沟村西 1 千米处，高程 1225 米。大致呈东北—西南走向。全长 1193 米，其中保存一般 553、消失 640 米。墙体为土墙，红土和黄土夯筑而成，含砂砾，夯层厚 0. 17 ~0. 27 米。现存墙体剖面大致呈不规则梯形，墙体底宽 7 ~8、顶宽 0. 4 ~2. 3、残高 3 ~5 米。该段长城东北接畔沟二边长城 1 段，西南连鲁家沟二边长城。畔沟 4 号马面、畔沟 3 号敌台位于墙体上。墙体北侧有畔沟 8 号烽火台，南距墙体 0. 028 千米；南侧有畔沟 6、7 号烽火台，北距墙体 0. 007 ~0. 015 千米（图一六三）。

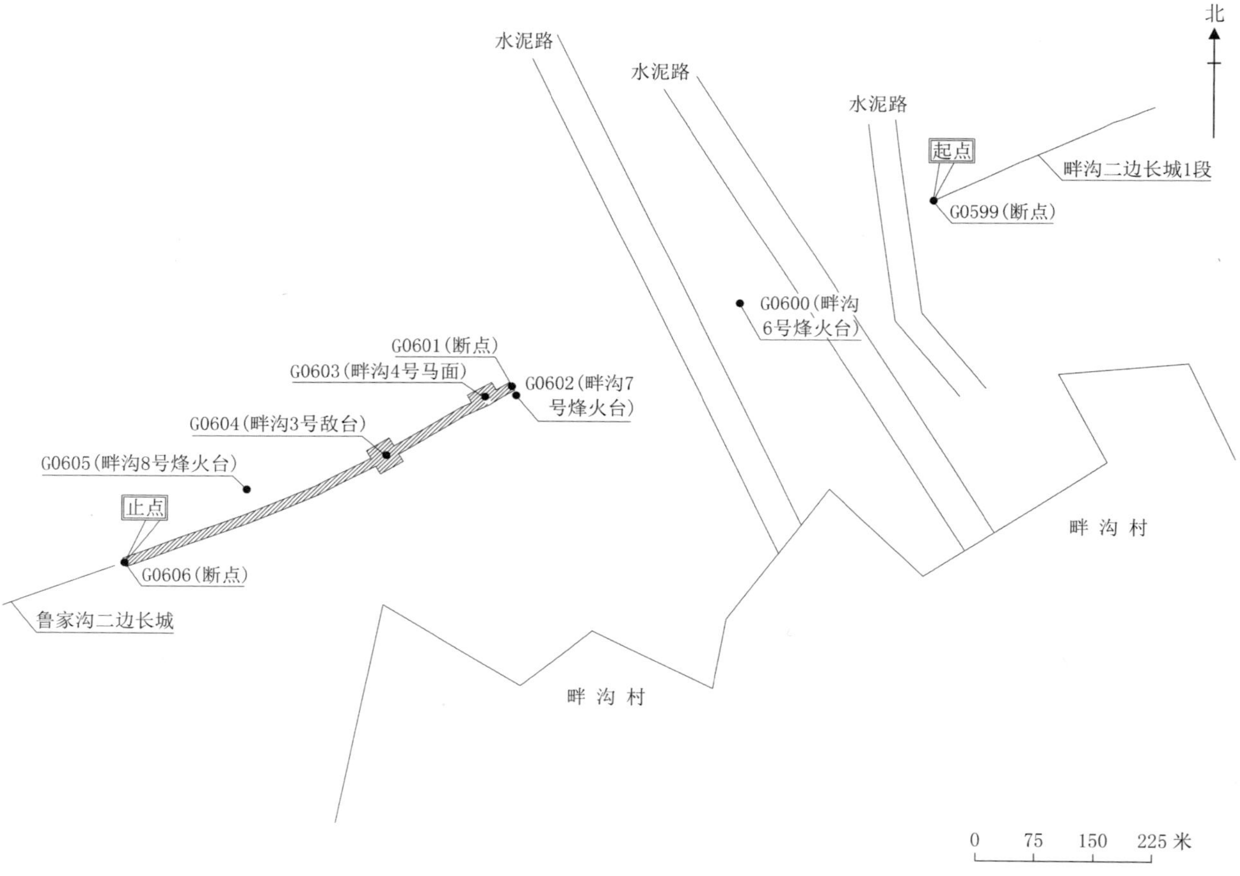

图一六三　畔沟二边长城 2 段走向示意图

本段墙体共测 GPS 点 5 个（G0599、G0601、G0603、G0604、G0606），可分为 3 小段，分述如下。

第1小段：G0599（起点、断点）—G0601（断点），长640米。墙体位于村庄内，已消失。

第2小段：G0601（断点）—G0604（畔沟3号敌台），长239米，东北—西南走向，保存一般。墙体底宽7~8、顶宽0.5~1.1、残高3~5米。畔沟4号马面位于墙体上。

第3小段：G0604（畔沟3号敌台）—G0606（止点、断点），长314米，东北—西南走向，保存一般。墙体底宽7~8、顶宽1~2.3、残高3~5米。

墙体整体保存较差，坍塌损毁严重。由于风雨侵蚀、植物生长等造成墙体坍塌脱落，表面凹凸不平，有裂缝、沟槽、孔洞等。部分段墙体两侧坍塌成坡状，整体呈土梁状；人为因素主要有农业生产活动破坏、随意踩踏、取土挖损等，G0599（起点、断点）~G0601（断点）间墙体位于村庄内，已消失。

畔沟二边长城1、2段墙体构筑在黄土高原丘陵平川地带。所在区域土壤为淡栗钙土。长城周围杂草稀疏，地表裸露，有零星树木，植被较差。

畔沟村人口约1000人。有穿过长城墙体的乡村土路、水泥路。

55. 鲁家沟二边长城

起点位于新荣镇鲁家沟村东北0.56千米处，高程1225米；止点位于鲁家沟村西1千米处，高程1225米。大致呈东北—西南走向。全长1468米，其中保存一般847、较差256、消失365米。墙体为土墙，红土和黄土夯筑而成，含砂砾，夯层厚0.17~0.27米。现存墙体剖面大致呈不规则梯形，墙体底宽6~8、顶宽0.3~1.4、残高1~5米。该段长城东北接畔沟二边长城2段，西南连安乐庄二边长城1段。鲁家沟1~3号敌台、鲁家沟马面位于墙体上。墙体北侧有鲁家沟1、3、4号烽火台，南距墙体0.056~0.064千米；南侧有鲁家沟2号烽火台，北距墙体0.022千米（图一六四）。

本段墙体共测GPS点14个（G0606~G0608、G0611、G0613、G0614~G0616、G0618~G0623），可分为10小段，分述如下。

第1小段：G0606（起点、断点）—G0607（断点），长21米。墙体被修建蓄水池挖毁而消失。

第2小段：G0607（断点）—G0608（鲁家沟1号敌台），长243米，东北—西南走向，保存一般。墙体底宽7~8、顶宽1~3、残高2~4米。

第3小段：G0608（鲁家沟1号敌台）—G0613（断点），长388米，东北—西南走向，保存一般。墙体底宽7~8、顶宽0.6~1.4、残高3~5米。鲁家沟2号敌台位于墙体上。

第4小段：G0613（断点）—G0614（断点），长217米。墙体被洪水冲毁而消失。河沟内为耕地，长有杨树。

第5小段：G0614（断点）—G0615（断点），长91米，东北—西南走向，保存较差。墙体底宽6~7、顶宽0.3~1、残高1~3米。

第6小段：G0615（断点）—G0616（断点），长43米。墙体被洪水冲毁而消失。

第7小段：G0616（断点）—G0619（断点），长216米，东北—西南走向，保存一般。墙体底宽7~8、顶宽0.4~1、北壁残高2~3、南壁残高3~5米（彩图二三一）。鲁家沟马面位于墙体上。

第8小段：G0619（断点）—G0620（断点），长53米。墙体被洪水冲毁而消失。

第9小段：G0620（断点）—G0622（断点），长165米，东北—西南走向，保存较差。墙体底宽6~7、顶宽0.5~1.4、残高3~5米。鲁家沟3号敌台位于墙体上。

第10小段：G0622（断点）—G0623（止点、断点），长31米。墙体被洪水冲毁而消失。河沟内有杨树。

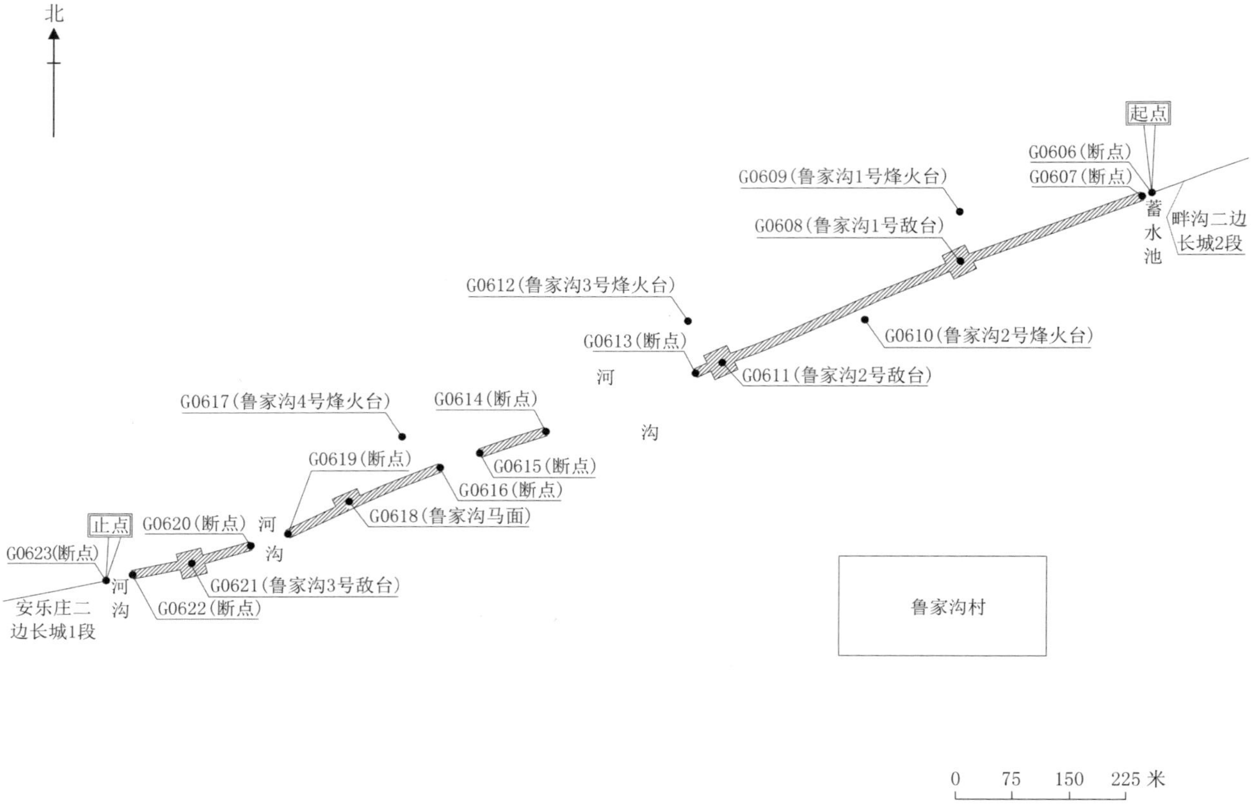

图一六四 鲁家沟二边长城走向示意图

墙体整体保存较差，坍塌损毁严重，部分段墙体消失。除洪水冲毁致墙体消失外，风雨侵蚀、植物生长等也造成墙体坍塌脱落，表面凹凸不平，有裂缝、沟槽、孔洞等，部分段墙体两侧坍塌成坡状，整体呈土梁状；人为因素主要有修建蓄水池挖毁墙体、农业生产活动破坏、随意踩踏、取土挖损等。

鲁家沟二边长城墙体构筑在黄土高原丘陵平川地带。所在区域土壤为淡栗钙土。长城周围杂草稀疏，地表裸露，有零星树木，植被较差。

鲁家沟村人口约 700 人。长城附近有乡村土路。

56. 安乐庄二边长城 1 段

起点位于新荣镇安乐庄村东北 1.4 千米处，高程 1225 米；止点位于新荣镇安乐庄村东 0.34 千米处，高程 1205 米。大致呈东—西走向。全长 1085 米，其中保存较差 922、差 107、消失 56 米。墙体为土墙，红土和黄土夯筑而成，含砂砾，夯层厚 0.17 ~ 0.27 米。现存墙体剖面大致呈不规则梯形，底宽 6 ~ 8、顶宽 0.3 ~ 1.3、残高 1 ~ 5 米（彩图二三二）。该段长城东接鲁家沟二边长城，西连安乐庄二边长城 2 段。安乐庄 1 ~ 3 号敌台、安乐庄马面位于墙体上。墙体北侧有安乐庄 1、3 ~ 6 号烽火台，南距墙体 0.06 ~ 0.44 千米；南侧有安乐庄 2 号烽火台，北距墙体 0.027 千米（图一六五）。

本段墙体共测 GPS 点 7 个（G0623、G0626、G0628、G0630、G0633 ~ G0635），可分为 6 小段，分述如下。

第 1 小段：G0623（起点、断点）—G0626（安乐庄 1 号敌台），长 215 米，东—西走向，保存较差。墙体底宽 7 ~ 8、顶宽 0.3 ~ 1、残高 2.5 ~ 4.5 米。

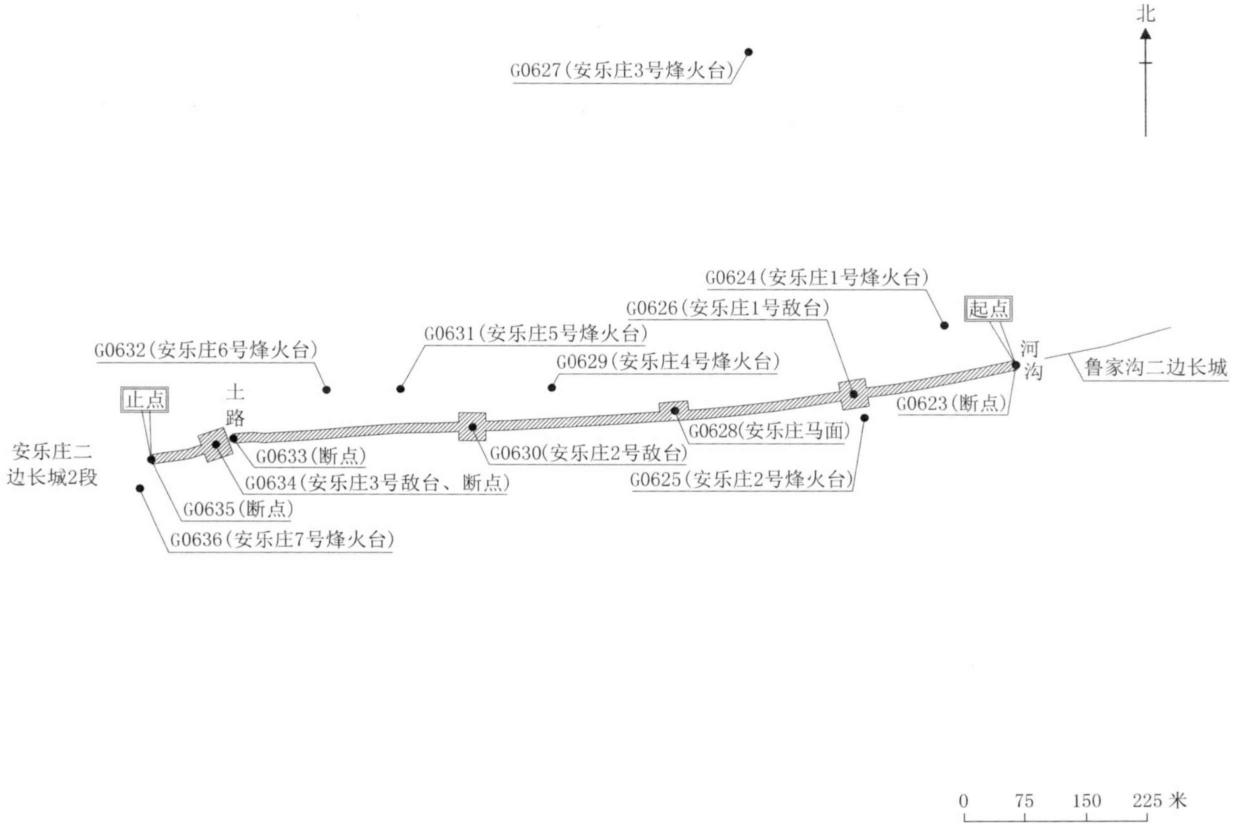

图一六五　安乐庄二边长城 1 段走向示意图

第 2 小段：G0626（安乐庄 1 号敌台）—G0628（安乐庄马面），长 232 米，东—西走向，保存较差。墙体底宽 7 ~ 8、顶宽 0. 3 ~ 1、残高 2. 5 ~ 4. 5 米。

第 3 小段：G0628（安乐庄马面）—G0630（安乐庄 2 号敌台），长 225 米，东—西走向，保存较差。墙体底宽 7 ~ 8、顶宽 0. 7 ~ 1. 3、残高 2 ~ 5 米。

第 4 小段：G0630（安乐庄 2 号敌台）—G0633（断点），长 250 米，东—西走向，保存较差。墙体底宽 6 ~ 7、顶宽 0. 4 ~ 1、残高 1 ~ 3 米。

第 5 小段：G0633（断点）—G0634（安乐庄 3 号敌台、断点），长 56 米。墙体被土路截断而消失。

第 6 小段：G0634（安乐庄 3 号敌台、断点）—G0635（止点、断点），长 107 米，东—西走向，保存差。墙体底宽 6 ~ 7、顶宽 0. 4 ~ 1、残高 1 ~ 3 米。

墙体整体保存较差，坍塌损毁严重，部分段墙体消失。由于风雨侵蚀、植物生长等造成墙体坍塌脱落，表面凹凸不平，有裂缝、沟槽、孔洞等；人为因素主要有修路挖毁墙体、农业生产活动破坏、随意踩踏、取土挖损等。

57. 安乐庄二边长城 2 段

起点位于新荣镇安乐庄村东 0. 34 千米处，高程 1205 米；止点位于安乐庄村西 1. 7 千米处，高程 1199 米。大致呈东—西走向。全长 2100 米，均消失。该段长城东接安乐庄二边长城 1 段，西连安乐庄

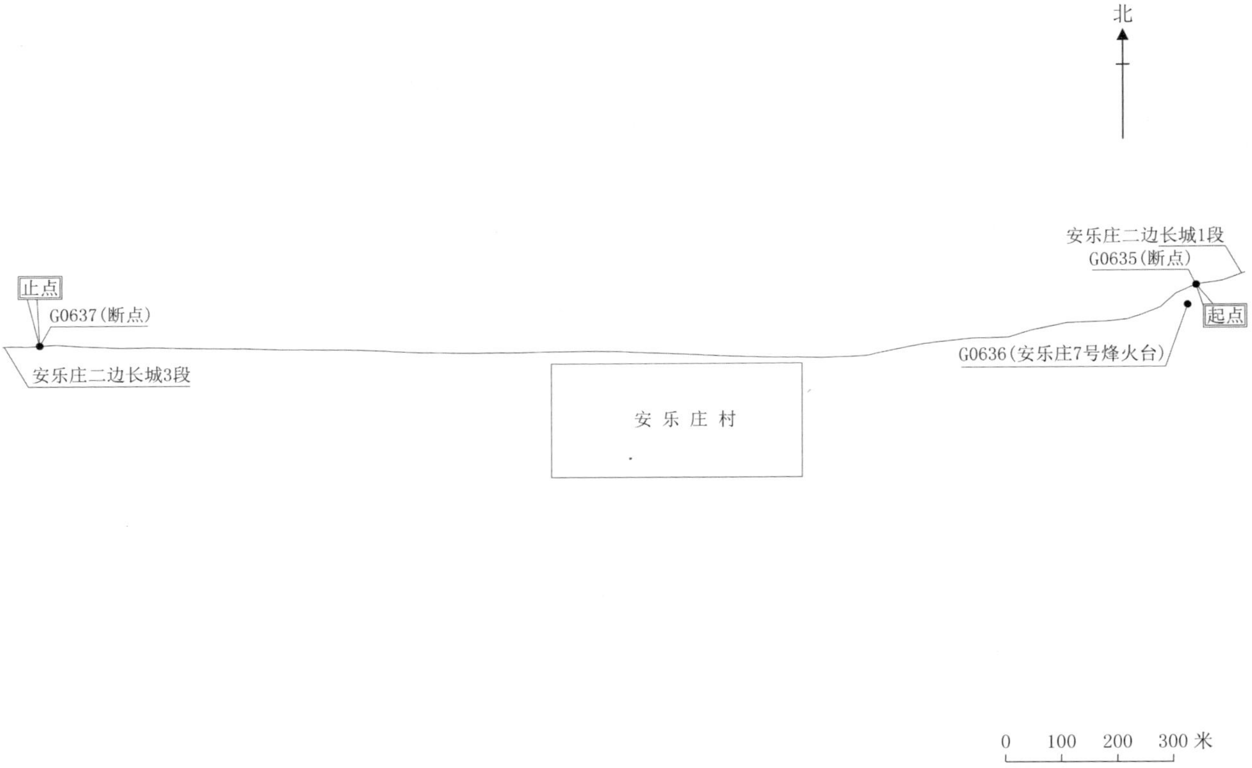

图一六六　安乐庄二边长城2段走向示意图

二边长城3段。墙体南侧有安乐庄7号烽火台，北距墙体0.041千米（图一六六）。

本段墙体共测GPS点2个（G0635、G0637），仅1小段，叙述如下。

G0635（起点、断点）—G0637（止点、断点），长2100米，东—西走向。从安乐庄村东，经安乐庄村，延伸至安乐庄村西河滩地带。墙体位于村庄内，已消失。

58. 安乐庄二边长城3段

起点位于新荣镇安乐庄村西1.7千米处，高程1199米；止点位于安乐庄村西3.3千米处，高程1201米。大致呈东—西走向。全长1664米，其中保存较差447、差254、消失963米。墙体为土墙，红土和黄土夯筑而成，含砂砾，夯层厚0.17~0.27米。现存墙体剖面大致呈不规则梯形，墙体底宽5~6、顶宽0.3~1、残高0.3~4米。该段长城东接安乐庄二边长城2段，西连六墩二边长城。墙体北侧有安乐庄8号烽火台，南距墙体0.05千米；南侧有安乐庄9号烽火台，北距墙体0.075千米（图一六七）。

本段墙体共测GPS点5个（G0637、G0639、G0640、G0642、G0643），可分为4小段，分述如下。

第1小段：G0637（起点、断点）—G0639（断点），长254米，东—西走向，保存较差。墙体底宽5~6、顶宽0.3~1、残高0.3~1米。

第2小段：G0639（断点）—G0640（断点），长36米，东—西走向。墙体被土路截断而消失。

第3小段：G0640（断点）—G0642（断点），长447米，东—西走向，保存较差。墙体南壁紧邻现代水渠，水渠宽5米。墙体底宽6~8、顶宽0.3~0.6、残高2.1~4米。

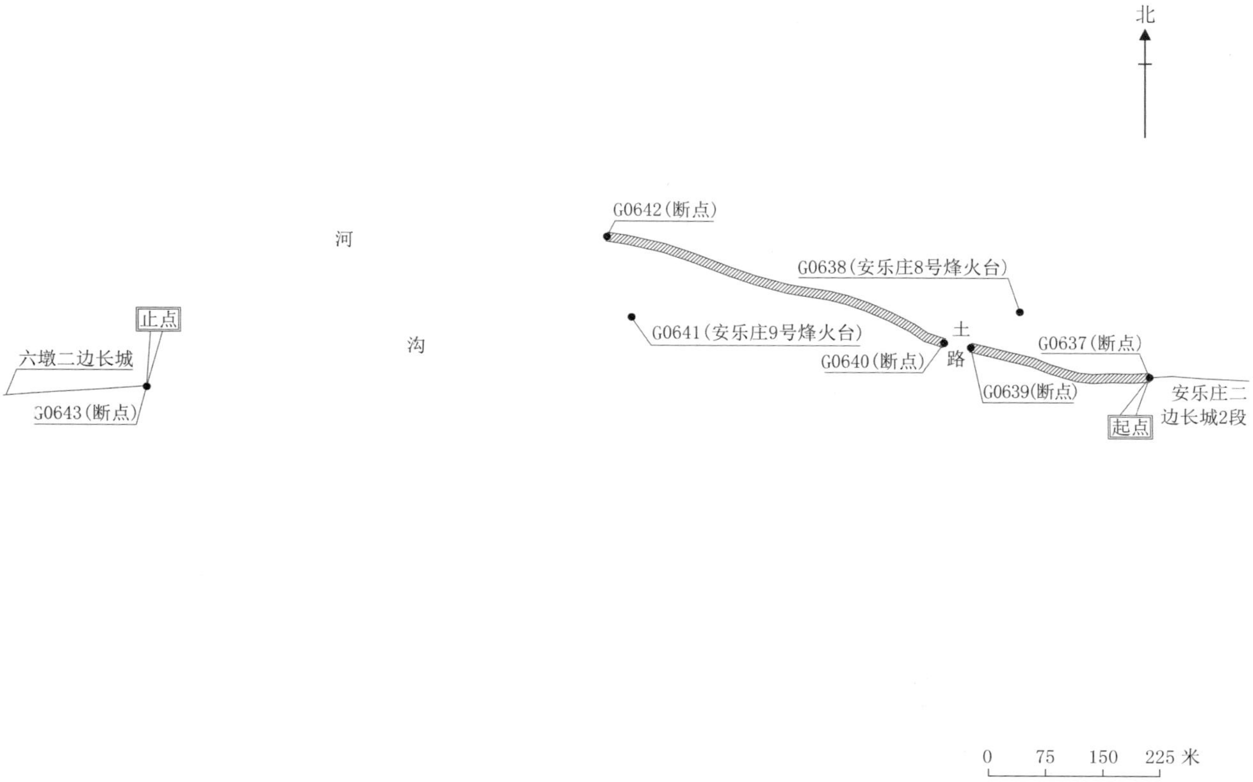

图一六七　安乐庄二边长城3段走向示意图

第4小段：G0642（断点）—G0643（止点、断点），长927米。墙体被洪水冲毁而消失。

墙体整体保存差，坍塌损毁严重，部分段墙体消失。除洪水冲毁致墙体消失外，风雨侵蚀、植物生长等也造成墙体坍塌脱落，表面凹凸不平，有裂缝、沟槽、孔洞等；人为因素主要有修路挖毁墙体、农业生产活动破坏、随意踩踏、取土挖损等。

安乐庄二边长城1～3段墙体构筑在淤泥河北岸的平川地带。所在区域土壤为淡栗钙土。长城周围杂草稀疏，有零星树木，植被较差。

安乐庄村人口约2500人。有穿过长城墙体的乡村土路。

59. 六墩二边长城

起点位于破鲁堡乡六墩村东南1.2千米处，高程1201米；止点位于六墩村西南0.95千米处，高程1196米。大致呈东—西走向。全长1604米，其中保存较差204、消失1400米。墙体为土墙，红土和黄土夯筑而成，含砂砾，夯层厚0.17～0.27米。现存墙体剖面大致呈不规则梯形，墙体底宽5～6、顶宽0.3～0.7、残高0.4～1米。该段长城东接安乐庄二边长城3段，西连八墩二边长城1段。墙体北侧有六墩1、2号烽火台，南距墙体0.1～0.157千米；南侧有六墩3号烽火台，北距墙体0.126千米（图一六八）。

本段墙体共测GPS点3个（G0643、G0645、G0800），可分为2小段，分述如下。

第1小段：G0643（起点、断点）—G0645（断点），长204米，东—西走向，保存较差。墙体底宽5～6、顶宽0.3～0.7、残高0.4～1.0米。

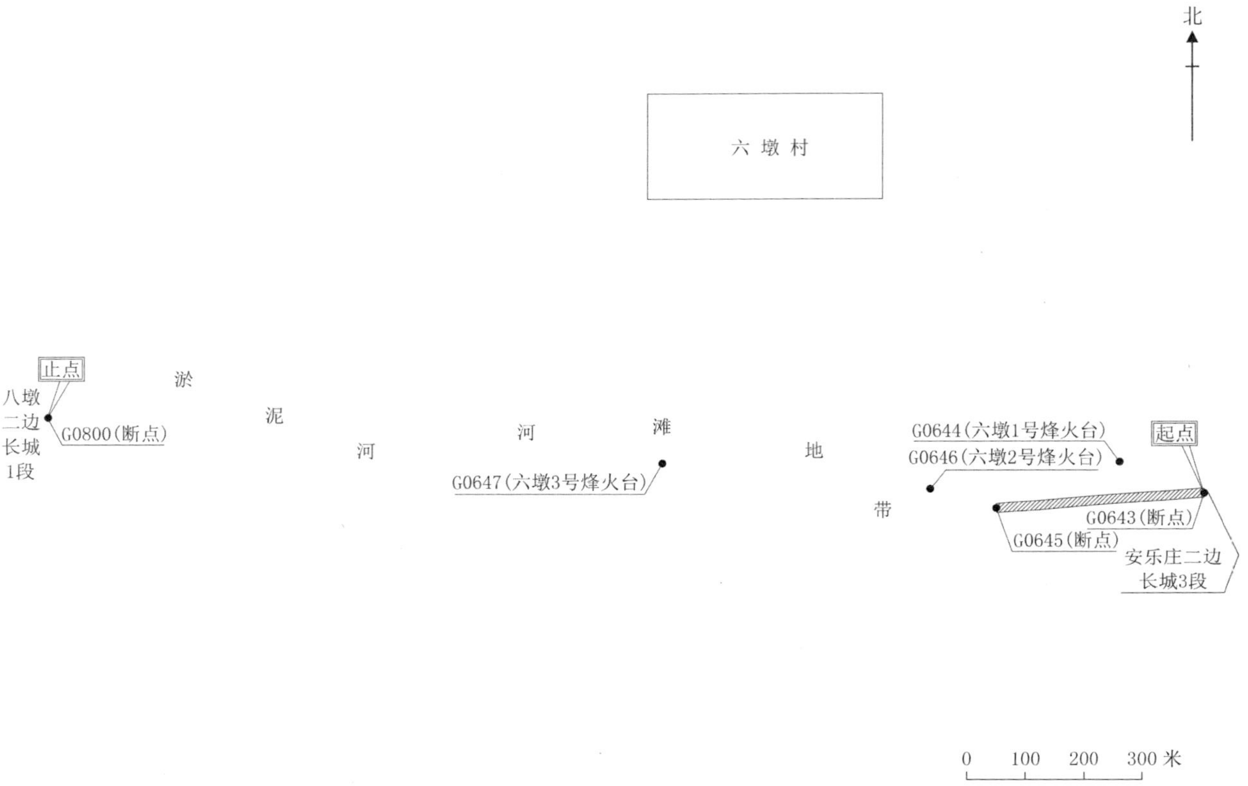

图一六八　六墩二边长城走向示意图

第2小段：G0645（断点）—G0800（止点、断点），长1400米，东—西走向。墙体位于淤泥河河滩地带，被洪水冲毁消失。

墙体整体保存差，坍塌损毁严重，大部分墙体消失。除洪水冲毁致墙体消失外，风雨侵蚀、植物生长等也造成墙体坍塌脱落，表面凹凸不平，有裂缝、沟槽、孔洞等；人为因素主要有农业生产活动破坏、随意踩踏、取土挖损等。

六墩二边长城墙体构筑在淤泥河北岸的平川地带。所在区域土壤为淡栗钙土。长城周围杂草稀疏，有零星树木，植被较差。

六墩村人口约800人。长城附近有乡村土路。

60. 八墩二边长城1段

起点位于为破鲁堡乡八墩村东0.75千米处，高程1196米；止点位于八墩村西0.4千米处，高程1223米。大致呈东—西走向，全长1200米，均消失。该段长城东接六墩二边长城，西南连八墩二边长城2段。墙体北侧有八墩1号烽火台，南距墙体0.129千米（图一六九）。

本段墙体共测GPS点2个（G0800、G0649），仅1小段，叙述如下。

G0800（起点、断点）—G0649（止点、断点），长1200米，东—西走向。墙体位于淤泥河河滩地带和村庄内，已消失。

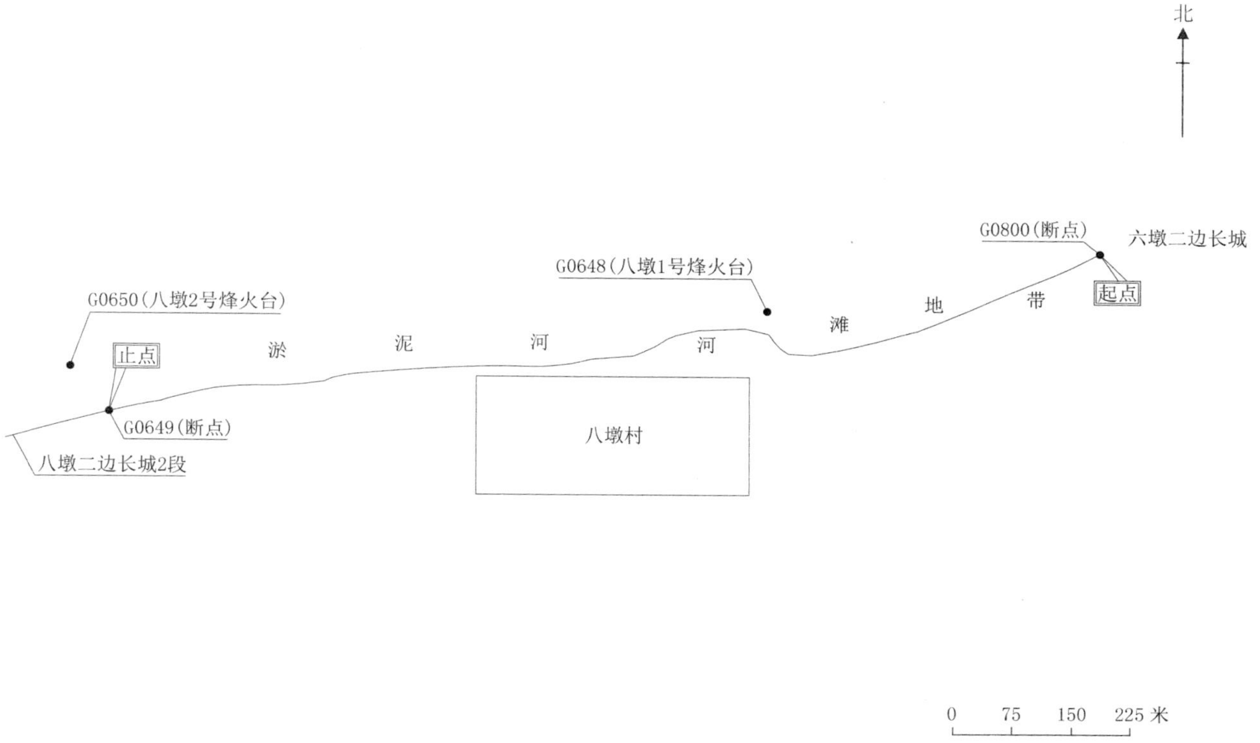

图一六九　八墩二边长城1段走向示意图

61. 八墩二边长城2段

起点位于破鲁堡乡八墩村西0.4千米处，高程1223米；止点位于八墩村西南2.2千米处，高程1210米。大致呈东北—西南走向，全长1841米，其中保存一般626、较差662、差222、消失331米。墙体为土墙，红土和黄土夯筑而成，含砂砾，夯层厚0.17～0.27米。现存墙体剖面大致呈不规则梯形，墙体底宽6～8、顶宽0.3～3、残高0.4～5米。该段长城东北接八墩二边长城1段，西南连黄土口二边长城。八墩1～4号敌台位于墙体上。墙体北侧有八墩2、3、5、6、8号烽火台，南距墙体0.03～0.07千米；南侧有八墩4、7号烽火台，北距墙体0.03千米（图一七〇）。

本段墙体共测GPS点12个（G0649、G0651、G0653、G0655、G0657～G0660、G0662、G0664、G0666、G0667），可分为小11段，分述如下。

第1小段：G0649（起点、断点）—G0651（八墩1号敌台），长225米，东—西走向，保存较差。墙体底宽7～8、顶宽0.3～1、北壁残高0.6～2、南壁残高2.5～4.5米。

第2小段：G0651（八墩1号敌台）—G0653（八墩2号敌台），长222米，东北—西南走向，保存差。墙体底宽6～7、顶宽0.3～0.8、残高0.4～1.5米。

第3小段：G0653（八墩2号敌台）—G0655（八墩3号敌台），长238米，东北—西南走向，保存较差。墙体底宽6～7、顶宽1～2、残高1～2.5米。

第4小段：G0655（八墩3号敌台）—G0657（八墩4号敌台），长194米，东北—西南走向，保存一般。墙体底宽7～8、顶宽1.7～3、北壁残高1～2、南壁残高2～4.5米。

第5小段：G0657（八墩4号敌台）—G0658（断点），长159米，东北—西南走向，保存一般。

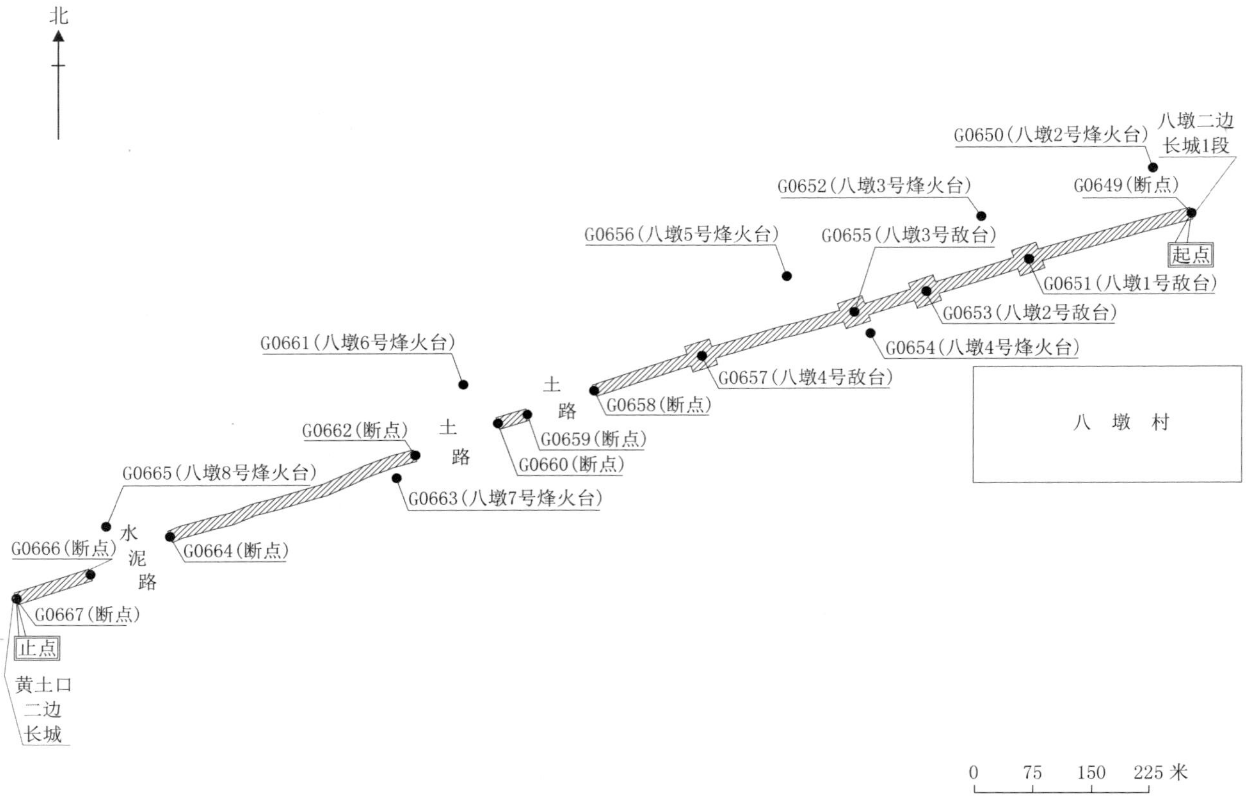

图一七〇　八墩二边长城 2 段走向示意图

墙体底宽 7～8、顶宽 0.4～1.2、北壁残高 1～2、南壁残高 2～4.5 米。

第 6 小段：G0658（断点）—G0659（断点），长 82 米，东北—西南走向。墙体被扩田造地取土挖毁、土路截断而消失。

第 7 小段：G0659（断点）—G0660（断点），长 48 米，东北—西南走向，保存一般。墙体底宽 7～8、顶宽 0.4～1.2、残高 3～5 米。

第 8 小段：G0660（断点）—G0662（断点），长 118 米，东北—西南走向。墙体被扩田造地取土挖毁、土路截断而消失。

第 9 小段：G0662（断点）—G0664（断点），长 332 米，东北—西南走向，保存较差。墙体底宽 6～7、顶宽 0.3～1.2、残高 1～2.5 米。

第 10 小段：G0664（断点）—G0666（断点），长 131 米，东北—西南走向。墙体被扩田造地取土挖毁、水泥路截断而消失。

第 11 小段：G0666（断点）—G0667（止点、断点），长 92 米，东北—西南走向，保存较差。墙体底宽 6～7、顶宽 0.3～1.2、残高 2～4 米。

墙体整体保存较差，坍塌损毁严重，部分段墙体消失。由于风雨侵蚀、植物生长等造成墙体坍塌脱落，表面凹凸不平，有裂缝、沟槽、孔洞等，部分段墙体两侧坍塌成坡状，整体呈土梁状；人为因素主要有修路挖毁墙体、扩田造地取土挖毁墙体等。

八墩二边长城 1、2 段墙体构筑在淤泥河北岸的平川地带。所在区域土壤为淡栗钙土。长城周围多耕地，有零星树木，植被较差。

八墩村人口约1300人。有穿过长城墙体的乡村土路、水泥路。

62. 黄土口二边长城

起点位于破鲁堡乡黄土口村东南1.2千米处，高程1210米；止点位于黄土口村西南1.5千米处，高程1212米。大致呈东北—西南走向。全长2300米，均消失。该段长城东北接八墩二边长城，西南连吴施窑二边长城1段（图一七一）。

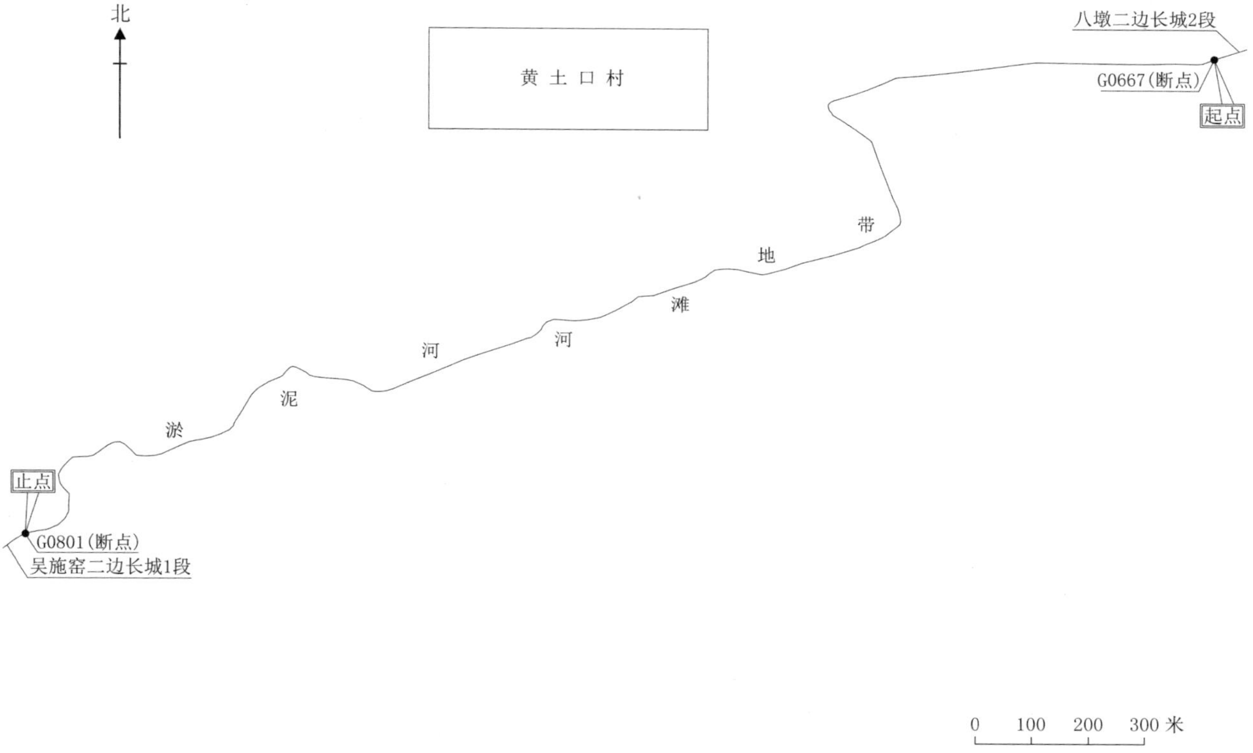

图一七一　黄土口二边长城走向示意图

本段墙体共测GPS点2个（G0667、G0801），仅1小段，叙述如下。

G0667（起点、断点）—G0801（止点、断点），长2300米，东北—西南走向。墙体位于淤泥河河滩地带，被洪水冲毁或扩田造地取土挖毁而消失。

黄土口二边长城墙体构筑在淤泥河北岸的平川地带。所在区域土壤为淡栗钙土。长城地周围多耕地，有零星树木，植被较差。

黄土口村人口约800人。长城附近有乡村土路。

63. 吴施窑二边长城1段

起点位于破鲁堡乡吴施窑村东北3.3千米处，高程1212米；止点位于吴施窑东1.4千米处，高程1258米。大致呈东北—西南走向。全长2300米，均消失。该段长城东北接黄土口二边长城，西南连吴施窑二边长城2段（图一七二）。

本段墙体共测GPS点2个（G0801、G0802），仅1小段，叙述如下。

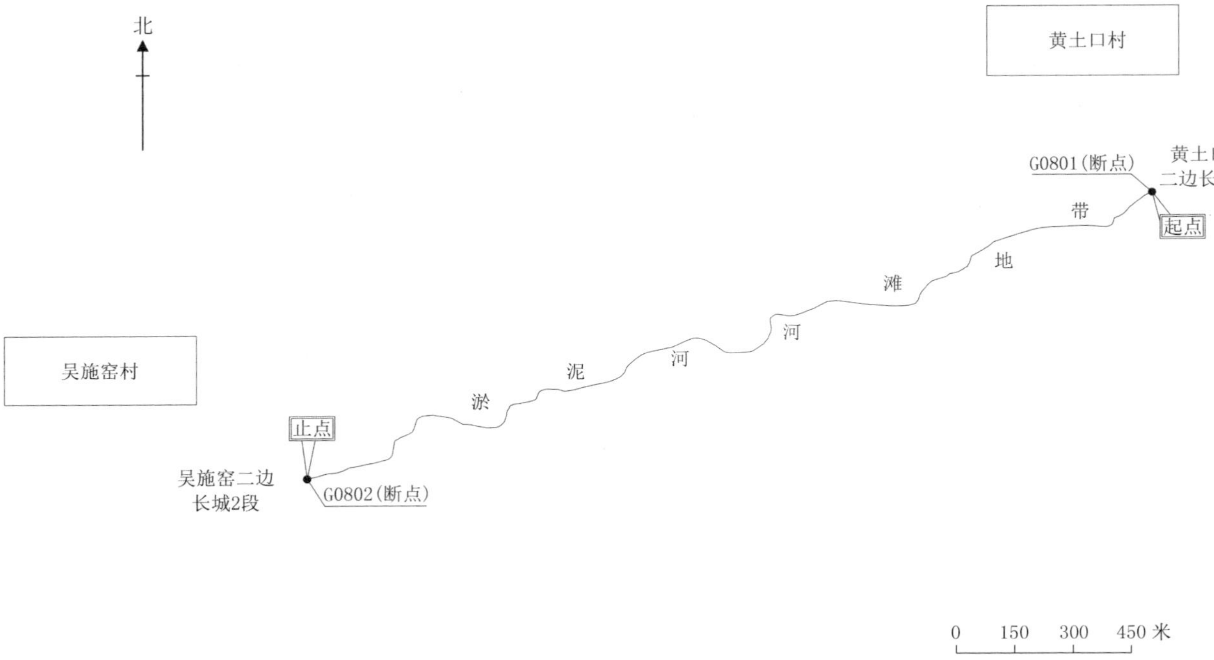

图一七二　吴施窑二边长城 1 段走向示意图

G0801（起点、断点）—G0802（止点、断点），长 2300 米，东北—西南走向。墙体位于淤泥河河滩地带，被洪水冲毁或扩田造地取土挖毁而消失。

64. 吴施窑二边长城 2 段

起点位于破鲁堡乡吴施窑村东 1.4 千米处，高程 1258 米；止点位于吴施窑村西南 1.1 千米处，高程 1282 米。大致呈东北—西南走向。全长 2400 米，均消失。该段长城东北接吴施窑二边长城 1 段，西南连吴施窑二边长城 3 段。墙体北侧有吴施窑 1、2 号烽火台，南距墙体 0.158～0.199 千米（图一七三）。

本段墙体共测 GPS 点 2 个（G0802、G0670），仅 1 小段，叙述如下。

G0802（起点、断点）—G0670（止点、断点），长 2400 米，东北—西南走向。墙体位于淤泥河河滩地带，被洪水冲毁或扩田造地取土挖毁而消失。

65. 吴施窑二边长城 3 段

起点位于破鲁堡乡吴施窑村西南 1.1 千米处，高程 1282 米；止点位于吴施窑村西南 2.3 千米处，高程 1337 米。大致呈东北—西南走向。全长 1259 米，均保存一般。墙体为土墙，黄土夯筑而成，含砂砾、碎石，夯层厚 0.17～0.27 米。现存墙体剖面大致呈不规则梯形，墙体底宽 6～8、顶宽 0.5～1.5、残高 2.5～3.5 米（彩图二三三）。该段长城东北接吴施窑二边长城 2 段，西南连左云县黄土口二边长城。吴施窑 1～6 号敌台位于墙体上。墙体北侧有吴施窑 4、6、8 号烽火台，南距墙体 0.072～0.084 千米；南侧有 5、7 号烽火台，北距墙体 0.024～0.026 千米（图一七四）。

本段墙体共测 GPS 点 7 个（G0670、G0672、G0674、G0678～G0680、G0683），可分为 6 小段，分

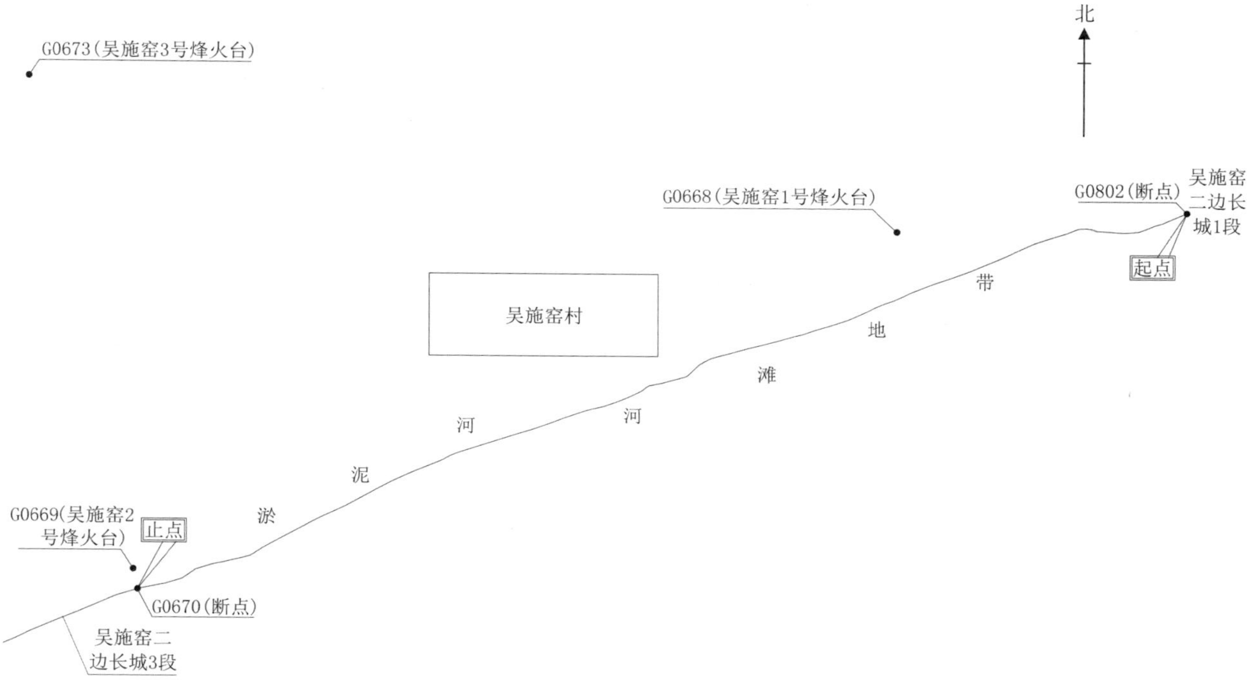

图一七三　吴施窑二边长城 2 段走向示意图

述如下。

第 1 小段：G0670（起点、断点）—G0672（吴施窑 1 号敌台），长 213 米，东北—西南走向，保存一般。墙体底宽 7～8、顶宽 0.5～1.3、残高 2～3.5 米。

第 2 小段：G0672（吴施窑 1 号敌台）—G0674（吴施窑 2 号敌台），长 242 米，东北—西南走向，保存一般。墙体底宽 7～8、顶宽 1～1.5、残高 2～3.5 米。

第 3 小段：G0674（吴施窑 2 号敌台）—G0678（吴施窑 3 号敌台），长 208 米，东北—西南走向，保存一般。墙体底宽 7～8、顶宽 0.5～1.5、残高 2～3.5 米。

第 4 小段：G0678（吴施窑 3 号敌台）—G0679（吴施窑 4 号敌台），长 203 米，东北—西南走向，保存一般。墙体底宽 7～8、顶宽 0.5～1.5、残高 2～3.5 米。

第 5 小段：G0679（吴施窑 4 号敌台）—G0680（吴施窑 5 号敌台），长 169 米，东北—西南走向，保存一般。墙体底宽 7～8、顶宽 0.5～1.5、残高 2～3.5 米。

第 6 小段：G0680（吴施窑 4 号敌台）—G0683（止点、吴施窑 6 号敌台），长 224 米，东北—西南走向，保存一般。墙体底宽 7～8、顶宽 0.5～1.5、残高 2～3.5 米。G0683（止点、吴施窑 6 号敌台）处为左云县与新荣区交界，二边长城从此处向西南延伸入左云县境内。

墙体整体保存一般，坍塌损毁严重。由于风雨侵蚀、植物生长等造成墙体坍塌脱落，表面凹凸不平，有裂缝、沟槽、孔洞等，部分段墙体两侧坍塌成坡状，整体呈土梁状；人为因素主要有农业生产活动破坏、随意踩踏、取土挖损等。

吴施窑二边长城 1～3 段墙体构筑在淤泥河北岸的丘陵平川地带，地势逐渐上升，落差 65 米。所在区域土壤为淡栗钙土。长城周围多耕地、荒坡，有零星树木，植被较差。

吴施窑村人口约 700 人。长城附近有乡村土路。

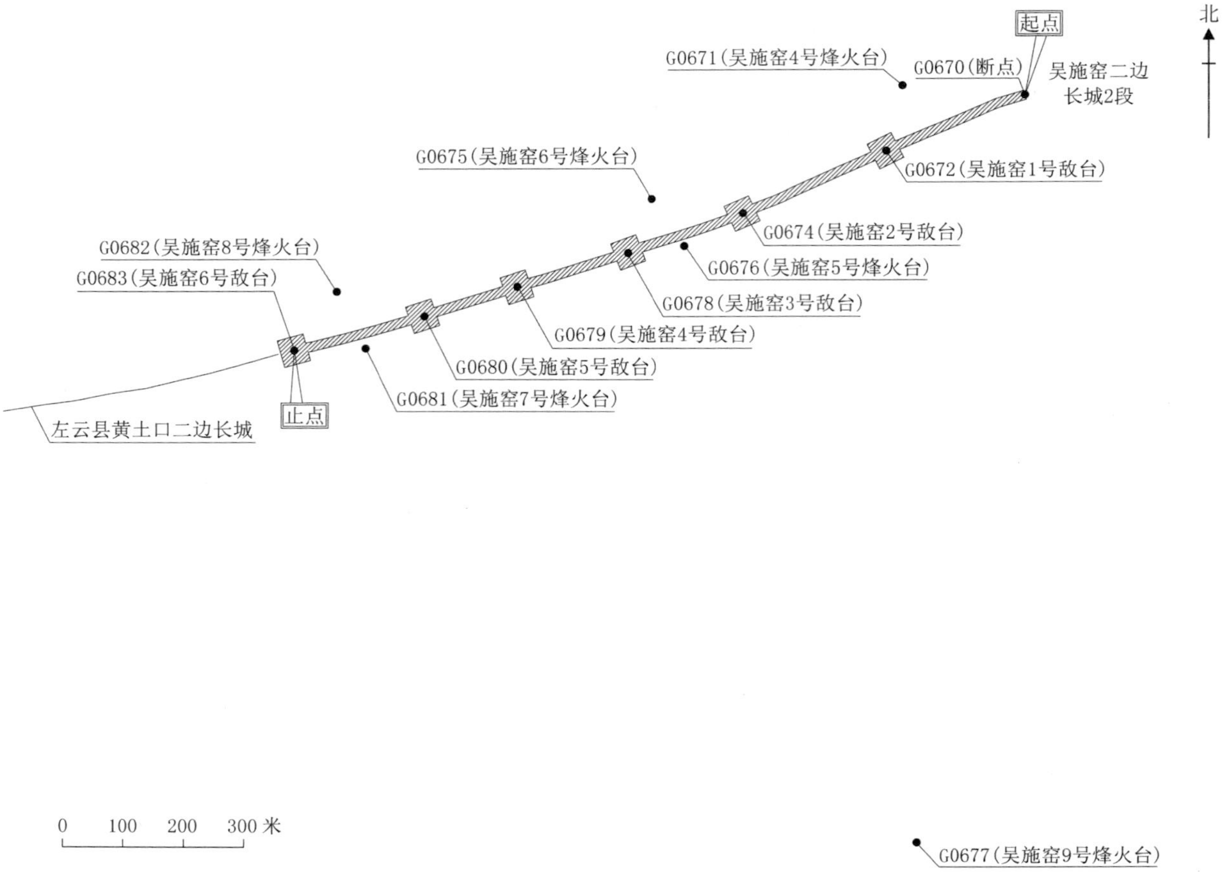

图一七四 吴施窑二边长城3段走向示意图

（二）关堡

详见下表（表47）。

表67 新荣区关堡一览表

乡镇	关堡名称	数量（座）
花园屯乡	镇川堡	1
堡子湾乡	得胜口关、宏赐堡、镇羌堡、马市堡、得胜堡、拒墙堡、拒门堡	7
郭家窑乡	砖楼沟关、助马堡	2
西村乡	镇虏堡、镇河堡	2
破鲁乡	破虏堡	1
合计		13

1. 得胜口关

位于堡子湾乡得胜堡村东北 1.4 千米处，镇羌堡大边长城 3 段墙体北侧，高程 1173 米。东南距镇羌堡 0.32 千米，西南距马市堡 0.41 千米、得胜堡 1.3 千米。南墙为长城墙体。

关平面呈矩形，坐北朝南，东西 226、南北 131 米，周长 714 米，面积 29606 平方米。现存主要设施、遗迹有关墙、城门 1 座、角台 4 座及附属墩台 1 座、马面 2 座、关城外北侧挡马墙 1 段、关城内店铺 1 座、窖藏 1 座、水井 1 口等（图一七五）。关墙为砖墙。东墙被东南—西北走向的水渠和东—西

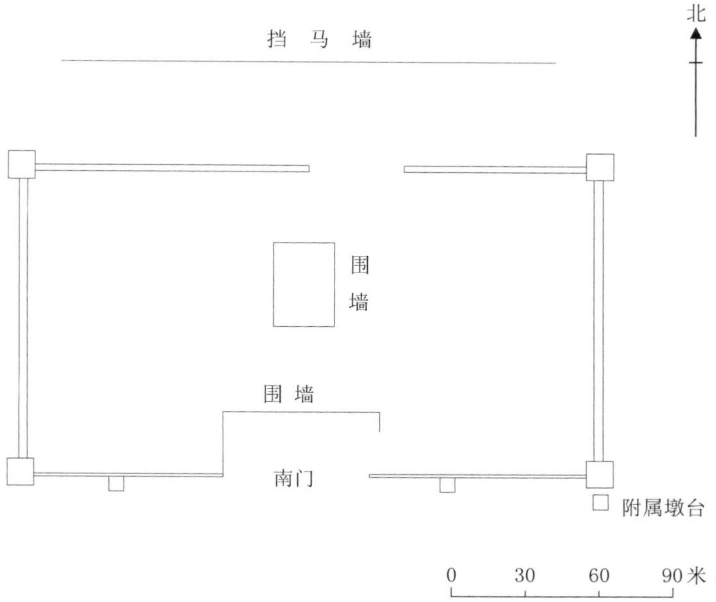

图一七五　得胜口关平面示意图

走向的水渠截断 30 米；南墙残长 178 米；北墙中部有豁口，宽 16 米。墙体底宽 2.5、顶宽 1、残高 2～7 米。关城原设南、北门，仅存南门，北门无存。南门位于南墙东段，原为条石基础的砖券拱门，现为豁口，宽 6 米。关墙四角设角台，东南角台俗称“马市楼”，原有上下两层，现上层无存；东南角台底部边长 10、顶部边长 6、残高 12 米；东南角台南侧 3 米处有附属墩台，墩台东西 5、南北 4、残高 5.4 米，台体西壁有登顶坡道，据传登东南角台时先架梯登上附属墩台，再架长木板登东南角台。南墙设马面 2 座，东侧马面东西 22、南北 8、残高 5.2 米，西侧马面东西 24、南北 14、残高 5 米。关城外北侧有挡马墙一段，残长 150 米，底宽 2、顶宽 0.5、残高 0.7～2 米。关城内南墙中部有向北凸出的呈“几”字形的墙体，“几”字形墙体北侧有围墙，围墙黄土夯筑而成，平面呈矩形，东西 30、南北 70 米，围墙宽 0.5、残高 1～2.5 米。围墙院内存房屋基础（店铺），高出地面 0.5 米；窖藏 1 座，平面呈矩形，边长 1 米；水井 1 口，平面呈圆形，直径 1 米，井壁石砌，井口用条石垒砌而成。

关整体保存一般。造成损毁的自然因素主要有风雨侵蚀、植物生长等；人为因素主要有人为拆毁墙体包砖、修筑水渠挖断墙体等。得胜口关构筑在八棱碑山南侧、饮马河西岸平缓的丘陵平川地带，关内无居民。

2. **砖楼沟关**

位于郭家窑乡砖楼沟村西南0.36千米处，砖楼沟大边长城墙体上，高程1398米。

关平面呈矩形，坐西朝东，东西12、南北24米，周长72米，面积450平方米。现存主要设施、遗迹有城门1座、敌台2座等。城门和敌台位于砖楼沟大边长城墙体上。城门残存两侧夯土门墩，门宽3、门墩残高1.6米。城门南北两侧有敌台，北侧敌台底部边长12、顶部边长3、残高7米；南侧敌台包砖无存，顶部有0.05米厚的白灰层，底部东西5、南北10、残高4米，台体东壁有登顶坡道，宽2.3米。

关整体保存较差。造成损毁的自然因素主要有风雨侵蚀、植物生长等；人为因素主要有人为拆毁敌台包砖等。砖楼沟关构筑在马头山东侧的山间峪口处，关内无居民。砖楼沟村整体搬迁至山下。

3. **镇川堡**

位于花园屯乡镇川堡村中，镇川口长城2段南3.5千米处。

堡平面呈矩形，坐东朝西，由东侧堡城与西侧关城组成，堡城西墙即关城东墙，总周长1540米，总面积148225平方米。堡城东西320、南北300米。现存主要设施、遗迹有堡墙、角台4座、马面1座、关城1座（图一七六）、堡内水井1口、街道1条等。堡墙为砖墙，外部原有包砖石，包石共17

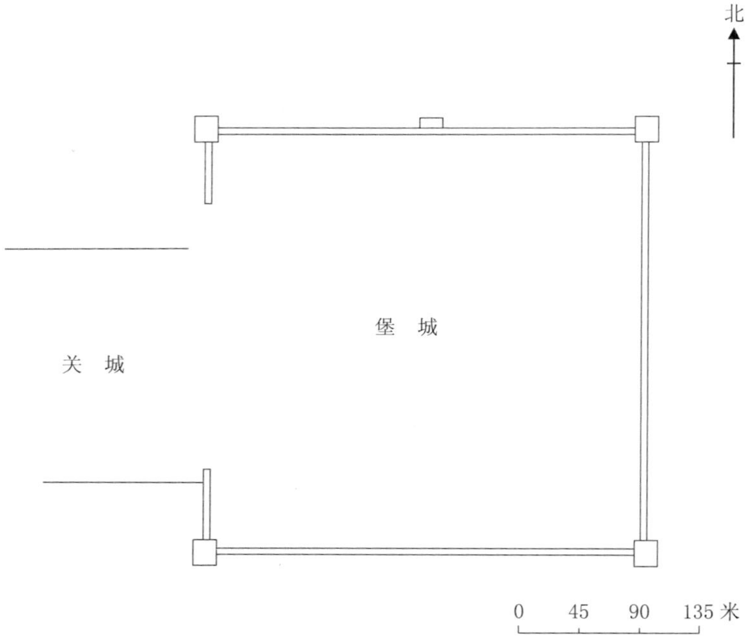

图一七六 镇川堡平面示意图

层，包砖厚5米，现砖石无存；内部为夯土墙体。西墙残存南、北段各45米，墙体底宽4~6、顶宽0.5~2、残高1~9米。堡墙四角设角台，西北角台宽10、凸出墙体7、残高9米。北墙设马面，宽10、凸出墙体7、残高9米。

关城西墙无存，南墙残长84、北墙残长142米。墙体底宽3~5、顶宽0.8~1.5、残高2~6米。关城原设西门，门外有照壁，系近年修建。堡内有“官井”1座，砖砌而成，直径2、深13米；有东西向古街道1条。堡外东北侧有烽火台1座（镇川堡瞭望台）；东北侧设教场，教场筑点将台1座（镇川堡点将台）。

堡整体保存一般。造成损毁的自然因素主要有风雨侵蚀、植物生长等；人为因素主要有拆毁墙体砖石。镇川堡位于御河支流东岸的丘陵地带，堡内外有民居，有居民约1800人。

4. **宏赐堡**

位于堡子湾乡宏赐堡村中，宏赐堡大边长城1段西0.88千米、宏赐堡二边长城2段东北0.506千米处，高程1158米。

堡平面呈矩形，坐西北朝东南，周长1902米，面积223748平方米。现存主要设施、遗迹有堡墙、城门2座、瓮城1座、角台3座、马面11座、堡内庙宇1座等（图一七七）。堡墙为砖墙，内部为夯

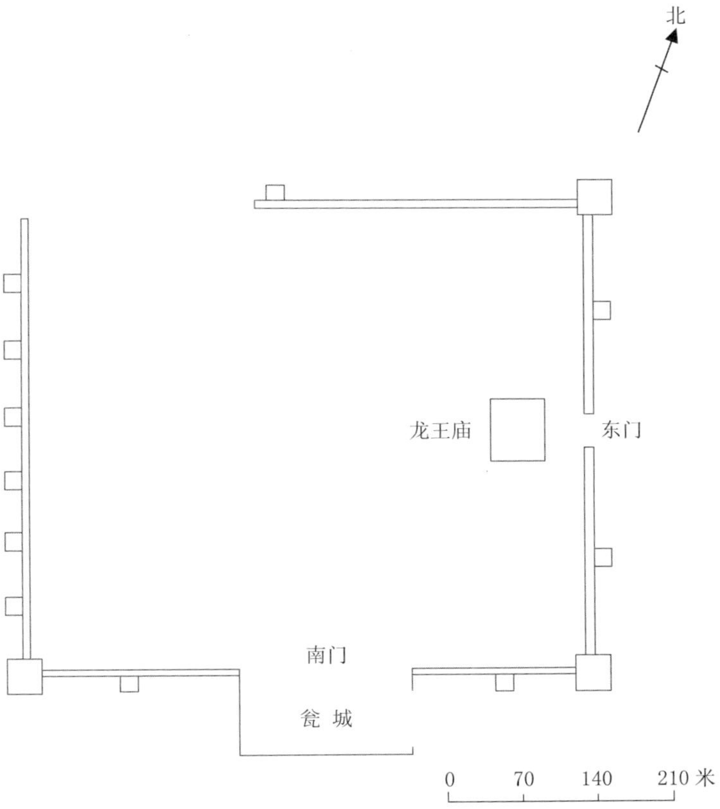

图一七七　宏赐堡平面示意图

土墙体，夯土中夹碎砖。堡墙下部被沙土掩埋，上部露出部分残高3～4米。堡墙包砖石保存完好，条石10层，条石长78、宽44、厚16厘米，砖长40、厚7厘米。东墙残长430、南墙残长324、西墙残长427、北墙残长100米，墙体底宽5、顶宽0.5～3、残高2～10米。东、南墙各设城门1座，东门位于东墙略靠北，南门位于南墙正中，东门残存两侧夯土门墩，东门宽6、进深8米；南门外设瓮城，瓮城设东门。堡墙四角设角台，西北角台无存。马面残存11座，东墙2座、南墙2座、西墙6座、北墙1座，马面宽10、凸出墙体10、残高6米。堡内东门西0.1千米处有龙王庙乐楼1座，砖木结构，平面呈矩形，坐南朝北，面积70平方米，乐楼东、南墙坍塌损毁。

堡整体保存一般。南墙被村民盖房利用破坏，北墙大部分和西北角台被晋能集团大能碳素厂占用而损毁消失。造成损毁的自然因素主要有风雨侵蚀、植物生长等；人为因素主要有人为拆毁墙体包砖、盖房利用破坏墙体、工业生产活动破坏等。宏赐堡位于饮马河西岸的平川地带，堡内外满布民居，有

居民约2200人；堡外为堡子湾开发区晋能集团厂区，厂房林立。

5. 镇羌堡

位于堡子湾乡镇羌堡村中，镇羌堡大边长城3段南0.3千米处，高程1181米。西北距得胜口关0.32千米。

堡平面呈矩形，坐西北朝东南，周长980米，面积6万平方米。现存主要设施、遗迹有堡墙、角台4座、马面3座等（图一七八）。堡墙为土墙，褐土夯筑而成，夯层厚0.22～0.27米。东墙残

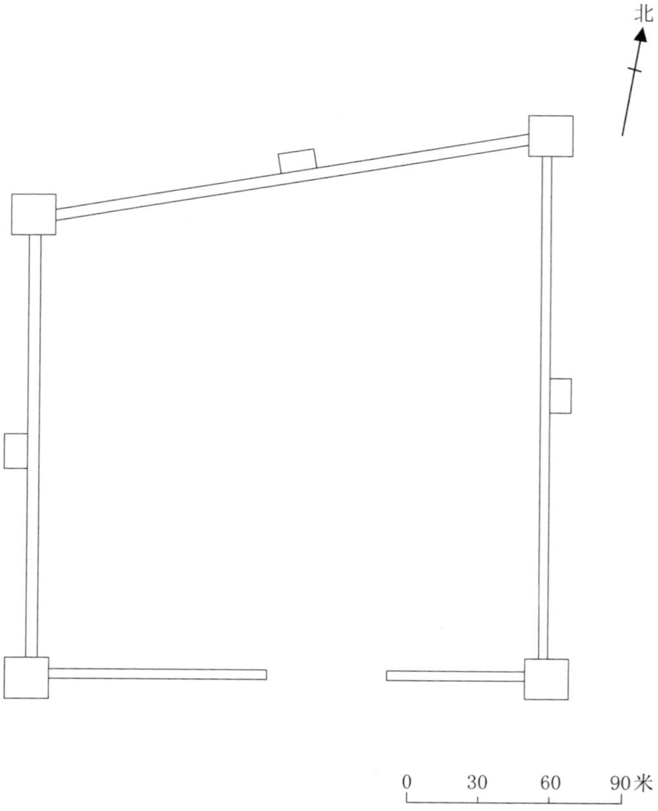

图一七八　镇羌堡平面示意图

长250、南墙残长140、西墙残长240、北墙残长250米，墙体底宽6、顶宽0.3～0.5、残高3.8～11米。堡墙四角设角台，角台宽13、凸出墙体8米。马面存3座，东、西、北墙正中各1座，马面宽10、凸出墙体10米。

堡整体保存一般。造成损毁的自然因素主要有风雨侵蚀、植物生长等；人为因素主要有盖房利用破坏墙体等。镇羌堡位于饮马河西岸的平川地带，堡内外满布民居，有居民约500人。

6. 马市堡

位于堡子湾乡得胜堡村北0.27米，得胜堡大边长城南0.267千米处，高程1195米。东北距得胜口关0.41千米。

堡平面呈矩形，坐西朝东，东西182、南北171米，周长706米，面积31122平方米。现存主要设施、遗迹有堡墙、城门1座、瓮城1座、瓮城外围墙、角台4座、马面3座、堡内平台2座等（图一

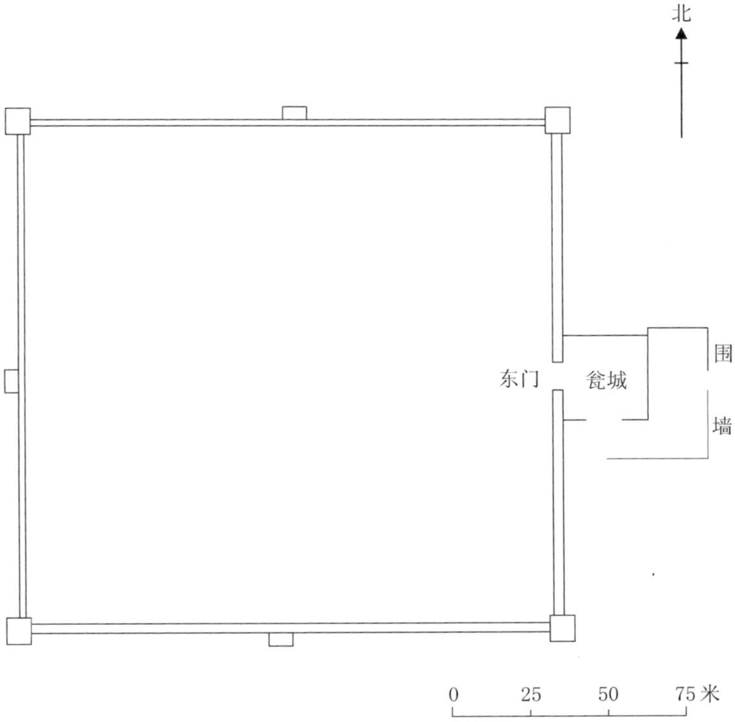

图一七九　马市堡平面示意图

七九）。堡墙为土墙，夯层厚 0.2～0.25 米，墙体底宽 5、顶宽 3、残高 4.7～6 米。东墙设城门，门宽 6.2 米。东门外设瓮城，平面呈矩形，周长 54 米，瓮城设南门，门宽 8.2 米。瓮城外有围墙，围墙为土墙，夯层厚 0.18～0.2 米，平面呈矩形，残长 72.3 米，围墙底宽 3.2、顶宽 0.7、残高 1.7 米，围墙设东门。堡墙四角设角台，角台宽 6.4、凸出墙体 7.3、残高 6 米。南墙、西墙、北墙正中各设马面 1 座，马面底宽 6.6、凸出墙体 7、残高 5.7 米。堡内南墙内底部有矩形平台，平台长 171、宽 6、残高 0.6 米。西墙内中部有不规则形平台，长 17、宽 3、残高 2 米。平台周围散落残砖碎瓦，瓦径 12、长 15、厚 17 厘米。

堡整体保存一般。堡墙坍塌损毁，有多处豁口。造成损毁的自然因素主要有风雨侵蚀、植物生长等；人为因素主要有农业生产活动破坏、取土挖损、人畜踩踏等。马市堡位于饮马河西岸的平川地带，堡内无居民，为耕地。

7. 得胜堡

位于堡子湾乡得胜堡村中，位于得胜堡大边长城南 0.65 千米处，高程 1674 米。东北距得胜口关 1.3 千米。

堡平面呈矩形，坐西北朝东南，东西 420、南北 528 米，周长 1896 米，面积 221760 平方米。现存主要设施、遗迹有堡墙、城门 1 座、瓮城 1 座、角台 3 座、马面 13 座、堡内楼台 1 座等（图一八〇）。堡墙为砖墙，墙体底宽 5、顶宽 0.5～3、残高 3～7 米。南墙设城门，砖券拱顶，三伏三券，门洞外宽 3.76、内宽 4.3、外高 3.62、内高 4.86、进深 15.53 米（测绘图一七、一八）。南门外设瓮城，平面呈矩形，东西 22、南北 30 米，墙体底宽 5、顶宽 1～3、残高 1.5～7 米。瓮城设东、南门，现均为豁口，

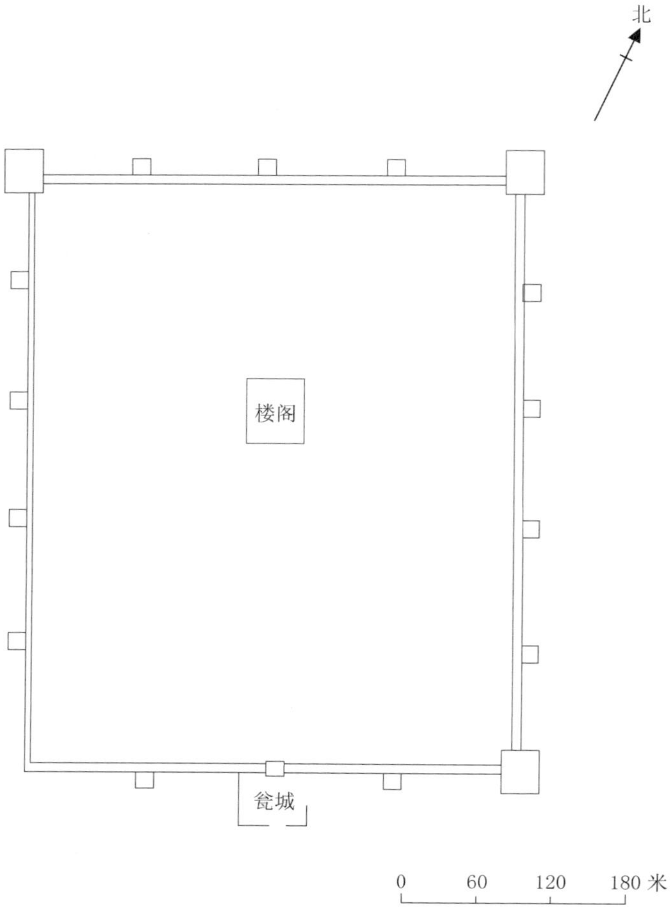

图一八〇 得胜堡平面示意图

东门宽6、南门宽5米。堡墙四角设角台，现存3座，西南角台无存。堡墙共设马面13座，间隔100米，北墙中部马面宽20、凸出墙体10米，其余马面宽8、凸出墙体9米。瓮城外原有“八”字墙、照壁，现无存。瓮城南门“八”字墙外原有一对石狮，现存大同市云冈石窟研究所。堡内有明代楼阁1座，平面呈矩形，原有上下两层，现上层木结构阁楼无存，仅存下层，边长14、高6.4米；下层为石基砖券十字形通道，三伏三券，门洞宽4、高5米。北门内西壁原设登顶踏道，被堵塞。四壁门额嵌有石匾，东壁为“护国”、南壁为“雄藩”、西壁为“保民”、北壁为“镇朔”。堡内外原有庙宇72座，木牌楼1座，衙署2座，庠学1座，库房、兵营各1处，现均无存，堡内仅发现木牌楼的一根立柱。堡外东南设教场，教场筑点将台1座。

堡整体保存一般。造成损毁的自然因素主要有风雨侵蚀、植物生长等；人为因素主要有人为拆毁墙体砖石等。得胜堡位于饮马河西岸的平川地带，堡内外有民居和耕地，有居民约3000人。

8. 拒墙堡

位于堡子湾乡拒墙堡村中，拒墙堡大边长城2段南0.35千米处，高程1222米。

堡平面呈矩形，坐西北朝东南，周长936米，面积54756平方米。现存主要设施、遗迹有堡墙、角台4座、马面12座等。堡墙为砖墙，东墙残长138、南墙残存西段20、西墙残长156米，墙体底宽 5～12、顶宽 0.5～5、残高 1.8～7.2 米。南墙正中原设城门，砖券拱顶，门额嵌石匾，有“拒墙堡”三字。南门外原设瓮城，瓮城设东门，门外原有照壁。堡墙四角设角台，东北角台宽 15、凸出墙体 2.5、残高 6.8 米。东、西墙各设马面 6 座，马面宽 6、凸出墙体 6、残高 6 米。堡内原有老爷庙、龙王庙、观音庙、胡神庙、城皇庙、马神庙等庙宇 12 座，木牌楼 1 座，现均无存。堡外西侧有一段东西向土墙，当地俗称“二道边”，夯筑而成，夯层厚 0.12～0.13 米，长 193、底宽 3、顶宽 0.5～1、残高 1.5～1.8 米。墙体南侧夯土中包含有辽金元时期的建筑构件和生活用具残片。

堡整体保存较差。造成损毁的自然因素主要有风雨侵蚀、植物生长等；人为因素主要有人为拆毁墙体砖石、墙体上掏挖洞穴、挖掘墙体开通便道等。拒墙堡位于黄土高原矮山丘陵地带，堡内外有民居，有居民约 2800 人。

9. 拒门堡

位于堡子湾乡拒门堡村西南 0.5 千米，拒门堡大边长城 1 段南 2.4 千米处，高程 1311 米。

堡平面呈矩形，坐西朝东，东西 254、南北 193 米，周长 894 米，面积 49022 平方米。现存主要设施、遗迹有堡墙、城门 1 座、瓮城 1 座、角台 4 座、马面 5 座等（图一八一）。堡墙为土墙，夯筑而成，夯层厚 0.25 米，墙体底宽 5、顶宽 3、残高 5～9.5 米。东墙正中设城门，现为豁口，宽 20 米。东门外设瓮城，东墙长 38、残高 8 米，北墙长 22 米；瓮城设南门，现为豁口，宽 5 米。堡墙四角设角台，角台底宽 16、凸出墙体 12、残高 8 米。马面南墙设 2 座、西墙 1 座、北墙 2 座，南、北墙马面底宽 8、凸出墙体 3、残高 7 米，西墙马面底宽 18、凸出墙体 7、残高 7 米。

堡整体保存一般。造成损毁的自然因素主要有风雨侵蚀、植物生长等；人为因素主要有农业生产活动破坏、墙体上掏挖洞穴等。拒门堡位于弥陀山北坡的矮山丘陵地带，堡内无居民，为耕地。拒门堡村有居民约 300 人。

10. 助马堡

位于郭家窑乡助马堡村中，助马堡大边长城 1 段东 1.5 千米处，高程 1346 米。

堡平面呈矩形，坐西朝东，由西侧堡城和东侧关城（罗城）组成，堡城东墙即关城西墙，总周长 1028 米（包括堡城东墙或关城西墙，长 222 米），总面积 78520 平方米。现存主要设施、遗迹有堡墙、护城河（壕）、城门 1 座、瓮城 1 座、关城 1 座、关城城门 2 座、堡城和关城角台共 4 座、堡城和关城马面共 3 座等（图一八二）。堡墙为砖墙，东墙大部分被村民盖房利用破坏，残长数十米，残高 1.5 米；南墙残存西段 150 米，底宽 5、顶宽 0.8～2.3、残高 3～4 米；西、北墙残长 500 米，底宽 5、顶宽 2～4、残高 8～10 米。北墙外有护城壕，壕长 58、宽 15、深 1.5 米。堡城设东门，砖券拱门，外宽 2.75、外高 4.1、内高 6.35、进深 12.6 米（测绘图一九、二〇）。东门外设瓮城，瓮城墙体坍塌损毁严重，仅存地面痕迹，瓮城设南门。关城墙体底宽 5、顶宽 2～4、残高 8～9 米。关城设东、南门，砖券拱顶，东门洞宽 3.25、高 3.45～3.86、进深 5.8 米（测绘图二一、二二），南门洞外宽 3.15、外高 4.05、进深 13.4 米（测绘图二三、二四）。存堡墙东南、西南、西北角台和关城东北角台，角台底宽 13、凸出墙体 6、残高 8～10 米。存堡城西、北墙马面和关城北墙马面，堡城西墙正中马面宽 28、凸出墙体 20、残高 10 米。堡城内原有关帝庙、玄天庙、白衣寺、土帝庙、龙王庙等庙宇 50 余座，千总署、守备署等四大衙门，现均无存。关城内原有街道、店铺、乐楼等，现均无存。

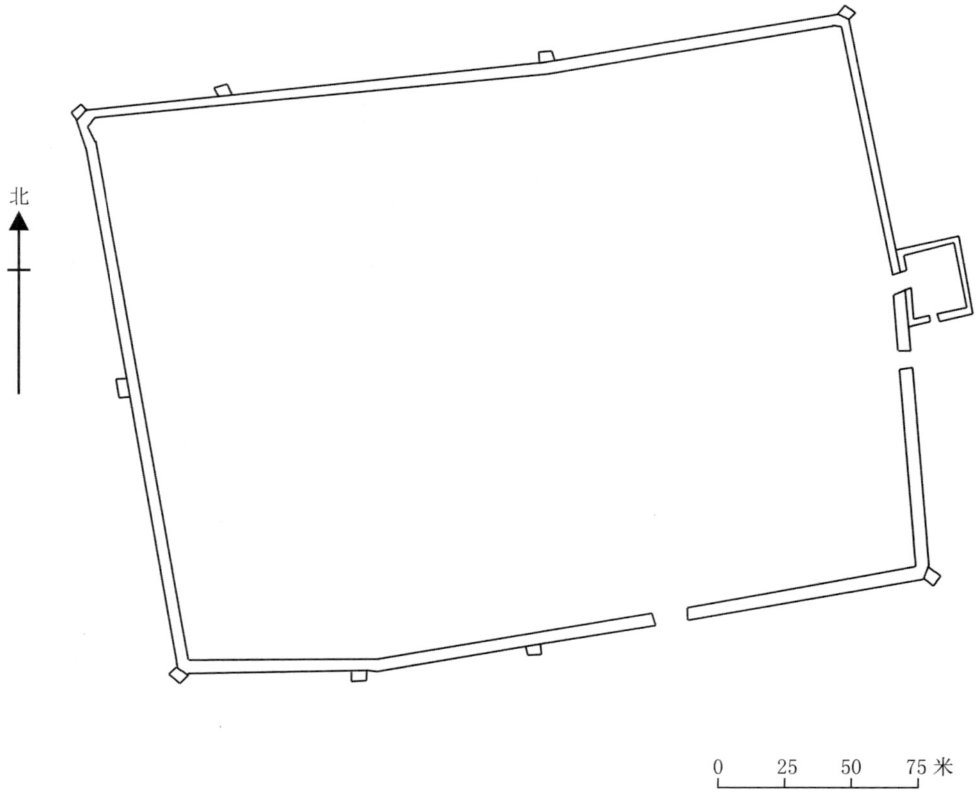

图一八一 拒门堡平面示意图

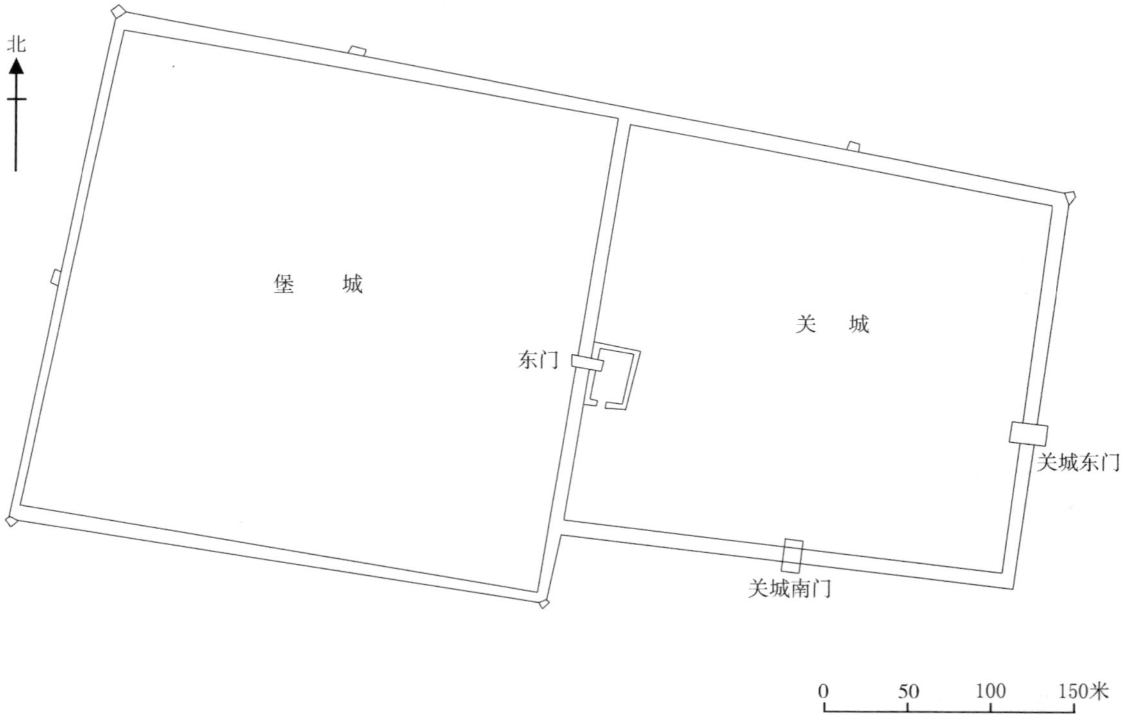

图一八二 助马堡平面示意图

堡整体保存一般。造成损毁的自然因素主要有风雨侵蚀、植物生长等；人为因素主要有人为拆毁墙体砖石等。助马堡位于马头山东侧的矮山丘陵地带，堡城和关城内外有民居，有居民约700人。

11. **镇虏堡**

位于西村乡镇鲁堡村中，外教场沟二边长城南2.3千米处。

堡平面呈矩形，坐东朝西，边长350米，周长1460米，面积131500平方米。现存主要设施、遗迹有堡墙、瓮城1座、角台4座、马面2座等（图一八三）。堡墙为砖墙，外部原有包砖石，包石共

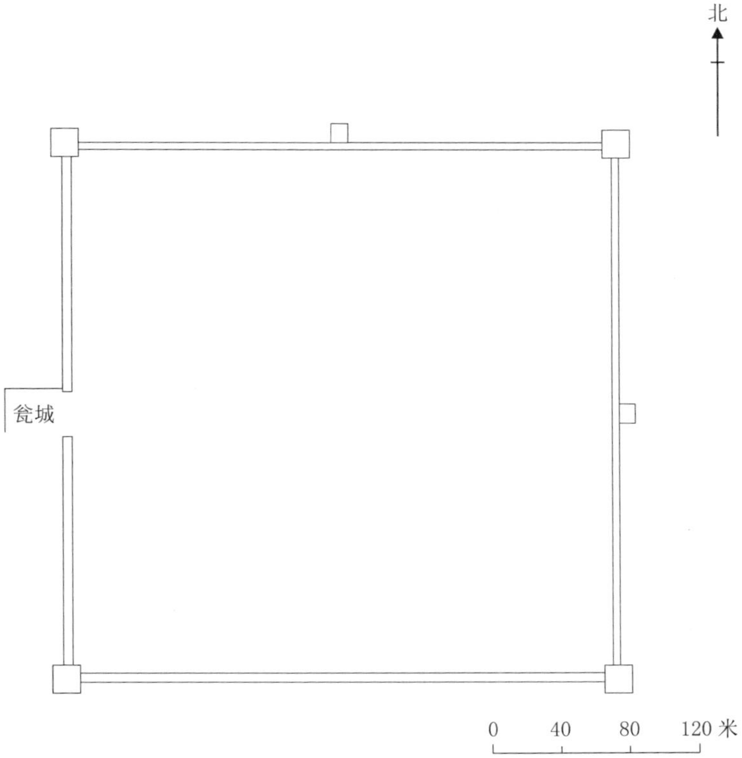

图一八三　镇虏堡平面示意图

18层，包砖厚1米，现砖石均无存；内部为夯土墙体，含碎石。东墙残长314、南墙残存东段154、西墙残长253、北墙残长325米，墙体底宽4～8、顶宽0.8～1.5、残高2～7米。西墙正中原设城门，现无存。堡门内外侧门额上嵌有石匾，现存当地村民家中。堡门内侧石匾平面呈矩形，长100、高60、厚15厘米，青石质，阴刻“攻克”二字，左署“钦差分守北东路参将推调神枢八营参将都指挥钱禄，钦差分守北东路右参将陆伍军营左副将都督李联芳，钦差分守大同北东路地方右参将都指挥佥事李宁”，右题“万历十五年岁次丁亥夏吉日立”。堡门外侧石匾平面呈矩形，长120、高60、厚15厘米，玄武岩质，阴刻楷书“镇虏堡”三字。西门外设瓮城，平面呈矩形，南墙无存，西墙、北墙长均30米，底宽5、顶宽1～2、残高2～8米。堡墙四角设角台，角台宽7、凸出墙体4、残高8米。东、北墙各设马面1座，马面宽8.5、底部凸出墙体9、残高8米。堡外东侧0.03千米处有修堡时取土形成的壕沟，宽8、深3～4米。

堡整体保存较差。造成损毁的自然因素主要有风雨侵蚀、植物生长等；人为因素主要有人为拆毁墙体砖石、取土挖损等。镇虏堡位于淤泥河南岸的丘陵平川地带，堡内有民居，有居民约200人。

12. 镇河堡

位于西村乡镇河堡村中，鲁家沟二边长城南3.1千米处。

堡平面呈矩形，坐西南朝东北，边长350米，周长1400米，面积122500平方米。现存主要设施、遗迹有堡墙、城门1座、瓮城1座、角台4座、马面3座、堡内水井1口等（图一八四）。

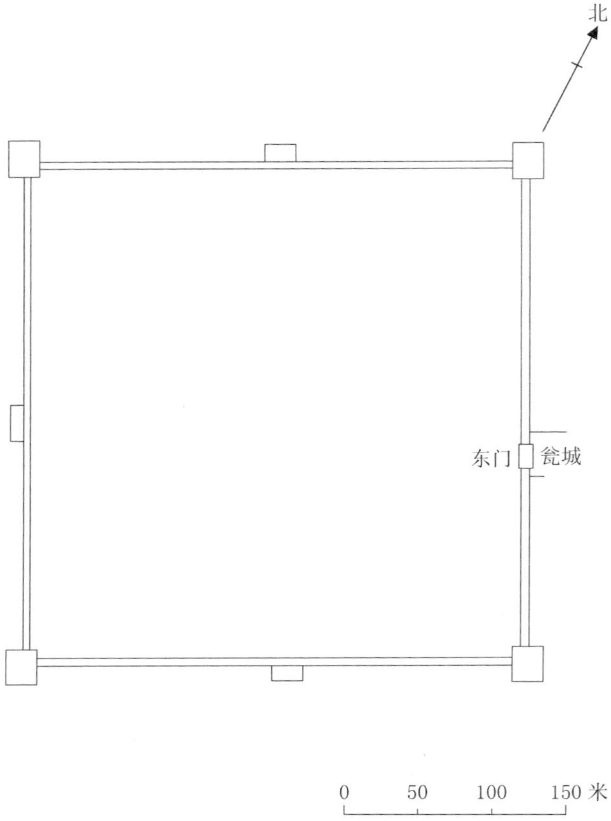

图一八四 镇河堡平面示意图

堡墙为砖墙，外部原有包砖石，现砖石无存；内部为夯土墙体。墙体底宽5～9、顶宽1～4、残高4～10米。东墙设城门，砖券拱顶，五伏五券，门洞外宽3.2、内宽4、外高4.2、内高5.6、进深16.71米（测绘图二五～二七）。东门外侧门额上嵌石匾，有砖雕垂花门罩，石匾上原有“镇河堡”三字，被凿毁。东门外设瓮城，南墙残长5、北墙残长20米，底宽6、顶宽1、残高9米，瓮城设南门。堡墙四角设角台，角台宽15、凸出墙体11、残高10米。南、西、北墙正中各设马面1座，马面底宽15、凸出墙体8、残高10米。堡内东南部有古井1口，石砌而成，直径2、深10米。堡内原有曾王庙、城隍庙等庙宇，现无存。

堡整体保存一般。造成损毁的自然因素主要有风雨侵蚀、植物生长等；人为因素主要有人为拆毁墙体砖石、西北角台顶部建造水池等。镇河堡位于淤泥河南岸的丘陵地带，堡内有民居，有居民约110人。

13. **破虏堡**

位于破鲁乡破鲁堡村中，黄土口二边长城南1.5千米处。

堡平面呈矩形，坐西北朝东南，边长385米，周长1540米，面积154225平方米。现存主要设施、遗迹有堡墙、角台1座、马面9座、堡内庙宇1座等（图一八五）。堡墙为砖墙，外部原有包砖石，现

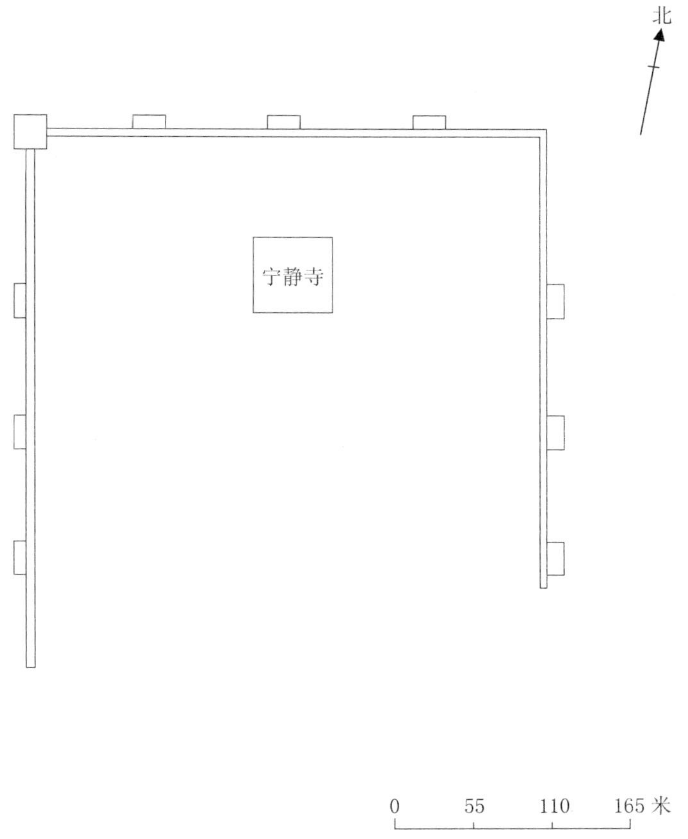

图一八五　破虏堡平面示意图

砖石无存；内部为夯土墙体，夯层厚0.16米。南墙无存，东墙消失70、北墙消失35米。墙体底宽5～7、顶宽0.2～4、残高2～11米。堡城原设南门，现无存。角台仅存西北角台，底宽12、凸出墙体5、残高9米。东、西、北墙各设马面3座，马面间距90～100米，北墙中部马面底宽22米，其余马面宽12、凸出墙体10米。堡内北部有宁静寺，现存为清代建筑，两进院落。寺内存明代破虏堡钟楼铸钟一鼎，石碑2块，为“继修破虏堡宁静寺完备序”碑和“皇图永固”碑。“继续破虏堡宁静寺完备序”碑，青石质，圆首，龟趺，落款为“明代嘉靖四十一年岁次壬戌仲春”；“皇图永固”碑，青石质，圆首，龟趺，落款为“大清康熙四十年岁次季秋日吉立”。宁静寺大雄宝殿山墙上彩绘《万圣动朝拜图》，绘制年代不详。

堡整体保存较差。造成损毁的自然因素主要有风雨侵蚀、植物生长等；人为因素主要有人为拆毁墙体砖石、墙体上掏挖洞穴、取土挖损等。

破虏堡位于淤泥河南岸的丘陵平川地带，堡内有民居，有居民约500人。破鲁堡村居民约1200人。

（三）单体建筑

1. 敌台

新荣区长城墙体上共发现敌台 206 座（表 68，见本章末附表）。

2. 马面

新荣区长城墙体上共发现马面 33 座（表 69，见本章末附表）。

3. 烽火台

新荣区共发现烽火台 185 座。大致以距长城墙体 1000 米为界，将新荣区烽火台划分为长城沿线烽火台、腹里烽火台两大类，划分时有两个前提，一是以距长城墙体 1000 米为标准，1000 米内的为长城沿线烽火台，其余为腹里烽火台；二是如果在 1000 米范围内有 2 座及以上烽火台，将距长城墙体较近的 1 座定为长城沿线烽火台，另 1 座为腹里烽火台。长城沿线烽火台 134 座，距离长城墙体 0.005 ~ 1.1 千米；腹里烽火台 53 座（表 70、71，见本章末附表）。

（四）相关遗存

1. 助马口马市

位于郭家窑乡助马堡村西 1.5 千米处，助马堡大边长城 1 段墙体上，高程 1390 米。

马市平面呈矩形，坐西朝东，由东院、西院、马市楼、敌台等组成，总面积 5600 平方米。现存主要设施、遗迹有围墙、马市楼 1 座、敌台 2 座等（图一八六；彩图三一七）。马市倚墙而建，以长城墙体为中轴线分为东、西院。长城墙体上建有马市楼 1 座，长城墙体与东院南、北墙相交处各有敌台 1 座。东院平面呈矩形，东西 50、南北 40 米，周长 180 米（彩图三一八、三一九）。围墙底宽 3、顶宽 1、残高 3 ~4 米。东墙正中设东门，与马市楼正对，现为豁口，宽 4 米。西院平面呈矩形，边长 60 米，周长 240 米（彩图三二〇）。围墙底宽 3、顶宽 0.5 ~0.7、残高 1 ~2 米。马市楼平面呈矩形，剖面呈梯形，有上下两层，底部东西 10、南北 12 米，下层高 8 米，上层略有收分，高 1.8 米。马市楼台体内部有槽形登顶踏道，宽 2 米，踏道内有阶梯，宽 0.3、高 0.3 米（彩图三二一）。踏道两壁凿有壁龛，宽 0.85、高 1.6、进深 0.6 米。南、北敌台平面均呈矩形，边长 5、高出墙体 1.6 米。

马市整体保存较差，内外均为耕地。造成损毁的自然因素主要有风雨侵蚀、植物生长等；人为因素主要是农业生产活动破坏、人畜踩踏等。

2. 镇川堡砖瓦窑

位于花园屯乡镇川堡村西 0.5 千米处，高程 1190 米。东西 30、南北 30 米，面积 900 平方米。残存 4 座砖瓦窑，围绕土丘边沿修筑而成，2 座残存部分窑壁，1 座残存部分窑壁、窑底，1 座残存窑底及窑灶。砖瓦窑平面呈圆形或椭圆形，窑室底径 4 ~4.5、窑壁高 2.5、窑灶高 1.2 米。

窑址整体保存较差。造成损毁的自然因素主要有风雨侵蚀、植物生长等；人为因素主要有取土挖

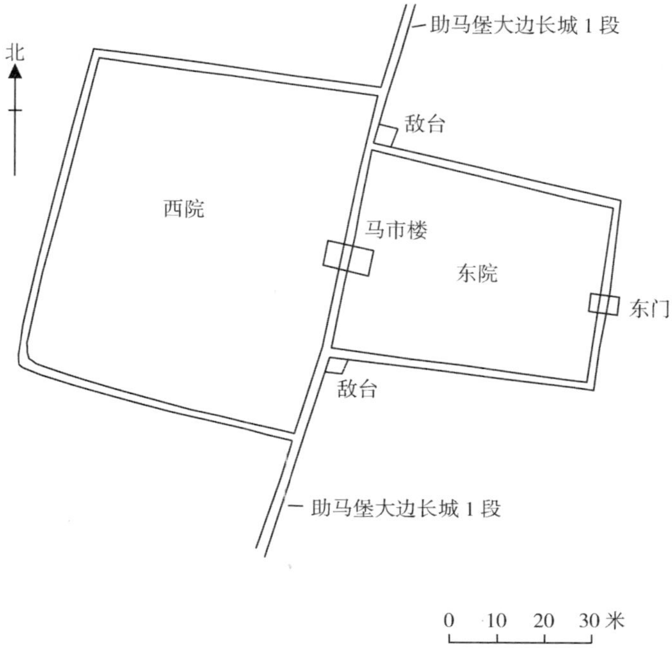

图一八六 助马口马市平面图

损、人畜踩踏等。镇川堡砖瓦窑是明代专为镇川堡烧造城墙砖瓦的窑场，窑场距镇川堡较近，此地黄土覆盖较厚，黏土材料丰富，西侧临近御河支流，取水较方便，是烧造砖瓦的理想场所。砖瓦窑周围散落的明代残砖，尺寸与镇川堡散落的明代残砖相符。

（五）采（征）集标本

新荣区采集文物标本8件（表72）。

表72 新荣区采（征）集标本一览表

名称	时代	类别	质地	数量（件）	采（征）集地点	备注
陶罐残片	汉代	生活用具	陶	1	镇川口长城1段G0054（镇川口2号敌台）—G0056（镇川口3号敌台）南侧	泥质灰陶。直口，厚方唇，肩部饰纵向细绳纹，器壁厚重，厚0.5～0.7厘米
筒瓦残片（彩图三二二）	汉代	建筑构件	陶	1	西寺长城2段G0098（起点、西寺9号敌台）南0.002千米处	泥质灰陶。半圆形筒瓦，厚0.6厘米，瓦面饰纵向粗绳纹，内壁饰网络状细布纹
瓦当残片（彩图三二三）	明代	建筑构件	陶	1	得胜堡大边长城G0240（止点、断点）北0.003千米处	圆形当面，虎头纹，宽边轮，模印虎头纹，瓦当直径16、厚1.5、边轮宽2.3厘米
筒瓦残片（彩图三二四）	汉代	建筑构件	陶	1	十三边大边长城1段G0376（起点、断点）东南0.01千米处	泥质灰陶。半圆形筒瓦，瓦舌较长，长3.8、厚2.9厘米，瓦面饰粗绳纹，内壁饰细布纹

续表 72

名称	时代	类别	质地	数量（件）	采（征）集地点	备注
瓷碗残片（彩图三二五、三二六）	辽代	生活用具	瓷	1	镇川堡内	残存圈足。器内壁施釉，外壁施釉不及底，底露胎，碗内底有3个支钉痕迹，圈足也见支钉痕迹
陶盆残片	汉代	生活用具	陶	1	得胜堡内	残存口部，泥质灰陶，敞口，圆唇，折沿，器壁较薄
陶器残片（彩图三二七）	汉代	生活用具	陶	1	助马堡内	泥质灰陶。器壁较薄，外壁饰方格纹，内壁饰两周凹弦纹
瓷碗残片（彩图三二八）	辽代	生活用具	瓷	1	三墩烽火台西北侧0.008千米处	残存圈足。器内壁施釉，外壁施釉不及底，底露胎

二　长城资源调查资料分析

（一）长城墙体

1. 长城墙体的材质类型及建筑方式、形制

新荣区长城墙体共65段，其中安乐庄二边长城2段、八墩二边长城1段、黄土口二边长城、吴施窑二边长城1段和2段均消失，其余绝大多数为土墙，石墙仅发现1段，即西寺长城4段（表73）。

表73　新荣区长城墙体类型一览表

类型	段数	长度（米）	百分比（%）
土墙	59	98081	89.4
石墙	1	1281	1.2
消失墙体	5	10300	9.4
合计	65	109662	100

（1）土墙

新荣区土墙共59段，长98081米（表74）。

表74　新荣区土墙建筑方式及形制一览表（单位：米）

长城墙体段落名称	建筑材料	夯层厚度	剖面形制	尺寸			保存状况
				底宽	顶宽	残高	
元墩长城	黄土夯筑而成，含少量砂砾	0.25～0.3	不规则梯形	5～8	1～4	3～7.1	较差
三墩长城1段	黄土夯筑而成，含少量砂砾	0.18～0.25	不规则梯形	5～7	1～4	3～5	一般
三墩长城2段	黄土夯筑而成，含少量砂砾	0.18～0.25	不规则梯形	5～7	1～4	1～6.5	一般
镇川口长城1段	黄土夯筑而成，含少量砂砾	0.18～0.28	不规则梯形	5～7	1～4	2.5～5	较差
镇川口长城2段	黄土夯筑而成，含少量砂砾	0.16～0.24	不规则梯形	5～7	2～4	5～7.7	一般
西寺长城1段	黄土夯筑而成，含少量砂砾	0.16～0.24	不规则梯形	5～8	2～5	5～7.7	较差
西寺长城2段	黄土夯筑而成，含碎石	0.16～0.24	不规则梯形	4～7	0.4～3.8	1～6	一般
西寺长城3段	黄土夯筑而成，含碎石	0.16～0.24	不规则梯形	5～7	0.8～1.5	4～5	一般
宏赐堡长城	黄土夯筑而成，含砂砾、碎石	0.25～0.3	不规则梯形	4～6.5	0.8～3	0.6～5	较差
宏赐堡大边长城1段	黄土夯筑而成，含砂砾、碎石	0.25～0.3	不规则梯形	6～8	0.8～2.6	2～6.8	较差
宏赐堡大边长城2段	黄土夯筑而成，含砂砾、碎石	0.25～0.3	不规则梯形	6～8	0.5～3	2～6.2	较差
河东窑大边长城1段	黄土夯筑而成，含砂砾、碎石	0.25～0.3	不规则梯形	6～8	0.5～1.5	0.3～6	较差
河东窑大边长城2段	黄土夯筑而成，含砂砾、碎石	0.25～0.3	不规则梯形	4～7	0.5～1.5	0.7～6.5	较差
河东窑大边长城3段	黄土夯筑而成，含砂砾、碎石	不详	不规则梯形	4～7	0.5～1.5	0.7～3.5	差
河东窑大边长城4段	黄土夯筑而成，含砂砾、碎石	0.17～0.22	不规则梯形	7～8	0.8～1.6	2～6	较差
镇羌堡大边长城1段	黄土夯筑而成，含砂砾、碎石	0.17～0.22	不规则梯形	7～8	0.4～1.1	3～5	一般
镇羌堡大边长城2段	黄土夯筑而成，含砂砾、碎石	0.17～0.22	不规则梯形	6～7	0.8～1.7	2～3	差

续表 74

长城墙体段落名称	建筑材料	夯层厚度	剖面形制	尺寸			保存状况
				底宽	顶宽	残高	
镇羌堡大边长城3段	黄土夯筑而成，含少量砂砾	0.17~0.22	不规则梯形	6~10	0.8~4.5	2~6.5	较差
得胜堡大边长城	黄土夯筑而成，含少量砂砾	0.15~0.2	不规则梯形	8~12	1~5	1~7	较差
二十一墙大边长城1段	黄土夯筑而成，含少量砂砾	0.15~0.2	不规则梯形	9~15	1~2.6	0.5~7	较差
二十一墙大边长城2段	红土夯筑而成	0.17~0.23	不规则梯形	9~12	1~3	1~7	一般
二十一墙大边长城3段	红土和褐土夯筑而成	0.17~0.23	不规则梯形	9~12	1~3	1~7	一般
二十一墙大边长城4段	红土和褐土夯筑而成	0.17~0.23	不规则梯形	9~15	1~3	3~6	一般
拒墙堡大边长城1段	红土和褐土夯筑而成	0.17~0.23	不规则梯形	8~10	0.5~2.1	0.2~5	较差
拒墙堡大边长城2段	褐土夯筑而成	0.14~0.24	不规则梯形	6~8.5	0.8~2.5	1~8	较差
拒墙堡大边长城3段	黄土夯筑而成	0.14~0.24	不规则梯形	6~9	0.4~1.7	3~8	较差
拒墙堡大边长城4段	黄土夯筑而成	0.14~0.24	不规则梯形	7~8	0.4~1.7	3~5	一般
拒门口大边长城1段	黄土夯筑而成	0.14~0.24	不规则梯形	7~8	0.4~2.3	3~6	一般
拒门口大边长城2段	黄土夯筑而成	0.14~0.24	不规则梯形	7~10	1~2.3	4~6	一般
拒门口大边长城3段	黄土夯筑而成	0.14~0.24	不规则梯形	7~10	1~2.3	4~6	一般
拒门堡大边长城1段	褐土夯筑而成，含砂砾、碎石	0.14~0.24	不规则梯形	7~10	0.4~1.3	3~5	较差
拒门堡大边长城2段	黄土夯筑而成，含砂砾、碎石	0.14~0.24	不规则梯形	7~10	0.4~1.3	3~5	一般
穆家坪大边长城	黄土夯筑而成，含砂砾、碎石，	0.14~0.24	不规则梯形	7~10	0.2~1.3	2~6	较差
刘家窑大边长城1段	黄土夯筑而成，含砂砾、碎石	0.14~0.24	不规则梯形	7~10	0.2~1.3	2~6	一般
刘家窑大边长城2段	黄土夯筑而成，含砂砾、碎石	0.14~0.24	不规则梯形	7~10	0.5~1.7	3~6	一般
十三边大边长城1段	黄土夯筑而成，含砂砾、碎石	0.14~0.24	不规则梯形	7~10	0.5~2	4~6	一般
十三边大边长城2段	黄土和褐土夯筑而成，含砂砾、碎石	0.14~0.24	不规则梯形	7~9	0.7~2	3~7	一般
助马堡大边长城1段	黄土和褐土夯筑而成，含砂砾、碎石	0.14~0.24	不规则梯形	7~8	0.4~1.2	3~5	一般
助马堡大边长城2段	黄土和褐土夯筑而成，含砂砾、碎石	0.14~0.24	不规则梯形	4~8	0.4~1.9	1~5	较差

续表 74

长城墙体段落名称	建筑材料	夯层厚度	剖面形制	尺寸			保存状况
				底宽	顶宽	残高	
二十五大边长城	黄土和褐土夯筑而成，含砂砾、碎石	0.14～0.24	不规则梯形	7～9	0.4～1.5	4～6	较差
砖楼沟大边长城	黄土和褐土夯筑而成，含砂砾、碎石	0.14～0.24	不规则梯形	4.5～9	0.5～2.6	1～6	较差
宏赐堡二边长城 1 段	黄土夯筑而成	不详	不规则梯形	5	1.5	1.5～3.5	差
宏赐堡二边长城 2 段	红土夯筑而成，含砂砾	0.17～0.27	不规则梯形	5～8	0.5～2.6	0.4～5	差
宏赐堡二边长城 3 段	红土夯筑而成，含砂砾	0.17～0.27	不规则梯形	5～7.6	0.5～1.5	2.5～5.2	较差
里教场沟二边长城 1 段	红土夯筑而成，含砂砾	0.17～0.27	不规则梯形	6～8	0.8～2.7	2～6	较差
里教场沟二边长城 2 段	红土夯筑而成，含砂砾	0.17～0.27	不规则梯形	2～6	0.5～1.3	0.5～3	差
外教场沟二边长城	红土夯筑而成，含砂砾	0.17～0.27	不规则梯形	2～6	0.5～1.3	0.2～3	差
下甘沟二边长城 1 段	黄土夯筑而成，含砂砾	0.17～0.27	不规则梯形	5～7	0.5～1.3	2～6	较差
下甘沟二边长城 2 段	红土和黄土夯筑而成，含砂砾	0.17～0.27	不规则梯形	5～8	0.2～1.3	0.5～5	较差
光明二边长城 1 段	红土和黄土夯筑而成，含砂砾	0.17～0.27	不规则梯形	6～8	0.5～1.4	1～6	较差
光明二边长城 2 段	红土夯筑而成，含砂砾	0.17～0.27	不规则梯形	6～8	0.4～1.7	2～5	较差
畔沟二边长城 1 段	红土和黄土夯筑而成，含砂砾	0.17～0.27	不规则梯形	6～8	0.4～1.3	2～6	较差
畔沟二边长城 2 段	红土和黄土夯筑而成，含砂砾	0.17～0.27	不规则梯形	7～8	0.4～2.3	3～5	较差
鲁家沟二边长城	红土和黄土夯筑而成，含砂砾	0.17～0.27	不规则梯形	6～8	0.3～1.4	1～5	较差
安乐庄二边长城 1 段	红土和黄土夯筑而成，含砂砾	0.17～0.27	不规则梯形	6～8	0.3～1.3	1～5	较差
安乐庄二边长城 3 段	红土和黄土夯筑而成，含砂砾	0.17～0.27	不规则梯形	5～6	0.3～1	0.3～4	差
六墩二边长城	红土和黄土夯筑而成，含砂砾	0.17～0.27	不规则梯形	5～6	0.3～0.7	0.4～1	差
八墩二边长城 2 段	红土和黄土夯筑而成，含砂砾	0.17～0.27	不规则梯形	6～8	0.3～3	0.4～5	较差
吴施窑二边长城 3 段	黄土夯筑而成，含砂砾、碎石	0.17～0.27	不规则梯形	6～8	0.5～1.5	2.5～3.5	一般

新荣区土墙的建筑材料主要是黄土或红土、褐土，多数含有砂砾、碎石等，夯筑而成，夯层厚0.14～0.3米，其中0.14～0.27米（A类）占绝大多数，占全部土墙的83%；其次是夯层最厚大于0.27米者（B类），占13%（表75、76）。

表75 新荣区土墙建筑材料统计表

建筑材料	段数	长度（米）	百分比（%）
黄土或红土、褐土夯筑而成	11	19518	19.9
黄土或红土、褐土夯筑而成，含砂砾、碎石	48	78563	80.1
合计	59	98081	100

表76 新荣区土墙夯层厚度统计表

	夯层厚度分类	夯层厚度（米）	段数	长度（米）	百分比（%）
A类	0.14～0.27米	0.14～0.27	50	81403	83
B类	最厚＞0.27米	0.18～0.3	7	12748	13
C类	不详	不详	2	3930	4
合计		0.14～0.3	59	98081	100

新荣区土墙剖面均大致呈不规则梯形，底宽2～15、顶宽0.2～5、残高0.2～8米。若以底宽而论，大多在4～8米，计37段，长60939米，占全部土墙的62.1%（表77）。

表77 新荣区土墙底宽长度分类统计表

	底宽（米）	段数	长度（米）	百分比（%）	备注
A类	4～8	37	60939	62.1	
B类	4.5～15	20	33941	34.6	不含A类段落
C类	2～6	2	3201	3.3	不含A、B类段落
合计	2～15	59	98081	100	

在高度方面，部分段两侧高度明显有别，对部分段两侧的不同高度进行了测量，从下表中可见，大多数段面向内蒙古的一侧要低于面向山西的一侧，仅宏赐堡长城、二十一墙大边长城1段，面向内蒙古的一侧要高于面向山西的一侧（表78）。

表78 新荣区土墙两侧高度一览表（单位：米）

名称	面向内蒙古自治区一侧残高	面向山西省一侧残高	名称	面向内蒙古自治区一侧残高	面向山西省一侧残高
元墩长城	3	4.5	得胜堡大边长城	1～4.2	4～7
三墩长城1段	3	4.5	二十一墙大边长城1段	2～7	4～6
三墩长城2段	1～4	3.5～6.5	二十一墙大边长城2段	1～4	4～6
宏赐堡长城	4～5	0.8～1.5	二十一墙大边长城3段	2～4	3～5

续表 78

名称	面向内蒙古自治区一侧残高	面向山西省一侧残高	名称	面向内蒙古自治区一侧残高	面向山西省一侧残高
宏赐堡大边长城 1 段	0.5～3.5	3～5	宏赐堡二边长城 2 段	2	4～6
宏赐堡大边长城 2 段	0.5～3.5	4～5	光明二边长城 1 段	1～5	2～6
河东窑大边长城 1 段	0.3～1.5	0.3～4	光明二边长城 2 段	1～2	2～5
河东窑大边长城 2 段	0.7～2	3～5	鲁家沟二边长城	2～3	3～5
河东窑大边长城 3 段	0.7～2	2～3.5	八墩二边长城 2 段	0.6～2	2～4.5

（2）石墙

新荣区石墙仅 1 段，即西寺长城 4 段，长 1281 米。墙体北外侧黄土夯筑而成，夯层厚 0.16～0.24 米、南内侧石块垒砌，有 12～15 层。现存墙体剖面大致呈不规则梯形，底宽 4～5、顶宽 0.8～2.5、残高 0.8～3 米。

2. 长城墙体的分布特点

新荣区境内明长城有北、南两支，即大边和二边。北侧大边长城位于山西省与内蒙古自治区两省区交界处，南侧二边长城位于新荣区区境中部。大边长城有 42 段，长 69682 米；二边长城有 23 段，长 39980 米。

大边长城，从东向西分布地势大致是，元墩长城、三墩长城 1 段和 2 段、镇川口长城 1 段和 2 段，位于采凉山、云门山及方山之间平衍的矮山丘陵地带；西寺长城 1～4 段、宏赐堡长城，位于方山北、西侧山坡；宏赐堡大边长城 1 段和 2 段、河东窑大边长城 1～4 段、镇羌堡大边长城 1～3 段，位于饮马河东岸平缓的丘陵平川地带；得胜堡大边长城位于八棱碑山南麓，饮马河西岸的丘陵平川地带；二十一墙大边长城1～4 段、拒墙堡大边长城 1～4 段、拒门口大边长城 1～3 段、拒门堡大边长城 1 段和 2 段、穆家坪大边长城、刘家窑大边长城 1 段和 2 段、十三边大边长城 1 段和 2 段，位于黄土高原矮山丘陵地带；助马堡大边长城 1、2 段位于马头山东侧的矮山丘陵地带；二十五大边长城、砖楼沟大边长城位于马头山东侧余脉上。

二边长城，宏赐堡二边长城 1～3 段、里教场沟二边长城 1 段和 2 段、外教场沟二边长城、下甘沟二边长城 1 段和 2 段、光明二边长城 1 段和 2 段、畔沟二边长城 1 段和 2 段、鲁家沟二边长城，安乐庄二边长城 1～3 段、六墩二边长城、八墩二边长城 1 段和 2 段、黄土口二边长城、吴施窑二边长城 1～3 段，位于从饮马河西岸，淤泥河北岸的黄土高原丘陵平川地带。

3. 长城墙体的保存状况

整段消失的安乐庄二边长城 2 段、八墩二边长城 1 段、黄土口二边长城、吴施窑二边长城 1 段和 2 段，位于村庄内或淤泥河河滩地带，被洪水冲毁或扩田造地取土等人类生产生活活动破坏挖毁而消失。

（1）土墙

新荣区土墙 59 段，长 98081 米，保存状况见下表（表 79）。

表 79 新荣区土墙保存状况一览表（单位：米）

长城墙体段落名称	总长	保存较好	保存一般	保存较差	保存差	消失	类型	县属
元墩长城	2144	659	399	600	0	486	土墙	新荣区/丰镇市
三墩长城 1 段	1729	0	1659	0	0	70	土墙	新荣区/丰镇市
三墩长城 2 段	1941	450	1391	100	0	0	土墙	新荣区/丰镇市
镇川口长城 1 段	1790	0	1368	0	0	422	土墙	新荣区/丰镇市
镇川口长城 2 段	1510	1217	0	0	0	293	土墙	新荣区/丰镇市
西寺长城 1 段	1995	640	507	0	728	120	土墙	新荣区/丰镇市
西寺长城 2 段	1874	331	1077	466	0	0	土墙	新荣区/丰镇市
西寺长城 3 段	642	0	642	0	0	0	土墙	新荣区/丰镇市
宏赐堡长城	1598	0	363	398	383	454	土墙	新荣区/丰镇市
宏赐堡大边长城 1 段	1928	104	1191	382	0	251	土墙	新荣区/丰镇市
宏赐堡大边长城 2 段	1699	0	665	164	0	870	土墙	新荣区/丰镇市
河东窑大边长城 1 段	1696	0	1024	600	0	72	土墙	新荣区/丰镇市
河东窑大边长城 2 段	1893	0	1063	780	0	50	土墙	新荣区/丰镇市
河东窑大边长城 3 段	1459	0	0	825	599	35	土墙	新荣区/丰镇市
河东窑大边长城 4 段	1454	0	1010	310	0	134	土墙	新荣区/丰镇市
镇羌堡大边长城 1 段	814	0	598	216	0	0	土墙	新荣区/丰镇市
镇羌堡大边长城 2 段	1674	0	0	274	0	1400	土墙	新荣区/丰镇市
镇羌堡大边长城 3 段	1654	775	181	0	69	629	土墙	新荣区/丰镇市
得胜堡大边长城	1865	325	746	736	0	58	土墙	新荣区/丰镇市
二十一墙大边长城 1 段	1701	0	782	753	0	166	土墙	新荣区/丰镇市
二十一墙大边长城 2 段	1838	591	1247	0	0	0	土墙	新荣区/丰镇市
二十一墙大边长城 3 段	1629	0	1561	0	0	68	土墙	新荣区/丰镇市
二十一墙大边长城 4 段	1881	0	1881	0	0	0	土墙	新荣区/丰镇市
拒墙堡大边长城 1 段	1785	0	768	682	201	134	土墙	新荣区/丰镇市
拒墙堡大边长城 2 段	1592	0	330	960	0	302	土墙	新荣区/丰镇市
拒墙堡大边长城 3 段	2044	0	1319	0	0	725	土墙	新荣区/丰镇市
拒墙堡大边长城 4 段	1446	0	1408	0	0	38	土墙	新荣区/丰镇市
拒门口大边长城 1 段	1735	0	1549	0	0	186	土墙	新荣区/丰镇市
拒门口大边长城 2 段	1942	559	1189	0	0	194	土墙	新荣区/丰镇市
拒门口大边长城 3 段	1155	0	1036	0	0	119	土墙	新荣区/丰镇市
拒门堡大边长城 1 段	2050	0	775	1275	0	0	土墙	新荣区/丰镇市
拒门堡大边长城 2 段	1530	0	1474	0	0	56	土墙	新荣区/丰镇市
穆家坪大边长城	2569	0	1346	660	0	563	土墙	新荣区/凉城县

续表 79

长城墙体段落名称	总长	保存较好	保存一般	保存较差	保存差	消失	类型	县属
刘家窑大边长城 1 段	1764	0	1694	0	0	70	土墙	新荣区/凉城县
刘家窑大边长城 2 段	1327	0	1300	0	0	27	土墙	新荣区/凉城县
十三边大边长城 1 段	1371	0	1371	0	0	0	土墙	新荣区/凉城县
十三边大边长城 2 段	1523	466	868	0	0	189	土墙	新荣区/凉城县
助马堡大边长城 1 段	1707	0	1599	0	0	108	土墙	新荣区/凉城县
助马堡大边长城 2 段	1732	0	795	755	0	182	土墙	新荣区/凉城县
二十五大边长城	884	0	602	0	0	282	土墙	新荣区/凉城县
砖楼沟大边长城	1837	562	624	463	0	188	土墙	新荣区/凉城县
宏赐堡二边长城 1 段	2471	0	0	71	0	2400	土墙	新荣区
宏赐堡二边长城 2 段	1919	0	0	1264	287	368	土墙	新荣区
宏赐堡二边长城 3 段	1453	0	784	655	0	14	土墙	新荣区
里教场沟二边长城 1 段	1701	0	665	496	353	187	土墙	新荣区
里教场沟二边长城 2 段	1243	0	0	474	736	33	土墙	新荣区
外教场沟二边长城	1958	0	0	719	933	306	土墙	新荣区
下甘沟二边长城 1 段	1832	0	812	796	0	224	土墙	新荣区
下甘沟二边长城 2 段	1491	0	980	155	122	234	土墙	新荣区
光明二边长城 1 段	2018	0	1210	518	0	290	土墙	新荣区
光明二边长城 2 段	1892	0	568	656	0	668	土墙	新荣区
畔沟二边长城 1 段	1588	0	912	417	0	259	土墙	新荣区
畔沟二边长城 2 段	1193	0	553	0	0	640	土墙	新荣区
鲁家沟二边长城	1468	0	847	256	0	365	土墙	新荣区
安乐庄二边长城 1 段	1085	0	0	922	107	56	土墙	新荣区
安乐庄二边长城 3 段	1664	0	0	447	254	963	土墙	新荣区
六墩二边长城	1604	0	0	204	0	1400	土墙	新荣区
八墩二边长城 2 段	1841	0	626	662	222	331	土墙	新荣区
吴施窑二边长城 3 段	1259	0	1259	0	0	0	土墙	新荣区
合计	98081	6679	48618	20111	4994	17679		
百分比（%）	100	6.8	49.6	20.5	5.1	18		

新荣区土墙保存一般者最多，占44.9%；消失者也较多，达25.8%；保存较差者，占18.5%；保存较好、差者很少，分别占6.2%和4.6%。除洪水冲毁致墙体消失外，风雨侵蚀、植物生长等也造成墙体的坍塌脱落，表面凹凸不平，有裂缝、沟槽、孔洞等。人为损毁因素主要有扩田造地取土挖毁墙体、紧贴墙体开荒种地、修筑水渠及修建蓄水池挖断或挖毁墙体、墙体顶部修筑水渠等农业生产活动破坏、修筑道路和铁路挖毁墙体、挖掘墙体开通便道、取土挖损或挖毁墙体、随意踩踏、掏挖洞穴、利用墙体建房以及采矿活动等。

（2）石墙

新荣区石墙仅1段，长1281米。保存状况见下表（表80）。

表80 新荣区石墙保存状况一览表（单位：米）

长城墙体段落名称	总长	保存较好	保存一般	保存较差	保存差	消失	类型	县属
西寺长城4段	1281	0	202	1079	0	0	石墙	新荣区/丰镇市
百分比（%）	100	0	15.8	84.2	0	0		

新荣区石墙保存较差者多，占84.2%，其次是保存一般者，占15.8%。墙体坍塌损毁严重。造成墙体损毁的自然因素有风雨侵蚀、植物生长等，人为因素主要有农业生产活动破坏、随意踩踏、取土挖损等。

（二）关堡

新荣区共调查关堡13座，其中关2座、堡11座（表81）。

1. 关堡的形制、残存设施和遗迹

表81 新荣区关堡形状、尺寸、残存设施遗迹及保存状况一览表

名称	形状	朝向	边长（米）	周长（米）	面积（平方米）	残存设施遗迹	保存状况
得胜口关	矩形	坐北朝南	东西226、南北131	714	29606	关墙、城门1座、角台4座、马面2座、墩台1座、关城外北侧挡马墙1段、关城内店铺1座、窖藏1座、水井1口	一般
砖楼沟关	矩形	坐西朝东	东西12、南北24	72	450	城门1座、敌台2座	较差
镇川堡	矩形	坐东朝西，由堡城与关城组成	堡城东西320、南北300	总1540	总148225	堡墙角台4座、马面1座、关城1座、堡内水井1口、街道1条	一般
宏赐堡	矩形	坐西北朝东南	不详	1902	223748	堡墙、城门2座、瓮城1座、角台3座、马面11座、堡内有庙宇1座	一般
镇羌堡	矩形	坐西北朝东南	不详	980	60000	堡墙、角台4座、马面3座	一般
马市堡	矩形	坐西朝东	东西182、南北171	706	31122	堡墙、城门1座、瓮城1座、瓮城外围墙、角台4座、马面3座、堡内有平台2座	一般
得胜堡	矩形	坐西北朝东南	东西420、南北528	1896	221760	堡墙、城门1座、瓮城1座、角台3座、马面13座、堡内有楼台1座	一般

续表 81

名称	形状	朝向	边长（米）	周长（米）	面积（平方米）	残存设施遗迹	保存状况
拒墙堡	矩形	坐西北朝东南	不详	936	54756	堡墙、角台 4 座、马面 6 座	较差
拒门堡	矩形	坐西朝东	东西 254、南北 193	894	49022	堡墙、城门 1 座、瓮城 1 座、角台 4 座、马面 5 座	一般
助马堡	矩形，由堡城与关城组成	坐西朝东	不详	总 1028	总 78520	堡墙、护城河（壕）、城门 1 座、瓮城 1 座、关城 1 座、关城城门 2 座、堡城和关城角台 4 座、堡城和关城马面 3 座	一般
镇虏堡	矩形	坐东朝西	350	1460	131500	堡墙、瓮城 1 座、角台 4 座、马面 2 座	较差
镇河堡	矩形	坐西南朝东北	350	1400	122500	堡墙、城门 1 座、瓮城 1 座、角台 4 座、马面 3 座、堡内有水井 1 口	一般
破虏堡	矩形	坐西北朝东南	385	1540	154225	堡墙、角台 1 座、马面 9 座、堡内有庙宇 1 座	较差

新荣区关堡平面均呈矩形。大边长城沿线的 10 座关堡中，朝向大多为坐西北朝东南或坐西朝东、坐北朝南，即面向山西省一侧，仅镇川堡坐东朝西，谈不上朝向山西还是内蒙古一侧。二边长城沿线的 3 座堡，破虏堡坐西北朝东南，即面向山西省一侧，其余 2 座堡坐西南朝东北、坐东朝西，谈不上朝向山西还是内蒙古一侧。镇川堡和助马堡除堡城外还有关城，余为单独的关或堡。

关堡的规模按周长和面积大致可分为大、中、小三类，划分以周长 900、1400 米为界，面积以 5 万、10 万平方米为界。可以看出，新荣区关堡以大型堡居多，达 6 座，小型者居中，2 座关的面积较小，2 座堡中拒门堡面积为 49022 平方米，接近中型者的面积。因此，新荣区小型关堡数量较少（表 82）。

表 82　新荣区城堡大小分类一览表

分类	标准	周长（米）	面积（平方米）	关堡	数量（座）
大型	周长 2000 米以上 面积 10 万平方米以上	1400～1902	122500～223748	镇川堡、宏赐堡、得胜堡、镇虏堡、镇河堡、破虏堡	6
中型	周长 1000～2000 米 面积 5 万～10 万平方米	936～1028	54756～78520	镇羌堡、拒墙堡、助马堡	3
小型	周长 1000 米以下 面积 5 万平方米以下	72～894	450～49022	得胜口关、砖楼沟关、马市堡、拒门堡	4

关堡墙体砖墙者 9 座、土墙者 4 座。砖墙的形制均是外部包石包砖，内部为夯土墙体；土墙均为夯筑而成。砖墙、土墙有夯层厚度数据者，夯层厚 0.16～0.27 米（表 83）。这种夯层厚度的特点与长城墙体相符合。

表83 新荣区关堡墙体建筑方式及尺寸一览表（单位：米）

名称	墙体建筑方式	底宽	顶宽	残高
得胜口关	砖墙	2.5	1	2~7
砖楼沟关	土墙	不详	不详	不详
镇川堡	砖墙。外部原有包石包砖，内部为夯土墙体	堡城4~6、关城3~5	堡城0.5~2、关城0.8~1.5	堡城1~9、关城2~6
宏赐堡	砖墙。内部为夯土墙体，夯土中夹碎砖	5	0.5~3	2~10
镇羌堡	土墙。褐土夯筑而成，夯层厚0.22~0.27	6	0.3~0.5	3.8~11
马市堡	土墙。夯层厚0.2~0.25	5	3	4.7~6
得胜堡	砖墙	5	0.5~3	3~7
拒墙堡	砖墙	5~12	0.5~5	1.8~7.2
拒门堡	土墙。夯层厚0.25	5	3	5~9.5
助马堡	砖墙	堡城5、关城5	堡城0.8~4、关城2~4	堡城1.5~10、关城8~9
镇虏堡	砖墙。外部原有包石包砖；内部为夯土墙体，含碎石	4~8	0.8~1.5	2~7
镇河堡	砖墙。外部原有包砖石；内部为夯土墙体	5~9	1~4	4~10
破虏堡	砖墙。外部原有包砖石，砖石无存；内部为夯土墙体，夯层厚0.16米	5~7	0.2~4	2~11

至于除关堡墙体外的设施和遗迹，由于保存原因，现存并不能反映其原始风貌。主要设施遗迹的种类有城门、瓮城、角台、马面等常见的墙体设施，镇川堡和助马堡还有关城，其他设施遗迹，如得胜口关关城外北侧有挡马墙，马市堡瓮城外有围墙，助马堡北墙外有壕沟等。关堡内建筑有街道、庙宇、楼台、水井、窖藏、店铺等，此外马市堡内南墙、西墙内有平台等。镇川堡、得胜堡外有教场，筑点将台1座。

2. 关堡的分布特点

（1）关堡所处地势及与长城的位置关系

新荣区关堡大多数分布于饮马河、御河支流和淤泥河两岸的丘陵平川地带，其余位于黄土高原矮山丘陵地带，砖楼沟关位于马头山东侧的山间峪口处。

大边长城沿线有关2座、堡8座，分别是得胜口关、砖楼沟关、镇川堡、宏赐堡、镇羌堡、马市堡、得胜堡、拒墙堡、拒门堡和助马堡。二边长城沿线有3座堡，分别是镇虏堡、镇河堡和破虏堡。大边长城沿线的8座堡位于长城墙体山西省一侧0.267~3.5千米，二边长城沿线的3座堡位于二边长城南侧1.5~3.1千米（表84）。

表 84　新荣区关堡所处地势及与长城的位置关系一览表

名称	地势位置	与长城的位置关系
得胜口关	八棱碑山南侧，饮马河西岸平缓的丘陵平川地带	位于镇羌堡大边长城 3 段墙体北侧，关南墙即为长城墙体
砖楼沟关	马头山东侧的山间峪口处	位于砖楼沟大边长城墙体上
镇川堡	御河支流东岸的丘陵地带	镇川堡长城 2 段南 3.5 千米
宏赐堡	饮马河西岸的平川地带	宏赐堡大边长城 1 段西 0.88 千米、宏赐堡二边长城 2 段东北 0.506 千米
镇羌堡	饮马河西岸的平川地带	镇羌堡大边长城 3 段南 0.3 千米
马市堡	饮马河西岸的平川地带	得胜堡大边长城南 0.267 千米
得胜堡	饮马河西岸的平川地带	得胜堡大边长城南 0.65 千米
拒墙堡	黄土高原矮山丘陵地带	拒墙堡大边长城 2 段南 0.35 千米
拒门堡	弥陀山北坡的矮山丘陵地带	拒门堡大边长城 1 段南 2.4 千米
助马堡	马头山东侧的矮山丘陵地带	助马堡大边长城 1 段东 1.5 千米
镇虏堡	淤泥河南岸的丘陵平川地带	外教场沟二边长城南 2.3 千米
镇河堡	淤泥河南岸的丘陵地带	安乐庄二边长城南 3.1 千米
破虏堡	淤泥河南岸的丘陵平川地带	吴施窑二边长城 1 段南 1.5 千米

（2）关堡与烽火台的位置关系

关堡附近分布或多或少的烽火台，将关堡和长城墙体联系起来（详见烽火台部分）。

3. 关堡的保存状况

新荣区关堡保存一般者 9 座、较差者 4 座。关堡墙体坍塌损毁，部分段消失，砖墙者砖石多无存；城门多为豁口或消失；部分角台、马面消失；关堡内建筑几乎无存。造成损毁的自然因素主要有风雨侵蚀、植物生长等；人为因素主要有农业生产活动破坏、工业生产活动破坏、人为拆毁墙体砖石、盖房利用破坏墙体、修筑水渠挖断墙体、取土挖损、人畜踩踏、墙体上掏挖洞穴、挖掘墙体开通便道等。

（三）单体建筑

1. 敌台

（1）敌台的类型及建筑方式

新荣区敌台均为骑墙而建，材质类型绝大多数为土质，仅宏赐堡 6 号敌台为砖质。

土质敌台的建筑材料主要是黄土，绝大多数含有砂砾、碎石、料礓石等，夯筑而成，有 3 座为红色胶泥土夯筑而成，1 座为黄土和黑土相间夯筑而成，1 座为外部红土、内部黄土夯筑而成。如果与长城土墙进行对比，新荣区土质敌台所用的建筑材料一致，同时更多地使用含有砂砾、碎石、料礓石的黄土进行夯筑。

土质敌台夯层厚 0.1～0.37 米。按长城土墙的几类夯层厚度进行统计，夯层厚大部分仍为 0.14～0.27 米（A 类），占全部土质敌台的 73.2%。不考虑夯层厚度不详者，夯层厚 0.14～0.27 米（A 类）的比例为 87.7%，这个比例与土墙同类厚度的比例（87.7%）一致。其次是夯层最薄小于 0.14 米（C

类）和最厚大于 0.27 米（B 类）者（表 85、86）。

总体而言，新荣区土质敌台的建筑材料、夯层厚度显示出与土墙很大的一致性，有一些自身的特点。一方面更多地使用含有砂砾、碎石、料礓石的黄土进行夯筑，另一方面还见有很少的不见于土墙的夯层厚小于 0.14 米（C 类）者，夯层厚大于 0.27 米（B 类）者则较土墙要少。

表 85　新荣区土质敌台建筑材料统计表

建筑材料	数量（座）	百分比（%）	备注
黄土夯筑而成，含砂砾、碎石、料礓石	191	93.2	
黄土、黄褐土或红土、褐土夯筑而成	9	4.4	黄土 4 座，黄褐土 3 座，红土 1 座，褐土 1 座
红色胶泥土夯筑而成	3	1.4	
黄土和黑土相间夯筑而成	1	0.5	黄土夯层厚 0.03 ~ 0.05 米，黑土夯层厚 0.14 ~ 0.15 米
外部红土，内部黄土夯筑而成	1	0.5	红土夯层厚 0.17 ~ 0.22 米，黄土夯层厚 0.24 米
合计	205	100	

表 86　新荣区土质敌台夯层厚度统计表

	夯层厚度分类	夯层厚度（米）	数量（座）	百分比（%）
A 类	0.14 ~ 0.27 米	0.14 ~ 0.27	150	73.2
B 类	最厚 >0.27 米	0.25 ~ 0.37	3	1.4
C 类	最薄 <0.14 米	0.1 ~ 0.2	18	8.8
D 类	不详	不详	34	16.6
合计		0.1 ~ 0.37	205	100

砖质敌台仅宏赐堡 6 号敌台 1 座，下部包砖石，包石高 1.7 ~ 1.8、厚 0.9 ~ 1.4 米，包砖 8 层，高 0.7 米，砖长 36、宽 20、厚 7 厘米；上部为夯土台体，黄色黏土夯筑，夯层厚 0.13 ~ 0.15 米。

（2）敌台形制

新荣区土质敌台的平面形制有矩形、圆形两类，矩形台体占绝大多数，有 195 座；圆形台体 10 座。剖面形制均呈梯形。

土质矩形敌台底部周长 10 ~ 84、残高 1.5 ~ 17 米，土质圆形敌台底部周长 18.8 ~ 47.1、残高 3 ~ 9.6 米。由于保存方面的原因，这些数据不能完全反映敌台的原始尺寸（表 87、88）。

表 87　新荣区土质矩形敌台形制及保存状况一览表（单位：米）

名称	平面形制	剖面形制	底部周长	残高	保存状况
元墩 1 号敌台	矩形	梯形	41.9	12	较好
元墩 2 号敌台	矩形	梯形	60	12	较好
元墩 3 号敌台	矩形	梯形	48	10.2	较好
三墩 1 号敌台	矩形	梯形	50	10	一般
三墩 2 号敌台	矩形	梯形	61.6	9	一般
三墩 3 号敌台	矩形	梯形	60	12	较好

续表 87

名称	平面形制	剖面形制	底部周长	残高	保存状况
三墩 4 号敌台	矩形	梯形	60	12	较好
三墩 5 号敌台	矩形	梯形	36.5	10	较好
三墩 6 号敌台	矩形	梯形	36.2	13	较好
三墩 7 号敌台	矩形	梯形	64	12	较好
三墩 8 号敌台	矩形	梯形	64	12	较好
三墩 9 号敌台	矩形	梯形	48	12	较好
镇川口 1 号敌台	矩形	梯形	46	6	一般
镇川口 2 号敌台	矩形	梯形	60	8	一般
镇川口 3 号敌台	矩形	梯形	48	12	较好
镇川口 4 号敌台	矩形	梯形	48	10	较好
镇川口 5 号敌台	矩形	梯形	32	15	一般
镇川口 6 号敌台	矩形	梯形	48	12	较好
镇川口 7 号敌台	矩形	梯形	48	12	较好
镇川口 8 号敌台	矩形	梯形	40	12	较好
西寺 1 号敌台	矩形	梯形	40	12	一般
西寺 2 号敌台	矩形	梯形	48	7	一般
西寺 3 号敌台	矩形	梯形	41.6	4.5 ~ 6	一般
西寺 4 号敌台	矩形	梯形	40	8	一般
西寺 5 号敌台	矩形	梯形	36	6	一般
西寺 6 号敌台	矩形	梯形	48	12	较好
西寺 7 号敌台	矩形	梯形	14.5	6	一般
西寺 8 号敌台	矩形	梯形	22.2	2.6	较差
西寺 9 号敌台	矩形	梯形	48	8	较好
西寺 10 号敌台	矩形	梯形	10	3	较差
西寺 11 号敌台	矩形	梯形	20	4	较差
西寺 12 号敌台	矩形	梯形	56	15 ~ 17	较好
西寺 13 号敌台	矩形	梯形	28	5.6	一般
西寺 14 号敌台	矩形	梯形	48	15	较好
西寺 15 号敌台	矩形	梯形	20	3	较差
西寺 16 号敌台	矩形	梯形	32	12	一般
西寺 17 号敌台	矩形	梯形	23	2	较差
西寺 18 号敌台	矩形	梯形	36	5.6	一般
西寺 19 号敌台	矩形	梯形	27	6.5	一般
西寺 20 号敌台	矩形	梯形	36	6.2	一般
宏赐堡 1 号敌台	矩形	梯形	52	12	较好
宏赐堡 2 号敌台	矩形	梯形	48	6	一般
宏赐堡 3 号敌台	矩形	梯形	40	10	一般
宏赐堡 4 号敌台	矩形	梯形	36	9.6	一般
宏赐堡 5 号敌台	矩形	梯形	48	8	一般

续表 87

名称	平面形制	剖面形制	底部周长	残高	保存状况
宏赐堡 7 号敌台	矩形	梯形	48	12	较好
宏赐堡 8 号敌台	矩形	梯形	38	7	一般
宏赐堡 9 号敌台	矩形	梯形	33.6	10	一般
宏赐堡 10 号敌台	矩形	梯形	48	12	较好
宏赐堡 11 号敌台	矩形	梯形	48	12	较好
宏赐堡 12 号敌台	矩形	梯形	30	6	一般
河东窑 1 号敌台	矩形	梯形	29	8	一般
河东窑 2 号敌台	矩形	梯形	31	8	一般
河东窑 3 号敌台	矩形	梯形	60	14	较好
河东窑 4 号敌台	矩形	梯形	48	12	较好
河东窑 5 号敌台	矩形	梯形	48	8	一般
河东窑 6 号敌台	矩形	梯形	44	14	较好
河东窑 7 号敌台	矩形	梯形	38	6.7	一般
河东窑 8 号敌台	矩形	梯形	31.2	8	一般
河东窑 10 号敌台	矩形	梯形	40	8	一般
河东窑 11 号敌台	矩形	梯形	30	7	一般
河东窑 12 号敌台	矩形	梯形	38	4.7	一般
河东窑 13 号敌台	矩形	梯形	31	8	一般
镇羌堡 1 号敌台	矩形	梯形	36.4	9	一般
镇羌堡 2 号敌台	矩形	梯形	39.2	9.3	一般
镇羌堡 3 号敌台	矩形	梯形	48	11	较好
镇羌堡 4 号敌台	矩形	梯形	48	12	较好
得胜堡 1 号敌台	矩形	梯形	32	3.2	较差
得胜堡 2 号敌台	矩形	梯形	46	7.6	一般
得胜堡 3 号敌台	矩形	梯形	44	14	较好
得胜堡 4 号敌台	矩形	梯形	26.6	5.6	一般
二十一墙 1 号敌台	矩形	梯形	35.4	6	一般
二十一墙 2 号敌台	矩形	梯形	48	8	一般
二十一墙 3 号敌台	矩形	梯形	26	5	一般
二十一墙 4 号敌台	矩形	梯形	24	2.5	较差
二十一墙 6 号敌台	矩形	梯形	40	12	较好
二十一墙 7 号敌台	矩形	梯形	34	11	较好
二十一墙 9 号敌台	矩形	梯形	38	5.7	一般
二十一墙 12 号敌台	矩形	梯形	不详	8	一般
二十一墙 13 号敌台	矩形	梯形	32	7	一般
二十一墙 14 号敌台	矩形	梯形	30	4.2	较差
二十一墙 15 号敌台	矩形	梯形	48	5	较差
二十一墙 16 号敌台	矩形	梯形	38	5	较差
拒墙堡 1 号敌台	矩形	梯形	33.6	10	较好

续表 87

名称	平面形制	剖面形制	底部周长	残高	保存状况
拒墙堡 2 号敌台	矩形	梯形	27	7	一般
拒墙堡 3 号敌台	矩形	梯形	42	7.2	一般
拒墙堡 4 号敌台	矩形	梯形	38	10	较好
拒墙堡 5 号敌台	矩形	梯形	26	5	一般
拒墙堡 6 号敌台	矩形	梯形	46	5.2	一般
拒墙堡 7 号敌台	矩形	梯形	50	7.3	一般
拒墙堡 9 号敌台	矩形	梯形	30	10	一般
拒墙堡 10 号敌台	矩形	梯形	39.6	9	较好
拒墙堡 11 号敌台	矩形	梯形	32	10	一般
拒墙堡 12 号敌台	矩形	梯形	44	8.9	一般
拒门口 1 号敌台	矩形	梯形	30	12	较好
拒门口 2 号敌台	矩形	梯形	56	9.7	较好
拒门口 3 号敌台	矩形	梯形	84	10	较好
拒门口 4 号敌台	矩形	梯形	60	12～15	较好
拒门口 5 号敌台	矩形	梯形	56	10	较好
拒门口 6 号敌台	矩形	梯形	56	10～15	较好
拒门口 7 号敌台	矩形	梯形	56	15	较好
拒门口 8 号敌台	矩形	梯形	80	13～17	较好
拒门口 9 号敌台	矩形	梯形	36	9.7	较好
拒门口 10 号敌台	矩形	梯形	36	10	较好
拒门口 11 号敌台	矩形	梯形	30	8	一般
拒门口 12 号敌台	矩形	梯形	40	10	较好
拒门堡 1 号敌台	矩形	梯形	51	8.7	一般
拒门堡 2 号敌台	矩形	梯形	38	9.3	一般
拒门堡 3 号敌台	矩形	梯形	40	12	较好
拒门堡 6 号敌台	矩形	梯形	13.4	1.5	较差
拒门堡 7 号敌台	矩形	梯形	36	8	一般
拒门堡 8 号敌台	矩形	梯形	36	8.5	一般
穆家坪 1 号敌台	矩形	梯形	34	7.6	一般
穆家坪 2 号敌台	矩形	梯形	34	2	较差
穆家坪 3 号敌台	矩形	梯形	39	7.5	一般
穆家坪 4 号敌台	矩形	梯形	36	7	一般
穆家坪 5 号敌台	矩形	梯形	50	16	一般
穆家坪 6 号敌台	矩形	梯形	36	5	一般
刘家窑 1 号敌台	矩形	梯形	52	12	较好
刘家窑 2 号敌台	矩形	梯形	60	14	较好
刘家窑 3 号敌台	矩形	梯形	48	10	一般
刘家窑 4 号敌台	矩形	梯形	38	9.2	一般
刘家窑 5 号敌台	矩形	梯形	56	7	一般

续表 87

名称	平面形制	剖面形制	底部周长	残高	保存状况
十三边 1 号敌台	矩形	梯形	42	8. 7	一般
十三边 2 号敌台	矩形	梯形	32. 6	9. 2	一般
十三边 3 号敌台	矩形	梯形	42	8. 7	一般
十三边 4 号敌台	矩形	梯形	48	11	较好
十三边 5 号敌台	矩形	梯形	40	5. 5	一般
十三边 6 号敌台	矩形	梯形	60	15	一般
助马堡 1 号敌台	矩形	梯形	34	11. 6	一般
助马堡 2 号敌台	矩形	梯形	24	5	一般
助马堡 3 号敌台	矩形	梯形	36	7. 2	一般
助马堡 4 号敌台	矩形	梯形	54	8	一般
助马堡 5 号敌台	矩形	梯形	28	4. 2	一般
助马堡 6 号敌台	矩形	梯形	34	7. 2	一般
二十五敌台	矩形	梯形	30	6. 2	一般
砖楼沟 1 号敌台	矩形	梯形	42	8	一般
砖楼沟 2 号敌台	矩形	梯形	46	10	较好
砖楼沟 3 号敌台	矩形	梯形	58	11	较好
宏赐堡二边 1 号敌台	矩形	梯形	30	3	较差
宏赐堡二边 2 号敌台	矩形	梯形	42	3	较差
宏赐堡二边 3 号敌台	矩形	梯形	30	4	较差
宏赐堡二边 4 号敌台	矩形	梯形	30	4	较差
宏赐堡二边 5 号敌台	矩形	梯形	26	3. 7	较差
宏赐堡二边 6 号敌台	矩形	梯形	26	4	一般
宏赐堡二边 7 号敌台	矩形	梯形	30	4	较差
宏赐堡二边 8 号敌台	矩形	梯形	26	5	较差
宏赐堡二边 9 号敌台	矩形	梯形	42	6	一般
宏赐堡二边 10 号敌台	矩形	梯形	42	3. 8	较差
里教场沟 1 号敌台	矩形	梯形	30	6	一般
里教场沟 2 号敌台	矩形	梯形	24	6	一般
里教场沟 3 号敌台	矩形	梯形	34	4. 2	较差
里教场沟 4 号敌台	矩形	梯形	32	4	较差
里教场沟 5 号敌台	矩形	梯形	16	4	较差
里教场沟 6 号敌台	矩形	梯形	15. 8	4	较差
里教场沟 7 号敌台	矩形	梯形	24. 4	4	较差
里教场沟 8 号敌台	矩形	梯形	30	3. 5	较差
外教场沟 1 号敌台	矩形	梯形	24	4	较差
外教场沟 2 号敌台	矩形	梯形	13	5	较差
外教场沟 3 号敌台	矩形	梯形	15	1. 8	较差
外教场沟 4 号敌台	矩形	梯形	24	5	较差
下甘沟 1 号敌台	矩形	梯形	34	8	一般

续表 87

名称	平面形制	剖面形制	底部周长	残高	保存状况
下甘沟 2 号敌台	矩形	梯形	24	5.6	一般
下甘沟 3 号敌台	矩形	梯形	26	5	一般
下甘沟 4 号敌台	矩形	梯形	36	7.2	一般
下甘沟 5 号敌台	矩形	梯形	36	5	一般
下甘沟 7 号敌台	矩形	梯形	11	2	较差
下甘沟 8 号敌台	矩形	梯形	22	5	一般
下甘沟 9 号敌台	矩形	梯形	34	4.2	较差
下甘沟 10 号敌台	矩形	梯形	30	3.5	较差
光明 1 号敌台	矩形	梯形	32	5	一般
光明 2 号敌台	矩形	梯形	24	5	一般
光明 3 号敌台	矩形	梯形	29.2	6.4	一般
光明 4 号敌台	矩形	梯形	22	4.2	较差
光明 5 号敌台	矩形	梯形	32	5.1	一般
光明 6 号敌台	矩形	梯形	26	4	较差
畔沟 1 号敌台	矩形	梯形	38	5	一般
畔沟 2 号敌台	矩形	梯形	36	4.5	一般
畔沟 3 号敌台	矩形	梯形	54	8	一般
鲁家沟 1 号敌台	矩形	梯形	29.8	5	一般
鲁家沟 2 号敌台	矩形	梯形	28	7	一般
鲁家沟 3 号敌台	矩形	梯形	34	10	一般
安乐庄 1 号敌台	矩形	梯形	44	6.8	一般
安乐庄 2 号敌台	矩形	梯形	32.4	3	较差
安乐庄 3 号敌台	矩形	梯形	20	4	较差
八墩 1 号敌台	矩形	梯形	31.2	4.5	较差
八墩 2 号敌台	矩形	梯形	22.4	3	较差
八墩 3 号敌台	矩形	梯形	31.6	4	较差
八墩 4 号敌台	矩形	梯形	32	4	较差
吴施窑 1 号敌台	矩形	梯形	36	4	较差
吴施窑 2 号敌台	矩形	梯形	56	5	一般
吴施窑 3 号敌台	矩形	梯形	26	2.7	较差
吴施窑 4 号敌台	矩形	梯形	32	5	一般
吴施窑 5 号敌台	矩形	梯形	39.1	5.8	一般
吴施窑 6 号敌台	矩形	梯形	39.4	5	一般

表 88　新荣区土质圆形敌台形制及保存状况一览表（单位：米）

名称	平面形制	剖面形制	底部周长	残高	保存状况
河东窑 9 号敌台	圆形	梯形	31.4	4	一般
二十一墙 5 号敌台	圆形	梯形	34.5	5.5	一般
二十一墙 8 号敌台	圆形	梯形	47.1	7	一般

续表

名称	平面形制	剖面形制	底部周长	尺寸	保存状况
二十一墙 10 号敌台	圆形	梯形	31.4	5.6	一般
二十一墙 11 号敌台	圆形	梯形	47.1	5	一般
拒墙堡 8 号敌台	圆形	梯形	37.7	9.6	较好
拒门堡 4 号敌台	圆形	梯形	47.1	6	一般
拒门堡 5 号敌台	圆形	梯形	47.1	7	一般
里教场沟 9 号敌台	圆形	梯形	18.8	4.5	较差
下甘沟 6 号敌台	圆形	梯形	44.6	3～5	一般

土质矩形敌台的附属设施有围墙、围墙内墩院院基、台基、通台体顶部的台体内踏道和台体外踏道等。有围墙或有围墙痕迹的 67 座，围墙内存墩院院基，围墙基本位于敌台面向山西省一侧，仅拒墙堡 9 号敌台的围墙在其四周分布。台体内设置踏道的有 18 座，踏道均在台体底部与进台拱形门洞相通，可通顶；仅 1 座在台体东壁设可登顶的斜坡踏道，进台拱形门洞或斜坡踏道位置均位于面向山西省一侧，拒墙堡 4 号敌台台体南侧 3 米处有小型矩形台体（表 89）。

土质圆形敌台的附属设施有围墙、围墙内墩院院基。有围墙或遗留有围墙痕迹的 5 座，围墙内存墩院院基，围墙基本位于敌台面向山西省一侧，拒墙堡 8 号敌台的围墙在其四周分布（表 90）。

表 89　新荣区土质矩形敌台附属设施统计表

名称	平面形制	围墙	墩院院基	台体内踏道	台体外踏道	其他
元墩 1 号敌台	矩形					
元墩 2 号敌台	矩形	○	●	●		
元墩 3 号敌台	矩形	●	●	●		
三墩 1 号敌台	矩形			●		
三墩 2 号敌台	矩形	○	●	●		
三墩 3 号敌台	矩形	○	●	●		
三墩 4 号敌台	矩形	○	●			
三墩 5 号敌台	矩形			●		
三墩 6 号敌台	矩形					
三墩 7 号敌台	矩形	○	●			
三墩 8 号敌台	矩形					
三墩 9 号敌台	矩形	○	●	●		
镇川口 1 号敌台	矩形					
镇川口 2 号敌台	矩形	○	●	●		
镇川口 3 号敌台	矩形	●	●	●		
镇川口 4 号敌台	矩形	○	●			
镇川口 5 号敌台	矩形	○	●			
镇川口 6 号敌台	矩形	○	●	●		
镇川口 7 号敌台	矩形	●	●	●		
镇川口 8 号敌台	矩形	○	●			

续表 89

名称	平面形制	围墙	墩院院基	台体内踏道	台体外踏道	其他
西寺 1 号敌台	矩形					
西寺 2 号敌台	矩形					
西寺 3 号敌台	矩形					
西寺 4 号敌台	矩形					
西寺 5 号敌台	矩形					
西寺 6 号敌台	矩形					
西寺 7 号敌台	矩形					
西寺 8 号敌台	矩形					
西寺 9 号敌台	矩形	○	●	●		
西寺 10 号敌台	矩形					
西寺 11 号敌台	矩形	○	●			
西寺 12 号敌台	矩形	○	●	●		
西寺 13 号敌台	矩形					
西寺 14 号敌台	矩形					
西寺 15 号敌台	矩形					
西寺 16 号敌台	矩形					
西寺 17 号敌台	矩形					
西寺 18 号敌台	矩形					
西寺 19 号敌台	矩形					
西寺 20 号敌台	矩形					
宏赐堡 1 号敌台	矩形					
宏赐堡 2 号敌台	矩形					
宏赐堡 3 号敌台	矩形			●		
宏赐堡 4 号敌台	矩形			●		
宏赐堡 5 号敌台	矩形					
宏赐堡 7 号敌台	矩形	●	●			
宏赐堡 8 号敌台	矩形	○	●			
宏赐堡 9 号敌台	矩形	○	●			
宏赐堡 10 号敌台	矩形	○	●			
宏赐堡 11 号敌台	矩形	○	●			
宏赐堡 12 号敌台	矩形			●		
河东窑 1 号敌台	矩形	○	●			
河东窑 2 号敌台	矩形	●	●			
河东窑 3 号敌台	矩形	○	●		●	
河东窑 4 号敌台	矩形	○	●			
河东窑 5 号敌台	矩形	○	●			
河东窑 6 号敌台	矩形	○	●			
河东窑 7 号敌台	矩形					
河东窑 8 号敌台	矩形					

续表 89

名称	平面形制	围墙	墩院院基	台体内踏道	台体外踏道	其他
河东窑 10 号敌台	矩形	○	●			
河东窑 11 号敌台	矩形					
河东窑 12 号敌台	矩形					
河东窑 13 号敌台	矩形					
镇羌堡 1 号敌台	矩形	○	●			
镇羌堡 2 号敌台	矩形	●	●			
镇羌堡 3 号敌台	矩形					
镇羌堡 4 号敌台	矩形	●	●			
得胜堡 1 号敌台	矩形					
得胜堡 2 号敌台	矩形					
得胜堡 3 号敌台	矩形					
得胜堡 4 号敌台	矩形					
二十一墙 1 号敌台	矩形					
二十一墙 2 号敌台	矩形					
二十一墙 3 号敌台	矩形					
二十一墙 4 号敌台	矩形					
二十一墙 6 号敌台	矩形	●	●			
二十一墙 7 号敌台	矩形					
二十一墙 9 号敌台	矩形					
二十一墙 12 号敌台	矩形					
二十一墙 13 号敌台	矩形					
二十一墙 14 号敌台	矩形					
二十一墙 15 号敌台	矩形	○	●			
二十一墙 16 号敌台	矩形	○	●			
拒墙堡 1 号敌台	矩形	○	●			
拒墙堡 2 号敌台	矩形	○	●			
拒墙堡 3 号敌台	矩形					
拒墙堡 4 号敌台	矩形	●	●	●		附属台体
拒墙堡 5 号敌台	矩形					
拒墙堡 6 号敌台	矩形					
拒墙堡 7 号敌台	矩形	●	●			
拒墙堡 9 号敌台	矩形	●	●			
拒墙堡 10 号敌台	矩形					
拒墙堡 11 号敌台	矩形	○	●			
拒墙堡 12 号敌台	矩形	○	●			
拒门口 1 号敌台	矩形	●	●			
拒门口 2 号敌台	矩形					
拒门口 3 号敌台	矩形	○	●			
拒门口 4 号敌台	矩形	●	●			

续表 89

名称	平面形制	围墙	墩院院基	台体内踏道	台体外踏道	其他
拒门口 5 号敌台	矩形					
拒门口 6 号敌台	矩形	●	●			
拒门口 7 号敌台	矩形					
拒门口 8 号敌台	矩形	●	●			
拒门口 9 号敌台	矩形					
拒门口 10 号敌台	矩形	●	●			
拒门口 11 号敌台	矩形					
拒门口 12 号敌台	矩形	●	●			
拒门堡 1 号敌台	矩形	○	●			
拒门堡 2 号敌台	矩形					
拒门堡 3 号敌台	矩形					
拒门堡 6 号敌台	矩形	○	●			
拒门堡 7 号敌台	矩形	○	●			
拒门堡 8 号敌台	矩形	●	●			
穆家坪 1 号敌台	矩形	●	●			
穆家坪 2 号敌台	矩形	○	●			
穆家坪 3 号敌台	矩形	○	●			
穆家坪 4 号敌台	矩形					
穆家坪 5 号敌台	矩形					
穆家坪 6 号敌台	矩形					
刘家窑 1 号敌台	矩形					
刘家窑 2 号敌台	矩形	○	●			
刘家窑 3 号敌台	矩形	○	●			
刘家窑 4 号敌台	矩形	○	●			
刘家窑 5 号敌台	矩形	●	●			
十三边 1 号敌台	矩形					
十三边 2 号敌台	矩形					
十三边 3 号敌台	矩形					
十三边 4 号敌台	矩形	●	●			
十三边 5 号敌台	矩形					
十三边 6 号敌台	矩形	●	●	●		
助马堡 1 号敌台	矩形	●	●			
助马堡 2 号敌台	矩形	○	●			
助马堡 3 号敌台	矩形					
助马堡 4 号敌台	矩形					
助马堡 5 号敌台	矩形					
助马堡 6 号敌台	矩形					
二十五敌台	矩形					
砖楼沟 1 号敌台	矩形	○	●			

续表 89

名称	平面形制	围墙	墩院院基	台体内踏道	台体外踏道	其他
砖楼沟 2 号敌台	矩形	●	●			
砖楼沟 3 号敌台	矩形	●	●			
宏赐堡二边 1 号敌台	矩形					
宏赐堡二边 2 号敌台	矩形					
宏赐堡二边 3 号敌台	矩形					
宏赐堡二边 4 号敌台	矩形					
宏赐堡二边 5 号敌台	矩形					
宏赐堡二边 6 号敌台	矩形					
宏赐堡二边 7 号敌台	矩形					
宏赐堡二边 8 号敌台	矩形					
宏赐堡二边 9 号敌台	矩形					
宏赐堡二边 10 号敌台	矩形					
里教场沟 1 号敌台	矩形					
里教场沟 2 号敌台	矩形					
里教场沟 3 号敌台	矩形					
里教场沟 4 号敌台	矩形					
里教场沟 5 号敌台	矩形					
里教场沟 6 号敌台	矩形					
里教场沟 7 号敌台	矩形					
里教场沟 8 号敌台	矩形					
外教场沟 1 号敌台	矩形					
外教场沟 2 号敌台	矩形					
外教场沟 3 号敌台	矩形					
外教场沟 4 号敌台	矩形					
下甘沟 1 号敌台	矩形					
下甘沟 2 号敌台	矩形					
下甘沟 3 号敌台	矩形					
下甘沟 4 号敌台	矩形					
下甘沟 5 号敌台	矩形					
下甘沟 7 号敌台	矩形					
下甘沟 8 号敌台	矩形					
下甘沟 9 号敌台	矩形					
下甘沟 10 号敌台	矩形					
光明 1 号敌台	矩形					
光明 2 号敌台	矩形					
光明 3 号敌台	矩形					
光明 4 号敌台	矩形					
光明 5 号敌台	矩形					
光明 6 号敌台	矩形					

续表 89

名称	平面形制	围墙	墩院院基	台体内踏道	台体外踏道	其他
畔沟 1 号敌台	矩形					
畔沟 2 号敌台	矩形					
畔沟 3 号敌台	矩形					
鲁家沟 1 号敌台	矩形					
鲁家沟 2 号敌台	矩形					
鲁家沟 3 号敌台	矩形					
安乐庄 1 号敌台	矩形					
安乐庄 2 号敌台	矩形					
安乐庄 3 号敌台	矩形					
八墩 1 号敌台	矩形					
八墩 2 号敌台	矩形					
八墩 3 号敌台	矩形					
八墩 4 号敌台	矩形					
吴施窑 1 号敌台	矩形					
吴施窑 2 号敌台	矩形					
吴施窑 3 号敌台	矩形					
吴施窑 4 号敌台	矩形					
吴施窑 5 号敌台	矩形					
吴施窑 6 号敌台	矩形					
合计（座）		67	67	18	1	1

表 90　新荣区土质圆形敌台附属设施统计表

名称	平面形制	围墙	墩院院基	台体内踏道	台体外踏道	其他
河东窑 9 号敌台	圆形					
二十一墙 5 号敌台	圆形					
二十一墙 8 号敌台	圆形	○	●			
二十一墙 10 号敌台	圆形	○	●			
二十一墙 11 号敌台	圆形					
拒墙堡 8 号敌台	圆形	●	●			
拒门堡 4 号敌台	圆形	○	●			
拒门堡 5 号敌台	圆形	○	●			
里教场沟 9 号敌台	圆形					
下甘沟 6 号敌台	圆形					
合计（座）		5	5	0	0	0

新荣区砖质敌台平面形制呈矩形，剖面形制呈梯形。底部周长 48、残高 10 米。附属设施有围墙、台基；台体南侧 2.5 米处有小型矩形台体，小型矩形台体西侧有短墙相连。保存较好。

（3）敌台的分布特点

新荣区长城墙体上敌台的分布及间距以长城段落进行划分，如下。

元墩长城墙体上分布有敌台 4 座（元墩 1 ~ 3 号敌台、三墩 1 号敌台），敌台间距 0.47 ~ 0.68 千米。三墩长城 1、2 段墙体上分布有敌台 9 座（三墩 1 ~ 9 号敌台），敌台间距 0.248 ~ 0.766 千米。镇川口长城 1、2 段墙体上分布有敌台 8 座（镇川堡 1 ~ 8 号敌台），敌台间距 0.317 ~ 0.514 千米，镇川口 1 号敌台东北距三墩 9 号敌台 0.543 千米。

西寺长城 1 ~ 4 段墙体上分布有敌台 20 座（西寺 1 ~ 20 号敌台），敌台间距 0.137 ~ 0.642 千米，西寺 1 号敌台东距镇川口 8 号敌台 0.355 千米。宏赐堡长城墙体上分布有敌台 5 座（宏赐堡 1 ~ 5 号敌台），敌台间距 0.221 ~ 0.406 千米，宏赐堡 1 号敌台东距西寺 20 号敌台 0.258 千米。宏赐堡大边长城 1、2 段墙体上分布有敌台 6 座（宏赐堡 6 ~ 12 号敌台），敌台间距 0.173 ~ 0.615 千米，宏赐堡 6 号敌台东距宏赐堡 5 号敌台 0.355 千米。

河东窑大边长城 1 ~ 4 段墙体上分布有敌台 13 座（河东窑 1 ~ 13 号敌台），敌台间距 0.274 ~ 0.677 千米，河东窑 1 号敌台东南距宏赐堡 12 号敌台 1.768 千米。镇羌堡大边长城 1 ~ 3 段墙体上分布有敌台 5 座（镇羌堡 1 ~ 4 号敌台、得胜堡 1 号敌台），敌台间距 0.216 ~ 2.029 千米，镇羌堡 1 号敌台东南距河东窑 13 号敌台 0.536 千米。得胜堡大边长城墙体上分布有 4 座敌台（得胜堡 1 ~ 4 号敌台），敌台间距 0.318 ~ 0.446 千米。二十一墙大边长城 1 ~ 4 段墙体上分布有敌台 16 座（二十一墙 1 ~ 16 号敌台），敌台间距 0.26 ~ 0.626 千米，二十一墙 1 号敌台东北距得胜堡 4 号敌台 0.841 千米。拒墙堡大边长城 1 ~ 4 段墙体上分布有 12 座敌台（拒墙堡 1 ~ 12 号敌台），敌台间距 0.374 ~ 1.861 千米，拒墙堡 1 号敌台东北距二十一墙 16 号敌台 0.717 千米。拒门口大边长城 1 ~ 3 段墙体上分布有敌台 12 座（拒门口 1 ~ 12 号敌台），敌台间距 0.256 ~ 0.512 千米，拒门口 1 号敌台东北距拒墙堡 12 号敌台 0.443 千米。

拒门堡大边长城 1、2 段墙体上分布有敌台 8 座（拒门堡 1 ~ 8 号敌台），敌台间距 0.161 ~ 0.786 千米，拒门堡 1 号敌台东北距拒门口 12 号敌台 0.363 千米。穆家坪大边长城墙体上分布有敌台 6 座（穆家坪 1 ~ 6 号敌台），敌台间距 0.061 ~ 1.308 千米，穆家坪 1 号敌台东北距拒门堡 8 号敌台 0.654 千米。刘家窑大边长城 1、2 段墙体上分布有敌台 5 座（刘家窑 1 ~ 5 号敌台），敌台间距 0.382 ~ 0.502 千米，刘家窑 1 号敌台东北距穆家坪 6 号敌台 0.08 千米。十三边大边长城 1、2 段墙体上分布有敌台 6 座（十三边 1 ~ 6 号敌台），敌台间距 0.412 ~ 0.652 千米，十三边 1 号敌台东北距刘家窑 5 号敌台 1.553 千米。

助马堡大边长城 1、2 段墙体上分布有 6 座敌台（助马堡 1 ~ 6 号敌台），敌台间距 0.245 ~ 0.911 千米，助马堡 1 号敌台北距十三边 6 号敌台 0.537 千米。二十五大边长城墙体上分布有敌台 1 座（二十五敌台），二十五敌台东北距助马堡 6 号敌台 0.477 千米。砖楼沟大边长城墙体上分布有敌台 3 座（砖楼沟 1 ~ 3 号敌台），敌台间距 0.444 ~ 0.911 千米，砖楼沟 1 号敌台东北距二十五敌台 0.799 千米。宏赐堡二边长城 2、3 段墙体上分布有敌台 10 座（宏赐堡二边 1 ~ 10 号敌台），敌台间距 0.144 ~ 1.073 千米。里教场沟二边长城 1、2 段墙体上分布有敌台 9 座（里教场沟 1 ~ 9 号敌台），敌台间距 0.161 ~ 0.556 千米，里教场沟 1 号敌台东距宏赐堡二边 10 号敌台 0.912 千米。外教场沟二边长城墙体上分布有敌台 4 座（外教场沟 1 ~ 4 号敌台），敌台间距 0.327 ~ 0.756 千米，外教场沟 1 号敌台东北距里教场沟9号敌台0.256千米。下甘沟二边长城1、2段墙体上分布有敌台10座（下甘沟1～10号敌台），敌台间距0.181～0.517千米，下甘沟1号敌台东北距外教场沟4号敌台0.382千米。光明二边长城1、2段墙体上分布有敌台6座（光明1～6号敌台），敌台间距0.189～1.708千米，光明1号敌台东北距下甘沟10号敌台0.636千米。畔沟二边长城1、2段墙体上分布有敌台3座（畔沟1～3号敌台），敌台间距0.416～1.471千米，畔沟1号敌台东北距光明6号敌台0.764千米。鲁家沟二边长城墙体上分布有敌台3座（鲁家沟1～3号敌台），敌台间距0.35～0.715千米，鲁家沟1号敌台东北距畔沟3号敌台0.578千米。安乐庄二边长城1段墙体上分布有敌台3座（安乐庄1～3号敌台），敌台间距0.306～0.457千米，安乐庄1号敌台东北距鲁家沟3号敌台0.354千米。八墩二边长城2段墙体上分布有敌台4座（八墩1～4号敌台），敌台间距0.194～0.238千米，八墩1号敌台东距安乐庄3号敌台6.9千米。吴施窑二边长城3段墙体上分布有敌台6座（吴施窑1～6号敌台），敌台间距0.169～0.242千米，吴施窑1号敌台东距八墩4号敌台8.175千米。

综上所述，结合敌台形制、附属设施、土质敌台的大小分类，可以看出，新荣区敌台的分布有以下特点。

①大边长城分布敌台148座，二边长城分布敌台58座。如果不考虑消失敌台的情况，大边长城敌台平均间距为0.4708千米，二边长城敌台平均间距为0.6893千米，即大边长城敌台分布得更密一些。

②大边长城敌台间距在0.061～2.029千米，如果不考虑宏赐堡12号敌台和河东窑1号敌台（1.768千米）、镇羌堡2号和3号敌台（2.029千米）、拒墙堡6号和7号敌台（1.861千米）、穆家坪4号和5号敌台（1.308千米）、刘家窑5号敌台和十三边1号敌台（1.553千米）的间距，那么敌台间距一般在0.061～0.911千米。宏赐堡12号敌台和河东窑1号敌台、镇羌堡2号和3号敌台、拒墙堡6号和7号敌台、穆家坪4号和5号敌台之间，墙体被洪水冲毁或被扩田造地取土挖毁消失数百至一千余米，因此，原来很有可能在其间分布有敌台。至于刘家窑5号敌台和十三边1号敌台之间，墙体仅消失27米，即使消失的敌台位于这部分消失的墙体上，那么刘家窑5号敌台与这座可能消失的敌台的间距也在1.3千米以上。

③二边长城敌台间距在0.144～8.175千米，如果不考虑宏赐堡二边1号和2号敌台（1.073千米）、光明5号和6号敌台（1.708千米）、畔沟2号和3号敌台（1.471千米）、安乐庄3号敌台和八墩1号敌台（6.9千米）、八墩4号敌台和吴施窑1号敌台（8.175千米）的间距，那么敌台间距一般在0.144～0.912千米。宏赐堡二边1号和2号敌台、光明5号和6号敌台、畔沟2号和3号敌台、安乐庄3号敌台和八墩1号敌台、八墩4号敌台和吴施窑1号敌台之间，墙体位于河滩地带或村庄内，被洪水冲毁或被扩田造地取土、修路挖毁消失数百至数千米，因此，原来很有可能在其间分布有敌台。

④结合土质敌台平面形制，大边长城147座土质敌台中，有矩形台体139座、圆形台体8座；二边长城58座土质敌台中，有矩形台体56座、圆形台体2座。可以看出，无论大边长城还是二边长城，矩形敌台数量占绝大多数。相对而言，大边长城圆形敌台所占比例比二边长城圆形敌台所占比例略多。

⑤结合土质敌台的附属设施，二边长城敌台均未发现附属设施。

⑥尝试对土质敌台进行大小划分，依据台体的底部周长，按≥50、40～50、<40米三个标准进行分类，以残高作为参考。这种划分肯定不全面，所反映的信息不一定准确。硬性地按40、50米进行分很主观，一方面因为当时的长度计量与今天不同，另一方面如那些39.6米之类的数据，当时应该要大于这些数值。因此只求能从中约略窥见当时建造的某种特点（表91、92）。

表 91 新荣区土质矩形敌台分类统计表

	底部周长分类	底部周长（米）	数量（座）	百分比（%）	残高（米）
大型台体	≥50 米	50～84	29	14.9	5～17
中型台体	40～50 米	40～48	49	25.1	3～15
小型台体	＜40 米	10～39.6	116	59.5	1.5～15
不详	不详	不详	1	0.5	8
合计		10～84	195	100	3～17

表 92 新荣区土质圆形敌台分类统计表

	底部周长分类	底部周长（米）	数量（座）	百分比（%）	残高（米）
中型台体	40～50 米	44.6～47.1	5	50	3～7
小型台体	＜40 米	18.8～37.7	5	50	4～9.6
合计		18.8～47.1	10	100	3～9.6

从该表中可以看出，土质矩形敌台以中小型台体为主，比例达 84.6%。土质圆形敌台则全部为中小型台体。大中型敌台主要分布在大边长城墙体上，二边长城墙体上仅见大型敌台 2 座、中型敌台 4 座，其余均为小型台体。

（4）敌台保存状况

新荣区土质敌台中，矩形台体保存较好 51 座、一般 101 座、较差 43 座。圆形台体保存较好 1 座、一般 8 座、较差 1 座，总计保存较好 52 座、一般 109 座、较差 44 座。可以看出，保存一般者占大多数，保存较好者有一定的数量，保存较差者略少（表 93）。

土质敌台一般都有所坍塌脱落，表面凹凸不平，有裂缝、沟槽、孔洞。少数有人为挖掘的洞穴，或有人畜踩踏形成的坡道，有 1 座底部被石墨厂的废渣废料掩埋。造成损毁的自然因素主要有风雨侵蚀、植物生长、洪水冲刷等；人为因素主要是紧贴台体开荒种地、取土挖损、挖掘洞穴、人畜踩踏以及工业生产活动破坏、修路挖毁等。

表 93 新荣区土质敌台保存状况统计表

保存状况	矩形		圆形		合计	
	数量（座）	百分比（%）	数量（座）	百分比（%）	数量（座）	百分比（%）
保存较好	51	26.1	1	10	52	25.4
保存一般	101	51.8	8	80	109	53.2
保存较差	43	22.1	1	10	44	21.4
合计	195	100	10	100	205	100

新荣区砖台仅 1 座，保存较好。

2. 马面

（1）马面的类型及建筑方式

新荣区马面均为倚墙而建，位于长城墙体面向内蒙古自治区一侧。材质类型均为土质。

土质马面的建筑材料主要是黄土、黄褐土或红土、褐土夯筑而成，少数含有砂砾、碎石、料礓石等，夯层厚0.14～0.26米。如果与长城土墙、土质敌台进行对比，新荣区土质马面所用建筑材料和夯层厚度相一致（表94）。

表94　新荣区土质马面建筑材料统计表

建筑材料	数量（座）	百分比（%）	备注
黄土或红土、褐土夯筑而成，含砂砾、碎石、料礓石	5	15.2	黄土2座、褐土1座、黄土和红土1座、黄土和褐土1座
黄土、黄褐土或红土、褐土夯筑而成	28	84.8	黄土15座、黄褐土3座、红土4座、褐土3座、黄土和红土3座
合计	33	100	

（2）马面形制

新荣区土质马面的平面形制均呈矩形，剖面形制均呈梯形。土质马面底部周长10～28、残高1.8～8米。由于保存方面的原因，这些数据不能完全反映马面的原始尺寸（表95）。

表95　新荣区土质马面形制及保存状况一览表（单位：米）

名称	平面形制	剖面形制	底部周长	残高	保存状况
元墩1号马面	矩形	梯形	24	8	一般
元墩2号马面	矩形	梯形	13	5	较差
元墩3号马面	矩形	梯形	18	7	较差
元墩4号马面	矩形	梯形	22	6	一般
元墩5号马面	矩形	梯形	24	7.2	一般
三墩1号马面	矩形	梯形	18	4.5	较差
三墩2号马面	矩形	梯形	19.4	2	较差
三墩3号马面	矩形	梯形	12	不详	较差
三墩4号马面	矩形	梯形	12	4	较差
三墩5号马面	矩形	梯形	不详	5	较差
镇川口1号马面	矩形	梯形	20	5.2	一般
镇川口2号马面	矩形	梯形	14	5	较差
西寺1号马面	矩形	梯形	22.4	不详	一般
西寺2号马面	矩形	梯形	26	6.2	一般
宏赐堡马面	矩形	梯形	19.2	不详	一般
下甘沟1号马面	矩形	梯形	14	4.3	较差
下甘沟2号马面	矩形	梯形	10	2	较差
下甘沟3号马面	矩形	梯形	14	4.5	较差
下甘沟4号马面	矩形	梯形	16	3.5	较差
下甘沟5号马面	矩形	梯形	16	3	较差
下甘沟6号马面	矩形	梯形	18	7	一般
光明1号马面	矩形	梯形	28	4	较差

续表 95

名称	平面形制	剖面形制	底部周长	残高	保存状况
光明 2 号马面	矩形	梯形	17	1.8	较差
光明 3 号马面	矩形	梯形	不详	2.5	较差
光明 4 号马面	矩形	梯形	18	4.2	较差
光明 5 号马面	矩形	梯形	13.6	2.6	较差
光明 6 号马面	矩形	梯形	21	3.5	较差
畔沟 1 号马面	矩形	梯形	16	不详	较差
畔沟 2 号马面	矩形	梯形	28	3.5	较差
畔沟 3 号马面	矩形	梯形	不详	3.5	较差
畔沟 4 号马面	矩形	梯形	22	5.2	较差
鲁家沟马面	矩形	梯形	23.2	3	较差
安乐庄马面	矩形	梯形	13	2.6	较差

（3）马面的分布特点

新荣区长城墙体上马面的分布及间距，以长城段落进行划分，如下。

元墩长城墙体上分布有马面 5 座（元墩 1 ~ 5 号马面），马面间距 0.148 ~ 0.719 千米。三墩长城 1、2 段墙体上分布有马面 5 座（三墩 1 ~ 5 号马面），马面间距 0.168 ~ 1.593 千米，三墩 1 号马面东北距元墩 5 号马面 0.251 千米。镇川口长城 2 段墙体上分布有马面 2 座（镇川口 1、2 号马面），马面间距 0.375 千米，镇川口 1 号马面东北距三墩 5 号马面 2.712 千米。西寺长城 1、2 段墙体上分布有马面 2 座（西寺 1、2 号马面），马面间距 2.098 千米，西寺 1 号马面东距镇川口 2 号马面 1.031 千米。宏赐堡二边长城 3 段墙体上分布有马面 1 座（宏赐堡二边马面）。下甘沟二边长城 1、2 段墙体上分布有马面 6 座（下甘沟 1 ~ 6 号马面），马面间距 0.195 ~ 1.204 千米，下甘沟 1 号马面东北距宏赐堡二边马面 5.846 千米。光明二边长城 1、2 段墙体上分布有马面 6 座（光明 1 ~ 6 号马面），马面间距 0.176 ~ 1.663 千米，光明 1 号马面东距下甘沟 6 号马面 1.144 千米。畔沟二边长城 1、2 段墙体上分布有马面 4 座（畔沟 1 ~ 4 号马面），马面间距 0.189 ~ 1.145 千米，畔沟 1 号马面东北距光明 6 号马面 0.237 千米。鲁家沟二边长城墙体上分布有马面 1 座（鲁家沟马面），鲁家沟马面东北距畔沟 4 号马面 1.692 千米。安乐庄二边长城 1 段墙体上分布有马面 1 座（安乐庄马面），安乐庄马面东北距鲁家沟马面 0.736 千米。

综上所述，可以看出新荣区马面的分布有以下特点。

①大边长城分布马面 14 座，二边长城分布马面 19 座。大边长城马面见于饮马河和方山以东诸段长城墙体上，二边长城马面基本上沿二边长城从东向西分布。

②大边长城马面间距在 0.148 ~ 2.712 千米，二边长城马面间距在 0.176 ~ 5.846 千米。当然，其间在消失的墙体上，原很有可能分布有马面。

③按新荣区土质敌台大小分类的标准，土质马面均为小型。

（4）马面保存状况

新荣区土质马面中，保存一般 8 座、较差 25 座。土质马面坍塌脱落，表面凹凸不平，有裂缝、沟槽、孔洞。造成损毁的自然因素主要有风雨侵蚀、植物生长、洪水冲毁等；人为因素主要是紧贴马面开荒种地、取土挖损、人畜踩踏等。

3. **烽火台**

新荣区发现烽火台185座。如前所述，将该区烽火台划分为长城沿线烽火台和腹里烽火台两部分。长城沿线烽火台距长城墙体0.005～1.1千米，计134座。腹里烽火台距长城墙体0.99千米以上，计51座。长城沿线烽火台又划分为大边长城沿线烽火台和二边长城沿线烽火台，大边长城沿线烽火台距长城墙体0.005～1.1千米，计53座；二边长城沿线烽火台距长城墙体0.006～0.442千米，计81座。

（1）烽火台的类型及建筑方式

新荣区185座烽火台的材质类型均为土质。

土质烽火台的建筑材料主要是黄土，其他有褐土或红土，大多数含有砂砾、碎石等，夯筑而成。土质烽火台夯层厚0.1～0.32米。按长城土墙和土质敌台的几类夯层厚度进行统计，夯层厚大多数为0.14～0.27米（A类），占全部土质烽火台的66.5%，要小于土墙同类夯层厚度的比例（83%）和土质敌台同类夯层厚度的比例（73.2%）。其次是夯层最厚大于0.27米（B类）者，所占比例为15.1%。夯层最薄小于0.14米（C类）者，数量最少，比例为5.4%（表96、97）。

总体而言，新荣区土质烽火台的建筑材料、夯层厚度显示出与土墙、土质敌台较大的一致性。大边长城沿线烽火台中，夯层最厚大于0.27米（B类）者仅见2座，占大边长城沿线烽火台的3.8%；二边长城沿线烽火台中，见有24座，比例为29.6%；腹里烽火台只有2座，所占比例为3.9%。可见，夯层最厚大于0.27米（B类）者，主要见于二边长城沿线烽火台。夯层最薄小于0.14米（C类）者，大边及二边长城沿线烽火台和腹里烽火台的数量分别是1、4、5座，所占比例分别是1.9%、4.9%、9.8%，腹里烽火台中略多。

表96　新荣区土质烽火台建筑材料统计表

建筑材料	数量（座）	百分比（%）	备注
黄土、褐土或红土夯筑而成，含砂砾、碎石、料礓石	131	70.8	黄土98座、褐土12座、红土1座、黄土和褐土18座、黄土和红土2座
黄土、褐土夯筑而成	53	28.6	黄土46座、褐土3座、黄土和褐土4座
红色胶泥土夯筑而成，含砂砾	1	0.6	
合计	185	100	

表97　新荣区土质烽火台夯层厚度统计表

	夯层厚度分类	夯层厚度（米）	数量（座）	百分比（%）
A类	0.14～0.27米	0.14～0.27	123	66.5
B类	最厚>0.27米	0.23～0.32	28	15.1
C类	最薄<0.14米	0.1～0.2	10	5.4
D类	不详	不详	24	13
合计		0.1～0.32	185	100

（2）烽火台形制

新荣区185座土质烽火台的平面形制有矩形、圆形两类，剖面形制均呈梯形。矩形台体161座、圆形台体24座。大边长城沿线的53座土质烽火台，有矩形台体34座、圆形台体19座。二边长城沿线的81座土质烽火台，均为矩形台体。腹里的51座土质烽火台，有矩形台体46座、圆形台体5座。可以看出，新荣区土质烽火台矩形台体占绝大多数（87%）。如果以大边及二边长城沿线和腹里烽火台来区分的话，则大边长城沿线烽火圆形台体占一定比例（35.8%），腹里烽火台有少量的圆形台体（9.8%），二边长城沿线未见圆形台体。

大边长城沿线土质烽火台中，矩形台体底部周长14.5～64、残高1～9米，圆形台体底部周长22～50.2、残高3～12米。二边长城沿线土质烽火台中，矩形台体底部周长19～58、残高1～9米。腹里土质烽火台中，矩形台体底部周长14.8～50.4、残高3～11米，圆形台体底部周长31.4～37.7、残高7.2～9.5米。由于保存方面的原因，这些数据不能完全反映烽火台的原始尺寸（表98～102）。

表98 新荣区大边长城沿线土质矩形烽火台形制及保存状况一览表（单位：米）

名称	平面形制	剖面形制	底部周长	残高	保存状况
元墩1号烽火台	矩形	梯形	42	8	一般
元墩2号烽火台	矩形	梯形	42	6.5	一般
三墩烽火台	矩形	梯形	30	6.8	一般
镇川口烽火台	矩形	梯形	35	7.3	一般
西寺1号烽火台	矩形	梯形	14.5	4.5	较差
西寺2号烽火台	矩形	梯形	35	6.8	一般
西寺3号烽火台	矩形	梯形	40	8.2	一般
西寺4号烽火台	矩形	梯形	38	6.7	一般
西寺5号烽火台	矩形	梯形	32	2.1	较差
西寺6号烽火台	矩形	梯形	34	4.8	一般
宏赐堡1号烽火台	矩形	梯形	27	4	较差
宏赐堡2号烽火台	矩形	梯形	32	6	一般
宏赐堡3号烽火台	矩形	梯形	31	4	较差
宏赐堡4号烽火台	矩形	梯形	28	4.3	较差
宏赐堡5号烽火台	矩形	梯形	46	4.7	一般
宏赐堡6号烽火台	矩形	梯形	24	2	较差
得胜堡1号烽火台	矩形	梯形	30	4	较差
得胜堡2号烽火台	矩形	梯形	37	6.5	一般
得胜堡3号烽火台	矩形	梯形	26.2	4.7	较差
二十一墙1号烽火台	矩形	梯形	29	7.2	一般
二十一墙2号烽火台	矩形	梯形	24	5.3	一般
二十一墙3号烽火台	矩形	梯形	34.5	4.7	一般
二十一墙4号烽火台	矩形	梯形	24	4.2	较差
拒墙堡1号烽火台	矩形	梯形	44	8.2	一般
拒墙堡3号烽火台	矩形	梯形	50	9	一般
拒墙堡4号烽火台	矩形	梯形	25	4.7	较差
拒门口2号烽火台	矩形	梯形	42	7.2	一般
拒门堡1号烽火台	矩形	梯形	45	6.7	一般
拒门堡2号烽火台	矩形	梯形	25	3	较差

续表 98

名称	平面形制	剖面形制	底部周长	残高	保存状况
拒门堡 4 号烽火台	矩形	梯形	不详	1	较差
穆家坪 3 号烽火台	矩形	梯形	23	7.5	一般
穆家坪 4 号烽火台	矩形	梯形	30	7	一般
刘家窑 1 号烽火台	矩形	梯形	25	6	一般
刘家窑 3 号烽火台	矩形	梯形	64	8.9	一般

表 99　新荣区大边长城沿线土质圆形烽火台形制及保存状况一览表（单位：米）

名称	平面形制	剖面形制	底部周长	尺寸	保存状况
河东窑 1 号烽火台	圆形	梯形	34.5	12	较好
河东窑 2 号烽火台	圆形	梯形	28.3	6	一般
河东窑 3 号烽火台	圆形	梯形	31.4	4.7	一般
河东窑 4 号烽火台	圆形	梯形	34.5	5.2	一般
河东窑 5 号烽火台	圆形	梯形	34.5	9	较好
二十一墙 5 号烽火台	圆形	梯形	34.5	6.7	一般
二十一墙 6 号烽火台	圆形	梯形	37.7	7.2	一般
拒墙堡 2 号烽火台	圆形	梯形	50.2	8.3	一般
拒门口 1 号烽火台	圆形	梯形	34.5	6.2	一般
拒门口 3 号烽火台	圆形	梯形	34.5	6.5	一般
拒门口 4 号烽火台	圆形	梯形	34.5	6.2	一般
拒门堡 3 号烽火台	圆形	梯形	34.5	4	较差
穆家坪 1 号烽火台	圆形	梯形	44	6.5	一般
穆家坪 2 号烽火台	圆形	梯形	34.5	6	一般
刘家窑 2 号烽火台	圆形	梯形	25.1	3	较差
刘家窑 4 号烽火台	圆形	梯形	40.8	3.6	较差
十三边烽火台	圆形	梯形	31.4	6	一般
二十五烽火台	圆形	梯形	22	5.6	一般
砖楼沟烽火台	圆形	梯形	37.7	6	一般

表 100　新荣区二边长城沿线土质矩形烽火台形制及保存状况一览表（单位：米）

名称	平面形制	剖面形制	底部周长	残高	保存状况
宏赐堡二边 1 号烽火台	矩形	梯形	32	7	一般
宏赐堡二边 2 号烽火台	矩形	梯形	48	6.7	一般
宏赐堡二边 3 号烽火台	矩形	梯形	30	6.8	一般
宏赐堡二边 4 号烽火台	矩形	梯形	29	6	一般
宏赐堡二边 5 号烽火台	矩形	梯形	32	5.3	一般
宏赐堡二边 6 号烽火台	矩形	梯形	49	6.7	一般
宏赐堡二边 7 号烽火台	矩形	梯形	28	6	一般
宏赐堡二边 8 号烽火台	矩形	梯形	37	6.2	一般

续表 100

名称	平面形制	剖面形制	底部周长	残高	保存状况
宏赐堡二边 9 号烽火台	矩形	梯形	28.5	7	一般
里教场沟 1 号烽火台	矩形	梯形	不详	6.8	较差
里教场沟 2 号烽火台	矩形	梯形	不详	2.5	较差
里教场沟 3 号烽火台	矩形	梯形	53	9	一般
里教场沟 4 号烽火台	矩形	梯形	40	4	较差
里教场沟 5 号烽火台	矩形	梯形	40	4.6	一般
里教场沟 6 号烽火台	矩形	梯形	44	6.2	一般
里教场沟 7 号烽火台	矩形	梯形	不详	3	较差
外教场沟 1 号烽火台	矩形	梯形	58	6.7	一般
外教场沟 2 号烽火台	矩形	梯形	26	3	较差
外教场沟 3 号烽火台	矩形	梯形	44	4	较差
外教场沟 4 号烽火台	矩形	梯形	29	6.3	一般
下甘沟 1 号烽火台	矩形	梯形	48	7	一般
下甘沟 2 号烽火台	矩形	梯形	25.7	6	一般
下甘沟 3 号烽火台	矩形	梯形	43	5.7	一般
下甘沟 4 号烽火台	矩形	梯形	33	5.2	一般
下甘沟 5 号烽火台	矩形	梯形	40	7.1	一般
下甘沟 6 号烽火台	矩形	梯形	28	5.3	一般
下甘沟 7 号烽火台	矩形	梯形	50	6.5	一般
下甘沟 8 号烽火台	矩形	梯形	44	7.1	一般
下甘沟 9 号烽火台	矩形	梯形	30	5.2	一般
下甘沟 10 号烽火台	矩形	梯形	42	5.2	一般
下甘沟 11 号烽火台	矩形	梯形	41	5.2	一般
光明 1 号烽火台	矩形	梯形	43	7.2	一般
光明 2 号烽火台	矩形	梯形	34	6.3	一般
光明 3 号烽火台	矩形	梯形	43	7.1	一般
光明 4 号烽火台	矩形	梯形	52	7.7	一般
光明 5 号烽火台	矩形	梯形	30	5.1	一般
光明 6 号烽火台	矩形	梯形	56	7	一般
光明 7 号烽火台	矩形	梯形	48	7	一般
光明 8 号烽火台	矩形	梯形	22	2.7	较差
光明 9 号烽火台	矩形	梯形	49	7	一般
光明 10 号烽火台	矩形	梯形	46	5	一般
光明 11 号烽火台	矩形	梯形	57	7.5	一般
畔沟 1 号烽火台	矩形	梯形	51	6.8	一般
畔沟 2 号烽火台	矩形	梯形	49	7.5	一般

续表 100

名称	平面形制	剖面形制	底部周长	残高	保存状况
畔沟 3 号烽火台	矩形	梯形	30	5.3	一般
畔沟 4 号烽火台	矩形	梯形	45	7.5	一般
畔沟 5 号烽火台	矩形	梯形	48	4.7	一般
畔沟 6 号烽火台	矩形	梯形	25	4.7	较差
畔沟 7 号烽火台	矩形	梯形	29	4	较差
畔沟 8 号烽火台	矩形	梯形	43	6.2	一般
鲁家沟 1 号烽火台	矩形	梯形	44	4	较差
鲁家沟 2 号烽火台	矩形	梯形	27	4.2	较差
鲁家沟 3 号烽火台	矩形	梯形	49	6.8	一般
鲁家沟 4 号烽火台	矩形	梯形	33	3.5	较差
安乐庄 1 号烽火台	矩形	梯形	53	6.2	一般
安乐庄 2 号烽火台	矩形	梯形	40	3.6	较差
安乐庄 3 号烽火台	矩形	梯形	48	6.8	一般
安乐庄 4 号烽火台	矩形	梯形	32	3.5	较差
安乐庄 5 号烽火台	矩形	梯形	35	3	较差
安乐庄 6 号烽火台	矩形	梯形	32	4	较差
安乐庄 7 号烽火台	矩形	梯形	32	4.2	较差
安乐庄 8 号烽火台	矩形	梯形	33	3	较差
安乐庄 9 号烽火台	矩形	梯形	27	3	较差
六墩 1 号烽火台	矩形	梯形	43	1.3	较差
六墩 2 号烽火台	矩形	梯形	26	2	较差
六墩 3 号烽火台	矩形	梯形	54	2	较差
八墩 1 号烽火台	矩形	梯形	不详	8.9	一般
八墩 2 号烽火台	矩形	梯形	45	6	一般
八墩 3 号烽火台	矩形	梯形	48	3.8	较差
八墩 4 号烽火台	矩形	梯形	33	5.3	一般
八墩 5 号烽火台	矩形	梯形	27	4.9	较差
八墩 6 号烽火台	矩形	梯形	42	6.3	一般
八墩 7 号烽火台	矩形	梯形	36	5.2	一般
八墩 8 号烽火台	矩形	梯形	38	5.2	较差
吴施窑 1 号烽火台	矩形	梯形	45	4.2	较差
吴施窑 2 号烽火台	矩形	梯形	19	1	较差
吴施窑 4 号烽火台	矩形	梯形	27	6	一般
吴施窑 5 号烽火台	矩形	梯形	36.1	2	较差
吴施窑 6 号烽火台	矩形	梯形	43	4.7	一般
吴施窑 7 号烽火台	矩形	梯形	39.6	2.3	较差
吴施窑 8 号烽火台	矩形	梯形	34.1	3.2	较差

表101　新荣区腹里土质矩形烽火台形制及保存状况一览表（单位：米）

名称	平面形制	剖面形制	底部周长	残高	保存状况
三墩南烽火台	矩形	梯形	43.5	8	较好
镇川口十三湾烽火台	矩形	梯形	14.8	4.5	较差
镇川堡点将台	矩形	梯形	38.8	9.6	较好
镇川堡瞭望台	矩形	梯形	31.5	9.8	较好
万泉庄烽火台	矩形	梯形	26.5	7	一般
圪坨烽火台	矩形	梯形	17	4.5	较差
双老道北烽火台	矩形	梯形	22	9	一般
双老道南烽火台	矩形	梯形	22	8.5	一般
老道坡烽火台	矩形	梯形	35	10	一般
青花烽火台	矩形	梯形	23.5	8	一般
谢士庄烽火台	矩形	梯形	26.9	5.7	一般
位子湾烽火台	矩形	梯形	33.1	6.3	一般
营盘墩烽火台	矩形	梯形	41	8.3	较好
红墩烽火台	矩形	梯形	30.8	6	一般
边墙圪墩烽火台	矩形	梯形	30	5.6	一般
老牛坡烽火台	矩形	梯形	31.1	4.6	较差
西梁烽火台	矩形	梯形	43	3.4	较差。
胡家窑烽火台	矩形	梯形	30.1	5.4	一般
海洼圪墩烽火台	矩形	梯形	43.1	7	一般
四道沟烽火台	矩形	梯形	27.2	5.3	一般
杨里窑烽火台	矩形	梯形	45.5	7.5	一般
总高墩烽火台	矩形	梯形	不详	3	较差
张布袋沟烽火台	矩形	梯形	39	8.5	一般
北滩烽火台	矩形	梯形	31.5	5.8	一般
温家窑烽火台	矩形	梯形	39	7.8	一般
郭家窑烽火台	矩形	梯形	50.4	6.8	一般
五墩坛烽火台	矩形	梯形	31.9	4.8	一般
武家台烽火台	矩形	梯形	39	7.8	一般
杨家场烽火台	矩形	梯形	39	7.8	一般
三台烽火台	矩形	梯形	39	7.8	一般
七里烽火台	矩形	梯形	25.3	7.8	一般
狮子烽火台	矩形	梯形	37.5	6	一般
马站烽火台	矩形	梯形	26.5	5.2	一般
大窑山烽火台	矩形	梯形	42	10	较好
小窑山烽火台	矩形	梯形	31.5	7.5	一般
台梁烽火台	矩形	梯形	40	8.5	一般
夏家庄烽火台	矩形	梯形	36	6.5	一般
谢家场烽火台	矩形	梯形	36	6.5	一般
栗恒窑烽火台	矩形	梯形	39	6.8	一般

续表 101

名称	平面形制	剖面形制	底部周长	残高	保存状况
水深塘烽火台	矩形	梯形	39	7.8	一般
彭家场烽火台	矩形	梯形	39	7.8	一般
西旺庄烽火台	矩形	梯形	44.2	10	一般
刘安窑烽火台	矩形	梯形	32.5	11	一般
东梁烽火台	矩形	梯形	42.4	6.5	一般
东井沟烽火台	矩形	梯形	20.5	4.5	较差
北辛窑烽火台	矩形	梯形	34.5	6.5	一般

表 102　新荣区腹里土质圆形烽火台形制及保存状况一览表（单位：米）

名称	平面形制	剖面形制	底部周长	尺寸	保存状况
高家窑烽火台	圆形	梯形	31.4	7.5	一般
红沟梁烽火台	圆形	梯形	31.4	7.5	一般
和胜庄烽火台	圆形	梯形	31.4	9.5	较好
吴施窑 3 号烽火台	圆形	梯形	31.4	7.2	一般
吴施窑 9 号烽火台	圆形	梯形	37.7	8.8	一般

土质烽火台的附属设施有围墙、围墙内墩院院基、通台体顶部的台体内踏道以及壕沟等。有围墙或遗留有围墙痕迹的有 64 座，围墙内存有墩院院基。大边长城沿线烽火台有围墙者达半数，即 26 座，占 49.1%；二边长城沿线烽火台有围墙者有 9 座，占 11.1%；腹里烽火台有围墙者则较多，有 29 座，占 56.9%。如果再以平面形制的不同来考察，矩形烽火台中，有围墙者占 28.6%；圆形烽火台中，占 75%。进一步以沿线与否和平面形制综合考察，大边长城沿线土质矩形烽火台中，有围墙者占 35.3%，圆形烽火台中有围墙者占 73.7%；腹里土质矩形烽火台中，有围墙者占 54.3%，圆形烽火台中有围墙者占 80%。由此可见，围墙和墩院院基主要设于腹里烽火台和大边长城沿线烽火台，尤圆形烽火台多见；矩形烽火台中，见围墙和墩院院基较多的是腹里烽火台，二边长城沿线烽火台中少见（表 103～107）。

表 103　新荣区大边长城沿线土质矩形烽火台附属设施统计表

名称	平面形制	围墙	墩院院基	台体内踏道	其他
元墩 1 号烽火台	矩形				
元墩 2 号烽火台	矩形	●			
三墩烽火台	矩形				
镇川口烽火台	矩形	●	●		
西寺 1 号烽火台	矩形	●	●		
西寺 2 号烽火台	矩形	○	●		
西寺 3 号烽火台	矩形	○	●		
西寺 4 号烽火台	矩形	●	●		
西寺 5 号烽火台	矩形				
西寺 6 号烽火台	矩形	○	●		

续表 103

名称	平面形制	围墙	墩院院基	台体内踏道	其他
宏赐堡 1 号烽火台	矩形				
宏赐堡 2 号烽火台	矩形				
宏赐堡 3 号烽火台	矩形				
宏赐堡 4 号烽火台	矩形				
宏赐堡 5 号烽火台	矩形				
宏赐堡 6 号烽火台	矩形				
得胜堡 1 号烽火台	矩形				
得胜堡 2 号烽火台	矩形				
得胜堡 3 号烽火台	矩形				
二十一墙 1 号烽火台	矩形				
二十一墙 2 号烽火台	矩形				
二十一墙 3 号烽火台	矩形				
二十一墙 4 号烽火台	矩形				
拒墙堡 1 号烽火台	矩形	●	●		
拒墙堡 3 号烽火台	矩形	○	●		
拒墙堡 4 号烽火台	矩形				
拒门口 2 号烽火台	矩形	○	●		
拒门堡 1 号烽火台	矩形				
拒门堡 2 号烽火台	矩形				
拒门堡 4 号烽火台	矩形	●	●		
穆家坪 3 号烽火台	矩形				
穆家坪 4 号烽火台	矩形				
刘家窑 1 号烽火台	矩形				
刘家窑 3 号烽火台	矩形	●	●		
合计（座）		12	11		

表 104 新荣区大边长城沿线土质圆形烽火台附属设施统计表

名称	平面形制	围墙	墩院院基	台体内踏道	其他
河东窑 1 号烽火台	圆形	●	●		
河东窑 2 号烽火台	圆形	●	●		
河东窑 3 号烽火台	圆形	●	●		
河东窑 4 号烽火台	圆形	●	●		
河东窑 5 号烽火台	圆形	●	●		
二十一墙 5 号烽火台	圆形	●	●		
二十一墙 6 号烽火台	圆形				
拒墙堡 2 号烽火台	圆形	●	●		
拒门口 1 号烽火台	圆形				
拒门口 3 号烽火台	圆形	○	●		

续表 104

名称	平面形制	围墙	墩院院基	台体内踏道	其他
拒门口 4 号烽火台	圆形	○	●		
拒门堡 3 号烽火台	圆形				
穆家坪 1 号烽火台	圆形				
穆家坪 2 号烽火台	圆形				
刘家窑 2 号烽火台	圆形	○	●		
刘家窑 4 号烽火台	圆形	○	●		
十三边烽火台	圆形	●	●		壕沟
二十五烽火台	圆形	○	●		
砖楼沟烽火台	圆形	○	●		
合计（座）		14	14		1

表 105　新荣区二边长城沿线土质矩形烽火台附属设施统计表

名称	平面形制	围墙	墩院院基	台体内踏道	其他
宏赐堡二边 1 号烽火台	矩形				
宏赐堡二边 2 号烽火台	矩形				
宏赐堡二边 3 号烽火台	矩形				
宏赐堡二边 4 号烽火台	矩形				
宏赐堡二边 5 号烽火台	矩形				
宏赐堡二边 6 号烽火台	矩形				
宏赐堡二边 7 号烽火台	矩形				
宏赐堡二边 8 号烽火台	矩形	○	●		
宏赐堡二边 9 号烽火台	矩形	○	●		
里教场沟 1 号烽火台	矩形				
里教场沟 2 号烽火台	矩形	○	●		
里教场沟 3 号烽火台	矩形				
里教场沟 4 号烽火台	矩形				
里教场沟 5 号烽火台	矩形				
里教场沟 6 号烽火台	矩形				
里教场沟 7 号烽火台	矩形				
外教场沟 1 号烽火台	矩形				
外教场沟 2 号烽火台	矩形				
外教场沟 3 号烽火台	矩形				
外教场沟 4 号烽火台	矩形				
下甘沟 1 号烽火台	矩形				
下甘沟 2 号烽火台	矩形	○	●		
下甘沟 3 号烽火台	矩形				
下甘沟 4 号烽火台	矩形				
下甘沟 5 号烽火台	矩形				

续表 105

名称	平面形制	围墙	墩院院基	台体内踏道	其他
下甘沟 6 号烽火台	矩形	○	●		
下甘沟 7 号烽火台	矩形				
下甘沟 8 号烽火台	矩形				
下甘沟 9 号烽火台	矩形				
下甘沟 10 号烽火台	矩形				
下甘沟 11 号烽火台	矩形				
光明 1 号烽火台	矩形				
光明 2 号烽火台	矩形				
光明 3 号烽火台	矩形				
光明 4 号烽火台	矩形				
光明 5 号烽火台	矩形				
光明 6 号烽火台	矩形				
光明 7 号烽火台	矩形				
光明 8 号烽火台	矩形				
光明 9 号烽火台	矩形				
光明 10 号烽火台	矩形	○	●		
光明 11 号烽火台	矩形				
畔沟 1 号烽火台	矩形				
畔沟 2 号烽火台	矩形				
畔沟 3 号烽火台	矩形				
畔沟 4 号烽火台	矩形				
畔沟 5 号烽火台	矩形				
畔沟 6 号烽火台	矩形				
畔沟 7 号烽火台	矩形				
畔沟 8 号烽火台	矩形				
鲁家沟 1 号烽火台	矩形				
鲁家沟 2 号烽火台	矩形	○	●		
鲁家沟 3 号烽火台	矩形				
鲁家沟 4 号烽火台	矩形				
安乐庄 1 号烽火台	矩形				
安乐庄 2 号烽火台	矩形				
安乐庄 3 号烽火台	矩形				
安乐庄 4 号烽火台	矩形				
安乐庄 5 号烽火台	矩形				
安乐庄 6 号烽火台	矩形				
安乐庄 7 号烽火台	矩形				
安乐庄 8 号烽火台	矩形				
安乐庄 9 号烽火台	矩形				
六墩 1 号烽火台	矩形				

续表 105

名称	平面形制	围墙	墩院院基	台体内踏道	其他
六墩 2 号烽火台	矩形				
六墩 3 号烽火台	矩形				
八墩 1 号烽火台	矩形				
八墩 2 号烽火台	矩形				
八墩 3 号烽火台	矩形				
八墩 4 号烽火台	矩形				
八墩 5 号烽火台	矩形	○	●		
八墩 6 号烽火台	矩形				
八墩 7 号烽火台	矩形				
八墩 8 号烽火台	矩形				
吴施窑 1 号烽火台	矩形				
吴施窑 2 号烽火台	矩形				
吴施窑 4 号烽火台	矩形				
吴施窑 5 号烽火台	矩形				
吴施窑 6 号烽火台	矩形	○	●		
吴施窑 7 号烽火台	矩形				
吴施窑 8 号烽火台	矩形				
合计（座）		9	9		

表 106　新荣区腹里土质矩形烽火台附属设施统计表

名称	平面形制	围墙	墩院院基	台体内踏道	其他
三墩南烽火台	矩形	●	●		
镇川口十三湾烽火台	矩形				
镇川堡点将台	矩形				
镇川堡瞭望台	矩形				
万泉庄烽火台	矩形				
圪坨烽火台	矩形				
双老道北烽火台	矩形				
双老道南烽火台	矩形				
老道坡烽火台	矩形	●	●		
青花烽火台	矩形	○	●		
谢士庄烽火台	矩形	○	●		
位子湾烽火台	矩形				
营盘墩烽火台	矩形	●	●		
红墩烽火台	矩形				
边墙圪墩烽火台	矩形				
老牛坡烽火台	矩形	○	●		
西梁烽火台	矩形				

续表 106

名称	平面形制	围墙	墩院院基	台体内踏道	其他
胡家窑烽火台	矩形				
海洼圪墩烽火台	矩形				
四道沟烽火台	矩形				
杨里窑烽火台	矩形	●	●		
总高墩烽火台	矩形	○	●		
张布袋沟烽火台	矩形	○	●		
北滩烽火台	矩形				
温家窑烽火台	矩形	●	●		
郭家窑烽火台	矩形				
五墩坛烽火台	矩形				
武家台烽火台	矩形	●	●		
杨家场烽火台	矩形	●	●		
三台烽火台	矩形	●	●		
七里烽火台	矩形				
狮子烽火台	矩形	○	●		
马站烽火台	矩形	○	●		
大窑山烽火台	矩形	○	●		
小窑山烽火台	矩形	○	●		
台梁烽火台	矩形	●	●		
夏家庄烽火台	矩形	●	●		
谢家场烽火台	矩形				
栗恒窑烽火台	矩形	●	●		
水深塘烽火台	矩形	●	●		
彭家场烽火台	矩形	●	●		
西旺庄烽火台	矩形	○	●		
刘安窑烽火台	矩形				
东梁烽火台	矩形	●	●		
东井沟烽火台	矩形				
北辛窑烽火台	矩形	●	●		
合计（座）		25	25		

表 107 新荣区腹里土质圆形烽火台附属设施统计表

名称	平面形制	围墙	墩院院基	台体内踏道	其他
高家窑烽火台	圆形	○	●		
红沟梁烽火台	圆形	○	●		
和胜庄烽火台	圆形	○	●		
吴施窑 3 号烽火台	圆形	○	●	●	
吴施窑 9 号烽火台	圆形				
合计（座）		4	4	1	

（3）烽火台的分布特点

①长城沿线烽火台距长城墙体 0.005 ~ 1.1 千米。大边长城沿线烽火台位于大边长城面向山西省一侧，距长城墙体 0.005 ~ 1.1 千米；二边长城沿线烽火台位于二边长城南、北两侧，距长城墙体 0.006 ~ 0.442 千米。大边长城沿线烽火台距长城墙体除 5 座在 0.6 ~ 1.1 千米外，其余 48 座均在 0.005 ~ 0.475 千米。长城沿线烽火台的走向大致与长城墙体一致。需要说明的是，大边长城沿线烽火台，仅考虑了山西省与内蒙古自治区交界处长城墙体面向山西省一侧，地处山西省境内的烽火台，没有考虑两省区交界处长城墙体面向内蒙古的一侧，地处内蒙古境内的烽火台，这种情况下提出大边长城沿线烽火台分布的一个特点，必定有其片面性。

腹里烽火台距长城墙体 0.99 千米以上，除 2 座在 0.99 ~ 1.1 千米外，其余 49 座均在 1.2 千米以上。

②夯层厚度，夯层最厚大于 0.27 米（B 类）者，大边长城沿线烽火台仅见 2 座，占大边长城沿线烽火台的 3.8%；二边长城沿线烽火台，见有 24 座，所占比例为 29.6%；腹里烽火台只有 2 座，所占比例为 3.9%。可见，夯层最厚大于 0.27 米（B 类）者主要见于二边长城沿线烽火台。夯层最薄小于 0.14 米（C 类）者，大边及二边长城沿线烽火台和腹里烽火台中的数量分别是 1、4、5 座，所占比例分别是 1.9%、4.9%、9.8%，腹里烽火台中略多。

③结合土质烽火台平面形制，以大边及二边长城沿线和腹里烽火台来区分，大边长城沿线烽火的圆形台体占一定比例（35.8%），腹里烽火台有少量的圆形台体（9.8%），二边长城沿线未见圆形台体。

④附属设施方面，围墙和墩院院基主要设于腹里和大边长城沿线烽火台，尤其圆形烽火台中多见；矩形烽火台中见围墙和墩院院基较多的是腹里烽火台，二边长城沿线烽火台中少见。

⑤腹里烽火台一方面以堡为中心布置，另一方面置于大边和二边长城之间、二边长城和大同镇城之间，这样有效地与大边和二边长城沿线烽火台联系起来，起到了纵深传递信息的作用。

⑥尝试对土质烽火台进行大小划分，依据台体的底部周长，按≥50、40 ~ 50、< 40 米三个标准进行分类，以残高作为参考。这种划分肯定不全面，所反映的信息不一定准确。硬性地按 40、50 米进行分类很主观，一方面因为当时的长度计量与今天不同，另一方面如那些 39.6 米之类的数据，当时应该大于这些数值。因此只求能从中约略窥见当时的某种特点（表 108 ~ 112）。

表 108　新荣区大边长城沿线土质矩形烽火台分类统计表

	底部周长分类	底部周长（米）	数量（座）	百分比（%）	残高（米）
大型台体	≥50 米	50 ~ 64	2	5.9	8.9 ~ 9
中型台体	40 ~ 50 米	40 ~ 46	7	20.6	4.7 ~ 8.2
小型台体	< 40 米	14.5 ~ 38	24	70.6	2 ~ 9
不详	不详	不详	1	2.9	1
合计		14.5 ~ 64	34	100	1 ~ 9

表 109　新荣区大边长城沿线土质圆形烽火台分类统计表

	底部周长分类	底部周长（米）	数量（座）	百分比（%）	残高（米）
大型台体	≥50 米	50.2	1	5.3	8.3
中型台体	40 ~ 50 米	40.8 ~ 44	2	10.5	3.6 ~ 6.5

续表 109

	底部周长分类	底部周长（米）	数量（座）	百分比（%）	残高（米）
小型台体	< 40 米	22 ~ 37.7	16	84.2	3 ~ 12
合计		22 ~ 50.2	19	100	3 ~ 12

表 110　新荣区二边长城沿线土质矩形烽火台分类统计表

	底部周长分类	底部周长（米）	数量（座）	百分比（%）	残高（米）
大型台体	≥50 米	50 ~ 58	9	11.1	2 ~ 9
中型台体	40 ~ 50 米	40 ~ 49	31	38.3	1.3 ~ 7.5
小型台体	< 40 米	19 ~ 39.6	37	45.7	1 ~ 7
不详	不详	不详	4	4.9	3 ~ 8.9
合计		19 ~ 58	81	100	1 ~ 9

表 111　新荣区腹里土质矩形烽火台分类统计表

	底部周长分类	底部周长（米）	数量（座）	百分比（%）	残高（米）
大型台体	≥50 米	50.4	1	2.2	6.8
中型台体	40 ~ 50 米	40 ~ 45.5	9	19.5	3.4 ~ 10
小型台体	< 40 米	14.8 ~ 39	35	76.1	4.5 ~ 11
不详	不详	不详	1	2.2	3
合计		14.8 ~ 50.4	46	100	3 ~ 11

表 112　新荣区腹里土质圆形烽火台分类统计表

	底部周长分类	底部周长（米）	数量（座）	百分比（%）	残高（米）
小型台体	< 40 米	31.4 ~ 37.7	5	100	7.2 ~ 9.5
合计		31.4 ~ 37.7	5	100	7.2 ~ 9.5

从以上表格中可以看出，土质烽火台以中小型台体为主，小型台体最多。大型台体在二边长城沿线烽火台中有一定数量，在大边长城沿线烽火台和腹里烽火台中均只有 1 座。相对应的是，二边长城沿线烽火台中，小型台体所占比例最少。

（4）烽火台保存状况

新荣区 185 座土质烽火台保存一般者最多，有 126 座；保存较差者有 51 座，保存较好者仅 8 座（表 113）。

表 113　新荣区土质烽火台保存状况统计表（单位：座）

保存状况	大边长城沿线烽火台		二边长城沿线烽火台	腹里烽火台		合计（座）
	矩形	圆形	矩形	矩形	圆形	
保存较好	0	2	0	5	1	8
保存一般	22	14	51	35	4	126

续表 113

保存状况	大边长城沿线烽火台		二边长城沿线烽火台	腹里烽火台		合计（座）
	矩形	圆形	矩形	矩形	圆形	
保存较差	12	3	30	6	0	51
合计	34	19	81	46	5	185

土质烽火台坍塌脱落，表面凹凸不平，有裂缝、沟槽、孔洞，少数有人为挖掘的洞穴，或有人畜踩踏形成的坡道。造成损毁的自然因素主要有风雨侵蚀、植物生长等；人为因素主要是紧贴台体开荒种地、取土挖损、挖掘洞穴、人畜踩踏等。

（四）采（征）集标本

新荣区采集的文物标本发现于长城墙体、堡城和烽火台附近。明代标本有 1 件瓦当残片，其余有汉代陶器、筒瓦残片及辽代瓷器残片。

三 自然与人文环境

（一）自然环境

新荣区位于山西省北部，属新生界下第三纪地层和第四纪地层交相分布区域，间有太古界地层。下第三纪地层由灰白色砂岩、砂砾岩及红色黏土岩组成，第四纪地层由细砂、泥灰岩、红色土、黄土及近代冲积层组成，太古界地层由变质程度很深的各种正副片麻岩和结晶片岩组成。新荣区位于黄土高原北部边缘，东部有采凉山、云门山、方山、八棱碑山，西部有弥陀山、马头山，中部有南北向的饮马河（进入大同市南郊后称御河）和东西向的淤泥河。区境地形以矮山丘陵地带为主，河流沿岸为丘陵平川地带。新荣区属温带大陆性半干旱季风气候，春季干燥多风，夏季短暂较热，秋季温润凉爽，冬季漫长寒冷，年均气温 6.4℃，年均降水量 395 毫米。区境土壤主要有淡栗钙土、淡栗钙土性土。本区植被属于暖温带落阔叶林带向温带草原的过渡区域植被类型。

（二）人文环境

新荣区明代长城从阳高县进入本区，起点为花园屯乡元墩村，向西经三墩村、镇川口村、西寺村，至堡子湾乡宏赐堡村，位于山西省与内蒙古自治区交界处。由堡子湾乡宏赐堡村开始，向西分出两支，俗称“大边”“二边”。北侧“大边”向西北经堡子湾乡河东窑村至镇羌堡村，从镇羌堡村，长城走向发生变化，由东南—西北走向变为东北—西南走向。“大边”向西南经堡子湾乡得胜堡村、二十一墙村、拒墙堡村，郭家窑乡拒门口村、拒门堡村、穆家坪村、刘家窑村至十三边村，从十三边村向西分成两支，“大边”主线拐向南行，经郭家窑乡助马堡村、二十五村、砖搂沟村至左云县境；另一支（马头山长城）向西南方向延伸至内蒙古自治区凉城县境内。“大边”位于山西省与内蒙古自治区交界处。“二边”从堡子湾乡宏赐堡村，经新荣镇里教场沟村、外教场沟村、下甘沟村、光明村、畔沟村、鲁家沟村、安乐庄村，破鲁堡乡六墩村、八墩村、黄土口村、吴施窑村，至左云县境内。

长城沿线村庄居民人数从数十人到约3000人，多在数十百人。元墩村约130人，三墩村约600人，镇川口村约160人，西寺村约230人，宏赐堡村约2200人，河东窑村约900人，镇羌堡村约500人，得胜堡村约3000人，二十一墙村约600人，拒墙堡村约2800人，拒门口村约40人，拒门堡村约300人，穆家坪村约200人，刘家窑村约120人，十三边村约30人，助马堡村约700人，里教场沟村约160人，外教场沟村约180人，下甘沟村约180人，光明村约2500人，畔沟村约1000人，鲁家沟村约700人，安乐庄村约2500人，六墩村约800人，八墩村约1300人，黄土口村约800人，吴施窑村约700人，二十五村、砖楼沟村整体搬迁。

花园屯乡元墩村、三墩村、镇川口村附近地表或河道蕴藏铁矿砂，由于无序开采，危及长城安全。宏赐堡村为堡子湾开发区晋能集团厂区，厂房林立。宏赐堡长城位于石墨厂开采矿石的范围内，如不加强管理，长城有被进一步破坏的危险。二十一墙大边长城1～3段北侧（即内蒙古自治区一侧）为内蒙古自治区丰镇市开发区，有煤场、化工厂等重污染企业。

（北）京包（头）铁路从东南向西北途经堡子湾乡宏赐堡村、河东窑村、镇羌堡村、得胜堡村等。大准铁路（山西省大同市至内蒙古自治区准格尔旗）在以上诸村内蒙古自治区一侧。南北向的得（胜堡）大（同）高速公路、208国道、204省道纵贯区境。长城沿线村庄多有村村通公路相连，长城墙体沿线多有与长城墙体平行或穿过长城墙体的乡村土路或水泥路。

四 保护与管理状况

新荣区长城资源的保护管理机构是新荣区文化体育局。目前有关长城资源的保护范围、建设控制地带、保护标志、记录档案等工作有待规定或完善。

表68　新荣区敌台一览表

名称	地点	高程	与其他遗存的位置关系	材质	建筑方式	平面形制	剖面形制	尺寸	附属设施	修缮情况	保存状况	损毁原因及存在病害
元墩1号敌台	花园屯乡元墩子村东北1千米	1326米	骑墙而建。位于元墩长城墙体上	土	黄色黏土夯筑，夯层厚0.14～0.18米	矩形	梯形	台体底部东、南、西、北长9.1、11.8、9、12米，顶部东西7、南北7.8米，残高12米	无	无	保存较好。台体有所坍塌脱落，表面凹凸不平，有裂缝、沟槽、孔洞	自然因素主要有风雨侵蚀、植物生长等；人为因素主要是紧贴台体开荒种地等
元墩2号敌台	花园屯乡元墩子村北0.77千米	1309米	骑墙而建。位于元墩长城墙体上	土	黄褐色黏土夯筑，夯层厚0.16～0.18米	矩形	梯形	台体底部边长15、顶部边长10、残高12米	台体南侧原有围墙，现无存。围墙内残存墩院院基。南壁底部正中设拱形门洞，宽1.2、高1.4、进深2米。台体内设置通顶的圆孔形踏道，孔径1.1米，踏道稍倾斜，内壁沿圆周设脚窝，脚窝深0.14米。拱形门洞与踏道相通，可登顶	无	保存较好。台体有所坍塌脱落，表面凹凸不平，有裂缝、沟槽、孔洞	自然因素主要有风雨侵蚀、植物生长等；人为因素主要是紧贴台体开荒种地等
元墩3号敌台（彩图二三四）	花园屯乡元墩子村西北0.9千米	1296米	骑墙而建。位于元墩长城墙体上	土	黄褐色黏土夯筑，夯层厚0.17～0.2米	矩形	梯形	台体底部边长12、顶部边长8、残高10.2米	台体南侧有围墙，仅残存西墙，长1.6、宽1、残高1.5米，夯层厚0.12～0.2米。围墙内残存墩院院基。东壁底部南侧设拱形门洞，宽1、高1、进深2米。台体内设置通顶的圆孔形踏道，孔径1米，踏道稍倾斜，内壁沿圆周设脚窝，脚窝深0.14米。拱形门洞与踏道相通，可登顶	无	保存较好。台体有所坍塌脱落，表面凹凸不平，有裂缝、沟槽、孔洞	自然因素主要有风雨侵蚀、植物生长等；人为因素主要是紧贴台体开荒种地等
三墩1号敌台（彩图二三五）	花园屯乡三墩村东北1.3千米	1303米	骑墙而建。位于元墩长城墙体上，系元墩长城止点、三墩长城1段起点	土	黄色黏土夯筑，夯层厚0.16～0.2米	矩形	梯形	台体底部东西13、南13米，顶部东、南、西、北长2.5、5.6、2.5、3.5米，残高10米	台体南壁底部正中设拱形门洞，宽1.2、进深2米。台体内设置通顶的圆孔形踏道，孔径1.2米，踏道稍倾斜，内壁沿圆周设脚窝。拱形门洞与踏道相通，可登顶	无	保存一般。台体坍塌脱落严重，表面凹凸不平，有裂缝、沟槽、孔洞	自然因素主要有风雨侵蚀、植物生长等；人为因素主要是人畜踩踏等

续表 68

名称	地点	高程	与其他遗存的位置关系	材质	建筑方式	平面形制	剖面形制	尺寸	附属设施	修缮情况	保存状况	损毁原因及存在病害
三墩2号敌台	花园屯乡三墩村东北1.1千米	1301米	骑墙而建。位于三墩长城1段墙体上	土	黄褐色黏土夯筑，夯层厚0.18～0.19米	矩形	梯形	台体底部边长15.4、顶部边长10、残高9米	台体南侧原有围墙，现无存。围墙内残存墩院院基，边长16、高3米。台体南壁底部正中设拱形门洞，台体内设置通顶的圆孔形踏道，踏道稍倾斜，内壁沿圆周设脚窝。拱形门洞与踏道相通，可登顶	有二次修缮痕迹，西壁加厚层厚2米，顶部加高层高2米	保存一般。台体坍塌脱落严重，表面凹凸不平，有裂缝、沟槽、孔洞	自然因素主要有风雨侵蚀、植物生长等；人为因素主要是紧贴台体开荒种地等
三墩3号敌台（彩图二三六）	花园屯乡三墩村东北0.61千米	1287米	骑墙而建。位于三墩长城1段墙体上	土	黄色黏土夯筑，含少量砂砾、碎石、料礓石，夯层厚0.18～0.2米	矩形	梯形	台体底部边长15、顶部边长10、残高12米	台体南侧原有围墙，现无存。围墙内残存墩院院基，边长16、高2米。台体南壁底部正中设拱形门洞，宽1、高1.4、进深2.2米。台体内设置通顶的圆孔形踏道，踏道稍倾斜，内壁沿圆周设脚窝。拱形门洞与踏道相通，可登顶	无	保存较好。台体有所坍塌脱落，表面凹凸不平，有裂缝、沟槽、孔洞	自然因素主要有风雨侵蚀、植物生长等；人为因素主要是紧贴台体开荒种地、人畜踩踏等
三墩4号敌台（彩图二三七）	花园屯乡三墩村东北0.33千米	1283米	骑墙而建。位于三墩长城1段墙体上	土	黄色黏土夯筑，含少量砂砾、碎石、料礓石，夯层厚0.18～0.2米	矩形	梯形	台体底部边长15、顶部边长10、残高12米	台体南侧原有围墙，现无存。围墙内残存墩院院基，边长16、高2米	有二次修缮痕迹	保存较好。台体有所坍塌脱落，表面凹凸不平，有裂缝、沟槽、孔洞	自然因素主要有风雨侵蚀、植物生长等；人为因素主要是紧贴台体开荒种地、人畜踩踏等
三墩5号敌台	花园屯乡三墩村北0.15千米	1285米	骑墙而建。位于三墩长城1段墙体上	土	黄色黏土夯筑，含少量砂砾、碎石、料礓石，夯层厚0.17～0.2米	矩形	梯形	台体底部东、南、西、北长8、10、8.5、10米，顶部东、南、西、北长2.4、7、2、7米，残高10米	台体南壁顶部设通顶的拱形门洞	有二次修缮痕迹	保存较好。台体有所坍塌脱落，表面凹凸不平，有裂缝、沟槽、孔洞	自然因素主要有风雨侵蚀、植物生长等；人为因素主要是紧贴台体开荒种地、取土挖损、人畜踩踏等
三墩6号敌台	花园屯乡三墩村西北0.26千米	1278米	骑墙而建。位于三墩长城1段墙体上，系三墩长城1段止点，三墩长城2段起点	土	黄色黏土夯筑，含少量砂砾、碎石、料礓石，夯层厚0.17～0.19米	矩形	梯形	台体底部东、南、西、北长8、10、8.2、10米，残高13米	无	无	保存较好。台体有所坍塌脱落，表面凹凸不平，有裂缝、沟槽、孔洞	自然因素主要有风雨侵蚀、植物生长等；人为因素主要是紧贴台体开荒种地、取土挖损、人畜踩踏等

续表 68

名称	地点	高程	与其他遗存的位置关系	材质	建筑方式	平面形制	剖面形制	尺寸	附属设施	修缮情况	保存状况	损毁原因及存在病害
三墩7号敌台（彩图二三八）	花园屯乡三墩村西北0.99千米	1258米	骑墙而建。位于三墩长城2段墙体上	土	黄色黏土夯筑，含少量砂砾、碎石、料礓石，夯层厚0.16～0.18米	矩形	梯形	台体底部边长16、顶部边长10、残高12米	台体南侧原有围墙，现无存。围墙内残存墩院院基，东西20、南北8、高3米	有二次修缮痕迹	保存较好。台体有所坍塌脱落，表面凹凸不平，有裂缝、沟槽、孔洞。墩院院基中部有砖砌圆形水井，直径3米	自然因素主要有风雨侵蚀、植物生长等；人为因素主要是紧贴台体开荒种地、取土挖损、人畜踩踏等
三墩8号敌台	花园屯乡三墩村西北1.4千米	1255米	骑墙而建。位于三墩长城2段墙体上	土	黄色黏土夯筑，含少量砂砾、碎石、料礓石，夯层厚0.16～0.18米	矩形	梯形	台体底部边长16米，顶部东西5、南北8米，残高12米	无	有二次修缮痕迹	保存较好。台体有所坍塌脱落，表面凹凸不平，有裂缝、沟槽、孔洞。西壁有洞穴	自然因素主要有风雨侵蚀、植物生长等；人为因素主要是紧贴台体开荒种地、取土挖损、挖掘洞穴、人畜踩踏等
三墩9号敌台	花园屯乡镇川口村东北0.95千米	1242米	骑墙而建。位于三墩长城2段墙体上	土	黄色黏土夯筑，含少量砂砾、碎石、料礓石，夯层厚0.18米	矩形	梯形	台体底部边长12米，顶部东西7、南北8米，残高12米	台体南侧原有围墙，现无存。围墙内残存墩院院基，东西22、南北6、高1米。台体南壁底部正中设拱形门洞，宽0.6、高0.8、进深1.4米。台体内设置通顶的圆孔形踏道，踏道稍倾斜，内壁沿圆周设脚窝。拱形门洞与踏道相通，可登顶	无	保存较好。台体有所坍塌脱落，表面凹凸不平，有裂缝、沟槽、孔洞	自然因素主要有风雨侵蚀、植物生长等；人为因素主要是紧贴台体开荒种地、取土挖损、人畜踩踏等
镇川口1号敌台	花园屯乡镇川口村东北0.41千米	1248米	骑墙而建。位于镇川口长城1段墙体上	土	黄色黏土夯筑，含少量砂砾、碎石、料礓石，夯层厚0.16～0.18米	矩形	梯形	台体底部东西11、北南12米，顶部东西6、南北9米，残高6米	无	无	保存一般。台体坍塌脱落严重，表面凹凸不平，有裂缝、沟槽、孔洞	自然因素主要有风雨侵蚀、植物生长等；人为因素主要是紧贴台体开荒种地、取土挖损、人畜踩踏等

续表 68

名称	地点	高程	与其他遗存的位置关系	材质	建筑方式	平面形制	剖面形制	尺寸	附属设施	修缮情况	保存状况	损毁原因及存在病害
镇川口2号敌台（彩图二三九）	花园屯乡镇川口村西北0.12千米	1248米	骑墙而建。位于镇川口长城1段墙体上	土	黄色黏土夯筑，含少量砂砾、碎石、料礓石，夯层厚0.18～0.22米	矩形	梯形	台体底部边长15、顶部边长10、残高8米	台体南侧原有围墙，现无存。围墙内残存墩院院基，东西20、南北8、高5米。台体南壁底部正中设拱形门洞。台体内设置通顶的圆孔形踏道，踏道稍倾斜，内壁沿圆周设脚窝。拱形门洞与踏道相通，可登顶	无	保存一般。台体坍塌脱落严重，表面凹凸不平，有裂缝、沟槽、孔洞。东壁有洞穴	自然因素主要有风雨侵蚀、植物生长等；人为因素主要是紧贴台体开荒种地、取土挖损、挖掘洞穴、人畜踩踏等
镇川口3号敌台(图一八七)	花园屯乡镇川口村西0.45千米	1252米	骑墙而建。位于镇川口长城1段墙体上	土	黄色黏土夯筑，含少量砂砾、碎石、料礓石，夯层厚0.18～0.22米	矩形	梯形	台体底部边长12、顶部边长7.8、残高12米	台体南侧有围墙，仅残存南墙，长1.5、底宽1.6、顶宽0.5、残高0.5～1.6米。围墙内残存墩院院基，东西20、南北6、高2米。台体南壁底部正中设拱形门洞，宽1、高1.4、进深2米。台体内设置通顶的圆孔形踏道，踏道稍倾斜，内壁沿圆周设脚窝。拱形门洞与踏道相通，可登顶	无	保存较好。台体有所坍塌脱落，表面凹凸不平，有裂缝、沟槽、孔洞。南壁拱形门洞内放有棺材	自然因素主要有风雨侵蚀、植物生长等；人为因素主要是紧贴台体开荒种地、取土挖损、人畜踩踏等
镇川口4号敌台（彩图二四〇）	花园屯乡镇川口村西0.81千米	1256米	骑墙而建。位于镇川口长城1段墙体上	土	黄色黏土夯筑，含少量砂砾、碎石、料礓石，夯层厚0.16～0.18米	矩形	梯形	台体底部边长12、顶部边长8、残高10米	台体南侧原有围墙，现无存。围墙内残存墩院院基，东西20、南北8、高2.5米	无	保存较好。台体有所坍塌脱落，表面凹凸不平，有裂缝、沟槽、孔洞	自然因素主要有风雨侵蚀、植物生长等；人为因素主要是紧贴台体开荒种地、取土挖损、人畜踩踏等
镇川口5号敌台	花园屯乡镇川口村西1.2千米	1248米	骑墙而建。位于镇川口长城2段墙体上	土	黄色黏土夯筑，含少量砂砾、碎石、料礓石，夯层厚0.18～0.23米	矩形	梯形	台体底部东西4、南北12米，顶部东西1、南北6米，残高15米	台体南侧原有围墙，现无存。围墙内残存墩院院基西南部痕迹，东西3、南北8、高5米	无	保存一般。台体坍塌脱落严重，表面凹凸不平，有裂缝、沟槽、孔洞	自然因素主要有风雨侵蚀、植物生长等；人为因素主要是紧贴台体开荒种地、取土挖损、人畜踩踏等

续表 68

名称	地点	高程	与其他遗存的位置关系	材质	建筑方式	平面形制	剖面形制	尺寸	附属设施	修缮情况	保存状况	损毁原因及存在病害
镇川口6号敌台	花园屯乡镇川口村西1.5千米	1263米	骑墙而建。位于镇川口长城2段墙体上	土	黄色黏土夯筑，含少量砂砾、碎石、料礓石，夯层厚0.18~0.22米	矩形	梯形	台体底部边长12、顶部边长8、残高12米	台体南侧有围墙，仅残存南墙，长5、顶宽0.5、残高0.2~0.3米。围墙内残存墩院院基，东西20、南北6、高2米。台体南壁底部正中设拱形门洞，宽0.5、高0.8、进深1.2米。台体内设置通顶的圆孔形踏道，踏道稍倾斜，孔径1米，内壁沿圆周设脚窝。拱形门洞与踏道相通，可登顶	无	保存较好。台体有所坍塌脱落，表面凹凸不平，有裂缝、沟槽、孔洞	自然因素主要有风雨侵蚀、植物生长等；人为因素主要是人畜踩踏等
镇川口7号敌台	花园屯乡镇川口村西1.8千米	1271米	骑墙而建。位于镇川口长城2段墙体上	土	黄色黏土夯筑，含少量砂砾、碎石、料礓石，夯层厚0.18~0.22米	矩形	梯形	台体底部边长12、顶部边长8、残高12米	台体南侧有围墙，东墙底宽1.5、顶宽0.5米，南墙顶宽0.5~0.9、残高1.5~1.8米，西墙顶宽0.5、高0.2米。南墙正中设门，现为豁口，宽5米。围墙内残存墩院院基，东西24、南北12、高2~3米。台体南壁底部正中设拱形门洞。台体内设置通顶的圆孔形踏道。拱形门洞与踏道相通，可登顶	有二次修缮痕迹，顶部有加高层	保存较好。台体有所坍塌脱落，表面凹凸不平，有裂缝、沟槽、孔洞	自然因素主要有风雨侵蚀、植物生长等；人为因素主要是人畜踩踏等
镇川口8号敌台（彩图二四一、二四二）	花园屯乡镇川口村西2.2千米	1272米	骑墙而建。位于镇川口长城2段墙体上	土	黄色黏土夯筑，含少量砂砾、碎石、料礓石，夯层厚0.15~0.2米	矩形	梯形	台体底部边长10米，顶部东西3、南北2米，残高12米	台体南侧原有围墙，现无存。围墙内残存墩院院基，东西20、南北6、高2米	无	保存较好。台体有所坍塌脱落，表面凹凸不平，有裂缝、沟槽、孔洞	自然因素主要有风雨侵蚀、植物生长等；人为因素主要是人畜踩踏等
西寺1号敌台	花园屯乡西寺村东北2.6千米	1276米	骑墙而建。位于西寺长城1段墙体上	土	黄色黏土夯筑，含少量砂砾、碎石、料礓石，夯层厚0.18~0.2米	矩形	梯形	台体底部边长10米，顶部东西4、南北2米，残高12米	无	无	保存一般。台体坍塌脱落严重，表面凹凸不平，有裂缝、沟槽、孔洞	自然因素主要有风雨侵蚀、植物生长等；人为因素主要是人畜踩踏等

续表 68

名称	地点	高程	与其他遗存的位置关系	材质	建筑方式	平面形制	剖面形制	尺寸	附属设施	修缮情况	保存状况	损毁原因及存在病害
西寺2号敌台	花园屯乡西寺村东北2.6千米	1316米	骑墙而建。位于西寺长城1段墙体上	土	黄色黏土夯筑，含少量砂砾、碎石、料礓石，夯层厚0.16～0.2米	矩形	梯形	台体底部边长12、顶部边长10、残高7米	无	无	保存一般。台体坍塌脱落严重，表面凹凸不平，有裂缝、沟槽、孔洞	自然因素主要有风雨侵蚀、植物生长等；人为因素主要是人畜踩踏等
西寺3号敌台	花园屯乡西寺村东北2.4千米	1420米	骑墙而建。位于西寺长城1段墙体上	土	黄色黏土夯筑，含少量砂砾、碎石、料礓石，夯层厚0.2米	矩形	梯形	台体底部东、南、西、北长8、8、8、7.6米，顶部东、南、西、北长5、6、5、5.5米，南壁残高4.5、北壁残高6米	无	无	保存一般。台体坍塌脱落严重，表面凹凸不平，有裂缝、沟槽、孔洞	自然因素主要有风雨侵蚀、植物生长等
西寺4号敌台	花园屯乡西寺村东北2.4千米	1410米	骑墙而建。位于西寺长城1段墙体上	土	黄色黏土夯筑，含少量砂砾、碎石、料礓石，夯层厚0.12～0.2米	矩形	梯形	台体底部边长10、顶部边长6、残高8米	无	无	保存一般。台体坍塌脱落严重，表面凹凸不平，有裂缝、沟槽、孔洞	自然因素主要有风雨侵蚀、植物生长等
西寺5号敌台	花园屯乡西寺村东北2.3千米	1419米	骑墙而建。位于西寺长城1段墙体上	土	黄色黏土夯筑，含少量砂砾、碎石、料礓石，夯层厚0.12～0.18米	矩形	梯形	台体底部东西8、南北10米，顶部东、南、西、北长7.2、6、7、6米，残高6米	无	无	保存一般。台体坍塌脱落严重，表面凹凸不平，有裂缝、沟槽、孔洞	自然因素主要有风雨侵蚀、植物生长等
西寺6号敌台	花园屯乡西寺村东北2.2千米	1428米	骑墙而建。位于西寺长城1段墙体上	土	黄色黏土夯筑，含少量砂砾、碎石、料礓石，夯层厚0.16～0.18米	矩形	梯形	台体底部边长12、顶部边长8、残高12米	无	无	保存较好。台体有所坍塌脱落，表面凹凸不平，有裂缝、沟槽、孔洞	自然因素主要有风雨侵蚀、植物生长等；人为因素主要是人畜踩踏等

续表 68

名称	地点	高程	与其他遗存的位置关系	材质	建筑方式	平面形制	剖面形制	尺寸	附属设施	修缮情况	保存状况	损毁原因及存在病害
西寺 7 号敌台	花园屯乡西寺村北2千米	1448 米	骑墙而建。位于西寺长城 1 段墙体上	土	黄色黏土夯筑，含少量砂砾、碎石、料礓石，夯层厚 0.15 ~ 0.18 米	矩形	梯形	台体底部东、南、西、北长 4.5、3、4、3，残高 6 米	无	无	保存一般。台体坍塌脱落严重，表面凹凸不平，有裂缝、沟槽、孔洞	自然因素主要有风雨侵蚀、植物生长等；人为因素主要是人畜踩踏等
西寺 8 号敌台	花园屯乡西寺村北2千米	1441 米	骑墙而建。位于西寺长城 1 段墙体上	土	黄色黏土夯筑，含少量砂砾、碎石、料礓石，夯层厚 0.16 ~ 0.2 米	矩形	梯形	台体底部东、南、西、北长 5.8、5、5.9、5.5，残高 2.6 米	无	无	保存较差。台体坍塌脱落严重，表面凹凸不平，有裂缝、沟槽、孔洞	自然因素主要有风雨侵蚀、植物生长等；人为因素主要是人畜踩踏等
西寺 9 号敌台（彩图二四三）	花园屯乡西寺村北2.1千米	1455 米	骑墙而建。位于西寺长城 1 段墙体上，系西寺长城 1 段止点、西寺长城 2 段起点	土	黄色黏土夯筑，含少量砂砾、碎石、料礓石，夯层厚 0.18 ~ 0.2 米	矩形	梯形	台体底部边长 12、顶部边长 8、残高 8 米	台体南侧原有围墙，现无存。围墙内残存墩院院基，东西 15、南北 12、高 6 米。台体南壁底部正中设拱形门洞，宽 3、高 2.8、进深 4 米。台体内设置通顶的圆孔形踏道，踏道稍倾斜，内壁沿圆周设脚窝。拱形门洞与踏道相通，可登顶	无	保存较好。台体有所坍塌脱落，表面凹凸不平，有裂缝、沟槽、孔洞。东壁有洞穴。北壁有人畜踩踏形成的坡道，可登顶。台体周围散落明代碎砖，顶部有近代砖石房基	自然因素主要有风雨侵蚀、植物生长等；人为因素主要是挖掘洞穴、人畜踩踏等
西寺 10 号敌台	花园屯乡西寺村北2.2千米	1441 米	骑墙而建。位于西寺长城 2 段墙体上	土	黄色黏土夯筑，含少量砂砾、碎石、料礓石，夯层厚 0.18 ~ 0.22 米	矩形	梯形	台体底部边长 2.5、顶部边长 1.5、残高 3 米	无	无	保存较差。台体坍塌脱落严重，表面凹凸不平，有裂缝、沟槽、孔洞。北壁有人畜踩踏形成的坡道，可登顶	自然因素主要有风雨侵蚀、植物生长等；人为因素主要是人畜踩踏等

续表 68

名称	地点	高程	与其他遗存的位置关系	材质	建筑方式	平面形制	剖面形制	尺寸	附属设施	修缮情况	保存状况	损毁原因及存在病害
西寺 11 号敌台	花园屯乡西寺村北 2.3 千米	1440 米	骑墙而建。位于西寺长城 2 段墙体上	土	黄色黏土夯筑，含少量砂砾、碎石、料礓石，夯层厚 0.16～0.2 米	矩形	梯形	台体底部边长 5、顶部边长 2.2、残高 4 米	台体西侧原有围墙，现无存。围墙内残存墩院院基，东西 4.5、南北 11.4、高 1.3 米	无	保存较差。台体坍塌脱落严重，表面凹凸不平，有裂缝、沟槽、孔洞	自然因素主要有风雨侵蚀、植物生长等；人为因素主要是人畜踩踏等
西寺 12 号敌台（彩图二四四）	花园屯乡西寺村西北 2.5 千米	1425 米	骑墙而建。位于西寺长城 2 段墙体上	土	黄色黏土夯筑，含少量砂砾、碎石、料礓石，夯层厚 0.18～0.2 米	矩形	梯形	台体底部边长 14、顶部边长 10、南壁残高 15、北壁残高 17 米	台体南侧原有围墙，现无存。围墙内残存墩院院基，东西 8、南北 20、高 2 米。台体南壁底部设拱形门洞。台体内设置通顶的圆孔形踏道。拱形门洞与踏道相通，可登顶	无	保存较好。台体有所坍塌脱落，表面凹凸不平，有裂缝、沟槽、孔洞	自然因素主要有风雨侵蚀、植物生长等；人为因素主要是人畜踩踏等
西寺 13 号敌台	花园屯乡西寺村西北 2.5 千米	1414 米	骑墙而建。位于西寺长城 2 段墙体上	土	黄色黏土夯筑，含少量砂砾、碎石、料礓石，夯层厚 0.16～0.2 米	矩形	梯形	台体底部边长 7、顶部边长 4.5、残高 5.6 米	无	无	保存一般。台体坍塌脱落严重，表面凹凸不平，有裂缝、沟槽、孔洞	自然因素主要有风雨侵蚀、植物生长等；人为因素主要是人畜踩踏等
西寺 14 号敌台	花园屯乡西寺村西北 2.6 千米	1399 米	骑墙而建。位于西寺长城 2 段墙体上	土	黄色黏土夯筑，含少量砂砾、碎石、料礓石，夯层厚 0.18～0.24 米	矩形	梯形	台体底部东西 14、南北 10 米，顶部东西 7、南北 5 米，残高 15 米	无	无	保存较好。台体有所坍塌脱落，表面凹凸不平，有裂缝、沟槽、孔洞	自然因素主要有风雨侵蚀、植物生长等；人为因素主要是人畜踩踏等
西寺 15 号敌台	花园屯乡西寺村西北 2.8 千米	1392 米	骑墙而建。位于西寺长城 2 段墙体上	土	黄色黏土夯筑，含少量砂砾、碎石、料礓石，夯层厚 0.18～0.2 米	矩形	梯形	台体底部边长 5 米，顶部东、南、西、北长 1.2、1.5、1.2、1.4 米，残高 3 米	无	无	保存较差。台体坍塌脱落严重，表面凹凸不平，有裂缝、沟槽、孔洞	自然因素主要有风雨侵蚀、植物生长等；人为因素主要是人畜踩踏等

续表 68

名称	地点	高程	与其他遗存的位置关系	材质	建筑方式	平面形制	剖面形制	尺寸	附属设施	修缮情况	保存状况	损毁原因及存在病害
西寺16号敌台	花园屯乡西寺村西北2.8千米	1390米	骑墙而建。位于西寺长城2段墙体上，系西寺长城2段止点、西寺长城3段起点	土	黄色黏土夯筑，含少量砂砾、碎石、料礓石，夯层厚0.16～0.2米	矩形	梯形	台体底部边长8、残高12米	无	无	保存一般。台体坍塌脱落严重，表面凹凸不平，有裂缝、沟槽、孔洞	自然因素主要有风雨侵蚀、植物生长等
西寺17号敌台	花园屯乡西寺村西北3.2千米	1383米	骑墙而建。位于西寺长城3段墙体上，系西寺长城3段止点、西寺长城4段起点	土	黄色黏土夯筑，含少量砂砾、碎石、料礓石，夯层厚度不详，南壁底部垒砌有石块	矩形	梯形	台体底部东、南、西、北长6、5.6、5.6、5.8、残高2米	无	无	保存较差。台体坍塌脱落严重，表面凹凸不平，有裂缝、沟槽、孔洞	自然因素主要有风雨侵蚀、植物生长等
西寺18号敌台	花园屯乡西寺村西北3.3千米	1361米	骑墙而建。位于西寺长城4段墙体上	土	黄色黏土夯筑，含少量砂砾、碎石、料礓石，夯层厚0.12～0.17米	矩形	梯形	台体底部东西8、南北10米，顶部东西6、南北8米，残高5.6米	无	无	保存一般。台体坍塌脱落严重，表面凹凸不平，有裂缝、沟槽、孔洞。东、西壁有洞穴	自然因素主要有风雨侵蚀、植物生长等；人为因素主要是挖掘洞穴等
西寺19号敌台	花园屯乡西寺村西北3.2米	1309米	骑墙而建。位于西寺长城4段墙体上	土	黄色黏土夯筑，含少量砂砾、碎石、料礓石，夯层厚0.15～0.17米	矩形	梯形	台体底部东西5、南北8.5、残高6.5米	无	无	保存一般。台体坍塌脱落严重，表面凹凸不平，有裂缝、沟槽、孔洞	自然因素主要有风雨侵蚀、植物生长等
西寺20号敌台（彩图二四五）	花园屯乡西寺村西北3.4千米	1280米	骑墙而建。位于西寺长城4段墙体上	土	黄色黏土、黑色黏土相间夯筑，黄色黏土夯层厚0.03～0.05米，黑色黏土夯层厚0.14～0.15米	矩形	梯形	台体底部东西8、南北10、残高6.2米	无	无	保存一般。台体坍塌脱落严重，表面凹凸不平，有裂缝、沟槽、孔洞	自然因素主要有风雨侵蚀、植物生长等

续表 68

名称	地点	高程	与其他遗存的位置关系	材质	建筑方式	平面形制	剖面形制	尺寸	附属设施	修缮情况	保存状况	损毁原因及存在病害
宏赐堡1号敌台	花园屯乡宏赐堡村东2.8千米	1260米	骑墙而建。位于宏赐堡长城墙体上	土	黄色黏土夯筑，含少量砂砾、碎石、料礓石，夯层厚0.17～0.19米	矩形	梯形	台体底部边长13、顶部边长4、残高12米	无	无	保存较好。台体有所坍塌脱落，表面凹凸不平，有裂缝、沟槽、孔洞	自然因素主要有风雨侵蚀、植物生长等
宏赐堡2号敌台	花园屯乡宏赐堡村东2.5千米	1212米	骑墙而建。位于宏赐堡长城墙体上	土	黄色黏土夯筑，含少量砂砾、碎石、料礓石，夯层厚0.17米	矩形	梯形	台体底部边长12米，顶部东西4.2、南北5.2米，残高6米	无	无	保存一般。台体坍塌脱落严重，表面凹凸不平，有裂缝、沟槽、孔洞。南壁有人畜踩踏形成的坡道，可登顶	自然因素主要有风雨侵蚀、植物生长等；人为因素主要是人畜踩踏等
宏赐堡3号敌台	花园屯乡宏赐堡村东2.4米	1170米	骑墙而建。位于宏赐堡长城墙体上	土	黄色黏土夯筑，含少量砂砾、碎石、料礓石，夯层厚0.17～0.2米	矩形	梯形	台体底部边长10、东壁残高15、西壁残高10米	台体西壁北侧设拱形门洞，宽1.5、高2米	无	保存一般。台体坍塌脱落严重，表面凹凸不平，有裂缝、沟槽、孔洞。底部有一周洞穴	自然因素主要有风雨侵蚀、植物生长等；人为因素主要是挖掘洞穴等
宏赐堡4号敌台	花园屯乡宏赐堡村东2千米	1229米	骑墙而建。位于宏赐堡长城墙体上	土	黄色黏土夯筑，含少量砂砾、碎石、料礓石，夯层厚0.16～0.18米	矩形	梯形	台体底部边长9米，顶部东西5.2、南北6米，残高9.6米	台体内设置通顶的圆孔形踏道	无	保存一般。台体坍塌脱落严重，表面凹凸不平，有裂缝、沟槽、孔洞	自然因素主要有风雨侵蚀、植物生长等
宏赐堡5号敌台	花园屯乡宏赐堡村东2千米	1197米	骑墙而建。位于宏赐堡长城墙体上	土	黄色黏土夯筑，含少量砂砾、碎石、料礓石，夯层厚0.16～0.17米	矩形	梯形	台体底部边长12、顶部边长9、残高8米	无	无	保存一般。台体坍塌脱落严重，表面凹凸不平，有裂缝、沟槽、孔洞。底部被石墨厂的废渣、料掩埋	自然因素主要有风雨侵蚀、植物生长等；人为因素主要是工业生产活动破坏、人畜踩踏等

续表 68

名称	地点	高程	与其他遗存的位置关系	材质	建筑方式	平面形制	剖面形制	尺寸	附属设施	修缮情况	保存状况	损毁原因及存在病害
宏赐堡6号敌台（图一八八）	花园屯乡宏赐堡村东1.6千米	1170米	骑墙而建。位于宏赐堡大边长城1段墙体上	砖	下部砖石垒砌，砌石层高0.5米，砌砖层高0.7米，砖长36、宽20、厚7厘米；上部为夯土台体，黄色黏土夯筑，夯层厚0.13～0.15米	矩形	梯形	台体底部边长12、顶部边长9、残高10米	台体南侧有围墙，仅残存南墙，长20、底宽2.5、顶宽1.5、残高6米。南墙正中设拱形门洞，宽1、高1.8米。台基石砌而成，残高1.7～1.8米。台体南侧2.5米处有小型矩形台体，底部东西4、南北5米，顶部东西3.5、南北4米，残高6米。小型矩形台体西侧有短墙相连，短墙底宽3、顶宽2.6、残高2.5～6米	有二次修缮痕迹，加厚层厚3米，加高层高2.5米	保存较好。台体有所坍塌脱落，表面凹凸不平，有裂缝、沟槽、孔洞	自然因素主要有风雨侵蚀、植物生长等；人为因素主要是人畜踩踏等
宏赐堡7号敌台（彩图二四六）	花园屯乡宏赐堡村东1.4千米	1160米	骑墙而建。位于宏赐堡大边长城1段墙体上	土	黄色黏土夯筑，夯层厚0.15～0.17米	矩形	梯形	台体底部边长12、顶部边长8、残高12米	台体西侧有围墙，南墙残长24、西墙残长20、北墙残长9米。南墙底宽0.5、顶宽0.4、残高0.4米，夯层厚0.15～0.17米。西墙残高0.9～1.5米，底部有排水设施。围墙内残存墩院院基，高1.5米	无	保存较好。台体有所坍塌脱落，表面凹凸不平，有裂缝、沟槽、孔洞	自然因素主要有风雨侵蚀、植物生长等；人为因素主要是人畜踩踏等
宏赐堡8号敌台	堡子湾乡宏赐堡村东1.3千米	1163米	骑墙而建。位于宏赐堡大边长城1段墙体上	土	黄色黏土夯筑，夯层厚0.13～0.16米	矩形	梯形	台体底部东西9、南北10、残高7米	台体西侧原有围墙，现无存。围墙内残存墩院院基，东西24、南北10、高2米。院基西侧正中有豁口，宽1.5米	无	保存一般。台体坍塌脱落严重，表面凹凸不平，有裂缝、沟槽、孔洞	自然因素主要有风雨侵蚀、植物生长等；人为因素主要是人畜踩踏等
宏赐堡9号敌台	堡子湾乡宏赐堡村东1.1千米	1165米	骑墙而建。位于宏赐堡大边长城1段墙体上	土	黄色黏土夯筑，含少量砂砾、碎石、料礓石，夯层厚0.13～0.16米	矩形	梯形	台体底部东西7、南北9.8、残高10米	台体西侧原有围墙，现无存。围墙内残存墩院院基，东西8、南北17、高0.9米。院基被一条南北向沟分成两部分，沟宽1.8米	无	保存一般。台体坍塌脱落严重，表面凹凸不平，有裂缝、沟槽、孔洞	自然因素主要有风雨侵蚀、植物生长等；人为因素主要是人畜踩踏等
宏赐堡10号敌台	堡子湾乡宏赐堡村东北1.1千米	1154米	骑墙而建。位于宏赐堡大边长城1段墙体上	土	黄色黏土夯筑，含少量砂砾、碎石、料礓石，夯层厚0.14～0.17米	矩形	梯形	台体底部边长12、东壁残高6.8、西壁残高12米	台体西侧原有围墙，现无存。围墙内残存墩院院基，院基高5米	无	保存较好。台体有所坍塌脱落，表面凹凸不平，有裂缝、沟槽、孔洞	自然因素主要有风雨侵蚀、植物生长等；人为因素主要是人畜踩踏等

续表 68

名称	地点	高程	与其他遗存的位置关系	材质	建筑方式	平面形制	剖面形制	尺寸	附属设施	修缮情况	保存状况	损毁原因及存在病害
宏赐堡11号敌台(彩图二四七)	堡子湾乡宏赐堡村北1.3千米	1154米	骑墙而建。位于宏赐堡大边长城1段墙体上	土	黄色黏土夯筑，含少量砂砾、碎石、料礓石，夯层厚0.14～0.16米	矩形	梯形	台体底部边长12、顶部边长7、残高12米	台体西侧原有围墙，现无存。围墙内残存墩院院基，东西10、南北20、高5米	无	保存较好。台体有所坍塌脱落，表面凹凸不平，有裂缝、沟槽、孔洞	自然因素主要有风雨侵蚀、植物生长等
宏赐堡12号敌台(彩图二四八)	堡子湾乡宏赐堡村东北1.3千米	1159米	骑墙而建。位于宏赐堡大边长城2段墙体上	土	黄色黏土夯筑，含少量砂砾、碎石、料礓石，夯层厚0.14～0.16米	矩形	梯形	台体底部东西7、南北8米，顶部东西6.2、南北5.7米，残高6米	台体内设置通顶的圆孔形踏道	无	保存一般。台体坍塌脱落严重，表面凹凸不平，有裂缝、沟槽、孔洞	自然因素主要有风雨侵蚀、植物生长等；人为因素主要是人畜踩踏等
河东窑1号敌台	堡子湾乡河东窑村东南1.7千米	1169米	骑墙而建。位于河东窑大边长城1段墙体上	土	黄色黏土夯筑，含少量砂砾、碎石、料礓石，夯层厚0.13～0.17米	矩形	梯形	台体底部东、南、西、北残长11、2、10、6、残高8米	台体西侧原有围墙，现无存。围墙内残存墩院院基，东西8、南北24、高2米	无	保存一般。台体坍塌脱落严重，表面凹凸不平，有裂缝、沟槽、孔洞	自然因素主要有风雨侵蚀、植物生长等；人为因素主要是紧贴台体开荒种地、取土挖损、人畜踩踏等
河东窑2号敌台(彩图二四九)	堡子湾乡河东窑村东南1.1千米	1169米	骑墙而建。位于河东窑大边长城1段墙体上	土	黄色黏土夯筑，含少量砂砾、碎石、料礓石，夯层厚0.15～0.17米	矩形	梯形	台体底部东西12、南北3.5、残高8米	台体西侧有围墙，南墙仅存地面痕迹；西墙底宽1.2、顶宽0.4、残高0.5～1米。围墙内残存墩院院基，东西10、南北27、高2.5米。院基西北角有豁口，宽1.5米，豁口内有石块铺砌的踏道	无	保存一般。台体坍塌脱落严重，表面凹凸不平，有裂缝、沟槽、孔洞	自然因素主要有风雨侵蚀、植物生长等；人为因素主要是取土挖损、人畜踩踏等
河东窑3号敌台(彩图二五〇)	堡子湾乡河东窑村东南0.67千米	1166米	骑墙而建。位于河东窑大边长城1段墙体上，系河东窑大边长城1段止点、河东窑大边长城2段起点	土	黄色黏土夯筑，含少量砂砾、碎石、料礓石，夯层厚0.17米	矩形	梯形	台体底部边长15、顶部边长10、残高14米	台体西侧原有围墙，现无存。围墙内残存墩院院基，东西4、南北20、高2.5米。台体东壁有登顶坡道，宽0.4米	无	保存较好。台体有所坍塌脱落，表面凹凸不平，有裂缝、沟槽、孔洞。西壁底部有洞穴	自然因素主要有风雨侵蚀、植物生长等；人为因素主要是挖掘洞穴等

续表 68

名称	地点	高程	与其他遗存的位置关系	材质	建筑方式	平面形制	剖面形制	尺寸	附属设施	修缮情况	保存状况	损毁原因及存在病害
河东窑4号敌台	堡子湾乡河东窑村东0.34千米	1179米	骑墙而建。位于河东窑大边长城2段墙体上	土	黄色黏土夯筑，含少量砂砾、碎石、料礓石，夯层厚0.14～0.17米	矩形	梯形	台体底部边长12、顶部边长8、残高12米	台体西侧原有围墙，现无存。围墙内残存墩院院基，高3米，被挖掘长条形凹坑状	无	保存较好。台体有所坍塌脱落，表面凹凸不平，有裂缝、沟槽、孔洞	自然因素主要有风雨侵蚀、植物生长等；人为因素主要是紧贴台体开荒种地、取土挖损、人畜踩踏等
河东窑5号敌台	堡子湾乡河东窑村东北0.54千米	1195米	骑墙而建。位于河东窑大边长城2段墙体上	土	黄色黏土夯筑，含少量砂砾、碎石、料礓石，夯层厚0.14～0.17米	矩形	梯形	台体底部边长12米，顶部东西3、南北4米，残高8米	台体西侧原有围墙，现无存。围墙内残存墩院院基，东西15、南北30、高1米	无	保存一般。台体坍塌脱落严重，表面凹凸不平，有裂缝、沟槽、孔洞。东北角有人畜踩踏形成的坡道，可登顶	自然因素主要有风雨侵蚀、植物生长等；人为因素主要是紧贴台体开荒种地、取土挖损、人畜踩踏等
河东窑6号敌台	堡子湾乡河东窑村东北0.96千米	1189米	骑墙而建。位于河东窑大边长城2段墙体上	土	黄色黏土夯筑，含少量砂砾、碎石、料礓石，夯层厚0.16～0.18米	矩形	梯形	台体底部东西10、南北12米，顶部边长6米，残高14米	台体西侧原有围墙，现无存。围墙内残存墩院院基，东西30、南北15、高1米	有二次修缮痕迹	保存较好。台体有所坍塌脱落，表面凹凸不平，有裂缝、沟槽、孔洞	自然因素主要有风雨侵蚀、植物生长等；人为因素主要是紧贴台体开荒种地、取土挖损、人畜踩踏等
河东窑7号敌台	堡子湾乡河东窑村北1.6千米	1192米	骑墙而建。位于河东窑大边长城3段墙体上	土	黄色黏土夯筑，含少量砂砾、碎石、料礓石，夯层厚0.19～0.23米	矩形	梯形	台体底部东西10、南北9米，顶部东西4.7、南北4米，残高6.7米	无	无	保存一般。台体坍塌脱落严重，表面凹凸不平，有裂缝、沟槽、孔洞	自然因素主要有风雨侵蚀、植物生长等；人为因素主要是人畜踩踏等
河东窑8号敌台	堡子湾乡河东窑村北1.9千米	1195米	骑墙而建。位于河东窑大边长城3段墙体上	土	黄色黏土夯筑，含少量砂砾、碎石、料礓石，夯层厚0.16～0.18米	矩形	梯形	台体底部东、南、西、北长8、7.4、7.8、8、残高8米	无	无	保存一般。台体坍塌脱落严重，表面凹凸不平，有裂缝、沟槽、孔洞	自然因素主要有风雨侵蚀、植物生长等；人为因素主要是紧贴台体开荒种地、人畜踩踏等

续表 68

名称	地点	高程	与其他遗存的位置关系	材质	建筑方式	平面形制	剖面形制	尺寸	附属设施	修缮情况	保存状况	损毁原因及存在病害
河东窑9号敌台	堡子湾乡河东窑村北2.5千米	1204米	骑墙而建。位于河东窑大边长城3段墙体上	土	黄色黏土夯筑，含少量砂砾、碎石、料礓石，夯层厚0.16米	圆形	梯形	台体底部直径10、残高4米	无	无	保存一般。台体坍塌脱落严重，表面凹凸不平，有裂缝、沟槽、孔洞	自然因素主要有风雨侵蚀、植物生长等；人为因素主要是紧贴台体开荒种地、取土挖损、人畜踩踏等
河东窑10号敌台	堡子湾乡河东窑村北3.5千米	1192米	骑墙而建。位于河东窑大边长城4段墙体上	土	褐色黏土夯筑，夯层厚0.12～0.16米	矩形	梯形	台体底部边长10、顶部边长7、残高8米	台体西侧原有围墙，现无存。围墙内残存墩院院基，东西10、南北24、高6米，西侧正中有豁口	有二次修缮痕迹，顶部有加高层	保存一般。台体坍塌脱落严重，表面凹凸不平，有裂缝、沟槽、孔洞。西壁底部正中有洞穴	自然因素主要有风雨侵蚀、植物生长等；人为因素主要是挖掘洞穴等
河东窑11号敌台	堡子湾乡河东窑村北3.1千米	1193米	骑墙而建。位于河东窑大边长城4段墙体上	土	黄色黏土夯筑，含少量砂砾、碎石、料礓石，夯层厚0.16～0.17米	矩形	梯形	台体底部东西7、南北8米，顶部东西3.5、南北3米，残高7米	无	无	保存一般。台体坍塌脱落严重，表面凹凸不平，有裂缝、沟槽、孔洞	自然因素主要有风雨侵蚀、植物生长等；人为因素主要是紧贴台体开荒种地、人畜踩踏等
河东窑12号敌台	堡子湾乡河东窑村北3.2千米	1183米	骑墙而建。位于河东窑大边长城4段墙体之	土	黄色黏土夯筑，含少量砂砾、碎石、料礓石，夯层厚0.2～0.26米	矩形	梯形	台体底部东西10、南北9、残高4.7米	无	无	保存一般。台体坍塌脱落严重，表面凹凸不平，有裂缝、沟槽、孔洞	自然因素主要有风雨侵蚀、植物生长等；人为因素主要是紧贴台体开荒种地、人畜踩踏等
河东窑13号敌台	堡子湾乡镇羌堡村东南2.4千米	1178米	骑墙而建。位于河东窑大边长城4段墙体上	土	黄色黏土夯筑，含少量砂砾、碎石、料礓石，夯层厚0.1～0.18米	矩形	梯形	台体底部东西7.5、南北8米，顶部东、南、西、北长2.8、2.5、2.6、2.4米，残高8米	无	无	保存一般。台体坍塌脱落严重，表面凹凸不平，有裂缝、沟槽、孔洞	自然因素主要有风雨侵蚀、植物生长等；人为因素主要是紧贴台体开荒种地、人畜踩踏等

续表 68

名称	地点	高程	与其他遗存的位置关系	材质	建筑方式	平面形制	剖面形制	尺寸	附属设施	修缮情况	保存状况	损毁原因及存在病害
镇羌堡1号敌台（彩图二五一）	堡子湾乡镇羌堡村东南1.9千米	1177米	骑墙而建。位于镇羌堡大边长城1段墙体上	土	黄色黏土夯筑，含少量砂砾、碎石、料礓石，夯层厚0.16～0.18米	矩形	梯形	台体底部东西9.2、南北9、残高9米	台体西侧原有围墙，现无存。围墙内残存墩院院基，东西10、南北24、高2米，西侧有豁口，宽2米	无	保存一般。台体坍塌脱落严重，表面凹凸不平，有裂缝、沟槽、孔洞	自然因素主要有风雨侵蚀、植物生长等；人为因素主要是紧贴台体开荒种地、人畜踩踏等
镇羌堡2号敌台	堡子湾乡镇羌堡村东南1.7千米	1179米	骑墙而建。位于镇羌堡大边长城1段墙体上	土	黄色黏土夯筑，含少量砂砾、碎石、料礓石，夯层厚0.22～0.25米	矩形	梯形	台体底部东西10、南北9.6米，顶部东、南、西、北长8、7.2、8、7.4米，残高9.3米	台体西侧原有围墙，仅残存南墙，长17、宽0.7、残高0.6米。围墙内残存墩院院基，东西17、南北8、高2米	无	保存一般。台体坍塌脱落严重，表面凹凸不平，有裂缝、沟槽、孔洞	自然因素主要有风雨侵蚀、植物生长等；人为因素主要是紧贴台体开荒种地、人畜踩踏等
镇羌堡3号敌台	堡子湾乡镇羌堡村东北1.1千米	1173米	骑墙而建。位于镇羌堡大边长城2段墙体上，系镇羌堡大边长城2段止点、镇羌堡大边长城3段起点	土	黄色黏土夯筑，含少量砂砾、碎石、料礓石，夯层厚0.15～0.17米	矩形	梯形	台体底部边长12、顶部边长6、残高11米	无	无	保存较好。台体有所坍塌脱落，表面凹凸不平，有裂缝、沟槽、孔洞	自然因素主要有风雨侵蚀、植物生长等；人为因素主要是紧贴台体开荒种地、人畜踩踏等
镇羌堡4号敌台（彩图二五二）	堡子湾乡镇羌堡村东北0.37千米	1182米	骑墙而建。位于镇羌堡大边长城3段墙体上	土	黄色黏土夯筑，含少量砂砾、碎石、料礓石，夯层厚0.15～0.17米	矩形	梯形	台体底部边长12米，顶部东西5.8、南北6米，残高12米	台体南侧有围墙，围墙底宽1.5～2、顶宽0.5～1、残高3米，夯层厚0.15～0.2米。南墙正中设门，现为豁口，宽3米。围墙内残存墩院院基，东西34、南北24、高2米	无	保存较好。台体有所坍塌脱落，表面凹凸不平，有裂缝、沟槽、孔洞	自然因素主要有风雨侵蚀、植物生长等；人为因素主要是人畜踩踏等
得胜堡1号敌台	堡子湾乡得胜堡村北1.1千米	1187米	骑墙而建。位于镇羌堡大边长城3段墙体上，系镇羌堡大边长城3段止点、得胜堡大边长城起点	土	黄色黏土夯筑，含少量砂砾、碎石、料礓石，夯层厚0.2～0.25米	矩形	梯形	台体底部东西7、南北9、残高3.2米	无	无	保存较差。台体坍塌脱落严重，表面凹凸不平，有裂缝、沟槽、孔洞	自然因素主要有风雨侵蚀、植物生长等；人为因素主要是紧贴台体开荒种地、人畜踩踏等

续表 68

名称	地点	高程	与其他遗存的位置关系	材质	建筑方式	平面形制	剖面形制	尺寸	附属设施	修缮情况	保存状况	损毁原因及存在病害
得胜堡2号敌台（彩图二五三）	堡子湾乡得胜堡村西北1千米	1189米	骑墙而建。位于得胜堡大边长城墙体上	土	黄色黏土夯筑，含少量砂砾、碎石、料礓石，夯层厚0.2~0.25米	矩形	梯形	台体底部东西11、南北12米，顶部东西8、南北9米，残高7.6米	无	无	保存一般。台体坍塌脱落严重，表面凹凸不平，有裂缝、沟槽、孔洞	自然因素主要有风雨侵蚀、植物生长等；人为因素主要是紧贴台体开荒种地、人畜踩踏等
得胜堡3号敌台	堡子湾乡得胜堡村西北0.96千米	1196米	骑墙而建。位于得胜堡大边长城墙体上	土	黄色黏土夯筑，含少量砂砾、碎石、料礓石，夯层厚0.15~0.2米	矩形	梯形	台体底部东西10、南北12、残高14米	无	无	保存较好。台体有所坍塌脱落，表面凹凸不平，有裂缝、沟槽、孔洞	自然因素主要有风雨侵蚀、植物生长等；人为因素主要是紧贴台体开荒种地、人畜踩踏等
得胜堡4号敌台	堡子湾乡得胜堡村西北1.1千米	1208米	骑墙而建。位于得胜堡大边长城墙体上	土	黄色黏土夯筑，含少量砂砾、碎石、料礓石，夯层厚0.2~0.25米	矩形	梯形	台体底部东西6、南北7.3、残高5.6米	无	无	保存一般。台体坍塌脱落严重，表面凹凸不平，有裂缝、沟槽、孔洞	自然因素主要有风雨侵蚀、植物生长等；人为因素主要是紧贴台体开荒种地、人畜踩踏等
二十一墙1号敌台	堡子湾乡二十一墙村东北2.1千米	1203米	骑墙而建。位于二十一墙大边长城1段墙体上	土	红色胶泥土夯筑，夯层厚0.15~0.2米	矩形	梯形	台体底部东西8.7、南北9、残高6米	无	无	保存一般。台体坍塌脱落严重，表面凹凸不平，有裂缝、沟槽、孔洞	自然因素主要有风雨侵蚀、植物生长等；人为因素主要是紧贴台体开荒种地、人畜踩踏等
二十一墙2号敌台	堡子湾乡二十一墙村东北1.7千米	1217米	骑墙而建。位于二十一墙大边长城1段墙体上	土	黄色黏土夯筑，含少量砂砾、碎石、料礓石，夯层厚0.16~0.2米	矩形	梯形	台体底部东西1、南北13、残高8米	无	无	保存一般。台体坍塌脱落严重，表面凹凸不平，有裂缝、沟槽、孔洞	自然因素主要有风雨侵蚀、植物生长等；人为因素主要是取土挖损、人畜踩踏等.

续表 68

名称	地点	高程	与其他遗存的位置关系	材质	建筑方式	平面形制	剖面形制	尺寸	附属设施	修缮情况	保存状况	损毁原因及存在病害
二十一墙3号敌台	堡子湾乡二十一墙村东北1.4千米	1192米	骑墙而建。位于二十一墙大边长城1段墙体上	土	红色胶泥土夯筑，夯层厚0.17～0.19米	矩形	梯形	台体底部东西6、南北7、残高5米	无	无	保存一般。台体坍塌脱落严重，表面凹凸不平，有裂缝、沟槽、孔洞	自然因素主要有风雨侵蚀、植物生长等；人为因素主要是紧贴台体开荒种地、人畜踩踏等
二十一墙4号敌台	堡子湾乡二十一墙村东北1.1千米	1201米	骑墙而建。位于二十一墙大边长城1段墙体上	土	黄色黏土夯筑，含少量砂砾、碎石、料礓石，夯层厚度不详	矩形	梯形	台体底部东西8、南北4、残高2.5米	无	无	保存较差。台体坍塌脱落严重，表面凹凸不平，有裂缝、沟槽、孔洞	自然因素主要有风雨侵蚀、植物生长等；人为因素主要是紧贴台体开荒种地、人畜踩踏等
二十一墙5号敌台(彩图二五四)	堡子湾乡二十一墙村东北0.77千米	1203米	骑墙而建。位于二十一墙大边长城1段墙体上	土	红色胶泥土夯筑，夯层厚0.17米	圆形	梯形	台体底部直径11、残高5.5米	无	无	保存一般。台体坍塌脱落严重，表面凹凸不平，有裂缝、沟槽、孔洞	自然因素主要有风雨侵蚀、植物生长等；人为因素主要是紧贴台体开荒种地、人畜踩踏等
二十一墙6号敌台	堡子湾乡二十一墙村北0.5千米	1214米	骑墙而建。位于二十一墙大边长城1段墙体上，系二十一墙大边长城1段止点、二十一墙大边长城2段起点	土	黄色黏土夯筑，含少量砂砾、碎石、料礓石，夯层厚0.16～0.18米	矩形	梯形	台体底部边长10、残高12米	台体南侧有围墙，残存东、南墙，长2、残高0.2～0.3米。围墙内残存墩院院基，东西22、南北12、高1.5米	无	保存较好。台体有所坍塌脱落，表面凹凸不平，有裂缝、沟槽、孔洞	自然因素主要有风雨侵蚀、植物生长等；人为因素主要是取土挖损、人畜踩踏等
二十一墙7号敌台	堡子湾乡二十一墙村西北0.34千米	1222米	骑墙而建。位于二十一墙大边长城2段墙体上	土	黄色黏土夯筑，含少量砂砾、碎石、料礓石，夯层厚0.15～0.17米	矩形	梯形	台体底部东西7、南北10米，顶部东西6、南北4米，残高11米	无	无	保存较好。台体有所坍塌脱落，表面凹凸不平，有裂缝、沟槽、孔洞	自然因素主要有风雨侵蚀、植物生长等；人为因素主要是取土挖损、人畜踩踏等

续表 68

名称	地点	高程	与其他遗存的位置关系	材质	建筑方式	平面形制	剖面形制	尺寸	附属设施	修缮情况	保存状况	损毁原因及存在病害
二十一墙8号敌台	堡子湾乡二十一墙村西0.85千米	1232米	骑墙而建。位于二十一墙大边长城2段墙体上	土	黄色黏土夯筑，含少量砂砾、碎石、料礓石，夯层厚度不详	圆形	梯形	台体底部直径15、残高7米	台体南侧原有围墙，现无存。围墙内残存墩院院基，东西22、南北12、高3米	无	保存一般。台体坍塌脱落严重，表面凹凸不平，有裂缝、沟槽、孔洞	自然因素主要有风雨侵蚀、植物生长等；人为因素主要是紧贴台体开荒种地、取土挖损、人畜踩踏等
二十一墙9号敌台	堡子湾乡二十一墙村西0.38千米	1242米	骑墙而建。位于二十一墙大边长城2段墙体上	土	黄色黏土夯筑，含少量砂砾、碎石、料礓石，夯层厚0.2～0.25米	矩形	梯形	台体底部东西10、南北9、残高5.7米	无	无	保存一般。台体坍塌脱落严重，表面凹凸不平，有裂缝、沟槽、孔洞	自然因素主要有风雨侵蚀、植物生长等；人为因素主要是紧贴台体开荒种地、取土挖损、人畜踩踏等
二十一墙10号敌台	堡子湾乡二十一墙村西1.4千米	1261米	骑墙而建。位于二十一墙大边长城2段墙体上，系二十一墙大边长城2段止点、二十一墙大边长城3段起点	土	黄色黏土夯筑，含少量砂砾、碎石、料礓石，夯层厚0.17米	圆形	梯形	台体底部直径10、残高5.6米	台体南侧原有围墙，现无存。围墙内残存墩院院基	无	保存一般。台体坍塌脱落严重，表面凹凸不平，有裂缝、沟槽、孔洞	自然因素主要有风雨侵蚀、植物生长等；人为因素主要是紧贴台体开荒种地、取土挖损、人畜踩踏等
二十一墙11号敌台	堡子湾乡二十一墙村西1.8千米	1265米	骑墙而建。位于二十一墙大边长城3段墙体上	土	黄色黏土夯筑，含少量砂砾、碎石、料礓石，夯层厚度不详	圆形	梯形	台体底部直径15、残高5米	无	无	保存一般。台体坍塌脱落严重，表面凹凸不平，有裂缝、沟槽、孔洞	自然因素主要有风雨侵蚀、植物生长等；人为因素主要是紧贴台体开荒种地、取土挖损、人畜踩踏等
二十一墙12号敌台(彩图二五五)	堡子湾乡二十一墙村西南2.1千米	1256米	骑墙而建。位于二十一墙大边长城3段墙体上	土	黄色黏土夯筑，含少量砂砾、碎石、料礓石，夯层厚0.17米	矩形	梯形	台体顶部长5、宽3、残高8米	无	无	保存一般。台体坍塌脱落严重，表面凹凸不平，有裂缝、沟槽、孔洞。西南角被铲削挖毁，堆积有垃圾。台体南北两侧有煤场	自然因素主要有风雨侵蚀、植物生长等；人为因素主要是取土挖损、人畜踩踏等

续表 68

名称	地点	高程	与其他遗存的位置关系	材质	建筑方式	平面形制	剖面形制	尺寸	附属设施	修缮情况	保存状况	损毁原因及存在病害
二十一墙13号敌台(彩图二五六、二五七)	堡子湾乡二十一墙村西南2.4千米	1257米	骑墙而建。位于二十一墙大边长城3段墙体上	土	黄色黏土夯筑，含少量砂砾、碎石、料礓石，夯层厚0.15~0.17米	矩形	梯形	台体底部东西6、南北10、残高7米	无	无	保存一般。台体坍塌脱落严重，表面凹凸不平，有裂缝、沟槽、孔洞	自然因素主要有风雨侵蚀、植物生长等；人为因素主要是取土挖损、人畜踩踏等
二十一墙14号敌台	堡子湾乡二十一墙村西南3千米	1252米	骑墙而建。位于二十一墙大边长城3段墙体上，系二十一墙大边长城3段止点、二十一墙大边长城4段起点	土	黄色黏土夯筑，含少量砂砾、碎石、料礓石，夯层厚0.2~0.25米	矩形	梯形	台体底部东西8、南北7、残高4.2米	无	无	保存较差。台体坍塌脱落严重，表面凹凸不平，有裂缝、沟槽、孔洞	自然因素主要有风雨侵蚀、植物生长等；人为因素主要是紧贴台体开荒种地、取土挖损、人畜踩踏等
二十一墙15号敌台(彩图二五八)	堡子湾乡二十一墙村西南3.6千米	1255米	骑墙而建。位于二十一墙大边长城4段墙体上	土	黄色黏土夯筑，含少量砂砾、碎石、料礓石，夯层厚度不详	矩形	梯形	台体底部长12、宽6.8、残高5米	台体南侧原有围墙，现无存。围墙内残存墩院院基	无	保存较差。台体坍塌脱落严重，表面凹凸不平，有裂缝、沟槽、孔洞。台体北壁紧邻石灰厂	自然因素主要有风雨侵蚀、植物生长等；人为因素主要是紧贴台体开荒种地、取土挖损、人畜踩踏等
二十一墙16号敌台	堡子湾乡二十一墙村西南4.2千米	1244米	骑墙而建。位于二十一墙大边长城4段墙体上	土	黄色黏土夯筑，含少量砂砾、碎石、料礓石，夯层厚0.17米	矩形	梯形	台体底部东西9、南北10、残高5米	台体南侧原有围墙，现无存。围墙内残存墩院院基，东西24、南北12、高2米	无	保存较差。台体坍塌脱落严重，表面凹凸不平，有裂缝、沟槽、孔洞。西壁被铲削挖毁3米厚的一层；北壁有人畜踩踏形成的坡道，可登顶	自然因素主要有风雨侵蚀、植物生长等；人为因素主要是紧贴台体开荒种地、取土挖损、人畜踩踏等
拒墙堡1号敌台	堡子湾乡拒墙堡村东北2千米	1229米	骑墙而建。位于拒墙堡大边长城1段墙体上	土	黄色黏土夯筑，含少量砂砾、碎石、料礓石，夯层厚0.27~0.37米	矩形	梯形	台体底部东西6.8、南北10、残高10米	台体南侧原有围墙，现无存。围墙内残存墩院院基，东西24、南北12、高5米	无	保存较好。台体有所坍塌脱落，表面凹凸不平，有裂缝、沟槽、孔洞	自然因素主要有风雨侵蚀、植物生长等；人为因素主要是取土挖损、人畜踩踏等

续表 68

名称	地点	高程	与其他遗存的位置关系	材质	建筑方式	平面形制	剖面形制	尺寸	附属设施	修缮情况	保存状况	损毁原因及存在病害
拒墙堡2号敌台	堡子湾乡拒墙堡村东北1.6千米	1264米	骑墙而建。位于拒墙堡大边长城1段墙体上	土	外部为红色黏土夯筑，夯层厚0.17～0.22米；内部为黄色黏土夯筑,夯层厚0.24米	矩形	梯形	台体底部东西7、南北6.5米，顶部东西5、南北4米，残高7米	台体南侧原有围墙，现无存。围墙内残存墩院院基，东西24、南北12、高1.5米	无	保存一般。台体坍塌脱落严重，表面凹凸不平，有裂缝、沟槽、孔洞	自然因素主要有风雨侵蚀、植物生长等；人为因素主要是取土挖损、人畜踩踏等
拒墙堡3号敌台	堡子湾乡拒墙堡村东北0.82千米	1250米	骑墙而建。位于拒墙堡大边长城1段墙体上	土	黄色黏土夯筑，含少量砂砾、碎石、料礓石，夯层厚0.2～0.25米	矩形	梯形	台体底部东西10、南北11、残高7.2米	无	无	保存一般。台体坍塌脱落严重，表面凹凸不平，有裂缝、沟槽、孔洞	自然因素主要有风雨侵蚀、植物生长等；人为因素主要是紧贴台体开荒种地、取土挖损、人畜踩踏等
拒墙堡4号敌台	堡子湾乡拒墙堡村东北0.48千米	1264米	骑墙而建。位于拒墙堡大边长城1段墙体上	土	红色黏土夯筑，夯层厚0.16～0.18米	矩形	梯形	台体底部东西9、南北10、残高10米	台体南侧有围墙，围墙底宽1.5、顶宽0.5、残高2.5米，夯层厚0.17～0.18米。围墙内残存墩院院基，东西34、南北20、高1.5米，南侧正中有豁口，宽3.5米。台体内设置通顶的圆孔形踏道。台体南侧3米处有小型矩形台体，底部东西2.5、南北3、残高3米	有二次修缮痕迹，北壁底部有砖砌基础，顶部加高层，高3米	保存较好。台体有所坍塌脱落，表面凹凸不平，有裂缝、沟槽、孔洞。台体南侧有现代墓葬	自然因素主要有风雨侵蚀、植物生长等；人为因素主要是取土挖损、人畜踩踏等
拒墙堡5号敌台	堡子湾乡拒墙堡村北0.24千米	1228米	骑墙而建。位于拒墙堡大边长城2段墙体上	土	黄色黏土夯筑，含少量砂砾、碎石、料礓石，夯层厚0.16～0.19米	矩形	梯形	台体底部东西4、南北9、残高5米	无	无	保存一般。台体坍塌脱落严重，表面凹凸不平，有裂缝、沟槽、孔洞。台体南侧有废弃的圆形蓄水池	自然因素主要有风雨侵蚀、植物生长等；人为因素主要是紧贴台体开荒种地、取土挖损、人畜踩踏等

续表68

名称	地点	高程	与其他遗存的位置关系	材质	建筑方式	平面形制	剖面形制	尺寸	附属设施	修缮情况	保存状况	损毁原因及存在病害
拒墙堡6号敌台	堡子湾乡拒墙堡村西北0.53千米	1235米	骑墙而建。位于拒墙堡大边长城2段墙体上	土	黄色黏土夯筑，含少量砂砾、碎石、料礓石，夯层厚0.2～0.22米	矩形	梯形	台体底部东西11、南北12、残高5.2米	无	无	保存一般。台体坍塌脱落严重，表面凹凸不平，有裂缝、沟槽、孔洞	自然因素主要有风雨侵蚀、植物生长等；人为因素主要是取土挖损、人畜踩踏等
拒墙堡7号敌台（图一八九）	堡子湾乡拒墙堡村西2.3千米	1227米	骑墙而建。位于拒墙堡大边长城3段墙体上	土	黄色黏土夯筑，含少量砂砾、碎石、料礓石，夯层厚0.18～0.22米	矩形	梯形	台体底部东西14、南北11米，顶部东西5、南北5米，残高7.3米	台体南侧原有围墙，现无存。围墙内残存墩院院基，东西25、南北12、高1.7米	有二次修缮痕迹，加厚层厚1.3米，夯层厚0.18～0.22米	保存一般。台体坍塌脱落严重，表面凹凸不平，有裂缝、沟槽、孔洞	自然因素主要有风雨侵蚀、植物生长等；人为因素主要是取土挖损、人畜踩踏等
拒墙堡8号敌台	堡子湾乡拒墙堡村西2.8千米	1243米	骑墙而建。位于拒墙堡大边长城3段墙体上	土	黄色黏土夯筑，含少量砂砾、碎石、料礓石，夯层厚0.18～0.2米	圆形	梯形	台体底部直径12、顶部直径4、残高9.6米	台体周围原有围墙，现仅残存北围墙，残高1.8米。围墙内残存墩院院基，北侧墩院院基东西28、南北12、高3.4米；南侧墩院院基东西28、南北12、高2.1米	无	保存较好。台体有所坍塌脱落，表面凹凸不平，有裂缝、沟槽、孔洞	自然因素主要有风雨侵蚀、植物生长等
拒墙堡9号敌台（彩图二五九）	堡子湾乡拒墙堡村西3.2千米	1270米	骑墙而建。位于拒墙堡大边长城3段墙体上，系拒墙堡大边长城3段止点、拒墙堡大边长城4段起点	土	黄色黏土夯筑，含少量砂砾、碎石、料礓石，夯层厚0.25～0.28米	矩形	梯形	台体底部东西8、南北米，顶部东西1、南北5米，残高10米	台体周围原有围墙，现仅残存北围墙，残高1.8米。围墙内残存墩院院基，北侧墩院院基东西38、南北12、高5米；南侧墩院院基东西27、南北14、高2米	无	保存一般。台体坍塌脱落严重，表面凹凸不平，有裂缝、沟槽、孔洞	自然因素主要有风雨侵蚀、植物生长等；人为因素主要是紧贴台体开荒种地、取土挖损、人畜踩踏等
拒墙堡10号敌台	堡子湾乡拒墙堡村西3.4千米	1289米	骑墙而建。位于拒墙堡大边长城4段墙体上	土	黄色黏土夯筑，含少量砂砾、碎石、料礓石，夯层厚0.17～0.22米	矩形	梯形	台体底部东西10、南北9.8米，顶部东西4、南北3.6米，残高9米	无	无	保存较好。台体有所坍塌脱落，表面凹凸不平，有裂缝、沟槽、孔洞	自然因素主要有风雨侵蚀、植物生长等；人为因素主要是紧贴台体开荒种地、取土挖损、人畜踩踏等

续表68

名称	地点	高程	与其他遗存的位置关系	材质	建筑方式	平面形制	剖面形制	尺寸	附属设施	修缮情况	保存状况	损毁原因及存在病害
拒墙堡11号敌台	堡子湾乡拒墙堡村西南3.6千米	1281米	骑墙而建。位于拒墙堡大边长城4段墙体上	土	黄色黏土夯筑，含少量砂砾、碎石、料礓石，夯层厚0.16～0.18米	矩形	梯形	台体底部东西6、南北10、残高10米	台体南侧原有围墙，现无存。围墙内残存墩院院基，东西28、南北12米	无	保存一般。台体坍塌脱落严重，表面凹凸不平，有裂缝、沟槽、孔洞。东壁有两道竖向沟槽，深1.4米；北壁上部中间有沟槽，宽1.5、深0.5米	自然因素主要有风雨侵蚀、植物生长等；人为因素主要是紧贴台体开荒种地、取土挖损、人畜踩踏等
拒墙堡12号敌台	堡子湾乡拒墙堡村西南4千米	1290米	骑墙而建。位于拒墙堡大边长城4段墙体上	土	黄色黏土夯筑，含少量砂砾、碎石、料礓石，夯层厚0.14～0.17米	矩形	梯形	台体底部东西10、南北2米，顶部东西6.5、南北6米，残高8.9米	台体南侧原有围墙，现无存。围墙内残存墩院院基	无	保存一般。台体坍塌脱落严重，表面凹凸不平，有裂缝、沟槽、孔洞	自然因素主要有风雨侵蚀、植物生长等
拒门口1号敌台（彩图二六〇、二六一）	郭家窑乡拒门口村东北3.8千米	1300米	骑墙而建。位于拒门口大边长城1段墙体上	土	黄色黏土夯筑，含少量砂砾、碎石、料礓石，夯层厚0.25～0.28米	矩形	梯形	台体底部东西8、南北7米，顶部东西9、南北10米，残高12米	台体南侧有围墙，东墙残长2、南墙残长10米，围墙底宽1.5、顶宽0.5、残高1.7米。围墙内残存墩院院基，东西30、南北12米	无	保存较好。台体有所坍塌脱落，表面凹凸不平，有裂缝、沟槽、孔洞	自然因素主要有风雨侵蚀、植物生长等；人为因素主要是紧贴台体开荒种地、取土挖损、人畜踩踏等
拒门口2号敌台	郭家窑乡拒门口村东北3.1千米	1294米	骑墙而建。位于拒门口大边长城1段墙体上	土	黄色黏土夯筑，含少量砂砾、碎石、料礓石，夯层厚0.23～0.25米	矩形	梯形	台体底部东西15、南北13米，顶部东西7、南北8米，残高9.7米	无	无	保存较好。台体有所坍塌脱落，表面凹凸不平，有裂缝、沟槽、孔洞	自然因素主要有风雨侵蚀、植物生长等
拒门口3号敌台	郭家窑乡拒门口村东北2.7千米	1304米	骑墙而建。位于拒门口大边长城1段墙体上	土	黄色黏土夯筑，含少量砂砾、碎石、料礓石，夯层厚0.2～0.25米	矩形	梯形	台体底部东西14、南北28米，顶部东西9、南北7米，残高10米	台体南侧原有围墙，现无存。围墙内残存墩院院基，东西28、南北14米	无	保存较好。台体有所坍塌脱落，表面凹凸不平，有裂缝、沟槽、孔洞	自然因素主要有风雨侵蚀、植物生长等

续表 68

名称	地点	高程	与其他遗存的位置关系	材质	建筑方式	平面形制	剖面形制	尺寸	附属设施	修缮情况	保存状况	损毁原因及存在病害
拒门口4号敌台（彩图二六二、二六三）	郭家窑乡拒门口村东北2.3千米	1320米	骑墙而建。位于拒门口大边长城1段墙体上	土	黄色黏土夯筑，含少量砂砾、碎石、料礓石，夯层厚0.14～0.15米	矩形	梯形	台体底部边长15、顶部边长10、南壁残高12、北壁残高15米	台体南侧有围墙，残存南墙、东墙和西墙南段，围墙底宽2、顶宽1、残高1～1.9米。南墙设门，现为豁口，宽2.6米。围墙内残存墩院院基，东西30、南北12米	无	保存较好。台体有所坍塌脱落，表面凹凸不平，有裂缝、沟槽、孔洞	自然因素主要有风雨侵蚀、植物生长等
拒门口5号敌台	郭家窑乡拒门口村东北2千米	1321米	骑墙而建。位于拒门口大边长城1段墙体上，系拒门口大边长城1段止点、拒门口大边长城2段起点	土	黄色黏土夯筑，含少量砂砾、碎石、料礓石，夯层厚0.16～0.2米	矩形	梯形	台体底部边长14米，顶部东西9、南北10米，残高10米	无	无	保存较好。台体有所坍塌脱落，表面凹凸不平，有裂缝、沟槽、孔洞	自然因素主要有风雨侵蚀、植物生长等
拒门口6号敌台	郭家窑乡拒门口村东北1.5千米	1364米	骑墙而建。位于拒门口大边长城2段墙体上	土	黄色黏土夯筑，含少量砂砾、碎石、料礓石，夯层厚0.14～0.17米	矩形	梯形	台体底部边长14米，顶部东西6、南北8米，南壁残高10、北壁残高15米	台体南侧有围墙，围墙底宽1、顶宽0.3、残高0.6米。南墙设门，现为豁口。围墙内残存墩院院基，东西32、南北17米	无	保存较好。台体有所坍塌脱落，表面凹凸不平，有裂缝、沟槽、孔洞	自然因素主要有风雨侵蚀、植物生长等
拒门口7号敌台	郭家窑乡拒门口村东北1千米	1357米	骑墙而建。位于拒门口大边长城2段墙体上	土	黄色黏土夯筑，含少量砂砾、碎石、料礓石，夯层厚0.16～0.19米	矩形	梯形	台体底部边长14、顶部边长10、残高15米	无	无	保存较好。台体有所坍塌脱落，表面凹凸不平，有裂缝、沟槽、孔洞	自然因素主要有风雨侵蚀、植物生长等
拒门口8号敌台	郭家窑乡拒门口村东北0.52千米	1350米	骑墙而建。位于拒门口大边长城2段墙体上	土	黄色黏土夯筑，含少量砂砾、碎石、料礓石，夯层厚0.14～0.17米	矩形	梯形	台体底部边长20、顶部边长10、南壁残高13、北壁残高17米	台体南侧有围墙，残存东、南墙，底宽1.6、顶宽0.8～1、残高2米。南墙设门，现为豁口，宽2.6米。围墙内残存墩院院基东部及西南部痕迹	无	保存较好。台体有所坍塌脱落，表面凹凸不平，有裂缝、沟槽、孔洞	自然因素主要有风雨侵蚀、植物生长等；人为因素主要是取土挖损、人畜踩踏等

续表 68

名称	地点	高程	与其他遗存的位置关系	材质	建筑方式	平面形制	剖面形制	尺寸	附属设施	修缮情况	保存状况	损毁原因及存在病害
拒门口9号敌台	郭家窑乡拒门口村北0.08千米	1363米	骑墙而建。位于拒门口大边长城2段墙体上，系拒门口大边长城2段止点、拒门口大边长城3段起点	土	黄色黏土夯筑，含少量砂砾、碎石、料礓石，夯层厚0.22米	矩形	梯形	台体边长9、残高9.7米	无	无	保存较好。台体有所坍塌脱落，表面凹凸不平，有裂缝、沟槽、孔洞	自然因素主要有风雨侵蚀、植物生长等
拒门口10号敌台	郭家窑乡拒门口村西北0.42千米	1343米	骑墙而建。位于拒门口大边长城3段墙体上	土	黄色黏土夯筑，含少量砂砾、碎石、料礓石，夯层厚0.13～0.15米	矩形	梯形	台体底部边长9、顶部边长6、残高10米	台体南侧有围墙，墙体底宽2.5、顶宽0.5、残高1米。南墙设门，现为豁口。围墙内残存墩院院基，东西36、南北30米	无	保存较好。台体有所坍塌脱落，表面凹凸不平，有裂缝、沟槽、孔洞	自然因素主要有风雨侵蚀、植物生长等
拒门口11号敌台	郭家窑乡拒门口村西北0.7千米	1315米	骑墙而建。位于拒门口大边长城3段墙体上	土	黄色黏土夯筑，含少量砂砾、碎石、料礓石，夯层厚0.14～0.17米	矩形	梯形	台体底部东西5、南北10米，顶部东、南、西、北残长1.5、6、2.5、6米，残高8米	无	无	保存一般。台体坍塌脱落严重，表面凹凸不平，有裂缝、沟槽、孔洞	自然因素主要有风雨侵蚀、植物生长等；人为因素主要是紧贴台体开荒种地、取土挖损、人畜踩踏等
拒门口12号敌台	郭家窑乡拒门口村西0.96千米	1321米	骑墙而建。位于拒门口大边长城3段墙体上	土	黄色黏土夯筑，含少量砂砾、碎石、料礓石，夯层厚0.13～0.17米	矩形	梯形	台体底部边长10、顶部边长8、残高10米	台体南侧有围墙，残存东、西墙。围墙内残存墩院院基，东西30、南北26米	无	保存较好。台体有所坍塌脱落，表面凹凸不平，有裂缝、沟槽、孔洞	自然因素主要有风雨侵蚀、植物生长等
拒门堡1号敌台（彩图二六四）	郭家窑乡拒门堡村东北2.3千米	1328米	骑墙而建。位于拒门堡大边长城1段墙体上	土	黄色黏土夯筑，含少量砂砾、碎石、料礓石，夯层厚0.16～0.21米	矩形	梯形	台体底部东西12.5、南北13米，顶部东西10、南北8.5米，残高8.7米	台体南侧原有围墙，现无存。围墙内残存墩院院基，东西13、南北2.5、高1.7米	无	保存一般。台体坍塌脱落严重，表面凹凸不平，有裂缝、沟槽、孔洞	自然因素主要有风雨侵蚀、植物生长等；人为因素主要是紧贴台体开荒种地、取土挖损、人畜踩踏等

续表68

名称	地点	高程	与其他遗存的位置关系	材质	建筑方式	平面形制	剖面形制	尺寸	附属设施	修缮情况	保存状况	损毁原因及存在病害
拒门堡2号敌台（彩图二六五、二六六）	郭家窑乡拒门堡村东北2.1千米	1327米	骑墙而建。位于拒门堡大边长城1段墙体上	土	黄色黏土夯筑，含少量砂砾、碎石、料礓石，夯层厚0.18～0.22米	矩形	梯形	台体底部东西10、南北9米，顶部东西7、南北6米，残高9.3米	无	无	保存一般。台体坍塌脱落严重，表面凹凸不平，有裂缝、沟槽、孔洞	自然因素主要有风雨侵蚀、植物生长等；人为因素主要是取土挖损、人畜踩踏等
拒门堡3号敌台	郭家窑乡拒门堡村东北1.8千米	1326米	骑墙而建。位于拒门堡大边长城1段墙体上	土	黄色黏土夯筑，含少量砂砾、碎石、料礓石，夯层厚0.14～0.16米	矩形	梯形	台体底部边长10米，顶部东西6.8、南北6米，残高12米	无	有二次修缮痕迹，四壁有加厚层，顶部有加高层	保存较好。台体有所坍塌脱落，表面凹凸不平，有裂缝、沟槽、孔洞	自然因素主要有风雨侵蚀、植物生长等；人为因素主要是取土挖损、人畜踩踏等
拒门堡4号敌台（彩图二六七）	郭家窑乡拒门堡村北1.8千米	1348米	骑墙而建。位于拒门堡大边长城1段墙体上	土	黄色黏土夯筑，含少量砂砾、碎石、料礓石，夯层厚0.17米	圆形	梯形	台体底部直径15、残高6米	台体南侧原有围墙，现无存。围墙内残存墩院院基，东西20、南北12、高2米	无	保存一般。台体坍塌脱落严重，表面凹凸不平，有裂缝、沟槽、孔洞	自然因素主要有风雨侵蚀、植物生长等；人为因素主要是紧贴台体开荒种地、取土挖损、人畜踩踏等
拒门堡5号敌台	郭家窑乡拒门堡村西北1.8千米	1321米	骑墙而建。位于拒门堡大边长城1段墙体上，系拒门堡大边长城1段止点、拒门堡大边长城2段起点	土	黄色黏土夯筑，含少量砂砾、碎石、料礓石，夯层厚0.14～0.17米	圆形	梯形	台体底部直径15、残高7米	台体南侧原有围墙，现无存。围墙内残存墩院院基，东西30、南北20、高1.5米	无	保存一般。台体坍塌脱落严重，表面凹凸不平，有裂缝、沟槽、孔洞	自然因素主要有风雨侵蚀、植物生长等；人为因素主要是紧贴台体开荒种地、取土挖损、人畜踩踏等
拒门堡6号敌台	郭家窑乡拒门堡村西北2千米	1310米	骑墙而建。位于拒门堡大边长城2段墙体上	土	黄色黏土夯筑，含少量砂砾、碎石、料礓石，夯层厚度不详	矩形	梯形	台体底部东西3.2、南北3.5、残高1.5米	台体南侧原有围墙，现无存。围墙内残存墩院院基，东西40、南北10米	无	保存较差。台体坍塌脱落严重，表面凹凸不平，有裂缝、沟槽、孔洞。台体东北角有洞穴	自然因素主要有风雨侵蚀、植物生长等；人为因素主要是紧贴台体开荒种地、取土挖损、挖掘洞穴、人畜踩踏等

续表 68

名称	地点	高程	与其他遗存的位置关系	材质	建筑方式	平面形制	剖面形制	尺寸	附属设施	修缮情况	保存状况	损毁原因及存在病害
拒门堡7号敌台	郭家窑乡拒门堡村西北2千米	1320米	骑墙而建。位于拒门堡大边长城2段墙体上	土	黄色黏土夯筑，含少量砂砾、碎石、料礓石，夯层厚0.15~0.2米	矩形	梯形	台体底部东西8、南北10米，顶部东西3、南北6米，残高8米	台体南侧原有围墙，现无存。围墙内残存墩院院基，东西20、南北12米；西南角有豁口，长5、宽2、进深12米	有二次修缮痕迹	保存一般。台体坍塌脱落严重，表面凹凸不平，有裂缝、沟槽、孔洞	自然因素主要有风雨侵蚀、植物生长等；人为因素主要是紧贴台体开荒种地、取土挖损、人畜踩踏等
拒门堡8号敌台	郭家窑乡拒门堡村西北2.4千米	1320米	骑墙而建。位于拒门堡大边长城2段墙体上	土	黄色黏土夯筑，含少量砂砾、碎石、料礓石，夯层厚0.17~0.2米	矩形	梯形	台体底部东西8、南北10、残高8.5米	台体南侧原有围墙，现仅残存西墙，残高0.2~1米。围墙内残存墩院院基，东西24、南北12、高1.2米	无	保存一般。台体坍塌脱落严重，表面凹凸不平，有裂缝、沟槽、孔洞	自然因素主要有风雨侵蚀、植物生长等；人为因素主要是紧贴台体开荒种地、取土挖损、人畜踩踏等
穆家坪1号敌台	郭家窑乡穆家坪村东北1.9千米	1297米	骑墙而建。位于穆家坪大边长城墙体上。西南与穆家坪2号敌台相距0.236千米	土	黄色黏土夯筑，含少量砂砾、碎石、料礓石，夯层厚0.19~0.21米	矩形	梯形	台体底部东西8、南北9米，顶部东西6.5、南北7.5米，残高7.6米	台体南侧有围墙，东墙残长5、南墙残长10米，围墙底宽1、残高1.1米。围墙内残存墩院院基，东西26、南北14、高1.3米	无	保存一般。台体坍塌脱落严重，表面凹凸不平，有裂缝、沟槽、孔洞	自然因素主要有风雨侵蚀、植物生长等；人为因素主要是取土挖损、人畜踩踏等
穆家坪2号敌台	郭家窑乡穆家坪村东北1.7千米	1309米	骑墙而建。位于穆家坪大边长城墙体上	土	黄色黏土夯筑，含少量砂砾、碎石、料礓石，夯层厚0.18~0.22米	矩形	梯形	台体底部东西7、南北10、残高2米	台体南侧原有围墙，现无存。围墙内残存墩院院基，东西24、南北10、高2米	无	保存较差。台体坍塌脱落严重，表面凹凸不平，有裂缝、沟槽、孔洞	自然因素主要有风雨侵蚀、植物生长等；人为因素主要是取土挖损、人畜踩踏等。
穆家坪3号敌台	郭家窑乡穆家坪村东北1.6千米	1312米	骑墙而建。位于穆家坪大边长城墙体上	土	黄色黏土夯筑，含少量砂砾、碎石、料礓石，夯层厚0.19~0.22米	矩形	梯形	台体底部东西12、南北7.5、残高7.5米	台体南侧原有围墙，现无存。围墙内残存墩院院基，东西24、南北13、高2.5米	无	保存一般。台体坍塌脱落严重，表面凹凸不平，有裂缝、沟槽、孔洞	自然因素主要有风雨侵蚀、植物生长等；人为因素主要是取土挖损、人畜踩踏等

续表 68

名称	地点	高程	与其他遗存的位置关系	材质	建筑方式	平面形制	剖面形制	尺寸	附属设施	修缮情况	保存状况	损毁原因及存在病害
穆家坪4号敌台	郭家窑乡穆家坪村东北1.4千米	1305 米	骑墙而建。位于穆家坪大边长城墙体上	土	黄色黏土夯筑，含少量砂砾、碎石、料礓石，夯层厚 0.21～0.23 米	矩形	梯形	台体底部东西 10、南北 8、残高 7 米	无	无	保存一般。台体坍塌脱落严重，表面凹凸不平，有裂缝、沟槽、孔洞	自然因素主要有风雨侵蚀、植物生长等；人为因素主要是取土挖损、人畜踩踏等
穆家坪5号敌台	郭家窑乡穆家坪村西北 0.68 千米	1284 米	骑墙而建。位于穆家坪大边长城墙体上	土	黄色黏土夯筑，含少量砂砾、碎石、料礓石，夯层厚 0.14～0.17 米	矩形	梯形	台体底部东西 5、南北 20、残高 16 米	无	无	保存一般。台体坍塌脱落严重，表面凹凸不平，有裂缝、沟槽、孔洞	自然因素主要有风雨侵蚀、植物生长等；人为因素主要是取土挖损、人畜踩踏等
穆家坪6号敌台	郭家窑乡穆家坪村西北 0.76 千米	1285 米	骑墙而建。位于穆家坪大边长城墙体上	土	黄色黏土夯筑，含少量砂砾、碎石、料礓石，夯层厚 0.15～0.21 米	矩形	梯形	台体底部东西 12、南北 6、残高 5 米	无	无	保存一般。台体坍塌脱落严重，表面凹凸不平，有裂缝、沟槽、孔洞	自然因素主要有风雨侵蚀、植物生长等；人为因素主要是取土挖损、人畜踩踏等
刘家窑1号敌台	郭家窑乡刘家窑村东北1.3千米	1281 米	骑墙而建。位于刘家窑大边长城1段墙体上	土	黄色黏土夯筑，含少量砂砾、碎石、料礓石，夯层厚 0.16～0.18 米	矩形	梯形	台体底部边长 13、顶部边长 8、残高 12 米	无	无	保存较好。台体有所坍塌脱落，表面凹凸不平，有裂缝、沟槽、孔洞	自然因素主要有风雨侵蚀、植物生长等；人为因素主要是取土挖损、人畜踩踏等
刘家窑2号敌台	郭家窑乡刘家窑村东北 1 千米	1284 米	骑墙而建。位于刘家窑大边长城1段墙体上	土	黄色黏土夯筑，含少量砂砾、碎石、料礓石，夯层厚 0.13～0.15 米	矩形	梯形	台体底部边长 15 米，顶部东西 7、南北 9 米，残高 14 米	台体南侧原有围墙，现无存。围墙内残存墩院院基，东西 15、南北 20、高 2 米	有二次修缮痕迹，四壁有加厚层，顶部有加高层	保存较好。台体有所坍塌脱落，表面凹凸不平，有裂缝、沟槽、孔洞	自然因素主要有风雨侵蚀、植物生长等；人为因素主要是取土挖损、人畜踩踏等

续表 68

名称	地点	高程	与其他遗存的位置关系	材质	建筑方式	平面形制	剖面形制	尺寸	附属设施	修缮情况	保存状况	损毁原因及存在病害
刘家窑3号敌台	郭家窑乡东刘家窑村北0.81千米	1299米	骑墙而建。位于刘家窑大边长城1段墙体上	土	黄色黏土夯筑，含少量砂砾、碎石、料礓石，夯层厚0.13～0.17米	矩形	梯形	台体底部边长12、顶部边长4、残高10米	台体南侧原有围墙，现无存。围墙内残存墩院院基，东西30、南北15、高1.5米	无	保存一般。台体坍塌脱落严重，表面凹凸不平，有裂缝、沟槽、孔洞	自然因素主要有风雨侵蚀、植物生长等；人为因素主要是紧贴台体开荒种地、取土挖损、人畜踩踏等
刘家窑4号敌台	郭家窑乡东刘家窑村北0.77千米	1300米	骑墙而建。位于刘家窑大边长城1段墙体上	土	黄色黏土夯筑，含少量砂砾、碎石、料礓石，夯层厚0.14～0.17米	矩形	梯形	台体底部东西9、南北10米，顶部东西5、南北6米，残高9.2米	台体南侧原有围墙，现无存。围墙内残存墩院院基东南部的痕迹，高1.5米	无	保存一般。台体坍塌脱落严重，表面凹凸不平，有裂缝、沟槽、孔洞	自然因素主要有风雨侵蚀、植物生长等；人为因素主要是取土挖损、人畜踩踏等
刘家窑5号敌台（彩图二六八）	郭家窑乡东刘家窑村西北1千米	1325米	骑墙而建。位于刘家窑大边长城1段墙体上，系刘家窑大边长城1段止点、刘家窑大边长城2段起点	土	黄色黏土夯筑，含少量砂砾、碎石、料礓石，夯层厚0.2～0.24米	矩形	梯形	台体底部东西13、南北15、残高7米	台体南侧原有围墙，现仅残存南墙，长15、底宽2、顶宽0.3、残高0.7米。围墙内残存墩院院基，东西25、南北20米	有二次修缮痕迹	保存一般。台体坍塌脱落严重，表面凹凸不平，有裂缝、沟槽、孔洞	自然因素主要有风雨侵蚀、植物生长等；人为因素主要是取土挖损、人畜踩踏等
十三边1号敌台	郭家窑乡十三边村东北1.1千米	1355米	骑墙而建。位于十三边大边长城1段墙体上	土	黄色黏土夯筑，含少量砂砾、碎石、料礓石，夯层厚0.22～0.27米	矩形	梯形	台体底部东西11、南北10、残高8.7米	无	无	保存一般。台体坍塌脱落严重，表面凹凸不平，有裂缝、沟槽、孔洞	自然因素主要有风雨侵蚀、植物生长等；人为因素主要是紧贴台体开荒种地、取土挖损、人畜踩踏等
十三边2号敌台	郭家窑乡十三边村东北0.6千米	1344米	骑墙而建。位于十三边大边长城1段墙体上	土	黄色黏土夯筑，含少量砂砾、碎石、料礓石，夯层厚0.13～0.17米	矩形	梯形	台体底部东、南、西、北长11.2、4、7.4、10米，顶部东、南、西、北长7、3、5.5、3米，残高9.2米	无	无	保存一般。台体坍塌脱落严重，表面凹凸不平，有裂缝、沟槽、孔洞	自然因素主要有风雨侵蚀、植物生长等；人为因素主要是取土挖损、人畜踩踏等

续表 68

名称	地点	高程	与其他遗存的位置关系	材质	建筑方式	平面形制	剖面形制	尺寸	附属设施	修缮情况	保存状况	损毁原因及存在病害
十三边3号敌台	郭家窑乡十三边村西北0.1千米	1385米	骑墙而建。位于十三边大边长城1段墙体上，系十三边大边长城1段止点、十三边大边长城2段起点	土	黄色黏土夯筑，含少量砂砾、碎石、料礓石，夯层厚0.21～0.23米	矩形	梯形	台体底部东西11、南北10、残高8.7米	无	无	保存一般。台体坍塌脱落严重，表面凹凸不平，有裂缝、沟槽、孔洞	自然因素主要有风雨侵蚀、植物生长等；人为因素主要是取土挖损、人畜踩踏等
十三边4号敌台	郭家窑乡十三边村南0.33千米	1389米	骑墙而建。位于十三边大边长城2段墙体上	土	黄色黏土夯筑，含少量砂砾、碎石、料礓石，夯层厚0.13～0.18米	矩形	梯形	台体底部边长12米，顶部东西2.5、南北8米，残高11米	台体东侧原有围墙，现仅残存东墙，顶宽0.5、残高0.4～0.6米。围墙内残存墩院院基，土石混筑而成，东西12、南北24、高1.5米	无	保存较好。台体有所坍塌脱落，表面凹凸不平，有裂缝、沟槽、孔洞	自然因素主要有风雨侵蚀、植物生长等；人为因素主要是取土挖损、人畜踩踏等
十三边5号敌台	郭家窑乡十三边村西南0.95千米	1407米	骑墙而建。位于十三边大边长城2段墙体上	土	黄色黏土夯筑，含少量砂砾、碎石、料礓石，夯层厚0.16～0.18米	矩形	梯形	台体底部东西8、南北12米，顶部东西4、南北7米，残高5.5米	无	无	保存一般。台体坍塌脱落严重，表面凹凸不平，有裂缝、沟槽、孔洞	自然因素主要有风雨侵蚀、植物生长等；人为因素主要是取土挖损、人畜踩踏等
十三边6号敌台（彩图二六九）	郭家窑乡助马堡村西南1.4千米	1384米	骑墙而建。位于十三边大边长城2段墙体上	土	黄色黏土夯筑，含少量砂砾、碎石、料礓石，夯层厚0.14～0.17米	矩形	梯形	台体底部边长15米，顶部东西7、南北8米，残高15米	台体东侧原有围墙，现仅残存东、南墙，东墙顶宽0.5、残高1.5米，南墙残长0.8、残高0.5米。围墙内残存墩院院基，东西12、南北24、高5米。东壁底部设拱形门洞，宽0.9、高0.7米。台体内设置通顶的圆孔形踏道，拱形门洞与踏道相通，可登顶	无	保存一般。台体坍塌脱落严重，表面凹凸不平，有裂缝、沟槽、孔洞。西壁生长有2棵树，西南角底部被洪水冲毁	自然因素主要有风雨侵蚀、植物生长、洪水冲刷等；人为因素主要是取土挖损、人畜踩踏等
助马堡1号敌台	郭家窑乡助马堡村西北1.6千米	1430米	骑墙而建。位于助马堡大边长城1段墙体上	土	黄色黏土夯筑，含少量砂砾、碎石、料礓石，夯层厚0.14～0.17米	矩形	梯形	台体底部东西5、南北12米，顶部东、南、西、北残长分别为2.2、1.7、2、1.7米，残高11.6米	台体东侧原有围墙，现仅残存东墙，长4、残高2米。东墙底部有排水设施。围墙内残存墩院院基，东西30、南北20、高1.5米	无	保存一般。台体坍塌脱落严重，表面凹凸不平，有裂缝、沟槽、孔洞	自然因素主要有风雨侵蚀、植物生长等；人为因素主要是取土挖损、人畜踩踏等

续表 68

名称	地点	高程	与其他遗存的位置关系	材质	建筑方式	平面形制	剖面形制	尺寸	附属设施	修缮情况	保存状况	损毁原因及存在病害
助马堡2号敌台	郭家窑乡助马堡村西北1.5千米	1385米	骑墙而建。位于助马堡大边长城1段墙体上	土	黄色黏土夯筑，含少量砂砾、碎石、料礓石，夯层厚度不详	矩形	梯形	台体底部边长6、残高5米	台体东侧原有围墙，现无存。围墙内残存墩院院基东南部痕迹	无	保存一般。台体坍塌脱落严重，表面凹凸不平，有裂缝、沟槽、孔洞	自然因素主要有风雨侵蚀、植物生长等；人为因素主要是取土挖损、人畜踩踏等
助马堡3号敌台	郭家窑乡助马堡村西南1.7千米	1401米	骑墙而建。位于助马堡大边长城2段墙体上	土	黄色黏土夯筑，含少量砂砾、碎石、料礓石，夯层厚0.19～0.2米	矩形	梯形	台体底部东西8、南北10、残高7.2米	无	无	保存一般。台体坍塌脱落严重，表面凹凸不平，有裂缝、沟槽、孔洞	自然因素主要有风雨侵蚀、植物生长等；人为因素主要是取土挖损、人畜踩踏等
助马堡4号敌台	郭家窑乡助马堡村西南2千米	1398米	骑墙而建。位于助马堡大边长城2段墙体上	土	黄色黏土夯筑，含少量砂砾、碎石、料礓石，夯层厚0.18～0.23米	矩形	梯形	台体底部东西13、南北14、残高8米	无	无	保存一般。台体坍塌脱落严重，表面凹凸不平，有裂缝、沟槽、孔洞	自然因素主要有风雨侵蚀、植物生长等；人为因素主要是取土挖损、人畜踩踏等
助马堡5号敌台	郭家窑乡助马堡村西南2.5千米	1408米	骑墙而建。位于助马堡大边长城2段墙体上	土	黄色黏土夯筑，含少量砂砾、碎石、料礓石，夯层厚0.21～0.24米	矩形	梯形	台体底部东西6、南北8、残高4.2米	无	无	保存一般。台体坍塌脱落严重，表面凹凸不平，有裂缝、沟槽、孔洞	自然因素主要有风雨侵蚀、植物生长等；人为因素主要是取土挖损、人畜踩踏等
助马堡6号敌台	郭家窑乡助马堡村西南2.7千米	1392米	骑墙而建。位于助马堡大边长城2段墙体上	土	黄色黏土夯筑，含少量砂砾、碎石、料礓石，夯层厚0.2～0.25米	矩形	梯形	台体底部东西8、南北9、残高7.2米	无	无	保存一般。台体坍塌脱落严重，表面凹凸不平，有裂缝、沟槽、孔洞	自然因素主要有风雨侵蚀、植物生长等；人为因素主要是取土挖损、人畜踩踏等

续表 68

名称	地点	高程	与其他遗存的位置关系	材质	建筑方式	平面形制	剖面形制	尺寸	附属设施	修缮情况	保存状况	损毁原因及存在病害
二十五敌台	郭家窑乡二十五村西北 0.45 千米	1411 米	骑墙而建。位于二十五大边长城墙体上	土	黄色黏土夯筑，含少量砂砾、碎石、料礓石，夯层厚 0.22～0.25 米	矩形	梯形	台体底部东西 8、南北 7、残高 6.2 米	无	无	保存一般。台体坍塌脱落严重，表面凹凸不平，有裂缝、沟槽、孔洞	自然因素主要有风雨侵蚀、植物生长等；人为因素主要是取土挖损、人畜踩踏等
砖楼沟1号敌台	郭家窑乡砖楼沟村西北 0.17 千米	1413 米	骑墙而建。位于砖楼沟大边长城墙体上	土	黄色黏土夯筑，含少量砂砾、碎石、料礓石，夯层厚 0.14～0.17 米	矩形	梯形	台体底部东西 9、南北 12 米，顶部东西 5.6、南北 9 米，残高 8 米	台体东侧原有围墙，现无存。围墙内残存墩院院基西北部的痕迹	无	保存一般。台体坍塌脱落严重，表面凹凸不平，有裂缝、沟槽、孔洞。北壁被洪水冲刷，坍塌 2 米厚的一层	自然因素主要有风雨侵蚀、植物生长、洪水冲刷等；人为因素主要是取土挖损、人畜踩踏等
砖楼沟2号敌台（彩图二七〇）	郭家窑乡砖楼沟村西南 0.78 千米	1391 米	骑墙而建。位于砖楼沟大边长城墙体上	土	黄色黏土夯筑，含少量砂砾、碎石、料礓石，夯层厚0.15～0.2 米	矩形	梯形	台体底部东西 10、南北 13 米，顶部东西 5、南北 8 米，残高 10 米	台体东侧有围墙，残存东、南墙，长 7、底宽 3、顶宽 0.5、残高 2 米。围墙内残存墩院院基，东西 18、南北 27、高 3 米	无	保存较好。台体有所坍塌脱落，表面凹凸不平，有裂缝、沟槽、孔洞	自然因素主要有风雨侵蚀、植物生长等；人为因素主要是取土挖损、人畜踩踏等
砖楼沟3号敌台（彩图二七一、二七二）	郭家窑乡砖楼沟村西南1.7千米	1388 米	骑墙而建。位于砖楼沟大边长城墙体上	土	黄色黏土夯筑，含少量砂砾、碎石、料礓石，夯层厚 0.16～0.21 米	矩形	梯形	台体底部东西 15、南北 14、残高 11 米	台体东侧有围墙。围墙内残存墩院院基	无	保存较好。台体有所坍塌脱落，表面凹凸不平，有裂缝、沟槽、孔洞	自然因素主要有风雨侵蚀、植物生长等；人为因素主要是取土挖损、人畜踩踏等
宏赐堡二边1号敌台	堡子湾乡宏赐堡村西南 0.86 千米	1159 米	骑墙而建。位于宏赐堡二边长城2 段墙体上	土	黄色黏土夯筑，含少量砂砾、碎石、料礓石，夯层厚 0.25～0.28 米	矩形	梯形	台体底部东西 8、南北 7、残高 3 米	无	无	保存较差。台体坍塌脱落严重，表面凹凸不平，有裂缝、沟槽、孔洞	自然因素主要有风雨侵蚀、植物生长等；人为因素主要是紧贴台体开荒种地、取土挖损、人畜踩踏等

续表68

名称	地点	高程	与其他遗存的位置关系	材质	建筑方式	平面形制	剖面形制	尺寸	附属设施	修缮情况	保存状况	损毁原因及存在病害
宏赐堡二边2号敌台	堡子湾乡宏赐堡村西南1.6千米	1192米	骑墙而建。位于宏赐堡二边长城2段墙体上	土	黄色黏土夯筑，含少量砂砾、碎石、料礓石，夯层厚0.21～0.26米	矩形	梯形	台体底部东西10、南北11、残高3米	无	无	保存较差。台体坍塌脱落严重，表面凹凸不平，有裂缝、沟槽、孔洞	自然因素主要有风雨侵蚀、植物生长等；人为因素主要是取土挖损、人畜踩踏等
宏赐堡二边3号敌台	堡子湾乡宏赐堡村西南1.8千米	1206米	骑墙而建。位于宏赐堡二边长城2段墙体上	土	黄色黏土夯筑，含少量砂砾、碎石、料礓石，夯层厚度不详	矩形	梯形	台体底部东西8、南北7、残高4米	无	无	保存较差。台体坍塌脱落严重，表面凹凸不平，有裂缝、沟槽、孔洞	自然因素主要有风雨侵蚀、植物生长等；人为因素主要是紧贴台体开荒种地、取土挖损、人畜踩踏等
宏赐堡二边4号敌台	堡子湾乡宏赐堡村西南2千米	1219米	骑墙而建。位于宏赐堡二边长城2段墙体上	土	黄色黏土夯筑，含少量砂砾、碎石、料礓石，夯层厚度不详	矩形	梯形	台体底部东西8、南北7、残高4米	无	无	保存较差。台体坍塌脱落严重，表面凹凸不平，有裂缝、沟槽、孔洞	自然因素主要有风雨侵蚀、植物生长等；人为因素主要是紧贴台体开荒种地、取土挖损、人畜踩踏等
宏赐堡二边5号敌台	堡子湾乡宏赐堡村西南2.2千米	1230米	骑墙而建。位于宏赐堡二边长城2段墙体上	土	黄色黏土夯筑，含少量砂砾、碎石、料礓石，夯层厚度不详	矩形	梯形	台体底部东西7、南北6、残高3.7米	无	无	保存较差。台体坍塌脱落严重，表面凹凸不平，有裂缝、沟槽、孔洞	自然因素主要有风雨侵蚀、植物生长等；人为因素主要是紧贴台体开荒种地、取土挖损、人畜踩踏等
宏赐堡二边6号敌台	堡子湾乡宏赐堡村西南2.4千米	1233米	骑墙而建。位于宏赐堡二边长城2段墙体上，系宏赐堡二边长城2段止点、宏赐堡二边长城3段起点	土	黄色黏土夯筑，含少量砂砾、碎石、料礓石，夯层厚度不详	矩形	梯形	台体底部东西7、南北6、残高4米	无	无	保存一般。台体坍塌脱落严重，表面凹凸不平，有裂缝、沟槽、孔洞	自然因素主要有风雨侵蚀、植物生长等；人为因素主要是紧贴台体开荒种地、取土挖损、人畜踩踏等

续表 68

名称	地点	高程	与其他遗存的位置关系	材质	建筑方式	平面形制	剖面形制	尺寸	附属设施	修缮情况	保存状况	损毁原因及存在病害
宏赐堡二边7号敌台	堡子湾乡宏赐堡村西南2.6千米	1235米	骑墙而建。位于宏赐堡二边长城3段墙体上	土	黄色黏土夯筑，含少量砂砾、碎石、料礓石，夯层厚度不详	矩形	梯形	台体底部东西7、南北8、残高4米	无	无	保存较差。台体坍塌脱落严重，表面凹凸不平，有裂缝、沟槽、孔洞	自然因素主要有风雨侵蚀、植物生长等；人为因素主要是紧贴台体开荒种地、取土挖损、人畜踩踏等
宏赐堡二边8号敌台	堡子湾乡宏赐堡村西南2.7千米	1241米	骑墙而建。位于宏赐堡二边长城3段墙体上	土	黄色黏土夯筑，含少量砂砾、碎石、料礓石，夯层厚度不详	矩形	梯形	台体底部东西7、南北6、残高5米	无	无	保存较差。台体坍塌脱落严重，表面凹凸不平，有裂缝、沟槽、孔洞	自然因素主要有风雨侵蚀、植物生长等；人为因素主要是紧贴台体开荒种地、取土挖损、人畜踩踏等
宏赐堡二边9号敌台	堡子湾乡宏赐堡村西南3千米	1251米	骑墙而建。位于宏赐堡二边长城3段墙体上	土	黄色黏土夯筑，含少量砂砾、碎石、料礓石，夯层厚度不详	矩形	梯形	台体底部东西11、南北10、残高6米	无	无	保存一般。台体坍塌脱落严重，表面凹凸不平，有裂缝、沟槽、孔洞	自然因素主要有风雨侵蚀、植物生长等；人为因素主要是紧贴台体开荒种地、取土挖损、人畜踩踏等
宏赐堡二边10号敌台	堡子湾乡宏赐堡村西南3.1千米	1263米	骑墙而建。位于宏赐堡二边长城3段墙体上	土	黄色黏土夯筑，含少量砂砾、碎石、料礓石，夯层厚度不详	矩形	梯形	台体底部东西15、南北6、残高3.8米	无	无	保存较差。台体坍塌脱落严重，表面凹凸不平，有裂缝、沟槽、孔洞	自然因素主要有风雨侵蚀、植物生长等；人为因素主要是紧贴台体开荒种地、取土挖损、人畜踩踏等
里教场沟1号敌台	堡子湾乡里教场沟东北1.4千米	1274米	骑墙而建。位于里教场沟二边长城1段墙体上	土	黄色黏土夯筑，含少量砂砾、碎石、料礓石，夯层厚0.14～0.17米	矩形	梯形	台体底部东西5、南北10米，顶部东西2.8、南北3米，残高6米	无	无	保存一般。台体坍塌脱落严重，表面凹凸不平，有裂缝、沟槽、孔洞	自然因素主要有风雨侵蚀、植物生长等；人为因素主要是紧贴台体开荒种地、取土挖损、人畜踩踏等

续表 68

名称	地点	高程	与其他遗存的位置关系	材质	建筑方式	平面形制	剖面形制	尺寸	附属设施	修缮情况	保存状况	损毁原因及存在病害
里教场沟2号敌台	堡子湾乡里教场沟村东北0.98千米	1264米	骑墙而建。位于里教场沟二边长城1段墙体上	土	黄色黏土夯筑，含少量砂砾、碎石、料礓石，夯层厚0.14～0.17米	矩形	梯形	台体底部东西5、南北7米，顶部东西1.5、南北2米，残高6米	无	无	保存一般。台体坍塌脱落严重，表面凹凸不平，有裂缝、沟槽、孔洞	自然因素主要有风雨侵蚀、植物生长等；人为因素主要是紧贴台体开荒种地、取土挖损、人畜踩踏等
里教场沟3号敌台	新荣镇里教场村东北0.45千米	1253米	骑墙而建。位于里教场沟二边长城1段墙体上	土	黄色黏土夯筑，含少量砂砾、碎石、料礓石，夯层厚0.14～0.17米	矩形	梯形	台体底部东西9、南北8、残高4.2米	无	无	保存较差。台体坍塌脱落严重，表面凹凸不平，有裂缝、沟槽、孔洞	自然因素主要有风雨侵蚀、植物生长等；人为因素主要是紧贴台体开荒种地、取土挖损、人畜踩踏等
里教场沟4号敌台	新荣镇里教场村北0.32千米	1260米	骑墙而建。位于里教场沟二边长城1段墙体上	土	黄色黏土夯筑，含少量砂砾、碎石、料礓石，夯层厚度不详	矩形	梯形	台体底部东西4、南北12、残高4米	无	无	保存较差。台体坍塌脱落严重，表面凹凸不平，有裂缝、沟槽、孔洞	自然因素主要有风雨侵蚀、植物生长等；人为因素主要是取土挖损、人畜踩踏等
里教场沟5号敌台	新荣镇里教场村西0.12千米	1230米	骑墙而建。位于里教场沟二边长城1段墙体上，系里教场沟二边长城1段止点、里教场沟二边长城2段起点	土	黄色黏土夯筑，含少量砂砾、碎石、料礓石，夯层厚度不详	矩形	梯形	台体底部东西2、南北6、残高4米	无	无	保存较差。台体坍塌脱落严重，表面凹凸不平，有裂缝、沟槽、孔洞	自然因素主要有风雨侵蚀、植物生长等；人为因素主要是紧贴台体开荒种地、取土挖损、人畜踩踏等
里教场沟6号敌台	新荣镇里教场村西南0.52千米	1227米	骑墙而建。位于里教场沟二边长城2段墙体上	土	黄色黏土夯筑，含少量砂砾、碎石、料礓石，夯层厚度不详	矩形	梯形	台体底部东、南、西、北长6、1.2、5.6、3、残高4米	无	无	保存较差。台体坍塌脱落严重，表面凹凸不平，有裂缝、沟槽、孔洞。南壁有人畜踩踏形成的坡道，可登顶，宽0.7米	自然因素主要有风雨侵蚀、植物生长等；人为因素主要是紧贴台体开荒种地、取土挖损、人畜踩踏等

续表68

名称	地点	高程	与其他遗存的位置关系	材质	建筑方式	平面形制	剖面形制	尺寸	附属设施	修缮情况	保存状况	损毁原因及存在病害
里教场沟7号敌台	新荣镇里教场村西南0.66千米	1221米	骑墙而建。位于里教场沟二边长城2段墙体上	土	黄色黏土夯筑，含少量砂砾、碎石、料礓石，夯层厚0.14～0.17米	矩形	梯形	台体底部东西7.2、南北5、残高4米	无	无	保存较差。台体坍塌脱落严重，表面凹凸不平，有裂缝、沟槽、孔洞	自然因素主要有风雨侵蚀、植物生长等；人为因素主要是紧贴台体开荒种地、取土挖损、人畜踩踏等
里教场沟8号敌台	新荣镇外教场村东0.76千米	1218米	骑墙而建。位于里教场沟二边长城2段墙体上	土	黄色黏土夯筑，含少量砂砾、碎石、料礓石，夯层厚度不详	矩形	梯形	台体底部东西8、南北7、残高3.5米	无	无	保存较差。台体坍塌脱落严重，表面凹凸不平，有裂缝、沟槽、孔洞	自然因素主要有风雨侵蚀、植物生长等；人为因素主要是紧贴台体开荒种地、取土挖损、人畜踩踏等
里教场沟9号敌台	新荣镇外教场沟村东南0.7千米	1215米	骑墙而建。位于里教场沟二边长城2段墙体上	土	黄色黏土夯筑，含少量砂砾、碎石、料礓石，夯层厚0.14～0.18米	圆形	梯形	台体底部直径6、残高4.5米	无	无	保存较差。台体坍塌脱落严重，表面凹凸不平，有裂缝、沟槽、孔洞。有人畜踩踏形成的坡道，可登顶	自然因素主要有风雨侵蚀、植物生长等；人为因素主要是紧贴台体开荒种地、取土挖损、人畜踩踏等
外教场沟1号敌台	新荣镇外教场村东南0.55千米	1196米	骑墙而建。位于外教场沟二边长城墙体上	土	黄色黏土夯筑，含少量砂砾、碎石、料礓石，夯层厚0.14～0.18米	矩形	梯形	台体底部边长6、顶部边长3.8、残高4米	无	无	保存较差。台体坍塌脱落严重，表面凹凸不平，有裂缝、沟槽、孔洞	自然因素主要有风雨侵蚀、植物生长等；人为因素主要是紧贴台体开荒种地、取土挖损、人畜踩踏等
外教场沟2号敌台	新荣镇外教场村南0.39千米	1191米	骑墙而建。位于外教场沟二边长城墙体上	土	黄色黏土夯筑，含少量砂砾、碎石、料礓石，夯层厚0.14～0.18米	矩形	梯形	台体底部东西2、南北4.5米，顶部东西1、南北3.5米，残高5米	无	无	保存较差。台体坍塌脱落严重，表面凹凸不平，有裂缝、沟槽、孔洞	自然因素主要有风雨侵蚀、植物生长等；人为因素主要是紧贴台体开荒种地、取土挖损、人畜踩踏等

续表 68

名称	地点	高程	与其他遗存的位置关系	材质	建筑方式	平面形制	剖面形制	尺寸	附属设施	修缮情况	保存状况	损毁原因及存在病害
外教场沟3号敌台	新荣镇外教场村西南0.75千米	1208米	骑墙而建。位于外教场沟二边长城墙体上	土	黄色黏土夯筑，含少量砂砾、碎石、料礓石，夯层厚度不详	矩形	梯形	台体底部东西1.5、南北6、残高1.8米	无	无	保存较差。台体坍塌脱落严重，表面凹凸不平，有裂缝、沟槽、孔洞	自然因素主要有风雨侵蚀、植物生长等；人为因素主要是紧贴台体开荒种地、取土挖损、人畜踩踏等
外教场沟4号敌台	新荣镇外教场村西南1.4千米	1196米	骑墙而建。位于外教场沟二边长城墙体上	土	黄色黏土夯筑，含少量砂砾、碎石、料礓石，夯层厚0.14～0.18米	矩形	梯形	台体底部东西5、南北7、残高5米	无	无	保存较差。台体坍塌脱落严重，表面凹凸不平，有裂缝、沟槽、孔洞	自然因素主要有风雨侵蚀、植物生长等；人为因素主要是紧贴台体开荒种地、取土挖损、人畜踩踏等
下甘沟1号敌台（彩图二七三）	新荣镇下甘沟村东1.9千米	1190米	骑墙而建。位于下甘沟二边长城1段墙体上	土	黄色黏土夯筑，含少量砂砾、碎石、料礓石，夯层厚0.14～0.18米	矩形	梯形	台体底部东西9、南北8米，顶部东西4.2、南北4米，残高8米	无	无	保存一般。台体坍塌脱落严重，表面凹凸不平，有裂缝、沟槽、孔洞	自然因素主要有风雨侵蚀、植物生长等；人为因素主要是取土挖损、人畜踩踏等
下甘沟2号敌台	新荣镇下甘沟村东1.7千米	1208米	骑墙而建。位于下甘沟二边长城1段墙体上	土	黄色黏土夯筑，含少量砂砾、碎石、料礓石，夯层厚0.14～0.17米	矩形	梯形	台体底部边长6、顶部边长3、残高5.6米	无	无	保存一般。台体坍塌脱落严重，表面凹凸不平，有裂缝、沟槽、孔洞	自然因素主要有风雨侵蚀、植物生长等；人为因素主要是取土挖损、人畜踩踏等
下甘沟3号敌台	新荣镇下甘沟村东1.4千米	1218米	骑墙而建。位于下甘沟二边长城1段墙体上	土	黄色黏土夯筑，含少量砂砾、碎石、料礓石，夯层厚0.17～0.22米	矩形	梯形	台体底部东西5、南北8、残高5米	无	无	保存一般。台体坍塌脱落严重，表面凹凸不平，有裂缝、沟槽、孔洞	自然因素主要有风雨侵蚀、植物生长等；人为因素主要是紧贴台体开荒种地、取土挖损、人畜踩踏等

续表 68

名称	地点	高程	与其他遗存的位置关系	材质	建筑方式	平面形制	剖面形制	尺寸	附属设施	修缮情况	保存状况	损毁原因及存在病害
下甘沟4号敌台	新荣镇下甘沟村东南1.2千米	1201 米	骑墙而建。位于下甘沟二边长城1段墙体上	土	黄色黏土夯筑，含少量砂砾、碎石、料礓石，夯层厚 0.13～0.14 米	矩形	梯形	台体底部东西 8、南北 10 米，顶部东西 2、南北 5 米，残高 7.2 米	无	无	保存一般。台体坍塌脱落严重，表面凹凸不平，有裂缝、沟槽、孔洞	自然因素主要有风雨侵蚀、植物生长等；人为因素主要是取土挖损、人畜踩踏等
下甘沟5号敌台	新荣镇下甘沟村东南0.92 千米	1219 米	骑墙而建。位于下甘沟二边长城1段墙体上	土	黄色黏土夯筑，含少量砂砾、碎石、料礓石，夯层厚 0.15～0.18 米	矩形	梯形	台体底部东西 8、南北 10 米，顶部东西 4、南北 3 米，残高 5 米	无	无	保存一般。台体坍塌脱落严重，表面凹凸不平，有裂缝、沟槽、孔洞	自然因素主要有风雨侵蚀、植物生长等；人为因素主要是取土挖损、人畜踩踏等
下甘沟6号敌台	新荣镇下甘沟村东南0.62 千米	1227 米	骑墙而建。位于下甘沟二边长城1段墙体上，系下甘沟二边长城1段止点、下甘沟二边长城2段起点	土	黄色黏土夯筑，含少量砂砾、碎石、料礓石，夯层厚度不详	圆形	梯形	台体底部直径 14.2、顶部直径 3.2、残高 3～5 米	无	无	保存一般。台体坍塌脱落严重，表面凹凸不平，有裂缝、沟槽、孔洞	自然因素主要有风雨侵蚀、植物生长等；人为因素主要是取土挖损、人畜踩踏等
下甘沟7号敌台	新荣镇下甘沟村南0.15千米	1191 米	骑墙而建。位于下甘沟二边长城2段墙体上	土	黄色黏土夯筑，含少量砂砾、碎石、料礓石，夯层厚 0.14～0.17 米	矩形	梯形	台体底部东西 3、南北 2.5、残高 2 米	无	无	保存较差。台体坍塌脱落严重，表面凹凸不平，有裂缝、沟槽、孔洞	自然因素主要有风雨侵蚀、植物生长等；人为因素主要是取土挖损、人畜踩踏等
下甘沟8号敌台（彩图二七四）	新荣镇下甘沟村西南0.13 千米	1209 米	骑墙而建。位于下甘沟二边长城2段墙体上	土	黄色黏土夯筑，含少量砂砾、碎石、料礓石，夯层厚 0.14～0.18 米	矩形	梯形	台体底部东西 5、南北 6、残高 5 米	无	无	保存一般。台体坍塌脱落严重，表面凹凸不平，有裂缝、沟槽、孔洞	自然因素主要有风雨侵蚀、植物生长等；人为因素主要是取土挖损、人畜踩踏等

续表68

名称	地点	高程	与其他遗存的位置关系	材质	建筑方式	平面形制	剖面形制	尺寸	附属设施	修缮情况	保存状况	损毁原因及存在病害
下甘沟9号敌台	新荣镇下甘沟村西南0.27千米	1220米	骑墙而建。位于下甘沟二边长城2段墙体上	土	黄色黏土夯筑，含少量砂砾、碎石、料礓石，夯层厚度不详	矩形	梯形	台体底部东西9、南北8、残高4.2米	无	无	保存较差。台体坍塌脱落严重，表面凹凸不平，有裂缝、沟槽、孔洞	自然因素主要有风雨侵蚀、植物生长等；人为因素主要是取土挖损、人畜踩踏等
下甘沟10号敌台	新荣镇下甘沟村西0.5千米	1227米	骑墙而建。位于下甘沟二边长城2段墙体上	土	黄色黏土夯筑，含少量砂砾、碎石、料礓石，夯层厚度不详	矩形	梯形	台体底部东西8、南北7、残高3.5米	无	无	保存较差。台体坍塌脱落严重，表面凹凸不平，有裂缝、沟槽、孔洞	自然因素主要有风雨侵蚀、植物生长等；人为因素主要是取土挖损、人畜踩踏等
光明1号敌台	新荣镇光明村东北2.3千米	1195米	骑墙而建。位于光明二边长城1段墙体上	土	黄色黏土夯筑，含少量砂砾、碎石、料礓石，夯层厚0.13～0.17米	矩形	梯形	台体底部东西6、南北10米，顶部东西2.5、南北2米，残高5米	无	无	保存一般。凹凸不平，有裂缝、沟槽、孔洞	自然因素主要有风雨侵蚀、植物生长等；人为因素主要是取土挖损、人畜踩踏等
光明2号敌台	新荣镇光明村东北1.8千米	1198米	骑墙而建。位于光明二边长城1段墙体上	土	黄色黏土夯筑，含少量砂砾、碎石、料礓石，夯层厚0.14～0.18米	矩形	梯形	台体底部边长6米，顶部东西2.3、南北3米，残高5米	无	无	保存一般。台体坍塌脱落严重，表面凹凸不平，有裂缝、沟槽、孔洞	自然因素主要有风雨侵蚀、植物生长等；人为因素主要是取土挖损、人畜踩踏等
光明3号敌台	新荣镇光明村东北1.5千米	1220米	骑墙而建。位于光明二边长城1段墙体上	土	黄色黏土夯筑，含少量砂砾、碎石、料礓石，夯层厚0.14～0.18米	矩形	梯形	台体底部东西6、南北8.6米，顶部东西2、南北3米，残高6.4米	无	无	保存一般。台体坍塌脱落严重，表面凹凸不平，有裂缝、沟槽、孔洞	自然因素主要有风雨侵蚀、植物生长等；人为因素主要是取土挖损、人畜踩踏等

续表 68

名称	地点	高程	与其他遗存的位置关系	材质	建筑方式	平面形制	剖面形制	尺寸	附属设施	修缮情况	保存状况	损毁原因及存在病害
光明 4 号敌台	新荣镇光明村东北1.3千米	1209 米	骑墙而建。位于光明二边长城 1 段墙体上	土	黄色黏土夯筑，含少量砂砾、碎石、料礓石，夯层厚 0.14～0.21 米	矩形	梯形	台体底部东西 5、南北 6 米，顶部东西 2.3、南北 2 米，残高 4.2 米	无	无	保存较差。台体坍塌脱落严重，表面凹凸不平，有裂缝、沟槽、孔洞	自然因素主要有风雨侵蚀、植物生长等；人为因素主要是紧贴台体开荒种地、取土挖损、人畜踩踏等
光明 5 号敌台	新荣镇光明村东北0.66千米	1205 米	骑墙而建。位于光明二边长城 1 段墙体上	土	黄色黏土夯筑，含少量砂砾、碎石、料礓石，夯层厚 0.14～0.17 米	矩形	梯形	台体底部东西 10、南北 6、残高 5.1 米	无	无	保存一般。台体坍塌脱落严重，表面凹凸不平，有裂缝、沟槽、孔洞	自然因素主要有风雨侵蚀、植物生长等；人为因素主要是取土挖损、人畜踩踏等
光明 6 号敌台	新荣镇光明村西 1.1千米	1240 米	骑墙而建。位于光明二边长城 2 段墙体上	土	黄色黏土夯筑，含少量砂砾、碎石、料礓石，夯层厚 0.23～0.27 米	矩形	梯形	台体底部东西 7、南北 6、残高 4 米	无	无	保存较差。台体坍塌脱落严重，表面凹凸不平，有裂缝、沟槽、孔洞	自然因素主要有风雨侵蚀、植物生长等；人为因素主要是取土挖损、人畜踩踏等
畔沟 1 号敌台	新荣镇畔沟村东北1.2千米	1252 米	骑墙而建。位于畔沟二边长城 1 段墙体上	土	黄色黏土夯筑，含少量砂砾、碎石、料礓石，夯层厚 0.14～0.22 米	矩形	梯形	台体底部东西 11、南北 8 米，顶部东西 3.6、南北 2.4 米，残高 5 米	无	无	保存一般。台体坍塌脱落严重，表面凹凸不平，有裂缝、沟槽、孔洞。东壁被修路挖毁 1 米厚的一层，北壁底部被挖毁成立面	自然因素主要有风雨侵蚀、植物生长等；人为因素主要是修路挖毁、取土挖损、人畜踩踏等
畔沟 2 号敌台	新荣镇畔沟村东北0.82千米	1226 米	骑墙而建。位于畔沟二边长城 1 段墙体上	土	黄色黏土夯筑，含少量砂砾、碎石、料礓石，夯层厚 0.14～0.22 米	矩形	梯形	台体底部东西 8、南北 10 米，顶部东西 4、南北 6 米，残高 4.5 米	无	无	保存一般。台体坍塌脱落严重，表面凹凸不平，有裂缝、沟槽、孔洞	自然因素主要有风雨侵蚀、植物生长等；人为因素主要是取土挖损、人畜踩踏等

续表68

名称	地点	高程	与其他遗存的位置关系	材质	建筑方式	平面形制	剖面形制	尺寸	附属设施	修缮情况	保存状况	损毁原因及存在病害
畔沟3号敌台	新荣镇畔沟村北0.68米	1226米	骑墙而建。位于畔沟二边长城2段墙体上	土	黄色黏土夯筑，含少量砂砾、碎石、料礓石，夯层厚0.18～0.24米	矩形	梯形	台体底部东西15、南北12、残高8米	无	无	保存一般。台体坍塌脱落严重，表面凹凸不平，有裂缝、沟槽、孔洞	自然因素主要有风雨侵蚀、植物生长等；人为因素主要是取土挖损、人畜踩踏等
鲁家沟1号敌台	新荣镇鲁家沟村东北0.37千米	1228米	骑墙而建。位于鲁家沟二边长城墙体上	土	黄色黏土夯筑，含少量砂砾、碎石、料礓石，夯层厚0.18～0.22米	矩形	梯形	台体底部东西6.9、南北8、残高5米	无	无	保存一般。台体坍塌脱落严重，表面凹凸不平，有裂缝、沟槽、孔洞	自然因素主要有风雨侵蚀、植物生长等；人为因素主要是紧贴台体开荒种地、取土挖损、人畜踩踏等
鲁家沟2号敌台	新荣镇鲁家沟村西北0.33千米	1220米	骑墙而建。位于鲁家沟二边长城墙体上	土	黄色黏土夯筑，含少量砂砾、碎石、料礓石，夯层厚0.17～0.22米	矩形	梯形	台体底部东西6、南北8、残高7米	无	无	保存一般。台体坍塌脱落严重，表面凹凸不平，有裂缝、沟槽、孔洞	自然因素主要有风雨侵蚀、植物生长等；人为因素主要是紧贴台体开荒种地、取土挖损、人畜踩踏等
鲁家沟3号敌台（彩图二七五）	新荣镇鲁家沟村西0.91千米	1225米	骑墙而建。位于鲁家沟二边长城墙体上	土	黄色黏土夯筑，含少量砂砾、碎石、料礓石，夯层厚0.14～0.17米	矩形	梯形	台体底部东西7、南北10、残高10米	无	无	保存一般。台体坍塌脱落严重，表面凹凸不平，有裂缝、沟槽、孔洞	自然因素主要有风雨侵蚀、植物生长等；人为因素主要是取土挖损、人畜踩踏等
安乐庄1号敌台	新荣镇安乐庄村东北1.2千米	1233米	骑墙而建。位于安乐庄二边长城1段墙体上	土	黄色黏土夯筑，含少量砂砾、碎石、料礓石，夯层厚0.13～0.17米	矩形	梯形	台体底部东西10、南北12、残高6.8米	无	无	保存一般。台体坍塌脱落严重，表面凹凸不平，有裂缝、沟槽、孔洞	自然因素主要有风雨侵蚀、植物生长等；人为因素主要是紧贴台体开荒种地、取土挖损、人畜踩踏等
安乐庄2号敌台	新荣镇安乐庄村东北0.75千米	1218米	骑墙而建。位于安乐庄二边长城1段墙体上	土	黄色黏土夯筑，含少量砂砾、碎石、料礓石，夯层厚0.13～0.17米	矩形	梯形	台体底部东西8.2、南北8、残高3米	无	无	保存较差。台体坍塌脱落严重，表面凹凸不平，有裂缝、沟槽、孔洞	自然因素主要有风雨侵蚀、植物生长等；人为因素主要是取土挖损、人畜踩踏等

续表 68

名称	地点	高程	与其他遗存的位置关系	材质	建筑方式	平面形制	剖面形制	尺寸	附属设施	修缮情况	保存状况	损毁原因及存在病害
安乐庄3号敌台	新荣镇安乐庄村东0.45千米	1212米	骑墙而建。位于安乐庄二边长城1段墙体上	土	黄色黏土夯筑，含少量砂砾、碎石、料礓石，夯层厚度不详	矩形	梯形	台体底部边长5、顶部边长2、残高4米	无	无	保存较差。台体坍塌脱落严重，表面凹凸不平，有裂缝、沟槽、孔洞。台体底部四周被挖成凹坑	自然因素主要有风雨侵蚀、植物生长等；人为因素主要是紧贴台体开荒种地、取土挖损、人畜踩踏等
八墩1号敌台	破鲁堡乡八墩村西0.62千米	1233米	骑墙而建。位于八墩二边长城2段墙体上	土	黄色黏土夯筑，含少量砂砾、碎石、料礓石，夯层厚度不详	矩形	梯形	台体底部东西7.6、南北8、残高4.5米	无	无	保存较差。台体坍塌脱落严重，表面凹凸不平，有裂缝、沟槽、孔洞	自然因素主要有风雨侵蚀、植物生长等；人为因素主要是紧贴台体开荒种地、取土挖损、人畜踩踏等
八墩2号敌台	破鲁堡乡八墩村西0.83千米	1219米	骑墙而建。位于八墩二边长城2段墙体上	土	黄色黏土夯筑，含少量砂砾、碎石、料礓石，夯层厚度不详	矩形	梯形	台体底部东西5.2、南北6、残高3米	无	无	保存较差。台体坍塌脱落严重，表面凹凸不平，有裂缝、沟槽、孔洞	自然因素主要有风雨侵蚀、植物生长等；人为因素主要是取土挖损、人畜踩踏等
八墩3号敌台	破鲁堡乡八墩村西1.1千米	1218米	骑墙而建。位于八墩二边长城2段墙体上	土	黄色黏土夯筑，含少量砂砾、碎石、料礓石，夯层厚度不详	矩形	梯形	台体底部东西6、南北9.8、残高4米	无	无	保存较差。台体坍塌脱落严重，表面凹凸不平，有裂缝、沟槽、孔洞	自然因素主要有风雨侵蚀、植物生长等；人为因素主要是取土挖损、人畜踩踏等
八墩4号敌台	破鲁堡乡八墩村西1.3千米	1214米	骑墙而建。位于八墩二边长城2段墙体上	土	黄色黏土夯筑，含少量砂砾、碎石、料礓石，夯层厚度不详	矩形	梯形	台体底部东西6、南北10、残高4米	无	无	保存较差。台体坍塌脱落严重，表面凹凸不平，有裂缝、沟槽、孔洞	自然因素主要有风雨侵蚀、植物生长等；人为因素主要是紧贴台体开荒种地、取土挖损、人畜踩踏等

续表 68

名称	地点	高程	与其他遗存的位置关系	材质	建筑方式	平面形制	剖面形制	尺寸	附属设施	修缮情况	保存状况	损毁原因及存在病害
吴施窑1号敌台	破鲁堡乡吴施窑村西南1.3千米	1296米	骑墙而建。位于吴施窑二边长城3段墙体上	土	黄色黏土夯筑，含少量砂砾、碎石、料礓石，夯层厚度不详	矩形	梯形	台体底部东西8、南北10米，顶部东西1.6、南北3米，残高4米	无	无	保存较差。台体坍塌脱落严重，表面凹凸不平，有裂缝、沟槽、孔洞	自然因素主要有风雨侵蚀、植物生长等；人为因素主要是紧贴台体开荒种地、取土挖损、人畜踩踏等
吴施窑2号敌台	破鲁堡乡吴施窑村西南1.5千米	1307米	骑墙而建。位于吴施窑二边长城3段墙体上	土	黄色黏土夯筑，含少量砂砾、碎石、料礓石，夯层厚度不详	矩形	梯形	台体底部东西13、南北15米，顶部东西1.5、南北2米，残高5米	无	无	保存一般。台体坍塌脱落严重，表面凹凸不平，有裂缝、沟槽、孔洞	自然因素主要有风雨侵蚀、植物生长等；人为因素主要是紧贴台体开荒种地、取土挖损、人畜踩踏等
吴施窑3号敌台	破鲁堡乡吴施窑村西南1.7千米	1309米	骑墙而建。位于吴施窑二边长城3段墙体上	土	黄色黏土夯筑，含少量砂砾、碎石、料礓石，夯层厚度不详	矩形	梯形	台体底部东西6、南北7、残高2.7米	无	无	保存较差。台体坍塌脱落严重，表面凹凸不平，有裂缝、沟槽、孔洞	自然因素主要有风雨侵蚀、植物生长等；人为因素主要是紧贴台体开荒种地、取土挖损、人畜踩踏等
吴施窑4号敌台	破鲁堡乡吴施窑村西南1.9千米	1312米	骑墙而建。位于吴施窑二边长城3段墙体上	土	黄色黏土夯筑，含少量砂砾、碎石、料礓石，夯层厚度不详	矩形	梯形	台体底部东西10、南北6、残高5米	无	无	保存一般。台体坍塌脱落严重，表面凹凸不平，有裂缝、沟槽、孔洞	自然因素主要有风雨侵蚀、植物生长等；人为因素主要是紧贴台体开荒种地、取土挖损、人畜踩踏等
吴施窑5号敌台	破鲁堡乡吴施窑村西南2.1千米	1322米	骑墙而建。位于吴施窑二边长城3段墙体上	土	黄色黏土夯筑，含少量砂砾、碎石、料礓石，夯层厚度不详	矩形	梯形	台体底部东、南、西、北长9.6、10、9.5、10、残高5.8米	无	无	保存一般。台体坍塌脱落严重，表面凹凸不平，有裂缝、沟槽、孔洞	自然因素主要有风雨侵蚀、植物生长等；人为因素主要是紧贴台体开荒种地、取土挖损、人畜踩踏等
吴施窑6号敌台	破鲁堡乡吴施窑村西南2.3千米	1337米	骑墙而建。位于吴施窑二边长城3段墙体上，系吴施窑二边长城3段止点	土	黄色黏土夯筑，含少量砂砾、碎石、料礓石，夯层厚度不详	矩形	梯形	台体底部东、南、西、北长9.8、10、9.6、10米，顶部东西1.8、南北1.5米，残高5米	无	无	保存一般。台体坍塌脱落严重，表面凹凸不平，有裂缝、沟槽、孔洞	自然因素主要有风雨侵蚀、植物生长等；人为因素主要是紧贴台体开荒种地、取土挖损、人畜踩踏等

表69　新荣区马面一览表

名称	地点	高程	与其他遗存的位置关系	材质	建筑方式	平面形制	剖面形制	尺寸	附属设施	修缮情况	保存状况	损毁原因及存在病害
元墩1号马面	花园屯乡元墩村北0.9千米	1327米	倚墙而建。位于元墩长城墙体北侧	土	黄色黏土夯筑，夯层厚0.16～0.22米	矩形	梯形	马面底部东西8、南北4米，顶部东西3.5米，残高8米	无	无	保存一般。马面坍塌脱落严重，表面凹凸不平，有裂缝、沟槽、孔洞	自然因素主要有风雨侵蚀、植物生长等；人为因素主要是紧贴马面开荒种地、取土挖损、人畜踩踏等
元墩2号马面	花园屯乡元墩村西北0.52千米	1304米	倚墙而建。位于元墩长城墙体北侧	土	黄色黏土夯筑，夯层厚0.18米	矩形	梯形	马面底部东西4.5、南北2米，顶部东西3米，残高5米	无	无	保存较差。马面坍塌脱落严重，表面凹凸不平，有裂缝、沟槽、孔洞	自然因素主要有风雨侵蚀、植物生长等；人为因素主要是紧贴马面开荒种地、取土挖损、人畜踩踏等
元墩3号马面	花园屯乡元墩村西北1.1千米	1302米	倚墙而建。位于元墩长城墙体北侧	土	黄色黏土夯筑，夯层厚0.18～0.2米	矩形	梯形	马面底部东西6、南北3米，顶部东西1米，残高7米	无	无	保存较差。马面坍塌脱落严重，表面凹凸不平，有裂缝、沟槽、孔洞	自然因素主要有风雨侵蚀、植物生长等；人为因素主要是紧贴马面开荒种地、取土挖损、人畜踩踏等
元墩4号马面	花园屯乡元墩村西北1.1千米	1303米	倚墙而建。位于元墩长城墙体北侧	土	黄色黏土夯筑，夯层厚0.18～0.22米	矩形	梯形	马面底部东西7、南北4米，顶部东西4.5米，残高6米	无	无	保存一般。马面坍塌脱落严重，表面凹凸不平，有裂缝、沟槽、孔洞	自然因素主要有风雨侵蚀、植物生长等；人为因素主要是紧贴马面开荒种地、取土挖损、人畜踩踏等
元墩5号马面（彩图二七六）	花园屯乡元墩村西北1.3千米	1302米	倚墙而建。位于元墩长城墙体北侧	土	黄褐色黏土夯筑，夯层厚0.18～0.22米	矩形	梯形	马面底部东西8、南北4米，顶部东西2米，残高7.2米	无	无	保存一般。马面坍塌脱落严重，表面凹凸不平，有裂缝、沟槽、孔洞	自然因素主要有风雨侵蚀、植物生长等；人为因素主要是紧贴马面开荒种地、取土挖损、人畜踩踏等
三墩1号马面	花园屯乡三墩村东北1.2千米	1299米	倚墙而建。位于三墩长城1段墙体北侧	土	黄色黏土夯筑，夯层厚0.18～0.2米	矩形	梯形	马面底部东西6、南北3米，顶部东西4米，残高4.5米	无	无	保存较差。马面坍塌脱落严重，表面凹凸不平，有裂缝、沟槽、孔洞	自然因素主要有风雨侵蚀、植物生长等；人为因素主要是紧贴马面开荒种地、取土挖损、人畜踩踏等
三墩2号马面	花园屯乡三墩村东北0.48千米	1289米	倚墙而建。位于三墩长城1段墙体北侧	土	黄色黏土夯筑，夯层厚0.23～0.25米	矩形	梯形	马面底部东西5.7、南北4、残高2米	无	无	保存较差。马面坍塌脱落严重，表面凹凸不平，有裂缝、沟槽、孔洞	自然因素主要有风雨侵蚀、植物生长等；人为因素主要是紧贴马面开荒种地、取土挖损、人畜踩踏等

续表 69

名称	地点	高程	与其他遗存的位置关系	材质	建筑方式	平面形制	剖面形制	尺寸	附属设施	修缮情况	保存状况	损毁原因及存在病害
三墩 3 号马面	花园屯乡三墩村西北 1.2 千米	1258 米	倚墙而建。位于三墩长城 2 段墙体北侧	土	褐色黏土夯筑，夯层厚 0.2 米	矩形	梯形	马面底部边长 3、顶部东西 2 米	无	无	保存较差。马面坍塌脱落严重，表面凹凸不平，有裂缝、沟槽、孔洞	自然因素主要有风雨侵蚀、植物生长等；人为因素主要是紧贴马面开荒种地、取土挖损、人畜踩踏等
三墩 4 号马面	花园屯乡三墩村西北 1.3 千米	1258 米	倚墙而建。位于三墩长城 2 段墙体北侧	土	黄色黏土夯筑，夯层厚 0.2～0.26 米	矩形	梯形	马面底部东西 1.5、南北 4.5 米，顶部东西 0.5 米，残高 4 米	无	无	保存较差。马面坍塌脱落严重，表面凹凸不平，有裂缝、沟槽、孔洞	自然因素主要有风雨侵蚀、植物生长等；人为因素主要是紧贴马面开荒种地、取土挖损、人畜踩踏等
三墩 5 号马面	花园屯乡镇川口村东北 1.4 千米	1254 米	倚墙而建。位于三墩长城 2 段墙体北侧	土	褐色黏土夯筑，夯层厚 0.16～0.2 米	矩形	梯形	马面底部南北 4、残高 5 米	无	无	保存较差。马面坍塌脱落严重，表面凹凸不平，有裂缝、沟槽、孔洞	自然因素主要有风雨侵蚀、植物生长等；人为因素主要是紧贴马面开荒种地、取土挖损、人畜踩踏等
镇川口 1 号马面(彩图二七七)	花园屯乡镇川口村西 1.3 千米	1259 米	倚墙而建。位于镇川口长城 2 段墙体北侧	土	黄褐色黏土夯筑，夯层厚 0.16～0.2 米	矩形	梯形	马面底部东西 6、南北 4 米，顶部东西 5 米，残高 5.2 米	无	无	保存一般。马面坍塌脱落严重，表面凹凸不平，有裂缝、沟槽、孔洞	自然因素主要有风雨侵蚀、植物生长等；人为因素主要是紧贴马面开荒种地、取土挖损、人畜踩踏等
镇川口 2 号马面	花园屯乡镇川口村西 1.6 千米	1272 米	倚墙而建。位于镇川口长城 2 段墙体北侧	土	黄褐色黏土夯筑，夯层厚 0.16～0.2 米	矩形	梯形	马面底部东西 4、南北 3 米，顶部东西 2 米，残高 5 米	无	无	保存较差。马面坍塌脱落严重，表面凹凸不平，有裂缝、沟槽、孔洞	自然因素主要有风雨侵蚀、植物生长等；人为因素主要是紧贴马面开荒种地、取土挖损、人畜踩踏等
西寺 1 号马面	花园屯乡西寺村东北 2.6 千米	1292 米	倚墙而建。位于西寺长城 1 段墙体北侧	土	褐色黏土、黄色黏土夯筑，含砂砾、碎石，夯层厚 0.18 ～ 0.22 米	矩形	梯形	马面底部东西 8、南北 3.2 米，顶部东西 5 米	无	无	保存一般。马面坍塌脱落严重，表面凹凸不平，有裂缝、沟槽、孔洞	自然因素主要有风雨侵蚀、植物生长等

续表 69

名称	地点	高程	与其他遗存的位置关系	材质	建筑方式	平面形制	剖面形制	尺寸	附属设施	修缮情况	保存状况	损毁原因及存在病害
西寺 2 号马面	花园屯乡西寺村西北 2.8 千米	1439 米	倚墙而建。位于西寺长城 2 段墙体北侧	土	褐色黏土夯筑，含碎石，夯层厚 0.2 米	矩形	梯形	马面底部东西 10、南北 3 米，顶部东西 4.2 米，残高 6.2 米	无	无	保存一般。马面坍塌脱落严重，表面凹凸不平，有裂缝、沟槽、孔洞	自然因素主要有风雨侵蚀、植物生长等；人为因素主要是紧贴马面开荒种地、取土挖损、人畜踩踏等
宏赐堡马面	堡子湾乡宏赐堡村西南 3.3 千米	1269 米	倚墙而建。位于宏赐堡二边长城 3 段墙体北侧	土	红色黏土夯筑，夯层厚度不详	矩形	梯形	马面底部东西 6、南北 3.6 米，顶部东西 3 米	无	无	保存一般。马面坍塌脱落严重，表面凹凸不平，有裂缝、沟槽、孔洞	自然因素主要有风雨侵蚀、植物生长等；人为因素主要是紧贴马面开荒种地、取土挖损、人畜踩踏等
下甘沟 1 号马面	新荣镇下甘沟村东南 1.8 千米	1202 米	倚墙而建。位于下甘沟二边长城 1 段墙体北侧	土	红色黏土夯筑，夯层厚度不详	矩形	梯形	马面底部东西 5、南北 2 米，顶部东西 4 米，残高 4.3 米	无	无	保存较差。马面坍塌脱落严重，表面凹凸不平，有裂缝、沟槽、孔洞	自然因素主要有风雨侵蚀、植物生长等；人为因素主要是紧贴马面开荒种地、取土挖损、人畜踩踏等
下甘沟 2 号马面	新荣镇下甘沟村东南 1.6 千米	1202 米	倚墙而建。位于下甘沟二边长城 1 段墙体北侧	土	黄色黏土、红色黏土夯筑，夯层厚度不详	矩形	梯形	马面底部东西 3、南北 2、残高 2 米	无	无	保存较差。马面坍塌脱落严重，表面凹凸不平，有裂缝、沟槽、孔洞	自然因素主要有风雨侵蚀、植物生长等；人为因素主要是紧贴马面开荒种地、取土挖损、人畜踩踏等
下甘沟 3 号马面	新荣镇下甘沟村东 1.3 千米	1200 米	倚墙而建。位于下甘沟二边长城 1 段墙体北侧	土	红色黏土夯筑，夯层厚度不详	矩形	梯形	马面底部东西 4、南北 3 米，顶部东西 2.5、南北 2 米，残高 4.5 米	无	无	保存较差。马面坍塌脱落严重，表面凹凸不平，有裂缝、沟槽、孔洞	自然因素主要有风雨侵蚀、植物生长等；人为因素主要是紧贴马面开荒种地、取土挖损、人畜踩踏等
下甘沟 4 号马面	新荣镇下甘沟村东南 0.74 千米	1220 米	倚墙而建。位于下甘沟二边长城 1 段墙体北侧	土	红色黏土、黄色黏土夯筑，夯层厚 0.16～0.2 米	矩形	梯形	马面底部东西 5、南北 3 米，顶部东西 4.5、南北 2 米，残高 3.5 米	无	无	保存较差。马面坍塌脱落严重，表面凹凸不平，有裂缝、沟槽、孔洞	自然因素主要有风雨侵蚀、植物生长等；人为因素主要是紧贴马面开荒种地、取土挖损、人畜踩踏等
下甘沟 5 号马面	新荣镇下甘沟村东南 0.5 千米	1223 米	倚墙而建。位于下甘沟二边长城 2 段墙体北侧	土	红色黏土夯筑，夯层厚度不详	矩形	梯形	马面底部东西 6、南北 2、残高 3 米	无	无	保存较差。马面坍塌脱落严重，表面凹凸不平，有裂缝、沟槽、孔洞	自然因素主要有风雨侵蚀、植物生长等；人为因素主要是紧贴马面开荒种地、取土挖损、人畜踩踏等

续表 69

名称	地点	高程	与其他遗存的位置关系	材质	建筑方式	平面形制	剖面形制	尺寸	附属设施	修缮情况	保存状况	损毁原因及存在病害
下甘沟 6 号马面	新荣镇下甘沟村西南 0.7 千米	1185 米	倚墙而建。位于下甘沟二边长城 2 段墙体北侧	土	褐色黏土夯筑，夯层厚 0.2 米	矩形	梯形	马面底部东西 6、南北 3 米，顶部东西 4.6 米，残高 7 米	无	无	保存一般。马面坍塌脱落严重，表面凹凸不平，有裂缝、沟槽、孔洞。北壁底部被洪水冲毁	自然因素主要有风雨侵蚀、植物生长、洪水冲毁等；人为因素主要是紧贴马面开荒种地、取土挖损、人畜踩踏等
光明 1 号马面	新荣镇光明村东北 1.6 千米	1211 米	倚墙而建。位于光明二边长城 1 段墙体北侧	土	黄色黏土夯筑，夯层厚 0.14 ~0.2 米	矩形	梯形	马面底部东西 9、南北 5、残高 4 米	无	无	保存较差。马面坍塌脱落严重，表面凹凸不平，有裂缝、沟槽、孔洞	自然因素主要有风雨侵蚀、植物生长等；人为因素主要是紧贴马面开荒种地、取土挖损、人畜踩踏等
光明 2 号马面（彩图二七八）	新荣镇光明村东北 1.1 千米	1209 米	倚墙而建。位于光明二边长城 1 段墙体北侧	土	黄色黏土夯筑，夯层厚度不详	矩形	梯形	马面底部东西 5.5、南北 3 米，顶部东西 5 米，残高 1.8 米	无	无	保存较差。马面坍塌脱落严重，表面凹凸不平，有裂缝、沟槽、孔洞	自然因素主要有风雨侵蚀、植物生长等；人为因素主要是紧贴马面开荒种地、取土挖损、人畜踩踏等
光明 3 号马面	新荣镇光明村西北 0.57 千米	1226 米	倚墙而建。位于光明二边长城 2 段墙体北侧	土	黄色黏土夯筑，含砂砾，夯层厚 0.2 米	矩形	梯形	马面底部南北 2、残高 2.5 米	无	无	保存较差。马面坍塌脱落严重，表面凹凸不平，有裂缝、沟槽、孔洞	自然因素主要有风雨侵蚀、植物生长等；人为因素主要是紧贴马面开荒种地、取土挖损、人畜踩踏等
光明 4 号马面	新荣镇光明村西 0.75 千米	1227 米	倚墙而建。位于光明二边长城 2 段墙体北侧	土	黄色黏土夯筑，夯层厚 0.14 ~0.2 米	矩形	梯形	马面底部东西 5、南北 4 米，顶部东西 3 米，残高 4.2 米	无	无	保存较差。马面坍塌脱落严重，表面凹凸不平，有裂缝、沟槽、孔洞	自然因素主要有风雨侵蚀、植物生长等；人为因素主要是紧贴马面开荒种地、取土挖损、人畜踩踏等
光明 5 号马面	新荣镇光明村西 0.93 千米	1233 米	倚墙而建。位于光明二边长城 2 段墙体北侧	土	黄色黏土夯筑，夯层厚 0.14 ~0.2 米	矩形	梯形	马面底部东西 5、南北 1.8 米，顶部东西 2.5 米，残高 2.6 米	无	无	保存较差。马面坍塌脱落严重，表面凹凸不平，有裂缝、沟槽、孔洞	自然因素主要有风雨侵蚀、植物生长等；人为因素主要是紧贴马面开荒种地、取土挖损、人畜踩踏等
光明 6 号马面	新荣镇光明村西 1.3 千米	1244 米	倚墙而建。位于光明二边长城 2 段墙体北侧	土	黄色黏土夯筑，夯层厚度不详	矩形	梯形	马面底部东西 7、南北 3.5 米，顶部东西 2.5 米，残高 3.5 米	无	无	保存较差。马面坍塌脱落严重，表面凹凸不平，有裂缝、沟槽、孔洞	自然因素主要有风雨侵蚀、植物生长等；人为因素主要是紧贴马面开荒种地、取土挖损、人畜踩踏等

续表 69

名称	地点	高程	与其他遗存的位置关系	材质	建筑方式	平面形制	剖面形制	尺寸	附属设施	修缮情况	保存状况	损毁原因及存在病害
畔沟 1 号马面	新荣镇畔沟村东北 1.6 千米	1235 米	倚墙而建。位于畔沟二边长城 1 段墙体北侧	土	红色黏土、黄色黏土夯筑，夯层厚度不详	矩形	梯形	马面底部东西 6、南北 2 米，顶部东西 2.5 米	无	无	保存较差。马面坍塌脱落严重，表面凹凸不平，有裂缝、沟槽、孔洞	自然因素主要有风雨侵蚀、植物生长等；人为因素主要是紧贴马面开荒种地、取土挖损、人畜踩踏等
畔沟 2 号马面	新荣镇畔沟村北 0.47 千米	1226 米	倚墙而建。位于畔沟二边长城 1 段墙体北侧	土	红色黏土、黄色黏土夯筑，含少量料礓石，夯层厚度不详	矩形	梯形	马面底部东西 11、南北 3 米，顶部东西 2.3 米，残高 3.5 米	无	无	保存较差。马面坍塌脱落严重，表面凹凸不平，有裂缝、沟槽、孔洞	自然因素主要有风雨侵蚀、植物生长等；人为因素主要是紧贴马面开荒种地、取土挖损、人畜踩踏等
畔沟 3 号马面（彩图二七九）	新荣镇畔沟村北 0.27 千米	1221 米	倚墙而建。位于畔沟二边长城 1 段墙体北侧	土	黄色黏土夯筑，夯层厚度不详	矩形	梯形	马面底部南北 1 ~ 3、残高 3.5 米	无	无	保存较差。马面坍塌脱落严重，表面凹凸不平，有裂缝、沟槽、孔洞	自然因素主要有风雨侵蚀、植物生长等；人为因素主要是紧贴马面开荒种地、取土挖损、人畜踩踏等
畔沟 4 号马面	新荣镇畔沟村北 0.49 千米	1215 米	倚墙而建。位于畔沟二边长城 2 段墙体北侧	土	黄色黏土夯筑，夯层厚度不详	矩形	梯形	马面底部东西 8、南北 3、残高 5.2 米	无	无	保存较差。马面坍塌脱落严重，表面凹凸不平，有裂缝、沟槽、孔洞	自然因素主要有风雨侵蚀、植物生长等；人为因素主要是紧贴马面开荒种地、取土挖损、人畜踩踏等
鲁家沟马面	新荣镇鲁家沟村西 0.77 千米	1221 米	倚墙而建。位于鲁家沟二边长城墙体北侧	土	黄色黏土夯筑，夯层厚度不详	矩形	梯形	马面底部东西 6、南北 5.6、残高 3 米	无	无	保存较差。马面坍塌脱落严重，表面凹凸不平，有裂缝、沟槽、孔洞	自然因素主要有风雨侵蚀、植物生长等；人为因素主要是紧贴马面开荒种地、取土挖损、人畜踩踏等
安乐庄马面	新荣镇安乐庄村东北 0.94 千米	1221 米	倚墙而建。位于安乐庄二边长城 1 段墙体北侧	土	黄色黏土夯筑，含少量砂砾，夯层厚度不详	矩形	梯形	马面底部东西 4.5、南北 2、残高 2.6 米	无	无	保存较差。马面坍塌脱落严重，表面凹凸不平，有裂缝、沟槽、孔洞。北壁底部被取土损毁	自然因素主要有风雨侵蚀、植物生长等；人为因素主要是紧贴马面开荒种地、取土挖损、人畜踩踏等

表 70 新荣区长城沿线烽火台一览表

名称	地点	高程	与其他遗存的位置关系	材质	建筑方式	平面形制	剖面形制	尺寸	附属设施	修缮情况	保存状况	损毁原因及存在病害
元墩 1 号烽火台（彩图二八〇）	花园屯乡元墩村西北 0.81千米	1312 米	元墩长城南 0.018 千米	土	黄色黏土夯筑，含少量砂砾、碎石，夯层厚 0.2 ~0.24 米	矩形	梯形	台体底部东、南、西、北长 7、13、9、13，残高 8 米	无	无	保存一般。台体坍塌脱落严重，表面凹凸不平，有裂缝、沟槽、孔洞	自然因素主要有风雨侵蚀、植物生长等；人为因素主要是人畜踩踏等
元墩 2 号烽火台（彩图二八一）	花园屯乡元墩村西北 1.3千米	1308 米	元墩长城东南 0.049 千米	土	黄色黏土夯筑，含少量砂砾、碎石，夯层厚 0.23 ~0.26 米	矩形	梯形	台体底部东西 11、南北 10 米，顶部东、南、西、北残长 5、5.5、6、3.5 米，残高 6.5 米	台体周围有围墙，东墙残存南段；南墙残存东、西两段，长 6 米，底宽 1、顶宽 0.5、残高 1.3 米；西墙残存中段，长 8 米，底宽 1、顶宽 0.3、残高 1.2 米；北墙残存中段，长 15 米，底宽 1、顶宽 0.5、残高 1.8 米	无	保存一般。台体坍塌脱落严重，表面凹凸不平，有裂缝、沟槽、孔洞	自然因素主要有风雨侵蚀、植物生长等；人为因素主要是紧贴台体开荒种地、人畜踩踏等
三墩烽火台	花园屯乡三墩村西北 0.38 千米	1263 米	三墩长城 2 段南 0.036 千米	土	黄色黏土夯筑，含少量砂砾，夯层厚 0.22 ~ 0.24 米	矩形	梯形	台体底部东、南、西、北残长 8、8、7、7 米，残高 6.8 米	无	无	保存一般。台体坍塌脱落严重，表面凹凸不平，有裂缝、沟槽、孔洞	自然因素主要有风雨侵蚀、植物生长等；人为因素主要是紧贴台体开荒种地、取土挖损、人畜踩踏等
镇川口烽火台	花园屯乡镇川口村西 1.9千米	1258 米	镇川口长城 2 段南 0.036 千米	土	黄色黏土夯筑，夯层厚 0.2 ~ 0.25 米	矩形	梯形	台体底部东、南、西、北残长 7、11、6、11 米，残高 7.3 米	台体周围有围墙，南墙残长 26 米，底宽 2、顶宽 0.5、残高 2.5 米；西墙残长 20 米，底宽 2、顶宽 0.4、残高 1.6 米。南、西墙中央有豁口，分别宽 4、5 米。围墙内残存墩院院基，东西 26、南北 20、高 2 米	无	保存一般。台体坍塌脱落严重，表面凹凸不平，有裂缝、沟槽、孔洞	自然因素主要有风雨侵蚀、植物生长等
西寺 1 号烽火台	花园屯乡西寺村东北 2.4千米	1413 米	西寺长城 1 段西南 0.024 千米	土	黄色黏土、褐色黏土夯筑，夯层厚 0.2 ~ 0.25 米	矩形	梯形	台体底部东、南、西、北残长 5、1.5、6、2 米，残高 4.5 米	台体周围有围墙，北墙无存；东墙残长 27 米，底宽 1、顶宽 0.3、残高 0.7 米；南墙残长 30 米，底宽 1、顶宽 0.2、残高 0.5 米；西墙残长 13 米，底宽 0.6、顶宽 0.2、残高 0.3 米。围墙内残存墩院院基，东西 30、南北 27、高 2 米	无	保存较差。台体坍塌脱落严重，表面凹凸不平，有裂缝、沟槽、孔洞	自然因素主要有风雨侵蚀、植物生长等；人为因素主要是紧贴台体开荒种地、取土挖损、人畜踩踏等

续表 70

名称	地点	高程	与其他遗存的位置关系	材质	建筑方式	平面形制	剖面形制	尺寸	附属设施	修缮情况	保存状况	损毁原因及存在病害
西寺2号烽火台	花园屯乡西寺村东北2.2千米	1422米	西寺长城1段南0.04千米，东北距西寺1号烽火台0.256千米	土	黄色黏土、褐色黏土夯筑，含少量砂砾、碎石，夯层厚0.23～0.25米	矩形	梯形	台体底部东、南、西、北长9、8、9、9，残高6.8米	台体周围原有围墙，现无存。围墙内残存墩院院基，东西23、南北27、高2米，南侧中央有院门痕迹	无	保存一般。台体坍塌脱落严重，表面凹凸不平，有裂缝、沟槽、孔洞	自然因素主要有风雨侵蚀、植物生长等；人为因素主要是紧贴台体开荒种地、取土挖损、人畜踩踏等
西寺3号烽火台（彩图二八二）	花园屯乡西寺村北2.4千米	1431米	西寺长城2段西南0.036千米	土	黄色黏土、褐色黏土夯筑，含少量砂砾、碎石，夯层厚0.2～0.26米	矩形	梯形	台体底部边长10米，顶部东、南、西、北长4、3、3、4米，残高8.2米	台体周围原有围墙，现无存。围墙内残存墩院院基，东西35、南北37、高4米，南侧有豁口	土	保存一般。台体坍塌脱落严重，表面凹凸不平，有裂缝、沟槽、孔洞	自然因素主要有风雨侵蚀、植物生长等；人为因素主要是紧贴台体开荒种地、取土挖损、人畜踩踏等
西寺4号烽火台	花园屯乡西寺村西北2.5千米	1421米	西寺长城2段南0.036千米，东距西寺3号烽火台0.324千米	土	黄色黏土夯筑，含少量砂砾，夯层厚0.2～0.25米	矩形	梯形	台体底部东西9、南北10米，顶部东、南、西、北长3、6、6、2.6米，残高6.7米	台体周围有围墙，残存东、南墙，共残长28米，底宽1.5、顶宽0.5、残高0.5米。围墙内残存墩院院基，边长25、高3米	土	保存一般。台体坍塌脱落严重，表面凹凸不平，有裂缝、沟槽、孔洞	自然因素主要有风雨侵蚀、植物生长等；人为因素主要是人畜踩踏等
西寺5号烽火台	花园屯乡西寺村西北2.8千米	1398米	西寺长城3段南0.008千米	土	黄色黏土夯筑，含少量砂砾、碎石、料礓石，夯层厚度不详	矩形	梯形	台体底部边长8、残高2.1米	无	无	保存较差。台体坍塌脱落严重，表面凹凸不平，有裂缝、沟槽、孔洞	自然因素主要有风雨侵蚀、植物生长等；人为因素主要是人畜踩踏等
西寺6号烽火台	花园屯乡西寺村西北2.6千米	1456米	西寺长城4段东南0.6千米，东北距西寺5号烽火台1.1千米	土	黄色黏土、褐色黏土夯筑，夯层厚0.2～0.24米	矩形	梯形	台体底部东、南、西、北长8、9、9、8，残高4.8米	台体周围原有围墙，现无存。围墙内残存墩院院基，东西30、南北17、高1米	无	保存一般。台体坍塌脱落严重，表面凹凸不平，有裂缝、沟槽、孔洞	自然因素主要有风雨侵蚀、植物生长等；人为因素主要是人畜踩踏等
宏赐堡1号烽火台	花园屯乡宏赐堡村东2.1千米	1247米	宏赐堡长城西0.217千米	土	黄色黏土、褐色黏土夯筑，夯层厚0.22～0.26米	矩形	梯形	台体底部东、南、西、北长7、8、3、9，残高4米	无	无	保存较差。台体坍塌脱落严重，表面凹凸不平，有裂缝、沟槽、孔洞	自然因素主要有风雨侵蚀、植物生长等；人为因素主要是紧贴台体开荒种地、取土挖损、人畜踩踏等

续表 70

名称	地点	高程	与其他遗存的位置关系	材质	建筑方式	平面形制	剖面形制	尺寸	附属设施	修缮情况	保存状况	损毁原因及存在病害
宏赐堡2号烽火台	花园屯乡宏赐堡村东1.3千米	1167米	宏赐堡大边长城1段西南0.018千米	土	黄色黏土夯筑，夯层厚0.25～0.27米	矩形	梯形	台体底部东、南、西、北长8、7、9、8，残高6米	无	无	保存一般。台体坍塌脱落严重，表面凹凸不平，有裂缝、沟槽、孔洞	自然因素主要有风雨侵蚀、植物生长等；人为因素主要是紧贴台体开荒种地、取土挖损、人畜踩踏等
宏赐堡3号烽火台	堡子湾乡宏赐堡村东北1.1千米	1158米	宏赐堡大边长城1段西南0.005千米，东南距石窑6号烽火台0.452千米	土	黄色黏土夯筑，含少量砂砾，夯层厚0.15～0.2米	矩形	梯形	台体底部东、南、西、北长9、7、10、5，残高4米	无	在二次修缮痕迹	保存较差。台体坍塌脱落严重，表面凹凸不平，有裂缝、沟槽、孔洞。东壁南侧和南壁东侧有相通的洞穴，南壁洞口宽1.3、高1米	自然因素主要有风雨侵蚀、植物生长等；人为因素主要是紧贴台体开荒种地、取土挖损、挖掘洞穴、人畜踩踏等
宏赐堡4号烽火台	堡子湾乡宏赐堡村东北0.77千米	1155米	宏赐堡大边长城1段西0.418千米，东南距宏赐堡3号烽火台0.518千米	土	黄色黏土夯筑，含少量砂砾，夯层厚0.22～0.25米	矩形	梯形	台体底部东、南、西、北长8、6、7、7，残高4.3米	无	无	保存较差。台体坍塌脱落严重，表面凹凸不平，有裂缝、沟槽、孔洞	自然因素主要有风雨侵蚀、植物生长等；人为因素主要是紧贴台体开荒种地、取土挖损、人畜踩踏等
宏赐堡5号烽火台	堡子湾乡宏赐堡村东北0.77千米	1152米	宏赐堡大边长城1段西0.458千米，东距宏赐堡4号烽火台0.054千米	土	黄色黏土夯筑，夯层厚0.25～0.29米	矩形	梯形	台体底部东西12、南北11、残高4.7米	无	无	保存一般。台体坍塌脱落严重，表面凹凸不平，有裂缝、沟槽、孔洞。台体东侧有民房	自然因素主要有风雨侵蚀、植物生长等；人为因素主要是紧贴台体开荒种地、取土挖损、人畜踩踏等
宏赐堡6号烽火台	堡子湾乡宏赐堡村东北1.3千米	1159米	宏赐堡大边长城2段西0.03千米，南距宏赐堡5号烽火台0.58千米	土	黄色黏土夯筑，含碎石，夯层厚度不详	矩形	梯形	台体底部东、南、西、北长5、6、6、7，残高2米	无	无	保存较差。台体坍塌脱落严重，表面凹凸不平，有裂缝、沟槽、孔洞	自然因素主要有风雨侵蚀、植物生长等；人为因素主要是紧贴台体开荒种地、取土挖损、人畜踩踏等

续表 70

名称	地点	高程	与其他遗存的位置关系	材质	建筑方式	平面形制	剖面形制	尺寸	附属设施	修缮情况	保存状况	损毁原因及存在病害
河东窑1号烽火台(彩图二八三、二八四)	堡子湾乡河东窑村东南1.1千米	1157米	河东窑大边长城1段西0.076千米	土	褐色黏土夯筑，含少量砂砾、碎石，夯层厚0.2～0.25米	圆形	梯形	台体底部直径11、顶部直径8、残高12米	台体周围有围墙，残存东、南墙，长58、底宽4、顶宽0.7、残高1.6米。围墙内残存墩院院基，直径35、高1.7米	无	保存较好。台体有所坍塌脱落。台体表面凹凸不平，有裂缝、沟槽、孔洞	自然因素主要有风雨侵蚀、植物生长等；人为因素主要是紧贴台体开荒种地、人畜踩踏等
河东窑2号烽火台	堡子湾乡河东窑村东北0.213千米	1171米	河东窑大边长城2段西0.098千米，东南距河东窑1号烽火台1.1千米	土	褐色黏土夯筑，含少量砂砾、碎石，夯层厚0.2～0.25米	圆形	梯形	台体底部直径9、残高6米	台体周围有围墙，残存西墙，长30、底宽2.3、顶宽2、残高1.2米。围墙内残存墩院院基	无	保存一般。台体坍塌脱落严重，表面凹凸不平，有裂缝、沟槽、孔洞。东壁上部有洞穴，宽2、高1、进深1米。南壁下部有洞穴，宽2、高1、进深0.5米。	自然因素主要有风雨侵蚀、植物生长等；人为因素主要是紧贴台体开荒种地、挖掘洞穴、人畜踩踏等
河东窑3号烽火台	堡子湾乡河东窑村北0.985千米	1195米	河东窑大边长城2段西0.08千米	土	褐色黏土夯筑，含少量砂砾、碎石，夯层厚0.22～0.26米	圆形	梯形	台体底部直径10、残高4.7米	台体周围有围墙，残存北侧围墙，长42、底宽1、顶宽0.5、残高0.5米。围墙内残存墩院院基，残高0.8米	无	保存一般。台体坍塌脱落严重，表面凹凸不平，有裂缝、沟槽、孔洞	自然因素主要有风雨侵蚀、植物生长等；人为因素主要是紧贴台体开荒种地、人畜踩踏等
河东窑4号烽火台	堡子湾乡河东窑村东北2.4千米	1198米	河东窑大边长城3段西0.108千米，东南距河东窑3号烽火台1.4千米	土	褐色黏土夯筑，含少量砂砾、碎石，夯层厚0.22～0.25米	圆形	梯形	台体底部直径11、残高5.2米	台体周围有围墙，残存西墙，长23米，底宽1.5、顶宽0.8、残高2～3米。围墙内残存墩院院基，直径35、高2米	无	保存一般。台体坍塌脱落严重，表面凹凸不平，有裂缝、沟槽、孔洞	自然因素主要有风雨侵蚀、植物生长等；人为因素主要是紧贴台体开荒种地、人畜踩踏等
河东窑5号烽火台(彩图二八五)	堡子湾乡河东窑村东北2.4千米	1198米	河东窑大边长城4段西南0.108千米	土	黄色黏土夯筑，夯层厚0.22～0.25米	圆形	梯形	台体底部直径11、顶部直径6、残高9米	台体周围有围墙，长97、底宽3、顶宽0.3、残高1.5～2米。东墙设门，现为豁口，宽2米。围墙内残存墩院院基，直径15、高2米	无	保存较好。台体有所坍塌脱落。台体表面凹凸不平，有裂缝、沟槽、孔洞。西壁底部有洞穴，宽1、高1.7、进深4米	自然因素主要有风雨侵蚀、植物生长等；人为因素主要是紧贴台体开荒种地、挖掘洞穴、人畜踩踏等

续表 70

名称	地点	高程	与其他遗存的位置关系	材质	建筑方式	平面形制	剖面形制	尺寸	附属设施	修缮情况	保存状况	损毁原因及存在病害
得胜堡1号烽火台	堡子湾乡得胜堡村西北0.96千米	1190米	得胜堡大边长城东南0.035千米	土	黄色黏土夯筑，夯层厚0.22～0.25米	矩形	梯形	台体底部东西8、南北7、残高4米	无	无	保存较差。台体坍塌脱落严重，表面凹凸不平，有裂缝、沟槽、孔洞	自然因素主要有风雨侵蚀、植物生长等；人为因素主要是紧贴台体开荒种地、人畜踩踏等
得胜堡2号烽火台	堡子湾乡得胜堡村西北1.1千米	1202米	得胜堡大边长城南0.03千米，东北距得胜堡1号烽火台0.66千米	土	黄色黏土夯筑，含少量砂砾，夯层厚0.18～0.22米	矩形	梯形	台体底部东、南、西、北长10、9、9、9，残高6.5米	无	无	保存一般。台体坍塌脱落严重，表面凹凸不平，有裂缝、沟槽、孔洞	自然因素主要有风雨侵蚀、植物生长等；人为因素主要是紧贴台体开荒种地、人畜踩踏等
得胜堡3号烽火台	堡子湾乡得胜堡村西北1.6千米	1204米	得胜堡大边长城南0.06千米，东北距得胜堡2号烽火台0.65千米	土	黄色黏土夯筑，含少量砂砾，夯层厚0.2～0.25米	矩形	梯形	台体底部东、南、西、北长6.7、7、6、6.5，残高4.7米	无	无	保存较差。台体坍塌脱落严重，表面凹凸不平，有裂缝、沟槽、孔洞	自然因素主要有风雨侵蚀、植物生长等；人为因素主要是紧贴台体开荒种地、人畜踩踏等
二十一墙1号烽火台	堡子湾乡二十一墙村北0.54千米	1205米	二十一墙大边长城1段南0.022千米	土	黄色黏土夯筑，含少量砂砾，夯层厚0.18～0.22米	矩形	梯形	台体底部东、南、西、北长7、8、8、6，残高7.2米	无	无	保存一般。台体坍塌脱落严重，表面凹凸不平，有裂缝、沟槽、孔洞	自然因素主要有风雨侵蚀、植物生长等；人为因素主要是紧贴台体开荒种地、取土挖损、人畜踩踏等
二十一墙2号烽火台（彩图二八六、二八七）	堡子湾乡二十一墙村西北0.26千米	1212米	二十一墙大边长城2段南0.024千米，东北距二十一墙1号烽火台0.566千米	土	黄色黏土夯筑，含少量砂砾，夯层厚0.2～0.25米	矩形	梯形	台体底部东、南、西、北长8、7、5、4米，顶部东、南、西、北长4、3、2、3米，残高5.3米	无	无	保存一般。台体坍塌脱落严重，表面凹凸不平，有裂缝、沟槽、孔洞。台体西侧底部有凹坑，堆积有石灰、石块	自然因素主要有风雨侵蚀、植物生长等；人为因素主要是紧贴台体开荒种地、取土挖损、人畜踩踏等

续表 70

名称	地点	高程	与其他遗存的位置关系	材质	建筑方式	平面形制	剖面形制	尺寸	附属设施	修缮情况	保存状况	损毁原因及存在病害
二十一墙3号烽火台（彩图二八八）	堡子湾乡二十一墙村西北0.726千米	1242米	二十一墙大边长城3段南0.035千米，东距二十一墙2号烽火台0.568千米	土	褐色黏土夯筑，含少量砂砾、碎石，夯层厚0.2～0.25米	矩形	梯形	台体底部东、南、西、北长8、9.5、9、8，残高4.7米	无	无	保存一般。台体坍塌脱落严重，表面凹凸不平，有裂缝、沟槽、孔洞	自然因素主要有风雨侵蚀、植物生长等；人为因素主要是紧贴台体开荒种地、取土挖损、人畜踩踏等
二十一墙4号烽火台	堡子湾乡二十一墙村西1.7千米	1263米	二十一墙大边长城3段南0.066千米	土	黄色黏土夯筑，夯层厚0.2～0.25米	矩形	梯形	台体底部东、南、西、北长7、4、8、5，残高4.2米	无	无	保存较差。台体坍塌脱落严重，表面凹凸不平，有裂缝、沟槽、孔洞。北壁有人为取土挖损形成的凹坑，深4米	自然因素主要有风雨侵蚀、植物生长等；人为因素主要是紧贴台体开荒种地、取土挖损、人畜踩踏等
二十一墙5号烽火台	堡子湾乡二十一墙村西南3.6千米	1258米	二十一墙大边长城4段东南0.165千米	土	黄色黏土夯筑，含少量砂砾、碎石，夯层厚0.2～0.23米	圆形	梯形	台体底部直径11、顶部直径7、残高6.7米	台体周围有围墙，残存南墙，长13、底宽3、顶宽0.8、残高0.7米。围墙内残存墩院院基，边长28、高2.3米	无	保存一般。台体坍塌脱落严重，表面凹凸不平，有裂缝、沟槽、孔洞	自然因素主要有风雨侵蚀、植物生长等；人为因素主要是紧贴台体开荒种地、取土挖损、人畜踩踏等
二十一墙6号烽火台	堡子湾乡二十一墙村西4.8千米	1238米	二十一墙大边长城4段东南0.072千米，东北距二十一墙5号烽火台1.2千米	土	黄色黏土夯筑，含少量砂砾、碎石，夯层厚0.24～0.27米	圆形	梯形	台体底部直径12、残高7.2米	无	有二次修缮痕迹	保存一般。台体坍塌脱落严重，表面凹凸不平，有裂缝、沟槽、孔洞	自然因素主要有风雨侵蚀、植物生长等；人为因素主要是人畜踩踏等

续表 70

名称	地点	高程	与其他遗存的位置关系	材质	建筑方式	平面形制	剖面形制	尺寸	附属设施	修缮情况	保存状况	损毁原因及存在病害
拒墙堡1号烽火台(彩图二八九、二九〇)	堡子湾乡拒墙堡村东北1.5千米	1256米	拒墙堡大边长城1段东南0.07千米，东北距二十一墙6号烽火台0.58千米	土	黄色黏土夯筑，含少量砂砾，夯层厚0.24～0.3米	矩形	梯形	台体底部东、南、西、北长10、12、11、11米，顶部东、南、西、北长6、8、7、3米，残高8.2米	台体周围有围墙，东西32、南北30米，墙体底宽1.5、顶宽1、残高0.3～1.7米。围墙内残存墩院院基，东西48、南北50、高2米	无	保存一般。台体坍塌脱落严重，表面凹凸不平，有裂缝、沟槽、孔洞。南壁底部有洞穴，宽2～2.3、高1～1.7、进深2.5～3米	自然因素主要有风雨侵蚀、植物生长等；人为因素主要是取土挖损、挖掘洞穴、人畜踩踏等
拒墙堡2号烽火台	堡子湾乡拒墙堡村西南2千米	1246米	拒墙堡大边长城3段南0.93千米	土	褐色黏土夯筑，含少量砂砾、碎石，夯层厚0.18～0.22米	圆形	梯形	台体底部直径16、顶部直径8、残高8.3米	台体周围有围墙，残存南墙，长12、底宽3、顶宽0.3、残高1.7米。围墙内残存墩院院基，直径35、高2.5米	无	保存一般。台体坍塌脱落严重，表面凹凸不平，有裂缝、沟槽、孔洞	自然因素主要有风雨侵蚀、植物生长等；人为因素主要是人畜踩踏等
拒墙堡3号烽火台	堡子湾乡拒墙堡村西2.6千米	1251米	拒墙堡大边长城3段南0.238千米，东南距拒墙堡2号烽火台1.1千米	土	褐色黏土夯筑，含少量砂砾、碎石，夯层厚0.2～0.22米	矩形	梯形	台体底部东西13、南北13米，顶部东、南、西、北长3.5、4.7、5.5、6.5米，残高9米	台体周围原有围墙，现无存。围墙内残存墩院院基，东西35、南北33、高2.5米	无	保存一般。台体坍塌脱落严重，表面凹凸不平，有裂缝、沟槽、孔洞	自然因素主要有风雨侵蚀、植物生长等；人为因素主要是取土挖损、人畜踩踏等
拒墙堡4号烽火台(彩图二九一)	堡子湾乡拒墙堡村西3.6千米	1286米	拒墙堡大边长城4段南0.016千米，东距拒墙堡3号烽火台1千米	土	黄色黏土、褐色黏土夯筑，含少量砂砾、碎石，夯层厚0.2～0.25米	矩形	梯形	台体底部东、南、西、北长7、6、5、7，残高4.7米	无	无	保存较差。台体坍塌脱落严重，表面凹凸不平，有裂缝、沟槽、孔洞	自然因素主要有风雨侵蚀、植物生长等；人为因素主要是紧贴台体开荒种地、取土挖损、人畜踩踏等
拒门口1号烽火台	郭家窑乡拒门口村东3.6千米	1308米	拒门口大边长城1段南0.016千米	土	黄色黏土夯筑，夯层厚0.23～0.26米	圆形	梯形	台体底部直径11、顶部直径3、残高6.2米	无	无	保存一般。台体坍塌脱落严重，表面凹凸不平，有裂缝、沟槽、孔洞	自然因素主要有风雨侵蚀、植物生长等；人为因素主要是人畜踩踏等

续表 70

名称	地点	高程	与其他遗存的位置关系	材质	建筑方式	平面形制	剖面形制	尺寸	附属设施	修缮情况	保存状况	损毁原因及存在病害
拒门口2号烽火台	郭家窑乡拒门口村东北 2.5 千米	1333米	拒门口大边长城1段南0.146千米，东距拒门口1号烽火台1.1千米	土	黄色黏土夯筑，含少量砂砾，夯层厚0.18~0.22米	矩形	梯形	台体底部东西11、南北10米，顶部东、南、西、北长7、6、8、7、残高7.2米	台体周围原有围墙，现无存。围墙内残存墩院院基，边长34、高2.3米	无	保存一般。台体坍塌脱落严重，表面凹凸不平，有裂缝、沟槽、孔洞	自然因素主要有风雨侵蚀、植物生长等；人为因素主要是紧贴台体开荒种地、人畜踩踏等
拒门口3号烽火台(彩图二九二)	郭家窑乡拒门口村东北1.9千米	1332米	拒门口大边长城2段南0.13千米，东距拒门口2号烽火台0.575千米	土	黄色黏土夯筑，含少量砂砾，夯层厚0.16~0.2米	圆形	梯形	台体底部直径11、顶部直径8、残高6.5米	台体周围原有围墙，现无存。围墙内残存墩院院基，高1米	无	保存一般。台体坍塌脱落严重，表面凹凸不平，有裂缝、沟槽、孔洞	自然因素主要有风雨侵蚀、植物生长等；人为因素主要是紧贴台体开荒种地、人畜踩踏等
拒门口4号烽火台	郭家窑乡拒门口村东北1千米	1382米	拒门口大边长城2段南0.07千米	土	黄色黏土夯筑，含少量砂砾，夯层厚0.15~0.2米	圆形	梯形	台体底部直径11、顶部直径8、残高6.2米	台体周围原有围墙，现无存。围墙内残存墩院院基，直径25、高1.7米	无	保存一般。台体坍塌脱落严重，表面凹凸不平，有裂缝、沟槽、孔洞。南壁底部有洞穴	自然因素主要有风雨侵蚀、植物生长等；人为因素主要是挖掘洞穴、人畜踩踏等
拒门堡1号烽火台(彩图二九三)	郭家窑乡拒门堡村东北2.1千米	1343米	拒门堡大边长城1段东南0.348千米	土	黄色黏土夯筑，含少量砂砾，夯层厚0.22~0.25米	矩形	梯形	台体底部东、南、西、北长10、13、8、14米，顶部东、南、西、北长4、8、5、9米，残高6.7米	无	无	保存一般。台体坍塌脱落严重，表面凹凸不平，有裂缝、沟槽、孔洞	自然因素主要有风雨侵蚀、植物生长等；人为因素主要是人畜踩踏等
拒门堡2号烽火台	郭家窑乡拒门堡村北1.6千米	1332米	拒门堡大边长城1段南0.16千米，东距拒门堡1号烽火台1.5千米	土	褐色黏土夯筑，含少量砂砾，夯层厚度不详	矩形	梯形	台体底部东、南、西、北长5、7、6、7、残高3米	无	无	保存较差。台体坍塌脱落严重，表面凹凸不平，有裂缝、沟槽、孔洞	自然因素主要有风雨侵蚀、植物生长等；人为因素主要是取土挖损、人畜踩踏等
拒门堡3号烽火台	郭家窑乡拒门堡村西北2.1千米	1306米	拒门堡大边长城2段南0.642千米	土	褐色黏土夯筑，含少量砂砾、碎石，夯层厚0.12~0.15米	圆形	梯形	台体底部直径11、残高4米	无	无	保存较差。台体坍塌脱落严重，表面凹凸不平，有裂缝、沟槽、孔洞	自然因素主要有风雨侵蚀、植物生长等；人为因素主要是人畜踩踏等

续表 70

名称	地点	高程	与其他遗存的位置关系	材质	建筑方式	平面形制	剖面形制	尺寸	附属设施	修缮情况	保存状况	损毁原因及存在病害
拒门堡4号烽火台	郭家窑乡拒门堡村西2.3千米	1317米	拒门堡大边长城2段南0.07千米，东距拒门堡2号烽火台1.5千米，西南距拒门堡3号烽火台0.586千米	土	黄色黏土夯筑，夯层厚度不详	矩形	梯形	台体底部最长6、残高1米	台体周围原有围墙，现东墙无存，墙体底宽1.5～3、顶宽0.2～0.3、残高0.5～1米。围墙内残存墩院院基，边长30、高1米	无	保存较差。台体坍塌脱落严重，表面凹凸不平，有裂缝、沟槽、孔洞	自然因素主要有风雨侵蚀、植物生长等；人为因素主要是取土挖损、人畜踩踏等
穆家坪1号烽火台	郭家窑乡穆家坪村东北1.3千米	1300米	穆家坪大边长城东南0.032千米，东南距拒门堡3号烽火台1.1千米	土	黄色黏土夯筑，含少量砂砾、碎石，夯层厚0.17～0.21米	圆形	梯形	台体底部直径14、顶部直径10、残高6.5米	无	无	保存一般。台体坍塌脱落严重，表面凹凸不平，有裂缝、沟槽、孔洞	自然因素主要有风雨侵蚀、植物生长等；人为因素主要是紧贴台体开荒种地、人畜踩踏等
穆家坪2号烽火台	郭家窑乡穆家坪村北0.845千米	1280米	穆家坪大边长城东南0.05千米，东北距穆家坪1号烽火台0.565千米	土	黄色黏土夯筑，含少量砂砾，碎石，夯层厚0.18～0.23米	圆形	梯形	台体底部直径11、残高6米	无	无	保存一般。台体坍塌脱落严重，表面凹凸不平，有裂缝、沟槽、孔洞	自然因素主要有风雨侵蚀、植物生长等；人为因素主要是取土挖损、人畜踩踏等
穆家坪3号烽火台	郭家窑乡穆家坪村北0.61千米	1285米	穆家坪大边长城东南0.072千米，东北距穆家坪2号烽火台0.434千米	土	黄色黏土夯筑，夯层厚0.2～0.25米	矩形	梯形	台体底部东、南、西、北长8、4、6、5，残高7.5米	无	无	保存一般。台体坍塌脱落严重，表面凹凸不平，有裂缝、沟槽、孔洞	自然因素主要有风雨侵蚀、植物生长等；人为因素主要是紧贴台体开荒种地、取土挖损、人畜踩踏等
穆家坪4号烽火台	郭家窑乡穆家坪村西北0.61千米	1288米	穆家坪大边长城东南0.148千米，东北距穆家坪3号烽火台0.46千米	土	黄色黏土夯筑，含少量砂砾，夯层厚0.23～0.25米	矩形	梯形	台体底部东、南、西、北长8、7、9、6，残高7米	无	无	保存一般。台体坍塌脱落严重，表面凹凸不平，有裂缝、沟槽、孔洞	自然因素主要有风雨侵蚀、植物生长等；人为因素主要是紧贴台体开荒种地、取土挖损、人畜踩踏等

续表 70

名称	地点	高程	与其他遗存的位置关系	材质	建筑方式	平面形制	剖面形制	尺寸	附属设施	修缮情况	保存状况	损毁原因及存在病害
刘家窑1号烽火台	郭家窑乡刘家窑村东北1.1千米	1285米	刘家窑大边长城1段东南0.048千米，东距穆家坪4号烽火台0.452千米	土	黄色黏土夯筑，夯层厚0.23～0.27米	矩形	梯形	台体底部东、南、西、北长6、7、5、7，残高6米	无	无	保存一般。台体坍塌脱落严重，表面凹凸不平，有裂缝、沟槽、孔洞	自然因素主要有风雨侵蚀、植物生长等；人为因素主要是紧贴台体开荒种地、取土挖损、人畜踩踏等
刘家窑2号烽火台	郭家窑乡刘家窑村西北0.544千米	1319米	刘家窑大边长城1段东南0.338千米，东北距刘家窑1号烽火台1.2千米	土	黄色黏土夯筑，夯层厚度不详	圆形	梯形	台体底部直径8、残高3米	台体周围原有围墙，现无存。围墙内残存墩院院基，直径20、高1.8米	无	保存较差。台体坍塌脱落严重，表面凹凸不平，有裂缝、沟槽、孔洞	自然因素主要有风雨侵蚀、植物生长等；人为因素主要是紧贴台体开荒种地、人畜踩踏等
刘家窑3号烽火台	郭家窑乡刘家窑村西北1.5千米	1340米	刘家窑长城东南0.025千米，东距刘家窑2号烽火台0.988千米	土	黄色黏土夯筑，夯层厚0.14～0.17米	矩形	梯形	台体底部东、南、西、北长18、15、17、14米，顶部东、南、西、北长7、6、8、7米，残高8.9米	台体周围有围墙，长16、底宽1～3、顶宽0.3～0.5、残高0.8～1.2米。围墙内残存墩院院基，东西50、南北40、高0.8米	无	保存一般。台体坍塌脱落严重，表面凹凸不平，有裂缝、沟槽、孔洞	自然因素主要有风雨侵蚀、植物生长等；人为因素主要是紧贴台体开荒种地、取土挖损、人畜踩踏等
刘家窑4号烽火台	郭家窑乡刘家窑村西1.8千米	1356米	刘家窑长城东南0.838千米，东北距刘家窑3号烽火台0.945千米	土	黄色黏土夯筑，含少量砂砾、碎石，夯层厚度不详	圆形	梯形	台体底部直径13、残高3.6米	台体周围原有围墙，现无存。围墙内残存墩院院基，直径35、高2米	无	保存较差。台体坍塌脱落严重，表面凹凸不平，有裂缝、沟槽、孔洞	自然因素主要有风雨侵蚀、植物生长等；人为因素主要是取土挖损、人畜踩踏等
十三边烽火台（图一九〇）	郭家窑乡十三边村东南1.2千米	1395米	十三边大边长城2段东0.475千米，东北距刘家窑4号烽火台1.4千米	土	褐色黏土夯筑，夯层厚0.16～0.18米	圆形	梯形	台体底部直径10、顶部直径6、残高6米	台体周围有围墙，残高0.1～0.3米。围墙内残存墩院院基，直径24、高1.5米。围墙外有壕沟，宽2米	无	保存一般。台体坍塌脱落严重，表面凹凸不平，有裂缝、沟槽、孔洞	自然因素主要有风雨侵蚀、植物生长等；人为因素主要是人畜踩踏等

续表70

名称	地点	高程	与其他遗存的位置关系	材质	建筑方式	平面形制	剖面形制	尺寸	附属设施	修缮情况	保存状况	损毁原因及存在病害
二十五烽火台（彩图二九四）	郭家窑乡二十五村东1.1千米	1367米	二十五大边长城东1.1千米	土	黄色黏土夯筑，夯层厚0.14～0.18米	圆形	梯形	台体底部直径7、残高5.6米	台体周围原有围墙，现无存。围墙内残存墩院院基，东西25、南北30、高0.5米，南侧有豁口	无	保存一般。台体坍塌脱落严重，表面凹凸不平，有裂缝、沟槽、孔洞	自然因素主要有风雨侵蚀、植物生长等；人为因素主要是紧贴台体开荒种地、取土挖损、人畜踩踏等
砖楼沟烽火台	郭家窑乡砖楼沟村南1.2千米	1388米	砖楼沟长城东0.115千米，东北距二十五烽火台2.3千米	土	黄色黏土夯筑，夯层厚0.19～0.25米	圆形	梯形	台体底部直径12、残高6米	台体周围原有围墙，现无存。围墙内残存墩院院基，直径30、高1米，南侧有豁口	无	保存一般。台体坍塌脱落严重，表面凹凸不平，有裂缝、沟槽、孔洞	自然因素主要有风雨侵蚀、植物生长等；人为因素主要是人畜踩踏等
宏赐堡二边1号烽火台	堡子湾乡宏赐堡村西南1千米	1166米	宏赐堡二边长城2段西0.22千米	土	黄色黏土夯筑，含少量砂砾、碎石，夯层厚0.24～0.27米	矩形	梯形	台体底部东、南、西、北长8、7、8、9米，顶部东、南、西长5、4、6米，残高7米	无	无	保存一般。台体坍塌脱落严重，表面凹凸不平，有裂缝、沟槽、孔洞	自然因素主要有风雨侵蚀、植物生长等；人为因素主要是取土挖损、人畜踩踏等
宏赐堡二边2号烽火台	堡子湾乡宏赐堡村西南1.4千米	1185米	宏赐堡二边长城2段西0.018千米，北距宏赐堡二边1号烽火台0.504千米	土	黄色黏土夯筑，含少量砂砾、碎石，夯层厚0.22～0.26米	矩形	梯形	台体底部东、南、西、北长13、12、11、12米，顶部东、南、西、北长9、9.6、8、8.8米，残高6.7米	无	无	保存一般。台体坍塌脱落严重，表面凹凸不平，有裂缝、沟槽、孔洞	自然因素主要有风雨侵蚀、植物生长等；人为因素主要是人畜踩踏等
宏赐堡二边3号烽火台	堡子湾乡宏赐堡村西南1.8千米	1209米	宏赐堡二边长城2段西0.442千米，东距宏赐堡二边2号烽火台0.464千米	土	褐色黏土夯筑，含少量砂砾，夯层厚0.24～0.27米	矩形	梯形	台体底部东、南、西、北长8、7、7、8，残高6.8米	无	无	保存一般。台体坍塌脱落严重，表面凹凸不平，有裂缝、沟槽、孔洞	自然因素主要有风雨侵蚀、植物生长等；人为因素主要是取土挖损、人畜踩踏等

续表 70

名称	地点	高程	与其他遗存的位置关系	材质	建筑方式	平面形制	剖面形制	尺寸	附属设施	修缮情况	保存状况	损毁原因及存在病害
宏赐堡二边4号烽火台	堡子湾乡宏赐堡村西南2千米	1220米	宏赐堡二边长城2段西0.061千米处，北距宏赐堡二边3号烽火台0.561千米	土	黄色黏土夯筑，含少量砂砾、碎石，夯层厚0.25~0.3米	矩形	梯形	台体底部东、南、西、北长8、7、8、6，残高6米	无	无	保存一般。台体坍塌脱落严重，表面凹凸不平，有裂缝、沟槽、孔洞	自然因素主要有风雨侵蚀、植物生长等；人为因素主要是取土挖损、人畜踩踏等
宏赐堡二边5号烽火台	堡子湾乡宏赐堡村西南2.3千米	1234米	宏赐堡二边长城2段西0.032千米处，东北距宏赐堡二边4号烽火台0.285千米	土	黄色黏土夯筑，含少量砂砾，夯层厚0.24~0.3米	矩形	梯形	台体底部东、南、西、北长9、8、8、7，残高5.3米	无	无	保存一般。台体坍塌脱落严重，表面凹凸不平，有裂缝、沟槽、孔洞	自然因素主要有风雨侵蚀、植物生长等；人为因素主要是人畜踩踏等
宏赐堡二边6号烽火台	堡子湾乡宏赐堡村西南2.6千米	1237米	宏赐堡二边长城3段西0.04千米处，东北距宏赐堡二边5号烽火台0.294千米	土	黄色黏土夯筑，含少量砂砾，夯层厚0.23~0.27米	矩形	梯形	台体底部东、南、西、北长12、11、13、13米，顶部东、南长5、4米，残高6.7米	无	无	保存一般。台体坍塌脱落严重，表面凹凸不平，有裂缝、沟槽、孔洞	自然因素主要有风雨侵蚀、植物生长等；人为因素主要是人畜踩踏等
宏赐堡二边7号烽火台	堡子湾乡宏赐堡村西南2.8千米	1245米	宏赐堡二边长城3段东0.02千米处，北距宏赐堡二边6号烽火台0.245千米	土	黄色黏土夯筑，含少量砂砾，夯层厚0.1~0.2米	矩形	梯形	台体底部东、南、西、北长8、7、7、6，残高6米	无	无	保存一般。台体坍塌脱落严重，表面凹凸不平，有裂缝、沟槽、孔洞	自然因素主要有风雨侵蚀、植物生长等；人为因素主要是人畜踩踏等
宏赐堡二边8号烽火台	堡子湾乡宏赐堡村西南3.2千米	1258米	宏赐堡二边长城3段北0.026千米处	土	红色黏土、黄色黏土夯筑，含少量砂砾、碎石，夯层厚0.13~0.17米	矩形	梯形	台体底部东、南、西、北长10、8、9、10，残高6.2米	台体周围原有围墙，现无存。围墙内残存墩院院基，边长30、高1.8~2.5米	无	保存一般。台体坍塌脱落严重，表面凹凸不平，有裂缝、沟槽、孔洞	自然因素主要有风雨侵蚀、植物生长等；人为因素主要是人畜踩踏等

续表 70

名称	地点	高程	与其他遗存的位置关系	材质	建筑方式	平面形制	剖面形制	尺寸	附属设施	修缮情况	保存状况	损毁原因及存在病害
宏赐堡二边9号烽火台	堡子湾乡宏赐堡村西南3.5千米处	1263米	宏赐堡二边长城3段南0.014千米处，东距宏赐堡二边8号烽火台0.43千米	土	黄色黏土夯筑，含少量砂砾，夯层厚0.14～0.17米	矩形	梯形	台体底部东、南、西、北长7、8、6.5、7米，顶部东、南、西、北长3、4、5、3米，残高7米	台体周围原有围墙，现无存。围墙内残存墩院院基，高0.5米	无	保存一般。台体坍塌脱落严重，表面凹凸不平，有裂缝、沟槽、孔洞	自然因素主要有风雨侵蚀、植物生长等；人为因素主要是取土挖损、人畜踩踏等
里教场沟1号烽火台	新荣镇里教场沟村东北1.5千米处	1269米	里教场沟二边长城1段西北0.08千米处，东距宏赐堡二边9号烽火台0.216千米	土	黄色黏土夯筑，含少量砂砾、碎石，夯层厚0.14～0.17米	矩形	梯形	台体残高6.8米	无	无	保存较差。台体坍塌脱落严重，表面凹凸不平，有裂缝、沟槽、孔洞	自然因素主要有风雨侵蚀、植物生长等
里教场沟2号烽火台	新荣镇里教场沟村东北1.4千米处	1296米	里教场沟二边长城1段西北0.222千米处，东南距里教场沟1号烽火台0.299千米	土	红色黏土夯筑，含少量砂砾、碎石，夯层厚0.15米	矩形	梯形	台体底部最长8、残高2.5米	台体周围原有围墙，现无存。围墙内残存墩院院基，边长30、高2米	无	保存较差。台体坍塌脱落严重，表面凹凸不平，有裂缝、沟槽、孔洞	自然因素主要有风雨侵蚀、植物生长等；人为因素主要是取土挖损、人畜踩踏等
里教场沟3号烽火台	新荣镇里教场沟村东北1.1千米处	1267米	里教场沟二边长城1段西北0.023千米处，东北距里教场沟2号烽火台0.347千米	土	黄色黏土夯筑，含少量砂砾、碎石，夯层厚0.14～0.18米	矩形	梯形	台体底部东、南、西、北长13、14、14、12、残高9米	无	无	保存一般。台体坍塌脱落严重，表面凹凸不平，有裂缝、沟槽、孔洞	自然因素主要有风雨侵蚀、植物生长等
里教场沟4号烽火台	新荣镇里教场沟村东北0.82千米处	1278米	里教场沟二边长城1段东南0.036千米处，东北距里教场沟3号烽火台0.245千米	土	黄色黏土夯筑，含少量砂砾、碎石，夯层厚度不详	矩形	梯形	台体底部东、南、西、北长9、10、11、10、残高4米	无	无	保存较差。台体坍塌脱落严重，表面凹凸不平，有裂缝、沟槽、孔洞	自然因素主要有风雨侵蚀、植物生长等；人为因素主要是紧贴台体开荒种地、人畜踩踏等

续表 70

名称	地点	高程	与其他遗存的位置关系	材质	建筑方式	平面形制	剖面形制	尺寸	附属设施	修缮情况	保存状况	损毁原因及存在病害
里教场沟 5 号烽火台	新荣镇里教场沟村东北 0.82 千米处	1278 米	里教场沟二边长城 1 段西北 0.036 千米处，东北距里教场沟 4 号烽火台 0.245 千米	土	黄色黏土夯筑，夯层厚 0.25 ~ 0.3 米	矩形	梯形	台体底部东、南、西、北长 9、10、11、10、残高 4.6 米	无	无	保存一般。台体坍塌脱落严重，表面凹凸不平，有裂缝、沟槽、孔洞	自然因素主要有风雨侵蚀、植物生长等；人为因素主要是紧贴台体开荒种地、人畜踩踏等
里教场沟 6 号烽火台	新荣镇里教场沟东北 0.59 千米处	1273 米	里教场沟二边长城 2 段西北 0.05 千米处，东北距里教场沟 5 号烽火台 0.265 千米	土	黄色黏土夯筑，夯层厚 0.25 ~ 0.3 米	矩形	梯形	台体底部东、南、西、北长 10、12、11、11、残高 6.2 米	无	无	保存一般。台体坍塌脱落严重，表面凹凸不平，有裂缝、沟槽、孔洞	自然因素主要有风雨侵蚀、植物生长等；人为因素主要是取土挖损、人畜踩踏等
里教场沟 7 号烽火台	新荣镇里教场沟村西 0.288 千米处	1243 米	里教场沟二边长城 2 段西北 0.06 千米处，东北距里教场沟 6 号烽火台 0.568 千米	土	褐色黏土夯筑，夯层厚 0.25 ~ 0.28 米	矩形	梯形	台体底部最长 13、顶部最长 9、残高 3 米	无	无	保存较差。台体坍塌脱落严重，表面凹凸不平，有裂缝、沟槽、孔洞	自然因素主要有风雨侵蚀、植物生长等；人为因素主要是紧贴台体开荒种地、人畜踩踏等
外教场沟 1 号烽火台	新荣镇外教场沟村东南 0.63 千米处	1211 米	外教场沟二边长城北 0.022 千米处，东北距里教场沟 7 号烽火台 0.498 千米	土	黄色黏土夯筑，含少量砂砾，夯层厚 0.23 ~ 0.28 米	矩形	梯形	台体底部东、南、西、北长 14、15、15、14 米，顶部东、南、西、北长 9.8、9、8、10 米，残高 6.7 米	无	无	保存一般。台体坍塌脱落严重，表面凹凸不平，有裂缝、沟槽、孔洞	自然因素主要有风雨侵蚀、植物生长等；人为因素主要是人畜踩踏等
外教场沟 2 号烽火台	新荣镇外教场沟村西南 0.379 千米处	1217 米	外教场沟二边长城北 0.044 千米处，东北距外教场沟 1 号烽火台 0.748 千米	土	黄色黏土夯筑，夯层厚度不详	矩形	梯形	台体底部东、南、西、北长 6、7、7、6、残高 3 米	无	无	保存较差。台体坍塌脱落严重，表面凹凸不平，有裂缝、沟槽、孔洞	自然因素主要有风雨侵蚀、植物生长等；人为因素主要是紧贴台体开荒种地、取土挖损、人畜踩踏等

续表 70

名称	地点	高程	与其他遗存的位置关系	材质	建筑方式	平面形制	剖面形制	尺寸	附属设施	修缮情况	保存状况	损毁原因及存在病害
外教场沟3号烽火台	新荣镇外教场沟村西南0.731千米	1219米	外教场沟二边长城北0.048千米处，东距外教场沟2号烽火台0.466千米	土	黄色黏土夯筑，夯层厚度不详	矩形	梯形	台体底部边长11、残高4米	无	无	保存较差。台体坍塌脱落严重，表面凹凸不平，有裂缝、沟槽、孔洞。南壁有人为取土挖损形成的凹坑	自然因素主要有风雨侵蚀、植物生长等；人为因素主要是紧贴台体开荒种地、取土挖损、人畜踩踏等
外教场沟4号烽火台	新荣镇外教场沟村西南1.2千米	1219米	外教场沟二边长城北0.025千米处，东北距外教场沟3号烽火台0.445千米	土	黄色黏土夯筑，含少量砂砾，夯层厚0.25～0.3米	矩形	梯形	台体底部东、南、西、北长8、6、7、8，残高6.3米	无	无	保存一般。台体坍塌脱落严重，表面凹凸不平，有裂缝、沟槽、孔洞	自然因素主要有风雨侵蚀、植物生长等；人为因素主要是紧贴台体开荒种地、取土挖损、人畜踩踏等
下甘沟1号烽火台(彩图二九五)	新荣镇下甘沟村东2.2千米	1178米	下甘沟二边长城1段北0.058千米处，东距外教场沟4号烽火台0.473千米	土	黄色黏土夯筑，夯层厚0.23～0.28米	矩形	梯形	台体底部东、南、西、北长13、12、12、11米，顶部东、南、西、北长9、8、7.8、6.9米，残高7米	无	无	保存一般。台体坍塌脱落严重，表面凹凸不平，有裂缝、沟槽、孔洞	自然因素主要有风雨侵蚀、植物生长等；人为因素主要是紧贴台体开荒种地、取土挖损、人畜踩踏等
下甘沟2号烽火台(彩图二九六)	新荣镇下甘沟村东2千米	1210米	下甘沟二边长城1段南0.022千米处，东北距下甘沟1号烽火台0.222千米	土	黄色黏土夯筑，含少量砂砾，夯层厚0.26～0.32米	矩形	梯形	台体底部东、南、西长7.2、6、6.5米，顶部东、南、西、北长3.5、4、3.6、3.4米，残高6米	台体周围原有围墙，现无存。围墙内残存墩院院基，高1.7米	无	保存一般。台体坍塌脱落严重，表面凹凸不平，有裂缝、沟槽、孔洞。台体上部四壁有矩形洞穴	自然因素主要有风雨侵蚀、植物生长等；人为因素主要是取土挖损、挖掘洞穴、人畜踩踏等
下甘沟3号烽火台	新荣镇下甘沟村东1.7千米	1215米	下甘沟二边长城1段北0.046千米处，东南距下甘沟2号烽火台0.216千米	土	黄色黏土夯筑，含少量砂砾，夯层厚0.23～0.27米	矩形	梯形	台体底部东、南、西、北长11、10、11、11米，顶部东、南、西、北长7、5、8、4米，残高5.7米	无	无	保存一般。台体坍塌脱落严重，表面凹凸不平，有裂缝、沟槽、孔洞	自然因素主要有风雨侵蚀、植物生长等；人为因素主要是取土挖损、人畜踩踏等

续表 70

名称	地点	高程	与其他遗存的位置关系	材质	建筑方式	平面形制	剖面形制	尺寸	附属设施	修缮情况	保存状况	损毁原因及存在病害
下甘沟4号烽火台	新荣镇下甘沟村(旧)东1.5千米	1214米	下甘沟二边长城1段北0.022千米，东北距下甘沟3号烽火台0.288千米	土	黄色黏土夯筑，含少量砂砾，夯层厚0.25～0.28米	矩形	梯形	台体底部东、南、西、北长9、7、8、9米，顶部东、南、西、北长3、4、6、5米，残高5.2米	无	无	保存一般。台体坍塌脱落严重，表面凹凸不平，有裂缝、沟槽、孔洞	自然因素主要有风雨侵蚀、植物生长等；人为因素主要是人畜踩踏等
下甘沟5号烽火台	新荣镇下甘沟村东1.3千米	1200米	下甘沟二边长城1段北0.054千米，东距下甘沟4号烽火台0.135千米	土	黄色黏土夯筑，含少量砂砾，夯层厚0.18～0.22米	矩形	梯形	台体底部边长10米，顶部东、南、西、北长5、7、6、4米，残高7.1米	无	无	保存一般。台体坍塌脱落严重，表面凹凸不平，有裂缝、沟槽、孔洞	自然因素主要有风雨侵蚀、植物生长等；人为因素主要是人畜踩踏等
下甘沟6号烽火台	新荣镇下甘沟村东1.1千米	1215米	下甘沟二边长城1段南0.012千米	土	黄色黏土夯筑，含少量砂砾，夯层厚0.25～0.3米	矩形	梯形	台体底部东、南、西、北长6、9、5、8、残高5.3米	台体周围原有围墙，现无存。围墙内残存墩院院基	无	保存一般。台体坍塌脱落严重，表面凹凸不平，有裂缝、沟槽、孔洞	自然因素主要有风雨侵蚀、植物生长等；人为因素主要是人畜踩踏等
下甘沟7号烽火台	新荣镇下甘沟村东0.925千米	1220米	下甘沟二边长城1段北0.023千米，东南距下甘沟6号烽火台0.15千米	土	黄色黏土夯筑，含少量砂砾，夯层厚0.25～0.3米	矩形	梯形	台体底部东西13、南北12米，顶部东、南、西、北长8、9、10、7米，残高6.5米	无	无	保存一般。台体坍塌脱落严重，表面凹凸不平，有裂缝、沟槽、孔洞	自然因素主要有风雨侵蚀、植物生长等
下甘沟8号烽火台	新荣镇下甘沟村东南0.58千米	1232米	下甘沟二边长城2段北0.022千米，东距下甘沟7号烽火台0.24千米	土	黄色黏土夯筑，含少量砂砾，夯层厚0.24～0.28米	矩形	梯形	台体底部东、南、西、北长10、12、11、11米，顶部东、南、西、北长6、5、6、4米，残高7.1米	无	无	保存一般。台体坍塌脱落严重，表面凹凸不平，有裂缝、沟槽、孔洞	自然因素主要有风雨侵蚀、植物生长等；人为因素主要是紧贴台体开荒种地、取土挖损、人畜踩踏等

续表 70

名称	地点	高程	与其他遗存的位置关系	材质	建筑方式	平面形制	剖面形制	尺寸	附属设施	修缮情况	保存状况	损毁原因及存在病害
下甘沟9号烽火台	新荣镇下甘沟村南0.15千米	1203米	下甘沟二边长城2段南0.034千米	土	黄色黏土夯筑，含少量砂砾，夯层厚0.23～0.28米	矩形	梯形	台体底部东、南、西、北长8、7、7、8米，顶部东、西、北长5、4、4米，残高5.2米	无	无	保存一般。台体坍塌脱落严重，表面凹凸不平，有裂缝、沟槽、孔洞	自然因素主要有风雨侵蚀、植物生长等；人为因素主要是紧贴台体开荒种地、取土挖损、人畜踩踏等
下甘沟10号烽火台	新荣镇下甘沟村西南0.086千米	1204米	下甘沟二边长城2段北0.056千米，东南距下甘沟9号烽火台0.088千米	土	黄色黏土夯筑，含少量砂砾，夯层厚0.23～0.26米	矩形	梯形	台体底部东西11、南北11米，顶部南、西、北长8、5、4米，残高5.2米	无	无	保存一般。台体坍塌脱落严重，表面凹凸不平，有裂缝、沟槽、孔洞	自然因素主要有风雨侵蚀、植物生长等；人为因素主要是人畜踩踏等
下甘沟11号烽火台	新荣镇下甘沟村西0.433千米	1235米	下甘沟二边长城2段北0.031千米，东距下甘沟10号烽火台0.359千米	土	黄色黏土夯筑，夯层厚0.23～0.28米	矩形	梯形	台体底部东、南、西、北长11、10、9、11、残高5.2米	无	无	保存一般。台体坍塌脱落严重，表面凹凸不平，有裂缝、沟槽、孔洞	自然因素主要有风雨侵蚀、植物生长等；人为因素主要是取土挖损、人畜踩踏等
光明1号烽火台	新荣镇光明村东北2.5千米	1199米	光明二边长城1段北0.08千米，东距下甘沟11号烽火台0.452千米	土	黄色黏土夯筑，含少量砂砾，夯层厚0.18～0.23米	矩形	梯形	台体底部东、南、西、北长12、10、11、10米，顶部东、南、西、北长8、6、8、7米，残高7.2米	无	无	保存一般。台体坍塌脱落严重，表面凹凸不平，有裂缝、沟槽、孔洞	自然因素主要有风雨侵蚀、植物生长等；人为因素主要是取土挖损、人畜踩踏等
光明2号烽火台	新荣镇光明村东北2.4千米	1193米	光明二边长城1段南0.03千米，东北距光明1号烽火台0.301千米	土	黄色黏土夯筑，含少量砂砾，夯层厚0.22～0.26米	矩形	梯形	台体底部东、南、西、北长9、10、7、8、残高6.3米	无	无	保存一般。台体坍塌脱落严重，表面凹凸不平，有裂缝、沟槽、孔洞	自然因素主要有风雨侵蚀、植物生长等；人为因素主要是取土挖损、人畜踩踏等

续表 70

名称	地点	高程	与其他遗存的位置关系	材质	建筑方式	平面形制	剖面形制	尺寸	附属设施	修缮情况	保存状况	损毁原因及存在病害
光明3号烽火台	新荣镇光明村东北1.9千米	1212米	光明二边长城1段北0.016千米，东距光明2号烽火台0.456千米	土	黄色黏土夯筑，含少量砂砾，夯层厚0.23～0.27米	矩形	梯形	台体底部东、南、西、北长11、12、9、11米，顶部东、南、西、北长8、9、4、5米，残高7.1米	无	无	保存一般。台体坍塌脱落严重，表面凹凸不平，有裂缝、沟槽、孔洞	自然因素主要有风雨侵蚀、植物生长等；人为因素主要是取土挖损、人畜踩踏等
光明4号烽火台（彩图二九七）	新荣镇光明村东北1.5千米	1217米	光明二边长城1段北0.066千米	土	黄色黏土夯筑，含少量砂砾，夯层厚0.23～0.26米	矩形	梯形	台体底部边长13米，顶部东、南、西、北长10、9、10、10米，残高7.7米	无	无	保存一般。台体坍塌脱落严重，表面凹凸不平，有裂缝、沟槽、孔洞	自然因素主要有风雨侵蚀、植物生长等；人为因素主要是取土挖损、人畜踩踏等
光明5号烽火台	新荣镇光明村东北1.4千米	1219米	光明二边长城1段南0.028千米，东北距光明4号烽火台0.118千米	土	黄色黏土夯筑，夯层厚0.2～0.24米	矩形	梯形	台体底部东、南、西、北长6、8、7、9，残高5.1米	无	无	保存一般。台体坍塌脱落严重，表面凹凸不平，有裂缝、沟槽、孔洞	自然因素主要有风雨侵蚀、植物生长等；人为因素主要是取土挖损、人畜踩踏等
光明6号烽火台（彩图二九八、二九九）	新荣镇光明村东北1.2千米	1205米	光明二边长城1段北0.064千米，东距光明4号烽火台0.326千米	土	黄色黏土夯筑，含少量砂砾，夯层厚0.24～0.28米	矩形	梯形	台体底边东西13、南北15米，顶部东、南、西、北长10、11、9、12米，残高7米	无	无	保存一般。台体坍塌脱落严重，表面凹凸不平，有裂缝、沟槽、孔洞	自然因素主要有风雨侵蚀、植物生长等；人为因素主要是取土挖损、人畜踩踏等
光明7号烽火台	新荣镇光明村东北0.827千米	1228米	光明二边长城1段北0.006千米，东北距光明6号烽火台0.38千米	土	黄色黏土夯筑，含少量砂砾，夯层厚0.2～0.23米	矩形	梯形	台体底部东西11、南北13米，顶部东、南、西、北长9、10、9.6、9.8、残高7米	无	无	保存一般。台体坍塌脱落严重，表面凹凸不平，有裂缝、沟槽、孔洞	自然因素主要有风雨侵蚀、植物生长等；人为因素主要是取土挖损、人畜踩踏等

续表 70

名称	地点	高程	与其他遗存的位置关系	材质	建筑方式	平面形制	剖面形制	尺寸	附属设施	修缮情况	保存状况	损毁原因及存在病害
光明 8 号烽火台（彩图三〇〇）	新荣镇光明村东北 0.573 千米	1217 米	光明二边长城 2 段北 0.412 千米，东南距光明 7 号烽火台 0.902 千米	土	黄色黏土夯筑，含少量砂砾、碎石，夯层厚 0.2 ~0.22 米	矩形	梯形	台体底部东、南、西、北长 6、5、7、4 米，顶部东西 6 米，残高 2.7 米	无	无	保存较差。台体坍塌脱落严重，表面凹凸不平，有裂缝、沟槽、孔洞	自然因素主要有风雨侵蚀、植物生长等；人为因素主要是取土挖损、人畜踩踏等
光明 9 号烽火台	新荣镇光明村西 0.377 千米	1224 米	光明二边长城 2 段北 0.008 千米，东北距光明 8 号烽火台 0.532 千米	土	黄色黏土夯筑，含少量砂砾，夯层厚 0.25 ~0.28 米	矩形	梯形	台体底部东、南、西、北长 12、13、13、11，残高 7 米	无	无	保存一般。台体坍塌脱落严重，表面凹凸不平，有裂缝、沟槽、孔洞	自然因素主要有风雨侵蚀、植物生长等；人为因素主要是取土挖损、人畜踩踏等
光明 10 号烽火台（彩图三〇一、三〇二）	新荣镇光明村西 0.968 千米	1230 米	光明二边长城 2 段南 0.014 千米，东距光明 9 号烽火台 0.598 千米	土	黄色黏土夯筑，含少量砂砾，夯层厚 0.21 ~0.26 米	矩形	梯形	台体底部东西 12、南北 11 米，顶部东、南、西、北长 6、7、7、5 米，残高 5 米	台体周围原有围墙，现无存。围墙内残存墩院院基，院基西侧被修路挖毁，东侧残长 18、南侧残长 25、北侧残长 28、高 2 米	无	保存一般。台体坍塌脱落严重，表面凹凸不平，有裂缝、沟槽、孔洞	自然因素主要有风雨侵蚀、植物生长等；人为因素主要是取土挖损、人畜踩踏，修路挖损院基等
光明 11 号烽火台（彩图三〇三）	新荣镇光明村西 0.988 千米	1234 米	光明二边长城 2 段北 0.064 千米，东南距光明 10 号烽火台 0.081 千米	土	黄色黏土夯筑，含少量砂砾，夯层厚 0.22 ~0.26 米	矩形	梯形	台体底部东、南、西、北长 15、13、14、15 米，顶部东、南、西、北长 13、11、13、10 米，残高 7.5 米	无	无	保存一般。台体坍塌脱落严重，表面凹凸不平，有裂缝、沟槽、孔洞	自然因素主要有风雨侵蚀、植物生长等；人为因素主要是取土挖损、人畜踩踏等
畔沟 1 号烽火台	新荣镇畔沟村东北 1.7 千米	1232 米	畔沟二边长城 1 段北 0.026 千米	土	黄色黏土夯筑，含少量砂砾，夯层厚 0.25 ~0.28 米	矩形	梯形	台体底部东、南、西、北长 13、13、12、13 米，顶部东、南、西、北长 8、9、6、5.6 米，残高 6.8 米	无	无	保存一般。台体坍塌脱落严重，表面凹凸不平，有裂缝、沟槽、孔洞	自然因素主要有风雨侵蚀、植物生长等；人为因素主要是取土挖损、人畜踩踏等

续表 70

名称	地点	高程	与其他遗存的位置关系	材质	建筑方式	平面形制	剖面形制	尺寸	附属设施	修缮情况	保存状况	损毁原因及存在病害
畔沟 2 号烽火台（彩图三〇四）	新荣镇畔沟村东北1.2千米	1244 米	畔沟二边长城 1 段北 0.045 千米，东北距畔沟 1 号烽火台 0.448 千米	土	黄色黏土夯筑，含少量砂砾，夯层厚 0.2 ~ 0.25 米	矩形	梯形	台体底部东、南、西、北长 13、12、13、11 米，顶部东、南、西、北长 9、7、8、8 米，残高 7.5 米	无	无	保存一般。台体坍塌脱落严重，表面凹凸不平，有裂缝、沟槽、孔洞	自然因素主要有风雨侵蚀、植物生长等；人为因素主要是取土挖损、人畜踩踏等
畔沟 3 号烽火台	新荣镇畔沟村东北1.1千米	1252 米	畔沟二边长城 1 段南 0.015 千米，东北距畔沟 2 号烽火台 0.124 千米	土	黄色黏土夯筑，含少量砂砾，夯层厚 0.18 ~ 0.25 米	矩形	梯形	台体底部东、南、西、北长 7、8、8、7 米，顶部东、南、西、北长 4、5、6、3 米，残高 5.3 米	无	无	保存一般。台体坍塌脱落严重，表面凹凸不平，有裂缝、沟槽、孔洞	自然因素主要有风雨侵蚀、植物生长等；人为因素主要是取土挖损、人畜踩踏等
畔沟 4 号烽火台	新荣镇畔沟村东北0.954千米	1242 米	畔沟二边长城 1 段北 0.042 千米，东距畔沟 3 号烽火台 0.164 千米	土	黄色黏土夯筑，含少量砂砾，夯层厚 0.23 ~ 0.27 米	矩形	梯形	台体底部东、南、西、北长 12、11、12、10 米，顶部东、南、西、北长 9、10、10、8 米，残高 7.5 米	无	无	保存一般。台体坍塌脱落严重，表面凹凸不平，有裂缝、沟槽、孔洞。台体东北壁塌土形成的斜坡上有人为踩踏形成的坡道，可登顶	自然因素主要有风雨侵蚀、植物生长等；人为因素主要是取土挖损、人畜踩踏等
畔沟 5 号烽火台	新荣镇畔沟村北0.478千米	1230 米	畔沟二边长城 1 段北 0.11 千米，东北距畔沟 4 号烽火台 0.496 千米	土	黄色黏土夯筑，含少量砂砾，夯层厚 0.2 ~ 0.25 米	矩形	梯形	台体底部东、南、西、北长 11、12、12、13 米，顶部东、南、西、北长 5、6、7、9 米，残高 4.7 米	无	无	保存一般。台体坍塌脱落严重，表面凹凸不平，有裂缝、沟槽、孔洞	自然因素主要有风雨侵蚀、植物生长等；人为因素主要是取土挖损、人畜踩踏等
畔沟 6 号烽火台	新荣镇畔沟村北0.152千米	1197 米	畔沟二边长城 2 段南 0.007 千米，东北距畔沟 5 号烽火台 0.618 千米	土	黄色黏土夯筑，夯层厚 0.25 ~ 0.28 米	矩形	梯形	台体底部东、南、西、北长 7、6、7、5、残高 4.7 米	无	无	保存较差。台体坍塌脱落严重，表面凹凸不平，有裂缝、沟槽、孔洞	自然因素主要有风雨侵蚀、植物生长等；人为因素主要是取土挖损、人畜踩踏等

续表 70

名称	地点	高程	与其他遗存的位置关系	材质	建筑方式	平面形制	剖面形制	尺寸	附属设施	修缮情况	保存状况	损毁原因及存在病害
畔沟7号烽火台	新荣镇畔沟村北0.466千米	1211米	畔沟二边长城2段南0.015千米，东北距畔沟6号烽火台0.315千米	土	黄色黏土夯筑，含少量砂砾，夯层厚0.23～0.27米	矩形	梯形	台体底部东、南、西、北长8、7、6、8，残高4米	无	无	保存较差。台体坍塌脱落严重，表面凹凸不平，有裂缝、沟槽、孔洞	自然因素主要有风雨侵蚀、植物生长等；人为因素主要是取土挖损、人畜踩踏等
畔沟8号烽火台	新荣镇畔沟村西北0.81千米	1229米	畔沟长城北0.028千米，东北距畔沟7号烽火台0.348千米	土	黄色黏土夯筑，夯层厚0.25～0.28米	矩形	梯形	台体底部东、南、西、北长11、10、10、12，残高6.2米	无	无	保存一般。台体坍塌脱落严重，表面凹凸不平，有裂缝、沟槽、孔洞	自然因素主要有风雨侵蚀、植物生长等；人为因素主要是取土挖损、人畜踩踏等
鲁家沟1号烽火台	新荣镇鲁家沟村东北0.427千米	1232米	鲁家沟二边长城北0.062千米，东北距畔沟8号烽火台0.424千米	土	黄色黏土夯筑，夯层厚度不详	矩形	梯形	台体底部东、南、西、北长10、11、12、11，残高4米	无	无	保存较差。台体坍塌脱落严重，表面凹凸不平，有裂缝、沟槽、孔洞	自然因素主要有风雨侵蚀、植物生长等；人为因素主要是取土挖损、人畜踩踏等
鲁家沟2号烽火台	新荣镇鲁家沟村北0.285千米	1222米	鲁家沟二边长城南0.022千米，东北距鲁家沟1号烽火台0.194千米	土	黄色黏土夯筑，含少量砂砾，夯层厚0.23～0.26米	矩形	梯形	台体底部东、南、西、北长8、6、7、6，残高4.2米	台体周围原有围墙，现无存。围墙内残存墩院院基，东西32、南北26、高1.5米	无	保存较差。台体坍塌脱落严重，表面凹凸不平，有裂缝、沟槽、孔洞	自然因素主要有风雨侵蚀、植物生长等；人为因素主要是取土挖损、人畜踩踏等
鲁家沟3号烽火台	新荣镇鲁家沟村西北0.397千米	1213米	鲁家沟二边长城北0.064千米，东距鲁家沟2号烽火台0.225千米	土	黄色黏土夯筑，含少量砂砾，夯层厚0.25～0.3米	矩形	梯形	台体底部东、南、西、北长12、13、13、11，残高6.8米	无	无	保存一般。台体坍塌脱落严重，表面凹凸不平，有裂缝、沟槽、孔洞	自然因素主要有风雨侵蚀、植物生长等；人为因素主要是取土挖损、人畜踩踏等

续表 70

名称	地点	高程	与其他遗存的位置关系	材质	建筑方式	平面形制	剖面形制	尺寸	附属设施	修缮情况	保存状况	损毁原因及存在病害
鲁家沟4号烽火台(彩图三〇五)	新荣镇鲁家沟村西0.675千米	1225米	鲁家沟二边长城北0.056千米,东北距鲁家沟3号烽火台0.41千米	土	黄色黏土夯筑,夯层厚度不详	矩形	梯形	台体底部东、南、西、北长9、8、8、8、残高3.5米	无	无	保存较差。台体坍塌脱落严重,表面凹凸不平,有裂缝、沟槽、孔洞	自然因素主要有风雨侵蚀、植物生长等;人为因素主要是取土挖损、人畜踩踏等
安乐庄1号烽火台	新荣镇安乐庄村东北1.3千米	1228米	安乐庄二边长城1段北0.06千米,东北距鲁家沟4号烽火台0.498千米	土	黄色黏土夯筑,含少量砂砾,夯层厚0.23～0.27米	矩形	梯形	台体底部东、南、西、北长13、15、14、11、残高6.2米	无	无	保存一般。台体坍塌脱落严重,表面凹凸不平,有裂缝、沟槽、孔洞	自然因素主要有风雨侵蚀、植物生长等;人为因素主要是取土挖损、人畜踩踏等
安乐庄2号烽火台	新荣镇安乐庄村东北1.2千米	1223米	安乐庄二边长城1段南0.027千米,东北距安乐庄1号烽火台0.131千米	土	黄色黏土夯筑,含少量砂砾,夯层厚0.2米	矩形	梯形	台体底部东、南、西、北长8、12、11、9、残高3.6米	无	无	保存较差。台体坍塌脱落严重,表面凹凸不平,有裂缝、沟槽、孔洞	自然因素主要有风雨侵蚀、植物生长等;人为因素主要是取土挖损、人畜踩踏等
安乐庄3号烽火台	新荣镇安乐庄村东北1.2千米	1243米	安乐庄二边长城1段北0.44千米,东南距安乐庄1号烽火台0.42千米	土	黄色黏土夯筑,含少量砂砾,夯层厚0.25～0.3米	矩形	梯形	台体底部东、南、西、北长13、12、11、12、残高6.8米	无	无	保存一般。台体坍塌脱落严重,表面凹凸不平,有裂缝、沟槽、孔洞	自然因素主要有风雨侵蚀、植物生长等;人为因素主要是取土挖损、人畜踩踏等
安乐庄4号烽火台	新荣镇安乐庄村东0.934千米	1225米	安乐庄二边长城1段北0.069千米,东南距安乐庄2号烽火台0.319千米	土	黄色黏土夯筑,夯层厚0.12～0.16米	矩形	梯形	台体底部东、南、西、北长9、7、8、8、残高3.5米	无	无	保存较差。台体坍塌脱落严重,表面凹凸不平,有裂缝、沟槽、孔洞	自然因素主要有风雨侵蚀、植物生长等;人为因素主要是取土挖损、人畜踩踏等

续表 70

名称	地点	高程	与其他遗存的位置关系	材质	建筑方式	平面形制	剖面形制	尺寸	附属设施	修缮情况	保存状况	损毁原因及存在病害
安乐庄5号烽火台	新荣镇安乐庄村东北0.663千米	1212米	安乐庄二边长城1段北0.062千米，东距安乐庄4号烽火台0.274千米	土	黄色黏土夯筑，夯层厚度不详	矩形	梯形	台体底部东、南、西、北长8、9、9、9，残高3米	无	无	保存较差。台体坍塌脱落严重，表面凹凸不平，有裂缝、沟槽、孔洞	自然因素主要有风雨侵蚀、植物生长等；人为因素主要是取土挖损、人畜踩踏等
安乐庄6号烽火台	新荣镇安乐庄村东北0.575千米	1215米	安乐庄二边长城1段北0.072千米，东距安乐庄5号烽火台0.09千米	土	黄色黏土夯筑，夯层厚度不详	矩形	梯形	台体底部东、南、西、北长9、8、7、8，残高4米	无	无	保存较差。台体坍塌脱落严重，表面凹凸不平，有裂缝、沟槽、孔洞	自然因素主要有风雨侵蚀、植物生长等；人为因素主要是取土挖损、人畜踩踏等
安乐庄7号烽火台	新荣镇安乐庄村东0.318千米	1205米	安乐庄二边长城2段南0.041千米，东北距安乐庄6号烽火台0.26千米	土	黄色黏土夯筑，夯层厚0.25～0.27米	矩形	梯形	台体底部东、南、西、北长6、10、7、9，残高4.2米	无	无	保存较差。台体坍塌脱落严重，表面凹凸不平，有裂缝、沟槽、孔洞	自然因素主要有风雨侵蚀、植物生长等；人为因素主要是取土挖损、人畜踩踏等
安乐庄8号烽火台	新荣镇安乐庄村西1.9千米	1200米	安乐庄二边长城3段北0.05千米，东距安乐庄7号烽火台2.2千米	土	黄色黏土夯筑，夯层厚度不详	矩形	梯形	台体底部东、南、西、北长9、8、9、7，残高3米	无	无	保存较差。台体坍塌脱落严重，表面凹凸不平，有裂缝、沟槽、孔洞	自然因素主要有风雨侵蚀、植物生长等；人为因素主要是取土挖损、人畜踩踏等
安乐庄9号烽火台	新荣镇安乐庄村西2.4千米	1202米	安乐庄二边长城3段南0.075千米，东距安乐庄8号烽火台0.51千米	土	黄色黏土夯筑，含少量砂砾，夯层厚0.15～0.18米	矩形	梯形	台体底部东、南、西、北长7、7、5、8，残高3米	无	无	保存较差。台体坍塌脱落严重，表面凹凸不平，有裂缝、沟槽、孔洞	自然因素主要有风雨侵蚀、植物生长等；人为因素主要是取土挖损、人畜踩踏等

续表 70

名称	地点	高程	与其他遗存的位置关系	材质	建筑方式	平面形制	剖面形制	尺寸	附属设施	修缮情况	保存状况	损毁原因及存在病害
六墩 1 号烽火台	破鲁堡乡六墩村东南 1.2 千米	1205 米	六墩二边长城北 0.157 千米，东距安乐庄 9 号烽火台 0.919 千米	土	黄色黏土夯筑，夯层厚度不详	矩形	梯形	台体底部东、南、西、北长 11、10、11、11，残高 1.3 米	无	无	保存较差。台体坍塌脱落严重，表面凹凸不平，有裂缝、沟槽、孔洞	自然因素主要有风雨侵蚀、植物生长等；人为因素主要是取土挖损、人畜踩踏等
六墩 2 号烽火台	破鲁堡乡六墩村东南 0.843 千米	1206 米	六墩二边长城北 0.1 千米，东距六墩 1 号烽火台 0.498 千米	土	黄色黏土夯筑，含少量砂砾，夯层厚 0.12～0.18 米	矩形	梯形	台体底部东、南、西、北长 5、7、6、8，残高 2 米	无	无	保存较差。台体坍塌脱落严重，表面凹凸不平，有裂缝、沟槽、孔洞	自然因素主要有风雨侵蚀、植物生长等；人为因素主要是取土挖损、人畜踩踏等
六墩 3 号烽火台	破鲁堡乡六墩村南 0.657 千米	1210 米	六墩二边长城南 0.126 千米，东距六墩 2 号烽火台 0.472 千米	土	黄色黏土夯筑，夯层厚度不详	矩形	梯形	台体底部东、南、西、北长 14、13、13、14，残高 2 米	无	无	保存较差。台体坍塌脱落严重，表面凹凸不平，有裂缝、沟槽、孔洞	自然因素主要有风雨侵蚀、植物生长等；人为因素主要是取土挖损、人畜踩踏等
八墩 1 号烽火台（彩图三〇六）	破鲁堡乡八墩村东北 0.268 千米	1205 米	八墩二边长城 1 段北 0.129 千米，东距六墩 3 号烽火台 1.1 千米	土	黄色黏土夯筑，含少量砂砾，夯层厚 0.15～0.22 米	矩形	梯形	台体底部最长 10、残高 8.9 米	无	无	保存一般。台体坍塌脱落严重，表面凹凸不平，有裂缝、沟槽、孔洞。台体下部有现代修筑的石砌圆形围墙，高 3 米	自然因素主要有风雨侵蚀、植物生长等；人为因素主要是取土挖损、人畜踩踏等
八墩 2 号烽火台	破鲁堡乡八墩村西 0.4 千米	1222 米	八墩二边长城 2 段北 0.03 千米，东北距八墩 1 号烽火台 0.645 千米	土	黄色黏土、红色黏土夯筑，含少量砂砾、碎石，夯层厚 0.21～0.26 米	矩形	梯形	台体底部东、南、西、北长 10、12、11、12 米，顶部东、南、西、北长 4、3.6、5、6 米，残高 6 米	无	无	保存一般。台体坍塌脱落严重，表面凹凸不平，有裂缝、沟槽、孔洞	自然因素主要有风雨侵蚀、植物生长等；人为因素主要是取土挖损、人畜踩踏等

续表 70

名称	地点	高程	与其他遗存的位置关系	材质	建筑方式	平面形制	剖面形制	尺寸	附属设施	修缮情况	保存状况	损毁原因及存在病害
八墩 3 号烽火台	破鲁堡乡八墩村西 0.677 千米	1229 米	八墩二边长城 2 段北 0.063 千米，东北距八墩 2 号烽火台 0.277 千米	土	黄色黏土夯筑，夯层厚度不详	矩形	梯形	台体底部东、南、西、北长 11、12、13、12、残高 3.8 米	无	无	保存较差。台体坍塌脱落严重，表面凹凸不平，有裂缝、沟槽、孔洞。东壁有人为踩踏形成的坡道，可登顶	自然因素主要有风雨侵蚀、植物生长等；人为因素主要是取土挖损、人畜踩踏等
八墩 4 号烽火台	破鲁堡乡八墩村西 1 千米	1216 米	八墩二边长城 2 段南 0.031 千米，东北距八墩 3 号烽火台 0.411 千米	土	黄色黏土夯筑，含少量砂砾，夯层厚 0.22～0.25 米	矩形	梯形	台体底部东、南、西、北长 8、9、7、9、残高 5.3 米	无	无	保存一般。台体坍塌脱落严重，表面凹凸不平，有裂缝、沟槽、孔洞	自然因素主要有风雨侵蚀、植物生长等；人为因素主要是取土挖损、人畜踩踏等
八墩 5 号烽火台	破鲁堡乡八墩村西 1.1 千米	1219 米	八墩二边长城 2 段北 0.062 千米，东南距八墩 4 号烽火台 0.13 千米	土	红色胶泥土夯筑，含少量砂砾，夯层厚 0.14～0.2 米	矩形	梯形	台体底部东、南、西、北长 6、8、7、6、残高 4.9 米	台体周围原有围墙，现无存。围墙内残存墩院院基，边长 24、高 1.5 米	无	保存较差。台体坍塌脱落严重，表面凹凸不平，有裂缝、沟槽、孔洞	自然因素主要有风雨侵蚀、植物生长等；人为因素主要是取土挖损、人畜踩踏等
八墩 6 号烽火台	破鲁堡乡八墩村西 1.6 千米	1216 米	八墩二边长城 2 段北 0.162 千米，东北距八墩 5 号烽火台 0.436 千米	土	褐色黏土夯筑，含少量砂砾，夯层厚 0.23～0.27 米	矩形	梯形	台体底部东、南、西、北长 11、10、10、11、残高 6.3 米	无	无	保存一般。台体坍塌脱落严重，表面凹凸不平，有裂缝、沟槽、孔洞	自然因素主要有风雨侵蚀、植物生长等；人为因素主要是取土挖损、人畜踩踏等
八墩 7 号烽火台	破鲁堡乡八墩村西 1.7 千米	1215 米	八墩二边长城 2 段南 0.02 千米，东北距八墩 6 号烽火台 1.484 千米	土	黄色黏土夯筑，夯层厚 0.27～0.3 米	矩形	梯形	台体底部东、南、西、北长 10、9、8、9、残高 5.2 米	无	无	保存一般。台体坍塌脱落严重，表面凹凸不平，有裂缝、沟槽、孔洞	自然因素主要有风雨侵蚀、植物生长等；人为因素主要是取土挖损、人畜踩踏等

续表 70

名称	地点	高程	与其他遗存的位置关系	材质	建筑方式	平面形制	剖面形制	尺寸	附属设施	修缮情况	保存状况	损毁原因及存在病害
八墩 8 号烽火台	破鲁堡乡八墩村西南 2.1 千米	1210 米	八墩二边长城 2 段北 0.075 千米，东距八墩 7 号烽火台 0.374 千米	土	黄色黏土夯筑，夯层厚度不详	矩形	梯形	台体底部东西 10、南北 9 米	无	无	保存较差。台体坍塌脱落严重，表面凹凸不平，有裂缝、沟槽、孔洞	自然因素主要有风雨侵蚀、植物生长等；人为因素主要是取土挖损、人畜踩踏等
吴施窑 1 号烽火台	破鲁堡乡吴施窑村东 1.2 千米	1262 米	吴施窑二边长城 2 段北 0.158 千米，东北距八墩 8 号烽火台 4.9 千米	土	黄色黏土夯筑，夯层厚度不详	矩形	梯形	台体底部东、南、西、北长 12、12、11、10、残高 4.2 米	无	无	保存较差。台体坍塌脱落严重，表面凹凸不平，有裂缝、沟槽、孔洞	自然因素主要有风雨侵蚀、植物生长等；人为因素主要是取土挖损、人畜踩踏等
吴施窑 2 号烽火台	破鲁堡乡吴施窑村西南 0.85 千米	1276 米	吴施窑二边长城 2 段北 0.199 千米，东距吴施窑 1 号烽火台 2 千米	土	黄色黏土夯筑，夯层厚度不详	矩形	梯形	台体底部东、南、西、北长 6、4、4、5、残高 1 米	无	无	保存较差。台体坍塌脱落严重，表面凹凸不平，有裂缝、沟槽、孔洞	自然因素主要有风雨侵蚀、植物生长等；人为因素主要是取土挖损、人畜踩踏等
吴施窑 4 号烽火台	破鲁堡乡吴施窑村西南 1.2千米	1290 米	吴施窑二边长城 3 段北 0.084 千米，东北距吴施窑 2 号烽火台 0.352 千米，北距吴施窑 3 号烽火台 1.7 千米	土	黄色黏土夯筑，含少量碎石，夯层厚 0.17 ~ 0.2 米	矩形	梯形	台体底部东、南、西、北长 7、6、6、8、残高 6 米	无	无	保存一般。台体坍塌脱落严重，表面凹凸不平，有裂缝、沟槽、孔洞	自然因素主要有风雨侵蚀、植物生长等；人为因素主要是取土挖损、人畜踩踏等
吴施窑 5 号烽火台	破鲁堡乡吴施窑村西南 1.7千米	1329 米	吴施窑二边长城 3 段南 0.024 千米，东北距吴施窑 4 号烽火台 0.452 千米	土	黄色黏土夯筑，夯层厚度不详	矩形	梯形	台体底部东、南、西、北长 10、8、9.6、8.5、残高 2 米	无	无	保存较差。台体坍塌脱落严重，表面凹凸不平，有裂缝、沟槽、孔洞	自然因素主要有风雨侵蚀、植物生长等；人为因素主要是取土挖损、人畜踩踏等

续表 70

名称	地点	高程	与其他遗存的位置关系	材质	建筑方式	平面形制	剖面形制	尺寸	附属设施	修缮情况	保存状况	损毁原因及存在病害
吴施窑6号烽火台(彩图三〇七)	破鲁堡乡吴施窑村西南1.7千米	1307米	吴施窑二边长城3段北0.074千米，东北距吴施窑4号烽火台0.446千米	土	黄色黏土夯筑，含少量砂砾，夯层厚0.24～0.3米	矩形	梯形	台体底部东、南、西、北长11、11、10、11、残高4.7米	台体周围原有围墙，现无存。围墙内残存墩院院基，东西30、南北25、高2米	无	保存一般。台体坍塌脱落严重，表面凹凸不平，有裂缝、沟槽、孔洞	自然因素主要有风雨侵蚀、植物生长等；人为因素主要是取土挖损、人畜踩踏等
吴施窑7号烽火台	破鲁堡乡吴施窑村西南2.2千米	1347米	吴施窑二边长城3段南0.026千米，东北距吴施窑6号烽火台0.548千米	土	黄色黏土夯筑，夯层厚度不详	矩形	梯形	台体底部东、南、西、北长10、9、9.6、11、残高2.3米	无	无	保存较差。台体坍塌脱落严重，表面凹凸不平，有裂缝、沟槽、孔洞	自然因素主要有风雨侵蚀、植物生长等；人为因素主要是取土挖损、人畜踩踏等
吴施窑8号烽火台(彩图三〇八)	破鲁堡乡吴施窑村西南2.2千米	1339米	吴施窑二边长城3段北0.072千米，东南距吴施窑7号烽火台0.102千米	土	黄色黏土夯筑，夯层厚度不详	矩形	梯形	台体底部东、南、西、北长9、8、8.6、8.5、残高3.2米	无	无	保存较差。台体坍塌脱落严重，表面凹凸不平，有裂缝、沟槽、孔洞	自然因素主要有风雨侵蚀、植物生长等；人为因素主要是取土挖损、人畜踩踏等

表71 新荣区腹里烽火台一览表

名称	地点	高程	与其他遗存的位置关系	材质	建筑方式	平面形制	剖面形制	尺寸	附属设施	修缮情况	保存状况	损毁原因及存在病害
三墩南烽火台（彩图三〇九）	花园屯乡三墩村南1.1千米	1282米	三墩长城1段南1.2千米	土	黄色黏土夯筑，含少量砂砾，夯层厚0.2～0.23米	矩形	梯形	台体底部东、南、西、北长11、11.5、10、11米，顶部东、南、西、北长6.8、7、7、7.5米，残高8米	台体周围有围墙，东、北墙无存，南墙长16米，底宽3、顶宽0.8～1、残高1.5～2.2米；西墙残长20米，底宽3、顶宽1、残高0.6～2米。南墙设门，现为豁口，宽4.5米。围墙内残存墩院院基，东西30、南北28、高0.6米	无	保存较好。台体有所坍塌脱落，表面凹凸不平，有裂缝、沟槽、孔洞	自然因素主要有风雨侵蚀、植物生长等；人为因素主要是取土挖损、人畜踩踏等
镇川口十三湾烽火台	花园屯乡镇川口村西南1.3千米	1233米	镇川口长城1段南1.1千米，东距三墩南烽火台3.5千米	土	黄色黏土夯筑，含少量砂砾，夯层厚0.2～0.24米	矩形	梯形	台体底部周长14.8、残高4.5米	无	无	保存较差。台体坍塌脱落严重，表面凹凸不平，有裂缝、沟槽、孔洞	自然因素主要有风雨侵蚀、植物生长等；人为因素主要是取土挖损、人畜踩踏等
镇川堡点将台（彩图三一〇、三一一）	花园屯乡镇川堡村东北0.648千米	1225米	镇川堡东北0.648千米，东北距镇川口十三湾烽火台2.3千米	土	黄色黏土夯筑，含少量砂砾，夯层厚0.15～0.2米	矩形	梯形	台体底部东、南、西、北长9.8、9.2、10、9.8米，顶部东、南、西、北长3.3、5、3、5.2米，残高9.6米	无	无	保存较好。台体有所坍塌脱落，表面凹凸不平，有裂缝、沟槽、孔洞。西壁有洞穴，宽0.7、高0.9、进深0.3米，距地面1.3米	自然因素主要有风雨侵蚀、植物生长等；人为因素主要是取土挖损、挖掘洞穴、人畜踩踏等
镇川堡瞭望台（彩图三一二）	花园屯乡镇川堡村东北0.3千米	1211米	镇川堡东北0.3千米，东北距镇川堡点将台0.587千米	土	黄色黏土夯筑，含少量砂砾，夯层厚0.13～0.15米	矩形	梯形	台体底部东、南、西、北长8、7.6、8.1、7.8、残高9.8米	无	无	保存较好。台体有所坍塌脱落，表面凹凸不平，有裂缝、沟槽、孔洞	自然因素主要有风雨侵蚀、植物生长等；人为因素主要是取土挖损、人畜踩踏等
万泉庄烽火台	花园屯乡万泉庄村东北0.415千米	1210米	镇川堡西北1千米，东距镇川堡瞭望台0.804千米	土	黄色黏土夯筑，含少量砂砾，夯层厚0.21～0.24米	矩形	梯形	台体底部东、南、西、北长6、7、5.5、8、残高7米	无	无	保存一般。台体坍塌脱落严重，表面凹凸不平，有裂缝、沟槽、孔洞	自然因素主要有风雨侵蚀、植物生长等；人为因素主要是取土挖损、人畜踩踏等

续表 71

名称	地点	高程	与其他遗存的位置关系	材质	建筑方式	平面形制	剖面形制	尺寸	附属设施	修缮情况	保存状况	损毁原因及存在病害
坨坨烽火台	花园屯乡坨坨村西南0.37千米	1342米	西北距镇川堡点将台3.9千米	土	黄色黏土夯筑，夯层厚0.18～0.22米	矩形	梯形	台体底部东、南、西、北残长5、4.5、4、3.5米，顶部东、南、西、北长2.5、2、3、1.5米，残高4.5米	无	无	保存较差。台体坍塌脱落严重，表面凹凸不平，有裂缝、沟槽、孔洞	自然因素主要有风雨侵蚀、植物生长等；人为因素主要是取土挖损、人畜踩踏等
双老道北烽火台	花园屯乡常胜庄村东1.8千米	1484米	无	土	黄色黏土夯筑，夯层厚0.22～0.26米	矩形	梯形	台体底部东、南、西、北长5、7、4、6，残高9米	无	无	保存一般。台体坍塌脱落严重，表面凹凸不平，有裂缝、沟槽、孔洞	自然因素主要有风雨侵蚀、植物生长等；人为因素主要是取土挖损、人畜踩踏等
双老道南烽火台	花园屯乡常胜庄村东南1.1千米	1477米	西距坨坨烽火台3千米，北距双老道北烽火台0.041千米	土	黄色黏土夯筑，夯层厚0.21～0.24米	矩形	梯形	台体底部东、南、西、北长6、4、7、5，残高8.5米	无	无	保存一般。台体坍塌脱落严重，表面凹凸不平，有裂缝、沟槽、孔洞	自然因素主要有风雨侵蚀、植物生长等；人为因素主要是取土挖损、人畜踩踏等
老道坡烽火台	花园屯乡常胜庄村东南2.2千米	1560米	西北距双老道南烽火台0.752千米	土	黄色黏土夯筑，含少量砂砾，夯层厚0.17～0.21米	矩形	梯形	台体底部东、南、西、北长8.5、8.5、9、9，残高10米	台体周围有围墙，东墙无存，南墙长18、底宽1、顶宽0.5、残高1.8米；西墙长15、底宽1、顶宽0.2、残高1米；北墙长20、底宽1、顶宽0.8、残高0.8米。围墙内残存墩院院基，东西24、南北26、高3.5米	无	保存一般。台体坍塌脱落严重，表面凹凸不平，有裂缝、沟槽、孔洞	自然因素主要有风雨侵蚀、植物生长等；人为因素主要是取土挖损、人畜踩踏等
青花烽火台	花园屯乡青花村西北0.262千米	1276米	东北距坨坨烽火台2.6千米	土	黄色黏土夯筑，含少量砂砾，夯层厚0.2～0.24米	矩形	梯形	台体底部东、南、西、北长5.5、6、6、6，残高8米	台体周围原有围墙，现无存。围墙内残存墩院院基东南部痕迹，东西长13、南北长6、高1.2米	无	保存一般。台体坍塌脱落严重，表面凹凸不平，有裂缝、沟槽、孔洞。北壁有人为踩踏形成的坡道，可登顶	自然因素主要有风雨侵蚀、植物生长等；人为因素主要是取土挖损、人畜踩踏等

续表 71

名称	地点	高程	与其他遗存的位置关系	材质	建筑方式	平面形制	剖面形制	尺寸	附属设施	修缮情况	保存状况	损毁原因及存在病害
谢士庄烽火台	花园屯乡谢士庄村西南0.864千米	1840米	北距青花烽火台4.4千米	土	黄色黏土夯筑，含少量砂砾，夯层厚0.2～0.22米	矩形	梯形	台体底部东、南、西、北长4、8.5、5.4、9，残高5.7米	台体周围原有围墙，现无存。围墙内残存墩院院基，边长45、高2米	无	保存一般。台体坍塌脱落严重，表面凹凸不平，有裂缝、沟槽、孔洞	自然因素主要有风雨侵蚀、植物生长等；人为因素主要是取土挖损、人畜踩踏等
位子湾烽火台	花园屯乡位子湾村东南0.268千米	1802米	东北距谢士庄烽火台3.8千米	土	黄色黏土夯筑，含少量砂砾，夯层厚0.2～0.23米	矩形	梯形	台体底部东、南、西、北长8.5、9、7.6、8米，顶部东、南长5、6米，残高6.3米	无	无	保存一般。台体坍塌脱落严重，表面凹凸不平，有裂缝、沟槽、孔洞	自然因素主要有风雨侵蚀、植物生长等；人为因素主要是取土挖损、人畜踩踏等
营盘墩烽火台	堡子湾乡靳圪塔梁村西北2.1千米	1443米	东北距宏赐堡1号烽火台1.9千米，西北距宏赐堡二边1号烽火台2千米	土	黄色黏土夯筑，含少量砂砾，夯层厚0.18～0.2米	矩形	梯形	台体底部东、南、西、北长10、11、9.5、10.5米，顶部东、南、西、北长6.5、8、7.2、6米，残高8.3米	台体周围有围墙，东、北墙无存，南墙残长4、底宽1、顶宽0.5、残高0.7米；西墙残长3.5、底宽1、顶宽0.2、残高0.6米。围墙内残存墩院院基，边长25、高1米	无	保存较好。台体有所坍塌脱落。台体表面凹凸不平，有裂缝、沟槽、孔洞	自然因素主要有风雨侵蚀、植物生长等；人为因素主要是取土挖损、人畜踩踏等
红墩烽火台	堡子湾乡靳圪塔梁村西南1.4千米	1544米	西北距宏赐堡二边7号烽火台3.5千米，北距营盘墩烽火台3.4千米	土	黄色黏土夯筑，含少量砂砾，夯层厚0.18～0.2米	矩形	梯形	台体底部东、南、西、北长8、9.5、5.5、7.8、残高6米	无	无	保存一般。台体坍塌脱落严重，表面凹凸不平，有裂缝、沟槽、孔洞	自然因素主要有风雨侵蚀、植物生长等；人为因素主要是取土挖损、人畜踩踏等
边墙圪墩烽火台	堡子湾乡宏赐堡村西北1.3千米	1441米	宏赐堡大边长城1段西1.2千米，东南距宏赐堡5号烽火台1.1千米，东距宏赐堡6号烽火台1.3千米	土	黄色黏土、褐色黏土夯筑，夯层厚0.2～0.27米	矩形	梯形	台体底部东、南、西、北长8.5、8、6.5、7，残高5.6米	无	无	保存一般。台体坍塌脱落严重，表面凹凸不平，有裂缝、沟槽、孔洞。南壁有洞穴，宽2、高1、进深2米	自然因素主要有风雨侵蚀、植物生长等；人为因素主要是取土挖损、挖掘洞穴、人畜踩踏等

续表 71

名称	地点	高程	与其他遗存的位置关系	材质	建筑方式	平面形制	剖面形制	尺寸	附属设施	修缮情况	保存状况	损毁原因及存在病害
老牛坡烽火台	堡子湾乡堡子湾村西北1.7千米	1230米	河东窑大边长城2段西1.3千米，南距边墙圪墩烽火台4.2千米	土	黄色黏土夯筑，含少量砂砾，夯层厚0.18～0.22米	矩形	梯形	台体底部东、南、西、北长8、7.5、8、7.6，残高4.6米	台体周围原有围墙，无存。围墙内残存墩院院基，东西28、南北25、高2.7米	无	保存较差。台体坍塌脱落严重，表面凹凸不平，有裂缝、沟槽、孔洞	自然因素主要有风雨侵蚀、植物生长等；人为因素主要是取土挖损、人畜踩踏等
西梁烽火台	堡子湾乡得胜堡村西南1.4千米	1188米	得胜堡大边长城南0.99千米，东北距得胜堡2号烽火台1.1千米	土	黄色黏土夯筑，含少量砂砾，夯层厚0.22～0.24米	矩形	梯形	台体底部东、南、西、北长13、10、11、9，残高3.4米	无	无	保存较差。台体坍塌脱落严重，表面凹凸不平，有裂缝、沟槽、孔洞。	自然因素主要有风雨侵蚀、植物生长等；人为因素主要是取土挖损、人畜踩踏等
胡家窑烽火台	堡子湾乡胡家窑村西北3.1千米	1212米	二十一墙大边长城1段南1.2千米，东北距西梁烽火台1.5千米	土	黄色黏土夯筑，含少量砂砾，夯层厚0.18～0.25米	矩形	梯形	台体底部东、南、西、北长8.5、6.6、7、8，残高5.4米	无	无	保存一般。台体坍塌脱落严重，表面凹凸不平，有裂缝、沟槽、孔洞	自然因素主要有风雨侵蚀、植物生长等；人为因素主要是取土挖损、人畜踩踏等
海洼圪墩烽火台	堡子湾乡得胜堡村西南2.1千米	1181米	二十一墙大边长城1段南2.3千米，东北距西梁烽火台1.3千米，西北距胡家窑烽火台1.7千米	土	黄色黏土夯筑，含少量砂砾，夯层厚0.17～0.26米	矩形	梯形	台体底部东、南、西、北长9.5、12、10、11.6米，顶部南、西、北长9、6、8.4米，残高7米	无	无	保存一般。台体坍塌脱落严重，表面凹凸不平，有裂缝、沟槽、孔洞	自然因素主要有风雨侵蚀、植物生长等；人为因素主要是取土挖损、人畜踩踏等
四道沟烽火台	堡子湾乡四道沟村北2千米	1179米	东距老牛坡烽火台2.5千米，西北距海洼圪墩烽火台2.4千米	土	黄色黏土夯筑，含少量砂砾，夯层厚0.22～0.24米	矩形	梯形	台体底部东、南、西、北长4.5、8、5.7、9，残高5.3米	无	无	保存一般。台体坍塌脱落严重，表面凹凸不平，有裂缝、沟槽、孔洞	自然因素主要有风雨侵蚀、植物生长等；人为因素主要是取土挖损、人畜踩踏等

续表 71

名称	地点	高程	与其他遗存的位置关系	材质	建筑方式	平面形制	剖面形制	尺寸	附属设施	修缮情况	保存状况	损毁原因及存在病害
杨里窑烽火台	堡子湾乡杨里窑村西北1.2千米	1193 米	东距四道沟烽火台 2.9 千米，东北距海洼圪墩烽火台 2.2 千米	土	黄色黏土夯筑，含少量砂砾，夯层厚 0.2 ~ 0.23 米	矩形	梯形	台体底部东、南、西、北长 12、13、8.5、12 米，顶部东、南、西、北长 8、9、6.7、8.4 米，残高 7.5 米	台体周围有围墙，现南墙无存；东墙残长 26、底宽 1、顶宽 0.5、残高 0.1 ~ 0.6 米；西墙残长 20、底宽 0.8、顶宽 0.2、残高 0.3 ~ 0.7 米；北墙残长 18、底宽 1、顶宽 0.3、残高 0.7 ~ 1 米。围墙内残存墩院院基，边长 30、高 0.5 米	无	保存一般。台体坍塌脱落严重，表面凹凸不平，有裂缝、沟槽、孔洞	自然因素主要有风雨侵蚀、植物生长等；人为因素主要是取土挖损、人畜踩踏等
高家窑烽火台	堡子湾乡高家窑村北 0.814 千米	1252 米	西北距拒墙堡 2 号烽火台 3.3 千米，东北距杨里窑烽火台 6.3 千米	土	黄色黏土夯筑，含少量砂砾，夯层厚 0.2 ~ 0.25 米	圆形	梯形	台体底部直径 10、顶部直径 4.5、残高 7.5 米	台体周围原有围墙，现无存。围墙内残存墩院院基，东西 18、南北 20、高 1 米	无	保存一般。台体坍塌脱落严重，表面凹凸不平，有裂缝、沟槽、孔洞。东壁底部有洞穴，宽 2、高 1、进深 1 米	自然因素主要有风雨侵蚀、植物生长等；人为因素主要是取土挖损、挖掘洞穴、人畜踩踏等
总高墩烽火台	新荣镇总高墩村西 0.348 千米	1321 米	东北距杨里窑烽火台 4.7 千米	土	黄色黏土夯筑，含少量砂砾，夯层厚度不详	矩形	梯形	台体底部最长 17、残高 3 米	台体周围原有围墙，现无存。围墙内残存墩院院基，东西 30、南北 32、高 1 米	无	保存较差。台体坍塌脱落严重，表面凹凸不平，有裂缝、沟槽、孔洞	自然因素主要有风雨侵蚀、植物生长等；人为因素主要是取土挖损、人畜踩踏等
张布袋沟烽火台	新荣镇张布袋沟村西 0.268 千米	1271 米	南距光明 8 号烽火台 3 千米，东北距总高墩烽火台 5.8 千米	土	黄色黏土夯筑，含少量砂砾，夯层厚 0.23 ~ 0.27 米	矩形	梯形	台体底部东、南、西、北长 8.5、11、9、10.5 米，顶部东、南、西、北长 6、7、6、7.5 米，残高 8.5 米	台体周围原有围墙，现无存。围墙内残存墩院院基，边长 40、高 1 米	无	保存一般。台体坍塌脱落严重，表面凹凸不平，有裂缝、沟槽、孔洞	自然因素主要有风雨侵蚀、植物生长等；人为因素主要是取土挖损、人畜踩踏等

续表71

名称	地点	高程	与其他遗存的位置关系	材质	建筑方式	平面形制	剖面形制	尺寸	附属设施	修缮情况	保存状况	损毁原因及存在病害
北滩烽火台	新荣镇张布袋沟村西北2.9千米	1317米	北距高家窑烽火台3.2千米，东距总高墩烽火台6.3千米，东南距张布袋沟烽火台2.7千米	土	黄色黏土、褐色黏土夯筑，含少量砂砾，夯层厚0.15～0.19米	矩形	梯形	台体底部东、南、西、北长7、9、8、7.5、残高5.8米	无	无	保存一般。台体坍塌脱落严重，表面凹凸不平，有裂缝、沟槽、孔洞	自然因素主要有风雨侵蚀、植物生长等；人为因素主要是取土挖损、人畜踩踏等
温家窑烽火台	郭家窑乡温家窑村北0.405千米	1291米	穆家坪大边长城南1.8千米，西北距刘家窑2号烽火台2.1千米	土	黄色黏土、褐色黏土夯筑，含少量砂砾，夯层厚0.23～0.25米	矩形	梯形	台体底部东、南、西、北长9、10、10、10米，顶部东、南、西、北长5.8、7、6.5、6.8米，残高7.8米	台体周围有围墙，东、北墙无存；南墙残长28、底宽1、顶宽0.8、残高1.2米；西墙残长26、底宽0.8、顶宽0.2～0.5、残高1.6米。围墙内残存墩院院基，东西28、南北26、高1.5米	无	保存一般。台体坍塌脱落严重，表面凹凸不平，有裂缝、沟槽、孔洞	自然因素主要有风雨侵蚀、植物生长等；人为因素主要是取土挖损、人畜踩踏等
郭家窑烽火台	郭家窑乡郭家窑村西北1.3千米	1257米	无	土	黄色黏土夯筑，含少量砂砾，夯层厚0.12～0.18米	矩形	梯形	台体底部东、南、西、北长13、12、13.6、11.8、残高6.8米	无	无	保存一般。台体坍塌脱落严重，表面凹凸不平，有裂缝、沟槽、孔洞	自然因素主要有风雨侵蚀、植物生长等；人为因素主要是取土挖损、人畜踩踏等
五墩坛烽火台	郭家窑乡郭家窑村东南2.3千米	1233米	西北距郭家窑烽火台3.5千米，东距张布袋沟烽火台8.1千米	土	黄色黏土夯筑，含少量砂砾，夯层厚0.13～0.18米	矩形	梯形	台体底部东、南、西、北长9.5、7.5、8.5、6.4、残高4.8米	无	无	保存一般。台体坍塌脱落严重，表面凹凸不平，有裂缝、沟槽、孔洞	自然因素主要有风雨侵蚀、植物生长等；人为因素主要是取土挖损、人畜踩踏等
红沟梁烽火台	郭家窑乡红沟梁村西北0.254千米	1263米	东北距郭家窑烽火台3千米，东距五墩坛烽火台4千米	土	黄色黏土夯筑，含少量砂砾，夯层厚0.15～0.18米	圆形	梯形	台体底部直径10、残高7.5米	台体周围原有围墙，现无存。围墙内残存墩院院基，直径20、高1米	无	保存一般。台体坍塌脱落严重，表面凹凸不平，有裂缝、沟槽、孔洞。北壁有人为踩踏形成的坡道，可登顶	自然因素主要有风雨侵蚀、植物生长等；人为因素主要是取土挖损、人畜踩踏等

续表 71

名称	地点	高程	与其他遗存的位置关系	材质	建筑方式	平面形制	剖面形制	尺寸	附属设施	修缮情况	保存状况	损毁原因及存在病害
武家台烽火台	郭家窑乡助马堡村东南2.5千米	1300 米	东北距温家窑烽火台 3.7 千米	土	黄色黏土、褐色黏土夯筑，含少量砂砾，夯层厚 0.23～0.25 米	矩形	梯形	台体底部东、南、西、北长 9、10、10、10 米，顶部东、南、西、北长 5.8、7、6.5、6.8 米，残高 7.8 米	台体周围有围墙，东、北墙无存；南墙残长 28、底宽 1、顶宽 0.8、残高 1.2 米；西墙残长 26、底宽 0.8、顶宽 0.2～0.5、残高 1.6 米。围墙内残存墩院院基，东西 28、南北 26、高 1.5 米	无	保存一般。台体坍塌脱落严重，表面凹凸不平，有裂缝、沟槽、孔洞	自然因素主要有风雨侵蚀、植物生长等；人为因素主要是取土挖损、人畜踩踏等
杨家场烽火台	郭家窑乡杨家场村西北 0.616 千米	1268 米	西北距武家台烽火台 2.1 千米	土	黄色黏土、褐色黏土夯筑，含少量砂砾，夯层厚 0.23～0.25 米	矩形	梯形	台体底部东、南、西、北长 9、10、10、10 米，顶部东、南、西、北长 5.8、7、6.5、6.8 米，残高 7.8 米	台体周围有围墙，东、北墙无存；南墙残长 28、底宽 1、顶宽 0.8、残高 1.2 米；西墙残长 26、底宽 0.8、顶宽 0.2～0.5、残高 1.6 米。围墙内残存墩院院基，东西 28、南北 26、高 1.5 米	无	保存一般。台体坍塌脱落严重，表面凹凸不平，有裂缝、沟槽、孔洞	自然因素主要有风雨侵蚀、植物生长等；人为因素主要是取土挖损、人畜踩踏等
三台烽火台	郭家窑乡三台村北 0.121 千米	1296 米	东北距武家台烽火台 1.5 千米，东距杨家场烽火台 2.8 千米	土	黄色黏土、褐色黏土夯筑，含少量砂砾，夯层厚 0.23～0.25 米	矩形	梯形	台体底部东、南、西、北长 9、10、10、10 米，顶部东、南、西、北长 5.8、7、6.5、6.8 米，残高 7.8 米	台体周围有围墙，东、北墙无存；南墙残长 28、底宽 1、顶宽 0.8、残高 1.2 米；西墙残长 26、底宽 0.8、顶宽 0.2～0.5、残高 1.6 米。围墙内残存墩院院基，东西 28、南北 26、高 1.5 米	无	保存一般。台体坍塌脱落严重，表面凹凸不平，有裂缝、沟槽、孔洞	自然因素主要有风雨侵蚀、植物生长等；人为因素主要是取土挖损、人畜踩踏等
七里烽火台	西村乡七里村西南 0.528 千米	1603 米	东北距红墩烽火台 7.9 千米	土	黄色黏土夯筑，含少量砂砾，夯层厚 0.25～0.28 米	矩形	梯形	台体底部东、南、西、北长 6.8、7.8、5.2、5.5、残高 7.8 米	无	无	保存一般。台体坍塌脱落严重，表面凹凸不平，有裂缝、沟槽、孔洞	自然因素主要有风雨侵蚀、植物生长等；人为因素主要是取土挖损、人畜踩踏等
和胜庄烽火台（彩图三一三）	西村乡和胜庄村西北 1.8千米	1207 米	下甘沟二边长城 2 段南 2.3 千米，北距下甘沟 9 号烽火台 2.2 千米，东南距七里烽火台 5.2 千米	土	黄色黏土夯筑，含少量砂砾、碎石，夯层厚 0.18～0.21 米	圆形	梯形	台体底部直径 10、顶部直径 7、残高 9.5 米	台体周围原有围墙，现无存。围墙内残存墩院院基，直径 22、高 1.5 米	无	保存较好。台体有所坍塌脱落。台体表面凹凸不平，有裂缝、沟槽、孔洞	自然因素主要有风雨侵蚀、植物生长等；人为因素主要是取土挖损、人畜踩踏等

续表 71

名称	地点	高程	与其他遗存的位置关系	材质	建筑方式	平面形制	剖面形制	尺寸	附属设施	修缮情况	保存状况	损毁原因及存在病害
狮子烽火台	西村乡狮子村东南0.787千米	1315米	东距七里烽火台8.9千米，东北距和胜庄烽火台6.4千米	土	黄色黏土、褐色黏土夯筑，含少量砂砾，夯层厚0.2～0.22米	矩形	梯形	台体底部东、南、西、北长10、9、9.5、9，残高6米	台体周围原有围墙，现无存。围墙内残存墩院院基，东西36、南北34、高1米	无	保存一般。台体坍塌脱落严重，表面凹凸不平，有裂缝、沟槽、孔洞	自然因素主要有风雨侵蚀、植物生长等；人为因素主要是取土挖损、人畜踩踏等
马站烽火台	西村乡马站村东南1.8千米	1375米	东北距七里烽火台7.4千米，西北距狮子烽火台2.8千米	土	黄色黏土夯筑，夯层厚0.16～0.19米	矩形	梯形	台体底部东、南、西、北长6.5、7、6、7米，顶部东、南、西、北长3.5、4、3、4.2米，残高5.2米	台体周围原有围墙，现无存。围墙内残存墩院院基，东西21、南北24、高1米	无	保存一般。台体坍塌脱落严重，表面凹凸不平，有裂缝、沟槽、孔洞	自然因素主要有风雨侵蚀、植物生长等；人为因素主要是取土挖损、人畜踩踏等
大窑山烽火台	西村乡大窑山村南0.503千米	1446米	东北距七里烽火台7千米，西北距马站烽火台2.5千米	土	黄色黏土夯筑，含少量砂砾、碎石，夯层厚0.12～0.16米	矩形	梯形	台体底部东西11、南北11米，顶部东、南、西、北长6、6.7、5.8、7米，残高10米	台体周围原有围墙，现无存。围墙内残存墩院院基，东西36、南北32、高0.3～1.2米	无	保存较好。台体有所坍塌脱落。台体表面凹凸不平，有裂缝、沟槽、孔洞	自然因素主要有风雨侵蚀、植物生长等；人为因素主要是取土挖损、人畜踩踏等
小窑山烽火台	西村乡小窑山村东北1.2千米	1478米	东北距七里烽火台6.3千米，西北距大窑山烽火台2.5千米	土	黄色黏土夯筑，含少量砂砾、碎石，夯层厚0.18～0.22米	矩形	梯形	台体底部东、南、西、北长7、9、6.5、9，残高7.5米	台体周围原有围墙，现无存。围墙内残存墩院院基，东西21、南北23、高1米	无	保存一般。台体坍塌脱落严重，表面凹凸不平，有裂缝、沟槽、孔洞	自然因素主要有风雨侵蚀、植物生长等；人为因素主要是取土挖损、人畜踩踏等

续表 71

名称	地点	高程	与其他遗存的位置关系	材质	建筑方式	平面形制	剖面形制	尺寸	附属设施	修缮情况	保存状况	损毁原因及存在病害
台梁烽火台(彩图三一四)	西村乡小窑山村西北0.593千米	1452 米	东北距小窑山烽火台 1.3 千米，西北距大窑山烽火台 1.5 千米	土	黄色黏土、褐色黏土夯筑，含少量砂砾，夯层厚 0.11～0.14 米	矩形	梯形	台体底部边长 10 米，顶部东、南、西、北长 7.5、6.5、7、7 米，残高 8.5 米	台体周围有围墙，南墙无存；东墙残长 18、底宽 0.5、顶宽 0.2、残高 0.6 米；西墙残长 20、底宽 0.6、顶宽 0.4、残高 0.8 米；北墙残长 21、底宽 1、顶宽 0.8、残高 1.5 米。围墙内残存墩院院基，东西 21、南北 23、高 0.6～1 米	无	保存一般。台体坍塌脱落严重，表面凹凸不平，有裂缝、沟槽、孔洞	自然因素主要有风雨侵蚀、植物生长等；人为因素主要是取土挖损、人畜踩踏等
夏家庄烽火台	西村乡夏家庄村东南1.8千米	1320 米	东北距大窑山烽火台 2.9 千米	土	黄色黏土、褐色黏土夯筑，含少量砂砾，夯层厚 0.23～0.25 米	矩形	梯形	台体底部东、南、西、北长 8.5、9、9、9.5 米，顶部东、南、西、北长 4.4、4.8、4.3、4.6 米，残高 6.5 米	台体周围有围墙，东、北墙无存；南墙残长 32、底宽 0.9、顶宽 0.4～0.7、残高 1.2 米；西墙残长 22、底宽 1、顶宽 0.3～0.5、残高 1 米。围墙内残存墩院院基	无	保存一般。台体坍塌脱落严重，表面凹凸不平，有裂缝、沟槽、孔洞	自然因素主要有风雨侵蚀、植物生长等；人为因素主要是取土挖损、人畜踩踏等
谢家场烽火台	西村乡谢家场村南1千米	1231 米	安乐庄二边长城 2 段南 2.8 千米，东北距安乐庄 7 号烽火台 3.2 千米，西北距安乐庄 8 号烽火台 2.9 千米，东南距狮子烽火台 6.6 千米	土	褐色黏土夯筑，含少量砂砾，夯层厚 0.2～0.25 米	矩形	梯形	台体底部东、南、西、北长 8.5、9、9、9.5、残高 6.5 米	无	无	保存一般。台体坍塌脱落严重，表面凹凸不平，有裂缝、沟槽、孔洞	自然因素主要有风雨侵蚀、植物生长等；人为因素主要是取土挖损、人畜踩踏等
栗恒窑烽火台(彩图三一五)	破鲁堡乡栗恒窑村西南1.1千米	1320 米	无	土	黄色黏土、褐色黏土夯筑，含少量砂砾，夯层厚 0.23～0.25 米	矩形	梯形	台体底部东、南、西、北长 8.5、10、11、9.5 米，顶部东、南、西、北长 4.2、6.4、4、4.5 米，残高 6.8 米	台体周围有围墙，北围墙无存，东围墙残长 19、底宽 0.8、顶宽 0.5～0.8、残高 1.2 米；南围墙残长 16.3、底宽 0.9、顶宽 0.4～0.7、残高 1.2 米；西围墙残长 23、底宽 1、顶宽 0.2－0.6、残高 1.1 米。围墙内仍残存墩院院基	无	保存一般。台体坍塌脱落严重，表面凹凸不平，有裂缝、沟槽、孔洞	自然因素主要有风雨侵蚀、植物生长等；人为因素主要是取土挖损、人畜踩踏等

续表 71

名称	地点	高程	与其他遗存的位置关系	材质	建筑方式	平面形制	剖面形制	尺寸	附属设施	修缮情况	保存状况	损毁原因及存在病害
水深塘烽火台	破鲁堡乡水深塘村西北0.113千米	1259米	西南距吴施窑1号烽火台3.2千米，西距栗恒窑烽火台4.1千米	土	黄色黏土、褐色黏土夯筑，含少量砂砾，夯层厚0.23～0.25米	矩形	梯形	台体底部东、南、西、北长9、10、10、10米，顶部东、南、西、北长5.8、7、6.5、6.8米，残高7.8米	台体周围有围墙，东、北墙无存；南墙残长28、底宽1、顶宽0.8、残高1.2米；西墙残长26、底宽0.8、顶宽0.2～0.5、残高1.6米。围墙内残存墩院院基，东西28、南北26、高1.5米	无	保存一般。台体坍塌脱落严重，表面凹凸不平，有裂缝、沟槽、孔洞	自然因素主要有风雨侵蚀、植物生长等；人为因素主要是取土挖损、人畜踩踏等
吴施窑3号烽火台(彩图三一六)	破鲁堡乡吴施窑村西北1.4千米	1304米	吴施窑二边长城2段北1.7千米，东南距吴施窑1号烽火台2.2千米，南距吴施窑2号烽火台1.5千米，西北距栗恒窑烽火台2千米	土	黄色黏土夯筑，夯层厚0.25～0.3米	圆形	梯形	台体底部直径10、顶部直径7、残高7.2米	台体周围原有围墙，现无存。围墙内残存墩院院基，东西27、南北15、高2米。南壁底部正中设通顶的拱形门洞	无	保存一般。台体坍塌脱落严重，表面凹凸不平，有裂缝、沟槽、孔洞	自然因素主要有风雨侵蚀、植物生长等；人为因素主要是取土挖损、人畜踩踏等
吴施窑9号烽火台	破鲁堡乡吴施窑村西南2.1千米	1302米	吴施窑二边长城3段南1.1千米，北距吴施窑4号烽火台1.3千米	土	黄色黏土、褐色黏土夯筑，含少量砂砾，夯层厚0.14～0.2米	圆形	梯形	台体底部直径12、顶部直径7、残高8.8米	无	无	保存一般。台体坍塌脱落严重，表面凹凸不平，有裂缝、沟槽、孔洞。南壁底部有洞穴，宽1.5、高1、进深1.2米	自然因素主要有风雨侵蚀、植物生长等；人为因素主要是取土挖损、挖掘洞穴、人畜踩踏等
彭家场烽火台	破鲁堡乡彭家场村北0.647千米	1274米	北距吴施窑1号烽火台1.8千米	土	黄色黏土、褐色黏土夯筑，含少量砂砾，夯层厚0.23～0.25米	矩形	梯形	台体底部东、南、西、北长9、10、10、10米，顶部东、南、西、北长5.8、7、6.5、6.8米，残高7.8米	台体周围有围墙，东、北墙无存；南墙残长28、底宽1、顶宽0.8、残高1.2米；西墙残长26、底宽0.8、顶宽0.2～0.5、残高1.6米。围墙内残存墩院院基，东西28、南北26、高1.5米	无	保存一般。台体坍塌脱落严重，表面凹凸不平，有裂缝、沟槽、孔洞	自然因素主要有风雨侵蚀、植物生长等；人为因素主要是取土挖损、人畜踩踏等

续表 71

名称	地点	高程	与其他遗存的位置关系	材质	建筑方式	平面形制	剖面形制	尺寸	附属设施	修缮情况	保存状况	损毁原因及存在病害
西旺庄烽火台	破鲁堡乡西旺庄村西北 0.913 千米	1264 米	西距彭家场烽火台 5.2 千米	土	黄色黏土、褐色黏土夯筑，含少量砂砾，夯层厚 0.23～0.25 米	矩形	梯形	台体底部东、南、西、北长 12、12、8.6、11.6 米，顶部东、南、西、北长 5.8、6、2.6、3 米，残高 10 米	台体周围原有围墙，现无存。围墙内残存墩院院基	无	保存一般。台体坍塌脱落严重，表面凹凸不平，有裂缝、沟槽、孔洞	自然因素主要有风雨侵蚀、植物生长等；人为因素主要是取土挖损、人畜踩踏等
刘安窑烽火台	上深涧乡刘安窑村东南 2.1 千米	1367 米	东北距谢家场烽火台 7.1 千米	土	黄色黏土、褐色黏土夯筑，含少量砂砾，夯层厚 0.22～0.24 米	矩形	梯形	台体底部东、南、西、北长 7、8.5、8、9 米，顶部东、南、西、北长 4.5、5、5.5、6.5 米，残高 11 米	无	无	保存一般。台体坍塌脱落严重，表面凹凸不平，有裂缝、沟槽、孔洞	自然因素主要有风雨侵蚀、植物生长等；人为因素主要是取土挖损、人畜踩踏等
东梁烽火台	上深涧乡东梁村北 1.8 千米	1325 米	东北距谢家场烽火台 6.7 千米，西距刘安窑烽火台 1.2 千米	土	黄色黏土夯筑，夯层厚 0.18～0.24 米	矩形	梯形	台体底部东、南、西、北长 11、10、10.6、10.8 米，顶部东、南、西、北长 6.5、6、5.8、6.8 米，残高 6.5 米	台体周围有围墙，西、北墙无存；东墙残长 3、底宽 1.2、顶宽 0.4、残高 0.3 米；南墙残长 9、底宽 0.5、顶宽 0.2、残高 0.3～0.6 米。围墙内残存墩院院基，东西 23、南北 22、高 1.2 米	无	保存一般。台体坍塌脱落严重，表面凹凸不平，有裂缝、沟槽、孔洞	自然因素主要有风雨侵蚀、植物生长等；人为因素主要是取土挖损、人畜踩踏等
东井沟烽火台	上深涧乡北辛窑村东北 0.205 千米	1333 米	北距东梁烽火台 1.8 千米	土	褐色黏土夯筑，夯层厚 0.18～0.22 米	矩形	梯形	台体底部东、南、西、北长 5.5、4、5、6，残高 4.5 米	无	无	保存较差。台体坍塌脱落严重，表面凹凸不平，有裂缝、沟槽、孔洞	自然因素主要有风雨侵蚀、植物生长等；人为因素主要是取土挖损、人畜踩踏等
北辛窑烽火台	上深涧乡北辛窑村南 1.7 千米	1298 米	北距东井沟烽火台 1.8 千米	土	黄色黏土、褐色黏土夯筑，含少量砂砾，夯层厚 0.23～0.25 米	矩形	梯形	台体底部东、南、西、北长 7、9、9.5、9 米，顶部东、南、西、北长 3.8、3.5、4、3 米，残高 7.8 米	台体周围有围墙，东墙无存；南墙残长 29.8、底宽 1、顶宽 0.8、残高 1.3 米；西墙残长 28.6、底宽 1.2、顶宽 0.7、残高 1.2 米；北墙残长 12.6、底宽 1、顶宽 0.9、残高 1.1 米。围墙内残存墩院院基	无	保存一般。台体坍塌脱落严重，表面凹凸不平，有裂缝、沟槽、孔洞	自然因素主要有风雨侵蚀、植物生长等；人为因素主要是取土挖损、人畜踩踏等

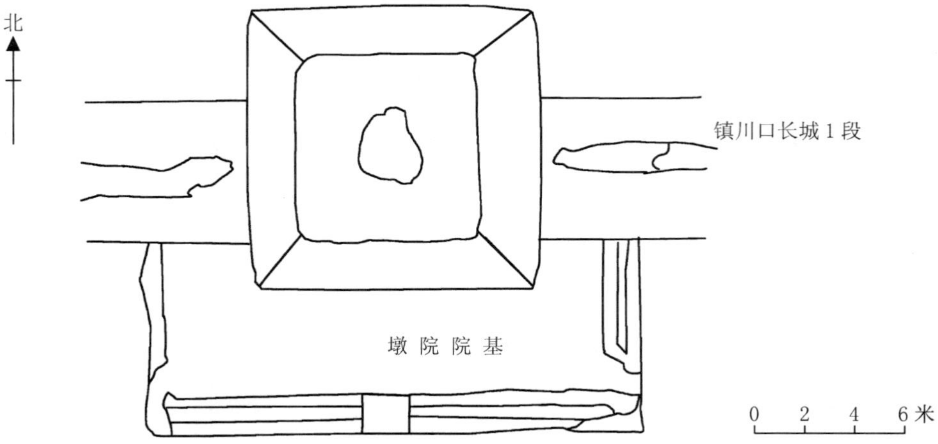

图一八七　镇川口3号敌台平面图

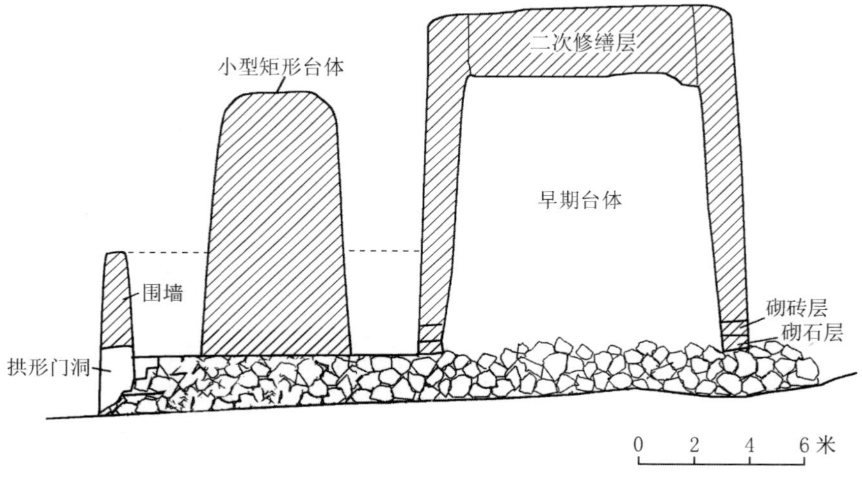

图一八八　宏赐堡6号敌台剖面图

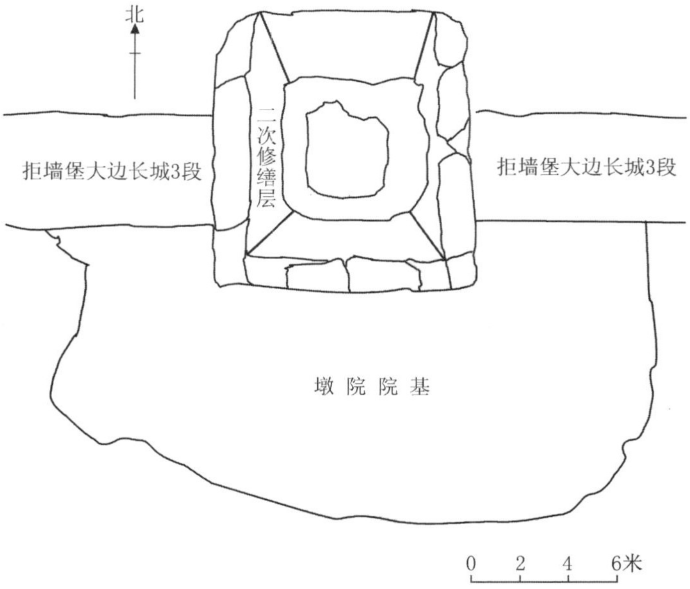

图一八九　拒墙堡7号敌台平面图

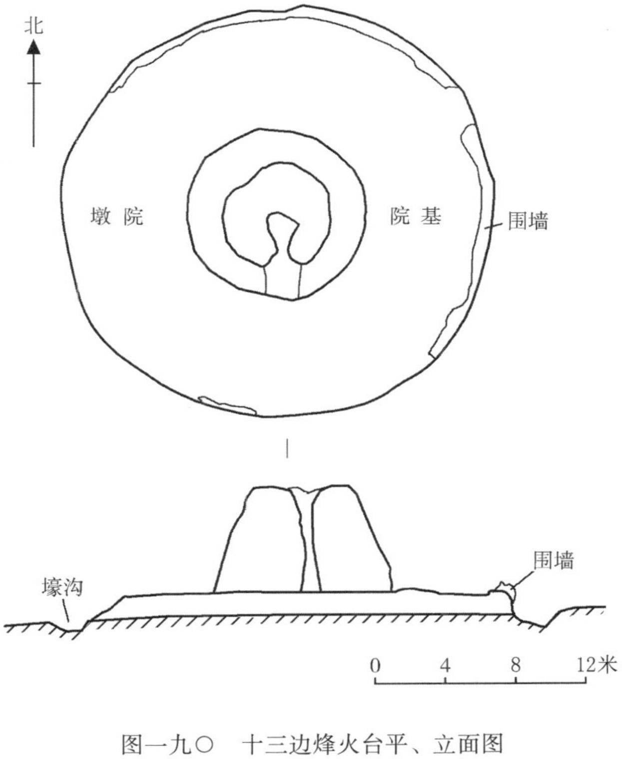

图一九〇　十三边烽火台平、立面图